国家出版基金项目
NATIONAL PUBLICATION FOUNDATION

四川出版发展公益基金会
资助项目

『十四五』国家重点出版物出版规划项目

殷墟甲骨文分类与系联整理研究

—上册—

彭裕商 主编

彭裕商 吴毅强 韩文博 田国励
丁军伟 钟舒婷 王森 编著

四川辞书出版社

图书在版编目（CIP）数据

殷墟甲骨文分类与系联整理研究／彭裕商主编；彭裕商等编著. —成都：四川辞书出版社，2023. 7

ISBN 978-7-5579-1328-1

Ⅰ. ①殷… Ⅱ. ①彭… Ⅲ. ①甲骨文-研究 Ⅳ. ①K877. 14

中国国家版本馆 CIP 数据核字（2023）第 140981 号

殷墟甲骨文分类与系联整理研究

YINXU JIAGUWEN FENLEI YU XILIAN ZHENGLI YANJIU

彭裕商 主编

彭裕商 吴毅强 韩文博 田国励 丁军伟 钟舒婷 王 森 编著

出品人／杨 斌

组 稿／胡彦双

责任编辑／阳 明

封面设计／成都编悦文化传播有限公司

责任印制／肖 鹏

出版发行／四川辞书出版社

地 址／成都市锦江区三色路 238 号

邮政编码／610023

印 刷／成都国图广告印务有限公司

开 本／185 mm×260 mm 16 开

版 次／2023 年 7 月第 1 版

印 次／2023 年 7 月第 1 次印刷

印 张／84. 75

书 号／ISBN 978-7-5579-1328-1

定 价／2000. 00 元

· 综合办公室电话：（028） 86361821

前　言

孔子云："夏礼吾能言之，杞不足征也。殷礼吾能言之，宋不足征也。文献不足故也，足则吾能征之矣。"夏商史料之缺，自孔子时已然。然殷墟甲骨文的发现，使这种情况有了很大改观。殷墟甲骨文的内容涉及殷商历史文化的各个方面，是研究殷商历史文化的最为可靠的第一手资料，现在的殷商历史文化研究愈来愈离不开殷墟甲骨文了。

然而甲骨文记载的内容虽然丰富，但其并非是系统记载历史事件的史籍，而是用于记录占卜情况的文字，因而往往是同一事件分见于数版甲骨，遂使事件、人物、前因后果等相关情况支离破碎，这就在很大程度上限制了甲骨文资料的利用，使其学术价值大为降低。

对任何一种出土文物来说，如果没有经过一番系统深入的整理，就无法在学术研究中很好地加以利用。以事类为主要线索，将若干分散的甲骨文联系起来，以获取更多的信息，即甲骨文的排谱工作，就是整理甲骨的最基本、最重要的工作。经过这样一番整理后，在事类上有联系的甲骨文尽可能多地被系联起来，这将为殷商历史文化的研究提供众多相互联系的可靠资料。通过这样的联系，我们就可以在事件发生、发展、时间、大致的梗概、地理、涉及人物等方面，获得一个相对比较全面的了解。这尤其为古文字专业以外的学者利用甲骨文材料进行殷商历史文化的研究提供了很大的方便。

以下择要选取两组卜辞作为例子以说明之。

一、一组关于"敦通""伐归"的卜辞

八月

(1) 丙申卜：其围通，丁酉？ 1

(2) …其围通西北，丁酉？ 1

(3) 丁酉卜：生十月王敦通？ 2

(4) 丁酉卜：今生十月王敦通，受又？ 3

(5) …敦通，受又？ 4

(6) 己亥[卜]…敦通，受[又]？ 5

(7) 己亥[卜]：侯□启，王伐归，若？ 3

(8) 庚子卜：伐归，受又？八月。 3

(9) 弜伐归？ 3

(10) 壬寅卜：桒其伐归，叀北⊠用，二十示一牛、二示羊、以四戈彘？ 6 7 8

(11) 癸卯卜贞：酒桒乙巳，自上甲二十示一牛、二示羊、土燎牢、四戈彘、四巫豕？ 9

(12) 癸卯卜：敦通？ 10

(13) 壬子卜贞：步自亡囚？ 3

(14) 壬子卜：启日，翌癸丑？ 3

九月

(15) 戊寅卜：生月敦通，受又？ 11

十月

(16) 丁酉…土？ 12

(17) □□卜王：□月□通？ 12

(18) 己亥…今十月…通… 13

(19) 庚子卜：王…通… 13

(20) 其敦通？十月。 14

(21) 壬子卜：甲寅燎大甲羊，卯牛三？ 15

十一月

(22) 乙丑卜：王敦通，受[又]？ 16

(23) 辛未卜：王执通？ 17

(24) 辛未卜：王一月敦通，受又？ 18

(25) 乙亥卜：一月王敦通，受又？ 18

(26) 丙子卜：王二月敦通，受又？ 18

(27) …王二月丙子□通… 16

(28) …敦通，受又？ 19

(29) …通… 15

(30) 己卯卜：裸三报至丩甲十示… 15

(31) 己卯卜：庚易日？ 15

十二月

(32) 乙未卜贞：乙巳王敦通，受又？十二月。 20

1《合集》20518 2《合集》20512 3《屯南》4516 4《屯南》3604

5《合集》20513 6《合集》34121 7《合集》34122 8《京人》2997 9《合集》34120 10《屯南》4512 11《屯南》3568 12《合集》20520 13《合集》20519 14《合集》20511 15《合集》22421 16《合集》20514 17《合集》20522 18《合集》20510 19《合集》20515 20《合集》20516

这组卜辞记载了商人与通、归两国之间的战事，其相关卜辞大都能相互联系而排列在数月之内。

由该组系联起来的卜辞，我们可以获得以下一些信息。

第一，时间。在这一组卜辞中，6 7 8 9 属自历间类，其余均为自组小字类卜辞。这些卜辞的年代都大致属商王武丁中期，其辞末记月有八月、十月、十二月，可知这次战事发生于商王武丁中期某一年的八月至十二月。

第二，敌国。在这一组卜辞中，敌国为通和归，征伐者主要是商王，可知这两个敌国的位置都距商不远，故商王自行征讨之。

二、一组关于对基方作战的卜辞

(1) 甲戌卜㱿贞：雀壬子商，徒基方，克？ 1
(2) 乙亥卜㱿贞：雀㞢作囚？ 2
(3) 乙亥卜㱿贞：雀亡作囚？ 2
(4) 乙亥卜内贞：[今乙亥子商敢基方，翦]？ 2
(5) 乙亥卜内贞：今乙亥子商敢基方，弗其翦？ 2
(6) 今乙亥子商敢[基]方，弗翦？ 2
(7) 乙亥卜㱿贞：[子]商弗其翦基方？ 3
(8) …子[商]弗[其]翦基方？ 4
(9) 己卯卜[㱿贞]… 4
(10) 己卯卜㱿贞：基…其戎？ 5
(11) 辛巳卜争贞：基方戎？ 6
(12) 癸未卜内贞：子商㞢保？ 6
(13) 癸未卜内贞：子商亡其保？ 6
(14) 癸未卜内贞：子商翦基方缶？四月。 6
(15) 癸未卜内贞：子商弗其翦基方缶？ 6
(16) 乙酉卜内贞：子商翦基方？四月。 7
(17) 丙戌卜内贞：我作基方作… 7

(18) 丙戌卜㱿贞：我…基方…弗…翦？ 8

(19) 辛卯卜㱿贞：勿鼎，基方缶作郭，子商翦？四月。 9

(20) 辛卯卜㱿贞：勿鼎，基方缶作郭，子商[翦]？ 9

(21) 辛卯卜㱿贞：基方作郭，其㓷？ 9

(22) 辛卯卜㱿贞：基方作郭，不㓷，弗㕭？四月。 9

(23) …雀步于柚？ 9

(24) 辛卯卜㱿贞：基方缶作郭，不㓷，弗㕭？ 9

(25) □卯卜㱿贞：…基方…不…其… 10

(26) 辛丑卜㱿贞：今日子商其敢基方缶，翦？五月。 11

(27) 辛丑卜㱿贞：今日子商其敢基方缶，弗其翦？ 11

(28) 壬寅卜㱿贞：自今至于甲辰子商翦基方？ 11

(29) 壬寅卜㱿贞：自今至于甲辰子商弗其翦基方？ 11

(30) 贞：自今壬寅至于甲辰子商翦基方？ 11

(31) 壬寅卜㱿贞：子商不䶊翦基方？ 11

(32) 壬寅卜㱿贞：尊雀叀啚敢基方？ 11

(33) 壬寅卜㱿贞曰：子商𠆢癸敦？五月。 11

(34) 曰：𠆢甲敦？ 11

(35) 曰：子商于乙敦？ 11

(36) 甲辰卜㱿贞：翌乙巳曰子商敦，至于丁未翦？ 11

(37) 丙午卜𡿧贞：翌丁未子商翦基方？ 12

(38) 贞：基方[其]𡚸？ 13

(39) 贞：基方不其𡚸？ 13

(40) □□卜…伐…方？ 14

(41) □□卜：王…基[方]…𡚸？ 14

1《合集》6573　2《合集》6577　3《合集》6580　4《合集》6579　5《合集》6581　6《合集》6572　7《合集》6570　8《合集》6576　9《合集》13514　10《合集》8444　11《合集》6571　12《合集》6578　13《合集》8445　14《合集》6575

由该组与基方作战的卜辞，我们可以获得以下一些信息。

第一，时间。本组卜辞属宾组一A类，年代上稍晚于上组“敦通”“伐归”的卜辞，但仍在商王武丁中期，记月有四月和五月，可知商王朝与基方的战事发生于商王武丁中期的某年四月到五月期间。

第二，人物。对基方作战的主要人物是子商，此外还有雀，可知基方的地理位置接近子商和雀的封地，而距离王都殷墟较远，故商王令子商与雀征讨之。

第三，结局。䜌像举戈投降之形，徐中舒先生认为即“殷献民”之献，谓投降之民。由上举卜辞来看，经过两个月的征战，最后基方向商王朝缴械投降。

时代稍晚一些的历组一 B 类卜辞中，有一组商王在箕田猎的卜辞，可与上举子商与基方作战而基方最终投降的卜辞相映证。

以上两例说明，将相互关联的卜辞联系起来之后，我们就能了解更多、更全面的信息。本书中还有大量这样联系成群组的卜辞，读者可以根据自己的需要进行选择、采用。如果本书中这样的卜辞群组能对大家的研究有所裨益，则本书的目的也就达到了。

本书参与人员的具体分工如下：

自组卜辞，由丁军伟承担；宾组卜辞，由钟舒婷承担；出组卜辞、何组卜辞，由韩文博承担；历组卜辞、无名组卜辞，由田国励承担；黄组卜辞，由王森承担；非王卜辞：子组、午组等卜辞，由丁军伟承担；花东卜辞，由吴毅强承担。

此外，在本书的收尾阶段，吴毅强、韩文博、田国励还在统一体例、校对、勘误等方面做了较多的工作。

彭裕商

2023 年 7 月

凡　例

一、本书的主要目标是对殷墟甲骨文进行全面的分类整理与系联。基本思路是先以字体为标准对殷墟甲骨文做分组、分类，再以组类为单位对卜辞所反映的人物、事件等进行系联。具体划分的甲骨文组类如下：

自　组：大字类、大字类附属；
　　小字类（小字一类，小字二类，小字三 A 类、小字三 B 类）；
　　自历间类。

宾　组：自宾间类；
　　一类（一 A 类、一 A 类附属，一 B 甲类、一 B 乙类、一 B 乙类附属）；
　　二类。

出　组：一类；
　　二类（二 A 类、二 B 类）、二类附属。

何　组：一类；
　　二类；
　　三类（三 A 类、三 B 类）。

黄　组：一类（一 A 类、一 B 类、一 C 类、一 D 类）；
　　二类（二 A 类、二 B 类、二 C 类）。

历　组：一类（一 A 类、一 B 类、一 C 类）；
　　二类（二 A 类，二 B 类甲群、二 B 类乙群、二 B 类丙群、二 B 类丙群附属、二类习刻，二 C 类一组、二 C 类二组）。

无名组：历无名间类、历无名间类晚期；
　　一类（一 A 类，一 B 类甲群、一 B 类乙群、一 B 类丙群，一 C 类）；
　　二类；
　　三类；
　　无名黄间一类、无名黄间二类。

非王卜辞：午组、子组（A 类、B 类）、非王无名组、子组附属、刀卜辞、亚卜辞、花东子卜辞。

需要说明的是，非王卜辞并非一个字体划分意义上的组类，而是按照其性质归并起来的集合，将各组类非王卜辞囊括其中，以免纲目繁杂。

二、本书主要由“分类”和“系联”两部分组成。第一章至第八章以甲骨组别为单位，对各组卜辞进行详细“分类”，再以小类为单位进行“系联”整理。第九章对各组类甲骨卜辞的时代及其断代的主要依据进行总体交待，以便有兴趣的读者了解相关情况。

三、“分类”部分对所划分的卜辞类别的字形特征进行概括，附特征字表，并列举特征片。愈精细的分类，其时代范围愈精密。因此，精确分类是对卜辞贞问事类进行准确系联的前提。

四、“系联”部分以各小类为单位进行系联，并兼顾跨组类之间可能的一事同卜现象，主要分为以下两个层次：

（一）有联系的卜辞

该层次主要包括两方面内容：第一类是主干事件，将见于各版的一事之卜，依据月份、干支排列成一个相对完整的事类；第二类是共时事类，根据同文卜辞，辗转联系起与它们同版的其他事类卜辞，并以干支排列成一个在相近时间内发生的事类群。

（二）可能有联系的卜辞

该层次主要包括因卜辞残缺、辞例简略而不太明确的事类系联，这些卜辞之间可能有联系，也可能没有联系，其关联程度相对较低。我们系联于此，以供大家参考。

五、“系联”部分，卜辞出处以❶❷❸等编号标识；同版卜辞并列为同一编号，按照组内顺序编排，组末附具体来源及著录号；若同文卜辞则仅列一条，标明所见之版；成套卜辞仅择其中相对完整者列出，并注明成套其他卜辞著录号。

六、本书引用甲骨著录、缀合材料一律使用简称，附有《引用甲骨著录材料简称表》备查。散见于已刊文章、网络资源的缀合成果则列出所缀著录号，并以“+”表示缀合。

七、本书所用甲骨著录材料以《合集》《合补》为主。凡《合集》著录又见于他书著录者，非有误缀、模糊等特殊情况，不再注明其他著录情况。

八、本书对具体甲骨文字的隶定、字义的考释采用学界通行观点，不做专门论述。

九、本书以简体字排印，卜辞释文一般用宽式。卜辞释文里缺一字用“□”表示；所缺字数目不详用“…”表示；依据残字或文例拟补字加“[ ]”表示；反面刻辞与正面卜辞相续或关联者，以“（）”的形式附在正面卜辞之前或之后；可能有疑问的字括注“？”表示。

引用甲骨著录材料简称表

全　称	简　称
《巴黎所见甲骨录》	《巴》
《北京大学珍藏甲骨文字》	《北大》
《卜辞通纂》	《通纂》
《重庆三峡博物馆藏甲骨集》	《重博》
《德瑞荷比所藏一些甲骨录》	《德瑞荷比》
《东京大学东洋文化研究所藏甲骨文字》	《东京大学》
《东洋文库所藏甲骨文字》	《东洋文库》
《冬饮庐藏甲骨文字》	《冬》
《德国西柏林民俗博物馆所藏甲骨文字》	《德俗》
《俄罗斯国立爱米塔什博物馆藏殷墟甲骨》	《俄罗斯》
《法国所藏甲骨录》	《法》
《簠室殷契征文·帝系》	《簠帝》
《龟甲兽骨文字》	《龟》
《笏之甲骨拓本集》二	《笏之二》
《怀特氏等收藏甲骨文集》	《怀特》
《〈洹宝斋所藏甲骨〉解读》	《洹藏》
《戬寿堂所藏殷墟文字》	《戬》
《甲骨六录》	《六》
《甲骨拼合集》	《拼一》
《甲骨拼合续集》	《拼二》

续表

全　称	简　称
《甲骨拼合三集》	《拼三》
《甲骨拼合四集》	《拼四》
《甲骨拼合五集》	《拼五》
《甲骨文合集》	《合集》
《甲骨文合集补编》	《合补》
《甲骨文零拾》	《甲零》
《甲骨文录》	《文录》
《甲骨续存》	《续存》
《甲骨续存补编》	《存补》
《甲骨缀合编》	《缀编》
《甲骨缀合汇编》	《缀汇》
《甲骨缀合集》	《缀集》
《甲骨缀合续集》	《缀续》
《金璋所藏甲骨卜辞》	《金璋》
《京都大学人文科学研究所藏甲骨文字》	《京人》
《卡内基博物馆所藏甲骨研究》	《卡博》
《库方二氏藏甲骨卜辞》	《库方》
《旅顺博物馆所藏甲骨》	《旅博》
《美国所藏甲骨录》	《美国》
《明义士收藏甲骨文字》	《安明》
《契合集》	《契合》
《日本所见甲骨录》	《日见》

续表

全 称	简 称
《瑞典斯德哥尔摩远东古物博物馆藏甲骨文字》	《瑞典》
《山东省博物馆珍藏甲骨墨拓集》	《山拓》
《上海博物馆藏甲骨文字》	《上博》
《史语所购藏甲骨集》	《史购》
《苏德美日所见甲骨集》	《苏德美日》
《天理大学附属天理参考馆藏品・甲骨文字》	《天理》
《铁云藏龟》	《铁云》
《小屯南地甲骨》	《屯南》
《邺中片羽初集》	《邺初》
《邺中片羽二集》	《邺二》
《邺中片羽三集》	《邺三》
《殷契卜辞》	《契》
《殷契粹编》	《粹》
《殷契拾掇》	《掇一》
《殷契拾掇・二编》	《掇二》
《殷契拾掇・三编》	《掇三》
《殷契遗珠》	《珠》
《殷契佚存》	《佚存》
《殷契摭佚》	《摭佚》
《殷契摭佚续编》	《摭续》
《殷虚卜辞后编》	《明后》
《殷墟花园庄东地甲骨》	《花东》

续表

全　称	简　称
《殷墟甲骨辑佚・安阳民间藏甲骨》	《辑佚》
《殷墟甲骨拾遗》	《拾遗》
《殷虚书契》	《前编》
《殷虚书契后编》	《后编》
《殷虚书契续编》	《续编》
《殷虚书契菁华》	《菁华》
《殷虚文字甲编》	《甲编》
《殷虚文字甲编考释》（附图）	《甲释》
《殷虚文字乙编》	《乙编》
《殷虚文字乙编补遗》	《乙补》
《殷虚文字丙编》	《丙编》
《殷虚文字外编》	《外编》
《殷虚文字拾补》	《殷拾》
《殷虚文字缀合》	《殷缀》
《殷墟小屯村中村南甲骨》	《村中南》
《英国所藏甲骨集》	《英藏》
《云间朱孔阳藏戬寿堂殷虚文字旧拓・甲骨文集锦・殷虚文字之余》	《殷余》
《战后南北所见甲骨录・辅仁大学所藏甲骨文字》	《南辅》
《战后南北所见甲骨录・明义士旧藏甲骨文字》	《南明》
《战后南北所见甲骨录・南北坊间所见甲骨录》	《南坊》
《战后宁沪新获甲骨集》	《宁沪》
《张世放所藏殷墟甲骨集》	《张世放》

续表

全　称	简　称
《中国国家博物馆馆藏文物研究丛书·甲骨卷》	《国博》
《中国社会科学院历史研究所藏甲骨集》	《历史所》
《缀兴集——甲骨缀合与校释》	《缀兴》
《醉古集——甲骨的缀合与研究》	《醉古》

目　录

第一章

𠂤组卜辞的分类与系联整理研究

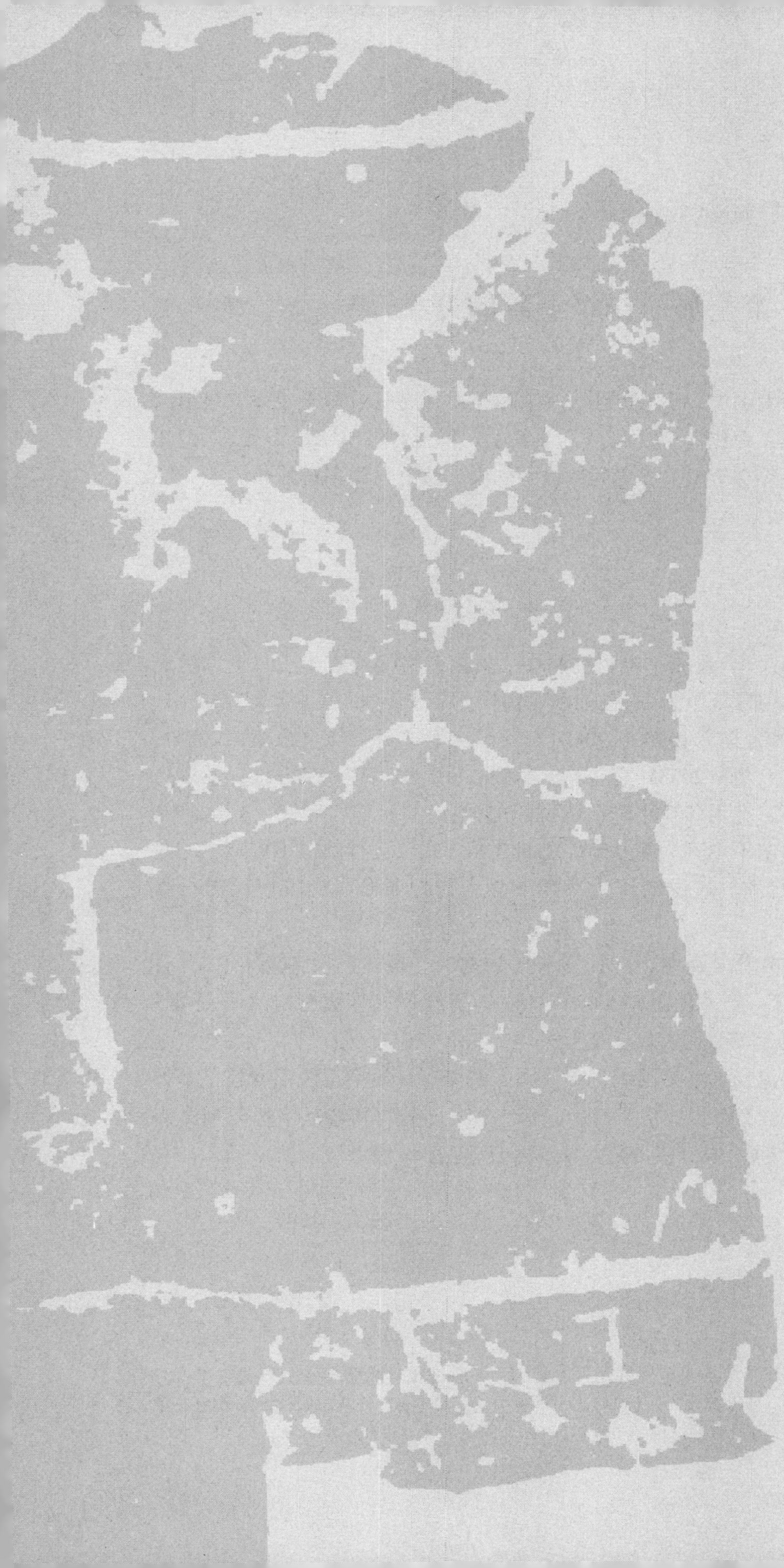

第一节　自组卜辞的分类

自组卜辞主要分为大字类、小字类两大类。依据字体特征及组合关系，自组大字类可分出大字类附属；自组小字类可分为三小类，其中自组小字三类又有 A、B 两个亚类；介于自组卜辞与历组卜辞之间的自历间类，接近自组卜辞风格，于此一并论述。依次讨论如下。

一、自组大字类

本类卜辞共计 266 片①，殷墟小屯村的村中、村南、村北均有出土，但以村北所出为多。龟骨并用，但以龟甲为主。② 前辞主要作“干支卜某”（《合集》19761、19798）、“干支卜”（《合集》19950、20134）、“干支卜某贞”（《合集》20547、21373）、“干支贞”（《合集》20351、《屯南》643）、“干支卜贞”（《合集》20583）等形式。无占辞、兆辞，有用辞“用”（《合集》20015）、验辞“允使”（《合集》19907），二者均缀于辞末不单刻。部分刻辞之间有界划线，且行款很不规范，有时同版之上可以有几种行款，这说明作为早期卜辞，其尚未形成比较规律的行款布局。

本类卜辞的记月方式作“某月卜”（《合集》21407、21408）、“在某月”（《合集》19946 反）、“某月”（《合集》20079）。记事刻辞仅见骨面刻辞（《合集》20646）。目前本类确定无疑的贞人除“王”外，只有“扶”一人。

本类卜辞笔道浑圆流畅、字体圆润且字较大。本类卜辞的字写法很有特色，如“戌”作、“雨”作、“酉”作、“月”与“夕”不分。其特征字择要列入表 1-1，特征片可举《合集》19761、19907、19946 反等为例，见图 1-1。

---

① 统计数字乃缀合之后数字，下文均同。

② 黄天树、张世超二位指出本类龟骨并用，以骨为主，通过核对相关著录书可确定甲或骨者，我们发现用甲多于用骨。详见黄天树：《殷墟王卜辞的分类与断代》，科学出版社，2007 年，第 11 页；张世超：《殷墟甲骨字迹研究——自组卜辞篇》，东北师范大学出版社，2002 年，第 129 页。

表 1-1 自组大字类特征字举例

丙	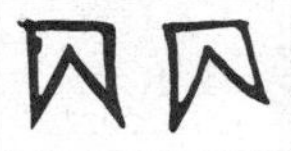	庚		子		卯		辰	
巳		未		申		酉		戌	
贞		兄		㞢		雨	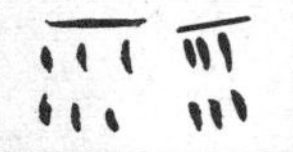	酒	
用		叀		止		牛	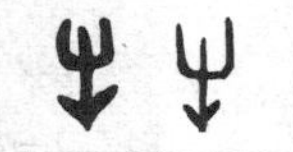	父	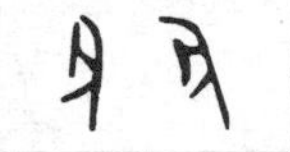
于		翌		疾		降		围	
商		御		其		宰		方	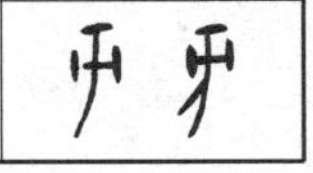

a）《合集》19761

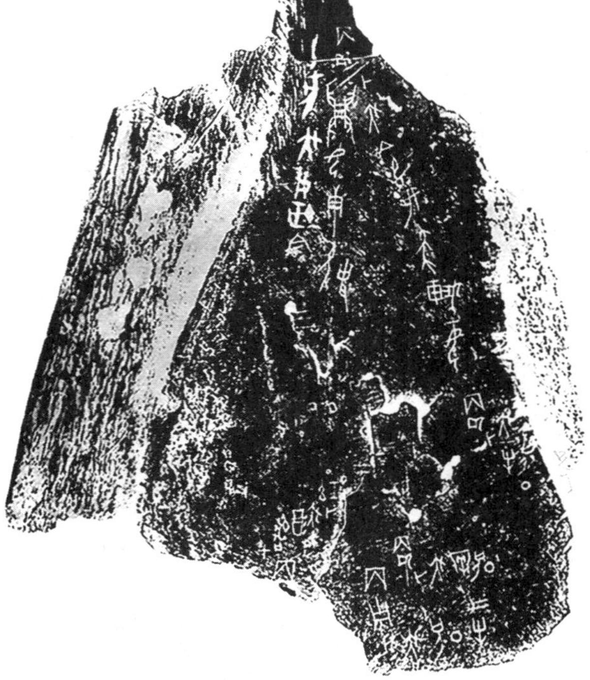

b）《合集》19907

c）《合集》19946 反

d）《合集》20045

e）《合集》20278

图 1–1　自组大字类特征片举例

本类卜辞提到的人物有伯𦀚（或单称𦀚）、㞢伯、甫、子宋、子权、子弜等，其中伯𦀚、甫等多见，子权、子弜仅见于本类。

本类卜辞大多残缺不全，就完整卜辞来看，主要是关于祭祀和战争的卜辞。其中，祭祀类卜辞涉及的祭祀对象主要为祖乙、父庚、上甲、示壬、祖丁、妣己、妣癸、兄丁、父乙、母庚等，祭法主要是㞢祭，亦有祼、燎、岁祭等；战争类卜辞主要是关于商王朝与方的战争。

二、自组大字类附属

本类卜辞 30 多片，殷墟小屯村的村中南、村北均有出土，主要出于村北。主要用胛骨，龟甲较少。本类卜辞字体多样，书写风格有些潦草，字形与自组大字类区别比较明显。前辞主要作“干支某”（《合集》19957 正）、“干支贞”（《缀汇》217）、“干支卜贞”（《村中南》341、342）、“干支卜王”（《合集》19957 正）等形式。未见占辞、验辞、兆辞、用辞，只有序辞。其特征字择要列入表 1–2，特征片可举《合集》19773、19956、19957 为例，见图 1–2。

表 1-2　自组大字类附属特征字举例

庚		子		寅		辰		巳	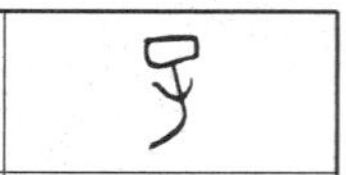
午	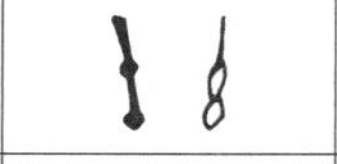	未		申	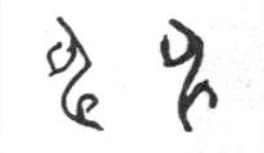	酉		戌	
贞		伐		用		受		㞢	
于		囚	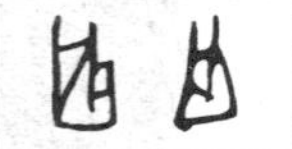	牢		弜		围	

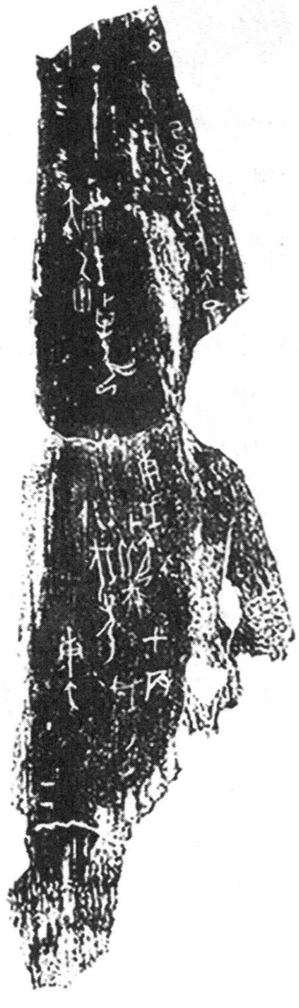

a）《合集》19773

b）《合集》19956

c）《合集》19957 正　　d）《合集》19957 反

图 1-2　自组大字类附属特征片举例

本类卜辞提到的重要人物有[illegible]、雀、疋等，敌国有[illegible]方、失等。

本类卜辞既有“大乙”（《村中南》341）称谓，亦有“唐”（《缀汇》592）的称谓；自组小字类卜辞中常见“大乙”“唐”的称谓；宾组卜辞中常见“唐”的称谓，未见“大乙”称谓；而历组卜辞中常见“大乙”称谓，未见“唐”的称谓。

本类卜辞数量较少，内容主要与祭祀有关。祭法主要为㞢祭，亦有燎祭。祭牲与自组大字类相似，女性先妣的祭牲主要为豕；男性先祖的祭牲主要为牛、牢，亦有部分用豕。

三、自组小字类

自组小字类依据字体可进一步分为三小类，其中自组小字三类又有 A、B 两个亚类，概述如下。

（一）𠂤组小字一类

本类卜辞380片左右，殷墟小屯村的村南、村北均有出土，主要出于村北。甲骨并用，主要用甲，尤其常见背甲。贞人有“王”（《合集》5339）、“勺”（《合集》19778）、“扶”（《合集》19847）、“自”（《合集》20025）、“由”（《合集》19774）。前辞主要作“干支卜某”（《合集》5339、6783）、“干支某”（《缀汇》777）、“干支卜”（《拼三》809）、“干支卜贞”（《合集》19863+①）、“干支贞”（《契合》165）、“干支卜某贞”（《合集》19928、20122）、“干支曰”（《合集》20044）等形式。

本类卜辞字体稍长，写法不一，如《合集》21021的“贞”字有五种写法；“月”“夕”不分，中间均不加小点；“其”“以”等字写法均比较有特点，易与𠂤组其他卜辞区分。其特征字择要列入表1-3，特征片可举《合集》19817、19847、20470等为例，见图1-3。

表1-3　𠂤组小字一类特征字举例

丙		戊		庚	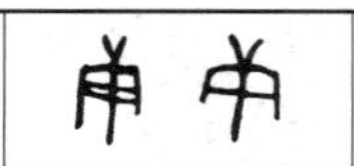	子（干支）	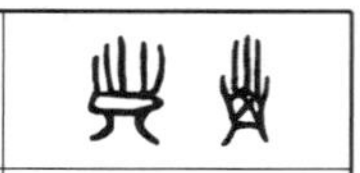
卯	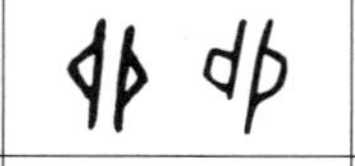	辰		巳		午	
申		戌		亥	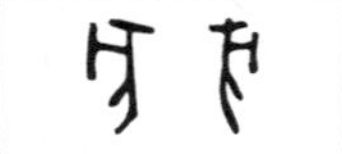	贞	
隹		叀		于		昃	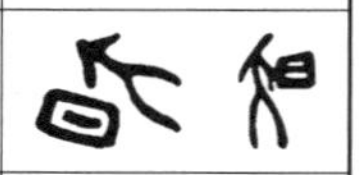
河	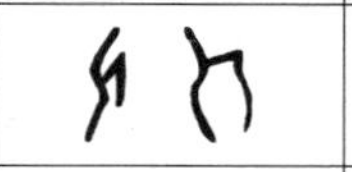	方		有（祐）		御	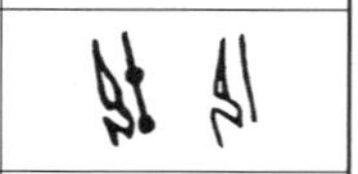
作		翌		以		用	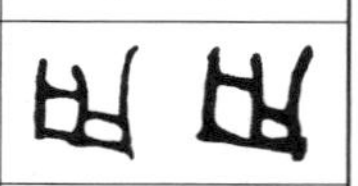
西	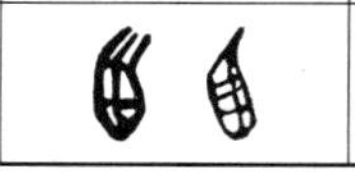	其		旬		不	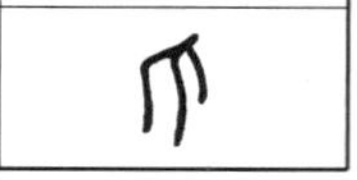

① 蒋玉斌：《殷墟B119、YH006、YH044三坑甲骨新缀》，载《中国文字研究·2007年第一辑》（总第八辑），大象出版社，2007年，第15页。

a）《合集》19817

b）《合集》19847

c）《合集》20470

d）《合集》20898

e）《合集》21054

图 1-3　自组小字一类特征片举例

本类卜辞有占辞，与其他组类不同的是，本类占辞不见“王占曰”，占辞形式以“由占曰”“由曰”为主。有验辞，多合书，如“允不”（《合集》20572）、“允雨”（《合集》20960）、“允启”（《合集》20990）。兆辞为“二告友”（《合集》18145、3688+①）。记月方式作“某月”，多作上下分书，部分作左右合书。最大月份为“十二月”，未见“十三月”。“十一月”多作左右合文，如、、，亦有部分作上下合文之形，如《合集》20818；“十二月”亦有此种情况，如《合集》20196。

本类卜辞的主要内容多与气象、战争有关，祭祀类卜辞比较少见。就目前所见，祭法主要为㞢祭，祭牲主要是羊、豕，亦有部分用牛、羌。

（二）自组小字二类

本类卜辞是自组小字类卜辞中数量较多的，大致有 800 片。龟骨并用，但以龟甲为主，骨较少。前辞主要作“干支卜某贞”（《合集》54、799）、“干支卜某”（《合集》19853）、“干支卜”（《合集》11660）、“干支贞”（《合集》3446）、“干支卜贞”（《合集》4951）、“干支卜某曰”（《合集》20070）等形式。贞人有“㣇”（《合集》16670）、“王”（《合集》19758）、“由”（《合集》19754）、“勺”（《合集》19884）、“扶”（《合集》19891）。

本类卜辞书写规整，多用折笔，特别是“贞”字作方耳的形，不但在自组小

① 蒋玉斌：《殷墟 B119、YH006、YH044 三坑甲骨新缀》，载《中国文字研究·2007 年第一辑》（总第八辑），大象出版社，2007 年，第 15 页。

字类卜辞中比较容易区分，就是在整个王卜辞中亦比较容易区分。其他如“戊”“戌”二字本类基本作、等形，戈柲上部无横笔，与自组小字一类、三类很容易区别。其特征字择要列入表 1-4，特征片可举《合集》19771、19779、19800 等为例，见图 1-4。

表 1-4　自组小字二类特征字举例

戊	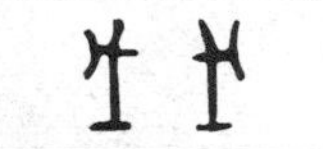	庚		子（干支）		卯	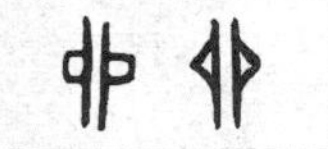
辰		申		酉		戌	
亥		贞		方	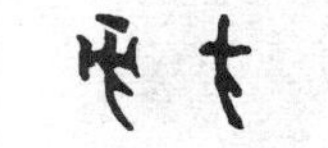	其	
牛		以		勿		作	
子（子某）		翌		叀		围	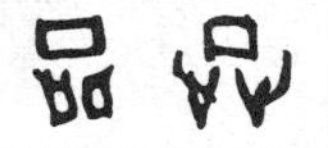
获		鼬		冥（娩）		用	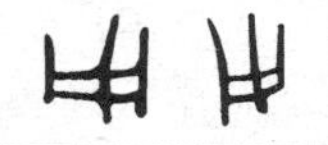

a)《合集》19771

b)《合集》19779

c）《合集》19800

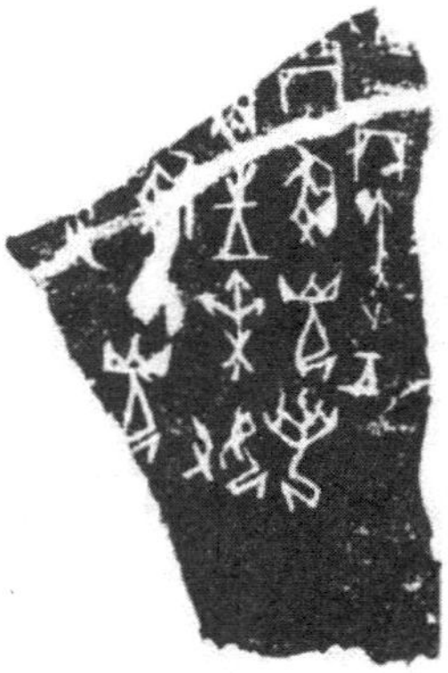

d）《合集》20057

e）《合集》20075

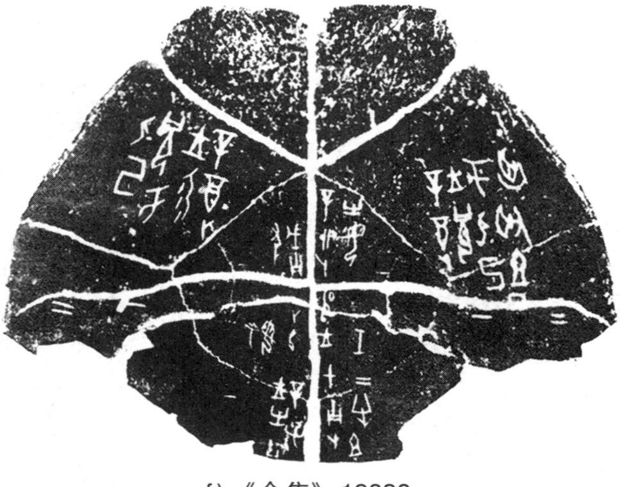

f）《合集》19890

图 1–4 𠂤组小字二类特征片举例

本类卜辞的纪月方式为“某月”，多作上下分书，亦有部分作左右合书，所见最大月份为“十二月”，未见“十三月”。有甲尾刻辞（《合集》20036），有兆辞“二告”“不[illegible]”（《合集》20228），有些卜辞有占辞（《合集》20534），但占卜主体并不是宾组卜辞常见的“王”，而是“由①”，形式为“由曰”“由占曰”。

本类卜辞中的主要称谓有“母庚”（《合集》20706）、“父乙”（《合集》19771）、“父戊”（《合集》2300）、“四父”（《合集》2331）、“父甲”（《合集》19913）、“父辛”（《合集》19923），未见“父庚”与“盘庚”，但有“四父”称谓，此种称谓在卜辞中仅此一见。

本类卜辞的内容主要与祭祀、战争有关。祭法主要是㞢祭，亦有部分用御祭；男性先祖和女性先妣的祭牲主要是羊、豕、犬，有部分祭牲为牛，但仅用于男性先祖。战争双方主要为商与方。

（三）𠂤组小字三类

本类卜辞160片左右，大多数为非科学发掘，其中科学发掘出土的仅30片左右，殷墟小屯村的村南、村北均有出土。龟骨并用，以龟甲为主。前辞主要作“干支卜”（《合集》19802、20931）、“干支卜某”（《合集》19862、19886）、“干支贞”（《合集》19980、20378）、“干支卜贞”（《合集》20516、33069）等形式。未见占辞，有用辞（《合集》19879）、验辞（《合集》20398）。纪月方式作“某月”“在某月”（《合集》20644）、“某月卜”（《合集》21221）。贞人有“扶”“衖”。记事刻辞有甲尾刻辞（《合集》20053）、甲桥刻辞（《屯南》4515）。

本类卜辞据字形结构及书体风格等因素，可细分为A、B两类。一般来说，A类字体狭长、笔画较细、书写较乱。其特征字择要列入表1-5，特征片可举《合集》19838、19875、20398等为例，见图1-5。

表1-5　𠂤组小字三A类特征字举例

庚	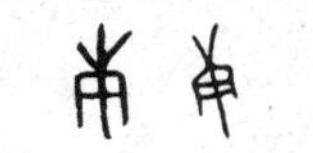	子（干支）	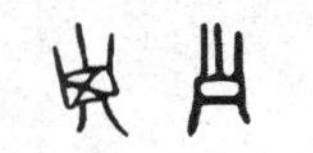	卯	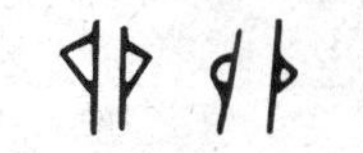	辰	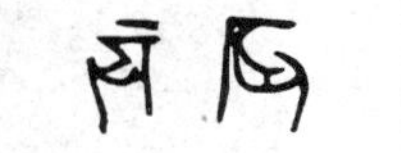
巳		未		申	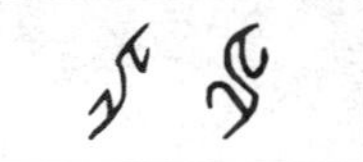	酉	
戌		亥		贞		父	

① 1983年，由中国社会科学院考古研究所安阳工作队在大司空村东南的豫北棉纺厂东部发掘的M663墓出土了一件觚和三件铙，其上铭文为“由”“由”（此字刘一曼先生从于省吾先生释为“甾”），刘一曼先生指出M663的墓主属甾族，并据墓中出土器物认为墓主生前可能曾担任过殷王朝的贞人且有较高的政治地位和权力。说见刘一曼：《殷墟考古与甲骨学研究》，云南人民出版社，2019年，第416—417页。

续表

王		弗		翌		以	
昃		受		牛		于	
伐		用		不		其	
雨							

a）《合集》19838

b）《合集》19875

c）《合集》20530

d）《合集》20578

e）《合集》20398

图 1-5　𠂤组小字三 A 类特征片举例

B 类笔画相对较粗，书写比较整齐，虽然部分字的写法与 A 类相同，但有些字如“庚”“子（干支）”“用”等与 A 类区别比较明显。本类卜辞与𠂤历间类卜辞联系较为密切，但二者之间的字形还是有些差别的。其特征字择要列入表 1-6，特征片可举《合集》19822、19831、19834 等为例，见图 1-6。

表 1-6　𠂤组小字三 B 类特征字举例

庚		子（干支）		丑		卯	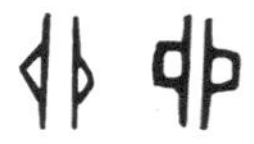
未		申	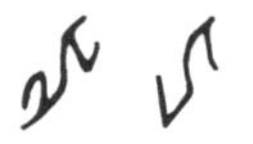	酉		戌	

续表

辰	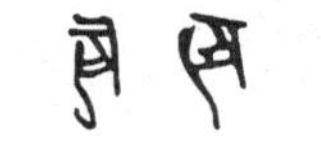	亥	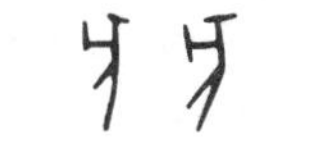	易		王	
受		羊		伐		于	
雨		御		来		不	
才（在）		雀		囚		用	

a）《合集》19822

b）《合集》19831

c）《合集》19834

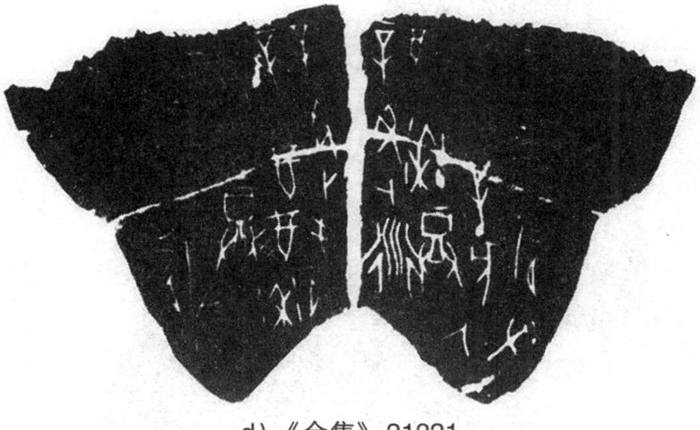

d）《合集》21221

图 1-6　自组小字三 B 类特征片举例

本类卜辞数量较少，且多为残辞，其完整者内容主要涉及战争、祭祀等方面。祭祀内容与自组小字一类、小字二类没有太大区别。与战争有关的内容主要是伐归、敦通、敦缶、执缶，其中伐归、敦通与自历间类卜辞相联系，敦缶、执缶与宾组卜辞相联系。

四、𠂤历间类

𠂤历间类是𠂤组与历组之间的连锁，附属于𠂤组。本类卜辞字体较小，多折笔。其特征字择要列入表1-7，特征片可举《合集》20038、22404、34120等为例，见图1-7。

表1-7　𠂤历间类特征字举例

庚		子（干支）		丑		辰		巳	
午		未		申		酉		戌	
亥		囚		贞		易		获	
伐		雨		祖		不		王	
又		大		翦		其			

a）《合集》34991

b）《合集》20038

c)《合集》22404

d）《合集》34120

图 1-7　自历间类特征片举例

本类卜辞前辞一般作“干支卜”或“干支卜贞”，有自组常见的甲尾刻辞（《甲编》232）。比较特殊的是，对先人的称呼往往有日名在前的情况，如“甲大”（《合集》33180）、“乙大”（《合集》32559）、“丁祖”（《合集》34010）、“庚妣”（《合集》22136）等。占卜内容上，有一种卜问商王出行的卜辞，其形式作“干支卜：王步，干支易日”（详见自历间类“可能有联系的卜辞”第三组），很有特色。相同形式又见于历组一类（详见历组一 A 类“有联系的卜辞”第六组）。

第二节　自组卜辞的系联

一、自组大字类卜辞的系联

（一）有联系的卜辞

第一组

（1）乙巳：方至？ 1
（2）丁未卜王：令夙田？ 2
（3）戊申卜王：令庚追方？ 2
（4）戊申卜王：裸兄戊？ 2
（5）…庚追方？ 2
（6）…裸兄□？ 2
（7）戊午卜扶：令牧伯追先郁？ 3
（8）戊午卜扶：令䍱…比，擒？ 3
（9）癸亥卜扶：方至今日？ 4
（10）乙丑王：柞郁方？ 5
（11）乙丑王：方麓郁？ 5
（12）乙丑卜扶：戠，弜史人… 3
（13）乙丑卜扶：[illegible]乎来？ 3
（14）丁卯卜：王耶兄戊，辛王？ 3
（15）丁卯卜扶：王耶父戊？ 3
（16）己巳卜王：方围？ 5
（17）今丁方围？ 6
（18）□辰卜：王耶⿰糸尹㞢？ 5
（19）己巳卜王：㞢艮司以丙？ 7
（20）己巳卜… 7
（21）己巳卜… 7

(22) 己巳卜：示亡囚？ 8
(23) 庚午卜王：方至今日？ 7
(24) 乙亥卜：令虎追方？ 8
(25) 己□卜：史人妇伯紳？ 8
(26) 疾。疾。二十羊。 8
(27) 贞。 8
(28) 甲戌。 8
(29) 丙子卜王：亡㞢妣？ 8
(30) 丙子。 8
(31) 丁酉卜王：妣？ 8

1《合集》20484　2《合集》20462　3《合集》20017　4《合集》20483　5《合集》20624　6《合集》20441　7《合集》19777　8《合集》20463

本组系联以方之来至与追击为主要线索，其余同版卜辞均为一时之卜。

第二组

(1) 戊辰卜贞：夫亡囚？七月。 1
(2) 庚辰[卜]王：弗疾朕天？ 2
(3) 壬午卜扶：奏山、𢆶南，雨？ 2
(4) □申卜王：㞢祖丁？ 3
(5) 甲申卜：御雀父乙一牛？用。 1
(6) 甲申卜贞：雀[不]殟？七月。允不。 1
(7) 甲申卜贞：雀不殟？允不。 4
(8) 甲申卜贞：雀其殟？不。 4
(9) 丙戌卜：又勺大丁五牢？ 4
(10) 丁亥卜：㞢大乙五牢？庚寅。 1
(11) 丁亥卜王：酒御… 3
(12) 戊子卜…父乙三… 3
(13) 己丑卜：舞羊，今夕从雨？于庚雨。 2
(14) 己丑卜：舞[羊]，庚从雨？允雨。 2
(15) 庚寅卜贞：㞢祖辛五牢？用。辛[卯]。 4
(16) 庚…甲… 4

（17）甲… ❷❺

（18）…王舞？允雨。 ❺

（19）…王… ❸

（20）癸巳卜：㞢丁祖？ ❻

（21）…五百宰？ ❼

（22）…羊，雨？ ❼❽

（23）丙申卜贞：㞢祖丁五牢？用。丁酉。 ❶

（24）［丙申］卜贞：祖丁五牢？丁酉。 ❹

（25）贞：㞢祖丁三牢，不？ ❶

（26）贞：三牢祖丁，不？ ❹

（27）丙申卜王：㞢祖丁？ ❼

（28）丁酉卜扶：燎山、羊、[illegible]豕，雨？ ❼

（29）御十宰？ ❼

（30）丙辰贞：㞢大丁五牢？用。丁巳。 ❶

（31）己未卜：㞢大庚三牢，不？ ❶

（32）己未贞：弜㞢大庚？用。 ❶

（33）己未卜贞：叔弜㞢大庚？用。 ❹

（34）辛酉贞：子通… ❶

（35）辛酉卜：于十一月立人？ ❶

（36）辛酉卜：于十二月立人？ ❶

（37）辛酉卜…于…［曰］一月立［人］？ ❶

（38）［辛］…王出若？九月。 ❶

❶《村中南》341　❷《合集》20975　❸《合集》19871　❹《村中南》342　❺《合集》20979　❻《合集》40850　❼《合集》20980+[1]　❽《合集》20981

❶❹属自组大字类附属。辞（1）之“夫”或即“天”字简体，读作“颠”，与辞（2）有关。辞（3）（28）祭祀之方式与对象皆相近，应为一事之卜。辞（4）（23）（25）（27）“㞢祖丁”亦可相互系联。辞（13）（14）“舞羊”与（18）（22）残辞可能有关。

① 谢湘筠：《殷墟甲骨新缀二十组》，《东华人文学报》2007年第十一期。

（二）可能有联系的卜辞

第一组

（1）己酉卜王… 1
（2）甲寅卜王：令𦁊史…于余延？ 1
（3）庚申卜王：叀余令伯𦁊史旅？ 1
（4）癸未卜王：伯𦁊乎…七月。 2
（5）庚□［卜］扶：王叀王…𦁊？ 3
（6）…王勿乎伯𦁊史？ 4
（7）□□［卜］：𦁊史？ 5
（8）贞：𦁊史？ 5

1《合补》6613　2《合集》20090　3《合集》20094　4《合集》20091　5《合集》20092

本组卜辞围绕“伯𦁊史”展开，可能存在联系。

第二组

（1）壬辰卜扶：执今勿入，不涉？ 1
（2）癸巳卜王：方… 2
（3）…戈…月。 2
（4）甲午卜扶：令去襄求方？ 1
（5）丙申卜王：方𦞦盥… 3
（6）丁酉卜：乎多方励𠂇？ 4
（7）己亥卜扶：方围商？ 5
（8）允𦁊祝降。 5
（9）己亥卜王：求方我？ 6

1《合集》20464　2《合集》20621+[①]　3《屯南》4429　4《合集》21479

① 蒋玉斌：《甲骨新缀35组》（更新第30组），先秦史研究室网站，https：//www.xianqin.org/blog/archives/2576.html，2012年2月22日。

5《缀续》502+① 6《合集》20466

本组系联诸辞均围绕“方”展开，干支相近，可能是一时之卜。

第三组

(1) 庚申卜扶：用侯兄丁？ 1
(2) …侯兄丁… 2
(3) …岁雍己牢… 2
(4) …勺岁… 2

1《缀汇》551 2《合集》20014+②

辞（1）（2）可能存在联系。

第四组

(1) 庚子卜扶：夕㞢伐父庚，不我？ 1
(2) 庚戌卜扶：夕㞢盘庚伐，卯牛？ 2
(3) □□卜：㞢盘庚百宰？ 3

1《拼二》338 2《合集》19798 3《合集》19917

辞（1）（2）应为一事之卜。

第五组

(1) 戊午卜扶：㞢祖乙母妣己一羊、二豕？ 1
(2) 㞢祖丁母妣己豕？ 1
(3) [戊]寅卜：㞢二宰父乙？ 1
(4) [戊]寅卜扶：㞢宰父乙？ 1
(5) 乙□[卜]扶：㞢妣己二羊、二豕？不。 2

1《合集》19931 2《合集》19883

（1）（5）两辞可能存在联系。

---

① 陈逸文：《〈甲编〉缀合 26 例》，先秦史研究室网站，https：//www.xianqin.org/blog/archives/3803.html，2014 年 3 月 6 日。

② 陈逸文：《〈殷虚文字甲编〉新缀十二组》，《淡江中文学报》2013 年第二十九期。

二、𠂤组大字类附属卜辞的系联

（一）有联系的卜辞

第一组

（1）丙寅卜：㞢妣母…卢[豕]？ 1
（2）□戌卜：㞢妣母己卢豕？ 1
（3）庚午卜：㞢妣、母甲卢豕？ 2
（4）辛未王：令伐，先咸戊？ 3
（5）癸酉[卜]：自及疋、？ 2
（6）癸酉卜：疋于桒次？ 2
（7）鹿。 2 3
（8）…皿…𠂤…… 4
（9）…辛巳。 4
（10）辛巳桒祖辛、父□，在𡆥。 5
（11）壬寅卜王：令围伐，河先，于卫… 3
（12）壬寅：卫围戎我于卫？ 3
（13）壬寅：乎围伐，□卫戎… 3
（14）癸酉[卜]：疋于入刃比？ 2
（15）壬辰卜：㞢母癸卢豕？ 3
（16）癸巳卜：㞢母甲卢豕？ 3
（17）甲午卜：㞢母乙卢豕？ 3
（18）甲午。 3
（19）乙未卜：㞢母卢豕？ 3
（20）卢。 3
（21）丙午卜：㞢母癸…申… 4
（22）□□卜：㞢母壬卢豕？ 4
（23）壬子卜贞：在六月，王在𡆥？ 6
（24）丁巳卜：㞢父戊？ 6

(25) 丁巳卜：㞢咸戊？ 6
(26) 戊午卜贞：[illegible]不丧在南土囚，告史？ 5
(27) 戊午卜：[illegible]克贝，㠱南封方？ 5
(28) 己未𥝌□，在壴。 5
(29) 己未卜：隹[illegible]方其克贝，[illegible]在南？ 5
(30) 己未卜贞：多冒亡囚，在南土？ 5
(31) 己未卜贞：多冒亡囚，在南土？ 5
(32) 己未卜[贞：多]冒亡囚，在南土？ 5
(33) 庚申卜贞：雀亡囚，南土冎告史？ 5
(34) 庚申卜贞：雀亡囚，南土冎告史？ 5
(35) 庚申卜贞：雀亡囚，冎告史？ 5
(36) 辛酉卜贞：雀亡囚，南土冎告史？ 5
(37) 辛酉卜贞：雀亡囚，南土冎告史？ 5
(38) 辛酉卜贞：雀亡囚，冎告史？ 5
(39) 壬戌卜贞：多冒亡囚，在南土冎告史？ 5
(40) 壬戌卜：㞢母壬卢豕？ 5
(41) 壬戌卜：㞢母壬卢豕？ 5
(42) 壬戌卜：㞢母癸卢豕？ 5
(43) 壬戌卜：㞢母癸卢豕？ 5
(44) 壬戌卜：㞢？ 5
(45) 壬戌卜：㞢母壬卢豕？ 5
(46) 癸亥卜：㞢母庚卢豕？ 5
(47) 癸亥卜：㞢母庚卢豕？ 5
(48) 癸亥卜：㞢母萑卢？ 5
(49) 癸亥卜：㞢母萑卢？ 5
(50) 癸亥卜：㞢母萑卢？ 5
(51) 癸亥卜王曰：叀余自□□丁亥？ 6
(52) 甲子卜：千授王又？ 6
(53) 乙丑卜：示授王又？ 6
(54) 庚午卜贞：王冒亡囚，在南土？ 6
(55) 辛未卜：祼大乙，执山其征盾，翦失、贾？ 6
(56) 甲戌[卜]扶…自上甲牛… 7

(57) 甲戌[卜]扶：于来丁酉父乙㫥？ 6
(58) …叀翌丁父乙㫥？ 7
(59) 乙亥卜：桒㞢大乙？ 6
(60) 丙子卜：桒㞢大丁？ 6
(61) …千其粪㝵方？ 6
(62) …𠬝弜…千… 6

1《合集》19958　2《合集》19956　3《合集》19957　4《合集》19970　5《合集》20576　6《合集》19946　7《合补》6574

1—5各版均有以“卢豕”㞢祭诸母的相关卜问，应存在一定联系。辞（10）（23）之“在𢆶”，辞（30）—（32）与辞（39）（54）之“冒亡囚，在南土”存在联系，由此可将6系联起来。

（二）可能有联系的卜辞

第一组

(1) 丙寅卜：逐麋，擒？ 1
(2) 己巳卜：逐麋，擒？ 2
(3) [庚午卜]：逐麋，擒？ 2
(4) 辛未卜：逐麋，[擒]？ 2
(5) 壬申卜：逐麋，擒？ 2
(6) [癸]酉卜：逐麋，擒？ 2
(7) 甲子卜：逐麋，擒？ 1
(8) 乙丑卜：逐麋，擒？ 1
(9) 丙寅卜：逐麋，擒？ 1
(10) 癸酉卜：逐麋，擒？ 1
(11) 甲戌卜：逐麋，擒？ 1
(12) 壬辰卜：逐麋，擒？ 1
(13) 癸巳卜：逐麋，擒？ 1
(14) 甲午卜：逐麋，擒？ 1
(15) 乙未卜：逐麋，擒？ 1
(16) [戊]戌卜：[逐]麋，擒？ 1

(17) 庚子卜：[逐麋，擒]？ 1
(18) □[丑]卜：逐麋，擒？ 1
(19) 壬寅卜：逐麋，擒？ 1
(20) 癸卯卜：[逐]麋，擒？ 1
(21) 辛酉卜：逐麋，擒？ 1
(22) 壬戌[卜]：逐[麋]，擒？ 1
(23) 癸亥卜：[逐麋]，擒？ 1
(24) 丁□[卜：逐]麋，擒？ 1
(25) [戊]□[卜：逐]麋，擒？ 1
(26) □□[卜]：逐麋，擒？ 1
(27) □[未]卜：[逐]麋，擒？ 1
(28) □申卜：逐[麋，擒]？ 1
(29) □□[卜：逐]麋，擒？ 1
(30) □□卜：逐麋，擒？ 1

1《合集》35261 部分+① 2《醉古》240

两版卜辞内容均为“逐麋”，且格式一致，可能为一时之卜。

第二组

(1) 壬申卜：㞢大甲三十牢？甲戌。 1
(2) 癸酉：㞢大甲十牢？ 2
(3) …大甲九牢？ 2

1《合集》19828 2《合补》6545

壬申、癸酉干支相连，皆卜问以㞢祭大甲，可能为一事之卜。

① 蒋玉斌：《说〈合集〉35261逐麋大骨缀合的问题》，载《甲骨文与殷商史》（新二辑），上海古籍出版社，2011年，第292页。

三、自组小字一类卜辞的系联

（一）有联系的卜辞

第一组

(1) 丙寅卜：今日方其至不？ 1
(2) 丙寅卜：今屮御蔑？ 2
(3) 丁卯卜：今日方至，不至？ 2
(4) 庚午卜扶：日雨？ 3
(5) 庚午卜扶曰：弗龠雨？允多。 3
(6) 庚午卜… 2
(7) …北雨？允雨。 1
(8) …壬雨？允雨。 1
(9) …雨…祝，夕。 3
(10) □申卜：方其围？今允雨。 4
(11) 癸酉卜贞：方其围，今二月印，不执？余曰：不其围。允不。 5
(12) 癸酉卜：方至今不？ 6
(13) 丙子卜：方… 6
(14) 丙子卜：今日雨舞？ 7
(15) 丙子卜徭：丁丑启？允启。 4
(16) 丁酉[卜]：来己日雨？ 4
(17) 戊寅卜扶：于方己围？ 8
(18) □方□围？ 8
(19) 于方辛围？ 8
(20) 丁亥卜扶：方至？ 9
(21) 丁亥卜扶：余令曰方其至？ 9
(22) 乙未卜：其雨？ 11
(23) 方于…围[见]… 11
(24) …二月。由。 12

（25）戊戌卜扶：步，今日追方[及]？三月。 7
（26）庚子卜：方至，自今五… 12
（27）□□卜… 7
（28）乙巳卜：今日方其至不？ 13
（29）丙午卜：方其围今日？ 13
（30）丙午卜：今日其雨，大采雨自北，延砅，少雨？ 1
（31）…兄…丁… 1
（32）丙午卜：其生夕雨？癸丑允雨。 2
（33）…阴，不雨。 2
（34）…于小方。 2
（35）…由…其…昃…雨…雨。 2
（36）□□卜…至…余曰…五日…□方？ 13
（37）戊申卜：方⿰口攴自南不其围印？ 14
（38）戊申卜：方⿰口攴自南其围印？ 14
（39）戊申卜扶：余令[方]至不？ 15
（40）贞…牛亡蔑方？ 15
（41）戊申[卜]：�弗及方？[允]…三月。 16
（42）束畀。 16
（43）母。 16
（44）乙卯[卜]：方□其□围□南□？ 17
（45）丙辰卜：戎其见方？三月。 17
（46）丙… 17
（47）丁巳卜：方其亦围？ 18
（48）丁巳卜：步，今日比方不？三月。 19
（49）丁巳卜：匧其见方弗遘？ 10
（50）丁巳卜：翌[戊]其围不？ 20
（51）戊午卜：匧步比方？ 19
（52）…及方刍？ 19
（53）己未卜：匧？ 21
（54）己未卜：今日方其围，不围，延雨自西北，少？ 20
（55）…乎伐？三月。 21
（56）庚申卜：方其围，今日不围？ 20

(57) 辛酉卜：匧其[illegible]冓方？三月。 22

(58) 辛酉卜：方其围今日不？ 20

(59) 方于甲□？ 23

(60) 方于癸围？ 23

(61) …乙围？ 23

1《合集》20960 左　2《合集》20470　3《缀续》499　4《合集》20416　5《合集》20411　6《合集》20409　7《拼二》337　8《缀汇》818　9《合集》20478　10《合集》20413 下　11《合集》20437　12《合集》20481　13《合集》20410　14《合集》20415　15《合集》20477　16《缀汇》1027　17《合集》20417　18《合集》20424　19《合集》20494　20《合集》20413 上+①　21《合集》20804　22《合集》20200　23《合集》20414 左

本组以方之来至为线索系联诸版，干支、月份相近，应为一时之卜。

第二组

(1) 辛酉卜：匧其隹夕囚围方？ 1

(2) 甲子卜：今旬不围衣自… 2

(3) 乙丑卜：围方？ 2

(4) 壬申卜：方方其围不？五月。 2

(5) 壬申卜曰：今桒方多子… 2

(6) 丙申卜：自今五日方衣？不围，衣。 2

(7) 辛丑卜：今日方围？ 2

(8) 壬寅卜：自今三日方不围？不。 2

(9) 乙巳卜：今日方围不？六月。 3

(10) 丙午卜…巫由… 3

(11) 丁未[卜]：今日方围不？ 3

(12) 戊申卜：今日方围不？昃雨自北。 3

(13) 癸酉卜：方至今？七月。 3

(14) 癸酉卜：今雨不？ 3

(15) …不… 3

---

① 蒋玉斌：《甲骨缀合拾遗》（十一组），《华夏考古》2008 年第 3 期。

(16) 丙□卜：啕冕？获十七。 3

1《合集》20199+① 2《合集》20412 部分 3《缀汇》817

本组以“方围”为线索进行系联。

第三组

(1) 癸未卜贞：旬？甲申定人雨。□□雨。十二月。 1

(2) 癸巳卜贞：旬？十二月。 1

(3) 乙未：𡧊母畋老？ 1

(4) 癸卯贞：旬？□申大[风]自北。 1

(5) 癸丑卜贞：旬？甲寅大食雨自北。乙卯小食大启。丙辰中日大雨自南。 1

(6) 癸亥卜贞：旬？一月，昃雨自东。九日辛未大采，各云自北，雷延大风自西，刜云率[雨]，母𩚩日… 1

(7) 癸酉卜贞：旬…二月。 1

(8) 癸酉卜王[贞]：旬？四日丙子一月雨自北。丁雨，二日阴，庚辰。 2

(9) 癸酉卜贞：旬？六日戊寅雨，己雨。至壬阴。 3

(10) 癸巳卜王：旬？二月。四日丙申昃雨自东，小采既，丁酉少，至东雨，允。 2

(11) 癸巳卜贞：旬？之日巳，羌女老，延雨少。二月。 1

(12) …大采日，各云自北，雷，风，[午]雨不延，隹好… 1

(13) 癸亥卜贞：旬？乙丑夕雨，丁卯明雨…采日雨。烈风。己明启。三月。 1

(14) 癸卯卜贞：旬？四月乙巳录雨。 4

(15) 癸丑卜贞：旬？五月庚申寎人，雨自西，夕既。 4

(16) 癸丑卜王贞：旬？八[日]庚申寎，允雨自西，小[采]既，[夕]…五月。 2

(17) 癸亥卜王贞：旬？八日庚午，又祝方曰，在… 2

(18) 癸□[卜]王[贞]…九…亢…羌…六月。 2

(19) [癸]亥卜王贞：旬？甲子祝𠀠方… 2

(20) □□[卜]：王…告…比…[雨]…小。 2

(21) 癸未卜贞：旬？ 4

---

① 蒋玉斌：《殷墟 B119、YH006、YH044 三坑甲骨新缀》，载《中国文字研究 · 2007 年第一辑》（总第八辑），大象出版社，2007 年，第 15 页。

（22）辛亥𠧞雨自东，小… 4
（23）…［虹］西… 4
（24）…申日。 4
（25）壬辰卜□：作不晕？ 4
（26）癸巳卜贞：［三］月…日［象］…伐子…老… 4

1《缀汇》776　2《合集》20966　3《缀汇》581　4《缀汇》165

本组贞旬卜辞之后皆附以详细的气象记录，辞（15）（16）显然为同日之气象，且各版卜辞干支、月份相续，应存在联系。

第四组

（1）丙申卜：媚族光史黽？六月。 1
（2）戊戌卜贞：丁母疾目，不丧明？敚。六月。 1
（3）其丧明？ 1
（4）癸卯卜：今日又司羊？用。七月。 1
（5）癸丑卜：又祖丁豕，用宰？七月。 1
（6）丙辰卜：又祖丁豕，用宰？ 1
（7）辛酉卜：大方不其来围？七月。 2
（8）癸亥卜王：方其敦大邑？ 3
（9）癸亥卜：小方不围今秋印？七月。六日丁卯遘，其围。 1
（10）丁卯卜徣…人于…御小方…七月。 4
（11）戊辰卜徣：乎岍求小方，我敚。七月。 5
（12）癸酉贞：旬？八月。 1
（13）丙子卜：小方不其围，今八月允不？ 2
（14）［丁］丑卜徣：令□出，至庚辰不？八月。 2
（15）丁丑卜徣：［勿］令… 2
（16）丁丑卜：小方其围，今八月不？ 6
（17）□丑卜：小方［其］围，［今］八月□？ 7
（18）丁丑卜：小方不围，今八月？ 7
（19）…小方不其… 7
（20）□辰卜王…于大方…敦印，不执？九月。 8
（21）□□卜… 8

（22）庚辰… ❽

（23）大方伐□啚二十邑…庚寅雨…自南二□… ❾

（24）…西…雨… ❾

❶《合集》19863+① ❷《合集》20163+② ❸《合集》6783 ❹《合集》20471 ❺《合集》20472 ❻《合集》20473 ❼《合集》20474+③ ❽《合集》20468 ❾《合集》6798

本组以“大方”“小方”之围为线索进行系联。

（二）可能有联系的卜辞

第一组

（1）甲子卜：燎于滴麗虎？十一月。 ❶

（2）丙寅卜：又涉三羌，其得印？ ❶

（3）丙寅卜：又涉三羌，其圅，至自印？ ❶

（4）丙寅卜：羌其圅，涉河印，不圅？ ❶

（5）涉三羌，既获印？ ❷

（6）毋获印？ ❷

（7）涉三羌其得，复右行？ ❷

（8）癸巳［卜］扶：有虎？ ❷

（9）辛丑卜自：自今至于乙巳日雨？乙阴，不雨。 ❷

（10）自今至于乙巳不雨？ ❷

❶《拼三》809 ❷《缀汇》777

辞（2）（3）与（5）（6）（7）可能是一事之卜。

① 蒋玉斌：《殷墟B119、YH006、YH044三坑甲骨新缀》，载《中国文字研究·2007年第一辑》（总第八辑），大象出版社，2007年，第15页。

② 蒋玉斌：《甲骨旧缀之新加缀》，先秦史研究室网站，https：//www.xianqin.org/blog/archives/4887.html，2014年12月25日。

③ 蒋玉斌：《蒋玉斌甲骨缀合总表》（300组），先秦史研究室网站，https：//www.xianqin.org/blog/archives/2305.html，2010年3月20日。

第二组

(1) …十月。 ❶
(2) 甲申卜贞…月。 ❷
(3) …亡至囚? ❷
(4) 辛亥卜：方围? 今十一月孚。 ❷
(5) 辛亥卜：方至? 不至…告。延风。 ❸
(6) …至不? ❸
(7) 辛亥卜：方围今… ❶

❶《合集》20422 ❷《合集》20818 ❸《合集》20486

辞（4）（5）（7）可能是一时之卜。

第三组

(1) 甲戌卜：翌乙亥至卯围冤，不往? 往冤，䟒弜… ❶
(2) 丁丑卜：今日令匿入冤，不遭? 鬼日，允不。兔十四。 ❷

❶《合集》20775 ❷《合集》20772

两辞皆与“冤”有关，干支相续，先围后入，可能存在联系。

第四组

(1) 己亥卜：不遭，雨，狩玟印? ❶
(2) 庚子卜：不遭，大风，狩玟? ❶
(3) 庚子卜：狩玟，不菁戎? ❶
(4) 庚子卜：匿步不遭，步鬼? ❶
(5) 步，不延取? ❶
(6) 庚子卜：于戊步? ❶
(7) 于辛丑狩玟，步延取? ❶
(8) 辛丑卜：匿狩玟，其菁虎…九月。 ❶
(9) 辛丑卜：狩玟，其… ❶
(10) 庚戌卜：今日狩，不其擒印? 十一月。 ❶

(11) …狩玟? ❷
(12) 不玄。 ❷

❶《合集》20757　❷《合集》20758

辞（11）残缺，可能与❶诸辞存在联系。

第五组

(1) 癸亥：夕，甲从斗? ❶
(2) 甲子：夕，乙从[斗]? ❶
(3) 甲子：夕，乙从斗? ❷
(4) 乙丑：夕? ❸
(5) 乙□卜… ❸
(6) 丙寅卜：夕? ❷
(7) 丁卯卜：夕? ❷
(8) 戊辰卜：夕? ❷
(9) 己巳：夕? ❸
(10) □从斗? ❸
(11) □未：夕? ❸
(12) 庚午卜：夕? ❹
(13) 辛未：从斗? ❹
(14) 辛未：从斗? ❹
(15) 乙□卜… ❹
(16) 辛未卜：夕? ❺
(17) 癸酉卜扶：旬? ❻
(18) 癸酉卜：夕，己从斗? ❼
(19) 甲戌：夕? ❼
(20) 乙亥卜：夕? ❻❼
(21) 丙子卜：夕，丁从斗? ❼
(22) □申。 ❼
(23) 丙子卜：[夕]? ❻
(24) 丙子卜：夕? ❽
(25) 丁丑卜… ❽

（26）壬午：夕？ 9
（27）癸未：夕，甲从斗？ 9
（28）□巳：［夕］？ 10
（29）癸未：夕？ 10
（30）甲甲：夕？ 9 10
（31）乙酉卜：夕？ 9
（32）乙酉：夕？ 10
（33）丙戌卜：夕？ 9
（34）丁亥卜扶… 11
（35）□子卜：夕？ 11
（36）辛卯卜扶：夕？ 11
（37）癸巳卜：夕，□从斗？ 12
（38）甲午卜：夕？ 12
（39）丙申卜：夕，翌丁从斗？ 13
（40）丁酉卜：夕？ 13
（41）戊戌卜：夕？ 13
（42）己亥卜：夕，庚从斗，延雨？ 13
（43）己亥：夕？ 14
（44）庚从斗？ 14
（45）庚子：夕，辛从斗？ 13
（46）辛丑卜：夕？ 13
（47）壬寅卜：夕？ 13
（48）癸卯卜：夕…斗… 13
（49）丙午卜：夕？ 3
（50）丁未：夕，翌丁从斗？ 11
（51）庚戌卜：夕？ 15
（52）辛从斗？ 15
（53）甲寅。 16
（54）甲寅：夕？ 16
（55）丙辰卜：夕？ 17
（56）丁从斗？ 17
（57）…夕，翌庚从斗？ 4

（58）庚申卜：夕，翌辛从斗？ 4
（59）辛酉卜：夕？ 4
（60）庚从斗？ 18
（61）庚午。 18

1《合集》21355 2《合集》21338 3《合集》21328+① 4《缀汇》1024+② 5《合集》21336 6《合集》21337 7《合集》21345 8《合集》21325 9《合集》21346 10《合集》21326 11《缀汇》816 12《合集》21347 13《缀汇》815 14《合集》21349 15《合集》21353 16《合集》21330 17《合集》21344 18《合集》21342

本组据“夕…从斗”系联，依干支顺序排列如上。此种形式的卜问，目前主要见于本类，其他组类极其少见。

四、𠂤组小字二类卜辞的系联

（一）有联系的卜辞

第一组

（1）戊辰卜王贞：妇鼠娩，余子？ 1
（2）己巳卜王：妇鼠[娩]，子，余[子]？ 2
（3）壬申卜：多冒舞，不其从雨？ 1
（4）贞：妇鼠娩，余弗其子？四月。 1
（5）乙酉卜王：妇鼠娩，其隹… 3
（6）□□卜[贞：妇]鼠…[辛]巳…夕…嘉？ 4
（7）辛丑卜：妇鼠不其嘉？ 5
（8）癸丑卜王：雈不斗罘刃？ 4
（9）…亡𡆥，乙卯夕㞢？丙辰妇鼠…乙卯夕㞢？丙辰妇鼠娩，嘉？五月。 6

① 蒋玉斌：《殷墟B119、YH006、YH044三坑甲骨新缀》，载《中国文字研究·2007年第一辑》（总第八辑），大象出版社，2007年，第16页。

② 宋雅萍：《背甲新缀十六、十七则》，先秦史研究室网站，https：//www. xianqin. org/blog/archives/2291. html，2011年2月11日。

（10）癸亥卜：其嘉？ 5

1《拼一》44　2《合集》14117　3《合集》13960　4《合集》4726　5《合集》14062　6《拼一》36

4 5 6 属自宾间类。本组根据妇鼠生育系联，时间在四、五月前后，可能是一事之卜。

第二组

（1）戊戌卜王…我勿…侯及… 1
（2）癸卯[卜]王曰：嵩其娀，余乎延？不。九月。 1
（3）癸卯卜王曰：嵩其娀？贞：余勿乎延啚？由曰：吉，其乎啚。 1
（4）…唐…少夙臣…殟？ 1
（5）丁巳。九月。 1
（6）癸亥卜自令：今夕虎，允㕡？二旬壬午㕡。 1
（7）丙寅卜自：虎不其㕡，今夕？允不。 2
（8）丙寅卜王[贞]…卒今夕虎不其，㕡执？ 3
（9）丙寅卜□贞：卒今夕虎其㕡印，不㕡执？旬六日壬午㕡。九月。 4
（10）…曰… 4
（11）丁卯卜自：虎㕡，今夕？ 2
（12）庚午卜自：虎其㕡，今夕？不。 2
（13）辛未卜自：虎㕡，今夕？ 2
（14）…虎，今夕？ 2
（15）□丑卜王贞：日雨？ 5
（16）□[丑]卜王。 5
（17）丁丑卜王：勿帝虎？十月。 5
（18）丁丑卜王贞：叀豕，羊用，帝虎？十月。 5
（19）辛巳卜□贞：虎… 3
（20）乙酉卜：鼻㕡？今夕允㕡。 6
（21）丁亥[卜]：鼻… 6
（22）辛卯卜自：自今辛卯至于乙未虎不其㕡？十月。 5
（23）辛卯卜自：自今辛卯至于乙未虎㕡不？允不。十月。 5
（24）…乙未虎不其㕡？允不。 5

(25) 丁酉卜自：[自]丁酉至于辛丑虎不？十月。 5
(26) 丁酉卜自：自丁酉至于辛丑虎不其粤？允不。 5
(27) 壬寅卜自：虎不粤今夕？ 7
(28) 丁巳卜自：自丁至于辛酉虎粤不？十一月。 5
(29) 丁巳卜自：自丁至辛酉虎不其粤？允不。 5
(30) …粤，今夕允粤，于勿…十一月执… 8
(31) 戊午…亦粤？之夕粤。 9
(32) …虎不其… 10
(33) □□卜…虎粤？允不。 10
(34) …虎不粤？ 11

1《合集》20070+[①] 2《合集》21388 3《合集》21394+[②] 4《合补》6725 5《合集》20835+[③] 6《合集》21395 7《合集》21391 8《合集》21393 9《合集》21399 10《合集》21389 11《合集》21392

本组以“今夕虎其粤”为主要线索进行系联，干支、月份相续，可能是一段时间内同类事项的卜问。

第三组

(1) 王[勿]…疋…其粤？ 1
(2) 疋不粤？ 2
(3) 庚寅卜王贞：用豕母庚，今日？ 3
(4) □□[卜]王贞：勿疋在妊，虎获？ 3

1《合集》21396 2《拾遗》11 3《合集》20706

辞（1）（2）可能是一事之卜。“粤”与“虎”联系密切，辞（4）“虎获”可能与辞（1）（2）有关。

---

① 刘源：《甲骨新缀一组》，先秦史研究室网站，https://www.xianqin.org/blog/archives/2449.html，2011年9月14日。

② 蒋玉斌：《关于掇三533的缀合》，先秦史研究室网站，https://www.xianqin.org/blog/archives/837.html，2006年10月8日。

③ 蒋玉斌：《殷墟B119、YH006、YH044三坑甲骨新缀》，载《中国文字研究·2007年第一辑》（总第八辑），大象出版社，2007年，第15页。

第四组

(1) 庚子卜勺贞：辛丑方不其围不？十二月。 ❶
(2) 辛丑卜曰：缶亡以豕，㞢戉？ ❷
(3) 壬寅卜扶：缶比，方允执？四日丙午菁方，不获。 ❸
(4) 壬寅卜扶：缶…四日丙午菁… ❹
(5) 癸卯卜王：缶蔑围戎执，弗其蔑印。三日丙[午]菁方，不获。十二月。 ❸
(6) 戊午卜自贞：方其围今日不？一月。 ❺
(7) 庚申卜：今缶豕菁□？ ❻
(8) 辛酉卜自贞：方其围今日□风… ❺
(9) 己巳卜：余缶往？ ❼
(10) 癸酉卜王贞：自今癸酉至于乙酉邑人其见方印？不其见方执？一月。 ❽

❶《合集》20426　❷《合集》20224　❸《合集》20449　❹《合集》20837　❺《合集》20419　❻《合集》20222+①　❼《合集》20310　❽《合集》799

本组以方之来围与缶之菁方为线索进行系联，干支、月份相续，可能存在联系。

（二）可能有联系的卜辞

第一组

(1) 乙卯卜…祀畀徙子辟？ ❶
(2) 乙卯卜王…母… ❶
(3) 戊午卜王：于母庚祐子辟？□月。 ❷
(4) 戊午卜王：勿御子辟？ ❸
(5) 于中子祐子辟？ ❸
(6) 戊午卜王：上求子辟我□？ ❸
(7) 侯㞢来。 ❸

---

① 蒋玉斌：《殷墟 B119、YH006、YH044 三坑甲骨新缀》，载《中国文字研究·2007 年第一辑》（总第八辑），大象出版社，2007 年，第 15 页。

（8）…御…辟…月。 4
（9）戊午卜勺：㞢小王？ 5
（10）己未卜：御子辟小王？不。 4
（11）御子辟中子？不。 4
（12）癸亥[卜]…㞢兄… 1
（13）戊寅。 1
（14）戊寅卜：御子于妇鼠𬺰？六月。 6
（15）癸未卜：㞢小王？ 7

1《合集》20020　2《合集》19964　3《合集》20024　4《合集》20023　5《合集》20022　6《合集》19986　7《合集》5029

本组以“御子辟”为主要线索进行系联。辞（5）（11）可能是一事之卜，“祐子辟”亦可能与“御子辟”性质相近。辞（14）“御子”或是“御子辟”之省。

第二组

（1）□□卜王：[医]追戎弗其获？围，弗及方。 1
（2）辛未卜王贞：隹医其受今来戎又？ 2
（3）癸酉卜勺：叀麑即，令鼓其取宋歪？二旬癸卯遘… 2
（4）辛…入…午…卜邑…田…彝… 2
（5）辛… 2
（6）…令医追方？ 3
（7）□□[卜王]贞：戎…亡在… 4
（8）戊子卜王[贞]：方其围？ 4
（9）壬寅卜由贞：医于亡水围方，翦？二月。 5
（10）贞：医步丙午，若？ 5
（11）□丑卜…医…出？ 6
（12）癸丑卜王贞：戎其及方？ 7
（13）□□卜王…易…[朋]… 7
（14）丙辰卜徃：乎御方于害？三月 6
（15）辛酉卜：隹方医？ 8

1《合集》20458　2《拼四》933　3《合集》20461　4《合集》20425　5《拼四》992　6《拼四》937　7《合集》20457　8《合集》20202

本组以匚与戎、方的战斗为主要线索进行系联，诸版卜辞间可能存在关联。

第三组

(1) 丁巳卜王贞：四卜乎比围方，允获？ ❶
(2) 丁巳卜王贞：四卜弗其获围方？ ❶
(3) 辛酉卜王贞：方其至，今八月乙丑方… ❷
(4) 癸… ❷
(5) 辛酉卜王贞：方不至，今八月？ ❷
(6) □[申]…妇…其… ❷
(7) 丁卯卜自贞：方其围，今日不？ ❸
(8) 己巳卜贞：犬屮其…执？ ❹
(9) 壬申[卜]自贞：方其围，今日… ❺
(10) 癸酉卜自贞：方其围，今日夕？ ❺
(11) 方…至。 ❻
(12) …方其来？ ❼
(13) 方于戊至。 ❻
(14) 戊寅卜：方至不？之日屮曰方在雈啚。 ❽
(15) 己卯卜王：令御方？ ❶
(16) 己卯卜王：勿令戎御方？ ❶
(17) 壬午卜王贞：由曰方于甲午其围… ❾
(18) □戌… ❾
(19) 壬午卜自贞：王令多冒御方于… ❹
(20) 壬午卜自[贞]：乎御方于商？ ❹
(21) □巳卜王贞：于中商乎[御]方？ ❿
(22) 壬□[卜]贞… ❿

❶《缀汇》208　❷《合补》6627　❸《合集》20420　❹《合集》20450　❺《合集》20408　❻《合集》20487　❼《合集》20488　❽《合集》20485　❾《合集》20423　❿《合集》20453

本组以方之来犯及商王御方为主要线索进行系联。

第四组

(1) 己未卜王贞：其翦[illegible]？ 1
(2) 乙酉卜王贞：[illegible]不丧众？ 2
(3) 辛卯卜王贞：[illegible]其翦方？ 3
(4) 己亥卜：[illegible]翦方？ 4
(5) 己[亥]卜…兄… 4

1《合集》20501　2《合集》54　3《合集》20442　4《合集》20443

本组卜辞涉及[illegible]与方之战斗，可能存在联系。

第五组

(1) 癸卯卜由：御子汏[于]父□？ 1
(2) 癸卯卜由：御子汏于父乙？□月。 1
(3) 癸卯卜：羊妣己御子汏？不。 2
(4) 叀一牛，酉宰？ 2
(5) 于…戊御子汏？八月。 3
(6) □戌卜：㞢龚司御子汏？ 4
(7) 壬… 4

1《合集》20028　2《合集》20030　3《合集》20031　4《合集》20029

本组以“御子汏”为线索进行系联，可能是一事之卜。

五、𠂤组小字三类卜辞的系联

有联系的卜辞

第一组

八月

(1) 丙申卜：其围通，丁酉？ 1

(2) …其围通西北，丁酉？ 1

(3) 丁酉卜：生十月王敦通？ 2

(4) 丁酉卜：今生十月王敦通，受又？ 3

(5) …敦通，受又？ 4

(6) 己亥[卜]…敦通，受[又]？ 5

(7) 己亥[卜]：侯□启，王伐归，若？ 3

(8) 庚子卜：伐归，受又？八月。 3

(9) 弜伐归？ 3

(10) 壬寅卜：𠦪其伐归，叀北𡆥用，二十示一牛、二示羊、以四戈彘？ 6 7 8

(11) 癸卯卜贞：酒𠦪乙巳，自上甲二十示一牛、二示羊、土燎牢、四戈彘、四巫豕？ 9

(12) 癸卯卜：敦通？ 10

(13) 壬子卜贞：步自亡囚？ 3

(14) 壬子卜：启日，翌癸丑？ 3

九月

(15) 戊寅卜：生月敦通，受又？ 11

十月

(16) 丁酉…土？ 12

(17) □□卜王：□月□通？ 12

(18) 己亥…今十月…通… 13

(19) 庚子卜：王…通… 13

(20) 其敦通？十月。 14

(21) 壬子卜：甲寅燎大甲羊，卯牛三？ 15

十一月

(22) 乙丑卜：王敦通，受[又]？ 16

(23) 辛未卜：王执通？ 17

(24) 辛未卜：王一月敦通，受又？ 18

(25) 乙亥卜：一月王敦通，受又？ 18

(26) 丙子卜：王二月敦通，受又？ 18

(27) …王二月丙子□通… 16

(28) …敦通，受又？ 19

(29) …通… 15

(30) 己卯卜：祼三报至丩甲十示… ⓯

(31) 己卯卜：庚易日？ ⓯

十二月

(32) 乙未卜贞：乙巳王敦通，受又？十二月。 ⓴

❶《合集》20518 ❷《合集》20512 ❸《屯南》4516 ❹《屯南》3604 ❺《合集》20513 ❻《合集》34121 ❼《合集》34122 ❽《京人》2997 ❾《合集》34120 ❿《屯南》4512 ⓫《屯南》3568 ⓬《合集》20520 ⓭《合集》20519 ⓮《合集》20511 ⓯《合集》22421 ⓰《合集》20514 ⓱《合集》20522 ⓲《合集》20510 ⓳《合集》20515 ⓴《合集》20516

以上关于“敦通”“伐归”的卜辞事类相同，大多能互相联系，排在相近的月份内。其中，❻❼❽❾属自历间类，其余均为自组小字类卜辞。

第二组

(1) 辛巳卜：令雀□其敦缶？ ❶

(2) 乙酉[卜]王：敦缶，受又？ ❷❸

(3) …[弗]执缶？ ❹

(4) 壬…易… ❹

(5) 弗执缶？ ❺

❶《合集》20526 ❷《合集》20524 ❸《合集》20527 ❹《合集》20528 ❺《合集》20529

本组主要围绕商王敦缶、执缶系联，所卜或为一事。

六、自历间类卜辞的系联

(一) 有联系的卜辞

第一组

(1) 甲戌卜：毁辛祖二牛、一… ❶

(2) [癸酉]卜：来乙亥酒毁？ ❷

(3) 乙亥王…酒…毁？ 3
(4) 弜酒？ 2
(5) □[亥]卜…先…又酒…祖辛毁？ 4
(6) □亥卜…毁？ 2
(7) 乙亥卜：先毁，酒又祖辛？ 2
(8) 乙亥卜…毁，酒又祖[辛]？ 5
(9) [不易]日？ 5
(10) 丙…先… 4
(11) 壬午卜：令般比侯告？ 2
(12) 壬午卜：令□般比侯告？ 6
(13) 癸未卜：令般比侯告？ 2
(14) □□卜…自般…侯告？ 7
(15) 令贾比侯告？ 8
(16) 癸未卜…[酒]毁… 5
(17) 乙未… 5
(18) …繼… 6

1《合集》32582　2《合集》32812　3《合集》22445　4《合集》1733　5《屯南》3724　6《合集》22299　7《合集》20058　8《合集》20060

5 属历组一 A 类。本组系联围绕2 占问的“毁祭祖辛”和“般比侯告”二事展开。1 3 4 占卜内容皆为“毁祭祖辛”，且干支相连。5 与2 卜辞同文，故系于此。6 7 8 各辞据“般比侯告”一事系联。侯告为宾组一类人物，常见比于王、妇好征伐夷方的卜辞。

第二组

(1) 壬戌卜：用侯屯自上甲十[示]？ 1
(2) 壬戌卜：用侯[屯]自上甲十示？ 2
(3) 壬[戌卜]：于五示[用屯]？ 3
(4) [于]五示用侯屯？ 2
(5) 壬戌卜：于七示自… 3
(6) 于七示用侯屯？ 2
(7) 壬戌卜：乙丑，用侯屯？ 1 2

（8）壬戌卜：用屯，乙丑？ ❸
（9）癸亥卜：乙丑，用侯屯？ ❶❷
（10）癸亥卜：用屯，乙丑？ ❸
（11）癸亥卜：用屯，甲戌？ ❸
（12）于甲戌用屯？ ❶❷
（13）□亥卜：□来乙亥用屯？ ❸
（14）于来乙亥用侯屯？ ❶
（15）于来乙亥用屯？ ❷
（16）癸亥[卜]：乙丑易日？ ❶
（17）癸亥卜：乙丑易日？ ❷
（18）不易日？ ❶❷
（19）甲子卜：乙丑易日？允。 ❸
（20）不易日？ ❸
（21）甲子卜：易日乙丑？允。 ❸
（22）不易日？ ❸
（23）不易[日]？ ❸

❶《合集》32187　❷《缀汇》424　❸《屯南》2534

❸属历组一A类。本组辞例、占卜内容皆为“用屯”，且干支相同，应为一时之卜。❸的“用屯”应为“用侯屯”之省，由辞（14）（15）可见。

第三组

（1）己酉卜：己巳又伐父乙？ ❶
（2）□酉… ❷
（3）壬子卜：自上甲又伐？ ❷
（4）壬子卜。 ❶
（5）甲寅卜：立中？ ❷
（6）甲寅卜：弜立中？ ❶
（7）甲寅卜。 ❶
（8）乙卯不易日？ ❶
（9）癸亥卜贞：酒劦甲子？ ❶
（10）…又上甲…五… ❶

❶《合集》32226　❷《屯南》1080

本组两版卜辞皆有“立中”卜问，干支相同，应为一时之卜。均有残缺，或可互相补足。

第四组

(1) 壬子卜：癸丑… ❶
(2) 癸丑卜：王敦西，今日翦？ ❶
(3) 癸亥卜：今夕敦猷，翦？ ❷
(4) 丙寅卜：于帝迺？ ❶
(5) 癸酉卜：巫宁风？ ❷
(6) 癸酉卜：王敦猷，甲戌翦？ ❸
(7) 乙亥卜：弗翦猷？ ❸
(8) 乙亥卜：王敦翟…旬一日乙酉，王翦？ ❸
(9) 乙亥卜贞：今乙亥王敦翟，翦？ ❸
(10) 丙子卜：于丁丑翦？ ❹
(11) 丙子卜：于戊寅翦？ ❹
(12) 弗翦？ ❹
(13) 丙子卜：今日翦？ ❹
(14) 丁丑卜：今日翦翟？ ❹
(15) 丁丑卜：戊寅翦翟？ ❹
(16) [壬]辰卜：[癸]巳…翦？ ❹
(17) 戊寅卜：庚辰王步？ ❶
(18) 己丑卜贞：亯以沚或伐猷，受又？ ❺

❶《缀汇》220　❷《合集》33077　❸《合补》6622　❹《合集》33081　❺《合集》33074

本组围绕“敦猷”“敦翟”两事展开系联，根据❸的缀合，可知二者应为同时进行的战争。❺可能是为此次“敦猷”行动选择将领的卜辞，故系于此。敌国“猷”见于历组一A类，仅为简单的卜问“艮猷”或“执猷”与否，可能经此一役其势难振。

（二）可能有联系的卜辞

第一组[①]

（1）辛未卜：酒桒登祖乙，乙亥？ 1
（2）癸未卜：登桒于二示？ 2
（3）己丑卜：今夕大雨？ 2
（4）甲辰卜：酒桒登祖乙巳？ 2
（5）甲辰卜：酒桒登乙巳用？ 3

1《合集》32534　2《合补》8725　3《合集》34515+[②]

本组卜辞内容均为酒桒登祭于祖乙，干支间隔均在两旬以内，可能时间相近。

第二组

（1）庚寅卜：翌辛卯雨？允雨。壬辰延雨。 1
（2）辛卯卜：［甲午］桒禾上甲三牛？用。 1
（3）［辛］卯卜：甲午［桒］禾上甲三牛？用。 2
（4）辛卯卜：桒禾上甲三［牛］？ 3
（5）壬辰卜：夕又示壬牢？ 1
（6）乙未卜：于丁酉雨？ 4
（7）□未卜：丙申雨？ 4
（8）…丁酉雨…戊戌… 1
（9）丁酉雨… 3
（10）丁酉… 4
（11）戊戌。 4
（12）于戊戌雨？ 4
（13）于己亥雨？ 4

---

① 参李学勤、彭裕商：《殷墟甲骨分期研究》，上海古籍出版社，1996 年，第 81 页。

② 蒋玉斌：《蒋玉斌甲骨缀合总表》（300 组），先秦史研究室网站，https：//www. xianqin. org/blog/archives/2305. html，2010 年 3 月 20 日。

(14) 己亥雨不? 4
(15) 甲辰宜大牢，燎小宰土? 2
(16) …又… 2
(17) 丙辰卜：方帝? 1
(18) 方帝? 4

1《合集》33309 2《缀汇》594 3《合集》33312 4《合集》34159

本组系联围绕1展开。该版卜骨贞问内容主要有“桒禾上甲”“卜雨”及“方帝”三部分。根据干支及占卜内容，可系联2 3同文的“桒禾上甲”卜辞。4的卜雨辞干支与1连缀，且有“方帝”之卜，虽未系干支，可能为同时占问而省略。

第三组

(1) 丁丑卜：□丁祖一牢? 1
(2) 辛巳卜：王步，壬午易日? 1
(3) 不易日? 1
(4) 辛巳卜：王步，乙酉易日? 1
(5) 不易日? 1
(6) 壬午卜：王步，癸未易日? 1
(7) 癸未不易日? 1
(8) …易日? 1
(9) 丙申卜：王步，丁酉易日? 2
(10) 癸卯卜…王步，甲辰易日? 3
(11) [癸卯卜]：于十示桒一牛? 3
(12) …今夕… 3
(13) 甲辰卜：王步，丁未易日? 4
(14) 甲辰卜：王步，戊申易日? 4
(15) 戊申[卜]…己酉… 5
(16) 戊申卜：王步，庚戌易日? 5
(17) 庚戌卜：王步，辛亥易日? 5
(18) 不易日? 5
(19) □易日? 5
(20) 甲寅[卜]：王步… 4

(21) 乙卯卜：王步，丁巳易日？ 4
(22) 不易日？ 4
(23) 乙卯卜：易日庚申？ 4
(24) 丁巳… 4

1《合集》34010 2《村中南》374 3《合集》34114 4《合集》32941 5《合集》32942

本组贞问内容均为来日几天内王步“易日”与否，可能为相近时段内的连续贞问。

第四组

第一月
(1) 癸巳…在𩫖。 1
(2) 癸巳卜贞：旬亡囚？在𩫖。 2 3
第二月
(3) 癸亥卜贞：旬亡囚？在眗。 1
(4) 癸亥卜贞：旬亡囚？ 2 3
(5) 癸未卜贞：旬亡囚？在眗。□月。 1
(6) 癸未卜贞：旬… 2 3
第三月
(7) 癸巳[卜贞]：雀亡围甫？ 1
(8) 癸巳卜贞：旬？在眗。 2 3
(9) 癸卯卜贞：旬亡囚？在眗。 1
(10) 癸卯卜贞：旬亡囚？ 3
第四月
(11) 癸亥卜：弗执缶？ 1
(12) 癸酉卜贞：旬亡囚？在𩫖。 1
(13) 癸酉卜贞：旬亡囚？ 3
(14) 癸未卜贞：旬亡囚？ 1 3
第五月
(15) 癸卯卜贞：旬亡囚？ 1
(16) 癸卯卜…[王]于商[告]？ 1

(17) 癸丑卜贞：旬亡囚？ 1

1《缀汇》506　2《合集》33141　3《合集》33142

本组系联假定“癸巳”为第一月之首，依卜刻次第排谱。三版卜骨均以卜旬辞为主，所附地名眗、䨓关系紧密，干支相连，可能是一时之卜。

第五组

(1) 乙酉卜：王入商？在羃。 1
(2) 庚□卜…于… 1
(3) 庚寅卜：王入？ 1
(4) 辛… 2
(5) 辛卯卜：王弜入？ 2
(6) 辛卯卜：王入商？ 3
(7) 辛卯卜：王入？ 1
(8) 弜入？ 1
(9) 乙未卜：王入，今三月？ 1
(10) 乙未卜：王入，今月？ 2
(11) 于四月入？ 1
(12) 乙未卜：王于生月入？ 2
(13) 丁酉卜：戊戌雨？ 2
(14) 戊戌不雨？ 2
(15) 丁酉卜：于己亥雨？ 2
(16) 己亥不雨？ 2
(17) 丁酉卜：于庚子雨？ 2
(18) 庚子不雨？ 2
(19) 丁酉卜：于辛丑雨？ 2 4
(20) 丁酉[卜：于]辛[丑]雨？ 2
(21) 丁酉卜：于壬寅雨？ 2
(22) 戊戌卜：于辛丑雨？ 2
(23) [戊]戌[卜：于癸]卯[雨]？ 4
(24) 辛丑卜：御子妥己妣？ 2
(25) 辛丑卜：御妥妣己？ 4

(26) 子妥不葬? 1

(27) 其葬? 1

(28) 壬寅雨? 1

(29) 癸亥贞：王在𢍰，亡囚? 1

(30) 癸…不… 1

1《屯南》4514　2《合集》20038　3《合集》20585　4《合集》20039

本组系联主要围绕1“王入商”及御祭子妥二事展开。“王入商”之卜可系联干支、内容相同的3。就入商之月，1举出具体的三、四月，而2则以今月、生月代之，应为一事之卜。

第六组

(1) …雀… 1

(2) 癸巳贞：旬亡囚? 1

(3) 丙申卜：王步，丁酉易日? 二月。 1

(4) 丙…王…丁酉… 2

(5) 乙巳贞：雀亡囚? 2

(6) …雀又囚? 3

(7) 乙卯卜。 3

(8) 戊午：雀于? 3

(9) 庚□卜贞：雀亡囚? 3

1《合集》34011　2《屯南》247　3《合集》32843

1属历组一A类，其片上自历间类与历组一A类同版。辞(3)(4)可能同文，23两版又都涉及关于雀的贞问，3可能与2为一时之卜。

第二章

宾组卜辞的分类与系联整理研究

第一节　宾组卜辞的分类

宾组卜辞主要分为一、二两大类。依据字体特征及组合关系，宾组一类又可分为A、B两小类，其中宾组一A类可分出宾组一A类附属，宾组一B类可分为甲、乙两个亚类；介于𠂤组卜辞与宾组卜辞之间的𠂤宾间类，接近宾组卜辞风格，于此一并论述。依次讨论如下。

一、𠂤宾间类

本类卜辞是介于𠂤组与典型宾组之间而起连环作用的一类卜辞，这群卜辞虽与𠂤组小字二类有衔接关系，但在字体风格及占卜内容等方面与宾组卜辞的关系更为密切，并有逐步过渡为典型宾组的大量事例。准确地说，𠂤宾间类是介于𠂤组小字二类与宾组一A类之间的一类卜辞，这类卜辞字体稍带长形，笔画匀称，较规整。

本类卜辞龟骨并用。除“王”亲卜之辞外，另见贞人“㱿”，在本组共发现三例：《合集》3357、10514、14068。[①] 前辞大多数作“干支卜”，此外还有“干支卜贞”“干支卜王”“干支卜王贞”等形式。常见甲尾刻辞，形式作“某入”“某来”，如《合集》117“弜入”、《合集》6852“臣入”、《合集》9368“勹入”等。在钻凿形态上，常见大圆钻包摄长凿的“猫眼”式钻凿。常见人物有雀、妇鼠、盾、、豙、畐等。

本类字体隽秀狭长，刻划干净飘逸，多折笔，且折笔处自然流畅。不仅如此，很多字的写法都是宾组其他类没有而只出现在本类的。其特征字择要列入表2-1，特征片可举《合集》6692、6719、8396等为例，见图2-1。

表 2-1　𠂤宾间类特征字举例

戊		巳（子）		戌		辰		申	
亥		𡆥		不		方		娩	

① 黄天树：《殷墟王卜辞的分类与断代》，科学出版社，2007年，第105页。

续表

隹		受		取		疾		人	
得		之		于		擒	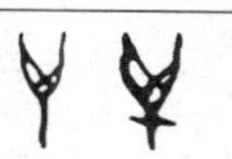	作	
用		勿							

a）《合补》319

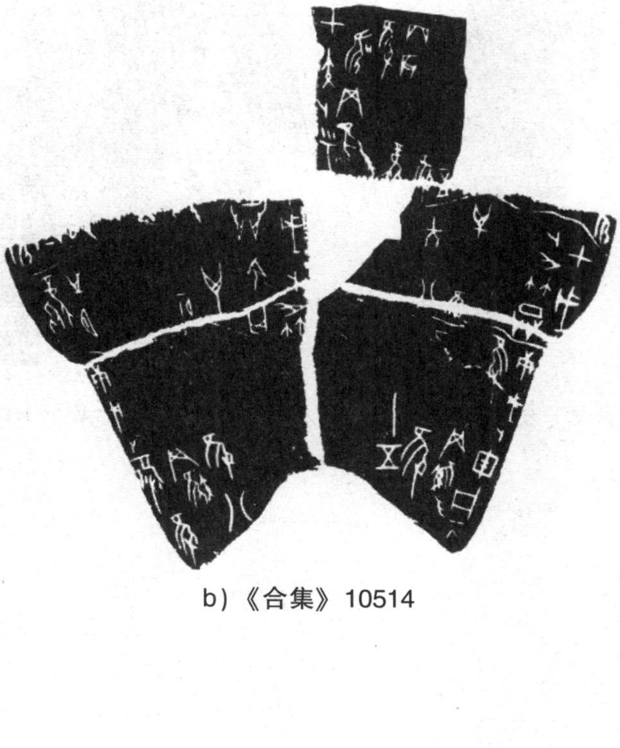

b）《合集》10514

c）《合集》6719

d）《合集》13366

e）《合集》6692

f）《合集》9552

g）《合集》10024 正

h）《合集》10024 反

i）《合集》8396

图 2-1　自宾间类特征片举例

二、宾组一类

（一）宾组一 A 类

本类卜辞龟骨并用，比较常见的前辞形式有“干支卜某”和“干支卜某贞”，偶尔也有“干支卜贞”。贞人主要有㱿、争、内。未见甲尾刻辞，有甲桥刻辞，但数量比一 B 甲类少，形式为“某入+数量”“某来+数量”。常见人物有子商、雀、我、妇好、疋、侯告等。

本类卜辞在字体上比较接近自宾间类，如干支字“酉”作，“亥”作，常用字“不”作，“囚”作，“用”作，“㞢”作、等。虽然本类文字继承了自宾间类的写法，但又自成一体，与自宾间类绝不相杂，两类很容易区分。

如《合集》10856左部为自宾间类，右部为宾组一A类，自宾间类的文字成熟飘逸，而宾组一A类则刻写生硬，尤其是“获”的写法，头部模仿到自宾间类的平头，足处明显是想模仿自宾间类的屈足，却最终未能继承。

图2-2　《合集》10856

本类字体与自宾间类的狭长不同，接近方形，笔画较生硬，折笔多，工整程度较差。其特征字择要列入表2-2，特征片可举《合集》536、801、3061正等为例，见图2-3。

表2-2　宾组一A类特征字举例

戊	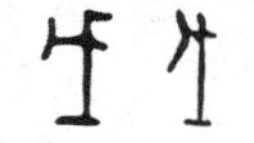	巳(子)	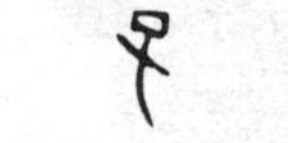	丑		戌		辰	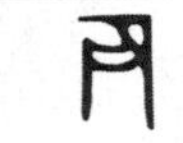
申		亥	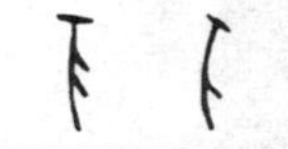	殸		宾	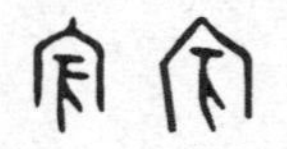	争	
贞		囚		隹		不		于	
受		方							

a）《合集》536

b)《合集》801

c)《合集》3186

d)《合集》5165

e）《合集》3061 正

f)《合集》10950

g）《合集》13869

图 2-3　宾组一 A 类特征片举例

（二）宾组一 A 类附属

本类卜辞学者或称“宾组𠂤类”，或称“非典型自宾间类 C 类”。我们曾在《殷墟甲骨分期研究》一书中提到宾组一 A 类“卜人主要有㱿、宾、争、内四人，其中㱿的卜辞较多见。此外，也有少数卜辞是者、韦、永所卜，后三人除者的一例（《合集》6578）而外，都是卜雨之辞（《合集》11892、11893、12436 等）”①，但

---

① 彭裕商、李学勤：《殷墟甲骨分期研究》，上海古籍出版社，1996 年，第 109 页。

未将其独立划分为附属类。从字体分类的角度看，本类字体风格奇异、特征字及组合与一A类并不相同，且刻写材料除《合集》12462外，均为龟版，因此现将其单独分出。首先，本类卜辞“内容多是简单的‘卜雨’之辞”①，另外，我们还发现本类有占卜“受年”的农业类卜辞，如《合集》9743、9788等版。

本类贞人有韦、内、𦎫、延四人。字体肥圆笨拙，风格奇异，折笔处本该有棱角的地方却多是弯曲的线条，棱角不突出，与宾组任何一类都不相同。其特征字择要列入表2-3，特征片可举《合集》423、1633、9743正等为例，见图2-4。

表2-3　宾组一A类附属特征字举例

丙	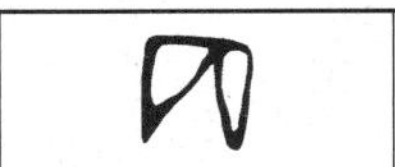	戊		巳		子		丑	
未		酉		戌		亥	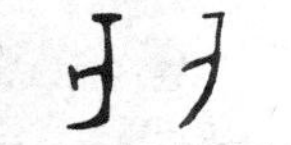	辰	
韦		𦎫		延	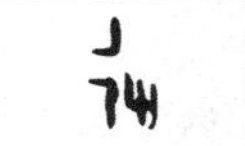	其		翌	
受		不							

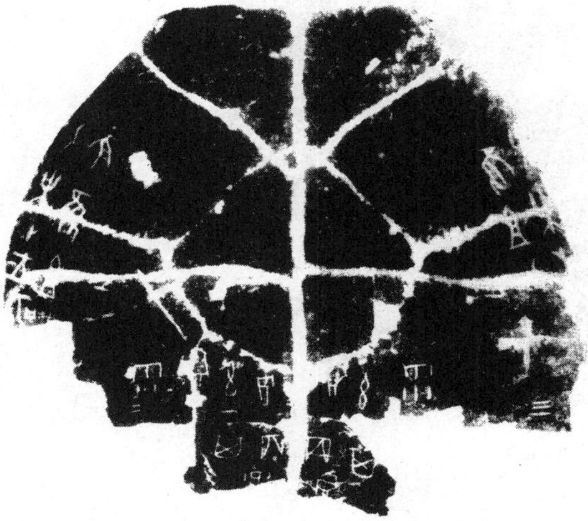

a）《合集》1633

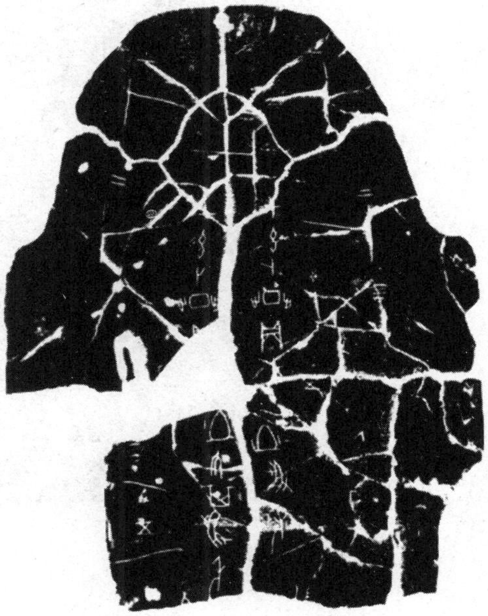

b）《合集》9743正

① 黄天树：《殷墟王卜辞的分类与断代》，科学出版社，2007年，第49页。

c)《合集》423

d)《缀汇》821

e)《缀汇》822

图 2-4　宾组一 A 类附属特征片举例

（三）宾组一 B 甲类

虽然有学者将宾组一 A、一 B 类之间的过渡类分出，称为“过渡②类”，但并未将其作为与一 A、一 B 类并列的一类卜辞，而是归入宾一大类。但由于在分类上过分追求客观而忽略共性，导致这样的分类既繁杂又不准确，过渡②类或能“定义为宾一类和典宾类成分的混合体”[①]，无法给出具体的特征字及其组合，也无法明确划出本类与典宾类之间的界限。

本类卜辞在《殷墟甲骨分期研究》中称“宾组一 B 类”，在《殷墟王卜辞的分类与断代》中称“典宾类”。典宾类与宾组一 B 类的范围相当，只是称呼不同。但由于这一类卜辞数量众多，字体风格又与宾组其他类区别明显，因此目前仍未有学者对这一类做进一步探索。实际上，我们能从他们各自的著作中看出端倪。在《殷墟甲骨分期研究》一书中，宾组一 B 类所举例片，如《合集》201、838、5439 等片与《合集》137、558、6177[②] 等片的特征字及书体风格明显不同，且《合集》201 等片的书体风格更接近一 A 类。黄天树先生在其书中已经明确指出宾组一类与典型宾组字体的过渡性，并且提出了“典宾类早期卜辞”[③] 这一概念。也就是说，多数学者已经意识到一 B 类内部字形及书体风格的差异。虽然如此，但他们都未对该类做进一步的探索，对该类的具体特点及其判断标准也未详细说明。然而，将该类从一 B 类中划分出来，是必要且可行的。该类前辞一般作“干支卜某贞”，偶尔也作“干支卜贞”，常见贞人有㱿、争、亘（一 A 类中未见）等。未见甲尾刻辞，常见甲桥刻辞，一般作“某来+数量”“某入+数量”“某以+数量”。常见人物有：妇好、子商、龙、般、沚戠、畓化正等。

在《殷墟甲骨分期研究》所举宾组一 B 类的例片中，《合集》201、838、4464、5439 都属于一 B 甲类。在已有成果的基础上，我们将该类从一 B 类中划分出来，将接近一 A 类的卜辞称为“一 B 甲类”，剩余者称为“一 B 乙类”。首先，从书写材料来看，一 B 甲类与一 B 乙类正好相反，多用龟版，骨版较少。其次，就书体风格而言，一 B 甲类字体比一 A 类稍大，书写更工整，结构整齐，笔画逐步由自宾间类、一 A 类的曲线过渡到一 B 乙类的平直，特征字兼具一 A 类与一 B 乙类风格。其特征字择要列入表 2-4，特征片可举《合集》201 正、641 正、677 正

---

① 崎川隆：《宾组甲骨文分类研究》，上海人民出版社，2011 年，第 119 页

② 李学勤、彭裕商：《殷墟甲骨分期研究》，上海古籍出版社，1996 年，第 112—115 页。

③ 黄天树：《殷墟王卜辞的分类与断代》，科学出版社，2007 年，第 71 页。

等为例，见图 2-5。

表 2-4　宾组一 B 甲类特征字举例

戊		巳（子）		戌		辰		申	
酉	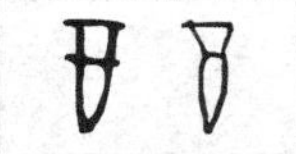	亥	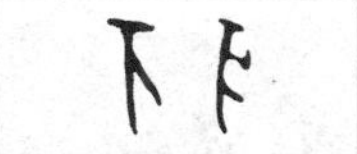	㱿		宾		争	
于		隹		用		不		匕	

a）《合集》6037 正

b）《合集》201 正

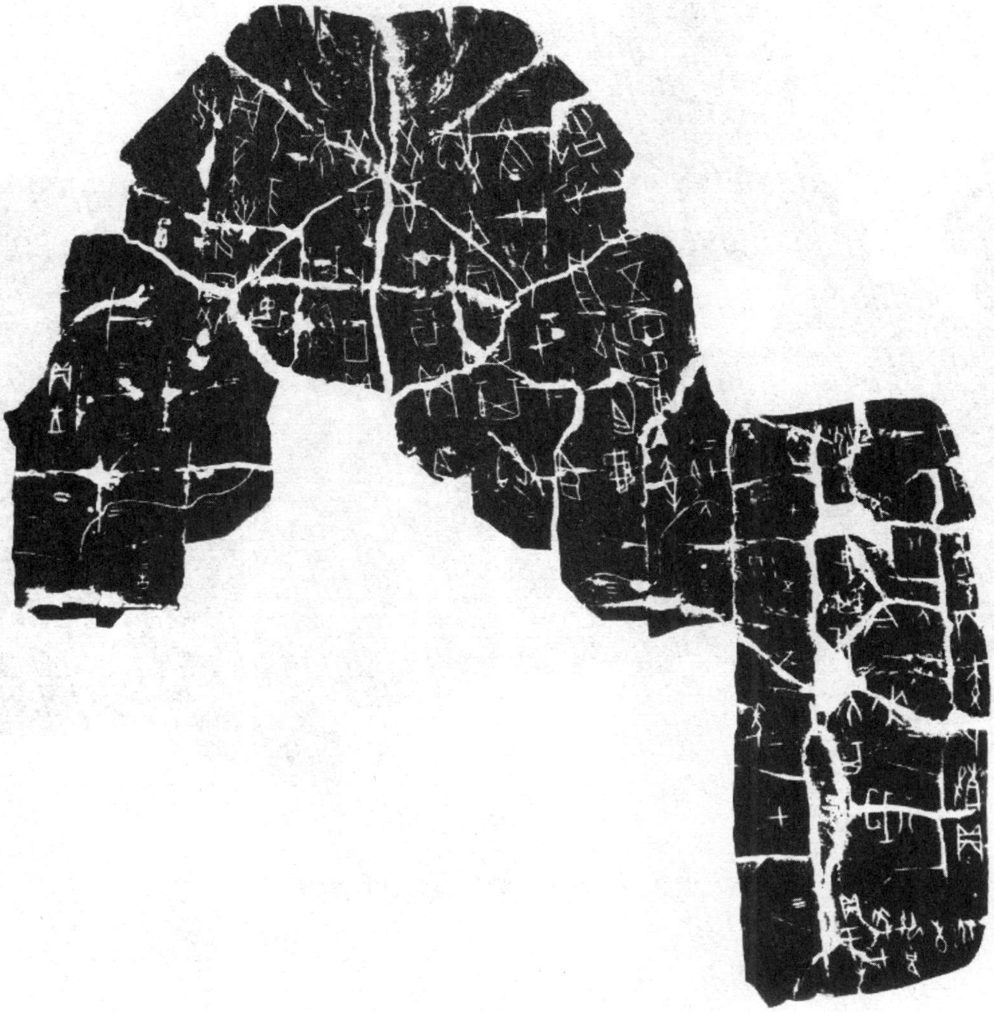

c）《合集》641 正

d)《合集》667 正

图 2-5 宾组一 B 甲类特征片举例

（四）宾组一 B 乙类

本类字体一般较规整，字形结构已较自宾间类和自组小字二类有了较明显的变化。前辞一般作“干支卜某贞”，偶尔也作“干支卜贞”。未见甲尾刻辞，偶见甲桥刻辞，最多的是骨臼刻辞，附记干支，少数附记地名。骨臼刻辞的形式一般为“干支+某+示+数量+屯。某”。兆侧刻辞作“不许黾”，此外还有一种较为特殊的刻辞，刻在甲尾反面靠中线处，作“不可”，如《甲编》3324。本类卜辞的另一特点是常常可以见到“王占曰”的占辞，且数量众多，内容丰富，涉及各个方面。常见人物有望乘、戉、𢦏、旨、㕚等。

《殷墟甲骨分期研究》所举例片中的《合集》137、558、584、1248、3286、6177、6451、9408、9671、10405 都属于一 B 乙类。本类卜辞刻写材料多用骨版，龟版较少，字体是整个宾组卜辞中最大的，字体风格雄健规整，方正稳重，与一 A 类、一 B 甲类一脉相承，是宾组中最容易掌握的一类卜辞。其特征字择要列入表 2-5，特征片可举《合集》559、6057、7859 为例，见图 2-6。

表 2-5　宾组一 B 乙类特征字举例

戊		乙		巳（子）		辰	
未		申	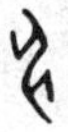	酉	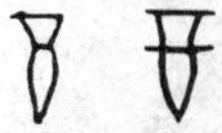	戌	
亥		㱿		宾		争	
贞		于		隹		人	
不		用		翌	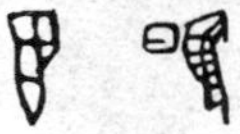	勿	
叀	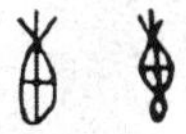	受	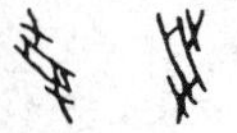				

a)《合集》559 正

b)《合集》559 反

c）《合集》7859 正

d）《合集》7859 反

e)《合集》6057 正

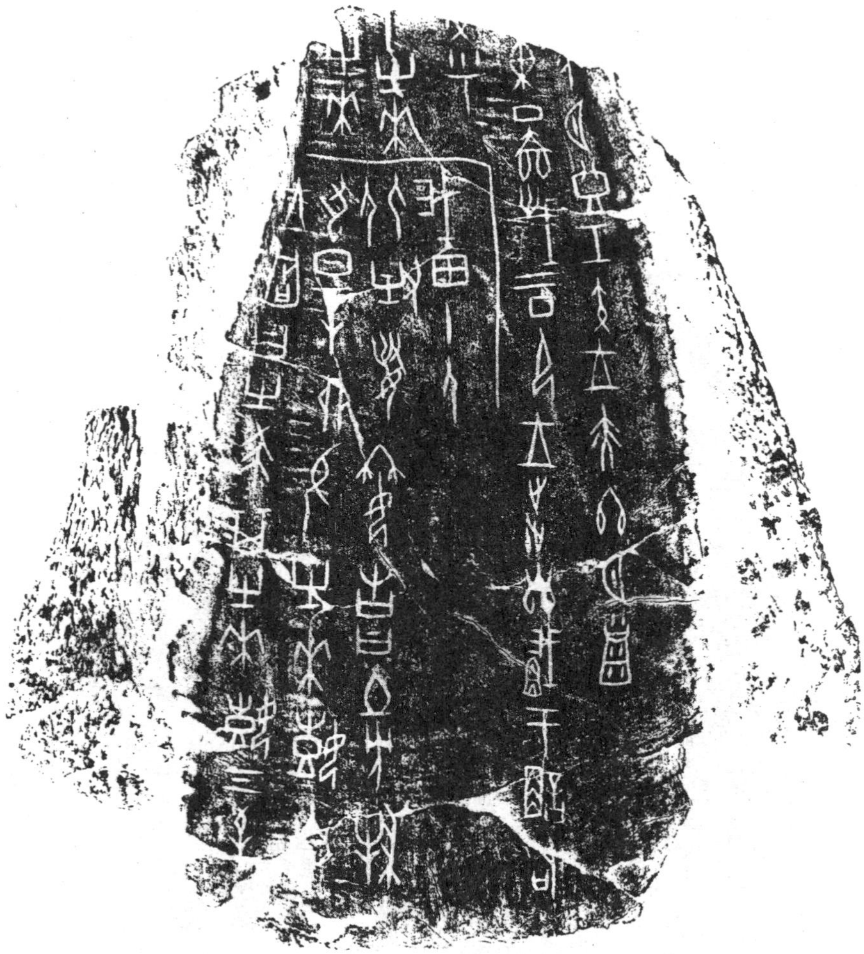

f）《合集》6057 反

图 2-6　宾组一 B 乙类特征片举例

（五）宾组一 B 乙类附属

本类卜辞学界尚未单独划出，是我们新划分出的一类。

根据特征字及组合，我们将该类卜辞归入一 B 大类，划分为一 B 乙类附属。

本类卜辞书体风格及特征字多与一 B 乙类相似，而与宾组二类字体有较大差别。目前只发现了贞人“宾”，暂未发现其他贞人，其时代应该稍晚于一 B 乙类。

本类卜辞字体狭长、书写较规整紧凑，笔画线条粗于宾组二类，收笔处没有二类尖锐的特征。其特征字择要列入表 2-6，特征片可举《合集》439、1921、4083

等为例，见图 2–7。

表 2–6　宾组一 B 乙类附属特征字举例

丑	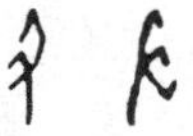	巳		申		酉		亥	
宾		贞		囚		今		不	
用		勿		受		其			

a）《合集》439

b）《合集》1921

c）《合集》4083 正

d）《合集》4083 反

e）《合集》4092

f）《合集》5792

g）《合集》9638

h）《合集》11115

i）《合集》13176

j）《合集》13178

k）《合集》14356

l）《合集》15080

m）《合集》17112

n）《合集》18812

o）《合集》19339

p）《合集》4090

q）《合集》4388

r）《合集》6812 臼

s）《合集》6812 正

t）《合集》6813

u）《合补》1830

v）《合集》33890

图 2-7　宾组一 B 乙类附属特征片举例

三、宾组二类

本类贞人有宾、争、㐱、吏、古等，而没有㱿和内。字体大小不一，但字形结构基本一致。字形类似出组一类，与宾组一类有较明显的区别，如《合集》557、6051、6816、8093、12864、18793 等。前辞形式作“干支卜某贞”“干支卜贞”。未见甲尾、甲桥刻辞，偶见骨臼刻辞。此外，一 B 乙类中的兆辞“不许黾”和占辞“王占曰”在本类中都未曾发现。常见人物有毕、先、㐭、戊等。

本类卜辞虽然字体大小不一，但特征字的总体风格一致，大字往往书写稍工整，小字较散乱，与宾组一类差别很大。笔画纤细，末笔尖锐，呈针尖形。其特征字择要列入表 2-7，特征片可举《合集》6、102、277 等为例，见图 2-8。

表 2-7　宾组二类特征字举例

戊		乙		巳（子）	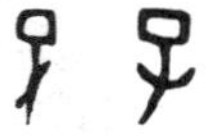	丑		未	
戌		亥		宾		争		贞	
隹		不		翌		勿		月	
人		以		比	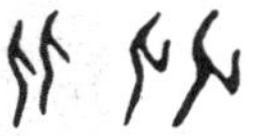				

a)《合集》6

b）《合集》102

c）《合集》277

d）《合集》1158

e）《合集》8659

f）《合集》10385

g）《合集》557

h）《合集》15515 正

i）《合集》15515 反

j)《合集》6769 正

k)《合集》6769 臼

图 2-8　宾组二类特征片举例

第二节　宾组卜辞的系联

一、自宾间类卜辞的系联

（一）有联系的卜辞

第一组

（1）丙申…翦…一月…乙…娀…翦… 1
（2）丙申…弗…翦…失… 1
（3）戊戌卜：今一月失翦？ 2
（4）戊戌卜：王失？三月。 3
（5）…生二月，失不其翦？ 3
（6）□□［卜］□贞：余勿乎…敦失，娀？ 4
（7）…酉既？ 4
（8）戊戌卜贞：[illegible]弗其翦失？乙酉娀。 5
（9）［戊］戌卜［贞］：[illegible]翦失？ 5
（10）…乙酉娀？ 5
（11）…翦失，乙酉娀？ 5
（12）癸丑卜：[illegible]其克叀失？ 6
（13）癸丑卜：[illegible]弗克叀[illegible]，［翦］失？ 6
（14）贞：[illegible]不亦来？ 6
（15）乙卯…[illegible]其…来？ 6
（16）乙卯卜：作[illegible]执[illegible]？ 6
（17）丁巳卜：[illegible]不… 7
（18）戊午卜：王競不以嚭？ 8
（19）［辛］酉卜：[illegible]其亦敦[illegible]？ 8
（20）辛酉卜：[illegible]弗敦[illegible]，屮南庚？ 8
（21）辛酉…[illegible]… 9

（22）⿱冖毛。 ❽
（23）⿱冖毛。 ❽
（24）庚午[卜]贞：⿱冖毛…执？ ❿
（25）[辛]未卜：[?]以众，不[丧]？ ❻
（26）[辛]未卜：[?]以众，其丧？ ❻
（27）壬申卜贞：[雀]弗其克翦失？ ❻
（28）壬申卜[贞：雀]克翦失？ ❻
（29）壬申卜王：御[?]于祖乙？ ❺
（30）丙子卜：用？ ❺
（31）丙子卜：[?]翦失？ ⓫
（32）…[?]… ⓫
（33）己卯卜：王咸翦失？余曰：雀㞢人伐𡆥不？ ⓬
（34）癸未卜：甲申㞢大甲？ ⓬
（35）丙戌卜贞：[?]自在失不水？ ⓭
（36）丁亥…⿱冖毛… ⓭
（37）戊□卜：⿱冖毛其翦[?]？ ⓮
（38）己丑卜：㞢祖辛宰，酉十宰九？ ⓮
（39）□亥卜王贞…乙酉䒤？ ⓯
（40）己亥卜：于大乙、大甲御[?]，五宰？ ❸
（41）己亥卜：御[?]大乙，宰？ ❸
（42）己亥卜：御[?]大甲，宰？ ❸
（43）壬寅卜：㞢父甲？ ❸
（44）□寅…㞢…甲？ ❸

❶《缀续》383　❷《合集》7681　❸《合补》313＋[①]　❹《合集》7018　❺《拼一》258　❻《合集》53＋[②]　❼《山拓》92　❽《缀集》345　❾《怀特》431　❿《合集》5841　⓫《合集》7017　⓬《合集》7020　⓭《合集》5810　⓮《合集》7026　⓯《合集》18031

本组卜辞伐失、⿱冖毛两国，可据❻系联，其顺序当是一月商朝对失作战，参与将

---

① 孙亚冰：《甲骨缀合一则 附：甲骨复原一则》，先秦史研究室网站，https：//www. xianqin. org/blog/archives/9280. html，2017 年 10 月 13 日。

② 蒋玉斌：《甲骨旧缀之新加缀》，先秦史研究室网站，https：//www. xianqin. org/blog/archives/4887. html，2014 年 12 月 25 日。

领有雀、。❸缀合版《合集》4342有戊戌在三月，根据一月、三月干支，对失战争很可能从一月持续到三月。此外，在伐失途中，加入战争，对进行攻击，双方交战。

第二组

(1) …豢…三月…芒… ❶
(2) 己卯卜王：于来春伐芒? ❷❸
(3) 丁酉卜：令[豢]征芒，翦? ❹
(4) 己亥卜：叀四月令豢步[伐]芒? ❺
(5) □巳卜[王]…豢[妇]…芒至…囚? ❻
(6) 戊午[卜]王：豢[其]…邑征[芒]? ❼
(7) 戊午卜[王]：豢弗其…邑征[芒]? ❼
(8) 癸□卜：令豢伐芒，亡不若? 允翦。 ❽
(9) □辰卜[王]…[伐]芒，[翦]? □月。 ❾
(10) □□卜王：勿伐芒…其翦? ❿

❶《合集》8429　❷《合集》6559　❸《合集》6560　❹《合集》6561　❺《合集》6563　❻《合集》8428　❼《合集》7630　❽《合集》6564　❾《英藏》615　❿《拾遗》16

本组卜辞以"令豢伐芒"为主要线索进行系联，时间大致在三、四月间。

第三组

(1) 乙丑卜：舌其戎罘? ❶
(2) 丙寅卜：舌㞢其降囚? ❷
(3) 舌亡其降囚? ❷
(4) [今]早方不大出? ❷
(5) …今早方其大出? ❷
(6) □卯卜：舌…戎? ❸
(7) 戊申卜：伯…降囚? ❹
(8) 戊申卜：伯…降囚? ❹

❶《合集》6848　❷《拼一》148　❸《合集》6851　❹《合集》16475

4之“伯”辞残，可能即“伯畐”，且与辞（2）（3）应存在联系。辞（1）（2）干支相连，二者可能有关。

第四组

（1）丁亥卜：畐其敦宎？五月。 1
（2）辛卯卜：[伯畐]□□宎？ 2
（3）伯畐弗翦宎？ 2
（4）畐弗敦宎？ 3

1《合集》6846　2《合集》6845　3《合集》6847

本组卜辞皆为“畐敦宎”事件之卜。

第五组

（1）辛酉卜：我伐畐…亡… 1
（2）壬戌卜：伐畐，翦？二月。 2
（3）我畐翦？四月。 3

1《合集》6853　2《合集》6854　3《合集》39984

本组卜辞为“我”伐畐事件之卜。辞（1）（2）干支相连，辞（2）“伐畐”之主语应该也是“我”。

第六组

（1）癸亥卜：侯其翦罘？ 1
（2）癸亥卜：侯弗[翦罘]？ 1
（3）贞：侯弗敦罘？ 2
（4）癸未[卜]王：侯其戎罘？不。 3
（5）癸未卜王：侯弗戎罘？十月。允不。 3
（6）…十月。 3
（7）丙□卜…侯…戎罘？ 4
（8）其受…罘… 4
（9）壬寅卜：雀侯弗翦罘？ 5

(10) …雀侯…蓢… ❺

❶《拼一》85 ❷《合集》6841 ❸《拼四》815 ❹《合补》2186 ❺《合集》6839

❺属宾组一A类。“伐罘”见于自宾间类、宾组一A类，干支较分散，本组收录如上。

第七组

(1) 辛卯卜：[王]…其敦□？ ❶
(2) …沚其罘彝？ ❶
(3) 癸丑卜：沚其此戎彝？ ❷
(4) 癸丑卜：今日舞？ ❷
(5) 癸丑卜：叀王自沚比…北伐[侯]… ❸
(6) 丙辰卜：丁巳[illegible]出？ ❸
(7) 丁巳卜：彝□戎罘沚？ ❹
(8) 彝其戎罘沚？ ❺
(9) 沚弗戎彝？ ❻
(10) 沚其戎彝？ ❻
(11) 沚不戎罘彝？ ❼
(12) 视何方？ ❼
(13) 彝罘戎不沚？ ❽
(14) 彝戎不？ ❾
(15) □未卜：彝其戎[illegible]？ ❿
(16) □辰卜：彝□戎[illegible]？ ⓫
(17) 于成□方？ ❷
(18) □□卜贞…其米众？ ❸
(19) …侯？ ❽
(20) …弗…㞢？ ❺
(21) 辛巳卜[王]：妇不戎于[illegible]？ ⓬
(22) □□卜王：彝…妇允其戎？ ⓭

❶《合集》6999 ❷《合集》6998 ❸《英藏》191 ❹《英藏》618 ❺《合集》6994 ❻《合补》2187 ❼《合集》7001 ❽《英藏》192 ❾《合集》7003

❿《合集》7004　⓫《合集》7005　⓬《合集》7007　⓭《合集》7006

本组卜辞以沚与龏的相互攻伐为线索进行系联，涉及妇与[illegible]的战争，可能存在联系。

第八组

(1) 壬寅[卜]贞：令逆䍜围，执？ ❶
(2) 壬子卜王：令雀[illegible]伐䍜？十月。 ❷
(3) 勿乎雀伐䍜？ ❸
(4) …[雀][illegible]伐䍜？ ❹

❶《合集》7054　❷《合集》6960　❸《合集》6962　❹《合集》6961

本组卜辞据“雀伐䍜”系联，所见月份为十月。

第九组

(1) 丁巳[卜]贞：盾[弗]翦雀？五月。 ❶
(2) 庚子卜…盾弗[翦]雀？ ❷
(3) □□卜：[疋]…丧… ❶
(4) …盾其[翦]疋？ ❸
(5) …盾其…[令]疋？ ❹
(6) …盾其戎… ❺
(7) …其翦疋？一月。 ❻
(8) …盾…疋？ ❻
(9) …盾其…一月。 ❻
(10) …尊侯？ ❻

❶《合集》6971　❷《合集》6972　❸《合集》6974　❹《合集》6975　❺《合集》6973　❻《合集》6976

本组卜辞以“盾翦雀、疋”为主要线索进行系联。

第十组

(1) [贞]：盾弗翦周？十二月。 ❶

(2) 戊戌卜贞：盾其以方[敦]周？ 2
(3) 戊戌卜贞：盾其以方敦周？ 3
(4) □未卜…弗敦周？ 4
(5) 一月。 2

1《合集》6825　2《拼五》1197　3《拼五》1198　4《合集》6824

本组卜辞以盾与周的攻伐为线索进行系联。

第十一组

(1) 登人三千伐𩫖，翦？ 1
(2) …勿伐𩫖？ 2
(3) …余翦𩫖？ 3
(4) …弗其翦𩫖？ 4

1《合集》6835　2《合集》6838　3《合集》6836　4《合集》6837

本组卜辞系联的依据为“伐𩫖”，辞例残缺较甚，据内容排列如上。

第十二组

(1) 乎我翦缶？ 1
(2) …[伐]缶… 2
(3) …[曰]：戎缶。 3
(4) 翌…基…贾… 1

1《合集》6870　2《合集》6871　3《合集》6872

本组卜辞据“伐缶”卜辞系联，无月份记载。

第十三组

(1) 庚[申卜]□贞：𦍩不其得？十二月。在𠂤。 1
(2) …𠂤。十二月。 2
(3) □□卜…翌丁卯王勿[步]？ 1
(4) 贞：得…旬㞢一日戊…羌㞢来？ 2
(5) 戊寅…羌㞢来？ 3

(6) …取… ❸

(7) …羌其来… ❹

❶《合集》8265 ❷《合集》6621 ❸《合集》6622 ❹《合集》457反

本组卜辞据十二月羌来系联，❶据❷系联，虽然后者“…〓。十二月”内容残缺，但❶内容较完整，两者都是十二月在〓所卜。

（二）可能有联系的卜辞

第一组

(1) □申卜：方其〓于东？ ❶

(2) …五月。 ❶

(3) 辛酉卜：方其〓东？ ❷

(4) …〓于东？ ❸❹

❶《合集》11468 ❷《合集》11467 ❸《合集》11466 ❹《合集》11469

诸版可能是一事之卜。

第二组

(1) …方[翦]坚？ ❶

(2) 乙酉卜：方弗翦坚？十月。 ❶

(3) 乙酉[卜：方]翦坚？ ❷

(4) □丑卜王：方其围于商？十月。 ❸

(5) 壬辰卜：方其敦视何？ ❹

(6) 贞：方敦视何？ ❹

(7) 壬辰卜：方其敦视[何]？ ❺

(8) [贞]：曰方其敦… ❻

(9) 丙申卜：方其敦视何？ ❼

(10) □戌卜：方敦视何？ ❽

(11) 庚申[卜]：方敦视[何]？十一月。 ❾

❶《合集》6773 ❷《合集》6774 ❸《合集》6677 ❹《合集》6789

5《合集》6790　6《合集》6791　7《合集》6793+[①]　8《合集》6787　9《合集》6786

本组卜辞以“方敦视何”为主要线索进行系联。1“𦵯坚”之卜为十月，干支与其余诸版相近，可能是同时之卜。

第三组

(1) 辛巳[卜]王：㞢祖乙五[宰]？ 1
(2) 甲申卜：乙酉㞢祖乙三宰，𠕋三十牛？ 2
(3) 甲申卜贞：[翌乙]酉㞢祖乙… 3
(4) 丁亥卜贞：翌戊用三豭于成？ 4
(5) [丁亥卜贞]：今日用三豭于成？ 4
(6) 丁亥卜：于翌戊子酒三豭祖乙，庚寅用？四月。 4
(7) 酒于祖乙？ 4
(8) …[酒]六豭于祖乙？ 4
(9) 㞢[于祖]乙？ 4
(10) 㞢[于祖]乙三… 4
(11) …㞢于祖乙三牛？ 5
(12) 甲午卜王[贞：翌]乙巳㞢[于]祖乙？ 6
(13) 祖乙㞢二青、六豕？ 7
(14) …青…豕？ 7

1《合集》1511 正　2《合集》1513　3《合补》129　4《合集》1371+[②]　5《合集》1521　6《合集》1566　7《合集》1525

本组卜辞以“㞢于祖乙”为线索进行系联，干支相近，可能存在联系。

第四组

(1) 甲申卜：御雀父乙一羌、一宰？ 1

① 周忠兵：《甲骨新缀三组》，先秦史研究室网站，http：//www. xianqin. org/blog/archives/2532. html，2011 年 12 月 18 日。

② 林宏明：《甲骨新缀第 580—581 例》，先秦史研究室网站，http：//www. xianqin. org/blog/archives/5312. html，2015 年 6 月 27 日。

（2）戊子卜：御雀父乙？ ❷

（3）［乙］未…御…大乙？ ❸

（4）丙午卜：勿御雀于兄丁？ ❹

（5）□酉卜：贞…［孽］？ ❹

（6）于父乙曹宰御［紳］？ ❹

❶《合集》413　❷《合集》4115　❸《合集》1261　❹《合集》4116

本组卜辞以“御雀于父乙、兄丁”为主要线索进行系联，干支相近，可能为一时之卜。

第五组

（1）乙酉卜：‖豕不其擒？十月。 ❶

（2）乙酉卜：‖豕… ❶

（3）丙戌卜：〓…十月。获二百六十… ❷

（4）…不…擒？十月。 ❸

（5）缶不其获豕？十月。 ❹

（6）□□卜…缶获…豕？乙未… ❺

（7）乙巳卜：〓获豕？ ❻

（8）〓不其获豕？ ❻

❶《合集》10249　❷《合集》10829　❸《合补》2628　❹《合集》10241　❺《合集》10240　❻《合集》10242

本组卜辞贞问十月狩豕，卜辞较残，可能存在联系。

第六组

（1）庚申卜王：〓获羌？ ❶

（2）庚申卜王：〓不其获羌？ ❶

（3）乙丑卜：〓获围羌？□月。 ❷

（4）丙寅卜：〓弗其冓… ❸

（5）〓冓羌？ ❹

（6）…敦〓？ ❹

（7）丁卯。 ❶

❶《拼四》1015　❷《合集》187　❸《合集》4319　❹《拼二》357

本组卜辞以𠂤、羌之间的攻伐为线索进行系联，干支较集中，可能为一时之卜。

第七组

(1) 癸卯卜：豕获鱼，其三万？不。 ❶
(2) …豕…获？ ❷
(3) □□卜贞：豕获鱼… ❸
(4) …豕擒？ ❹
(5) …豕…不其获？ ❺
(6) 贞：豕弗其获？ ❻

❶《合集》10471　❷《合集》10858　❸《合集》10472　❹《合集》10765　❺《合集》10857　❻《合集》10859 正

本组卜辞以“豕获鱼”为线索进行系联。

第八组

(1) 甲戌卜：出𠂤又黍，受㞢年？ ❶
(2) 乙亥卜：𠂤受黍[年]？二月。 ❷
(3) 乙亥卜：雨？ ❷
(4) …𠂤黍[年]，㞢[足]雨？ ❸
(5) …㞢足[雨]？ ❸
(6) 辛巳卜：我弗其受黍年？ ❹
(7) 丙戌卜：我受黍[年]？ ❺
(8) 庚子卜：萑受年？ ❻
(9) □申卜王…黍年萑？ ❼
(10) 庚子卜：𠂤[受年]？ ❻
(11) 戊午卜：雍受年？ ❽
(12) 庚申卜贞：我受黍年？三月。 ❾
(13) 庚[申卜]王：𠂤[受]黍[年]？ ❿
(14) 辛酉卜：雍[受年]？ ⓫
(15) □□卜：我弗[其]受年？ ⓬

(16) …受年? 12

(17) □□卜贞:我[受]年? 13

(18) □□卜:我弗其受黍年? 14

1《合集》9759+[①] 2《拼一》147 3《英藏》820 4《合集》10027 5《合集》10025 6《合集》9758正 7《合集》9595 8《合集》9798 9《合集》10024正 10《合集》10028 11《合集》9799 12《合集》9729 13《合集》9695 14《合集》9964

本组卜辞以卜问𠂤、萑、雍、我之受黍年为线索进行系联,时间在二、三月间,诸辞或存在联系。

二、宾组一A类卜辞的系联

(一)有联系的卜辞

第一组

(1) 甲午卜争贞:贾其㞢𡆥? 1

(2) 贞:贾亡𡆥? 1

(3) 甲午卜王贞:于[河㞢]匚? 1

(4) 甲午卜㱿贞:翌乙未㞢于祖乙? 2

(5) 甲午卜贞:翌乙未㞢于祖乙? 3

(6) 乙未卜㱿贞:酒疋? 1

(7) 乙未卜㱿贞:疋? 1

(8) 乙未卜㱿贞:其㞢来艰? 1

(9) 贞:亡来艰? 1

(10) 贞:亡来艰? 1

(11) 贞:翌乙未酒成? 1

(12) 翌[乙]未[酒]成…宰,用? 1

(13) 贞:翌丁酉延㞢于大丁? 1

---

① 蒋玉斌:《〈甲骨文合集〉缀合拾遗》(第六十六组),先秦史研究室网站,http://www.xianqin.org/blog/archives/2049.html,2010年9月5日。

(14) 翌丁酉勿㞢于大丁? 1
(15) 贞：酒于河匚? 1
(16) 乙未卜争贞：㞢祖乙? 5
(17) [丁酉]卜[𣪊]贞：酒于河五十牛? 5
(18) 酒五十牛于河? 1
(19) 勿五十牛于河? 1
(20) 酒河五十牛? 1
(21) [丁酉]卜[𣪊]贞：□三十牛? 5
(22) …二月。 5
(23) 酒河三十牛，以我女? 1
(24) 㞢于河我女? 1
(25) 二十牛? 5
(26) 贞：酒于河十牛? 5
(27) 贞：乎雀酒于河五十[牛]? 1
(28) 贞：勿乎雀酒于河五十牛? 6
(29) 贞：子㞢? 1
(30) 丁[酉]卜争贞：燎于二珏五人，卯十牛? 5
(31) 五人，卯五牛于二珏? 5
(32) 十人，卯十牛? 5
(33) 丁酉卜争贞：𢀛象? 5
(34) 贞：𢀛不其象? 5
(35) 戊戌卜𣪊贞：㽙祀今，来秋彡? 7
(36) 己亥卜内：翌辛丑乎雀酒河… 8
(37) 己亥卜[内：翌]辛[丑]乎[雀]酒[河]二十…[允]酒。 8
(38) □亥卜[贞]…酒…疋… 9
(39) 贞：酒疋? 1
(40) 勿酒疋? 1
(41) 翌辛丑乎雀酒河三十… 8
(42) 壬寅卜王：翌乙巳㞢于祖乙? 8
(43) 㞢? 8
(44) 㞢? 8
(45) 翌壬寅雨? 5

(46) 其隹今夕雨？ 5
(47) 贞：翌癸卯帝其令风？ 1
(48) 翌癸卯帝不令风，夕阴？ 1
(49) 癸卯卜㱿贞：翌甲辰酒大甲？ 1
(50) 贞：甲辰勿酒大甲？ 1
(51) 癸卯卜㱿贞：翌甲辰酒大甲？ 10
(52) 癸卯卜㱿贞：翌甲辰勿酒大甲？ 10
(53) [㞢]于上甲一牛？ 8
(54) 翌甲辰于上甲一牛？ 8
(55) 贞：㞢于上甲十牛？ 1
(56) 卯上甲？ 6
(57) 甲辰卜争：翌乙巳燎于土，牛？ 11
(58) 燎于土，叀羊㞢豚？ 11
(59) 燎于蚰，叀羊㞢豚？ 11
(60) 燎于蚰一豕？ 11
(61) 贞：召河，燎于蚰，㞢雨？ 6
(62) 贞：乎舞于蚰？ 6
(63) 贞：勿乎… 6
(64) 燎一羊？ 11
(65) 甲辰卜㱿贞：来辛亥燎于王亥三十牛？二月。 12
(66) □辰卜㱿贞：来辛亥燎于王[亥]… 13
(67) 甲□卜□贞…燎[于][illegible]… 6
(68) 乙巳卜争贞：勿[燎]于[illegible]？ 14
(69) 乙巳卜㱿：勿卒？ 1
(70) 丁未卜王：燎于[illegible]？ 6
(71) 戊申卜㱿贞：方帝，燎于土、[illegible]，云？ 6
(72) 来辛亥燎于王亥？ 1
(73) …来辛亥酒河… 15
(74) 翌辛亥㞢于王亥三十牛？ 1
(75) 五十牛于王亥？ 1
(76) 㞢于王亥女？ 1
(77) 贞：酒王亥？ 1

（78）壬子卜宾：㞢于示壬，正？ 6

（79）（壬子卜宾）贞：来甲寅，㞢上甲十牛？ 6

（80）㞢于成、大丁、大甲、大庚、大戊、中丁、祖乙、祖辛、祖丁一牛，它羊？ 1

（81）癸丑卜㱿贞：𠦪年于大甲十宰，祖乙十宰？ 16

（82）贞：𠦪年于大甲十宰，祖乙十宰？ 1

（83）贞：㞢于大甲𠦪年？ 17

（84）贞：𠦪？ 1

（85）乙卯卜㱿贞：𠦪雨[于]上甲[宰]… 18

（86）𠦪雨于上甲宰？ 1

（87）贞：宰于上甲？ 8

（88）贞：宰？ 11

（89）我舞？ 8

（90）勿舞？ 8

（91）贞：我舞，雨？ 19

（92）不其雨？ 8

（93）贞：翌乙卯酒子汏？ 1

（94）贞：乙卯子汏酒？ 1

（95）贞：乎子汏兄一牛，乎父甲？ 1

（96）翌乙卯酒子束斫？ 1

（97）斫宾？ 1

（98）贞：斫祀今秋彡？ 1

（99）彡夕二羊、二豕、宜三羊、三豕？ 1

（100）彡夕一羊、一豕、二羊、二豕？ 1

（101）贞：彡？酒夕羊？宜豕？ 4

（102）贞：今日夕酒？ 4

（103）丙辰卜㱿贞：帝隹其冬兹邑？ 19

（104）贞：帝弗冬兹邑？ 19

（105）贞：帝隹其冬兹邑？ 19

（106）贞：帝弗冬兹邑？ 19

（107）贞：翌丁巳酒祖乙？戊午酒大戊？易日？ 4

（108）贞：𢦏王亥十牛？ 20

(109) 翌庚申𣏟黄奭？ 19
(110) 𣏟于黄奭？ 4
(111) 𣏟于黄… 4
(112) 𣏟于东？ 11
(113) 勿𣏟于东？ 11
(114) 贞：𣏟于西、北？ 11
(115) 勿𣏟于西、[北]？ 11
(116) 贞：𣏟于南？ 11
(117) 勿𣏟于南？ 11
(118) [辛酉]…㞢于上甲十伐？卯十豭？ 4
(119) [乙丑卜]□贞：今日㞢于成三牛？ 4
(120) 贞：翌丁卯𠦪舞，㞢雨？ 20
(121) 翌丁卯勿，亡其雨？ 20
(122) 㞢从于河？ 20
(123) 其勿从于河？ 20
(124) 㞢犬于五日隹龚启？ 20
(125) 亡受以？ 20
(126) [癸酉卜]…一百…祖辛… 4
(127) 贞：于祖辛㞢？ 4
(128) 乙亥卜争贞：戠由…月。 4
(129) 癸[未卜]宾贞：周擒犬延淈？ 20
(130) 周弗其擒？ 20
(131) 癸未卜宾贞：亩亡𡆥？三月。 20
(132) 贞：亩亡𡆥？在𠂤。 20
(133) 贞：亩其㞢𡆥？ 20
(134) 燎于大甲三豕、三… 20
(135) 贞：㞢于父乙？ 20
(136) 勿𦎫于父乙？ 20
(137) 王隹㞢祖丁？ 20
(138) 贞：𡆥允其取女？ 20
(139) 取为？勿取？ 4
(140) 取冑？勿取？ 4

(141) 贞：子商矢①？㞢由？ 4
(142) 贞：子商矢？亡由？ 4
(143) 不其𩁹？允不？ 20
(144) 亡受以？ 20
(145) 王占曰：隹□丁… 20
(146) 王[占曰]：乙… 20
(147) 雀入百五十。 11 19
(148) 画来十。 20

1《缀汇》541+② 2《合集》1542 3《英藏》27 4《合集》2953+③ 5《合集》1052+④ 6《合集》1140 7《合集》9185、9186 8《合集》4141 9《合集》15747 10《合集》1443 11《合集》14395 12《合集》14733 13《英藏》1254 14《合集》14668 15《合集》14589 16《合集》10115 17《合集》10114 18《合集》12861 19《合集》14209、14210 20《合集》14755

本组卜辞主要根据“酒河”“𣪘”祭等祭祀卜辞系联，应该可靠。仅5 12记载二月，20记载三月，本组卜辞的时间当在二、三月前后。余下卜辞依干支排列，无干支则以类相从。另外，11 19皆有甲桥刻辞“雀入百五十”，其正面卜辞可进行系联。

第二组

(1) 丙申卜㱿贞：叀宾为？ 1
(2) 丁酉卜㱿贞：叀宾为？ 1
(3) 戊戌卜争贞：我为宾？ 2
(4) 戊□卜㱿贞：我勿作宾？ 3
(5) 丁未卜㱿贞：我为宾？ 4

---

① “矢”字用在田猎卜辞中作动词，详见于省吾：《甲骨文字诂林》，中华书局，1996年，第845页。

② 李爱辉：《甲骨拼合第466—475则》，先秦史研究室网站，http://www.xianqin.org/blog/archives/12091.html，2019年8月5日。

③ 林宏明：《甲骨新缀第707—712例》，先秦史研究室网站，https://www.xianqin.org/blog/archives/6685.html，2016年8月17日。

④ 林宏明：《甲骨新缀第453—470例》，先秦史研究室网站，https://www.xianqin.org/blog/archives/3717.html，2014年2月25日。

（6）丁未卜𡧊贞：勿为宾？ 4
（7）丁未卜𡧊贞：我为宾？ 5
（8）贞：叀[宾]为？ 6
（9）乙卯。 6
（10）乙丑卜𡧊贞：我叀宾为？ 4
（11）乙丑卜𡧊贞：我勿为宾？ 4
（12）乙丑卜𡧊贞：我叀宾为？ 5
（13）丁卯卜𡧊贞：我叀宾为？ 4
（14）丁卯卜𡧊贞：我勿为宾？ 4
（15）□□卜𡧊贞：我叀宾为？ 5
（16）贞：我叀宾为？ 7
（17）贞：叀宾为？ 7 8 9 10 13
（18）□□[卜𡧊]贞：我勿为[宾]？ 11
（19）□□[卜]□贞：我勿为？ 11
（20）叀宾为？ 12
（21）贞：勿为宾？ 12 13
（22）勿为宾？ 14
（23）（丁卯卜争）：王目母其𣪊？ 2
（24）贞：王目𣪊？ 2
（25）贞：不其𣪊？ 15

1《合集》15182　2《醉古》356　3《合集》15191　4《合集》15179　5《合集》15184　6《合集》40483　7《合集》15180　8《合集》40482　9《合集》15181　10《合集》15183　11《合集》15185　12《合集》15186　13《合集》15187　14《合集》15188　15《合集》17256

本组卜辞据“叀宾为”系联，无月份记载，按干支顺序排列。

第三组

（1）甲子[卜]□贞… 1
（2）己巳卜争贞：方女于敦？ 2
（3）贞：方女勿于敦？ 2
（4）乎舞于敦？ 3

(5) 勿乎舞于敦? 3
(6) 于车舞? 3
(7) 丙□[卜]… 4
(8) 丁卯卜：王听隹㞢害? 4
(9) 贞：王听隹𡆥? 2
(10) 贞：听不隹𡆥? 2
(11) [王]听隹𡆥? 5
(12) …听[隹]𡆥? 6
(13) 王听勿孽? 1
(14) 王听孽? 1
(15) (戊辰卜争)：王㞢梦隹𡆥? 2
(16) 贞：王㞢梦不隹𡆥? 2
(17) (庚午卜𣪊) 贞：我马㞢虎隹𡆥? 2
(18) 贞：我马㞢虎不隹[𡆥]? 2
(19) [贞]：其㞢[戎]隹我[𡆥]? 2
(20) (庚午卜𣪊)：王肘隹㞢害? 2
(21) 乎丩肘? 2
(22) 癸酉卜𣪊贞：雀叀今日𢦏? 1
(23) 癸酉卜𣪊贞：雀于翌甲戌𢦏? 1
(24) 癸巳卜𣪊贞：今日其雨? 1
(25) 癸巳卜𣪊贞：今日不雨? 允不雨。 1
(26) 贞：雨? 2
(27) 不其雨? 2
(28) 其雨? 2
(29) 不其雨? 2
(30) 贞：今日王出? 2
(31) 王占曰：勿出? 上下肩，隹㞢害? 2
(32) 贞：王目肩? 2
(33) 御王目于妣己? 3
(34) 宰于妣己? 3
(35) 王其㞢㚇? 3
(36) 于示壬? 3

(37) 贞：于成？ ❸
(38) 贞：㞢于大甲？ ❷
(39) 贞：今日㞢于祖丁？ ❷
(40) 勿㞢祖丁？ ❷
(41) …御㠯[于㞢]妣？ ❷
(42) 勿㠯于㞢妣？ ❷
(43) 燎于土宰，方帝？ ❷
(44) 贞：燎羊，𥂴用？ ❷
(45) …岳宰？ ❸
(46) 𠬪乎易牝？ ❷
(47) □卯卜：用？ ❷
(48) 乎取大？ ❷
(49) 令夅取大以？ ❷
(50) [弗]其[以]？ ❷
(51) 贞：毕以大？ ❷
(52) 毕弗其以大？ ❷
(53) 乎伐取？ ❷
(54) …伐取？ ❷
(55) 贞：取岳？ ❸
(56) 叀孜人？ ❷
(57) 隹娥？ ❷
(58) 不隹？ ❷
(59) …旬[㞢]二[日]… ❸
(60) 蒿己…亡… ❸

❶《合集》7768　❷《醉古》307　❸《合集》13624　❹《合集》5306　❺《合集》5301　❻《合集》5302

本组卜辞据“王听隹害”系联，无月份记载，按干支顺序排列，其他卜辞以类相从。

第四组

(1)（丙戌卜）贞：王听隹㞢害？ ❶

(2) 贞：王𡆥不隹㞢害？ 1
(3) 壬寅卜㱿贞：王𡆥，隹父乙害？ 2
(4) 壬寅卜㱿贞：王𡆥，不隹父乙害？ 2
(5) 隹南庚害王？ 1
(6) 不隹南庚害王？ 1
(7) 王𡆥隹㞢害，王… 3
(8) 不隹… 3
(9) …于父乙御？ 3
(10) 勿于父乙御？ 3
(11) …妣庚御𡆥？ 4
(12) 贞…庚御…𡆥？ 5
(13) 壬寅[卜]：癸雨？允雨。 1
(14) 壬寅卜㱿贞：王卩示父禨？ 2
(15) 壬寅卜㱿贞：勿卩…禨？ 2
(16) 贞：不延[𡆥]？ 6
(17) 贞：王其逐鹿，毕？ 1
(18) 贞：[勿]其[逐]鹿？ 1
(19) [王占曰]… 1

1《合集》10299　2《合集》2235+①　3《契合》230　4《合集》2460　5《合集》15112　6《合集》17239

本组卜辞据“王𡆥”系联，无月份记载，干支相近，按干支顺序排列。

第五组

(1) 庚寅卜：勿雀于母庚御？ 1
(2) 勿御雀于母庚？ 1
(3) 弗其冎凡㞢疾？ 1
(4) 宰于父□母□？ 1
(5) 己亥卜：今…㞋于…不其… 2

① 林宏明：《甲骨新缀第 614—622 例》，先秦史研究室网站，http：//www. xianqin. org/blog/archives/6174. html，2016 年 3 月 30 日。

(6) 甲寅…五月。 2
(7) 甲寅卜：王…沚…五月。 2
(8) 御雀于兄丁一羌？ 2
(9) 御雀于父乙？ 3
(10) 丙午卜贞：王曰雀凡□亩？ 4
(11) 戊申卜贞：雀冎凡㞢疾？六月。 5
(12) 戊申卜贞：雀弗其冎凡㞢疾？ 5
(13) 戊申卜贞：雀冎凡㞢疾？ 5
(14) 己酉卜：不其雨？ 5
(15) …夕允雨？ 5
(16) …夕勿酒母庚，雀亩？ 6
(17) 贞：今祼于雀，鼎亩？ 7
(18) □□[卜王]贞…[步]？ 3
(19) …余… 6

1《合集》13892　2《合集》415+①　3《合集》4114　4《合集》4128　5《合集》13869　6《合集》4118　7《合集》15844

本组卜辞据人物雀的疾病类卜辞系联，所见月份为五月、六月。

第六组

(1) 甲寅…衔子…甲㞢…卯[宰]？ 1
(2) □午卜…御子衔于…叀[豕]？ 2
(3) …御子衔于父乙… 3
(4) …[御子]衔于父乙… 3
(5) …[御子衔]于父乙… 3
(6) 于妣癸御衔？ 4
(7) [于]妣己[御]衔？ 5
(8) □□卜：于□己御□衔？ 6
(9) □未卜：㞢母…叀王魄萑…衔亩？ 7

---

① 蒋玉斌：《蒋玉斌甲骨缀合总表》（300组），先秦史研究室网站，http：//www.xianqin.org/blog/archives/2305.html，2011年3月20日。

(10) …衠斧贏…一牛? 8
(11) □未卜:王[㞢母雈]珄,今日…[王]䰟… 7
(12) 贞…衠? 9
(13) 衠? 10
(14) …臽来…丁用? 9
(15) 贞… 9

1《合集》3211　2《合集》3206　3《合集》3207　4《合集》3208　5《合集》3209　6《合集》15123　7《拼一》38　8《合集》3212　9《合集》3203　10《合集》3213—3215

本组卜辞据人物子衠的疾病类卜辞系联,无月份记载,按干支顺序排列。

第七组

(1) (丁丑卜) 贞:妇㜔[娩]嘉? 二月庚申娩,不嘉。 1
(2) 妇㜔不[娩,嘉]? 王占曰:娩… 1
(3) 贞:妇㜔㞢子? 2
(4) 贞:妇㜔娩,不其[嘉]? 3
(5) 己卯卜宾贞:子钛冎凡? 1
(6) 贞:子钛冎凡㞢疾? 1
(7) 子钛弗其冎凡㞢疾? 1
(8) (甲申[卜]宾):弗其冎凡㞢疾? 4
(9) 王占曰:[子]… 1
(10) 贞:㞢伐于上甲十㞢五,卯十小宰,𤉲?(三日癸未㞢设于上甲。) 5
(11) 贞:㞢伐于成? 5
(12) (癸未卜宾):㞢于祖乙一宰,正? 5
(13) 癸□卜㱿[贞]:王… 1
(14) 翌癸未用? 5
(15) 戊子卜㱿:商以十㞢… 6
(16) 丙申卜㱿贞:妇好孕,弗以妇殟? 7
(17) 贞:妇孕,其以妇殟? 7
(18) 于母庚御妇? 8
(19) 勿御于母庚? 8

（20）于寻司？ 8 9
（21）勿寻司？ 8
（22）勿于寻司？ 9
（23）□申卜㱿贞：旃[罘㱿]由王事？ 10
（24）贞：旃罘㱿弗[其]由王事？ 10
（25）[丁]酉卜宾贞：妇受年？ 5
（26）[贞]：妇[弗]其受年？ 5
（27）妇受年？ 9
（28）妇不其受年？ 9
（29）丁酉卜㱿贞：我受甫耤在□年？三月。 5
（30）丁酉卜㱿贞：我弗其受甫耤在□年？（王占卜曰：我其受甫耤在□年。） 5
（31）丁酉卜争贞：乎甫秜于妇，受㞢年？ 11
（32）丁酉卜争贞：弗其受㞢年？[王占曰…] 11
（33）旃罘㱿、甫耤于妇，受年？ 11
（34）贞：弗其受㞢年？ 11
（35）贞：妇受年？ 12
（36）贞：冥受年？ 12
（37）贞：受年？ 11
（38）弗其受㞢年？ 11
（39）受年？ 11
（40）弗其受？ 11
（41）贞：我受年？ 6
（42）…受年？ 6
（43）戊戌卜㱿贞：旃罘㱿亡[囚]，□[告]？ 11
（44）旃罘㱿亡囚，冎告？ 11
（45）贞：旃罘㱿其㞢囚？ 10
（46）己亥卜内贞：王㞢石在庐北东，作邑于之？ 11
（47）王㞢石在庐，作邑于之？ 11
（48）作邑于庐？ 11
（49）己亥卜争贞：在妇田，㞢足雨？ 7
（50）自今庚子[至]于甲辰帝令雨？ 5
（51）至甲辰帝不其令雨？ 5

（52）今日不其雨？ 5
（53）今日雨？ 9
（54）贞：隹启？ 8
（55）辛丑卜宾贞：旃眔㱿以羌？ 13
（56）贞：旃眔㱿不其以羌？ 13
（57）壬寅卜㱿贞：㞢于父乙宰，曰勿卯，鼎？ 7
（58）贞：勿㞢于父乙宰，子钛赢？ 7
（59）…今日疾赢？ 1
（60）㞢于妣己青，卯牝？ 7
（61）（壬寅卜内）贞：王㞢心，隹之？ 8
（62）贞：王㞢心，不隹之？ 8
（63）乙巳卜㱿贞：西土受年？三月。 14
（64）丁未卜㱿贞：崩受年？ 9
（65）贞：崩不其受年？三月。 9
（66）（丁未卜㱿）贞：西土受年？ 9
（67）贞：西土不其受年？ 9
（68）艆受年？ 9
（69）不其受？ 9
（70）戊申卜：夫受年？ 6
（71）贞：古[受]年？ 15
（72）戠不其来？三月。 9
（73）…戠其来？ 6
（74）…戠其…来？ 18
（75）…翌戊申王[狩]… 1
（76）翌戊[申]…风？ 1
（77）翌戊[申]其风？ 1
（78）（戊申卜争）贞：祖乙其害王？ 9
（79）贞：祖乙勿害王？ 9
（80）王隹㞢害？ 9
（81）贞：不隹㞢害？ 9
（82）贞：王㞢皇，祖乙左[王]？ 10
（83）贞：王㞢皇，祖乙弗左王？ 10

(84) 贞：王㞢皇…（王占曰：吉。） 10
(85) 贞：祖乙其左[王]？ 10
(86) 贞：桒于祖乙？ 11
(87) 王其取祖乙叡，若？ 13
(88) 王勿往田，不若？ 13
(89) 癸丑卜宾贞：隹𡆥？ 9
(90) 贞：不隹𡆥？ 9
(91) 王占曰：[吉]。 10
(92) 唐隹𡆥？ 1
(93) 不隹𡆥？ 1
(94) …𡆥？ 1
(95) 丁巳卜宾：御子妋于父乙？ 16
(96) □□[卜]宾：御子妋于兄丁？ 16
(97) □[巳]卜争[贞：御]子妋于母丙，𡴃毚，曹小宰，㞢𠬝女一？ 15
(98) 贞：勿艏用𡴃毚，曹小宰二，㞢𠬝女一于母丙？ 15
(99) 贞：勿御子妋？ 17
(100) 贞：御于妣己㞢𠬝？ 1
(101) 酒𠬝卯宰？ 1
(102) 卯一牛？ 1
(103) 今日酒？ 1
(104) 御于庚十垂？ 1
(105) …御于妣庚□垂？ 1
(106) 于多？ 1
(107) 燎？ 1
(108) …隹…三垂、七… 1
(109) 王往田魯鹿？ 13
(110) 勿往田？ 18
(111) 贞…往… 1
(112) 贞：勿烄？ 9
(113) 乎取女于林？ 9
(114) 乎取女？ 9
(115) 贞：乎邑人出羊、牛？ 9

(116) □人将至，我若？ 9

(117) …兄…[不]隹[兄]戉？ 18

1《合集》717+[①] 2《合集》13933 正 3《合集》13957 4《英藏》1129 5《合集》900 6《合集》9681 7《合集》10136 正 8《合集》8126+[②] 9《合集》9741 10《合集》5447 11《合集》13505 12《合集》40090 13《醉古》160 14《合集》9744 15《合集》728+[③] 16《合集》3186 17《合集》3188 18《合集》10535

本组卜辞据“娟受年”系联，时间在二、三月前后。8 据“寻司”系联，同版有“王㞢心”记载。另外，此处妇好生育好像并不顺利，“御妇”可能就是向母庚御祭妇好禳除病患。

第八组

(1) [甲]午卜宾…㞢告[麦]？ 1

(2) …□午㞢告麦？ 2

(3) 翌乙未[亡]其告麦？ 3

(4) 乙未…[告麦]… 1

(5) □□卜…丙…告麦？ 1

(6) 翌丁亡其告麦？ 4

(7) [己亥]卜宾：翌庚子㞢告麦，允㞢告麦？ 1

(8) 庚子卜宾：翌辛丑㞢告麦？ 1

(9) 翌辛丑亡其告麦？ 1

(10) [己]酉卜宾：翌庚[戌]㞢告麦？ 5

(11) 翌己酉[亡]其告麦？ 5

(12) [翌]□□亡[其告]麦？ 6

(13) …亡…告[麦]？ 4

---

① 蒋玉斌：《甲骨新缀35组》（更新第30组），先秦史研究室网站，https://www.xianqin.org/blog/archives/2576.html，2012年2月22日。

② 张惟捷：《殷墟YH127坑宾组甲骨新研》，台湾万卷楼图书有限公司，2013年，第223—224页。

③ 蔡哲茂：《〈殷墟文字乙编〉新缀第三十二则》，先秦史研究室网站，http://www.xianqin.org/Blog/archives/733.html，2009年1月7日。

(14) …其告麦? 2
(15) …[告]麦? 2

1《合补》2538 2《合集》9624 3《合集》9622 4《合集》9623 5《合集》9621 6《合集》9626

本组卜辞据“告麦”系联，无月份记载，按干支顺序排列。

第九组

(1) 戊午[卜]王：隹…[逐]… 1
(2) 己未卜：雀获虎？弗获？在馘。一月。 1
(3) 己未卜：雀获虎？弗获？一月。 2
(4) 庚[申卜]王：获…逐，弗[获]? 2
(5) 辛酉卜王：获？不获? 2
(6) 壬戌[卜]王：获… 2
(7) 癸[亥卜]王…亡[災]? 2
(8) …获…获… 2
(9) 亟? 1
(10) 亟? 2

1《合集》10201 2《合集》10202

本组卜辞据“雀获虎”系联，时间在一月，两版卜辞联系很紧密。

第十组

(1) 丙戌卜王：我其逐鹿，获？允获十。 1
(2) 丙戌卜[王]：不其获鹿？一月。 1
(3) 丁亥卜王：我叀三十鹿逐？允逐，获十六。一月。 1
(4) 我叀七鹿逐？七鹿不®? 1
(5) 辛卯卜：擒? 2
(6) 辛卯…勿…弜…田，[翌]… 3
(7) □卯卜王：其获? 4
(8) □卯卜王…获…允获五。 5
(9) [弜]不[其]获… 6

(10) …弜…其获鹿？允[获]。 7
(11) 壬辰卜王：我获鹿？允获八，豕一。 8
(12) 壬辰[卜王：我]不其[获鹿]…月。 8
(13) 壬辰卜王：我获鹿？允获八… 9
(14) 壬辰卜王贞：翌癸巳我弗其围麋？ 10
(15) 癸巳卜王：逐鹿？ 11
(16) 弔弗逐？ 11
(17) 癸巳[卜]：逐[鹿]…允[逐]…弗… 12
(18) 丁未卜王：其逐在蚰鹿，获？允获七。一月。 8
(19) 丁未卜[王]：获[兕]？允[获]… 13
(20) □未卜王：其逐…获？ 14
(21) □申卜王…今日获？ 15
(22) 戊申卜…鹿，[获]… 16
(23) 戊午卜：更陷，擒？允擒二…二月。 9
(24) 戊午卜：更陷，弗其擒？ 9
(25) 庚申卜王：雀获？ 17
(26) [庚]申卜王：雀获？ 17
(27) …允二围不获？ 17
(28) □申卜王：雀获？ 18
(29) …允二围[不获]？ 18
(30) …申王田…不其获？ 19
(31) 壬戌卜：射，获不？ 20
(32) 甲[子卜王：我其逐]鹿，获？允获十。蚰。二月。 1
(33) 甲子卜王：不其获鹿？ 1
(34) 甲子卜…敢… 21
(35) 乙丑卜王：不其获鹿？ 1
(36) [乙]丑卜王：其逐鹿，获？[不往]？ 1
(37) [乙丑卜王：不]其获[鹿]？ 1
(38) 乙丑卜王：其逐鹿，获？不往？ 1
(39) 乙丑卜王：不其获鹿？不往？ 1
(40) 乙丑。 3
(41) 丙寅卜：翌丁卯… 22

（42）丙寅卜：我…… 22
（43）勿逐。 22
（44）戊辰卜王：[我逐鹿，获]？ 1
（45）戊[辰卜王：我不其获鹿]？ 1
（46）我获鹿？允获六？ 1
（47）我不其获[鹿]？ 1
（48）己巳卜王：获，在柚兕？允获。 1
（49）己巳卜王：弗其获，在柚兕？二月。 1
（50）己巳卜：狩逐？ 22
（51）己巳[卜]：狩弗其逐？ 22
（52）己巳卜：获？ 23
（53）辛未卜：鸣获井鸟？ 24
（54）鸣不其[获]井[鸟]？ 24
（55）癸酉卜王：其逐鹿？ 1
（56）癸酉卜王：不其获鹿？ 1
（57）王不其获鹿？ 25
（58）癸酉卜：田企东，获？ 26
（59）…王…甲戌…狩…易日？ 26
（60）甲戌卜：翌乙亥王狩[illegible]？ 27
（61）甲戌卜王：征获鹿不？ 28
（62）己… 28
（63）壬午卜王：其逐在万鹿，获？允获五。 9
（64）壬午卜王：弗其获在万鹿？ 9
（65）□□卜王[贞]：壬午余…麋… 29
（66）甲辰卜王… 35
（67）…雀…获？四月。 30
（68）戊□[卜]□贞…其殟？ 30
（69）庚□[卜王贞]：乎弜狩…擒？ 31
（70）辛亥卜王贞：乎弜狩麋，擒？ 31
（71）辛亥卜王贞：勿乎弜狩麋，弗其擒？七月。 31
（72）辛亥[卜王贞：乎弜狩]麋，[擒]？ 32
（73）[辛]亥卜王贞：[余狩]麋，不餔擒？七月。 33

（74）壬子卜：磬以孜启获？ 34

（75）罡入。 34

（76）癸丑卜王：其逐豕，获？允获豕三。 35

（77）丙子［卜贞］…𦍞亡…允亡。在八月。 36

（78）…［今日］庚［雨］？ 36

（79）丙子卜：围，擒？ 37

（80）…王… 37

（81）丁丑［卜］王：不其获？ 38

（82）戊寅卜：乎侯敎田？ 39

（83）戊寅卜贞：获？ 40

（84）己卯卜：刚于麃？ 41

（85）己卯［卜贞］…擒…百［二十］？ 42

（86）庚辰卜王：［往逐］柚鹿？［允获］。 43

（87）壬午卜贞：王狩稚擒？ 44

（88）□□卜…王…革…获？ 44

1《合集》10950+[1] 2《缀汇》127 3《合集》4316 4《合补》2595 5《合补》2608 6《合集》10836 7《合集》10317 8《合集》10951 右上部分 9《合集》10951+[2] 10《东京大学》99 11《合集》10294 12《合集》10653 13《合集》10414 14《合补》2606 15《合补》2605 16《合集》10327 17《合集》10856+[3] 18《合集》10855 19《合集》10543 20《合集》10693 21《合补》2649 22《合补》2626 23《合集》10898 24《合集》4725 25《合集》10295 26《合集》19369 27《合集》10997 28《合集》10311 29《合集》18322 30《英藏》859 31《合集》10374 32《合集》10375 33《合集》10377 34《合集》9339 35《合集》10230 36《合集》10828 37《上博》17645. 135 38《合集》10840 39《合集》10559 40《合补》2593 41《合集》8203 42《合集》10763 43《合集》10954 44《上博》43972

本组根据田猎卜辞系联，时间集中在一、二月，1 2 为自宾间类、宾组一 A

① 林宏明：《甲骨新缀第 610—611 例》，先秦史研究室网站，https：//www. xianqin. org/blog/archives/6136. html，2016 年 3 月 21 日。

② 张惟捷：《甲骨新缀二十二则》，《政大中文学报》2013 年第十九期。

③ 蒋玉斌：《甲骨新缀 10 组》，先秦史研究室网站，http：//www. xianqin. org/blog/archives/4862. html，2014 年 12 月 25 日。

类卜辞同版，可能与自宾间类中二类字体同版的田猎卜辞时间相近。

第十一组

(1)（甲午卜宾贞）：生五月陕至？（王占曰：吉。陕至，其隹辛。） 1
(2) 翌癸卯狩，擒？ 1
(3) 翌癸卯勿狩？ 1
(4) 丁巳卜宾贞：祼于祖乙告王𡆥？ 1
(5) 丁巳卜㱿贞：告𡆥于祖[乙]，勿㞢岁祼？ 1
(6) 贞：勿𤰈祼于祖乙告𡆥？ 1
(7) 㞢祖乙告王𡆥？（王占曰：吉。） 1
(8) 贞：王疾，隹大示？ 2
(9) [贞]：王疾，不隹大示？ 2
(10) 隹大示？ 2
(11) 不隹大示？ 2
(12) [贞]：祖乙𬀪？不𬀪。 1
(13) 㞢于祖乙？ 1
(14) 翌乙卯㞢祖乙？用。 1
(15)（己未卜宾）贞：王不祼，示左？ 1
(16) 贞：示弗左，王不祼？（王占曰：兹鬼，卜隹。） 1
(17) 示左王？ 1
(18) 示弗左？ 1
(19) 贞：示左？ 2
(20) 贞：示弗左？ 2
(21) …弗左王？ 2
(22) 贞：多介嚚？ 1
(23) 介嚚？ 1
(24) 介？（[王占]曰…） 1
(25) 贞：乎取黍？ 1
(26) 贞：勿乎取？ 1
(27) 贞：勿乎取？ 1
(28) …丙…不… 1

(29) □申[卜争]。 2

1《合集》10613　2《合集》13697+①

本组卜辞据“示左”“示弗左”系联，与商王疾病相关，无月份记载，按干支顺序排列。

第十二组

(1) 戊子卜㱿贞：我作邑？ 1
(2) □子卜宾贞：[我]作[邑]？ 2
(3) 己[亥卜㱿贞]：我作邑？ 3
(4) □□[卜]□[贞]：我作邑？ 4
(5) 壬寅卜㱿贞：我作[邑]？ 4
(6) 癸卯卜㱿贞：我作邑？ 4
(7) 乙巳卜[㱿]贞：我作邑？ 4
(8) 丁未卜㱿贞：我作邑？ 3
(9) 丁未卜㱿贞：我作邑？ 5
(10) □未卜㱿贞：我作邑？ 6
(11) □未卜… 6
(12) □戌卜㱿贞：我作邑，[帝若]？ 7
(13) 甲寅卜㱿贞：我作邑，若？ 8
(14) 甲寅卜争贞：我作[邑]？ 9
(15) 甲寅卜争贞：我作邑？ 10
(16) 乙卯卜㱿贞：我作邑？ 3
(17) 丙辰卜争[贞]：我作邑？ 9
(18) 丙戌卜争贞：我[作邑]？ 11
(19) 己亥卜㱿贞：我作[邑]？ 11
(20) 丁未[卜]㱿贞：我[作邑]？ 11
(21) □□[卜]□[贞]：我作邑？ 3
(22) □□[卜]□[贞]：我作邑？ 3

① 考古资料数位典藏资料库，https://ndweb.iis.sinica.edu.tw/archaeo2_public/System/Artifact/Detail_Basic.jsp?SearchType=null&ShowPage=null&PageSize=null&SearchValue=null&registerd_no=R044573。

（23）□□[卜]㱿贞：我[作邑]？ 3
（24）□□卜㱿贞：[我作邑]？ 3
（25）□□[卜]□[㱿贞：我作邑]？ 3
（26）□□[卜]□贞：我作邑？ 12
（27）□□[卜]□[贞]：我作邑？ 12
（28）□□[卜]□[贞]：我作邑？ 12
（29）□□[卜]□贞：我[勿]作邑？ 13
（30）…我作邑？ 12
（31）…作邑？ 14
（32）㞢于羌甲？ 10
（33）□□[卜]㱿贞：[我作邑]？ 12
（34）□□卜㱿贞：我[作邑]？ 12
（35）□□[卜]㱿贞：我[作邑]？ 12
（36）□□[卜]□[贞]：我作邑？ 12

1《合集》13491 2《合集》13497 3《合集》13498+① 4《合集》13492+② 5《合集》13494 6《合集》13493 7《合集》14202 8《合集》13495 9《合集》13496 10《合补》2777 11《合集》13500+③ 12《合集》13499+④ 13《合集》13502 14《合集》13509

本组卜辞据“我作邑”系联，无月份记载，按干支顺序排列。

第十三组

（1）戊辰卜争贞：其雨？ 1
（2）贞：不雨？ 1
（3）庚午卜内：屯乎步？八月。 1

---

① 张淑月：《甲骨缀合第二则》，先秦史研究室网站，http：//www. xianqin. org/blog/archives/9334. html，2017年11月17日。

② 蔡哲茂：《国博所藏甲骨新缀一则》，先秦史研究室网站，http：//www. xianqin. org/blog/archives/1877. html，2007年12月27日。

③ 张宇卫：《甲骨缀合新第三三—三六则》，先秦史研究室网站，http：//www. xianqin. org/blog/archives/2571. html，2012年2月20日。

④ 李爱辉：《甲骨拼合第441—445则》，先秦史研究室网站，https：//www. xianqin. org/blog/archives/11070. html，2018年11月28日。

(4) 庚午卜内贞：王作邑，帝若？八月。 1
(5) 庚午卜内贞：王勿作邑在兹，帝若？ 1
(6) 贞：王作邑，帝若？八月。 1
(7) 贞：[王]勿作邑，帝若？ 1
(8) □□卜争贞：王作邑，帝[若]？ 2
(9) □□[卜]□贞：王作邑，帝若？ 3
(10) □□[卜]□贞：余其作邑？ 4

1《合集》14201 2《合集》14205 3《合集》14203 4《合集》13503

本组卜辞根据“王作邑”系联，所见月份为八月，按干支顺序可排入一月之内。

第十四组

(1) 庚戌卜㱿贞：王立黍，受年？ 1
(2) 贞：王立黍，受年？一月。 1
(3) 贞：王勿立黍，弗其受年？ 1
(4) [贞：王勿]立黍，弗其受年？ 1
(5) (戊[午]卜[㱿]) 贞：画来牛？ 1
(6) 贞：画弗其来牛？ 1
(7) 贞：画来牛？ 1
(8) 弗其来牛？ 1
(9) 辛酉卜㱿贞：今二月王入于商？ 2
(10) 庚午卜争贞：乎子商？ 3
(11) 辛未卜争贞：王于生七月入于商？ 4 5
(12) 辛未卜争贞：王勿卒[入]？ 5
(13) …于生… 4
(14) 辛未卜[争]贞：王□[衖]？ 4
(15) 癸酉卜：王匿隹入于商？ 6
(16) …匿？ 6
(17) 今六月入示弗其[若]？ 7
(18) 甲戌卜㱿贞：今六月王入于商？ 8
(19) 贞：今六月王入于商？ 9

(20) …[今]六月[王]入于[商]? 9
(21) 王勿𢓜出示若? 六月。 7
(22) 王勿𢓜出示弗其若? 六月。 7
(23) 勿𢓜出示若? 7
(24) 示弗其若? 7
(25) 弗其? 7
(26) …其若? 7
(27) 甲戌卜㱿贞：王于生七月入于[商]? 8
(28) □□[卜贞]：王于生七月入于商? 10
(29) 甲戌卜… 11
(30) 甲戌卜争贞：翌乙亥… 3
(31) 乙亥卜争[贞]… 11
(32) 乙亥卜㱿贞：生七月𦙶… 8
(33) 乙亥卜争贞：生七月王勿卒入，𢦏? 12
(34) □□卜㱿贞：生七月王勿卒入? 8
(35) [丙]子卜㱿贞：生七月王入于[商]? 13
(36) [丙]子卜㱿贞：王入于[商]? 13
(37) 丙子卜㱿贞：王入于商? 14
(38) 丙[子]。 15
(39) [丁]丑卜㱿[贞]… 13
(40) 丁丑卜㱿贞：生七月王入于[商]? 14
(41) 丁丑。 14 15
(42) 丁丑卜：入? 16
(43) 戊寅。 14 15
(44) 戊寅卜㱿贞：生七月王入于[商]? 14
(45) 戊寅卜争贞：王于生七月入于商? 17
(46) 贞：王其入，勿祝于下乙? 17
(47) □□[卜]㱿贞：生七月王入于□? 8
(48) □□[卜㱿]贞：王于生七月入? 8
(49) 己卯卜㱿贞：生七月… 8
(50) 己卯卜㱿贞：于… 18
(51) □□卜㱿[贞]… 18

(52) □□卜：庚辰？ 10
(53) 庚辰卜㱿贞：生七月王入于商？ 14
(54) 庚辰。 14
(55) 庚辰卜争贞：乇自成一牛？ 3
(56) 叀小宰？ 3
(57) 庚辰卜争贞… 19
(58) 庚辰… 19
(59) 庚辰卜㱿贞：王入于[商]？ 18
(60) 辛巳卜㱿贞：王于生七月入[商]？ 14
(61) 辛巳卜。 14
(62) 壬午卜争贞：王… 19
(63) 壬午卜：入？ 19
(64) 癸未卜：入？ 15
(65) 癸未卜争贞… 19
(66) 贞：王小生七月[入]于商？ 15
(67) 贞：王于生七月入？ 20 21 22
(68) 贞：生七月王入？ 21
(69) [贞]：王于[生]七月入？ 20
(70) 贞：王小生七月[入]于商？ 23
(71) 其来？ 22
(72) 贞：我其㞢来艰？ 15
(73) 贞：其㞢来？ 14
(74) 甲申卜㱿贞：王于八月入于商？ 14
(75) 甲申。 14
(76) 甲申卜：入？ 15 19
(77) 甲申卜争贞… 19
(78) 甲[申]卜[贞]… 14
(79) 乙酉卜㱿贞：王于八月入？ 24
(80) 乙酉卜争[贞]… 19
(81) 乙酉卜：入？ 19
(82) 丙戌卜㱿贞：王于八月入？ 24
(83) 丙戌[卜]㱿[贞]… 25

（84）丁亥卜争贞：今七月… 19
（85）丁亥：入？ 19
（86）丁亥卜：㞢一牛晶？ 26
（87）丁亥：㞢一？ 26
（88）戊子卜㱿［贞］… 25
（89）贞：来辛丑王勿入？ 27
（90）贞：来乙巳王勿入？ 27
（91）己［丑］卜㱿贞：来乙巳王入于商？ 28
（92）己丑卜㱿贞：来乙巳王勿入于商？ 27 28
（93）壬辰卜争贞：王于八月入？ 12
（94）王于八月入？ 16 29
（95）贞：王于□月［入于商］？ 30
（96）贞：今…王［入于］商？ 30
（97）…王于…入［于］商？ 19
（98）壬辰卜争贞：今… 11
（99）庚寅卜㱿贞：来乙巳王入于商？ 28
（100）庚寅卜。 19
（101）［贞］：来乙巳王入［于商］？ 25
（102）…王［入于］商？ 25
（103）贞：来［乙］巳入？ 16
（104）辛卯卜㱿贞：今□月王入［于］商？ 28
（105）辛卯卜㱿贞：来辛丑王勿入于商？ 28
（106）辛卯卜㱿贞：今七月王入？ 31
（107）辛卯卜㱿贞：王勿入于商？ 26
（108）辛卯卜㱿贞：王入于商？ 26
（109）辛卯卜：其… 6
（110）辛［卯］卜：［入］？ 19
（111）□□卜争贞：今七月王… 11
（112）癸巳卜㱿贞：来乙巳王勿入于商？ 31
（113）乙未卜㱿贞：来乙巳王勿入于商？ 31
（114）乙未卜㱿贞：寻？ 32
（115）…肯… 32

（116）贞：王勿寻告于示？ 31
（117）乙□［卜］□贞…示［㞢］…伐…七月。 33
（118）乙未卜争：来乙巳王入？ 34
（119）乙未卜争贞：王其入于商？ 3
（120）…［王］其入于［商］？ 35
（121）贞：来乙巳王勿入？ 34
（122）…□巳…入？ 36
（123）乙未卜𣪊贞：来乙巳王入于商？ 33 37
（124）…［来］乙巳王入于商？ 38
（125）□□［卜］𣪊贞：来乙巳王勿入于商？ 38
（126）贞：今七月王入于商？ 33 37
（127）丁酉。 31
（128）戊戌卜［𣪊贞］：𠂤□□… 26
（129）来辛丑王勿［入］？ 36
（130）辛丑卜争贞：王… 19
（131）贞：王［于生］八月入［于］商？ 39
（132）贞：王于生八月入于商？ 33
（133）甲辰卜𣪊贞：王勿卒入，于刈入？ 40
（134）甲辰卜𣪊贞：王入？ 40
（135）甲辰卜𣪊贞：王宾翌日？ 40
（136）贞：王咸酒登，勿宾翌日？ 40
（137）乎酒登？ 41
（138）［乙］巳王入？ 42
（139）丙午卜宾贞：？ 41
（140）丙午卜宾贞：王入，若？ 43
（141）（己酉卜）：翌庚戌王入？ 41
（142）翌庚戌王勿入？ 41
（143）己酉卜：桒年㞢足雨？ 7
（144）于翌［庚］御王？ 41
（145）勿［于翌庚御王］？ 41
（146）庚戌卜内贞：王入于商，亡作𡆥？ 41
（147）贞：王入于商，其㞢作𡆥？ 41

(148) □□卜[争]贞：王于…商，其㞢[囚]？ 44
(149) (庚戌卜争) 贞：王㞢匚在节，败？ 41
(150) 贞：王㞢匚在节，勿败？ 41
(151) 贞：翌辛亥王入？ 41
(152) 翌辛亥王勿入？ 41
(153) 癸丑卜㱿：隹兄丁？ 26
(154) 癸丑卜㱿：不隹兄丁？ 26
(155) 甲寅卜㱿贞：燎于㞢土？ 26
(156) 㞢宰㞢一人？ 26
(157) 㞢叀犬㞢羊㞢一人晶？ 26
(158) 贞：卯？ 41
(159) 勿卯？ 41
(160) 甲寅卜争贞：翌乙卯王入，不橐？ 41
(161) 其橐？ 41
(162) 不橐？ 41
(163) 其橐？ 41
(164) 乙卯卜㱿贞：王立黍，若？ 40
(165) 贞：王勿立黍？ 40
(166) 今辛未王夕步？ 41
(167) 今未勿夕步？ 41
(168) 贞：今日[其雨]？ 41
(169) 不其雨？ 41
(170) 今日[不雨]？ 26
(171) 今日其雨？ 26
(172) 贞：王复？ 41
(173) 贞：王勿复？ 41
(174) 王勿归，叀乎？ 41
(175) 贞：王归？ 41
(176) 贞：示？ 41
(177) 勿示？ 41
(178) 勿乎田？ 41
(179) 令戊田？ 41

(180) 王获鹿？允获。 26
(181) 不其获？ 26
(182) 贞：擒麋？(允获麋四百五十一。) 26
(183) 贞：弗其擒麋？ 26
(184) 王弗其获兕？ 26
(185) 王[获]兕？ 26
(186) 获？不。 26
(187) 雀亡囚？ 26
(188) 子商亡囚？ 26
(189) …亡囚？ 26
附：㞢勺岁
(1) 丁卯：㞢勺岁于大… 45
(2) 庚午：㞢勺岁母[庚]？ 46
(3) 庚辰：子妕㞢勺[岁]… 47
(4) □辰：㞢勺岁… 48
(5) …之夕雨？五月。 49
(6) 甲申：㞢勺[岁]… 49
(7) 甲申：㞢勺岁… 50
(8) 丙戌：㞢勺岁外[丙]？ 51
(9) 庚寅：㞢勺岁南庚？ 52
(10) 庚寅：㞢勺岁母庚？ 53
(11) [辛]亥：㞢勺岁… 54
(12) □卯：㞢勺岁成？ 55
(13) 丁巳：㞢勺岁… 56
(14) □巳：㞢勺岁父乙… 57
(15) 癸酉卜争贞… 56
(16) 癸未卜争贞：旬[亡囚]？ 56
(17) (乙未：㞢勺岁祖乙？) 七月。 58
(18) 乙未：㞢勺岁祖乙？ 59
(19) …㞢勺岁祖… 60
(20) …勺岁母庚？ 61
(21) …母庚牡？ 62

(22)…㞢勺岁于… 63

(23)妇㞢勺岁? 64

1《合集》9525 2《合集》7774 3《合集》7803 4《合集》7776 5《合集》5186、7777、7778 6《合集》39992 7《合补》2221上 8《拼一》72、《合集》7781 9《契合》21 10《合集》7784 11《缀兴》159 12《合集》5165 13《合集》7779 14《缀集》302+① 15《拼五》1105 16《合集》5168 17《合集》1666 18《合补》1612 19《合补》1639正、《合集》7807 20《合集》5161 21《缀续》535 22《合集》5163 23《合集》7791 24《合集》5167 25《合集》7794 26《合集》10344 27《合集》7798 28《拼一》73 29《合集》5166 30《合集》7812 31《合集》7785+② 32《合集》16066 33《合集》7793+③ 34《合集》5171+④ 35《合集》7804 36《合集》5172 37《合集》7788、7789、7796 38《合集》7797 39《合集》7792 40《合集》9520—9524 41《醉古》38 42《合补》1564 43《合集》5179 44《合集》7811 45《英藏》1197 46《合集》2566 47《合集》14938 48《合补》4407 49《合集》12578 50《合集》14939 51《英藏》1196 52《合集》2009 53《英藏》112反 54《合集》14942 55《合集》1343 56《合集》3912 57《合补》288 58《合集》1574 59《合集》1575 60《合集》2062 61《合集》2564 62《合集》2565 63《合集》14941 64《英藏》1195

本组卜辞据二月到八月占卜商王是否入商系联，联系很紧密，应为较短时间内所发生之事。

“㞢勺岁”为记事刻辞，该类型的祭祀时间只记载六月、七月，都刻在反面，占卜时间大概在六至七月，可与《契合》57等六、七月占卜商王是否入商系联，但由于这种祭祀月份记载不全，其余干支较多，故将这类卜辞单独系联。

---

① 林宏明：《甲骨新缀第601例》，先秦史研究室网站，https://www.xianqin.org/blog/archives/5910.html，2015年12月24日。

② 林宏明：《甲骨新缀第535—537例》，先秦史研究室网站，http://www.xianqin.org/blog/archives/4469.html，2014年10月20日。

③ 林宏明：《甲骨新缀第251例》，先秦史研究室网站，http://www.xianqin.org/blog/archives/2419.html，2011年7月13日。

④ 林宏明：《甲骨新缀第321—322例》，先秦史研究室网站，http://www.xianqin.org/blog/archives/2577.html，2012年2月22日。

第十五组

(1) 乙[丑卜]𣪊[贞]：王入[于冥]？ ❶
(2) 丁酉卜𣪊贞：来乙巳王入于冥？ ❷
(3) □□卜…[来]乙[巳]王[入于]冥？ ❸
(4) 丁酉卜𣪊贞：翌庚子王勿[入于]冥？ ❹
(5) …于冥？ ❺
(6) …不雨…允阴？六月。 ❺
(7) 辛…燎…牛？ ❸

❶《合集》7846　❷《合集》7843—7845　❸《合集》7847　❹《合集》7848　❺《合集》13458

本组卜辞据“王入于冥”系联，所见月份为六月。

第十六组

(1) 癸卯卜𣪊：㞢于河三羌，卯三牛，燎一牛？ ❶
(2) 癸卯卜𣪊：燎河一牛，㞢三羌，卯三牛？ ❶
(3) 癸卯卜王：𠬝于大甲？ ❶
(4) 癸卯卜王：㞢于祖乙二牛用？ ❶
(5) 癸…用？ ❶
(6) …伐留？ ❷
(7) 壬子卜𣪊[贞：我]翦留？（王占曰：吉，翦。旬㞢三日甲子允翦。十二月。） ❸
(8) 壬子卜𣪊贞：[我]弗其翦留？ ❸
(9) 壬子卜争贞：自今日我翦留？ ❹
(10) 贞：自五日我弗其翦留？ ❹
(11) 癸丑卜[争]贞：自今至于丁巳我翦留？（王占曰：丁巳我毋其翦，于来甲子翦。旬㞢一日癸亥车弗翦，之夕𡆥，甲子允翦。） ❹
(12) 癸丑卜争贞：自今至于丁巳我弗其翦留？ ❹
(13) 甲寅卜𣪊[贞]：王収人征晌？ ❺
(14) 丁巳卜争贞：降酉千牛？ ❶

(15) 不其降𠕋千牛、千人？ 1
(16) 丁[巳]卜[争贞：降𠕋千牛、千人]？ 1
(17) 不[其]降[𠕋千牛、千人]？ 1
(18) 戊午卜㱿贞：我其乎敦畱翦？ 1
(19) 戊午卜㱿贞：我敦畱翦？ 1
(20) 戊□[卜]…畱？ 6
(21) …[乎]𩫖畱？ 7
(22) [乙]丑卜内：我弗其翦畱？ 8
(23) 己未卜㱿贞：缶其来见王？一月。 1
(24) 己未卜㱿贞：缶不其来见王？ 1
(25) [己]□[卜]㱿[贞]…来… 3
(26) 己未卜㱿贞：缶其畨我旅？ 1
(27) 己未卜㱿贞：缶不畨我旅？一月。 1
(28) 己未卜㱿贞：王梦蛊，隹囚？ 1
(29) 己未卜㱿贞：王梦蛊，不隹[囚]？ 1
(30) 丁卯卜㱿贞：王敦缶于眴？二月。 9
(31) 庚辰卜㱿贞：王敦缶于[眴]？ 10
(32) □□[卜]㱿贞：王敦□于眴？ 11
(33) 眴？二月。 10
(34) 丁酉卜㱿贞：王叀乙敦缶，翦？ 12
(35) …叀…三月。 12
(36) □丑[卜]㱿贞：缶其翦… 13
(37) □□卜㱿贞…缶其翦雀？ 14
(38) □卯[卜]…往…迺… 14
(39) 丁巳卜王贞：雀弗其执缶？ 15
(40) 丁巳卜□贞：翦… 16
(41) 丁巳卜王贞：我弗其翦缶？ 15
(42) …[雀]弗其执缶？ 17
(43) 庚申卜王贞：余伐不？三月。 4
(44) 庚[申卜]王贞：余勿伐不？ 4
(45) 庚申卜王贞：余伐不？ 4
(46) 庚申卜王贞：余勿伐不？ 4

（47）…弗其翦不？ 18
（48）［庚］申卜［王］贞：获缶？ 4
（49）庚申卜王贞：雀弗［其］获缶？ 4
（50）庚申卜争贞：□雀获… 15
（51）雀弗其获缶？ 4
（52）辛酉卜㱿贞：翌壬戌不至？ 4
（53）辛酉卜㱿贞：我亡须？ 4
（54）辛酉卜㱿贞：□［不］…［囚］？ 4
（55）癸亥卜㱿贞：我史翦缶？ 4
（56）癸亥卜㱿贞：我史毋其翦缶？ 4
（57）癸亥卜㱿贞：翌乙丑多臣翦缶？ 4
（58）翌乙丑多臣弗其翦缶？ 4
（59）…艄追缶，翦？ 19
（60）…追缶？ 20
（61）乙丑卜㱿贞：子商弗其获先？ 4
（62）丙寅卜争贞：乎鼑失侯專求权？ 4
（63）甲戌卜㱿贞：雀壬子商，徒基方，克？ 21
（64）乙亥卜㱿贞：雀㞢作囚？ 22
（65）乙亥卜㱿贞：雀亡作囚？ 22
（66）乙亥卜内贞：［今乙亥子商敢基方，翦］？ 22
（67）乙亥卜内贞：今乙亥子商敢基方，弗其翦？ 22
（68）今乙亥子商敢［基］方，弗翦？ 22
（69）乙亥卜㱿贞：［子］商弗其翦［基方］？ 23
（70）［己］卯卜㱿贞：基其戎？ 24
（71）己卯卜［㱿贞］… 25
（72）己卯卜㱿贞：基…其戎？ 26
（73）…子［商］弗［其］翦［基］方？ 25
（74）…其［翦］基［方］？ 25
（75）贞…弗翦？ 25
（76）辛巳卜争贞：基方戎？ 27
（77）［辛巳卜争贞：基方弗戎］？ 27
（78）癸未卜内贞：子商翦基方缶？四月。 27

（79）癸未卜内贞：子商弗其翦基方缶？ 27
（80）癸未卜内贞：子商㞢保？ 27
（81）癸未卜内贞：子商亡其保？ 27
（82）乙酉卜内贞：子商翦基方？四月。 28
（83）乙［酉卜］㱿贞：□弗其翦基方？ 29
（84）丙戌卜内：我作基方作… 28
（85）丙戌卜㱿：我作基方…火…成，弗其鼎翦？ 30
（86）辛卯卜㱿贞：基方缶作敦，其⿰阝叔？ 21
（87）辛卯卜㱿贞：基方缶作敦，不⿰阝叔，弗呍？ 21
（88）辛卯卜㱿贞：勿鬳，基方缶作敦，子商翦？ 21
（89）辛卯卜㱿贞：勿鬳，基方缶作敦，子商翦？四月。 21
（90）壬辰卜争：枹弗［其以㞢取］？ 21
（91）枹弗其以㞢取？ 21
（92）枹以㞢取？ 21
（93）…弗其以㞢取？ 21
（94）其以㞢取？ 21
（95）…㞢取？ 21
（96）戊戌卜内：𢦔三牛？ 27
（97）戊戌卜内：乎雀𢦔一牛？ 27
（98）戊戌卜内：乎雀𢦔于出日于入日宰？ 27
（99）辛丑卜㱿贞：勿隹王匿缶？ 31
（100）贞：叀王匿缶？ 31
（101）辛丑卜㱿贞：今日子商其敢基方缶，翦？五月。 32
（102）辛丑卜㱿贞：今日子商其敢基方缶，弗其翦？ 32
（103）壬寅卜㱿贞：自今至于甲辰子商翦基方？ 32
（104）壬寅卜㱿贞：自今至于甲辰子商弗其翦基方？ 32
（105）壬寅卜㱿贞：尊雀叀亯敢基方？ 32
（106）壬寅卜㱿贞：子商不䶂翦基方？ 32
（107）□寅［卜］㱿［贞：令］… 20
（108）贞：自今壬寅至于甲辰子商翦基方？ 32
（109）…示子翦基方？ 33
（110）□□卜王…基［方］…⿰女卂… 34

（111）壬寅卜㱿贞曰：子商𢦏癸敦？五月。 32
（112）甲辰卜㱿贞：翌乙巳曰子商敦，至于丁未䖒？ 32
（113）曰：𢦏甲敦？ 32
（114）曰：子商于乙敦？ 32
（115）丙午卜㱿贞：翌丁未子商䖒基方？ 35
（116）贞：曰子商至于㞢丁作山，䖒？ 32
（117）勿曰子商至于㞢丁作山，䖒？ 32
（118）贞：基方［其］𡚬？ 36
（119）贞：基方不其𡚬？ 36
（120）贞：𢦏弗其由王事？ 4
（121）…雀步于柚？ 21
（122）□□［卜］内…疾？ 36

1《醉古》350 2《合集》6829 3《合集》6830 4《合集》6834 5《拼五》1195、《合集》6859 6《合集》6831 7《合集》6833 8《合集》6832 9《合集》6860—6863 10《合集》6864 11《缀兴》72 12《合集》6867 13《辑佚》64 14《合集》6989 15《合集》4165+① 16《合补》5671+② 17《合集》6875 18《合集》6364 19《合集》6873 20《合集》6874 21《合集》6573+③ 22《合集》6577 23《合集》6580 24《合集》6581 25《合集》6579 26《上博》21691.304 27《合集》6572 28《合集》6570 29《英藏》605 30《拼四》908 31《拼一》46 32《合集》6571 33《合集》6574 34《合集》6575 35《合集》6578 36《合集》8445

本组系联共包含征伐留、眴、不、缶、先、基方六个方国。其中，伐留最早见于3 十二月壬子，同版一月己未日占卜缶是否来朝见商王，说明在一月的时候缶还未与商为敌，到三月庚申就有了雀与缶交战的占卜记录。《合集》3061 占卜用“缶”进行祭祀，说明此时缶已经战败，六月定点甲申、丁未两日。根据伐基方、缶定点：一月己未，二月丁卯，四月癸未、辛卯，五月辛丑、壬寅，可与历组卜辞

① 林宏明：《甲骨新缀第 790 及 796—802 例》，先秦史研究室网站，http：//www.xianqin.org/blog/archives/9867.html，2018 年 2 月 4 日。

② 林宏明：《甲骨新缀第 790 及 796—802 例》，先秦史研究室网站，http：//www.xianqin.org/blog/archives/9867.html，2018 年 2 月 4 日。

③ 张惟捷：《殷墟 YH127 坑宾组甲骨新研》，台湾万卷楼图书股份有限公司，2013 年，第 184 页。

系联。

第十七组

(1) 癸卯卜宾贞：㞢獐执，我㲋萴？ 1
(2) 癸卯卜宾贞：勿㲋？ 1
(3) □巳卜宾贞：雀得㞢我伐？ 1
(4)（庚午卜㱿）贞：今我耤，受㞢年？ 1
(5) 贞：今我耤，弗其受年？（二月。） 1
(6) 壬申卜□贞：□雀… 1
(7) 壬□卜□贞：令雀□？ 1
(8) 贞：勿令雀于帘？ 1
(9) …羊㞢于多介[犬]？ 1
(10) □□[卜]㱿贞：□四日其雨？ 1
(11) 甲申卜王贞：余围獐？六月。 2
(12) …自征獐？ 3
(13) 乙酉晕，旬癸[巳]㞢，甲午[雨]。 2
(14) 乙□[卜]□贞…𩰫…㯯…豕…六月。 4
(15) □酉卜□贞…伐… 5
(16) 丙戌卜争贞：王㞢心，正？ 2
(17) 丁未[卜]王贞：余不𩰫获獐？六月。 6
(18) □□[卜]□贞…王…獐？ 5
(19) 己酉卜㱿贞：乎葬垂侯？ 6
(20) 贞：勿乎葬垂侯？ 6
(21) 辛亥卜争贞：今来乙卯㞢于成十牛？ 6
(22) 于下乙㞢？ 6
(23) 癸丑卜争：琮缶于大[子]？ 7
(24) 癸丑卜争：勿琮缶于[大]子？ 7
(25) 癸丑卜㱿：隹囚？ 7
(26) 缶获，用？ 7
(27) 甲寅卜㱿：乎子汰酒缶于冥？ 7
(28) 甲寅卜㱿：勿乎子汰酒缶于冥？ 7

（29）…于商酒缶？ 7
（30）（庚申卜争）：叀子商令？ 2
（31）叀子效令西？ 2
（32）贞：叀王自往西？ 2
（33）辛酉卜㱿贞：乙丑其雨，不隹我囚？ 6
（34）贞：乙丑其雨，隹我囚？ 6
（35）辛酉卜㱿贞：自今至于乙丑其雨？壬戌雨，乙丑阴，不雨。 6
（36）辛酉卜㱿：自今至于乙丑不雨？ 6
（37）乙丑卜王贞：余伐𤞞？ 8
（38）□□卜宾贞：我其围，翦？ 7
（39）辛未卜争贞：我翦𤞞？在宁。 7
（40）壬申卜㱿贞：亘戎其翦我？ 6
（41）壬申卜㱿贞：亘戎不我翦？七月。 6
（42）□申卜㱿贞：亘戎…不隹我，其终于之？ 9
（43）贞：亘戎隹… 9
（44）壬申卜㱿：翌乙亥子汏其来？ 7
（45）子汏其隹甲戌来？ 7
（46）癸酉卜争、夅贞：旬亡囚？ 10
（47）癸酉卜㱿贞：啚亡在亘？ 6
（48）癸酉卜㱿贞：啚由？ 6
（49）癸酉卜㱿贞：令多奠依尔敦？ 6
（50）贞：𤞞伐𥃩，其翦？ 11
（51）甲戌卜㱿贞：我马及戎？ 6
（52）贞：弗其及戎？ 6
（53）贞：亡及戎？ 12
（54）丁丑卜㱿贞：我伐𤞞？ 10
（55）丁丑卜㱿贞：我伐… 13
（56）己卯卜贞：叀𡆥伐𤞞？ 14
（57）贞：𤞞归其作戎？ 15
（58）…作戎…伐𤞞？ 16
（59）□□［卜］□贞：叀多子乎伐𤞞？ 17
（60）贞…多…乎伐𤞞？ 18

(61) 辛巳卜㱿贞：雀得亘我？ 19
(62) 辛巳卜㱿贞：雀弗其得亘我？ 19
(63) 辛巳卜㱿贞：乎雀敦桑？ 19
(64) 辛巳卜㱿贞：乎雀敦壴？ 19
(65) 辛巳卜㱿贞：乎雀伐罹？ 19
(66) 辛巳卜㱿贞：勿乎雀伐罹？ 19
(67) □□[卜]㱿贞：我翦罹？ 20
(68) 贞：獋不其□于雀？ 21
(69) 壬午卜…雀比…伐獋？ 22
(70) 壬午卜㱿贞：亘允其翦鼓？八月。 23
(71) 壬午卜㱿贞：亘弗翦鼓？ 23
(72) 壬午卜㱿贞：亘允其翦鼓？ 23
(73) 壬午卜㱿贞：亘弗翦鼓？ 23
(74) 癸未卜㱿：燎黄尹一豕、一羊，卯一牛，晋五十牛？ 23
(75) 乙酉卜贞：乎亯比沚伐獋？ 24
(76) 丁亥卜王贞：余勿曰亯敢獋？ 25
(77) 贞…亯…敢…翦？ 26
(78) 庚寅卜㱿贞：乎雀伐獋？ 27
(79) 乎雀先往敦獋？ 28
(80) 癸巳卜争贞：亯翦獋？八月。 29
(81) [乙]未[卜]㱿[贞]：敢戈？ 19
(82) 乙未卜宾贞：勿伐獋？ 30
(83) …[王]往盥伐獋？ 31
(84) 王往[伐]獋？ 32
(85) …叀王往征獋？ 33
(86) □□[卜]㱿贞…伐獋？ 34
(87) …伐獋？ 35
(88) 丁酉卜㱿贞：雀… 36
(89) 壬寅卜争[贞]… 23
(90) 乙巳卜㱿贞：㞢于祖乙一牛？用。 23
(91) □□卜㱿[贞]…其翦𧇛？ 37
(92) □□卜㱿[贞]…弗[其翦]𧇛？ 37

(93) 不隹丁入𡨦? 23
(94) □戌卜宾贞：戈执亘? 36
(95) 辛亥卜争贞：翌乙卯雨? 乙卯允雨。 38
(96) 贞：翌乙卯不其雨? 38
(97) 今辛亥勿㞢于上甲? 39
(98) 今辛亥勿㞢于上甲? 用。 39
(99) 贞：今辛㞢于上甲? 39
(100) …㞢祖? 40
(101) 辛亥卜争贞：执亘? 37
(102) 辛亥卜□贞：自今[至于]乙卯雀[执]亘? 41
(103) □□[卜]㱿贞：乎雀… 31
(104) □□[卜]㱿贞：雀其执… 31
(105) 贞：雀弗其执亘? 42
(106) …执亘? 43
(107) …弗执亘? 40
(108) 壬子卜㱿贞：王乎雀复，若? 37
(109) 癸丑[卜㱿]贞：[兕]其获? 隹…获…执… 39
(110) 癸丑卜㱿[贞]：兕[不]其获? 39
(111) 甲寅卜争贞：曰雀来复? 39
(112) 贞：勿曰雀来复? 39
(113) (丁巳卜㱿) 贞：犬追亘㞢及? 44
(114) 犬追亘，亡其及? 44
(115) 丁巳卜争贞：戠亡𡆥? 38
(116) 丁巳卜…戠…[亡]𡆥? 45
(117) 戊午卜宾贞：乎雀往于郁? 44
(118) 戊午[卜]宾贞：勿乎雀往于郁? 44
(119) 戊午卜㱿贞：雀追亘，㞢获? 38
(120) 戊午卜㱿贞：雀追亘… 38
(121) 戊午卜争贞：乎雀斫戠? 38
(122) 贞：勿乎雀斫戠? 38
(123) 戊午卜争贞：啚蓢猼? 38
(124) 贞：啚弗其蓢猼? 38

(125) 贞：亯不[𩰤]蒴㺯？ 46
(126) 㺯其执？ 39
(127) 㺯不其蒴？ 39
(128) 贞：㺯其执… 47
(129) 戊午卜㱿贞：戎及受？ 39
(130) 戊午卜㱿贞：弗其及受？ 39
(131) 戊午卜内贞：乎射弗羌？ 39
(132) 己未卜争贞：黄尹害王？ 44
(133) 己未卜争贞：黄尹弗害王？ 44
(134) 兄丁害王？ 23
(135) 兄丁弗害王？ 23
(136) (己未卜王) 贞：亘不櫅隹执？ 38
(137) 贞：亘其櫅隹执？ 38
(138) 己未卜㱿：令㞷往沚？ 38
(139) 己未卜㱿：勿令㞷往沚？ 38
(140) 庚申卜㱿贞：乎王族延比𨘋？ 44
(141) 庚申卜㱿贞：勿乎王族比𨘋？ 44
(142) 辛酉卜争贞：今日㞢于下乙一牛，酉十勿宰？ 38
(143) 贞：㞢于下乙[宰]，酉十勿宰？ 38
(144) 㞢下乙一牛？ 38
(145) 𡆥于上甲、成、大丁、大甲、下乙？ 38
(146) 今壬勿𡆥？ 39
(147) 壬戌卜㱿贞：亘其蒴雀？ 48
(148) □□[卜]争[贞]…亘其…雀？ 49
(149) [贞]：令雀敦亘？ 50
(150) …今日乎…敦…蒴？ 51
(151) 壬戌卜㱿：翌癸亥乎雀□𠧟邑，蒴？ 51
(152) 翌癸[亥]弗其蒴𠧟邑？ 51
(153) 雀蒴𠧟？ 39
(154) 雀弗其蒴？ 39
(155) …雀[蒴]𠧟[邑]？ 52
(156) 雀[蒴]𠧟[邑]？ 53

（157）［贞］：雀克入卤邑？ 39
（158）雀弗其克入？ 39
（159）甲子卜争：雀弗其乎王族来？ 44
（160）甲子卜争：雀弗其乎王族来？ 44
（161）雀其乎王族来？ 44
（162）丁卯卜争：乎雀助戎执？九月。 44
（163）贞：乎雀围目？ 44
（164）贞：我翦执？ 39
（165）弗其翦执？ 39
（166）贞：我弗其翦？ 39
（167）我翦？ 39
（168）令敦翦？ 39
（169）己巳卜争：画乎来？ 39
（170）庚午卜争贞：亘执？ 38
（171）庚午卜争贞：亘不其执？ 38
（172）贞：亘执？ 38
（173）贞：亘不其执？ 38
（174）贞：雀㚤蕿？ 39
（175）曰：雀伐？ 39
（176）曰：雀勿伐？ 39
（177）其先雀翦？ 39
（178）其先弗雀翦？ 39
（179）其先延？ 39
（180）其先琮？ 39
（181）翌甲申其雨？ 39
（182）不雨？ 39
（183）甲申卜争贞：沚戜其启雀？ 54
（184）贞：沚戜弗其启雀？ 54
（185）贞：望潹若启雀？ 55
（186）望潹弗其若启雀？ 55
（187）□□［卜］争贞：翌□卯王… 52
（188）辛…步… 52

(189) 辛卯卜争贞：豕获？ 54
(190) 翌□辰□其延雨？ 54
(191) 不延雨？ 54
(192) 壬辰卜争贞：令壴往沚，亡囚？ 54
(193) …我囚？ 54
(194) 癸巳卜㱿贞：乎雀伐望戉？ 56
(195) 甲午卜争贞：叀雀乎比望滏伐戉？ 57
(196) 乙未卜争贞：翌丁酉王步？丙申㞢，丁酉大骤风。十月。 54
(197) 乙未卜争贞：翌庚子王步？ 54
(198) 乙未卜争贞：灾隹[孽]？ 54
(199) 贞：灾不隹孽？ 54
(200) 己[亥卜贞]…其翦望？十月。 58
(201) 贞：雀翦戉𥁕？ 55
(202) [己亥卜争贞：令]获执亘？ 55
(203) 己亥卜争贞：令弗其获执亘？ 55
(204) 辛丑卜㱿贞：王梦朳，隹又？ 59
(205) 贞：戉获？ 55
(206) 辛丑卜㱿贞：戉不其获亘？获。 55
(207) 戉敢亘？ 60
(208) 贞：妇好娩，不其嘉？ 59
(209) 壬寅卜㱿贞：妇好娩，嘉？壬辰㞢癸巳娩，隹女。 59
(210) 贞：雀亡囚？ 59
(211) …亡囚？ 59
(212) □□[卜]㱿贞：乎雀衔伐亘？ 59
(213) 壬寅卜㱿贞：勿乎雀衔伐亘？ 59
(214) 壬寅卜争贞：翌□未□勿□戣亘？ 59
(215) 癸卯卜㱿贞：乎雀衔伐亘，翦？十二月。 59
(216) 勿乎雀衔伐亘，弗其翦？ 59
(217) …亘翦… 61
(218) (甲辰卜宾) 贞：翌丁未王步？ 59
(219) 贞：王叀翌乙巳步？ 59
(220) 贞：今十二月我步？ 59

(221) 贞：于生一月步？ 59
(222) 乙巳卜争贞：雀获亘？ 55
(223) 乙巳卜争贞：雀弗其获亘？ 55
(224) …雀获亘… 62
(225) 贞：雀获亘… 63
(226) 丙午卜㱿贞：翌丁未王步？ 55
(227) 贞：翌丁未王勿步？ 55
(228) 翌丁未王步？ 55
(229) 丁未启？ 55
(230) 丁未卜㱿贞…日𠦪于…祖乙？ 59
(231) 贞：𠦪于祖辛？ 59
(232) 勿𠦪于祖辛？ 59
(233) …𠦪…上甲… 51
(234) 于翌辛㪅牛祖辛？ 59
(235) 庚㞢于… 59
(236) 㞢于大甲、祖乙、祖辛叀牝、青？ 55
(237) 辛亥卜㱿贞：雀[其]获亘？ 55
(238) 辛亥卜㱿：鼓以… 59
(239) □亥[卜]㱿[贞]：我□获㲋亘？ 59
(240) 己未卜争贞：亘获？ 64
(241) 贞：亘获？ 39
(242) 亘获？ 65
(243) 帝令？ 2
(244) 帝令隹执？ 2
(245) 贞：乎… 7
(246) 勿乎萑夕敦？ 7
(247) 贞：畆其取？ 6
(248) 贞：畆弗其取？ 6
(249) 其取？ 6
(250) 贞：雀以成？ 38
(251) 雀不其以成？ 38
(252) 贞：妥以羊？ 38

(253) 妥以𫛲? 38
(254) 㞢保殟? 38
(255) 亡保其殟? 38
(256) 贞：今秋勿…戎…至…翌… 46
(257) 乎我人先于𢇍? 23
(258) 勿乎我人先于𢇍? 23
(259) 乎琮豖获? 59
(260) 琮不其获豖? 59
(261) 贞：允其央妹? 39
(262) 贞：不其央妹? 39
(263) 㞢来自南以龟? 39
(264) 不其以? 39
(265) 贞：雀其以石系? 55
(266) 雀不其以石[系]? 55
(267) [贞]：㞢来? 55
(268) [贞]：亡其来? 55
(269) □□卜㱿…侯乎… 48
(270) [雀]入五。 64

1《合集》2347+[①] 2《合集》6928 3《合集》6930 4《合集》18298 5《合集》6925 6《合集》6943 7《合集》3061 8《合集》6926、6927 9《合集》6944 10《合补》13243 11《合集》6942 12《史购》524 13《合补》2127 14《合集》6934 15《合集》6923 16《合集》6922 17《英藏》601 18《合集》6933 19《合集》6959 20《英藏》606 21《合集》8632 22《合补》2008 23《合集》6945 24《合集》6937 25《契合》79 26《合集》6941 27《合集》6931 28《拼一》76 29《合集》6939 30《英藏》604 31《英藏》602 32《合集》6924 33《辑佚》115 34《合集》6932 35《合补》2135 36《合集》6951 37《合集》6904 38《合集》6947 39《合集》7076 40《合集》6956 41《合集》6954 42《合集》6953 43《合集》6955 44《合集》6946 45《合补》2079 46《合集》6938 47《合集》8631 48《缀兴》177 49《合集》

① 张惟捷：《殷墟YH127坑宾组甲骨新研》，台湾万卷楼图书股份有限公司，2013年，第187页。

6957 50《合集》6958 51《拼五》1151 52《拼一》259 53《合集》7079 54《醉古》150 55《合集》6952 56《合集》6983 57《天理》156 58《合集》6984 59《合补》5121[①] 60《合集》6950 61《上博》2426.1478 62《合补》1039 63《英藏》384 64《合集》10865 65《合集》10866

19 属宾组一 B 类甲群，其余属宾组一 A 类。本组主要据伐亘、獋二国系联，可与历组卜辞系联。

第一，从伐獋来看，始于六月。而 1 记载的是二月前后之事，为我与獋之间的冲突。根据六月定点甲申、丁未，我们推算二月可能的干支范围：辛巳—丙戌（18—23）到己酉—甲寅（46—51）。该年二月无庚午，说明 1 发生的事情不在同一年中。

第二，2 六月甲申正式记载商王征獋，当为战争的开端，6 的占卜时间在六、七月间。7 根据祭祀与伐獋同 6 系联，但值得注意的是该版反复占卜是否用缶进行祭祀，说明此时缶已战败为商所有，可见伐獋的时间在伐缶等国之后，然而根据伐基方、缶定点的干支及月份，可以推算出六月干支有四种可能：壬戌—庚寅、癸亥—辛卯、甲子—壬辰、乙丑—癸巳。2 6 中，六月定点干支有甲申、丁未，但丁未不能排入与伐基方同年，说明本组伐亘、獋系联的时间在伐基方、缶之后的某一年。

第三，6 七月壬申正式卜问亘是否对商进行侵犯，与伐獋同版，是宾组中伐亘最早的记载，这说明商与亘的战争应当开始于七月。

第四，54 干支能够排入本组十月，且“沚戠启雀”与辞（200）占卜雀伐望可能相关。

第五，伐亘最早见于七月，最晚见于 59 十二月，根据该版“王步”占卜以及对先王的祭祀，又可系联 55。55 辛亥日便为伐亘最晚记载，时间可能延续到第二年一月。

第十八组

（1）辛卯卜㱿贞：其堇？三月。 1

（2）辛卯卜㱿贞：不堇？ 1

---

① 下半部分即《合集》6949，其缀合见林宏明：《甲骨新缀第 674—685 例》，先秦史研究室网站，https://www.xianqin.org/blog/archives/6539.html，2016 年 7 月 21 日。

（3）辛卯卜㱿贞：帝其堇我？三月。 ❷
（4）辛卯卜内贞：堇我？ ❸
（5）壬辰卜贞：亘亡𡆥？ ❶
（6）贞：亘其㞢𡆥？三月。 ❶
（7）贞：受年？ ❷

❶《合集》10184　❷《合集》10172　❸《合集》10179

本组占卜时间当在第十七组之后，亘战败后为商所有，因此❶占卜亘是否有祸，与之同版的辛卯日卜问是否有灾咎，❷❸占卜时间相同，辞例相似，应该可与❶系联。贞人“亘”也是战争之后出现，很可能与之相关。

第十九组

（1）癸巳卜争贞：今一月不其雨？ ❶
（2）癸巳卜争贞：今一月雨？王占曰：丙雨。旬壬寅雨，甲辰亦雨。 ❶
（3）[甲]辰卜□[贞：甫]其[受黍年]？ ❷
（4）贞：甫弗其受[黍年]？ ❷
（5）己酉雨，辛亥亦雨。 ❶
（6）贞：今日㞢[于祖乙]？ ❸
（7）今日勿㞢于祖乙？ ❸
（8）（庚戌卜□）贞：翌辛亥于祖辛一牛？ ❹
（9）勿𩛥于祖丁？ ❺
（10）…祖丁？ ❺
（11）（庚戌卜争）贞：王听隹𡆥？ ❻
（12）贞：王听不隹𡆥？ ❻
（13）（辛亥卜争）：勿㞢于妣庚十垂？ ❹
（14）贞：㞢于妣庚十垂？ ❹
（15）勿㞢于妣庚？ ❹
（16）勿𩛥㞢十垂？ ❹
（17）辛亥卜宾贞：㠯正化以王系？ ❼
（18）辛亥卜宾贞：㠯正化弗其以王系？ ❼
（19）贞：㞢于南庚一伐，卯宰？ ❽
（20）勿𩛥用一伐于南庚，卯宰？ ❽

(21) 贞：勿𢿨于南庚[㞢]… 8
(22) 壬子卜㱿贞：㞢于黄尹？ 5
(23) 贞：㞢于黄尹？ 5
(24) 壬子卜㱿：𣪊于商丘？ 9
(25) 勿𣪊于商丘？ 9
(26) 壬子[卜]㱿贞：今者□[勿]比沚𢦔… 10
(27) 壬子卜㱿贞：今者王叀… 10
(28) 癸丑卜㱿贞：𦬫受年？二月。 9
(29) 乙夕㞢疾，隹㞢由？ 11
(30) 乙夕㞢疾，不隹㞢由？ 11
(31) 贞：奠冎凡… 12
(32) 奠弗其凡㞢疾？ 12
(33) 壬戌卜古贞：御疾胶妣癸？ 13
(34) 御疾胶于妣癸？ 13
(35) 贞：勿御于妣癸？ 13
(36) 于妣甲御？ 12
(37) 勿于妣甲？ 12
(38) 癸亥卜内贞：乎般比𠬝？ 13
(39) 乎般比𠬝？ 13
(40) 勿乎般比𠬝？ 13
(41) 甲戌卜宾贞：甫受黍年？ 14
(42) 甫弗其受黍年？ 14
(43) 贞：甫不[其受]黍年？ 14
(44) …甫弗其受年？ 15
(45) □□[卜争贞]…甫不… 16
(46) …黍年？ 14
(47) 丙子卜宾贞：父乙戴隹𢼸王？ 11
(48) [贞]：父乙不戴𢼸王？ 11
(49) 贞：不隹父…般？ 17
(50) 庚辰卜宾贞：求雨，我[其得]？二月。 18
(51) [贞]：求雨，我弗其得？ 18
(52) 庚辰卜亘贞：𠭰受年？二月。 19

（53）贞：㐭不其受年？（王占曰：㐭刈隹…鲁。） 19
（54）辛巳卜争贞：鼄不其受年？ 20
（55）辛巳卜宾。 21
（56）贞：鼄受年？ 9 14
（57）贞：鼄不其受年？ 9 22
（58）…鼄不[其受]年？ 23
（59）贞：臽受年？二月。 14
（60）贞：臽不其受年？ 21
（61）贞：𡵂不其受年？ 21
（62）贞：繼受年？ 22
（63）贞：繼… 22
（64）贞：眴不其受年？二月。 20
（65）贞：眴受年？ 9 18
（66）贞：眴不其受年？ 9 18
（67）□受年？ 20
（68）王占曰：眴其受年。 18
（69）[王占曰]…年。 21
（70）辛巳卜宾。 24
（71）贞：亡舌告于妣庚，叀羊用？ 24
（72）贞：王曰之舌？ 25
（73）勿曰之？ 25
（74）勿龠曰之舌，若？ 25
（75）贞：乎剮，[若]？ 24
（76）不若？ 24
（77）己丑卜争贞：今夕不雨？ 26
（78）[己]丑卜争贞：今夕雨？ 26
（79）勿[攺豕]于洱？ 9
（80）攺豕于洱？ 9
（81）贞：用二小宰于𡶲？ 9
（82）贞：勿用二小宰于𡶲？ 9
（83）㞢犬于黄奭，卯三牛？ 9
（84）勿㞢犬？ 9

（85）叀豚，卯三牛？ 9

（86）勿㞢豚？ 9

（87）叀幽牛㞢黄牛？ 25

（88）归伐，乎㞋于妣庚宾？ 27

（89）王㞢匚毚？ 28

（90）不其毚？ 28

（91）王其逐鹿于𤲷，毕？ 29

（92）勿逐鹿，不其毕？ 29

（93）乎陕弋沘？ 29

（94）勿乎陕弋沘？ 29

（95）贞：子目亦毓，隹臣？ 30

（96）贞：子目亦毓，不其[隹]臣？ 30

（97）贞：隹祖丁害？ 30

（98）贞：不隹祖丁害？ 30

（99）□□[卜]永贞：𡆥亡其衜？ 31

（100）□□[卜]永贞：𡆥㞢衜？ 31

（101）不吉。丙…见癸… 26

（102）…元于东。 27

（103）隹良瞽。 19

（104）妇羊来十。 19

（105）雀入五百。 9

（106）雀入二百五十。 1 3 4 5 6 7 8 10 11 12 13 17 19 20 21 24 25 26 27 28 29 30 31 32 33

1《合集》12487　2《合集》10023+①　3《合集》1531　4《合集》768　5《合集》1868　6《合集》5298　7《合集》1100　8《合集》965　9《合集》9774　10《合集》9234+②　11《合集》2274+③　12《醉古》250　13《合集》13675

---

① 林宏明：《甲骨新缀第 614—622 例》，先秦史研究室网站，https：//www. xianqin. org/blog/archives/6174. html，2016 年 3 月 30 日。

② 张惟捷：《殷墟 YH127 坑宾组甲骨新研》，台湾万卷楼图书股份有限公司，2013 年，第 138 页；杨熠：《甲骨缀合第 101—150 则》，先秦史研究室网站，https：//www. xianqin. org/blog/archives/15570. html，2021 年 5 月 20 日。

③ 林宏明：《甲骨新缀第 872 例》，先秦史研究室网站，https：//www. xianqin. org/blog/archives/12357. html，2019 年 11 月 19 日。

14《合集》10022+[①] 15《合集》9779 16《合集》9778 17《合集》2317 18《合集》12862+[②] 19《合集》9810+[③] 20《合集》9775 21《合集》9791+[④] 22《缀汇》197 23《合集》9777 24《合集》5995 25《合集》14951 26《合集》12163 27《合集》722 28《合集》14929 29《合集》10937 30《合集》3201 31《合集》9233 32《合集》9235—9239

本组系联中，1 3 4 5 6 7 8 10 11 12 15 16 17 18 19 20 21 24 25 26 27 28 29 30均属宾组一B类甲群，其余属宾组一A类。诸辞根据“雀入二百五十”系联，占卜时间应该在一、二月。

第二十组

(1) 壬辰卜内：五月史㞢至？ 1
(2) 今五月史亡其至？ 1
(3) 壬辰卜争贞：自今五日丙申不其雨？ 2
(4) 自今五日… 2
(5) 癸巳卜㱿贞：上甲害王？ 3
(6) 贞：上甲弗害王？ 3
(7) 癸巳卜宾：帝□其既入邑𢦏？ 4
(8) 癸巳卜争：东土受年？ 4
(9) 癸巳卜争：自今五日雨？ 4
(10) 癸巳卜争：雨？ 4
(11) 癸巳卜宾：狩以？ 5
(12) 狩不其以？ 5
(13) 己亥卜宾：㞢于上甲五牛？ 6

① 林宏明：《甲骨新缀第638—648例》，先秦史研究室网站，https://www.xianqin.org/blog/archives/6328.html，2016年5月7日。

② 杨熠：《甲骨试缀第四则》，先秦史研究室网站，https://www.xianqin.org/blog/archives/9975.html，2018年3月14日。

③ 考古资料数位典藏资料库，https://ndweb.iis.sinica.edu.tw/archaeo2_public/System/Artifact/Detail_Basic.jsp?SearchType=null&ShowPage=null&PageSize=null&SearchValue=null&registerd_no=R044711。

④ 林宏明：《甲骨新缀第761—767例》，先秦史研究室网站，https://www.xianqin.org/blog/archives/9615.html，2017年12月24日。

(14) 㞢于上甲五牛？ 6
(15) □□[卜]争贞…日㞢于上甲五牛？ 7
(16) 十牛？ 6
(17) 勿￼十牛？ 6
(18) 十贾？ 6
(19) [九]青？ 6
(20) 庚子卜㱿贞：年㞢害？五月。 6
(21) 庚子卜…年… 6
(22) □申卜㱿贞：隹于来者比… 8
(23) 贞：令雀西延鼒？ 6
(24) 贞：雀由王事？ 6
(25) 戊申卜宾：令先取析刍？ 9
(26) 己酉卜㱿贞：危方其㞢囚？ 10
(27) 己酉卜㱿贞：危方亡其囚？五月。 10
(28) 己酉卜宾贞：鬼方易亡囚？五月。 11
(29) 己酉卜内：鬼方易[亡]囚？五月。 12
(30) □[酉]卜㱿贞：鬼方[易]… 8
(31) 己酉卜宾贞：[乎]比丘佣？ 11
(32) 己酉卜宾贞：勿卒乎比丘佣？ 11
(33) 庚戌卜宾贞：来甲寅㞢于上甲五牛？ 13
(34) 贞：来甲寅㞢于上甲三牛？ 13
(35) 庚戌卜㱿贞：蚰害我？五月。 14
(36) 庚戌卜㱿贞：蚰不我害？ 14
(37) 庚戌[卜]争贞：岳害我？ 15
(38) 庚戌卜争贞：岳不我害？ 15
(39) □子卜㱿贞：乎龙田于… 8
(40) □□[卜]㱿贞：乎龙田于… 8
(41) …龙田于宫？ 16
(42) 六月㞢来曰：史㞢疾？ 1
(43) 丁巳卜宾：㞢于大[戊]？ 17
(44) 丁巳卜内：㞢于黄尹三牛？六月。 17
(45) 丁巳卜内：㞢黄尹宰？ 17

（46）㞢于黄尹四牛？ ⓱

❶《合集》13759　❷《合集》12334　❸《醉古》37　❹《合集》9733　❺《合集》10615反　❻《合集》10125　❼《合集》1147　❽《合补》2561　❾《合集》118　❿《合集》8492　⓫《合集》8591　⓬《合集》8592　⓭《合集》1144　⓮《合集》14707　⓯《合集》14488　⓰《合集》10985　⓱《合集》3461

本组卜辞数量虽然不多，但包含祭祀、农业、气象、往来、吉凶等内容，时间在五、六月。❼因与❻占卜内容相同而系联，❽“鬼方昜”一辞虽不完整，但在宾组卜辞中“鬼方昜”仅见于此处，与⓬等又同刻于龟版，很可能是一组同文或成套卜辞，因此将❽纳入系联。

第二十一组

（1）辛亥卜㱿贞：王叀昜伯兟比？ ❶
（2）辛亥卜㱿贞：王勿叀昜伯兟比？ ❶
（3）贞：王叀侯告比征夷？六月。 ❶
（4）贞：王勿隹侯告比？ ❶
（5）贞：王[叀]侯告比？六月。 ❷
（6）勿乎敦夷？ ❸
（7）甲子卜争贞：桒于大丁… ❹
（8）贞：桒于大甲，燎二羊、二豕，卯二… ❹
（9）贞：执用于祖… ❹
（10）丙寅卜争贞：我受年？ ❹
（11）己巳卜㱿贞：我受年？ ❶
（12）贞：我不其受年？ ❶
（13）己巳卜㱿贞：我受黍年？[在][illegible]。 ❺
（14）贞：我受𪎭年？在[illegible]。 ❺
（15）己巳[卜]□贞：我[受]黍年？ ❺
（16）己巳卜㱿贞：我弗其受黍年？ ❺
（17）…受𪎭年？ ❺
（18）…弗其受𪎭年？ ❺
（19）己巳卜争：侯告称册，王勿卒[𦞠]？ ❻
（20）己巳卜㱿贞：王叀昜伯兟𦞠？ ❼

（21）己巳卜㱿贞：侯告称册，王朕？ 7
（22）□□［卜］㱿贞：王叀侯告□朕？ 7
（23）己巳卜争贞：王… 8
（24）己巳卜争贞：侯告… 8
（25）□巳卜㱿贞：王比侯告？ 9
（26）…王比侯告？ 10
（27）□巳卜内［贞］…称册，勿… 11
（28）□□卜□贞…［称］册…朕？ 12
（29）□□卜争贞… 12
（30）…称册，王朕？ 13
（31）…昜伯㚇朕？ 13
（32）庚午卜争贞：王叀昜伯㚇朕？ 6
（33）庚午卜争［贞］… 8
（34）庚辰卜永［贞］：㿝其［乎］来？ 5
（35）贞：㿝不其乎来？ 5
（36）乎［雀］往于帛？ 1
（37）勿［乎雀］往于帛？ 1
（38）辛巳卜㱿贞：王比昜伯㚇？ 14
（39）壬午［卜］㱿［贞］：王叀昜伯㚇比？ 15
（40）贞：王叀昜伯㚇朕？ 16
（41）贞：王勿卒朕侯告？ 16
（42）贞：王比昜伯㚇？ 17
（43）［贞］：王叀昜伯㚇朕？ 18
（44）贞：牛涉，于东畀？ 4
（45）贞：沚𡆥伐？ 5
（46）勿沚𡆥伐？ 5
（47）勿垂于妣庚？ 5
（48）［唐］来十。 1
（49）…危化入三。在[illegible]。 5

1《合集》6460　2《合集》3340　3《合集》6463　4《合集》801　5《缀汇》882　6《合集》3342、3345、7410—7413，《合补》516　7《缀兴》131　8《合集》3341　9《合集》3339　10《合集》3338　11《合集》7433

12《合集》7409　13《合集》7413　14《合集》3380、3381　15《合集》3384
16《合集》3383、3387、3388　17《合集》3382　18《合集》3385、3386

本组卜辞据侯告、昜伯㠱伐夷系联。

第二十二组

(1) 辛未卜争贞：生八月帝令多雨？ 1
(2) 贞：生八月帝不其令多雨？ 1
(3) 戊寅卜内：乎雀买… 1
(4) 勿[乎]雀买？ 1
(5) 贞：丁亥酒大丁？ 2
(6) 勿酒大丁？ 2
(7) 己丑卜贞：今出羌亡囚？ 3
(8) 己丑卜：今出羌㞢获围？七[月]。 4
(9) 翌庚寅酒大庚？ 5
(10) 壬辰卜争贞：我伐羌？ 6
(11) 贞：[登]人乎戜伐羌？ 7
(12) 勿登人乎伐羌？ 7
(13) 乙未卜争贞：来辛亥酒藿匚于祖辛？七月。 2
(14) 来辛亥叀藿匚酒祖辛？ 2
(15) 叀伐酒于祖乙？ 2
(16) 翌甲辰易日？ 7
(17) 丁巳。 2
(18) (戊午卜内)：令亢往于画？ 8
(19) 己未卜内贞：周由，擒？ 1
(20) 己未卜内贞…由，擒？ 1
(21) 不由，亡囚？ 5
(22) 贞：翌庚申王令获鹿番？ 9
(23) 番㞢鹿？ 5
(24) [庚申卜：来甲]子勿酒大甲？ 8
(25) 五日甲子允酒，㞢设于东… 8
(26) 贞：来[甲]子酒大甲？ 8

（27）［来］甲子勿酒大［甲］？ 8
（28）贞：不䀠之？ 8
（29）王入？ 8
（30）王勿入？ 8
（31）壬戌卜㱿贞：乎多犬网鹿于𦸗？八月。 1
（32）壬戌卜㱿贞：取犬乎网鹿于𦸗？ 1
（33）贞：多子逐鹿？ 8
（34）其狩？ 5
（35）勿狩？ 5
（36）获兕？ 1
（37）贞：王其逐兕，获，弗㝵兕？获豕二。 2
（38）贞：王其逐兕，获，弗㝵兕？ 2
（39）弗其获兕？ 2
（40）壬戌卜㱿贞：㞢于祖［乙］… 2
（41）㞢于祖乙五宰？ 2
（42）三宰？ 2
（43）㞢一牛祖乙？ 2
（44）今日勿䀠㞢祖丁宰？ 2
（45）丙寅卜：子效臣田，不其获羌？ 10
（46）丙寅卜：子效臣田，获羌？ 10
（47）丁丑卜宾贞：疋获羌？九月。 2
（48）贞：疋不其获羌？ 2
（49）乙未卜宾：翌丁亥启？ 11
（50）丁酉雨至于甲寅旬㞢八日？［九］月。 1
（51）…雨？ 5
（52）隹癸雨？ 5
（53）□辰卜：疋获羌？ 12
（54）□辰卜：疋获围羌？ 12
（55）□戌卜宾贞：疋获羌？ 13
（56）…疋获羌？ 14
（57）…其䵼？ 12
（58）…十月。 12

（59）贞：乎往奠于萑？ 1
（60）勿乎奠于萑？ 1
（61）勿孽？ 5
（62）父乙由，害王？ 9
（63）父乙弗害王？ 9
（64）贞：□父乙害？ 9
（65）□于祖辛？ 9
（66）…由…㞢…于王？ 9
（67）…害王？ 5
（68）㞢害？ 5
（69）隹妣丹［害王］？ 5
（70）子妥冎凡？ 5
（71）贞：叀完令[illegible]疾？ 1
（72）勿隹完令？ 1
（73）叀[illegible]… 11
（74）贞：立史，令弘？ 5
（75）贞：妇好娩，嘉？ 5
（76）…贞…妇好娩？ 15
（77）止女尃？ 5
（78）隹妣壬？ 5
（79）不隹妣壬？ 5
（80）勿乎雀帝于西？ 1
（81）御于父乙…羊，宜豕？ 5
（82）勿于父乙御豕，宜羊？ 5
（83）□不其御？ 5
（84）勿御？ 5
（85）贞：㞢羊？ 5
（86）勿？ 5
（87）王省？ 5
（88）勿省？ 5
（89）贞：□乎犬琮省？ 1
（90）乎人入于雀？ 2

(91) 乎人不入于雀? ❷
(92) 曰雀取乎人? ❷
(93) 勿曰雀取? ❷
(94) 勿乎良往夫? ❽
(95) 乎良[往夫]? ❽
(96) 于甘攺? ❺
(97) 乎司旹? ❺
(98) 乎出目? ❺
(99) 乎□? ❺
(100) 隹左? ❺
(101) 弗聑? ❺

❶《合集》10976　❷《合集》190+①　❸《合集》6602、6604　❹《合集》6606、6607　❺《合集》10936　❻《合集》6620　❼《合集》6619+②　❽《合集》10302+③　❾《合集》10938　❿《合集》194、195　⓫《拼二》575　⓬《合集》191　⓭《合集》192　⓮《合集》193　⓯《合补》4014

本组系联中含伐羌的卜辞有❷❸❹❻❿，但规模都不算大，时间集中在七月至九月。其他版主要据❷中酒祭卜辞系联，如❷"丁亥酒大丁"、❺"庚寅酒大庚"、❽"甲子酒大甲"。此外，三版均有田猎卜辞，占卜的主要猎物为鹿、兕。❶卜问周协助田猎是否有获，可补足❺"不由，亡囚"内容。❺等版虽与伐羌无涉，但可据伐羌同版相关卜辞辗转系联。

再看七月、八月、九月时间定点：七月辛未，八月壬戌，九月丁酉，可推算出七月干支范围是：己巳—辛未（6—8）到戊戌—庚子（35—37）。

三个月可排在同一年，因此本组系联无论内容还是时间，尽皆吻合。

第二十三组

(1) 乙未卜敿：大甲乎王敦衔? 十月。 ❶

① 林宏明：《甲骨新缀第 845—847 例》，先秦史研究室网站，http：//www.xianqin.org/blog/archives/11712.html，2019 年 5 月 28 日。

② 张惟捷：《甲骨新缀第二十七则》，先秦史研究室网站，http：//www.xianqin.org/blog/archives/3345.html，2013 年 11 月 6 日。

③ 林宏明：《甲骨新缀第 937—940 例》，先秦史研究室网站，http：//www.xianqin.org/blog/archives/16907.html，2022 年 6 月 26 日。

(2) 乙未卜𣪊[贞]：翌庚[子]𠦪于示四牛？ 2
(3) 己亥卜□贞：我𦔻衔？ 2
(4) 庚子卜𣪊贞：我勿戎衔？十一月。 3
(5) 辛丑卜王贞：余𦔻衔在𩫖？□月。 4
(6) 辛丑[卜]内贞：我𦔻衔于𩫖？ 5
(7) 辛丑卜：我[受又]？ 6
(8) …我…受…衔… 6
(9) 甲辰卜𣪊贞：今我其执衔，不[我]𦔻于𩫖？ 7
(10) □辰卜𣪊贞：今我其[执]衔，其… 7
(11) 丁卯卜…弗亦…朕… 8
(12) 戊辰卜…上甲罘河，我敦衔其… 8
(13) 戊辰卜…上甲罘河，[我]敦衔？ 8
(14) 辛未卜𣪊贞：王戎衔，受又？ 9
(15) 甲戌卜𣪊贞：王戎衔，受又？ 10
(16) 乙亥[卜]□贞：王隹今十二月敦衔？ 11
(17) 辛巳卜𣪊贞：今□衔？ 12
(18) 辛巳卜𣪊贞：今十二月… 12
(19) [辛]巳…衔？ 13
(20) 贞：□□戎衔？十二月。 14
(21) 今十二月勿戎衔？ 15
(22) 庚[申]。 16
(23) □申卜𣪊贞：大丁乎王敦衔？ 16
(24) …敦衔… 16
(25) …敦… 16
(26) 辛□[卜]王贞：𦔻…在𩫖？ 17
(27) □酉卜𣪊贞：我𦔻衔于𩫖？一月。 18
(28) □□[卜]𣪊贞：我…𦔻衔在𩫖？ 19
(29) □戌…翌…衔？ 20
(30) 癸亥…衔… 21
(31) 癸□[卜]…咸𦔻…𩫖…尊延… 22
(32) □[卯]…咸𦔻在𩫖，王[尊]…王徝于…若。 23
(33) □□[卜]□贞：衔其…𩫖？ 24

(34) 贞：衖…𡆥? 25
(35) …衖…在𡆥? 26
(36) …曹征衖…尹，黄尹百牛? 27
(37) …𡆥? 己巳雨? 一月。 16
(38) …旬亡𡆥? 16

1《英藏》613 2《合集》6894 3《合集》6890 4《拼一》79 5《合集》6895 6《合集》16301 7《拼一》80 8《拼一》297 9《合集》6883—6886 10《英藏》612 11《英藏》614 12《合集》19269 13《合集》19271 14《合集》6889 15《合集》6891 16《合集》6887 17《上博》17645.969 18《合集》6896 19《合集》6897 20《合集》19270 21《合补》1474 22《合集》6903 23《合集》6902 24《合集》6900 25《合集》6901 26《合集》6899 27《合集》3490

本组卜辞根据伐衖系联，从十月到来年一月，共四个月，历时较长。

第二十四组

(1) (戊子卜㱿) 贞：𢀛于涉娀? 1
(2) 𢀛勿于涉娀? 1
(3) 己丑卜争贞：亦乎雀燎于云𢀛? 1
(4) 贞：勿乎雀燎于云𢀛? 1
(5) 乎雀用三牛? 1
(6) 二牛? 1
(7) 翌庚寅不其雨? 1
(8) 贞：翌庚寅王告? 1
(9) 贞：王听母告? 1
(10) 贞：王于甲午告? 1
(11) □□卜争贞：翌壬令雀? 1
(12) 壬辰卜㱿贞：于王夨? 1
(13) 贞：于王夨? 1
(14) 㞢王夨伐一，卯宰? 1
(15) 㞢王夨伐三，卯宰? 1
(16) 㞢王夨伐五，卯宰? 1

（17）…蒴？三月。 ❶
（18）壬辰卜㱿：雀弗其蒴祭？ ❶
（19）壬辰卜㱿贞：雀蒴祭？ ❶
（20）壬辰卜㱿贞：雀弗其蒴祭？三月。 ❶
（21）癸…翌…卯虫一牛？ ❶
（22）□申卜□贞：雀［蒴祭］？ ❷
（23）…雀蒴祭？ ❸
（24）…［蒴］祭？ ❹
（25）虫于父乙？ ❶
（26）虫于昌三十人？ ❶
（27）贞：虫于昌十人？ ❶
（28）贞：虫于[illegible]？ ❶
（29）勿虫于[illegible]？ ❶
（30）𣪊于黄奭？ ❶
（31）王梦… ❶
（32）贞：王梦…隹… ❶
（33）雀入三。 ❶

❶《合集》1051　❷《合集》6966　❸《合集》6965　❹《合集》7905

本组卜辞据伐祭系联，雀蒴祭主要见于❶，今加入❷❸❹三版。

第二十五组

（1）丙午卜内：我叀[illegible]敦？ ❶
（2）丙□卜…王隹[illegible]敦？ ❷
（3）乙卯卜内：曹大庚七十宰，伐二十？十一月。 ❸
（4）乙卯卜内：曹大庚勿七十宰，伐二十？ ❸
（5）乙卯［卜内：曹］大庚勿七十宰，伐二十？ ❸
（6）丙辰卜㱿贞：制亡囚？ ❸
（7）丙辰卜㱿贞：制其虫囚？ ❸
（8）丙辰卜争：制亡不若？十一月。 ❸
（9）丙辰卜㱿：燎其河十… ❸
（10）丙辰卜㱿贞：曰雀来… ❸

(11) 丙辰[卜]㱿…勿… 3
(12) 丁巳卜㱿贞：叀…敦？ 3
(13) 丁巳卜㱿贞：勿隹敦… 3
(14) 勿隹𢦏敦？ 3
(15) □□卜…勿隹…敦？ 3
(16) □□[卜]内：翦𢦏？ 4
(17) …翦𢦏？ 4
(18) 甲子卜㱿：㲋以𦉢？允以。十一月。 3
(19) 甲子卜㱿：㲋弗其以𦉢？ 3

1《合补》2165 正 2《合集》7033 3《合集》4814+[①] 4《合补》1984

本组卜辞据"𢦏敦"系联，所见月份为十一月，按干支顺序排列。

第二十六组

(1) 甲戌卜内：翌丁丑雀毋其执？ 1
(2) 甲戌卜内：翌□征㞢目执陟？十月。 1
(3) 乙亥卜内：翌庚辰雀弗… 1
(4) 庚□[卜]：雀翦陟？ 2
(5) 庚□[卜]：雀[弗]其翦陟？ 2
(6) 贞：雀翦[陟]？ 3

1《合集》5828 2《合集》6981 3《合集》6982

本组卜辞据"雀翦陟"系联，所见月份为十月，按干支顺序排列。

第二十七组

(1) 甲辰卜王：雀获侯任？ 1
(2) 甲辰[卜]王：雀弗其获侯任？在方。 2
(3) 壬戌卜：㚇余勿在孙葬？ 2
(4) …冓余…唐… 1

① 张惟捷：《殷墟 YH127 坑宾组甲骨新研》，台湾万卷楼图书股份有限公司，2013 年，第 223 页。

❶《合集》6963　❷《合补》2240
本组卜辞据“雀获侯任”系联，无月份记载，按干支顺序排列。

第二十八组

(1) 贞：雀弗其获围凸…人？ ❶
(2) [贞]：雀蕲…凸？ ❷
(3) 叀牛？ ❷
❶《合集》6986　❷《合集》6964
本组据伐凸卜辞系联。

(二) 可能有联系的卜辞

第一组

(1) 丁亥卜贞：㞢于河？ ❶
(2) 丁… ❶
(3) 辛卯卜内… ❷
(4) 勿㞢于河？ ❷
(5) □勿㞢于河？ ❸
(6) □㞢于河三十牛，以… ❹
(7) 贞：㞢于河？ ❹
(8) …风？ ❸
❶《合集》14510　❷《合集》14518　❸《合集》14519　❹《合集》40411
本组卜辞据“㞢河”系联，无月份记载，按干支顺序排列。

第二组

(1) 丁卯卜贞：㞢于大甲？三月。 ❶
(2) 戊辰卜㱿：勿于九示一… ❷
(3) 己卯卜争贞：翌庚辰㞢于父庚？ ❸
(4) 己…㞢于父乙？ ❹

（5）翌辛巳㞢于祖［辛］？ 5

（6）□巳卜争贞：㞢于祖辛，于者酒十宰？ 6

（7）贞：今日夕㞢于祖乙？ 6

（8）贞…㞢［于］… 5

（9）□午卜：㞢于祖乙？ 7

（10）甲申卜：翌乙雨？ 1

（11）翌乙不雨？ 1

（12）丙戌卜㱿贞：于九［示］… 8

（13）勿㞢于［九］示□牛？ 8

（14）丙戌卜：翌日㞢于祖丁？ 9

（15）…㞢… 9

（16）丁亥卜：今日㞢于祖丁？ 10

（17）㞢于祖丁一牛？ 10

（18）㞢于祖丁一牛？ 10

（19）㞢于祖丁一牛？ 11

（20）㞢于祖丁一羊？ 12

（21）二牛？ 10

（22）三牛？ 10

（23）贞：丁亥㞢于祖丁？ 13

（24）丁亥卜贞：㞢于祖辛？ 14

（25）丁亥卜：勿㞢于羌甲圉？ 15

（26）丁亥卜贞：既雨？ 15

（27）贞：毋其既雨？ 15

（28）丁亥卜… 15

（29）㞢于辛母、妣己羌？ 15

（30）勿㞢于妣己？ 15

（31）己丑卜㱿贞：王梦，隹祖乙？ 16

（32）贞：王梦，不隹祖乙？ 16

（33）己丑卜㱿贞：王梦，隹祖乙？ 16

（34）贞：王梦，不隹祖乙？ 16

（35）己丑卜㱿贞：朿于丘商？四月。 16

（36）贞：勿鷭朿于丘商？ 16

(37) 翌辛卯㞢于祖辛? 16
(38) 贞: 㞢于祖辛三宰? 16
(39) 㞢于祖辛宰? 16
(40) 翌辛㞢于祖辛一牛? 16
(41) 一牛于祖辛? 16
(42) 贞: 于祖辛㞢? 16
(43) 㞢于祖乙? 16
(44) 壬辰卜㱿: 㞢于示壬宰? 16
(45) 㞢于示壬二牛? 16
(46) …㞢于示壬二牛? 17
(47) 壬□[卜]㱿贞: 㞢于上甲? 18
(48) 癸巳卜: 㞢于季? 1
(49) 癸巳卜: 㞢于祖□? 19
(50) 癸巳卜: 㞢于祖丁? 19
(51) 甲午卜㱿贞: 艮三垂? 16
(52) 甲午卜㱿贞: 勿艮三垂? 16
(53) 甲午卜争: 于河? 16
(54) 甲午卜争: 勿于河? 16
(55) 甲午…㞢羌甲? 20
(56) 翌乙未㞢于父乙…囚? 21
(57) 壬寅卜㱿贞: 河害王? 16
(58) 壬寅卜㱿贞: 河弗害王? 16
(59) 壬寅卜㱿贞: 不雨, 隹兹商㞢作囚? 16
(60) 贞: 不雨, 不隹兹商㞢作囚? 16
(61) 癸卯卜㱿贞: 翌甲辰㞢于上甲十牛? 16
(62) 翌甲辰㞢于上甲十牛? 16
(63) □□[卜㱿贞: 翌]甲□㞢[于]上甲? 22
(64) 癸卯卜: 翌甲辰㞢上甲牛? 23
(65) …甲…㞢[于]上甲? 24
(66) …翌… 24
(67) 㞢上甲一牛? 23
(68) 㞢于上甲[十]? 25

(69) …旬雨？己酉雨？ 25
(70) [自]今至于辛亥雨，丁酉… 25
(71) 㞢妣辛一宰？ 16
(72) 贞：翌乙巳㞢示□十… 26
(73) 乙□卜㱿贞：㞢于祖辛十□？ 27
(74) 乙巳卜：㞢于祖乙五宰？ 28
(75) 贞：㞢于王亥四十牛，辛亥[用]？ 29
(76) …于王亥四十□？ 30
(77) …午㞢于示？ 31
(78) 贞… 8
(79) 戊… 8

1《合集》1424 2《山拓》1302 3《合集》2136 4《合集》2188 5《英藏》35 6《合集》1653 7《合补》208 8《合集》14883 9《合集》1833 10《合集》1829 11《合集》1828 12《合集》1830 13《合集》1834 14《合集》1690 15《合集》1784 16《缀续》517 17《合集》1252 18《合集》1151 19《合集》1837 20《合集》1788 21《合集》2186 22《合集》1155 23《合集》1146 24《合集》1154 25《合集》39545 26《合补》4217 27《合集》1679 28《合集》1509 29《合集》14726 30《合集》14727 31《合集》14891

本组卜辞祭祀先公先王，据16系联，时间相近的卜辞与之系联，时间大致在三、四月。

第三组

(1) 丁酉卜㱿贞：㞢于大甲三十伐，十宰？ 1
(2) 甲寅…夅㞢□祖乙？ 2
(3) 贞：翌乙卯勿龠㞢于唐？ 3
(4) 贞：来丁巳㞢祖丁？ 4
(5) 丁巳卜：㞢祖乙三宰？ 5
(6) □巳卜争贞：来甲子㞢于祖乙？ 6
(7) 壬戌卜争贞：既出狁，燎于土宰？ 7
(8) 贞：燎于土一牛，宜宰？ 7
(9) [贞]：㞢于大甲？ 7

(10) 癸亥卜王：㞢大甲？十二月。 8
(11) □亥[卜]□[贞]：勿㞢[于]成？ 9
(12) 癸亥卜：㞢于父乙，王… 10
(13) 癸亥卜王：余□成隹之？ 8
(14) 癸亥卜王：戈受年？十二月。 8
(15) 戊辰卜：雀以象？ 8
(16) 戊辰卜：雀不其以象？十二月。 8
(17) 戊辰卜：雀以象？ 8
(18) 戊辰卜：雀不其以象？ 8
(19) 己巳卜：雀取马以？ 8
(20) 己巳卜：雀以猱？十二月。 8
(21) 己巳卜：雀不其以猱？ 8
(22) 庚午卜：于羌甲？ 8
(23) 庚午卜：于羌甲？ 8
(24) 庚午卜：于父辛？ 8
(25) 庚午卜… 8
(26) …跻以马自孽？十二月允以三丙。 8
(27) □酉卜[贞]：㞢…祖甲…用𠬝？ 11
(28) …戈…来？ 4
(29) …戈…来？ 4
(30) 王㞢害？ 4
(31) 亡害？ 4
(32) 乎于唐？ 4
(33) 贞：乎取牛？ 4
(34) …[乎]取牛？ 12
(35) 取牛？ 13
(36) 取牛？ 13
(37) 娣以…兄… 2

1《合集》888+[①]　2《合集》1567　3《合集》1284　4《合集》8808

① 林宏明：《甲骨新缀第565例》，先秦史研究室网站，http：//www.xianqin.org/blog/archives/5149.html，2015年4月27日。

5《合集》1610　6《合集》1552　7《合集》14396　8《合集》8984　9《英藏》16　10《英藏》88　11《合集》743　12《合集》8801　13《东京大学》561+①

本组卜辞屮祭先公先王，据8系联，时间相近的卜辞与之系联，时间大致在十二月前后。

第四组

(1) 辛丑[卜]☐[贞]：雀…雀屮[于]兄丁？ 1
(2) 贞：乎子商屮于兄丁？ 2
(3) 贞…往…其… 2
(4) 屮兄丁？ 3
(5) 勿[屮]于[兄]丁？ 4
(6) 宾屮兄？ 3
(7) 兄丁害王？ 4
(8) 丙午卜：屮于兄[戊]？ 5
(9) 王亡不若唐？ 2
(10) …令…邑… 2
(11) 来三十…上甲…伐… 2
(12) …屮上甲… 2
(13) 不☐多… 2
(14) 父辛叀豕？ 3
(15) 父辛叀牛？ 3
(16) 于上屮兄？ 3
(17) 王屮？ 3
(18) 屮中？ 3
(19) 屮正？ 3
(20) 于屮… 3

1《英藏》114　2《拼五》1057　3《合集》2163　4《合集》2889

① 蔡哲茂：《林泰辅〈龟甲兽骨文字〉新缀一则》，先秦史研究室网站，https：//www. xianqin. org/xr_ html/articles/jgzhh/335. html，2006年2月10日。

5《合集》2906

本组卜辞据㞢祭兄丁系联。

第五组

(1) 贞：于祖辛御？ 1
(2) 御羌甲？ 2
(3) 贞：燎十牛于□庚？ 1
(4) 勿燎妣己？ 1
(5) 妣己燎二豕，卯二牛？ 3
(6) 庚午卜㱿贞：正？ 4
(7) 降？ 4
(8) 癸酉贞：降？ 4
(9) 不其降？ 4
(10) …御于祖丁？ 5
(11) 御于祖丁？ 4
(12) 贞：父辛弗害王？ 4
(13) 父乙弗害王？ 4
(14) 乎績凡龙𢀛？ 4
(15) 乎般比𢀛，左？ 4
(16) 勿乎般比𢀛，左？ 4
(17) 子商亡囚？ 4
(18) 子商获？ 4
(19) 三羌？ 4
(20) 五羌？ 4
(21) 八犬、八羊？(帝于…) 4
(22) 贞：庞？ 4
(23) 御于父甲？ 6
(24) …御于父乙？ 7
(25) …于父乙？ 7
(26) 齿来？ 7
(27) 不其来？ 7

（28）□亥卜：□祖…御[illegible]… ❽
（29）…允不…隹母… ❽
（30）贾入三。 ❹

❶《醉古》105　❷《合集》1797　❸《合集》2441　❹《合集》371　❺《英藏》51　❻《合集》2116　❼《合集》2193　❽《合集》4327

本组卜辞据御祭先公先王系联，干支记载较少，按先公先王顺序排列。系联❶“燎妣己”，其他事类系联后剩余燎先妣先母且见此一版。

第六组

（1）…于娥御犬？ ❶
（2）翌壬申其雨？ ❷
（3）御于妣己？ ❷
（4）贞：周以巫？ ❷
（5）御妣己？ ❸
（6）壬□［卜］。 ❷
（7）壬…王… ❸

❶《合集》14789　❷《醉古》302　❸《合集》2416

本组卜辞据御祭先妣系联，无月份记载。

第七组

（1）辛亥卜：□桒河，燎六牛，□六牛，宜八牛？ ❶
（2）贞：桒于河？ ❷
（3）…［桒］于土、方帝？ ❸
（4）…受［又］？ ❷

❶《合集》14537　❷《合集》14538　❸《合集》14306

本组卜辞据桒祭自然神祇系联，无月份记载。

第八组

（1）己巳卜：桒于九示？ ❶

（2）己巳卜王？ 1
（3）乙亥卜争贞：桒于成十牛？ 2
（4）辛丑卜内：桒于大庚一牛？一月。 3
（5）己未卜：桒大庚？ 3
（6）辛酉卜：桒于大丁？三月。 4
（7）辛酉卜贞：桒于大甲？ 4
（8）桒□大甲宰，□乙… 5

1《合集》14880　2《合集》1345　3《合集》1483　4《合集》1416　5《合集》1435

本组卜辞据桒祭大丁、大甲、大庚等人系联，所见月份为一月、三月。

第九组

（1）乙酉卜内：今日桒青于祖乙？ 1
（2）…于祖乙桒？ 2
（3）…祖乙？ 1
（4）□□卜：桒于羌甲？ 3
（5）壬寅…桒父… 4
（6）辛未卜内：桒[于父]乙？ 5

1《英藏》29　2《合集》1589　3《合集》1801　4《合集》2308　5《合集》2211

本组卜辞据桒祭祖乙、祖甲、父乙等人系联，由于干支记载较少，按先王次序排列。

第十组

（1）[庚]戌卜㱿：翌辛亥燎于□？ 1
（2）壬子卜宾：勿燎于秋？ 1
（3）燎于秋？二月。 1
（4）燎于秋？ 1
（5）戊午卜王：燎于灉□宰，沉三宰一玉？ 2
（6）燎宰，沉二宰？ 3

（7）燎宰，沉三宰？ 3
（8）辛未卜争贞：翌癸酉乎雀燎于岳？ 4
（9）乎雀燎于岳？ 5
（10）…贞：今日…乎雀燎… 6
（11）乙亥卜：燎〓羊宜宰？ 7
（12）乙卯卜㱿贞：燎于〓？ 8
（13）辛巳卜贞：告既燎于河？ 9
（14）己丑卜㱿贞：燎于岳？ 10
（15）贞：燎？五月。 10
（16）贞：于岳燎？ 10
（17）辛卯卜：燎于蚰？ 11
（18）辛卯卜：燎于丘？ 12
（19）辛卯卜：燎于〓？ 12
（20）贞：燎于〓？ 13
（21）勿燎于〓？ 13
（22）燎于〓一牛？ 13
（23）勿燎于… 13
（24）贞：燎于〓？ 14
（25）燎于… 14
（26）燎□〓犬？ 15
（27）□卯卜内：燎于河十牛，宜十牛？ 16
（28）…燎［于］河□十… 17
（29）壬辰卜：翌甲午燎于蚰羊㞢豕？ 11
（30）□巳卜：今…蚰？ 18
（31）…癸…燎…蚰？ 19
（32）戊戌卜㱿［贞］：乎雀…燎…十牛？ 20
（33）贞：庚…酒… 20
（34）戊申十犬？ 21
（35）今日燎于岳？ 21
（36）今日燎于蚰豕？ 22
（37）今日燎豕于蚰？ 23
（38）燎于岳，夕羊？翌辛亥酒宰？ 24

(39) 翌辛亥燎？ 25

(40) …燎土，不其介雨？ 25

(41) □□[卜]㱿贞：燎于东，五犬、五羊、五… 26

(42) 燎于河一宰，沉二宰？ 27

(43) 燎于河一宰，沉二宰？ 27

(44) …[燎]于河□宰，沉… 28

(45) 燎于河？ 29

(46) 癸丑卜㱿贞：我依… 26

(47) 丁巳卜㱿贞… 26

(48) 贞：御于祖辛？ 4

(49) 我㞢匚于妣庚，叀之用？ 4

(50) 燎…亥… 16

(51) 少…牛… 22

(52) …㞢… 25

(53) 勿㞢？ 25

(54) 丙□卜… 17

(55) …其… 17

(56) 雀入百。 1

1《合集》14364　2《合集》14362　3《合集》15601、15602　4《合集》4112　5《合集》14453　6《合补》4267　7《合集》14664　8《合集》14666　9《合集》14534　10《合集》14437　11《合集》14703—14705　12《合集》14771　13《合集》14659　14《合集》14661　15《合集》14670 反　16《合集》14552　17《合集》14568　18《合集》14700　19《合集》14699　20《合集》4142　21《合集》14452　22《合集》14697　23《合集》14698　24《合集》40420　25《合集》14393+[1]　26《合集》14316　27《合集》14559　28《合集》14613　29《合集》14565

本组卜辞据燎祭自然神祇系联，同时系联与“燎于[illegible]”有关的卜辞。所见月份仅二月，其余按干支顺序排列。

① 林宏明：《甲骨新缀第 643 例替代》，先秦史研究室网站，http：//www. xianqin. org/blog/archives/11045. html，2018 年 11 月 23 日。

第十一组

(1) 丁亥卜宾贞：翌辛卯酒伐？ 1
(2) 贞：勿燎？ 1
(3) 贞：叀乙未酒伐？ 1
(4) 甲辰[卜]王：翌乙巳燎于成五羊？ 2
(5) 于王亥燎三宰？ 3
(6) 燎于上甲三宰？四月。 3
(7) …燎于王亥四宰？ 4

1《英藏》1253 2《合集》1348 3《上博》46469 4《合集》14744

本组卜辞据燎祭先公先王系联，记载月份仅四月。

第十二组

(1) 辛未卜内贞：日叀羊？六月。 1
(2) 辛未卜㱿：王叀㞢匚酒于王亥？ 1
(3) 辛未卜㱿：今来甲戌酒王亥？ 1
(4) 㞢于王亥？ 1
(5) 丙子卜内贞：翌丁丑王步于壴？ 1
(6) 丙子卜内贞：翌丁丑王勿步？ 1
(7) 丙子卜内：翌丁丑其雨？ 1
(8) 翌丁丑不雨？ 1
(9) 㞢来？ 1
(10) …之…雨？ 1
(11) 庚子卜㱿：翌丁未酒十宰㞢三于祖丁？ 2
(12) 乙巳…酒下乙？ 3
(13) …酒王亥？ 4
(14) …酒王亥？ 5
(15) 今日酒父乙？ 6
(16) …不其白？ 5
(17) □□卜争。 5

(18) □[寅]卜王贞…酒三宰[于]□丁? 7

1《合集》14732　2《合集》1863　3《合集》1671　4《合集》14752　5《合集》14751　6《合集》2216　7《合集》5326

本组卜辞据酒祭先公先王系联，所见月份为六月，其余卜辞按干支顺序排列。

第十三组

(1) 乙亥[卜]内：曹大…五百牛…伐百… 1
(2) [贞]：大…[曹]三十宰? 2
(3) …宿? 十月。 1
(4) 辛丑[卜]㱿：曹…辛… 3
(5) □丑卜[贞]：曹祖辛十五宰? 4
(6) □未卜：曹祖辛… 5
(7) 丙辰…王曹…祖… 6
(8) 曹父乙十宰，伐□? 7
(9) …父…曹…卯… 8
(10) 不余漕? 9
(11) □□卜[㱿贞]：勿曹… 10
(12) 曹五十宰? 11

1《英藏》1240　2《合集》11295　3《合补》772　4《英藏》36　5《山拓》1657　6《合补》203　7《英藏》83　8《合补》4390　9《合集》15331—15333　10《合集》15316　11《合集》15336

本组卜辞据“曹”祭系联，无月份记载，按干支顺序排列。

第十四组

(1) 乙亥卜争：帝于西? 1
(2) 帝于西十牛? 2
(3) 㞢于西十牛? 2
(4) …帝于北，二犬，卯… 3
(5) 告于咸? 2
(6) 父乙害王? 2

（7）贞：亡囚？ 2

（8）戌？ 2

1《英藏》1228　2《英藏》86　3《合集》14332

本组卜辞据帝祭四方系联，无月份记载，仅有干支。

第十五组

（1）戊戌卜：帝于黄？ 1

（2）戊戌[卜]：帝[于]黄奭二犬？ 2

（3）帝黄奭三犬？ 2

（4）己亥卜：帝于王亥先老？ 3

（5）□丑卜：甲雨？ 1

（6）王占曰：吉，其帝？ 4

（7）于上甲？ 4

（8）贞：[勿]帝？ 5

（9）…今夕雨？ 5

1《合集》3504　2《合集》3506　3《合补》1563+①　4《英藏》12　5《合集》19710

本组为帝祭先臣的卜辞，按干支顺序排列。

第十六组

（1）于来乙酒伐于祖乙？ 1

（2）翌乙酉乎子商酒伐于父乙？ 2

（3）乙未卜王：翌丁酉酒伐，易日？丁明阴，大食… 3

（4）丙申卜：翌丁酉酒伐，启？丁明阴，大食日启？一月。 4

（5）丙申卜：翌丁酉酒伐，[启]… 4

（6）□戠？ 4

（7）□戠？ 4

① 林宏明：《甲骨新缀第602例》，先秦史研究室网站，http：//www.xianqin.org/blog/archives/6007.html，2016年1月22日。

1《合集》956　2《合集》969　3《合集》13450　4《拼一》57

本组据“酒伐”卜辞系联，无月份记载，按干支序排列。

第十七组

(1) 甲戌卜贞：亦[㞢]燎？ 1
(2) 丁亥卜：于乙巳酒桒？ 2
(3) 丁亥…于乙…酒桒… 3
(4) 辛卯卜争：乎取奠女子？ 4
(5) 辛卯卜争：勿乎取奠女子？ 4
(6) 乎取奠女子？ 4
(7) 辛卯卜争贞：甲酒燎？ 4
(8) 辛卯卜内贞：王㞢作囚？ 4
(9) 辛卯卜争贞：王亡作囚？ 4
(10) 庚子卜㱿贞：令子商先涉羌于河？ 4
(11) 庚子卜㱿贞：勿令子商先涉羌于河？ 4
(12) 辛丑卜争贞：取子吅？ 4
(13) 辛丑卜争贞：勿取子吅？ 4
(14) …七月。 4
(15) …七月。 4
(16) 癸卯卜㱿：于翌…脿酒燎？ 5

1《合集》15534　2《合集》15693　3《合集》11676　4《合集》536　5《合集》15738

本组卜辞据“酒燎”系联，无月份记载，按干支顺序排列。

第十八组

(1) 丙戌[卜]：不其[㞢]鹿？ 1
(2) …㞢鹿…允㞢，三[牧]…获鹿一。 2
(3) …其…一月。 1
(4) 甲午…翌… 3
(5) 甲午卜贞：不其擒？一月。 3

（6）乙未卜：今日王狩，田率，擒？允获虎二、兕一、鹿十二、豕二、㲋百二十七、□二、兔二十三、［雉］七。□月。 3

（7）乙未卜贞：弗其擒？ 3

（8）…狩，获虎一、豕□㞢六。 4

（9）…麋… 3

（10）…犬…允…三… 3

（11）辛亥卜内贞：今一月帝令雨？四日甲寅夕㞢乙卯允令雨。 5

（12）辛亥卜内贞：今一月帝不其令雨？ 5

（13）辛亥卜内贞：帝于北方曰伏，风曰𠭖，𠦪年？ 5

（14）辛亥卜内贞：帝于南方曰岂，风夷，𠦪年？ 5

（15）贞：帝于东方曰析，风曰劦，𠦪年？ 5

（16）贞：帝于西方曰彝，风曰丯，𠦪年？ 5

（17）贞：隹尤？ 5

（18）隹尤？ 5

（19）𡚤其㞢不若？一月。 5

（20）贞：𡚤其㞢不若？一月。 5

（21）辛亥卜内：生二月蒴，㞢圣？ 5

（22）蒴，亡其圣？ 5

（23）癸□［卜］内贞：亡不若？ 5

（24）王其往逐麋于𪊽，［其获］？ 5

（25）王其往逐麋于𪊽，不其获？ 5

（26）丙寅卜内：王其［逐］兕？ 6

（27）弗获？ 6

（28）戊辰…获… 7

（29）戊辰…不其获？ 7

（30）庚午卜王：获兕？允获在大𣅀。二月。 8

（31）庚午卜王：不其获？ 9

（32）辛未卜王：获？允获兕一，豕一。 8

（33）辛未卜王：不其获？ 10

（34）甲戌卜王：获？允获鹿五。 8

（35）甲戌卜［王］：获？ 10

（36）甲戌卜：不其获？ 11

(37) 丙子卜王：获？允获兕一。 9
(38) □□[卜]王：获兕？允获一。 8
(39) …逐兕？ 8
(40) …[兕]？ 8
(41) 戊寅卜王：不其获？ 9
(42) 庚辰卜王：获鹿？ 9
(43) 庚辰卜王… 8
(44) 庚辰。 8
(45) 庚辰卜王：弗其执豕？允弗执。 12
(46) …丧…七兕… 12
(47) …亡…其…鹿…弗获？ 12
(48) 辛巳卜王：获鹿？允获五。 8
(49) …[获]鹿？允[获]五。 9
(50) 辛巳卜王：获？ 9
(51) 辛巳。 8
(52) 壬午卜…获？ 13
(53) 壬午卜王… 8
(54) 壬午。 8
(55) 甲申卜王：获？ 8
(56) 甲申[卜]王：其擒□虎二？ 14
(57) [甲]申卜…其网□？ 15
(58) 丙戌卜王：获？ 8
(59) …祖乙耕？ 8
(60) 癸卯[卜]㱿贞：燎[于]兄？三月。 16
(61) …[illegible]获？三月。 16
(62) …获…不□…鹿…四月。 17
(63) 庚申卜王：雀获？ 18
(64) …[允]二围不获？ 18
(65) [庚]申卜王：雀获？ 18
(66) □申卜□[贞]：弗…获… 19
(67) 壬戌卜宾贞：雀[擒麋]？ 20
(68) 癸亥卜王贞：雀…擒… 21

(69) …其受又？五月。 21

(70) …五月。 21

(71) 甲子卜㱿贞：我乎来？允乎来。 19

(72) 甲□[卜]㱿[贞]：雀□弗其擒麋？ 19

(73) …[雀]…[麋]？ 19

(74) 甲子卜㱿贞：王疾齿亡易？ 22

(75) 甲子卜㱿贞：王疾齿隹易？ 22

(76) 壬申卜㱿贞：甫擒麋？丙子陷，允擒二百㞢九十一。 22

(77) [壬]申卜□贞：甫…其擒… 22

(78) 辛巳卜宾贞：叀翌甲申立人？ 23

(79) 辛巳卜宾贞：勿隹翌甲申立人？ 23

(80) 辛巳[卜]宾贞：立人？ 23

(81) 辛[巳卜]宾贞：勿立人？ 23

(82) 壬辰卜争贞：其虢，获？九月。 23

(83) 壬辰卜争贞：其虢，弗其获？ 23

(84) 癸巳…狩…启？允启，十一月。 24

(85) 戊戌卜王贞：其令雀田于□？ 25

(86) …雀田[于][illegible]？十一月。 26

(87) …祝于祖乙？十一月。 25

(88) □□卜王贞…桒[年]？ 26

(89) 辛丑卜王：翌[壬]寅我[冕]…获？允获。 27

(90) 翌丁未其启？ 24

1《合集》10304 2《合集》10321 3《合集》10197 4《合集》10200 5《醉古》73 6《合补》2600 7《合集》10897 8《合集》10410+① 9《合集》10411 10《合集》10839 11《英藏》711 12《合集》10297 13《合补》2599 14《合集》10214 15《合集》10753 16《合集》10864 17《合集》10296 18《合集》10856+② 19《合集》10351 20《合集》10352 21《合集》4163 22《合补》3987 23《醉古》151 24《合集》13120 25《合集》10567 26《合

① 林宏明：《甲骨新缀第739例》，先秦史研究室网站，http：//www.xianqin.org/blog/archives/8316.html，2017年4月29日。

② 蒋玉斌：《甲骨新缀10组》，先秦史研究室网站，http：//www.xianqin.org/blog/archives/4862.html，2014年12月25日。

集》10979　27《合集》10750

18为自宾间类与宾组一A类字体同版。本组为田猎类卜辞系联，所见月份为一月、二月、三月、四月、五月、九月、十一月，根据相应干支，排在同年不冲突，因此系联为一组，相近干支的卜辞也纳入系联。

第十九组

(1) 贞：王令陕敔，若？(…争…允敔吏…) 1
(2) 戊戌卜争贞：㱿其以齿？ 1
(3) 贞：㱿不以齿？(王占曰：吉。) 1
(4) 己亥卜宾：王获兕？ 2
(5) 王弗其获[兕]？ 2
(6) [己]亥卜□[贞]：王其□兕，获？ 3
(7) [己]亥卜□贞：弗□兕？ 3
(8) 己亥卜□贞：其…获？ 4
(9) 己亥卜[㱿]贞：弗[获]豖？ 4
(10) 贞：王勿出田？ 5
(11) 丁未卜争贞：王告于祖乙？ 5
(12) 丁未卜[王]：获[兕]？[允]获。 6
(13) 戊申卜宾：王获[兕]？允[获]。 7
(14) 壬子卜王：今其获[鹿]？ 8
(15) 庚申卜王：获鹿？允获十六。 8
(16) 庚申卜王：戈告…[兕]，⿰…获…获… 9
(17) …王…获… 8
(18) 壬戌[卜]贞：翌癸[亥]王往逐… 10
(19) 王其往逐鹿，获？ 11
(20) 壬戌卜：今夕雨？允雨。 11
(21) 壬戌卜：今夕不其雨？ 11
(22) 甲子卜：翌乙丑其雨？ 11
(23) 甲子卜㱿贞：妥以巫？ 12
(24) 贞：妥不其以巫？ 12
(25) 贞：妥以巫？ 12

（26）（甲子卜争）贞：伐□巫以？ 12
（27）王占曰：不吉，其以齿。 12
（28）（甲子卜㱿）：隹？ 12
（29）不隹？ 12
（30）丙寅卜争贞：今十一月帝令雨？（王占曰：令。） 12
（31）贞：今十一月帝不其令雨？ 12
（32）贞：延雨？ 12
（33）不其延？ 12
（34）丙□卜□贞：□叀引乎田？ 12
（35）翌己巳燎一牛？ 12
（36）燎东黄鹰？ 12
（37）贞：王往于田？ 13
（38）（己卯卜㱿）：王勿往于田？ 13
（39）贞：往？ 13
（40）㞢河？ 12
（41）勿㞢？ 12
（42）㞢父乙？ 12
（43）乎隹御史？ 12
（44）羌甲求王？ 12
（45）南庚求王？ 12
（46）大敳敦次？ 12
（47）勿卒敳敦次？ 12
（48）作册西？ 12
（49）贞：乎去伯于冥？ 13
（50）贞：乎去伯于冥？ 13
（51）贞：率[illegible]？ 13
（52）贞：启自㞢邑？ 13
（53）乎自㞢勺于之？ 13
（54）贞：勿隹□□令？ 13
（55）隹□令？ 13
（56）収奠臣？ 13
（57）乎□収？ 13

（58）贞：以…　⓭
（59）…叀…　⓭
（60）㱿。　⓭
（61）贾入一。　⓭

❶《醉古》315　❷《合集》10412　❸《合集》10416　❹《合集》10893　❺《合集》1583　❻《合集》10414　❼《合集》10413　❽《合集》10310　❾《合集》10835　❿《合集》10632　⓫《契合》29　⓬《合集》5658　⓭《合集》635

本组据田猎卜辞系联，含月份十一月，但本组十一月丙寅不能与第十八组排入同年。

第二十组

（1）□卯卜㱿贞：求年娥于河？　❶
（2）辛卯卜贞：𠦪年…　❷
（3）中丁翌日？　❷
（4）□卯卜：于上甲𠦪年？□月。　❸
（5）…子…[illegible]…御年…　❹
（6）…寅…帝弗害年？　❺

❶《合集》10129　❷《合补》2523　❸《合集》10110　❹《合补》2531 反　❺《合补》4065

本组为农业祭祀类卜辞的系联，数量较少，无确切月份记载。

第二十一组

（1）[癸]酉卜宾[贞]：今来岁我受年？　❶
（2）癸未卜内贞：我受黍年？　❷
（3）贞：我不受黍年？　❷
（4）丙[申卜]□贞：[我受]年？　❸
（5）壬子卜宾贞：我受年？　❹
（6）□子卜内贞：我受年？　❺
（7）□□[卜]□贞：我受年？　❻

(8) …我受年? 7

(9) 贞：祖丁蝠尻? 2

(10) 贞：祖丁不蝠尻? 2

(11) …不…言… 2

1《合集》9655 2《合集》9947 3《合集》9697 4《合集》9677 5《合集》9678 6《合集》9680 7《怀特》182

本组为农业类“受年”卜辞，无月份记载，按干支顺序排列。

第二十二组

(1) 庚辰卜内：卩其㞢蒉? 1

(2) 庚辰卜内贞：[?]亡蒉? 2

(3) 贞… 1

(4) 辛巳卜内：言其㞢蒉? 3

(5) 言亡蒉? 3

(6) 辛□[卜]：[?]… 2

(7) …[?]… 4

(8) □□[卜]内… 3

(9) [丙申卜]争：[?]蒉? 允亡蒉。之日雨? 一月。 5

(10) □□[卜]争：言…亡蒉? 5

(11) …[蒉]… 5

(12) □□[卜]宾贞：言亡蒉? 6

(13) □□卜宾[贞]：[?]亡蒉? 4

(14) …其㞢蒉，亡蒉? 7

1《合集》3813 2《合集》4937 3《合集》4519 4《合集》4939 5《英藏》921、1037、2056 6《合集》4520 7《怀特》642

本组卜辞据“某㞢蒉”系联，人物有卩、[?]、言，所见月份为一月，干支接近，联系较紧密。

第二十三组

(1) 贞：王入[?]…出，若? 三月。 1

（2）贞：王… 1
（3）㱿。 1
（4）□□[卜]㱿贞：示若，王其出？五月。 2
（5）[贞：示]弗若，王其出？ 2
（6）丁酉卜古贞… 2
（7）丁酉卜古贞… 2
（8）庚子…入[曾]？ 3
（9）壬戌卜韦贞：翌乙丑王勿出？王占曰：乙余… 4
（10）…王勿[于今]日夕出？ 5
（11）丁卯[卜]争贞：王归□[人]？ 6
（12）□□[卜]㱿贞：王归？ 7
（13）…王入？ 8
（14）王勿入？ 9
（15）贞：商其出… 8
（16）贞：王… 8

1《合集》5180　2《合集》5057+①　3《合集》7931　4《合集》5064　5《合集》5065　6《合集》5199　7《合集》5191　8《合集》7805　9《合补》1566

本组为商王“出入”类卜辞，所见月份为三月、五月，时间跨度不大。

第二十四组

（1）壬辰：王其涉河…易日？ 1
（2）…其…涉河… 2
（3）辛丑卜贞：王西？七月。 3
（4）辛丑卜：王勿西？ 3
（5）乙卯卜㱿贞：叀王往，酒… 4
（6）戊午卜㱿贞：[戌]… 4
（7）王叀往？ 5

① 杨熠：《甲骨试缀第10—30则》，先秦史研究室网站，https：//www.xianqin.org/blog/archives/10859.html，2018年8月20日。

（8）贞：王南？ ❻

（9）王从雚北？ ❼

❶《合集》5225 ❷《合集》8323 ❸《合集》5343 ❹《合集》5088 ❺《合集》5075 ❻《合集》5369 ❼《合集》8785

本组卜辞据商王“往于某地”系联，所见月份为七月，数量不多。

第二十五组

（1）翌壬午王勿步？ ❶

（2）乙未［卜］□贞：翌丙…步，不易日？允雨。 ❷

（3）不其亦延雨？（王占曰：其雨。） ❶

（4）贞：翌庚子步于而𢧀？ ❸

（5）己亥［卜］永［贞］：勿𩰫御…好…人…⿱屮口小宰？ ❶

（6）辛丑卜：今日步？ ❹

（7）罘自步？ ❹

（8）乙卯卜：今乙王勿步？ ❺

（9）…王…隹… ❺

（10）丁巳卜㱿贞：今日王步… ❻

（11）己未。 ❼

（12）□□［卜］㱿［贞］：翌辛□步？ ❼

（13）…步？ ❼

（14）□申卜㱿…王步… ❽

（15）…步于迺？ ❾

（16）…［咸］出宰？ ❶

（17）贞：翌… ❸

（18）…雨？ ❾

❶《合集》2629 +[①] ❷《上博》17647 附缀合 469 + 479 ❸《合集》19257 ❹《上博》54795.1 ❺《合集》5218 ❻《合补》1472 ❼《合集》19256 ❽《合补》1439 ❾《合集》8270

---

① 张惟捷：《殷墟 YH127 坑宾组甲骨新研》，台湾万卷楼图书股份有限公司，2013 年，第 201 页。

本组卜辞据王“步”系联，无月份记载，按干支顺序排列。

第二十六组

（1）甲辰卜宾贞：今日勿乎雀[步]？ 1
（2）甲辰卜宾：[步]？ 1
（3）甲辰卜贞：今日… 1
（4）甲辰卜宾贞… 1
（5）其令以？ 1
（6）丙午卜：己酉雀至？ 2
（7）己酉卜王：[雀]㞢来今□？ 3

1《合集》4121　2《合集》4146　3《合集》4144

本组卜辞为人物雀的往来占卜记录，无月份记载，按干支顺序排列，以类相从。

第二十七组

（1）丙子卜㱿贞：王梦妻，不隹[𡆥]？ 1
（2）贞：□二月娩，不其□生？ 1
（3）…勿… 1
（4）丁酉…王… 2
（5）王…梦…隹… 2
（6）辛亥㞢壬子王亦梦尹，参㞢[若]…于父乙示，余见害在之？ 3
（7）□□㞢辛亥王梦我，大□… 3
（8）贞：王梦隹𡆥？ 4
（9）…王梦？ 5
（10）娘。 5
（11）…梦大[虎]，隹□？ 6
（12）…梦，隹㞢齿？ 7
（13）…王梦，隹丁□𡆥？ 8
（14）…王梦不隹祖乙？ 9
（15）□入十。 9

❶《合集》17382 ❷《合补》5127 ❸《合集》17375 ❹《合集》17435+①
❺《合集》17437 ❻《合集》17456 ❼《合集》17457 ❽《京人》448 ❾《合集》17374

本组据商王“梦”相关卜辞系联，所见月份为二月。

第二十八组

(1) 戊子卜争贞：王虫害？ ❶
(2) 贞：妣己害王？ ❷
(3) 贞：妣己弗害王？ ❷
(4) …隹…害王？ ❸
(5) 壬寅卜㱿贞：王齿隹祖辛害？ ❹
(6) 贞：王亡害？ ❺
(7) [于妣]甲御？ ❷
(8) 勿于妣甲御？ ❷

❶《合集》16989+② ❷《醉古》106 ❸《合集》16995 ❹《怀特》651+③
❺《合集》17035

本组据商王“害”相关卜辞系联，无月份记载，卜辞数量较少。

第二十九组

(1) □□卜王…亡囚？十二月。 ❶
(2) 乙巳卜内贞：祀作王囚？ ❷
(3) 贞：祀弗作[王囚]？ ❷
(4) 戊□卜内贞：帝弗作王囚？ ❸
(5) 帝其作王囚？ ❸

① 林宏明：《甲骨新缀第786—795例》，先秦史研究室网站，https：//www. xianqin. org/blog/archives/9740. html，2018年1月19日。

② 林宏明：《甲骨新缀第453—470例》，先秦史研究室网站，http：//www. xianqin. org/blog/archives/3717. html，2014年2月25日。

③ 林宏明：《甲骨新缀第554—555例》，先秦史研究室网站，http：//www. xianqin. org/blog/archives/4989. html，2015年2月2日。

❶《合补》4674　❷《缀汇》926　❸《醉古》101

本组据商王“囚”相关卜辞系联，所见月份为十二月，卜辞数量较少。

第三十组

(1) 戊子卜内[贞]：家及？ ❶
(2) [乙未卜㱿]贞：翌丙申其雨？ ❶
(3) 翌庚子不其易日？ ❷
(4) 庚子卜内贞：我[受又]？ ❸
(5) 于王亥求我？ ❶
(6) 勿于王亥？ ❶
(7) 于王亥求我？ ❶
(8) …求我？ ❷
(9) 隹父害王？ ❶
(10) 方帝羌，卯牛？ ❶
(11) 勿方帝？ ❶
(12) 贞：隹？ ❶
(13) 不隹？ ❶
(14) 王[占曰]… ❶
(15) …称… ❶
(16) 贞：𪓐启[王]，不我囚？ ❹
(17) 贞：𪓐启[王]，☐我囚？ ❹
(18) …不隹我囚？ ❺

❶《醉古》124　❷《合集》13300　❸《合集》3812　❹《醉古》155　❺《怀特》479

本组据“我囚”相关卜辞系联，无月份记载，按干支顺序排列。

第三十一组

(1) [壬]申卜争贞：雀[亡囚]？ ❶
(2) 甲申卜㱿贞：雀受又？ ❷
(3) 乙酉卜贞：雀弗其囚？ ❸

(4) □酉卜… 3
(5) 丁未卜宾贞：雀亡囚？ 4
(6) □巳卜宾贞：雀亡[囚]？ 4
(7) □□卜㱿贞：雀亡[囚]？ 1
(8) …雀亡囚？ 5
(9) …雀…亡[囚]？ 6
(10) 贞：雀…囚？ 7
(11) 壬戌[卜]贞：雀受又？ 8
(12) [贞]：父乙其害雀？ 9
(13) 贞：雀㞢保？ 10
(14) …雀弗保？ 11
(15) 贾。 5

1《合集》4123 2《合集》8008 3《合集》4151 4《合集》4122 5《辑佚》6 6《英藏》386 7《合补》2272 8《历史所》26 9《合集》4150 10《合集》4126 11《合集》4149

本组据人物雀吉凶相关卜辞系联，无月份记载，按干支顺序排列。

第三十二组

(1) 丙寅卜王：桒雨，[肇]… 1
(2) 庚午卜：桒雨于岳？ 2
(3) □午卜：方帝三豕㞢犬，卯于土宰，桒雨？三月。 2
(4) 乙[巳卜]：今日桒舞，㞢从雨？ 3
(5) 丙辰卜贞：今日桒舞，㞢从雨？ 4
(6) 丙辰卜贞：今日桒舞，㞢从[雨]…不舞？ 5
(7) …不舞？ 5
(8) [乙]卯卜：不其[雨]？ 5
(9) □[酉]卜：今[日]勿桒，[亡]其雨？ 6
(10) □申卜□贞：舞，[㞢]从雨？ 7
(11) 舞，㞢雨？ 8
(12) 其雨？ 8

1《合集》12860 2《合集》12855 3《合集》12978 4《合集》12818

5《合集》12827　6《合集》12825　7《合集》12832　8《合集》12835、12837

本组据气象类桒雨卜辞系联，所见月份为三月。

三、宾组一 A 类附属卜辞的系联

有联系的卜辞

第一组

(1) 翌乙亥其雨？ 1
(2) 翌乙亥不雨？ 1
(3) 翌丙子其雨？ 1
(4) 翌丙子不雨？ 1
(5) 翌丁丑其雨？ 1
(6) 翌丁丑不雨？ 1
(7) 翌己卯□□？ 1
(8) …不雨？ 1
(9) 翌庚辰其雨？ 1
(10) …庚… 1
(11) 贞：翌癸未勿燎？ 2
(12) 弗瞢？ 2
(13) 贞：今夕不雨？ 2
(14) 戊子卜韦贞：翌己丑雨？ 3
(15) 翌庚寅其雨？ 4
(16) 翌庚寅不雨？ 4
(17) 翌庚寅其雨？ 5
(18) 翌庚寅不[雨]？ 5
(19) 翌辛卯其雨？ 5
(20) 翌辛卯[其雨]？ 4
(21) 翌辛卯不雨？ 4
(22) 翌壬[辰]雨？ 4

（23）翌壬［辰］不雨？ 4
（24）翌癸巳其雨？ 4
（25）翌癸巳不雨？ 4
（26）翌癸巳其雨？ 6
（27）翌癸巳不雨？ 6
（28）乙未卜：［王听］隹祖乙？ 7
（29）乙未卜：王［听］不隹祖乙？ 7
（30）乙未［卜：用羌］于［成］？ 8
（31）乙未卜：勿用羌于成？ 8
（32）乙未卜韦贞：雨？ 9
（33）贞：不其雨？ 9
（34）［翌乙未其雨］？ 8
（35）翌乙未不雨？ 8
（36）丙申卜韦贞：其雨？ 9
（37）［丙申卜］韦［贞］：其雨？ 9
（38）［翌丁］酉其雨？ 8
（39）不雨？ 8
（40）丁酉贞：其雨？ 9
（41）丁酉贞：不其雨？ 9
（42）丁酉卜韦贞：以□我？ 10
（43）丁酉贞：其雨？ 11
（44）丁酉贞：不其雨？ 11
（45）戊戌贞：其雨？ 9
（46）其雨？ 9
（47）［翌戊］戌雨？ 8
（48）翌戊戌不雨？ 8
（49）翌己亥其雨？ 8
（50）不雨？ 8
（51）翌庚子其雨？ 8
（52）［翌庚］子不雨？ 8
（53）翌辛丑其雨？ 8
（54）翌辛丑不雨？ 8

(55) □寅卜：宾… 10
(56) 翌壬寅？ 8
(57) 翌壬寅不雨？ 8
(58) 壬寅卜：翌癸不其雨？ 12
(59) 癸卯其[雨]？ 8
(60) 翌癸卯不雨？ 8
(61) 翌丙午其雨？ 7
(62) 翌丙午其□雨？ 7
(63) 丙午卜内贞：其雨？ 13
(64) 丙午卜内贞：不其雨？ 13
(65) …丙□雨？ 14
(66) 己酉卜韦贞：其雨？ 9
(67) 不其雨？ 9
(68) 不其雨？ 9
(69) 己酉卜… 14
(70) 庚戌卜内贞：不[雨]？ 13
(71) 辛亥卜韦：其[雨]？ 9
(72) 壬子卜：其雨？ 9
(73) 壬子卜：不雨？ 9
(74) 翌甲不其雨？ 15
(75) …其雨？ 14
(76) 贞：雨？ 13
(77) 雨？ 13
(78) 其雨？ 16
(79) 不雨？ 16
(80) 良入三。在甘。 2

1《缀汇》821　2《缀汇》249　3《合集》11763 +①　4《缀汇》822　5《缀续》486　6《合集》12448　7《合集》1633　8《合集》423　9《合集》11892　10《醉古》140　11《醉古》107　12《合集》12457　13《缀汇》186

① 张惟捷：《殷墟 YH127 坑宾组甲骨新研》，台湾万卷楼图书股份有限公司，2013 年，第 246 页。

14《合集》11898　15《合集》12462　16《合集》11902

7属自宾间类，10属宾组一A类，8 9兼有宾组一A类与一A类附属字体。本组据气象类卜辞系联，并且可与同版的自宾间类、宾组一A类卜辞系联，时间可能早于第二组农业类卜辞系联。

第二组

(1) 甲午卜延贞：东土受年？ 1
(2) 甲午卜延贞：东土不其受年？ 1
(3) 甲午卜亘贞：南土受年？ 2
(4) 甲午[卜亘贞：南土不其受年]？ 2
(5) 甲午卜韦贞：西土受年？ 3
(6) 甲午卜韦贞：[西]土不其受年？ 3
(7) 甲午卜宾贞：西土受年？ 4
(8) 贞：西土不其受年？ 4
(9) 甲午卜㞢贞：北土受年？ 5
(10) 甲午卜㞢贞：北土不其受[年]？ 5
(11) 甲午卜㚔贞：亚受年？ 6
(12) 甲午卜㚔贞：不其受年？ 6
(13) □以□。 4
(14) 㱿。 3 6

1《合集》9735　2《合集》9738　3《合集》9743　4《合集》9742　5《合集》9745　6《合集》9788

本组据农业类“受年”卜辞系联，占卜时间相同。

四、宾组一B甲类卜辞的系联

（一）有联系的卜辞

第一组

(1) 丙戌卜争贞：妇媟娩，嘉？七月。 1

(2) 贞：妇娸娩，不其嘉？七月。 1

(3) (壬寅卜㱿) 贞：妇娸娩，嘉，隹卒？(王占曰：其隹丁，嘉。二月。其㞢疾亡…) 1

(4) 祖丁弗其孽王？ 1

(5) 贞：王其㞢匄于祖丁？ 1

(6) …入… 1

(7) 贞：御于三父三伐？ 1

(8) 勿御于三父三伐？ 1

(9) 㞢父庚？ 1

(10) 勿㞢？ 1

(11) 㞢兄戊？ 1

(12) 勿㞢？ 1

(13) 示子画父庚？ 1

(14) 妇□其来？ 1

(15) 来乙未勿桒？ 2

(16) 贞：今乙未亡害？ 2

(17) 翌庚子燎？ 2

(18) 翌庚子勿燎？ 2

(19) 贞：于翌辛丑燎？ 2

(20) 翌辛丑勿隹燎、𠀠？ 2

(21) 王隹㞢不若？ 2

(22) 王不隹㞢不若？ 2

(23) 王占曰：吉，余亡不若？不于斲。 2

(24) 贞：王㞢圂，若？ 3

(25) 贞：王㞢圂，不若？ 3

(26) 贞：王㞢圂，若？ 3

(27) 贞：[王㞢]梦，[隹]乎余御𠀠？ 2

(28) 贞：王㞢梦，不隹乎余御𠀠？ 2

(29) 王梦，北从[安]，隹… 3

(30) 贞：勿乎？ 2

(31) 贞：于来乙巳桒？ 2

(32) 勿于来乙巳桒？ 2

（33）庚子卜㱿：妇娸娩，嘉？（王占曰：其隹甲娩。） 2
（34）贞：妇娸娩，不其嘉？ 2
（35）贞：见庚，其隹丁？引吉。 2
（36）丁未卜韦贞：王往从之？ 4
（37）贞：王勿往从之？ 4
（38）贞：王勿往次[illegible]？ 4
（39）庚戌卜亘贞：王其疾冎？ 5
（40）庚戌卜亘贞：王弗疾冎？王占曰：勿疾。 5
（41）屯御于妣[庚]？ 5
（42）勿屯于妣[庚]？ 5
（43）勿屯于妣庚一羌，弗… 5
（44）贞：㞢疾身，隹㞢害？ 5
（45）辛亥[卜]…妇娸…[其]嘉？ 6
（46）□亥卜…[妇]娸…其嘉？ 6
（47）…嘉？ 6
（48）…嘉？ 6
（49）癸丑卜内贞：五十羌？ 7
（50）…五十羌？ 7
（51）乙卯卜亘[贞：勿]䶒[用]㞋舞于父乙？ 3
（52）丁巳卜争：疾疋，御于父庚？ 8
（53）疾疋，勿䶒御于父辛？ 8
（54）勿御于父辛？ 8
（55）于父甲？ 8
（56）于父辛？ 8
（57）贞：王其疾，𡆥？ 2
（58）贞：王𡆥□至？ 5
（59）王听隹㞢害？ 9
（60）不隹㞢害？ 9
（61）王[听不隹㞢害]？ 9
（62）我𡆥？ 2
（63）丁巳卜争贞：㞢女，往[于南]庚，来[庚]辰… 10
（64）庚申卜古贞：王史人于陕，若？王占曰：吉，若。 2

(65) 贞：勿史人于陕，不若？ 2
(66) [庚申卜]㱿贞：翌辛酉㞢于[祖辛]？ 9
(67) [贞：翌辛酉勿]㞢于祖辛？ 9
(68) 贞：翌辛酉㞢于祖辛宰？ 9
(69) 叀小宰？ 9
(70) 贞：㞢于祖辛？ 5
(71) 贞：四𠬝于祖辛？ 5
(72) 勿四𠬝于祖辛？ 5
(73) 贞：十[𠬝]于祖辛？ 5
(74) 勿十𠬝于祖辛？ 5
(75) 于祖辛？ 2
(76) 于祖辛？ 5
(77) [弜]于祖辛？ 5
(78) 贞：㞢于祖丁？ 5
(79) 勿㞢于祖丁？ 5
(80) 贞：用四十？ 7
(81) 勿用？ 7
(82) 卯牛？ 7
(83) □一羌？ 7
(84) …丑牛… 7
(85) …三宰燎？ 5
(86) …㞢三… 5
(87) 甲子卜。 7
(88) [甲子卜争]：妇婐不其嘉？ 9
(89) 贞：妇婐娩… 11
(90) …不其嘉？ 11
(91) …娩，嘉？ 8
(92) …妇…娩…不嘉…[王]占曰：隹娩。 7
(93) 乙丑卜㱿贞：甲子㞢乙丑王梦牧石麋，不隹𡆥，隹又？ 2
(94) 贞：甲[子]㞢乙丑王梦牧石麋，不隹𡆥，隹又？二月。（王占[曰]…害。） 2
(95) 王梦，不隹左？ 2

(96) 王梦… 2
(97) 贞：王梦示，竝立十示？ 2
(98) [乎]竝[𠭯]？ 2
(99) 勿乎竝𠭯？ 2
(100) 乙丑卜贞：燎于河？ 9
(101) 勿燎于河？ 9
(102) 贞：勿燎？ 7
(103) 庚午卜古贞：乎肈王毌来？(王占曰：吉，其乎。) 4
(104) 辛未卜𣪊贞：我収人乞在黍，不𣌭，受㞢年？ 3
(105) 贞：我弗其受黍年？ 3
(106) 不其… 3
(107) 贞：㞢収于庞？ 4
(108) 贞：我受黍年？ 2
(109) 不其受黍年？(王占曰：不隹囚？) 2
(110) 壬申卜古贞：帝令雨？ 4
(111) 贞：帝不其令雨？ 4
(112) 贞：今二月帝不其令雨？ 12
(113) 贞：及今二月雷？ 4
(114) 贞：弗及今二月雷？ 4
(115) 王占曰：帝隹今二月令雷，其隹丙不[令]羽，隹庚其吉，吉。 4
(116) 王占曰：吉，其雷。 4
(117) 今[二]月㞢至？ 8
(118) 亡其至？ 8
(119) 贞：今？ 8
(120) …亦雨？ 12
(121) …雨？ 12
(122) 贞：今夕雨其羽？ 5
(123) 翌丁求羽？ 5
(124) 王占曰：羽。 12
(125) 翌乙亥启？ 2
(126) 翌乙亥不其启？ 2
(127) 丙子卜𣪊贞：御妇𡜵□庚𣌭宰？ 12

(128) 丙子卜㱿贞：勿御妇媟于庚宰？ 12
(129) 贞：御妇媟？ 9
(130) 酉母庚三宰？ 12
(131) 勿酉三宰？ 12
(132) …酉…庚…宰？ 12
(133) …五… 12
(134) 贞：翌庚辰衣，亦㞢羌甲？ 9
(135) 贞：㞢于父乙？ 9
(136) 勿𦉪㞢于蔑？ 9
(137) 勿㞢于蔑？ 9
(138) 贞…叀…羊…衣？ 9
(139) 壬午卜㱿贞：妇冎凡？ 3
(140) 贞：不隹𡆥？王占曰：吉，勿隹𡆥。 3
(141) …亡𡆥？ 7
(142) 贞：其孚䖵？ 3
(143) 贞：䖵不其孚？ 3
(144) 贞：隹龚司害妇好？ 3
(145) 不隹龚司害妇好？ 3
(146) 贞：妇好弗其冎凡㞢疾？ 5
(147) 贞：妇冎凡㞢疾？(王占曰：吉，冎凡。) 5
(148) 贞：妇好𡦹？ 3
(149) 贞：不其𡦹？ 3
(150) □□[卜]争贞：妇好𡦹？ 10
(151) 王占曰：吉，其用。 3
(152) …隹用？ 3
(153) 贞：妇𡦹？ 5
(154) 不其𡦹？ 5
(155) 贞：[妇]好𡦹？ 5
(156) 不[其𡦹]？ 5
(157) 御于祖辛？ 2
(158) 𡦹甲咎妇？ 3
(159) 𡦹甲弗咎妇？ 3

(160) 于亶甲御妇? 3
(161) 既曹亶甲叚? 3
(162) 贞：御妊于[亶]甲? 3
(163) 勿𠬝于亶甲? 3
(164) 勿寻御[妇于亶甲]? 9
(165) □□卜𣪊[贞]：御妇[好]于亶甲，乎㞢妾? 13
(166) 勿御? 13
(167) 御妇于亶甲? 13
(168) 贞：于羌甲御? 5
(169) 勿于羌甲御? 5
(170) …于南庚? 14
(171) …南庚? 14
(172) 贞…[亶]甲? 3
(173) 于亶甲…[妇]好御… 3
(174) 王占曰：吉，亶… 3
(175) 于[妣]己? 5
(176) 勿于妣己? 5
(177) 㞢妣庚垂? 8
(178) 勿垂? 8
(179) 㞢于妣庚一垂? 14
(180) 二垂? 14
(181) 三垂? 14
(182) 四垂? 14
(183) 五垂? 14
(184) 二垂? 8
(185) 勿二垂? 8
(186) 三垂? 8
(187) 勿三? 8
(188) 四垂? 8
(189) 勿四? 8
(190) 勿五? 8
(191) 贞：□于妣甲御妇好齲? 15

(192) 贞：御于妣甲？ 11
(193) [不]其御？ 3
(194) 秎妇于父乙？ 5
(195) …于父御？ 5
(196) 贞：子□㞢于… 5
(197) 屯御亡… 5
(198) 令匚御嫑？ 2
(199) 勿令？ 2
(200) 贞：王左三羌于宜，不左，若？ 2
(201) 贞：王左三羌于宜，不左，若？（王占曰：吉，若。） 2
(202) 王占曰：吉，三御一羌，鼐？ 5
(203) 乎子命邵父乙？ 5
(204) 贞：勿[乎]子命邵父[乙]？ 5
(205) 贞：乎子命邵父乙，瞢㞋垂，卯宰？ 5
(206) 贞：告于妣庚？ 11
(207) 勿告于妣庚？ 11
(208) 贞：用？ 11
(209) 勿用？ 11
(210) 酒司？ 3
(211) 勿酒？ 3
(212) 癸未卜㱿贞：妇姘㞢子？二月。 16
(213) 贞：妇姘毋其㞢子？ 16
(214) □申卜争贞：妇好不[延㞢]疾？ 16
(215) [贞]：妇好其延㞢疾？ 16
(216) 贞：妇好不延㞢疾？ 16
(217) 妇好其延㞢疾？ 16
(218) 壬寅卜古贞：永执𦊑？ 13
(219) 贞：永弗其执？ 13
(220) 弗其执？ 13
(221) 贞：王其㞢执，生？ 12
(222) 不其生？ 12
(223) 不其生？ 12

（224）贞：示兔畐牛？ 7
（225）勿示兔畐[牛]？ 7
（226）执？ 2
（227）贞：择？ 12
（228）贞：勿择？ 12
（229）王占曰：吉，我… 2
（230）王占曰：吉。 3
（231）王占曰：吉。 14
（232）[王]占曰… 3
（233）贞：今般取于尻，王用若？ 2
（234）不入？ 2
（235）贞：羊畀舟？ 3
（236）王占曰：吉，其畀。 3
（237）王占曰：其言孽，隹辛令。 2
（238）贞：乎登饗入人？ 2
（239）祖丁害王？ 8
（240）祖丁弗害王？ 8
（241）不隹父甲害王？ 12
（242）兄丁害王？ 12
（243）兄丁弗害王？ 12
（244）贞：父辛弗害？ 7
（245）…害王？ 12
（246）求？ 7
（247）弗求王… 14
（248）…其隹我囚？ 14
（249）贞：王吠贾史王御？ 14
（250）贞：王勿吠… 14
（251）王占曰：吉。 12
（252）贞：王遭戈人？ 8
（253）贞：王弗遭戈人？ 8
（254）贞：乎収贾次？ 14
（255）贞：亡来风？ 8

(256) 王其饮？ 8
(257) …㞢一冎？㱿。 10
(258) …母癸？ 12
(259) 王[占曰]：吉。 2
(260) 贞：勿？ 2
(261) 贞：乎宅蟲？ 15
(262) 勿乎宅蟲？ 15
(263) …其… 15
(264) …不兄正… 15
(265) 贞：令象… 15
(266) …其…匚… 3
(267) 争？ 2 5
(268) 贞：争？ 2
(269) 𢦏入。 13
(270) 画入二。在高。 2 5
(271) 我来四十。 12
(272) 我来十。 3 15
(273) 妇𡧊示十。㱿。 13
(274) 𠂤入二。在𢊁。 4
(275) 㱿。 1 3 4 14

1《醉古》87　2《合集》376　3《合集》795　4《醉古》169　5《合集》709　6《缀汇》996　7《合集》309 正甲+①　8《合集》775　9《合集》1773　10《合集》682　11《醉古》44　12《合集》2891 正+②　13《合集》656　14《缀汇》820　15《合集》13663　16《合集》13931

本组卜辞据王疾、妇好疾、妇媟娩系联，时间在二月前后，系联要点如下：

第一，2 5 据“王疾”“画入二。在高”系联。

第二，9 据妇媟生育系联，2 有“王占曰：其隹甲娩”，9 正好甲子日占卜。

第三，11 据妇媟生育系联。

---

① 林宏明：《甲骨新缀第 664—671 例》，先秦史研究室网站，http：//www. xianqin. org/blog/archives/6494. html，2016 年 7 月 19 日。

② 林宏明：《甲骨新缀第 472—473 例》，先秦史研究室网站，http：//www. xianqin. org/blog/archives/3738. html，2014 年 3 月 3 日。

第四，❸ 据妇好疾病、我受黍年系联，辞例相似。⓯ 据“我来十”与❸ 系联。

第五，❽ 有生育卜辞，虽不完整，但据同版“今二月”，可知时间当在二月前后，可能为妇嫀生育的占卜。同版其他内容可与疾病、吉凶系联。

第六，⓮ 据“㞢妣庚垂”系联。

第七，⓭ 据“御妇好于胠甲”系联。

第八，⓬ 据御祭妇嫀系联，可能是生育之后出现疾病要禳除疾病。同版占卜“帝令二月雨”，可以同❹ 系联。林宏明曾注：“本版于壬申日卜问帝是否令雨，从文例可知商王希望帝令雨。又卜问是否‘及今二月雷’，二者很可能相关，就农业活动而言，耕种后希望雨水充沛然后惊蛰雷鸣动。”① 这正好与❸ ❺“黍”“受年”等农业占卜相吻合。

第九，❻ 据妇嫀生育系联，与❷ 庚子日生育占卜时间比较相近。

第二组

(1) 甲午卜㱿贞：翌乙未㞢于祖乙？ ❶
(2) [贞]：翌乙未勿㞢于祖乙？ ❶
(3) 贞：祖乙于寻㞢？ ❷
(4) 勿于寻㞢？ ❷
(5) 贞…㞢母庚？ ❸
(6) 丙申卜古贞：乎见寿、⿱屮丯刍[弗]其𦎫？ ❶
(7) 丙申卜古贞：乎见寿、⿱屮丯刍𦎫？(王占…) ❶
(8) (庚子卜㱿) 贞：乎卣比啚？ ❹
(9) 贞：乎卣比啚？ ❹
(10) 乎卣比啚？ ❹
(11) 贞：乎啚归田？ ❶
(12) 贞：勿乎啚归田？ ❶
(13) 丙午卜宾贞：王往出田，若？ ❶
(14) 贞：今辛亥王出，若？ ❺
(15) 甲寅卜亘贞：隹囚？ ❻

---

① 林宏明：《醉古集——甲骨的缀合与研究》，台湾万卷楼图书股份有限公司，2011 年，第 130 页。

（16）贞：不[隹]囚？ 6

（17）贞：[不]隹囚？ 4

（18）[贞]：隹囚？ 4

（19）（乙卯卜㱿）：令择比亯？ 2

（20）勿令择比亯？ 2

（21）丙辰卜争贞：乎耤于隹，受㞢年？ 1

（22）庚申卜古贞：勿䵼𢼄南庚于宰，用？（王占曰：吉。） 7

（23）丁卯卜韦贞：来岁我不其受□？ 8

（24）丙寅卜㱿贞：今来岁我不其受年？ 3

（25）[丙]寅卜争贞：今[来岁]我不其受年？在[illegible]。十二月。 5

（26）丙寅卜争贞：今来岁我受年？ 5

（27）[戊辰卜亘]：疾？ 3

（28）贞：于羌甲御克逸疾？（王占曰：其御…其隹丙易[日]。） 3

（29）贞：其御？ 4

（30）贞：勿御？ 4

（31）贞：亡圙？ 5

（32）其冎凡□疾？ 9

（33）…冎凡㞢疾？ 9

（34）癸酉[卜]宾贞：勺酒伐？ 10

（35）癸酉卜亘贞：臣得？王占曰：其得。隹甲、乙。甲戌臣涉舟延𢓊弗告，旬㞢五日丁亥执。十二月。 3

（36）癸酉卜亘贞：[臣]不其得？ 3

（37）贞：得？（王[占]…得。） 9

（38）不其得？ 9

（39）来甲戌其雨？（王占曰：阴。） 3

（40）贞。 4

（41）贞：不其雨？（允来。） 4

（42）乙亥卜古贞：妇媟娩，嘉？（王占曰：其隹丁…其隹庚…引吉，嘉。） 3

（43）贞：妇媟娩，嘉？ 10

（44）贞：妇媟娩，[不]其嘉？ 10

（45）贞：妇媟娩隹卒？ 6

（46）妇媟娩隹不卒… 6

(47) 贞：妇媟娩，不隹卒？ 11
(48) 己卯卜㱿贞：乎雷耤于名亯，不潧？ 6
(49) 勿[乎]雷[耤]于名亯，其潧？ 6
(50) 庚辰卜古贞：乎雷耤于明？ 7
(51) …乎耤[于]名？ 12
(52) …乎耤于□？ 12
(53) …雷耤在名，受㞢年？ 2
(54) …[耤]雷，弗其[受]㞢年？ 2
(55) □□[卜古]贞：翌庚辰王亡害？（…乙叀…翟…令殳。） 10
(56) 王㞢害？ 2
(57) 王亡害？ 2
(58) 癸未卜争贞：生一月帝其弘令雷？ 4
(59) 贞：生一月帝不其弘令雷？ 4
(60) 贞：帝其及今十三月令雷？ 13
(61) 帝其于生一月令雷？ 13
(62) …雷，其隹… 13
(63) …雨… 13
(64) 于[来]甲… 4
(65) 丙戌卜宾贞：令众黍，其受㞢[年]？（王占曰：吉，受[㞢]年。） 7
(66) 丙戌卜争贞：妇媟嘉？ 4
(67) 辛卯[卜]宾贞：受黍年？ 8
(68) …其受年？十二月。 8
(69)（癸巳卜□）贞：臣不其执？ 14
(70) …臣执？（…其执？） 14
(71) 丙申卜宾贞… 14
(72) 贞：[翌]丙[申]酒王矢？允酒。 4
(73) 贞：丙[申]…令… 4
(74) 王梦吉，其隹庚吉？ 4
(75) 贞：王梦，其戊申吉？ 4
(76) 贞：妣己害[王]？ 1
(77) 贞：妣己弗[害]王？ 1
(78) 燎豕又青？ 4

（79）勿燎豕又青？ ❹
（80）贞：乎省尃牛？ ❶
（81）示瞢不？ ❹
（82）贞：㞢𠚣自示？ ❶
（83）贞：亡𠚣自示？ ❶
（84）贞：王弗疾？ ❸
（85）曰㲋来？ ❺
（86）勿曰㲋来？ ❺
（87）贞：畀㲋？ ❺
（88）王占曰：吉。其□㲋。 ❺
（89）王占曰：其隹… ❹
（90）王□［其］见甲？ ❹
（91）贞：祖乙… ⓭
（92）贞：祖乙弗… ⓭
（93）翌丁… ❹
（94）贞：叀大玉□？ ❻
（95）…乎…… ❷
（96）…得？ ❸
（97）妇羊。 ❶
（98）…妇苣。 ❹
（99）争。 ❸❹
（100）般入十。 ❻
（101）［般］入四。 ❶
（102）壴入一。 ❹

❶《醉古》197　❷《合集》9503　❸《合集》641 正+[1]　❹《合集》14128　❺《合集》9668　❻《醉古》372　❼《合集》14+[2]　❽《合集》9712+[3]　❾《合

① 蔡哲茂：《〈殷墟文字丙编〉新缀第八则》，先秦史研究室网站，http：//www. xianqin. org/blog/archives/1478. html，2009 年 5 月 12 日。

② 杨熠：《甲骨试缀第 31—46 则》（附补缀二则），先秦史研究室网站，http：//www. xianqin. org/blog/archives/10920. html，2018 年 9 月 22 日。

③ 林宏明：《甲骨新缀第 655 例》，先秦史研究室网站，https：//www. xianqin. org/blog/archives/6353. html，2016 年 5 月 17 日。

集》8895、13900 ❿《合集》991+① ⓫《合集》13959 ⓬《醉古》49 ⓭《合集》14127 ⓮《醉古》23

本组主要据妇娕生育系联，时间当在十二月前后，系联要点如下：

第一，❸❹❻❿⓫据妇娕生育系联。

第二，根据“雷耤于明”系联。

第三，❺❽据“我受年”系联，干支、辞例相近。

第三组

（1）贞：[妇好]孕，以妇匚？（[王]占[曰]：其…） ❶

（2）甲申卜㱿贞：妇好娩，嘉？王占曰：其隹丁娩，嘉？其隹庚娩，引吉？三旬㞢一日甲寅娩，不嘉，隹女？ ❷

（3）甲申卜㱿贞：妇好娩，不其嘉？三旬㞢一日甲寅娩，允不嘉，隹女？（王占曰：其隹丁娩，嘉。其隹庚，引吉。其隹壬戌，不吉。） ❷

（4）甲申卜㱿。 ❷

（5）贞：勿见，不其妇，不若？ ❷

（6）贞：㞢不若？ ❷

（7）母庚执臣十？ ❷

（8）弗其执？ ❷

（9）（戊戌[卜]）：妇好不于生四月娩？ ❸

（10）己亥卜㱿。 ❹

（11）壬寅卜㱿贞：妇好娩，嘉？王占曰：其隹□申娩，吉，嘉。其隹甲寅娩，不吉？㞷，隹女？ ❹

（12）壬寅卜㱿贞：妇好娩，不其嘉？王占曰：丮，不嘉。其嘉，不吉。于ᛘ若，兹迺殟。 ❹

（13）…兹…𠬝… ❹

（14）…日甲… ❹

（15）…生… ❹

（16）贞：不… ❷

① 林宏明：《甲骨新缀第608—609例》，先秦史研究室网站，https：//www. xianqin. org/blog/archives/6131. html，2016年3月18日。

❶《合集》2680 ❷《合集》14002 ❸《合集》13947 ❹《合集》14001
本组卜辞据“妇好娩”系联，无月份记载，按干支顺序排列，时间较接近。

第四组

(1)（丙申卜宾）贞：乎取酒攸人罘夫以？ ❶
(2) 贞：弗其以？ ❶
(3) 贞：乎取？ ❶
(4) [癸]卯[卜]宾贞：今夕用羌？ ❷
(5) 贞：勿隹今日用羌？ ❷
(6) 贞：于翌甲辰用羌？允用。 ❷
(7) 勿于翌甲辰用羌？三月。 ❷
(8) 贞：今酉用毚于妣己？ ❷
(9) 𠭁妣己艮垂？ ❸
(10) 㞢羊，𠭁艮垂？ ❸
(11) 贞：不隹妣己？ ❶
(12) 今乙巳告于庚？ ❶
(13) 今乙巳勿告于妣庚？ ❶
(14) 乙巳卜争贞：今日酒伐，启？（王占曰：不宿，若。） ❹
(15)（丙午卜㱿）贞：菁罘永获鹿？王占曰：获，允获一。 ❶
(16) 贞：菁罘永不其获鹿？ ❶
(17)（庚戌卜宾）：㞢于祖辛？ ❷
(18) 隹乙㞢祖乙？ ❷
(19) 辛酉卜[贞：隹父乙]害子节？（王占曰：隹父乙[害]。） ❶
(20) 贞：不隹[父乙害子节]？ ❶
(21)（壬戌卜古贞）：隹母庚害子节？ ❷
(22) 隹萑害子节？ ❷
(23) [子]节㞢害？ ❹
(24) 子节亡害？ ❹
(25) 子节㞢[害]？ ❹
(26) 子节亡害？ ❹
(27) 贞：不隹害？ ❷

（28）辛未卜𣪘贞：妇妌娩，嘉？王占曰：其隹庚娩，嘉。三月。庚戌娩，嘉。 ❷
（29）辛[未]卜𣪘贞：[妇]妌娩，[不]其嘉？ ❷
（30）（壬申卜宾）贞：乎子节祼于㞢妣，鼎㞢𠫑？（王占曰：吉，其㞢□。） ❺
（31）贞：勿乎子节祼于㞢妣，亡其𠫑？ ❺
（32）勿乎子㓨祼？ ❻
（33）贞：子…祼？ ❻
（34）御[子]节，母庚宰？ ❸
（35）御子？ ❸
（36）乙亥卜宾贞：合𢀛，大御于祖乙？（王占曰：吉。） ❶
（37）乙亥卜宾贞：御于祖乙三牛？ ❶
（38）贞：五牛？ ❶
（39）贞：十牛？ ❶
（40）丙子卜宾贞：乇于祖乙四牛？ ❶
（41）贞：六牛？ ❶
（42）贞：勿六牛？ ❶
（43）贞：正祖乙？（王占曰：吉。正。） ❶
（44）贞：㞢三宰于祖乙？ ❶
（45）贞：𠦪于祖乙五牛？ ❶
（46）五牛？ ❶
（47）壬辰卜[贞]：隹由王事？ ❹
（48）隹弗其由王[事]？ ❹
（49）贞：[王]㞢疾隹田？ ❷
（50）贞：[王]㞢疾不[隹]田？ ❷
（51）王[㞢]疾隹妣… ❷
（52）王疾？ ❶
（53）不隹𠫑？ ❷
（54）贞：王𡆥虐，亡由？ ❶
（55）贞：王𡆥…隹…由？ ❶
（56）贞：不隹戊？ ❷
（57）不隹戊？ ❷
（58）贞：𡨦？ ❷
（59）不隹𡨦？ ❷

（60）不隹？ 2
（61）隹若？ 3
（62）隹…王… 2
（63）不隹… 2
（64）不…父… 2
（65）贞：㞢来自西？ 4
（66）亡其来自西？ 4
（67）亡来艰？ 3
（68）贞：其㞢来艰？（王占曰：不吉。曰艰。） 3
（69）亡来艰？ 3
（70）乎比丹伯？ 3
（71）勿乎比丹伯？ 3
（72）贞：燎东、西、南，卯黄牛？ 1
（73）燎于东西㞢伐，卯青、黄牛？ 1
（74）贞：燎于东？ 1
（75）贞：祝于南庚曰之？ 1
（76）贞：于河㞢匚？ 1
（77）…酉十宰… 1
（78）贞：其不多步甗？ 1
（79）勿不多步甗？ 1
（80）贞：不？ 1
（81）…隹甲追。 4
（82）…其先于甲□酒咸□？ 4
（83）兹卜。 4
（84）…餔用… 6
（85）失以□？ 5 6
（86）先入一。争。 1
（87）…子宁… 7
（88）…［王］占曰…其… 7

❶《合集》14315 +① ❷《醉古》32 +② ❸《合集》716 ❹《合集》975 ❺《醉古》143 ❻《缀汇》825 ❼《合补》5569

本组卜辞据“妇妐娩”“子节害”系联，占卜时间当在三月前后。❼附在本组系联最后。

第五组

(1) 丙寅卜宾贞：于祖辛御？ ❶
(2) 贞：于祖辛御？ ❶
(3) 勿于祖辛御？ ❶
(4) 甲戌卜㱿贞：翌乙亥王途首，亡𡆥？ ❷
(5) 贞：勿其延㞢𡆥？ ❸
(6) 贞：勿…亡… ❸
(7) (甲戌卜宾) 贞：御子柚于父乙？ ❷
(8) 贞：子柚不殟？ ❸
(9) 贞：子柚其殟？ ❸
(10) 王占曰：吉，其御。 ❷
(11) 贞：御于父甲？ ❸
(12) 于母庚御，[若]？ ❸
(13) …乙亥酒伐，不橐？ ❹
(14) (乙亥卜□) 贞：于羌甲御，祼𠬝十□十伐，小往？允赢。(王占曰：吉。) ❺
(15) 王占曰：吉，勿疾妇好。 ❺
(16) (丙子卜宾) 贞：隹父乙咎妇好？(王占曰：隹父乙咎。) ❷
(17) 贞：不[隹]父乙咎妇好？ ❷
(18) 贞：疾，隹父乙害？ ❷
(19) 不隹父乙害？ ❷
(20) 贞：御妇好于父乙𡉚宰㞢青𠬝十艮、十宰、青十？ ❹

① 林宏明：《甲骨新缀第245例》，先秦史研究室网站，http：//www.xianqin.org/blog/archives/2393.html，2011年6月25日。

② 林宏明：《甲骨新缀第790及796—802例》，先秦史研究室网站，http：//www.xianqin.org/blog/archives/9867.html，2018年2月4日。

（21）［贞］：勿酉父乙十艮、十宰、青十？ 4
（22）…庚㞢宰十，㞢宰、青十？ 4
（23）贞：妇好其凡㞢疾？ 4
（24）王占曰：吉，［妇］好弗［其］凡㞢疾。 4
（25）己卯卜㱿贞：御［妇］好于父乙，㞢羊㞢豕，酉十宰？ 6
（26）贞：勿酉… 6
（27）己［卯卜］㱿贞：御妇好于父［乙］，㞢羊㞢豕，酉五宰？ 6
（28）贞：勿酉…五宰？ 6
（29）…午…匚，酉…十艮，卯…小宰？ 6
（30）于父乙求㞢匄？ 1
（31）勿于父乙求㞢匄？ 1
（32）隹多妣害？ 2
（33）不隹多妣害？ 2
（34）贞：隹□害妇□？ 3
（35）不隹母庚害妇好？ 3
（36）（己卯卜宾）贞：不隹下上肇王疾？（［王占］曰：吉。肇余…） 6
（37）…帝肇王疾？（［王占］曰：余肇…） 6
（38）贞：翌庚辰王勿往途首？ 7
（39）翌庚辰王往途首？ 7
（40）贞：翌乙□王往［途首］？ 7
（41）贞：翌乙□王勿往途首？ 7
（42）丙戌卜韦贞：令𠈌往于龟？ 7
（43）丙戌卜韦贞：勿令𠈌往于龟？ 7
（44）壬寅卜：王㞢疾贏？ 3
（45）…疾贏？ 3
（46）王听隹𡆥？ 7
（47）王听不隹𡆥？ 7
（48）贞：王梦玉，隹𡆥？ 7
（49）贞：王梦［玉］，不隹𡆥？ 7
（50）贞：王梦隹𡆥？ 1
（51）贞：王梦不隹𡆥？ 1
（52）贞：王［梦］祖丁，余御豕隹十？ 1

（53）贞：我…降骹？ 3
（54）…降骹？八月。（[王]占曰：其㞢大降骹。） 3
（55）壬寅卜𣪊贞：兴方以羌，自上甲至下乙？ 8
（56）贞：乎龙以羌？ 1
（57）勿乎龙以羌？ 1
（58）贞：龙方以羌，自上甲，王用至于下乙，若？ 6
（59）勿𨙶用自[上甲]至于下乙？ 6
（60）龙以？ 9
（61）贞：𢓊㞢于祖乙？ 1
（62）勿𢓊㞢于祖乙？ 1
（63）㞢祖丁？ 1
（64）勿㞢于… 1
（65）贞：祖丁□女？ 3
（66）㞢父一牛？ 1
（67）勿一牛？ 1
（68）二牛？ 1
（69）勿二牛？ 1
（70）贞：□于父□？ 3
（71）祼于母庚？ 6
（72）贞：勿… 6
（73）于妣辛？ 1
（74）贞：妣甲… 3
（75）贞：不…母… 3
（76）贞：妣… 3
（77）贞：叀𨙶用… 3
（78）勿𨙶？ 6
（79）贞：其㞢来？ 3
（80）贞：亡其来？ 3
（81）贞：其风？ 3
（82）…不□风？ 3
（83）贞：其龙？ 3
（84）贞：令归？ 1

（85）贞：不橐？ ❶
（86）其橐？ ❶
（87）隹𦎫？ ❶
（88）…□[既]，不湝？（王占曰：吉，勿湝。） ❽
（89）王占曰：若。不…于… ❸
（90）王[占]… ❶
（91）…弗其得殀？ ❻
（92）子…于… ❻
（93）先入二。在声。 ❸
（94）逆入十。 ❽
（95）争。 ❶❷

❶《合集》272　❷《合集》6032　❸《合集》1900+①　❹《合集》702　❺《合集》1793+②　❻《合集》271+③　❼《合集》6033+④　❽《合集》270　❾《合集》9077

本组卜辞据妇好疾病、吉凶、子柚疾病系联，系联要点如下：

第一，本组系联不与《合集》795 等一组，是因为与《合集》795 等的辞例并不相似，且时间大致在八月。

第二，❷❼与《合集》6477 虽同样占卜“王往途首”，但我们将《合集》6477 放在军事刻辞类系联，是因为根据其他军事卜辞，《合集》6477 与《合集》811、116 等联系更紧密，而《合集》116 的占卜时间在五、六月间，❼同版的内容更接近❶❷❸等，而❸大致在八月。

第三，“龙以”宾组一 B 甲类只见“以羌”，因此将❾系联。❽据“以羌”系联，龙方、兴方都是方国，又“以羌”用作牺牲，从上甲到下乙。

---

① 张惟捷：《殷墟 YH127 坑宾组甲骨新研》，台湾万卷楼图书股份有限公司，2013 年，第 121 页。

② 张惟捷：《殷墟 YH127 坑宾组甲骨新研》，台湾万卷楼图书股份有限公司，2013 年，第 224 页。

③ 张惟捷：《殷墟 YH127 坑宾组甲骨新研》，台湾万卷楼图书股份有限公司，2013 年，第 204 页；李爱辉：《甲骨拼合第 461—465 则》，先秦史研究室网站，http://www.xianqin.org/blog/archives/11696.html，2019 年 5 月 24 日。

④ 林宏明：《甲骨新缀第 786—795 例》，先秦史研究室网站，http://www.xianqin.org/blog/archives/9740.html，2018 年 1 月 19 日。

第六组

(1) 壬辰卜㱿贞：乎子𡧊御㞢母于父乙，⿱㞢廾宰，𠕋𠬝，三垂、五宰？ 1
(2) 贞：乎子𡧊御㞢母于父乙，⿱㞢廾小宰，[𠕋𠬝]，三垂、五[宰]？ 1
(3) 贞：乎妇⿱㞢廾于父乙宰，𠕋三宰，㞢𠬝？ 1
(4) …[勿]㞢于父乙？ 1
(5) 壬辰卜㱿贞：妇良[其]㞢子？ 1
(6) 贞：妇良[不]其子？（[王]占曰：良…其…） 1
(7) □□[卜]□贞…好…毓…勺… 1
(8) 翌乙未乎子𡧊祝父，⿱㞢廾小宰，𠕋𠬝三垂、五宰，求羸𡉈？ 1
(9) 癸卯[卜]古贞：兹云其雨？ 2
(10) 乙巳卜㱿贞：乎子𡧊㞢于㞢祖宰？ 1
(11) 贞：勿乎子𡧊㞢于㞢祖宰？ 1
(12) 贞：乎子𡧊㞢于㞢祖宰？ 1
(13) 勿㞢？ 1
(14) 乎子𡧊？ 2
(15) 㞢于㞢祖？ 2
(16) 王其㞢用宰？ 1
(17) 王勿用？ 1
(18) 乙巳卜…王害？ 2
(19) 母己不害王？ 2
(20) 贞：兄戊亡御于王？ 2
(21) 上甲叀宰用？ 1
(22) 贞：勿宰？ 1
(23) 贞：上甲叀王匚，用五伐、十小宰？用。 1
(24) 勿告于中丁？ 2
(25) 勿于大甲告？ 2
(26) 勿于大戊告？ 2
(27) 贞：㞢疾齿，不隹父乙害？ 2
(28) 贞：疾齿，隹父乙害？ 2
(29) 妇好弗疾齿？ 3

（30）贞：作御妇好，䖝？ ❷
（31）勿屯御于妣庚？ ❷
（32）贞：寻御妣庚，哲五垂？ ❸
（33）贞：寻…哲□… ❸
（34）[御]妇于妣癸艮垂，[卯宰]？ ❶
（35）勿[御]妇于[妣]癸[艮垂，卯宰]？ ❶
（36）[御]妇于妣癸艮垂，卯宰？ ❶
（37）哲艮垂，㞢宰？ ❹
（38）贞：王其㞢… ❸
（39）勿□于父乙？ ❷
（40）勿祼于… ❷
（41）…寻？ ❷
（42）贞：用… ❷
（43）□□[卜]□贞：㞢…奭于多羌… ❶
（44）…子[隹]…不亯… ❶
（45）贞。 ❷
（46）⺊入二。在甘。 ❷

❶《合集》924+① ❷《合补》3992 ❸《合集》773 ❹《合集》740

本组卜辞据妇好疾病、吉凶、子窒疾病系联，无月份记载，按干支顺序排列。❹据辞例与❶系联。

第七组

（1）甲辰卜[争]贞：子目娩，嘉，隹卒？ ❶
（2）甲辰[卜]争贞：[子]目娩，不[其]嘉，隹女？五月。 ❶
（3）丁巳卜㱿贞：子目娩，嘉？（…不嘉，其…） ❷
（4）丁巳卜㱿贞：子目娩，不其嘉？ ❷
（5）戊午卜㱿贞：子娩，嘉？ ❸
（6）□□[卜]㱿贞：子目娩，不其嘉？ ❸

① 考古资料数位典藏资料库，https：//ndweb. iis. sinica. edu. tw/archaeo2_ public/System/Artifact/Detail_ Basic. jsp？SearchType = null&ShowPage = null&PageSize = null&SearchValue = null&registerd_ no = R044344。

(7) 辛[酉]卜[亘]贞：[子]目[亡]疾？ 4
(8) 贞：子[目]其[㞢]疾？ 4
(9) 王占□隹丁娩？ 3
(10) 壬戌卜宾贞：王占卜曰：子目其隹丁娩，不其嘉？ 5
(11) …嘉？ 5
(12) 其隹？ 5
(13) 王曰：不其嘉。 5
(14) 王曰：其嘉。 5
(15) …其嘉？ 5
(16) …御…子…嘉？ 5
(17) 庚午卜宾贞：子目娩，嘉？ 6
(18) 贞：子目娩，不其嘉？王占曰：隹兹勿嘉。 6
(19) 癸未卜㱿贞：翌甲申王宾上甲日？王占曰：吉，宾。允宾。 4
(20) 贞：翌甲申王勿宾上甲日？ 4
(21) 贞：宾上甲日？ 4
(22) 勿[宾]？ 4
(23) 癸未卜㱿贞：告于妣己眔妣庚？ 4
(24) 贞：勿告于妣己眔妣庚？ 4
(25) 贞：勿䩅告？ 4
(26) 贞：告㞢既一羊？ 4
(27) 甲午卜争贞：王宾成日？（乙未王允宾风□日。） 4
(28) 㞢祖乙[十]羌？ 5
(29) 二十羌？ 5
(30) 三十羌？ 5
(31) 㞢于祖乙十羌？ 5
(32) 二十羌？ 5
(33) 三十羌？ 5
(34) 贞：辛允？ 3
(35) 贞：来勿允祖辛？ 3
(36) 贞：祼于父甲，曰曮不鼎？ 4
(37) 贞：用？ 4
(38) 贞：父甲弗其用王？ 4

（39）㞢于父乙？ 4
（40）勿㞢［于父乙］？ 4
（41）燎［于河］？ 5
（42）贞：先执？ 4
（43）子妥冎凡？ 3
（44）贞：疾口不㞢害？ 4
（45）隹害？ 4
（46）贞：乎取任于冕？ 4
（47）［贞］：勿［乎取］［任于］冕？ 4
（48）贞：取岳㞢从？ 1
（49）勿取岳，亡其从？ 1
（50）王其必？ 6
（51）王梦，其… 4
（52）贞：隹囚？ 4
（53）隹囚？ 4
（54）不隹…之…囚？ 6
（55）贞：今日汝不其娩？ 4
（56）今夕其雨？ 4
（57）贞：不雨？ 4
（58）贞：□其［正］？ 2
（59）贞：其㞢正？ 2
（60）…妇好… 2
（61）…伐…于… 3
（62）…一伐…己… 3
（63）□□［卜］亘贞：亦… 1
（64）□□［卜亘］贞：不其亦… 1
（65）贞：□不隹父… 1
（66）…不其生… 1
（67）…疾… 1
（68）…允… 1
（69）目。 5
（70）妇姘示十。㱿。 4

❶《合集》14033+① ❷《合集》14032+② ❸《合集》1760+③ ❹《合补》60+④ ❺《英藏》1117+⑤ ❻《合集》14034

本组卜辞据“子目娩”系联，无月份记载，按干支顺序排列。

第八组

(1) 丁卯卜宾贞：耴不殟？王占曰：吉…殟？ ❶

(2) 贞：耴不殟？ ❷❸

(3) 贞：耴其殟？ ❶❷❸

(4) 戊辰卜争…王占[曰]：勿殟。 ❷

(5) 己巳卜㱿贞：㐬不殟？王占曰：吉，勿殟。 ❸

(6) 己巳卜㱿贞：㐬其[殟]？ ❸

(7) 贞：㐬不殟？ ❷

(8) 㐬其殟？ ❷

(9) 贞…王占曰…殟。 ❶

(10) 贞：㐬其殟？ ❶

(11) 贞：勿…青？ ❸

(12) 贞：三青？ ❸

(13) 贞：令… ❸

(14) 贞：勿䏿令衣？ ❸

(15) …青？ ❸

(16) 贞：□十羌，出𠬝？ ❸

(17) 贞：妣… ❸

---

① 蔡哲茂：《〈殷墟文字乙编〉新缀第三十九则》，先秦史研究室网站，https：//www. xianqin. org/blog/archives/1115. html，2009 年 2 月 10 日。

② 林宏明：《甲骨新缀第 453—470 例》，先秦史研究室网站，https：//www. xianqin. org/blog/archives/3717. html，2014 年 2 月 25 日。

③ 张惟捷：《殷墟 YH127 坑宾组甲骨新研》，台湾万卷楼图书股份有限公司，2013 年，第 209 页。

④ 蔡哲茂：《〈殷墟文字丙编〉新缀第七则》，先秦史研究室网站，http：//www. xianqin. org/blog/archives/1766. html，2008 年 4 月 4 日。

⑤ 吴丽婉：《甲骨拼合第 59—60 则》，先秦史研究室网站，http：//www. xianqin. org/blog/archives/10967. html，2018 年 10 月 15 日。

（18）…害？ ❸
（19）…吉。 ❸
（20）…羊？ ❸
（21）…不… ❸
（22）妇好入五。 ❷
（23）竝入十。 ❶❹
（24）㱿。 ❸
（25）令旡从宋家？ ❺
（26）…令敢… ❺

❶《合集》17085　❷《合集》17084+[①]　❸《合集》734　❹《合集》9247
❺《缀汇》531

本组据人物旡的疾病卜辞系联，未记载月份，但干支相近。宾组一 B 甲类中，“旡”还见❺一例，附系联之后。❹据“竝入十”系联。

第九组

（1）王占曰：兹鬼魅。戊贞五旬㞢一日庚申腠[?]。 ❶
（2）贞：斨其㞢疾？ ❶
（3）贞：斨亡疾？ ❶
（4）王占曰：斨其㞢疾，叀丙，不庚，二旬㞢七日庚申腠[?]。 ❶
（5）乙巳卜㱿贞：斨亡疾？九月。（王占曰：斨㞢疾，□丙隹…） ❶
（6）（己酉卜争）贞：斨其㞢囚？ ❷
（7）贞：斨亡囚？ ❷
（8）贞…囚？ ❶
（9）贞：紷㞢疾？ ❶
（10）㞢犬于父辛多介子？ ❷
（11）于父乙多介子㞢？ ❷
（12）三㞋，㞢二牛？ ❶
（13）成（？）十牛？ ❶

---

① 蔡哲茂：《〈殷墟文字乙编〉新缀第三十一则》（修订），先秦史研究室网站，http：//www.xianqin.org/blog/archives/721.html，2009 年 1 月 6 日。

（14）勿… ❶
（15）燎五青、十牛？ ❶
（16）五青？ ❶
（17）二青？ ❶
（18）王在兹，大示左？ ❷
（19）贞：王［在］兹，大示弗左？ ❷
（20）多屯，王心若？ ❷
（21）贞：隹斲？ ❷
（22）不隹斲？ ❷
（23）立须☐史其奠？ ❷
（24）王占曰… ❶

❶《合集》13751+[①] ❷《合集》816

本组据人物犷的疾病卜辞系联，时间大致在九月。❷占卜犷囚，时间与占卜疾病很近，而宾组一B甲类中此人并不多见，两版很可能是同时占卜犷疾病是否有祸。

第十组

（1）王自…癸巳圄…隹王由？ ❶
（2）庚申卜𣪊贞：陕［由］王事？十二月。 ❶
（3）庚申卜𣪊贞：陕弗其由王事？ ❶
（4）贞：陕由王事？ ❷
（5）［贞：陕］弗［其由王事］？ ❷

❶《契合》259 ❷《合集》5474+[②]

本组据“陕由王事”系联，所见月份为十二月。

① 张惟捷：《殷墟YH127坑宾组甲骨新研》，台湾万卷楼图书股份有限公司，2013年，第268页。

② 刘影：《甲骨新缀第172组》，先秦史研究室网站，http：//www.xianqin.org/blog/archives/3333.html，2013年11月6日。

第十一组

(1) 翌辛丑㞢祖辛？ ❶
(2) 一垂？ ❶
(3) 二垂？ ❶
(4) 三垂？ ❶
(5) 四垂？ ❶
(6) 御于妣己？ ❶
(7) 于妣□？ ❶
(8) 于妣己？ ❶
(9) 贞：失羌，得？ ❶
(10) 贞：失羌，不其得？ ❶
(11) …得… ❶
(12) 勿方帝？ ❶
(13) 方帝？ ❶
(14) 丁丑卜宾贞：方帝三羌？ ❷
(15) [贞]：阱由王[事]？十二月。 ❸
(16) 贞：阱弗其由王事？ ❸
(17) 其由王事？(王占曰：乎不…) ❶
(18) 贞：阱[由]王事？ ❹
(19) 贞：今夕其虐？ ❹
(20) …㞢…祖…执… ❹
(21) 壬戌卜宾。 ❹

❶《合集》505　❷《合集》405+[①]　❸《醉古》251　❹《合集》17192
本组据“阱由王事”系联，所见月份为十二月。

第十二组

(1) 壬寅卜争贞：弘由王事？ ❶

① 杨熠：《甲骨试缀第10—30则》，先秦史研究室网站，http：//www.xianqin.org/blog/archives/10859.html，2018年8月20日。

(2) 壬寅卜争贞：弜弗其由王事？ 1
(3) 壬寅卜殻贞：自今至于丙午雨？ 1
(4) 壬寅卜殻贞：自今至于丙午不其雨？(王占曰：隹今夕癸见丁。) 1
(5) 癸卯卜殻贞：乎弜往，于比䢅？ 1
(6) 癸卯卜殻贞：[勿]乎弜往，比䢅于？ 1
(7) 乙巳卜殻贞：乎取十□？ 2
(8) 贞：乎比卯取屯于寷？ 1
(9) 贞：勿乎比卯？ 1
(10) 王其比取？ 1
(11) 勿比取？ 1
(12) 丁未卜殻贞：𠭯比次戠□文由王事，以？ 2
(13) 贞：𠭯弗其由王[事]？ 2
(14) 贞：𠭯比次又[文]由？ 3
(15) 辛亥卜亘贞：御妇于㞢妻？ 1
(16) 勿御妇于㞢妻？ 1
(17) 贞：冎凡㞢… 1
(18) 贞：弗其冎… 1
(19) 辛亥卜殻贞：令比弜？ 4
(20) 辛亥卜殻贞：令比弜？ 4
(21) 贞：令弗其比弜？ 4
(22) (辛亥卜殻)：来甲寅㞢伐自上甲？ 2
(23) 勿㞢？ 2
(24) 来甲寅㞢伐自上甲？ 2
(25) 勿㞢？ 2
(26) …其…十三月。 4
(27) 翌甲寅㞢伐于大甲？ 4
(28) 贞：㞢于大甲伐十㞢五？ 4
(29) 㞢于上甲？ 4
(30) 勿于上甲？ 4
(31) …上甲… 4
(32) 贞：于下乙㞢伐？ 4
(33) 勿㞢伐？ 4

(34) 贞：㞢于祖丁？ 4
(35) 甲寅… 4
(36) 辛未卜㱿贞：⿵宀冊告于祖乙？ 1
(37) 辛未卜㱿贞：勿⿵宀冊告于祖乙？ 1
(38) (壬申) 贞：雟其㞢疾？ 5
(39) 贞：雟[亡疾]？ 5
(40) □申。 5
(41) 己卯卜㱿贞：不其雨？ 4
(42) 己卯卜㱿贞：雨？王占：其雨，隹壬。壬午允雨。 4
(43) 贞：今[夕]不雨？ 4
(44) …其…言[雨]在泷。 4
(45) 王不雨在泷。 4
(46) 庚辰[卜]□[贞]：黄[尹]□我[年]？一月。 4
(47) 贞：黄[尹]弗□我年？ 4
(48) (己丑卜宾)：令弘比⿻木屮由王事？ 5
(49) 贞：叀邑令比⿻木屮？ 5
(50) 贞：[叀]邑令□我？ 6
(51) ([己]丑) [贞]：隹娥咎王？ 5
(52) 贞：不隹娥咎王？ 5
(53) 贞：不隹帝咎王？王占曰…隹…咎… 4
(54) 贞：王𡆥，允隹㞢害？ 4
(55) 㞢𡆥？ 4
(56) 御𡆥于斳？ 2
(57) 勿于斳御𡆥？ 2
(58) 于妣甲御𡆥？ 2
(59) 勿燎？ 5
(60) 王往？ 1
(61) 勿往于□？ 1
(62) 王敦？ 1
(63) 勿敦？ 1
(64) 王鱼？ 1
(65) 勿鱼？ 1

(66) 王比刍? 4
(67) 王比龙东刍? 4
(68) …毕亡其遭[来]自南? 允亡遭。 5
(69) 贞:称以巫? 2
(70) 贞:称弗其以巫? 2
(71) 称以巫? 2
(72) 弗其以?(王占曰:吉。) 2
(73) 妇姘来女? 1
(74) 令先,犇□又□? 1
(75) …先,犇… 1
(76) 王… 1
(77) 在… 5
(78) …戠… 5
(79) …尹… 4
(80) 戋来五。㱿。 1
(81) 竹入十。 4
(82) □入□。 5

1《合集》667 2《合集》946 3《合集》4834 4《合集》902+① 5《合集》5477+② 6《合集》4466

本组卜辞据“弘比某由王事”系联,涉及邑、雟、弪等人,其中雟仅见三版。5占卜“雟疾”,可能是中途出现状况,本组才会多次占卜“弘比某由王事”。6据“邑比”系联。

第十三组

(1) 己未卜争贞:王亥求我? 1
(2) 贞:王亥不我求? 1
(3) 贞:我其㞢囚? 1

---

① 张惟捷:《殷墟 YH127 坑宾组甲骨新研》,台湾万卷楼图书股份有限公司,2013 年,第 106 页。

② 林宏明:《甲骨新缀第 453—470 例》,先秦史研究室网站,http://www.xianqin.org/blog/archives/3717.html,2014 年 2 月 25 日。

（4）贞：我亡囚？ 1

（5）己未卜設贞：我于雉次？ 1

（6）贞：勿于雉次？ 1

（7）贞：王于龚［次］？ 1

（8）勿于龚次？ 1

（9）叀王往？ 1

（10）勿隹王往？ 1

（11）［叀］王往？ 1

（12）勿隹王？ 1

（13）叀王？ 1

（14）勿隹？ 1

（15）贞：疫□，赢？ 2

（16）勿疫□？ 2

（17）翌［辛］酉其㞢？ 1

（18）于妣己御？ 1

（19）勿于妣？ 1

（20）勿御？ 2

（21）贞：㞢妣？ 2

（22）今夕雨？ 1

（23）今夕不其？ 1

（24）其启？ 1

（25）丙寅卜宾贞：祖丁弗□？ 3

（26）［贞］：祖丁□？ 3

（27）丁卯卜設贞：□娟㞢子？ 3

（28）贞：娟亡子？ 3

（29）（甲戌卜争）贞：子商获鹿？（王占曰：［获］。） 3

（30）不其获鹿？ 3

（31）贞：子商弗其获鹿，在万？ 4

（32）…商…鹿…万？ 4

（33）乎子商从澫㞢鹿？ 2

（34）乎子商从㞢…鹿？ 2

（35）贞：勿㞢鹿？ 2

（36）叀子商乎？ 1
（37）勿隹子商乎？ 1
（38）叀子不乎陷？ 1
（39）勿隹子不乎？ 1
（40）□□卜㱿［贞］：敢？ 1
（41）贞：敢弗其？ 1
（42）不［魯］？ 3
（43）斷？ 1
（44）勿于？ 1
（45）贞：受… 3
（46）…人不其冓… 4
（47）贞：勿… 4
（48）鯑… 4
（49）…吉… 4
（50）勿于… 2
（51）勿… 2
（52）□其… 2
（53）奠［入］□。 1
（54）毕来□。 3

1《合集》7352　2《醉古》377　3《合集》10315　4《合集》10945+①

本组系联比较可靠，根据“子商田猎”系联。本组“子商田猎”卜辞仅见四版，而且时间相近，在十来天左右。

第十四组

（1）贞：来甲戌㞢伐自上甲？ 1
（2）贞：勿㞢？ 1
（3）贞：叀象令比仓侯归？ 1
（4）贞：□陕比仓侯归，不橐？ 1

① 杨熠：《甲骨试缀第48—55则》，先秦史研究室网站，http：//www. xianqin. org/blog/archives/11023. html，2018年11月8日。

(5) 贞：令仓侯归？ 2
(6) 令陕？ 1
(7) □叀象令？ 1
(8) 贞：来？ 1
(9) 贞：其史？ 1
(10) 贞：不其史？ 1
(11) 王占…史… 1

1《合集》944+① 2《合集》3294

本组卜辞据“令仓侯”系联，仅见两版，无月份记载。

第十五组

(1) 甲寅卜永贞：卫以寇率用？ 1
(2) 贞：卫以寇勿率用？ 1
(3) 贞：卫以寇率用？ 1
(4) 贞：卫以？ 2
(5) 卫弗其以？(王占曰：其以。) 2
(6) 卫弗… 2
(7) 己未卜□[贞]：翌庚[申]王其伐，若？ 2
(8) 己未卜… 2
(9) 贞：卫以寇？ 3
(10) 壬申卜古贞：卫弗其以寇？ 3
(11) 贞：陕其殟？ 3
(12) 贞：陕□殟？ 3
(13) 贞：勿㞢匚？ 3
(14) 自？ 3

1《合集》555 2《醉古》167 3《合集》556+②

本组卜辞据“卫以寇”系联，共见三版，无月份记载，按干支顺序排。

---

① 张惟捷：《殷墟 YH127 坑宾组甲骨新研》，台湾万卷楼图书股份有限公司，2013 年，第 106 页。

② 杨熠：《甲骨试缀第 67—90 则》，先秦史研究室网站，http：//www.xianqin.org/blog/archives/11848.html，2019 年 6 月 3 日。

第十六组

(1) 癸巳卜㱿贞：令毕、盖射？ ❶
(2) 贞：令毕、盖三百射？ ❶
(3) 贞：勿令毕、盖三[百射]？ ❶
(4) □□[卜]□[贞：令毕]以三百射？ ❷
(5) 贞：勿令毕以三百射？ ❷
(6) 癸巳卜㱿贞：叀𠂤、盖射？ ❶
(7) 癸巳卜㱿贞：令𠂤、盖三百射？ ❶
(8) 癸巳卜㱿贞：叀𠂤令盖射？ ❶
(9) 贞：叀𠂤令盖射？ ❶
(10) 贞：叀𠂤令盖三百射？ ❶
(11) 勿隹𠂤令盖？ ❶
(12) 贞：勿[叀]𠂤令？六月。 ❶
(13) 贞：𠂤以巫？ ❷
(14) 𠂤弗其以巫？ ❷
(15) (辛丑卜宾) 贞：王往斿？(王占曰：吉。叀…) ❷
(16) 贞：其[寿]？ ❷
(17) 贞：勿寿？ ❷
(18) 祼于母庚？ ❷
(19) 祼于…□牛？ ❷
(20) 贞：亯？ ❷
(21) …勿…亃？ ❷
(22) 雀… ❷

❶《合集》5770—5772　❷《合集》5769

本组卜辞据“毕、盖射”系联，共见四版，所见月份为六月，且干支相近。

第十七组

(1) 丁未卜宾贞：成受王又？五月。 ❶
(2) 贞：成弗其受[王]又？ ❶

（3）大丁受王又？ ❶
（4）贞：大丁弗其受王又？ ❶
（5）贞：大甲受王又？ ❶
（6）贞：大甲弗其受王又？ ❶
（7）贞：大甲受王又？ ❷
（8）贞：大甲弗… ❷
（9）贞：王梦隹大甲… ❷
（10）贞：王梦不隹大甲… ❷
（11）辛…我… ❶
（12）（癸丑卜争）贞：[illegible]弗其冎凡㞢疾？ ❷
（13）[贞：[illegible]冎凡㞢]疾？ ❷
（14）乙卯𣎆于东？ ❷
（15）勿𣎆于东？ ❷
（16）己未[卜]□贞：旨…千若于帝又？ ❷
（17）贞：旨…千不□若于帝又？（…旨徝[illegible]若？） ❷
（18）[王]占曰：吉。 ❷
（19）王占[曰]…㞢… ❶
（20）贞… ❷
（21）贞：勿… ❷
（22）妇巻来。 ❷
（23）…㛸示… ❶
（24）㛸示□□。 ❷

❶《合集》1364+[①] ❷《合补》5132部分[②]

本组卜辞据妇㛸整治甲骨，即“㛸示”系联，所见月份为五月，共见两版，且两版干支相近。

第十八组

（1）庚寅卜争贞：子奠隹令？ ❶

---

① 林宏明：《甲骨新缀第776—785例》，先秦史研究室网站，http：//www. xianqin. org/blog/archives/9702. html，2018年1月8日。

② 《合补》5132中的《合集》1463属误缀，且《合集》1463被缀入《合集》1364。

（2）庚寅卜…蓂不隹令？（王占曰…） ❶
（3）辛卯卜争贞：子虡齐不隹令？ ❶
（4）…［子虡齐］？ ❶
（5）辛卯卜争贞：子虡冎凡㞢疾？ ❷
（6）贞：子虡弗其冎凡㞢疾？ ❷
（7）乙巳卜宾贞：舞河□？ ❷
（8）贞：勿舞河，亡其雨？ ❷

❶《合集》3195+① ❷《合集》3196+②

子蓂、子虡同版，子虡本组只见两版。❷辛卯日占卜子虡疾病，❶占卜待考，但时间都在辛卯日，很有可能是同时发生的事情。

第十九组

（1）（戊子卜）贞：王往狩？ ❶
（2）王狩？ ❶
（3）王勿卒狩？ ❶
（4）贞：多妣求王？ ❶
（5）父甲害王？ ❶
（6）父甲［弗害王］？ ❶
（7）…妣害王？ ❶
（8）贞：王梦，祼，隹囚？ ❶
（9）王梦，祼，不隹囚？ ❶
（10）王隹？ ❶
（11）不隹囚？ ❶
（12）癸亥卜𣪊贞：燎于上甲三牛，㞢十伐，［卯］十豭？七月。（［王］占曰：其燎上甲。） ❶
（13）㞢祖辛三伐？ ❶
（14）贞：㞢于父乙宰？ ❶

---

① 张惟捷：《殷墟YH127坑宾组甲骨新研》，台湾万卷楼图书股份有限公司，2013年，第272页。

② 张惟捷：《殷墟YH127坑宾组甲骨新研》，台湾万卷楼图书股份有限公司，2013年，第229页。

(15) 勿㞢[于父乙宰]?　1

(16) 贞：㞢于父庚?(曹父庚十㲋、十宰、十青。)　1

(17) 贞：勿㞢于父庚?　1

(18) 十㞢五?　1

(19) 贞：帝于心?　1

(20) [勿]帝[于]心?　1

(21) 己未卜亘贞：子节亡害?　1

(22) 贞：子节㞢害?　1

(23) 贞：子节弗求?([王]占[曰]…求。)　2

(24) 贞：于妣己御子宛?　1

(25) 贞：勿于妣己御子宛?　1

(26) …[于母]…子节?　1

(27) 子节。　2

(28) 贞：其?　1

(29) 不?　1

(30) 贞：今日不…　2

(31) □□[卜]内贞：今日…　2

(32) 贞：[劼]…　2

(33) …贾…　1

(34) …古。　1

(35) 贞…　2

(36) 好…　2

1《合集》905　2《合集》3163+①

本组卜辞系吉凶类占卜，据"子节害"系联，共见两版，所见月份为七月。

第二十组

(1) □丑卜□贞：周弗[其㞢]囚?　1

(2) 贞：周方亡囚?　2

---

① 考古资料数位典藏资料库，https://ndweb.iis.sinica.edu.tw/archaeo2_public/System/Artifact/Detail_Basic.jsp?SearchType=null&ShowPage=null&PageSize=null&SearchValue=null&registerd_no=R044763。

（3）…周方弗其出囚？ ❷
（4）…周方弗亡囚？ ❷

❶《合集》8460　❷《合集》8472+①

本组卜辞据占卜周方吉凶系联，数量较少，无月份记载。

第二十一组

（1）庚戌卜亘贞：王乎取我夹在屍啚，若于〓？［王］占曰：［吉］，若。 ❶
（2）庚戌卜亘贞：王乎取我夹［在］屍啚，不若［于］〓？（王占曰：兹〓。） ❶
（3）癸亥卜㱿贞：出于祖丁？ ❶
（4）［癸亥］卜㱿［贞：勿出于祖丁］？ ❶
（5）出于祖辛，亡其□？ ❶
（6）出… ❶
（7）□父… ❶
（8）戊辰卜争贞：㞢亡囚，由王事？ ❷
（9）贞：㞢其出［囚，弗］其由王事？ ❷
（10）贞：㞢亡囚？ ❶
（11）［贞：㞢其出囚］？（王占曰：吉，㞢亡囚。） ❶
（12）［贞］：帝若？ ❶
（13）［帝不］若？（王占曰：吉。帝若。） ❶
（14）癸酉贞：子汰逐鹿，获？ ❶
（15）贞：王叀往陷，［擒］？ ❶
（16）贞：立名史？ ❶
（17）…妣… ❶
（18）…以… ❶

❶《合集》7075　❷《合集》5448

本组据㞢协助王事卜辞系联，按干支顺序排列。

---

① 张惟捷：《殷墟 YH127 坑宾组甲骨新研》，台湾万卷楼图书股份有限公司，2013 年，第 191 页；杨熠：《甲骨试缀第 10—30 则》，先秦史研究室网站，http：//www. xianqin. org/blog/archives/10859. html，2018 年 8 月 20 日。

第二十二组

(1) 戊午卜古贞：般往来亡囚？ 1
(2) 贞：般往来其㞢囚？(王占曰：吉。其亡囚。) 1
(3) 戊午卜古贞：般其㞢囚？ 2
(4) 戊午卜古贞：般亡囚？(王占曰：吉。亡囚。) 2
(5) 庚申卜贞：来？ 3
(6) 贞：其登牛戲于唐？ 3
(7) (壬戌卜古) 贞：受不其得？(王占曰：吉。得。三日甲子允[得]。) 4
(8) 己巳卜殻贞：雀其殟？ 5
(9) 贞：雀不殟？二月。 5
(10) 庚午卜宾贞：田彘冕？ 5
(11) 贞：田弗其彘冕？ 5
(12) 贞：田冕？ 5
(13) 弗其冕？ 5
(14) 癸酉卜宾贞：自今至于丁丑其雨？(王占曰：丁其雨。) 3
(15) 庚辰卜宾贞：朕刍于斗？ 6
(16) 贞：朕刍于丘剢？ 6
(17) 贞：朕刍于斗？ 6
(18) 贞：朕刍于丘剢？ 6
(19) 庚辰卜宾贞：乎取扶刍于□？ 5
(20) 辛巳内卜贞：般往来亡囚？ 6
(21) 般其㞢囚？(王占曰：亡囚。) 6
(22) 贞：琮往来亡囚？ 6
(23) 琮其㞢囚？ 6
(24) 辛巳卜宾贞：其曰之？ 7
(25) 贞：不曰之？ 7
(26) 贞：其曰之？ 7
(27) 贞：不曰之？ 7
(28) 贞：曰之？ 7
(29) [不]曰之？ 7

(30) □寅卜㱿贞：般亡不若，不逸羌？（王占曰：吉。） 8
(31) 贞：龙亡不若，不逸羌？ 8
(32) 贞：般亡不若，不逸羌？ 8
(33) 贞：龙亡不若，不逸羌？ 8
(34) 贞：般亡不若，不逸羌？（王占曰：亡𡆥。） 8
(35) 般其逸羌？ 8
(36) 其逸？ 8
(37) 龙其逸？ 8
(38) 其逸？ 8
(39) （壬辰卜争）贞：翌乙未其燎？ 6
(40) 贞：翌乙未勿衣燎？ 6
(41) 贞：兹𣎵云其雨？ 3
(42) 贞：兹𣎵云不其雨？ 3
(43) 王占：雨。 6
(44) （□□卜宾）…其克肩王疾？ 9
(45) 庚□克肩王疾？ 9
(46) …克肩王… 9
(47) 贞：王听隹孽？ 5
(48) 贞：不孽？ 5
(49) 父庚害王？ 3
(50) 父庚不害王？（王占曰：勿害。） 3
(51) 妣己害王？ 5
(52) 贞：[illegible]弗戊媚？ 9
(53) 贞：[illegible]允戊媚？ 9
(54) 王占曰：媚。 9
(55) □亥卜韦… 9
(56) 癸… 5
(57) 今二□。 5
(58) …若。 3
(59) …弗以。 4
(60) …五日… 5
(61) 奠来十。 6 7 8

（62）奠入十。　❸❹❺❾

❶《契合》274　❷《合集》4264　❸《合集》13390　❹《合集》8912　❺《合集》110　❻《合集》152　❼《合集》18860　❽《醉古》31　❾《合集》13709+①

本组据甲桥刻辞"奠入十"系联。❶❷据❻"般往来"系联。❽卜问"龙"和"般"何者来管理殷所俘的羌比较合适，才可能不会发生"羌逃跑的事情"②。

第二十三组

（1）丁酉卜争贞：乎娘、疫克？　❶
（2）乎娘、疫克？　❶
（3）乎娘、疫克？　❶
（4）…辛亥至于乙卯不其雨？　❷
（5）…至于乙卯雨？　❷
（6）王梦隹囚？　❸
（7）王梦不隹囚？　❸
（8）贞：若王？　❸
（9）弗若王？　❸
（10）贞：王往出，示若？　❸
（11）贞：王勿出，[若]？　❸
（12）贞：衔出？　❸
（13）贞：勿衔出？　❸
（14）河求我？　❹
（15）不我求？　❹
（16）贞：御于妣己？　❹
（17）勿于御于妣己？　❹
（18）…不隹…　❺
（19）奠来二十。在宁。　❶

① 林宏明：《甲骨新缀第 623—626 例》，先秦史研究室网站，http：//www. xianqin. org/blog/archives/6204. html，2016 年 3 月 31 日。

② 林宏明：《醉古集——甲骨的缀合与研究》，台湾万卷楼图书股份有限公司，2011 年，第 75 页。

(20) 奠来二十。 2

(21) 奠入二十。 345

1《合集》4464　2《醉古》258　3《合集》5096　4《合集》2415　5《合集》9287

本组据甲桥刻辞“奠入二十”系联，无月份记载。

第二十四组

(1) 甲寅卜宾贞：我由王事？ 1

(2) 贞：我弗其由王事？ 1

(3) 贞：擒由王事？ 1

(4) 贞：擒弗其由王事？ 1

(5) 贞：我其㞢囚？ 2

(6) 贞：擒亡囚？ 2

(7) …其㞢囚？ 2

(8) 丁亥卜古贞：声叜于滴？ 3

(9) 声不叜于滴？(王占曰：勿叜。) 3

(10) 疾□，隹父乙害？ 1

(11) 不隹父乙害？ 1

(12) …夕雨？ 2

(13) 今夕不其雨？ 2

(14) 贾入二十。 13

(15) 㱿。 1

1《合集》5480　2《契合》237　3《合集》8310

本组据甲桥刻辞“贾入二十”系联，未见月份记载。2据1我、擒“由王事”系联，因为在卜辞中“某由王事”有时会同时或在相隔不久的时间占卜是否有祸。

第二十五组

(1) 丙戌卜㱿贞：王㞢梦，示不…乎… 1

(2) 丙戌[卜]㱿[贞]… 2

(3) □未卜[㱿贞]… 2

(4) 丁亥卜争贞：王梦，隹之？ 3
(5) 王㞢梦，不隹害？ 4
(6) 㞢…害…王… 2
(7) 丁亥卜亘贞：王梦… 5
(8) (辛卯卜宾) 贞：王梦，隹㞢左？ 6
(9) 贞：王梦，不隹㞢左？(王占曰：吉。勿隹㞢左。) 6
(10) 贞：王梦，不隹若？ 6
(11) 贞：王梦，隹若？ 6
(12) 翌癸卯其焚，擒？癸卯允焚，获…兕十一、豕十五、虎□、兔二十。 7
(13) 翌癸卯勿[焚]？ 7
(14) 贞：于甲辰焚？ 7
(15) 勿于甲？ 7
(16) 于甲[辰]焚？ 7
(17) [勿]于[甲]焚？ 7
(18) 贞：翌辛亥王出？ 8
(19) …王…出…[王]占[曰：吉。若]。 8
(20) [王占曰]：乙步。 8
(21) 王入若？ 9
(22) 乙□卜㱿贞：勿出□子□？ 10
(23) …王勿[耤]？ 11
(24) …雍臣… 12
(25) …妣… 12
(26) …王往… 13
(27) 己酉卜㱿贞：王梦，不隹囚？ 14
(28) 庚戌卜㱿贞：王㞢梦，不隹囚？ 15
(29) 贞：王㞢梦，隹囚？ 15
(30) 癸丑卜㱿贞：王梦，隹祖乙？ 16
(31) 贞：王梦，不隹祖乙？ 16
(32) 戊午卜宾贞：王梦，隹我妣？ 7
(33) [贞：王梦，勿隹]我妣？ 7
(34) 戊午卜㱿贞：王㞢梦，其㞢囚？ 9
(35) 戊午卜贞：王㞢梦，亡囚？ 9

(36) 贞：王㞢梦，其㞢𡆥？ 9
(37) 贞：王㞢梦，亡𡆥？ 9
(38) 壬戌卜争贞：王梦，隹𡆥？ 11
(39) 壬戌卜[争贞]：王梦，不隹𡆥？ 11
(40) 王[梦]，不隹[𡆥]？ 12
(41) □□[卜]争[贞]：王梦，隹𡆥？ 17
(42) 贞：王梦，不隹𡆥？ 13
(43) □□[卜]□贞：王梦，[不]隹[𡆥]？ 18
(44) □□[卜宾]贞：[王]梦，隹[孽]？ 19
(45) 壬戌卜古贞：王梦，隹之？ 20
(46) 贞：王梦，不隹之？ 20
(47) □□[卜]㱿[贞]：王梦…[不]隹之？ 21
(48) □□卜㱿[贞]：王梦不隹㞢不若？ 10
(49) 贞：王梦㞢… 2
(50) 贞：王梦㞢… 2
(51) 贞：王梦，不隹壴？ 22
(52) 贞：王梦，不隹成？ 23
(53) 王梦苣，隹苣𡆥？ 24
(54) 王梦苣，不隹苣𡆥？ 24
(55) …梦… 25
(56) 祖辛求王？ 9
(57) 祖辛弗求王？ 9
(58) 贞：隹羌甲？ 26
(59) 贞：不隹羌甲？ 26
(60) 祖丁求王？ 9
(61) 祖丁弗求王？ 9
(62) 贞：隹祖庚？ 26
(63) 贞：不隹祖庚？ 26
(64) 贞：隹南庚？ 26
(65) 贞：不隹南庚？ 26
(66) [贞]：父甲求王？ 27
(67) [贞：父甲弗求王]？ 27

（68）贞：父庚求王？ 27
（69）贞：父庚[弗]求王？ 27
（70）贞：父辛求[王]？ 27
（71）贞：父辛弗求王？ 27
（72）贞：隹学戉？ 26
（73）贞：不隹学戉？ 26
（74）贞：隹咸戉？ 26
（75）贞：不隹咸戉？ 26
（76）示勿？ 8
（77）贞：示弗若？ 8
（78）贞：王[疾]？ 8
（79）戊午卜㱿贞：我狩󲄹，擒？之日狩，允擒。[获]虎一、鹿四十、狐百六十四、兔百五十九。囿㚔㞢友二㚔小□三□。 8
（80）戊…不…擒？ 8
（81）翌戊午焚，擒？ 8
（82）贞：多子逐[𩵦]？ 26
（83）贞：不其𩵦？ 26
（84）己未卜宾贞：㞢刿？ 7
（85）壬戌卜争贞：翌乙丑㞢伐于唐？用。 28
（86）贞：翌乙丑勿𦎫㞢伐于唐？ 28
（87）□戌卜㱿贞：燎？ 29
（88）贞：勿燎？ 29
（89）燎父乙三豕，㞢十伐，卯十牛？ 4
（90）贞：来…燎… 4
（91）…败燎… 4
（92）贞：翌乙丑亦𣪘于唐？ 28
（93）𣪘于祖辛？ 29
（94）甲子… 25
（95）翌乙丑勿酒？ 28
（96）翌乙丑其雨？ 28
（97）翌乙丑不雨？ 28
（98）贞：其雨？ 26

(99) 丙寅卜㱿贞：来乙亥易日？ 4

(100) 丙寅卜[㱿]贞：来[乙]亥[不]其易[日？王]占曰：[吉]，乃兹[不]易日。[乙]亥[允]不[易]日，雨。 4

(101) …易日，乙… 4

(102) 戊…令…若？六[月]。 4

(103) [戊]□卜㱿：[令先]丘[illegible][由取]舟，[不若]？ 4

(104) [贞]：勿令先丘[illegible]取舟，不若？ 4

(105) (辛未卜争)：来乙亥其… 4

(106) 己丑卜宾贞：隹冥人？ 30

(107) 贞：不隹冥人？ 30

(108) [隹]之[人]？ 30

(109) 不隹之人？ 30

(110) □□[卜]□贞：[𠬝]祖乙？ 8

(111) 勿𠬝祖乙？ 8

(112) 贞：㞢祖乙十伐，卯三牛？ 7

(113) …祖辛？ 7

(114) □其…[勿]㞢祖辛？(…隹己…其…) 7

(115) 㞢于祖辛刿青？ 4

(116) 贞：㞢羌[甲]？ 27

(117) 㞢于父甲？ 26

(118) 勿㞢？ 26

(119) …㞢父乙？ 4

(120) 贞：㞢于学戊？ 7

(121) 勿𠰼㞢于学戊？ 7

(122) 㞢于学戊？ 28

(123) 勿㞢？ 28

(124) 贞：㞢学戊？ 27

(125) 贞：㞢咸戊？ 28

(126) 勿㞢？ 28

(127) …[学]于戰？ 4

(128) 贞：㞢伐妾媚？ 4

(129) 三十妾媚？ 4

(130) 贞：㞢伐妾媚？ 4
(131) 贞：宜牛？ 4
(132) 勿？ 4
(133) 贞：象，㞢匚，正？ 6
(134) 贞：象，㞢匚，弗其正？ 6
(135) 贞：[设]，隹西土？ 6
(136) 贞：设，不隹西土？ 6
(137) 父卯羸？ 2
(138) …令妇好女…其以…災… 2
(139) 令… 4
(140) …王…以妇…妇好子… 2
(141) 贞：収㞢… 27
(142) 王[illegible]□上。 9
(143) 王[illegible]… 9
(144) 王占曰：吉。允。 8
(145) 王占曰… 11 26
(146) 不自… 9
(147) 自… 9
(148) 王隹… 28
(149) [丙]卜。 8
(150) 贞… 8
(151) …由… 8
(152) …来… 7
(153) 雀入二百五十。 28
(154) 贾入十。 9 26 30
(155) 贾入。 7
(156) 㲋以四十。 6
(157) 画[入]二十。 8
(158) □[入]五。 22
(159) 妇姘… 11
(160) 争。 8
(161) 㱿。 26

1《合集》17419 **2**《合补》5136 **3**《合集》17413 **4**《合集》655 **5**《合集》17421 **6**《合集》17397+[①] **7**《合集》10408 **8**《醉古》369 **9**《合集》17409+[②] **10**《英藏》1617 **11**《合集》17407 **12**《合集》632+[③] **13**《合集》17404 **14**《契合》257 **15**《合集》17403 **16**《合集》17373 **17**《合集》17401 **18**《合集》17433 **19**《合集》17463 **20**《合集》17411 **21**《合集》17414 **22**《合集》17417 **23**《合集》17372 **24**《醉古》85 **25**《合补》5135 **26**《合集》1822 **27**《醉古》43 **28**《合集》952 **29**《合集》1729+[④] **30**《合集》7851

本组据甲桥刻辞“贾入十”系联，也可通过“㞢学戊”“焚（擒）”系联。林宏明将**26**与《合集》2130结合，认为**26**也是“卜问哪一个先祖‘咎王’的”[⑤]，而根据“㞢学戊”“焚（擒）”这两组事类，我们可以将上述两版卜辞系联，但系联后有“祖丁求王”“祖辛求王”，所以应该不仅限于非直系先王。又，**26**“㞢于父甲”同版有“贞：隹南庚”等，也有可能是指㞢于南庚等先王。

第二十六组

（1）壬戌卜宾：[illegible]其㞢囚？ **1**

（2）壬戌[卜]宾贞：[illegible]亡囚？ **1**

（3）贞：告子亡囚？（王占曰：吉，亡囚。） **1**

（4）贞：告子其㞢囚？ **1**

（5）贞：相亡囚？ **2**

（6）贞：其㞢囚？ **2**

（7）贞：其㞢囚？ **2**

---

① 林宏明：《甲骨新缀第776—785例》，先秦史研究室网站，http：//www.xianqin.org/blog/archives/9702.html，2018年1月8日。

② 林宏明：《甲骨新缀第694—696例》，先秦史研究室网站，http：//www.xianqin.org/blog/archives/6610.html，2016年8月3日。

③ 张惟捷：《殷墟YH127坑宾组甲骨新研》，台湾万卷楼图书股份有限公司，2013年，第192页。

④ 考古资料数位典藏资料库，https：//ndweb.iis.sinica.edu.tw/archaeo2_public/System/Artifact/Detail_Basic.jsp？SearchType=null&ShowPage=null&PageSize=null&SearchValue=null&registerd_no=R044578。

⑤ 林宏明：《醉古集——甲骨的缀合与研究》，台湾万卷楼图书股份有限公司，2011年，第82页。

（8）贞：亡其𡆥？ ❷

（9）己巳卜宾贞：帝于西？ ❸

（10）贞：勿帝于西？ ❸

（11）帝于南犬？ ❹

（12）贞：涉，帝于东，□一牛？ ❺

（13）叀牛？ ❸

（14）勿隹牛？ ❸

（15）贞：叀弘令比史克？ ❷

（16）贞：勿弘[令比]史[克]？ ❷

（17）贞：妇好… ❸

（18）贞：妇好… ❸

（19）擒入四十。 ❶❷

❶《合集》4735　❷《合集》5638+[1]　❸《合集》14328+[2]　❹《合集》14323　❺《合集》15950+[3]

本组据甲桥刻辞“擒入四十”系联，未见月份记载。❸❹❺据“帝祭四方”系联，本组“帝祭四方”只见这三版。

第二十七组

（1）乙巳卜宾贞：㞢于祖乙二青？ ❶

（2）甲寅卜宾贞… ❷

（3）甲寅卜宾[贞]…不其…（王占[曰]…） ❷

（4）乙卯卜宾贞：隹受年？ ❷

（5）乙卯卜宾贞：敦受年？ ❷

（6）画入二。在高。 ❸

（7）画入二。 ❷❹

---

① 杨熠：《甲骨试缀第67—90则》，先秦史研究室网站，http：//www. xianqin. org/blog/archives/11848. html，2019年6月3日。

② 蔡哲茂：《〈殷墟文字乙编〉新缀第二十四则再补缀》，先秦史研究室网站，http：//www. xianqin. org/blog/archives/898. html，2009年1月16日。

③ 张惟捷：《殷墟YH127坑宾组甲骨新研》，台湾万卷楼图书股份有限公司，2013年，第323页。

(8) 画来[二]。 1

1《合集》1528 2《合集》9783+① 3《合集》9229 4《合集》9228

本组据甲桥刻辞“画入二”系联，未见月份记载，按干支顺序排列。

第二十八组

(1) 戊戌卜宾贞：兹邑亡降囚？ 1

(2) 贞：兹邑其㞢降囚？ 1

(3) 贞：兹邑其㞢降囚？ 1

(4) □丑卜争…丁巳…于…王占曰… 2

(5) 贞：方女于敦？ 1

(6) 勿于敦？ 1

(7) 贞：我亡戎？([王占]曰：㞢…) 1

(8) 贞：㞢于父□？ 1

(9) 勿… 1

(10) 贞… 2

(11) 壴入十。 1 2

1《契合》319 2《合集》9252

本组据甲桥刻辞“壴入十”系联，未见月份记载。

第二十九组

(1) 丁巳卜亘贞：自今至于庚申其雨？ 1

(2) 贞：自今丁巳至于庚申不雨？ 1

(3) 戊午卜㱿贞：翌庚申其雨？ 1

(4) 贞：翌庚申不雨？ 1

(5) (□申[卜]亘) 贞：祖辛宿于父乙？ 2

(6) 贞：祖辛不宿于父乙？([王]占曰：祖辛不宿于父乙。) 2

(7) 贞：乎妇… 2

---

① 杨熠：《甲骨试缀第 61—65 则》(附)，先秦史研究室网站，http：//www. xianqin. org/blog/archives/11080. html，2018 年 12 月 4 日。

（8）勿乎妇好御父… 2
（9）失以五十。 1 2
（10）争。 1
（11）㱿。 2

1《醉古》26　2《合集》1779+①

本组据甲桥刻辞“失以五十”系联，未见月份记载，按干支顺序排列。

第三十组

（1）（庚午卜宾）贞：㞢疾𠂤，隹害？ 1
（2）贞：不隹害？ 1
（3）己卯卜㱿贞：㞢奏𠂤，上下若？ 2
（4）己卯卜[㱿]贞：㞢奏𠂤，上下弗若？ 2
（5）贞：翌庚辰其雨？ 3
（6）贞：翌庚辰不雨？ 3
（7）…曰：勿㞢不雨… 3
（8）贞：㞢疾𠂤，隹害？ 1
（9）贞：疾𠂤，不隹害？ 1
（10）令弹求奠目？ 2
（11）勿令？ 2
（12）毕乎？ 3
（13）贞：毕不其乎？ 2
（14）奠乎？ 3
（15）贞：盗雷？ 1
（16）不其雷？ 1
（17）贞：择？ 2
（18）□□㞢于□？ 2
（19）贞：王自□？ 2
（20）…隹…㞢… 1

① 林宏明：《甲骨新缀第570例》，先秦史研究室网站，http：//www. xianqin. org/blog/archives/5227. html，2015年5月26日。

(21) 㝵入三十。 123
(22) 㱿。 2
(23) 争。 1

1《合集》13696　2《合集》7239+①　3《合集》12439

本组据甲桥刻辞“㝵入三十”系联，未见月份记载，按干支顺序排列。

第三十一组

(1) 戠不其来? 1
(2) …𡆥? 七月。 1
(3) 辛亥卜古贞：季弗求王? 2
(4) 壬戌卜㱿贞：我亡来? 2
(5) 今癸亥燎一牛? 2
(6) 勿燎十牛? 2
(7) 贞：自今至于戊寅不其雨? 2
(8) 骤风? 3
(9) 丙戌卜㱿贞：戠允其来? 十三月。(王占曰：甲申戠来，尹来。) 3
(10) 丙戌卜㱿贞：戠不其来? 3
(11) 丙戌卜㱿贞：戠其来? 3
(12) 贞：戠允其来? 3
(13) 贞：戠不其来? 3
(14) 贞：戠允来? 3
(15) 贞：戠不其来? 3
(16) 戊寅卜㱿贞：沚戠其来?(王占曰：戠其出，叀庚。其先戠至。) 4
(17) 贞：沚戠不其来? 4
(18) 戊寅卜㱿贞：雷𣪘其来?(王占曰：𣪘其出，其隹丁。丁不出，其㞢疾，弗其凡。) 4
(19) 雷𣪘不其来? 4
(20) 贞：戠其来…不其… 5

① 张惟捷：《殷墟YH127坑宾组甲骨新研》，台湾万卷楼图书股份有限公司，2013年，第266页。

（21）先入五。 ❷❸

❶《合集》3978　❷《合集》14721　❸《合集》3979　❹《合集》3945—3947　❺《合集》3977

本组据甲桥刻辞“先入五”系联，同时可系联“戠来”等卜辞。所见月份为七月、十三月。

第三十二组

（1）庚辰卜争贞：攺羌自妣庚？ ❶
（2）贞：攺羌自高妣己？（王占曰：其自高妣己。） ❶
（3）贞：攺？ ❶
（4）勿攺羌？ ❶
（5）贞：册于妣庚𦉪？ ❶
（6）勿𦉪妣庚册？ ❶
（7）御于示？ ❶
（8）勿御？ ❶
（9）［贞］：㞢勺于父庚宰？ ❶
（10）贞：㞢勺于父庚宰？ ❶
（11）贞：勿［㞢勺于］父庚宰？ ❶
（12）己酉卜宾贞：肇卤？ ❷
（13）不叀王［囚］？ ❷
（14）贞：辟㞢徝？ ❶
（15）贞：弗辟㞢徝？ ❶
（16）羌七？ ❶
（17）以卤五？ ❷
（18）戋来四十。 ❶❷
（19）妇姘［示］三。宾。 ❶
（20）㱿。 ❷

❶《合集》438　❷《合集》7023

本组据甲桥刻辞“戋来四十”系联，无月份记载，按干支顺序排列。

第三十三组

(1) 翌甲辰王入? 1
(2) 甲辰卜宾贞：我収人? 2
(3) 贞：我勿収人? 2
(4) 贞：今甲王入? 1
(5) 王于翌乙巳入? 1
(6) 王从宾? 1
(7) 戊申卜㱿贞：我亡? 1
(8) 我㞢? 1
(9) 贞：我㞢求? 1
(10) 贞：我亡求? 1
(11) 戊午卜古贞：画受年? 2
(12) 贞：画受年? 2
(13) 贞：今癸亥其雨? 1
(14) 贞：今癸亥不其雨? 允不雨。 1
(15) 丙寅…雨? 1
(16) 来庚午燎? 1
(17) 叀辛未燎? 1
(18) 来癸酉燎? 1
(19) 贞：来乙亥酒祖乙十伐㞢五，卯十宰?（乙亥不酒?） 1
(20) 贞：三十伐[下]乙? 1
(21) 勿三十下乙? 1
(22) 父乙卯㞢不𡥈子? 1
(23) 于父庚? 1
(24) 勿于父庚? 1
(25) 㞢匚于河? 1
(26) 勿㞢匚于河? 1
(27) 攸牛? 1
(28) □寅卜㱿贞：王梦兄[丁]，隹[𡆥]? 1
(29) 贞：王梦兄丁，不隹𡆥? 1

(30) □□卜贞：[壴亡]囚？ 2
(31) 贞：壴其㞢囚？ 2
(32) 贞：于盄北？ 2
(33) □□[卜]𣪊：于今己… 1
(34) 卯… 1
(35) 唐入十。 1 2
(36) 庚。 1

1《合集》892+[①] 2《合集》9811

本组据甲桥刻辞“唐入十”系联，无月份记载，按干支顺序排列。

第三十四组

(1) 戊子卜𣪊贞：王𡆥𤴨？ 1
(2) 贞：王𡆥其𤴨？ 2
(3) 王𡆥不其𤴨？ 2
(4) 贞：王𡆥𤴨？ 3
(5) 贞：[王]𡆥不其𤴨？ 3
(6) □□卜争贞：𡆥不其𤴨？ 4
(7) 贞：王𡆥异其疾，不𤴨？ 5
(8) 贞：弗[疾]𡆥，𤴨？ 5
(9) 贞：㞢𡆥，𤴨？ 6
(10) 贞：𡆥不其𤴨？ 7
(11) 壬辰卜宾贞：率䢅… 8
(12) 乙巳卜宾贞：今夕𡆥不𩆜？ 8
(13) 贞：今夕𡆥其𩆜？ 8
(14) 壬子卜内贞：翌癸丑㞢于祖辛？ 9
(15) □子卜永贞：𡆥其延？ 10
(16) 癸丑卜𣪊贞：隹祖辛害王𡆥？ 9
(17) 贞：不[隹]祖[辛]害[王]𡆥？ 9

① 林宏明：《甲骨新缀第662—663例》，先秦史研究室网站，http：//www. xianqin. org/blog/archives/6473. html，2016年7月12日。

(18) 祖辛佳之，不若？ 3
(19) [祖]辛不佳之，不若？ 3
(20) 贞：王[告]，佳其疾齒？ 11
(21) 贞：王齒[亡由]？ 12
(22) 王齒佳祖丁害？ 13
(23) 不佳祖丁害？ 13
(24) …齒佳㞢害？ 14
(25) 王齒佳㞢害？ 15
(26) 王齒不佳㞢害？ 15
(27) 贞：王㞢害？ 6
(28) 贞：王亡害？ 6
(29) …听… 15
(30) …听…害？ 15
(31) 贞：佳妣己咎王齒？ 16
(32) 贞：不佳妣己咎王[齒]？ 16
(33) 贞：王齒不佳[父]乙？ 17
(34) 佳父乙？ 16
(35) [不佳]父乙？ 16
(36) 不佳父乙？ 13
(37) …父乙？ 13
(38) 御王齒于妣癸？ 18
(39) 勿御王齒于妣癸？ 18
(40) 御齒于妣己？ 19
(41) 勿御齒于妣己？ 19
(42) 于高妣己？ 19
(43) 勿于高妣己？ 19
(44) 佳妣癸？ 19
(45) 不佳妣癸？ 19
(46) 贞：御王齒于羌甲？ 20
(47) 贞：御王齒… 21
(48) 御于父甲、父庚、父辛宰…卯宰？ 2
(49) □□害？ 13

(50) 𡆥言… 13
(51) 贞：翌乙卯不其易日？ 3
(52) 丁巳卜争贞：王其㞢曰祖丁克？ 19
(53) 王其㞢曰：祖丁，允克㝃？(…克㝃。) 19
(54) …酉祖丁十[伐]卯十牛？ 19
(55) …十伐，卯十宰？ 19
(56) 丁巳卜㱿贞：黍田年，鲁？四月。(王占曰：吉，鲁。) 18
(57) (甲寅卜古) 贞：乙保黍年？ 18
(58) 乙弗保黍年？(王占曰：吉，保。) 18
(59) …黍年？(王占曰：吉，其受黍年。) 20
(60) 丁卯卜㱿贞：王𡆥…十人？ 22
(61) 翌庚辰燎十豖、青二？ 13
(62) 贞：[燎]于咸㞢？ 13
(63) 贞：勿燎于咸㞢？ 13
(64) 燎…二… 13
(65) 𢦔弗其冎凡㞢疾？ 13
(66) …其冎凡㞢疾？ 13
(67) 贞：隹四月𡆥？ 13
(68) 贞：不其擒？ 23
(69) …其□不其擒？ 23
(70) 贞：取牛？ 18
(71) 贞：妇㞢宾？ 19
(72) 妇亡其宾？ 19
(73) 王多匚于唐？ 3
(74) 王多匚于唐？ 3
(75) 贞：令每隹之？ 3
(76) 勿令每不隹之？ 3
(77) 不若，于示？ 3
(78) 兕、龛？ 3
(79) 贞：王往夭蒚，至于宾㓝？ 1
(80) 贞：生月象至？ 5
(81) 不其至？ 5

(82) 贞：令亢目象，若？(王占曰：吉。) 5
(83) 贞：御廪… 5
(84) 勿御？ 5
(85) 贞：我虫[求]？ 6
(86) 贞：亡求？ 6
(87) 虫于…甲… 13
(88) 贞：于唐… 5
(89) 贞：王？ 16
(90) 贞：多？ 1
(91) …不白肘？ 3
(92) 令□白□？ 3
(93) 妇好入五十。 18
(94) 妇好…五十。在[声]。 23
(95) 雁入二。 13
(96) 㲋入十。 12
(97) 文入十。 5
(98) 画来。 9

1《合集》17230 2《醉古》99 3《合集》1285 4《合集》17236 5《合集》4611 6《合集》17234 7《合集》17237 8《合集》16117 9《合集》1747 10《合集》17238 11《合集》13700 12《合集》9275 13《合集》1385+① 14《合集》17004 15《醉古》166 16《合集》2252 17《合集》2257 18《合集》10133 19《醉古》373 20《合集》1795正+② 21《合集》17225 22《合集》1047 23《合集》10794

本组据甲桥刻辞“妇好入五十”系联，所见月份有四月，按干支顺序排列。13等版据四月“王𡆥”系联。

① 蔡哲茂：《〈殷虚文字丙编〉新缀第九则》，先秦史研究室网站，http://www.xianqin.org/blog/archives/1627.html，2009年9月8日。

② 张惟捷：《殷墟YH127坑宾组甲骨新研》，台湾万卷楼图书股份有限公司，2013年，第200页。

第三十五组

七月

(1) 乙巳卜㱿贞：𠭯疋化由王事？(王占曰：其隹丁吉。) 1

(2) 乙巳卜㱿贞：𠭯疋化弗其由王事？七月。 1

十月

(3) 癸亥卜争贞：𠭯疋化亡囚，由王事？ 2

(4) …贞：𠭯疋化亡囚，由王事… 2

(5) 贞：𠭯疋化亡囚，由王事？十月。 2

(6) 𠭯疋化其㞢囚？ 2

(7) 甲子卜㱿贞：今夕至？ 2

(8) 今夕不至？ 2

(9) 贞：王往于𣏂？ 2

(10) 勿往于𣏂？ 2

(11) 贞：王入亡囚？ 2

(12) 贞：其㞢囚？ 2

(13) 贞：今㞢于羌甲？ 2

(14) □于南庚？ 2

(15) 贞：于黄？ 2

十一月

(16) 庚辰卜内贞：乎兹… 3

(17) (辛卯卜㱿)：𠭯疋化由[王事]？(王占曰：隹其[㔾事]，隹其逸□娸。) 4

(18) 弗其由王事？ 4

(19) 甲午卜争贞：翌乙未用羌？用，之日阴。 5

(20) 甲午卜[争]贞：翌乙[未]勿𦍘用羌？ 5

(21) (甲午卜争) 贞：翌乙未用羌？ 5

(22) 贞：燎于土？ 5

(23) 贞：㞢祖乙？ 4

(24) (乙未卜㱿)：㞢于父乙？ 5

(25) 方帝？ 5

(26) 勿方帝？ 5

(27) 乙未卜宾贞：以武刍？ 5
(28) 以武刍？ 5
(29) 贞：弗其以武刍？ 5
(30) 丙申卜争贞：王梦，隹𡆥？ 6
(31) 丙申卜争贞：王梦，不隹𡆥？ 6
(32) 贞：王梦，不隹𡆥？ 3
(33) …梦…𡆥？ 3
(34) 贞：王梦，隹𡆥？ 5
(35) 不隹𡆥？ 5
(36) 王梦，不隹𡆥？ 7
(37) 不隹𡆥？ 7
(38) 贞：王梦启，隹𡆥？ 8
(39) 王梦启，不隹𡆥？ 8
(40) 贞：隹𡆥？ 8
(41) 王㞢害？ 6
(42) 贞：亡害？ 6
(43) 妣癸害王。 9
(44) 弗害。 9
(45) 贞：多妣求王？ 10
(46) 贞：多妣弗求王？ 10
(47) 母癸害王？ 10
(48) 母癸弗害王？ 10
(49) 贞：妣弗求王？ 10
(50) 贞：父害□？ 10
(51) 贞：父乙[刍]王？ 3
(52) 贞：王亡害？ 11
(53) …害？ 9
(54) 丙申卜争贞：王其逐麋，冓？ 6
(55) 丙申卜争贞：王步？ 6
(56) 丙申卜㱿贞：我其逐麋，获？ 12
(57) 贞：王其狩区？ 10
(58) 乎多马逐鹿，获？ 13

（59）贞：𤕌㞢鹿？ 13
（60）𤕌㞢鹿？ 13
（61）…其鹿？ 14
（62）辛丑卜𣪊贞：我亡至艰？ 12
（63）亡来艰？ 10
（64）翌壬寅其雨？ 10
（65）翌壬寅不雨？（王占曰：阴，不雨。壬寅不雨，风。） 10
（66）五日丙雨？ 10
（67）不延雨？ 7
（68）[乙巳卜古]贞：弓刍勿于䨻？ 9
（69）乙巳卜古贞：弓刍于䨻？ 9
（70）贞：弓刍于䨻？ 15
（71）贞：弓刍勿于䨻？ 15
（72）弓刍于䨻？ 16
（73）弓刍隹[䨻] 10
（74）弓刍于䨻？ 10
（75）于䨻？ 10
（76）贞：雍刍于秋？ 17
（77）贞：雍刍勿于秋？ 17
（78）雍刍于秋？ 4
（79）雍刍勿于秋？ 4
（80）雍刍于萈？ 4
（81）雍刍勿于萈？ 4
（82）雍刍于雇？ 4
（83）勿于雇？ 4
（84）贞：雍刍于萈？ 4
（85）丙午[卜]□贞：冓雍刍？ 18
（86）贞：勿[冓]雍刍？ 18
（87）贞：令圃取雍刍？ 18
（88）贞：勿令[圃]取雍刍？ 18
（89）乎取？ 9
（90）勿取？ 16

(91) 叀圃令？ 19
(92) 贞：执雍刍？ 8
(93) 贞：勿执雍刍？ 8
(94) 贞：执雍刍？ 8
(95) 执雍刍？ 8
(96) …雍刍？ 20
(97) 令尹作大田？ 21
(98) 勿令尹作大田？ 21
(99) 丁未卜争贞：皀疋化亡囙？十一月。(王占曰：叀既☐。) 15
(100) 贞：皀疋化其㞢囙？ 15
(101) 丁未卜争贞：皀疋化亡囙？ 22
(102) 贞：皀疋化亡[囙]？ 22
(103) 丁未卜争贞：皀疋化受又？ 21 23
(104) 丁未卜争贞：皀疋化弗其受又？ 21 23
(105) 贞：皀疋化亡囙？ 21
(106) 其㞢囙？ 21
(107) 贞：䎽亡囙？ 23
(108) 䎽其㞢囙？ 23
(109) 贞：䎽亡囙？ 12
(110) 贞：䎽其㞢囙？ 12
(111) 贞：方其大即戎？(王占曰：其隹戎，其隹庚。) 15
(112) 贞：方不围？ 24
(113) 贞：皀疋化翦方？ 15
(114) 皀疋化弗其翦？ 15
(115) 贞：方其翦我史？ 23
(116) 贞：方弗其翦我史？(王占曰：吉，隹其亡[工]舌，叀其徝。) 23
(117) 贞：方其翦我史？(王占曰：吉，隹旬，舌叀逸。不逸。) 21
(118) 贞：方弗翦我史？ 21
(119) 贞：我史其翦方？(王占曰：隹戊翦。) 21 23
(120) 贞：我史弗其翦方？ 21 23
(121) 贞：我史亡其工？ 21
(122) 贞：我史㞢工？ 21

方是进犯者，𠂤芷化封地离其较近，因此占卜吉凶，而后对方作战，但持续时间并不长，根据占辞，似乎只有丁至庚四天。

十二月

(123) 癸丑卜𡧊贞：旨𦟪㞢蛊[翟]？(王占曰：𦟪，隹庚。不隹庚，叀丙。) 13
(124) 旨弗其𦟪㞢蛊翟？ 13
(125) 癸丑[卜]□贞：旬… 25
(126) □丑卜争贞：𠂤芷[化]𦟪[𢍰]？ 26
(127) 贞：𠂤芷化弗其𦟪𢍰？ 26
(128) 甲寅卜内贞：𠂤芷化[𦟪]𢍰？ 26
(129) [贞：𠂤]芷化弗其𦟪𢍰？ 26
(130) 乙卯卜𡧊贞：湝？ 27
(131) 乙卯卜争贞：旨𦟪翟？(王占曰：吉，𦟪。) 28
(132) 贞：旨弗其𦟪翟？ 28
(133) 乙□卜…其沉… 29
(134) 丙辰卜古贞：𠂤化芷受㞢又？三旬㞢[三]日戊子执，𦟪𢦏方。 29
(135) [丙]辰卜古贞：𠂤芷化弗其受又？十二月。 29
(136) 贞：𠂤芷化其㞢囚？ 29
(137) …化… 29
(138) □辰…子节于娥？ 25
(139) 翌□巳□子… 25
(140) 贞…娥… 25
(141) 隹娥害子节？ 30
(142) 不隹娥害子节？ 30
(143) 王□乎入御史？(王占曰：其隹子节…) 15
(144) 丙辰卜宾贞：𠂤芷化𦟪𢍰？ 31
(145) 贞：𠂤芷化弗其𦟪𢍰？ 31
(146) (壬辰卜古) 贞：勹executor？克□。 10
(147) 戊午卜内贞：若由？ 32
(148) 贞：由不若？(王占曰：吉，不其乎。) 32
(149) (己未卜□)：乎目于河，㞢来？(王占曰：其㞢。) 30
(150) 目于河㞢来… 33
(151) [贞]：亡其来？ 33

（152）贞：乎目于水，虫来？（王占曰：至。不隹…） 3
（153）贞：勿乎目于水，亡其来？ 3
（154）其来… 3
（155）贞：燎于河？ 7
（156）贞：翌己未王步？ 7
（157）贞：王自[glyph]入？ 7
（158）辛未王[不]自[glyph]入？ 7
（159）庚申卜争贞：旨其伐虫蛊罹？（王占曰：吉。其伐隹[丁]。） 17
（160）旨弗其伐虫蛊罹？ 17
（161）□□[卜]㱿贞：曰旨其虫伐？ 34
（162）[贞]：曰旨其[虫伐]？ 34
（163）（庚申卜㱿）贞：黄尹弗求王？ 7
（164）贞：黄尹求王？ 7
（165）庚申卜㱿贞：我亡作囚？ 7
（166）庚申卜㱿贞：我虫作囚？ 7
（167）辛酉卜㱿贞：奞正化翦畀？ 19
（168）贞：奞正化弗其翦畀？（王占曰：叀既。） 19
（169）辛酉卜宾贞：奞正化翦畀？ 35
（170）贞：奞正化弗其翦畀？ 35
（171）辛酉卜宾… 36
（172）辛酉卜宾：□□奞正化翦畀？ 36
（173）奞正化弗其翦畀？ 36
（174）…畀脽？ 36
（175）贞：奞正化弗翦？ 36
（176）辛酉卜内贞：往西，多𦀚其以王伐？ 28
（177）贞：往西，多𦀚不其以伐？ 28
（178）贞：往西，多𦀚其以王伐？ 28
（179）往西，多𦀚不其以伐？ 28
（180）往西，多𦀚其以伐？ 21
（181）往西，多𦀚弗其以伐？ 21
（182）往西，多𦀚□王伐？ 23
（183）乎往？ 14

(184) 辛酉卜古贞：旨其翦[孽伯]罡？（王占曰：翦。隹…引翦。） 14
(185) 贞：旨[弗其翦孽伯罡]？ 14
(186) …罡？ 14
(187) 贞：旨弗其伐孽伯[罡]？ 14
(188) 壬戌卜争贞：旨伐孽，翦？（王占曰：吉。翦，隹甲，不叀丁。） 16
(189) 贞：弗其翦？ 16
(190) 壬戌卜争贞：旨伐孽，翦？ 32
(191) 贞：勿乎伐孽？ 32
(192) 贞：収人乎伐孽？（王占曰：吉。） 16
(193) 勿乎伐孽？ 16
(194) 贞：勿乎伐孽？ 3
(195) □□卜㱿贞：乎伐孽？ 3
(196) 贞：叀明伐？ 3
(197) 贞：弗其翦？ 3
(198) 乙丑卜古贞：[旨其]翦？（王占曰：叀既。） 11
(199) 乙丑卜古贞：旨弗其翦？ 11
(200) [乙]丑卜宾贞：犇翦𠂤疋化？（王占曰：隹戎。） 37
(201) [贞]：𠂤疋化弗翦犇？ 37
(202) 乙丑卜㱿贞：酒子凡于祖丁五宰？ 27
(203) [乙]丑卜㱿贞：先酒子凡父乙三宰？ 27
(204) 贞：[先]酒[子]凡父乙三宰？ 27
(205) （壬申卜争）贞：贾徝御？ 9
(206) 贾不徝御？ 9
(207) 辛未卜宾贞：旨翦孽？ 9
(208) 贞：旨弗其翦罡？ 9
(209) 翌乙亥丧，乎子攸？ 28
(210) 乙亥卜宾贞…[母]… 27
(211) 丙子卜㱿贞：今来羌率用？ 16
(212) 丙子卜㱿贞：今来羌勿用？ 16
(213) 贞：今来羌用？ 16
(214) 来羌率用？ 16
(215) （丙子卜㱿）贞：王㞢匚于蔑，隹之㞢心？ 19

（216）贞：不隹之出心？ 19
（217）贞：其入出匚，示若？ 4
（218）贞：勿出匚？ 4

十三月

（219）戊寅卜古贞：我永？ 16
（220）贞：我永？ 16
（221）乙［酉］卜宾［贞］：大甲若王？ 27
（222）翌乙酉出伐，自成若？ 16
（223）翌乙酉出伐于五示：上甲、成、大丁、大甲、祖乙？ 16
（224）翌乙酉… 32
（225）贞：自上甲出伐？ 32
（226）勿自上甲出伐？ 32
（227）贞：出于外丙一伐？（王占曰：二伐。） 9
（228）出伐于外丙，出宰？ 9
（229）贞：伐？ 38
（230）至出于三示，勿卒出？ 9
（231）夕出羌甲？ 9
（232）勿夕出羌甲？ 9
（233）出于妣癸？ 30
（234）…于… 30
（235）出于妣己？ 16
（236）勿出于妣己？ 16
（237）出于母庚？ 16
（238）出于唐子？ 32
（239）勿出？ 32
（240）出于唐子伐？ 5
（241）贞：出？ 32
（242）勿出？ 32
（243）出犬？ 30
（244）勿出犬？ 30
（245）出子［亡］… 30
（246）勿出？ 30

(247) 贞：燎于王亥母豕？ 10
(248) 勿燎于王亥母？ 10
(249) 贞：勿燎于王亥母？ 10
(250) 乙酉卜[内]贞：乎马□及… 32
(251) 乙酉卜内贞：弗其及… 32
(252) 戊子卜争：己丑雨？ 13
(253) 贞：今日其雨？ 39
(254) 贞：今日不其雨？ 39
(255) 亡其雨？ 32
(256) 王占曰：叀既。三日戊子允既，翦𢦏方。 11
(257) 王占曰：吉翦。之日允翦𢦏方？十三月。 38
(258) 己丑卜争贞：王其戠？ 17
(259) 贞：勿戠？ 17
(260) 贞：至于庚寅𢼄，迺既，若？ 13
(261) 勿至庚𢼄，不若？ 13
(262) 庚寅卜宾贞：盉及？（王占曰：弗其及亘。） 9
(263) 贞：盉及？ 9
(264) 庚寅卜𣪊贞：𠂤化𤴓翦𢦏、弇、脽？（王占曰：叀既。） 11
(265) 贞：𠂤化𤴓弗其翦？ 11
(266) 庚寅卜争贞：旨正，画？（王占曰…画。） 39
(267) 贞：旨正，不画？ 39
(268) 庚寅卜争贞：我其祀于河？ 39
(269) …𢦔…河？ 32
(270) 庚□卜𣪊贞：[𠂤]𤴓化翦弇？王占曰：隹乙。其隹甲，引𡚬。 40
(271) □□[卜]□[贞：𠂤𤴓化翦]弇脽？（王占曰：叀既。隹乙见丁。丁矢。） 38
(272) …[𠂤]𤴓化翦弇罘脽？ 38
(273) 贞：𠂤𤴓化弗其翦？ 38
(274) …[𠂤]𤴓化翦弇罘脽？ 41
(275) 贞：𠂤𤴓化弗翦？ 38
(276) 𠂤𤴓化翦？ 13
(277) 𠂤𤴓化弗其翦？ 13

(278) 甲午卜㱿贞：王奉兹玉，成[左]？ 19
(279) 甲午卜㱿贞：王奉兹玉，成弗左？ 19
(280) 贞：成允左王？ 16
(281) 贞：成弗左王？ 16
(282) 贞：祖乙孽王？ 16 28
(283) 贞：祖乙弗其孽王？ 16 28
(284) 乙未卜㱿贞：其㞢称妇好死？ 19
(285) 贞：亡称妇好死？ 19
(286) 戊戌卜争贞：王归奏玉，其伐？ 17
(287) 翌庚子㞢伐？ 19
(288) 翌庚子勿㞢伐，隹蛊？ 19
(289) 庚子卜争贞：西史旨亡𡆥，由？ 42
(290) 庚子卜争贞：西史旨其㞢𡆥？（王占曰：其隹丁引蓢。） 42
(291) 贞：西史旨亡𡆥，由？ 42
(292) 西史旨其㞢𡆥？ 42
(293) 贞：旨亡𡆥？ 42
(294) 贞：旨其㞢𡆥？ 42
(295) 旨亡𡆥？ 42
(296) 其㞢𡆥？ 42
(297) 癸卯卜争贞：王令三百射，弗告十示，王𡆧隹之？ 13
(298) 贞：王𡆧不隹之，弗告三百射？ 13
(299) 隹之？ 26
(300) （癸卯卜㱿）贞：妇好其延㞢疾？ 36
(301) 贞：王冎鬳？ 13
(302) 贞：王冎不其鬳？ 13
(303) 贞：㞢疾止，隹父乙害？ 26
(304) 疾止… 36
(305) 贞：㞢疾身，御于祖丁？ 36
(306) 贞：目其求疾？ 17
(307) 贞：目不求疾？ 17
(308) 贞：王其疾目？ 5
(309) 贞：王弗疾目？ 5

(310) 疾𠬝，[隹艰]？ 38
(311) 疾𠬝，不隹艰？ 38
(312) 贞：御于妣庚？ 17
(313) [御]于妣庚垂？ 9
(314) 勿垂？ 9
(315) 贞：祖丁弗其専？ 36
(316) (癸卯卜内) 贞：乎寻册？ 31
(317) 贞：勿䭘乎寻册？ 31
(318) 贞：収获友册？ 10
(319) (甲辰卜㱿)：翌乙巳㞢祖乙宰㞢牝？ 19
(320) 贞：勿㞢牝，叀牡？ 19
(321) 㞢祖乙？ 26
(322) 贞：祖丁若小子盫？ 15
(323) 贞：祖丁弗若小子盫？ 15
(324) 贞：祖丁若小子盫？ 19
(325) 祖丁弗若小子盫？ 19
(326) 贞：小子㞢盫？ 15
(327) 贞：小子亡盫？ 15
(328) 甲辰卜宾贞：乎凡丘？ 31
(329) 贞：叀㑁乎凡丘？ 31
(330) 甲辰卜㱿贞：我奏兹玉，黄尹若？ 31
(331) 贞：我奏兹玉，黄尹弗若？ 31
(332) 乙巳卜古。 26
(333) 丁未卜宾贞：乎上？ 36

一月

(334) 戊申卜争贞：帝其降我堇？一月。 31
(335) 戊申卜争贞：帝不降我堇？ 31
(336) 贞：翌辛亥㞢祖辛？ 36
(337) 贞：勿䭘告于祖辛？ 32
(338) 贞：勿告于祖辛？ 32
(339) 贞：告于祖辛？ 32
(340) 勿㞢于南庚？ 36

（341）辛亥卜内贞：今一月𠂤疋化其㞢至？（王占曰：今月其㞢至，隹女。其于生二〓。） 43
（342）贞：𠂤疋化其于生二月㞢至？ 43
（343）贞：𠂤疋[化]来？ 37
（344）贞：𠂤疋化来？ 37
（345）（癸丑卜古）贞：雨？ 36
（346）贞：不□？ 36
（347）壬戌卜内贞：之其凡？ 44
（348）贞：其凡？ 44
（349）隹之其[凡]？ 44
（350）不隹之其凡？ 44
（351）翌丁㞢于妣癸？ 44
（352）勿㞢于妣癸？ 44
（353）母癸害王？ 44
（354）母癸不[害]王？ 44
（355）庚午卜古贞：王隹𢦔？（王占曰：其㞢𢦔，小。） 37
（356）贞：王疾不隹𢦔？ 37
（357）□□[卜]□[贞：我受年]？ 38
（358）贞：我不其受年？ 38
（359）贞：令旃田于皿？ 43
（360）勿令旃田于皿？ 43
（361）贞：其乎麦豖从北？ 17
（362）王从色… 17
（363）贞：㞢来自南以… 13
（364）勿乎执宅㱿？ 10
（365）贞：勿取妇妏？ 28
（366）乎往及妇妏？ 26
（367）贞：乎取丞伐？ 5
（368）令戎走卯？ 19
（369）贞：乎般往，不遭，鬼日。 31
（370）贞：于？ 2
（371）勿于？ 2

(372) 叀𠂤人乎比？ 9
(373) 贞：乎比… 12
(374) 于求？ 9
(375) 勿于？ 9
(376) 乎比？ 9
(377) 贾隹？ 9
(378) 示丁隹𢀛… 36
(379) 贾隹？ 9
(380) 勿隹？ 9
(381) 贞：叀？ 28
(382) 庐。 28
(383) 其㞢砙得？ 17
(384) 贞：今…其言？ 5
(385) 勿卒？ 5
(386) …災？ 40
(387) 贞：我帝… 9
(388) 古允来。 9
(389) 不来。 9
(390) 我允其来。 16
(391) 我妏来。 11
(392) 妇妏来。 37
(393) 妇妏来… 3
(394) 妇□来。 3
(395) 妇妏。 13
(396) 妇巶。 31
(397) 妇巶来。 42
(398) 𠂤入二。在庐。 9
(399) 奠来四。在襄。 2
(400) 奠来一。在□。 4
(401) 奠来十。 35
(402) 奠入二。 15
(403) 奠来五。 6 12

（404）奠来五。在襄。 7

（405）贾入□。 14

（406）贾入七十。 43 44

（407）我来三十。 3 16

（408）庚入十。 17

（409）易入十。 31

（410）易入二十。 42

（411）画来二十。 11

（412）画来□。 13

（413）周入□。 38

（414）□来十。 29

（415）□入十。 10

（416）□入二十。 36

（417）勿[illegible]。 11

（418）殸。 31

1《合集》5440、5441 2《合集》3501+① 3《合集》2089+② 4《合集》150 5《合集》456+③ 6《合集》10345 7《合集》3458 8《合集》122 9《合集》940 10《合集》685 11《合集》6648 12《合集》10346+④ 13《合集》5775 14《合集》6827 15《合集》151 16《醉古》326 17《合集》6016 18《合集》119+⑤ 19《缀汇》235 20《合集》124 21《合集》9472+⑥ 22《契

---

① 张惟捷：《殷墟YH127坑宾组甲骨新研》，台湾万卷楼图书股份有限公司，2013年，第114页。

② 林宏明：《甲骨新缀第837—838例》，先秦史研究室网站，https：//www. xianqin. org/blog/archives/11494. html，2019年1月28日。

③ 张惟捷：《殷墟YH127坑宾组甲骨新研》，台湾万卷楼图书股份有限公司，2013年，第72页。

④ 杨熠：《甲骨试缀第67—90则》，先秦史研究室网站，https：//www. xianqin. org/blog/archives/11848. html，2019年6月3日。

⑤ 蔡哲茂：《〈殷虚文字乙编〉新缀第二十二则》，先秦史研究室网站，https：//www. xianqin. org/blog/archives/1762. html，2008年6月27日。

⑥ 张惟捷：《殷墟YH127坑宾组甲骨新研》，台湾万卷楼图书股份有限公司，2013年，第72页。

合》229　23《合集》6771　24《英藏》625　25《合集》14785　26《合集》6652+①　27《醉古》51　28《合集》880　29《缀汇》470　30《合集》14787　31《醉古》347　32《醉古》158　33《醉古》109　34《合集》7604　35《合集》6654　36《合集》6649 正乙+②　37《合集》6655　38《合集》6649 正甲　39《合集》6828+③　40《合集》6656　41《合集》6651　42《合集》5637　43《合集》10964　44《合集》2498

以上排谱系联，加上零散无法系联的卜辞和甲桥刻辞，总数量超过了两百条，涉及的事类较多，但这些事情都是短时期内发生的，从十月到来年一月（该年含十三月），共五个月。

本组卜辞有以下四个系联要点："𠂤疋化"吉凶，"弓刍于𡨄""祖丁若小子𥁕"，"乎目于河"，"往西，多紖其以王伐""西史旨"。

1."𠂤疋化"吉凶：

人物"𠂤疋化"的吉凶占卜是将这几个月整合起来的关键，七月乙巳、十月癸亥、十一月丁未、十二月丙辰各占卜一次。其中，1某年七月乙巳也占卜一次，彭裕商先生将该条卜辞放在次年七月，但根据定点，次年七月有乙巳的可能性不大，因此我们认为七月乙巳可能跟十月癸亥在同一年，置于十月之前。十一月、十二月两次吉凶占卜都与战争有关，十一月是因为方的来犯（宾组一B甲类中仅此处见商与方之间的战争卜辞），在这些敌国中，对方的战争也最先开始，所涉及的人物和将领有𠂤疋化、我史、𠬝。值得注意的是，此处有关𠬝的吉凶又可与12进行系联，12同样卜问𠬝是否有祸，与之同版的丙申日为田猎卜辞，又可与6系联，同日又含"王梦"吉凶的占卜。

十二月吉凶占卜与对𢦏方的战争有关，涉及将领只见𠂤疋化一人，且验辞明确记载十三月戊子战胜𢦏方，从十二月丙辰到十三月戊子，对𢦏方作战共计三十三天。

2."弓刍于𡨄""祖丁若小子𥁕"：

"弓刍于𡨄"也是本群系联的一个很重要的点，魏慈德先生认为该句的意思是"让弓地之刍到𡨄地去"④，可联系的卜辞有9 15 16等。首先，在前文伐亘、𤞷系联

---

① 林宏明：《甲骨新缀第431例》，先秦史研究室网站，http：//www.xianqin.org/blog/archives/3256.html，2013年9月13日。

② 蔡哲茂：《〈殷墟文字丙编〉遥缀一则》，先秦史研究室网站，https：//www.xianqin.org/blog/archives/2370.html，2011年6月3日。

③ 张惟捷：《殷墟YH127坑宾组甲骨新研》，台湾万卷楼图书股份有限公司，2013年，第206页。

④ 魏慈德：《殷墟YH127坑甲骨卜辞研究》，花木兰文化出版社，2011年，第319页。

中见对䨻地的征伐，此处派弓刍去往䨻地，说明䨻已为商所有，本节这一群系联卜辞的时间当在伐亘、獋之后。其次，根据9 可知占卜时间在乙巳日。与“弓刍于䨻”有联系的还有“雍刍”，彭、魏两位先生都将“雍刍”排在“弓刍于䨻”之后，彭书排入次年一月，魏书排入十二月。根据此处系联，与“雍刍”有关的卜辞有4 17 18 等，其中18 为彭、魏两书所未收，我们将该版纳入系联。该版记干支丙午，正好在乙巳卜“弓刍”第二天；此外，该版又卜问是否令圃取“雍刍”，19 因为记载𠂤正化与弜之间的战争本就在本组系联中，与之同版有一条卜辞卜问“叀圃令”，正好与18“令圃取雍刍”两相呼应，补充了19“叀圃令”的具体内容。另外，9 16 两版卜“乎取”“勿取”也可能与“雍刍”有关。

15 19 又同卜“祖丁若小子盦”，这就将“弓刍”“雍刍”和“祖丁若小子盦”三者系联到一起了。

3. “乎目于河”：

本组系联共见5 3 30 三版，其中30 为同文系联所得，载干支己未。

4. “往西，多紬其以王伐”“西史旨”：

“往西，多紬其以王伐”为辛酉日所卜，见21 23 28 三版，15 卜问“乎往”可能与此事有关。21 23 同版记载十一月𠂤正化是否有祸、伐方一事，28 记载旨伐罹一事，这就可以将𠂤正化和旨二人征伐的卜辞联系起来。此外，我们认为多紬所伐当是孽。首先，其与辛酉日占卜旨伐孽日期相同；其次，42 卜问西史旨是否有祸，占辞中出现“引蔚”，可见卜问有祸与否也应该与战争有关，旨的进攻方向当在西边，多紬往西伐正好与“西史旨”相合。

根据上述几个重点，我们将这些卜辞排谱系联在一起，含战争、祭祀、田猎、气象、疾病（武丁、妇好）、吉凶、梦幻等重要事类。战争共含敌国七个：方、弜、𦟪、戋、罹、孽、罜。前四国作战将领为𠂤正化，后三国将领为旨。本群系联的征伐敌国虽然多，但双方交战时间并不长，主要集中在十一月到十三月间，战争类卜辞相比其他群而言数量较少，说明这些方国战力较弱。

第三十六组

（1）甲申卜争贞：王㞢不若？ 1

（2）贞：王亡不若？ 1

（3）贞：王㞢取，不若？ 2

（4）贞：王㞢取，若？ 2

(5) 上甲求王？ 3
(6) 上甲弗求王？ 3
(7) 贞：祖辛又？ 3
(8) 贞：隹祖丁若？ 3
(9) 贞：不隹祖丁若？ 3
(10) 父乙卯媚？ 3
(11) 贞：父乙弗卯媚？ 3
(12) 黄[尹]求王？ 3
(13) 弗求？ 3
(14) …黄尹… 3
(15) 贞：隹求？ 2
(16) 己丑卜㱿贞：即以刍，其五百隹六？ 4
(17) 贞：[即]以刍，不其五百隹六？ 4
(18) 乎取生刍鸟？ 5
(19) 勿取生刍鸟？ 5
(20) 己丑卜宾贞：䄍㞢子？ 6
(21) 贞：䄍亡其子？ 6
(22) 庚寅卜宾贞：今者王其步伐夷？(王占曰：吉。余其伐。其弗伐不吉。) 7
(23) 庚寅卜宾贞：今者王勿步伐夷？ 7
(24) 贞：王叀夷征？ 8
(25) 王[勿]隹夷？ 8
(26) 今者王勿征夷？ 9
(27) 辛卯卜宾贞：沚䤅启巴，王勿隹之比？ 7
(28) 辛卯卜宾贞：沚䤅启巴，王叀之比？五月。(王占曰：吉。沚䤅…) 7
(29) 乎比㞾㹊□？ 7
(30) 贞：沚䤅启巴，王比？ 10
(31) 贞：王勿卒比？ 10
(32) …启巴方，王匄于… 11
(33) 贞：我収人伐巴方？ 12
(34) 贞：王沚䤅伐巴方，受㞢又？ 4
(35) …比沚…(王占曰…沚䤅…巴[方]。) 4
(36) 甲午卜宾贞：王叀妇好令征夷？ 9

(37) 乙未卜宾贞：王叀妇好… 9
(38) 贞：王叀侯告比？ 10
(39) 勿隹侯告[比]？ 10
(40) …王[叀]侯告比？ 1
(41) 叀戜比？ 13
(42) 勿隹比戜？ 13
(43) 丙申卜㱿贞：戜称册，[乎比伐巴]？ 14
(44) 丙申卜㱿贞：戜称册，[勿]乎比伐巴？ 14
(45) 丁酉卜㱿贞：沚戜称䇂，王比？ 15
(46) 乎往比？ 15
(47) 贞：王叀沚戜比伐巴方？ 13
(48) 贞：王勿比沚戜伐巴方？ 13
(49) 贞：王比沚戜伐巴？ 8
(50) 贞：王勿比沚戜伐巴？ 8
(51) 戊戌卜亘贞：龕？ 16
(52) 辛丑卜宾贞：其于六月娩？(王占曰：吉。) 5
(53) 今五月娩？ 5
(54) 贞：今五月娩？ 5
(55) 贞：其六月娩？ 5
(56) 贞：今五月娩？ 5
(57) 贞：其于六月娩？ 5
(58) 王占曰：吉，其隹庚娩，见丁。 3
(59) 壬寅卜：叹㞢逸于不，乎从求弘？ 1
(60) 勿乎从求于不？ 1
(61) (壬寅卜) 贞：乎不？ 1
(62) 翌乙巳㞢祖乙？ 8
(63) 㞢于成三十伐？ 1
(64) 勿衣㞢于下乙？ 3
(65) 贞：㞢于下乙？ 3
(66) 贞：㞢于祖辛五伐，卯三宰？ 8
(67) 乙㞢于祖辛？ 1
(68) 乙㞢于祖丁？ 1

(69) 勿乙㞢于祖丁？ 1
(70) 㞢于祖庚十… 2
(71) 贞：㞢于妣庚？ 3
(72) 贞：王其…㞢告父正？ 3
(73) 㞢母己十垂㞢宰？ 8
(74) …十…㞢…宰？ 1
(75) …勿㞢… 3
(76) 丁未卜…龙方…[降]堇？ 17
(77) 贞：雍不其受年？ 3
(78) (壬子卜争) 贞：雍其受年？(王占曰：吉。□受年。) 3
(79) (壬子卜)：𡧊乎取羌以？ 1
(80) □子卜争[贞]：今者王…伐巴… 18
(81) 癸丑卜亘贞：王比奚伐巴[方]？(王勿比奚伐？) 3
(82) 癸丑卜亘贞：王比奚伐巴？ 2
(83) 癸丑卜亘贞：王叀比望乘伐下危？ 2
(84) 癸丑卜亘贞：王叀比望乘伐下危？(王勿比望乘伐？) 3
(85) 王勿比奚乎… 2
(86) 王勿比望乘伐下[危]？ 2
(87) 甲寅卜争贞：㱿以逸于垂？ 19
(88) 贞：㱿以逸于垂？ 19
(89) 贞：㱿弗其以？ 19
(90) …翌…乙卯…勿… 20
(91) 贞：翌乙卯㞢一牛，正？ 20
(92) 乙卯卜永贞：隹母丙害？ 21
(93) 贞：不隹母丙害？ 21
(94) 贞：母丙允㞢蛊？ 21
(95) 贞：母丙亡蛊？(王占曰：母丙㞢蛊于…) 21
(96) 乙卯卜㱿贞：王比望乘伐下危，受㞢又？ 13
(97) 乙卯卜㱿贞：王勿比望乘伐下危，弗其受又？ 13
(98) □□卜㱿贞：王比望乘伐下危，受㞢[又]？ 22
(99) □□[卜]□贞：王勿比望乘伐下危，弗[其受㞢又]？ 22
(100) 贞：王比望乘？ 13

（101）贞：王勿比望乘？ 13
（102）丙辰卜亘贞：御身［于］南［庚］？ 2
（103）疾身，［不］御妣己，𠶷？ 8
（104）丙辰卜争贞：叀齐令比𣄰？ 10
（105）贞：勿隹齐令比𣄰？ 10
（106）令𠤕比𣄰？ 10
（107）勿令𠤕比𣄰？ 10
（108）贞：王叀囙比？ 10
（109）勿隹囙比？ 10
（110）贞：王叀茓孽？ 23
（111）丁巳卜𣪘贞：王学众伐于茓方，受㞢又？ 13
（112）丁巳卜𣪘贞：王勿学众茓方，弗其受㞢又？ 13
（113）王叀出循？ 13
（114）王勿隹出循？ 13
（115）翌庚申易？ 24
（116）庚申卜𣪘贞：作宾？ 13
（117）庚申卜𣪘贞：勿作宾？ 13
（118）□□［卜］𣪘贞：我其巳宾，作帝降若？ 22
（119）□□［卜］𣪘贞：我勿巳宾，作帝降不若？ 22
（120）辛酉卜𣪘贞：今者王比望乘伐下危，受㞢又？ 25
（121）辛酉卜𣪘贞：今者王勿比望乘伐下危，弗其受㞢又？ 25
（122）辛酉卜争贞：王比望乘伐下危？ 26
（123）［辛］酉卜争［贞］：王勿隹望乘比？ 26
（124）［贞：王叀］望［乘比］伐下危？ 26
（125）［贞：勿隹望乘比］？（王占曰：丁丑其㞢设，不吉。其隹甲㞢设，吉。其隹［辛］㞢设，亦不吉。） 25
（126）贞：王［叀望乘］比伐［下危］？ 27
（127）贞：王勿［隹望］乘比［伐］下危？ 27
（128）王叀望乘比？ 26
（129）王勿隹望乘比？ 26
（130）叀乘比？ 26
（131）勿隹乘比？ 26

(132) 贞：王比望乘伐？ 28
(133) 王勿比望乘伐？ 28
(134) 贞：王勿比望乘伐下危？ 29
(135) 辛酉卜㱿贞：王叀[沚]𢦏比？ 25
(136) 辛酉卜㱿贞：王勿隹𢦏比？ 25
(137) 辛酉卜㱿贞：王比沚𢦏？ 25
(138) 贞：王勿比沚𢦏？ 25
(139) (□酉卜㱿) …沚𢦏伐巴？ 30
(140) 贞：王叀沚𢦏比伐巴方，帝受我又？ 31
(141) 王勿隹沚𢦏比伐巴方，帝不我其受又？(王占曰：吉。□若。) 31
(142) 贞：王比𢦏伐巴，帝受又？ 32
(143) 贞：王勿比𢦏伐巴？ 32
(144) 贞：王叀沚𢦏比伐巴方？ 26
(145) 贞：王勿隹沚𢦏比[伐巴方]？ 26
(146) 王叀沚𢦏比伐巴？ 26
(147) 王勿比沚𢦏伐？ 26
(148) 王叀沚𢦏比？ 26
(149) 勿隹沚𢦏比？ 26
(150) 贞：王叀沚𢦏比？ 26
(151) 王叀沚𢦏比？ 26
(152) 王勿隹𢦏比？ 26
(153) 勿比𢦏？ 26
(154) 王叀沚𢦏？ 28
(155) 勿隹沚𢦏？ 28
(156) 贞：王比沚𢦏？ 33
(157) 贞：王叀夷吖征？ 26
(158) 贞：王[勿隹]夷[吖]征？ 26
(159) 王叀夷征？ 28
(160) 王勿隹夷征？ 28
(161) 贞：王叀龙方伐？ 26
(162) 王勿隹龙方伐？ 26
(163) 王叀龙方伐？ 28

(164) 勿隹龙方伐？ 28
(165) 王勿比鬼？ 32
(166) …归者毋来，余其比？ 32
(167) …归？ 32
(168) 甲子卜宾：戠在兹，示若？ 7
(169) 贞：戠在兹，示若？ 7
(170) 甲子卜宾。 7
(171) 丙寅卜争贞：燎三牛？ 19
(172) 贞：燎三牛？ 19
(173) 今己巳燎？ 3
(174) 燎一牛？ 3
(175) 燎二牛？ 3
(176) [燎]三牛？ 3
(177) 燎五牛于河？ 3
(178) 贞：牛于… 8
(179) 贞：登伐燎？ 2
(180) 勿燎？ 2
(181) 己巳卜㱿贞：勿䤛隹妇好乎比沚戠比伐巴方，上下若，受我又？ 34
(182) (辛未卜宾) [贞：王叀妇好]令比沚戠伐巴方，受㞢又？ 24
(183) 贞：王勿隹妇好令比沚戠伐巴方，弗其受㞢又？ 24
(184) 辛未卜争贞：妇好其比沚戠伐巴方，王自东罙伐戎陷于妇好立？ 27
(185) 贞：妇好其[比沚]戠伐巴方，王□自东罙伐戎陷于妇好立？ 27
(186) 贞：王令妇好比侯告伐夷？ 27
(187) 贞：王勿令妇好比侯[告伐夷]？ 27
(188) 贞：王叀䤛伯䵼比伐□方？ 27
(189) 贞：王勿隹䤛伯䵼比伐□方？ 27
(190) 壬申卜争贞：令妇比沚戠伐巴方，受㞢又？ 35
(191) 壬申卜㱿贞：我立中？ 3
(192) 壬申卜㱿贞：勿立中，勺？ 3
(193) 勿立中？ 3
(194) 勿称册立中？ 3
(195) [甲申卜□贞：兴]方来不隹𡆥余？在囚。(王占曰：吉，其㞢设。其

隹…吉，其…) 36

(196)(癸酉卜亘)[贞]：王比兴方[伐]下危？ 36

(197) 贞：[王弗]比兴方伐下危？ 36

(198) 贞：王[比]兴方伐[下危]？ 37

(199) 癸酉卜争贞：叀宾为？ 10

(200) 贞：勿隹宾为？ 10

(201) 贞：叀宾为？ 10

(202) [勿]隹宾为？ 10

(203) 癸[酉卜]争贞：我作邑？ 10

(204) 癸酉卜争贞：我[勿作邑]？ 10

(205) …作邑？ 10

(206) …勿作邑？ 10

(207) 翌甲戌酒，勺伐？ 3

(208) 贞：于生七月勿㞢酒五伐？ 3

(209) 生[七月]勿㞢酒伐，壬汎，征… 3

(210) 贞：来乙亥㞢于祖乙？ 24

(211) 贞：来乙亥勿㞢于祖乙？ 24

(212) 翌卯㞢… 24

(213) 翌卯勿㞢？ 24

(214) 㞢于祖辛？ 24

(215) 贞：㞢犬于父庚，卯羊？ 25

(216) 隹父甲？ 25

(217) 不隹父甲？ 25

(218) 隹父庚？ 25

(219) 不隹父庚？ 25

(220) 隹父辛？ 25

(221) 不隹父辛？ 25

(222) 隹父乙？ 25

(223) 不隹父乙？ 25

(224) 隹蔑？ 5

(225) 㞢于… 24

(226) 自成告至于父丁？ 28

（227）勿自成告？ 28
（228）告于上甲眔成？ 28
（229）勿告？ 28
（230）贞：告？ 31
（231）贞：勿告？ 31
（232）茕于大甲？ 38
（233）不于大甲？ 38
（234）（乙亥卜亘）贞：戠称册，王孽，帝若？ 20
（235）贞：王勿比戠，帝若？ 20
（236）贞：王孽戠，帝若？ 20
（237）王勿比？ 20
（238）贞：沚戠启，王比？ 39
（239）贞：王勿比沚戠？ 39
（240）庚辰卜争贞：饮南单？（王占曰：吉。其受。） 31
（241）辛巳卜宾贞：□燎？ 31
（242）翌乙酉王往途，亡… 2
（243）贞：翌乙酉[王]往途[首]，若？ 2
（244）勿往，不若？ 2
（245）王往出？ 8
（246）王勿往出？（王占曰：㞢戠。） 8
（247）贞：王往于岫高？ 2
（248）贞：王勿往于岫高？ 2
（249）贞：王勿步于岫高？ 2
（250）王延出不又？ 1
（251）王勿延出？ 1
（252）丁亥卜㱿贞：王曰旨来尊，若？ 39
（253）贞：王勿卒曰旨来尊？ 39
（254）…乎旨往于河，㞢从雨？ 15
（255）…亡…从… 15
（256）贞：㞢琮左子，王循，于之益，若？ 3
（257）乎子画涉？ 2
（258）勿乎子画涉？ 2

（259）令子衔涉？ 2
（260）勿令子衔涉，其… 2
（261）乎子往… 3
（262）贞：乎逐比万，获？王占曰：其乎逐，获。 2
（263）𩰫亡其鹿？ 3
（264）乎逐在𩰫鹿，获？ 6
（265）贞：弗其获？ 6
（266）弗其𡧊？ 3
（267）…𡧊？ 3
（268）其㞢令般？ 2
（269）勿令？ 2
（270）勿□王于示？ 3
（271）子求冎凡？ 3
（272）子求冎凡㞢疾？ 3
（273）子㠯冎凡㞢疾？ 3
（274）子㠯弗其凡？ 3
（275）贞：祝以之疾齿，鼎赢？ 25
（276）疾齿，赢？ 25
（277）不其赢？ 25
（278）贞：降？ 8
（279）贞：于龚？ 1
（280）贞：勿[于]龚？ 1
（281）贞：𣪊于咸？ 2
（282）勿𣪕用？ 3
（283）贞：毕其来？ 1
（284）今□不其来？ 32
（285）丙辰卜争贞：沚𢦔启，王比，帝[若]，受我又？（王占曰：吉。帝其[受]余[又]。） 40
（286）贞：沚𢦔启，王勿比，帝弗若，不我其受又？八月。 40
（287）丙辰卜争贞：王往省，从西，若？ 40
（288）贞：王勿往省，不若？ 40
（289）甲午卜宾贞：沚𢦔启，王比伐巴方，受㞢又？ 41

（290）甲午卜宾贞：沚𢦔启，王勿比，弗其受㞢又？十一月。 41

（291）乙巳卜争贞：巴方其败？ 42

（292）贞：巴方不其败？三月。 42

（293）贞：祖乙孽王？ 41

（294）贞：祖辛孽王？ 41

（295）贞：作宾于㐭？ 41

（296）贞：勿作宾于㐭？ 41

（297）贞：燎… 41

（298）…妇㛢来？ 40

（299）鼓以孜？ 1

（300）我以千。 5 6 16 19 38 43

（301）我□□。 13

（302）吕入二，在。 25

（303）般入十。争。 20 24

（304）庚入十。 40

（305）□入二十。 36

（306）□□妇姘示十［屯］。古。 35

（307）妇姘示四十。 6

（308）妇姘示四十。宾。 19

（309）妇姘示百。㱿。 21 38

（310）妇㖒示百。㱿。 16

（311）妇姘示三十。争。 5

（312）㱿。 3 8 11 40

（313）争。 36

1《醉古》308　2《合集》6477+[①]　3《合集》811+[②]　4《合集》93+[③]

---

① 林宏明：《甲骨新缀第697—700例》，先秦史研究室网站，https：//www.xianqin.org/blog/archives/6619.html，2016年8月10日。

② 考古资料数位典藏资料库，https：//ndweb.iis.sinica.edu.tw/archaeo2_public/System/Artifact/Detail_Basic.jsp？SearchType = null&ShowPage = null&PageSize = null&SearchValue = null&registerd_no = R044403。

③ 林宏明：《甲骨新缀第707—712例》，先秦史研究室网站，https：//www.xianqin.org/blog/archives/6685.html，2016年8月17日。

5《合集》116　**6**《合集》10935　**7**《合集》6461+[1]　**8**《合集》6475+[2]　**9**《合补》332　**10**《契合》276　**11**《合集》6472　**12**《合集》6467　**13**《醉古》33　**14**《缀汇》242　**15**《合集》7387　**16**《合集》9013　**17**《合集》10187　**18**《合集》6470　**19**《合集》838　**20**《醉古》337　**21**《合集》2530+[3]　**22**《合集》6497、6498　**23**《合集》17357　**24**《合集》6478　**25**《合集》6482—6486　**26**《合集》6476　**27**《合集》6480　**28**《合集》6583　**29**《合集》6509+[4]　**30**《合集》6469　**31**《合集》6473+[5]　**32**《合集》6474　**33**《北大》838　**34**《契合》17　**35**《合集》6479　**36**《醉古》343+[6]　**37**《合集》6531+[7]　**38**《合集》9012　**39**《合集》7441+[8]　**40**《合集》7440+[9]　**41**《合集》6471+[10]　**42**《醉古》357　**43**《合集》9014

9 **21** **30** 属宾组一 B 乙类。本组系联从五月一直延续到十一月，由于三月干支与其他几月不能相容，故而应为下一年之“三月”。虽占卜征伐的敌国有巴方、夷方、下危、龙方、𢀛方，但宾组一 B 甲类中最主要的征伐目标是巴方和下危，而伐下危、𢀛方卜辞集中在宾组一 B 乙类，尤其是伐龙方卜辞集中在宾组二类，这说明征伐这些方国的用时和侧重都不一样。

---

① 杨熠：《甲骨试缀第 67—90 则》，先秦史研究室网站，https：//www. xianqin. org/blog/archives/11848. html，2019 年 6 月 3 日。

② 杨熠：《甲骨试缀第 67—90 则》，先秦史研究室网站，https：//www. xianqin. org/blog/archives/11848. html，2019 年 6 月 3 日。

③ 林宏明：《甲骨新缀第 697—700 例》，先秦史研究室网站，https：//www. xianqin. org/blog/archives/6619. html，2016 年 8 月 10 日。

④ 李爱辉：《甲骨拼合第 417—420 则》，先秦史研究室网站，https：//www. xianqin. org/blog/archives/10088. html，2018 年 4 月 23 日。

⑤ 张惟捷：《殷墟 YH127 坑宾组甲骨新研》，台湾万卷楼图书股份有限公司，2013 年，第 264 页。

⑥ 杨熠：《甲骨试缀第二则》，先秦史研究室网站，https：//www. xianqin. org/blog/archives/9699. html，2018 年 1 月 7 日。

⑦ 林宏明：《甲骨新缀第 701—706 例》，先秦史研究室网站，http：//www. xianqin. org/blog/archives/6635. html，2016 年 8 月 10 日。

⑧ 张惟捷：《殷墟 YH127 坑宾组甲骨新研》，台湾万卷楼图书股份有限公司，2013 年，第 277 页。

⑨ 杨熠：《甲骨试缀第 48—55 则》，先秦史研究室网站，https：//www. xianqin. org/blog/archives/11023. html，2018 年 11 月 8 日。

⑩ 林宏明：《甲骨新缀第 845—847 例》，先秦史研究室网站，https：//www. xianqin. org/blog/archives/11712. html，2019 年 5 月 28 日。

第三十七组

(1) 癸酉卜㱿贞：父乙之竆，自羌甲至于父辛宾父乙？ 1
(2) 癸酉卜㱿贞：羌甲[至]于[父]辛[宾]父乙？（王占曰：吉。） 1
(3) …父乙？ 2
(4) 勿于父乙御？ 2
(5) 壬辰[卜]□[贞：㒳]其[来]五十羌？ 1
(6) …㒳不其来五十羌？ 1
(7) □巳卜□贞：[㒳]以三十马，允其执羌？（王占曰：隹丁执，吉。） 2
(8) 贞：㒳三十马，弗其执羌？ 2
(9) 丙申卜宾贞：㒳获四羌，其至于鬲？ 3
(10) 贞：㒳获[羌，至]于鬲？ 3
(11) 贞：㒳不其多获羌？ 4
(12) 贞：王隹庚勿祀，隹庚五十其不吉，隹巳吉？ 1
(13) 贞：不隹？ 1
(14) 贞：乎往于河，不若？ 1
(15) 贞：隹父乙𡆥王？ 3
(16) 贞：不隹父乙𡆥王？（王占曰：隹父乙。） 3
(17) 贞：王𡆥隹蛊？ 3
(18) 贞：王𡆥不隹蛊？ 3
(19) 贞：妇好梦，不隹父乙？（…梦…隹…） 3
(20) 贞：王设父乙… 3
(21) 贞：南… 3
(22) 壬□卜。 3
(23) □以自我二十。 3
(24) 争。 1

1《合集》226+[①] 2《合集》500 3《合集》201+[②] 4《合集》202

---

① 林宏明：《甲骨新缀第 694—696 例》，先秦史研究室网站，https：//www. xianqin. org/blog/archives/6610. html，2016 年 8 月 3 日。

② 林宏明：《甲骨新缀第 849—850 例》，先秦史研究室网站，https：//www. xianqin. org/blog/archives/11900. html，2019 年 6 月 6 日。

本组卜辞据“龟来羌”系联，未见月份记载，按干支顺序排列。

第三十八组

(1) 甲申卜宾贞：烄婞，㞢从[雨]？ 1
(2) [贞]：勿烄婞，亡[其]从[雨]？ 1
(3) □申卜争贞：烄妫… 2
(4) 贞：今丙戌烄妫，㞢从雨？ 3
(5) 贞：妫，亡其从雨？(王占曰：隹翌丁不雨，戊雨。) 3
(6) 贞：烄婞，㞢雨？ 4
(7) 勿烄妫，亡其雨？ 4
(8) …叀婞烄？ 2
(9) 贞：烄，㞢雨？ 5
(10) 勿烄，亡其雨？ 5
(11) 勿隹婞，亡其雨？ 6
(12) 叀己丑奏？ 3
(13) 勿叀今己？ 3
(14) 于翌庚奏？ 3
(15) 勿于庚奏？ 3
(16) 庚[寅]㞢[从雨]？ 3
(17) …自今癸巳至于丁酉雨？ 6
(18) …自今至于丁酉不其雨？(王占曰：其雨，隹日…) 6
(19) 戊戌卜… 3
(20) 甲辰卜㱿贞：奚来白马？王占曰：吉，其来。 3
(21) 甲辰卜㱿贞：奚不其来白马五？ 3
(22) 舞岳㞢？ 3
(23) 勿舞岳？ 3
(24) 勿舞岳？ 5
(25) 勿舞岳？ 5
(26) 贞：之？ 3
(27) 史。 3
(28) [奠]□□。 3

(29) □[入]三十。 5
(30) 妇良示七。罙。 4
(31) 争。 3
(32) [岳]。 1

1《拼二》592 2《合集》1125 3《合集》9177 4《合集》1121 5《合集》12842 6《合集》1124+①

本组卜辞据祈雨“烄、舞、奏”等系联，未见月份记载，按干支顺序排列。

(二) 可能有联系的卜辞

第一组

(1) 壬辰卜争(贞：翌乙未率攺尸?) 1
(2) 甲辰卜㱿贞：㞢宰于父乙?(王占曰：㞢求，甲…) 2
(3) 丁未[卜]㱿贞…巳…妾娩… 1
(4) 丁[未卜]㱿[贞]…巳…妾娩，嘉? 1
(5) (戊申卜宾) 贞：黄[孽]，隹㞢害? 2
(6) 贞：黄[孽]，不隹㞢害? 七月。 2
(7) (壬申卜宾) 贞：告于祖乙? 七月。 2
(8) 勿告于祖? 2
(9) 王占曰：㞢害，隹高… 2
(10) (癸酉卜□) 贞：翌乙亥㞢于唐三伐、三宰? 2
(11) 贞：㞢于示壬妻妣庚宰，叀物牡? 2
(12) 叀犬㞢羊? 2
(13) 豖? 2
(14) 三豖? 2
(15) 勿䶩，㞢于目? 2
(16) 勿于目? 2
(17) 晋㞋十垂㞢五? 2

① 蒋玉斌：《甲骨新缀35组》(更新第30组)，先秦史研究室网站，http://www.xianqin.org/blog/archives/2576.html，2012年2月22日。

（18）丁□卜㱿贞：勿御子钬…王占曰：吉，钬亡… ❸
（19）[贞]：钬不殟？十月。 ❷
（20）贞：钬其殟？ ❷
（21）贞：御钬于父，曹羌？ ❶
（22）于妣己祼子钬？ ❸
（23）贞：祼于母庚赢？ ❸
（24）于母… ❸
（25）贞：乎取舞臣＝？ ❷
（26）乎逐… ❷
（27）不其获？ ❷
（28）贞：出不其曹𠬝妣庚…用于… ❷
（29）贞：告… ❶
（30）…戌… ❷
（31）…敦… ❶
（32）良子弘入五。 ❷
（33）[妇]好示五。宾。 ❷
（34）在𡧊。 ❷

❶《缀汇》381　❷《缀汇》258　❸《合集》3187

本组据子钬疾病卜辞系联。子钬疾病卜辞凡四见，其中一见在二月，与“妇媟娩”在同一版，系联在宾组一A类“有联系的卜辞”第七组中；剩下两版可能有联系，因此单独系联。

第二组

（1）乙丑卜宾贞：屎我皸？ ❶
（2）贞：勿屎我皸？ ❶
（3）丙寅卜古贞：乎象凡果… ❶
（4）贞：㞢疾目，赢？ ❶
（5）贞：㞢疾目，不其赢？ ❶
（6）□未卜争贞：告王目于祖丁？ ❷
（7）贞：疾目，不㞬？ ❸
（8）隹[祖辛]害王目？ ❹

(9) 隹祖辛？ ❹
(10) 不隹祖辛？ ❹
(11) 不…乙？ ❹
(12) 亘入一。 ❶
(13) 争。 ❶

❶《醉古》268　❷《合集》13626　❸《合集》13628　❹《合集》1748

本组据商王“疾目”卜辞系联，无月份记载，按干支顺序排列。

第三组

(1) 甲子卜㱿贞：疾役不延？ ❶
(2) 贞：疾役其延？ ❶
(3) 甲子卜宾贞：作㞢于妣甲，正？ ❶
(4) 贞：㞢妣甲小宰？用？（王占曰：余毋菁若。兹卜不其隹小宰㞢求。） ❶
(5) 贞：㞢高妣己壴小宰，𠔹小宰？ ❷
(6) 㞢父甲？ ❶
(7) 勿㞢？ ❶
(8) 㞢于☐？ ❶
(9)（庚辰卜㱿）贞：疾齿，隹南？ ❸
(10) 贞：疾齿不隹南？ ❸
(11) 㞢疾齿，隹蛊，虐？ ❶
(12) 不隹蛊？ ❶
(13) 己丑卜争贞：㞢疾齿，父乙隹㞢闻？在洮。 ❹
(14) 贞：疾齿，隹父乙害？ ❸
(15) 贞：疾齿，不隹父乙害？ ❸
(16) 贞：隹父乙害疾齿？（王占曰：隹父乙。） ❺
(17) 辛卯卜王贞：亷？ ❷
(18) 贞：㞢疾齿，隹㞢害？ ❷
(19) 贞：㞢疾齿，不隹㞢害？ ❷
(20) 贞：㞢疾齿，隹害？ ❻
(21) 贞：[㞢疾]齿，不[隹]蛊？ ❼
(22) 贞：来庚寅其雨？ ❸

（23）不其雨？ ❸
（24）贞…其囚？ ❷
（25）贞：啚其㞢囚？ ❷
（26）[告]南…余□？（□占曰：吉，其告。） ❷
（27）叀白[兕]… ❷
（28）行取二十五。 ❶
（29）絴入五。 ❸
（30）亘入二。 ❻
（31）妇㒸示。㱿。 ❸
（32）妇姘□。 ❶
（33）争。 ❶❷

❶《合集》13658　❷《合集》2404+①　❸《醉古》306　❹《合集》13651　❺《合补》277　❻《合集》13645　❼《合集》13664

本组据商王“疾齿”卜辞系联，无月份记载，按干支顺序排列。

第四组

（1）翌乙丑㞢伐？ ❶
（2）翌乙丑勿㞢伐？ ❶
（3）丙寅卜㱿贞：翌戊辰王出？ ❶
（4）翌戊辰王勿出？（王占曰：勿雨，隹其风，吉。）丁卯晕。 ❶
（5）翌甲戌其雨？ ❶
（6）翌甲戌不雨？（王占曰：隹乙，其雨。） ❶
（7）（甲戌卜㱿）：毋其隹卒？八月。 ❶
（8）贞：翌乙亥㞢伐？ ❶
（9）勿㞢？ ❶
（10）乙亥㞢伐？ ❶
（11）贞：翌乙亥㞢伐？ ❶
（12）翌乙亥勿㞢伐？ ❶

① 张惟捷：《殷墟 YH127 坑宾组甲骨新研》，台湾万卷楼图书股份有限公司，2013 年，第 209 页。

（13）王听隹囚，乙亥酒… 1
（14）其𡆥，今夕㞢于□？ 1
（15）于祖乙㞢兕？ 1
（16）勿㞢于祖乙？ 1
（17）于下𣪊兕？ 1
（18）勿㞢于下？ 1
（19）贞：𣪊兕…不… 1
（20）贞：勿[𣪊于下]？ 1
（21）…㞢𣪊二十？ 1
（22）勿㞢于南庚？ 1
（23）贞：㞢勺青于父乙？ 1
（24）告王𡆥于[父乙]？ 1
（25）勿告于父乙？ 1
（26）父乙刍隹之？ 1
（27）父乙刍不隹之？ 1
（28）贞：隹之？ 2
（29）贞：不隹之？ 2
（30）隹□乙□？ 2
（31）不隹父乙？ 2
（32）隹王亥？ 1
（33）不隹？ 1
（34）贞：王𢀛父乙宾？（王占曰：吉，其𢀛。） 1
（35）勿𢀛父乙宾？ 1
（36）𢀛妣己宾？ 1
（37）勿？ 1
（38）㞢于亚妣，一㞑，𣪊十？ 1
（39）帝[于]目三牛？ 1
（40）四牛？ 1
（41）五牛？ 1
（42）十牛？ 1
（43）翌乙亥王令？ 1
（44）翌乙亥勿令？ 1

（45）翌己卯其雨？ 1

（46）翌己卯不雨？ 1

（47）丁亥卜㱿贞：翌庚寅[㞢]于大庚？ 3

（48）己丑㞢上甲一伐，卯十小宰？ 3

（49）㞢于上甲？ 3

（50）贞：翌辛卯㞢于祖辛？ 3

（51）丙申卜㱿贞：来乙巳酒下乙？王占曰：酒，隹㞢求，其㞢设。乙巳酒，明雨，伐既，雨，咸伐，亦雨，攺卯鸟，星。 3

（52）丙申卜㱿贞：我受年？ 1

（53）贞：我[不]其受年？ 1

（54）戊戌卜㱿[贞]：王梦，不[隹]囚？八月。 4

（55）王梦隹囚？ 1

（56）王梦不囚？ 1

（57）王梦… 1

（58）贞：其㞢作？ 1

（59）贞：亡作？ 1

（60）贞：㞢害？ 1

（61）亡害？ 1

（62）王占曰：隹甲害余？ 1

（63）丙午卜争贞：来甲寅酒大甲？ 3

（64）丙午卜㱿贞：王[听]隹囚？ 3

（65）[丙午卜㱿贞：王]听不隹囚？ 3

（66）□□卜：王听隹[㞢]害？ 5

（67）贞：王听不隹□？ 6

（68）贞：王…囚？ 6

（69）听囚？（王占曰：吉。勿隹囚。） 2

（70）丙午卜㱿贞：三羌多妣？ 3

（71）于高妣己？ 2

（72）勿于妣庚？ 2

（73）㞢羌于黄尹？ 2

（74）勿㞢羌于黄尹？ 2

（75）贞：㞢子不… 2

(76) 贞：勿子？ 2

(77) 丁未卜宾[贞：来]甲寅酒[大]甲十伐㞢五，卯十宰？八日甲寅不酒，雨？ 8

(78) 九月甲寅酒，不雨？乙巳夕㞢设于西。 3

(79) 乎御于… 1

(80) …御…曹十小宰？ 2

(81) (丁巳卜宾)：疾齿隹㞢害？ 2

(82) 疾齿不隹㞢害？ 2

(83) 丁巳卜争贞：来甲子酒大[甲]？(八日甲…) 9

(84) …酒㞢[大甲]于… 9

(85) 贞：来辛酉酒王亥？ 10

(86) 㞢伐于[王亥]？ 10

(87) 癸[亥卜]㱿贞：听隹害？ 11

(88) 乙丑卜㱿贞：王听隹不…于… 12

(89) 贞：王听隹害？ 7

(90) 贞：王听不隹㞢害？ 7

(91) 听㞢不若？ 13

(92) □不若？ 13

(93) 㞢害？ 13

(94) 亡囚？ 13

(95) 来甲戌㞢伐自上甲？ 14

(96) 贞：勿㞢？ 14

(97) 丁丑卜古贞… 2

(98) 戊寅卜古贞：燎于岳？ 2

(99) 戊寅卜古贞：[燎于岳]？ 2

(100) 戊寅卜亘贞：王若？ 2

(101) 贞：示□若？ 2

(102) 贞：示弗若？ 2

(103) 河㞢不若？ 13

(104) [亡]不若？ 13

(105) (癸未卜㱿)：翌甲申㞢伐自上甲？ 13

(106) 己丑卜亘[贞]：㞢伐于季…三，卯六羊？ 15

（107）贞：㞢于季… 15
（108）贞：[勿]㞢[于季]？ 16
（109）壬辰[卜]㱿贞：来甲寅酒大甲，二旬㞢□日酒，雨？十月。 17
（110）…十月。 13
（111）贞：酒黄尹？ 13
（112）勿卒，黄尹戠？ 13
（113）…卒㞢戠？ 13
（114）㞢… 13
（115）勿[㞢]戠？ 13
（116）贞…卒燎… 15
（117）其[雨]？ 13
（118）不雨？ 13
（119）其雨？ 13
（120）不雨？ 13
（121）癸巳卜争贞：王比… 13
（122）贞：王比… 13
（123）（丁酉卜□）贞：古来犬？ 13
（124）古不其来犬？ 13
（125）古来马？ 13
（126）不其来马？ 13
（127）贞：[illegible]乎取白马以？ 13
（128）[illegible]其来？ 13
（129）不其以？ 13
（130）勿令妥青？ 13
（131）妥以？ 13
（132）弗其以？ 13
（133）弗其获？ 13
（134）贞：擒？ 13
（135）贞：乎収㞢？（王占曰：吉，其…） 14
（136）（辛亥卜宾）贞：㞢于河？ 13
（137）勿㞢于河？ 13
（138）贞：妇姘娩，嘉？ 1

（139）贞：王…嘉？ ❶
（140）[王占]曰：妣子王… ❷
（141）贞：妇曰？ ❷
（142）贞：勿曰？ ❷
（143）史人于戠？ ❼
（144）不其至？ ⓭
（145）[不]其至？ ⓭
（146）不其至？ ⓭
（147）[乎][?]出？ ❶
（148）乎先？ ❶
（149）其㞢晋？ ❶
（150）入雀妾？ ❶
（151）庚入一。 ❶
（152）竝[入]□。 ❻
（153）[?]入□。 ❼
（154）争。 ❼

❶《合集》974 ❷《合集》2373+① ❸《合集》11497、11498 ❹《合集》17406 ❺《合集》5307 ❻《合集》5432 ❼《契合》22 ❽《合集》896+② ❾《合集》1446 ❿《合集》942 ⓫《合集》5304 ⓬《合集》5309 ⓭《合集》945 ⓮《合集》943 ⓯《醉古》324 ⓰《合集》14715 ⓱《缀续》480

本组据“听害”相关卜辞系联，所见月份为八月、九月、十月。❽❾❿据“酒大甲”系联，⓭⓮据“㞢伐”系联。

第五组

（1）戊子卜亘贞：㞢疾，隹㞢害？ ❶
（2）疾身，隹㞢害？ ❷
（3）贞：不隹㞢害？ ❷
（4）贞：疾隹祖辛害？ ❸

① 张惟捷：《殷墟 YH127 坑宾组甲骨新研》，台湾万卷楼图书股份有限公司，2013 年，第 107 页。

② 蔡哲茂：《甲骨缀合三十五则》，《古籍整理研究学刊》2002 年第 6 期。

(5) 贞：㞢疾，以小𢓊御于… 4
(6) 贞：隹㞢疾？([王]占曰：其㞢疾…吉，隹㞢由，其于之出。) 5
(7) □□[卜㱿]贞：王[疾]…众不潸？ 6
(8) …亥…疾… 7
(9) …疾隹己？ 7
(10) 癸巳卜宾贞：臣执？王占曰：吉。其执隹乙、丁。七日丁亥既执。 8
(11) 贞：臣不其执？ 8
(12) 丙申卜宾贞：臣执？ 8
(13) 贞：臣不其执？ 8
(14) 庚子卜宾贞：赢？ 9
(15) 庚戌卜宾贞：其讯？ 10
(16) 壬子[卜]古贞：御于祖丁？ 10
(17) [贞]：勿于祖丁御？ 10
(18) 贞：[御]王于羌[甲]，克赢？ 8
(19) 弗其[克赢]？ 8
(20) 贞：于羌甲御？ 10
(21) 贞：勿于羌甲御？ 10
(22) 贞：㞢疾御于妣己？ 11
(23) 贞：于南庚？ 11
(24) 贞：勿于妣己御？ 12
(25) 贞：于妣癸？ 7
(26) □□[卜]宾[贞]…御疾于父□？ 13
(27) 王疾勿御？ 14
(28) 甲寅卜宾贞：其𢀛… 8
(29) 贞：𢀛汰启，隹之来？ 8
(30) 勿隹启之来？ 8
(31) 贞：王勿入于东？ 8
(32) (丙辰卜争) 贞：不其赢？ 15
(33) 贞：赢？ 15
(34) 贞：王肱赢？ 16
(35) 贞：王肱不[其]赢？ 16
(36) 今丁巳其雨？ 2

(37) 贞：今丁巳不雨？ 2
(38) 己未卜古贞：我三史史人？ 17
(39) 贞：我三史不其史人 17
(40) 贞：画史人？(王占曰：画其史人。) 17
(41) 贞：画不其史人？ 17
(42) 贞：史人于画？ 16
(43) [贞：勿史人于画]？ 16
(44) (戊辰卜争) 贞：其㞢来艰自沚？ 16
(45) 贞：亡来艰自沚？ 16
(46) 其来？ 17
(47) □来？ 17
(48) (丙戌卜㱿) 贞：王疾身，隹妣己害？ 17
(49) [贞：不]隹妣己害？ 17
(50) 隹妣己？ 17
(51) 不隹妣己？ 17
(52) 贞：隹妣庚？ 17
(53) 不隹妣庚？ 17
(54) 贞：祖丁助父乙[害王]？ 16
(55) [贞：祖丁弗助父乙]害王？ 16
(56) 贞：不[隹]祖辛？ 10
(57) 南庚助父乙害王？ 16
(58) 贞：南庚弗助父乙害王？ 16
(59) 隹祖□？ 2
(60) 不隹祖□？ 2
(61) 隹多父？ 2
(62) 不隹多父？ 2
(63) 贞：[父]辛害王？ 10
(64) 父辛[弗害王]？ 10
(65) 贞：父[乙]害[王]？ 10
(66) 父乙[勿害]王？ 10
(67) 隹父乙求？ 10
(68) [不隹]父[乙求]？ 10

（69）贞：㞢于娥？　10

（70）勿㞢于娥？　10

（71）㞢于祖丁？　16

（72）勿㞢祖丁？　16

（73）㞢于祖丁？　14

（74）贞：屯率，王若？　17

（75）贞：允舌王？　16

（76）（丙戌卜内）贞：不殟？　17

（77）贞：其殟？　17

（78）贞：于萅若？　17

（79）贞：隹其㞢出自之？（王占曰：见雨。）　15

（80）亡其出[自]之？　10

（81）贞：乎五日？（王[占曰]…商…兹…）　10

（82）乎妇好令？　16

（83）…卩？　10

（84）[勿]…卩？　10

（85）贞：羌于东？　5

（86）贞：不…（丩往）？　5

（87）殻。　17

1《合集》13771　2《合集》13666　3《山拓》1673　4《合集》13679　5《醉古》257　6《合集》45　7《合集》2505　8《合集》643+①　9《合集》17262　10《合集》1749+②　11《缀汇》826　12《合集》2418　13《合集》13857　14《合补》3988　15《合集》17257　16《醉古》60　17《合集》822

本组据商王疾病卜辞系联，未占卜具体部位，因此单独系联为一组。无月份记载，按干支顺序排列。

---

① 张惟捷：《殷墟 YH127 坑宾组甲骨新研》，台湾万卷楼图书股份有限公司，2013 年，第 209 页。

② 杨熠：《甲骨试缀第 61—65 则》（附），先秦史研究室网站，https：//www. xianqin. org/blog/archives/11080. html，2018 年 12 月 4 日。

第六组

(1) …母庚御妇好齿？ ❶
(2) 勿于母庚御？ ❶
(3) 贞：乎妇好祝于母庚御疾齿？ ❷
(4) 贞：御妇好于母？ ❸
(5) 戊戌卜㱿贞：自今至于壬寅□[雨]？ ❸
(6) 贞：自今至于壬[寅]□雨？(王占曰：庚[雨]。) ❸
(7) 己□[卜]贞：□好冎凡㞢疾？ ❹
(8) 贞：于甲介御妇好？ ❺
(9) □子卜争贞：其疛妇好？ ❻
(10) 贞：㞢于□庚三十小宰？ ❹
(11) 贞：令毕允子何？ ❸
(12) 勿令毕允子何？ ❸
(13) 王占曰：吉。 ❶
(14) [illegible]不其得？ ❶
(15) 贞：母…冬… ❶
(16) …雨… ❻

❶《合集》2618+① ❷《合集》2650+② ❸《缀汇》472 ❹《合集》13865 ❺《合集》2619 ❻《山拓》1619

本组据妇好疾病相关卜辞系联，无月份记载。

第七组

(1) …获百□□十㞢四？十二月。 ❶
(2) 叀夷犬乎田？ ❷

① 考古资料数位典藏资料库，https：//ndweb. iis. sinica. edu. tw/archaeo2_ public/System/Artifact/Detail_ Basic. jsp? SearchType = null&ShowPage = null&PageSize = null&SearchValue = null&registerd_ no = R044609。

② 林宏明：《甲骨新缀第 634—637 例》，先秦史研究室网站，http：//www. xianqin. org/blog/archives/6294. html，2016 年 5 月 7 日。

（3）［田］于唐？ 2

（4）乎田？ 3

（5）贞：乎妇姘田于仌？ 3

（6）［贞：勿］乎妇［姘田］于仌？ 3

（7）贞：今十三月画乎来？ 2

（8）［贞］：今十三月不画［来］？ 2

（9）贞：来？ 2

（10）贞：［勿］… 2

（11）庚申卜㱿贞：昔祖丁不黍，隹南庚害？（王占曰：［不吉］。南庚害，祖丁［害］，大示祖乙、祖辛、羌甲害。） 4

（12）庚申卜㱿贞：昔祖丁不黍，不隹南庚害？ 4

（13）庚申卜㱿贞：乎逐兔？ 4

（14）贞：不其获兔？ 5

（15）…兹御…获兔三… 6

（16）壬戌卜争贞：叀王自往陷？ 7

（17）壬戌卜争贞：王往于田，若？（王占曰：吉。允［往］。） 8

（18）癸亥卜争贞：我黍，受㞢年？一月。 7

（19）贞：勿⿰亩甫黍，受㞢年？ 7

（20）弗其受㞢年？ 7

（21）贞：㞢于妣甲垂艮，卯宰？ 7

（22）贞：勿⿰亩甫用？ 7

（23）贞：祝于祖辛？ 7

（24）祝于祖辛？ 7

（25）贞：叀多子乎往？ 7

（26）于女子？ 7

（27）于女子？ 7

（28）戊辰卜韦贞：［御］于羌甲？ 4

（29）［御］肱于祖［辛］？ 4

（30）勿御肱？ 4

（31）勿于祖［辛御］？ 4

（32）于祖辛御？ 3

（33）于祖辛御？ 3

(34) 贞：御于㞢妣？ 9
(35) 贞：勿御，亡疾？ 9
(36) 御于？ 9
(37) 㞢于兄戊？ 4
(38) □午卜㱿贞：□逐鹿于[万]，执？ 10
(39) □□卜[㱿]贞：[子]商陷？ 11
(40) 贞：子商弗其获鹿，在万？ 12
(41) …商…鹿…万？ 12
(42) …㞢…获… 9
(43) …其[狩]，擒？壬申允狩擒，获兕六、豕十㞢六、兔百㞢九十㞢九。 9
(44) …壬申王勿[狩]，不其擒？ 9
(45) 壬[申]狩，擒？ 9
(46) 贞：王曰名，[㞢]擒？ 9
(47) 勿曰名，弗其擒？ 9
(48) 其亡擒？ 13
(49) 贞：王狩，擒？(…[曰]：擒。) 9
(50) 癸酉[卜]…乎[逐]…获？ 14
(51) 己卯卜…陷… 15
(52) □□卜[贞]：叀癸…陷… 15
(53) 癸未卜宾贞：王往田？ 16
(54) 辛卯卜㱿贞：王往延鱼，若？ 17
(55) 辛卯卜㱿贞：王勿延鱼，不若？ 17
(56) 贞：翌壬辰不其雨？(壬辰允不雨。风。) 17
(57) 壬辰卜㱿贞：㞢祖辛二牛？ 17
(58) 㞢祖辛二牛？ 17
(59) 辛丑卜宾贞：翌壬寅其雨？(王占曰：吉。隹翌庚。) 17
(60) 㞢祖辛？ 17
(61) 贞…祖… 17
(62) [丙]午卜古贞：翌丁未陷？ 18
(63) 贞…于…曹… 18
(64) 壬子卜□[贞]…马逐…王占曰…允获五。 19
(65) 贞：弗其[获]？ 19

(66) 弗其获？ 19
(67) 弗获？ 19
(68) 贞：翌甲寅王令狩？ 20
(69) [甲]寅[卜]㱿贞：[翌]乙巳王勿往田？ 21
(70) 贞：王勿往出于田？ 22
(71) 贞：王往出于田，不潸？ 22
(72) 乙卯卜争贞：王于丁巳狩，获？ 23
(73) □□卜宾[贞：翌]丁巳[逐]…于丧？ 24
(74) □□卜争贞：其㱯？ 22
(75) …人不其冓… 12
(76) …夫禄… 24
(77) …戊…𡆥？ 22
(78) 贾入二。 17
(79) 卒入五十。 4
(80) □入[十]。 20
(81) □入十。 22
(82) 争。 9 22
(83) 宾。 4

1《合集》10830　2《合集》11000　3《拼一》141　4《合集》1772　5《上博》20889.7　6《上博》65640.2　7《合集》787　8《合集》10522　9《合集》10407　10《合集》10946　11《合集》10670　12《合集》10945+①　13《合集》10784　14《英藏》846　15《合集》10663　16《合集》10523　17《合集》12921　18《合集》10665　19《合集》10833　20《合集》10595　21《英藏》832　22《合集》10539　23《合集》10589　24《合集》19492

本组据商王田猎卜辞系联，所见月份为十二月、十三月、一月，时间连续。

第八组

(1) [贞]：多羌不获鹿？ 1

① 杨熠：《甲骨试缀第48—55则》，先秦史研究室网站，https：//www.xianqin.org/blog/archives/11023.html，2018年11月8日。

(2) 贞：多子获鹿？ 2
(3) 贞：乎多子逐鹿？(王占曰：不其获。) 3
(4) 勿乎逐鹿？ 3
(5) 贞：勿乎逐，不获？ 4
(6) …其获？ 4
(7) [壬]子卜争贞：㞢于祖辛？ 3
(8) 勿御[于]南庚？ 2
(9) 勿御[于]父辛？ 2
(10) 御于父辛？ 2
(11) …其[来]今[夕]… 3
(12) 亡[来今夕]… (王[占曰]：其[来]。) 3
(13) 贞：乎化[凡]？ 2
(14) …雨？ 1
(15) 壴[入]☐。 2
(16) [画]来☐。 3

1《合集》153 2《合集》10275 3《合集》10306 4《合集》10644

本组系田猎卜辞，据多子、多羌逐鹿系联，无月份记载。

第九组

(1) (丙寅卜争) 贞：受糧年？ 1
(2) …黍年？ 1
(3) 贞：[不]其[受]黍[年]？ 2
(4) 贞：𡆥隹咎？ 1
(5) 贞：𡆥不隹[咎]？ 1
(6) 贞：王宾羌甲日？ 1
(7) 贞：勿宾羌甲日？ 1
(8) 贞：燎？ 1
(9) 贞：牛由？ 1
(10) 牛亡其由？ 1
(11) …自翌…至…不… 2

1《醉古》346 2《合集》10017

本组据农业类“受年”卜辞系联，无月份记载。

第十组

(1) 辛巳卜亘贞：祀岳𠦪来岁受年？ 1
(2) 贞：来岁不其受年？ 1
(3) 贞：西土受年？ 2
(4) 贞：□土受年？ 2
(5) 受年？（王占曰：受年。） 3
(6) 受年？ 3
(7) 不其南年？ 3
(8) [贞：王其往]萑河，[若]？ 2
(9) 贞：王其往萑河，不若？ 2
(10) 贞：王萑河，若？ 4
(11) 贞：龟以？ 3
(12) 奠来[二十]。在产。 1

1《合集》9658　2《合集》5158+①　3《合补》2499　4《合集》5159

本组也为农业类“受年”卜辞，据“王往萑河”系联，农业卜辞主要是卜问“四土”的收成。

第十一组

(1) 丙辰卜㱿贞：我受黍年？（王占曰：吉。受㞢年。） 1
(2) 丙辰卜㱿贞：我弗其受黍年？四月。 1
(3) 戊戌卜…[我受年]？ 2
(4) 贞：今来岁我不其受年？九月。 2
(5) 丁卯卜韦贞：来岁我不其受□？ 3
(6) 丁卯卜宾贞：[我]受黍[年]？ 4
(7) 贞：丁亥…（王占曰：隹女。） 5

① 张惟捷：《殷墟YH127坑宾组甲骨新研》，台湾万卷楼图书股份有限公司，2013年，第197页。

(8) 辛卯[卜]宾贞：受黍年？ 3
(9) …其受年？十二月。 3
(10) 癸卯卜古贞：王于黍，侯受黍年？十三月。 5
(11) 癸卯卜古贞：王勿于黍，侯[受]黍年？ 5
(12) 王占曰：吉。我受黍年，丁其雨，吉，其隹乙雨，吉。 5
(13) 㞢祖丁？ 5
(14) 祖丁来… 5
(15) …祖辛… 5
(16) 勿㞢于祖辛？ 5
(17) [王]占曰：吉，其㞢御… 5
(18) …舌往…丘以？(王占曰：吉…以) 5
(19) [贞]：于[来]乙未酒？ 6
(20) 贞：勿…□酉酒？用。([王占]曰：吉…其…) 6
(21) 贞：燎犬三？ 6
(22) 五豖？ 6
(23) 戊戌卜[古]贞：我… 6
(24) [戊戌卜古]贞：[我]不其受□？二月。 6

1《合集》9950 2《合集》9654 3《合集》9712+① 4《合集》9954 5《醉古》344 6《合集》15641

本组据“我受年”卜辞系联，这些卜辞记载月份，按月份先后、再根据干支排。

第十二组

(1) 庚午卜𣪊贞：我受年？ 1
(2) 壬午卜韦贞… 2
(3) (癸未卜𣪊) 贞：王听隹孽？ 3
(4) 贞：王听不隹孽？ 3
(5) 丙子卜韦贞：我受年？(王占曰：巳珏。) 4

① 林宏明：《甲骨新缀第655例》，先秦史研究室网站，https：//www.xianqin.org/blog/archives/6353.html，2016年5月17日。

（6）丙子卜韦贞：我不其受年？ 4

（7）己卯卜㱿[贞]：媚雨，我不其受年？（[王占]曰：其[雨]。□日丁亥允雨。） 5

（8）乙酉卜韦贞：我受黍年？（王占曰：吉…） 6

（9）贞：弗其受黍年？ 6

（10）…贞：我受黍年？ 7

（11）贞：我受黍年？（王占曰：吉…受…） 8

（12）贞：我弗… 8

（13）贞…其受… 6

（14）辛卯卜古贞：我受年？ 3

（15）贞：我不其受年？ 3

（16）翌丁酉王… 9

（17）戊戌卜㱿贞：我受穱年？ 10

（18）戊戌卜箙贞：翌己□… 1

（19）辛丑卜韦□：父乙害？ 9

（20）辛丑卜韦贞：不隹父乙害？ 9

（21）示弗若？ 9

（22）己酉卜亘贞：今岁我受穱年？ 9

（23）己酉卜亘贞：今岁我不其… 9

（24）己酉[卜]亘[贞：今]岁我不其受… 9

（25）己酉卜亘贞：今… 9

（26）（庚戌卜宾）贞：王□其㞢曰多[尹]？ 4

（27）贞：勿曰多尹？ 4

（28）贞：王其㞢曰多尹，若？（王占曰：若。） 4

（29）（壬子[卜㱿]）贞：我其受年？ 11

（30）弗其受年？ 11

（31）□寅卜争贞：我受年？ 12

（32）己未卜争[贞：我]受年？ 13

（33）贞：我不其受年？ 14

（34）我北田受年？ 15

（35）我北田不其受年？ 15

（36）…[不]其受年？ 16

（37）…我受年？王占曰：受[年]，隹不鲁。 ⓰
（38）…萛受年？ ⓰
（39）…萛不其受年？ ⓰
（40）贞：受年？ ⓯
（41）己未卜争贞：失、齐亡囚？ ⓭
（42）壬戌卜㱿贞：王声次？ ⓭
（43）□戌卜㱿贞：燎于岳小宰？ ❼
（44）贞：告于祖乙？ ❾
（45）贞：勿告？ ❾
（46）贞：侯以冎刍？ ⓭
（47）允以。 ⓭
（48）贞：孚？（王占曰：孚。） ❹
（49）贞：史？ ❹
（50）乎擒… ⓬
（51）贞。 ❷
（52）贞。十二月。 ❷
（53）永入十。 ❷
（54）⿰彳⿻木人入十。 ❸
（55）□入二。 ❾
（56）利示六屯。争。 ❿
（57）妇閄示。宾。 ❷
（58）妇閄示。亘。 ❸
（59）争。 ❹

❶《合集》9700　❷《合集》18911　❸《合集》9671　❹《合集》5611　❺《合集》9717　❻《醉古》48　❼《合集》9937　❽《契合》65　❾《契合》239　❿《合集》10045　⓫《合集》9692　⓬《合集》9675　⓭《合集》98　⓮《合集》9723　⓯《醉古》348　⓰《合集》9768

本组据“我受年”卜辞系联，这些卜辞不记载月份，只有干支，按干支顺序排列。❷❸根据“妇閄示”系联，甲桥刻辞一为“永入十”、一为“⿰彳⿻木人入十”，由于二者甲桥刻辞拓片较模糊，永、⿰彳⿻木人很可能为同一人。

第十三组

(1)（辛未卜古）：𡆥…[由]？ 1

(2) 其㞢𡆥？ 1

(3) 贞：□亡𡆥？ 2

(4) 庚辰卜争：妇㠯来？ 1

(5) 乙亥卜宾贞：㞢伐于祖辛？ 3

(6)（壬午卜㱿）：来庚寅㞢一牛妣庚，𠕋十𠬝、十宰、十青？ 2

(7) 勿𩠹… 2

(8) 癸未卜亘贞：王㞢𡇒，若？ 4

(9) 王㞢𡇒，不若？ 4

(10) 甲申卜亘贞：㞢𡿨…（王占曰：吉，余…） 4

(11) 辛卯卜亘贞：父乙害？王占曰：父害，隹不𢓊。 4

(12) 贞：父乙弗害王？ 4

(13) 贞：壬辰𢼊？ 2

(14) 翌乙未㞢于父乙二牛？ 2

(15) 一牛？ 2

(16) 叀小宰？ 2

(17) 㞢父庚？ 2

(18) 㞢于三父一伐，卯宰、羊，𩰫？ 2

(19) 乙未卜古贞：父乙害王？ 5

(20)（乙未卜㱿）贞：二十伐上甲，卯十小宰？ 2

(21) 一宰？ 2

(22) 一牛？ 2

(23) 㞢于上甲十伐，卯十宰？ 2

(24) 上甲十伐㞢五，卯十小宰？ 2

(25) 贞：二十伐上甲，卯十小宰？ 2

(26) 贞：隹季害？ 6

(27) …外丙害王？ 1

(28) 贞：外丙弗害王？ 1

(29) 祖乙害王？ 7

（30）贞：祖乙弗害王？ 7
（31）祖乙…丁… 2
（32）隹祖辛［害］王？ 8
（33）祖辛害［王］？ 9
（34）贞：祖辛弗害王？ 9
（35）羌甲害王？ 10
（36）贞：不隹祖丁害王？ 11
（37）祖丁弗害王？ 12
（38）隹祖丁害王？ 12
（39）贞：祖丁害王？ 12
（40）贞：不隹祖丁害王？ 12
（41）南庚害王？ 10
（42）贞：祖害王？ 13
（43）丁酉卜古贞：□日…燎？ 14
（44）贞：勿燎？ 14
（45）…不雨？ 15
（46）□□卜…其□我…于岳，有雨？ 3
（47）贞：其桒我于河，有雨？ 3
（48）其桒我于岳，亡其雨？ 3
（49）…于河，亡其雨？ 3
（50）己亥…䧟…告画？ 3
（51）己亥… 3
（52）己亥卜亘贞：妣己害？ 16
（53）［贞：妣］己害［王］？ 17
（54）贞：妣己弗害王？（王占曰：吉。） 17
（55）妣己害王？ 7
（56）妣甲害王？ 7
（57）隹妣庚害□？ 18
（58）妣癸求王？ 19
（59）贞：妣癸害王？ 3
（60）贞：妣癸弗害王？ 3
（61）□癸弗求？ 20

(62) 妣癸求？ 20
(63) 贞：妣丹害王？ 7
(64) 贞：妣丹弗害王？ 7
(65) 父甲弗害王？ 21
(66) 父庚害王？ 22
(67) …父庚害王？ 23
(68) 父庚害王？ 2
(69) 隹父庚？（王占曰：隹父庚，隹求余。） 14
(70) 辛酉[卜]宾贞：父乙害王？ 24
(71) 贞：隹父乙害？ 14 26
(72) 贞：隹父乙害王？ 25
(73) …隹父乙害？ 27
(74) 贞：不隹父乙害？ 15
(75) 不隹父乙㞢害？ 28
(76) [隹]父乙□害？ 28
(77) 父乙害王，㞢[自]□？ 29
(78) 父乙□王？王占曰：吉。亡自□。 29
(79) 贞：不隹？ 28
(80) 贞：[隹]？ 28
(81) [贞]：䓫[父]壬害王？ 10
(82) 贞：䓫父壬害王？ 10
(83) …父害… 30
(84) 母己害王？ 31
(85) 母己弗害王？ 31
(86) 贞：隹母癸害[王]？ 32
(87) …害王？ 32
(88) 母娰弗害王？ 19
(89) 贞：兄丁害？ 33
(90) [隹]兄戊[害]？ 34
(91) 娥其害王？ 35
(92) 贞：娥弗害王？ 35
(93) 贞：不隹多介害？ 36

(94) …多介父害？ 37
(95) 河害我？ 3
(96) 河不我害？ 3
(97) 乙巳卜宾贞：勿卒㞢祼于父乙？ 12
(98) 乙巳卜宾贞：祼于父乙？ 12
(99) 乙巳卜宾贞：今日㞢于父乙宰？ 12
(100) 贞：今日㞢于父乙一牛？ 12
(101) 戊申卜㱿贞：若？ 5
(102) 戊申卜㱿贞：祀弗若？ 5
(103) 贞：燎于西，弗保？ 38
(104) 贞：[燎]… 31
(105) 弗燎西… 31
(106) 燎单东？ 2
(107) 勿燎？ 2
(108) 燎于□父？ 38
(109) …燎… 22
(110) 贞：自今至于辛亥雨？ 29
(111) …自今至于□□不其雨？ 29
(112) 王占曰：吉。辛雨，庚不亦雨。 29
(113) (壬□卜宾) 贞：王若？(王占曰：吉，若。) 29
(114) 贞：王不若？ 29
(115) (癸丑卜争) 贞：甲用𦍌来羌？(王占曰：吉。) 14
(116) 勿𤰈用𦍌来羌？ 14
(117) 贞…用… 14
(118) 丙申卜贞：王若？ 39
(119) 丙申卜宾贞：示左王？ 39
(120) 贞：示弗[左]王？ 39
(121) 贞：示弗左王？ 39
(122) 贞：示弗若？ 40
(123) 庚子卜古贞：王若？ 41
(124) …王若？ 42
(125) 贞：王不若？ 42

(126)［贞］：不若？ 43
(127) 贞：隹若？ 44
(128) 不隹［若］？ 44
(129) 庚申卜㱿贞：辛㞢豕祖辛？ 35
(130) 㞢于南庚？ 29
(131) 勿㞢？ 29
(132) □㞢于妣癸？ 19
(133) 勿㞢于□癸？ 19
(134) …妣癸？ 20
(135) 勿𦎫㞢于□癸？ 20
(136) 㞢于妣壬？ 10
(137) 勿于妣庚㞢？ 29
(138) 于妣庚㞢？ 29
(139) 勿𦎫于父庚？ 19
(140) 㞢于态？ 7
(141) 㞢□态？ 7
(142) 㞢于介子？ 7
(143) 贞：□辛酉酒河，沉宰，燎… 35
(144) 禾酒咸？ 2
(145)［庚申卜］古贞：其雨？ 18
(146) 庚申［卜］古贞：不其雨？ 18
(147) 庚申卜古贞：王令内… 18
(148) 乙丑卜㱿贞：盅？ 13
(149)（戊辰［卜］古）贞：易日？（王占曰：㞢求。其隹…吉） 13
(150) 贞：今癸酉燎… 29
(151) 今癸酉勿燎… 29
(152) 丙子［卜］贞：黄尹害王？（王占曰：［隹］□寅害余。） 45
(153) 黄尹不害？ 46
(154) 贞：王㞢害？ 47
(155) 贞：勿盅，㞢于河？ 48
(156) 贞：河㞢？ 29
(157) 河亡左？（王占曰：吉。勿左王。） 29

(158) 戊寅卜王贞：孚？(王占曰：𩠒。不吉。在兹。) 41
(159) 乙酉卜宾贞：乎斦𠬝，若？ 10
(160) 贞：[勿乎]斦[𠬝]？ 10
(161) 丁亥卜㱿贞：𠬝以㞢正？ 47
(162) 贞：𠬝弗其以㞢正？ 47
(163) □午卜争贞：壴由王事？ 47
(164) 贞…事？□月。 47
(165) □王作令㲋，不橐？ 47
(166) 贞：其橐？ 47
(167) 勿隹令沘比？ 47
(168) 贞：令行，若？ 38
(169) 贞：今日王入？ 4
(170) 贞：王辛[入]？ 4
(171) 贞：王勿卒入？ 39
(172) …史乎…归？ 19
(173) 贞：乎比虢侯？(王占…) 4
(174) 勿乎侯？ 4
(175) 乎比侯？ 4
(176) 勿乎比？ 4
(177) 贞：若？ 4
(178) 贞：弗若？ 4
(179) 贞：雀冎凡？ 35
(180) 雀不其冎凡？ 35
(181) 贞：冎㞢由？ 19
(182) 贞：冎不[隹㞢]由？ 19
(183) 吕不其殟？ 29
(184) 吕其殟？ 29
(185) 不隹吕又？ 29
(186) 隹吕又？ 29
(187) …其殟？ 13
(188) 贞：不殟？ 13
(189) [我以戠]牛？ 1

（190）我勿以戠牛？ 1
（191）牛… 28
（192）牛… 28
（193）…羊… 47
（194）卯宰？ 19
（195）王占曰：吉。勿卯。 29
（196）贞…匚… 39
（197）贞：登黍？ 14
（198）勿登黍？ 14
（199）贞：于甲，麇获？ 2
（200）于东？ 2
（201）番屮鹿？ 2
（202）屮鹿？ 2
（203）亡其鹿？ 2
（204）乎取伐［祝］？ 2
（205）隹娟？ 29
（206）不隹［娟］？ 29
（207）…陕不槖？ 48
（208）…示？ 2
（209）勿示？ 2
（210）勿示？ 2
（211）贞…我… 47
（212）王占曰…其…我… 47
（213）［王］占曰：吉，隹… 29
（214）吉。 31
（215）贞：王勿曰… 32
（216）贞：王其… 32
（217）…隹㞢… 30
（218）壬□［卜］内［贞］…甘…得？ 12
（219）…囚…其… 12
（220）乙未… 48
（221）丁酉。 16

(222) 丁卯。 16

(223) 丁酉卜。 29

(224) 今癸…不… 13

(225) 擒来十。 48

(226) 小臣入二。 10

(227) 壴入。㱿。 29

(228) □入二十。宾。 40

(229) □入三。 14

(230) 妇[illegible]。 1

(231) 商。 39

(232) 㱿。 14

1《合集》8969　2《合集》893　3《合集》978+[①]　4《合集》766+[②]　5《合集》2231+[③]　6《合集》14718　7《合集》1623+[④]　8《合集》1746　9《合集》2071+[⑤]　10《合集》1823　11《合集》1872　12《拼三》653　13《合集》13151+[⑥]　14《合集》235　15《合集》2249　16《缀汇》912　17《合集》2429+[⑦]　18《合补》3644　19《合集》2153+[⑧]　20《合集》2506+[⑨]　21《山拓》1640　22《合集》2145　23《合集》2147　24《合集》2227　25《合集》2228　26《醉

---

① 张惟捷：《殷墟 YH127 坑宾组甲骨新研》，台湾万卷楼图书股份有限公司，2013 年，第 200 页。

② 蔡哲茂：《〈殷虚文字丙编〉新缀一则》，先秦史研究室网站，https://www.xianqin.org/blog/archives/1558.html，2007 年 3 月 29 日。

③ 张惟捷：《殷墟 YH127 坑宾组甲骨新研》，台湾万卷楼图书股份有限公司，2013 年，第 145 页。

④ 张惟捷：《殷墟 YH127 坑宾组甲骨新研》，台湾万卷楼图书股份有限公司，2013 年，第 148 页。

⑤ 蔡哲茂：《〈殷墟文字乙编〉新缀第十九则》，先秦史研究室网站，https://www.xianqin.org/blog/archives/1771.html，2008 年 3 月 12 日。

⑥ 张惟捷：《殷墟 YH127 坑宾组甲骨新研》，台湾万卷楼图书股份有限公司，2013 年，第 199 页。

⑦ 张惟捷：《殷墟 YH127 坑宾组甲骨新研》，台湾万卷楼图书股份有限公司，2013 年，第 209 页。

⑧ 张惟捷：《殷墟 YH127 坑宾组甲骨新研》，台湾万卷楼图书股份有限公司，2013 年，第 221 页。

⑨ 张惟捷：《殷墟 YH127 坑宾组甲骨新研》，台湾万卷楼图书股份有限公司，2013 年，第 289 页。

古》142　27《合集》2242　28《合集》2251　29《合集》2002 正+①　30《合集》2318　31《合集》2538　32《合集》2579　33《合集》2892　34《合集》2914　35《合集》1677　36《合集》2344　37《合集》2345　38《英藏》339　39《合集》14888　40《合集》14889　41《醉古》53　42《合集》16338　43《合集》16362　44《合集》16381　45《合集》3483+②　46《合集》3491 47《合集》4499+③　48《合集》14520

本组系吉凶类占卜，据“某害王”相关卜辞系联，按干支顺序排列，其他占卜内容以类相从。

第十四组

（1）□□[卜]亘贞：祖辛求王？　1
（2）贞：妣甲求？　2
（3）父乙…隹…　3
（4）不隹…求…　3
（5）贞：黄尹[求王]？　4
（6）黄尹不我求？　5
（7）求我？　6
（8）尽戊求王？　8
（9）尽戊弗求王？　8
（10）贞：疾身隹害？　8
（11）…乙隹…求王？　7
（12）王隹求？　9
（13）…贞：翌乙未㞢勺于□？　1
（14）…乙未㞢勺于…　1
（15）丙午卜宾贞：[翌]丁未易日？　8

① 林宏明：《甲骨新缀第 623—626 例》，先秦史研究室网站，https：//www. xianqin. org/blog/archives/6204. html，2016 年 3 月 31 日。

② 张惟捷：《殷墟 YH127 坑宾组甲骨新研》，台湾万卷楼图书股份有限公司，2013 年，第 216 页。

③ 张惟捷：《殷墟 YH127 坑宾组甲骨新研》，台湾万卷楼图书股份有限公司，2013 年，第 239 页。

(16) 贞：翌丁未不其易日？ 8
(17) 自今至于己酉不雨？ 8
(18) □丑[卜]宾贞…王占[曰]：□其□。 8
(19) □卯卜□[贞]…[大]□牛？ 8
(20) 贞：勿…祖丁？ 8
(21) …祖… 8
(22) 于上甲？ 6
(23) 贞：㞢于…[宰]？ 7
(24) 贞：燎？ 8
(25) 燎犬？ 8
(26) 贞：[今]癸亥其雨？ 8
(27) …徒㞢任畓眔唐，若？ 8
(28) 贞：勿令旨比屰徒㞢任畓… 8
(29) 取羊于戈… 8
(30) □卫[王]… 8
(31) …勿…圁？ 8
(32) 匽入一。 8

1《合集》1734 2《合集》2395 3《合集》2272 4《合集》3479 正 5《合集》3484 6《英藏》25 7《英藏》1199 8《合集》3521 9《辑佚》56 正

本组系吉凶类占卜，据“某求王”相关卜辞系联。

第十五组

(1) 癸[亥]… 1
(2) 丙寅卜内：翌丁卯王步，易日？ 2
(3) 翌丁卯王步，不其易日？ 2
(4) 丙寅卜争贞：我亡囚？ 2
(5) 贞：我亡囚？ 2
(6) 丙寅卜争[贞]… 2
(7) 丁卯卜㱿贞：我自亡启戲？ 2
(8) 贞：卒亡启戲？ 2

(9) 贞：翌戊辰王步，易日？ ❷
(10) 翌戊辰勿步？ ❷
(11) …贞：翌己巳步于卒？ ❷
(12) 贞：于庚午步于卒？ ❷
(13) 己巳卜争贞：我㞢作囚？ ❶
(14) 贞：我亡作囚？ ❶
(15) (庚午卜亘) 贞：我㞢作囚？ ❶
(16) 贞：我亡作囚？ ❶
(17) 王占曰：吉。亡作囚其㞢终若。 ❶
(18) 贞：□弗其作□？ ❶
(19) 贞：乎作圂于専？ ❷
(20) 勿作圂于専？ ❷
(21) 隹入十。 ❷
(22) 画来… ❶

❶《合集》9197+[①] ❷《合集》11274

本组卜辞系吉凶类占卜，据“我囚”系联，共见两版。

第十六组

(1) (甲子卜宾) 贞：畏其㞢囚？(王占曰：其㞢囚。下上。) ❶
(2) …帝其降戠？在沘。(王占曰：吉。) ❶
(3) 贞：□帝隹降戠？ ❷
(4) 贞：帝不隹降戠？ ❷
(5) …帝不…降[戠]？ ❸
(6) 甲寅[卜]㱿贞：□其… ❶
(7) 乎般以□？ ❶
(8) …羌？ ❶

❶《合集》14173 ❷《合集》14171 ❸《英藏》1142

本组卜辞系吉凶类占卜，据“帝降戠”系联，共见三版。

① 张惟捷：《殷墟 YH127 坑宾组甲骨新研》，台湾万卷楼图书股份有限公司，2013 年，第 198 页。

第十七组

王亥

(1) 㞢于[王]亥九伐，卯… ❶

❶《合集》920

上甲

(1) 翌乙丑[勿]㞢于上甲？ ❶

(2) □未卜㱿贞：㞢于上甲三伐？ ❷

(3) □□卜㱿贞：翌甲辰㞢上甲男… ❸

(4) 乙巳卜㱿贞：在父宾？ ❹

(5) 癸丑贞：旬亡𡆥？ ❺

(6) 庚申卜争贞：㞢于上甲？ ❻

(7) 㞢于上甲一宰？ ❺

(8) …上甲二宰？ ❺

(9) 㞢…大… ❺

(10) 贞：不其雨？ ❺

(11) …其…来？ ❺

❶《合集》1150　❷《英藏》3　❸《合集》3453　❹《合集》1480 反　❺《合集》1141　❻《合集》1143

大甲

(1) □□[卜㱿：翌]□午㞢大甲白牛，用？ ❶

(2) 贞：㞢于大甲五宰？ ❷

(3) [㞢]于[大]甲？ ❸

(4) 贞：㞢大甲？ ❹

(5) 贞：㞢于[大]甲？ ❺

(6) □子…自…雨？ ❶

(7) 㱿。 ❹

❶《合集》1423　❷《合集》1421　❸《合集》1426　❹《合集》1429　❺《合集》1480 正

祖乙

(1) 贞：来乙亥勿㞢于祖乙？ ❶

(2) …[乙]酉㞢于祖乙？ 2
(3)（癸巳卜宾）贞：翌乙未㞢祖乙？ 3
(4) 甲午[卜]□贞：今燎□牛？ 4
(5) 贞：今日燎牛？ 4
(6) 贞：今日燎？ 5
(7)（甲午卜）：翌乙未㞢于下乙一牛，用？ 4
(8) □午卜□贞：[乙]未㞢[于]祖乙，正？ 6
(9) □未㞢于祖乙。 7
(10) …六日己亥⿱㞢皿庚子… 4
(11) …雲。庚子执鸟，星？七月。 4
(12) 乙未卜□贞：王其归，次于⿰朩卜女？ 3
(13) 贞：勿次于⿰朩卜[女]？ 3
(14) 丁酉卜争贞：来乙巳酒下乙？ 4
(15) 戊戌卜㱿贞：叀成先酒？ 4
(16) 戊戌卜㱿贞：勿隹成先酒？ 4
(17) 王占[曰]…庚…酒… 4
(18) 甲辰卜㑴贞：今日其雨？ 8
(19) 甲辰卜㑴贞：今日不其雨？ 8
(20) 甲辰卜㑴贞：翌乙巳其雨？ 8
(21) 贞：翌乙巳不其雨？ 8
(22) 贞：翌丁未其雨？ 8
(23) 贞：翌丁未不其雨？ 8
(24) 癸[丑卜]□贞：翌甲寅㞢于祖乙？ 9
(25) □□[卜]□贞：[祖]乙弗害□？ 9
(26) 戊[午]卜㱿贞：㞢于祖乙？ 10
(27) 辛□[卜]□贞：㞢于[祖]乙[宰]？ 10
(28) 贞：㞢于祖乙？ 11 12
(29) □□卜□贞：㞢[于]祖乙… 13
(30) 㞢于祖乙？ 8
(31) 其㞢匚于祖乙，不隹𡆥？ 8
(32) 贞：㞢于妣甲？ 11
(33) 贞：翌癸未燎五牛？ 8

（34）翌癸未勿燎五牛？ ❽

（35）乙巳卜㱿贞：在父宾？ ⓫

（36）贞：燎牛？ ❽

（37）勿燎？ ❽

（38）燎一牛？ ❽

（39）燎二牛？ ❽

（40）燎三牛？ ❽

（41）于庚子燎？ ❹

（42）…酉十宰？ ❹

（43）…雨… ❾

（44）乎求先得？ ❽

（45）乎求先从东得？ ❽

（46）贞：乎求先得？ ❽

（47）乎取。 ❽

（48）戋来十。 ❽

（49）㱿。 ❽

（50）奠入二。 ❹

（51）□入五。 ❻

（52）亘。 ❻

❶《缀集》124 ❷《合集》1547 ❸《合集》1532 ❹《缀汇》244+256 补遗 ❺《醉古》66 ❻《英藏》31 ❼《合补》119 ❽《合集》12051 ❾《合集》1538 ❿《合集》1545 ⓫《合集》1480 正 ⓬《合集》1561 ⓭《合集》1564

祖辛

（1）翌辛勿㞢祖辛？ ❶

（2）辛丑卜㱿：乎比来取㞢兄以？ ❶

（3）辛丑卜㱿：弗其以？ ❶

（4）辛丑卜㱿贞：帝若王？ ❶

（5）贞：帝弗若王？ ❶

（6）辛亥卜㱿贞：㞢[illegible]伯于父乙？（王占曰：隹□害。） ❷

（7）壬子卜宾贞… ❷

（8）翌癸丑㞢祖辛四牡？ ❷

（9）乙卯卜永贞：今者奚来牛？五月。 ❸

(10) 贞：今者奚不其来牛？(王占曰：[吉]…) 3
(11) 贞：㞢于祖[辛]？ 3
(12) 勿㞢于祖辛？ 3
(13) 贞：㞢于祖辛十宰？ 4
(14) 翌辛酉㞢祖辛一牛？ 5
(15) …㞢于祖辛… 6
(16) 贞：㞢于… 7
(17) 贞：勿㞢于祖辛？ 7 9
(18) 贞：㞢于祖辛？ 8
(19) 贞：桒于祖辛？ 2
(20) …[酒]御…于妣[己]？ 7
(21) 贞：㞢于父乙？ 2
(22) 贞：父乙亡其□？ 2
(23) 父乙？ 2
(24) 王从□涉于河？ 1
(25) 勿延于冥，王… 1
(26) …吉。勿… 3
(27) 贞：弗其获？ 2
(28) 唐来三十。 2

1《醉古》299 2《合集》1780 3《合集》1715+[①] 4《合集》1678 5《合集》1684+[②] 6《合集》1697 7《合集》1710+[③] 8《合补》149 9《合补》139正

祖丁

(1) 壬申卜内贞：翌乙亥其[雨]？乙亥□晕。 1
(2) 壬申卜内贞：翌乙亥不雨？乙亥… 1
(3) 丁亥卜永。 2

① 张惟捷：《殷墟YH127坑宾组甲骨新研》，台湾万卷楼图书股份有限公司，2013年，第192页。

② 林宏明：《甲骨新缀第707—712例》，先秦史研究室网站，https://www.xianqin.org/blog/archives/6685.html，2016年8月17日。

③ 张惟捷：《殷墟YH127坑宾组甲骨新研》，台湾万卷楼图书股份有限公司，2013年，第211页。

(4) 贞：今日㞢于祖丁豕？ 3
(5) 贞：㞢于祖丁？ 2
(6) 贞：勿㞢于祖丁？ 4
(7) 贞：勿㞢于祖丁？ 1

1《醉古》368 2《合集》1836 3《合集》1831 4《合集》1851

祖庚

(1) 贞：翌[庚]辰王其㞢… 1
(2) 贞：今庚午勿㞢于南庚？ 1
(3) 今庚午㞢于南[庚]？ 1

1《合集》2001+①

父乙

(1) (己巳□争) 贞：子…于… 1
(2) 贞：来乙亥㞢名于父乙，用？ 1
(3) 贞…亥…商…于父[乙]祼？ 1
(4) 贞：翌庚辰㞢于父乙？ 2
(5) 甲申卜争贞：燎于王亥其玉？ 3
(6) 甲申卜争贞：勿玉？ 3
(7) 翌戊子焚于西？ 3
(8) 甲辰卜㱿贞：翌乙巳㞢于父乙宰，用？ 4
(9) 甲辰卜㱿贞：下乙宾于[咸]？ 4
(10) 贞：下乙不宾于咸？ 4
(11) 贞：咸宾于帝？ 4
(12) 贞：咸不宾于帝？ 4
(13) 贞：大甲宾于咸？ 4
(14) 贞：大甲不宾于[咸]？ 4
(15) 贞：大[甲]宾于帝？ 4
(16) 贞：大甲不宾于帝？ 4
(17) 贞：下乙[宾]于帝？ 4
(18) 贞：下乙不宾于帝？ 4

① 林宏明：《甲骨新缀第 664—671 例》，先秦史研究室网站，https：//www.xianqin.org/blog/archives/6494.html，2016 年 7 月 19 日。

(19) 贞：作其来兹羸，正？ 4
(20) 贞：翌乙卯乎子渔㞢于父乙？ 5
(21) 㞢于父乙？ 3
(22) 贞：㞢于父乙？ 6
(23) 㞢父乙一牛？ 7
(24) 贞：㞢于父乙？ 8
(25) 㞢于母庚？ 3
(26) 勿㞢母庚？ 3
(27) …王亥…牛？ 3
(28) 贞：燎于王亥十牛？ 3
(29) 贞：勿十牛？ 3
(30) 贞：燎十牛？ 3
(31) 贞：勿𤉲三牛？ 3
(32) 燎…牛…日？ 3
(33) 王往马？ 3
(34) 贞：求？ 3
(35) …亡𡆥？ 3
(36) 奠来二。 3
(37) □[入]二十。 4
(38) 乞殸七屯。宾。 5

1《合集》2190　2《合集》2180　3《合集》14735　4《醉古》260　5《上博》21691. 147　6《合集》2177　7《合集》2174　8《合集》2179

以上㞢祭先公先王卜辞按先王次序，再根据卜辞的月份、干支排列。

第十八组

(1) 癸[酉卜]㱿[贞]：于妣[己㞢]𠬝十？(王占曰：其及，叀庚…) 1
(2) 癸酉卜㱿[贞]：勿于[妣己㞢𠬝]？ 1
(3) 㞢𠬝妣己㲋？ 1
(4) 勿㞢妣己？ 1
(5) 㞢于妣己一牛？ 2
(6) 贞：㞢于妣己？ 3 4

(7) 于高妣己? 1
(8) 勿于? 1
(9) 贞:于妣庚? 1
(10) 勿㞢于妣庚? 1
(11) 贞:翌乙亥雨? 王占[曰]…叀…来甲申不… 4
(12) 贞:生三月雨? 3
(13) …八日丁亥允雨。(雨其…) 3
(14) 丙戌卜宾贞:商其[堇]? 3
(15) 贞:商堇? 3
(16) 来乙酉酒登祖乙? 5
(17) 来… 5
(18) [己]丑卜宾贞:翌乙[未酒]黍登于祖乙□? 王占曰:㞢求,□□不其雨。六日甲[午]夕,月㞢食。乙未酒,多工率遭遣。 1
(19) 己[丑]卜[宾]贞:勿酒登? 1
(20) 贞:祖乙于寻㞢? 5
(21) 勿于寻㞢? 5
(22) 甲申卜㱿贞:以马? 5
(23) 不其以马? 5
(24) (丁酉卜□) 贞:燎十牛上甲? 3
(25) 贞:来庚□勿龠㞢于妣庚? 6
(26) 庚戌[卜]争:㞢于妣庚? 7
(27) 㞢妣庚,[㞢]羽? 8
(28) 其㞢于妣庚,亡其羽? 8
(29) 贞:酉妣庚十㞋,卯十宰? 8
(30) 酉妣庚十㞋,卯十宰? 8
(31) 㞢㞋于妣庚? 9
(32) 勿㞢于妣庚? 9
(33) [辛]亥卜㱿贞:[王]其乎収㞋伯出牛,允征? 9
(34) 贞:勿乎収㞋伯出牛,不其征? 9
(35) (己未卜) 贞:王立[黍]? 3
(36) 贞:[王]勿[立]黍? 3
(37) 贞:𠂤刍于兹产? 3

（38）□刍于中？ 3
（39）戊辰卜内贞：肇旁射？ 10
（40）勿肇旁射？ 10
（41）贞：肇旁射三百？ 10
（42）勿肇旁射三百？ 10
（43）登射三百？ 8
（44）勿登射三百？ 8
（45）贞：其㞢来艰？ 8
（46）贞：亡来艰？ 8
（47）贞：亡𡆥？ 8
（48）贞：㞢𡆥？ 8
（49）其㞢[𡆥]？ 8
（50）亡𡆥？ 8
（51）贞：叀疋来羌用？ 3
（52）贞：叀□来羌用？ 3
（53）贞：征唐？ 1
（54）弗其征唐？ 1
（55）贞：奉生于岳？ 5
（56）贞：奉岳… 11
（57）贞：勿奉岳？ 12
（58）贞：毚？ 1
（59）弗其毚？ 1
（60）子商获[□]？（[□]允获。） 5
（61）王往入？ 10
（62）王勿往入？ 10
（63）贞：往宋？ 3
（64）羽…往…宋？ 3
（65）亡从？ 3
（66）贞：疒其隹𡆥？ 12
（67）…父乙… 4
（68）…高… 12
（69）唐来四十。 10

（70）贾入三。 8
（71）豖入□。 1

1《契合》382 2《合集》2405 3《合补》24 4《合集》12354 5《合集》1646+[①] 6《合集》2457 7《合集》2454 8《合集》698 9《合集》8947+[②] 10《醉古》58 11《合集》14475 12《英藏》1153

本组卜辞据祭祀妣己、妣庚系联。

第十九组

（1）己丑卜古贞：畀若？ 1
（2）己丑卜古贞：王途首亡害？ 1
（3）戊午卜𣪊贞：隹冬？ 1
（4）[贞]：母[隹]冬？ 1
（5）贞：母[隹]冬？ 1
（6）[贞]：隹[冬]？ 1
（7）贞：卫于妣己于妣庚？ 1
（8）勿[于]妣己、[妣庚]卫？ 1
（9）㞢于黄尹五伐、五牛？ 1
（10）勿㞢于黄[尹]？ 1
（11）贞：㞢于黄尹十伐、十牛？ 1
（12）贞：勿㞢于黄尹？ 1
（13）（乙巳卜𣪊）：㞢于[黄]尹四牛？ 2
（14）贞：王㞢舌[羊]… 1
（15）㞢于… 2

1《合集》916 2《合集》3497+[③]

本组据㞢祭黄尹卜辞系联，见两版，无月份记载，按干支顺序排列。

---

① 张惟捷：《殷墟 YH127 坑宾组甲骨新研》，台湾万卷楼图书股份有限公司，2013 年，第 194 页。

② 考古资料数位典藏资料库，https：//ndweb. iis. sinica. edu. tw/archaeo2_ public/System/ Artifact/ Detail_ Basic. jsp？SearchType = null&ShowPage = null&PageSize = null&SearchValue = null&registerd_ no = R044475。

③ 林宏明：《甲骨新缀第 607 例》，先秦史研究室网站，https：//www. xianqin. org/blog/archives/ 6084. html，2016 年 3 月 10 日。

第二十组

(1) 癸酉卜宾贞：翌乙亥酒雍伐于[庭]？(王占曰：敏酒，隹㞢求，亡[囚]。) 1
(2) 贞：翌乙亥勿酒雍伐[于庭]？ 1
(3) 贞：翌乙亥酒雍伐于庭？ 1
(4) 贞：翌乙亥[勿酒雍伐于庭]？ 1
(5) 来乙未㞢祖乙宰？ 1
(6) 勿㞢？ 1
(7) 贞：翌乙卯酒我雍伐于庭？乙卯允酒，明阴。 1
(8) 贞：翌乙卯勿酒我雍伐于庭？(王占曰：敏酒，隹[㞢求，亡囚]。) 1
(9) 贞：御于羌甲曹？ 2
(10) 壬戌卜争贞：勿御？ 2
(11) 于羌甲御冎？ 1
(12) 勿于羌甲御？ 1
(13) 贞：御于羌[甲]？ 3
(14) 御冎南庚？ 1
(15) 勿于南庚？ 1
(16) □□卜宾贞：御[于]南庚？ 4
(17) 贞：御于南庚？ 5
(18) 贞：勿[御]… 5
(19) □[申卜]㱿贞：于南庚御孽？ 6
(20) [于]祖辛御？ 7
(21) 𣪊于西南，帝、介卯？ 1
(22) 勿𣪊西南？ 1
(23) 㞢𠬝于妣庚？ 1
(24) 勿㞢垂于妣庚？ 1
(25) 㞢𠬝妣庚垂？ 1
(26) 勿㞢？ 1
(27) 于妣庚？ 1
(28) 㞢𠬝于妣… 8
(29) …咸妻㞢𠬝？ 9

(30) …㞢𠬝于父乙？ 10
(31) 宰、牝？ 1
(32) 勿？ 1
(33) 贞：其㞢来齿？ 1
(34) 贞：其亡来齿？ 1
(35) 贞：其㞢寿？ 2
(36) 丁…妇二十… 2
(37) 子商入十。 7
(38) □入五十。 10
(39) 㪷。 2
(40) 㱿。 9

1《合集》721　2《合补》153　3《合集》1796　4《合集》2015　5《合集》2016　6《合集》2018　7《合集》9217　8《合集》726　9《合集》727　10《契合》254

本组卜辞据御祭羌甲、南庚、祖乙等系联，8 9 10与1之“㞢𠬝于…”为同一类祭祀，故系联为一组，无月份记载，按干支顺序排列。

第二十一组

(1) 壬申卜争贞：父乙跻羌甲？ 1
(2) 壬申卜争贞：父乙弗跻羌甲？ 1
(3) 父乙跻祖乙？ 1
(4) …祖辛… 2
(5) …跻祖丁？ 2
(6) …[勿跻]祖丁？ 2
(7) 父乙跻南庚？ 1
(8) 父乙弗跻南庚？ 1
(9) 戊寅卜㱿贞：于妣己御？ 3
(10) 贞：于高妣己御？ 3
(11) 勿于高妣己御？ 3
(12) 贞：于高妣己御？ 4 5
(13) 贞：勿于高妣己御？ 4 5

(14) 贞：御于高己？ 6
(15) 勿于高妣己御？ 6
(16) 贞：于妣甲？ 6
(17) 勿于妣甲御？ 6
(18) 乙酉卜宾贞：御于妣己？ 7
(19) 御于妣己？ 7
(20) 勿御？ 7
(21) 于妣庚御？ 4
(22) 勿于妣庚御？ 4
(23) 贞：妣庚亡其克？ 5
(24) 贞：御单子于母庚？ 7
(25) 贞：于母己御单子？ 7
(26) 于高妣己罘… 7
(27) 勿于[高妣]己… 7
(28) 辛卯[卜]□贞：今春… 6
(29) 贞：今春□不其至？ 6
(30) 戊午卜㱿贞：寻御于妣庚？ 8
(31) 戊午卜㱿贞：勿寻御于妣庚？ 8
(32) 贞：疾口，御于妣甲？ 9
(33) 乙未卜争贞：其㞢晵？ 7
(34) 贞：亡晵？九月。（王占曰：其㞢晵。） 7
(35) [贞]：㞢晵？ 2
(36) 贞：亡晵？ 2
(37) 丙申卜宾贞：御于父乙？ 10
(38) 贞：御于父乙？ 1
(39) 勿御于父乙？ 1
(40) 御于父乙？ 1
(41) …御于父乙，至于商酒？ 11
(42) …[illegible]敀父乙羊？ 12
(43) 贞：勿于母庚御？ 13
(44) 于寻母庚御于… 12
(45) 勿于寻御[illegible]？ 12

（46）己未卜㱿贞：翌辛酉酒伐，若？ 8
（47）贞：翌辛酉勿酒伐，不若？ 8
（48）壬申卜㱿贞：冥其… 9
（49）贞：冥亡来艱？（王占曰：其来艱。） 9
（50）贞：乎儿人宅？ 7
（51）勿乎儿人宅？ 7
（52）庚午卜争贞：擒，得舟？ 9
（53）［贞］：㞢擒，不其得舟？ 9
（54）贞：祼㞢…祖… 12
（55）贞：勿䵼用于… 8
（56）…御启之… 6
（57）…殟？ 12
（58）王占曰：吉。 11
（59）勿于庞？ 2
（60）雨？ 11
（61）商入。 2
（62）庚入十。 9
（63）画入十。 6
（64）争。 1 6
（65）㱿。 2

1《缀汇》1014　2《合集》1899　3《合集》2357　4《合集》2355　5《醉古》342　6《醉古》371　7《醉古》55　8《契合》218+①　9《合集》3540+②　10《合补》280　11《合集》2199　12《缀汇》886　13《合集》2557

本组据御祭父乙、母庚等卜辞系联，按月份、干支顺序排列。据“㞢䵼”可系联御高妣己、御妣己，因此本组将御先妣先母一同系联。

① 林宏明：《甲骨新缀第830—834例》，先秦史研究室网站，https：//www. xianqin. org/blog/archives/11319. html，2018年12月28日。

② 林宏明：《甲骨新缀第790及796—802例》，先秦史研究室网站，https：//www. xianqin. org/blog/archives/9867. html，2018年2月4日。

第二十二组

(1) 贞：勿龤，自上甲至下乙？ ❶
(2) 庚寅卜㱿贞：来辛丑卜曰… ❷
(3) 贞：翌甲辰勿酒羌自上甲？ ❶
(4) 贞：叀今日酒？ ❷
(5) 贞：于来乙巳酒？ ❷
(6) 乙巳卜韦贞：乎僯允… ❶
(7) …下乙百伐？乙巳允酒。易日。(翌乙[巳]易日？) ❷
(8) 贞：丙午不其来？ ❶
(9) 贞：至于丙午先来？ ❶
(10) 癸丑卜㱿贞：来乙亥酒下乙十伐㞢五，卯十宰。乙亥不酒… ❸
(11) …酒五宰于祖丁？ ❹
(12) (癸酉卜亘) 贞：令龟归☐我？(王占曰：吉。其令。) ❶
(13) 勿令龟[归]？ ❶
(14) 贞：翌庚辰王出？(王占曰：吉。) ❶
(15) 甲申卜… ❷
(16) 乙酉卜：叀今日酒餗于父[乙]？ ❺
(17) 贞：其㞢来[齿]？ ❶
(18) 贞：亡来齿？ ❶
(19) …受黍年？ ❶
(20) 不其受☐？ ❶
(21) …[伐]我执？ ❶
(22) 庚☐壴入五十。 ❶
(23) 㱿。 ❶

❶《合集》419　❷《合集》882+[①]　❸《合集》897　❹《合集》1862　❺《合集》2217

本组据酒祭先公先王卜辞系联，无月份记载，按干支顺序排列。

① 林宏明：《甲骨新缀第 707—712 例》，先秦史研究室网站，https：//www. xianqin. org/blog/archives/6685. html，2016 年 8 月 17 日。

第二十三组

（1）贞：翌丁亥酒于妣己羌？ ❶

（2）己亥卜㱿贞：酒妣庚，[illegible]三垂？ ❷

（3）贞：翌庚申酒妣庚？ ❸

（4）[illegible]示四屯㞢一𠂁。亘。 ❸

❶《合集》441　❷《合集》2471　❸《合集》15734

本组据酒祭先妣卜辞系联，数量较少，无月份记载。

第二十四组

（1）…酒河？一月。 ❶

（2）戊寅卜争贞：王梦隹𡆥？ ❷

（3）贞：王梦不[隹]𡆥？ ❷

（4）戊子卜争贞：翌辛卯酒河，燎…沉三牛，卯… ❸

（5）贞：翌辛卯勿𩚀酒河？ ❸

（6）戊子卜[㱿]贞：王令…河，沉三牛，燎三牛，卯五牛？王占曰：丁其雨。九日丁酉允雨。（丁。王亦占曰：其亦雨。之夕允雨。） ❹

（7）□□卜㱿[贞：王]勿令…河？二月。 ❹

（8）己丑卜争贞：翌辛卯酒河，沉三牛，燎三牛，[卯]四牛？ ❸

（9）辛卯卜㱿贞：雨？王占曰：甲雨。四日甲午允雨。 ❸

（10）贞：不其雨？ ❸

（11）甲午卜争贞：翌丙申雨？（王占曰：隹丁…今日…雨。） ❸

（12）贞：舞岳，㞢雨？ ❺

（13）贞：岳，亡其雨？ ❺

（14）（丙申卜㱿）：沉五牛，燎三牛，卯五牛？ ❺

（15）勿沉五牛，燎三牛，卯五牛？ ❺

（16）□□[卜]贞…王乞令…酒河，燎三牛，沉三牛，卯四牛？ ❸

（17）丁酉卜㱿贞：今日用五宰祖丁？ ❷

（18）丁酉卜㱿贞：勿用五宰祖丁？ ❷

（19）㞢于母庚？ ❺

（20）勿［㞢］？ 5
（21）壬子卜争贞：我其作邑，帝弗左若？三月。 6
（22）癸丑卜争贞：勿作邑，帝若？ 6
（23）癸丑卜争贞：我宅兹邑，大□宾，帝若？三月。 6
（24）癸丑卜争贞：帝弗若？ 6
（25）癸丑卜□贞：我作邑，帝弗左若？三月。 5
（26）癸丑卜□贞：勿作邑，［帝］若？ 5
（27）贞：我作［邑］，帝… 7
（28）八日庚申允㞢设，千用。 5
（29）王占［曰］：□其㞢设，辛… 5
（30）七日戊王往出？ 5
（31）勿往？ 5
（32）王省从西？ 6
（33）勿省从西？ 6
（34）戊午卜争贞：今［来］辛酉乎酒河？ 8
（35）庚酒河？ 5
（36）勿庚酒河？ 5
（37）贞：［翌辛］□酒［河］，［沉］三牛，［燎］二牛？ 9
（38）贞：酒河？ 10
（39）己未卜争贞：我立事，帝… 5
（40）己未卜争［贞：帝］若？ 5
（41）旨以？ 5
（42）弗其以？ 5
（43）㝵。 3
（44）…［若］？ 4
（45）…日… 2
（46）壴入二。争。 5
（47）壴入二十。 2 3

1《合集》14595　2《合集》1878　3《醉古》338　4《合集》12948　5《合集》14207　6《缀汇》254　7《英藏》1108　8《合集》14590　9《合集》14578　10《合集》14598 反

本组卜辞据“酒河”“我作邑”系联，宾组一 B 甲类中所有“酒河”卜辞都收录，其中最早在一月，最晚可能在三月。“我作邑”时间大致在三月。关于“酒河”“卜雨”的关系可参看❸。❷据“壴入二十”系联。

第二十五组

(1) 丙寅[卜]亘贞：王𢦔多屯，[若]于[下]上？ ❶
(2) 贞：王𢦔多屯，不若，左[于]下上？ ❷
(3) 贞：王𢦔多屯不左，若于下上？ ❷
(4) 贞：王𢦔多屯，若于下乙？ ❶
(5) 贞：王𢦔多屯？ ❸
(6) 王占曰：隹[𢦔]。 ❸
(7) 贞：今癸酉王啚[𤰈]？ ❸
(8) 贞：王啚𤰈？ ❸
(9) 贞：王啚𤰈？ ❸
(10) 今癸酉… ❸
(11) 贞：□弗疾？ ❶
(12) 贞：□其疾？（王占曰：疾[illegible]。） ❶
(13) …[illegible]… ❶
(14) …曰勿疾□？ ❶
(15) 王听隹囚？ ❶
(16) 王听不隹囚？ ❶
(17) 壬午卜贞：多子获鹿？ ❸
(18) 壬寅卜宾贞：今十月雨？ ❷
(19) 贞：今十月不雨？（王占曰：其雨隹庚，其隹辛雨。引吉。） ❷
(20) 贞：勿[illegible]酒妣癸垂，正？（…既酒妣癸…） ❶
(21) 贞：[亡]其降[囚]？ ❶
(22) [贞：其]㞢降囚？（王占曰：㞢降[囚]。） ❶
(23) 贞：其㞢来[艱]？ ❷
(24) 贞：亡来艱？ ❷
(25) 王占曰：吉，黾勿余害。 ❷
(26) 王占曰：勿若。 ❷
(27) [王]占曰：吉。 ❶

(28) 王占[曰：吉]。 ❸
(29) …㞢曰吉。 ❶
(30) 祀隹害我？ ❶
(31) 贞：将朋？ ❷
(32) 贞：勿将朋？ ❷
(33) 今…垂。 ❶
(34) 不…隹… ❶
(35) …五… ❷
(36) 赦。 ❷

❶《合集》808　❷《合集》809　❸《合集》810

本组卜辞据“王臷多屯”系联，共见三版，所见月份为十月，按干支顺序排列。

第二十六组

(1) 丁未卜宾贞：告于祖乙？ ❶
(2) 贞：告祖丁？ ❷
(3) 勿䏌告于祖丁？ ❷
(4) 贞：王告于祖乙？ ❸
(5) 勿告于祖乙？ ❸
(6) …告于祖乙？ ❹
(7) 贞：告父乙？ ❺
(8) [告于]丁三牛？ ❻
(9) 贞：[勿]乎取？ ❻
(10) 赦。 ❺

❶《合集》1585+①　❷《合集》1860　❸《合集》1584+②　❹《合集》1586　❺《合集》2209　❻《合集》1948

---

① 考古资料数位典藏资料库，https://ndweb.iis.sinica.edu.tw/archaeo2_public/System/Artifact/Detail_Basic.jsp?SearchType=null&ShowPage=null&PageSize=null&SearchValue=null&registerd_no=R042128。

② 张惟捷：《甲骨新缀第二十二则》，先秦史研究室网站，http://www.xianqin.org/blog/archives/2500.html，2011年11月25日。

本组据告祭先王卜辞系联，数量较少，无月份记载。

第二十七组

(1) 己卯卜争贞：王作邑，帝若，我从之唐？ ❶
(2) …邑，帝弗若？ ❶
(3) 乙巳卜□[贞：王作邑]？ ❷
(4) 贞：王勿作邑？ ❷
(5) 贞：令望鞏归？ ❷
(6) 贞：勿令望鞏归？ ❷
(7) 贞：令侯… ❷
(8) 勿令侯… ❷
(9) 贞：至？ ❶
(10) 贞：□？ ❶
(11) 画[入]三。 ❷

❶《合集》14200　❷《合集》13506

本组卜辞据“王作邑”系联，数量不多，无月份记载，按干支顺序排列。

第二十八组

(1) 癸卯，王占曰。 ❶
(2) 癸丑卜㱿贞：旬亡囚？庚申㞢设，千□戠□。三月。 ❶
(3) 癸丑[卜]贞：旬[亡]囚？ ❷
(4) 丙辰㞢设。四月。 ❷
(5) 癸亥。 ❶
(6) 癸□。 ❶
(7) 癸亥卜㱿贞：旬亡囚？ ❷
(8) 癸酉卜㱿贞：旬亡囚？ ❶
(9) 癸未卜㱿贞：旬亡囚？丁亥雨。 ❷
(10) 癸…亡… ❷
(11) …其隹丙㞢设，不吉。其隹丁…[设]，吉。 ❸
(12) …[设]于东…㞢设，不[吉]…设于… ❹

(13) 贞…若…其…王…吉。 ❸
(14) …登生… ❸

❶《合集》17272 ❷《合集》17273 ❸《合集》15862 ❹《合集》17282

本组卜辞据“㞢设”系联，所见月份为三月、四月，干支相近，联系较紧密。

五、宾组一B乙类卜辞的系联

（一）有联系的卜辞

第一组

(1) 辛丑邑示二屯。小㪤。 ❶
(2) 辛丑邑示二屯。㪤。 ❷
(3) 癸卯卜亘贞：乎窋攸令？ ❶
(4) 甲辰卜亘贞：王梦，隹… ❷
(5) 乙巳卜宾贞：兹雨，隹若？ ❷
(6) 丙午卜㕭贞…受黍年？ ❷

❶《合集》17569 ❷《合补》2510

本组卜辞据“辛丑邑示二屯”系联。所见卜辞从癸卯到丙午共四天，每日占卜事类都不相同。癸卯日似乎是命令之辞；甲辰日占卜武丁梦，很可能是卜问吉凶；乙巳日卜雨，是气象类卜辞；丙午日是占卜年成的农业类卜辞。

第二组

(1) 癸卯[妇]妌示四屯。自𠫑[乞]。 ❶
(2) 癸卯妇妌示四屯。㱿。自乞𠫑。 ❷
(3) 乙巳卜亘贞：羽不其受年？ ❶
(4) 乙巳卜㕭贞：羽受年？ ❸
(5) 贞：今丙午延雨？ ❷
(6) 今丙午不其延雨？ ❷
(7) 贞：延雨？ ❹

(8) 贞：不其延雨？ ❹

(9) 贞：今夕不雨？ ❶

(10) 贞：今夕其雨？ ❶

(11) □未卜争贞：㞷其㞢𡆥？四月。 ❺

(12) 贞：㞷亡𡆥？ ❷❹❻

(13) 㞷其㞢𡆥？ ❷❻

(14) 贞：㞷不丧？ ❻

(15) 甲申卜争贞：尹以[illegible]子？ ❶

(16) 贞：尹弗其[以][illegible]子？ ❶

(17) 甲申卜㱿贞：仓侯虎其孚？ ❼

(18) 贞：悬…兹… ❷

(19) 贞：不其孚？ ❷

(20) 丙戌卜亘贞：仓侯虎其孚？ ❷

(21) 贞：其㞢晋？ ❻

(22) 贞：[不]其获？ ❷

❶《合集》9790　❷《合集》3286　❸《合集》9789　❹《合集》4566　❺《合集》4569　❻《合集》4565+①　❼《契合》11

本组卜辞据“癸卯妇姘示四屯”系联，共见两版。其中，❸据“羽受年”系联，❹❺❻据“㞷其㞢𡆥”系联，❼据“仓侯虎其孚”系联。

第三组

(1) 丙寅邑示七屯。㪌。 ❶❷

(2) 丙寅邑示七屯。小㪌。 ❸

(3) 壬申入二𠬝。 ❸

(4) 壬申… ❷

(5) 癸酉卜宾贞：㞢于祖乙？ ❸

(6) 贞：勿㞢于祖乙？ ❸

(7) 癸酉卜㱿贞：翌乙亥㞢于祖乙？ ❷

---

① 林宏明：《甲骨新缀第481、482、483例》，先秦史研究室网站，https://www.xianqin.org/blog/archives/3862.html，2014年4月3日。

(8) 贞：屮于父庚？ ❸
(9) 贞：勿屮？ ❸
(10) 癸酉卜亘贞：屮于兄丁？ ❷
(11) 贞…屮… ❸
(12) 己卯[卜]□贞：父乙害王？ ❶
(13) 乙酉用二宰？ ❸

❶《合集》2225　❷《合集》1534　❸《合集》1661

本组卜辞据“丙寅邑示七屯”系联，总的时间较短，丙寅至乙酉仅十九天，内容也单一，主要是祭祀类卜辞。

第四组

(1) 癸酉毕示十屯。叡。 ❶
(2) 癸酉毕示十屯。耳。 ❷
(3) 丁丑卜宾贞：毕往？六月。 ❷
(4) 癸未卜宾贞：叀毕往追羌？ ❶
(5) [丙]戌[卜]□贞：取…史？ ❸
(6) 戊子卜□贞：王往于田？ ❸
(7) 丙申卜贞：肇马，左、又、中人三百？六月。 ❹
(8) 戊戌卜宾贞：牧匄人，令䓣以曼？ ❶
(9) 戊戌乞… ❺
(10) 戊…匄…令…以… ❻
(11) 己亥。 ❹
(12) 己亥卜宾贞：牧匄人，肇马，叀䓣令… ❺
(13) 己亥卜宾贞：牧匄人，肇… ❼
(14) □亥卜宾贞：[牧]匄…肇…叀… ❸
(15) 贞：勿乎以曼人？ ❽
(16) 丁未…燎于丁十小宰卯十□？ ❾
(17) 贞：燎于丁五牛？ ❷
(18) 贞：翌甲寅屮于上甲？七月。 ❼
(19) 丙辰卜宾贞：于生八月酒？ ❷
(20) …自… ❼

1《合集》493 2《合集》4070 3《合集》10526 4《合集》5825 5《契合》113 6《合集》9120、11402 7《合集》8241 8《合集》1031 9《合集》1969

本组卜辞据“癸酉毕示十屯”系联，占卜时间应在六、七月间，包含了军事、祭祀、田猎三类卜辞。

第五组

(1) 壬午邑示八屯。岳。 1
(2) 壬午邑示八屯。小𣪊。 2
(3) 壬午邑示八屯。㕯。 3
(4) ☐[乞]自叟。 4
(5) 丁酉卜宾贞：王梦… 3
(6) [戊戌]卜[㱿]贞：王曰侯虎，勿归？ 5
(7) [戊戌]卜[㱿]贞：王曰侯虎，逸余不尔其合，以乃史归？ 5
(8) 癸卯卜㱿贞：旬亡𡆥？ 6
(9) 庚戌卜㱿贞：于母己御子… 8
(10) 庚戌卜宾贞：子陷… 9
(11) ☐☐卜㱿贞：御子[陷]…母… 10
(12) 御子陷？ 11
(13) 庚戌卜争贞：于乙门令？ 12
(14) 辛亥卜㱿贞：于乙门令？ 7 9
(15) 辛亥卜㱿贞：勿于乙门令？ 7 9
(16) 贞：[于]乙[门]令？ 1
(17) 贞：勿于乙门令？ 1
(18) 贞：于乙门令？ 7 8
(19) 贞：勿于乙门？ 7 8 13
(20) 贞：于乙门令？ 7 8
(21) 贞：勿于乙门令？ 1 7 8
(22) 贞：于乙门令？五月。 14
(23) [贞]：勿[于]乙[门]令？ 14
(24) 贞：于乙门令？ 15

（25）贞：于甲令？ 7 8

（26）辛亥卜㱿贞：于甲寅… 15

（27）辛亥卜㱿贞：勿… 8

（28）辛寅（亥字误刻）卜… 9

（29）癸丑卜永贞：旬[亡囚]？五日丁巳子陷殟。 16

（30）癸丑卜㱿贞：旬亡囚？王占曰：㞢求。五日丁巳子陷殟。（王占曰：㞢求…来…） 6

（31）癸丑卜争贞：旬[亡囚]？五日丁巳子陷殟。 17

（32）癸丑贞：旬亡囚？ 16

（33）甲寅卜… 8

（34）乙卯卜争贞：子陷不殟？ 18 19

（35）乙卯卜争贞：今日王往于敦？ 18 19

（36）乙卯卜㱿贞：今日王往于敦…之日大采雨，王不[步]… 7 8 9

（37）乙卯卜㱿贞：今日王勿往于敦？ 1

（38）[今]日[王往于敦]？ 1

（39）乙卯卜争贞：今日王往于敦？ 12

（40）乙卯卜亘贞：今日王至于敦，夕酒子央，㞢于父乙？ 20

（41）今日往于敦？ 8

（42）贞：今日勿往[于]敦？ 21

（43）贞：往于敦？ 22

（44）贞：勿往于敦？ 22

（45）□日王往于… 15

（46）…敦？ 4

（47）勿㞢多父？ 1

（48）勿㞢于父乙？ 1

（49）贞：至于敦勿㞢？ 23

（50）王占曰：㞢求。 23

（51）㞢于妣庚？ 24

（52）贞：㞢于妣庚？ 22

（53）㞢于妣丁？ 24

（54）贞：告于大示？ 8

（55）贞：于娥告？ 23

(56) 贞：勿于娥告？ 25
(57) 丁巳卜宾贞：子陷其㞢災？ 23
(58) …陷… 23
(59) 丁巳卜㱿贞：乎自般往于兂？ 8
(60) 壬戌卜亘贞：㞢疾齿，隹㞢害？ 26
(61) 癸亥卜贞：旬亡𡆥？ 6
(62) [癸]亥卜争贞：贞：旬[亡𡆥]？ 17
(63) 癸亥贞：旬亡𡆥？(旬壬申夕月㞢食。) 16
(64) 癸亥[卜]宾贞：令仓侯虎归？ 27
(65) 贞：令仓侯归？ 24 26
(66) 贞：勿令仓侯归？ 24
(67) …侯虎允来䇂㞢史壴？五月。 28
(68) 甲子卜宾贞：我受糟年？ 22
(69) 贞：我不其受糟年？ 22
(70) 甲子卜㱿贞：我受糟年？ 29
(71) 甲子卜㱿贞：我受黍年？ 29
(72) 甲子卜宾贞：我受糟年？ 27
(73) 贞：我不其受糟年？ 24
(74) 贞：我受糟年？ 24
(75) 贞：我不其受糟年？ 30
(76) 贞：我受糟年？ 30
(77) 贞：不我其受黍年？ 24
(78) 贞：我受黍年？ 22 24 30
(79) 乙丑卜韦贞：我受年？ 31
(80) 贞：勿𡧊？ 22
(81) 贞：勿𡧊𠭯弟？ 22
(82) 贞：𡧊𠭯弟？ 22
(83) 贞：𡧊弟[刍]…于敦祀若…[黍]年？ 32
(84) …其受[黍年]？ 32
(85) [乙丑]卜㱿贞：曰舌方其至于𨘋土，亡败？ 5
(86) 贞：今日其㞢来艰？ 27
(87) 丙寅卜𠬝贞：乎毕… 27

(88) 贞：乎毕酒岳？ 27
(89) 王占曰：其雨，隹今日。 27
(90) 己巳卜㱿贞：犬延亡其工？六月。 8
(91) 贞：犬延其㞢工？ 8
(92) 己巳卜㱿贞：犬延其工？ 1
(93) 贞：犬延亡其工？ 33
(94) …犬延亡其工？ 4
(95) 辛未卜㕣贞：令攸令□儁…卤？ 2
(96) 贞… 2
(97) 辛□卜□贞…不… 4
(98) 壬申夕㞢癸酉… 17
(99) 癸酉贞：旬亡𡆥？ 16
(100) 丁丑卜㕣贞：令伲往？ 22
(101) 贞：勿令伲？ 22
(102) 癸未贞：旬亡𡆥？ 16
(103) 癸巳卜争贞：旬[亡𡆥]？甲午㞢闻，曰戉史舂复，七月在[壴]殟。 17
(104) 癸巳贞：旬亡𡆥？ 16
(105) 癸卯卜争贞：旬[亡𡆥]？ 17
(106) 癸卯贞：旬亡𡆥？ 16
(107) 癸□贞：[旬]亡[𡆥]？ 6
(108) 癸□[贞]：旬[亡𡆥]？ 16
(109) 自室出？ 7 8 34
(110) …艰，其㞢来齿？ 17
(111) [贞]：勿□王？ 33
(112) 庚寅卜永贞：王叀中立，若？十一月。 16
(113) 王占曰：吉。 16
(114) 庚寅卜永贞：王叀中立，若？ 16
(115) 辛卯卜永贞：王叀中立，若？ 16
(116) 辛卯。 16

1《拼二》429　2《合集》4340　3《合集》17424　4《合集》4634　5《合集》3298+①　6《契合》47、《合集》17077　7《合集》12814 正、13601　8《合补》3643+②　9《合集》3223　10《合集》3221　11《合集》3220　12《契合》10　13《英藏》1116　14《合集》13600　15《契合》6　16《拼一》283　17《合集》17078　18《合集》17074　19《合集》17075　20《合补》451　21《合集》7952　22《拼一》65　23《拼五》1096　24《合集》10043　25《合补》4124　26《合集》13644　27《缀兴》18　28《合集》3295　29《缀汇》210　30《英藏》821　31《合集》9682　32《合集》9817　33《合集》4633　34《合集》12815

本组卜辞据“壬午邑示八屯”系联，占卜事类较为复杂，主要有命令、疾病、往来三项内容，所见月份为五月、六月、十一月。

第六组

(1) □□卜□贞：令毕罘犬延作兮？五月。　1
(2) 丙寅卜贞：翌丁卯㞢？　1
(3) 辛巳卜今日…　1
(4) □丑卜争贞：毕往？六月。　2
(5) …叀…往。　2
(6) 贞：毕勿立事？　3
(7) 贞：勿㞢？六月。　3
(8) 勿…𠃊？　3
(9) 贞：丁□毕…往…　4
(10) 丁卯卜贞：毕往先？　5
(11) 贞：勿先？九月。　5
(12) 丁卯卜贞：毕[往]先？　6
(13) 丁卯卜：往？　7
(14) 贞：毕往先？　7
(15) 贞：勿令莆？九月。　8

① 林宏明：《甲骨新缀第 727—729 例》，先秦史研究室网站，https://www.xianqin.org/blog/archives/7701.html，2017 年 1 月 3 日。

② 林宏明：《甲骨新缀第四—六例》，先秦史研究室网站，https://www.xianqin.org/blog/archives/1648.html，2009 年 9 月 20 日。

(16) 庚午卜争贞：令翌比菁？ 9
(17) 丙子卜贞：毕其往？ 10
(18) 己卯卜[贞]：翌丁[亥]…来… 11
(19) 庚辰卜贞：毕往，亡[災]？十二月。 8
(20) 贞：叀毕往？十二月。 12
(21) 叀毕往延？ 13
(22) 贞：毕勿往？ 14
(23) 壬午卜贞：毕亡災？ 15
(24) 壬午…令毕田？十二月。 16
(25) □午…令毕田？十二月。 17
(26) 癸未卜宾贞：毕⿱止立田，不来归？[十]二月。 11
(27) …戌…令毕…⿱止立田？毕…不… 11
(28) 贞：勿令归？十二月。 18
(29) 贞：其㞢又？十二月。 8
(30) 令甲申令多射… 19
(31) 己亥卜古贞：㞢众之？十二月。 20
(32) 甲午[卜]：毕□災？ 21
(33) 贞：毕㞢災？ 22
(34) 贞：来丁酉翌日… 9
(35) 癸卯卜宾贞：毕由来归，丁若？十三月。 23
(36) 毕归？ 24
(37) 贞：叀多射令？一月。 18
(38) 壬辰卜贞：勿告？一月。 18
(39) □未卜㐱[贞]：令多射卫？一月。 25
(40) 贞：翌己卯，令多射？二月。 20
(41) □□卜宾贞…获…令[多]射… 26
(42) 乙酉卜宾贞：㞢匚王？ 18
(43) 贞…㞢… 20
(44) 贞：六牛翌辛卯酒？三月。 18
(45) 壬□[卜]古[贞]：令□屎…？ 26
(46) □□[卜]宾[贞]：□弋择眉？ 26
(47) 甲□[卜]争[贞]：令…弋… 9

（48）…以多…泺？ 26
（49）癸亥卜贞：乎多射卫？ 27
（50）癸卯［卜］宾贞：□毕坚田于［京］？ 28
（51）…［令］毕坚［田］…亡囚？三日八… 29
（52）贞：勿令毕坚田？ 30
（53）我方亡其囚？ 24
（54）贞：亡其畀？ 18
（55）…㞢…河…宰？ 10
（56）…于曰…牛？ 24
（57）…一牛？ 22
（58）［贞］…东… 18
（59）吾。 20

1《合集》4636　2《合集》4071　3《合集》4065　4《合补》1224　5《合集》4068　6《合集》4067　7《拼一》255　8《合集》4073　9《合集》18851　10《合集》4072　11《合集》10146+①　12《合补》1217　13《合集》4074　14《合集》4075　15《合集》4087　16《合补》1219　17《合补》2546　18《合集》5732　19《合补》1723　20《合集》46　21《合集》4088　22《合集》4086　23《合集》4078　24《合集》4077　25《合集》5747　26《合集》5902+②　27《合集》5748　28《合集》9473　29《合集》9474　30《合集》9475

本组卜辞据人物毕的行动系联，含毕往、毕归、毕田，所见月份为五月、六月、九月、十二月、十三月、一月、二月、三月，根据相应干支，能够排入同年。

第七组

（1）庚子妇妹示□屯。争。 1 2
（2）辛卯卜争贞：勿令望乘先归？九月。 3
（3）□□［卜］㱿贞：令乘先归？九月。 4
（4）令望乘先归田？ 5
（5）王勿［令］望［乘］？ 5

① 蔡哲茂：《甲骨新缀二十七则》，《中国文化研究所学报》2006年第四十六期。

② 李爱辉：《甲骨拼合第364—367则》，先秦史研究室网站，https：//www.xianqin.org/blog/archives/7456.html，2016年11月22日。

(6) 王比望乘？ 5
(7) 贞：王勿比望乘？ 5
(8) 贞：令望乘归？ 1 6
(9) 勿令？ 1
(10) …归田？九月。 7
(11) 壬辰卜争贞：王叀沚戠比？九月。 3
(12) 王叀沚戠比？ 5
(13) 王勿比… 5
(14) 贞：勿隹沚戠比？ 8
(15) 贞：叀沚戠比？ 8
(16) 贞：勿隹侯虎比？ 8
(17) 贞：叀侯虎比？ 8
(18) …勿比望[乘伐下危]？十月。 9
(19) …伐下危… 7
(20) 辛巳卜宾贞：今者王比望乘伐危，受㞢又？十一月。 10
(21) □□[卜]㱿贞：今者王叀下危伐，受[㞢又]？ 11
(22) □□[卜]宾贞：今者収征土方？ 10
(23) □□卜㱿贞：今者王伐土方，受[㞢又]？ 11
(24) 辛巳卜争贞：今者王比望乘伐下危，受㞢又？十一月。 12
(25) 辛巳卜争贞：今者王勿比望乘伐下危，弗其㞢又？ 12
(26) 辛巳卜㱿贞：今者王比望乘伐危，受[㞢又]？ 13
(27) 辛巳卜宾[贞]… 14
(28) 辛巳卜宾贞：今…伐下危，受又？(…王勿比沚戠？) 14
(29) [辛巳卜]□贞：[今者]□比[望乘]伐？ 15
(30) 贞：[今]者[王隹望]乘[比]？ 16
(31) [贞：今]者王勿[隹]望乘比？ 16
(32) 癸未卜宾贞：兹雹不隹降𡆥？十一月。 16
(33) 癸未卜宾贞：兹雹隹降𡆥？(王占曰：吉。□□降𡆥。) 16
(34) 甲申卜贞：雩丁亡贝？ 16
(35) 贞：雩丁其㞢贝？ 16
(36) 丁亥卜吾贞：今日雨？ 17
(37) …贞：不其雨？ 17

(38) 辛亥卜殻贞…出比望… 17
(39) 乙卯卜殻贞：[王勿]比望乘伐下危，弗其受[㞢]又？ 18
(40) □卯[卜]□贞：王…下危…伐… 19
(41) 丁巳卜宾贞：燎于王亥十青、卯十牛、三青，告其比望乘伐下危？ 20
(42) 贞：燎于王亥告其比望乘？ 20
(43) …[亥]告其比望乘…十青、卯十牛… 20
(44) …望乘征下危？ 20
(45) 戊午卜殻贞：王取… 21
(46) 戊午卜殻贞：王勿… 21
(47) 贞：乎取肉？ 21
(48) 己未卜亘贞：今者王作比[望]乘伐下危，下上若，受我[又]？ 22
(49) 贞：今者王勿作比望乘伐下危，下上弗若，不我其受又？ 22
(50) 庚申卜争贞：今者王比望乘伐下危，受㞢又？ 23
(51) 庚申卜宾贞：今者王比望乘伐下危…㞢又？ 29
(52) 贞：王比望乘伐下危，受㞢又？ 21
(53) 贞：王比望乘伐下危？ 21
(54) 贞：王勿比望乘？ 21
(55) 癸亥卜殻贞：今□乎比望乘伐下危，弗其受㞢又？ 24
(56) 庚午卜亘贞：王叀望[乘]比伐下危，下上若，受我[又]？ 25
(57) □□[卜]争贞：今者王勿比…弗其受㞢又？一月。 26
(58) □□[卜]宾贞：登人伐下危，受㞢又？[一月]。 27
(59) 丙申卜殻贞：今者王勿伐下危，弗其受㞢又？ 28
(60) □申…伐下危，弗□受㞢又？ 30
(61) 辛丑卜宾贞：令多紲比望乘伐下危，受㞢又？二月。 1 2
(62) 辛丑卜殻贞：今者乎比望乘伐下危，受㞢又？ 31
(63) 辛丑卜殻贞：今者勿乎比望乘伐下危，弗其受㞢又？ 31
(64) [贞]：今者王[勿]作比望乘伐下危，[弗]若，不[我其受又]？ 32
(65) …作比望乘伐下危，下上弗若，不我其[受]又？ 33 34
(66) 翌庚子其雨？ 34
(67) 翌庚子不雨？ 34
(68) 翌庚子酒？允酒。庚子… 34
(69) 贞：勿㞢于下乙？ 35

(70) 贞：□其㞢？ 35
(71) 贞：㞢于父甲、父庚、辛？ 1
(72) 㞢于父乙？ 6
(73) 贞：王其㞢曰父乙？ 6
(74) 贞：㞢于学戊、咸戊□？ 1
(75) 贞：酒母庚？ 6
(76) 燎于土？ 2
(77) …□土？ 6
(78) 壬寅卜㱿。 1 2
(79) 丙子卜㱿贞：勿乎鸣比戉史冒？三月。 36
(80) 乎鸣比戉史冒？ 37
(81) 贞：勿乎鸣比戉史冒？ 37
(82) …比戉史冒？ 38
(83) 贞：不隹䍃乎竹敂[illegible]？ 36
(84) …䍃乎竹敂[illegible]？ 38
(85) 贞：不隹䍃乎竹敂[illegible]？ 39
(86) 庚辰卜㱿贞：于敦？ 36
(87) 贞：王往出于声？ 36
(88) (□□卜㱿) 贞：[王往]出于声？ 40
(89) 贞… 41
(90) 贞：王于声？ 41
(91) 贞：[王]往□？ 42
(92) 贞：王于声？ 42
(93) 于声勿… 36
(94) 贞：于柚京？ 37
(95) 贞：于敦？ 37
(96) □□[卜]㱿贞：王遣若？ 37
(97) 丙戌卜争贞：今者王比望乘伐下危，我受㞢[又]？ 43
(98) □戌卜内贞：今者王比望[乘]… 44
(99) 丙戌卜争：今三月雨？ 43
(100) 贞：今者乎比望乘伐下危，弗受其㞢又？ 45
(101) [贞：今]者叀王比望乘伐下[危]，受㞢又？ 46

(102) 贞：今者勿伐下危，我弗其受㞢又？ 47
(103) 贞：今者王勿比望乘伐下危，弗其受又？ 48
(104) …贞：王勿比望乘伐下危，[弗]其[受㞢又]？(…其隹[戊]不[吉]。) 49
(105) 贞：今者王勿伐下危，弗其[受㞢又]？ 50
(106) 贞：今者王比望乘？ 51
(107) 贞：今者王勿比望乘？ 51
(108) …[望]乘伐[下]危，弗其受[㞢又]？ 52
(109) □□[卜]宾贞：今者[王勿比望乘]伐下危？ 53
(110) [贞：今]者王[比]望[乘]伐下危？ 54
(111) 贞：今者…王比…伐下… 55
(112) …下危，受[㞢又]？ 56
(113) 贞：王其征下危，受[㞢又]？ 57
(114) 今者王叀[下]危伐，[受]㞢[又]？ 58
(115) …王征下危，受㞢又？ 59
(116) …[望]乘伐[下]危… 60
(117) 贞：今者登下危[人]，乎尽伐，受㞢又？ 35
(118) …三千…伐下危，受[㞢]又？ 61
(119) 乙巳卜争贞：㞢于王亥？ 62
(120) 丁未卜争贞：王往去朿于敦？ 62
(121) 贞：王去朿于敦？ 63
(122) 贞…去朿于敦？ 64
(123) 贞：于啚？ 2
(124) 贞：王去朿于甘？ 2
(125) 贞：王去朿于敦？ 2
(126) 贞：于逄？ 2
(127) 贞：乎収次？ 21
(128) 贞：㞢来自北？ 21
(129) 贞：疾止，亷？ 20
(130) 勿御疾止？ 20
(131) □□[卜争]贞：王曰龟鸟田，尔其执？ 59
(132) 贞：勿曰龟鸟田，弗其执？ 59
(133) 贞：叀㞢畀？ 44

（134）贞：叀般畀？ 44
（135）贞：以隹丁？ 2
（136）贞：不其以？ 2
（137）隹兹邑龙不若？ 1 2
（138）亡若？ 1 2
（139）贞：𡆥年于河？ 8
（140）勿𡆥？ 8
（141）贞：𡆥年于岳？ 8
（142）勿𡆥？ 8
（143）贞：妇好［不］隹受□？ 1 2
（144）贞：于㐭？ 1
（145）勿于㐭？ 1
（146）亡来？ 1
（147）［王］占曰：其… 35
（148）家入七十。争。 33
（149）妇娘示三。㱿。 16

1《缀兴》14　2《缀兴》13　3《合集》7488、7489、7492，《合补》2069，《缀续》380、426　4《合集》4002　5《英藏》665　6《合补》2031　7《合集》6521　8《合集》10080　9《合集》7547　10《合集》6413　11《拼五》1200、《合集》6427　12《合集》6487　13《合集》6488　14《合集》6520　15《合集》7592　16《合集》11423　17《合补》3530　18《合集》6516　19《合集》6512　20《拼一》55　21《拼一》54、《合补》1885　22《合集》6506、《英藏》587　23《合集》6489—6494　24《辑佚》1　25《契合》18　26《合集》7554、7556　27《合集》10094　28《合集》6513　29《拼一》278　30《京人》913　31《合补》1884、《英藏》586　32《契合》27　33《合集》6505　34《拼一》270　35《合集》7311　36《合集》1110　37《合集》4723、《合补》1971　38《拼一》70　39《合集》1112　40《合集》8220　41《合集》8221　42《合集》8223　43《合集》6496　44《合集》15934　45《合集》7538、7539　46《合集》6499　47《拼一》280　48《合集》6500、《拼一》272　49《英藏》589　50《合集》6514　51《英藏》672　52《英藏》590　53《合集》6503　54《合集》6504　55《辑佚》

99 56《合集》8493 57《合集》8494 +[①] 58《合集》6515 59《合集》6528 60《瑞典》12 61《合集》6523 62《合集》5127 63《合集》5128 64《合补》6021

本组系联征伐方国主要是下危。虽宾组一B甲类中下危能与龙方系联，但在宾组一B乙类中未见两国同版。

本组含16一版宾组一B甲类卜辞，可与12系联。63据“去束于敦”系联，36定点三月，同版敦、声两地也可与2系联。本组征伐时间连续，从九月延续到来年三月，其中十一月含10 11两条伐土方卜辞，能与土方卜辞系联，说明伐下危延续时间比伐巴方、夷方长。另外还有征召三千人伐下危的记载，可见下危国力较巴方等四国强。

第八组

（1）贞：克… 1
（2）…值…芫…七月。 1
（3）四日癸□… 1
（4）来二十，在□。 1
（5）甲辰卜宾贞：𢆶方其称，隹戎。十一月。 2
（6）贞：𢆶方不称？ 2
（7）丁巳卜亘贞：刖，若？ 3
（8）□卯卜㱿贞：犬延其㞢刹？ 4
（9）□□卜㱿贞：犬延亡刹？ 4
（10）己巳卜□贞：犬[延]其㞢[刹]？ 5
（11）□□卜㱿贞：王次于曾，迺乎敢𢆶[方]？ 4
（12）庚辰[卜]□贞：王…芫方？ 6
（13）辛巳[卜]㱿贞：王叀仓侯虎比伐芫方，受㞢又？ 5
（14）□巳卜宾贞：叀芫方伐？ 7
（15）□午卜㱿贞：王伐芫方，帝受我又？十三月。 8
（16）己丑卜㱿贞：今者王伐芫方，受㞢又？十三月。 9

① 李爱辉：《甲骨拼合第466—475则》，先秦史研究室网站，https：//www. xianqin. org/blog/archives/12091. html，2019年8月5日。

(17) [己]丑卜殻贞：今者王叀征，受㞢又？ 9
(18) 贞：王勿伐䒨？ 10
(19) 贞：勿伐䒨方？ 11
(20) 伐？ 11
(21) 贞：匄䒨方于大甲？ 12
(22) 乎戠䒨？ 13
(23) …王伐䒨，帝受[我又]？ 14
(24) …徝伐䒨[方]… 15
(25) …䒨…史… 16
(26) [王]占曰：吉。征。 16
(27) 弗[其征]？ 16
(28) …旃䒨方… 17
(29) □□[卜]宾贞…伐䒨？ 18
(30) 壬寅卜争贞：今者王伐𢀛方，受㞢又？十三月。 8
(31) 贞：今者王伐𢀛方，[登]人五千乎[旃]？ 19
(32) 贞：王伐𢀛方受㞢又？ 20
(33) 贞：勿伐𢀛方？ 20
(34) 贞：勿登人五千？ 20
(35) 贞：勿伐旃方，受㞢又？ 20
(36) 贞：弗其受㞢又？ 20
(37) 受又？ 20
(38) …伐旃方，[受㞢又]？ 17
(39) □□卜殻贞：今者王徝𢀛方，受㞢[又]？ 21
(40) …弗受[又]？ 21
(41) …王徝𢀛方，[受㞢又]？ 22
(42) 贞：[勿]…𢀛方？ 3
(43) (癸卯卜) 贞：亡其来？ 23 24
(44) 贞：㞢来？ 23 24
(45) 贞：来？ 23 24
(46) 勿隹仓侯比？ 23 24
(47) 叀仓侯比？ 23
(48) 贞：叀侯比？ 24

（49）贞：今者王比仓侯虎伐莞方，受㞢又？ 25
（50）贞：勿比侯？ 25
（51）贞：勿比侯虎？ 26
（52）勿比侯… 27
（53）…侯虎… 27
（54）勿隹戠比？ 23
（55）叀沚戠比？ 23
（56）勿隹沚戠比？ 24
（57）叀戠比？ 24
（58）比望乘？ 24
（59）贞：勿比戠？ 25
（60）贞：比望？ 25
（61）勿比望？ 25
（62）贞：王勿狩？ 10
（63）勿取唐觳？ 13
（64）隹又？ 11 13
（65）贞：妇亡其宾？ 24
（66）㞢宾？ 24
（67）贞：宾妇？ 24
（68）贞：告于祖辛？ 24
（69）贞：御子央于母庚？ 24
（70）御于妣己？ 24
（71）勿延？ 23
（72）…五。㱿。 3

1《合集》6546　2《合补》1981　3《合集》6001　4《合集》6536—6538　5《拼一》82　6《合集》8416　7《合集》6551　8《合集》6542、6543　9《缀续》465　10《合集》6547　11《合集》6555　12《合集》8417 正　13《合集》6556　14《合集》6549　15《合集》6545　16《合集》8420　17《缀兴》2　18《合集》6548　19《合集》6539、6540　20《合集》6541　21《合集》6534　22《合集》6535　23《合集》7503　24《契合》19　25《契合》301、302　26《辑佚》5　27《辑佚》112

伐莞方与伐𠂤方卜辞不多，定点月份为十一月、十三月，1 之七月可能也是征伐莞方的卜辞。二者同版见❽之十三月，此外，根据“犬延其㞢刿”也可将它们联系起来。除商王亲伐莞方与伐𢦏方外，仓侯虎、沚戠、望乘也参与伐莞。

第九组

（1）癸未卜㱿贞：旬亡囚？王占曰：逸，乃兹㞢求。六日戊子子弹殟。一月。 ❶❷

（2）癸巳卜㱿贞：旬亡囚？王占曰：乃兹亦㞢求，若称。甲午王往逐兕，小臣由车马硪䍜王车，子央亦坠。（王占曰：乃若称。） ❶❷

（3）癸巳。一月。 ❶❷

（4）［癸卯卜□］贞：旬亡囚…［㞢求］八日…来艰？（王占曰：㞢求。八日庚戌㞢各云自东面母，昃亦㞢出虹自北饮于河。□月。 ❶❷

（5）癸亥卜㱿贞：旬亡囚？王占曰：㞢求。其亦㞢来艰。五日丁卯子由殊，不殟。 ❶❷

（6）癸亥贞：旬㞢求？子由殟？（六日戊［寅］子殟。一月。） ❸

（7）…［王］占曰：㞢求。七日己…［子］由［殟］…旬… ❹

（8）□申卜亘贞：子由不［殟］？ ❺

（9）癸酉贞：旬亡囚？ ❸

（10）癸未卜永贞：旬亡囚？ ❸

（11）癸未卜㱿贞：旬亡囚？三月。 ❻

（12）□巳，其［㞢来］艰？ ❼

（13）贞：亡来艰？四月。（王占曰：其㞢来艰，隹丁。） ❼

（14）癸卯卜争贞：旬亡囚？王占曰：㞢求。甲辰□大骤风，之夕㞢乙巳疛逸□五人。五月在敦。 ❹❾

（15）癸卯卜㱿贞：［旬亡囚］？王占曰：㞢求。［甲辰］□大骤风，之夕［㞢乙巳］□［逸］羌五［人］… ❻

（16）癸丑卜㱿贞：旬亡囚？ ❻

（17）癸巳卜㱿贞：旬亡囚？（王占曰：㞢求。八日庚子戈逸羌□人，攸㞢圉二人。） ❾⓫

（18）贞：其㞢来艰？（王占曰：㞢求。其㞢来艰。乞至…） ❻

（19）…蚁…亦围，俘…六月。 ❹

（20）癸丑卜争贞：旬亡囚？王占曰：㞢求，㞢梦，甲寅允㞢来艰。左告曰：

虫逸刍自温，十人虫二。 9

（21）癸丑卜争贞：旬亡国？三日乙卯□虫艰，单丁人丰尿于录…丁巳㲋子丰尿…鬼亦得疾。 9

（22）五日戊申，方亦围，俘人十虫六人。四日庚申亦虫来艰自北，子嬬告曰：昔甲辰，方围于蚁，俘人十虫五人。六月在[敦]。 9

（23）癸丑卜争贞：旬亡国？王占曰：虫求，艰。九日辛酉虫兇… 10

（24）癸亥卜㱿贞：旬亡国？王占曰：虫求，其虫来艰。六日戊辰允虫来艰。沚戠乎告曰：吾方… 9 10 11

（25）王占曰：虫求，其虫来艰。乞至七日己巳，允虫来艰自西。兇友角告曰：吾方出，侵我示䉾田七十人五。 8

（26）癸亥卜㱿贞：旬亡国？王占曰：虫求。五日丁卯王狩敝，车…亦㸚在车，毕马亦… 9 11

（27）癸亥卜争贞：旬亡国？王占曰：虫求，艰。五日丁卯王狩敝，𢀛车…亦㸚在车，毕亦… 10

（28）甲子允虫来自东…亡于孽。 9

（29）丁卯宜于㚇[羌三]人，卯十牛，[中]？ 12

（30）癸酉宜于㚇羌三人，卯十牛，右？ 13

（31）癸酉卜永贞：旬亡国？ 14

（32）癸酉卜贞：旬亡国？旬壬午允虫来…亥围䁂，甲子𡧍。 9 10

（33）癸未卜㱿贞：旬亡国？王占曰：虫求，其虫来艰。乞至七日己丑允虫来艰自西，㞷戈□告曰：吾方围于我奠。（四日壬辰亦虫来艰自西，㽙乎告曰吾方围于我奠，翦四邑。） 9 11 15

（34）癸未卜永贞：旬亡国？七日己丑，兇友化乎告曰：吾方围于我奠、丰。七月。 14

（35）癸未卜㱿[贞：旬亡国]？ 8

（36）…来艰自西？七月。 16

（37）王占曰：虫求，其虫来艰。乞至九日辛卯，允虫来艰自北。蚁妻妄告曰：土方侵我田十人。 8

（38）…艰。乞至…虫求，甲申夕㞢乙酉… 4

（39）癸未…兹虫求…吉。 17

（40）癸巳宜[于]㚇[羌三人]，卯牛？ 18

（41）癸巳[宜于]㚇羌三人，卯十牛，左？ 19

(42) 癸巳卜㱿贞：旬亡𡆥？王占曰：㞢[求]，其㞢来艰。乞至五日丁酉，允㞢来[艰自]西。沚䚄告曰：土方围于我东啚，[𢦏]二邑。𢀛方亦侵我西啚田。(…[其]㞢来[艰]…[允]㞢来[艰]…乎…东啚，𢦏二邑。王步自𨀁，于𨚕司…□夕㞢壬寅王亦终夕𡆥。) 8

(43) 丁酉[宜于]羲羌三[人]，卯十牛，中？ 20

(44) □寅宜[于]羲羌三[人]，卯十牛，右？ 21

(45) 戊戌妇喜示一屯。岳。 22

(46) 癸卯卜㱿贞：旬亡𡆥？王占曰：㞢求，其㞢来艰。五日丁未允㞢来艰。饮御[逸]自弘圉六[人]… 8

(47) 癸卯宜于羲羌三人，卯三牛？ 14

(48) 癸卯宜于羲羌三人，卯十牛，右？ 22

(49) 王占曰：㞢求，其㞢来艰。其隹丙不吉，其隹□引不吉。 14

(50) 其隹丙不[吉]。 14

(51) 王占曰：其㞢来艰，乞至…其…丙…不吉。 17

(52) 王占曰：其㞢来艰，其隹丙，不吉。 17

(53) 丁[未]宜于[羲羌三人]，卯十牛？ 23

(54) 己未[宜]于羲羌[三]人，卯十牛，左？ 24

(55) 己未宜于羲羌三，卯十牛，中？ 25

(56) □申子窒徲牡… 26

(57) 辛酉子窒徲𠂤牝三牡… 27

(58) 壬戌子窒[徲牡]… 28

(59) □□子窒徲牡… 29

(60) □□[子窒]徲𠂤[牡]… 30

(61) 甲子子就徲𠂤牡三、牛□？ 31 32 33

(62) 丁亥卜永贞：王比䚄？(王占曰：吉。) 22

(63) 癸酉卜㱿贞：旬亡𡆥？王二曰：匄。王占曰：䖒，㞢求，㞢梦。五日丁丑王宾中丁，乇险在厅阜。十月。 1 2

(64) 己卯媚子寅入宜羌十？ 1

(65) [癸巳卜]□[贞]…王占曰：㞢求，𣪊光其㞢来艰。乞至六日戊戌允㞢…㞢寇在曼，俞在…麓，亦焚廪三。十一月。 11

(66) 癸卯卜□[贞]：旬亡[𡆥]？王占曰：㞢求，坠𢆶其㞢[来艰]。四日丙午，允㞢来艰，[光]友唐告曰：𢀛方[䀠]，入于苋。 34

(67) …来艰自兊友唐，舌方圃…蒴飴示昜，戊申亦㞢来[艰]自西，告牛家。32

(68) 丁亥邑… 35

(69) 癸巳卜[争贞：旬]亡囚？四日丙[申允]㞢来艰[自西。飴]告曰：□方蒴…夹… 37

(70) □□贞：旬亡囚。允㞢来艰自西，飴告曰…蒴𠬝、夹、方、眔四邑。十三月。32

(71) …旬亡囚。王占曰：㞢求，其㞢来艰… 32

(72) 癸未卜㱿贞：旬亡囚？王占曰：逸，乃兹㞢求。六日戊子子弹殟。一月。1 2

(73) 贞：子弹其殟？（之日子…）35

(74) 贞：及今二月，㞢来自西？36

(75) 辛未㞢戠新晶？32

(76) …[贞：旬亡]囚？丙戌甗侢晉。二月。32

(77) 己丑匽殟？32

(78) 逐豖，获？22

(79) 贞：王亡求？5

(80) [乞]自匿。17

1《合集》10405 2《合集》10406 3《合集》17080 4《合集》13362 5《合集》3120 正 6《合集》367 7《英藏》635 8《合集》6057、6058、6060 9《合集》137+① 10《拼五》1048 11《拼一》295 12《合集》387 正 13《合集》394 14《合集》6068、《拼一》61 15《合补》1819 16《合集》7097 17《拼二》568 18《合集》392 19《缀续》484 20《合集》389 21《合集》391 22《合集》390 23《合集》396 24《合集》386 25《合集》388 26《合集》3156 27《合集》3147+② 28《合集》3152、3153 29《合集》3157 30《怀特》990 31《合集》3137、3138 32《拼五》1098 33《合集》3140、3141、3143—3146，《缀续》492 34《合补》1767 35《拼三》791 36《英藏》641 37《合集》6064 正

本组卜辞据舌方侵犯商朝领土系联，包含舌方、方、土方三个方国的侵犯记

① 萧良琼：《卜辞文例与卜辞的整理与研究》，载《甲骨文与殷商史》（第二辑），上海古籍出版社，1986 年，第 24 页。

② 蒋玉斌：《〈史语所购藏甲骨集〉新缀四例》，先秦史研究室网站，https：//www. xianqin. org/blog/archives/1954. html，2010 年 6 月 20 日。

录，来犯时间集中在四月至七月、十三月，很有可能是三国联合对商进行军事行动。本组卜辞有很特别的地方，即“干支宜于虆羌三，卯十牛”末尾或加“左、中、右”三字，均刻于甲骨正面扇部一角。

第十组

(1) 丁丑卜㱿贞：今者王比沚戠伐土方，受㞢又？ 1
(2) □巳卜㱿贞：今者王比沚戠伐土方，受又？四月。 2
(3) 辛巳卜㱿贞：今者王叀戠比伐土方，下上若，受… 3
(4) 辛巳…伐土方… 4
(5) …称册，王比下上若，受我又？ 5
(6) 辛巳卜争贞：今者比沚戠伐土方，受㞢又？四月。 6
(7) 辛巳卜㱿。 7
(8) 贞：王比沚戠？ 7
(9) 贞：王勿比沚戠？ 7
(10) 王比？ 7
(11) …受㞢又？□月。 8
(12) 乙酉卜㱿贞：今者王勿比沚戠伐土方？ 9
(13) 贞：王勿比沚戠？ 9
(14) 乙酉卜贞：今者勿比戠伐土方？ 10
(15) 乙酉卜㱿[贞]：王比伐？ 11
(16) 丙戌卜㕚贞：若？ 10
(17) [贞]…若？ 10
(18) 己丑妇姘示三屯。自古乞□。 12
(19) 壬辰卜㱿贞：今者王循土方，受㞢[又]？ 13 14
(20) 癸巳卜㱿贞：今者王循土方，受㞢[又]？ 13 14
(21) 贞：王勿循土方？ 15
(22) 癸巳妇妟示五屯。小㱿。 16
(23) [癸]巳妇妟示五屯。小㱿。 17
(24) 丁酉子□示六屯。□。 18
(25) 丁酉子□示六屯。 19
(26) 丁酉子□示六屯。小㱿。 20

（27）戊戌羌�示七屯。叡。 21 22
（28）戊戌羌徙示七屯。小叡。 23
（29）□戌羌徙示□屯。岳。 24
（30）□戌羌徙示七屯。叡。 25
（31）辛丑卜争贞曰：𢀛方凡，皇于土［方］，其敦[illegible]？允其敦。四月。 13 26
（32）…曰：𢀛［方］凡，皇…其敦[illegible]… 8
（33）…［贞］曰：𢀛方…[illegible]？允其… 27
（34）其敦？ 15
（35）［王占］曰：其卫于黄示？ 13
（36）甲辰卜古贞：疾舌，隹［㞢］害？ 25
（37）丁未卜亘贞：𢀛方出，隹我囚？五月。 28
（38）壬子邑示一屯。小叡。 29
（39）壬子卜㱿贞：𢀛方出，隹我㞢作囚？ 29
（40）壬子卜㱿贞：𢀛方出，不隹我㞢作囚？五月。 29
（41）隹我㞢作囚？ 29
（42）不隹我㞢作囚？ 29
（43）壬子卜宾贞：𢀛方出，王萑？五月。 30
（44）壬子卜㱿贞：𢀛方出，隹我［囚］？ 31
（45）□□［卜］㱿贞：𢀛方出，不隹我［囚］？ 31
（46）□□［卜］争贞：沚戠称册，王比伐土［方］？ 31
（47）［癸］丑卜争贞：𢀛方出，王自饗，受㞢又？五月。 26
（48）贞：𢀛方其来，王自饗？ 32
（49）□□卜争贞：乎伐𢀛方，受㞢又？（王自饗。） 33
（50）勿自饗？ 15
（51）王自饗？ 15
（52）王自饗？ 15
（53）贞：隹［王］自饗？ 34
（54）叀王自饗？ 34
（55）贞：勿隹王自饗？ 35
（56）贞：乎伐𢀛方，受㞢又？五月。 12
（57）贞：勿乎伐𢀛方，［受㞢又］？ 12
（58）乙卯卜争贞：沚戠称册，王比伐土方，受㞢又？（［王占］曰：庚其㞢

设，吉，受又，其隹壬，不吉。） 29

（59）王比沚戛？ 29

（60）丁巳卜𣪊贞：王叀沚戛比伐土方… 36

（61）戊午卜争贞：登人五千？五月。 26

（62）戊午卜𣪊贞：沚戛称册，王比？五月。 21

（63）贞：勿比？ 21

（64）戊午卜𣪊贞：沚戛称册，王比？ 16 21

（65）戊午卜争贞：沚戛称册，王比？ 37

（66）戊午卜宾贞：王比沚戛伐土方，受㞢又？ 18

（67）□午[卜]宾贞：王[比]沚戛比伐□□？ 38

（68）己未卜𣪊贞：沚戛称册… 39

（69）辛酉卜𣪊贞：沚戛称册，王比？ 37

（70）辛酉卜𣪊贞：王比沚戛比伐土[方]… 40

（71）己巳卜争贞：比伐土方… 41

（72）甲戌卜争[贞]… 35

（73）□□[卜]□贞：沚戛称册，王比伐土方，[受]㞢[又]？ 42

（74）□□[卜]𣪊贞：沚戛称册，王勿𩠐比？五月。 42

（75）贞：王比沚戛？五月。 43

（76）贞：王勿比沚戛？ 29 43

（77）王比沚戛？ 43

（78）王比沚戛？五月。 44

（79）□□卜𣪊贞：沚戛称册，王[比]…□方允其…（[王占曰]：其隹丙敦，不[吉]。） 45

（80）□□卜𣪊贞：沚戛称册，王[比]？ 46

（81）□□[卜]𣪊贞：沚戛称册…我又？王占曰：其[隹]丙不吉。旬㞢…六月。 46

（82）王占曰：其㞢设。其隹丙不[吉]，其隹壬亦不[吉]。 13

（83）㞢设，吉，受又。其隹壬不吉。 31

（84）戊子卜𣪊贞：沚戛称册，王比？六月。 47

（85）己丑卜𣪊贞：沚[戛]称册，王比？六月。 48

（86）己丑史示三屯。岳。 49

（87）癸巳羌宫示二屯。𣪕。 50

（88）丁酉卜㱿贞：沚戠称册，王比？六月。 49 50

（89）…勿比戠？六月。 51

（90）（庚戌卜宾）贞：令比沚戠，示左？七月。 52

（91）□□［卜㱿］贞：沚戠不[illegible]，称册？ 53

（92）□□［卜㱿］贞：㞢于黄尹？七月。 53

（93）甲戌［卜］王贞：［沚］戠［称］册，余［比］？八月。 54

（94）贞：乎登见戎？ 16

（95）受年？十一月。 44

（96）桒年于昌？ 44

（97）受黍年？ 44

（98）贞：我不其受年？ 34

（99）受年？ 34

（100）…其［受］年？ 35

（101）贞：王勿萑？ 34

（102）贞…方…上甲？ 47

（103）在□宗。 54

（104）…乞。岳。 54

1《英藏》581　2《缀集》299　3《合集》6418　4《合补》1871　5《合集》7428　6《缀续》495　7《合集》7444　8《合集》6355　9《拼一》274　10《合集》6424　11《合集》7588　12《合集》6233　13《合集》6354　14《缀续》456　15《合集》6394　16《合集》7384　17《合集》17507　18《合集》6417　19《合集》17595　20《合集》17596　21《合集》7383＋①　22《合集》17621　23《合集》10643、17622　24《合集》17626　25《合集》13634　26《拼五》1024　27《合集》6356　28《合集》6091　29《缀集》285　30《合集》6096正　31《英藏》545　32《合集》6726、《拼一》130　33《合集》6234　34《合补》2489　35《合集》5246　36《合集》6415、6416　37《契合》60　38《合集》7498　39《合集》7398　40《合集》6421　41《合集》18926　42《合集》6401　43《英藏》663　44《缀续》395　45《合集》7388　46《合集》7403　47《合集》7382　48《拼三》614　49《合集》7381　50《合集》7380　51《契合》215　52《合集》

① 张宇卫：《甲骨缀合第一百五六—一百五七则》，先秦史研究室网站，https：//www. xianqin. org/blog/archives/8226. html，2017年2月27日。

3952　53《英藏》1187　54《合集》7394

本组以舌方出、敦𢀛事件为中心，可系联沚或伐土方卜辞。本组系联从四月一直延续到十一月，战争卜辞从四月延续至八月，共五个月。四月舌方联合土方对商朝𢀛地进行侵犯，五月继续进行侵扰，这时商朝开始分别对舌方、土方用兵。对土方的战争一直从四月延续到八月，将领为沚或。

第十一组

(1) 戊寅卜𣪊贞：勿登人[三千]乎伐舌方，弗[其受㞢又]？ 1
(2) 贞：登人三千？ 2 3
(3) □卯卜𣪊贞：登人三千乎…（王占曰：㞢求。四求，丩正…） 4
(4) 壬辰卜𣪊贞：勿𤔲，登人…舌方… 4
(5) 癸巳卜𣪊贞：収人乎伐舌方，受㞢又？ 5
(6) 贞：収人？ 5
(7) 癸巳卜争贞：易㲋…王占曰：吉，其… 6
(8) 甲午卜𣪊贞：勿㞢于王… 7
(9) 丁酉卜争贞：王登人三千… 6
(10) 丁酉卜𣪊贞：勿登人三千？ 7
(11) □酉卜𣪊贞：登人… 8
(12) 己亥卜争贞：勿乎依敦郭？ 2
(13) 依敦郭？ 3
(14) 勿于敦？ 9
(15) 己亥卜：㞢羽土于之？ 2 3
(16) 贞：涉㶇？ 3
(17) 庚子卜宾贞：勿登人乎[伐]舌方，弗[其]受㞢又？ 2
(18) 庚子易日？ 10 12
(19) 庚子不其易日？ 11 12
(20) 贞：来乙巳易日？ 11
(21) 不其易日？ 11
(22) 乙巳酒子渔？ 10
(23) 乙巳勿酒御子渔？ 11 12
(24) 乙巳易日？ 12

(25) 丙午卜㱿贞：登人三千乎伐𢀛方，受[㞢又]？ 5
(26) 丙午卜㱿贞：勿登人三千乎伐𢀛方，弗其受㞢[又]？ 13
(27) 登人？ 14
(28) 贞：勿登人？ 15
(29) 登人？ 15
(30) 丙午卜㱿贞：翌丁未酒中丁，易日？ 5
(31) 贞：翌丁未不其易日？ 5
(32) 贞：不亦雨？ 16 19
(33) 受年？一月。 14
(34) 贞：不其受年？ 14
(35) 受年？一月。 15
(36) 贞：不其受年？ 15
(37) 受黍年？ 15
(38) 贞：乎黍，不其受[年]？ 17
(39) 贞：乎黍，受年？ 18
(40) 癸丑卜宾贞：今至于丁巳追？（五日丁巳追，获。） 19
(41) …至…一月。 19
(42) 甲寅[卜]㱿贞：[勿]㡭执多寇乎[望]𢀛？ 20
(43) 辛酉卜争贞：勿执多寇乎望𢀛方，其㯱？ 17
(44) …令雨，执多[寇乎]望𢀛方？ 17
(45) 乙卯卜亘贞：勿易牛？ 21
(46) 贞：易牛？ 21
(47) 贞：翌丙辰不雨？ 21
(48) 贞：翌丙辰其雨？ 21
(49) （丁巳卜韦）贞：戊陟、戊学求？ 22
(50) 贞：乎何求得？ 22
(51) 贞：何弗其得？ 22
(52) 贞：妣癸允求？ 22
(53) 丁巳卜亘贞：刖牛爵？ 9
(54) 丁巳妇笶示。亘。 22
(55) 丁巳卜亘贞：正？ 22
(56) （己未卜亘）贞：正？（王占曰：吉，正。） 22

(57) 庚申卜争贞：乎伐𢀛，受㞢又？一月。 22
(58) 庚申卜争贞：乎伐𢀛方，受㞢又？一月。 9
(59) 辛酉卜争贞：乎伐𢀛方，受㞢又？ 23 24
(60) 贞：勿乎伐𢀛方，弗其受㞢又？ 25 26
(61) 勿乎伐𢀛？ 22
(62) 贞：勿乎以寇？ 25
(63) 贞：乎伐𢀛方？ 18
(64) 贞：乎伐𢀛方，受㞢又？ 27
(65) 贞：乎伐𢀛方？ 27
(66) 贞：勿乎伐𢀛方？ 27
(67) 辛酉卜宾贞：勿于九示𠦪？ 25
(68) 贞：勿𠦪于九示？ 23 24
(69) 壬戌卜㱿贞：乞令我史步伐𢀛方，受[㞢又]？ 22
(70) 贞：勿令我史步？ 22
(71) 乞令我史步？ 22
(72) 步伐𢀛方，受㞢□？一月。 9
(73) 贞：勿令我史步？ 9
(74) 甲子卜㱿贞：乎伐𢀛方，受[㞢又]？ 28
(75) 甲子卜㱿贞：勿乎多寇伐𢀛方，弗其受㞢又？ 28
(76) 贞：勿乎多寇伐𢀛方，弗其受㞢又？ 28
(77) 贞：乎寇伐𢀛？ 29
(78) 贞：勿乎寇伐𢀛？ 29
(79) 丙寅妇[illegible]示五屯。㱿。 16
(80) 丙寅…⿱。 30
(81) 翌丁卯[令]步？ 31
(82) 丁卯令？ 32
(83) 丁卯卜㱿贞：翌辛未令伐𢀛方，受㞢又？ 5
(84) 丁卯卜㱿贞：翌辛未勿令？ 13
(85) 贞：勿令？ 14
(86) 丁卯卜争贞：翌辛未其敦𢀛方，受㞢又？ 15
(87) 贞：弗… 15
(88) 戊辰卜宾贞：登人乎往伐𢀛方？ 16

（89）戊辰卜㱿贞：翌辛未令伐𢀛方，受㞢又？一月。 28

（90）…[伐]𢀛方，受㞢又？一月。 33

（91）戊辰[卜]亘贞：[乎]伐𢀛方？ 34

（92）戊辰邑示一屯。岳。 35

（93）贞：于庚午令步？ 36

（94）己巳卜□贞：登[人]三千乎… 35

（95）庚午卜亘贞：乎伐𢀛方，受[㞢]又？ 37

（96）（辛未卜韦）贞：乎伐𢀛方？ 14

（97）贞：勿乎伐𢀛方？ 14

（98）辛未卜宾贞：乎伐𢀛方，受㞢又？ 16 19

（99）□未卜□[贞：乎]伐𢀛[方]，受[㞢又]？ 38

（100）癸酉卜㱿贞：乎多寇伐𢀛方，受㞢又？ 28

（101）贞：勿乎伐𢀛方，弗其受㞢又？ 28

（102）贞：乎伐𢀛方，受㞢又？ 31 32

（103）贞：勿乎伐[𢀛]方？ 31

（104）贞：勿伐𢀛，弗其[受㞢又]？ 30

（105）贞：乎伐𢀛，弗其受㞢又？ 36

（106）贞：[勿]乎伐𢀛？ 36

（107）癸酉卜㱿贞：翌甲戌不雨？ 39

（108）□□卜㱿贞：乎多寇伐𢀛方，受㞢又？ 28

（109）贞：翌甲戌勿令？ 28

（110）贞：弗其正？ 28

（111）甲申卜㱿[贞]：翌乙酉酒唐，正？ 28

（112）乙酉酒唐，允… 28

1《合集》6171　2《合集》6169、6407，《缀兴》54　3《合补》2000　4《合集》6170　5《合集》6172+[1]、6173+[2]　6《拼一》154　7《合集》7323　8《合集》7334　9《合集》6227、6228，《缀集》169　10《合补》1781　11《合

① 刘影：《宾组甲骨新缀一则》，先秦史研究室网站，https：//www.xianqin.org/blog/archives/1510.html，2009年5月27日。

② 蔡哲茂：《〈甲骨文合集〉新缀第六至八则》，先秦史研究室网站，https：//www.xianqin.org/blog/archives/1683.html，2009年10月9日。

补》3932 正乙　12《合补》3931　13《英藏》559，《拼一》267　14《合集》7330 左+[①]　15《合集》9824　16《合补》1849　17《合集》546、547、549，《拼一》262　18《合集》9540　19《合补》3128　20《合集》550 正　21《合集》9465　22《合补》1804　23《合集》6229　24《合集》6230　25《合集》6257　26《合补》1771、1774　27《合集》6238+[②]　28《合集》542，《合补》1766、1805 乙，《拼一》153，《拼五》1104　29《合集》537、538、539，《北大》783　30《合集》6287　31《合集》6236、《合补》1851+[③]、《拼一》116　32《合集》6237　33《合集》6275　34《合集》6246　35《合集》7322　36《合集》6241　37《合集》6240　38《合集》6231　39《合补》1763

本组卜辞据丁卯日卜问辛未伐𠮷方是否受到保佑系联，丙午日之前的卜辞据相关研究补足[④]。除征伐卜辞外，本组包含祭祀、农业及气象类卜辞。定点时间在一月，根据前后干支，跨度可能是去年最后一月到来年二月。本组征伐类卜辞内容都与伐𠮷方有关，没有涉及其他敌国，但是这些卜辞未记载具体的征伐将领，而是征召众人作战。

第十二组

(1) 壬申卜[𣪊]贞：収[人]乎□𠮷[方]？　1
(2) 壬□[卜]□贞：乎望[𠮷]方？　2
(3) 戊寅卜𣪊贞：勿乎自般比冕？　3
(4) 贞：乎自般比冕？　4
(5) 庚寅卜𣪊贞：勿冒人三千乎望𠮷[方]？五月。　3
(6) 庚寅卜𣪊…　5
(7) …[弗]乎…𠮷方？五月。　6
(8) 庚□[卜]□贞…　6
(9) 贞：勿登人乎望[𠮷]方？　7

---

① 林宏明：《甲骨新缀第 571—579 例》，先秦史研究室网站，https：//www. xianqin. org/blog/archives/5269. html，2015 年 6 月 10 日。

② 蔡哲茂：《〈甲骨文合集〉新缀第五则》，先秦史研究室网站，https：//www. xianqin. org/blog/archives/1680. html，2009 年 9 月 29 日。

③ 林宏明：《甲骨新缀第 516—518 例》，先秦史研究室网站，https：//www. xianqin. org/blog/archives/4380. html，2014 年 9 月 26 日。

④ 李学勤、彭裕商：《殷墟甲骨分期研究》，上海古籍出版社，1996 年，第 349—350 页。

(10) □□[卜㱿]贞：冒人三千乎望[𢀛方]? 8
(11) 贞：[登]人乎[望]𢀛方?([王占]曰：吉。) 9
(12) …贞…望… 10
(13) 贞：乎望𢀛方? 10
(14) 取目于𢦏，乎望𢀛? 11
(15) 贞：勿乎弘望𢀛方? 12
(16) 丙申卜争。 11
(17) 贞：𢀛方出，乎望… 13
(18) □□[卜]㱿贞：勿…𢀛方… 13
(19) 己亥卜㱿贞：登人三千乎𢦔… 5
(20) 贞：乎𢦔𢀛方? 4
(21) 贞：勿乎𢦔𢀛方? 14
(22) □□[卜]㱿贞：乎伐𢀛方… 8
(23) 贞：祖丁害? 4
(24) 贞：㞢于祖丁? 14
(25) 若? 11

1《合集》6184　2《合集》6187　3《拼二》576　4《合集》6335　5《拼三》757　6《合集》8544　7《合集》6182　8《拼一》105　9《合集》6181+①　10《合集》6186　11《合集》6188　12《合集》6192　13《缀集》307　14《合集》6336

本组卜辞据3“五月望𢀛方”系联。本组系联所进行的“望𢀛方”行动，除征召的人外，还包括自般、冓、𢦏、弘等人。

第十三组

(1) 贞：今十月不其雨? 1
(2) 乎伐𢀛? 1
(3) 己丑卜㱿贞：勿乎伐𢀛? 2
(4) 甲辰卜宾贞：勿乎伐𢀛，弗其受㞢[又]? 3

---

① 林宏明：《甲骨新缀第447、448例》，先秦史研究室网站，https：//www. xianqin. org/blog/archives/3587. html，2014年1月16日。

(5) 甲辰卜宾贞：勿乎□舌戎？ 4
(6) 乙巳卜㱿贞：我不其受年？十一月。 4
(7) 贞：自今至于庚戌不其雨？ 5
(8) 贞：生十二月不其雨？ 5
(9) 贞：受年？ 5
(10) 甲辰卜宾贞：乎伐𢀛，受㞢又？ 6
(11) 乙巳卜争贞：叀王往伐𢀛方，受㞢又？ 7
(12) 乙巳卜[㱿]贞：我[弗]其受[又]？ 3
(13) 乙巳卜争贞：勿乎伐[𢀛方]？ 8
(14) 贞：弗其受㞢又？ 8
(15) 伐𢀛？ 5
(16) 乙巳卜争贞：乎多臣伐𢀛方，受[㞢又]？ 9
(17) 贞：乎多臣伐𢀛方？ 9
(18) 贞：乎多臣伐𢀛方？ 9
(19) 乎多臣伐𢀛方？ 10
(20) 乎多臣伐𢀛方？ 11
(21) 贞：勿乎多臣伐𢀛方，弗… 13
(22) □□[卜]㱿贞：乎多臣伐𢀛方？ 12
(23) 贞：叀王往伐𢀛？ 10
(24) 贞：叀王往伐𢀛方？ 10
(25) 贞：勿隹王往伐𢀛方？ 10
(26) 贞：叀[王]往[伐]𢀛？ 11
(27) 贞：勿隹王往伐𢀛？ 11
(28) 贞：叀王往伐𢀛方？ 9 14
(29) 贞：叀王往？ 11
(30) 王往伐𢀛方？ 15
(31) 贞：叀王往伐𢀛？ 16 17
(32) 贞：叀王往伐𢀛，受㞢又？ 18
(33) 贞：叀自般乎？ 11
(34) 贞：叀自般乎伐？ 17
(35) [贞]：乎[自]般伐𢀛？ 19
(36) 贞：乎自般？ 20

（37）［乎］视自般？ 20
（38）贞：勿隹自般□伐？ 21
（39）贞：叀自般乎伐？ 21
（40）贞：叀子画乎伐？ 17
（41）贞：叀弘乎伐𢀛？ 17
（42）贞：勿隹弘乎伐？ 22
（43）贞：叀毕乎伐？ 21
（44）贞：叀毕乎？ 20
（45）叀毕？ 19
（46）辛亥卜古贞：于？ 23
（47）贞：乎伐𢀛方，在□？ 23
（48）贞：勿伐，在□？ 23
（49）辛亥卜㱿贞：叀王往伐𢀛… 24
（50）辛亥卜㱿贞：叀王往…（王占曰：㞢设，其隹庚…） 24
（51）辛亥卜争贞：勿隹王往伐𢀛方，弗其［受］㞢［又］？ 25
（52）辛亥卜㱿贞：勿隹王往伐𢀛方？ 26
（53）贞：勿隹王往伐𢀛方，下上弗若，不我其受又？ 26
（54）辛亥卜㱿贞：伐𢀛方，帝受我又？ 27
（55）贞：帝不其受我又？ 27
（56）辛亥卜㱿贞：勿伐𢀛方，弗其受㞢又？ 2
（57）…［伐］𢀛［方］，帝受［我］又？ 28
（58）贞：勿伐𢀛，帝不我其受又？ 19
（59）癸丑卜㱿贞：勿隹王征𢀛方，下上弗若，不我其受又？ 29
（60）贞：勿隹王征𢀛方，下上弗若，不我其受又？ 29
（61）庚申卜㱿贞：王勿征𢀛方，下上弗若，不我其受又？ 30
（62）贞：伐𢀛方，蔑？ 2

1《合集》6251　2《拼一》289、《合集》6283+①　3《合集》6259　4《合集》9715　5《英藏》1011　6《拼一》113　7《合集》6214—6216　8《拼一》288　9《合补》1828　10《合集》614、615、617　11《合集》616

① 张宇卫：《甲骨缀合第一百五八——一百六十则》，先秦史研究室网站，https：//www.xianqin.org/blog/archives/8265.html，2017年3月13日。

⑫《拼一》132　⑬《合集》618　⑭《合集》6210　⑮《合集》6206　⑯《合集》6211　⑰《拼一》120、《合补》522　⑱《合集》6213　⑲《合集》6272　⑳《合集》4220　㉑《拼一》180　㉒《合集》7594　㉓《合集》6252　㉔《拼一》107　㉕《合集》6219　㉖《合集》6220、《拼一》112　㉗《合集》6270、6271　㉘《合集》6273　㉙《合集》6315—6317　㉚《合集》6318—6321

本组系联主要是某年十一月伐𢀛方的军事行动，同文卜辞较多，征伐的人物有商王、自般、子画、毕、弘，涉及将领较多。

第十四组

（1）丁卯[illegible]示二屯。自古乞。小𡿧。 ❶
（2）己巳卜㱿贞：勿乎妇姘以[illegible]？ ❶❷❸
（3）贞：勿乎妇姘以[illegible]先于䨭？ ❶❷
（4）贞：乎妇姘以[illegible]先于䨭？ ❶❸❹
（5）乎妇姘先于䨭？ ❶
（6）□□[卜]㱿贞：乎妇姘以[illegible]先于䨭？ ❺
（7）壬申卜㱿贞：乎妇姘以[illegible]先？ ❸
（8）甲申卜㱿贞：勿乎妇姘以[illegible]先于䨭？七月。 ❻
（9）贞：乎妇姘以[illegible]？ ❼
（10）贞：乎妇先？ ❽
（11）乙酉卜㱿贞：𢀛方卫，率伐不，王其征，勿告于祖乙？ ❻
（12）乙酉卜㱿。 ❼
（13）□酉[卜]㱿。 ❽
（14）□□[卜]㱿贞：𢀛方卫，率伐不，王其征，告于祖乙，匄又？ ❺
（15）乙酉卜㱿贞：𢀛方卫，率伐不，王告于祖乙，其征，匄又？七月。 ❺
（16）贞：𢀛方卫，勿告于祖乙？ ❽
（17）贞：告𢀛方于祖乙？ ❼❽
（18）贞…告… ❼
（19）贞：[𢀛]方卫？ ❾
（20）…贞：𢀛[方]… ❿
（21）贞：𢀛方卫… ❿
（22）…𢀛方卫… ⓫

（23）癸巳卜争贞：旬亡𡆥？（王占曰：㞢求，作于…） 3

1《缀集》7 2《合集》8993 3《英藏》162 4《英藏》163 5《合集》6347 6《合集》6344、6346，《拼二》569 7《合集》8992 8《合集》6349 9《合集》6348 10《合集》6351 11《合集》6350

本组卜辞据“妇姘以[?]”系联，时间在七月前后，是商王令妇姘先率领[?]到蠹去，大概是为征伐作准备[1]。其中，不、蠹两地在宾组一A类中都是商朝征伐的对象。

第十五组

（1）辛未卜𣪊贞：王勿逆伐𠬝方，上下弗若，不我其受又？六月。 1
（2）壬申卜𣪊贞：于河匄𠬝方？ 1
（3）癸酉卜争贞：王勿逆伐𠬝方，上下弗若，不我其受又？ 2
（4）癸酉卜宾贞：王伐𠬝方，受㞢又？六月。 3
（5）□戌卜亘贞：𠬝方…逆伐，受㞢又？ 4
（6）辛丑卜𣪊贞：𠬝方其来，王勿逆伐？ 5
（7）辛丑卜𣪊贞：靁妃不殟？ 5
（8）贞：𠬝方其来，王逆伐？ 6
（9）𠬝方其来，王逆伐？ 6
（10）王勿逆伐？ 6
（11）贞：𠬝方其来，王勿逆伐？ 7
（12）…𠬝方其来，王… 8
（13）己卯卜争贞：于令匄𠬝方？八月。 9
（14）贞：匄𠬝方？ 9
（15）贞：匄𠬝方？ 9
（16）贞：于岳匄？ 9
（17）贞：燎于西？ 9
（18）壬午卜。 9
（19）癸未。 10
（20）戊子卜𣪊贞：匄𠬝方于… 11

① 李学勤、彭裕商：《殷墟甲骨分期研究》，上海古籍出版社，1996年，第349页。

(21) 贞：𠂤方于河匄？ ⑩

❶《拼一》276、《合集》6204　❷《合集》6201、6202　❸《合补》1768、1769　❹《合集》6205　❺《合集》6197、6199，《缀集》107、331　❻《合集》7577+①、《英藏》555　❼《北大》787　❽《合集》8533　❾《合集》6156正　⑩《合集》6152　⑪《合集》6154

本组卜辞据六月商王迎击𠂤方系联。八月己卯"匄𠂤方"据❶"于河匄𠂤方"系联。

第十六组

(1) □丑卜㱿贞：[令]戉来…戉罙伐[𠂤]方。七月。 ❶
(2) 己巳卜㱿贞：𠂤方弗允翦戉？十月。 ❷
(3) 𠂤允翦戉？ ❸
(4) 贞：𠂤允翦戉？ ❸
(5) 允翦。 ❷❹
(6) 贞：乎征𠂤方？ ❷❹
(7) 贞：勿乎征𠂤方？ ❷❹
(8) 贞：乎围𠂤方？ ❺
(9) 贞：来？ ❺
(10) 贞：今十月𡳿？ ❻
(11) 贞：戉弗其伐𠂤方？ ❼
(12) 贞：伐？ ❺
(13) 贞：戉弗其翦？ ❻
(14) 贞：隹艰？ ❶
(15) 不？ ❶
(16) 贞：□出？ ❸
(17) 贞：王出？ ❸

❶《合集》6379　❷《合集》6312、6371—6373、8528，《契合》288、289　❸《缀汇》1018　❹《缀续》378　❺《合集》6306　❻《辑佚》21　❼《合集》

① 张宇卫：《甲骨缀合第一百卅三—一百卅四则》，先秦史研究室网站，https：//www.xianqin.org/blog/archives/4416.html，2014年10月11日。

6376—6378、6380

本组以成套卜辞为主，据十月戉伐舌系联。

第十七组

(1) 贞：翌癸卯其雨？ 1
(2) 乙巳… 2
(3) 丙辰卜㱿贞：㞢于唐？ 3
(4) 贞：㞢于大甲？ 3
(5) 贞：㞢于祖乙？ 3
(6) 丁巳卜韦贞：舌方其敦戠？十一月。 1
(7) 贞：舌方弗敦沚？ 2 4
(8) 贞：舌方出，叀王饗？ 5
(9) 贞：王勿[自]饗？ 5
(10) 贞：舌方出，王勿饗？十一月。 6
(11) 王饗？ 6
(12) 贞：不隹咎？ 6
(13) 壬戌卜争贞：沚戠称册，王比伐舌方，受… 7
(14) 贞：沚戠称册，㬜舌方…其敦卒，王比，受㞢又？ 8
(15) …沚戠称册，王比伐舌[方]？ 8
(16) 贞：沚戠称册，告于大甲？ 5 9
(17) 贞：王勿比沚戠？ 5
(18) 贞：王比沚戠？ 3 10 12
(19) 贞：勿比沚戠？ 3 11 12
(20) [王占]曰：吉。不鼍□卫小… 8
(21) 己巳卜㱿贞：登人乎比沚… 13
(22) 登人乎伐？ 2 4
(23) 贞：勿登人乎伐舌方，弗其受㞢又？ 2
(24) 癸酉。十一月。 14
(25) 贞：[勿]令□？ 14
(26) 贞：翌乙亥令黄步？ 14 15
(27) 己卯。 14

（28）贞：戠启，王其执𢀛方… 16
（29）贞：戠启，不其由？ 14
（30）贞：乎戠启… 17
（31）贞：于河告？ 3
（32）贞：于河告𢀛方？ 10
（33）贞：告𢀛方于上甲？ 3 5 10 12
（34）贞：于唐告？ 3 12
（35）贞：于大甲告？ 3 11 12
（36）贞：于大丁告？ 12

1《英藏》571 2《合集》6178 3《缀集》8 4《合集》6180 5《拼五》1022 6《合集》6095 7《契合》83 8《拼一》104、《缀续》367 9《契合》131 10《合集》6133、7453 11《合集》7471 12《合补》2040 13《契合》63 14《合集》7443 15《合集》8570 16《合集》6332 17《合集》7442

本组卜辞据沚戠伐𢀛方系联。战争的开端是十一月丁巳𢀛方侵犯沚戠领地，随后商王迎击，联合沚戠对𢀛方作战，其间还“登人”扩充队伍，这说明此次𢀛方来势汹汹，商王通过祭祀自然神祇及先公先王祈求战争的胜利。

第十八组

（1）戊子卜宾贞：毕乞步伐𢀛方，受㞢又？十二月。 1
（2）[方]…[其]受㞢[又]？十二月。 2
（3）…[受]㞢又？ 2
（4）…十二月。 3
（5）丁未卜争贞：勿令毕以众伐𢀛？ 4
（6）丁未卜㱿贞：勿令毕伐𢀛，弗其受㞢又？ 7
（7）丁未卜宾贞：勿令毕伐𢀛方，弗其受㞢又？ 8
（8）丁未卜争贞：[王乞]… 5 6
（9）戊申卜争贞：王乞[令毕]以众伐[𢀛]… 5 6
（10）贞：曰毕毋令？ 3
（11）贞：不大出？ 3
（12）辛亥卜㱿贞：伐𢀛方… 9

(13) 甲寅卜殻贞：戉… 9
(14) 乙卯卜殻贞：叀毕… 9
(15) 叀毕乎伐𢀛[方]？ 10
(16) 癸酉卜贞：今月毕翦𢀛方？ 11
(17) 贞：毕弗其翦？ 12
(18) 毕翦？ 13
(19) 己亥卜宾贞：翌庚子步，戈人不橐？十三月。 14
(20) 辛丑卜宾贞：叀羽令戈人伐𢀛方，翦？十三月。 14
(21) 贞：𢀛方弗敦？ 14
(22) 允其敦？ 14
(23) 勿孽年，㞢雨？ 14
(24) 亡雨？ 14
(25) 贞：乎子画以失新射？ 14
(26) 贞：自般以疚又？ 14
(27) 贞：勿…于祖… 4

1《合集》6292 2《合集》11619 3《合集》7208 4《合集》26、27 5《拼一》131 6《合集》4036 7《合集》6294 8《合集》6296、6297，《契合》7 9《合集》6284、6298+① 10《合集》6299 11《合集》6293 12《合集》7680 13《合集》7679 14《缀兴》11

11 属宾组二类。本组卜辞据十二月毕伐𢀛方系联，属于伐𢀛方中较晚的。由于 14 字体也较晚，时间与十二月毕伐𢀛接近，故我们将其纳入本组系联。以上三组（第十六、十七、十八组）系联为三个将领（戉、沚或、毕）伐𢀛，时间分别为：

戉：十月己巳、己丑。

沚或：十一月丁巳。

毕、戈人：十二月戊子，十三月己亥、辛丑。

从月份来看，这些卜辞是连续的，而且根据几个时间定点，将这几个月排在同一年是不冲突的，但由于这些卜辞之间涉及的人物、事类都缺乏内在联系，因此我们持谨慎态度，不强行整合在一起排谱系联。

---

① 张宇卫：《甲骨缀合第一百零六、第一百零七则》，先秦史研究室网站，https://www.xianqin.org/blog/archives/3572.html，2014年1月13日。

第十九组

(1) 癸巳卜㱿贞：史人于㓝，其㞢曰三… ❶
(2) 贞：勿史人于㓝？ ❷
(3) 贞：勿史人于㓝？一月。 ❸
(4) 乙巳卜宾贞：㓝乎告𢀛方出，允其… ❹
(5) 贞…允… ❹
(6) 贞：史人于㓝？ ❹
(7) 王比沚戠？ ❷
(8) 贞：王勿比沚戠？ ❷
(9) 自般。 ❹
(10) 㞢。 ❹

❶《合集》5537、5538　❷《合补》2095、2096　❸《合集》5542　❹《合集》6078、《合补》1830

本组卜辞据“史人于㓝”系联。值得注意的是，本组字体风格较晚，其中❹属宾组一 B 乙类附属，其余字体均属宾组一 B 乙类，但❸ 的字体风格接近宾组二类。

第二十组

(1) □子卜㱿贞：五百寇[用]？ ❶
(2) 贞：五百寇勿用？ ❶
(3) 癸丑卜㱿贞：五百寇用？旬壬戌㞢用寇百。三月。 ❶
(4) [癸]丑卜㱿贞：五百[寇]… ❶
(5) 癸丑卜㱿贞：勿䶂用五百[寇]？ ❷
(6) 贞：勿䶂用五百寇？ ❷
(7) 贞：用？ ❸
(8) 贞：勿用？ ❸
(9) 勿用？ ❸
(10) 王占曰：其用。 ❶
(11) 甲子卜㱿贞：告，若？ ❶

（12）贞：告？ 3

（13）戊辰卜㱿贞：王循土方？ 4

（14）戊辰卜㱿贞：王勿循土方？ 4

（15）戊辰卜㱿贞：王循土方？ 1

（16）贞：王勿循土方？ 3 6

（17）贞：王循土方？ 3 5 6

（18）贞：循土方？ 5

（19）己巳卜㱿贞：沚戠称册，王勿孽？ 4

（20）王比戠？ 5 6

（21）王占曰：丙戌其雨，不吉。 1

（22）己丑卜宾贞：戉受又？ 7

（23）癸巳卜亘贞：翦？七月。 1

（24）癸巳卜亘贞：曰… 1

（25）癸巳卜宾贞：翌丙申用寇？ 7

（26）己未邑示四屯。岳。内。 8

（27）庚申卜㱿贞：今者王循土方，受㞢又？十二月。 8

（28）庚申卜争贞：王循土方？ 9

（29）□申卜争贞：王循土［方］？ 10 11

（30）贞：王勿循土方？ 12

（31）贞：庚申勿循出？ 13

（32）贞：庚申□王循出？ 13

（33）庚申卜㱿贞：伐土方，受㞢又？ 8

（34）…王循伐土方，受［㞢又］？ 14

（35）□□［卜］争贞：王循伐土方… 15

（36）丙寅卜宾贞：我… 10

（37）□辰卜争贞：翌辛巳［王往］… 10 11

（38）贞：燎？ 9

（39）贞：竝以？ 13

（40）贞：弗其以？ 13

（41）贞：以？ 13

❶《合集》559、558+①，《拼一》138 ❷《合集》560 ❸《合集》6391、《缀续》540 ❹《合补》1879 ❺《契合》133 ❻《合集》6389 ❼《合集》561 ❽《合集》6398、《合补》1864 ❾《合集》6390+② ❿《英藏》578 ⓫《英藏》579 ⓬《合集》6395 ⓭《合集》7241 ⓮《合集》6400+③ ⓯《缀续》487

本组卜辞据“王循土方”系联，分两部分：一是“戊辰循土方”，二是“十二月庚申循土方”。❶“戊辰循土方”同版有三月和七月两个月份，循土方只有干支，难以判断具体在几月，此次循土方后是联合沚馘作战，而十二月循土方后是商王亲自进行征伐，未见其他将领。

第二十一组

(1) 方不出？三月。(王占曰…) ❶
(2) 贞：方出？ ❷
(3) 方𢦏围，隹帝令作我𡆥？三月。 ❸
(4) 贞：不隹帝令作我𡆥？ ❸
(5) 贞：方𢦏围登人？ ❸
(6) 贞：不其终夕雨？(王占曰：其雨。) ❶
(7) 如？ ❸
(8) 癸酉卜宾贞：旬亡[𡆥]？ ❹
(9) 癸未卜宾贞：旬亡𡆥？ ❹
(10) 癸未卜[㱿]。 ❹
(11) ([癸未卜]争) 贞：旬亡𡆥？ ❺
(12) [贞]：旬[亡]𡆥？ ❺
(13) 癸巳卜宾贞：旬亡𡆥？ ❹
(14) 癸卯卜宾贞：旬亡[𡆥]？方围于吕[𣪘]… ❹
(15) 癸丑卜宾[贞：旬亡𡆥]…艰。之日正…延瞽…亦[illegible]… ❹
(16) [王]占曰：㞢求，其㞢来，乞至，亡我… ❹

---

① 张宇卫：《宾组甲骨缀合十八则》，《东华汉学》2012 年第 16 期。

② 蔡哲茂：《〈甲骨文合集〉新缀第十一则》，先秦史研究室网站，https：//www. xianqin. org/blog/archives/1715. html，2009 年 10 月 20 日。

③ 张宇卫：《甲骨缀合第一百六一—一百六五则》，先秦史研究室网站，https：//www. xianqin. org/blog/archives/10774. html，2018 年 7 月 5 日。

（17）王占曰：若。 4
（18）四月。 4
（19）贞：亡来艰自方？ 5
（20）贞：旬［亡］来艰［自］方？ 5 6
（21）方其亦出告？ 7
（22）贞：方亡告？ 7
（23）贞：将？ 7
（24）贞：勿将？ 7

1《合集》6723+① 2《合补》1925 3《合补》1938+② 4《合集》6778 5《合集》6668 6《合集》6669 7《拼一》134

从时间上看，以上“方出”卜辞的时间集中在三、四月，有可能是同年发生的事情。

第二十二组

（1）□亥卜争贞：王徝伐方？ 1
（2）贞：王徝伐方，受㞢又？ 1
（3）丙子卜宾贞：桒年于邦土？ 2
（4）贞：勿桒年于邦土？ 2
（5）戊寅卜亘贞：王徝□方？ 2
（6）徝？十三月。 2
（7）丙戌卜争贞：王徝伐？ 3
（8）（丙戌卜吾）贞：王徝方？ 4
（9）□午卜㱿贞：今者王徝方，帝受［我又］？ 5
（10）…今者王徝方，帝［受］我又？ 6
（11）王徝方，帝噐王？ 7
（12）贞：帝弗其［噐王］？ 7
（13）贞：王徝方？ 8

① 宋雅萍：《背甲新缀三十九则》（替换），先秦史研究室网站，https：//www.xianqin.org/blog/archives/2773.html，2012年8月23日。

② 蔡哲茂：《〈英国所藏甲骨集〉新缀第四则》，先秦史研究室网站，https：//www.xianqin.org/blog/archives/1531.html，2009年6月30日。

（14）贞：王勿徝方？ ❷❽
（15）徝？ ❾❿⓫
（16）贞：勿徝方？ ❾
（17）［贞］：王［勿］徝？ ❿⓫
（18）其雨？ ⓫
（19）贞：先执逸？ ❷
（20）…㞢一牛？ ❺

❶《合集》6733　❷《合集》846、《拼一》68　❸《合集》7229　❹《英藏》626　❺《合集》6737　❻《合集》6736　❼《合集》6734、《缀集》259　❽《合集》6738　❾《合集》6739　❿《合集》7233　⓫《合集》7234

本组为“王徝方”卜辞，时间在十三月，内容较单一，含祭祀、气象类卜辞。

第二十三组

（1）方其来于沚？ ❶
（2）方不其来？ ❶
（3）贞：方允其来于沚？ ❶
（4）其来？ ❶
（5）不其来？ ❶
（6）贞：乎往征？ ❶
（7）己□［卜］㱿贞：［勿］䧹获围方？ ❷
（8）往伐？ ❸
（9）□寅卜宾贞：令多马羌御方？ ❹
（10）御方？ ❺
（11）勿令多马羌？ ❻
（12）贞：令多马羌？ ❸
（13）贞：勿令多马羌？ ❸
（14）贞：勿令多［马］□？ ❼
（15）贞：王勿比沚戠？ ❼❽
（16）贞：告［方］于［唐］？ ❽
（17）贞：告方于东西？ ❾
（18）贞：𠦪方于丁？ ❿

(19) [贞]：弗翦方？ 11

(20) 贞：㞢于河？ 9

(21) 乎自般取？ 9

(22) 贞：翌癸丑易日？ 1

(23) 不其易日？ 1

(24) 贞…尣… 6

(25) 贞… 6

(26) □令□归。 6

1《拼五》1101　2《合集》6748　3《合集》6763　4《合集》6761　5《合集》6760　6《合集》6762　7《合集》7480　8《合补》2088　9《合集》8724　10《合集》1962　11《合集》6758

本组系联以方侵扰沚为开端，1 卜问是否要对方进行征伐，沚甙、多马羌参战。此外，征伐还进行了祭祀活动。

第二十四组

(1) [丙]寅卜𣪊贞：勿曰求方我？ 1

(2) 贞：勿曰求方我？ 1

(3) (乙酉卜𣪊) 贞：母庚受？ 2

(4) 戊子卜宾贞：戉其專伐方？ 3

(5) 贞：戉弗其方又？ 2

(6) 贞：戉受？ 2

(7) 戊戌卜𣪊贞：戉得方𢀛翦？ 4

(8) 贞：令戉乎求方我… 5

(9) 令望乘？ 5

(10) 比望乘？ 5

(11) [告]𢀛方于… 5

(12) 贞：于唐告？ 5

(13) 贞：㞢羌于妣庚？ 2

(14) 贞：㞢疾言，隹害？ 2

(15) 贞：不隹害？ 2

(16) 𠂤不其受年？ 2

（17）…饗？ ❸

❶《合集》6767　❷《合集》440　❸《合集》7603　❹《合集》6764、6765
❺《缀兴》10

本组伐方者为戉。我们在系联中并未发现戉与其他将领伐方的占卜记录可系联的情况，如沚戠伐方卜辞。❷可能也为戉伐方的占卜，故将其系联。

第二十五组

（1）不其获羌？ ❶
（2）其作？ ❶
（3）弗作？ ❶
（4）妇好其㞢子？四月。 ❶
（5）妇好毋其㞢子？ ❶
（6）贞：王出？ ❶
（7）贞：王勿出？ ❶
（8）隹帝臣令？ ❶
（9）辛亥卜㱿。六月。 ❷
（10）贞：辛亥王入？ ❷
（11）于癸丑入？ ❷
（12）于甲寅入？ ❷
（13）于乙卯入？ ❷
（14）光不其获羌？ ❷❸
（15）贞：光获羌？ ❹
（16）乎逆执？ ❷
（17）弗其及？ ❷
（18）告于大甲、祖乙？ ❷
（19）甲辰卜亘贞：㞢于河？（王占曰：其㞢。） ❺
（20）贞：自不其获羌？十月。 ❺
（21）乙巳卜宾贞：妇姘娩？嘉…妇姘… ❻
（22）翌甲寅不雨，□？ ❼
（23）丁巳卜㱿贞：自获羌？十二月。 ❽
（24）获羌？十二月。 ❾

(25) 贞：自不获羌？ 7
(26) 贞：自不其获羌？ 6
(27) 乙酉卜宾贞：王往出？ 8
(28) 己丑卜永贞：戊其蔑？ 8

1《拼一》66、145，《缀集》231 2《合集》183、《拼一》102 3《合集》184 4《合集》182 5《合补》4 6《合集》181 7《合集》179 8《拼五》1176、《英藏》598 9《合集》208

本组卜辞据“光、自获羌”系联，所见月份为四月、六月、十月、十二月。与午组（《合集》22043）有同卜之例。

第二十六组

(1) □□[卜]㱿贞：射舟…[王占]曰：叀既，己卯…获羌十？ 1
(2) 乙酉卜𠧞贞：射舟获羌？ 2
(3) 乙巳卜㱿贞：来辛亥酒？ 3
(4) 戊申卜㱿贞：五羌，卯五牛？ 3
(5) …翌辛亥酒…王亥九羌？ 4
(6) 贞：九羌，卯九牛？ 5
(7) 己酉卜㱿贞：舟获羌？ 6
(8) 射舟获羌？ 7
(9) 舟获羌？ 8
(10) [贞]：舟[不]其[获]羌？ 5
(11) 贞…羌… 2 5
(12) 舟获？ 9
(13) 不其获羌？ 9
(14) 贞：射舟获… 10
(15) …[贞：射舟]不其[获]… 10
(16) 贞：于翌庚申出？ 5
(17) 庚申卜宾贞：𢦏？ 11
(18) 贞：王勿去朿？ 5
(19) 子渔㞢从？ 4 5 11
(20) 子渔亡其从？ 3

（21）乎取？ 9
（22）…贞：乎取… 10
（23）…贞：乎宅… 10

1《合集》163　2《合集》165　3《合集》369、15724　4《合集》357　5《合集》169、《拼一》100、《契合》58　6《合集》166　7《辑佚》17 正　8《合集》167　9《合集》170　10《合集》5753　11《合集》6011

本组卜辞据“啟获羌”系联，无月份记载。

第二十七组

（1）贞：翌乙丑㞢于祖乙？ 1
（2）（戊辰卜㱿）贞：告戉于上甲、成？ 2 3
（3）贞：㞢于祖乙，告戉？ 2 3
（4）贞：𠦪戉于祖乙？ 2 3
（5）壬午[妇]□示二屯。 4
（6）妇姘示… 5
（7）己丑卜争贞：旡由王事？ 6
（8）贞：旡由王事？ 6
（9）贞：旡弗其由？ 6
（10）己丑卜争贞：旡[由]王[事]？ 5
（11）甲午卜㱿贞：乎毕先御燎于河？ 6
（12）贞：勿乎毕先御燎？ 6
（13）乎毕先？ 6
（14）甲午卜㱿贞：乎毕先御燎于河？ 4 5
（15）□□卜㱿贞：乎毕先御燎… 7
（16）…毕先御燎… 8
（17）…御燎于河…羌？ 8
（18）□□[卜]争贞：乎毕燎于河？ 9
（19）戊午卜㱿贞：令戉弋沚其冓… 1
（20）令戉弋沚？ 1
（21）贞：戉不其冓戎？ 1
（22）贞：戉不其获羌？ 1

（23）其获羌？ ❶
（24）□□卜㱿贞：戉获羌？ ❿
（25）戉㞢蔑羌？ ❷
（26）贞：戉亡其蔑羌？ ⓫
（27）贞：旨获羌？ ❸
（28）戉获羌？ ⓬
（29）□□卜㱿贞：令望乘… ❿
（30）□□［卜］㱿贞：王鼎比望乘… ❿
（31）令望乘？ ⓬
（32）比望乘？ ⓬
（33）贞：戉获羌？ ⓭
（34）不其获羌？ ⓭
（35）贞：戉不其获羌？ ❻⓭
（36）戉获羌？ ❻
（37）贞：翌辛未易日？（翌辛…不其…） ❹

❶《合补》1965 ❷《合集》6610 ❸《英藏》594 ❹《合集》4055 ❺《合集》14526 ❻《合集》177 ❼《合集》4056 ❽《合集》4057 ❾《合集》14574 ❿《合集》171 ⓫《合集》6611 ⓬《合集》172、173 ⓭《合集》176

本组卜辞没有记月，以戉为中心，根据同版关系进行系联，相关将领还有望乘、旨二人。辞（2）（3）“告戉”可能是与“获羌”有关的祭祀活动。根据“毕燎于河”“𢦏由王事”，❻又可与❹❺等版系联。

第二十八组

（1）…曰隹丙戌翦…其㞢艰，其隹…吉。 ❶
（2）丙戌卜箙贞：其用正？ ❷
（3）丁亥卜亘贞：乎取吕？ ❷
（4）贞：勿乎取吕？王占曰：吉。其取。 ❷
（5）壬辰卜㱿贞：戉翦寿方？（王占曰：叀既。） ❸
（6）□□［卜］亘贞：戉其伐寿方，翦？ ❷
（7）贞：戉弗其翦寿［方］？ ❷

(8) 贞：戉不其翦？二月。 4
(9) 贞：戉受寿方又？ 5
(10) 贞：戉弗其受寿方又？ 6
(11) 贞：戉受又？ 6
(12) 贞：□弗其[受]寿方[又]？ 7
(13) …受寿方又？ 1
(14) …受寿方[又]？ 1
(15) □□[卜]贞：戉弗其[受]寿方[又]？ 8
(16) □□[卜㱿]贞：戉受寿方[又]？ 9
(17) 甲午卜宾贞：光其㞢囚？二月。 3
(18) [甲]午卜宾贞：光亡囚？王占曰：㞢求…执光。 3
(19) □□[卜]宾贞：王磬…二月。 1
(20) 戊戌卜㱿贞：戉翦寿方？ 10
(21) 贞：戉弗其翦寿方？ 10
(22) 戊戌[卜]□贞：戉…曰… 11
(23) 贞：戉弗其翦？三月。 10
(24) 贞：戉弗其翦？ 12
(25) 贞：戉翦？ 10 12 16
(26) 戉翦？ 13
(27) 戉□其翦？ 13
(28) □□卜□贞：戉翦寿方…三月。 14
(29) □□[卜]□贞：光其翦？[王]占：不隹既。 10
(30) 贞：光不其翦？ 10
(31) □□卜㱿贞：乎比引寿帚？ 10
(32) 贞：乎比引寿帚？ 10
(33) 勿乎比引寿帚？ 10
(34) 贞：勿乎比引？ 13
(35) 贞：乎比引？ 13
(36) 王占曰：兹二饗，不隹既，隹其不…亡隹克。 10
(37) 贞：于翌癸卯？ 15
(38) 贞：于翌癸[卯]？ 15
(39) 癸卯卜㱿贞：戉弗其翦寿方？ 16

(40) 甲辰卜㱿贞：戉弗其翦𢀛方？三月。 16
(41) 贞：戉翦𢀛方？三月。 17
(42) 贞：戉亡其翦？ 15
(43) 贞：戉不其翦？ 15
(44) □□[卜]争贞：戉翦？ 18
(45) 丙午卜㱿贞：戉亡其翦？ 19
(46) 丙午卜㱿贞：王叡戉，戉其㞢翦？ 19
(47) □□[卜]㱿贞：妇好史人于眉？ 10
(48) 史人于眉？ 10
(49) 贞：王曰亡其疾？ 10 13
(50) 贞：永？ 15
(51) …受年？ 8

1《合集》8613 2《合集》6567 3《缀汇》206 4《合集》7705 5《合集》8617 6《合集》8616 7《合集》8614 8《合集》8615 9《合集》8618 10《缀续》437 11《合补》1958 12《合集》7691正 13《合集》7699正+① 14《合补》1957 15《合集》7706 16《拼一》140 17《怀特》364 18《合集》7692 19《合集》7707、7708

本组卜辞据"伐𢀛方"系联，定点二、三月，最早的干支在丙戌日，最晚在丙午日，根据卜辞干支，虽然只有二十一天，但属于两个月份。主要征伐将领为戉，此外还有光、引二人。

第二十九组

(1) 丁未[卜]□贞：𠂤…弗其翦…十三月。 1
(2) 己酉卜宾贞：𠂤翦… 2
(3) □妥…五十。在𢆶。 3
(4) 𢆶。 4
(5) …示十。岳。 5
(6) □示十。 6

① 蔡哲茂：《〈上海博物馆藏甲骨文字〉新缀五则》，先秦史研究室网站，https：//www.xianqin.org/blog/archives/1686.html，2009年10月9日。

（7）庚戌卜㱿贞：先弗其翦？ ❸
（8）□戌卜㱿贞：先翦羌龙？ ❺
（9）贞：先翦羌龙？十三月。 ❼
（10）…翦？ ❼
（11）贞：翦羌龙？十三月。 ❽
（12）…翦羌龙？ ❾
（13）丙辰卜㱿贞：先弔羌龙？ ❻
（14）贞：先弔羌龙？ ❿
（15）[贞]：先弗其弔羌[龙]？ ❹
（16）贞：先弗其翦羌龙？ ⓫
（17）癸亥乞自[䍙]。 ⓫
（18）[贞]：先弗翦？ ⓬
（19）…毕往… ❾

❶《合补》1188　❷《合补》1201　❸《合集》7682　❹《合集》6637　❺《合集》6630　❻《合集》6636　❼《合集》6631　❽《合集》39905　❾《合集》6632　❿《合集》6635　⓫《合集》6634、《合补》1992　⓬《合集》7683

本组卜辞据“先伐羌龙”系联，所见月份为十三月。

第三十组

（1）□寅乞自□。 ❶
（2）庚申卜㱿贞：伐𡿨屰，翦？ ❶
（3）贞：王伐𡿨屰，翦？ ❷

❶《合集》6877　❷《合集》6878—6880

本组卜辞据“王伐𡿨屰”系联。

第三十一组

（1）乙丑卜□贞：翌□卯… ❶
（2）辛未卜㱿贞：我获[illegible]？十月。 ❶
（3）癸酉卜宾贞：我执[illegible]？ ❷
（4）贞：我执[illegible]？ ❸

（5）己酉卜嗀贞：牧亡其执？ ❹

❶《合集》6909　❷《合集》6910　❸《合集》6911　❹《契合》78

本组据伐卜辞系联。

第三十二组

（1）勿于河𠦪？ ❶❷

（2）□于□𠦪？ ❶

（3）亡其来自西？ ❷

（4）…来[自]西？ ❷

（5）㞢来自西？ ❶

（6）亡其来西？ ❶

（7）贞：弗其获豕？ ❶

❶《拼五》1123　❷《合集》14548

本组卜辞据“㞢/亡来自西”系联。

第三十三组

（1）戊子卜嗀贞：㞢于祖… ❶

（2）戊子卜嗀贞：王往出[省]？ ❶

（3）丁酉卜古贞：王往出省从西，[大]… ❷

（4）贞：王其往出省从西，告于祖丁？ ❸

（5）□□卜韦贞：王[往]省从西，告于大甲？ ❹

❶《英藏》454　❷《合集》5116　❸《合集》5113 反　❹《合集》1434

本组卜辞据“王往出省从西”系联。

第三十四组

（1）贞：告于祖乙？ ❶

（2）乙卯卜㕣贞：王往[于𩏂]？ ❷

（3）王往省从𩏂？ ❶

（4）…王往出[于𩏂]？ ❸

❶《合集》5119　❷《合集》8021　❸《合集》8022
本组卜辞据“王往𩁹”系联。

第三十五组

（1）壬午卜宾贞：河求？ ❶
（2）壬午卜宾贞：河求我？ ❷
（3）□午卜宾贞：河求我？ ❸
❶《合集》2328　❷《英藏》1167　❸《合集》14615
本组卜辞据“河求我”系联。

第三十六组

（1）己亥卜宾贞：画其若？ ❶
（2）子画㞢求？ ❷
（3）其㞢？ ❷
（4）乙卯卜㱿贞曰：以㞢？ ❷
（5）其雨？ ❷
（6）贞：酒妇御于…乙？ ❷
❶《合集》3058　❷《合集》3032
本组卜辞据“子画”系联。

第三十七组

（1）辛卯卜亘贞：彡酒于上甲，亡害？九月。 ❶❷
（2）己酉卜宾贞：王梦，隹人囚？ ❷
（3）贞：乎自□取陕于□？ ❷
（4）贞：允隹？ ❶
❶《合集》1184　❷《合集》1185
本组卜辞据“彡酒于上甲”系联，所见月份为九月。

第三十八组

(1) □□卜㱿[贞]：在春□□田，⿱亼⿱口内[受]年？ ❶
(2) 贞：⿱亼⿱口内不其受年？ ❷
(3) ⿱亼⿱口内受年？ ❸

❶《合集》9784　❷《合集》9786　❸《合集》9785

本组卜辞据“⿱亼⿱口内”是否受年系联。

（二）可能有联系的卜辞

第一组

(1) 己丑卜㱿贞：翌庚寅妇好娩？不其娩？ ❶
(2) 贞：翌庚寅妇好不其娩？一月。娩。 ❶
(3) 辛卯卜㕣贞：乎多羌逐兔，获？ ❶
(4) 贞：不其获？ ❷
(5) 菁获？ ❷
(6) 贞：多子不其获…允… ❸
(7) 多子获？ ❸
(8) …[多子]…[告]… ❸
(9) 贞：勿令毕田于京？ ❹
(10) 癸酉妇⿳亠口冂示一屯。永。 ❺
(11) 己巳卜古贞：今二月雨？ ❺
(12) …雨？ ❻
(13) 壬午卜宾贞：获虎？ ❺
(14) …获？二月。 ❻
(15) …允获一？三月。 ❻
(16) …三获… ❻
(17) …狩…五月。 ❼
(18) 贞：王狩？ ❽
(19) 贞：王勿狩？ ❽

(20) 贞：王入? 8
(21) 刹𠬝于祖辛? 8
(22) 勿刹𠬝? 8
(23) …七月。 8
(24) 勿狩? 9
(25) 狩? 七月。 9
(26) 乙丑卜□贞：翌丁卯王其狩敝麓，擒? 八月。 10
(27) 乙丑[卜]□贞：翌[丁]卯王[狩]敝麓，[擒]? 八月。 11
(28) 乙丑[卜]□贞：翌[丁]卯其狩敝麓，弗其擒? 11
(29) …其擒? 八月。 12
(30) [贞]：王勿狩乂，既陷麋归? 九月。 13
(31) 甲申。 17
(32) 乙酉。 17
(33) 丙戌卜贞：勿令犬延? 17
(34) 贞：勿令犬延田于京? 17
(35) 庚寅卜贞：于𣎆? 十月。 17
(36) 庚寅卜贞：其黑豕? 17
(37) 庚寅卜贞：其土□? 17
(38) 辛丑卜争贞：我卜多不吉，勿… 14
(39) 贞：众人亡其𦥑? 十月。 14
(40) …不其罿…十月在盖。 15
(41) …之日王往于田，从融京，允获麑二，雉十七。十月。 16
(42) 贞：于生十一月令毕? 17
(43) 贞：勿乎延复㞢行比逎? 17
(44) 王[占]曰：艰…其… 13
(45) 贞：省… 13
(46) 叡。 13

1《契合》379　2《合集》10843　3《合集》3242　4《合集》10919　5《合集》10199　6《史购》73　7《合补》2870 正　8《合集》10584 +①

① 蔡哲茂：《〈天理大学附属天理参考馆藏甲骨文字〉新缀第六则》，先秦史研究室网站，https：//www. xianqin. org/blog/archives/1755. html，2008 年 8 月 21 日。

⑨《合集》10614 ⑩《契合》26 ⑪《缀汇》616 ⑫《英藏》852 ⑬《英藏》849 ⑭《合集》16 ⑮《合集》10737 ⑯《合集》10921 ⑰《英藏》834

本组据宾组一B乙类田猎卜辞中记载月份的卜辞系联，按月份排列。根据相应月份和干支，一月、二月、三月、五月、七月、八月能排入同年，而九月、十月不能排入同年。

第二组

(1) 乙丑卜𣪊贞：𠊿…擒？ ①
(2) (丙寅[卜]争) 贞：于翌戊寅令狩？ ②
(3) 丁卯[卜]□[贞]：狩正□□擒？获□□鹿百六十二、□百十四、豕十、旨一。 ③
(4) 戊辰卜争贞：毕𦍒？ ④
(5) 壬申卜𣪊贞：[王]勿延[南]狩？ ⑤
(6) 甲戌[卜]贞：叀丙子陷？ ⑥
(7) 贞：叀…陷？ ⑥
(8) 甲戌卜亘贞：翌日乙亥宜，允… ⑦
(9) 乙亥卜争贞：今春王出田，若？ ⑧
(10) 贞：王勿出田，叀[示]□？ ⑧
(11) 贞：王往出田？ ⑨
(12) 丙子卜古贞：王往… ⑦
(13) 勿乎逐□其□？ ②
(14) 戊寅卜宾贞：御于父乙？ ⑩
(15) 勿御于父乙？ ②
(16) …渔㞢一牛于父[乙]？ ⑪
(17) …渔勿㞢一牛于父乙？ ⑪
(18) 戊[寅]…历[狩]…三日庚辰…橐罛㢊…获兕二十…一、豕[五]… ⑫
(19) [戊]寅卜争贞：萅㞢擒？ ⑬
(20) 戊寅卜…今日狩盾…擒？获虎… ⑭
(21) □寅卜𣪊贞：今日我其狩盗… ⑪⑮⑯⑰
(22) □□卜𣪊贞：今日我其狩盗…允擒获兕十一、鹿七十㞢四、豕四、兔七十㞢四。 ⑪⑮⑯⑰

(23) □□[卜]㱿贞：今日我其狩[盗]…狩，获擒鹿五十㞢[六]… 15
(24) 贞：翌己卯王勿令狩？ 10
(25) 贞：翌辛巳王勿往逐兕，弗其获？ 18
(26) 辛巳其陷麋，[擒]？ 19
(27) □巳其陷麋？ 20
(28) 辛巳卜宾贞…于榰？ 7
(29) 壬午卜宾贞：勿乎田于榰？ 7
(30) 甲申卜㱿贞：王涉狩？ 21
(31) (甲申卜争) 贞：王狩于乂？ 22
(32) 贞：王勿狩于乂？ 22
(33) 贞：王狩于乂？ 22
(34) …勿狩[于]乂？ 22
(35) □申卜㱿[贞]：王其狩？ 23
(36) □申卜㱿贞：其狩？ 24
(37) 甲申卜宾贞：㲋㞢擒？ 25
(38) 乙酉卜古贞：乎田… 26
(39) 丙戌卜宾贞…雨，富风不… 15
(40) 丙戌卜古贞：燎于岳？ 10 11 15
(41) 丙戌卜争贞：今[者]… 27
(42) 丁亥卜宾贞：王往涉狩？ 28
(43) 贞…往… 28
(44) □□[卜]争贞：今日[我其狩]… 27
(45) 丁亥[卜]□贞…子…逐… 29
(46) 丁…告…奚…其… 8
(47) 己丑[卜]□贞…麋获？ 30
(48) 辛卯卜争[贞]：我狩，下乙弗若？ 31
(49) …狩，下乙… 31
(50) 甲午卜□贞：王往□兕… (…之日往逐。) 32
(51) 甲午妇姘示三屯。岳。 33
(52) 丙申[卜]：陷在南麋？ 34
(53) 贞：翌丁酉其逐[兕]… 35
(54) [戊]戌卜宾[贞]：翌己亥[王]往狩，擒？ 36

（55）癸卯卜宾贞：旬亡𡆥？ 18
（56）乙巳卜𣪘贞…［狩］…（王占曰…） 37
（57）□［巳］卜［贞：王］勿［狩］，不若？ 38
（58）丙午卜𣪘贞：不其获？（在盥。） 39
（59）丙□［卜］贞：其［获］？ 40
（60）贞：弗其获？ 41
（61）丁未卜王贞：今日往于田？ 42
（62）□未卜争贞：往狩？ 43
（63）戊申［卜］王：□狩□敦？ 44
（64）戊申卜亘贞：勿狩，往… 45
（65）戊申卜亘。 45
（66）戊申卜□贞：今日其陷麋，擒？王占曰：其［冕］…在… 46
（67）□□卜亘贞：逐兕，获？［王］占曰：其获。己酉王逐［兕］，允获二。 47
（68）辛亥卜争贞：王不其获肱射兕？ 48
（69）贞：王不其获肱［射兕］？ 49
（70）…获肱射兕？ 50
（71）□亥卜𣪘贞：其逐兕，获？ 51
（72）癸［丑］卜贞：旬亡［𡆥］？ 18
（73）乙卯卜韦贞：乎田于斿？ 52
（74）乎田于斿？ 53
（75）戊午卜宾贞：王获？ 54
（76）戊□［卜］□贞：乎逐［豕］，擒？ 55
（77）…往逐豕…擒… 56
（78）庚申卜宾［贞］：乎取… 57
（79）辛酉卜韦贞：今夕不其… 33
（80）癸亥卜争贞：戉友获在西，乎…□月。 58
（81）乙丑卜亘贞：往逐豕，获…往逐莫豕，允获… 57
（82）□巳获二十。 55
（83）辛未卜亘贞：往逐豕，获？ 33
（84）丁丑卜宾贞：𠢎？ 53
（85）贞：𠢎？ 53
（86）贞：妇姘黍受年？ 53

（87）贞：不其受年？ 53
（88）贞：㞢于尽戊？ 22
（89）贞：勿𠭯蔑？ 22
（90）…御于兄… 23
（91）贞：乎毕酒…燎三[牛]？ 42
（92）…燎… 54
（93）勿乎…収… 8
（94）…晕，[囚]？ 37
（95）絴[入]… 2
（96）□入十。 54
（97）…二十。殸。 31
（98）□示十。 58
（99）岳。 41
（100）亘。 5

1《合集》10769　2《英藏》840　3《合集》10307　4《合集》10811　5《合集》10610　6《合集》10661　7《合补》1458　8《拼一》253　9《合集》5098　10《合集》10594　11《合补》2596　12《合集》10425　13《合集》10772　14《契合》115　15《合补》2591　16《合补》2632　17《英藏》856　18《合集》10401　19《拼一》275　20《合集》10363　21《合集》10603　22《合集》10969　23《合集》10590　24《合集》10592　25《合补》2635　26《合集》10561　27《合集》3713　28《合集》10602　29《辑佚》68　30《合集》10355　31《拼四》999　32《合集》10424　33《合集》10229、17492　34《合集》10911　35《英藏》847　36《合集》10600　37《合集》10617　38《合集》16352　39《合集》10874　40《合集》10880　41《合集》4966　42《合集》10542　43《合集》10598　44《英藏》838　45《英藏》839　46《拼二》451　47《合集》10398　48《合集》10419　49《合集》10420　50《合集》10421　51《合集》10400　52《合集》10961　53《拼一》115　54《合集》10837　55《合集》10231　56《合集》10234　57《合集》10227　58《合集》10914

本组据田猎卜辞中没有记载月份、只记载干支的卜辞系联，数量较多，按干支顺序排列。

第三组

二月

(1) 丙寅卜㱿贞：王于宿出… 1

(2) 丙寅卜㱿贞：王勿卒出戠？二月。 1

(3) [贞]：王勿[出]戠？ 2

(4) 贞：王勿卒入戠？ 3

(5) [孽]…大… 3

(6) 贞：㞢于祖乙？ 3

四月

(7) 甲戌卜亘贞：乎往见于河，僃至？ 4

(8) 贞：今四月僃至？ 5

(9) 贞：僃母其来？ 6

(10) 贞：僃母其不来？ 6

(11) [甲]戌卜[宾]贞：[王]入？ 5

(12) 贞：王勿卒入？ 5

(13) 甲□卜宾贞：王入？ 7

(14) 贞：翌乙亥王勿卒入，遘？ 8

(15) …王… 8

(16) 乙亥卜争贞：王入？ 9

(17) □亥卜宾[贞]：翌丁丑王入？ 10

(18) 戊寅羌目示三屯。㱿。 11

(19) 己卯卜韦贞：王入？ 11

(20) 贞：入？ 12

(21) 勿卒入？ 12

(22) 贞：王入？ 13

(23) [贞]：王卒[入]？ 13

(24) 贞：王勿卒入？ 14 15

(25) 贞：王勿入？ 15

(26) 贞：王取唐觳？ 7

(27) 取唐觳？ 12

(28) 贞：刿㫚于祖乙？ 7
(29) 贞：曰自母在兹延？ 7
(30) 贞：曰？ 7
(31) □□卜亘贞：王须，允鬳逸自敦亯？ 9
(32) 乎多射葳，不其获？ 12
(33) □□[卜]古贞：乎多射葳，获？ 12

六、七月

(34) 丙午卜宾贞：㞢于祖乙十白豕？ 16
(35) 丙午卜宾贞：燎㫚？ 17
(36) 贞：燎㫚㞢豕？ 17
(37) 贞：勿䶊燎㫚？ 17
(38) 丁未卜㱿贞：㞢勺自唐？ 17
(39) 贞：㞢于祖□？ 17
(40) (戊申卜㱿) 贞：王咼今六月入？ 17
(41) 贞：勿咼今六月入？ 17
(42) 戊申卜㱿贞：亡囚？(王占曰：隹㞢囚。) 17
(43) 癸丑卜宾贞：桒于岳？ 17
(44) 贞：于河桒？ 17
(45) 贞：于土桒？ 17
(46) 丙戌卜宾贞：子商其㓹㞢囚？七月。 18
(47) 翌庚寅易日？ 19
(48) 癸巳。七月。 20
(49) 己亥卜㱿。 21
(50) 己亥卜㱿贞：王勿入？ 18
(51) 贞：王于沓酒于上甲入？ 19
(52) 辛丑卜争贞：乎取冊？ 21
(53) 贞：勿乎取冊？ 21
(54) 辛亥卜㱿贞：王入？ 19
(55) 贞：王勿卒入？ 19 20
(56) …[王]入？ 20
(57) 贞：王勿入？ 22
(58) 贞：王其入，㞢勺自咸？ 21

（59）贞：用羌于祖乙[正]？ 22
（60）贞：用羌于祖乙正？（王占曰：吉。其用。） 22
（61）贞：王入，若？ 23
（62）其亦出？ 23
（63）…贞：翌…王其入？ 24
（64）甲寅…易… 24
（65）贞：史人于唐？ 17
（66）勿史人于唐？ 17
（67）[贞]：勿[史]人[于]岳？ 23
（68）…史。 21
（69）贞：勿舌？ 22
（70）贞：王占曰：蕣勿逸。 23

1《缀集》114　2《合集》5067　3《合集》1535　4《合集》4356　5《合集》4357　6《合集》4361反　7《合补》84　8《合集》5174　9《合集》858　10《合集》5173　11《合集》5177　12《合集》5739、5740　13《合集》5176　14《合集》5187　15《合集》5188　16《合集》1524　17《拼一》293　18《合集》2954、2955　19《合集》1210　20《历史所》475　21《拼一》137　22《合补》5512　23《合集》5930　24《辑佚》14反

本组据商王往来卜辞系联，含二月出入戠与四月、六月、七月王入，王入卜辞未见具体地点，但干支相近，按月份及干支顺序排列。

第四组

（1）癸酉妇□示一。永。 1
（2）癸酉卜宾贞：王往出从西？一月。 1
（3）贞：在庚酒？ 1
（4）贞：[王]往出？ 2
（5）…不翦？二月。 2
（6）癸卯贞：乎往西，至于卒？ 3
（7）癸卯卜亘贞：乎[往]西？ 4

1《拼二》579　2《合集》7712　3《合集》8190正　4《合集》8756

本组卜辞据“王往西”系联，数量不多，所见月份为一月、二月，时间相近。

第五组

(1) 乙丑卜㱿贞：王勿乎[去]… 1
(2) 丙寅卜㱿贞：王勿□□于… 2
(3) 丙寅卜㱿[贞：王往]于… 2
(4) 丁卯卜㱿贞：王勿往出？ 3
(5) …翌戊[辰]往？ 4
(6) 戊辰卜宾贞：其㞢出… 5
(7) 丁丑卜㱿贞：王归，若？ 6
(8) 辛巳卜宾[贞]：王出… 7
(9) 癸未卜宾贞：王往去… 8
(10) 甲申子□… 9
(11) □申卜𠷘贞：[王勿]出？ 10
(12) 贞：王勿往出？ 10
(13) □申卜亘贞：[王]往出？ 11
(14) 贞：王叀丁亥出？ 10
(15) 勿… 10
(16) 贞：王[往]出？ 10
(17) 己丑卜[贞]：王往[出]？ 12
(18) 贞：王往出？ 12
(19) 翌辛卯出？ 13
(20) 翌[辛]卯[不]其[出]？ 13
(21) [隹]出？ 13
(22) 壬辰示… 14
(23) 癸巳卜㱿贞：今日夕酒… 8
(24) □巳妇竹示五屯。㕚。 15
(25) 甲午卜宾贞：王往出？ 15
(26) 甲午卜亘贞：王往出？ 16
(27) 王往出？ 16
(28) 贞：王勿往出？ 16
(29) □午卜宾贞… 14

(30) 贞：王归？ 9 14
(31) 贞：翌乙未易日？ 18
(32) 贞：翌乙未不其易日？ 17 18
(33) 乙未卜㱿贞：叀王[往]？ 19
(34) 乙未卜㱿。 19
(35) 庚子卜宾贞…不… 20
(36) 癸卯卜亘贞：乎圃叀之？ 21
(37) 癸卯卜… 22
(38) 贞：翌戊申乎妇好往于徫？ 3
(39) 贞：自今至于庚戌不其雨？ 3
(40) 己酉卜㱿贞：王□归？ 23
(41) □酉卜□贞：王[不]归？ 24
(42) 癸丑卜争贞：先以射？ 16
(43) 贞：先以射？ 16
(44) □□[卜㱿]贞…先以射？ 25
(45) 乙卯卜。 22
(46) 辛酉卜贞：王往？ 26
(47) □[酉卜]□[贞：王]往出？ 27
(48) 于辛酉出？ 28
(49) …于辛酉出？ 29
(50) □[酉]雨？ 28
(51) (癸亥卜争) 贞：王出？ 30
(52) 贞：王勿出？ 30
(53) 出？ 31
(54) 王往出？ 31
(55) 贞：王勿往出？ 32
(56) …王出？ 20
(57) 贞：王出？ 20
(58) 贞：王往出？ 21 33
(59) □□[卜]㱿贞：今者王出？ 34
(60) …王勿[于今]日夕出？ 35
(61) 贞：叀王往？ 36

（62）□□[卜𣪊]贞：王勿往？ 37
（63）贞：今日王往于□？ 38
（64）勿往？ 38
（65）王往出？ 39
（66）[勿]𦉭出？ 39
（67）贞：叀王往？ 17 18 40
（68）贞：叀往？ 22
（69）王往？ 41
（70）叀王不？ 22
（71）贞：乎往？ 42
（72）贞：㞢下乙？ 32
（73）贞：㞢？ 17
（74）隹帝臣令？ 30
（75）其作？ 30
（76）娩？ 13
（77）受年？ 41
（78）…夕[㞢]… 25

1《合集》5050　2《合集》5399　3《合集》5111+①　4《合集》19300　5《合集》3679　6《拼二》591　7《合集》3678　8《拼三》616　9《合集》5195　10《缀汇》414　11《合集》5100　12《合集》5107　13《合集》13995　14《合集》5193　15《合集》5097　16《合集》5761+②　17《契合》54　18《拼三》604　19《合集》5074　20《合集》5054　21《合集》9489　22《缀汇》130　23《合集》5196　24《英藏》466　25《合集》5763　26《合集》5076　27《英藏》455　28《合集》19316　29《合集》19317反　30《合补》1516　31《合集》5099　32《合集》1665　33《合集》5055　34《合集》5058　35《合集》5065　36《合集》5069　37《合集》5090　38《合集》5091　39《合集》5109　40《合集》5072、5073　41《合集》9822　42《辑佚》144

本组据“王出”卜辞系联，无月份、地名记载，按干支顺序排列。

---

① 张宇卫：《甲骨缀合第一百卅五——一百四十则》，先秦史研究室网站，https：//www.xianqin.org/blog/archives/4587.html，2014年10月30日。

② 林宏明：《甲骨新缀第571—579例》，先秦史研究室网站，https：//www.xianqin.org/blog/archives/5269.html，2015年6月10日。

第六组

(1) 辛巳卜𠭁贞：陷三犬、燎五犬、五豕，卯四牛？一月。 1
(2) 庚辰卜争贞：翌辛巳王往□？ 1
(3) 贞：勿入复，若？二月。 2
(4) □□[卜]亘贞：王…[龠]出于𢇍？五月。 3
(5) [甲]子卜贞：今[胶]王勿敢归？九月。 4
(6) □□卜宾贞：尌…[于]宫？十二月。 5
(7) 贞：今日不其延雨？ 6
(8) □□卜韦[贞]：今日□雨？ 6
(9) 贞…于… 6
(10) 贞：王往于甘？ 6
(11) 王往出于甘？ 7
(12) □往出于甘？ 8
(13) 丁卯[卜]□贞…于敢，若？ 9
(14) 贞：勿往于[敢]？ 10
(15) □□[卜]争贞：在敢[奠]？ 11
(16) 辛巳卜宾贞：王勿往马？ 12
(17) 癸未卜宾贞：王往于𢀛？ 13
(18) □戌卜𠭁贞：往于𩚵？ 14
(19) …往于之？ 14
(20) 己亥卜𣪊贞：王往于𩚵？ 15
(21) □□[卜]争贞：王往于𩚵？ 16
(22) 贞：王勿往于𩚵？ 17
(23) [贞]：勿往于𩚵？ 18
(24) 癸□妇□[示]二十屯。㱿。 19
(25) 壬午卜亘贞：告𠯑方于上甲？ 20
(26) 癸未卜亘贞：画来我兕？ 19
(27) 乙卯卜𠭁贞：王…勿往□？ 19
(28) □□[卜]𣪊贞：王往次于咤？ 20
(29) 贞：[王]入于商，㞢… 21

(30) …勿往裘？往[系]？□[月]。 22
(31) □□卜㱿贞：𢀛方其至于𠂤？ 20
(32) 贞：勿隹王自𠂤… 23
(33) 贞：王往于柚京？ 24
(34) 贞：叀今日往于柚？ 25
(35) □申卜[㱿]贞：王往于柚[京，若]？ 26
(36) 贞：王勿往于[京]？ 27
(37) …于□巳…用？ 25
(38) …勿往𡆥？ 28
(39) 贞：叀王自往𡲑[𢍰]？ 29
(40) 贞：勿往[丰]？ 30
(41) 贞：乎往于舟？ 31
(42) 贞：往于河，亡其从雨？ 32 33
(43) 往于河，㞢从雨？ 33
(44) 贞：往于岳，㞢宾？ 33
(45) …往于岳？ 34
(46) 贞：御于羌甲？ 33
(47) 勿御？ 33

1《合集》16197 2《合集》19356 3《合集》8178 4《合集》10719 5《合集》7928反 6《合集》8001 7《合集》8002 8《合集》8003 9《合集》8217 10《合集》8216 11《合集》8218 12《合集》8208 13《合集》8284 14《合补》2306 15《合集》8247 16《合集》8246 17《合集》8248 18《合集》8249 19《合集》9172 20《合集》6131正 21《合集》7806 22《合集》7921 23《合集》7987 24《合集》8054 25《合集》8063 26《合集》8064 27《合集》8078 28《合集》8141正 29《合集》8207 30《合集》8262反 31《英藏》749 32《拼一》135 33《拼五》1066 34《合集》8392反

本组据“王出”卜辞系联，记载地名及月份，依地名以类相从，按月份先后排列。

第七组

(1) 丙辰卜亘贞：𦎫亡災？二月。 1

(2) 贞…亡[灾]? 1
(3) 壬戌子央示二屯。岳。 2 3
(4) 乙丑卜韦贞… 4
(5) 丙寅卜㱿贞:王往省牛于敦? 2 3
(6) 贞:王勿往省牛?三月。 2 3
(7) 丙[寅卜㱿]贞:[王往省牛于敦]? 5
(8) 贞:[王勿往省牛]? 5
(9) 贞:王勿往省牛?三月。 6
(10) 贞:王往省于敦? 6
(11) 贞:王勿往省□于敦? 7
(12) 丁卯卜争贞:王往于敦,不左? 4
(13) 丁□[卜]□贞:[王往省]牛[于]□? 8
(14) □卯卜宾[贞]…省牛,不橐? 9
(15) 贞:王往省牛? 3 10
(16) 贞:勿往省牛? 3 11
(17) 王往省从西? 12
(18) 王往出省? 12
(19) [王往省]? 12
(20) □□卜㱿[贞]:王往[省]于敦? 13
(21) …勿…省… 13
(22) □卯卜古贞:妇姘田,不其萑? 7
(23) 妇姘黍萑? 14
(24) 戊辰卜古贞:王往于敦? 1
(25) □未卜宾贞:□□往于敦? 15
(26) 贞:王往于敦? 16
(27) 贞:勿往于敦? 17 18
(28) 贞:[王往于]兹敦,亡□? 19
(29) 戊寅[卜]亘贞:[帝]其堇我? 15
(30) 壬辰卜亘贞:王往出于敦?九月。 20
(31) 出于敦? 21
(32) 贞:王勿出于敦? 21
(33) 贞:王往出于敦? 22

（34）贞：王勿往出于敦？ 22
（35）［贞］：王［往］出［于］敦？ 23
（36）（乙巳卜）贞：往，㞢御？ 24
（37）贞：王勿往于敦？ 24 25
（38）王往于敦？ 24
（39）［贞：王］勿［往］于□？ 24
（40）贞：王往于敦？ 24
（41）□□卜㱿贞：王往去［朿］？ 12
（42）去朿？ 12
（43）王去朿？ 12
（44）［去朿］？ 14
（45）癸丑卜亘贞：亦㞢雨？（之日允雨。） 24
（46）贞：冒物牛？ 12
（47）贞：冒牛百？ 3
（48）贞：㞢十伐，卯十牛？ 25
（49）贞：㞢九伐，卯九牛？ 25
（50）贞：𦢊，若？ 24
（51）贞：□凡多沚？ 3

1《合集》7946　2《拼一》264　3《合补》2688　4《合集》7945　5《合集》11172　6《英藏》459　7《合集》9610　8《合集》11173　9《合集》11179　10《合集》11174正、11175　11《合集》11180　12《合集》11181、11182正　13《合集》7950　14《合集》9598　15《英藏》723　16《合集》7948　17《合集》7951正　18《合集》7953正　19《合集》7974　20《拼一》271　21《合集》7940　22《合集》7943　23《合集》7944　24《英藏》725　25《英藏》1194

本组据商王往敦地卜辞系联，并且可据"往敦"同时系联"省牛于敦"，所见月份为二月、三月、九月。

第八组

（1）今五月乎众人［步］？ 1
（2）贞：翌甲申步？ 2
（3）贞：勿隹甲申步？ 2

（4）辛亥卜㱿贞：乎监弋，不橐？六月。 2
（5）辛亥卜㱿贞：乎戉往必、沚？ 2
（6）乎戉往必、沚？ 3
（7）乎㞢弋、画？ 3
（8）贞：我在沚亡其刹？ 2
（9）宾𦍒？ 3
（10）贞：翌乙巳王勿步？八月。 4
（11）贞：乞步亡災？十一月。 5
（12）［步］于斲？十一月。 6
（13）贞：翌□卯王步于鼓？十二月。 7

1《合集》37　2《合集》4284　3《合集》4283　4《合集》5220　5《合集》19268　6《合集》7912　7《合集》8291

本组卜辞据“王步”系联，记载月份，按月份先后排列。

第九组

（1）甲辰卜争。 1
（2）翌癸亥王步？ 1
（3）翌癸亥王步？ 2
（4）于翌甲子步？ 2
（5）贞：于甲子步？ 1
（6）癸酉卜㱿贞：今日王步？ 3
（7）贞：于翌乙［亥］步？ 4
（8）贞：叀乙亥步？ 5
（9）丁丑卜㱿贞：王延步？ 6
（10）戊寅［卜］㱿贞：翌己卯步，［亡］害？ 7
（11）戊寅卜争贞：今［日］… 8
（12）庚辰［卜］㱿贞：今日步于［寻］？ 9
（13）贞：翌□辰勿步？ 10
（14）乙酉［卜］㱿贞：□日步，不［雨］？ 11
（15）丙戌卜宾贞：风…不步… 8
（16）贞：翌丁亥王步？ 12

(17) □□[卜亘]贞…卯…一日㑒丁亥王[步]… 13
(18) …于丁亥…步？ 14
(19) 己丑[卜]□贞：乎… 15
(20) (壬辰卜宾) 贞：勿步… 16
(21) 贞：逸刍不其得？ 17
(22) □□卜宾[贞]：逸刍得？ 18
(23) 乙未卜㱿贞：今日步？ 19
(24) 贞：翌己亥步？ 20
(25) 贞…勿… 20
(26) 贞：己亥步？ 21
(27) 己亥卜亘贞：㞢… 22
(28) 庚子卜古贞：率… 22
(29) 贞：于庚子步？ 21
(30) 辛丑卜㱿贞：翌乙巳王勿步？ 3
(31) 贞：今壬寅王步，不雨？ 23
(32) 壬□[卜]㱿[贞：今]夕亡[囚]？ 21
(33) (癸卯卜争) 贞：今癸[卯]燎？ 24
(34) 今癸卯燎？ 24
(35) 贞：今日步？ 24
(36) 贞：今日勿步？ 24
(37) 甲辰卜㱿贞：翌乙巳其雨？ 24
(38) 不雨？ 24
(39) 翌乙巳用羌？ 24
(40) 贞：翌丁未勿步？ 24
(41) 乙巳卜㱿贞：今夕亡囚？ 21
(42) 贞：今夕亡囚？ 21
(43) 丙午卜争贞：㞢其系羌？ 15
(44) 丁未卜亘贞：今日乎步？ 25
(45) 贞：今夕其雨？ 26
(46) 贞：今夕不雨？ 26
(47) 贞：翌戊申其雨？ 26
(48) 贞：翌戊申不雨？ 26

(49) 贞：今己酉步? 26
(50) 己酉卜亘贞：翌辛亥勿步? 22
(51) [己]酉卜□[贞]：王其步…[不]… 27
(52) 贞：□于庚戌步? 26
(53) 贞：于辛亥步? 28
(54) 贞：翌庚戌步于苋? 28
(55) …翌庚戌步…[illegible]…[星]? 29
(56) 贞：翌甲寅勿步? 30
(57) 贞：翌戊[午]步于柚京? 31
(58) 庚申…步… 32
(59) 辛酉卜争贞：今日王步于敦，亡害? 33
(60) 壬戌卜宾贞：叀甲子步? 15
(61) …翌甲[子]步[于]敦? 34
(62) 贞：今日勿步于奠? 35
(63) □□[卜]㱿贞：今日王步? 36
(64) 步于[单]? 36
(65) 贞：步[于]滰? 37
(66) 步于苟? 38
(67) 贞：其步? 17
(68) 以人步? 39
(69) 矣步? 40
(70) 贞：勿矣步? 40
(71) 贞…卯…步… 41
(72) 癸酉卜贞：燎于丁五小宰，卯五牛? 28
(73) 贞：羽罘郭弗其以㞢取? 28
(74) 贞：王途众人? 1
(75) 贞：王勿往途众人? 1
(76) 王宾𣪊? 2
(77) …燎… 26
(78) 贞：王其㞢… 17
(79) …[狩]，允…[获]…兔七十㞢四。 8
(80) 取閃于叵? 24

（81）…敦…郭… 37

（82）…示三。㱿。 6

（83）㱿。 25

1《合集》67、《合补》32、《拼一》67　2《合集》5202—5204　3《合集》180　4《合集》19254　5《合集》19247　6《合集》5213　7《英藏》700　8《缀集》122　9《合集》8127　10《合集》19264 正　11《合集》11805 正　12《合集》5206 正　13《合集》18791　14《合补》1463　15《合集》495、《拼一》265　16《合补》845　17《合集》131、132　18《合集》134　19《合集》19252　20《英藏》701　21《合补》2207　22《合集》19263　23《合集》12043　24《合集》458　25《合集》19253　26《契合》50　27《合集》5209　28《合集》8235　29《合集》11493　30《合集》19261　31《合集》8045　32《英藏》220 反　33《合集》7957　34《合集》7958　35《合集》7876　36《合集》8303　37《合补》1994　38《英藏》736　39《合集》1024　40《合集》18466　41《合补》1468

本组据“王步”卜辞系联，无月份记载，按干支顺序排列。《合集》130、131、134 据《合集》132 系联。

第十组

（1）丙子卜争贞：自亡囚？十一月。 1

（2）丙子卜争贞：[自其㞢囚]…曰：艰彪昔我旧[臣]…夌☐石之，齿，今之[㞢由]…齿？三旬㞢六日象[辛亥]…罙方允… 1

（3）贞：自般亡[囚]？ 2

（4）贞：自般其㞢囚？ 2 3

（5）雨？ 2

（6）贞：翌乙巳不雨？ 2

（7）隹艰？ 2

（8）贞：妇往于妣庚，不隹艰？ 2

1《合集》8628、《合补》3029、《拼二》482　2《合集》2837　3《合集》4226

本组卜辞据自般的吉凶占卜系联，所见月份为十一月。

第十一组

(1) 甲申卜争贞：皂亡𡆥？[十]二月。 ❶
(2) 甲申卜争贞：皂其㞢𡆥？ ❷
(3) 贞：皂亡𡆥？ ❷
❶《合集》4616　❷《合集》4617、4618
本组卜辞据“皂”是否有祸系联，所见月份为十二月。

第十二组

(1) 甲寅卜韦贞：翌乙卯不雨？ ❶
(2) 癸亥卜争贞：洹弗[作兹邑𡆥]？ ❷
(3) 癸亥卜㱿贞：洹弗作兹邑𡆥？ ❸
(4) □□卜争贞：洹其作兹邑[𡆥]？[王占曰：其作…] ❷
(5) □□卜㱿贞：洹其作兹邑𡆥？([王占曰：其作]…) ❸
(6) 癸亥…其作…曰其[作]… ❶
(7) 癸亥… ❶
(8) 其作兹邑𡆥？四月。 ❹
(9) 洹弗作兹邑𡆥？ ❹
(10) …弗作…邑𡆥？四月。 ❺
(11) …[作]洹，隹㞢祝… ❸
(12) 勿隹洹，隹㞢耤？ ❸
(13) …祝勿隹洹，隹㞢耤？ ❻
(14) 贞：允隹阜山令？ ❹
(15) 贞：隹龟令？ ❹
(16) 甲子卜㱿贞：妇媟娩，嘉？四月。 ❸❻
(17) 贞：妇媟娩，不其嘉？ ❹
(18) 嘉？ ❹
(19) 贞：勿告？ ❹
(20) □□卜㱿贞：乎先取肩任伐，以？ ❸❻
(21) 己酉卜㱿贞：勿乎先取肩任伐，弗其以？ ❸❻

（22）贞：乎先取肩任？（王占曰：以。） 4
（23）贞：[勿]乎[先]取？ 4
（24）…乎…视…妇… 4

1《英藏》1004　2《合集》7853　3《合集》7854 正 +①　4《拼三》805，《合集》7860、2658　5《英藏》1609　6《合集》2778+②

本组卜辞据“洹囦”系联，所见月份为四月，干支相近，系联为一组。

第十三组

（1）贞：我不堇？一月。 1
（2）…其堇？ 1
（3）贞：不堇？二月。 2
（4）贞：不堇？ 2
（5）庚戌[卜]争贞：雨，帝不我[堇]？（王占曰：𡆥，不[堇]。） 3
（6）丁巳[卜]宾贞：我其堇？ 4
（7）…曰：帝□堇我？ 5
（8）…[不]我[堇]？ 5
（9）贞：我堇？ 6
（10）…北土[不]堇？ 7
（11）…西土亡堇？ 8
（12）[贞]：帝[不]我[堇]？ 9
（13）…泉入…犬… 9
（14）岳。毕。毕。 2

1《合集》10178　2《合集》10183　3《合集》10165　4《合集》10176　5《合集》10169　6《合集》10177　7《合集》10185　8《合集》10186　9《合集》10175

本组卜辞据吉凶占卜用词“堇”系联，所见月份为一月、二月，时间相近。

---

① 蔡哲茂：《〈甲骨文合集〉缀合第四则》，先秦史研究室网站，https：//www. xianqin. org/blog/archives/1679. html，2009 年 9 月 29 日。

② 蔡哲茂：《〈甲骨文合集〉新缀第三则补缀》，先秦史研究室网站，https：//www. xianqin. org/blog/archives/1789. html，2009 年 11 月 18 日。

第十四组

（1）贞：今一月…目鲁于… 1

（2）贞：□亡疾？ 1

（3）…疾？二月。 1

（4）丙申，王寻光。卜曰：不吉。㞢求，兹乎来。 2

（5）辛丑卜㱿贞：妇好㞢子？二月。 2

（6）辛丑卜亘贞：王占曰：好其㞢子孚？ 2

（7）壬寅卜宾贞：若兹不雨，帝隹兹邑龙，不若？二月。（王占曰：帝隹兹邑龙，不若。） 2

（8）甲辰卜亘贞：今三月光乎来？王占曰：其乎来。乞至隹乙。旬㞢二日乙卯，允㞢来自光，以羌刍五十。 2

（9）□□卜宾贞：光来？ 3

（10）贞：光不其来？ 3

（11）…光来羌？ 4

（12）丁未卜宾[贞]：寇亡[𡆥]？ 5

（13）辛亥卜亘贞：用… 3

（14）乙卯卜宾贞：乎妇好㞢𠬝于妣癸？ 2

（15）王占曰：隹庚受。 2

（16）□□[卜]□贞：我受年？四月。 6

（17）妇□示三屯。亘。 5

（18）癸卯卜㱿贞：我[受年]？ 7

（19）癸卯卜㱿贞：我不其受年？ 8

（20）甲辰卜亘贞：疾齿，隹□… 5

（21）…疾齿…五月。 2

（22）贞：疾齿，御于父乙？ 9

（23）勿御？ 9

（24）贞：疾齿，不隹[父]乙[害]？ 10

（25）癸丑卜亘贞：疾齿，御于□，若？ 11

（26）…[疾]齿，勿御… 12

（27）贞：疾齿，不隹㞢由？ 13

（28）贞：𢀛方出，隹黄尹害我？　14
（29）伐，受㞢又？　14
（30）…㞢疾？五月。　15
（31）…于丁？五月。　15
（32）辛未卜㱿贞：㞢疾，告…　16
（33）[乙]未卜㱿[贞]：㞢疾，隹其…　17
（34）贞：㞢疾，告羌甲？　18
（35）贞：于羌甲告？　19 20
（36）贞：王□疾，不隹妣[己]…　21
（37）贞：告于祖丁𡆥羊，酉？　20
（38）㞢于多介父犬？　20
（39）己亥卜宾贞：隹之？　14
（40）奠示十[屯]一。　22
（41）己酉卜宾贞：㞢疾，𠦪出？　22
（42）辛亥卜古贞：追，不逸？　18
（43）贞：不允出？　19
（44）妇…嘉…　20
（45）擒入□。　13

1《合集》13621　2《合集》94　3《合集》4481　4《合集》245 正　5《合集》591　6《合集》9676　7《合集》9670　8《合集》9710　9《合集》13652　10《合集》13650　11《合集》13653　12《合集》13655　13《合集》13657　14《合集》6083　15《合集》13781　16《合集》13778　17《合集》13767　18《合集》869　19《合集》1799　20《上博》54787.7　21《合集》13698　22《合集》18654

本组据疾病类卜辞“疾齿”系联，所见月份为一月、二月、三月、四月、五月，按月份及干支顺序排列。

第十五组

（1）辛卯卜宾贞：御子节于寻？　1
（2）贞：子窐不延㞢疾？　2
（3）贞：御子宖于兄丁，𡆥羊，酉小宰，今日酒…　3

（4） 丁酉卜殻贞：杞侯夙，弗其冎凡㞢疾？ ❷

❶《合集》3170　❷《合集》13890　❸《合集》3169 正

本组据子节疾病卜辞系联。

第十六组

（1） 丁亥卜□贞：子渔其㞢疾？ ❶

（2） 丁[亥卜]□贞：子渔亡疾？三月。 ❶

（3） 贞：子渔𦉥隹母庚[害]？ ❷

（4） 贞：翌癸卯子渔不其冎凡[㞢疾]？ ❸

（5） 贞：翌乙巳子渔冎凡，宾㞢祖戊？ ❹

（6） 贞：御子渔？ ❺

（7） 贞：御子渔于父乙，㞢羊，[酉]㞋。 ❻

（8） …贞…在敦… ❺

❶《合补》3985　❷《英藏》122　❸《合集》13872　❹《合集》13871　❺《合集》2984　❻《合集》713

本组据子渔疾病卜辞系联，所见月份为三月。

第十七组

（1） 戊戌卜宾贞：𩠹不殟？ ❶

（2） 西𩠹其㞢疾？ ❷

（3） 贞：𩠹亡疾？ ❸

（4） …𩠹亡疾？ ❹

（5） 贞：䖒以省伯由？三月。 ❶

（6） 贞：䖒弗其以由？ ❶❺

（7） 贞：㞢犬于多介父？ ❶

（8） 贞：勿㞢犬于多介父？ ❶❺

（9） [㞢]…[黄]… ❷

（10） 嘉。 ❶

（11） …于…桒… ❶

❶《合集》2341+[①] ❷《合集》13742 ❸《合集》13744 ❹《英藏》1126 ❺《合集》2340

本组据㠯的疾病卜辞系联，所见月份为三月。

第十八组

(1) □示三十。 ❶
(2) 丙午卜争贞：我受年？一月。 ❶
(3) □□卜永[贞：我]受年？一月。 ❷
(4) 贞：我受年？一[月]。 ❸
(5) □□卜㱿贞：我不其受年？一月。 ❹
(6) 贞：我不其受年？一月。 ❺
(7) 贞：我[不]其受年？一月。 ❻
(8) …我受年？一月。 ❼
(9) 丁丑邑示。屯。 ❽
(10) □□[卜]㱿[贞]…上甲…勿䍃，不雨，帝受我年？二月。 ❽
(11) [萑]。 ❽
(12) 己卯卜宾贞：自今至于癸□[雨]？ ❽
(13) …不吉，其隹甲雨，亦… ❸
(14) …不吉，其隹丁雨，羽… ❸
(15) 戊子不… ❸
(16) 甲子卜古贞：我受年？三月。 ❾
(17) 我受𪎭年？三月。 ❿
(18) …𪎭年？ ⓫
(19) 不其受𪎭年？ ⓫
(20) …𪎭年？ ⓫
(21) 王占曰：吉。 ⓫
(22) 贞：祖辛害？ ❾
(23) 贞：[祖]辛[不]害？ ❾

① 蒋玉斌：《〈甲骨文合集〉缀合拾遗》，先秦史研究室网站，https：//www.xianqin.org/blog/archives/1552.html，2009年7月17日。

（24）□□卜古贞：往出？ 10
（25）癸巳卜㱿贞：我受糟年？四月。 12
（26）贞：我不其受糟年？ 12
（27）贞：我不其受年？十三月。 13
（28）丁丑卜宾贞：尔得？王占曰：其得隹庚，其隹丙其㞢。四日庚辰尔允得。十三月。 14
（29）贞：不其受年？ 14
（30）受年？ 14
（31）贞：㞢于南庚？ 14
（32）勿㞢？ 14
（33）贞：㞢于羌甲？ 14
（34）…易日？三月。 13
（35）…𢀛方，受㞢又？ 13
（36）…[日]雨小？ 13
（37）□□[卜]㱿贞：我不其受年？□月。 15

1《合集》9672　2《拼三》767　3《合集》9690　4《合集》9716　5《合集》9720　6《英藏》800　7《合集》9683　8《合集》9731　9《合集》9679　10《英藏》822　11《英藏》823　12《拼三》790　13《拼一》114　14《合补》2491　15《拼一》306

本组据农业类“受年”卜辞系联，所见月份有一月、二月、三月、四月、十三月。13 含十三月、三月，三月可能为第二年的三月。

第十九组

（1）乙丑卜古贞：妇姘鲁于黍年？ 1
（2）丙寅卜古贞：凡多迺？ 1
（3）…凡[多]迺？ 1
（4）（庚午卜争）贞：𢀛方其亦出？ 2
（5）贞：𢀛方不亦[出]？ 2
（6）…[壬]…允雨？ 1
（7）壬申妇喜示一。小㪡。内。 3
（8）癸酉卜㱿贞：妇姘不其受黍年？二月。 3

(9) 示。中。 ❹
(10) 甲寅卜古贞：妇姘受黍年？ ❹
(11) 贞…黍… ❹
(12) 甲□[卜]韦贞：妇姘受黍年？ ❺
(13) □午卜韦贞：妇[姘]黍… ❻
(14) 辛酉卜宾贞：妇姘受年？ ❼
(15) 贞：妇姘不[受年]？ ❽
(16) 贞：妇姘黍受年？ ❾
(17) 贞：妇姘受黍年？ ❷
(18) …[妇]姘受黍年？ ❷
(19) 受㞢又？ ❷
(20) 癸亥卜古贞：翌甲子邑至？ ❸
(21) 贞：隹祖辛[害]？ ❼
(22) …邑…以？ ❾
(23) 自匿。 ❶

❶《合集》10132　❷《契合》308　❸《合集》9976　❹《合集》9968　❺《合集》9969　❻《合集》10019　❼《合集》9755　❽《合集》9756　❾《合集》9970

本组据农业卜辞“妇姘受年”系联，所见月份为二月。

第二十组

(1) 甲申力示十屯。小叡。 ❶
(2) 甲申卜亘贞：臭以人？ ❶
(3) 丁亥邑示六屯。岳。 ❷
(4) 乙巳邑示四屯。小叡。 ❸
(5) 乙巳卜㱿贞：于河桒年？ ❸❹
(6) (丙午卜亘) 贞：戉来？ ❺
(7) 贞：戉来？ ❺
(8) 贞：戉其乎来？ ❻
(9) 戉其来？ ❼
(10) 戉不其来？ ❼

（11）贞：僃以？ 8
（12）不以？ 8
（13）贞：僃弗其以？ 9 10
（14）僃其以？ 5
（15）僃以？ 5
（16）僃弗其以？ 11
（17）贞：僃不其…（王占[曰]…以…） 12
（18）庚戌卜𢀛贞：㞢兄□？ 3
（19）贞：翌甲寅其雨？ 13
（20）贞：翌甲寅不其雨？ 13
（21）贞：翌甲寅延雨？ 14
（22）翌甲延雨？ 14
（23）贞：今日其雨？ 10
（24）庚□妇[illegible]。宾。中。 15
（25）甲寅卜争贞：燎？ 15
（26）（乙卯卜韦）贞：乎逆？ 15
（27）贞：勿乎逆？ 15
（28）勿逆？ 16
（29）乙卯卜宾贞：鼠龟翌日？十三月。 17
（30）戊午卜宾贞：酒桒年于岳、河、夒？ 17
（31）己未卜亘贞：僃以？ 18
（32）贞：弗其以？ 18
（33）贞：僃以？ 15
（34）辛酉卜宾贞：桒年于河？ 2
（35）贞：桒年于夒九牛？ 2
（36）丁卯卜古贞：㞢于南庚？ 19
（37）贞：勿㞢于王恒？ 20
（38）勿㞢于祖丁？ 21
（39）㞢于黄尹？ 22
（40）戊辰卜亘贞：乎䧹逐鹿？ 19
（41）贞：䧹不其获鹿？ 23
（42）贞：[䧹]不… 24

(43) …徣…鹿…获？ 24
(44) 贞：乎徣逐兕，获？ 25
(45) 贞：[徣]其㞢？ 26
(46) 贞：弗其获？ 27
(47) 贞：侁获？ 14
(48) 菁获？ 14
(49) 徣获？ 14
(50) 贞：多羌获？ 14
(51) 不其获？ 14
(52) 乎菁[逐]鹿于丧，获？(允获鹿一。) 28
(53) 贞：乎[菁逐]鹿于丧，获？ 29
(54) 贞：多羌获？ 13
(55) 贞：多羌不其获？ 13
(56) 贞：乎多羌[逐]□，获？ 30
(57) 贞：多羌获？ 31
(58) [壬]申卜宾[贞]：桒[年]？ 26
(59) 壬□[卜]宾贞…弗…多小子… 32
(60) 癸酉卜古贞：乎徣取蔍于敹啚？ 33
(61) 甲戌[卜]韦贞：率…王占[曰]… 32
(62) 丁丑卜宾贞：桒年于上甲，燎三小宰，卯三牛？一月。 34
(63) (丁丑卜㱿) 贞：[㒨]不其以龟？ 35
(64) 不其以？ 36
(65) 贞：㒨以？([王占]曰：以。) 36
(66) 贞：㒨以？([王占]曰：隹[㒨以]。) 37
(67) 贞：㒨以？ 38
(68) 㒨以？ 39
(69) 贞：于多马卫？ 39
(70) 贞：㒨其来？ 40
(71) 贞：冒牛百？ 36
(72) 勿于岳[桒年]？ 22
(73) 贞：桒年于岳？一月。 22
(74) 庚辰卜宾贞：丁亥其雨？ 38

（75）贞：翌丁亥不雨？（王占曰：其雨。㞢[艰]。） 38

（76）丙申不吉？ 41

（77）丁酉卜宾贞：翌庚子酒母庚牢？ 34

（78）[贞]：沉[九]牛？ 42

（79）贞：[沉]九[牛]？ 42

（80）𠦪年于河？ 42 43 47

（81）贞：𠦪年于河？ 8 44 45 49 50

（82）贞：于河𠦪年？ 1 20 46

（83）贞：勿[于]河[𠦪]年？ 48

（84）贞：𠦪年于□？ 50

（85）贞：𠦪年于岳？ 21 51 52 53 55

（86）□□[卜]□贞：[𠦪]年[于]岳，[燎]□小牢，卯… 56

（87）贞：勿𠦪年我？ 50

（88）贞…[illegible]…𠦪[年] 45

（89）𠦪年于[illegible]？ 27

（90）贞：于[illegible]𠦪年？ 21 54

（91）庚□[卜]㱿贞：[于]王亥𠦪年？ 57

（92）贞：[𠦪]年于王亥，[illegible]犬一、羊一、豕一，燎三小宰，卯九牛、三青、三羌？ 58

（93）贞：于王亥𠦪年？ 59

（94）[贞]：于[示]壬[𠦪]年？ 60

（95）于上甲𠦪年？ 32

（96）𠦪年于败？ 41 61 62 63

（97）贞：不其受[年]？ 49

（98）受年？ 49 61

（99）…[受]年？ 44

（100）…受年？十一月。 63

（101）…[不]其受年？ 63

（102）…受黍[年]？ 62

（103）帝令雨足年？ 21 54

（104）贞：帝令雨弗其足年？ 21

（105）勿孽年，㞢雨？ 34

（106）贞：勿[御]年[于]河？ 64
（107）勿御年[于]河？ 64
（108）贞：妇姘黍萑？ 9
（109）燎于河？ 27
（110）贞：燎□牛，[卯]五？ 35
（111）乎毕酒河？ 64
（112）贞：叀御作？ 51
（113）贞：王恒易孚？ 5
（114）王恒易孚？ 5
（115）贞：隹父庚？ 12
（116）贞：其㞢告？ 11
（117）贞：乎取邑？ 15 16
（118）隹□乙害□？ 25
（119）竝。 40

1《合集》10093　2《合集》10085　3《合集》10091　4《合集》10092　5《拼五》1055　6《合集》4279　7《合集》4280　8《英藏》789　9《拼五》1129　10《合集》9047　11《合集》9048　12《拼五》1078　13《合集》156　14《合集》158　15《契合》85　16《史购》58　17《合集》10076　18《合集》9043　19《拼一》301　20《合集》14768　21《合集》10139　22《合集》10079　23《合集》10262、10263　24《合集》10264　25《合集》10403　26《合集》4369正　27《英藏》793　28《合集》10927　29《合集》10928　30《合集》155　31《合集》157　32《合集》3267　33《合集》11003　34《合集》10109　35《合集》8998　36《合集》9041　37《合集》9044　38《合集》9040　39《合集》5713　40《合补》1253　41《合集》10101　42《英藏》790　43《合集》10090　44《合集》10083　45《合集》10087　46《旅博》344　47《合集》10086　48《合集》10096　49《契合》190　50《拼五》1090　51《合集》10072　52《合集》10077正　53《合集》10078　54《拼一》152　55《合集》10069　56《合集》10107　57《合集》378正　58《合集》10108　59《合集》10113　60《合集》10100　61《合集》10102　62《合集》10103　63《英藏》794

本组据农业类“求年”卜辞系联，所见月份为一月、十一月、十三月。其中，𡧊田猎卜辞，可根据“𡧊其宧”系联“㑇以”卜辞。

第二十一组

(1) 丁亥卜㱿。 1
(2) 贞：㞢于河？ 1
(3) 戊子卜宾。 2
(4) 勿㞢于河？ 2
(5) □[卯]卜宾贞：翌乙巳昜日？ 3
(6) □丑卜宾贞：㞢匚于河？ 3
(7) □示十。小㲋。 4
(8) …贞：乎…酒我…匚于[河]？ 4
(9) 贞：[㞢]匚[于]河，酒… 5
(10) 贞：㞢匚于河？ 6
(11) 丁巳卜㱿贞：㞢于河？ 7
(12) 㞢于河？ 8
(13) 贞：㞢于河… 9
(14) 勿[㞢]于河？ 10
(15) 贞：㞢于河？ 11
(16) □未卜宾贞：㞢勺于祖辛？ 12
(17) 㞢勺于[祖辛]？ 8
(18) 贞：勿㞢勺于祖辛？ 8
(19) 勿御于高妣庚？ 6
(20) 御于高妣庚？ 6
(21) 贞：勿御于高妣□？ 13
(22) [贞]：御[于]高[妣]庚？ 13
(23) 贞：乎往出？ 6

1《合集》14511 2《合集》3659 3《合集》14522 4《合集》14528 5《合集》14530 6《合补》225 7《合集》14512 8《合集》1713 9《合补》4079 10《合补》4080 11《英藏》1157 12《拼一》269 13《合集》2360

本组据㞢祭自然神祇“河”卜辞系联，无月份记载，按干支顺序排列。

第二十二组

(1) 辛卯卜古贞：屮于岳？ 1
(2) (甲午卜亘) 贞：屮于黄尹？ 2
(3) (甲午卜吾) [贞]：屮[于]岳？ 3
(4) 甲午卜宾贞：今者擒… 1
(5) 贞：翌乙未易日？ 3
(6) 贞：屮于岳？ 2 4
(7) 屮于岳？ 5
(8) 贞：燎于岳？ 5
(9) 贞：岳，宾？ 6
(10) 贞：岳，宾，我燎？ 7
(11) [贞：屮犬于]三父，卯羊？ 5
(12) 亡左？ 6
(13) 贞…圉… 7
(14) 毕以？ 5

1《合集》14409　2《合集》3460　3《合集》13246　4《北大》137　5《合集》14411、14412　6《合集》14421　7《合集》14422

本组据屮祭自然神祇“岳”卜辞系联，无月份记载，按干支顺序排列。

第二十三组

(1) …贞：屮于东母？ 1
(2) …于…东母？ 2
(3) …贞：屮于西母，𠛱犬，燎三羊、三豕，卯三牛？ 2
(4) 于屮北？ 3
(5) 于屮… 3
(6) 贞：王恒… 1

1《合集》14761　2《合补》4110　3《天理》254

本组据屮祭四方卜辞系联，无月份记载，按干支顺序排列。

第二十四组

(1) 贞：㞢于季？ 1 2 4
(2) 贞：勿㞢… 2
(3) 贞：㞢犬于季？ 3
(4) 贞：㞢于王亥，叀三白牛？ 5
(5) 贞：㞢匚于王亥？ 6
(6) 贞：㞢于王恒？ 7 15
(7) 贞：㞢于王恒？（[王占曰]：吉。其㞢…） 8
(8) □卯卜㱿贞：㞢于王… 9
(9) □辰卜㱿贞：㦰[犬]… 9
(10) 贞：勿㞢于兄丁？ 4
(11) 贞：㞢于兄丁？ 4 10
(12) 贞：[㞢]羊于兄丁？ 11
(13) 贞：㞢于忩？ 1 12
(14) 㞢于||？ 12
(15) □㞢□叡… 2
(16) …㞢犬于叡壬？ 13
(17) □午卜□贞：㞢于叡壬？ 14
(18) 丁卯卜韦贞：王… 8
(19) 戊寅… 8
(20) 癸□… 8
(21) 癸丑卜㱿贞：我不其受□？ 7
(22) [贞]：乎[取]陕？ 15
(23) 贞：勿乎取陕？ 15
(24) 王往出… 15
(25) [贞]：不其延雨？ 12
(26) 乎无㞢雨？ 4
(27) 乎无亡雨？ 4
(28) 贞：内御？ 10
(29) 勿御…齿？ 10

❶《合集》14710　❷《合集》14711　❸《合集》14716　❹《合集》2880+[①]　❺《合集》14724　❻《合集》14729 正　❼《合集》14762　❽《合集》14767　❾《合集》16204　❿《合集》2873　⓫《合集》2878　⓬《合集》14346　⓭《合集》14820　⓮《合集》14819　⓯《合集》14764

本组据虫祭王季、王亥、王恒卜辞系联，无月份记载，按先公及干支顺序排列。❿⓫据虫祭“兄丁”系联，⓬据虫祭“态”系联。

第二十五组

(1) …示十。□。 ❶
(2) 辛丑卜争贞：虫勺自上甲？ ❶
(3) 贞：虫于上甲？ ❷❸
(4) 贞：虫于上甲五牛？ ❹
(5) 贞：叀毕乎虫上甲？ ❺
(6) 贞：勿虫自上甲、[三]报示？ ❻
(7) 勿虫于示壬？ ❼
(8) 虫于示癸？ ❽
(9) 贞：不其盅雨？ ❸
(10) 贞：珝助归于虫自？ ❼
(11) 贞：隹之孽？ ❼
(12) …孽… ❼

❶《合集》1157　❷《合集》1149　❸《合集》12665　❹《拼三》798　❺《合集》4047 正　❻《合集》1161　❼《合集》1253　❽《合集》1257

本组据虫祭上甲、示壬、示癸卜辞系联，无月份记载，按先公先王及干支顺序排列。

第二十六组

(1) 壬子妇丰示一屯。 ❶
(2) 甲子贞：虫于大甲？ ❷

① 张宇卫：《胛骨缀合十五则》，《台大中文学报》2012 年第三十九期。

(3) 乙丑卜宾贞：㞢于大甲？ 1
(4) 贞：㞢于大甲？八月。 3
(5) 贞：勿㞢于唐？九月。 4
(6) 乙巳[卜]□贞…亥㞢于唐三宰？ 5
(7) 甲寅卜㱿贞：㞢于唐一牛，其㞢曰… 6
(8) □寅卜永贞… 6
(9) 贞：[㞢]于唐？ 7
(10) 贞：勿㞢？ 7
(11) 贞：㞢于父甲犬□、卯羊？ 7
(12) 贞：不其盅雨？ 7
(13) 盅雨？ 7
(14) □□卜亘贞：在洮牛？ 7
(15) 甲寅[㞢]岁[于]大甲…一牛…鼄。 8
(16) □戌妇婀示□屯。韦。 9
(17) 壬子卜㱿贞：来辛酉㞢于祖辛？ 9
(18) 壬子卜㱿贞：商… 10
(19) 戊午卜争贞：㞢[大丁]… 11
(20) 癸亥卜争贞：翌乙丑㞢于祖乙？ 12
(21) …翌乙丑㞢于祖乙？ 13
(22) 贞：翌乙丑㞢于祖乙？ 10
(23) 乙丑卜㱿贞：勿䶃㞢于唐？十月。 9
(24) 乙丑卜[争]贞：㞢[于]大[乙]？ 14
(25) 乙[丑卜]□贞：㞢[于]唐？ 15
(26) 己巳卜古贞：㞢于唐？ 16
(27) 己巳[卜]□贞…亥㞢于唐三宰？ 17
(28) 己巳卜宾贞：燎于[illegible]？ 18
(29) 己巳卜亘贞：燎于[illegible]？ 10
(30) 己巳卜㱿贞：燎于[illegible]？ 19
(31) 壬申卜宾贞：勿[㞢]于唐？ 20
(32) 贞：往于河，㞢雨？ 10
(33) 乙亥易日？ 10
(34) 贞：吉？印。 10

(35) 妇)(示十屯㞢一。 21

(36) 戊子卜宾贞：翌乙未㞢咸三伐、二宰？ 21

(37) 㞢于唐？ 22 23 25

(38) 勿㞢于唐？ 18 22

(39) 贞：㞢于成？ 24

(40) 贞：㞢羌自成？ 26

(41) 贞：勿㞢勺自咸？ 27

(42) 㞢于咸？ 28

(43) 戊寅卜宾贞：御妇姘于母庚？ 1

(44) 己丑卜亘贞：㞢于祖□？ 29

(45) 甲辰卜争贞：㞢伐于大甲？ 30

(46) □□[卜]宾贞：㞢勺伐于大甲？ 31

(47) …示二屯。宾。 32

(48) 贞：㞢于大甲？ 7 32 33

(49) 贞：㞢于羌甲？ 33

(50) 贞：㞢于多介？ 33

(51) 贞：于大甲告𢀛[方]？ 33

(52) 勿御于祖辛？ 24

(53) 燎于河？ 22

(54) 𢀛方？ 25

(55) 𢀛方覇？ 25

(56) 今日不雨？ 26

(57) 贞：般㝮以？ 32

(58) □□[卜]宾贞：王勿宾夕，不左？ 13

(59) 贞：正？ 10

(60) 燎于土？ 26

(61) 贞：于河燎？ 3

1《合集》2725　2《合补》262　3《英藏》1159　4《合集》1282　5《合集》1271　6《拼三》649　7《合集》1330　8《合集》8029+①　9《合

① 林宏明：《甲骨新缀第550例》，先秦史研究室网站，https：//www. xianqin. org/blog/archives/4964. html，2015年1月26日。

集》1336 ⑩《合集》8329 ⑪《合集》3703 ⑫《合补》120 ⑬《合集》1540 ⑭《合集》1260 ⑮《合集》1279 ⑯《合集》1275 ⑰《史购》78 ⑱《合集》14654 正 ⑲《合集》14655、14667 ⑳《合集》1283 ㉑《合集》935 ㉒《合集》1273 ㉓《合集》1274 ㉔《合集》1372 ㉕《合集》6361 ㉖《英藏》1170 正 ㉗《合集》1383 ㉘《北大》153 ㉙《合集》3768 ㉚《合集》954 ㉛《合集》955 ㉜《合集》9065 ㉝《缀集》78

本组据㞢祭大乙、大丁、大甲、祖甲、祖乙、祖辛、祖丁、祖庚、父甲、父庚、父辛、父乙卜辞系联，按先公先王、月份及干支顺序排列。

第二十七组

(1) 癸酉卜宾贞：翌戊令众人… ①
(2) 壬午卜𣪘贞：㞢于高妣己、妣庚小[宰]？ ①
(3) 丁卯卜[亘]贞：㞢于高妣己、高妣庚？ ②
(4) 贞：勿㞢于高妣己、高妣庚？ ③
(5) □卯卜㱿[贞]：勿㞢[于]高妣[庚]？ ④
(6) 㞢于高妣庚？ ⑤
(7) [贞]：㞢于高妣庚？ ⑥
(8) 庚子卜㱿贞：王㞢匚于高[妣]己、妣[庚]女？ ⑦
(9) 庚子卜㱿贞：王㞢匚于高妣己、妣庚，来己酉酒？ ⑧
(10) 贞：㞢于妣甲？ ⑨
(11) 癸巳卜争贞：㞢白彘于妣癸，不[左]？王占曰：吉。勿左。 ⑩
(12) 贞：勿㞢于妣癸？ ⑪
(13) 庚午妇宝示三屯。岳。 ⑫
(14) 贞：㞢妣癸？ ⑬
(15) 壬戌卜争贞：㞢于妣癸？ ⑫
(16) 辛酉卜𠼢贞：王其㞢曰妣庚？ ⑭
(17) 妇示一屯。宾。 ⑮
(18) 丙寅卜㱿贞：妣庚㞢女，往二牛，翌庚□用？ ⑮
(19) (己□卜争) [贞]：㞢于妣庚三宰？ ⑯
(20) 贞：勿㞢于妣庚？ ⑰
(21) 贞：妣庚弗㞢？ ⑱

(22) 贞：㞢于妣[辛]？ 19
(23) 贞：翌庚戌㞢… 19
(24) …沉十牛… 19
(25) 贞：㞢于妣己？ 20 21 26
(26) 贞：勿㞢于妣己？ 21 22 23
(27) 㞢于妣□？ 24
(28) 壬子乞自… 25
(29) □□[卜]㱿贞：㞢于多妣？ 25
(30) 己巳卜宾贞：㞢于母庚？ 27
(31) □巳[卜]：㞢于母庚…伐？ 28
(32) 贞：[翌]庚[子]乎妇姘㞢于母庚？ 29
(33) 贞：翌庚申㞢于母庚？ 30
(34) 翌庚申勿㞢于母庚？ 30
(35) 辛酉卜宾贞：㞢于母庚？ 31
(36) 贞：勿㞢于[母]庚？ 31
(37) 贞：于母庚㞢艮？ 32
(38) 贞：其㞢告于母丙御？ 33
(39) 乙亥卜㱿贞：御妇姘于母庚□垂卯…（王占曰…） 32
(40) 㞢于母甲、母辛？ 34
(41) 贞：㞢于母，㞢犬、三羊、三豕…卯… 35
(42) 贞：御子渔于父乙，㞢一伐、卯宰？ 32
(43) 贞：燎十牛？ 29
(44) 贞：延燎，若？ 30
(45) 贞：宜㞢追？ 9
(46) 王占曰：□㞢追？ 9
(47) 贞：弗其获？ 11
(48) 贞：弗其围土方？ 12
(49) 贞：隹围土方？ 12
(50) 贞：刖？ 28
(51) 择。 12
(52) ⺋示三屯。宾。 7
(53) □入五十。宾。 18

1《合集》33 2《合集》2351 3《合集》2352 4《合集》2378 5《合集》2375 正 6《合集》2376 7《合集》2362 8《合集》2363 9《拼五》1075 10《合集》2496 11《合集》2497 12《合集》6451 13《合集》2499 14《合集》2483 15《合集》679 16《合集》2452 17《合集》2458、2459 18《英藏》105 19《英藏》107 20《合集》2408 21《合集》2409 22《合集》2410 正 23《合集》2411 24《合集》18993 反 25《合集》2518 26《合集》2519 27《合集》2556 正 28《合补》318 29《缀兴》19 30《合补》315 31《合集》2545 32《契合》66 33《合集》2525 反 34《合集》2582 35《合集》2585

本组据㞢祭先妣先母卜辞系联，按先妣先母、月份及干支顺序排列。

第二十八组

（1）…王伐土方，受㞢又？ 1
（2）…贞：我受𢀛方又？ 1
（3）贞：弗其受𢀛方又？ 2
（4）受又？ 2
（5）…贞：乎视戎？九月。 1
（6）丙寅卜争贞：㞢于黄奭二羌？ 3
（7）丙寅卜争贞：羽以十牧？ 3
（8）丙寅羌�示一屯。岳。 4
（9）乙亥卜宾贞：翌丙子易… 5
（10）贞：自今至于庚辰不雨？ 6
（11）不雨？ 6 7
（12）贞：翌甲申易日？ 6
（13）不其易日？ 6
（14）贞：弗其及今十月雨？ 8
（15）及今［十月］雨？ 8
（16）贞：弗其及…雨？ 9
（17）□戌妇□示五屯。亘。 10
（18）妇［𡚬示］□屯。 11
（19）庚寅卜㱿贞：㞢于黄［尹］？ 11
（20）庚寅卜㱿贞：㞢于□尹… 10

(21) 己亥卜㱿贞：㞢伐于黄尹，亦㞢于蔑？ 12
(22) 壬寅妇宝示三屯。岳。 13
(23) (戊申) 贞：勿㞢于咸戊？ 14
(24) …㞢… 14
(25) 勿…咸戊… 15
(26) 己酉卜㱿贞：㞢于黄尹五[牛]？ 16
(27) 贞：㞢于黄尹三牛？ 16
(28) □酉卜㱿[贞]：㞢于□尹□牛？ 13
(29) 辛亥卜宾贞：㞢于黄尹？ 2
(30) 辛亥卜㱿贞：㞢于蔑召二犬，𠭯五牛？ 4
(31) 贞：㞢于蔑？ 17 20
(32) 贞：㞢[于]蔑… 18
(33) 贞：㞢于蔑十莧、羊？ 19
(34) □□卜亘[贞]：㞢蔑… 21
(35) 贞：于蔑？ 22
(36) 贞：㞢于黄尹？ 8 9 24 25
(37) 勿㞢于黄尹？ 6 8
(38) 㞢于黄尹？ 5 6 16 31
(39) 贞：㞢于黄尹宰？ 16 24
(40) 贞：勿㞢于黄尹？ 2 9 25 27 30 33 35
(41) □□卜㱿贞：㞢于黄尹？ 1
(42) □□卜争贞：㞢于黄尹？ 26
(43) 贞：乎黄多子出牛，㞢于黄尹？ 28
(44) …[㞢]黄示… 29
(45) 贞：㞢于黄尹三□？ 32
(46) 㞢黄□？ 34
(47) □□[卜]亘贞：[㞢]于学戊？ 36
(48) 贞：于黄尹？ 37
(49) 贞：㞢于尽戊？ 7
(50) 于尽戊？ 37
(51) 辛酉卜宾贞：㞢于蔑？ 19
(52) 贞：㞢于𤉲？ 17 37

（53）…以㞢元臣？ 39
（54）允隹祖乙？ 37
（55）贞：勿桒于… 8 9
（56）贞：㞢于西邑？ 31
（57）贞：㞢不若于父乙？ 28
（58）于父庚？ 28
（59）勿于父庚？ 28
（60）贞：弗翦羌？ 34
（61）…般…彭龙… 17
（62）…允执？ 39
（63）择⿰女永？ 2
（64）勿立？ 2
（65）□□卜宾贞：扃、克、般、工、示先取㞢刍？ 3
（66）…不…殟？ 31
（67）自⿷匚畐。 1

1《合集》6431　2《合补》523　3《契合》299　4《合集》14807　5《契合》35　6《契合》70　7《合集》3515　8《合集》12627　9《合集》3469+①　10《合集》17547　11《合集》15021　12《合集》970　13《合集》17511　14《合集》3509　15《合集》3508 正　16《合集》3467　17《合集》14775　18《合补》4123　19《合集》14801　20《合集》14808　21《合集》14809 正　22《合集》14813　23《合集》3462　24《合集》3463　25《合集》3466　26《合集》3470　27《合集》3472、3474　28《合集》3255　29《合补》5092 反　30《合集》15048　31《合集》7865　32《合补》519　33《英藏》1192　34《英藏》1191　35《辑佚》436　36《合集》3511　37《缀集》154　38《合集》5856

本组据㞢祭先臣卜辞系联，按不同先臣及相关干支顺序排列，以类相从。

第二十九组

（1）贞：御子央豖于娥？ 1

① 蔡哲茂：《〈甲骨文合集〉新缀第十则》，先秦史研究室网站，https：//www. xianqin. org/blog/archives/1706. html，2009 年 10 月 16 日。

（2）贞：御子央于扆甲？ 2
（3）贞：来乙巳酒子央？ 3
（4）贞：酒子央御于父乙？ 4
（5）勿酒子央御？ 4
（6）贞：酒子央御？ 4
（7）贞：酒[子]央御于父[乙]？ 5
（8）贞：勿酒子央御？ 5
（9）…央… 5
（10）贞：御[子]央[母]□？ 6
（11）贞：燎三宰？ 2
（12）辛卯妇娟… 6
（13）…㞢…艰？ 1

1《合集》3006　2《合集》3007　3《合集》3015　4《合集》3013　5《合集》3014　6《合集》3012

本组据为子央举行御祭卜辞系联，无月份、干支记载。

第三十组

（1）甲戌卜宾贞：御妇好[于父]□？ 1
（2）甲戌卜㱿贞：勿𦎫御妇好，止于父乙？ 2
（3）甲戌卜亘贞：御妇好于父乙，𠕋𠬝？ 3
（4）壬午卜争贞：燎三豭，卯一羊？ 3
（5）燎三豭、三犬，卯羊？ 3
（6）庚戌卜争贞：御妇好[于]… 4
（7）贞：于甲介御妇好？ 5
（8）贞：勿御妇好于丙？ 6
（9）御妇好于父乙？ 7
（10）于妣癸御妇？ 7
（11）于妣壬？ 7
（12）勿御妇于娥？ 8
（13）贞：于祖辛？ 8
（14）贞：勿于妣庚？ 9

(15) 贞：于妣庚御妇好？ 9
(16) 贞：勿于妣庚？ 9
(17) 贞：于妣庚御？ 9
(18) 贞：御妇好于妣… 10
(19) 贞：御妇[好]？ 11
(20) 贞：[御妇]好？ 11
(21) 贞：勿御妇好？ 12
(22) 贞：御妇好… 13
(23) …示二屯。宾。 10

1《合集》2615 2《合集》2627、2628 3《英藏》149 4《合集》2620 5《合补》340 6《合集》2626 7《合集》2613 8《英藏》42 9《合集》2617 10《合补》371 11《合集》2622 12《合集》2625 正 13《合补》335

本组据为妇好举行御祭卜辞系联，无月份记载，按干支顺序排列。

第三十一组

(1) 甲寅卜㱿贞：御妇姘于[母]庚？ 1
(2) □□[卜]争[贞]：御妇姘于[母庚]？ 2
(3) 贞：御妇姘于母[庚]？ 3
(4) 勿御妇姘？ 4
(5) 于来妇姘瓒？ 4
(6) 贞：乎妇姘御于… 5
(7) …嬉示… 1
(8) 往中。 4

1《合集》2726 2《英藏》161 3《合集》2756 4《合集》2727 反 5《上博》63819.4

本组据为妇姘举行御祭卜辞系联，无月份记载，按干支顺序排列。

第三十二组

(1) 戊辰卜宾贞：戊亡𡆥？ 1
(2) 己巳卜争贞：戊亡𡆥？ 2

（3）贞：戉其㞢囚？ 1 2
（4）戉亡囚？ 2
（5）癸未卜亘贞：㞢来自□… 2
（6）□□卜亘［贞］：□来？ 2
（7）戊子［卜］㱿贞：王勿由𠭯往出？ 3
（8）贞：王勿往出由［𠭯］？（王占曰：㞢求。） 4
（9）己亥卜㱿贞：王入？ 2
（10）贞：勿入？ 2
（11）己亥卜㱿贞：王勿于［𠭯］？ 2
（12）己亥卜㱿？六月。 5
（13）𠭯酒，王入？ 2
（14）□□［卜］㱿贞：王入？ 2
（15）王勿于𠭯酒入？ 6
（16）王［入］𠭯酒？ 5
（17）□□［卜］㱿贞：王于𠭯… 7
（18）王其□𠭯？ 8
（19）贞：沉十牛？ 6
（20）己亥卜㱿。 2
（21）古不其来？ 2
（22）不其休？ 2

1《合集》4282　2《英藏》353　3《合集》16108　4《合集》16107　5《合集》16111　6《合集》16113　7《合集》16112　8《合集》16109

本组据“𠭯”相关卜辞系联，无月份记载，所系联卜辞的干支相近，按干支顺序排列。

第三十三组

（1）…翌庚午宜… 1
（2）庚午卜争贞：翌辛…辛未宜？允易日。 2
（3）庚午卜争贞：翌辛未不其易… 2
（4）贞：勿于翌甲戌宜？ 3
（5）□酉卜宾贞：翌丙子其…［丙子］立中，允亡风，易［日］？ 4 5

(6) 己卯卜。 6
(7) 翌庚辰其宜，不其易日？ 6
(8) 贞：翌庚辰不雨？ 6
(9) 贞：翌丁亥其雨？ 6
(10) 翌丁亥勿令宜？ 7
(11) 翌丁亥宜？ 7
(12) □□[卜]亘贞：翌丁亥易日？丙戌雹，[丁]亥宜于磬[京]。 4 8
(13) □□[卜]㱿[贞]：翌己丑易日？己[丑]宜，䝞出[东]亦… 9
(14) 癸巳卜㱿贞：燎… 2
(15) 己亥卜争贞：翌庚子其宜…㞢… 10
(16) [甲]寅卜㱿贞：于翌乙卯宜？ 12
(17) □□卜争贞：翌乙卯其宜，易日？乙卯宜，允易日，昃阴于西。六月。 11
(18) 翌[乙]卯不其易日？ 11
(19) [贞]：翌乙卯其宜，弗其… 13
(20) 丙辰卜贞…其宜…日… 14
(21) □日亡风，之日宜，雨。 15
(22) …明阴，既[宜]… 16

1《合集》15894 2《契合》443 3《合集》15908 4《拼一》285 5《合集》7371 6《契合》30 7《英藏》1275 反 8《合集》8037+① 9《合集》13219 10《合集》15891 11《拼一》260 12《合集》15890 13《合集》15896 14《合集》15901 正 15《合集》13358 16《合集》16057

本组据气象祭祀类卜辞“宜”祭系联，无月份记载，按干支顺序排列。

第三十四组

(1) 丁亥卜㱿贞…王占曰：叀既…获羌十人又□。 1
(2) 丁亥卜㱿贞：戊其㞢刹？ 2
(3) 甲寅卜亘贞：戊其㞢刹？ 3
(4) □□卜㱿贞：戊亡其刹？ 1

---

① 蔡哲茂：《〈上海博物馆藏甲骨文字〉新缀第八则补缀更正》，先秦史研究室网站，https://www.xianqin.org/blog/archives/1774.html，2009 年 11 月 11 日。

（5）贞：戉亡其刹？ 4
（6）戉亡其刹？ 5
（7）…王占曰：其㞢刹，［隹］… 6
（8）…［亡］刹…隹庚…㞢… 7
（9）戉弗其翦？ 5
（10）…弜弗得辛？ 6
（11）丙申卜古。 5
（12）辛丑卜古。 5

1《合补》1　2《合集》4272　3《合集》4271　4《合集》4273　5《合集》7704、4274+[①]　6《合集》11250　7《合集》11251

本组卜辞据“戉其㞢刹”系联，无月份记载，按干支顺序排列。

第三十五组

（1）庚辰卜宾贞：令毕不隹艰？ 1
（2）令毕？ 2
（3）叀毕令？ 3
（4）贞：［勿］隹毕令？ 4
（5）贞：勿隹毕令？ 5
（6）甲申乞自雩十屯。小㱿。 6
（7）乙酉卜宾贞：翌丁亥𠦪于丁？十一月。 6
（8）己丑卜宾贞：翌庚寅令入戈人？ 6
（9）贞：翌辛卯咬斫毕令… 6

1《合集》4041 反　2《合集》4038　3《合集》4040　4《合集》4042　5《合补》1215　6《合集》8398

本组卜辞据“令毕”系联，所见月份为十一月。

第三十六组

（1）癸亥卜宾贞：令何曼乎𢦏小臣必卒？ 1

① 蔡哲茂：《〈甲骨文合集〉新缀第六至八则》，先秦史研究室网站，https：//www.xianqin.org/blog/archives/1683.html，2009 年 10 月 9 日。

（2）贞：令何曼乎〓小臣必卒？ 2
（3）贞：叀〓令旋叚、㞷？ 3
（4）…叚、㞷？四月。 4
（5）□□[卜]㱿贞：叀〓乎往… 3
（6）叀〓乎往于㞷？ 5 6
（7）叀〓乎[往]？ 7
（8）（乙丑卜宾）贞：酒…丁…丁… 1
（9）丙□[卜]宾贞…贾…必… 2
（10）贞：令贾以何射必卒？四月。 2
（11）甲戌卜宾贞：攸侯令其舌舌曰：寿若之？五月。 4
（12）丙午卜永贞：登射百，令〓[旋自]… 4
（13）丙午卜宾贞：[㚔]…在兹… 1
（14）丙午卜宾贞：旨弗其由王事？ 5 6
（15）贞：旨由王事？ 5 6
（16）贞：行弗其由王事？ 3
（17）贞：行由王事？ 3
（18）行由？ 3
（19）乎令行？ 8
（20）壬子卜争贞：叀戉乎罘㿝？ 3
（21）壬子卜宾贞：令戉比㿝？ 3
（22）贞：叀自乎罘㿝？ 9
（23）□□[卜宾贞]：叀自令比[㿝]？ 7
（24）丁未卜。 3
（25）戊申卜。 3
（26）戊申卜㱿贞：叀魄乎往？ 3
（27）[丁]巳卜宾贞：王曰行寇求？ 3
（28）丙寅卜韦贞：御子不？ 3
（29）贞：叀丁未酒？ 2
（30）贞：犬登其㞢不若？七月。 2
（31）贞：犬登亡囚？ 10 11
（32）贞：犬亡囚？ 12
（33）贞：其㞢囚，在兹？ 2

（34）贞：循？ ❻

（35）妇姘示。宾。 ❺

（36）□来五十。 ⓫

❶《缀汇》22　❷《合集》4641+[①]　❸《合集》5454+[②]　❹《拼五》1091　❺《合集》5478　❻《合集》5479　❼《合集》4241　❽《合集》4896—4898　❾《合集》6857正　❿《合集》4642　⓫《合集》4644　⓬《合集》4640

本组据令[illegible]、何等人的卜辞系联，所见月份为四月、五月、七月，先按月份，再按干支顺序及占卜内容排列。

第三十七组

（1）贞：勿乎 归？ ❶

（2）贞：令射 归？ ❷

（3）勿令射 归？ ❷

（4）贞：今三月 至？ ❸

（5）贞：生四月 不其至？ ❸

（6）□□卜㱿贞：其条㞢𡆥？ ❶

（7）□□卜宾贞…𡆥？ ❸

（8）弗其征？ ❸

（9）贞：征？ ❸

（10）贞：不其亦雨？ ❸

（11）□午卜古贞：尌木？ ❷

❶《合集》4194　❷《合集》5749　❸《缀续》541

本组卜辞据“ 归”系联，共见三版。

第三十八组

（1）贞：斲丁人嘉，㞢疾？ ❶

---

① 林宏明：《甲骨新缀第571—579例》，先秦史研究室网站，https：//www.xianqin.org/blog/archives/5269.html，2015年6月10日。

② 蔡哲茂：《〈旅顺博物馆所藏甲骨〉遥缀一则》，先秦史研究室网站，https：//www.xianqin.org/blog/archives/5421.html，2015年8月3日。

(2) 乙酉卜亘贞：作御斲庚不殟？ ❷
(3) □[酉]卜古贞：斲庚不[殟]？ ❸

❶《合集》13720 ❷《合集》17086 ❸《合集》17087

本组卜辞据“斲庚不殟”系联，无月份记载。

第三十九组

(1) 丁酉卜㱿贞：今者王収人五千征土方，受㞢又？三月。 ❶
(2) 辛巳卜争贞：今者王収人，乎妇好伐土方，受㞢又？五月。 ❷
(3) 辛巳卜□贞：登妇好三千，登旅万，乎伐□[方]，受[㞢又]？ ❸
(4) 贞：□□王勿□妇好伐土方？ ❹
(5) 贞：勿乎伐土方？ ❺
(6) 贞：勿収人伐土[方]？ ❻
(7) …七月。 ❻
(8) …岳… ❸
(9) …于… ❸

❶《合集》6409、6410，《契合》16 ❷《合集》6412 ❸《英藏》150 ❹《英藏》152 ❺《契合》101 ❻《合集》6414

本组卜辞据“収人伐土方”系联，所见月份为三月、五月、七月。

第四十组

(1) 己丑羌立示四屯。岳。 ❶
(2) 癸巳卜争贞：告土方于上甲？四月。 ❶
(3) 贞：告土方于上甲？ ❷❸❹
(4) 贞：告土方于唐？ ❷❺
(5) 受㞢𥃝？ ❷❸
(6) 贞：弗其受㞢𥃝？ ❷
(7) 贞：方不卫？ ❺

❶《合集》6385 ❷《合补》1874 ❸《合集》6386 ❹《辑佚》121 ❺《合集》6388

本组卜辞据“告土方”系联，所见月份为四月。

第四十一组

（1）庚午卜宾贞：旁方其圞作戎？ ❶
（2）癸未卜宾贞：旬亡囚？三日乙酉㞢来自东，画乎中告旁戎。 ❷❸
（3）癸未卜宾贞：旬亡囚？ ❷
（4）癸巳卜宾贞：旬亡囚？ ❷
（5）癸卯卜宾贞：旬亡囚？ ❷
（6）癸丑卜宾贞：旬亡囚？ ❷
（7）癸亥卜宾贞：旬亡囚？ ❷
（8）癸□卜□［贞］：旬［亡囚］？ ❸
（9）…亡囚？ ❷

❶《合集》6666　❷《拼一》108　❸《英藏》634

❶属宾组二类，据干支将其排在旁方相关卜辞第一条。

第四十二组

（1）甲午卜㱿贞：㞢于羌甲？ ❶
（2）甲午卜亘贞：翌乙未易日？王占曰：㞢求。丙其㞢来艰。三日丙申允㞢来艰自东，画告曰儿伯…（乙未宜，允易日。） ❶
（3）贞：亡其来？ ❷
（4）㞢来？（王占［曰］…） ❷
（5）其㞢来艰？ ❸
（6）王占曰：㞢求，艰，其隹丙不吉。 ❹
（7）庚子卜王贞：王占曰：其㞢来闻，其隹甲不… ❶
（8）…史䍃亦㪃人？ ❶
（9）翌□丑雨？ ❶
（10）[illegible]示四屯。 ❺
（11）丁巳卜争贞：㞢女，往于南庚，来庚辰… ❺
（12）（丁巳卜亘）贞：勿㞢［于］羌［甲］？ ❻
（13）贞：㞢于羌甲？ ❸❻❽⓬
（14）贞：勿㞢于羌甲？ ❼

(15) 于羌甲㞢? 9
(16) …于…乙? 9
(17) 贞：于羌甲㞢? 10 11
(18) …㞢… 10
(19) (□巳卜吾) 贞：翌乙未易日? 11
(20) 贞：翌乙[未]不[其易]日? 11
(21) 贞：于羌甲，告? 13
(22) 戊寅卜争贞：于羌甲… 13
(23) 贞：翌丁卯㞢于祖乙? 14
(24) …丁… 14
(25) 贞：翌乙酉㞢于祖乙? 15
(26) 辛卯卜亘贞：乎𢦏取鹰… 4
(27) 癸巳卜㱿贞：㞢于祖乙? 4
(28) 贞：翌甲午㞢于祖乙? 16
(29) 贞：翌甲午勿㞢于祖乙? 16
(30) 贞：翌乙未㞢于祖乙宰? 17
(31) 己亥卜古贞：戊… 4
(32) 癸卯妇丰示一屯。㕚。 18
(33) (癸卯卜宾) 贞：旡得㞢牛? 19
(34) 贞：収牛于朱? 2
(35) 甲辰卜争贞：翌乙巳㞢于祖乙二羌，祖辛二羌，羌甲一羌，叡馘于祖丁? 20
(36) □□[卜宾贞：翌]乙□㞢于祖乙? 21
(37) 贞：[翌]乙[巳]㞢于祖[乙]□宰㞢… 22
(38) (乙巳卜宾) 贞：㞢于父乙小宰? 23
(39) 贞：于祖乙? 23
(40) 乙巳㞢…于祖乙…㞢一牛? 24
(41) 己…示…㞢丿。吾。 25
(42) 壬子卜争贞：㞢祖乙，乙卯㞢□宰? 18
(43) 癸丑卜古贞：㞢于祖乙? 25
(44) [甲]寅卜□贞：翌[乙]卯[㞢]于祖乙? 26
(45) 贞：翌丁巳㞢于祖乙? 27
(46) 壬戌卜㱿贞：㞢于祖乙? 28

(47) 贞：㞢于祖乙五伐，卯五宰？ 29
(48) 贞：㞢于祖乙五宰？ 30
(49) …㞢于祖乙三宰？ 31
(50) 贞：勿㞢于祖乙二宰？ 32
(51) □□[卜]㱿[贞]：㞢于祖乙□宰？（王占曰…㞢…） 34
(52) 贞：㞢于祖乙？ 19 33 36 37 38 42 43
(53) 贞：勿㞢于祖乙？ 2 35 47
(54) …㞢于祖乙…十又… 39
(55) 㞢于祖乙？ 35 40 41 46
(56) [贞：㞢]于祖乙三宰？ 2
(57) 㞢祖乙？ 44
(58) 贞：乎子渔㞢于祖乙？ 48
(59) 贞：勿[乎]子渔㞢于[祖乙]？ 48
(60) 贞：隹祖乙㞢匚？ 49
(61) 不隹？ 49
(62) 甲子[卜]争[贞]：㞢于[祖]辛二[牛]？ 50
(63) 乙丑卜争贞：告舌[方]于唐？七月。 25
(64) （辛未卜宾）贞：视河？ 2
(65) 丙午卜㱿贞：㞢于祖辛？ 51
(66) 贞：㞢于祖辛？ 52 58 59 60
(67) …㞢于祖辛？ 53 54
(68) □妌示十㞢□？ 55
(69) 贞：于祖辛㞢？ 55
(70) 勿㞢于祖辛？ 56
(71) 贞：勿㞢于祖辛？ 57
(72) 㞢于祖辛？ 61
(73) 贞：翌□□㞢于祖辛宰？ 62
(74) （甲申[卜]□）贞：翌丁亥㞢于祖丁？ 63
(75) 贞：翌丁亥勿㞢于祖丁？ 63
(76) 甲申妇… 64
(77) 乙酉卜宾贞：州臣㞢逸自寷得？ 64
(78) 贞：州臣得？ 64

(79) 贞：州臣不[其]得？ 64
(80) 丙戌卜㱿贞：翌丁亥㞢于祖丁？ 64
(81) 贞：翌丁亥㞢于祖丁？ 65
(82) □卯卜□[贞]：㞢祖丁？ 66
(83) (戊戌卜宾) 贞：㞢于高妣己？ 67
(84) 贞：勿㞢于高妣己？ 67
(85) 贞：翌丁巳㞢于祖丁？ 68
(86) 㞢于[祖]丁燎青，卯宰？ 70
(87) 贞：[子]渔㞢于祖丁？ 72
(88) 贞：㞢于祖丁？ 67 69 71 73 74
(89) 勿㞢？ 74
(90) 贞：㞢于祖丁豈羊，酉… 13
(91) 丁巳卜宾贞：燎于岳？ 67
(92) 癸巳卜韦贞：自今至于丁酉其雨？ 60
(93) 贞：延雨？ 61
(94) 贞：不其延雨？ 61
(95) 贞：亦盅雨？ 61
(96) 贞：不亦盅雨？ 61
(97) [贞]：帝其令[雷]？ 63
(98) 辛酉卜[亘]贞：今者登人乎伐…下上[若]？ 59
(99) 于王曰匄舌方畀？ 11
(100) 贞：舌方亡闻？ 16
(101) 贞：登人五千乎视舌方？ 16
(102) 贞：勿登人… 16
(103) 王饗？ 60
(104) 贞：王循，若？ 74
(105) 甲子…㞢[于]南庚…正？ 75
(106) 庚午卜㱿贞：于南庚㞢？ 76
(107) 己亥卜宾贞：翌庚子㞢于祖庚？ 77
(108) 辛亥[卜]□贞：㞢于南庚？ 78
(109) 贞：㞢于南庚？ 79 80 81 82 84 87
(110) [贞]：勿㞢于南庚？ 83

(111) 贞：㞢御于南庚？ 85
(112) 贞：勿㞢于祖庚？ 86
(113) 于[南]庚宰？ 58
(114) 贞：㞢于[祖]… 88
(115) 贞：勿㞢于祖… 89
(116) 贞：㞢于父乙？ 3
(117) 贞：不隹多介父？ 74
(118) 㞢于多介父犬？ 13
(119) 勿㞢于多介父犬？ 13
(120) 勿于[illegible]宁？ 46
(121) 贞：于[illegible]㞢？ 47
(122) 贞：㞢于母庚？ 60
(123) 贞：燎三犬三羊？ 23
(124) 贞：燎豖？ 33
(125) 于柚京燎？ 33
(126) 贞…[柚]… 33
(127) 贞：勿燎于河？ 84
(128) …取于稹？ 2
(129) 贞：不左？（王占曰：吉。） 29
(130) 贞：弗其克宾？ 56
(131) 贞：萑？ 58
(132) 贞：于温？用。 67
(133) 贞：在妾？兹用。 67
(134) 贞：丁？用。 85
(135) 亡災？ 67
(136) 贞：勿[戠]王夨三宰？ 69
(137) 贞：戠？ 69
(138) 戠犬？ 69
(139) 贞：戠于王夨宰？ 69
(140) 勿[乎]収羊？ 73
(141) 贞：勿乎収羊？ 84
(142) …往…从… 89

（143）贞：乎妇姘出？ 87
（144）贞：史人于擒？ 74
（145）[勿]取？ 87
（146）乎取戉？ 87
（147）贞：乎取戉？ 87
（148）□□[卜]亘贞：兹云延雨？ 88
（149）…于□□，十豖㞢青？ 12
（150）贞：㞢去？ 33
（151）贞：亡其去？ 33
（152）贞：王往出省？ 42
（153）贞：勿往出？ 42
（154）雀入百。 63

1《合集》1075、《合补》39+[①] 2《合集》8935 3《上博》39459.46 4《契合》67 5《合集》680、681 6《合集》1783 7《合集》1786 8《合集》1787 9《合集》1789 10《合集》1790 11《合集》6159 12《英藏》48 13《合集》1800、6002正 14《合集》1549 15《英藏》28反 16《合集》6077、6167 17《合集》1517正 18《合补》111 19《合集》8882 20《拼三》647 21《合集》1551 22《合集》1516 23《拼三》602 24《合集》1523正 25《合补》134 26《合集》1620 27《合集》1553 28《合集》1536正 29《合集》923 30《合集》1510 31《合集》1512 32《合集》1515 33《合集》5155+[②] 34《合集》1543 35《合集》1537 36《合集》1541 37《合集》1544反 38《合集》1546 39《合集》1548 40《合集》1550 41《合补》110 42《拼五》1100 43《英藏》26 44《北大》164正 45《合集》1479 46《合集》1475 47《合集》1508 48《合集》2972 49《合集》1573 50《英藏》47 51《合集》1703 52《合集》1687正 53《合集》1688 54《合集》1693、1704 55《合集》1699 56《合集》1712 57《合集》1714 58《合集》1776 59《合集》7342 60《合

① 蔡哲茂：《〈甲骨文合集〉新缀第六至八则》，先秦史研究室网站，https://www.xianqin.org/blog/archives/1683.html，2009年10月9日。

② 林宏明：《甲骨新缀第卌六例替换》，先秦史研究室网站，https://www.xianqin.org/blog/archives/1734.html，2009年11月3日。

集》12327+[①] 61《合集》12658　62《英藏》34　63《合集》14130　64《合集》849　65《合集》1835　66《合集》1847　67《合集》1824、2350　68《合补》161　69《合集》1825　70《合集》1826　71《合集》1838、1839、1841、1842　72《合集》2974　73《合集》8949　74《拼二》358　75《合集》2008　76《英藏》62　77《契合》55　78《合集》2035　79《合集》2000　80《合集》2004　81《合集》2010　82《合补》170　83《合集》2011　84《合集》8950　85《合集》2012　86《英藏》67　87《合集》2728　88《合集》13392　89《辑佚》附2

本组据虫祭祖某卜辞系联，按先王、月份及干支顺序排列。

第四十三组

(1) 癸巳卜宾贞：旬亡囚？(王占曰：兹…) 1
(2) 壬寅卜争贞：𢀛妣庚𠬝？ 1
(3) 今一月雨？ 2
(4) …贞：今…雨？ 2
(5) …雨？ 3
(6) 丁未卜𠷎贞：及今二月…王占曰：吉。其… 3
(7) 癸卯卜亘贞：虫于父甲犬？ 4
(8) 甲辰卜亘贞：燎三宰？ 2
(9) 贞：虫于父甲宰？ 2
(10) 贞：虫豕于父甲？ 1
(11) 王占曰：其虫宾，亡… 2
(12) 丙辰卜争贞：自虫刿？ 1
(13) □子贞：虫于父甲十牛，正？ 5
(14) 贞：虫… 6
(15) 虫于父甲？ 6
(16) 贞：虫于父甲？ 7 11 15 16 17
(17) 贞：勿虫于父甲？ 7
(18) □□卜亘[贞]：□虫于父甲？ 8

① 李爱辉：《甲骨拼合第451—455则》，先秦史研究室网站，https://www.xianqin.org/blog/archives/11549.html，2019年3月5日。

（19）…㞢于父甲？ 9

（20）勿㞢于父甲？ 10

（21）于父甲㞢犬？ 13

（22）勿㞢犬于父甲？ 12

（23）贞：于父甲㞢犬？ 14

（24）勿㞢于父[甲]？ 14

（25）贞：㞢于父庚？ 18 19 20

（26）贞：□㞢于父庚？ 21

（27）贞：㞢于父庚犬？ 4

（28）□□邑示二屯。㪔。 22

（29）贞：㞢于父辛？ 22 23

（30）己酉卜永贞：我蕣𠙵方？九月。 22

（31）贞：来乙丑勿乎子畓㞢于父乙？ 24

（32）今乙丑勿乎子畓㞢于父乙？ 25

（33）贞：今乙丑乎子畓㞢于父[乙]□牛？ 26

（34）贞：来乙丑亦㞢于□乙？ 27

（35）…二牛？ 25

（36）贞：翌乙亥㞢于父乙牛，告妇… 28

（37）庚寅卜宾贞：㞢于父乙？ 29

（38）癸巳妇姘示一屯。亘。 30

（39）甲午卜争贞：逸刍㒸得？ 30

（40）□午卜㱿贞：翌乙未乎子渔㞢于父乙宰？ 31

（41）翌乙未㞢于父乙宰？ 31

（42）贞：翌乙未乎子渔㞢于父乙宰？ 30

（43）贞：乎[子]渔㞢于父乙小宰？ 32

（44）…子渔㞢于父乙宰？ 33

（45）丁酉卜耳贞：㞢于[父]乙伐…往… 34

（46）贞：翌[乙]卯乎子渔㞢[于]父乙？ 35

（47）…乎[子]渔㞢于父乙？ 36

（48）□□卜贞：㞢父乙一牛？ 37

（49）贞：㞢于父乙，燎羊？ 38

（50）贞：㞢于父乙一[牛]？ 39

（51）贞：㞢于父乙？ 17 40 41 42
（52）贞：㞢于父乙白彘、新青？ 43
（53）贞：勿㞢于父乙？ 44
（54）㞢犬于三介口，卯羊？ 45
（55）[勿]㞢于二父？ 46
（56）贞：㞢于父？ 47
（57）…㞢伐父…甲… 48
（58）…妇好㞢于父… 3
（59）贞：其㞢于口乙告于丁宰？ 49
（60）…王㞢元[示]… 50
（61）勿燎于土？ 51
（62）贞：燎于土三小宰，卯一牛，沉十牛？ 1
（63）五宰？ 41
（64）三宰？ 41
（65）…㞢匚… 26
（66）贞：于母… 27
（67）贞：二垂？ 1
（68）贞：勿于宜奠？ 18
（69）贞：巫妆不孚？ 28
（70）贞：自般由王事？ 8
（71）乎宅？ 31
（72）冎凡？ 31
（73）孽？ 44
（74）勿孽？ 44
（75）贞：其㞢来羌自西？ 31
（76）贞：其殻？ 45
（77）𦤎…西… 13
（78）妇喜示四十。 6
（79）旡入二十。 49

1《合集》779　2《合集》12495　3《合集》12508　4《合集》2133　5《合集》2105　6《合集》2106　7《合补》263　8《契合》74　9《合集》2109　10《合集》2111　11《合集》2112、2113　12《合集》2114　13《合补》

255 14《英藏》75 正 15《合补》257 16《合补》273 17《合集》2135 18《合集》2137 19《合集》2138 20《上博》49003.213 21《合集》2139 22《英藏》78 23《合补》295 正 24《合集》3111 25《合集》3112 26《合集》3113 27《合集》15032 28《合集》5652 29《英藏》81 30《合集》130 31《缀集》349 32《契合》335 33《合补》454 34《合集》967 35《合集》2977 正 36《合集》2976 37《合集》2172 38《合集》2175 39《合集》2176 40《合集》2181 41《合集》7301 42《合补》289 43《英藏》79 44《英藏》82 45《合集》2348 46《合集》2329 47《合集》6109 48《东京大学》11+234 49《合集》9220 50《合集》14828 51《英藏》1168 反

本组据㞢祭武丁诸父卜辞系联，按先王、月份及干支顺序排列。

第四十四组

(1) 丁亥卜㱿贞：昔乙酉箙旋御…[大丁]、大甲、祖乙百鬯、百羌，卯三百[宰]？ 1

(2) 壬寅卜古贞：勿䏿于示御？ 2

(3) 贞：御自唐、大甲、大丁、祖乙百羌、百宰？ 3

(4) 贞：御叀牛三百？ 3

(5) 壬寅卜古贞：御于高[妣]□？ 2

(6) 贞：勿于羌甲[御]？ 4

(7) □卯卜宾[贞]：御于祖[乙]？ 5

(8) 贞：于祖乙[御]？ 6

(9) 贞：勿[御]于[下]乙？ 7

(10) 贞：勿御于□祖乙？ 8

(11) 利示十屯。争。 9 10

(12) 𠂤示十屯。 11

(13) 甲寅卜宾贞：勿御妇媟于母？ 9

(14) 丙子𠂤示一屯。宾。 12

(15) 丁丑卜[宾]贞：御于祖[丁]？ 9

(16) 丁丑卜亘贞：延雨？ 12

(17) □午卜宾贞：御于祖辛？ 13

(18) 己丑卜亘贞：御于祖丁？ 10

（19）庚寅卜宾贞：霝妃亡不若？ [14]
（20）贞：勿[于]祖辛御？ [15]
（21）贞：勿于祖辛御？ [16]
（22）…[祖辛御]？ [16]
（23）□□[卜㱿]贞：御于祖辛？ [17]
（24）贞：御于祖辛？ [12]
（25）贞：勿御于祖辛？ [18]
（26）于祖丁御？ [19]
（27）贞：御于祖丁？ [20]
（28）于祖丁母御？ [21]
（29）[于]祖□[御]？ [22]
（30）己亥卜宾贞：御于南庚？ [11]
（31）□□卜宾贞…御于南[庚]？ [23]
（32）贞：[勿]御于南[庚]？ [24]
（33）□□卜宾贞：御于南[庚]□□？ [25]
（34）…御于[南庚]三𠬝？ [25]
（35）…御…[南]庚？ [26]
（36）[贞]：勿[于]父[庚]御？ [27]
（37）…[于]父甲御？ [14]
（38）…[于]父庚御？ [14]
（39）丁巳卜𠭤贞：酒妇好，御于父乙？ [28]
（40）贞：勿𩛥先酒于父乙𠬝，卯三宰？ [28]
（41）贞：先酒妇好，御于父乙？ [29]
（42）贞：酒妇好，御于… [29]
（43）贞：御于父乙，㞢三牛，𠬪三十伐、三十宰？ [30]
（44）[贞]：御于父[乙]？ [31]
（45）[贞：勿]御于[父]乙？ [32]
（46）贞：勿御于多介父？ [33]
（47）贞…[酒]… [22]
（48）比妥？ [3]
（49）贞…庚…刍？ [12]

[1]《合集》301、《缀续》444　[2]《合集》2384　[3]《合集》300　[4]《合集》

1798 5《合集》1577 6《合集》1579 7《合集》9110 正 8《英藏》32 9《合补》399 10《合集》1853 11《合集》2013 12《合集》12764 13《合集》1718 14《合集》2869 15《合集》1719 正 16《合集》1721 17《合集》1716 18《合补》140 19《合集》1856 20《合集》1858 21《合集》1857 22《合集》1856 23《合集》2014 24《合集》2017 25《英藏》61 26《英藏》63 27《合集》2143 28《合集》712 29《合补》338 30《合集》886 31《合集》15133 32《合集》15134 正 33《合补》307

本组据御祭先公先王卜辞系联，按干支顺序排列，以类相从。

第四十五组

(1) 戊申妇息示二屯。永。 1
(2) 戊午卜[韦]贞：御于高妣己？ 1
(3) 贞：勿于高妣己御？ 2
(4) 贞：于高妣己御？ 2
(5) 贞：御于高妣己□？ 3
(6) 勿御？ 3
(7) 丙子卜宾贞：子害亡疾？ 4
(8) 丙子[卜]宾贞：[子]汏亡□？ 4
(9) 于妣己御？ 4
(10) 己丑卜韦贞：今日其雨？ 5
(11) 贞：今日不雨？ 5
(12) (辛卯卜宾) 贞：勿于妣癸御？ 6
(13) 贞：于妣癸御霝妃？ 7
(14) 贞：于妣庚御？ 8
(15) 贞：御…妣庚？ 9
(16) 丙辰卜吕贞：于妣御，正？ 10
(17) 贞：御于㞢妣？ 11
(18) 贞：勿于母丙[御]？ 12
(19) □戌妇… 13
(20) 御于母庚？ 14
(21) 贞：御于母庚？ 14

(22) 贞：[勿]御于□庚？ ⓮
(23) 贞：勿御于母庚？ ⓮
(24) 勿御？ ⓮
(25) 贞：勿御賓于母庚？□月。 ⓯
(26) 贞：御[illegible]于母庚？ ⓭
(27) 贞：御于母十宰？ ❺
(28) 贞：作大邑于唐土？ ❹
(29) □子卜永[贞]…𢀛方？[十月]。 ⓭
(30) 贞：𢀛方出，王饗，受㞢又？ ⓭
(31) 王占曰：其得。 ❹
(32) [王]占曰：[乞]…[毓]其隹甲… ❸
(33) 贞：隹祖乙咎[illegible]？ ⓫
(34) 隹㞢妣咎[illegible]？ ⓫

❶《合集》2354　❷《合补》224　❸《合集》2361　❹《英藏》1105　❺《合集》12053　❻《合集》2494　❼《合集》2864　❽《英藏》104　❾《英藏》103　❿《合集》2514　⓫《合集》4421　⓬《合集》2528　⓭《合补》1850　⓮《合集》2047+①　⓯《合集》4880

本组据御祭先妣先母卜辞系联，按干支顺序排列，以类相从。

第四十六组

(1)（丙申卜韦）贞：沉十牛？ ❶
(2) 丁酉卜𣪘贞：燎于岳？ ❷
(3) 贞：今己亥其延雨？ ❷
(4) 贞：今己亥不延雨？ ❷
(5) 贞：今日雨？ ❸
(6) 今□雨？ ❹
(7) 己亥卜韦。 ❷
(8) [庚]子卜□[贞]：往燎[于岳]？ ❻
(9) 壬寅卜争贞：翌癸卯[令]甫… ❼

① 张宇卫：《胛骨缀合十五则》，《台大中文学报》2012年第三十九期。

（10）癸卯卜贞：燎于岳三宰？ 8
（11）癸卯[卜]□贞：燎[于]岳？ 9
（12）癸卯卜宾贞：燎于岳？ 7
（13）…[illegible]示…小㪉。 10
（14）辛酉卜㱿[贞]：燎于岳？ 10
（15）□酉卜㱿[贞]：燎于岳三豕，卯九□？ 11
（16）壬戌卜宾贞：寻燎于岳？ 1
（17）燎于岳？ 4 5
（18）贞：燎于岳？ 12
（19）贞：勿燎于岳？ 3
（20）…燎于岳…[豭]、二羊，卯九牛？ 13
（21）贞：告于河？（…[王占]曰…其告…） 13
（22）贞：史人于先？ 1
（23）史人？ 1
（24）贞：勿史人？ 1
（25）贞：史人于岳？ 4 5
（26）入若？ 4 5
（27）贞：追弗其以牛？ 3
（28）□示十。㪉。 14
（29）戊辰卜争贞：燎于河□豕、三羊，沉[五]羊，宜… 14
（30）壬申卜宾贞：燎于河？ 15
（31）贞：勿燎于河？ 15
（32）贞…小宰…一牛？ 15
（33）贞…牛…一牛？ 15
（34）甲戌卜宾贞：桒年…燎于秋十牛，宜…（…[王]占曰：吉，其桒。） 16
（35）丙子卜争贞：燎于河，沉五牛？ 16
（36）丁亥卜宾贞：以？ 17
（37）妇杞示七屯又一。宾。 18
（38）庚寅卜古贞：虹隹年？ 18
（39）庚寅卜古贞：虹不隹年？ 18
（40）乙未卜宾贞：㞢于王… 17
（41）戊午卜亘贞：燎于河？ 17

（42）壬戌[卜]贞：燎[于]河宰？ 19
（43）癸亥卜争贞：燎于河？ 20
（44）□亥卜争[贞]：燎于河？ 21
（45）燎于河？ 18 22
（46）贞：燎于河？ 23
（47）（丁卯卜箙）贞：燎于[glyph]？ 24
（48）燎？ 24
（49）□□[卜]宾贞：燎于[[glyph]]？ 22
（50）燎于[glyph]？ 25
（51）贞：勿燎[于][glyph]？ 25
（52）[贞]：燎[于][glyph]？ 23
（53）勿燎于[glyph]？ 23
（54）燎于[glyph]，宜？ 23
（55）贞：于[glyph]东燎？ 23
（56）于[glyph]东燎？ 25
（57）贞…燎… 25
（58）己丑卜㱿贞：令戉来。曰：戉寇伐𢀛方？在十月。 24
（59）癸亥卜宾贞：燎于[glyph]？十二月。 26
（60）癸亥卜争贞：燎于[glyph]，宜… 27
（61）贞：燎于[glyph]？ 28
（62）贞：于□燎？ 27
（63）…㞢于□？一月。 28
（64）贞：叀犬？ 17
（65）帝受我又？ 28
（66）…获三十… 16
（67）贞：燎于土？ 29
（68）勿燎于土？ 29
（69）贞：王舌岳？ 29
（70）贞：勿燎于土？ 30
（71）贞：燎于土？ 31
（72）…燎[于]云，一羊？ 32
（73）贞：燎于旦十[牛]？ 33

（74）贞：燎于帝云？ 34

（75）贞：及今十三月雨？ 34

1《拼一》191　2《合集》14433　3《合集》14454　4《合集》5518　5《合集》5519　6《合集》14448　7《英藏》1151　8《合集》14435　9《合集》14449　10《合集》14438　11《合集》14439　12《上博》54787.5　13《英藏》1146　14《合集》14555　15《合集》14564　16《英藏》1160　17《合集》14573　18《合集》13443　19《合集》14560　20《合集》14570　21《合集》14569　22《拼三》618　23《英藏》1180　24《英藏》1179　25《合集》14672、14673　26《合集》14662 正　27《英藏》1178　28《合集》14671　29《合集》14398　30《合集》14401　31《合补》4120　32《合集》13402　33《英藏》1182　34《合集》14227

本组据燎祭自然神祇卜辞系联，按干支顺序及祭祀对象排列，以类相从。

第四十七组

（1）…燎于王亥？七月。 1

（2）甲申卜㱿贞：燎于王亥？ 2

（3）（甲寅）［卜］□贞：燎于王亥？ 3

（4）贞：燎于王亥？ 4

（5）贞：燎于王亥九牛？ 4

（6）贞：燎九牛？ 4

（7）贞：饗王亥羌？ 4

（8）贞：燎于王□？ 5

（9）贞：九羌，卯九牛？ 4

（10）贞：十羌，卯十牛？ 4

（11）贞：燎于王亥九牛？ 6

（12）贞：于王亥桒？ 6

（13）贞：攺五牛？ 6

（14）贞：燎于王亥十牛？ 7

（15）…燎于王亥十牛？ 8

（16）…［王］亥九牛？ 9

（17）贞：燎［于］王亥五牛？ 10

(18) 贞：燎于王亥五[牛]？ 11
(19) 贞：燎于王亥五牛、新青？ 12
(20) [贞]：燎[于]王[亥]？ 12
(21) 贞：于鼄？ 12
(22) 贞：燎于… 13
(23) 贞：燎于王… 13
(24) 壬子卜宾贞：乎燎于唐，正？ 14
(25) …于河…卯五牛？ 14
(26) [癸丑]卜[殻]贞：燎于上甲…豖、三羊，卯…牛？ 15
(27) 壬戌[卜]宾贞：□燎上甲？ 16
(28) 贞：燎于夒？ 17
(29) 贞：燎于高妣己，㞢青，酉三㞋垂，卯宰？ 18
(30) 勿燎于高妣己？ 18
(31) 贞：今癸酉燎于妣己羊？ 19
(32) 贞：乎牛于北？ 19
(33) 㞢雨？ 10
(34) 贞：逸自圂不其得？ 5
(35) …卯其㝒？ 7
(36) …其敦？ 6

1《合集》14745　2《合集》14750　3《英藏》1174　4《掇三》592　5《合集》855　6《英藏》1173　7《合集》14734　8《合集》14736　9《合集》14738　10《合集》14739　11《合集》14740 正　12《英藏》1175　13《历史所》154　14《合补》4082　15《合集》1187　16《合集》1189　17《合集》14371　18《合集》710　19《合集》8783

本组据燎祭先公先王、先妣先母卜辞系联，按月份、干支顺序及祭祀对象排列，以类相从。

第四十八组

(1) 丙子卜殻贞：勿䆁酒河？ 1
(2) 丙子卜殻贞：乎言酒河，燎三豖、三羊，卯五牛？ 1
(3) 丙子卜宾贞：㑥珏，酒河？ 2

(4) 戊寅卜古贞：听正？ 2
(5) 辛[卯]卜[㱿]贞：𠦪[于]河，燎五小宰，沉五牛，卯五牛，宜宰？ 3
(6) 辛卯卜㱿贞：乞乎酒河，不潜，正？（王占曰：吉。） 3
(7) …正？ 4
(8) …酒河…用？ 5
(9) …河三[豖]，沉五…宜… 6
(10) 酒河？ 4
(11) 贞：子渔隹㞢害？ 3
(12) 贞：子渔亡害？ 3
(13) 勿…年？ 5

1《合集》14585—14587　2《合集》14588　3《合集》14536　4《英藏》1161 反　5《合集》10007　6《合集》14608

本组据酒河卜辞系联，无月份记载，按干支顺序排列。

第四十九组

(1) …今四月酒匚自[上甲]… 1
(2) 贞：来甲□酒朕上甲？十月。 2
(3) 贞：翌甲辰酒御自上甲？ 3
(4) 辛巳卜争贞：来乙未酒唐五宰？ 4
(5) □巳卜□贞：翌乙酉其酒唐，易日？ 5
(6) 贞：翌…不其… 5
(7) 贞：翌乙未酒[成]？ 6
(8) [丙]申卜㱿：翌丁[酉]… 6
(9) □□[卜]韦贞：酒于祖辛？ 7
(10) 乙未卜箙贞：逸羌□？ 8
(11) 辛丑卜亘贞：今日其雨？ 8
(12) 癸丑卜㱿贞：翌甲寅不… 8
(13) □□卜㱿贞：翌甲寅酒于羌甲… 8
(14) 贞：翌丁丑酒于祖丁？ 9
(15) 酒南庚？ 10
(16) [辛]巳卜争贞：乎商酒伐于父乙？ 11

(17) 贞：今日酒小宰于父乙？ 12

(18) 兹酒告于父乙？ 13

1《合集》15686　2《合集》1196　3《合集》1195　4《合集》1301　5《合集》1304　6《合集》15731　7《英藏》37　8《合集》511　9《合集》1864　10《英藏》64　11《瑞典》1　12《合集》2215　13《合集》2573

本组据酒祭先公先王卜辞系联，所见月份为十月，按干支顺序及祭祀对象排列，以类相从。

第五十组

(1) 丁丑卜宾贞：翌己卯酒高妣己眔妣□？ 1

(2) 丁丑卜𣪊贞：于来己亥酒高妣己眔妣庚？ 2

(3) □□卜宾贞：于来己亥酒高妣己眔妣庚？三月。 3

(4) 贞：于来己亥酒高妣己眔妣庚？ 3

(5) 贞：翌己亥酒妣己二小宰？ 4

(6) 来己酉酒妣己、妣庚？ 5

(7) 贞：酒母癸？ 6

(8) 贞：不隹父乙？ 5

(9) 贞：隹备[犬]寇？ 1

(10) 贞：弗其执？ 2

(11) □子邑示五十屯。 6

1《合集》565　2《合集》2367　3《合集》2366　4《合集》2427　5《合集》2258　6《合集》2578

本组据酒祭先妣先母卜辞系联，所见月份为三月，按干支顺序及祭祀对象排列，以类相从。

第五十一组

(1) 戊□[卜]□贞：𠦪于岳？ 1

(2) □午卜宾[贞]：𠦪[于]岳？ 2

(3) 贞：勿于岳𠦪？ 3

(4) …子毕…岳𠦪… 4

(5)［贞］：桒［于］岳？ 5
(6)…岳桒… 6
(7)勿于岳桒？ 7

1《合集》14424　2《合集》14426　3《英藏》1148　4《史购》114　5《合集》14427　6《合集》14428　7《合集》14432

本组卜辞据“桒岳”系联，无月份记载，辞例残缺较甚，试排列如上，仅供参考。

第五十二组

(1)贞：勿于王亥桒？ 1
(2)甲辰卜宾贞：桒［自］… 2
(3)庚子邑示… 3
(4)□□卜争［贞］：桒于上甲？ 4
(5)…［桒］自上甲？ 3
(6)不隹？ 3
(7)甲申卜亘贞：㞢桒于大甲？ 5
(8)辛卯［卜］宾贞：桒于祖乙？ 6
(9)贞：桒于九示？ 7 8
(10)桒于示？ 9
(11)勿［伐］？ 7
(12)贞：乎伐羌？ 7
(13)乙未卜古贞：桒妇好于父乙？ 10
(14)贞：桒妇好于父乙？（王占曰：其桒。） 11

1《合补》4131　2《合集》15258正　3《合集》1181　4《合集》1175　5《合集》1439　6《合集》1588　7《合集》14876　8《合集》14874、14875、14877　9《合补》4108　10《缀续》506　11《合集》2634

本组据桒祭先公先王卜辞系联，按干支顺序及祭祀对象排列，以类相从。

第五十三组

(1)贞：□告于王亥［五］牛？ 1

(2) …勿告于…亥… 2
(3) 贞：勿告于上甲？ 3 4
(4) 辛卯卜㱿贞：其巳宾，告于成？ 5
(5) 贞：勿告于唐？ 6
(6) 贞：于唐告？ 7
(7) 戊子妇庞示十。 8
(8) 贞：勿告于祖乙？ 8
(9) 勿往出？一月。 8
(10) 壬申妇喜示四屯。 9
(11) 乙亥卜争贞：告于祖乙？(王占[曰]：其告…侯商。) 10
(12) 丙辰卜宾贞：告于祖乙？ 9
(13) 庚申[illegible]示三屯。宾。 11
(14) 庚申卜亘贞：告[于]祖乙？ 11
(15) 贞：小疾[臣]勿告于祖乙？ 12
(16) 告于祖乙？ 12
(17) 贞：告疾于祖乙？ 13
(18) 贞：燎于西？ 11
(19) 壬申卜亘贞：于祖辛告？(王占曰：其于…) 14
(20) 贞：告于祖辛？ 15
(21) □□[卜]㱿[贞]… 15
(22) 贞：勿告于[祖辛]？ 16
(23) 贞：其于祖辛□疾… 17
(24) 贞：勿于祖辛… 17
(25) [贞]：作[告]疾于祖辛，正？ 18
(26) …勿[告]…祖辛… 19
(27) 贞：告[于]祖[辛]邑竝屮… 20
(28) 丙子卜㱿[贞]：告祖丁？ 21
(29) 贞：告疾于祖丁？ 22
(30) 贞：勿告于[祖]□？ 23
(31) 贞：祖告… 24
(32) …[未]勿…告于九示？ 25
(33) 庚午卜亘贞：告于父乙？ 26

（34）贞：勿[𦎫]告[于]父乙？ 27
（35）贞：告□于父乙一牛？ 28
（36）庚午卜𠱠贞：告于三父？ 29
（37）（[癸]巳）[卜]□[贞]：于□甲告？ 30
（38）贞：获磐？ 28
（39）𢀛方其亦出？ 12
（40）贞：𢀛方不亦出？ 12
（41）贞：𢀛方不出？ 12
（42）贞：途其㞢災？ 9
（43）贞：途亡[災]？ 9
（44）贞…方…敦… 7
（45）贞…王占[曰]…羽二告…丑，王□…□㞢害？ 20
（46）贞：往于… 4

1《合集》14730 2《合集》15249 3《合集》1167 正 4《拼五》1070 5《契合》98 6《合集》1290 7《合集》1337 8《合集》1582 9《合集》6040 10《合补》2232 11《合集》1581 12《合补》1829 13《合集》13849、13850 14《合集》1723 15《合集》1722 16《合集》1728 17《合集》13851 18《合集》13852 19《合补》151 20《英藏》485 21《合集》1859 22《合集》13853 23《英藏》69 24《辑佚》92 25《合集》14882 26《合集》2206 27《合集》15238 28《合集》2205 29《合集》2330 30《合集》15231

本组据告祭先公先王卜辞系联，按先公先王及干支顺序排列。

第五十四组

（1）告于高妣己？ 1
（2）□申卜亘贞：告于妣癸孽王？（…曰…妣庚…𢓊求…） 2
（3）贞：告于妣庚？ 3
（4）告于妣庚？ 4
（5）贞：于妣庚告？ 5
（6）于妣庚？ 6
（7）勿告？ 6
（8）[勿𦎫]告于多高妣？ 7

(9) 丁丑[卜]□贞：告[于]妣？ 8
(10) 勿于母庚告？ 9

1《合集》2364 反　2《合集》2500　3《合集》2464 正　4《合集》2465　5《合集》2466　6《合集》2467　7《合集》2383　8《合集》2513　9《合集》2562

本组据告祭先妣先母卜辞系联，按先妣先母及干支顺序排列。

第五十五组

(1) …午王涉归？ 1
(2) …王涉归？ 1
(3) …[涉]… 1
(4) 癸未[卜]□贞：翌丁亥王涉[归]？ 2
(5) [己]丑[卜]宾贞：王涉[归]？ 3
(6) □丑妇… 4
(7) (己丑卜㱿) 贞：翌辛卯王涉归？ 4
(8) 贞：翌辛卯王勿涉归？ 4
(9) 辛卯卜争贞：翌甲午王涉归？ 5
(10) [己]亥卜㱿贞：翌庚子王涉归？ 6
(11) 弗获？ 4
(12) 旋入□。 3

1《合集》5227　2《合集》5235　3《合集》5230　4《合集》5232 +①　5《合集》5233、5234　6《合集》5231

本组卜辞据"王涉归"系联，无月份记载，按干支顺序排列。

第五十六组

(1) …乎妇姘先于黍，不橐？一月。 1
(2) 贞：翌丁巳勿乎妇姘先… 1

---

① 孙亚冰：《甲骨缀合二则　附：纠正误缀一版》，先秦史研究室网站，https：//www.xianqin.org/blog/archives/6773.html，2016 年 9 月 20 日。

(3) 戊申卜亘贞：□受年，王…一月。 2
(4) 隹我囚？一月。 3 4
(5) 不隹我囚？ 4
(6) 贞：雨？ 4
(7) 贞：不隹多介害？ 1
(8) 贞：兄丁害？ 5
(9) 贞：隹兄丁害？ 6
(10) 贞：不隹兄丁害？ 6
(11) 隹兄戊害… 7
(12) 夕酒宜？ 5
(13) 贞：我？三月。 5
(14) 贞：南庚害？ 8
(15) …[方]…五月。 8

1《拼三》795 2《英藏》810 正 3《合集》16455 4《合集》16456 5《合集》2890 6《合补》449 7《东京大学》987 8《合集》2022

本组据“王害”相关卜辞系联，所见月份为一月、三月、五月，按月份顺序排列。

第五十七组

(1) 妇□示二十[屯]。岳。 1
(2) 戊辰卜㕦。 1
(3) (己巳卜亘) 贞：黄尹不求？ 1
(4) (己巳卜宾) 贞：黄尹不求？ 2
(5) 贞：黄尹求？ 1 3
(6) 甲戌易日？ 3
(7) 乙亥易日？ 3
(8) 贞：其刖寇殟？ 1
(9) 贞：冒牛五十？ 1

1《合补》38 2《合集》3480 3《合集》13153

本组据“黄尹求”相关卜辞系联。

第五十八组

(1) 己巳卜亘贞：王梦玉，不隹徝小臣[爿]？ 1
(2) [己]巳卜亘贞：王梦玉，隹[徝小臣爿]？ 1
(3) 壬午卜□贞：王梦，隹[火]？ 2
(4) 乙酉卜宾贞：王梦，不隹之孽？ 3
(5) 贞：王梦，隹之孽？ 3
(6) 王占曰：不隹之孽？ 3
(7) 贞：用？ 3
(8) 贞：勿[用]？ 3
(9) 己亥妇初示一屯。宾。 4
(10) 庚子卜宾贞：王梦白牛，隹𡆥？ 4
(11) □丑卜贞：王梦㞢殟大虎，隹… 5
(12) 乙巳卜宾贞：王梦箙□，隹孽？ 6
(13) 丙午[卜]㱿贞：王梦，隹[𡆥]？ 7
(14) 戊申卜㕺贞：今日其雨？ 3
(15) □申卜㱿[贞]：王梦，[隹]之[蛊]？ 8
(16) 丙辰卜宾贞：乙卯㞢丙辰王梦自西？王占曰：[吉]，勿隹𡆥。 9
(17) [贞]：翌丁巳其雨？ 10
(18) 贞：翌丁巳不雨？ 10
(19) 贞：王梦擒，不隹𡆥？ 10
(20) 贞：不隹𡆥？ 10
(21) 贞：王梦，不隹兄戊？ 11
(22) 贞：王梦妇好，不隹孽？ 12
(23) …王梦子，亡疾？ 13
(24) 贞：王梦疾齿，隹□？ 14
(25) 贞：王梦，㞢敀龟十，叀十一，不隹茉？ 15
(26) …茉… 15
(27) 贞：妇好…冎大…瘖延…𡆥？ 15
(28) 贞：王梦，亡其来？ 16
(29) 贞：王梦，不隹𡆥？ 17

（30）贞：□梦，娥不隹𡆥？ ⓲
（31）贞：王梦，隹[𡆥]？ ⓳
（32）□□[卜]殻贞：王梦妾，㞢玟，㞢册，隹𡆥？ ⓴
（33）𢦏入十。 ⓱
（34）…三十。殻。 ❼

❶《拼一》186 ❷《合集》17416 ❸《拼二》578 ❹《合集》17393 ❺《合集》17392 ❻《合集》17388 ❼《合集》17400 ❽《合集》17415 ❾《合集》17396 ❿《拼一》127 ⓫《合集》17379 ⓬《合集》17380 ⓭《合集》17384 ⓮《合集》17385 王 ⓯《合集》17391 ⓰《合集》17395 正 ⓱《合集》17405 ⓲《合集》17454 ⓳《合补》1697 ⓴《英藏》1616 正

本组据“王梦”卜辞系联，无月份记载，只记载干支，按干支顺序排列。

第五十九组

（1）壬申卜𠰊贞：我不其受年？ ❶
（2）受年？ ❶
（3）（壬□卜[争]）：今[来]岁我不其受[年]？ ❷
（4）贞：[我]受年？ ❸
（5）[癸]酉卜□[贞]：我…[受年]？ ❹
（6）翌丁丑其雨？ ❺
（7）翌丁丑不雨？ ❺
（8）贞：今日其雨？ ❻
（9）贞：今日不其雨？ ❻
（10）贞：今日雨？ ❼
（11）贞：雨？ ❼
（12）㞢雨？ ❽
（13）贞：兹雨隹年𡆥？ ❾⓫
（14）贞：兹雨不隹年𡆥？ ❾
（15）贞：兹雨不[隹]年？ ❿
（16）贞：兹云其雨？ ⓬
（17）贞…不…雨？ ⓬
（18）甲申卜宾贞：我不其受黍年？ ⓭

(19) 甲申卜争贞：⿰彳尼弗其以？ 14
(20) □□卜古贞：⿰彳尼弗其以？ 15
(21) 贞：⿰彳尼罘⿰朿永以㞢取？ 16
(22) 贞：⿰彳尼弗其以？ 17
(23) ⿰彳尼以？ 17
(24) …贞…⿰彳尼至，告曰：𠂤来以羌？ 18
(25) …率…刍？ 15
(26) …⿰彳尼弗…率以刍？十三月。 15
(27) 贞：⿰彳尼以？ 10
(28) □乎⿰彳尼[取]？ 19
(29) 乙酉卜㱿贞：我[受年]？ 20
(30) □酉卜□[贞]：我[受年]？ 21
(31) 丙□[卜]争贞：舌方其… 15
(32) 丙戌卜亘贞：翌丁… 5
(33) 甲午卜亘贞：我受黍年？ 22
(34) [戊戌卜]□[贞：我]受年？ 23
(35) 戊戌卜□贞：我[受]黍年？ 24
(36) 戊[戌卜]□贞：我[受]黍[年]？ 25
(37) □戌卜宾贞：我受年？ 26
(38) □戌卜宾[贞：我]不[其受黍]年？ 27
(39) [辛]丑卜争贞：我受[年]？ 28
(40) □□[卜]争贞：我受年？ 28
(41) 辛丑[卜贞：妇]姘受[年]？ 29
(42) □丰示二屯。 30
(43) □寅卜宾[贞]：我受黍[年]？ 30
(44) 甲辰卜⿱古口贞：我受年？ 31
(45) 贞…受[年]？ 31
(46) □□[卜]内贞：我受[年]？ 32
(47) 辛亥卜宾贞：我受[年]？ 33
(48) □卯卜⿱古口贞：我受[年]？ 34
(49) □□卜争贞：我受⿰米覃[年]？ 34
(50) 不[受]⿰米覃[年]？ 34

（51）贞：今丙辰其雨？ 35

（52）丁巳卜宾贞：妇姘受[黍年]？ 22

（53）□未卜㱿贞：[我]受年？ 36

（54）癸亥卜㱿[贞]：我黍… 37

（55）□□[卜]宾贞：乎黍于敦，宜，受[年]？ 26

（56）贞：我受年？ 5 38 40 48 49 51 56 66

（57）贞：我不其受年？ 5 38 42 43 52 54 55 56 57 58 61 64 67

（58）我受年？ 39 46

（59）□□[卜]㱿贞：我受年？ 41

（60）□□卜韦贞：我受年？ 44

（61）贞：我其受年？ 45

（62）□□[卜]争贞：我受[年]？ 47

（63）不其受？ 48

（64）贞：我受黍年？ 48

（65）不其受年？ 48 84

（66）□□[卜]宾[贞]：我受[年]？ 50

（67）…[受]年？ 52

（68）…[我]不其受年？ 53

（69）贞：我受𪊪年？ 59

（70）贞：我受黍年？ 60

（71）□□[卜]□贞：我受黍年？ 62

（72）贞：我不其受黍年？ 63

（73）…[黍年]？ 63

（74）贞：我不其受黍年？ 6 8

（75）贞：我受黍[年]？ 65

（76）…[我]受[年]？ 69

（77）[贞]：敦受[年]？ 69

（78）…[于]敦受年？ 70

（79）…于羽受[年]？ 70

（80）□□[卜]韦贞：我黍受… 9

（81）…妇姘受黍… 9

（82）乎妇姘黍？ 9

(83) 贞：不其受年？ 12 68 71 72 73
(84) 贞：妇妌黍，受年？ 71
(85) 贞：妇妌不其受年？ 7
(86) 受年？ 7
(87) 受黍年？ 85
(88) 不其受？ 85
(89) 受年？ 74 75
(90) …黍年？ 76
(91) [贞：奉]年于河？ 61
(92) 贞：勿奉年于河？ 61
(93) 贞：于王亥奉年？ 77
(94) 河？ 77
(95) 令自般？ 1
(96) 贞：令自般？ 78 79 83
(97) 贞：勿令自般？ 80 81
(98) 贞：勿隹自般令？ 82
(99) 贞：叀般乎取？ 35
(100) 令？ 68
(101) 乎自般取逸自敦？ 3
(102) 㞢于河？ 22
(103) 贞：㞢于河？ 22
(104) 贞：㞢于岳？ 35 78
(105) 贞：于东？ 78
(106) 先㞢于唐？ 39
(107) …于唐？ 62
(108) 贞：㞢于大甲？ 84
(109) 贞：[㞢]于[祖乙]？ 73
(110) 㞢于祖乙？ 12
(111) 贞：㞢于祖辛？ 73
(112) 㞢于羌甲？ 68
(113) 贞：㞢于祖丁？ 71 72
(114) 贞：勿㞢于祖丁？ 71 72

（115）贞：于妣庚？ 1
（116）贞：㞢于父甲？ 75
（117）贞：勿㞢于父甲？ 75
（118）贞：㞢于父庚？ 74 75
（119）勿㞢于父庚？ 75
（120）贞：㞢于父辛？ 74
（121）贞：㞢于兄丁？ 7
（122）贞：㞢于斲？ 42
（123）贞：燎于〓？ 78
（124）燎？ 84
（125）贞：于母己御？ 83
（126）贞：勿于母己御？ 83
（127）贞：于母癸御？ 83
（128）贞：［于］娍御？ 83
（129）贞：于娍御？ 83
（130）贞：于大甲告？ 84
（131）贞：叀小宰？ 42
（132）贞：［三］小宰？ 42
（133）…□乙九宰？ 76
（134）九牛？ 63
（135）用？ 3
（136）贞：桒𢀛方于岳，一牛？ 39
（137）贞：乎伐𢀛方？ 39
（138）贞：乎伐？ 46
（139）贞：勿乎伐？ 46
（140）勿伐？ 46
（141）贞：乎比［望］… 65
（142）于者酒？ 39
（143）〓酒？ 39
（144）贞：酒𠬝于□庚？ 18
（145）［贞］：乎［取］牛［于𠂺］？ 43
（146）贞：勿乎取牛？ 43

(147) 贞：乎先取乃？ 74
(148) 乎取？ 29
(149) 贞：乎妇好往，若？ 48
(150) 贞：先以射？ 84
(151) 贞：先不其以射？ 84
(152) 贞：王勿饗？ 85
(153) 王饗？ 85
(154) 贞：王饗？ 77
(155) [癸]□[卜]□[贞]：旬[亡囚]？ 70
(156) …癸巳勿燎？ 29
(157) □□[卜]㱿贞：在南奠… 41
(158) …[自]？ 62

1《缀集》80　2《合集》9703　3《合集》839　4《英藏》799　5《缀兴》133　6《合集》9958　7《拼三》617　8《合集》9959　9《契合》32　10《合集》10140、10141　11《合集》10142　12《契合》39　13《合集》9960　14《合集》9055　15《契合》87　16《合集》9050 正　17《合集》9051　18《英藏》756 正　19《合集》8848　20《合集》9684 正　21《合集》9698　22《合集》9966　23《合集》9875　24《合集》9942　25《合集》9943　26《合集》9537　27《合集》9961　28《合集》9674　29《合集》8821　30《合集》9938　31《英藏》796 正　32《合补》4527　33《合集》9694　34《拼一》64　35《合集》14410　36《合集》9696　37《合集》9953　38《拼五》1088　39《契合》8、9　40《合集》9687　41《合集》7885　42《拼一》151　43《合集》8806　44《合集》9673　45《合集》9685　46《拼五》1093　47《合集》9691　48《拼二》424　49《合集》9701 正　50《合集》9702　51《合集》9704　52《合集》9705　53《合集》9706　54《合集》9707　55《合集》9708　56《合集》9711　57《合集》9714　58《合集》9721　59《合集》9730　60《合集》9935　61《合集》9713+①　62《合集》9948　63《合集》9956　64《合补》2482　65《合补》2483　66《合补》2485　67《合补》2492、2493　68《合集》9863　69《合集》9782　70《合集》9780　71《拼二》427　72《合集》9861　73《合集》9881　74《合集》9827　75《合集》2132

① 蔡哲茂：《〈甲骨文合集〉新缀第九则》，先秦史研究室网站，https：//www.xianqin.org/blog/archives/1693.html，2009 年 10 月 9 日。

76《合集》10003　77《合集》10105　78《合集》14658　79《合集》4215　80《合集》4217　81《合集》4218　82《合集》4219　83《合集》2537　84《拼二》359　85《缀集》162

本组据农业类“受年”卜辞系联，无月份记载，只记载干支，按干支顺序排列。其中，“徙以”卜辞根据《合集》10140系联。

与“我受年”内容相同的卜辞还有《英藏》797、802、812，《上博》49003.164、54808等，亦可与本组系联。

第六十组

(1) 乙丑卜𠮾贞：乎黍萑？ 1
(2) □未卜㱿贞…□申乎妇[姘]… 2
(3) □申卜[㱿]贞：乎[妇]姘黍？ 3
(4) 壬午卜亘贞：燎于… 4
(5) [贞]：于乙酉…妇姘往黍？ 2
(6) 贞：乎妇姘往𣪊[黍]，若？ 5
(7) 贞：勿乎妇姘往𣪊黍？ 5
(8) 辛卯卜宾贞：黍萑？ 6
(9) 丁酉卜争贞：今春王勿黍？ 7
(10) 贞：今春王黍于南，盄涉人入于南沘？ 7
(11) □戌卜[宾贞]…黍萑？ 8
(12) 己亥卜争贞：壴㞢于祖□？ 9
(13) 辛丑[卜]㱿贞：妇姘乎黍于丘商，[受]年？ 9
(14) 辛丑卜□贞：妇姘田，萑？ 10
(15) 贞：妇姘田，不其萑？ 10
(16) 妇姘黍，不其萑？ 11
(17) [贞]：妇[姘]黍，其萑？ 11
(18) 贞：年不其萑？ 12 13
(19) 年萑？ 12
(20) 黍萑？ 14
(21) …勿令[妇]姘黍…其□？ 15
(22) 壬寅卜㱿。 16

（23）（癸卯卜永）贞：乎黍，[受]㞢年？ 17

（24）己未卜宾贞：燎？ 11

（25）贞：燎？ 11

（26）庚申妇⿰丿乀示八[十]屯。古。 18

（27）壬戌卜古贞：乎⿰禾畐⿰丿卄黍？（王占曰：吉。其⿰禾畐。） 18

（28）□□[卜]㱿贞：王其黍？ 19

（29）贞：我黍㞢害？ 9

（30）贞：乎黍于⿱屮土，受年？ 20

（31）贞：乎立⿱屮土出黍？ 21

（32）贞：乎黍？ 22

（33）…令…黍… 16

（34）勿令？ 16

（35）贞：自今丁未㞢… 21

（36）贞：勿㞢？ 16

（37）今者乎伐𢀛方？ 14

（38）…[乎]伐[𢀛]方？ 14

（39）征交方？ 7

（40）贞：史人于画？ 9

（41）贞：勿令㑵归？ 12

（42）…归？ 12

（43）王占曰：□㞢至自[𠂤]。 17

（44）匄雨于岳？ 10

（45）勿匄？ 10

（46）□以㞢取？ 2

（47）…其以？允。以。 1

1《合补》2534　2《合集》9531 正　3《合集》2736　4《合集》15580+①　5《拼二》543　6《合集》9602 正　7《合集》9518、9519+②　8《合集》9600 正

① 刘义峰：《甲骨新缀三则》，先秦史研究室网站，https：//www.xianqin.org/blog/archives/2354.html，2011 年 5 月 19 日。

② 蒋玉斌：《〈英藏〉孟克廉收藏甲骨缀合四组》，先秦史研究室网站，https：//www.xianqin.org/blog/archives/3883.html，2014 年 4 月 11 日。

9《契合》347、《合集》9530 正 10《合集》9607+① 11《合集》9599 12《合集》9594 13《合集》9597 14《合集》9603 15《合集》9532 16《合补》769 17《合集》9541 18《合集》9544 19《合集》9516 20《合集》9536 21《合集》9527 22《合集》9542

本组据农业类“黍”卜辞系联，无月份记载，按干支顺序排列。

六、宾组二类卜辞的系联

（一）有联系的卜辞

第一组

（1）辛未卜争贞曰：众人□尊田？ 1
（2）壬…不… 1
（3）己丑卜宾贞：令射倗卫？一月。 3
（4）壬寅卜宾贞：王往以［众黍于囧］？ 4
（5）乙巳。 5
（6）丙午。 5
（7）丙午卜…令…黍［于］囧？ 6
（8）丙午卜古贞…众黍于… 5
（9）贞：叀小臣令众黍？一月。 2
（10）［贞：叀］小臣令［众］黍？ 3
（11）贞：王心［恵］亡来［艰］自［方］？一月。 2
（12）贞：王心恵亡来艰自方？ 3
（13）贞：弗其蕣？ 5
（14）…教…一月。 4
（15）…叀乙…于囧？ 7
（16）…囧？ 7

1《合集》9 2《合集》12 3《缀集》350 4《合集》10 5《合集》11

① 陈逸文：《〈甲编〉缀合 26 例》，先秦史研究室网站，https：//www. xianqin. org/blog/archives/3803. html，2014 年 3 月 6 日。

❻《合集》9546　❼《合集》8103

本组根据农业卜辞“令众黍”“令射倗卫”系联，所见月份为一月。

第二组

（1）庚午卜宾贞：令□竹归？ ❶
（2）庚□［卜］□贞：令□竹［归］？ ❷
（3）辛□［卜］争贞：［令］□竹归？ ❸
（4）□酉卜…求…䇞… ❹
（5）癸□［卜］□贞…多…竹？ ❹
（6）癸酉卜宾贞：其令多射□竹？ ❺
（7）丁丑卜争贞：令大［以］子商臣于盖？ ❻
（8）…以子商臣于盖？ ❼
（9）丁…竹… ❻
（10）…自…竹… ❽
（11）丙申卜争贞：令出以商臣于盖？ ❾
（12）□辰□至？ ❽
（13）□□［卜］争贞…殟㞢… ❼
（14）…亡…擒？十月。 ❺
（15）…争…多…方…咎？ ❻
（16）□□卜□贞…于… ❶
（17）…贞…立… ❾

❶《合集》4744　❷《合集》4745　❸《合集》4747　❹《合集》4756　❺《拼一》81　❻《合集》637　❼《合集》638　❽《合集》4752　❾《合集》636

本组卜辞据“令竹归”系联，同时可系联“商臣于盖”，所见月份为十月。

第三组

（1）□□卜争贞：桒王生于妣庚于妣丙？二月。 ❶
（2）□巳卜争贞：令王族比𢊁㽙由王事？六［月］。 ❶
（3）…令迟以王族比［𢊁］㽙由王事？六月。 ❷

(4) …作王亘于西？六月。 2
(5) □□卜贞…鸣，不[于]一人囚…一人…六月。 3
(6) 己酉卜贞：汎用？ 4
(7) [贞]：自大□用攸[牛]？ 4
(8) …[示]壬宰㞢一牛？ 2
(9) 贞：三宰？ 5
(10) □□[卜]□贞…㞢… 3
(11) 癸丑卜宾贞：令羽、郭以黄执寇？七月。 4
(12) 甲子。 5
(13) 乙丑卜㕚贞：令羽眔鸣以朿尹比廩眗甾史？七月。 5
(14) …乙畴㞢勺岁？七月。 2
(15) …七月。 4
(16) 丙□[卜]□贞… 3
(17) 贞：叀令鸣？十三月。 6

1《合补》4153　2《合集》14912　3《合集》4981　4《合集》553　5《合集》5452　6《合集》4721

本组据“令鸣”相关卜辞系联，所见月份为二月、六月、七月、十三月。

第四组

(1) 贞：竝其丧众人？三月。 1
(2) □□[卜古]贞：竝亡災，不丧众？ 2
(3) 贞：毕其丧众？ 3
(4) □□[卜]古贞：令竝… 2
(5) □□[卜]□贞：王其启，及？ 2
(6) □□[卜]古贞：幼鳗，才… 2

1《合集》51　2《合集》52　3《合集》58

本组卜辞据“丧众”系联，所见月份为三月。

第五组

(1) 丙申卜贞：絴其㞢災？ 1

(2) 贞：叀絴亡[災]？六月。 1
(3) 癸卯卜贞：于来甲寅㞢于大甲？ 2
(4) 癸□[卜]□[贞]…于…寅…大… 3
(5) 辛亥卜贞：犬延来羌，用于□甲？ 2
(6) □寅卜[贞]：絴□㞢囚？六月。 2
(7) □寅卜□[贞]…絴…㞢囚…六月。 3
(8) 贞…未…酒…御…妇… 2
(9) 㞢一牛□？ 2
(10) □□卜贞：令…比戌… 3

1《合集》8596　2《合集》240　3《合集》4278

本组卜辞据人物絴的吉凶占卜系联，所见月份均在六月，干支相近，按干支顺序排列。

第六组

(1) 丁酉卜宾贞：大…大示百… 1
(2) 己亥卜贞：其㞢勺伐，晦酒？八月。 1
(3) 癸卯卜贞：翌丁未延𠂤示？八月。 1
(4) □巳卜贞：□㞢于□，牢㞢一牛？ 1
(5) 乙巳卜贞：束于大甲亦于丁，羌三十，卯十宰，用？ 1
(6) 贞：羌三人，卯牢㞢一牛？ 2
(7) 丙午卜贞：先尊岁，羌十，卯宰，𩫖用？八月。 1
(8) 丙午卜贞：束于大甲于亦于丁三牢？ 3
(9) 丙□[卜]贞…十… 4
(10) 丁未[卜贞]：今…其… 4
(11) 戊子卜宾贞：叀今夕用三白(百)羌于丁，用？[十二月]。 5
(12) 三百羌用于丁？ 1
(13) 三百羌于… 6
(14) □□卜贞…羌三百…于祖… 4
(15) 戊戌[卜]宾贞：[束]于大[甲于]亦于[丁]？ 7
(16) 贞：御画于丁百羌㞢三牛？ 4
(17) 贞：勿取祖乙𣪊？ 6

(18) 贞：勿収㞢示饗葬，逹来归？ 6
(19) 贞：卯戠𢀛？ 7
(20) …何… 3

1《拼五》1132 2《合集》400 3《合集》1449正 4《拼一》252 5《合集》293 6《合集》296 7《合集》1450

本组卜辞据“三百羌于丁”“大甲亦于丁”系联，所见月份为八月、十二月。

第七组

(1) 戊午乞自□。 1
(2) 辛酉卜贞：叀祖乙取𣪊？ 1 2
(3) 贞：勿取彡𣪊？九月。 1 2
(4) 辛酉卜争贞：取彡𣪊？ 2
(5) 贞：王勿取祖乙𣪊？ 3
(6) 贞…及…甲彡𣪊… 4
(7) □□卜贞…取[𣪊]？ 2
(8) 贞：勿令？九月。 2
(9) 贞：勿见温？九月。 1
(10) 贞：勿乎见？ 1
(11) 贞：勿𣪘祖乙？十月。 5
(12) 丁卯卜贞：戠？ 1
(13) 丁丑卜宾贞：匄于何㞢畀？ 4
(14) 己卯卜宾贞：今日斫、𠂒令葬我于㞢自，乃[収]㞢？ 6
(15) 壬午卜宾贞：翌丁亥乎光弹？ 6
(16) 甲申卜宾贞：其隹糫年受？ 6
(17) 乙酉卜贞：叀罙令弋、𠂒？[十一月]。 6
(18) 贞：令𠂒以麦齐？ 6
(19) 丁亥卜宾贞：取祖乙𣪊？ 6
(20) 戊子卜贞：翌庚寅延听𥎦？十二月。 6
(21) 壬辰卜宾贞：王取祖乙𣪊？ 6

❶《合集》1590+[1] ❷《合集》1591 ❸《合集》1592 ❹《合集》15462+[2] ❺《合集》1593 ❻《拼四》951

本组卜辞据"祖乙取㲋"系联，所见月份为九月、十月、十一月、十二月，时间连续，应为较短时间内所发生之事。

第八组

(1) 癸亥眴乞自雩十屯。吕。 ❶
(2) 癸亥眴乞自雩十屯。㪤。 ❷
(3) 癸亥眴乞自雩。吕。 ❸
(4) …雩十。 ❹
(5) 癸亥卜宾贞：翌丁卯酒弹牛百于丁？ ❶
(6) 庚辰卜宾贞：受畀画？十二月。 ❸
(7) …来丁未㞢[于]丁[宰]？ ❷
(8) 贞：翌丁未用十人于丁，卯一牛？ ❹

❶《合集》9410 ❷《合集》9412 ❸《合集》3054 ❹《合集》828

本组卜辞据骨臼刻辞"癸亥眴乞自雩十屯"系联，所见月份为十二月。

第九组

(1) 丁巳卜宾贞：令禼易𠦪食，乃令西史？三月。 ❶
(2) 癸亥卜宾贞：今日勿䶊令曼？ ❷
(3) 曼？ ❷
(4) 冘？ ❷
(5) 甲子卜宾贞：毕酒在疾，不从王古？ ❶
(6) 贞：其从王古？ ❶
(7) 癸酉卜贞：燎于岳三小宰，卯三宰？ ❷
(8) 癸酉。 ❷
(9) 贞：燎于岳三小宰，卯三宰？ ❶

---

① 何会：《宾组龟腹甲新缀四则》，《故宫博物院院刊》2011年第1期。

② 林胜祥：《殷墟文字拼兑缀合新例稿》，先秦史研究室网站，https：//www.xianqin.org/blog/archives/831.html，2006年10月4日。

（10）贞：于岳燎？三月。 ❸
（11）贞：于妇御毕？三月。 ❶
（12）丙子卜贞：酒岳三小宰，卯三宰？ ❷
（13）贞：三小宰，卯三牛？ ❷
（14）壬午卜宾贞：御毕于日？ ❶
（15）己丑卜宾贞：今者商刈？ ❶
（16）贞：今者不刈？ ❶
（17）□□卜宾[贞]：翌商[人]刈？ ❹
（18）刈黍？ ❺
（19）贞：不其刈？三月。 ❻
（20）甲午卜宾贞：燎于岳三小宰，卯一宰？ ❶
（21）丁未卜宾贞：叀王□刈黍？ ❼
（22）贞：不其黍？ ❽
（23）…炯… ❹
（24）□示五十。 ❸

❶《合集》9560　❷《合集》14436　❸《合集》14450　❹《合集》9561　❺《合集》9564　❻《合集》9567　❼《合集》9559　❽《合集》9549

本组据农业卜辞“黍”及祭祀卜辞“燎岳”系联，所见月份为三月，干支相近，按干支顺序排列。

第十组

（1）丙寅卜贞：王取[唐]馭？ ❶
（2）丙寅卜[贞]：王取[唐]馭？ ❷
（3）贞：勿取唐馭？九月。 ❷
（4）丙寅卜贞：王自唐[告]河□？ ❶
（5）乙亥卜王贞：我取唐馭，大甲其害我？ ❸
（6）乙亥卜王贞：我取唐馭，大甲不害保我？ ❸
（7）乙亥卜王贞：我取唐馭，祖乙？ ❸
（8）乙亥卜贞：取唐[馭]… ❸
（9）…王[取]唐[馭]？ ❹
（10）戊寅：亡災？ ❶

（11）癸卯卜贞：生叡自唐？ ❺

（12）贞：于庚戌㞢？ ❶

（13）贞：[我]…贝… ❹

❶《合集》1315 ❷《合集》1299 ❸《合补》95 ❹《合集》1317 ❺《合集》1332

本组卜辞据“取唐叡”系联，所见月份为九月，按干支顺序排列。

第十一组

（1）乙丑卜王贞：今岁受年？十二月。 ❶

（2）丁卯卜王贞：贾壴冎凡㞢疾？十二月。 ❶

（3）…贾…冎[凡]㞢[疾]？ ❷

（4）贞：勿…往休？二月。 ❸

（5）[庚]午卜贞：[翌]辛未□其酒，㞢从雨？ ❹

（6）庚辰卜[争]贞：王往□？之日王□休，从… ❺

（7）丁亥卜争贞：王往于田？七月。 ❻

（8）庚寅卜争贞：翌丁酉勿𠦪于丁三牛？ ❻

（9）庚子卜贞：王往休？ ❼

（10）庚子卜宾贞：王往休，亡□？ ❽

（11）辛丑卜贞：王往休？ ❾

（12）壬寅卜古贞：往休？ ❿

（13）甲辰卜贞：宰？ ⓫

（14）□辰卜…翌□巳…先… ❾

（15）[丙]午卜争贞：王往休？ ⓫

（16）戊申卜争贞：王往休？ ❻

（17）□申卜[贞]：王[往]休？ ⓬

（18）壬子卜宾贞：王往休？ ⓭

（19）壬□[卜]贞…往… ❼

（20）贞：勿[往]休？三月。 ❹

（21）贞：王往休？ ❷

（22）□□卜古[贞]：王[往]休？ ⓮

（23）□□[卜]□贞：[王]往休？ ⓯

(24) 贞：王往休，亡災？ 16
(25) …王往…延休… 17
(26) 丙辰[卜]□贞…㞢… 8
(27) 贞：㞢[于]□乙？ 2
(28) □□卜□[贞]：叀牛，用？ 10
(29) 叀朿令罘多子族？ 2
(30) □□卜宾贞：朱…未…于… 8
(31) 贞…取… 2
(32) …𡨦… 12

1《合集》9650 2《合集》14921 3《合集》8164 4《合集》12681 5《合集》8159 6《拼二》327 7《合集》8158 8《合集》8155 9《合集》8157 10《合集》8162 11《合集》8154 12《合集》8163 13《合集》8156 14《合集》8165 15《合集》8166 16《合集》8160 17《合集》8161

本组系往来卜辞，据“王往休”卜辞系联，所见月份为十二月、二月、三月。本组卜辞在横向上与出组有联系，详见《合集》24397。

第十二组

(1) 丙寅卜古贞：叀引令取豖贾？三月。 1
(2) 贞：于乙亥入黄尹丁人？ 1
(3) 丙戌卜争贞：取黄尹丁人嬉？ 2
(4) 丙午卜争贞：黄尹丁人嬔，不殟？在丁家㞢子。 3

1《合集》3099 2《合集》3097 3《合集》3096

本组卜辞据“黄尹丁人”系联，所见月份为三月。

第十三组

(1) [乙]卯卜争贞：先冎凡㞢疾？[五]月。 1
(2) 乙卯[卜]□贞：先冎凡㞢疾？ 1
(3) 乙卯… 1
(4) 癸亥[卜]贞：翌[乙]丑□于□乙？ 2
(5) …告先…疾…丁？ 2

（6）…妇…岁… 1

1《合集》13876　2《合集》13739

本组据人物先疾病卜辞系联，所见月份为五月，两版干支相近，联系紧密。

第十四组

（1）［乙］亥乞自☐。作示。𠂤。 1

（2）辛巳卜贞：令𬀩弋、旃、甫、韦、疫族？五月。 1

（3）贞：甫其㞢疾？ 2

（4）隹其［㞢］災？ 2

（5）贞：不隹其㞢［災］？ 2

（6）贞：［曰］示… 1

（7）贞：勿曰示虎？ 1

1《拼一》284　2《合集》13762

本组据人物甫疾病卜辞系联，所见月份为五月。

第十五组

（1）贞：其［雨］？十月。在甫鱼。 1

（2）贞：其雨？☐［月］。在甫鱼。 2

（3）贞：今其雨？在甫鱼。 3

（4）贞：今日其雨？十月。在甫鱼。 4

（5）乙亥卜争贞：其奏𠤱衣至于亘，［不］𦿛雨？十一月。在甫鱼。 4

（6）癸亥卜争贞：翌辛未王其酒河，不雨？ 4

（7）贞：其㞢災？ 4

1《合集》7894　2《合集》7895　3《合集》7896　4《契合》195+[①]

本组据田猎卜辞“在甫鱼”系联，所见月份为十月、十一月。

---

① 林宏明：《甲骨新缀第429例》，先秦史研究室网站，https：//www.xianqin.org/blog/archives/3245.html，2013年9月5日。

第十六组

(1) □□卜宾[贞]：令贾途擒？五月。 1
(2) 贞：叀陕令途擒？八月。 2
(3) 贞：叀陕令途擒？ 3
(4) 癸酉卜宾贞：令旛途擒？八月。 3
(5) □戌卜宾贞：令旛途□？ 4
(6) □□卜宾贞：令㠯途擒？八[月]。 4
(7) □□[卜]宾贞：令戟奠子贾？八月。 4

1《合集》6048 2《合集》6047 3《合集》6050 4《合集》6049

本组卜辞据“途擒”系联，所见月份为五月、八月。

第十七组

(1) 甲子卜争贞：𠦪年于夒，燎六牛？ 1
(2) □[辰]卜□贞：[𠦪]年[于]夒，□五牛？二月。 2
(3) 夒。 3
(4) 今[岁受]年？ 3
(5) 癸未卜争贞：子央隹其㞢疾？三月。 1
(6) 癸未卜争贞：子央隹其㞢[疾]？ 4
(7) 丙午卜争贞：七白马殟，隹丁取？三月。 1
(8) 丙午卜争[贞]：七白马殟，隹丁… 4
(9) 乙卯卜𠭃贞：𢦏及𦍌方于窐？ 2
(10) □□[卜争]贞…御于…于祖丁…十牛、十…𠧟酒？ 1
(11) □□卜贞：翌…丁用五十？ 2
(12) □□[卜争]贞…□雨… 3

1《合集》10067 2《拼四》883 3《合集》10066 4《合补》2747

本组据农业卜辞“𠦪年于夒”、疾病卜辞“子央㞢疾”系联，所见月份为二月、三月。

第十八组

(1) 癸酉卜贞：旬㞢求，不于一人[囚]？ 1
(2) 癸☐[卜]贞：[旬㞢]求，[亡于]一[人]？ 2
(3) 贞：不于一人？ 2
(4) 丁酉卜争贞：一人允遭？ 3
(5) ☐酉卜争[贞]：旬㞢☐，不[于]一人[囚]？ 4
(6) 乙亥卜争贞：王束㞢求，不于[一]人囚？ 5
(7) 乙亥贞：王…求…人？ 6
(8) ☐☐卜争[贞]…束㞢…不于[一人]囚？ 6
(9) 癸巳卜贞：旬亡囚？ 7
(10) [癸]亥卜贞：旬[㞢]求，亡于一人？ 8
(11) 贞：其于一人囚？ 7
(12) 贞：其于一人囚？十一月。 9
(13) …蒴…十二月。 9
(14) ☐☐[卜]贞…卯㞢…艆…一人？ 10
(15) 贞：☐羊？ 10
(16) ☐寅卜☐贞…㞢…不… 3

1《合集》4979　2《合集》4982　3《合集》4984+[①]　4《合集》3738　5《合集》4978　6《拼二》560　7《合集》4976　8《合集》4983　9《拼二》549　10《合集》1072

本组据吉凶卜辞“于一人囚”系联，所见月份为十一月，按干支顺序排列。

第十九组

(1) [贞]：翌丁亥令尭？ 1
(2) 乙卯卜贞：叀毕令比斅，[受由]？ 2
(3) 乙卯卜贞：叀尭令比斅，受由？ 2
(4) 翌☐未…尭令？ 3

① 刘影：《几组缀合为甲骨学研究提供的新材料》，《故宫博物院院刊》2016年第2期。

（5）贞：勿令先？ 4
（6）…𢦏于…令先？ 5
（7）贞：勿攺𢦏？ 2
（8）贞：宰？ 5
（9）勿御？ 4
（10）贞：翌丁未不其易日？ 2
（11）勿…宾？ 2

1《合集》4004　2《拼五》1156　3《合集》4008　4《合集》4007　5《合集》4005

本组卜辞据“令先”系联，无月份记载。

第二十组

（1）甲申卜宾贞：乎𠂤罙？ 1
（2）甲午卜[贞]：叀翌令[𠂤]？ 2
（3）贞：乎𠂤？ 3
（4）…[乎]𠂤跻？ 4
（5）辛…令…𠂤… 5
（6）□□[卜]宾贞…用𠂤… 6
（7）…乎多… 5
（8）…宾… 6
（9）□子…商… 3
（10）…十月。 3

1《合集》4185　2《合集》4183　3《合集》4187　4《合集》4201　5《合集》4184　6《合集》4200

本组据“令𠂤”相关卜辞系联，无月份记载，按干支顺序排列。

第二十一组

（1）癸酉。 1
（2）癸巳卜贞：叀乙未令自般？ 2
（3）贞：令自般比□东？ 3
（4）贞：令自般？ 4

(5) 贞：叀般令？ ❶❺
(6) 贞：叀令般？ ❻
(7) 贞：叀得令？ ❶
(8) □□卜宾[贞]…自般…田… ❼
(9) 戊戌[卜]贞…般… ❽
(10) 贞…东… ❹
(11) …上甲？ ❸

❶《合补》1205　❷《合集》4216　❸《合集》4213　❹《合集》4214　❺《合集》4255　❻《合集》4256　❼《合集》4238　❽《合集》4266

本组为“令自般”相关卜辞系联，无月份记载，按干支顺序排列。

第二十二组

(1) 壬申卜贞：令侃？ ❶
(2) 戊寅卜贞：令侃取牝？ ❷
(3) 贞：勿来？十二月。 ❷
(4) …自橐…中… ❷

❶《合集》4910　❷《合集》4909

本组据“令侃”相关卜辞系联，所见月份为十二月。

第二十三组

(1) 丁□[卜]争[贞]…于丁… ❶
(2) 庚□[卜]□贞…舟…上甲？ ❷
(3) □□[卜]□贞…于… ❷
(4) (辛未)[卜]□贞：令舟…𡳿…乎小臣？ ❶
(5) 贞：勿令舟比，母非□？ ❸
(6) 贞：于…其比…舟… ❹

❶《合集》5585　❷《合集》1221　❸《合集》4924　❹《合集》4927

本组据“令舟”相关卜辞系联，无月份记载。

第二十四组

（1）乙丑卜古贞：毕冎凡㞢疾？ ❶
（2）癸酉卜宾贞：毕亡㞢疾？二月。 ❷
（3）［贞］：毕［弗其］冎［凡㞢］疾？ ❸
（4）□丑卜□贞：其…今翌…雨？ ❶
（5）己亥…取…㞢… ❷
（6）乙卯…毕…疾…延？ ❹
（7）□未卜宾［贞］：御毕… ❺
（8）…月。 ❹
（9）隹丁害毕？ ❻
（10）贞：勿巳目毕？ ❼
（11）［翌］…［子］…［王］… ❶

❶《合集》13878　❷《合集》13735　❸《合集》13879　❹《合集》13736　❺《合集》4082　❻《合集》4085　❼《合集》4091

本组据疾病卜辞“毕疾”系联，所见月份为二月，干支相近。

第二十五组

（1）甲子卜贞：乎𦓤？ ❶
（2）贞：乎见𦓤？ ❷
（3）贞：□罘𦓤来归？十月。 ❸
（4）贞：勿令［左］？ ❷

❶《合集》4417　❷《合集》4416　❸《合集》4418

本组据人物𦓤相关卜辞系联，所见月份为十月。

第二十六组

（1）己卯卜宾贞：取岳… ❶
（2）甲［申卜］□［贞］：王… ❶
（3）乙酉卜宾贞：史人于河，沉三羊，𠕋三牛？三月。 ❶
（4）乙酉卜…丁亥［史］人于河？ ❷

(5) 贞：史人于☐，沉三☐，酉…叀… ❸

❶《合集》5522　❷《合集》5523　❸《合集》5548

本组卜辞据“史人于河”系联，所见月份为三月，干支相近，按干支顺序排列。

第二十七组

(1) 贞：勿令敢比我称[册]？十月。 ❶
(2) [贞]：勿令[敢]比我[称]册？ ❷
(3) 贞：勿令敢比我称册？十月。 ❸
(4) ☐午[卜]…乙…㞢于… ❶
(5) …㞢…丁？ ❸
(6) 贞：丙…戎弋… ❷

❶《合集》7418　❷《合集》7419　❸《合集》7420+[①]

本组据军事卜辞“令敢称册”系联，所见月份为十月。

第二十八组

(1) 己卯…今日…用… ❶
(2) [贞]：翌丁亥叀上甲祝，[用]？ ❷
(3) 己丑卜[宾贞]…令…琮？ ❸
(4) ☐[卜争]贞：乎取令于琮？ ❷
(5) …取令于琮？ ❷
(6) ☐☐[卜]宾[贞]…庚…琮？ ❶
(7) ☐未卜…琮侯… ❹
(8) 贞：竝于琮？ ❺

❶《合集》8094　❷《合集》8093　❸《合集》8095　❹《合集》8096　❺《合集》8098

本组卜辞据“令于琮”系联，无月份记载，按干支顺序排列。

---

① 蒋玉斌：《新缀甲骨第6组替换》，先秦史研究室网站，https://www.xianqin.org/blog/archives/2734.html，2012年7月14日。

第二十九组

(1) 癸未卜[贞]：马…其… ❶
(2) □□卜[贞]…马不殟？ ❷
(3) 御白马？ ❸
(4) …一牛…尹…示？五月。 ❸
(5) …燎… ❷
(6) 贞：今…蕣… ❸
(7) 甲午卜贞：梦，亡匄？十二月。 ❹
(8) 贞：梦，其㞢匄？ ❹
(9) 丙申卜贞：翌丁酉用子央岁于丁？ ❹
(10) 贞：勿用？十二月。 ❹
(11) 丙申卜…央…丁，用？ ❺
(12) □戌卜…御子央于母[己]二小宰、□[羊]？ ❻
(13) □□卜贞：子央旽隹…人… ❼

❶《合集》11029 ❷《合集》11027 ❸《合集》11038 ❹《契合》46 ❺《合集》3017 ❻《合集》3009 ❼《合集》3019

本组据疾病卜辞“马疾”“子央疾”系联，所见月份为五月、十二月。

第三十组

(1) 丙寅卜宾[贞]：子甗鬲[晙]…[㞢]…十月。 ❶
(2) □□卜争[贞]：□子甗… ❷
(3) 辛丑卜宾贞：叀令子甗鬲□？十月。 ❸
(4) 癸□卜贞… ❷
(5) 贞…隹… ❸

❶《合集》3087 ❷《合集》3088 ❸《合集》3089

本组卜辞据“子甗鬲”系联，所见月份为十月。横向上，本组与出组一类“可能有联系的卜辞”第二十八组同卜一事。

第三十一组

（一）

（1）癸卯卜□贞：㞢启龙，王比，受㞢又？ ❶

（2）贞：㞢启龙，王勿比？ ❶

（3）甲辰卜：叀妇姘□伐龙，蒻？ ❷

（4）贞：勿□姘乎… ❷

（5）贞：勿乎妇姘伐龙方？ ❸

（6）贞…蒻…龙[方]？ ❹

（7）丁卯[卜]□贞…戠… ❷

（8）贞… ❷

（9）□以五。在□。 ❸

❶《合集》6582　❷《拼四》913　❸《合集》6585　❹《合集》6586

以上卜辞均属宾组一 B 乙类，据“妇姘伐龙”系联。

（二）

（1）（丁丑卜宾）贞：爵示？ ❶

（2）贞：勿爵示？ ❶

（3）贞：不亦残雨？ ❶

（4）贞：其亦残雨？ ❶

（5）贞：季求？ ❶

（6）不求？ ❶

（7）己酉卜㱿[贞]：令般取龙[伯]？ ❷

（8）贞：乎取龙伯？ ❶

（9）乎自[般]取龙？ ❸

（10）□□[卜]古贞：[乎自]般取龙？ ❹

❶《合集》6589　❷《合集》6590　❸《合集》6587　❹《合集》6588

以上卜辞均属宾组一 B 乙类，据“般取龙”系联。

（三）

（1）丁未卜贞：媚㞢于[丁]？ ❶

（2）癸丑卜贞：𠂤往追龙，从朿西及？ ❷

（3）贞：及龙方？ ❶

❶《合集》6592　❷《合集》6593、6594

以上卜辞据“𠂤追龙”系联。

本组含宾组一B乙类和宾组二类两种字体，与其他征伐卜辞不同的是，本组卜辞字体、人物不同，用词也不同，如下图：

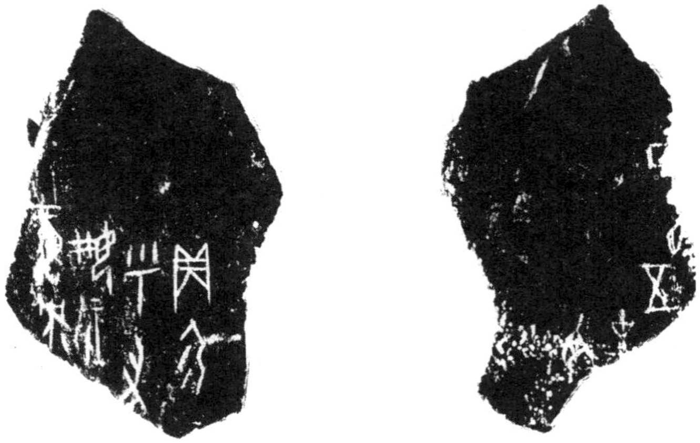

a）《合集》6585正　　b）《合集》6585反

图2-9　宾组一B乙类：“妇姘伐龙”

《合集》6587

图2-10　宾组一B乙类偏晚：“般取龙”

《合集》6593

图2-11　宾组二类：“𠂤追龙”

第三十二组

(1)［癸］□［卜］宾贞：旬［亡𡆥］？三日豖乙…㞢求…告曰𢀛方围于我丁…［大采］… ❶

（2）癸酉卜宾贞：[旬亡]𡆥？七日豙己卯… 1
（3）癸未卜宾贞：旬…至于… 1
（4）[贞]：王其令□璞周，不□□史𡆥…四月。 2
（5）丙寅卜争贞：𢀛凡𢦏眔□？ 3
（6）癸酉。 4
（7）己卯。 4
（8）□酉[卜]□[贞]：令告…上絴侯璞周… 5
（9）己卯卜㐱贞：令多子族眔犬侯璞周，甶王事？五月。 4
（10）贞：令多子族眔犬侯璞周，甶王事？ 3
（11）…令[多]子族…犬… 6
（12）贞：令多子族比犬眔𢊁𣆪，甶王事？ 3
（13）癸未卜争贞：令旅以多子族璞周，甶王事？ 7
（14）…贞：令旃比仓侯璞周… 8
（15）…以多[子族比]仓侯璞周，甶王[事]？ 9
（16）𠂤令□侯璞周？五月。 10
（17）贞：叀𢦏令比璞周？ 11
（18）贞：令梦归于㞢自，若？ 3
（19）贞：勿乎归？五月。 4
（20）贞：隹山？五月。 11
（21）甲申卜宾贞：其酒匚于河？于来辛丑酒？六月。 12
（22）壬子[卜]□贞…执…𢀛… 12
（23）贞：[𢀛]围[于]沚？ 13
（24）贞：勿仓侯？七月。 13
（25）贞：方不至于𠂇方？[七月]。 13
（26）戊寅卜宾贞：今秋𢀛其[围]繼？ 14
（27）癸丑卜宾贞：今春商㲉舟由？ 15
（28）贞：勿商㲉由𢦏？ 15
（29）己未卜宾贞：𢀛方其亦围？十一月。 15
（30）己未卜贞：𢀛方不亦围？ 16
（31）乙酉卜争贞：往复比臬执𢀛方？十二月。 17
（32）丙戌卜□贞…乇于… 17
（33）贞：今日乇[丁]三牛？ 17

(34) 丙戌卜争贞：翌丁亥乇于丁三牛？ 17
(35) 丙戌卜[争贞]：翌丁[亥]酒乇[于]丁三牛？ 17
(36) 五牛？ 4
(37) …叀小宰… 16
(38) 贞：弗冎凡虫疾？允。 13
(39) …疾… 12
(40) □□[卜]⿱贞：令龚弋𢻱？ 8
(41) 丁亥卜贞…复爿求…执？ 17
(42) □□卜宾[贞]…食隹…囙？ 14

1《缀兴》56 2《合集》6823 3《合集》6813、《拼一》45 4《合集》6812 正 5《合集》6819 6《合补》4154 7《合集》6814、《契合》14 8《合集》6816 9《合集》6817、6818 10《合集》6821 11《合集》6822 12《拼三》797 13《合集》8626 14《合集》6352 15《合集》6073、18596 16《合集》6809+① 17《拼三》597

宾组二类中伐𢀛方卜辞比较散乱，这时，𢀛方虽时不时侵扰商朝领土，但都不像宾组一B乙类中联合土方等国进行大规模的侵犯，而且本类中商朝也未对其进行大规模的军事行动，尤其是可系联的五月𢀛方来犯，这个时候商朝正专注伐周，可见𢀛方虽然来犯，但对商朝没有构成大的威胁。此外，13 卜问方是否骚扰𠁩方，宾组一B乙类中曾对𠁩方作战，而此时卜问显然表明𠁩方已经臣属于商。

本组散见与𢀛有关的卜辞记载月份，有四月、五月、六月、七月、十一月、十二月。根据五月己卯、六月甲申两定点，我们推算该年五月的干支范围是从庚戌—甲寅（47—51）到己卯—癸未（16—20）。

第三十三组

(1) 乙亥卜⿱贞：自方？五月。 1
(2) 贞：旬[亡]来艱[自]方？ 2
(3) [虫]来自方？ 3
(4) 甲寅禾见毕示七屯。⿱。 4 5

① 李爱辉：《甲骨拼合第377—383则》，先秦史研究室网站，https://www.xianqin.org/blog/archives/8750.html，2017年7月29日。

(5) 癸亥卜☐贞：亡… 6
(6) 丙寅[卜]贞：方☐出？ 7
(7) 丁卯卜宾贞：方不出？ 8
(8) 辛未卜宾贞：今日令方归？☐月。 6
(9) 辛未卜[宾]贞：翌癸酉令方[归]？ 6
(10) 丙子卜宾贞：方其大出？七月。 4 5
(11) 贞：方不大出？ 4 5
(12) 己卯卜宾贞：令归鬳鬯于… 4 5
(13) (己卯卜) 贞：方允其出，从… 9
(14) 壬午。 4 5
(15) 癸☐卜宾[贞]：方其大出？ 10
(16) 癸未卜宾贞：令鸣罘方？八月。 4 5
(17) 贞：勿令？八月。 4 5
(18) 贞：勿令方归？八月。 4 5
(19) 乙酉卜宾贞：王往从丧？ 11
(20) …丧…之日…往从丧…三邑、雉十屮一。 6
(21) 乙巳卜争贞：告方出于祖乙、大乙？ 12
(22) 贞：方[不]允出？ 13
(23) 贞：方不允出，从… 14
(24) 贞：方不大出？十三月。 15
(25) 贞：勿示？ 4 5
(26) 贞：勿[告]？ 15
(27) 贞：叀…令？ 5
(28) 贞：小母畀奚？ 12
(29) (丁)☐[卜]☐贞：今…多… 9
(30) 多…卫？ 12
(31) …贞：从…辰… 11

1《合集》6671　2《合集》6670　3《合集》8688　4《合补》1901　5《合补》1904　6《合集》8657+①　7《合集》6722　8《合集》6721　9《合

① 林宏明：《甲骨新缀第563例》，先秦史研究室网站，https：//www. xianqin. org/blog/archives/5125. html，2015年4月21日。

集》6686　10《合集》6698　11《合集》10931+[①]　12《合集》651　13《合集》6687　14《合集》6688　15《合集》6704 正

宾组二类依然以“方出”卜辞为主。根据5同版七月、八月干支，可推算出七月的干支范围是从丙午—癸丑（43—50）到乙亥—辛巳（12—18）。

第三十四组

（1）甲戌卜宾贞：翌乙亥㞢于祖乙，用？五月。 1
（2）丁丑卜宾贞：㞢于丁，勿䑕宰用？ 1
（3）辛卯卜宾贞：以子徕逸，不殟？六月。 1
（4）辛卯卜宾贞：子徕㞢疾？ 1
（5）贞：□其㞢□？ 1
（6）癸巳卜宾贞：令众人肆入絴方壅田？ 1
（7）贞：勿令众人？六月。 1
（8）甲午卜宾贞：取刚于[illegible]？ 1
（9）贞：勿取？六月。 1
（10）甲午卜：翌乙未… 1
（11）贞：令𫻵保甫？六月。 1
（12）丁酉卜宾贞：令甫取元伯殳，及？ 1
（13）丁酉卜宾贞：叀戍朱，令比戣王？ 1
（14）贞：叀戍延，令比戣王？六月。 1
（15）癸卯卜宾贞：令郭亟在京奠？ 1
（16）贞：勿[令郭亟在京]奠？六月。 1
（17）癸亥卜宾贞：令仓侯求围壴？ 1
（18）贞：勿令仓侯？七月。 1
（19）…令[仓]侯□围壴？ 1
（20）贞：勿令仓[侯]？ 1
（21）乙丑卜宾贞：㞢匚于保？ 1
（22）辛未卜…者王奏…[之若]？ 1

① 宋雅萍：《背甲新缀五十三、五十四则》，先秦史研究室网站，https：//www. xianqin. org/blog/archives/2948. html，2013 年 4 月 24 日。

(23) 戊寅卜充贞：王弗疾㞢冎？ ❶
(24) 贞：其疾？七月。 ❶
(25) 癸未卜宾贞：马方其围？在沚。 ❶
(26) 贞：不围？在[沚]。 ❶
(27) 癸未卜宾贞：马[方]其围？在沚。 ❶
(28) 贞：马[方不]围？ ❶
(29) 庚寅卜贞：翌辛卯王畬爻，不雨？八月。 ❶
(30) 辛卯卜贞：今日其雨？八月。 ❶
(31) 辛卯卜贞：令周比永止？八月。 ❷
(32) 癸巳卜贞：将辛壴？ ❷
(33) 贞：勿令？ ❷
(34) 甲午卜贞：乎束尹□擒？ ❷
(35) 甲午卜贞：将辛壴？ ❷
(36) 贞：将辛壴？ ❸
(37) 己酉卜贞：告毕受令于丁三宰、箙一牛？ ❷❸
(38) 贞：[毕]…伐…戊… ❷

❶《合集》6　❷《合补》532　❸《合集》19563

马方与历组卜辞有联系。伐马方、壴的战争又见于宾组一A类、一B甲类，但时间都不长。在宾组二类中伐马方、壴的时间相近，这些卜辞可据❶系联。根据时间定点，伐壴时间在七月、八月，与马方的冲突则在癸未日，或在七月、八月都有可能。

第三十五组

(1) 庚辰卜贞：多鬼梦，叀疾见？ ❶
(2) 贞：多鬼梦，叀□见？ ❶
(3) 贞：多鬼梦，叀言见？ ❶
(4) 庚辰卜贞：多鬼梦，不至囚？ ❷
(5) [庚]辰卜[贞]：今夕[亡]囚？ ❷
(6) 辛巳卜贞：今夕亡囚？ ❶
(7) □□卜争[贞：亚]多鬼[梦]…[㞢]… ❸
(8) 己亥卜争贞：王亡不若？六月。 ❹

(9) 甲寅卜□[贞]：亚多[鬼]梦，不若？ 4

1《合集》17450 2《合集》17451 3《合集》17449 4《合集》17447

本组卜辞据“多鬼梦”系联，所见月份为六月，按月份及干支顺序排列，以类相从。

第三十六组

(1) 己亥卜[贞]：令尣[小]耤臣？ 1
(2) 己亥卜贞：王往萑耤，延往？ 2
(3) 贞：勿往？ 2
(4) 庚子卜贞：王其萑耤，叀往？十二月。 1

1《缀汇》204 2《合集》9501

本组卜辞据“王萑耤”系联，所见月份为十二月。

（二）可能有联系的卜辞

第一组

(1) …示三十。 1
(2) 己丑卜□贞：翌… 2
(3) 癸巳卜贞：令収众人？ 1
(4) 辛亥卜争贞：収众人，立大史于西，奠㱿[舟]？□月。 2

1《合集》21 2《合集》24

本组卜辞据“収众”系联，所见卜辞数量不多，月份残缺。

第二组

(1) □□[卜]□贞：翌□□令尣…子方…友，由王事？ 1
(2) 丁未卜争贞：令郭以㞢族尹戎㞢友？五月。 1
(3) □□[卜]□贞…多…㞢…乙…牛…宰？ 1
(4) …亡… 1
(5) 己酉卜争贞：収众人乎从曼，由王事？五[月]。 2

(6) 甲子卜𠬝贞：[令]众壅田于□，由王事？ 2
(7) 庚子卜争贞：令贪取玉于龠？ 3
(8) 癸卯卜贞：今日令毕取黄丁人？七月。 2
(9) □□[卜]争[贞]…往…七月。 2
(10) 由王事？ 3

1《合集》5622　2《合集》22　3《合集》4720

本组卜辞据“由王事”系联，所见月份为五月、七月。

第三组

(1) 庚寅卜争贞：叀陕、弋、𫝀？八月。 1
(2) 癸亥…□[示]十屯。 2 3
(3) 乙亥卜贞：令多马亚𠩺冓𨑨省陕廪至于仓侯从𬳭川从垂侯？九月。 2 3
(4) 乙亥贞：叀陕令？ 4
(5) …陕弗其告？ 5
(6) □[亥]卜□[贞]：陕… 6
(7) 贞：勿省？在南廪。九月。 2 3
(8) …南廪省？[十月]。 7
(9) 贞：先省？[在]南廪。□月。 8
(10) 庚寅卜贞：叀束人令省？在南廪。十□月。 9
(11) …南廪。十二月。 9
(12) …叀束[人]令省？在南廪。十二月。 10
(13) 甲午卜…彡酒…犬… 11
(14) 乙未。 12
(15) 丙申。 12
(16) 己亥卜贞：叀竝令省？在南廪。 12
(17) 己亥。 12
(18) …省？[在南]廪。 11

1《合集》4775　2《合集》5708　3《合补》1711　4《合集》4774　5《合集》4785　6《合集》4779　7《合集》9642　8《合集》9641　9《合集》9636　10《合集》9637　11《合集》9640　12《合集》9639

本组据农业类卜辞“省廪”系联，所见月份为八月、九月、十月、十二月。

第四组

(1) [乙]未卜宾贞：于□告秋？一月。 ❶
(2) 乙未卜宾贞：于夒告秋，称？ ❷
(3) 乙未卜[宾]贞：于上甲告秋，□称？ ❷
(4) 丙辰卜宾贞：其告秋于上甲，不□？隹其□隹… ❸
(5) 贞：于王[亥]告秋？ ❹
(6) 丁巳[卜]□[贞：告]秋[于]西[邑]？七月。 ❺
(7) 贞：丁巳雨？ ❷
(8) …今秋晶禾？九[月]。 ❻
(9) □亥㞢于… ❻
(10) 丁丑[卜]□贞：㞢… ❸
(11) 贞：其㞢于我祖… ❻
(12) 甲申[卜宾]贞：告秋于河？ ❼
(13) 己丑[卜]□贞：雍…弘疾？ ❼
(14) 贞：今…般…殟？ ❼
(15) [贞]：今翌受□□？ ❻

❶《合集》9632 ❷《合集》9629 ❸《合集》9628 ❹《合集》9630 ❺《合集》9631 ❻《合集》9615 ❼《合集》9627

本组据农业类卜辞“告秋”系联，所见月份为一月、七月、九月。

第五组

(1) 癸丑卜贞：酒大甲，告于祖乙，一牛，用？八月。 ❶
(2) …贞：酒大甲，斫宗，用？八月。 ❶
(3) …酒… ❶
(4) 癸酉卜争[贞]：王其狩，不… ❷
(5) 癸未卜宾贞：王狩？ ❸
(6) 庚戌卜争贞：王其狩，亡災？ ❹
(7) 庚戌卜争贞：王其狩，其㞢亡災？九月。 ❹
(8) 王自往从狩？九月。 ❶

(9) …贞…不…九月。 ❹
(10) …麦…获… ❸
(11) …贞…执… ❹
(12) …乎… ❷
(13) 辛□[卜]争贞：□尸[于]丁？十一月。 ❺
(14) 庚子卜宾贞：其令般又商告[于]… ❻
(15) 贞：般[又]商[告于]祖乙？ ❻
(16) □□卜争贞：令般又… ❼
(17) …春令[般]…□商？十三月。 ❽

❶《合集》10611　❷《合集》10591　❸《合集》10580　❹《契合》105　❺《合集》834　❻《合集》4671　❼《合集》4670　❽《合集》4672

本组据有月份记载的田猎卜辞系联，所见月份为八月、九月、十一月、十三月，根据相应干支，能够排入同年。

第六组

(1) □□卜□贞：翌丁丑毕其㞢… ❶
(2) 庚寅卜宾贞：用毕牛[祖乙]？ ❷
(3) 癸巳卜贞：翌丁酉酒毕𠦪于丁？ ❸
(4) 乙未卜贞：毕[㞢]于丁？ ❹
(5) 丙申卜贞：翌丁酉毕㞢于丁一牛？ ❺
(6) □□卜宾[贞]：毕㞢于丁？ ❻
(7) 贞：乎毕…㞢丁□？ ❼
(8) 丙午卜宾贞：翌丁未㞢于丁？ ❽
(9) □午卜宾贞：翌丁未登毕来祭，于□曾用…用？ ❾
(10) 贞：翌[丁]未酒[毕]㞢匚[于丁]？ ❿
(11) 贞：翌丁未㞢于丁三羌，卯三牢？ ❿
(12) …毕…[于]丁羌…□用？ ⓫
(13) 贞：𠦪年于岳，燎三小[宰]，卯三牛？ ❿
(14) 贞：一羌，卯一宰？ ❿
(15) …贞…毕…羌…百人…用？ ⓬
(16) 贞…㽙…族… ❸

（17）…狩…八月。 ⑫
（18）…宰？ ③
（19）…㞢…来… ⑧
①《合集》4050 ②《合集》4063 ③《合集》4061 ④《合集》4053 ⑤《合集》4048 ⑥《合集》4052 ⑦《合集》4054 正 ⑧《合集》14974 ⑨《合集》4064 ⑩《合集》385 ⑪《拼四》957 ⑫《合集》1041
本组据毕祭祀丁的卜辞系联，所见月份为八月，按干支顺序排列。

第七组

（1）辛[巳卜]㱿贞：□丧众人，受方又？ ①
（2）贞：其丧众？ ②
（3）…不其丧[众人]？ ③
（4）贞：我其丧众人？ ④
（5）癸□[卜]□贞…畀… ①
（6）（庚寅卜□）贞：翌辛卯咬桒雨夒，畀雨？ ②
（7）贞：弗其受㞢又？ ②
（8）贞：其艰？ ②
（9）贞：弗其雉？ ②
（10）…百□。 ④
①《合集》64 ②《合集》63 ③《合集》65 ④《合集》50
本组卜辞据“丧众”系联，无月份记载，按干支顺序排列。

第八组

（1）乙丑卜宾贞：小来羌，氿用？ ①
（2）丙寅卜宾贞：小来羌，来甲戌氿用？ ②
（3）甲申卜宾贞：王智大示？ ②
（4）乙未。 ②
（5）己亥卜宾贞：氿用来羌？ ③
①《合集》241 ②《合集》242 ③《合集》246
本组卜辞据“来羌”系联，无月份记载，干支接近，按干支顺序排列。

第九组

(1) 庚子卜贞：㞢于妇一豕？ ❶
(2) 辛丑卜宾贞：㞢于妇一牛？ ❷
(3) 甲□[卜]贞…〓？ ❸
(4) 丁巳卜贞：㞢于妇[小]宰？ ❸

❶《合集》2829　❷《合集》2830　❸《合集》2828

本组卜辞据“㞢妇”系联，所见卜辞数量较少，按干支顺序排列。

第十组

(1) …屎㞢正？二月。 ❶
(2) [壬寅]卜[宾]贞：于丁㞢？九月。 ❶
(3) 壬寅卜宾贞：㞢… ❶
(4) 癸卯卜争贞… ❶
(5) 癸亥卜宾贞：王往，若？十三月。 ❷
(6) 甲子卜𠛱贞：于翌乙丑屎𦥑？乙丑允屎𦥑，不[菁]□？ ❸
(7) …翌乙[丑]屎𦥑？[乙丑允]屎𦥑，不菁□？ ❹
(8) …翌乙[丑]屎[𦥑]？乙丑[允屎]𦥑… ❺
(9) 辛未[卜]…屎[西]单[田]？ ❻
(10) 丙子卜宾贞：梦隹孽？ ❷
(11) 贞：不[隹]孽？十三月。 ❷
(12) 己[卯卜]贞… ❼
(13) 庚辰[卜]□贞：翌癸未屎西单田，受㞢年？十三月。 ❷
(14) 癸[未卜]□贞…于… ❷
(15) 癸巳[卜]□贞…往…刿？ ❷
(16) 戊子卜宾贞：王[往]逐〓于沚，亡災？之日，王往逐〓于沚，允亡災，获〓八。 ❷
(17) …亡災…往逐□…允…〓… ❽
(18) …于沚…王往…〓，允[获]… ❾
(19) [戊]戌[卜]争贞：方屎〓？ ❿

(20) 戊□[卜]争[贞]：令□屎… 11
(21) …屎□□田，余…勿…㞢… 12
(22) …屎㞢正…田？ 7
(23) 贞：勿令屎㞢[田]？ 13
(24) 贞：其㞢？一月。 2
(25) …亡匄？ 2

1《合集》9577 2《合集》9572+[①] 3《合集》9570 4《合集》9571 5《合集》9573 6《合集》9583 7《合集》9578 8《合集》10502 9《合集》10503 10《合集》9574 11《合集》9585 12《合集》9586 13《合集》9579

本组据农业类卜辞“屎𦔮”系联，按月份先后排列。

第十一组

(1) □□[卜]争贞…其酒翌…于唐，㞢于祖… 1
(2) …贞：勿先…五月。 1
(3) …贞：不延？ 1
(4) …节…王冎，不若？ 2
(5) 癸未卜争贞：旬亡𡆥？六月。 2
(6) 己□[卜]□贞：自至于癸未王𠭯…七月。 1
(7) 贞：御王于妣庚，𡴆羊，𠷎宰三？ 3
(8) 贞：王磍疾，隹㞢由？ 4
(9) 贞：不隹？ 4
(10) …疾齿…災？ 5
(11) 甲子卜宾贞：王隹肱□？ 6
(12) 贞…剢…肱… 7
(13) □□[卜]由[贞]…肱… 7
(14) 贞：疾止… 8
(15) 贞：不疾罙？十二月。 9
(16) …求王，其疾？ 10

① 何会：《殷墟龟腹甲新缀三则》，《故宫博物院院刊》2012年第4期。

(17) …舌，王疾延… 11
(18) 贞：王𡆥其虐？ 12
(19) …其…殟？ 4
(20) 乙亥卜争贞：子其学疫，不菁雨？ 3
(21) 甲辰卜宾贞：集其疾，罙？ 9
(22) 己□[卜]□贞…丁…其…新…三□？ 9
(23) □□卜争[贞]：柰…新…三宰？ 9
(24) 贞…妻… 4
(25) …咬… 4

1《缀汇》1006　2《合集》16350、16700+①　3《拼五》1193　4《合集》13641　5《合集》13659　6《合集》13680　7《合集》13681　8《合集》13685 正　9《拼一》50　10《合集》13699　11《合集》13710　12《合集》17224

本组据商王相关疾病卜辞系联，所见月份为五月、六月、七月、十二月，按月份先后排列，以类相从。

第十二组

(1) 乙亥卜宾贞：告以羌智[用]自… 1
(2) □□卜□[贞]…[上甲]… 1
(3) 丁丑卜争贞：来乙酉智用永来羌[自]元示？[五]月。 2
(4) 辛巳[卜]宾贞：[翌]甲申用目来羌自… 3
(5) 丁酉卜贞：在丂，妥来羌二人，延丁用？ 4
(6) 庚子卜宾贞：翌甲辰用望乘来羌？ 5
(7) 辛亥卜贞：失[侯]来七羌，翌甲寅𠭯用于夫甲？十三月。 6
(8) □亥[卜]：工来羌？ 7
(9) 贞：卯[曼]□来羌，一牛？ 8
(10) 贞：用[畣]来羌？ 9
(11) …来羌用？ 10
(12) □□卜宾[贞]：□来羌… 11

① 陈逸文：《〈甲编〉缀合 26 例》，先秦史研究室网站，https：//www. xianqin. org/blog/archives/3803. html，2014 年 3 月 6 日。

(13) 壬戌卜贞：不隹㞢左？二月。 ⓫

(14) 癸酉卜贞：望乘来羌？二□。 ⓬

❶《合集》280 ❷《合集》239 ❸《合集》229 ❹《合集》228 ❺《合集》236 ❻《合集》227 ❼《合集》230 ❽《合集》238 ❾《合集》244 ❿《合集》247 ⓫《拼二》478 ⓬《合集》237

本组卜辞据“来羌”系联，所见月份为二月、五月、十三月。

第十三组

(1) 己亥卜贞：方帝一豕、一犬、二羊？二月。 ❶

(2) □□卜争[贞]：翌乙亥方帝十犬？ ❷

(3) 贞：勿方帝？ ❸

(4) □□[卜]亘贞：燎土、方帝？ ❹

(5) 己亥卜贞：乎[殟兆]？ ❺

(6) 贞：勿殟兆？ ❺

(7) 壬子卜贞：先以羌[illegible]于丁用？六月。 ❸

(8) …叀…未…先…羌？ ❺

(9) …贞…午…延…羌曾…大… ❺

(10) 贞：叀翌甲子酒，其肈用？ ❸

(11) 丁□[卜]宾[贞]：□作…寝… ❻

(12) 己卯卜宾贞：翌甲申用射畲以羌自上甲？八月。 ❻

(13) 贞：勿用卢以羌？ ❼

(14) 丁亥卜贞：用雟以羌十[于]丁？ ❽

(15) 贞…㬜… ❽

(16) 庚子卜贞：牧以羌延于丁，曾用？ ❾

(17) 辛丑卜贞：毕以羌，王于门寻？ ❿

(18) 癸卯。 ⓫

(19) □□卜争[贞]…以羌用？ ⓬

(20) □未[卜]…以羌？ ⓫

(21) [壬]申卜贞：方帝宁戠？九[月]。 ⓭

(22) 壬申卜贞：叟…唐…录？九月。在□。 ⓭

(23) 贞：勿方帝？ ⓭

（24）甲□［卜］□贞…斗？ 13
（25）…十月。在斗。 13
（26）□□［卜］争［贞］…于河…沉…十月。 14
（27）□□［卜宾贞］…今水，酒河，燎？十月。在斗。 13
（28）贞…酒… 15
（29）甲寅卜宾贞：燎［于］夒？ 15
（30）［丙］辰卜［争］贞：来□□酒…丁…羌… 13
（31）丙辰卜宾贞：叀毕令燎于夒？ 13
（32）丙辰卜贞：咎不？ 16
（33）□辰卜贞… 17
（34）壬戌卜［贞］：肇丁［用］五十□、五十□、五十□？ 17
（35）□戌卜贞：彡肇丁？十月。 16
（36）贞…肇… 16
（37）壬［戌］卜□［贞］…叀…酒… 15
（38）…燎于夒…宰…十月。 15
（39）贞：十牛？十月。 14
（40）…五？十月。 13
（41）□午卜争贞：肇元示[illegible]？ 18
（42）贞：勿肇元示[illegible]？十月。 18
（43）贞：肇丁用百羊、百犬、百豚？十月。 14
（44）贞：其㞢害？十一月。 14
（45）甲子卜贞：今夕［酒］肇丁？［用］。十一月。 19
（46）贞：肇［丁］用三十□、三十犬、□豕？ 20
（47）其肇丁？用。 21
（48）…肇丁…小宰？ 22
（49）…肇丁…犬？ 23
（50）贞：三十酒用？ 19
（51）十酒用？ 19
（52）甲子卜贞：于南室斗酒匚？ 14
（53）贞：于亯酒匚？十一月。 14
（54）□辰卜贞…尧于…二牢？ 14
（55）…尧其… 20

（56）□辰卜宾［贞］：亡不殟？ 19
（57）贞…㞢…于… 17
（58）…酒…用… 16
（59）庚辰卜贞：勿肇，受… 24
（60）甲戌卜贞：勿帝犬？ 24
（61）庚辰卜贞：有畀束？ 24
（62）贞：勿畀？十二月。 24
（63）…［乎］…自…壬… 6
（64）…雨。 9
（65）…夕［其］雨？ 9
（66）□□卜宾贞…［乎］犇竹…一牛…［吉］。 10
（67）吾。 3

1《合集》14301 2《合集》14298 3《合集》264 4《合集》14305 5《合集》266+① 6《合集》277 7《合集》259 8《合集》257 9《合集》281 10《合集》261 11《合集》292 12《合集》290 13《合集》14370 14《合集》15521+② 15《拼四》954 16《合集》15518 17《合集》15522 18《合集》15526+③ 19《合集》15431+④ 20《合集》15523 21《合集》15516 22《合集》15519 23《合集》15520 24《合集》15525+⑤

本组卜辞据“以羌”系联，同时可系联“方帝”“燎夒”等，所见月份为二月、六月、八月、九月、十月、十一月、十二月。

第十四组

（1）壬申［卜］□贞：帝…攸？ 1

① 蒋玉斌：《旅博甲骨新缀四组》，先秦史研究室网站，https：//www. xianqin. org/blog/archives/4660. html，2014 年 11 月 12 日。

② 李爱辉：《甲骨拼合第 421—425 则》，先秦史研究室网站，https：//www. xianqin. org/blog/archives/10733. html，2018 年 5 月 23 日。

③ 蒋玉斌：《〈甲骨文合集〉缀合拾遗第五十九、六十组》（附说逐麋大骨缀合的问题），先秦史研究室网站，https：//www. xianqin. org/blog/archives/2042. html，2010 年 9 月 2 日。

④ 林宏明：《甲骨新缀第 571—579 例》，先秦史研究室网站，https：//www. xianqin. org/blog/archives/5269. html，2015 年 6 月 10 日。

⑤ 蒋玉斌：《甲骨旧缀之新加缀》，先秦史研究室网站，https：//www. xianqin. org/blog/archives/4887. html，2014 年 12 月 25 日。

(2) 贞：帝不降𢦏？ 2
(3) □□卜贞…帝…降□？ 3
(4) 戊申卜贞：汎酒？ 2
(5) 贞：牢？ 2
(6) 乙…叀…十月。 3
(7) 丁巳卜… 2

1《合集》14174　2《合集》14172　3《拼五》1157

本组据吉凶卜辞“帝降𢦏”系联，数量较少。

第十五组

(1) 己酉㲋示十屯。㐱。 1
(2) □□卜古贞：戎□用？二月。 1
(3) □戌卜争贞：告于丁二牛？三月。 1
(4) 癸亥卜古贞：戎丁用？三月。 1
(5) 丙寅卜古贞：令… 1
(6) 庚午卜宾贞：令□延𢆶□沚？三月。 1
(7) 贞：祼告王䀠于丁？三月。 2
(8) …其令…告…丁？三月。 3
(9) …至…毓… 3

1《合补》1247　2《合集》1958　3《合集》1952

本组据祭祀卜辞“告于丁”系联，所见月份为二月、三月。

第十六组

(1) 癸卯卜宾贞：告王孽于丁？ 1
(2) …告于丁？四月。 2
(3) 庚戌卜贞：㞢豖秋，告[于]丁？四月。 3
(4) □□卜[贞]…秋…至…四月。 3
(5) 甲辰卜贞：告于丁一牛？五月。 4
(6) 甲辰卜贞：翌乙巳夙㞢于母庚宰？ 4
(7) 丙午卜贞：告匚于丁三牛？ 5

（8）翌丁未夙𢼄于丁一牛？ 6
（9）□□卜贞…夙… 4
（10）己酉卜宾贞：㞢来告□方围于寻，祼夕告于丁？ 7
（11）贞：告小丁？ 8
（12）伐…辛…六月。 8
（13）□□[卜]宾贞…侯又…延… 7
（14）…告于丁？ 9
（15）…于丁？ 9
（16）…告于丁？ 10
（17）贞：三牛，告于丁一牛？ 11
（18）[令]毕告于丁？ 12
（19）己未卜争贞：告其□于丁？ 13
（20）…贞：[其]…卢…令…圭[告]于丁，用一牛？ 14
（21）…隹其雨…[麤]戊…雨？ 14
（22）…玉…宰…牛… 11
（23）…贞…梦集鸟？ 2

1《合集》1956　2《合集》17455　3《合集》14158　4《合集》2543　5《合集》1947　6《合集》1965　7《合集》6672　8《合补》2908　9《合集》1953　10《合集》1954、1955　11《合集》16089　12《合集》4062　13《合集》1957　14《合集》1950

本组据祭祀卜辞“告于丁”系联，所见月份为四月、五月、六月。根据本组干支与第十五组月份、干支，所见二月、三月、四月、五月、六月不能排入同年，因此分为两组系联。

第十七组

（1）丙子卜贞：王□灾？ 1
（2）壬子卜贞：王亡灾？ 2
（3）…[王]允亡灾？ 3
（4）[贞：王]亡灾？ 4

1《合集》17199　2《合集》17196　3《合集》17198　4《合集》17197

本组据吉凶卜辞“王灾”系联。

第十八组

(1) 贞：其堇？三月。 ❶
(2) …叀…牛？三月。 ❷
(3) 甲子卜□贞：[illegible]夫[illegible]不隹雍于囚？ ❶
(4) 丙戌卜争贞：不堇？ ❶
(5) [辛]丑卜贞：□不雨，帝□隹堇我？ ❸
(6) □□卜争[贞]：上帝降堇？ ❹
(7) 贞：帝不降大堇？九月。 ❺
(8) 辛丑[卜]贞：五… ❸
(9) 辛[丑卜]贞…豕？ ❸
(10) 庚戌卜贞：帝其降堇？ ❻
(11) 不隹降堇？ ❼
(12) 丙寅…乎…盖…衣？ ❻
(13) 贞：曶…堇…夫… ❷
(14) 贞：勿㪤？ ❺
(15) 贞：[其]㞢？ ❺
(16) …九月。 ❺

❶《拼二》562　❷《合集》10194　❸《合集》10164　❹《合集》10166　❺《合集》10167　❻《合集》10168　❼《合集》10188

本组据吉凶卜辞“帝降堇”系联，所见月份为三月、九月。“降堇”之卜问还见于宾组一B乙类“可能有联系的卜辞”第十三组。

第十九组

(1) 乙丑[卜]宾[贞]…令…坚[田]？ ❶
(2) □□[卜]宾[贞]…令…坚[田]？ ❷
(3) 戊辰卜宾贞：令永坚田于盖？ ❸
(4) …[令]永坚田于[盖]？ ❹
(5) 戊子卜宾贞：令犬延族坚田于[虎]？ ❺
(6) [戊]子卜[贞]：令□𡆥[田]？ ❻

(7) 屎㞢正乃坚田? 7
(8) 贞:永…坚…卫? 8
(9) 壬辰卜贞:御自般妇? 8
(10) …曼…失侯?十月。 9
(11) 癸巳卜贞:翌乙□延□其束企? 7
(12) 乙巳卜宾贞:其𢀛于二子枹小宰?十一月。 7
(13) 癸□[卜]□[贞]:□令曼壅[田]于失侯?十二月。 10
(14) 癸□[卜]□贞:曼…失侯? 9
(15) …[今]日…壅田于失侯?十二月。 10
(16) 辛亥卜贞:失侯来七羌,翌甲寅㚘用于夫甲?十三月。 9 10
(17) □□卜宾[贞]:令多蕽…戋…翦? 4

1《合集》9482 2《合集》9481 3《合集》9476 4《合集》9477 5《合集》9479 6《合集》9485 7《拼五》1144 8《合集》9478 9《合集》1471+① 10《拼二》542

本组据农业卜辞“坚/壅田”系联,所见月份有十月、十一月、十二月、十三月。

第二十组

(1) 壬子卜宾贞:翌庚[申]子美其见? 1
(2) □子卜…戠…小乙… 1
(3) 贞:子美其以岁宰? 1
(4) 乙丑卜王往… 2
(5) 丙寅卜[贞:来]丁亥子美□见以岁于□[示]于丁于母庚于父□? 2
(6) 贞:翌丁卯㞢于宰㞢一牛? 3
(7) 弗雨? 4
(8) 贞:勿往,夕… 4
(9) 贞:勿往罙… 3
(10) 贞:王往[出省]从西?五[月]。 5

① 蒋玉斌:《〈甲骨文合集〉缀合拾遗》(第六十一—六十五组 第二组补缀),https://www.xianqin.org/blog/archives/2046.html,先秦史研究室网站,2010年9月3日。

(11) 壬午卜贞：王往从□？ 6
(12) 戊子卜贞：王往从[东]？ 7
(13) …勿往亂京？五月。 8
(14) 癸丑卜宾：翌乙卯易日？之日允易日。 9
(15) 乙卯卜宾贞：三卜王往讼于阢京，若？六月。 9
(16) 贞：毋往，不若？ 9
(17) [贞]：勿往[于]京？ 10
(18) 戊□[卜]□贞…毋…夫… 9
(19) 癸未卜宾贞：来岁[受年]？ 11
(20) 乙酉卜[贞]：勿往？ 12
(21) 庚寅卜宾贞：今秋王往？ 11
(22) □□[卜]宾贞：[王]往从□？之日王… 13
(23) …[丧]菁…八月。 13
(24) 壬[子卜]□贞…秋… 14
(25) [癸]酉…翌□□王往…囿？ 15
(26) □酉卜□贞：翌□□王往…囿，亡[囚]？ 16
(27) □酉卜□[贞]：王往…□？ 17
(28) 己未卜古贞：王往来… 18
(29) 己未[卜]宾贞：□秋… 19
(30) □□卜[㕭]贞…王往…翌□□雨？ 20
(31) □戌卜□[贞]：王往…燕，亡[災]？王允亡災，[燕]。 21
(32) □亥卜□[贞]：王束…求…山？ 22
(33) □□[卜]宾贞：□往楸…王… 23
(34) 贞：令…往郁？ 24
(35) …令…往寻？ 24
(36) …叀王[往]萛，在严。 25
(37) …其往澅？ 26
(38) □[卯]卜宾贞：毕其往潢？ 27
(39) 贞：王出？ 28
(40) 贞：王往出？ 28
(41) 贞：燎三牛，㞢三青？ 28
(42) 贞：燎九牛？ 28

（43）…焰… 18

（44）贞…卯… 15

1《拼五》1183　2《合集》3101　3《合集》15080　4《合集》11982　5《合集》5114　6《合集》5086　7《合集》5085　8《合集》8072　9《拼二》574　10《合集》8079　11《合集》11537　12《合集》19306　13《合集》5087　14《合集》11539　15《合集》9490　16《合集》9488　17《合集》5084　18《合集》5089　19《合集》11540　20《合集》5083　21《合集》5295　22《合集》5157　23《合集》8183　24《合集》8182　25《合集》8231　26《合集》8349　27《合集》8353　28《合集》15620

本组据商王往来卜辞系联，同时可系联“子美”相关卜辞。所见月份为五月、六月、八月。

第二十一组

（1）辛未卜贞：王从[融]京？ 1

（2）[辛]亥[卜]…王往[田]，从融？[三]月。 2

（3）…王[往田，从]融？ 3

（4）壬辰…王往[于]田，若？十月。 4

（5）…之日，王往于田，从东？允获豕三。十月。 4

（6）壬寅卜古贞：王往于田，亡災？十月。 5

（7）壬戌卜争贞：乞令曼田于失侯？十月。 6

（8）贞：弗其擒？十月。在盖。 7

（9）戊□卜□贞：王往于田，亡災？ 8

（10）…十一月。 8

（11）癸酉卜贞：其自毕㞢来艰？ 9

（12）贞：不自毕㞢来艰？十一月。 9

（13）癸酉卜贞：商称𦎫？ 9

（14）贞：勿商，戠毕？ 9

（15）甲戌卜：翌乙亥㞢于祖乙？ 9

（16）贞：其㞢于祖乙牢？ 9

（17）戊戌卜贞：勺岁㞢羌？一月。 9

（18）贞：自唐㞢？ 9

(19) 丁未贞：王往于田，亡災？ 9
(20) 丁未卜贞：勿乎？ 9
(21) 勿乎？ 9
(22) …亡疾？十二月。 9
(23) □卯卜…令田[于]友？十二月。 10
(24) 甲子卜宾贞：夙求雨于娥？ 9
(25) 甲子卜宾贞：勿…翌… 9
(26) …一月。 9
(27) …雨[于]娥？一月。 9
(28) 癸未卜贞：翌戊子王往逐[illegible]？ 9 11
(29) 贞：勿往？ 9
(30) 癸未卜贞：勿隹尿令？一月。 9
(31) 甲午卜贞：退，翌于甲寅酒？ 9
(32) 贞：勿退，酒夕？ 9
(33) 乙未卜贞：乎先取寇… 9
(34) 贞：勿乎？ 9
(35) 贞：令先取寇于若？ 9
(36) 贞：勿令？ 9
(37) 庚子卜贞：虫匚于南室？ 9
(38) 贞：勿虫？ 9
(39) 庚子卜贞：其肇丁用，于癸卯酒？ 9
(40) 贞：三十牢？ 9
(41) 贞：五十牢？ 9
(42) 丁未卜贞：王夕深隹虫由？ 9 11
(43) 贞：不隹虫由？二月。 9
(44) 丁未卜贞：不隹？二月。 9
(45) 癸丑卜贞：小示虫羌？ 9
(46) 贞：勿虫羌？二月。 9
(47) 贞：乎王女兴？ 9
(48) [癸丑卜贞]：乎多[人兴]？ 9
(49) 癸丑卜贞：勿乎多人兴？二月。 9
(50) 丙午卜贞：[尣来羌]，用自□？ 9

（51）贞：勿用先来羌？ 9

（52）…一人？ 9

（53）贞：其于一人囚？ 9

（54）戊辰卜贞：王往于田？三月。 12

（55）庚午卜争贞：自今至于己卯，雨？ 12

（56）…黍？ 5

❶《合集》10920　❷《合集》8077　❸《合集》8076　❹《合集》10904　❺《合集》10529　❻《合集》10923　❼《合集》10967　❽《合集》10531　❾《合集》557　❿《合集》10960　⓫《缀续》509　⓬《合集》10516

本组据田猎卜辞“王往于田”系联，记载详细月份，按月份及干支顺序排列。

第二十二组

（1）丁卯…䀅…竝[告]… 1

（2）癸酉[卜]□[贞]…亥[王]… 2

（3）甲戌卜宾贞：翌乙亥竝告王，其出于丁？五月。 2

（4）丙子，竝示… 3

（5）庚寅[卜]贞：竝左，叀辛卯用？ 4

（6）□[寅]卜贞：叀竝自往… 5

（7）贞：叀竝往？ 6

（8）…[令]竝…于丁？七月。 7

（9）□辰卜[贞]…[令]竝…今夕用？ 8

（10）乙巳…翌丙…竝㞢…丁？ 9

（11）癸亥卜贞：竝不… 10

（12）…求，王皇竝？十月。 11

（13）…吉，王[永于]竝… 11

（14）…竝来归隹㞢示… 11

（15）贞：竝来？ 12

（16）贞：竝？ 13

（17）㞢灾？ 13

（18）上甲？ 3

（19）…闻？ 2

1《合集》4389　2《合集》4388　3《合集》4393　4《合集》4392　5《合集》4397　6《合集》4396　7《合集》4390　8《合集》4386　9《合集》4391　10《合集》4403　11《合补》1238　12《合集》4395　13《合集》4398

本组为人物“竝”相关活动卜辞的系联，所见月份为五月、七月、十月。横向上，本组与出组一类《英藏》1948、《合集》23439 所卜为同一事件。

第二十三组

(1) □见以𢦏… 1
(2) …于上甲？二月。 1
(3) [癸]丑示四屯。耳。 2
(4) 壬寅卜贞：今日𢦏至？十月。 3
(5) 贞：不其[至]？ 3
(6) 贞：翌甲寅𢦏其至？ 4
(7) …甲…𢦏… 2
(8) 贞：今日𢦏不其至？ 2
(9) 贞：叀𢦏令视方？十二月。 5
(10) 贞…艰？ 3

1《合集》4608　2《合集》4605　3《合集》4606　4《合集》4604　5《拼四》880

本组据人物“𢦏”相关卜辞系联，所见月份为二月、十月、十二月。

第二十四组

(1) 癸卯乞自雩二十屯。糸。 1
(2) 甲辰卜贞：乞令充以多马亚省，在南？ 1
(3) 贞：多马亚其㞢囚？ 2
(4) 癸丑卜宾贞：叀充令执寇… 3
(5) 甲午卜贞：𦍋多寇？二月。 1
(6) 丁酉卜古贞：元执寇𦍋？ 4
(7) 己酉卜宾… 3
(8) □戌卜宾…于丁？ 3

❶《合集》564 ❷《合集》5710 ❸《合集》578 ❹《合集》570

本组卜辞据“执寇”系联，所见月份为二月。

第二十五组

（1）贞：其于囚？一月。 ❶
（2）…[亡]囚？三日，㿝乙…乙彡？一月。 ❷
（3）…[亡囚]？二月。 ❷
（4）…[㿝]，乙酉子雍㞢出？二月。 ❷
（5）己酉[卜]□贞：今…㞢于…乙？ ❸
（6）丙寅卜宾贞：勿䶵用子雍岁？九月。 ❸
（7）丙寅卜□贞：夙用…雍岁？ ❹
（8）丙寅卜[宾贞]：勿䶵…子雍？ ❺
（9）癸酉卜[宾]贞：乎雍肇自？ ❻
（10）[癸]酉卜□贞…雍… ❼
（11）贞：弗获…在… ❼
（12）…雍…获… ❶
（13）□亥卜宾[贞]…雍…丁？ ❽
（14）丁丑卜贞：子雍其御王于丁妻二妣己，㞢羊三，用羌十？ ❾
（15）辛巳卜[贞]…勿…十月。 ❼
（16）贞…辛…步… ❼
（17）□□卜宾[贞]…雍…延？ ❿
（18）[丙]辰[卜]贞：子雍不作艰，不殟？ ⓫
（19）…丁…其… ❿
（20）…友…龙… ⓫

❶《合集》3129 ❷《合集》3123 ❸《合补》464 ❹《合集》3131 ❺《合集》3124 ❻《合集》3130 ❼《合集》3128 ❽《合集》3125 ❾《合集》331 ❿《合集》3126 ⓫《合集》3122

本组以“子雍”的活动为线索进行系联，所见月份为一月、二月、九月、十月，含祭祀、往来等方面的内容。

第二十六组

(1) [乙]未卜争贞：母㞢朁河三牛，往□？ 1
(2) 贞：求雨，我于岳？ 1
(3) 贞：翌戊申㞢羽？ 2
(4) 己酉卜贞：亚从之㞢羽？三月。 3
(5) □□卜贞：□兹三月□羽？ 4
(6) 壬子卜贞：雍□㞢羽？ 5
(7) …[羽]？ 5
(8) 己卯卜贞：今夕小子㞢羽？ 6
(9) 贞：翌庚辰小子㞢羽？五月。 6
(10) …小子㞢羽？ 6
(11) …羽？十二月。 7
(12) 贞…其[羽]？十二月。 8
(13) 贞：亡其羽？ 8 11
(14) 贞：亡[其]羽？ 8
(15) 贞：羽？ 9 10
(16) 勿㞢？ 10
(17) …㞢羽？ 1
(18) 勿羽？ 12
(19) 毋羽？ 13
(20) …不羽？ 14
(21) 贞…其… 14
(22) 贞：今…卯…羽？ 15
(23) 翌壬…王疾…羽？ 16
(24) 乙亥[卜]宾…王…旬㞢… 17
(25) 旬㞢求，王疾首，中日羽？ 18
(26) …旬[亡]囚？ 18
(27) □□卜□贞…疾…羽？ 17
(28) □□卜贞…疾…羽？ 19
(29) 勿… 19

（30）…介…羽？ 20

（31）□戌卜…从… 15

1《合集》14521 2《合集》13424 3《合集》13426 4《合集》13427 5《合集》13422 6《合集》3266 7《合集》13428 8《合集》13438 9《合集》13432 10《合集》13433 11《合集》13430 12《合集》13439 13《合集》13440 14《合集》13437 15《合集》13429 16《合集》13435 17《合集》13431+① 18《合集》13613 19《合集》13434 20《合集》13436

本组据“羽”相关卜辞系联，所见月份为三月、五月、十二月。

第二十七组

（1）［贞］：今甲申勿步？ 1

（2）贞：今日勿步？ 2

（3）己亥卜宾贞：王至于今水，燎于河三小宰，沉三牛。㞢雨，王步？ 3

（4）（庚子）：㞢雨，王步？ 4

（5）辛丑卜贞：王往步麦，麑不… 5

（6）乙巳卜宾贞：王去作寝？ 5

（7）丙午卜亲贞：翌丁未步，易日？丁未王步，允易日。 6

（8）［戊］申卜：翌己酉王步？ 7

（9）戊□［卜］□贞：翌丁□王步于湿？ 8

（10）己酉卜宾贞：今日王其步□见，雨，亡災？一月。在□。 9

（11）贞：于翌□戌步□災？在□。 10

（12）癸丑卜［贞］：翌乙卯…步…一牛？ 11

（13）□寅卜古贞…史人…妓… 9

（14）□［寅］卜□贞：取岳？ 3

（15）翌丙□步［于］褭？ 12

（16）翌丁巳勿㞢于祖丁？ 13

（17）辛酉卜宾贞：燎于戣白牛？二月。 3

（18）贞：王步… 13

① 刘影：《甲骨新缀七组及相关整理》，载《中国文字研究》（第二十四辑），上海书店出版社，2016年，第6页。

（19）今日勿步？ ⓮
（20）…勿步？ □月。在[鲧]。 ⓯
（21）…[步]于淲？ ⓰
（22）贞…狩…沘？ ❹
（23）若。 ⓭
（24）…单？ ❺
（25）…殟？ ⓮

❶《合集》19258 ❷《合集》19260 ❸《合集》14380 ❹《合集》10963 ❺《合集》13568 ❻《合集》5205 ❼《合集》5207 ❽《合集》8356 ❾《合集》12500 ❿《合集》17214 ⓫《合集》11119 ⓬《合集》7935 ⓭《合集》1850 ⓮《合集》17154 ⓯《合集》8107 ⓰《合集》8206

本组卜辞据“王步”系联，所见月份为一月，二月，按月份及干支顺序排列。

第二十八组

（1）[壬]申卜□贞：丁宗… ❶
（2）庚辰卜贞：□于丁宗？ ❷
（3）乙酉卜宾贞：丁宗亡不若？六月。 ❸
（4）乙酉卜宾贞：六月秋大称隹… ❸
（5）…[受]…十月。 ❸
（6）贞：勿成埜丁宗？十三月。 ❹
（7）…其告…步…丁宗？ ❺

❶《合集》13541 ❷《合集》13534 ❸《合集》13538、《合补》4147 ❹《拼五》1179 ❺《合集》13535

本组卜辞据“丁宗”系联，所见月份为六月、十月、十三月。

第二十九组

（1）庚辰… ❶
（2）癸[未卜]□贞… ❷
（3）癸未。 ❸
（4）丙戌卜争贞：曼不作嫛，甶王事？ ❹

(5) 辛□[卜]□贞：乞[令]奠毃舟由[令]，由[王]事？ 5
(6) □酉卜争贞：□令气奠□虋乃卫？□[月]。 2
(7) 贞：弗其由王事？ 1 3
(8) 庚辰卜争贞：弗其由王事？五月。 6
(9) 贞：勿令由？ 7
(10) 贞：弗[其]由？ 8
(11) 贞…雨… 7

1《合集》5493 2《合集》4760 3《合集》5492 4《合集》5476 5《合集》5488 6《拼三》772 7《合集》5503 8《合集》5502

本组据“由王事”卜辞系联，所见月份为五月，按干支顺序排列。

第三十组

(1) 乙亥[卜]□贞：立二史，㞢毃舟？ 1
(2) 贞：勿沉？五月。 2
(3) 壬辰卜宾贞：立三大史？六月。 3
(4) 乙未[卜]□贞：立史于南，右[从我]，中从䘮，左从曾？ 4
(5) □□卜贞…百…十…于… 4
(6) 贞：毕立史于琮侯？六月。 2
(7) □□孚…亚立史？ 5

1《合集》5507 2《合集》5505 3《合集》5506 4《合集》5504 5《合集》5683

本组卜辞据“立史”系联，所见月份为五月、六月。

第三十一组

(1) 戊□[卜]贞：其多亚若？ 1
(2) 庚辰卜：令多亚斫犬？ 2
(3) 庚辰。 3
(4) 辛巳卜[贞]…马亚… 3
(5) 甲申卜争贞：亚亡不若？十二月。 4
(6) …亚其[㞢]𡆥？ 5

（7）己丑卜争［贞：翌］□寅亚…左… 6
（8）贞：翌庚［寅］，亚延左？ 7
（9）丁未卜贞：亚勿往，庚在兹祭？ 8
（10）贞：翌□未…亚…叀…卯… 9
（11）□巳卜［贞］：令…以…亚…南… 10
（12）贞：翌庚申亚先告？ 11
（13）贞：亚不矢？ 12
（14）贞：其矢？ 12
（15）…亚㚢…梦父…㞢囚？ 13
（16）□□卜贞…亚克… 14
（17）□子卜□贞…子…其…亚…北… 15
（18）贞：勿乎伐舟，叀允用？ 8
（19）贞：勿乎涉河？ 8
（20）乙□［卜］宾［贞］…射… 15
（21）贞…𣪘… 8

1《合集》5678　2《合集》5677　3《合集》5707　4《合集》5690　5《合集》5693　6《合集》5695　7《合集》5681　8《合集》5684　9《合集》5688　10《合集》5689　11《合集》5687　12《合集》5699　13《合集》5682　14《合集》5680　15《合集》5694

本组据“多亚”相关卜辞系联，所见月份为十二月。

第三十二组

（1）庚寅…令入戈人步？ 1
（2）贞：乎戈人壴黽？ 2 3
（3）己亥卜争贞：及龙方？ 3
（4）乙卯卜贞：𠂤出擒？ 3
（5）丁未卜争贞：勿䏌用？ 3
（6）辛亥卜贞：乎戈人奚敦… 4
（7）壬子［卜贞］… 4
（8）贞：叀黄令戈方…二月。 5
（9）□□［卜］贞…戈… 5

❶《合集》8399 ❷《合集》8400 ❸《拼三》652 ❹《合集》8404 ❺《合集》8397

本组据“戈人”相关活动卜辞系联，所见月份为二月，按干支顺序排列。

第三十三组

(1) 贞：乎[宪]取羊，不于鼅？(…隹囚。) ❶
(2) 贞：乎取豕？ ❷
(3) 贞：乎取斯？ ❸
(4) 贞：[勿]乎[自般取]？ ❹
(5) …[令]取□伯？ ❺
(6) 贞：乎取？ ❻
(7) 贞：勿取？十月。 ❼
(8) 贞：勿取？ ❽
(9) 贞：不作？十月。 ❼
(10) □□卜争贞…勿…弓…十月。 ❽
(11) 王…狩… ❸
(12) 丙午[卜]□贞… ❺

❶《合集》8811 ❷《合集》8814 ❸《合集》8833 ❹《合集》8841 ❺《合集》8880 ❻《合集》8815 ❼《合集》8866 ❽《合集》8867

本组卜辞据“乎取”系联，所见月份为十月。

第三十四组

(1) 勿餔出于蔑？ ❶
(2) 勿[出]？ ❶
(3) …既出王亥，告… ❷
(4) 丙戌卜宾贞：告日出设于上甲三牛？ ❸
(5) …多射卫…隥…八月。 ❹
(6) 贞…桒…于… ❹
(7) 癸亥卜争贞：出勺伐自上甲至于多[毓]？ ❹
(8) 癸亥卜贞：翌甲子…自上甲至于多[毓]？ ❺

(9) 贞：亡大贝…十二月。 6
(10) 己卯卜争贞：翌辛巳既乇㞢勹岁自上甲至于多[毓]？ 6
(11) 辛巳卜□贞：㞢自上甲元示三牛、二示二牛？十三月。 7
(12) 贞：元示五牛、二示三牛？ 7 8
(13) 贞：二元示五牛、它示三牛？ 8
(14) 辛巳卜贞…元示…十三月。 8
(15) 贞：勹岁日酒？十三月。 8
(16) □□卜宾[贞]：□甲申…[㞢]勹岁[自上甲]至于多毓…酒？十三月。 9
(17) □□卜古[贞]：翌□亥[㞢]勹[岁]自上甲？ 10
(18) …[自]上甲至于多毓？十三月。 11
(19) 辛巳卜争贞：翌甲申其㞢勹岁自上甲□羊？十三月。 12
(20) 己亥卜贞：㞢勹伐自上甲… 13
(21) …[自上甲]元示三[牛]… 14
(22) 贞：其㞢□伐自上甲□羌，大示十宰…五宰… 15
(23) 丙午卜贞：毕尊岁，羌三十，卯三宰，箙一牛于宗？用。 13
(24) 壬午卜贞：其[㞢]匚于上甲家，其□？ 16
(25) 己酉卜贞：□于上甲家？八月。 17
(26) 贞：㞢匚于上甲，先酒？ 18
(27) 贞：日酒？ 7
(28) …㞢自上甲？ 19
(29) 㞢于上甲，卯十□？ 20
(30) 㞢于上甲十牡？ 21
(31) …牡？ 21
(32) 其㞢于上甲？ 22
(33) …王…于… 22
(34) 贞：告既㞢于夒于上甲？ 23
(35) 叀堇牛？ 21
(36) …三伐？ 20
(37) 己未。 7
(38) 丙寅卜王。 17
(39) …木以麑… 14

1《合集》14810　2《合集》14753　3《合集》13329　4《合集》14855

5《合集》14852 6《合集》14854 7《合补》4138 8《合补》4139 9《合集》14856 10《合集》14861 11《合集》14853 12《合集》1158 13《合集》320 14《合集》14826 15《合补》59 16《合集》13581 17《合集》13580 18《合集》1162 19《合集》1160 20《合集》932 21《合集》1142 正 22《合集》1152 23《合集》1205

本组据㞢祭“上甲”卜辞系联，所见月份为八月、十二月、十三月，按干支顺序排列。本组㞢祭上甲有若干祭名：㞢、㞢匚、㞢勺岁、㞢勺伐。

第三十五组

(1) 甲子卜：烄𤕫京，从雨？ 1
(2) 贞：烄埶… 2
(3) …㞢从雨？ 2
(4) 甲子卜贞：烄，于□㞢从雨？ 4
(5) 己酉卜宾贞：翌庚戌烄奻？ 3
(6) …勿择，由？ 1
(7) 贞：勿用？ 4
(8) …𠃌卣…于告… 4

1《合集》1138 2《合集》1134 3《合集》1139 4《合集》15675

本组据求雨之辞“烄祭”系联，无月份记载。

第三十六组

(1) 己酉卜贞：匄郭于丁不？二月。 1
(2) 癸丑卜宾贞：于雀郭？ 1
(3) 癸丑卜宾贞：匄郭于丁？ 1
(4) 甲子卜贞：盖敉[称]册，乎取㞢屯？ 1
(5) 丙寅卜宾贞：㞢于丁宰？三月。 2
(6) 丙寅卜宾贞：㞢于丁一牛？ 2
(7) 贞：㞢于丁一宰？ 1
(8) 己酉[卜]贞：㞢… 3
(9) 庚戌卜贞：㞢㲋秋，隹帝令佽？ 3

(10) 壬子卜贞：叀今日酒，卯？四月。 3
(11) …壴弗遭虫囚？五月。 1
(12) 贞：寻桒雨于□？ 1
(13) 丙子卜宾贞：翌丁丑虫于丁？五月。 4
(14) 丙子[卜]贞：翌[丁]丑虫于[丁]牢？ 5
(15) 丙子卜：虫于丁一牛？ 6
(16) 贞：勿令？五月。 7
(17) 丙寅贞：翌丁卯邑竝其虫于丁，宰虫一牛？五月。 3
(18) 丙寅贞：赍于亳？ 3
(19) 丙寅卜宾贞：翌丁卯虫于丁？ 8
(20) 贞：勿虫于丁？五月。 8
(21) 丙寅卜古贞：翌丁卯虫于丁？ 8
(22) 贞：翌丁卯虫于丁，宰虫一牛？ 8
(23) 贞：勿虫于丁？五月。 8 9
(24) 丁卯卜宾贞：岁卜不兴，亡匄？五月。 8
(25) 戊辰卜贞：日子令？ 3
(26) 丁酉卜贞：夕虫于丁一牛？六月。 10
(27) 丁酉卜：夕虫于[丁]一牛？ 15
(28) 贞：勿虫于丁？ 15
(29) 夕虫于丁二牛？ 16
(30) 丁未卜宾贞：今日虫于丁？六月。 8
(31) 丁未卜宾贞：虫于丁宰？用。 8
(32) 贞：宰虫牛一？六月。 8
(33) 丁巳卜宾贞：虫于丁一牛？六月。 8
(34) 丁巳卜宾贞：虫丁用二牛？ 8
(35) 贞：勿虫？六月。 8
(36) 丁巳卜宾贞：虫于丁宰虫牛？六月。 8
(37) 丁巳卜宾贞：虫于丁？ 11
(38) 壬子卜宾贞：敦沚不殟？ 8
(39) 贞：其殟？六月。 8
(40) 甲子卜□[贞]：畴，翌日[虫]于祖乙？ 8
(41) 贞：勿畴，翌日虫祖乙？ 8

（42）辛未卜宾贞：王往寻不□，亡災？ 8
（43）辛未卜宾贞：翌王敢？ 8
（44）贞：㞢于丁一牛？ 8
（45）贞：勿㞢？七月。 8
（46）贞：乎敢？七月。 8
（47）丁丑卜宾贞：㞢于丁宰，用？七月。 12
（48）…㞢匚于丁三十牛？七[月]。 13
（49）…匚于丁三十牛，燎… 14
（50）…于丁？ 14
（51）癸丑卜贞：令见取启罘永于繼？ 8
（52）贞：勿令？八月。 8
（53）甲寅卜贞：翌乙卯劚十牛、羌十人用？ 8
（54）贞：勿㞢羌，叀牛？八月。 8
（55）乙卯卜古贞：令[见]取启[罘]永于繼？ 8
（56）贞：勿令？八月。 8
（57）乙卯卜贞：劚十牛、羌十人用？八月。 8
（58）贞：勿令？八月。 17
（59）…史？八月。 14
（60）…羌十人？九月。 18
（61）丙申[卜]□贞：翌㞢于丁？十月。 19
（62）□□[卜]□贞：翌㞢于丁…卯…牛？十一月。 20
（63）□申[卜]争[贞]：叀□令□㞢□工？ 21
（64）贞：叀㞢弟令司㞢父工？十一月。 22
（65）丁亥卜贞：㞢于丁宰？ 21
（66）癸卯卜争贞：告王？ 21
（67）庚戌卜古贞：令多马卫从盖？ 21
（68）贞：令异求奠？十二月。 21
（69）贞：令多马卫于北？ 21
（70）…叀犬用…豰？ 10
（71）…三[百]… 15
（72）…贞…雨？ 12
（73）贞…田… 3

❶《缀兴》39　❷《合集》1918　❸《合集》14157　❹《合集》1932正　❺《合集》1919　❻《合集》1925　❼《合集》11577正　❽《合集》339　❾《合集》1942　❿《合集》1926　⓫《合集》1935　⓬《合集》1910　⓭《合集》1946　⓮《合集》1945　⓯《合集》1923　⓰《合集》1922正　⓱《合集》11594　⓲《合集》337　⓳《合集》1939　⓴《合集》1931　㉑《合集》5711　㉒《合补》2432

本组据祭祀卜辞“㞢于丁”系联，记载月份，按相应月份、干支可以排在同年。

第三十七组

(1) □寅卜□贞：㞢丁[牢]？ ❶
(2) 贞：翌丁卯㞢宰于丁？ ❷
(3) 乙亥卜宾贞：㞢牛于丁？ ❸
(4) 丙戌卜宾贞：㞢于丁宰？ ❹
(5) 丙戌卜宾贞：翌丁亥㞢于丁宰？ ❺
(6) 贞…丁… ❺
(7) 贞：翌□亥㞢于丁宰？ ❻
(8) 庚寅卜□贞：翌[辛]卯㞢[于]丁[宰]？ ❼
(9) 辛卯卜… ❼
(10) 癸巳卜贞：五日雨？ ❹
(11) 丁酉卜[宾]贞：㞢于丁？ ❽
(12) □酉卜□[贞]：翌乙□㞢匚丁十？ ❾
(13) …母匚于丁羊+土？ ❿
(14) □□[卜]□贞：其㞢… ❿
(15) 丙辰卜争贞：翌[丁]巳㞢于丁？ ⓫
(16) 贞：㞢于丁宰？ ⓬⓭
(17) …㞢于丁宰？ ⓮
(18) □□[卜]□[贞]：㞢于丁牢？ ⓯
(19) 贞：㞢于… ⓯
(20) □□卜宾[贞]：翌□□㞢于丁？ ⓰
(21) 贞：叀小宰？ ⓯
(22) 贞：翌…[舌]㞢于丁？ ⓱

（23）…幼九…亚［羊］… ⓱
（24）…大甲？ ❸
（25）［甲午卜］□贞… ❺
（26）戊戌卜□贞… ❹
（27）今日…乙… ⓬
（28）…告…其… ❷

❶《合集》1920　❷《合集》1914　❸《合集》1928　❹《合集》1908　❺《合集》1909　❻《合集》1913　❼《合集》1938　❽《合集》1937　❾《合集》1944　❿《合集》1951　⓫《合集》1934　⓬《合集》1911　⓭《合集》1912　⓮《合集》1917　⓯《合集》1921　⓰《合集》1940　⓱《合集》1941

本组据祭祀卜辞“㞢于丁”系联，无月份记载，仅记载干支，按干支顺序排列。

第三十八组

（1）乙…甲子…由郭… ❶
（2）壬申…郭若？ ❷
（3）癸酉卜贞：郭其㞢疾？ ❸
（4）贞：郭亡疾？ ❸
（5）辛丑卜贞：郭［亡］囚？ ❹
（6）□□［卜］□贞：令郭罘…其衣，翌日… ❺
（7）□□［卜］贞：乞令郭罘…十三月。 ❻
（8）□□卜贞：勿［戠］… ❻
（9）…［受年］？十三月。 ❻
（10）□□卜：㞢…告…妇… ❹

❶《合集》4863　❷《合集》4859　❸《合集》13731　❹《合集》4860　❺《合集》4858　❻《合集》4857

本组据人物“郭”相关卜辞系联，所见月份为十三月。

第三十九组

（1）□戌卜□贞：翌丁亥多马亡［囚］？□月。 ❶

（2）乙亥［卜］□贞：王… ❶
（3）甲申［卜］贞…从… ❷
（4）丁亥卜贞：［多］马从戎？ ❷
（5）丁亥卜宾贞：叀羽乎小多马羌臣？十月。 ❸
（6）□亥乞自雩十屯，作示。㐰。 ❸
（7）□□卜争［贞］：勿巳…多马…弋？十月。 ❹
（8）己丑卜宾［贞］：令多马… ❺
（9）□□卜宾贞：令冓以多马［卫］[illegible]？ ❻

❶《合集》5722　❷《合集》5716　❸《合集》5717　❹《合集》5724　❺《合集》5720　❻《合集》5712

本组据“多马”相关卜辞系联，所见月份为十月。

第四十组

（1）癸酉卜争贞：□羌、三牛？ ❶
（2）乙亥卜争贞：勿令多射？二月。 ❶
（3）乙亥卜贞：其㞢于…告于…一牛？二月。 ❶
（4）壬辰卜宾贞：于乙未用？二月。 ❶
（5）贞…羌、三牛？ ❶
（6）□□［卜］争［贞］：勿…敦？ ❶
（7）…令甫…于…肇…戈百… ❶
（8）戊子卜争贞：勿令甫？二月。 ❶
（9）□［巳］卜争贞：于乙□用？二月。 ❶
（10）丁未卜贞：今日王宅新室？ ❶
（11）贞：勿宅？三月。 ❶
（12）令郭以多射卫示乎弋？六月。 ❷
（13）□寅［卜］：勿…多射？ ❸
（14）□□［卜］□贞…隹…七月。 ❸
（15）…多射从？八月。 ❹
（16）贞：翌乙亥易多射燕？ ❺
（17）壬子卜宾贞：令气罚多射？ ❻
（18）…令［失乎］多射？ ❼

（19）…［乎］多射収人于皿？ ❽

（20）贞：多射不矢众？ ❾

❶《拼五》1042　❷《合集》5746　❸《合集》5741　❹《合集》5744　❺《合集》5745　❻《合集》5736　❼《合集》5743　❽《合集》5742　❾《合集》69

本组据“多射”相关卜辞系联，所见月份为二月、三月、六月、七月、八月。

第四十一组

（1）贞：乙未方其围？ ❶

（2）癸卯［卜］□贞：令□戫方，亡□？ ❷

（3）丁未卜□贞：令立见方？一月。 ❸

（4）…见方于罙？ ❹

（5）贞：丁未方其围？ ❺

（6）贞：方不亦围？ ❻

（7）□丑卜□贞：方叀…闻？ ❼

❶《合集》6681　❷《合集》6745　❸《合集》6742　❹《合集》6743　❺《合集》6682　❻《合集》6683　❼《合集》6744

宾组二类未见成规模、有组织的伐方卜辞，相关将领只见令、鸣二人。❻应该可以与❶❺两条宾组一B乙类附属卜辞系联，与方的战争与自组、历组有联系。

第四十二组

（1）癸亥卜率贞：㞢于示壬，燎？ ❶

（2）癸亥卜争贞：㞢于示□？ ❷

（3）贞…㞢… ❶

（4）贞：勹？ ❶

（5）贞：勿乎归？五月。 ❶

（6）癸卯卜吏贞：来辛孛于河母王？十月。 ❶

❶《合集》1251　❷《合补》82

本组据㞢祭示壬卜辞系联，所见月份为五月、十月。

第四十三组

（1）贞：㞢于唐三十[羌]，卯三十[牛]…　❶
（2）…㞢于[大]甲十□五宰？　❷
（3）甲戌卜□贞：其㞢于大戊三宰，不…二月。　❸

❶《合补》83　❷《合集》15025　❸《合集》1490

本组据㞢祭大甲、大戊卜辞系联，所见月份为二月。

第四十四组

（1）甲午卜贞：翌乙未㞢于[祖乙]羌十人，卯宰一㞢一牛？　❶
（2）甲午卜贞：翌乙未㞢于祖乙羌十又五，卯宰㞢一牛？五月。　❶
（3）丁酉。　❶
（4）甲戌[卜宾]贞：[翌乙]亥㞢于[祖]乙？　❷
（5）甲戌卜宾贞：于丁㞢？　❷
（6）乙[亥卜宾]贞：[㞢于]丁？　❷
（7）己酉卜宾贞：攸牛于…　❷
（8）癸丑卜宾贞：令邑竝执寇？七月。　❷
（9）甲寅卜宾贞：㞢于祖乙？七月。　❷
（10）贞：勿㞢？七月。　❷
（11）先令执寇？七月。　❷
（12）㞢于□辛？八月。　❸
（13）贞：勿㞢于祖辛？十月。　❹
（14）庚辰卜贞：翌辛巳㞢于祖辛□牛？十二月。　❺
（15）甲戌卜：翌乙亥㞢于祖乙？　❺
（16）甲戌卜贞：翌乙亥㞢于祖乙三牛，毕见夷牛？十三月。　❻
（17）□戌卜贞：翌乙亥㲽㞢于祖宰㞢一…　❻
（18）□戌卜贞：毕见百牛，汎用自上示？　❻
（19）甲戌。　❻
（20）丁丑卜贞：翌甲申酒，翌日获丁明？一月。　❻
（21）丁丑。　❻

(22) 己卯卜贞：徂来刍勿餔陟于西示䏌？ 6
(23) 己卯。 6
(24) 癸巳卜贞：𩰫？ 5
(25) …贞：翌[丁]酒获丁明岁？一月。 6
(26) 贞：勿获丁明岁？ 6
(27) …来刍陟于西示？ 6

1《合集》324　2《合补》51　3《合补》293　4《合集》1709　5《合集》1682　6《合集》102+①

本组据㞢祭祖乙、祖辛、祖丁卜辞系联。这群卜辞记载完整月份，按月份及相应干支顺序排列。

第四十五组

(1) 甲子卜宾贞：翌乙丑㞢于祖[乙]？ 1
(2) 丙子卜□贞：翌丁[丑]㞢于南[庚]？ 2
(3) 丙戌卜宾贞：翌丁亥㞢于祖乙？ 3
(4) 甲午卜□[贞]：翌乙酉㞢于祖乙，告[于]… 4
(5) 甲午卜贞：翌乙未㞢于祖乙，羌十人，卯…牛？ 5
(6) 甲午[卜]：翌乙未㞢祖乙？ 6
(7) 甲午卜：翌乙酉㞢于祖乙，告… 7
(8) 丁酉卜王：㞢祖丁乎？ 8
(9) [甲]辰卜贞：[翌]乙巳□□祖乙？ 9
(10) 丙午卜贞：燎于河五牢，沉十牛，宜牢，㞢羌十… 10
(11) □□卜宾[贞]：翌乙□㞢于祖[乙]？ 11
(12) 贞：勿㞢于祖乙？ 11
(13) 贞：翌乙未㞢于祖乙…[执]𥁕非乎归，若？ 12
(14) 己酉。 11
(15) 庚午卜贞：翌辛[未]㞢于祖辛？ 13
(16) 戊寅卜贞：孋畀𡕒？ 13

① 蔡哲茂：《赵鹏〈甲骨新缀二例〉第一组补缀》，先秦史研究室网站，https：//www. xianqin. org/blog/archives/1763. html，2008年6月18日。

(17) □□[卜]宾贞…白彘…用㞢…□月。 13
(18) 庚戌卜贞：[㞢]于祖辛？ 14
(19) 癸丑卜争贞：翌乙卯㞢于祖乙？ 15
(20) 丁巳卜[争贞]…十，㞢御…甲于祖丁十牛？ 16
(21) □戌卜贞：翌□亥㞢[于]下乙？ 17
(22) 贞：㞢于下乙宰？ 17
(23) 癸亥卜宾贞：㞢勺伐于祖乙□用？ 10
(24) 贞：㞢于祖乙？ 18
(25) 贞：来[乙]□㞢于祖[乙]？ 19
(26) □□[卜]宾贞：□以象…㞢[于]祖乙？ 20
(27) □□卜宾[贞]…入㞢…祖乙？ 21
(28) …贞：翌…㞢于祖… 22
(29) 贞：宰？ 11
(30) □□[卜]古贞…夓… 16
(31) …雍…羊…宰？ 17
(32) 庚□[卜]□贞…往…宾… 21
(33) [贞]…智… 11

1《合补》124　2《合补》171　3《合集》1533　4《合集》1555　5《合补》113　6《合集》1569　7《合补》125　8《合集》1843　9《合补》127　10《合集》326　11《合集》1571　12《拼四》885　13《合集》15943　14《合集》1705　15《合集》1554　16《合集》1827　17《合集》1664　18《合集》1557　19《合集》1530　20《合集》8983　21《合补》118　22《合补》196正

本组据㞢祭祖乙、祖辛、祖丁卜辞系联。这群卜辞没有记载完整月份，按干支顺序排列。

第四十六组

(1) 甲戌卜贞：㞢于小乙宰？一月。 1
(2) 贞：我丁其[牢]？ 1
(3) 己巳卜贞：㞢于父乙？十月。 2
(4) 甲寅卜贞：翌乙卯㞢于父乙宰？ 3
(5) 贞：一牛？十三月。 3

(6) …巳于父乙一牛？ 4
(7) 勿㞢于父乙？ 5
(8) 今丁卯不其雨？ 5

1《合集》2169　2《合集》2182　3《醉古》8　4《合集》2214　5《合集》12101

本组据㞢祭父乙卜辞系联，所见月份为一月、十月、十三月。

第四十七组

(1) 贞：其㞢于妣庚五宰？十一月。 1
(2) 㞢于妣庚十㞋？ 2
(3) …[翌]…十… 2
(4) 㞢妣庚，酉… 2
(5) …妣庚…酉㞋？ 3
(6) …妣…勿…庚… 3
(7) …寻…祖… 3
(8) 辛亥卜王：㞢酒妣己羊？□月。 4
(9) …酒… 4
(10) □未卜：来□巳㞢妣□？ 5
(11) 甲申卜贞：于求年娥？ 6
(12) 贞：翌庚子㞢于母[庚]牢？ 6
(13) 贞：叀羊㞢于母丙？ 6
(14) 贞：勿𠦪于母丙㞢宰？ 7
(15) 丙寅贞：㞢母宰㞢… 8
(16) …既㞢于二[母]，卯三牛？ 9
(17) …丁宰？ 8
(18) □丑…父… 4

1《合集》2451　2《合集》700　3《合集》720　4《合集》2406　5《合补》247　6《合集》2523　7《合集》2524　8《合集》2583　9《合集》16139

本组据㞢祭先妣先母卜辞系联，所见月份为十一月。

第四十八组

(1) 癸丑卜宾贞：㞢于黄尹？二月。 ❶
(2) …㞢黄尹？ ❷
(3) □□[卜]争[贞]…黄尹㞢… ❸
(4) …曹… ❷
(5) …眴… ❶
(6) …射… ❶
(7) 贞：乎见… ❸
(8) 乙□[卜]□贞…来… ❷

❶《合集》3465　❷《合集》3464　❸《合集》3471

本组据㞢祭黄尹卜辞系联，所见月份为二月。

第四十九组

(1) 甲子卜宾贞：于岳求雨，娥… ❶
(2) …二月。 ❶
(3) …𠦪岳…河燎…沉… ❷
(4) …酒𠦪于河，不冓雨…五月。 ❸
(5) □□卜：𠦪雨[于]岳？ ❹
(6) 丁未卜争贞：求雨，匄于河？十三月。 ❺
(7) 贞：于岳求[雨]，匄… ❺
(8) 贞：㞢于妇，叀小宰？十三月。 ❺
(9) …丁宰？ ❸

❶《合集》12864　❷《合集》14539　❸《合集》12572　❹《合集》12856　❺《醉古》332

本组为𠦪祭自然神祇卜辞，而且都与气象“雨”有关，所见月份为二月、五月、十三月。

第五十组

(1) 贞：翌丁酉勿酒帝？ ❶

(2) 戊戌卜贞：翌甲辰酒河？ 2
(3) 丙辰卜宾贞：翌辛酉酒河宰？ 3
(4) 贞：于来辛未[酒]河？ 4
(5) …叀辛…[酒]河？ 5
(6) …酒河？ 6
(7) …河？ 6
(8) 壬□[卜]□贞：今…从…取…白… 3
(9) …大…七月。 3
(10) 贞…从…取…七月。 4
(11) 庚□[卜]贞…令… 2
(12) □□卜争[贞]…桒…三牛？ 2
(13) □□[卜]争[贞]…桒…七…七月。 2
(14) 贞…途… 5

1《合集》15703 2《拼四》952 3《合集》14581 4《合集》14582 5《合集》14593 6《合集》14594、14596、14597

本组为酒祭自然神祇卜辞，所见月份为六月、七月。

第五十一组

(1) 癸酉卜争贞：来甲申酒，大匚自上甲？五月。 1
(2) …叀酒于二示？ 2
(3) …酒…六示？ 3
(4) 丁丑卜争贞：翌甲申其酒桒凡宗于上甲？ 3
(5) 贞：不左？ 1
(6) □□[卜]贞…酒大示…于丁？ 4
(7) …翌其酒于[祖]…之日允雨。 5
(8) 甲子卜□贞：燕□？吉。 5
(9) 贞：翌丁卯酒？丁霾，[允]□。 6
(10) 贞：于西母酒帝？ 7
(11) 用。 7

1《合集》14859正 2《合集》14866 3《拼五》1138 4《合集》14837 5《合集》12937 6《合集》13468 7《合集》14345

本组为酒祭先公先王卜辞，所见月份为五月。

第五十二组

(1) 癸亥卜贞：翌辛未酒岳三小宰、卯三[牛]？ 1
(2) 乙亥乞自雩五屯。小叡。 1
(3) 甲辰卜争[贞]：燎[土]，□牛？ 2
(4) 丙辰[卜]□贞：燎[于]岳？ 3
(5) 丁巳卜□[贞]：桒[于]岳？ 4
(6) 癸酉卜贞：取岳迺燎？ 5
(7) □亥[卜]争[贞]… 5
(8) 癸□卜贞… 5
(9) 乙未卜宾贞：今日其延雨？ 6
(10) 乙巳卜争贞：燎于河五牛，沉十牛？十月。 6
(11) 乙巳卜争贞：燎于河[五]牛，沉十牛？十月。在斗。 7
(12) □□[卜]□贞…臣…在斗。 6
(13) …燎于河…五…十月。[在]斗。 8
(14) 丙午卜贞：燎于河三宰，沉三宰，宜一宰？ 9
(15) 丙午[卜]贞：燎[于河]三[宰]？ 10
(16) 癸丑卜古贞：桒年于丘，燎十宰，宜宰十？ 11
(17) 癸未卜贞：燎于丘十小宰，卯十牛，年用？十月。 12
(18) □戌卜…王…河…沘… 9
(19) 贞…竝…涉… 8
(20) 甲子…南…酒… 7

1《合集》14471　2《合集》14394　3《合集》14445　4《合集》14425　5《拼五》1082　6《合集》14553　7《合集》14554　8《合集》14562　9《合集》14556　10《合集》14557　11《合集》14772+[①]　12《合集》14770

本组为在斗燎祭自然神祇卜辞，所见月份为十月。

---

① 李爱辉：《甲骨拼合第390—400则》，先秦史研究室网站，https：//www.xianqin.org/blog/archives/9371.html，2017年11月17日。

第五十三组

(1) 燎于夒六牛? ❶
(2) 甲申卜宾贞：翌辛卯燎于王亥三牛? ❷
(3) □酉卜[贞]：燎于[王]亥五[牛]? 二月。 ❸
(4) □亥卜[贞]：燎于[王]亥? 十月。 ❹
(5) 乙亥卜宾贞：王宾岁，亡害? ❶
(6) …㞢父…卯… ❶
(7) …其受又? ❶
(8) …弗其蓢? ❶

❶《合集》14369　❷《合集》14743　❸《合集》14741　❹《契合》373

本组为燎祭王亥卜辞，所见月份为二月、十月。

第五十四组

(1) 甲子卜争贞：来乙亥告其毕西于六元示? ❶
(2) □□卜争[贞：翌]辛丑告于□示? ❷
(3) 贞：以大庚? ❶
(4) 丁卯卜□贞…行…若? ❶
(5) 乙亥卜争贞：叀邑、竝令葬我于㞢自? [十]一月。 ❸
(6) 贞：先不其冎告其殟? 十一月。 ❸❹
(7) 丙子卜宾贞：令先葬我于㞢自，冎告不殟? 十二月。 ❸❹
(8) 贞：𢦏方至涂菁? ❸
(9) □卯[卜]□[贞]…葬[我]于㞢自? ❺
(10) 甲辰卜贞：叀翌乙巳告上甲? 十三月。 ❺
(11) 贞：㞢羌于丁? ❺
(12) 贞：令入‖㿝自般? 十三月。 ❺

❶《合集》14829　❷《合集》14895　❸《合集》17168+[1]　❹《拼二》561

① 黄天树、李延彦：《龟腹甲新缀一则》，先秦史研究室网站，https：//www. xianqin. org/blog/archives/2336. html，2011 年 4 月 25 日。

❺《拼二》472

本组为告祭先公先王卜辞，所见月份为十一月、十二月、十三月。

第五十五组

（1）丁卯卜贞：望[illegible]多方示䣄作大□？七月。 ❶
（2）戊寅卜贞：弹延尸？七月。 ❶
（3）贞：翌癸未令先弜令延尸？ ❶
（4）己卯卜贞：令沚䤈步？七月。 ❶
（5）辛巳卜贞：令众御事？ ❶
（6）癸未卜贞：今日令䤈步？ ❶❷
（7）…令䤈步？ ❶
（8）甲申卜贞：翌乙酉㞢于祖乙牢㞢一牛，㞢青？ ❶
（9）贞：翌丁亥易日？ ❶
（10）贞：于丁亥延尸？ ❸
（11）甲□［卜］□贞：其［𩰫］河，王宾，勿隹王祝？八月。 ❹
（12）丁亥卜贞：王宾祼，亡害？ ❶
（13）戊子卜贞：翌己丑王宾祼，亡害？ ❺
（14）…贞：翌己丑王宾祼，亡［害］？ ❻
（15）壬辰卜贞：叀夙[illegible]畀… ❶
（16）癸巳卜贞：弜…宾？ ❼
（17）癸巳卜贞：㞢于母庚？ ❶
（18）贞：翌甲辰王宾祼，亡害？ ❽
（19）辛酉卜贞：翌壬戌王［宾］… ❾
（20）…宾宜，亡害？ ❿
（21）□寅［卜］贞：□于…辰…尸… ❶

❶《拼四》956 ❷《合集》3974 ❸《合集》833 ❹《合集》14535 ❺《合集》15167 ❻《合补》4478 ❼《合集》15169 ❽《合集》15166 ❾《合集》15168 ❿《合集》15160

本组卜辞据“宾”祭系联，所见月份为七月、八月。

第五十六组

(1) 丙午卜宾贞：生𣪕于丁？一月。 ❶
(2) 丙午卜贞：亡尤？一月。 ❶
(3) [丙]午卜宾[贞]：翌丁未…一月。 ❶
(4) 丙辰卜宾贞：□于丁十牛、十羊？一月。 ❷
(5) □辰卜宾[贞]…于丁？□月。 ❸
(6) 丙辰卜贞：告秋于丁？四月。 ❹
(7) 己酉…母… ❺
(8) 庚戌卜贞：宰于丁？五月。 ❺
(9) 己亥…橐十。 ❻
(10) 壬子卜宾贞：其酒勺岁斫丁？九月。 ❻
(11) …酒大…父于丁…𥫗一牛？十月。 ❼
(12) …酒匚于丁，不冓雨？ ❽
(13) …丁…酒大…易日？ ❾
(14) 翌丁卯于丁宰□一牛？十月。 ❿
(15) …贞…于丁…用？十二月。 ⓫

❶《合集》1977 ❷《合集》1984 ❸《合集》1995 ❹《合补》185 ❺《合集》1981 ❻《合集》15695 ❼《合集》1973 ❽《合集》1972 ❾《合集》1974 ❿《合集》1983 ⓫《合补》178

本组据祭祀丁的卜辞系联，记载月份，按月份顺序排列。

第五十七组

(1) 甲子卜贞：羌甲害王？三月。 ❶
(2) 贞：羌甲不害王？ ❷
(3) 羌甲求余？ ❸
(4) …祖□求□？ ❸
(5) 贞：父辛害王？ ❹
(6) 不隹父乙[害]王？ ❺
(7) 贞：父乙不[害]… ❻

(8) 贞：隹多父害？ ❼
(9) 贞：不隹大示害王？ ❽
(10) 丁酉卜古贞：多兄害？ ❾
(11) 贞：不隹多兄害？ ❿
(12) 隹不求我？ ⓫
(13) 甲寅卜宾贞：王隹㞢害？六月。 ⓬
(14) 甲寅卜宾贞：王亡害？六月。 ⓬
(15) 贞：王亡害？ ⓭
(16) □□卜贞：不害王？ ⓮
(17) □□卜宾[贞]…㞢求…入㞢？ ❾
(18) …于…叡？ ❷
(19) 贞…取…屰？ ❺
(20) …其…艰？ ❿

❶《合集》1804　❷《合集》1805　❸《合集》1803　❹《合集》2166　❺《合集》2233　❻《合集》2239　❼《合集》2338　❽《合集》14833正　❾《合集》2924　❿《合集》2925　⓫《合集》16969　⓬《合集》16994　⓭《合集》17038　⓮《合补》4996

本组据吉凶卜辞“害王”系联，记载月份，按干支顺序排列，按不同的施害者以类相从。

第五十八组

(1) 戊子卜争贞：勿涉狩？九月。在鲧。 ❶
(2) 庚寅卜宾贞…[网]叀… ❶
(3) 贞：狩，勿至于箕？九月。 ❷
(4) 贞：弗其擒？九月。在鲧。 ❸
(5) 贞：弗其擒？十月。在㽙。 ❹
(6) 丁巳卜叀贞：乎从肉虎㞷？十月。 ❺
(7) □[子]…罙…王渔？十月。 ❻
(8) 丙子卜贞：今日不雨？ ❼
(9) 贞：其雨？十二月。 ❼
(10) 贞：今夕不雨？ ❼

（11）贞：其雨？ 7 10 11 12
（12）贞：今□不□？ 7
（13）己巳［卜］□贞…子…子…于庚… 7
（14）甲午卜古贞：令戎执麑？十二月。 7
（15）甲午卜贞：今夕亡囚？ 7
（16）乙未卜贞：今夕不雨？ 7
（17）贞：□雨？ 7
（18）贞：其隹王获射兕？一月。 8
（19）…［兕］… 8
（20）㞢获兕？ 9
（21）㞢获？ 9
（22）邑执兕［七］？ 10
（23）…兕？ 11
（24）…［兕］，卯…□［毕］…一月。 12
（25）□□［卜］□贞…宗… 7

1《合集》10993　2《合集》10956　3《合集》10994　4《合集》10995　5《合集》10917　6《合集》10476　7《合集》10389　8《合集》10422　9《合集》10429　10《合集》10437　11《合集》10446　12《合集》10447

本组据田猎卜辞系联，记载详细月份，按月份及干支顺序排列。

第五十九组

（1）壬申卜贞：岳害年？ 1
（2）贞：岳求年？ 2
（3）…［岳］…年？ 3
（4）癸巳卜争贞：日若，兹妻隹年囚？三月。 4
（5）癸亥［卜］争［贞］：旬亡［囚］？五月。 3
（6）贞：勿于丁求年娥？ 5
（7）…㞢…豚… 2

1《合集》10126　2《合集》10071　3《合集》10073　4《合集》10145　5《合集》10128

本组据农业类“害年”卜辞系联，所见月份为三月、五月。

第六十组

(1) 己巳卜贞：㞢梦，王参？八月。 ❶
(2) 甲戌卜□贞：㞢梦，[王]秉祇在中宗，不[隹]囚？八月。 ❷
(3) □戌卜宾贞：□梦，王秉祇？ ❸
(4) 辛[巳卜]贞…母…翌… ❷

❶《合集》17446　❷《合集》17445　❸《合集》17444

本组卜辞据“㞢梦”系联，所见月份为八月。

第六十一组

(1) 乙巳卜古贞：咬疾不… ❶
(2) 贞：咬延其㞢疾？ ❷
(3) 今秋其㞢降骰？ ❷

❶《合集》13738　❷《合集》13737

本组卜辞据“咬疾”系联，无月份记载。

第六十二组

(1) 贞：箙丬冎凡㞢疾？十二月。 ❶
(2) …箙不殟？ ❷
(3) 贞…子…其… ❷

❶《合集》13884　❷《合集》17092

本组卜辞据“箙疾”系联，所见月份为十二月。

第三章

出组卜辞的分类与系联整理研究

第一节　出组卜辞的分类

出组卜辞全出殷墟小屯村村北，村南只有1973年小屯南地发掘的H57出土的胛骨《屯南》2384上的“卜王”辞，这是一版特殊的胛骨，同版还有一条历组二类字体的卜辞，我们将在后文加以讨论。

出组卜辞可据字体分为两大类，我们称之为出组一类和出组二类，依次讨论如下。

一、出组一类

本类前辞作“干支卜某贞”和“干支卜贞”。贞人有祝、出、大、逐、兄、中等人。字体最近宾组二类，最有代表的字形如“王”作、“有”作、子某之“子”作等。其特征字择要列入表3-1，特征片可举《合集》22742、23532、23711等为例，见图3-1。

表3-1　出组一类特征字举例

戌		庚		辛		子	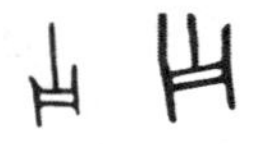	丑	
寅		辰		巳		午		未	
申		酉		戌		亥	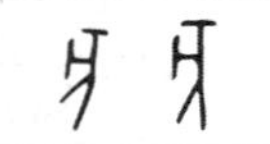	王	
有		以		翌		囚	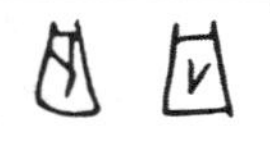	不	
叀		贞		其	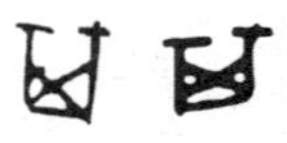	用	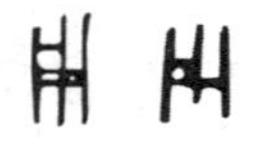	隹	
羌		子	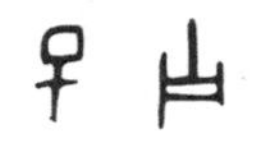	酒		自		宰	
元									

a）《合集》23532

b）《合集》23711

c）《合集》23717

d）《合集》22742

图 3-1　出组一类特征片举例

本类卜辞未见甲桥刻辞，有骨臼刻辞（《掇三》15）和骨面刻辞（《合集》24432、41066等），形式同于宾组二类。有兆辞“二告”。记月方式作“某月”。提到的重要人物有子吕、咬、犬延、壳、毕、竝、小矵等，除小矵外，都见于宾组二类。敌国有邛方（《合集》24145）。

二、出组二类

本类前辞仍作“干支卜某贞”和“干支卜贞”，但字体已较一类有了变化，最有代表的如“王”字已加上横作，“又”字多数作。称谓已出现兄庚。本类卜辞数量较多，还可根据字体进一步分为A、B两个小类。

（一）出组二A类

本类贞人有中、疑、出、大、逐、即、喜、旅、洋九人。字体笔画较细，形体较小。字形结构上的特点，如“暋”作，“宾”作，“兄庚”之“兄”作，“上甲”合文作，干支字“辛”作，“酉”作、，“雨”作，“有”字少数作等。其特征字择要列入表3-2，特征片可举《合集》22716、22744、23368等为例，见图3-2。

表3-2　出组二A类特征字举例

庚	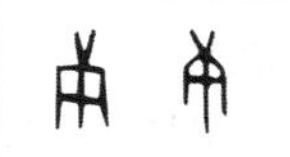	辛		子	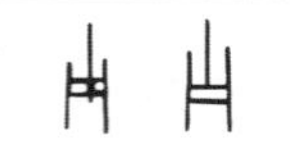	丑	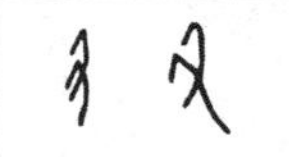	寅	
辰		巳		午		未		申	
酉		亥		宾		王	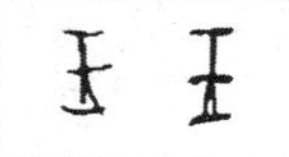	有	
以		翌		暋		雨	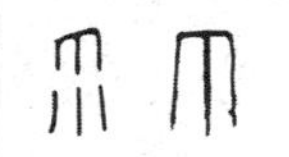	囷	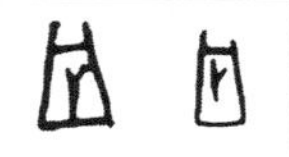
不		叀		其		旅		冎	
贞		用		隹		羌		酒	

续表

自		宰		勿		父丁	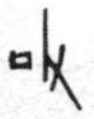	兄庚	
上甲									

a）《合集》22716

b）《合集》23368

c）《合集》23492

d）《合集》25281

e)《合集》22744

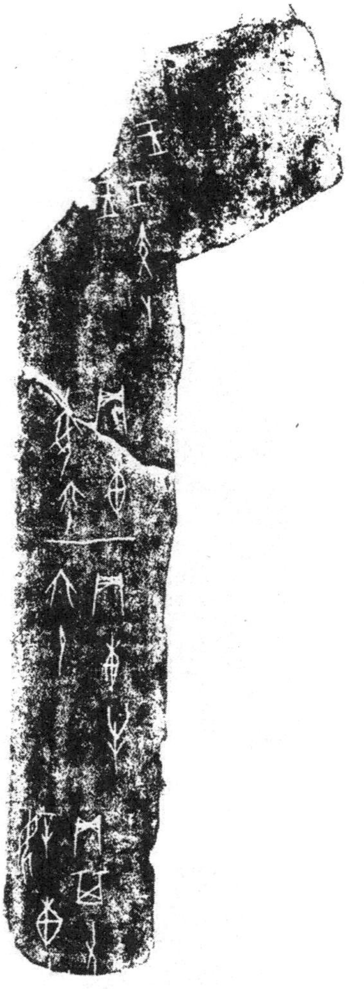

f)《合集》23413

图 3-2　出组二 A 类特征片举例

本类卜辞仍有骨面刻辞，如《合集》23680 正面为疑所卜，反面有刻辞“戊子，羽示…”，但仅发现此一例。有占辞“王占曰”（《合集》24117、24118）和“王曰”（《合集》23805、41249）。记月方式仍作“某月”。提到的人物很少，只有上丝、倉侯、鸟、吃等数人，其中上丝见于宾组二类（《合集》3336）。

占卜内容以祭祀为主，所见祭名有叙、又、岁、日、祼、戠、登、暒、𦎫、祭等。此外还有卜雨、卜旬、卜夕等方面的内容，都是各类卜辞所共有的。内容上唯一特殊之处，是有一批关于“某延”的卜辞，详见出组二 A 类“有联系的卜辞”第二组。这些卜辞有两个特点：其一，都是王卜；其二，卜问是否“延”的对象都是贞人，有中、疑、大、喜、逐五人。

（二）出组二 B 类

本类卜辞数量较 A 类为多。贞人有旅、即、尹、行、冎、涿、豭、先、陟等数人，另外还有不少王卜之辞。洋贞卜辞一般是 A 类字体，但也有个别属 B 类，如《合集》22796，同版还有贞人旅。

本类卜辞字体大小、笔画粗细不一，但字形结构与 A 类确有不同之处，如“⿰日翌”作日在下方的，“宾”作，“兄庚”之“兄”作，“上甲”合文作，干支字“辛”除作 而外又作 ，“酉”作 、 ，“雨”作 、 ，“有”全作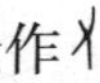等。其特征字择要列入表 3-3，特征片可举《合集》22721、22723、25282 等为例，见图 3-3。

表 3-3　出组二 B 类特征字举例

庚		辛		子		丑	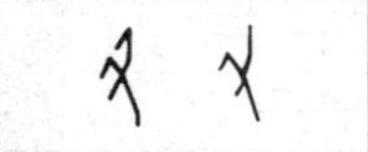
寅	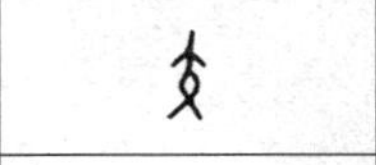	辰		巳		午	
未		申	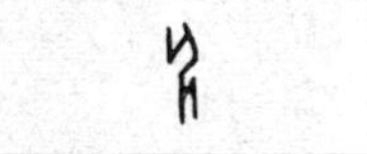	酉		亥	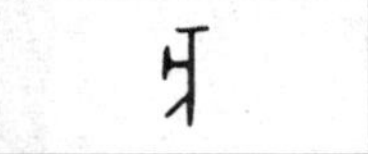
宾		王	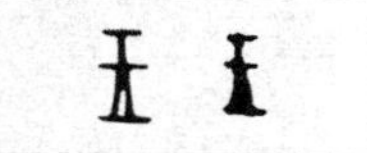	有	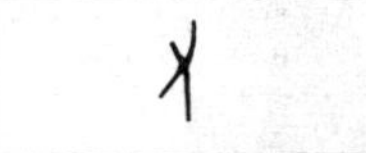	以	
翌		⿰日翌		雨		囯	
冎		不		叀		贞	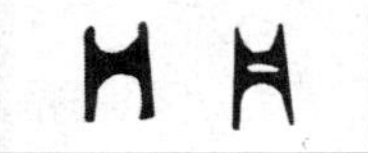
其		用		羌		隹	
酒		自		宰		勿	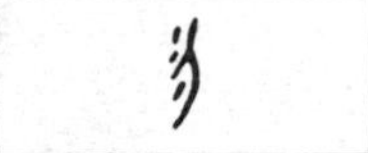
父丁		兄庚		上甲			

a）《合集》22721

b）《合集》22723

c）《合集》25282

d）《合集》26210

e）《合集》25274

f）《合集》25277

图 3-3　出组二 B 类特征片举例

本类卜辞未见记事刻辞及王占的占辞。记月方式作“在某月”，并普遍出现了“正月”（前此称一月）。提到的人物极少，有“卢”（《合集》22539）。这可能是由于这一时期战争很少，商王主要从事祭祀、出巡的缘故。

占卜内容仍以祭祀为主，但与以前不同的是，此时出现了系统的周祭。此外，堪称本类特色的，还有数量较多的“卜王”辞，这些都已有学者做过专门研究①，并为人所共知，故此不多述。值得重视的是，本类卜辞有较多商王外出巡游的记载，其中有不少是可以相互联系的。这些卜辞为商代史、商代地理等方面的研究提供了宝贵的材料，我们将在后文详述其辞。

另外，还有一些字体为二类的卜辞，由于残缺过甚或模糊不清，难以将其准确归入出组二 A 类或出组二 B 类，故将其作为二类附属。详见后文。

---

① 董作宾：《殷历谱》，台湾“中央研究院”历史语言研究所，1945 年；陈梦家：《殷虚卜辞综述》，中华书局，1988 年；李学勤：《殷代地理简论》，科学出版社，1959 年；常玉芝：《商代周祭制度》，中国社会科学出版社，1987 年。

第二节　出组卜辞的系联

一、出组一类卜辞的系联

（一）有联系的卜辞

第一组

第一年

(1) [癸]未[卜]☐[贞：旬]亡𡆥？[己]丑小𤉲[殟]。八月。 1
(2) 癸未卜祝贞：旬亡𡆥？七日豕小𤉲殟。 2
(3) ☐☐卜大贞：[来]丁亥[酒]… 3
(4) [丁亥卜]☐贞：其㞢来艰？二日己[丑]小𤉲殟。八月。 4
(5) [丁亥卜]大贞：翌戊子其… 3
(6) 庚☐卜☐贞：孽…𤉲… 5
(7) 庚寅[卜]☐贞：王…小𤉲… 6
(8) ☐☐卜大贞：作孽小𤉲𩰫… 3
(9) [癸]巳卜出贞…孽…𩰫不…见… 7
(10) [甲]午卜出贞：作孽小𤉲㞢𩰫示，见，弗大左？ 8
(11) 丙申卜出贞：作小𤉲日叀癸？八月。 9 11
(12) 丙申卜出贞：作小𤉲叀癸？八月。 10
(13) 丁酉卜祝贞：其品司在兹？ 10 11
(14) 丁酉卜祝贞：其品司在兹？八月。 9
(15) 贞：其品司于王出？ 9 10 11
(16) 戊申卜… 9
(17) 戊☐卜… 11
(18) …贞… 7
(19) ☐☐卜出贞…亡其… 5
(20) ☐☐卜☐贞…亡… 2

（21）□□[卜]大[贞]… 3

1《合集》4962 2《合集》4963+① 3《合集》23586+② 4《合集》17098 5《合集》23710 6《合集》41025 7《合集》23627 8《合集》23709 9《合集》23712 10《合集》23713 11《合集》23714

本组主要占卜“小刌”亡故后举行葬礼、卜选葬日之事。所见月份为八月，干支序数可以排入一月之内，可知其应为较短时间内所发生之事。

第二年

（1）…岁受年？二月。 1

（2）甲申卜出贞：翌…子𢀛其㞢于妣辛肏岁其… 2

（3）…㞢于妣辛肏岁其至凡… 15

（4）□□[卜]□[贞]…[其㞢于]妣辛肏岁至凡… 16

（5）己酉卜祝贞：𠦪年于高祖？四月。 2

（6）□□[卜]□贞：𠦪年于高祖？四月。 15

（7）己巳卜大贞：翌辛未𩵋益𩰫？ 2

（8）贞：翌辛未𩵋…𩰫？ 15

（9）庚寅[卜]大贞：作丧小刌… 3

（10）庚寅卜大贞：作丧小刌终？八月。 4

（11）辛卯卜大贞：作孽小刌亡梌？ 4

（12）辛卯[卜]大贞：作孽小刌亡梌？ 3

（13）乙未卜大贞…宁… 5

（14）丁酉卜[祝]贞…小刌老？八月。 2

（15）丁酉卜大贞：小刌老隹丁由？八月。 6

（16）丁酉卜大贞：小刌老隹丁由？ 7

（17）[丁酉]卜祝贞：隹[央]老罙以由小刌殟？八月。 5

（18）丁酉卜祝贞：隹央老以由小刌殟？八月。 8

（19）丁未。 7

（20）己酉易日？ 7

（21）贞：不其易日？ 7

---

① 林宏明：《甲骨新缀第484例》，先秦史研究室网站，https：//www.xianqin.org/blog/archives/3886.html，2014年4月10日。

② 蒋玉斌：《甲骨旧缀之新加缀》，先秦史研究室网站，https：//www.xianqin.org/blog/archives/4887.html，2014年12月24日。

(22) 辛卯卜大贞：洹引，弗敦邑？十月[1]。 ❷

(23) …贞：洹… ⓯

(24) …[辛]卯㞢于母辛三宰，箙一牛、羌十… ❶

(25) …三妇宅新寝，〓宅？十月。 ❾

(26) …河珏，叀王自正？十月。 ❾

(27) …乙巳㞢于母辛宰又一牛？十月。 ❶

(28) □□[卜大]贞：延妣辛岁？十月。 ❶

(29) □□卜大贞：其㞢于龚㓝先酒翌… ❶

(30) 贞：叀卣取于入酒？ ❼

(31) …酒…二宰… ❿

(32) …[凡]母[辛]岁于[㓝]宗，以〓？十月。 ❾

(33) □[巳卜]□贞…小㓝…宗告…宰？ ❿

(34) [癸]丑㞢于五毓至于龚㓝？ ❾

(35) 癸丑卜大贞：子㞢于㓝羌五？ ⓫

(36) 壬午卜大贞：翌癸未㞢于小㓝三宰，箙一牛？ ⓬

(37) 癸未卜大贞：㓝岁… ⓭

(38) 贞：㞢于㓝宰？ ⓮

(39) …㓝… ⓬

(40) 癸未[卜]大贞：来丁亥[熯丁三十羌]、卯十牢？ ❸

(41) [癸]未卜祝贞：[三十羌叀宜]燕用？十一月。 ❸

(42) 癸未卜祝贞：三十羌叀宜燕用？ ❹

(43) 癸未卜大贞：来丁亥熯丁三十羌、卯十牢？十一月。 ❹

(44) …不…丁… ❼

(45) □巳。 ❷

(46) 壬… ❽

(47) …木… ⓭

❶《合补》7042　❷《合集》23717　❸《拼五》1026　❹《拼五》1025　❺《拼四》840　❻《合集》23716　❼《合集》23715　❽《合集》23708　❾《合集》24951　❿《怀特》164　⓫《合集》22559　⓬《合集》23719　⓭《合集》

---

① 本版卜辞诸家多释“七月”，然“七”字横笔并未穿透竖画，整体颇类“卜”字。经友人（邓国军先生）提醒并参照相关字形以及同版卜辞文例（若将其释为“十”，则该版上正好是四、八、十月，均为双月），我们认为当释为“十”字而非“七”字，短横画当为衍笔。

23718 ⑭《合集》11351 ⑮《合集》10119+① ⑯《合集》23396

本组主要占卜为“小䝙”服丧及宗庙祭祀之事，与前一组在内容上具有十分紧密的联系。所见月份为二月、四月、八月、十月、十一月，据月份及干支顺序可排入一年之内。

第二组

(1) 甲子卜出贞：翌丁卯𩰫益䨀？ ❶
(2) 丙寅卜出贞：翌丁卯𩰫益䨀？ ❶
(3) 丁卯。 ❷
(4) □□卜大[贞]：我其…𩰫益？三月。 ❸
(5) 壬申卜出贞：丁宾户𠳦亡匄？ ❹
(6) 癸酉卜贞：旬有祟，不于家卢子？四月。 ❺
(7) 丁丑[卜]□贞：告…室？ ❶
(8) 甲子卜大贞：作家卢子，隹𡨦眔㞢二女若？ ❺
(9) 丙寅卜贞：翌丁卯𩰫益䨀？六月。 ❺
(10) 丙寅卜出贞：翌丁卯𩰫益䨀？ ❹
(11) 丙寅卜出贞：翌丁卯𩰫益䨀？不𩰫。 ❻
(12) □寅[卜]出贞：翌丁卯𩰫益䨀？之日… ❼
(13) 丁卯[卜]出贞：今日𩰫益䨀？之日不𩰫。六月。 ❽
(14) 贞：翌丁卯不其𩰫？之日允不𩰫。 ❺
(15) 戊寅卜出贞：今日𩰫益䨀？ ❾
(16) 己卯卜。 ❷
(17) [甲]申卜出[贞]：翌乙酉…𩰫益… ❿
(18) 乙酉卜。 ❷
(19) 辛卯卜贞：来丁巳易日？十月。 ❹
(20) 辛卯卜贞：来…易… ❺
(21) 癸巳卜大[贞]… ❽
(22) 丁酉卜出贞：其㞢于保，于母辛宊宕酒… ❽

① 蒋玉斌：《〈甲骨文合集〉缀合拾遗》(第五十五—五十六组)，先秦史研究室网站，https://www.xianqin.org/blog/archives/1962.html，2010年6月30日。

(23) 丁未。 5
(24) 辛亥卜□贞…允𩱵…正…𩱵益… 11
(25) 癸亥贞：其西洹？ 2
(26) 癸亥。 2
(27) 癸□[卜]…丁未… 5
(28) □□卜[出贞]：𩱵益…衹之…允𩱵… 12
(29) □□卜出[贞]…𩱵益…之日…𩱵。 13
(30) □□[卜]出[贞]：翌丁□𩱵益畐？□𩱵。 2
(31) …翌…𩱵益… 14
(32) …𩱵… 1
(33) 贞：不其易日？□。 4
(34) 贞：今日子邑… 11
(35) [贞]：不[其]受年？ 2
(36) 贞：其于… 5
(37) …亥…其…洹？ 6
(38) 贞：勿？ 6
(39) …益…雨？ 9

1《合集》26763　2《卡博》113　3《拾遗》278　4《合集》26764　5《合集》26765　6《合集》26766　7《合集》26767　8《拼四》838　9《合集》26768　10《合集》26781　11《安明》522　12《合集》26790　13《掇三》37　14《合集》26783

本组系联的依据为“𩱵益畐”。所见月份为三月、四月、六月、十月，据干支顺序可以排入数月之内。另外占卜“𩱵益畐”的卜辞还见于出组二A类“有联系的卜辞”第一组。

第三组

(1) 甲□[卜]□贞…乙…𩱵… 1
(2) 乙□[卜]□贞…亡災？ 2
(3) □□[卜]□贞：不其𩱵？十月。 3
(4) 丙[寅卜]□贞…𩱵… 4
(5) □寅卜王[贞]：今日𩱵… 5

（6）辛未卜贞：今日𩁹庸？十二月。在甫。 6

（7）庚辰[卜]□贞…未…益… 7

（8）甲申卜贞：[翌]乙酉𩁹，[酒]奉，之日酒奉…往…小入…雨？ 8

（9）丙戌卜出贞：翌[丁]亥不… 2

（10）己丑卜□贞：翌…𩁹… 9

（11）辛…出…𩁹… 10

（12）壬辰卜出贞…未𩁹… 11

（13）□辰卜□[贞]：翌乙…𩁹… 12

（14）□丑卜□贞：今…学…𩁹… 1

（15）□[寅]卜□[贞]…今日雨… 6

（16）贞：翌□申… 6

（17）贞…其𩁹…□月。 13

（18）□□卜□[贞]：翌□酉𩁹…□月。 7

（19）…丁…𩁹… 2

（20）□□卜出贞…𩁹，祇…之日允𩁹。 14

（21）□午卜□贞：今…𩁹… 15

（22）贞：不其𩁹？ 12 16 17 18

（23）□□[卜]□贞：今日…歘𩁹…[之]日允… 19

（24）…日𩁹…之日…宁？ 20

（25）…不其…益…不𩁹… 21

（26）□□[卜]出贞…𩁹… 22

（27）…𩁹…歘… 23

（28）…日…𩁹…益… 24

（29）…不…𩁹… 25 26 27

（30）…之日不𩁹？ 28

（31）□□[卜]出[贞]：翌辛…𩁹…蒙… 29

（32）□□卜□贞：翌…𩁹… 30

（33）…贞：不…𩁹… 31

（34）□□[卜]出[贞]…𩁹…之… 32

（35）…𩁹… 33

（36）贞…𩁹… 34

（37）…𩁹… 35

（38）□□［卜］大［贞：翌］辛…㷉…　36
（39）…今日…其㞢…巳…　6
（40）…今日…益…　13
（41）□□［卜］□贞…未…　15
（42）□□［卜］出［贞］…卯…　24
（43）贞…其…　20
（44）□□［卜］出［贞］…受□年？　26
（45）…贞…延…　27

1《合集》26798　2《合集》24499　3《合集》26791　4《上博》21691.11　5《卡博》112　6《合集》18804　7《合集》26782　8《合补》8299　9《安明》1533　10《安明》1530　11《英藏》2255　12《合集》26795　13《合集》18823　14《合集》26775　15《合集》26776　16《合集》26792　17《合集》26793　18《合集》26794　19《合集》26779　20《合集》26786　21《合集》26796　22《合集》26797　23《合集》41293　24《合集》26784　25《合补》8290　26《合补》8291　27《合补》8294　28《合补》8296　29《合补》8297　30《安明》521　31《安明》1531　32《怀特》1075　33《英藏》2256　34《北大》90　35《北大》92　36《上博》2426.654

本组系联的依据为“㷉”。所见月份为十月、十二月，据干支可排入数月之内。从内容上看，本组与第二组有联系，且《合集》26764之月份与本组《合集》26791相同，但由于辞例残缺过甚，故暂附于第二组之后，以供参考。

第四组

（1）甲子。　1
（2）乙丑。　1
（3）乙酉卜大贞：翌丁亥易日？　2 7
（4）丙戌卜大贞：于来丁酉酒大史，易日？　3
（5）丙戌卜大贞：翌丁亥易日？八［月］。　4
（6）丙戌。　1 2 7
（7）戊子卜出贞：羞亯十人？八月。　1
（8）戊子。　1
（9）贞：于来丁酉酒大史，易日？八月。　1 2 4

(10) 甲辰[卜]□贞：今日不雨？ ❺
(11) 癸亥。 ❶
(12) 贞：叀翌□亥酒大史？八月。 ❻
(13) □□卜出贞…亥酒大史？ ❺
(14) 贞：不其易日？八月。 ❷❼
(15) 贞：其虫不若？ ❶
(16) …入…人… ❹
(17) □寅… ❷

❶《合集》41161　❷《合集》25934　❸《合集》25935　❹《合集》24929　❺《合集》25936　❻《合集》25938　❼《合集》24932

本组系联的依据为“酒大史”“易日”。所见月份为八月，但干支序数超出八月以外，据此可排在三个月之内。

第五组

(1) 丁亥卜出贞：来者王其桒丁，汎置新… ❶
(2) 辛酉卜出贞：其置新竽，陟告于祖乙？ ❷
(3) □□[卜]出贞…其置新…用？九月。 ❸
(4) □□卜出贞…王正…竽… ❹

❶《合集》25371　❷《合集》22912　❸《合集》25901　❹《合集》24216

本组系联的依据为“置新”。所见月份为九月，据干支排列如上。

第六组

(1) 甲子卜出贞：橐虫以[illegible]于自归？ ❶
(2) 甲子卜出贞：橐虫以[illegible]于寝归？ ❷
(3) 戊午。 ❶
(4) 己未。 ❶
(5) 贞：卒哭若亡尤？ ❶
(6) 贞：卒哭若亡左？ ❷

❶《合集》23705　❷《英藏》1996

本组系联的依据为“橐虫以”。无月份记载，据干支有两种排列方法：其一，甲子—戊午—己未，可排在两月之内；其二，戊午—己未—甲子，可排在七天之内。

第七组

(1) 己亥卜大贞：乎般屎㞢衛？ ❶❷
(2) …乎…兮… ❶

❶《合集》23666 ❷《英藏》1995

本组系联的依据为“乎般屎”，屎作，像人遗屎形。据干支排列如上。

第八组

(1) 乙巳卜出贞：王疋不洌？ ❶❷
(2) 乙…贞…疋… ❸
(3) 贞：其洌？十二月。 ❶
(4) 贞：于□丁未酒？十二月。 ❶
(5) 贞：叀今日酒，其㞢于二子？ ❶

❶《合集》24983 ❷《合集》23623 ❸《合集》26834

本组系联的依据为“王疋不洌”。所见月份为十二月，据干支及月份排列如上。

（二）可能有联系的卜辞

第一组

(1) 乙丑卜出贞：大[史]必酒，先酒，其㞢匚于丁三十牛？七[月]。 ❶❷
(2) 戊戌卜出贞：㞢匚于保，于亓室酒？ ❸
(3) □戌卜出贞：自今十年㞢五王嬗… ❹
(4) □□[卜]大贞：来丁亥㞢匚于丁… ❹
(5) □酉卜出贞：其[㞢]匚于丁三十[牛]？ ❺
(6) …㞢匚于丁，于南室酒… ❻
(7) □卯[卜]□[贞]…来…㞢匚… ❼
(8) …其置鬳于丁，㞢百羌，卯十… ❻

(9) …酒大[史]…牢? 1

(10) …巳易日? 十月。 6

1《合集》23064 2《合集》25937 3《合集》24945 4《合集》24610 5《合集》23063 6《合集》22543 7《合集》25033

本组系联的依据为“㞢匚于…”。所见月份为七月、十月，据干支顺序排列如上。本组与《合集》1946（宾组二类）同卜一事。

第二组

(1) 乙酉卜祝贞：叀今夕告于南室? 1 2

(2) 乙酉卜祝[贞：翌]丁亥史其酒告[于]南室? 3

(3) □寅卜大[贞]…其㞢…丁三十，告[于]南室? 4

(4) 丁亥。 3

(5) 壬寅。 3

(6) 甲辰。 2

(7) 丁未。 2

(8) 丁… 1

(9) 壬… 2

1《合集》24939 2《合集》24938 3《合集》24940 4《合集》24941

本组系联的依据为“告于南室”。无月份记载，据干支顺序排列如上。

第三组

(1) [丁亥卜祝贞：翌辛卯㞢于]母辛? 十月。 1

(2) 丁亥卜祝贞：翌辛卯㞢于… 2

(3) [癸巳卜祝贞：竝来归]隹㞢示? 十月。 1

(4) [癸巳卜祝贞：二示祟王遣]竝? 1

(5) 癸巳卜祝贞：二示祟王遣竝? 2

(6) □□[卜兄]贞：二示祟王遣竝? 十月。 3

(7) 癸巳卜祝贞：丁辛吉永于竝? 1 2

(8) 癸巳卜祝贞：竝来归隹㞢示? 2

(9) …㞢示? 十月。 3

(10) 丁酉卜贞：子弗疾，㞢疾？ 1 2
(11) 庚子卜贞：其㞢于五毓宰？ 1 2
(12) □□[卜]□[贞]：翌辛卯㞢于母辛？ 3
(13) …于竝？ 3

1《合集》23439 2《英藏》1948 3《合集》24412

本组系联的依据为“二示祟王”。所见月份为十月，干支序数亦可排入十月，可知应为同时所卜之事。本组与《合补》1238（宾组二类）所卜为同一事。

第四组

(1) 丁卯卜大贞：今日启？ 1
(2) 辛亥卜出贞：今日王其水寝？五月。 1
(3) 辛[亥卜]出[贞]…其… 2
(4) 己未卜出贞：子邑毋㞢疾，不？ 3
(5) 癸亥卜出贞：丁卯子邑弗疾，㞢疾？ 1
(6) 癸亥卜出贞：子邑弗疾，㞢疾？ 2
(7) □□[卜]出贞…子邑…于… 4
(8) …今…大雨？ 2
(9) …其… 1

1《合集》23532 2《合集》23533 3《合集》23531 4《合集》24380

本组系联的依据为“子邑疾”。子邑，人名。所见月份为五月，干支序数超出五月，可排入两月之内。

第五组

(1) …其在兹有艰？二月。 1
(2) 丁□[卜]出[贞：今]日亡[来]艰自□？ 2
(3) 壬午卜出贞：今日亡来艰自方？ 3
(4) 辛亥卜祝贞：[今]日亡来艰自[方]？ 4
(5) □午…来艰自方？ 5
(6) □丑[卜]祝[贞：今]日亡[来]艰自[方]？ 4
(7) 贞：其有来艰自方？ 1

❶《合集》24150 ❷《合集》24160 ❸《合集》24149 ❹《合集》24153 ❺《合集》24151

本组系联的依据为“来艰自方”。方，方国名。所见月份为二月，据干支顺序排列如上。

第六组

(1) 甲戌卜出贞：翌戊[寅]㞢于大[戊]三宰？ ❶
(2) 壬辰卜出贞：翌癸巳㞢于母三宰、羌五？在… ❷
(3) 辛□[卜]祝[贞]…羌…卯三宰？ ❸
(4) 贞：其㞢妣三人？ ❹
(5) 贞：五羌，卯三宰？ ❹
(6) 贞：不[其]受[又]？ ❸
(7) 贞：不其… ❹
(8) 贞：其… ❹
(9) □□[卜]□[贞]：其㞢[于]母辛宰？ ❺
(10) …孽… ❶

❶《合集》22825 ❷《合集》365 ❸《合集》22588 ❹《合集》22565 ❺《合集》23415

本组系联的依据为“㞢+祖先+牺牲”。无月份记载，据干支序数排列如上。

第七组

(1) …[贞]：乎𩵦𢀛？二月。 ❶
(2) …𩵦𢀛？二月。 ❷
(3) 癸酉卜大贞：㞢于唐叀翌乙亥酒？六月。 ❸
(4) 癸酉卜出贞：㞢于唐叀翌乙亥酒？六月。 ❹
(5) 癸酉卜出贞：㞢于唐叀乙酉… ❺
(6) 癸酉卜出贞：㞢于唐… ❻
(7) □□[卜]出贞：㞢于唐三十羌，卯三十牛？ ❶
(8) …于唐三十羌，卯三十牛？ ❷
(9) 贞：今秋？ ❸

（10）贞…般… 4

1《合集》22546　2《合集》22547　3《合集》22741　4《合集》22742　5《合集》22740　6《合集》22739

本组系联的依据为“屮于唐”。所见月份为二月、六月，据月份及干支顺序排列如上。

第八组

（1）辛亥卜出贞：其鼓彡告于唐九牛？一月。 1

（2）丁酉卜大贞：乞告其鼓于唐衣亡[囚]？九月。 2

（3）□□[卜]出[贞]：彡鼓？十月。 3

1《合集》22749　2《合集》22746　3《合集》25242

本组系联的依据是“告唐鼓彡”。所见月份为一月、九月、十月，据月份及干支顺序排列如上。

第九组

（1）丙午卜出贞：翌丁未其屮于丁，勿屮羌？ 1

（2）…贞：翌丁未子吕其屮于丁三羌…宰？ 2

（3）戊申卜：示？ 3

（4）丙辰卜[出]贞：翌丁巳屮于丁宰屮… 3

（5）癸亥卜大贞：屮[于]丁十宰？ 4

（6）贞：勿燎岁用？七月。 4

1《合集》22580　2《上博》21691.13　3《合集》23060　4《合集》41158

本组系联的依据为“屮于丁”。所见月份为七月，干支之间亦无扞格，可排入一月之内。

第十组

（1）[甲]□卜出[贞]：翌乙□屮于[保]宰？ 1

（2）癸未卜出贞：屮于保，叀辛卯酒？ 2

（3）丁酉卜大贞：屮于[保]宰？五月。 3

(4) 丙午卜出贞：今夕㞢于保小宰？ 4
(5) 庚戌卜出贞：㞢[于]保三牛？ 5
(6) 己未。 3
(7) □申卜出贞：㞢于[保]三宰？八月。 6
(8) 壬… 3
(9) 贞：㞢[于]保五牛？八月。 7
(10) 贞…丁… 5

1《合集》25043　2《合集》25038　3《合集》25042　4《合集》25040　5《合集》25039　6《合集》25041　7《合补》6127

本组系联的依据为“㞢于保+牺牲”。所见月份为五月、八月，据月份及干支顺序排列如上。

第十一组

(1) 甲戌卜出贞：王春㞢于大戊？二月。 1
(2) …[今]岁受年？二月。 2
(3) □戌卜出贞：蔑㞢于祖辛？二月。 3
(4) □□卜：㞢于祖丁？二月。 35
(5) 甲…牛… 4
(6) 丁卯卜出贞：其㞢于盂室，今日夕酒？ 5
(7) 戊辰。 6
(8) 己巳卜祝贞：其桒于盂室叀小宰？ 6
(9) 辛未[卜]□[贞]… 7
(10) 癸酉卜出贞：㞢母…在六[月]。 8
(11) 戊辰卜祝贞：翌辛未其㞢于盂室十大宰？七月 6
(12) 戊辰卜祝贞：翌辛未其㞢于盂室五大牢？七月。 6
(13) □午卜出贞：㞢于孜…牛？八月。 9
(14) 庚午卜祝贞：其史亡左？九月。 6
(15) □□[卜]□贞：汎㞢大示五…九月。 10
(16) □□[卜大]贞：延新岁？十月。 2
(17) 乙巳㞢于母辛宰㞢一牛？十月。 2
(18) 贞：翌辛卯㞢于母辛三宰，箙一牛、羌十？ 2

（19）…辛未于母辛… 11
（20）…辛未其𡆥于… 11
（21）…擒十。十月。 12
（22）贞：今𡆥？十一月。 13
（23）壬辰卜大贞：翌己亥𡆥于兄？十二月。 14
（24）壬辰卜大贞：翌己亥𡆥于三兄？十二月。 15
（25）壬辰［卜］□贞：翌…𡆥于兄… 16
（26）癸巳卜□贞：翌己□其𡆥［于］□兄三□？ 18
（27）癸巳。 15
（28）丁酉。 15
（29）丁… 14
（30）庚子。 15
（31）庚子卜。 16
（32）□子… 14
（33）辛巳卜大贞：𡆥自上甲元示三牛、二示二［牛］？十三月。 17
（34）乙酉卜出贞：翌丁亥𡆥于□吏商… 12
（35）丁亥卜□贞：□辛卯𡆥…三宰，䬦羌？ 19
（36）戊子卜大贞：𡆥㐭…一□告。 20
（37）己亥卜出贞：自今五岁王其𡆥… 21
（38）庚□［卜］出［贞］…𡆥… 22
（39）辛丑［卜］出贞：今… 23
（40）壬寅卜出贞：翌乙巳𡆥于［妣］辛？ 24
（41）癸丑卜出贞：其𡆥于… 25
（42）乙卯祝贞：勿隹… 13
（43）辛□［卜］□［贞］…𡆥… 7
（44）癸…出…𡆥… 26
（45）□子卜出［贞］：其𡆥…龚，翌辛… 27
（46）□寅卜□贞：汎𡆥彡岁自母辛衣… 28
（47）□［辰］卜大贞：其𡆥于龚䂂先酒翌？ 2
（48）□辰卜出贞：其𡆥… 29
（49）□申卜大［贞］… 7
（50）□亥卜□贞…𡆥… 23

(51) 贞：其㞢不若？□月。 30
(52) …凡…㞢子… 31
(53) □□[卜]□[贞]…[辛]卯㞢[于]母辛？ 32
(54) □□[卜]出贞…未其㞢… 33
(55) …贞：㞢…南？ 34
(56) …贞：㞢…于大… 4
(57) …冉…羌… 22
(58) …翌… 19
(59) 贞… 30
(60) …令…祼于… 31
(61) …旬… 26
(62) 贞：不隹㞢示？ 14 15
(63) …㞢… 32
(64) □□卜出贞：㞢于洹九犬、九豕？ 36
(65) …弗益… 36
(66) □□[卜]□贞：其㞢河…丁亥其… 37
(67) …叀丁未… 37

1《合集》22823 2《缀集》177 3《合集》22962 4《拾遗》229 5《合集》41112 6《英藏》2119 7《合补》7105 8《合集》23620 9《合集》41111 10《合集》25026 11《合补》7045 12《合集》24230 13《合集》23600 14《合集》25029 15《合集》41005 16《合集》23525 17《合集》25025 18《英藏》1975 19《合集》473 20《合集》23573 21《合集》41113 22《合集》26840 23《合补》7069 24《上博》17645.457 25《笏之二》666 26《史购》218 27《合集》23615 28《合集》23429 29《拾遗》235 30《合集》26093 31《合补》8587 32《合集》23416 33《合补》8597 34《英藏》2046 35《拼四》980 36《合集》11201 37《合集》24967

本组系联的依据为"㞢"祭。与第九、十组"㞢于丁""㞢于保"者不同，本组绝大多数仅卜问"㞢"祭某位先祖，很少有牺牲，故而单独列为一类。所见月份为二月、六月、七月、八月、九月、十月、十一月、十二月、十三月，据月份及干支顺序排列如上。

第十二组

(1) 乙巳卜大贞：翌丁[未]… ❶❷
(2) □□[卜祝]贞：翌辛亥㞢勺[于]… ❷
(3) 己酉卜祝贞：翌辛亥㞢勺于母辛？ ❶

❶《拼三》613　❷《合集》25034

本组系联的依据为“㞢勺”。仅有两版卜辞，辞例稍有残缺，干支相同，应为同时所卜。

第十三组

(1) □戌卜出贞：御？七月。 ❶
(2) 己巳卜出贞：御王于上甲？十二月。 ❷
(3) 己巳。 ❸
(4) 丙□[卜]出[贞]…御…五牛…羌五十…卯五十… ❹
(5) 己卯。 ❸
(6) □午卜□贞：御于四兄？ ❺
(7) □未卜出[贞]：御子…家卢… ❻
(8) □□[卜]出[贞]…丁未其桒家卢子，御于㞢宗若？ ❼
(9) 贞：于父丁御？ ❸
(10) 贞：勿令？ ❸
(11) …于斳？ ❷
(12) □□卜贞…御… ❽

❶《合集》26000　❷《合集》22620　❸《合集》23179　❹《合集》22545　❺《合集》23526　❻《合集》23619　❼《合集》26010　❽《辑佚》519

本组系联的依据为“御”祭，“御”本作[illegible]，从午从卩，为方便书写，故而隶定为“御”。所见月份为七月、十二月，据月份及干支顺序排列如上。

第十四组

(1) 甲子卜出贞：来丁亥其… ❶

（2）己卯。 ❷
（3）己丑卜大贞：于五示告，丁、祖乙、祖丁、羌甲、祖辛？ ❸
（4）壬寅卜□贞：告岁不冓雨？ ❹
（5）癸巳贞：勿…王令隹… ❷
（6）甲辰。 ❷
（7）丁未。 ❷
（8）己酉卜。 ❺
（9）甲［寅卜］出贞：告勿□丮？ ❻
（10）贞：勿告？八月。 ❶
（11）□□［卜］出［贞］…乙…告…[illegible]… ❼
（12）贞：翌乙巳汎告自母辛… ❺
（13）贞：告于父丁？ ❷
（14）贞：弗祟王叀巫？ ❷
（15）…室？十月。 ❶

❶《合集》25890　❷《英藏》1957　❸《合集》22911　❹《合集》24885　❺《合补》7043　❻《英藏》2167　❼《合集》41026

本组系联的依据为“告”。所见月份为八月、十月，据月份及干支顺序排列如上。

第十五组

（1）己巳卜祝贞：祼告盄室，其尝？ ❶
（2）丁未卜出贞：祼告亢于□？十二月。 ❷
（3）丁未卜。 ❸
（4）丁未。 ❸
（5）戊申。 ❶
（6）辛亥。 ❸
（7）辛酉。 ❸
（8）贞：祼告丮于母辛？ ❸
（9）贞：陟于丁用？ ❸
（10）隹若？ ❷
（11）贞：其有害？ ❸

❶《合集》24942 ❷《合集》25628 ❸《英藏》1969

本组系联的依据为“祼告”。所见月份为十二月，据干支序数可排在两月之内。

第十六组

(1) 戊午卜大贞：翌丁卯王祼… ❶
(2) 庚申卜贞：王[宾]祼[亡]尤？ ❷
(3) …贞：翌丁亥王宾祼亡… ❸
(4) □□[卜]出[贞]…祼… ❹
(5) □□卜出贞…宾…祼… ❺
(6) □□卜出贞…卯王…祼？ ❻
(7) □□[卜]出贞…祼…囚？ ❼
(8) …贞…囚？ ❷
(9) …[亡]尤？ ❷

❶《合集》25622 ❷《合集》25606 ❸《北大》432 ❹《合集》41186 ❺《安明》1330 ❻《辑佚》393 ❼《拾遗》250

本组系联的依据为“祼”祭。本组仅言“祼”祭，未明确是于“夕”祼，或于“夙”祼，故而单独列为一类。无月份记载，据干支序数排列如上。

第十七组

(1) 庚申卜□贞：王[宾]夕祼[亡囚]？ ❶
(2) □寅卜出贞：[王]宾[夕]祼[亡囚]？ ❷
(3) □□[卜]出[贞：王宾]夕祼[亡]囚？ ❸

❶《历史所》1365 ❷《合补》7613 ❸《安明》1328

本组系联的依据为“夕祼”祭，“夕祼”祭还见于出组二类、何组及无名组卜辞。无月份记载，据干支序数排列如上。

第十八组

(1) …[贞：王]宾夙祼亡尤？一月。 ❶
(2) 贞：[亡]尤？ ❶

（3）贞：夙祼亡尤？ ❷

❶《合集》25441　❷《合集》25452

本组系联的依据为“夙祼”祭，“夙祼”祭还见于出组二类、何组及无名组。所见月份为一月，仅见两版，排列如上。

第十九组

（1）甲申卜□贞：翌乙［酉］乇于… ❶

（2）贞：毋乇？在十月。 ❷

（3）丙午卜出贞：翌丁未叀…乇… ❸

（4）戊□［卜］□贞：翌［己］… ❷

（5）□□卜□［贞］…兄己…羌？ ❷

（6）…三牢… ❸

❶《合集》41194　❷《合集》23474　❸《合集》23621

本组系联的依据为“乇”祭。所见月份为十月，干支序数亦可排在一月之内。

第二十组

（1）甲□［卜］大［贞］：叀…酒… ❶

（2）贞：于乙酉酒？ ❷

（3）癸巳卜出贞：翌甲［午］王酒［翌］… ❸

（4）…三十牛…示酒于…七月。 ❹

（5）□酉卜大贞：勿罘酒？十月。 ❺

（6）癸卯卜贞：酒河五□？十月。 ❻

（7）癸□［卜］出贞…亡… ❸

（8）…史酒告盄室？十月。 ❼

（9）庚申卜出贞：令邑、竝酒河？ ❽

（10）□子卜贞：酒[illegible]簋一牛？ ❾

（11）□□卜祝贞：其酒…其砻盄…翌… ❿

（12）…［夒］其告…翌丁亥酒… ⓫

（13）贞…于… ❻

（14）□□卜□贞：□酒岁祖乙… ⓬

（15）…贞… 12
（16）…大庚…辛…酒… 13
（17）…贞…亡… 13

1《京人》1295　2《合集》25964　3《合集》25970　4《英藏》2182　5《合集》25953　6《英藏》2181　7《合集》24944　8《合集》23675　9《英藏》2180　10《合集》25951　11《卡博》148　12《合集》22923　13《合集》22809

本组系联的依据为“酒”祭。所见月份为七月、十月，据月份及干支顺序可排在数月之内。

第二十一组

（1）□□[卜]出贞：翌□亥酒匚于丁？十月。 1
（2）丁酉[卜]□贞：翌[戊戌]酒匚于… 2
（3）贞：酒匚于盄室亡尤？ 3
（4）…酒出匚… 4

1《合集》41215　2《英藏》2175　3《合集》24943　4《合集》25954

本组系联的依据为“酒匚”。所见月份为十月，干支多残缺。

第二十二组

（1）…出勿…祝…一月。 1
（2）癸未[卜]□[贞]：祝… 2
（3）叀…[祝]… 3
（4）…不…人…一月。 3
（5）□□卜□贞…三月。 2

1《合集》24616　2《合集》24621　3《合集》24615

本组系联的依据为“祝”祭。所见月份为一月、三月，干支大多残缺，据月份排列如上。

第二十三组

（1）[癸]卯卜出贞：今夕桒… 1

(2) 己未[卜]□[贞]：翌丁…其…曾㞢…示… 2
(3) □□卜出[贞]…桒…于㞢…于宰？ 2
(4) 贞：于岳先桒？ 3
(5) 贞…桒…燎…于… 4
(6) 贞：宰？ 4

1《合集》26012 2《合集》26015 3《英藏》2089 4《辑佚》435

本组系联的依据为“桒”祭。无月份记载，据干支序数排列如上。

第二十四组

(1) 甲子卜□贞：岁…妣甲… 1
(2) 贞：于既日？二月。 2
(3) …上甲岁三牛…大乙岁三牛…[亡]尤？在十月。 3
(4) 丙戌。 4
(5) 己丑卜出贞：延岁□宰… 5
(6) [癸]卯卜大[贞]…示癸岁叀…蕽酒… 6
(7) 丙午卜出贞：岁卜有祟亡延？ 7
(8) 丙午卜□[贞]… 7
(9) 癸丑卜大贞：翌甲寅上甲勺岁衣… 8
(10) □辰卜□贞：叀…岁…十月。 9
(11) 贞：中丁岁叀蕽？ 2
(12) …羌甲岁…亡尤？ 10
(13) …母辛… 8
(14) 贞：岁用？ 4
(15) …岁一牛？ 11

1《合集》23337 2《合集》22859 3《合集》22641 4《合集》25181 5《英藏》2169 6《合集》22718 7《合集》26096 8《合集》22677 9《怀特》1071 10《合集》23022 11《天理》350

本组系联的依据为“岁”祭。所见月份为二月、十月，干支序数亦可排入数月之内。

第二十五组

（1）乙亥卜出贞：鬳㞢… 1
（2）庚寅卜出贞：于翌乙未大鬳？ 2
（3）□卯卜出[贞：今]日王其…鬳… 3
（4）□□[卜]祝[贞]：今日王…鬳… 4
（5）□□[卜]出贞…亥王…鬳… 5

1《拾遗》233　2《合集》23610　3《旅博》1415　4《合集》26800　5《安明》1392

本组系联的依据为“鬳”或“大鬳”。无月份记载，据干支顺序排列如上。

第二十六组

（1）己卯卜大贞：妇寝娩嘉？ 1
（2）贞：妇寝不其[嘉]？ 1
（3）贞：妇寝其嘉？ 1
（4）丙戌卜大贞：告执于河，燎…沉三牛？ 2
（5）□□卜□贞：咬往告执于… 3
（6）己亥卜大贞：今岁我受年？二月。 1
（7）丙午卜… 4
（8）丁未[卜]□贞：告…于南室？ 1
（9）贞：告执于南室三宰？ 1
（10）□□卜大贞…[告]执…室？ 4
（11）戊申。 1
（12）□巳卜出贞：多… 3
（13）□戌卜出贞… 3
（14）贞：其㞢？八月。 4

1《合补》7485　2《合集》22594　3《合集》22593　4《合集》22595

本组系联的依据为“告执”，告执的地点为南室。所见月份为二月、八月，据月份及干支顺序排列如上。

第二十七组

(1) 庚辰卜出贞：三十牛乞酒？ 1
(2) 壬午卜大贞：设六人？ 2
(3) □□卜□贞：设六人？ 1
(4) 庚寅。 2
(5) 辛卯。 2
(6) 贞：其…榆… 2

1《合集》22600　2《合集》22599

本组系联的依据为“设六人”。无月份记载，干支序数在两旬之内，试排列如上。

第二十八组

(1) 丙寅卜祝贞：□令子甗辛？十月。 1
(2) □□卜出[贞]…子甗… 2

1《合集》23536　2《合集》23537

本组系联的依据为“令子甗辛”。所见月份为十月。本组在纵向上与属于宾组二类的《合集》3087、3088、3089等所卜为同一事。

第二十九组

(1) 甲戌卜出贞：王勿往？ 1
(2) 己卯卜出贞：今日王其[往]河？ 2
(3) [壬]辰卜大贞：翌癸巳王往… 3
(4) 壬寅卜祝贞：王往休？十月。在□。 4
(5) 戊午[卜]出贞：[王其]往[亡]災？ 5
(6) 辛酉卜出贞：[翌]壬戌王往… 6
(7) □[申卜]□[贞]：王出亡[囚]？ 7
(8) □□[卜]坚[贞：王]出[亡囚]？ 8
(9) □□[卜贞：王]出[亡]囚？ 8

(10) □□[卜]出[贞]：王步…罜…亡[災]? 9
(11) □□卜出[贞]：王步…㞢羽? 10
(12) 己□[卜]□[贞]：王…兕… 4
(13) 贞…其… 9
(14) …视小叡… 3
(15) …出… 4

1《合集》23792　2《合集》23786　3《合集》23791　4《合集》24397　5《合集》23788　6《合集》23790　7《旅博》1413　8《合集》23781　9《合集》23796　10《合集》23803

本组系联的依据为“王往、王步、王出”，均指商王出行之事。所见月份为十月，据月份及干支顺序排列如上。王出行卜辞主要见于出组二类，与本类在横向上有一定联系。

第三十组

(1) 乙亥卜出贞：作王寝，告? 1
(2) □□[卜]大贞：作王寝于… 2
(3) □□卜出[贞]：作王…于… 3
(4) …宰? 八月。 2
(5) 己…其… 1
(6) □□[卜]□贞：庚辰酒匚… 2

1《合集》24953　2《合集》24952　3《上博》49003.85

本组系联的依据为“作王寝”。所见月份为八月，干支大多残缺，试排列如上。

第三十一组

(1) 甲申卜出贞：令多史罘方? 1
(2) 癸巳卜祝贞：王…令… 2
(3) 庚子卜出贞：令印…允… 3
(4) 癸卯卜□[贞]：令莫[伯]… 1
(5) 己酉卜出贞：叀今日令畫? 4
(6) 乙巳卜出贞：其御王盄五牛暦羌五、□五? 5

(7) 辛亥卜出贞：令莫伯于兴? 1
(8) 壬子卜出贞：令…又… 6
(9) 丙[辰卜]□贞… 7
(10) 庚申卜祝贞：令竝众卫? 十二月。 8
(11) □巳卜大贞… 9
(12) □未卜大贞：令… 9
(13) □□[卜]大贞：令宾比自… 10
(14) □□[卜]大贞：令戠奠子贾? 10
(15) 贞：令由伯于敦? 5
(16) 贞：叀先令途子画? 7
(17) □□卜出[贞]…令方…比王…在… 11
(18) □□[卜大]贞… 10
(19) □□卜大[贞]：勿羊…卜… 3
(20) 贞：三宰? 7
(21) …啚…中… 1
(22) …田… 6
(23) …工… 1

1《合集》41011 2《合补》7176 3《合集》22590 4《合补》8594 5《合集》40914 6《合集》23625 7《北大》遗失 2 8《合集》40911 9《合补》7178 10《合集》23534 11《合集》41024

本组系联的依据为“令…”，其后多为人名。所见月份为十二月，据月份及干支顺序可排入数月之内。

第三十二组

(1) 甲戌卜大贞：勿羊用三卜? 1
(2) 己卯。 1
(3) 己酉卜大贞：叀右卜用? 2
(4) 庚□卜出[贞]：令…允于…偁… 1

1《合集》25020 2《合集》25019

本组系联的依据为“卜用”。无月份记载，据干支顺序可排入两月之内。

第三十三组

(1) 辛未卜出贞：王亡災？ 1

(2) 丁亥卜出[贞]：王亡災？ 2

1《合集》26180　2《合集》26181

本组系联的依据为“王亡災”，占卜商王有无灾祸。无月份记载，据干支序数可排入一月之内。

二、出组二A类卜辞的系联

(一) 有联系的卜辞

第一组

(1) 癸亥[卜]出贞：今日𩵋益其… 1

(2) 己巳卜贞：今日益衹不雨？ 2

(3) 己巳卜出贞：翌庚午𩵋益衹之日… 2

(4) 己巳卜：疑？ 3

(5) 壬申卜出贞：今日不雨？ 2

(6) 丁酉[卜]□[贞]：今日[𩵋]益衹…允… 4

(7) □□[卜]出贞…日𩵋[益]衹…允不… 14

(8) □□[卜]出[贞]…益衹… 13

(9) 戊□[卜]出[贞]…己…𩵋… 5

(10) □□[卜]出[贞]…庚…[𩵋]益？之日允𩵋。六月。 6

(11) □卯卜出[贞]：今日𩵋…之日…十一月。 7

(12) □辰卜出[贞]：今日𩵋𢾭？ 8

(13) □巳卜出[贞]：今日𩵋𢾭？ 9

(14) …保…父… 2

(15) □□卜出[贞]…𩵋益…唐之…𩵋… 10

(16) □□卜出[贞]…𩵋益…之日…𩵋… 11

（17）…衁益…之日［允］衁？ 12
（18）…衁… 12
（19）□□［卜］出［贞］…［衁］益…允… 4
（20）…不其… 9
（21）□□卜出［贞］：今日衁…武唐…允衁。 7
（22）贞：其自南有来艰？ 7
（23）贞：叀我其弗衁，用？ 3
（24）贞：示若我弗衁，用？ 3
（25）贞：叀示弗若？ 3
（26）丁… 2

1《合集》26769　2《契合》366　3《俄罗斯》19　4《合集》26788　5《合集》26785　6《合集》26773　7《缀汇》516　8《合集》26777　9《合集》26778　10《合集》26771　11《合集》26772　12《合集》26774　13《合集》26789　14《合集》26787

本组系联的依据为“衁益”。所见月份为六月、十一月，干支大多残缺，据月份及干支顺序可排入数月之内。本组在横向上与出组一类“有联系的卜辞”第二、三组所卜事类相同。

第二组

（1）癸酉卜王：大延？ 1
（2）甲戌王卜：逐延？ 2
（3）庚午卜大贞：曼来叀今日乎延？ 3
（4）辛未卜中贞：今日辛未至于翌乙亥亡囚？王曰：吉。二月。 4
（5）辛未卜尹贞：今日辛未至于翌乙亥亡囚？王… 5
（6）乙酉王［卜］…中延… 6
（7）乙亥王卜：中延？ 4
（8）乙未王卜：疑延？ 7
（9）辛丑王［卜］：疑延？ 8
（10）甲辰王卜。 9
（11）乙巳王卜：大延？ 9
（12）丙午王卜：大延？ 10

(13) 乙卯王卜：疑延？ 11
(14) 乙卯[王卜]：大延？ 12
(15) 壬戌王卜：喜[延]？ 13
(16) □申王[卜]…大[延]？ 14
(17) □戌王卜：大延？ 15
(18) □卯王卜：大延？ 16
(19) □寅…令大延？ 17
(20) □□卜：王…中延？ 5
(21) □□王卜…延… 18
(22) 贞：毋？ 16
(23) 乙□[卜]中[贞]…启…若？ 14
(24) □□[卜]大[贞]…夏？ 13
(25) □□[卜]□[贞：翌辛]丑暒…不… 3
(26) □□卜…戌？ 7
(27) □□卜喜[贞]：其又于丁？ 2
(28) 贞…毓[祖]丁？ 2
(29) □□[卜]□贞：又二…祖乙…鬯三… 12

1《合集》25928　2《合集》23061　3《合集》23685　4《合集》41249　5《合补》7334　6《合集》26811　7《合集》41061　8《合集》23669　9《合集》25929　10《合集》23667　11《合集》23672　12《合集》22892　13《合集》24963　14《合集》24928　15《合集》25931　16《合集》25932　17《安明》1607　18《合补》8652

本组系联的依据为“某延”。这些卜辞有两个特点：其一，都是商王所卜；其二，卜问是否“延”的对象都是贞人，有中、疑、大、喜、逐五人。所见月份为二月，据月份及干支可排入两月之内。

（二）可能有联系的卜辞

第一组

(1) [丙戌卜]旅[贞：翌丁]亥岁父丁陟… 1
(2) 丙申卜即贞：父丁岁又鬯？ 2

（3）丙申［卜］即贞：［父丁］岁𠭯一卣？ 2
（4）贞：弜又？九月。 2
（5）贞…九月。 2
（6）丙午卜即贞：翌丁未丁䕀岁其又伐？ 3
（7）［丙午］卜旅［贞：翌］丁未父丁莫岁其牡？在十月。 4
（8）［丙］午卜旅贞：翌丁未父丁莫岁其物牛？ 4
（9）丁巳卜旅贞：王宾父丁…牛亡□？ 5
（10）□□［卜］□贞：王［宾］父丁岁三牛亡□？ 10
（11）□子卜大［贞］…父丁岁…隮… 6
（12）□寅卜□贞：翌…父丁岁… 7
（13）□巳卜旅贞：父丁岁叀［䕀］酒？ 8
（14）□［申］卜［旅贞］… 5
（15）…父丁岁五宰、羌十［人］亡尤？在□［月］。 9
（16）贞：父丁岁牝？ 11
（17）贞：牝？ 11
（18）…父丁岁… 12
（19）□□卜□贞：二牛… 12
（20）…于父丁岁其［牛］… 13
（21）贞… 11
（22）…二卣？ 2

1《合集》23237　2《合集》23227　3《合集》22610　4《英藏》1953　5《合集》23252　6《合集》23228　7《英藏》1955　8《合集》23226　9《合集》22555　10《合集》23221　11《合集》23225　12《合集》23238　13《英藏》1958

本组系联的依据为“父丁岁+牺牲/祭品”。所见月份为九月、十月，据月份及干支顺序可排入两月之内。

第二组

（1）辛未［卜］□贞：王宾父丁岁…小辛…［亡］尤？ 1
（2）癸卯卜旅贞：王宾父丁岁叙亡尤？ 2
（3）戊申卜即贞：其延丁岁？六月。 3

(4) …父丁岁…尤？[在]六[月]。 4

(5) □□[卜]旅[贞]… 2

(6) …[亡]尤？ 1

(7) …父丁岁亡[尤]？ 5

(8) 贞…延… 3

(9) 贞：叀父丁岁先… 6

1《合集》23232 2《合集》23205 3《合集》23069 4《合集》40978 5《合集》23236 6《合集》23230

本组系联的依据为“父丁岁”。与第一组不同的是，本组“岁”后均无牺牲和祭品，故而单独列为一组。所见月份为六月，干支序数可排入一月（癸卯—戊申—辛未）或两月（辛未—癸卯—戊申）之内。

第三组

(1) 丙[寅卜]□贞：翌丁卯祖辛岁叀蔻？ 1

(2) 庚午[卜]旅贞：翌辛未祖辛岁勿… 2

(3) 己卯卜大贞：盂子…牡？ 1

(4) 辛丑卜旅贞：祖辛岁叀物牛用… 3

(5) 贞：祖辛岁一𢆶？ 4

(6) 贞：二𢆶？ 4

(7) 贞：弜又？ 4

(8) 贞：祖辛岁宰牡？ 5

(9) 贞：宰牝？ 5

1《合集》22988 2《合集》22994 3《合集》22985 4《合集》22991 5《合集》22996

本组系联的依据为“祖辛岁+牺牲/祭品”。无月份记载，据干支顺序可排在两月之内。

第四组

(1) 辛卯卜大贞：王宾祖辛岁亡尤？□月。 1

(2) 壬辰卜大贞：王宾…亡尤？ 1

（3）丁酉[卜]☐贞…亡… 2
（4）辛丑[卜]☐贞：王[宾]祖辛岁亡☐？ 2 3
（5）辛亥卜旅贞：王宾祖辛岁亡尤？ 4
（6）☐☐卜旅贞：祖辛岁亡尤？ 5
（7）…王…祖辛岁亡[尤]？ 6

1《英藏》1940 2《合补》6992 3《合集》22989 4《合集》22993+①
5《掇三》817 6《上博》2426.619

本组系联的依据为“祖辛岁”。与第三组不同的是，本组“岁”后均无牺牲和祭品，故而单独列为一组。月份残缺，据干支顺序可排在一月之内。

第五组

（1）甲申卜喜贞：翌乙酉唐岁黄尹其宾？ 1
（2）甲午卜☐贞… 2
（3）乙未卜喜贞：唐岁其…又𡆥… 2
（4）☐戌卜☐贞…岁… 1
（5）庚子[卜]喜[贞]：妣岁牡？ 2
（6）☐☐[卜]旅[贞]…上甲岁…于唐岁五…[用]羌五十亡[尤]？ 3

1《契合》326 2《合集》22753 3《合集》22544

本组系联的依据为“唐岁+牺牲/祭品”。无月份记载，据干支顺序可排在一月之内。

第六组

（1）庚午卜大贞：妣庚岁王其宾？ 1
（2）贞：弜宾？ 1
（3）贞：[亡]害？ 1
（4）己卯卜旅贞：翌庚辰妣庚岁其物牛？ 2
（5）己丑卜☐贞：妣庚岁物牛？ 3

---

① 张宇卫：《甲骨缀合第一百六六——一百七十则》，先秦史研究室网站，https：//www.xianqin.org/blog/archives/10808.html，2018年7月16日。

（6）己亥卜喜贞：翌庚子妣庚岁其引宰？ 4
（7）庚子卜[喜]贞：妣庚岁其物牛？ 5
（8）贞：弜勿？ 5
（9）庚子卜喜贞：岁叀王祝？ 5
（10）[贞]：叀叙？ 5
（11）[贞]…叙… 4
（12）…贞…妣庚岁宰叙亡[尤]？在三[月]。 6
（13）□□卜旅贞：妣庚岁其五牡？八月。 7
（14）□□[卜]旅[贞]：翌庚子其又于妣庚一牛？八月。 7

1《合集》23356　2《合集》23363　3《合集》23358　4《合集》23368　5《合集》23367　6《合集》25367　7《英藏》1961

本组系联的依据为“妣庚岁+牺牲”。所见月份为三月、八月，据月份及干支顺序排列如上。

第七组

（1）甲戌卜旅贞：翌乙亥毓祖乙岁□牛？七月。 1
（2）乙卯卜旅贞：王宾毓祖乙岁□牢亡尤？在十月。 2
（3）庚申[卜]□贞：毓[祖乙]岁叀萑酒？ 3
（4）辛酉卜大贞：毓祖乙岁延？ 3
（5）□□[卜]旅[贞]…宾…岁… 2
（6）□□卜大[贞]：翌辛… 3

1《合集》23146　2《拼二》465　3《拼二》461

本组系联的依据为“毓祖乙岁+牺牲/祭品”。所见月份为七月、十月，据月份及干支顺序排列如上。

第八组

（1）□□[卜]王[贞]：王宾毓…岁亡尤？三月。 1
（2）乙卯卜即贞：王宾毓祖乙、父丁岁亡尤？ 2
（3）癸□卜大贞：王宾毓祖乙岁亡尤？八月。 3
（4）□□[卜即贞：王]宾…亡尤？ 2

(5) 贞：叀毓祖乙岁先？ 4

1《合集》23145 2《合集》23143 3《拼四》841 4《合补》6988

本组系联的依据为“毓祖乙岁”。与第七组不同，本组“岁”后均无牺牲和祭品，故而单独列为一组。所见月份为三月、八月，干支大多残缺，据月份排列如上。

第九组

(1) [乙]未卜旅贞：祖乙岁其又羌？在六[月]。 1

(2) 甲寅[卜]□贞：翌乙[卯]祖乙岁其… 2

(3) …旅…羌？ 2

(4) 庚申卜旅贞：王宾父丁奏亡尤？在十一月。 3

(5) 乙丑卜旅贞：王宾祖乙岁三宰亡尤？[在]十一月。 3

(6) …贞…祖乙… 4

(7) …王宾亡尤？ 4

(8) …贞：王宾报乙岁一牛亡尤？ 4

(9) □□卜… 3

1《合集》22573 2《辑佚》536 3《合补》6986 4《合集》22690

本组系联的依据为“祖乙岁+牺牲”。所见月份为六月、十一月，据月份及干支排列如上。

第十组

(1) 甲戌卜□贞：其…咎甲…牡？ 1

(2) □戌卜大[贞]：叀咎甲… 2

(3) …咎甲岁… 3

(4) 贞：毋又？ 3

(5) □□[卜]大[贞]…岁…[亡]害？ 1

(6) 贞：咎甲岁叀蔻？ 4

(7) 贞：一牛？ 4

(8) 贞：宰？ 4

1《合集》40968 2《合集》23096 3《合集》23092 4《合集》40967

本组系联的依据为“鲁甲岁+牺牲”。无月份记载，据干支顺序排列如上。

第十一组

(1) 壬申卜逐贞：示壬岁其延于[示]癸？ ❶
(2) 辛亥卜喜贞：翌壬子示壬岁[亡尤]？十月。 ❷
(3) □□卜喜[贞]：在祖乙？ ❷
(4) [辛]亥卜即贞：翌壬子酒示壬岁亡害？ ❸
(5) 辛酉王卜。 ❹
(6) 壬戌卜喜贞：示壬曌勺岁，翌癸亥其延于[示癸]？ ❹

❶《合集》22714 ❷《合集》22708 ❸《合集》22709 ❹《契合》344

本组系联的依据为“示壬岁”。所见月份为十月，据月份及干支顺序可排在两月之内。

第十二组

(1) 丁亥卜洋贞：王宾祖丁岁亡尤？十月。 ❶
(2) 丁亥卜洋贞：王宾叙亡尤？ ❶
(3) 乙卯卜旅贞：王宾…勺岁亡[尤]？ ❷
(4) 乙卯卜旅贞：王宾叙亡[尤]？十二月。 ❷
(5) 丙辰卜旅贞：王宾祖丁岁亡尤？十二月。 ❷

❶《合集》23033 ❷《拼四》834

本组系联的依据为“祖丁岁”。所见月份为十月、十二月。以“丁亥”为十月始，至“丙辰”十月终，共三十天；以“丁巳”为十一月始，至“乙酉”十一月终，共二十九天，则“乙卯”为十二月最后一天。

第十三组

(1) 庚午[卜]□贞：其…于兄庚…羊一？ ❶
(2) 己亥卜即贞：翌庚子其又勺伐于妣辛？ ❷
(3) 庚子[卜即]贞：兄庚…牡？六[月]。 ❷
(4) 庚戌[卜]□贞：其…兄庚…羊… ❸

(5) 庚戌卜大贞：王宾妣岁亡尤？ 3
(6) □亥卜即贞：兄庚岁□犬？ 4
(7) 贞：四… 4
(8) …贞：其…兄庚一牛？ 5
(9) …宰？□月。 5
(10) …兄庚岁其射？ 2
(11) 贞：毋又？六月。 2
(12) □□[卜]大[贞：王]宾…亡□？ 3

1《合集》23503 2《合集》23501 3《合集》23504+① 4《合集》23489 5《合集》23500

本组系联的依据为“兄庚岁+牺牲”。所见月份为六月，据月份及干支顺序可排在两月之内。

第十四组

(1) 庚午卜旅[贞]：兄庚岁…五月。 1
(2) [庚寅]卜贞…兄庚岁于… 2
(3) 己酉卜旅贞：翌庚戌兄庚岁… 3
(4) 庚戌[卜即]贞：王[宾]兄庚岁[亡尤]？ 4
(5) 庚戌卜即贞：王宾叙亡尤？ 4
(6) 壬戌卜大贞：王宾兄庚岁亡尤？ 5
(7) 癸亥卜大贞：翌甲子其从又于鲁甲宰？ 5
(8) □□[卜]大[贞]… 5
(9) □□[卜]旅[贞]… 3

1《合集》23491 2《合集》23493 3《合集》23492 4《合集》23490 5《合集》23085

本组系联的依据为“兄庚岁”。与第十三组不同，本组“岁”后均无牺牲，故而单独列为一组。所见月份为五月，据月份及干支顺序可排入两月之内。

① 刘影：《出组龟腹甲新缀五组》，《殷都学刊》2013年第3期。

第十五组

(1) 乙未卜即贞：妣岁王其… ❶
(2) 乙巳卜□贞：妣岁牡? ❷❸
(3) 乙巳卜即贞：妣岁王其[宾]? ❹
(4) □子卜大[贞]：妣岁…其叙… ❺
(5) □□卜旅[贞：王宾]妣岁…其宾? ❻
(6) …宾? 七月。 ❶
(7) …七月。 ❶
(8) 贞：妣岁牝? 十三月。 ❼
(9) 贞：妣岁昏敁? ❽
(10) 贞… ❽

❶《合集》25164　❷《合集》25159　❸《合集》25161　❹《合集》25165　❺《合集》25166　❻《合集》25156　❼《合集》25158　❽《合集》25163

本组系联的依据为“妣岁+牺牲”。所见月份为七月、十三月，据月份及干支顺序可排入数月之内。

第十六组

(1) [丙]寅卜即[贞]：岁叀今中日酒? ❶
(2) 丙寅卜即贞：其敁羊盂子? ❶
(3) 壬申卜即贞：兄壬岁叀䕩? ❷
(4) 丙子[卜]□贞：翌[丁丑]小丁岁…罙酒? ❸
(5) [己]卯卜旅[贞]：翌庚[辰]南庚岁其… ❹
(6) 甲申卜即贞：羌甲岁一牛? ❺
(7) 甲申卜即贞：其又于兄壬于母辛宗? ❷
(8) 辛卯[卜]□贞：其…母辛… ❻
(9) □□卜旅贞…子其…岁于…宰? 二月。 ❼
(10) 戊戌卜□贞：父戊岁叀小宰? 在四月。 ❽
(11) □卯卜大[贞]：岁其[牡]? 四月。 ❾
(12) [乙]未卜旅贞：小[乙]岁其牡? 在八月。 ❿

（13）［庚戌卜］旅［贞：翌辛］亥祖辛□岁其物牛？ ⑪
（14）［甲］寅卜旅［贞］：翌乙卯…岁卯三宰…三十？八月。在唐。 ⑫
（15）□未卜旅贞：小□岁其牛？在八月。 ⑬
（16）庚申卜即贞：西子岁其牡？ ⑭
（17）贞：牝？八月。 ⑭
（18）辛… ⑮
（19）贞：宰？九［月］。 ⑤
（20）…女…九月。 ⑤
（21）癸丑［卜］贞：岁物牛？十月。 ⑯
（22）□□卜大［贞］…祖甲岁…牡？ ⑰
（23）…王… ⑧
（24）□□卜旅［贞］：母辛岁…彘…一牛？ ⑱
（25）□□卜□贞：母辛岁叀今…酒？ ⑥
（26）…母辛宰… ⑲
（27）贞：于宗？ ②
（28）贞：其昏？ ②
（29）…夕… ②
（30）…五宰…五十… ⑫
（31）贞… ⑭
（32）□□卜旅［贞：王宾］妣岁…今酒… ⑳
（33）□□卜即［贞］：岁…牡？ ㉑
（34）□□卜出［贞］…延大…岁于…三宰？ ㉒
（35）□□卜大［贞］：岁宰… ⑮
（36）□□卜…小母…其羊？ ⑯
（37）贞：祖戊岁叀羊？ ㉓
（38）贞：毋？ ㉓
（39）贞：其延岁一牛？ ㉔
（40）…弜… ㉔
（41）…岁宰…［亡］尤？ ㉕

❶《合集》22857　❷《合集》23520　❸《合集》23052　❹《合集》23080　❺《合集》23021　❻《合集》23426　❼《安明》1295　❽《合集》23299　❾《合集》25193　❿《合集》25190　⓫《合集》23009　⓬《合集》24373　⓭《掇三》

568　⑭《拼二》387　⑮《合集》25201　⑯《上博》67761.20　⑰《合集》23098　⑱《合集》23424　⑲《合集》23437　⑳《合集》25155　㉑《合集》25188　㉒《合集》25221　㉓《合集》22853　㉔《合集》25182　㉕《张世放》215

本组系联的依据为“祖先岁+牺牲/祭品”。与前几组岁祭卜辞不同，本组中的祭祀对象绝大多数只出现一次，难以联系为独立的一组，我们暂将其尽归为一组，附于岁祭之后，以作参考。所见月份为二月、四月、八月、九月、十月，据月份及干支顺序排列如上。

第十七组

(1) 癸酉[卜]□贞：母癸岁… ①
(2) 乙亥卜旅贞：王宾鲁甲岁亡尤？ ②
(3) 庚寅[卜]旅贞：王宾妣岁… ③
(4) …[贞]：王…妣岁… ④
(5) 壬辰卜旅贞：季岁… ⑤
(6) □□卜大[贞]…祖乙岁…尤？十月。 ⑥
(7) □□卜[喜]贞：[王]宾…[亡]尤？ ⑦
(8) 丁酉[卜]□贞：王[宾]妣岁[亡]尤？ ⑧
(9) 壬寅[卜]□贞：王[宾]大戊奭妣壬岁… ⑨
(10) 乙巳卜旅贞：王宾妣□岁叙亡尤？ ⑩
(11) 戊申卜疑贞：王宾…岁… ⑪
(12) 戊申卜疑贞：王宾丁岁… ⑫
(13) 庚戌卜即[贞]：王宾…岁亡[尤]？ ⑪
(14) 庚戌卜即贞：王宾[妣庚]岁亡[尤]？ ⑫
(15) 辛亥卜喜贞：母辛岁其叙？ ⑦
(16) 乙卯卜旅[贞]：王宾□岁亡[尤]？十一月。 ⑬
(17) 己未卜□贞：王宾祖乙奭妣己岁[亡尤]？ ⑭
(18) 丙□[卜]旅[贞]…丁…岁…宾… ⑮
(19) 丁□[卜]□贞… ⑯
(20) 庚□[卜]□贞…勺… ⑥
(21) 辛□[卜]大[贞]：王[宾]母辛[岁]亡[尤]？ ⑰
(22) □□卜即[贞：王]宾…[亡]囚？ ⑪

(23) □□[卜]旅[贞]…祖乙岁… 18
(24) …亡尤? 10
(25) …即…宾…𡆥? 12
(26) □寅卜□贞:母□岁其… 19
(27) …大… 1
(28) …宾父丁岁罘中丁罘… 16
(29) □□卜大[贞:王]宾…祭…□月。 9

1《辑佚》301 2《合集》23089 3《合集》41132 4《安明》1280 5《合集》24970 6《东洋文库》309 7《合集》23422 8《合集》25154 9《合集》23317 10《东洋文库》316 11《缀汇》412 12《掇三》92 13《合集》25097 14《合集》23320 15《合补》7498 16《拾遗》320 17《合集》23446 18《安明》1201 19《安明》1628

本组系联的依据为"祖先岁"。与前几组岁祭者不同,本组中的祭祀对象绝大多仅出现一次,难以系联成群组,我们暂将其尽归为一组,附于此,以备查阅。所见月份为十月、十一月,据月份及干支顺序排列如上。

第十八组

(1) 贞:于既父丁勹岁酒?一月。 1
(2) 贞:其𠬝勹岁?一月。 2
(3) 癸亥卜旅贞:翌甲子又勹岁上甲,其又羌九? 3
(4) [癸]亥卜[旅贞]:翌甲子又勹岁上甲,其又羌?二月。 4
(5) 辛未卜旅贞:翌乙亥其又勹[岁]于大乙… 5
(6) □□[卜]疑贞:勹岁…于日?七月。 6
(7) 壬午卜中贞曰:其𢦏?九月。 7
(8) 丁亥卜大贞:卜曰其㞢汎勹岁自上甲,王乞… 7
(9) 辛亥卜大贞:王其又妣□𦂈豕? 7
(10) 丁□卜□贞:翌…其又勹…于妣… 8
(11) …翌甲□其𦿔又[勹]岁于上甲其… 9
(12) …乞酒其𦿔又[勹岁]于唐,其又[羌]… 10
(13) …王…乙丑其又勹岁于祖乙白牡四?王在‖卜。 11
(14) …[又]勹…雈… 12

(15) 贞：勺岁酒？十三月。 ⑬
(16) …[又]勺岁毓祖乙，又羌？ ⑭
(17) □□[卜]旅[贞]…戌…其又勺岁于…又羌？ ⑮
(18) □□[卜]旅[贞]…乞酒… ③
(19) …其… ④
(20) 贞… ②
(21) …岁… ⑬

❶《合集》23224　❷《合集》25986　❸《合集》22558　❹《合集》22571　❺《拼二》583　❻《合集》25987　❼《英藏》1924　❽《英藏》1967　❾《合集》22617　❿《合集》22743　⓫《合集》22904　⓬《怀特》1066　⓭《英藏》2109　⓮《合集》22574　⓯《合集》22576

本组系联的依据为“又勺岁+祖先”。所见月份为一月、二月、七月、九月、十三月，据月份及干支顺序可排入一年之内。

第十九组

(1) 甲子[卜]□贞：岁[叀]王祝？ ❶
(2) 庚辰[卜]□贞：王…正… ❷
(3) 辛巳[卜]□贞：祖辛[岁叀]王祝？ ❸
(4) 辛巳卜疑贞：叀王祝亡害？ ❷
(5) 辛巳卜疑贞：多君弗余言，夕其㞢于庚，匄祝？九月。 ❷
(6) 壬午卜疑贞：于丁裸鬯，于之若？ ❷
(7) 辛卯卜大贞：祖辛岁叀[王]祝？ ❹
(8) 乙巳卜喜贞：祖乙岁叀王祝？ ❺
(9) 壬子卜□贞：小乇叀[王祝]？ ❻
(10) [乙]卯卜大[贞]：祖乙岁叀[王]祝？ ❼
(11) 庚申卜大贞：岁[叀王]祝？ ❽
(12) [辛]酉卜大[贞：王宾]祖辛岁叀王祝？ ❾
(13) □巳卜大贞：乇叀王祝？十月。 ❿
(14) □□卜喜[贞]：岁叀[王]祝？ ⓫
(15) □□卜喜[贞]：岁叀王祝？ ⓬
(16) □□卜□贞…王…岁… ❶

(17) □□卜大[贞：岁叀]王祝？ ⓭
(18) …岁[叀王]祝？ ⓮
(19) 贞…于…勿… ⓮

❶《合集》25918 ❷《合集》24132 ❸《合集》22984 ❹《拼四》832 ❺《合集》22919 ❻《合集》26873 ❼《合集》22920 ❽《合集》25921 ❾《东洋文库》310 ❿《拼四》837 ⓫《合集》25916 ⓬《合集》25917 ⓭《合集》25919 ⓮《合集》25923

本组系联的依据为“王祝”。所见月份为九月、十月，据月份及干支顺序可排入数月之内。

第二十组

(1) 乙未卜贞：翌日酒匚…八月。 ❶
(2) □□[卜]出[贞]…其酒匚…室…母辛… ❷

❶《拼四》833 ❷《合集》23433

本组系联的依据为“酒匚”。所见月份为八月，排列如上。

第二十一组

(1) 乙亥… ❶
(2) 丙子卜大贞：其桒四子？ ❶
(3) 丙子卜大贞：其桒四子，叀今日？四月。 ❷
(4) 贞：于翌丁丑？ ❶
(5) 丁酉卜旅贞：其桒四子？六月。 ❸
(6) □□卜…翌…其…祖辛… ❸

❶《合集》23540 ❷《合集》23541 ❸《卡博》196

本组系联的依据为“桒四子”。所见月份为四月、六月，据月份及干支顺序可排入数月之内。

第二十二组

(1) 乙丑[卜]□贞：岁…中子？ ❶

(2) 辛丑卜大贞：中子岁其延酒？ 2
(3) 戊申[卜]☐贞：其…中子…叀襟？ 3
(4) 戊申卜即[贞]：翌己酉…于盂子？ 3
(5) 贞：叀中子？ 4

1《合集》23546　2《合集》23545　3《合集》23556　4《合集》23549

本组系联的依据为“中子岁”。无月份记载，据干支序数可排在两月之内。

第二十三组

(1) 丙寅卜即贞：王出亡囚？ 1
(2) [丙]寅卜即[贞：王]宾夕[祼]亡囚？ 1
(3) 壬申卜喜贞：王出亡囚？ 2 3
(4) 丙子卜贞：王出亡囚？ 4
(5) 壬午卜大贞：王出亡囚？ 5
(6) 乙酉卜行贞：王宾夙祼亡囚？ 6
(7) 丙戌卜行贞：王出亡囚？ 6
(8) 乙亥卜贞：王出亡囚？ 7
(9) 丁酉卜☐贞：[王]出[亡]囚？ 8
(10) 戊戌卜☐贞：王出亡囚？ 9
(11) 辛丑卜☐贞：王[出]亡囚？ 10
(12) 乙巳卜☐贞：王步[亡]囚？ 11
(13) 乙巳[卜]☐贞：王[出]亡[囚]？ 21
(14) 戊申卜☐贞：王出[亡]囚？二月。 12
(15) 辛亥[卜]旅[贞]…出… 13
(16) 辛亥[卜]贞：王[出]亡[囚]？ 14
(17) 壬子卜☐贞：王出亡囚？ 15
(18) [丙]辰卜☐[贞]：王出[亡]囚？ 16
(19) 丁巳卜☐贞：王出亡囚？ 17
(20) 庚☐[卜]☐[贞：王]出亡[囚]？ 18
(21) ☐☐卜喜[贞]：王出[亡]囚？ 19
(22) ☐☐[卜]旅[贞]：王出[亡]囚？ 20
(23) ☐☐卜旅[贞：王]出[亡]囚？ 21

（24）□□［卜］□贞：王［出亡］囚？ 2
（25）□□卜喜［贞］：王出［亡］囚？ 22
（26）乙□［卜］□贞：王出亡囚？ 23
（27）…贞：王出［亡］囚？ 24
（28）□子卜□贞：王出［亡］囚？ 25
（29）□未卜…出…囚？ 26
（30）□□卜尹［贞］…出…囚？ 27
（31）贞：亡尤？在八月。 27
（32）□□卜…王出… 3
（33）叀见？ 19
（34）贞：亡尤？ 1 6 7 9 12 13 25
（35）贞：物牛？ 6
（36）贞：弜物牛？ 6
（37）…侃…年… 24
（38）…宾…祼…囚？ 8
（39）□□卜…亡尤？ 18
（40）贞… 6

1《英藏》2239　2《合集》23763　3《掇三》619　4《合集》23767　5《英藏》2026　6《缀汇》138　7《合补》7969　8《历史所》1370　9《合集》23770　10《合补》8137　11《合补》8148　12《合集》23772　13《合集》26138　14《合补》7221　15《合集》23774　16《合集》23778　17《合集》23776　18《合集》23779　19《合集》23677　20《合集》23745　21《合集》23747　22《合集》23764　23《合集》23777　24《合补》7165　25《北大》1190　26《历史所》1417　27《合集》26152

本组系联的依据为“王出亡囚”，指商王出行是否遭遇灾祸。王出行卜辞是主要见于出组的一类特殊卜辞。所见月份为二月、八月，据月份及干支顺序可排入一年之内。

第二十四组

（1）庚辰卜旅贞：亩不既豉，其亦寻桒，其斫宾于［上甲］？ 1
（2）［辛］巳卜旅贞：亩不既豉，其亦寻桒，叀丁亥酒？十一月。 2

(3) 辛巳卜□贞：㐭… 2
(4) [辛]亥卜[旅贞]：㐭不既[㱿，其]亦桒…[酒]？ 3
(5) 辛亥卜洋贞：㐭不既㱿，其亦桒，其𣃔宾… 4
(6) 辛亥卜洋贞：㐭不既㱿，其亦桒，叀丁巳酒？ 4

1《英藏》1998　2《合集》23694　3《英藏》1997　4《合集》25892

本组系联的依据为“㐭不既㱿”。所见月份为十一月，据干支序数可排入两月之内。

第二十五组

(1) 贞：毋射？二月。 1
(2) …丑… 1
(3) [庚]寅卜□[贞]：翌辛[卯]岁…叀多生射？ 2
(4) 辛卯卜即贞：叀多生射？ 3
(5) □子卜即[贞]…祖辛…叀多生射？ 4
(6) 贞：毋□？七月。 4
(7) 贞：叀戍射？在… 5
(8) 贞：弜… 5

1《合集》24221　2《合集》24143　3《合集》24140　4《合集》24141　5《合集》24220

本组系联的依据为“多生射”。所见月份为二月、七月，据月份及干支顺序排列如上。

第二十六组

(1) 辛卯卜即贞：王宾[丁]不雨？ 1
(2) 壬辰卜贞：王宾丁不冓雨？ 2
(3) 丁酉卜大贞：王宾丁不冓雨？ 3
(4) □酉卜逐贞：王宾岁不冓大雨？ 4
(5) 贞：其冓雨？ 4

1《合集》24896　2《合集》24884　3《合集》24891　4《合集》24879

本组系联的依据为“王宾丁”。无月份记载，据干支序数可排入一月之内。

第二十七组

(1) 丁亥卜□贞：王[宾夙]祼[亡]□? 1
(2) 戊子[卜]出贞：[王]宾[夙]祼[亡𡆥]? 2
(3) 贞：亡𡆥? 二月。 2
(4) 庚寅卜旅贞：王宾夙祼亡𡆥? 3
(5) 庚寅卜逐[贞]：王宾夙[祼亡𡆥]? 4
(6) □巳卜□贞：王宾[夙]祼亡𡆥? 5
(7) 甲申[卜]□贞：王[宾]夙[祼]亡𡆥? 三月。 6
(8) 乙酉卜□[贞]：王宾夙祼[亡𡆥]? 7
(9) 庚寅卜喜贞：王宾夙祼亡𡆥? 8
(10) 乙丑卜即贞：王宾夙祼亡𡆥? 9
(11) 贞：亡尤? 三月。 9
(12) 辛未卜喜贞：王宾夙祼亡𡆥? 10
(13) 甲戌[卜]□贞：[王宾]夙[祼]亡[𡆥]? 11
(14) 丙子卜出贞：王宾夙… 12 13
(15) 戊寅卜即贞：王宾夙祼亡𡆥? 五月。 14
(16) …夙祼[亡]𡆥? 五月。 15
(17) 丙申卜即贞：王宾夙祼亡𡆥? 16
(18) 丁酉卜贞：王宾夙祼亡[𡆥]? 17
(19) 庚子卜旅贞：王宾夙祼亡𡆥? 18
(20) 辛丑卜即贞：王宾夙祼亡𡆥? 19
(21) 辛丑卜出贞：王宾夙[祼亡𡆥]? 20
(22) 癸卯卜贞：王宾夙[祼]亡[𡆥]? 21
(23) 乙巳卜贞：王宾夙祼亡𡆥? 22
(24) 丙午卜□贞：王宾夙祼亡尤? 23
(25) 庚戌[卜]□贞：王[宾]夙祼[亡]𡆥? 24
(26) 戊午[卜]即[贞]… 14
(27) 庚申卜□贞：王宾夙[祼]亡𡆥? 25
(28) 甲子卜即贞：王宾夙祼亡𡆥? 26
(29) [辛]□卜大[贞]：王[宾]夙[祼]亡𡆥? 27

(30) □□[卜]即[贞：王]宾… 26
(31) □巳卜□贞：王宾夙裸亡囚？ 28
(32) □□[卜]出贞：[王宾]夙裸亡囚？ 29
(33) □□[卜]喜[贞]：王宾夙裸亡囚？ 30
(34) 贞：夙裸亡[尤]？ 31
(35) [贞：王宾]夙裸亡囚？ 32
(36) …夙[裸亡]尤？ 33
(37) 贞：亡尤？ 11 14 15 22 26 31
(38) 贞：亡尤？十月。 26
(39) □□[卜]旅[贞：王]宾… 3
(40) □□[卜]旅[贞：王]宾… 18
(41) □□[卜]喜[贞：王]宾… 8
(42) □□卜出[贞：王]宾… 12
(43) …贞… 14 16 22

1《合补》7677　2《合集》25412　3《合集》25408　4《合集》25419　5《北大》431　6《合集》25427　7《合集》25431　8《合集》25414　9《合集》25374　10《合集》25594　11《合集》25448　12《合补》7707　13《英藏》2097　14《合集》25375　15《合集》25449　16《上博》17647.406　17《合集》25432　18《合集》25409　19《合集》25376　20《英藏》2095　21《安明》1313　22《合集》41165　23《合补》7664　24《合集》25435　25《合集》25438　26《合集》25373　27《英藏》2096　28《合集》25440　29《合集》25413　30《合集》25415　31《合集》25453　32《合集》25444　33《合补》7703

本组系联的依据为“夙裸”祭。“夙裸”祭主要盛行于出组、何组及无名组，其中出组最为普遍。所见月份为三月、五月、十月，据月份及干支顺序排列如上。

第二十八组

(1) 癸亥[卜大]贞：[王宾]夕[裸]亡[囚]？ 1
(2) 甲子卜大贞：王宾夕亡囚？ 1
(3) 贞：亡尤？一月。 2
(4) 丙寅卜旅贞：王宾夕裸亡囚？ 3

(5) 丁卯卜旅贞：王[宾]祼[亡囚]？ 3
(6) 己巳卜尹贞：王宾夕祼亡囚？ 5 6
(7) 庚午[卜]□贞：王宾夕祼[亡]囚？ 7
(8) 甲戌[卜]□贞：王[宾]夕祼[亡囚]？ 8
(9) 丙子[卜]□贞：王[宾]夕祼[亡囚]？ 9
(10) 丙□[卜]□贞：王宾夕祼亡囚？ 2
(11) 戊寅[卜]□贞：王宾…亡尤？ 10
(12) 庚[辰]卜逐贞：王宾夕祼亡囚？ 10
(13) 丙戌[卜]□贞：[王宾]戠[亡尤]？ 11
(14) 癸巳卜喜[贞]：王宾夕祼亡囚？ 12
(15) 甲午卜即贞：王宾夕祼亡囚？ 13
(16) 己亥[卜]出贞：[王]宾[夕]祼… 14
(17) 癸卯卜□贞：王[宾]夕祼[亡囚]？ 15
(18) …宾夕祼亡尤？二月。 16
(19) 甲辰卜逐贞：王宾夕祼亡囚？ 17
(20) 甲辰卜疑贞：王宾夕祼至于翌夙祼不作？ 18
(21) 丙午卜旅贞：王宾夕祼亡囚？ 4
(22) 己酉卜□贞：王宾夕祼亡□？ 19
(23) 庚戌卜[出]贞：王宾夕[祼]亡[囚]？ 20
(24) 甲寅卜喜贞：王宾夕[祼]亡囚？ 21
(25) [丙]辰[卜]□贞：王[宾]夕祼亡[囚]？ 22
(26) 壬戌卜出贞：王宾夕祼[亡囚]？ 23
(27) 癸亥卜贞：王宾夕祼亡囚？ 24
(28) □□卜□[贞]：王[宾]夕祼[亡]囚？三月。 25
(29) 庚寅卜出贞：王宾夕祼[亡尤]？ 26
(30) 贞：亡囚？四月。 26
(31) 甲午卜大[贞]：王宾[夕]祼亡[囚]？ 27
(32) 甲午卜即贞：王宾夕祼亡囚？ 28
(33) 己[亥卜]□贞：王[宾]夕祼[亡囚]？ 29
(34) 贞：亡尤？七月。 28
(35) 甲寅卜喜贞：王宾夕[祼]亡囚？ 30
(36) 庚申[卜]喜贞：[王宾]夕祼[亡]囚？ 31

(37) 癸亥卜即贞：王宾夕祼亡囚？ 32
(38) 甲寅卜即贞：王宾夕祼[亡]囚？ 33
(39) 庚申卜大贞：王宾夕祼亡囚？九月。 34
(40) 壬戌卜贞：王宾戠亡囚？九月。 34
(41) …宾… 2
(42) …夙…亡囚？ 28
(43) 贞…夙… 28
(44) □卯卜□贞：王宾夕祼亡[囚]？ 35
(45) □辰卜逐贞：王宾夕祼亡囚？ 10
(46) □午卜出贞：王宾夕祼亡尤？ 36
(47) □戌卜旅[贞]：王宾[夕]祼[亡]囚？ 37
(48) □[戌]卜□贞：王[宾]夕[祼]亡[囚]？ 11
(49) □□卜大[贞]：王其…夕祼… 38
(50) □□卜即[贞]：王宾夕[祼]亡囚？ 39
(51) □□卜喜[贞：王]宾夙[祼亡]囚？ 12
(52) □□卜大[贞]：王宾[夕]祼亡[囚]？ 40
(53) …王[宾]夕[祼]亡[囚]？ 14
(54) □□卜出贞：[王]宾夕祼[亡囚]？ 41
(55) …[王宾]夕祼亡囚？ 42
(56) …夕祼… 43
(57) □□卜即[贞：王]宾夕…亡囚？ 44
(58) …王宾[夕]祼[亡]囚？ 45
(59) □□卜大[贞：王]宾夕[祼]亡囚？ 46
(60) …王宾夕祼亡[囚]？ 47
(61) □□[卜]行贞：[王宾]夕祼[亡]尤？ 48
(62) …王宾[夕]祼亡囚？ 49
(63) □□卜行[贞]：王宾[夕]祼亡[囚]？ 50
(64) □告。 38
(65) 贞：亡尤？ 6 10 13 24 30 31 39 47
(66) 贞… 20 32
(67) 贞：[亡]囚？ 36
(68) 贞：亡尤？在□月。 15

(69) □□卜出[贞：王]宾亡尤? 9
(70) …贞：叀… 43
(71) …贞…[亡]𡆥? 8
(72) …贞…夕…亡□? 35
(73) 丙… 21
(74) …[亡]𡆥? 34 48

1《合集》25456 2《合集》25531 3《合集》25571 4《合集》41179 5《合集》25477 6《合集》25462 7《合集》25520 8《合补》7659 9《合补》7635 10《合集》25518 11《合集》25535 12《合补》7606 13《掇三》572 14《合补》7619 15《合集》41172 16《合补》7665 17《合集》25519 18《合集》25460 19《合补》7751 20《英藏》2129 21《北大》387 22《英藏》2128 23《合集》25517 24《合集》25528 25《合集》25536 26《英藏》2127 27《合补》7614 28《合集》25464 29《合集》25530 30《合集》25473 31《合集》25475 32《合集》25469 33《合集》25465 34《合集》25458 35《合补》7663 36《合集》25538 37《合集》25501 38《合集》25459 39《合集》25461 40《合集》25537 41《合补》7624 42《合补》7639 43《合补》7654 44《合补》7903 45《安明》1332 46《英藏》2158 47《合集》25533 48《合补》7668 49《合补》7680 50《英藏》2125

本组系联的依据为“夕祼”祭，常与“夙祼”祭对贞，亦主要盛行于出组、何组及无名组。所见月份为一月、二月、三月、四月、七月、九月，据月份及干支顺序排列如上。

第二十九组

(1) 丁卯卜洋贞：王宾𣪊亡𡆥? 1
(2) 庚午卜大贞：王宾祼亡𡆥? 十一月。 2
(3) …贞：王[宾]戠[亡]𡆥? 十一月。 2
(4) 辛未[卜]即贞：[王]宾…祼… 3
(5) 丙子卜旅贞：王宾祼亡𡆥? 4
(6) [戊]寅卜即贞：王宾祼亡𡆥? 5
(7) 庚辰卜旅贞：王宾祼亡𡆥? 6
(8) 癸未[卜]□贞：王宾□祼亡[𡆥]? 7

（9）癸巳［卜］出贞：王宾□祼… 8
（10）癸□［卜］出［贞：王］宾□祼［亡囚］？ 9
（11）甲辰［卜］□贞：王宾祼亡囚？ 10
（12）己酉卜大贞：王宾祼… 11
（13）［辛］亥卜喜贞：𢀛其祼… 12
（14）甲寅［卜］出贞：王宾祼亡囚？ 13
（15）乙卯卜出贞：王［宾］… 13
（16）壬戌［卜］□贞：王［宾］…亡□？ 14
（17）癸亥［卜］□贞：王…祼… 15
（18）癸亥卜□贞：王宾…［祼］… 16
（19）乙丑卜即贞：王宾祼亡囚？ 17
（20）丙寅卜出贞：王宾祼亡□？十三月。 18
（21）丙□［卜］□贞…出…囚？ 19
（22）□巳卜洋［贞］：王宾□祼［亡］囚？ 1
（23）己□［卜］□贞：王［宾］□祼［亡］囚？ 20
（24）□午卜□贞：王宾…尤？二月。 8
（25）…［祼］亡…二月。 21
（26）□子王卜［贞］：↕宾□祼亡囚？ 22
（27）□子王卜［贞］：出于…祼… 22
（28）□卯卜喜贞：王宾祼亡囚？ 23
（29）□卯卜逐［贞：王］宾□祼亡［囚］？ 24
（30）□亥卜出贞：王宾［祼］亡［囚］？ 25
（31）庚寅［卜］□贞：王宾祼亡囚？五月。 26
（32）癸巳［卜］□贞：王［宾］祼亡［囚］？ 27
（33）□□卜出［贞］…祼…五月。 28
（34）甲□［卜］□贞…祼… 29
（35）己…出…宾… 21
（36）己… 30
（37）□子卜出［贞］：王宾□祼亡［囚］？ 31
（38）□卯卜出［贞：王］宾…祼亡尤？ 32
（39）□午卜□贞：王［宾］祼… 30
（40）□戌卜即贞：王宾祼𣪘亡尤？ 33

（41）□亥卜□［贞］…作…祼… 34
（42）…亡囚？七月。 29
（43）□□［卜］大［贞］：王宾□祼亡囚？ 35
（44）…王宾祼亡囚？ 36
（45）□□卜喜［贞：王］宾□祼［亡］囚？ 19
（46）□□卜旅［贞］… 4
（47）□□［卜］出［贞：王］宾□祼… 37
（48）…贞…祼… 37
（49）…［王］宾□祼［亡］囚？ 14
（50）□□卜大［贞］：王宾□祼［亡囚］？ 38
（51）□□卜大［贞：王］宾□祼［亡］尤？ 39
（52）…王宾□祼［亡］囚？ 40
（53）…贞：王宾祼亡囚？ 41
（54）□□［卜］大［贞］：王宾□祼亡［囚］？ 42
（55）…王宾□祼亡囚？ 43
（56）…祼亡囚？ 44
（57）…贞：王宾□祼亡［囚］？ 45 46
（58）□□［卜］□［贞：王］宾□祼亡［囚］？ 47
（59）…王宾…祼亡囚？ 48
（60）贞：亡尤？ 3 5 7 17 23 24 25 26 32
（61）…贞…［亡］尤？ 40
（62）…贞… 11 18
（63）□□卜…王…祼… 20
（64）贞…于既… 28
（65）…［王］宾…亡尤？ 25
（66）…今夕…亡尤？ 25

1《合集》25543+① 2《合集》25616 3《合集》25782 4《合集》41178 5《合集》25561 6《拼三》627 7《俄罗斯》44 8《上博》21569.73 9《合集》25790 10《合集》25605 11《合集》25457 12《合集》25978

① 李爱辉：《甲骨拼合第446—450则》，先秦史研究室网站，https：//www.xianqin.org/blog/archives/11393.html，2019年1月4日。

13《合集》25564　14《合补》7631　15《合补》7600　16《合补》7883　17《英藏》2130　18《合补》7766　19《合集》41176　20《京人》1287　21《旅博》1484　22《缀汇》599　23《合集》25563　24《合集》25591　25《合集》25565　26《合集》25602　27《合集》41182　28《英藏》2137　29《合补》7596　30《合补》7749　31《英藏》2135　32《掇三》93　33《瑞典》62　34《合集》25635　35《合集》25560　36《合集》25613　37《合补》7621　38《合补》7643　39《合补》7645　40《合补》7651　41《英藏》2134　42《旅博》1446　43《合集》25612　44《合集》25624　45《合补》7628　46《合补》7633　47《合补》7675　48《合补》7859

本组系联的依据为"祼"祭。与"夙祼""夕祼"不同，本组仅卜问是否举行"祼"祭，但多见与"夙祼""夕祼"同版者，故而应有紧密联系，我们暂单独列为一类，紧附于"夙祼""夕祼"之后，以备查阅。所见月份为十一月、十三月、二月、五月、七月，由于月份之间干支不能兼容，故而应为两年内所卜之事。

第三十组

(1) 丁巳卜疑贞：冎曰入，王曰入？允入。 1
(2) 丙寅卜疑贞：卜竹曰其㞢于丁宰，王曰弜畴，翌丁卯逵若？八月。 1
(3) 丙寅卜[疑]贞：于祖乙御其䑕逵若？八月。 1
(4) 丁卯卜大[贞]：其又[于]父[丁]… 2
(5) 乙亥卜中贞曰：其㞢于丁叀三宰？九月。 3
(6) 丙子[王]卜。 3
(7) 癸亥卜旅贞：其又…父丁牛？ 4
(8) 贞：今日亡来艰？ 1

1《合集》23805　2《合集》23177　3《合集》23059　4《合集》23176

本组系联的依据为"㞢于丁/父丁+牺牲"。所见月份为八月、九月，据月份及干支可排入两月之内。

第三十一组

(1) [辛]未卜大贞：[又]于祖辛宰？ 1
(2) 丁酉卜王贞：饗于父丁？六月。 2

(3) 辛亥卜王贞：其又于祖辛二宰？ 2
(4) 癸□卜大[贞]：王[宾]叙[亡]尤？ 1
(5) …其又于祖辛一牛？ 3
1《合集》22965 2《合补》6993 3《合集》22961

本组系联的依据为“又于祖辛+牺牲”。所见月份为六月，据月份及干支顺序可排入两月之内。

第三十二组

(1) □□[卜]旅贞：翌辛亥其又于祖乙一宰？四月。 1
(2) …亥…物牛？ 1
(3) 戊辰卜即贞：其又于祖乙一牛？ 2
(4) 贞：宰？十月。 2
(5) 戊辰卜即贞：翌己巳弜延祖乙岁？ 2
1《合集》22889 2《缀集》174

本组系联的依据为“又于祖乙+牺牲”。所见月份为四月、十月，据月份及干支顺序排列如上。

第三十三组

(1) 壬戌卜大贞：[其]又[于]季[叀]羊？ 1
(2) [丙寅]卜大[贞：翌]丁卯…岁物牛？ 1
(3) 壬申卜旅贞：其又于季叀羊？ 2
(4) □□卜旅[贞]…季…牡？ 3
1《合集》24974 2《合集》24969 3《天理》344

本组系联的依据为“又于季+牺牲”。据干支顺序可排入十数天或两月（丙寅—壬申—壬戌）之内。

第三十四组

(1) 癸巳卜即贞：其又于妣一牛？ 1
(2) [癸]巳卜[即]贞：其又于妣？三月。 1

(3) 癸巳卜即贞：妣□物牛？ ❶
(4) 贞：宰？三月。 ❶
(5) 贞：弜勿？三月。 ❶
(6) □子卜大[贞]…其又…妣牡？ ❷
(7) …亡□？三月。 ❷
(8) □□卜大[贞]…其又…妣一牛？ ❸
(9) □□[卜]旅[贞]…妣一牛？ ❹
(10) □□卜贞：其又于妣？ ❺
(11) 贞… ❶
(12) □□卜贞… ❺

❶《合补》7710　❷《合集》25047　❸《合集》25048　❹《合集》24518　❺《合集》23404

本组系联的依据为“又于妣+牺牲”。所见月份为三月，据月份及干支顺序可排入一月之内。

第三十五组

(1) 辛未卜□贞：其又于母辛亡尤？ ❶
(2) 壬申卜□贞：叀今□又于母辛？ ❷

❶《合集》23414　❷《合集》23417

本组系联的依据为“又于母辛”。无月份记载，据干支顺序排列如上。

第三十六组

(1) 丙寅卜即贞：又一牛其用缶于丁？ ❶
(2) □午卜□贞：其又豕于三母，今夕其□不羊？二月。 ❷
(3) 丙申卜□贞：翌丁酉其又于祖丁宰？ ❸
(4) 丙申卜即贞：其又于中子叀牛？ ❹
(5) 贞：叀羊？四月。 ❹
(6) □□卜旅[贞]…又于…一牛？四月。 ❺
(7) 乙丑[卜]□贞：其又[于]祖宰？ ❻
(8) [庚]午卜旅贞：其又于兄庚？五月。 ❻

(9) 乙未卜□贞：其又于… 7
(10) 丙申卜[贞]：翌丁酉又于…宰？ 8
(11) 庚子卜大贞：其又于妣庚… 9
(12) 壬寅卜：王？ 10
(13) 贞：其又母辛叀… 10
(14) 贞：叀牛？六月。 10
(15) 贞：叀𤛗？六月。 10
(16) 癸丑卜□贞：母癸□其又[羌]？ 11
(17) 癸丑[卜]□贞：唐…从又…岁… 12
(18) 癸[丑卜]□贞…其… 13
(19) [丙]辰卜大[贞]：翌丁巳又于大丁… 14
(20) 庚申[卜大]贞：翌辛[酉]其又于… 14
(21) □□[卜]大[贞]…岁？七月。 9
(22) [己卯卜]旅[贞：翌庚]辰其又于大庚三宰？ 15
(23) [己卯卜]旅[贞]：翌庚[辰]其又于□一宰？ 15
(24) 辛酉卜□贞：叀其又羌？十二月。 16
(25) …上甲…亡尤？ 17
(26) 贞：弜…人三… 4
(27) □□卜□[贞]…其又…父丙… 18
(28) □□卜[旅贞]：其又[于]子画羊ㄩ？ 19
(29) □□卜旅[贞]…又[于]子画□？ 19
(30) □□[卜]大[贞]… 7
(31) □□卜旅[贞]…其又于…叀羊？ 20
(32) …[贞]…㞢于…牝母戊… 21
(33) □□卜：王？ 10
(34) …若，其言之…十二月。 16
(35) 贞…㬝… 1
(36) …又…唐其…大甲… 13
(37) □□卜旅[贞]…又于…祖乙一牛？ 22

1《掇三》477　2《合集》23462　3《合集》23028　4《俄罗斯》39　5《北大》2831　6《拼三》624　7《合集》25052　8《合补》7712　9《合集》23346　10《合集》23413　11《英藏》1973　12《合集》22756　13《合集》

22757　14《拼三》620　15《拼二》460　16《合补》7765　17《合集》22618　18《合集》23297　19《合集》23529　20《合集》25058　21《辑佚》338　22《合集》25057

本组系联的依据为"又于祖先+牺牲"。与前文所述"又于祖先+牺牲"者不同，本组卜辞绝大多数仅见一例，难以系联成组群，故而暂将其尽归入此，以备查阅。所见月份为二月、四月、五月、六月、七月、十二月，据月份及干支顺序排列如上。

第三十七组

第一年

(1) 甲子[卜]中贞：[翌]乙丑又[于]祖[乙]… 1
(2) 乙丑卜王贞：□㞢… 2
(3) 乙丑卜□贞：其□于妣乙… 3
(4) 己巳卜王曰贞：其又于祖乙奭[妣己]□[亡尤]？ 4
(5) 庚午卜□贞：其又于… 5
(6) 甲午[卜]□贞：翌乙[未]其又于[毓]祖乙？ 6
(7) 乙未卜□贞：其又于妣乙？ 7
(8) 丙申卜即贞：王宾妣丙岁叙亡尤？二月。 8
(9) 丁酉[卜]□贞：又…其… 9
(10) 癸卯卜即贞：翌乙巳其又于祖乙？ 10
(11) …毋…在四[月]。 10
(12) 丁未卜即[贞]…岁… 11
(13) 贞：[毋]又？五月。 11
(14) 己酉卜□贞：又[御]兄庚翌… 12
(15) 庚戌卜大贞：其又于兄庚？ 13
(16) 庚戌卜王贞：翌辛亥其又[于]祖辛？ 14
(17) 辛亥[卜]大… 15
(18) 丁丑卜喜贞：翌戊寅其又于大戊？五月。 16
(19) 己卯卜旅贞：又由虎其用？ 17
(20) 己卯[卜]□贞…其… 17
(21) 庚辰[卜]□贞：翌…其又… 18

(22) 甲□卜□贞：翌…其又于…六[月]。 19
(23) 甲午卜[喜]贞：翌乙[未]酒卯王□燕？六月。 16
(24) 庚午[卜]□贞：翌[辛未]其又于… 20
(25) 贞：毋又？七月。 20
(26) 丙寅[卜]出贞：[今]夕出[于]保用？九月。 21
(27) 贞：弜又？九月。 22
(28) …夕出…十月。 15
(29) 贞：毋[又]？十月。 23
(30) 贞…十月。 23
(31) 乙未卜旅贞：其又于母癸？ 24
(32) 丙申卜□贞：其又于… 25
(33) 乙酉卜疑贞：其又于我曰乇？十一月。 26
(34) 庚寅卜大贞：翌辛卯其又于祖辛[亡囚]？[在十一月]。 27
(35) 癸巳卜… 28
(36) 丙寅卜大贞：叀由又[保]自又尹？十二月。 29
(37) 己巳[卜]□贞：叀… 2
(38) 庚午卜大贞：其从又于祖庚？十二月。 30

第二年

(39) 乙未[卜]□贞：王宾□□岁亡[尤]？ 27
(40) 丁酉卜□贞：王…又… 31
(41) 乙卯卜□贞：其又妣乙？ 32
(42) 丙辰[卜]□贞：[翌]…其又… 33
(43) …六月。 32
(44) 己未卜即贞：翌庚申其又于兄[庚]？ 34
(45) 己未[卜]即[贞]…岁… 34
(46) 庚申卜□贞：翌辛酉[其]又于祖辛…又奭… 35
(47) 辛酉卜旅贞：其又于… 36
(48) 癸亥卜疑贞：翌甲子其又于兄庚，叀必宾祼攸？ 37
(49) 癸亥卜旅贞：其又于… 38
(50) 癸酉卜出贞：出于唐叀翌乙亥…酒？六月。 39
(51) 乙亥卜□贞：其又[于]毓祖乙？[在]六月。 40
(52) 丁未卜□贞：其又…我…兄？ 41

（53）丁巳卜□贞：夕又… 42
（54）庚□[卜]□贞：王…岁亡… 36
（55）贞：毋[又]？八月。 43
（56）癸…又…其…大… 44
（57）□卯卜旅[贞]…又于… 45
（58）□卯卜大[贞]…又于… 46
（59）□辰卜旅[贞]：其又于季… 47
（60）□午卜□贞：其又… 48
（61）□酉[卜]□[贞]：翌辛□又[于]祖辛？ 49
（62）…叀又…十月。 42
（63）…叙亡尤？ 8
（64）□□卜大[贞]…祖□岁… 30
（65）…宾… 12
（66）…毋… 34
（67）贞：弜？ 26
（68）□□[卜]出[贞]…[㞢]于…庚…宗？ 50
（69）贞：其[又]？ 11
（70）贞：叀又… 51
（71）…丁… 51
（72）贞：毋又？ 28
（73）…又… 22
（74）…弜又？ 52
（75）…翌…又祖… 53
（76）贞：弜又？ 54
（77）…王卜…母辛… 9
（78）贞…般… 39
（79）贞：毋又？ 55
（80）…辛其又于毓祖乙？ 56
（81）□□[卜]旅[贞]…祝？ 33
（82）贞… 43

1《安明》1305　2《合集》5319　3《合补》7024　4《合集》23322
5《上博》2426.601　6《合集》23138　7《合补》7022　8《合集》23336

9《英藏》1970 10《合集》22887 11《合集》25072 12《合集》23482 13《合集》23480 14《合集》22968 15《俄罗斯》115 16《合集》22826 17《合集》23690 18《合补》7716 19《英藏》2092 20《合补》7713 21《合集》26094 22《安明》1300 23《天理》361 24《拼一》326 25《合补》7714 26《合集》23591 27《合集》22967 28《合补》8614 29《合集》23683 30《合集》23109 31《合补》7219 32《天理》334 33《合集》25054 34《合集》25060 35《合集》23324 36《拾遗》344 37《合集》23481 38《安明》1299 39《北大》335 40《合集》23137 41《合集》26838 42《合补》7717 43《俄罗斯》38 44《旅博》1730 45《合补》7711 46《合补》7715 47《旅博》1332 48《旅博》1726 49《合集》22970 50《合集》24955 51《合集》25046 52《安明》1308 53《安明》1404 54《怀特》1260 55《辑佚》364 56《合集》23140

本组系联的依据为“又于…”。与第三十六组不同，本组大多卜问“又”祭某位神祇，却不见有牺牲或祭品。所见月份为二月、四月、五月、六月、七月、八月、九月、十月、十一月、十二月，由于相同月份或相连月份干支之间不能兼容，故而暂排入两年之内。

第三十八组

(1) 丙午卜即贞：又以羌翌丁未其用？ 1
(2) 贞：弜用？二月。 1
(3) 丁未[卜]□贞：叀…出于用羌？ 2
(4) [庚戌]卜□贞：其…兄庚…羊… 2
(5) □子卜疑贞：□来羌曰用学？ 3
(6) 贞：其来羌？ 4
(7) 贞：又来羌？六月。 5

1《拼二》396 2《合集》22581 3《合集》22538 4《合集》22540 5《合集》22541

本组系联的依据为“来羌”，1之“以羌”亦即来羌，故应为一事。所见月份为二月、六月，据月份及干支顺序排列如上。

第三十九组

(1) □丑卜□贞：王宾[彡]龠亡[尤]？ 1

(2) 甲寅[卜]☐贞：唐…岁其奏… 1
(3) 丁丑卜贞：王宾外丙彡龠亡囗？ 2
(4) 贞… 2
(5) …宾…彡龠…亡… 3

1《合集》22748　2《合集》22778　3《辑佚》412

本组系联的依据为“彡龠”。无月份记载，据干支顺序排列如上。

第四十组

(1) 甲子卜旅贞：今日亡[来]艰？ 1
(2) 甲子卜疑贞：今日亡来艰？☐月。 2
(3) 丁卯卜☐贞：今[日]亡[来]艰？ 3
(4) 戊寅[卜]大贞：[今日]亡来[艰]？ 4
(5) 戊寅卜即贞：今日亡来艰？ 5
(6) 己卯卜逐贞：今日亡来艰？ 6
(7) 辛巳卜☐贞：今日亡来艰？ 7
(8) 戊子卜出贞：今日亡来艰？ 8
(9) 己丑卜☐贞：今日[亡]来艰？ 9
(10) 庚寅[卜]疑贞：今日亡来艰？一月。 10
(11) 庚寅卜冎贞：今日不雨？ 11
(12) 庚寅卜冎贞：今日亡来艰？ 11
(13) 庚寅卜出贞：今日亡… 12
(14) 癸巳卜冎贞：今日亡来艰？ 13
(15) 癸巳卜冎贞：今日启？ 13
(16) 贞：不其雨？二月。 14
(17) 乙未[卜]☐贞：今日亡艰？ 15
(18) [丁]酉卜出贞：今日亡来艰？ 16
(19) 癸卯卜旅贞：今日亡来艰？ 17
(20) 丙午卜☐贞：今日亡来艰？ 18
(21) 丁未卜即贞：今日亡来艰？ 19
(22) 戊申[卜]☐贞：今[日亡]来[艰]？ 20
(23) 壬子[卜]中贞：[今日]亡来艰？ 21

(24) 癸丑卜□贞：今…来□？ 22
(25) 乙卯卜即贞：今日亡来艰？ 23
(26) 己未卜大贞…亡[来]艰？ 24
(27) 庚申卜旅贞：翌辛[酉]不雨？ 1
(28) 庚申卜□贞：今日亡[来]艰？ 25
(29) 贞：今日延启？四月。 1
(30) 甲子卜□贞：今日[亡]来[艰]？ 26
(31) 乙□[卜]旅[贞：今]日亡[来]艰？ 27
(32) 己巳卜□贞：今夕亡来艰？ 28
(33) 戊寅卜□贞：王心节叀其来艰？ 29
(34) 庚□卜□贞：勿…若？ 30
(35) □□[卜]疑[贞]…雨其…我人…又羌？ 10
(36) □寅卜旅[贞]：今日[亡]来艰？ 1
(37) □辰[卜]□贞：今日[亡]来艰？ 31
(38) □□[卜]即[贞]…亡来艰？ 32
(39) □□卜旅[贞：今]日亡[来]艰？ 33
(40) …[今]日亡来艰？ 34
(41) …[今]日…艰？ 35
(42) □□卜出[贞]…日亡…艰？ 36
(43) □□[卜]冎[贞：今]日亡[来]艰？ 37
(44) □□卜出[贞：今]日亡[来]艰？ 38
(45) □□卜冎[贞]：今日[亡来]艰？ 39
(46) □巳卜□贞：今[夕]亡囚？ 13
(47) □□[卜]旅[贞：今]日亡[来]艰？ 40
(48) □□卜冎[贞：今日]亡来艰？ 41
(49) …有来艰？ 42
(50) …亡来艰？ 43
(51) □□卜…中亡[来]艰？ 44
(52) [贞：今]日亡[来]艰？ 45
(53) …今日[亡]来艰？ 46
(54) …亡来艰？ 47
(55) …来艰？ 48

（56）□□［卜］旅［贞：今日亡］来艰？ 49
（57）□□卜喜［贞］：今夕［亡］来［艰］？ 50
（58）□□卜□贞：［今］夕亡［来］艰？ 51
（59）…来艰？ 52
（60）贞：今夕皀…艰？ 53
（61）［贞：今日］亡［来］艰？ 54
（62）…贞：今日亡来［艰］？ 55
（63）□□卜□［贞：今］日亡［来］艰？ 56
（64）□□卜冎［贞］…亡来［艰］？ 57
（65）贞：今日亡来艰？ 14
（66）…艰？ 12 30 43
（67）［贞］：亡来艰，祟叀雨？ 25
（68）□□卜大［贞］…卜有祟… 52
（69）贞… 5 12
（70）…雨？ 5 19
（71）贞：其［雨］？ 22
（72）贞：今日不雨？ 22
（73）…其… 22
（74）贞…勿… 35
（75）□□［卜］大贞…酉王… 30
（76）贞…启？ 14
（77）贞…［不］… 1
（78）□□［卜］旅［贞］… 33
（79）丁□卜□贞… 55

1《合集》24161　2《合集》24162　3《合集》24163　4《合集》24164　5《合集》41068　6《合集》24166　7《合集》24167　8《合补》7938　9《合集》41069　10《合集》22577　11《合集》24170　12《合集》24171　13《英藏》2034　14《合集》24185　15《合补》7940　16《合集》24183　17《合集》24173　18《合集》24176　19《合集》24177　20《旅博》1527　21《合集》41070　22《拼三》603　23《合集》24179　24《合集》24182　25《旅博》1525　26《旅博》1522　27《合集》24192　28《合集》24206　29《辑佚》398　30《合集》24556　31《合集》24201　32《合集》24189　33《合集》24193　34《合集》24200

35《合补》7941　36《合补》8169　37《安明》1555　38《安明》1557　39《怀特》1144　40《英藏》2037　41《旅博》1523　42《合集》24158　43《合集》24159　44《合集》24197　45《合集》24198　46《合集》24203　47《合集》24210　48《合集》24213　49《合集》24214　50《合集》24207　51《合集》24208　52《合集》24215　53《合集》24209　54《安明》1547　55《英藏》2036　56《辑佚》461　57《历史所》1428

本组系联的依据为“今日亡来艰”。所见月份为一月、二月、四月，据月份及干支顺序可排入数月之内。

第四十一组

(1) 丁卯卜大贞：王宾桒自…亡□？[在]□月。 1
(2) 丁卯卜出[贞]…其桒… 2
(3) 贞：[王宾]上甲桒… 3
(4) 癸未[卜]□贞：其…于子癸？ 1
(5) 丁酉[卜]□贞：[王宾]桒[亡]尤？ 4
(6) 壬戌卜即贞：上甲桒二牛？ 5
(7) □子卜大[贞：王]宾…亡…二月。 4
(8) 贞：三牛？ 5
(9) □□卜大[贞]…桒…三十… 6

1《合集》23538　2《合补》7758　3《合集》22635　4《合集》25773　5《合集》22637　6《合补》7757

本组系联的依据为“王宾桒”。所见月份为二月，据月份及干支顺序排列如上。

第四十二组

(1) [丙]寅卜旅[贞]：翌丁卯… 1
(2) 丙寅[卜]□贞：翌…彡于…衣… 2
(3) 戊辰卜□贞…彡… 3
(4) 甲戌卜[旅]贞：翌乙亥彡于毓祖乙[亡尤]？ 4
(5) 己卯卜[旅]贞：翌庚辰彡于大庚[亡]害？在… 1
(6) 戊□[卜]□贞：王宾大戊彡亡尤？十月。 5

(7) 己酉[卜]□贞：王宾祖乙奭[妣己]彡亡[尤]？ 6
(8) 庚戌卜洋贞：翌辛亥乞酒彡乇自上甲衣[至于多毓亡害]？□[月]。 7
(9) [庚]戌卜□[贞]：翌辛[亥]彡乞[酒自]上甲衣… 8
(10) 癸丑卜□贞：翌甲寅乞酒上甲衣[亡害]？ 9
(11) □申[卜]□[贞]：翌…彡于…亡害？ 10
(12) …贞…彡…衣…十一月。 11
(13) □□卜□贞：王宾叙[亡尤]？ 5

1《拼二》471　2《合集》26043　3《合补》8656　4《合集》23142　5《合集》22831　6《合集》23321　7《合集》22657　8《合集》22684　9《合集》22658　10《合集》15463　11《安明》1276

本组系联的依据为“彡”祭。彡祭，乃周祭之一种，由于出组周祭卜辞未记载王年，故而难以复原周祭祀谱。因此，我们暂依彡、𦎫、祭、𧟌、㞢的顺序将其单独列为一组，以供探讨。所见月份为十月、十一月，据月份及干支顺序排列如上。

第四十三组

(1) □午…𦎫亡災？一月。 1
(2) 癸亥[卜]□[贞：翌]甲子乞酒𦎫自上甲衣至于多毓亡囚？三月。 2
(3) 乙丑卜即贞：王宾唐𦎫亡尤？三月。 3
(4) 乙丑[卜]即贞：王宾唐𦎫叙[亡]尤？ 3 4
(5) 乙丑卜即贞：王宾唐叙亡尤？三月。 3
(6) …大丁𦎫… 5
(7) □□[卜]旅[贞]：翌乙卯𦎫于祖乙亡害？在四月。 6
(8) 己卯卜□贞：王…𦎫… 7
(9) 庚辰卜□贞：王…𦎫… 8
(10) [庚]□[卜]喜[贞：王宾]大庚𦎫… 9
(11) 甲申卜旅贞：今日至于丁亥易日不雨？在五月。 6
(12) 甲申[卜]□贞：王宾叙[亡]尤？ 10
(13) [癸丑卜]□[贞：翌甲]戌乞酒𦎫[自]上甲衣[至于多]毓亡害？ 11
(14) [甲]□[卜]贞：[王宾]小甲𦎫[亡尤]？ 10
(15) …其酒𦎫于祖乙衣亡害？ 12
(16) 贞：今夕…丁二宰𦎫… 13

（17）…[自上甲衣至于多]毓亡[害]？ ⓫
（18）贞：毋？ ❸
（19）□□卜涿[贞：王]宾…亡… ❿
（20）…弜… ❼

❶《合补》7934 ❷《合集》22655 ❸《合集》22744 ❹《合集》22745 ❺《安明》1187 ❻《合集》22915 ❼《京人》1681 ❽《合补》8690 ❾《合集》22808 ❿《合集》22813 ⓫《合集》22659 ⓬《合集》22916 ⓭《合集》23072

本组系联的依据为“⿰日翌”祭。所见月份为一月、三月、四月、五月，据月份及干支顺序排列如上。

第四十四组

（1）甲子卜[即]贞：王宾祭亡𡆥？ ❶
（2）甲子卜□贞：王宾丁亡尤？ ❶
（3）…子酒…上甲祭… ❷
（4）…祭于大乙衣亡害？在六月。 ❸
（5）壬子卜即贞：祭其酒奏其在父丁？七月。 ❹
（6）贞：弜…七月。 ❹
（7）乙卯[卜]旅贞：王宾祭亡𡆥？ ❺
（8）丙辰[卜]□贞：王…祭亡[尤]？ ❻
（9）癸□[卜]□贞：翌…祭于…衣亡…七月。 ❼
（10）甲戌卜王贞：翌乙亥祭于小乙亡害？在九月。 ❽
（11）乙巳[卜]□[贞]…祭于祖乙… ❾
（12）□□卜[行]贞：王宾祭叙亡尤？ ❿
（13）□□卜旅[贞]：翌丁亥先祭戠… ⓫
（14）□□卜旅贞：[王]宾祭… ⓬
（15）□□[卜]旅[贞：王]宾…[亡]𡆥？ ❺
（16）贞：亡尤？ ❶❿
（17）贞：三宰？ ⓫
（18）…大甲… ❾

❶《合集》23062 ❷《合集》22679 ❸《拾遗》311 ❹《合集》23256

5《合集》25650　6《上博》17645.211　7《英藏》2184　8《合集》23132　9《合集》22788　10《合集》25649　11《合集》26003　12《合补》7748

本组系联的依据为“祭”祭。所见月份为六月、七月、九月，据月份及干支顺序排列如上。

第四十五组

(1) 甲子卜大贞：王宾上甲𧴉叙[亡尤]？ 1
(2) 丁卯卜旅贞：其𧴉于小丁？四月。 2
(3) 壬申[卜]□贞：王[宾]𧴉[亡]囚？ 3
(4) 壬申[卜]□贞：王[宾]…亡[囚]？ 3
(5) 丁亥卜旅贞：翌戊[子]…其延勺□于大戊… 2
(6) 甲午卜尹贞：王宾上甲𧴉亡囚？ 4
(7) 丁卯卜□贞：王[宾]祖丁𧴉… 5
(8) 辛□[卜]旅[贞]…祝… 1
(9) □□卜旅[贞：王]宾…亡[囚]？ 3
(10) …亡尤？ 4

1《合补》7581　2《拼三》761　3《合集》25825　4《合集》22628　5《合集》23038

本组系联的依据为“𧴉”祭。所见月份为四月，据月份及干支顺序排列如上。

第四十六组

(1) 壬申卜旅贞：王宾示壬𦎫亡尤？在八月。 1
(2) 甲申卜旅贞：翌乙酉𦎫于大乙亡[尤]？在… 2
(3) 己亥卜[旅]贞：翌庚子𦎫于大庚亡害？[在]八月。 3
(4) 丙寅卜旅贞：翌丁卯𦎫于中丁亡[尤]？ 4
(5) 癸□卜□贞：王[宾]羌甲𦎫[亡尤]？ 5
(6) 甲子卜□贞：翌乙[丑]𦎫于祖乙[亡害]？ 6
(7) 己巳卜旅贞：王宾祭叙亡尤？ 4
(8) 甲午卜□贞：翌乙[未]𦎫于毓祖乙衣亡[害]？ 7
(9) 丙辰卜王贞：其又…在九月。 8

(10) 丙辰卜[王]贞：翌丁[巳]咎于□[丁亡]… 8
(11) [癸]亥卜□[贞]：翌[甲子]咎于[上甲衣]至[于多]毓[亡害]？ 9
(12) [癸酉卜]旅[贞：翌甲]戌乞酒咎自上甲…告？十□月。 10
(13) 癸未卜□贞：翌甲申乞酒咎自上甲衣至[于多]毓亡[害]？ 11
(14) [庚]戌[卜]旅[贞]… 4
(15) 癸□[卜]旅贞… 2
(16) 癸酉卜洋贞：翌甲戌乞酒咎自上甲衣[至]于多毓[亡害]？七月。 12
(17) …咎[自]上甲衣[至]于多[毓]… 12
(18) 丙辰卜旅贞：翌丁巳咎于中丁衣亡害？在八月。 13
(19) 癸…王…奭…咎…亡… 14
(20) □□卜旅[贞]：翌乙咎祖乙其蒂勺岁一宰、羌十人？ 15
(21) …王宾…咎亡尤？ 16
(22) □□卜□[贞]：王…咎… 1
(23) …咎自上甲衣… 17
(24) □亥卜旅[贞]… 3
(25) □□卜：王？ 8

1《英藏》1965　2《拼二》464　3《合集》22798　4《合集》22864　5《合集》23024　6《合集》22936　7《拼二》463　8《合集》26036　9《合集》22654　10《合集》22653　11《合集》22651　12《合集》22650　13《合集》22865　14《合补》7025　15《合集》22556　16《合补》7733　17《合集》22685

本组系联的依据为“咎”祭。所见月份为七月、八月、九月、十一月或十二月，由于两“八月”与“七月”干支不合，因而并非同一年所卜。

第四十七组

(1) 甲子卜大贞：告于父丁，叀今昏酒？ 1
(2) …贞：勿…告？一月。 2
(3) [甲子]卜大[贞：翌]乙丑彡于…告… 1
(4) □□[卜]出[贞]…告…丁于□室？八月。 3
(5) …岁告丁…用于…室？八月。 4
(6) 甲子卜即贞：告于丁酒亡害？ 5
(7) 乙□[卜]大贞：[今]夕告□侯逸[于]丁？ 6

(8) 癸未卜疑贞：王征不若，叙？ ❻
(9) 庚寅卜喜贞：告其… ❼
(10) 戊戌卜喜贞：告自丁陟？ ❽
(11) [贞]：告自唐降？ ❽
(12) 己酉卜即贞：告于母辛，叀饔？十一月。 ❾
(13) 庚□[卜]□贞：其…妣新…告于… ❿
(14) …翌日…其告黄… ⓫
(15) □□卜旅[贞]…罙…告其… ⓬
(16) …翌辛□酒告…玌？ ⓭
(17) □□卜旅[贞]…告… ⓮
(18) …翌乙未告于毓祖乙、父丁，叀饔酒？ ⓯
(19) …王…告曰… ⓰

❶《合集》23259　❷《合补》7740　❸《合集》24947　❹《合集》24946　❺《合集》23065　❻《合集》23559　❼《合集》25887　❽《合集》22747　❾《合集》23419　❿《拾遗》295　⓫《合补》8612　⓬《合补》8705　⓭《英藏》2176　⓮《上博》17645.1020　⓯《合集》23161　⓰《合集》24119

本组系联的依据为“告”祭。所见月份为一月、八月、十一月，据月份及干支顺序排列如上。

第四十八组

(1) [甲子卜]旅[贞：翌乙]丑其乇于祖乙，其以毓祖乙？ ❶❷
(2) 丙寅卜即贞：又一牛其用乇于丁？ ❸
(3) 甲戌卜即贞：其乇于妣宰？ ❹
(4) 贞：宰又一牛？一月。 ❹
(5) 贞：三…一月。 ❹
(6) □□[卜]大[贞]…乇于妣…一牛？一月。 ❺
(7) 丙子卜□贞：其夕[乇]于父丁？ ❻
(8) 丙子[卜]旅贞：翌丁丑父丁乇，其物牛？ ❼
(9) 甲戌卜旅贞：妣乇，叀今昏酒？ ❽
(10) [丙子]卜即[贞：翌丁]丑…父丁？ ❻
(11) 乙酉卜旅贞：祖乙乇，叀… ❾

（12）丙戌［卜］□贞：翌［丁亥］父丁乇… 10
（13）壬辰卜：王… 11
（14）癸巳［卜］□贞：母…乇… 12
（15）己亥［卜］□贞：其…乇兄… 13
（16）［甲］辰卜□贞：翌乙［巳］父丁乇一宰？ 14
（17）丙午［卜］旅贞：乇于父丁… 15
（18）［丁］未［卜］…中丁乇… 16
（19）庚戌卜即贞：翌辛亥乇于丁物牛？ 17
（20）庚戌王卜曰贞：余其宾乇衣亡□？ 18
（21）癸丑卜［旅］贞：王宾…乇自…祖乙… 19
（22）癸丑［卜］□贞：乇其… 20
（23）甲寅卜即贞：王宾乇亡囚？ 21
（24）甲寅卜□贞：翌乙卯其乇于毓祖乙，其又羌三人？ 22
（25）癸□［卜］大［贞］…又…妣… 23
（26）…曰叀王祟有乇？五月。 24
（27）□巳卜旅贞：其乇于母… 25
（28）□申卜□［贞］…其乇… 26
（29）□戌卜□贞：夕乇宰…□月。 27
（30）□□卜喜［贞：翌］辛亥…乇衣［不］冓雨？ 28
（31）贞：其于我兄乇？ 29
（32）□□［卜］大［贞］…庚寅…乇宰？ 30
（33）□□卜旅［贞］：乇乞…于… 31
（34）…毋…乇… 32
（35）贞：于…乇？十二月。 33
（36）…祖乙…乇亡… 34
（37）贞：毋乇？ 6
（38）□□卜旅贞…乇… 11
（39）□亥卜□贞：其…于… 13
（40）…贞…翌… 3
（41）…一卣… 14
（42）贞…又？ 29
（43）…宰？ 4 20 33

（44）己□［卜］□贞… 30
（45）□□卜□［贞］…乇…又𠬝… 23
（46）五人？ 22
（47）…旅…岁… 7
（48）贞… 11
（49）…十二月。 34
（50）…比… 12

1《合集》22939　2《合集》22940　3《合集》23071　4《合集》26023　5《合集》26024　6《合集》23262　7《合集》40980　8《合集》26822　9《掇三》816　10《合集》23260　11《合补》7120　12《旅博》1499　13《合补》7051　14《合集》23257　15《英藏》1959　16《合集》22867　17《合集》23074+①　18《合补》7742　19《合集》22910　20《拾遗》285　21《合集》25776　22《合集》40915　23《合集》26034　24《合集》26026　25《旅博》1497　26《合集》26032　27《合集》26028　28《合集》24886　29《合集》26022　30《合集》26029　31《上博》2426.1045　32《旅博》1496　33《合集》26033　34《京人》1257

本组系联的依据为“乇”祭。所见月份为一月、五月、十二月，据月份及干支顺序排列如上。

第四十九组

（1）［甲申］卜□［贞］：翌乙酉［其］登于祖乙于□祖乙… 1
（2）□□卜大［贞］…甲寅…登𠬝…南… 2
（3）…祖乙勺…新𠬝？ 3
（4）□□［卜］大［贞］…又…𠬝…用…祼？ 4
（5）…𠬝其用…于祼？ 4
（6）…乙…𠬝… 5
（7）丙□［卜］□贞…母辛… 2
（8）丙… 2

① 张宇卫：《甲骨缀合第一百二十一—一百二三则》（俄藏四则），先秦史研究室网站，https：//www.xianqin.org/blog/archives/4225.html，2014年8月2日。

(9) 贞：毋又? 3
(10) 贞…盂…九月。 5

1《合集》22927 2《英藏》1971 3《合集》22924 4《合集》25909 5《安明》1376

本组系联的依据为“登…”。所见月份为九月，干支大多残缺。

第五十组

(1) 丁酉卜即贞：其攺豕十妣丁? 1
(2) 丙午卜即贞：今日其攺小宰? 2
(3) 丁未卜大贞：其先攺彘于母己? 六月。 3
(4) 壬子卜即贞：其攺彘于小□? 4
(5) [癸丑]卜大[贞：翌]甲寅…于父丁… 5
(6) 丁巳卜大贞：其攺彘于小母? 5
(7) 壬午卜即贞：其攺? 6
(8) 丁酉[卜]□贞：其攺彘于小母? 7
(9) □□[卜]喜[贞]…攺… 8
(10) □□卜大[贞]…攺… 9
(11) □□[卜]即[贞]…攺…大豣? 10
(12) 贞：乙[未]…萑[一牛]…其攺…母…三… 11
(13) 丁未卜□贞：王…出…王…酒? 3
(14) 壬午[卜]□贞…于… 6
(15) 贞…八月。 6
(16) 贞：弜? 6

1《合集》23338 2《合集》26056 3《英藏》1968 4《上博》46995 5《拼三》763 6《合集》26055 7《合集》23465 8《合集》26059 9《合集》26061 10《北大》2836 11《合集》26060

本组系联的依据为“攺”祭。攺，本作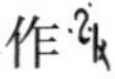，从攴从它，暂隶作“攺”。所见月份为六月、八月，据月份及干支顺序可排入数月之内。

第五十一组

(1) 丙寅[卜]即贞…勺…黄尹… ❶
(2) 庚辰卜即贞：王宾兄庚勺亡尤？ ❷
(3) 庚辰卜贞：王宾妣庚日叙亡尤？ ❷
(4) 庚辰卜贞：王宾叙亡尤？ ❷
(5) 甲申[卜]中贞：王其…勺告…黄其…酒黄…正？ ❸
(6) 乙酉卜贞：翌丁亥木来人其勺自上甲又二十人其… ❹
(7) 乙巳王…大卜… ❸
(8) 戊申卜中贞：王宾延亡尤？ ❺
(9) □□[卜]旅[贞]…人翌[丁]巳其勺于父丁？ ❻
(10) 庚□[卜]□[贞]…勺[伐又]羌… ❺
(11) 贞：其勺？八月。 ❼
(12) □□[卜]大贞：其宾…勺亡囚？ ❽
(13) …未□贞…王…祖乙勺… ❾
(14) 宰。 ❼
(15) …亡… ❾

❶《合集》23565　❷《合集》23351　❸《卡博》257　❹《合集》40927　❺《合集》22587　❻《合集》23250　❼《英藏》2112　❽《英藏》2116　❾《拾遗》321

本组系联的依据为“勺”祭。勺，本作，为便于书写，本文一律隶定为“勺”。所见月份为八月，据月份及干支顺序可排入数月之内。

第五十二组

(1) 己丑卜疑贞：其祼告于太室？ ❶
(2) 己丑疑贞：王乎隹有由？ ❶
(3) 己丑卜疑贞：隹其有囚？ ❶
(4) [癸]巳卜疑贞…多尹于母□、母癸燎？ ❶
(5) 乙未[卜旅]贞：其又于妣叀，今入自祼告？一月。 ❷
(6) 乙未卜旅贞：又以牛其用于妣叀今日？ ❷

(7) 辛酉[卜]☐贞：今日…祼告于丁… 3
(8) 贞：祼告？ 4

1《拼五》1040 2《合集》23403 3《合集》23066 4《合集》41185

本组系联的依据为“祼告”。所见月份为一月，据月份及干支顺序排列如上。

第五十三组

(1) 甲子[卜]☐贞：翌…乞酒…于…衣… 1
(2) 庚辰卜☐贞：乞酒…大…衣… 2
(3) 癸巳卜旅贞：翌乙未[乞]酒…其…又？ 3
(4) 丙申卜喜贞… 4
(5) 甲辰卜[疑]贞：乞酒彡，虫录犟？ 5
(6) 庚戌[卜]☐贞：[翌辛亥]乞酒…[自]上甲衣[至于]多[毓亡]害？ 6
(7) 壬子卜☐贞：翌甲[寅乞]酒上甲…勺岁[亡]害？ 7
(8) 壬子卜喜贞：乞酒… 4
(9) 甲寅卜☐贞：翌…乞酒…岁其有害？ 8
(10) [庚]申卜大[贞]：翌辛酉…乞… 9
(11) 癸☐[卜]☐贞：[翌甲]☐乞酒☐自上甲[衣]至于[多毓]亡[害]？ 10
(12) ☐☐[卜]喜[贞：翌]丁酉乞[酒]…卯自…衣[利]… 11
(13) …乞酒…亡害？☐月。 12
(14) ☐☐卜疑[贞]：今夕… 4
(15) ☐☐卜即[贞：王]宾…岁亡[尤]？ 8

1《合集》25939 2《合集》25941 3《合集》25969 4《拼二》376 5《合集》25942 6《合集》22662 7《合集》22671 8《合集》25944 9《合集》23578 10《合集》22661 11《合集》25945 12《合集》15748

本组系联的依据为“乞酒”。月份残缺，据干支顺序可排入两月之内。

第五十四组

(1) 辛卯卜即贞：王其御于祖？三月。 1
(2) 己酉…御…母… 2
(3) 贞：于父丁御？ 3

(4) 贞：弜御？ 3
(5) □□卜疑[贞]…工入御… 4
(6) 贞：于母御？ 5
(7) 贞：小… 3
(8) 贞… 4
(9) 不？ 5

1《合集》40972　2《合集》25999　3《合集》23178　4《合集》25997　5《合集》26001

本组系联的依据为“御”祭。所见月份为三月，据月份及干支顺序排列如上。另外，出组一类“可能有联系的卜辞”第十三组亦为“御”祭，可资参看。

第五十五组

(1) 癸亥[卜]□贞：既酒…寻…一月。 1
(2) [乙]亥卜出贞：来丁亥酒？ 2
(3) 癸未卜出贞：酒□田有□雨？之日… 3
(4) [丙]戌卜[出贞]：翌丁亥…丁勺岁…夙酒？ 4
(5) □□[卜]大[贞]…岁…出…酒… 5
(6) …上甲其…酒… 6
(7) …祖，叀日酒？ 7
(8) …酒…六月。 8
(9) 贞…来甲寅…酒？六月。 9
(10) 贞：于…一師酒？ 10
(11) 贞：酒…彡衣… 11
(12) …翌丁…束于大□罘丁酒□用？ 12
(13) □□卜出贞…史其酒…告于盂…扮？十月。 13
(14) …岁…翌庚…酒…十月。 14
(15) □□卜疑贞…其酒祭于…其… 15
(16) □□[卜]大[贞]…告于…乙巳酒？ 16
(17) 贞：于辛酉酒？十二月。 17
(18) □□[卜]□贞：王宾酒… 18
(19) 贞：翌…其酒卯… 19

（20）□□卜大［贞］…酒于…龕… 20
（21）…祖叀…日酒… 21
（22）□□［卜］□贞…酒…畚… 22
（23）贞：弜酒？ 23
（24）□□［卜］□贞：祖丁…二鬯母… 24
（25）…鬯一卣？ 25
（26）…壬酒…其亦… 26
（27）贞：叀兄庚？ 10
（28）丁□［卜］□贞…叀… 5
（29）…奏…夓… 8
（30）庚□［卜］□贞… 25

1《合集》25959 2《合集》25972 3《合集》25955 4《合集》25985 5《合集》22774 6《合集》22674 7《合集》15750 8《英藏》2087 9《合集》25946 10《合集》23508 11《合集》25947 12《合集》25949 13《合集》25950 14《合补》7726 15《合集》25956 16《合集》25963 17《合集》41216 18《合补》7725 19《安明》7 20《辑佚》341 21《掇三》115 22《合集》24384 23《合集》25968 24《合集》25980 25《安明》1211 26《拾遗》255

本组系联的依据为“酒”祭。酒祭乃商代一种十分普遍的祭祀仪式，广见于各个组类。所见月份为一月、六月、十月、十二月，干支大多残缺，据月份排列如上。

第五十六组

（1）丙寅卜大贞：翌丁卯岁其先裸？ 1
（2）壬申卜疑贞：王宾岁亡尤？ 2
（3）癸酉卜□贞：王宾岁亡尤？ 2
（4）［甲戌卜］即［贞］：翌乙亥［岁］人于祖乙又卯牝？ 3
（5）乙亥［卜］贞：王宾岁亡［尤］？ 4
（6）丁丑［卜］□贞：王…岁…亡… 5
（7）己卯［卜］□贞：王…岁… 6
（8）庚辰［卜］□［贞］：王宾…岁眔… 7
（9）壬午卜喜贞：岁鬯叀新鬯用？ 8

（10）丁亥卜□贞：王[宾]岁亡[尤]？ 9
（11）戊子卜□贞：王宾岁亡尤？ 10
（12）□□[卜]大[贞]…岁弜羊延？一月。 11
（13）庚寅[卜]□贞：翌辛[卯]岁亡害？ 12
（14）辛卯卜即贞：王宾岁不雨？ 13
（15）壬辰卜□贞：王[宾]岁亡[尤]？ 14
（16）甲午[卜]□贞：王…岁亡□？ 15
（17）丁酉卜大贞：王宾岁亡尤？ 16
（18）戊戌[卜]□贞：岁… 17
（19）庚子[卜]□贞…岁… 18
（20）庚子卜大贞：王宾岁亡尤？ 16
（21）辛丑[卜]□贞：其…于… 19
（22）癸卯[卜]□贞：王宾…岁… 20
（23）甲辰卜□贞：翌□巳母乙…岁… 25
（24）□□卜大[贞：翌]丁未…二月。 25
（25）乙巳[卜]□[贞]：翌丁未…毕岁… 21
（26）丙午卜…岁… 22
（27）丁未卜□[贞]：王[宾]岁[亡]尤？ 23
（28）丁[未卜]□贞：岁…皆？ 24
（29）甲寅卜[大]贞：岁叀叙祝？ 26
（30）乙卯卜洋贞：毓…岁…伐… 27
（31）丁巳[卜]□贞…岁… 28
（32）癸□[卜]大[贞]：岁叀□于祼… 29
（33）□□[卜]喜[贞]…岁其…三月。 30
（34）乙丑[卜]□贞：王宾岁亡[尤]？ 31
（35）戊辰[卜]□贞：岁… 32
（36）乙酉卜[喜]贞：王宾岁亡尤？ 33
（37）□戌卜即[贞]：王宾…岁亡□？ 34
（38）丁未[卜]□贞：王…岁亡[尤]？ 35
（39）甲[寅卜]□贞：[翌乙]卯…岁…射？ 36
（40）[甲]寅卜□贞：翌[乙]卯…岁…尹？ 36
（41）乙卯卜即贞：翌…岁…伐… 37

（42）癸亥卜大贞：王宾…岁亡[尤]？ 38
（43）□□卜□贞：岁…蕽…五月。 39
（44）甲寅[卜]□贞：王…岁… 40
（45）丁巳卜□贞：王宾岁亡尤？ 41
（46）丁巳[卜]□贞… 28
（47）癸□[卜]大[贞]…岁… 29
（48）庚寅卜喜贞：王宾岁亡[尤]？九月。 42
（49）□□卜□贞：王[宾]岁亡[尤]？ 43
（50）□丑卜即贞：王宾岁亡尤？ 44
（51）□未卜□贞：王…岁…亡[尤]？ 45
（52）□□卜出[贞：翌]辛丑…[王]宾岁…燕用？ 46
（53）□□卜喜[贞]…岁其… 47
（54）□□卜旅[贞]…乙未…岁其雨？ 48
（55）庚□[卜]□贞：岁…叙？九月。 49
（56）丙□[卜]□贞…岁… 50
（57）…贞：弜又？十月。 50
（58）□□卜旅[贞]…宾…岁[亡]尤？ 51
（59）…亡尤？在十一月。 51
（60）乙丑[卜]□贞：王…岁[亡]尤？ 52
（61）…王…日…十一月。 52
（62）□□卜□贞：伊…岁翌丁…其… 53
（63）□□[卜]大[贞]…岁…尊… 54
（64）□□卜大[贞]…其先…岁[酒]… 55
（65）□戌丁卜：翌乙亥岁不雨？ 56
（66）□□[卜]大[贞]…宾岁… 57
（67）□□卜中[贞]…壬岁… 58
（68）□丑卜□贞：岁…叙… 59
（69）…示祖…岁宰…三宰？ 60
（70）□午卜□贞：岁…犾？ 61
（71）□□卜喜贞…岁蛊用？ 62
（72）…叀…岁…饮… 63
（73）…岁…饮… 64

(74) …旅…岁… 65
(75) 丁…即…岁… 66
(76) 贞：王…岁… 67
(77) □□卜□贞：岁…蓛… 68
(78) □□卜…叀…岁…酒？ 19
(79) 贞…岁…酒？ 69
(80) □□卜大[贞]…岁于…于吝… 70
(81) 贞：翌…其菁…岁于… 71
(82) …岁其… 72
(83) …贞：王…岁…尤？ 73
(84) …[宾]岁…雨？ 74
(85) …王…岁…叙… 75
(86) □□卜大[贞]…岁… 76
(87) …日岁… 77
(88) 甲… 4
(89) 乙□[卜]□贞：王…衣…亡… 75
(90) 丙□[卜]□贞… 1
(91) 庚□[卜]大[贞]…日…雨？ 47
(92) 庚□[卜]□贞…磬… 45
(93) 癸□[卜]□贞… 16
(94) …曰… 28
(95) …亡尤？ 18
(96) 贞：勿□戊？ 56
(97) □辰[卜]喜贞：王宾□亡[尤]？ 42
(98) □□卜□[贞]：王[宾]…[亡尤]？ 38
(99) …王…庚… 65
(100) 贞：勿…勺夕… 3
(101) □□卜□[贞：王]宾…[亡]尤？ 35
(102) 贞：弜率叙？ 49
(103) 贞… 68
(104) …旅… 32

1《合集》25203　2《天理》348　3《合集》22945　4《合补》7527

5《合补》7537 6《合补》7534 7《合集》41129 8《合集》25179 9《英藏》2104 10《辑佚》507 11《合集》25220 12《合集》25212 13《合集》25148 14《合补》7508 15《合补》7503 16《合补》7526 17《旅博》1494 18《合补》7496 19《合集》25205 20《合补》7505 21《合补》7265 22《合补》7493 23《英藏》2105 24《合集》25228 25《合补》7512 26《合集》25174 27《合集》25233 28《合补》7494 29《合集》25176 30《合集》22772 31《英藏》2103 32《北大》359 33《合集》25115 34《合补》7511 35《合集》25138 36《合集》25209 37《合补》7509 38《合集》25125 39《合集》25177 40《合补》7497 41《合集》25118 42《合集》25117 43《英藏》2106 44《合集》25116 45《合集》25213 46《合集》25128 47《合集》25144 48《上博》17645.36 49《合集》25172 50《合补》7507 51《合补》7524 52《合补》7532 53《合集》25210 54《合集》25222 55《合集》25895 56《合补》7517 57《京人》1337 58《安明》1277 59《安明》1278 60《安明》1285 61《合集》15480 62《安明》1292 63《安明》1294 64《张世放》216 65《契》328 66《怀特》1261 67《东京大学》626 68《合集》25178 69《合集》25206 70《合集》25216 71《合集》26018 72《怀特》1056 73《怀特》1065 74《历史所》1358 75《英藏》1944 76《旅博》1493 77《旅博》1495

本组系联的依据为“岁”祭。所见月份为一月、二月、三月、五月、九月、十月、十一月，据月份及干支顺序可排入一年之内。

第五十七组

(1) 壬午卜□贞：王[宾]叙[亡]尤？在十一月。 1
(2) □未卜□贞：王宾叙亡囚？ 2
(3) 乙酉卜旅贞：王宾叙亡尤？ 3
(4) □戌卜[喜]贞：[王]宾[叙]亡尤？ 4
(5) 丁□[卜]□贞：王…叙… 5
(6) 戊子卜□贞：王宾[叙]亡尤？ 6
(7) 庚寅[卜]□贞：王[宾]叙… 7
(8) 癸巳卜喜贞：王宾叙亡尤？ 8
(9) 丙申卜□贞：王宾叙亡[尤]？ 9

(10)［丁］□［卜］喜［贞］：小乇叀叙祝？ 10
(11) 戊□卜喜［贞］：王宾…亡尤？ 11
(12) □子卜□贞：王［宾］叙［亡］尤？ 12
(13) 辛丑［卜］□贞：又［徝］… 13
(14) 癸卯卜旅贞：王宾叙亡尤？ 1
(15) 乙巳卜即贞：王［宾］叙［亡尤］？ 14
(16) 丁未卜即贞：王宾叙［亡尤］？ 14
(17) 辛亥［卜］□贞：王宾叙［亡］尤？ 15
(18) 癸丑［卜］旅贞：王宾叙［亡尤］？ 16
(19) 乙卯［卜］□贞：王［宾］叙亡尤？十二月。 17
(20) 丁巳［卜］□贞…叙… 18
(21) 戊午［卜即］贞：王［宾］叙［亡尤］？ 19
(22) 己未［卜］□贞：岁…叙… 20
(23) 庚申［卜］□贞：王［宾］叙… 21
(24) 乙丑卜喜贞：王宾叙亡尤？ 22
(25) 丙寅卜□贞：王宾夕叙… 23
(26) 丁卯卜喜贞：王宾叙亡尤？ 24
(27) 庚午［卜］□贞：王［宾］□亡［尤］？ 24
(28) 庚午［卜］□贞：王…叙…［亡］尤？十二月。 25
(29) 辛未［卜］旅贞：［王］宾叙亡尤？ 26
(30) 甲戌［卜］□贞：王［宾］叙［亡］尤？ 27
(31) 乙亥［卜］□贞：王…叙… 28
(32) 丙子［卜］□贞：王宾报丙［叙］亡尤？ 29
(33) 庚辰王贞…叙…于… 30
(34) 庚□［卜］□贞…叙… 31
(35) 乙酉卜□贞：王［宾］叙亡［尤］？ 32
(36) 丙申［卜］□贞：王宾［叙亡］尤？在一月。 33
(37) 己亥卜即贞：王宾叙亡尤？ 19
(38) □丑卜旅贞：王宾叙［亡］尤？ 27
(39) 乙□［卜］疑［贞］…叀… 34
(40) 丁未卜□贞：王［宾］叙［亡］尤？ 35
(41) 戊申卜喜贞：王宾叙亡尤？ 11

（42）庚戌[卜]□贞：王[宾]叙亡[尤]？ 36
（43）…叙亡尤？一月。 37
（44）贞：叀叙？一月。 38
（45）壬子[卜]□贞：王宾叙亡[尤]？二月。 39
（46）癸丑[卜]旅贞：王宾叙[亡尤]？ 40
（47）乙卯卜□贞：王…叙… 41
（48）乙丑卜大贞：王宾叙亡尤？ 42
（49）丁卯卜□贞：王[宾]叙[亡]尤？ 43
（50）丁卯卜大贞：王宾叙亡尤？□月。 44
（51）丙子卜即贞：王宾日叙亡尤？ 29
（52）□卯卜即[贞]：王宾叙不雨？三月。 45
（53）贞：叀…叙祝…三月。 46
（54）贞：叀叙祝？五月。 34
（55）贞：叀叙？五月。 47
（56）贞：叀叙？六月。 48
（57）甲寅卜洋贞：王宾叙亡尤？七月。 49
（58）乙卯卜□贞：王宾叙亡[尤]？ 50 51
（59）丁巳卜□贞：王宾叙亡尤？在… 52
（60）乙丑[卜]□贞：王[宾]叙[亡]尤？ 53
（61）丙子卜□贞：王宾叙[亡]尤？ 54
（62）□□卜喜[贞]：王宾… 54
（63）丁酉卜大贞：王宾叙亡尤？九月。 55
（64）庚子[卜]大贞：王宾叙亡尤？九月。 55
（65）庚寅卜□贞：王宾叙亡[尤]？十[月]。 56
（66）□子卜□贞：王宾叙[亡]尤？ 57
（67）□子卜洋贞：王宾叙亡囚？ 58
（68）□子卜大贞：王宾叙亡尤？ 59
（69）贞：王宾叙亡尤？ 60
（70）□□[卜]出[贞]：翌丁…叙虎… 61
（71）…今…出…叙… 62
（72）□□[卜]□贞：王…叙…[亡]尤？ 63
（73）□□卜…王…叙亡[尤]？ 64

（74）弜叙？ 65
（75）…贞…叙… 66
（76）贞：叀叙？ 67
（77）贞：叀叙祝？ 68
（78）…叙亡災？ 69
（79）贞：勿叙？ 13 20
（80）丁… 27
（81）庚□［卜］□贞… 7
（82）…贞…祖… 42
（83）…亡尤？ 29
（84）…祖…亡□？ 15
（85）贞：弜□？ 59
（86）贞：二牛？ 59
（87）…艰？ 59
（88）…宰？ 60
（89）□酉卜… 34
（90）□□卜□贞：王［宾］岁［亡尤］？ 51
（91）□□［卜］喜［贞：王］宾… 54
（92）□□［卜］旅［贞］… 3
（93）贞… 65
（94）…宾…［亡］尤？ 41
（95）□□卜即［贞］…宾…尤？ 18
（96）…丁… 35
（97）…隫… 38
（98）贞…酒？ 68

1《合集》25289　2《合集》25253　3《拼二》467　4《合集》25258　5《北大》375　6《合集》25849　7《京人》1281　8《合集》25257　9《合集》41146　10《合集》25366　11《辑佚》331　12《安明》1343　13《合集》25364　14《合集》25250　15《合集》25338　16《合补》7569　17《合补》7747　18《辑佚》440　19《合集》25249　20《俄罗斯》64　21《北大》382　22《辑佚》332　23《合补》7900　24《合集》25256　25《合补》7546　26《合集》25287　27《拼二》495　28《合补》7540　29《合集》25247　30《合补》7572　31《合

补》7550 32《怀特》1038 33《合集》25845 34《合集》25353 35《合集》25337 36《合集》25334 37《合补》7562 38《合集》25356 39《合集》25340 40《上博》21691.53 41《合补》7560 42《合集》25244 43《合补》7545 44《合集》25245 45《合集》25254 46《怀特》1026 47《合集》25357 48《合集》25358 49《合集》25281 50《合集》25342 51《合集》25355 52《合集》25343 53《安明》1346 54《合集》25788 55《合集》41144 56《旅博》1429 57《合补》7573 58《合集》25283 59《合集》25345 60《合集》25349 61《合集》26007 62《合集》26863 63《合补》7544 64《合补》7549 65《合补》7559 66《北大》381 67《合集》25359 68《合集》25360 69《合集》26179

本组系联的依据为“𣪘”祭。所见月份为一月、二月、三月、五月、六月、七月、九月、十月、十一月、十二月，由于十一月、十二月之干支与其他月份不合，故而并非同一年所卜之事。

第五十八组

(1) □亥卜喜[贞]：王宾戠[亡]𡆥？二月。 1
(2) 丙子[卜]□贞：王[宾]戠[亡]𡆥？ 2
(3) 癸未卜□贞：王[宾]戠… 3
(4) 戊子卜□贞：王宾戠… 4
(5) 贞：亡尤？二月。 4
(6) □辰卜□贞：王[宾]戠亡𡆥？在四月。 5
(7) 丙辰卜即贞：王宾戠亡𡆥？ 6
(8) [丙]辰卜大贞：王[宾]戠亡[𡆥]？ 7
(9) 戊午卜大贞：王宾戠亡𡆥？ 8
(10) …五月。 8
(11) 戊辰卜□贞：王[宾]戠亡[𡆥]？ 9
(12) 戊子卜尹贞：王宾戠亡𡆥？ 10
(13) 丁酉卜喜贞：王宾戠亡𡆥？ 11
(14) 己亥卜旅贞：王宾戠亡𡆥？ 12
(15) 己亥[卜]□贞：[王宾]戠[亡𡆥]？ 13
(16) 丁未[卜]□贞：王[宾]戠[亡𡆥]？ 14

(17) 壬子卜□贞：王…亡… 15
(18) 甲寅[卜]□贞：王[宾]戠[亡]囚？ 16
(19) 戊午[卜]□贞：王[宾]戠[亡囚]？ 17
(20) 戊午卜□贞：[王宾]戠亡囚？ 18
(21) 戊午[卜]□贞：王[宾]戠[亡囚]？ 18
(22) 己未卜大贞：王宾戠亡囚？ 18
(23) 壬戌卜□贞：王[宾戠]亡□？ 19
(24) 癸亥[卜]□贞：王[宾]戠[亡囚]？ 19
(25) □□卜大[贞]：王宾戠祼[亡]囚？ 20
(26) □□[卜]旅[贞：王宾]戠亡囚？ 21
(27) …贞：[王]宾戠亡囚？ 22
(28) □□卜□贞：[王]宾[戠]亡囚？ 2
(29) □亥卜□贞：王[宾]戠亡□？ 23
(30) …贞：王[宾]戠[亡]囚？ 24
(31) 贞：戠吉辰？ 25
(32) 贞：王[宾]戠亡[囚]？ 26
(33) □□[卜]大[贞]…王…戠… 15
(34) □□卜□[贞]：王[宾]夕[祼]亡[囚]？ 14
(35) □□卜大[贞]：□告曰…其… 18
(36) …于…出攸？ 20
(37) □□卜喜[贞]…出… 11
(38) 贞：亡尤？ 4 6 10 13 26
(39) …贞… 22
(40) …旅…囚？ 3
(41) 贞…在… 9
(42) …在八月。 5

1《合集》25671　2《合补》7691　3《京人》1331　4《合集》25717　5《合补》7756　6《拼二》393　7《合集》25661　8《合集》25662　9《合集》25734　10《上博》17645.743　11《合集》41204　12《合集》25692　13《合集》26151　14《合集》25720　15《上博》17645.301　16《合补》7687　17《合集》25725　18《合补》7752　19《合补》7694　20《合集》25663　21《合集》25697　22《合补》7690　23《合补》7692　24《合补》7696　25《合集》

25747 ㉖《合集》26149

本组系联的依据为“戠”祭。所见月份为二月、四月、五月、八月，据月份及干支顺序可排入数月之内。

第五十九组

(1) 壬申卜大贞：王宾龠叙亡尤？ ❶
(2) 乙酉卜即贞：王宾龠亡囚？ ❷
(3) 乙卯卜出贞：王宾龠亡尤？ ❸
(4) 戊午[卜]□贞：王[宾]龠[亡囚]？ ❹
(5) □子卜旅贞：王宾龠亡囚？ ❺
(6) □□卜□贞：王…龠… ❻
(7) …龠叙… ❼
(8) □□[卜]大贞…龠亡囚？ ❽
(9) □□[卜]大[贞：王宾]龠亡囚？十二月。 ❾
(10) □□[卜]□贞：王[宾]龠亡[囚]？ ❿
(11) □□[卜]□贞：王[宾]龠叙… ⓫
(12) 丙□卜□贞…毓…龠叙… ⓬
(13) …龠… ⓭
(14) …亡□？[在]□月。 ❸
(15) [贞]：亡尤？ ❿
(16) …[亡]囚？ ⓭

❶《合集》25749 ❷《合集》25752 ❸《合集》25753 ❹《合集》25760 ❺《合集》25755 ❻《辑佚》348 ❼《辑佚》349 ❽《俄罗斯》60 ❾《合集》25751 ❿《合集》25762 ⓫《合集》25763 ⓬《合集》25764 ⓭《合集》26207

本组系联的依据为“龠”祭。所见月份为十二月，据月份及干支顺序排列如上。

第六十组

(1) □□卜大[贞]…甲子桒…匚于…大甲[大]… ❶

（2）□□[卜]出[贞]…匚于…亡□？[在]□月。 ❷
（3）□辰[卜]出[贞]：今夕…匚正… ❸
（4）□□[卜]出贞…辛亥…匚亡…十月。 ❹
（5）□戌卜出[贞]…今夕…匚…[亡]尤？ ❺

❶《合集》25879　❷《合集》25880　❸《合集》25881　❹《合集》25882　❺《合补》7763

本组系联的依据为“匚”祭。所见月份为十月，干支大多残缺，排列如上。

第六十一组

（1）丁亥卜大贞：君曰其乎鼓御史入御事若？三[月]。 ❶
（2）贞：叀又小…乎入御[事]？ ❷

❶《拾遗》300　❷《合集》23706

本组系联的依据为“入御事”。所见月份为三月，本组仅见两版，暂附于此，以备参考。

第六十二组

（1）丙申卜□贞：翌丁[酉王]其步？ ❶
（2）壬子卜旅贞：王其往… ❷
（3）甲辰[卜]□贞：王于… ❸
（4）□□卜王[贞]：叀翌乙…步… ❹
（5）贞… ❷

❶《合集》23800　❷《合集》23785　❸《合补》7225　❹《合补》7172

本组系联的依据为“王往/王步”，均指商王之行止。无月份记载，据干支顺序排列如上。

第六十三组

（1）甲子卜中贞：祟奠，示奠？ ❶
（2）…贞…祟叀囚…见？六月。 ❷
（3）壬午卜疑贞：卜有祟，在兹人，有不若？ ❸

(4) …其自有来…若？ 3
(5) 乙酉卜[中贞]：卜不[称]…祟[我]… 4
(6) □□[卜]中贞…用允叀羊？十三月。 4
(7) 己丑卜大贞：卜祟，其于王？ 5
(8) 丙申卜中贞：□有祟，叀正辛见？ 6
(9) 丙申[卜]□贞…叀…见？ 6
(10) 庚戌卜中贞：卜有祟？ 7
(11) 庚申[卜]□贞：日…戴…雨帝…徝不… 8
(12) 甲□[卜]□贞：卜…祟…在… 9
(13) □□卜中[贞]：隹兹…叀兹…祟？ 8
(14) …王其祟…弗往… 10
(15) 贞：叀有执？ 3
(16) …大…其…豖… 9
(17) …中… 1
(18) …有不若？ 10

1《合集》41072 2《安明》1368 3《合集》22592 4《拼五》1044 5《合集》26095 6《合补》7935 7《合集》26098 8《合集》24900 9《拾遗》287 10《合补》7933

本组系联的依据为“祟”。所见月份为六月、十三月，据月份及干支顺序排列如上。

第六十四组

(1) 贞：今夕王宁？ 1 2 3 4 5 6 9
(2) [贞：今]夕王宁？ 7
(3) [贞：今夕王]宁？ 8
(4) 贞… 8
(5) [贞]：今夕[王]宁？ 10

1《合集》26163 2《怀特》1128 3《合集》26157 4《合集》26158 5《合集》26160 6《合集》26162 7《合集》26169 8《合集》26178 9《辑佚》510 10《历史所》1458

本组系联的依据为“王宁”。无月份记载，亦无干支。本组与以下第六十五组、第六十六组有同版之例，三者间应有紧密联系。

第六十五组

(1) 甲□[卜]喜[贞：今]夕[王西]言？ 1
(2) 乙…疑…王？ 2
(3) 丙寅[卜]□贞：今[夕]王西[言]？ 3
(4) 戊辰[卜]□贞：今[夕]西言[王]？ 4
(5) 壬申卜贞：今夕迺言王？ 5
(6) □□卜旅[贞]：今夕[西]言王？四月。 6
(7) 乙亥卜[旅]贞：今[夕西]言[王]？ 7
(8) 丙戌[卜]□贞：今[夕]西[言王]？ 8
(9) 己丑卜□贞：今夕王西[言]？ 9
(10) 庚寅卜大贞：今日西各… 10
(11) 甲午卜疑贞：今夕西言王？ 11
(12) 丙申卜旅贞：今夕西言[王]？ 12 13
(13) 戊戌卜□贞：[今夕]西[言王]？ 14
(14) 丙午卜疑贞：今夕王西言？ 15
(15) 辛亥卜□贞：今夕[西]言王？ 16
(16) 戊□[卜]中[贞：今夕]西[言王]？ 17
(17) 辛酉[卜]□贞：今[夕]西言[王]？ 18
(18) 癸亥卜贞：今夕王[西言]？ 19
(19) □□卜旅[贞]：今夕[西]言王？ 20 21
(20) □申卜疑[贞]：今夕西言[王]？ 22
(21) [贞]：今夕[王]宁？八月。 15
(22) □□卜疑[贞：今]夕西[言]王？ 23
(23) □□卜疑[贞：今]夕[西]言[王]？ 2
(24) 贞：叀吉？ 5 35
(25) □□卜□[贞：今]夕[西]言[王]？ 17
(26) □巳卜疑[贞]：今夕[西]言[王]？ 24
(27) 贞：今[夕]王宁？ 24
(28) □□卜即[贞：今]夕西[言]王？ 25

(29) □子卜□贞：今[夕]王西言？ 26
(30) □□[卜]疑[贞：今]夕[王西]言？ 3
(31) □□[卜]旅[贞]：今夕[西]言王？ 27
(32) □□卜疑[贞：今]夕西[言]王？ 28
(33) □□卜□贞：[今]夕[西]言[王]？ 29
(34) □□[卜]即[贞：今]夕西[言王]？ 30
(35) 贞：今夕王[西言]？ 31
(36) □□卜即[贞：今]夕西[言]王？ 32
(37) □□[卜]□贞：今夕王西言？ 33
(38) □□[卜]即[贞：今]夕西[言]王？ 34
(39) 贞：今夕宁王？ 9
(40) □□[卜]□贞：[今夕]西言[王]？ 35

1《合补》8279 2《合集》26746 3《合补》8274 4《东洋文库》320 5《合集》26752 6《合集》26740 7《合集》26727 8《合补》8270 9《拾遗》369 10《合集》26750 11《合集》26744 12《合补》8281 13《安明》1434 14《安明》1430 15《合集》26743 16《合补》8638 17《合集》26762 18《英藏》2252 19《合补》7228 20《合集》26735 21《合集》26737 22《合集》26742 23《合集》26745 24《合集》41271 25《合补》8268 26《合补》8272 27《合补》8278 28《合补》8288 29《安明》1426 30《安明》1431 31《俄罗斯》112 32《俄罗斯》116 33《旅博》1664 34《旅博》1665 35《合补》8265

本组系联的依据为“西言王/王西言”。所见月份为四月、八月，据月份及干支顺序可排入数月之内。本组与第六十四组、第六十六组卜辞有同版者，三者间有紧密联系。但本组“王宁”“叀鬼/吉”卜辞大多单独卜问，且多不记干支与月份，故而暂单独列为一组。

第六十六组

(1) 丁卯卜□贞：不… 1
(2) 贞：叀吉？ 1 5 6 7 10 23 27
(3) 贞：叀鬼？ 2 3 4 9 10 11 12 13 14 15 16 17 18 19 20 21 22 23 25 26
(4) 贞：叀吉？一月。 2

(5) …宁？ [3]

(6) 贞：叀吉？七月。 [8]

(7) 贞… [9]

(8) …王… [9]

(9) 贞：叀吉？十月。 [24]

[1]《合补》7925　[2]《合集》24989　[3]《安明》1387　[4]《安明》1391　[5]《安明》1394　[6]《安明》1396　[7]《安明》1400　[8]《合集》26080　[9]《英藏》2199　[10]《合集》24985　[11]《合集》24996　[12]《合集》24997　[13]《合集》24998　[14]《合集》24999　[15]《合集》25000　[16]《合集》25001　[17]《合集》25004　[18]《合集》25008　[19]《合集》25010　[20]《合集》25012　[21]《合集》25013　[22]《合集》25014　[23]《合集》26077　[24]《安明》1401　[25]《合集》41283　[26]《历史所》1496　[27]《旅博》1572

本组系联的依据为“叀鬼/吉”，“鬼”与“吉”多见对贞。[1]属出组一类，仅此一见，故暂附此。所见月份为一月、七月、十月，大多不记干支，据月份之顺序排列如上。本组与以上“王宁”“西言王/王西言”卜辞有同版者，故三者应有紧密联系。以上“王宁”“西言王/王西言”“叀鬼/吉”三组卜辞为出组特有之卜问，且主要见于出组二类。

第六十七组

(1) 丁卯[卜]贞：于… [1]

(2) 庚午卜大贞：王其彝亡尤？九月。 [1]

(3) [壬]申卜□贞：我…奠曰…宰……人？九月。 [1]

(4) 丁亥[卜]□贞：王其彝… [2]

(5) 丁亥[卜]□贞：王其彝[亡尤]？ [3]

[1]《合集》26008　[2]《合集》26009　[3]《合集》26013

本组系联的依据为“彝”祭。所见月份为九月，据月份及干支顺序排列如上。

三、出组二 B 类卜辞的系联

（一）有联系的卜辞

第一组

出组二类有较多商王外出巡游的记载，其中有不少是可以相互系联的，这些卜辞与田猎卜辞一样，为商代地理的研究提供了宝贵的材料。现以记月及干支为主要线索，排比相关卜辞如下。

正月

(1) 甲寅[卜]□贞…于…不… 1
(2) [戊]午卜：王？在卜。 2
(3) 戊午[卜]□贞：王其[步]自于[夹]亡災？ 3
(4) …[贞：王]其步自夹于析亡災？在正月。 3
(5) 庚申卜行贞：王其往于田亡災？ 1
(6) 贞：毋往？在正月。在自析。 1
(7) 庚申卜：王？在析卜。 4
(8) [庚]申卜：王？在正月。 4
(9) □□[卜]行[贞：王]其往[于田]亡災？[在自]析。 1
(10) …[王]宾…亡尤？[在正]月。在析。 4
(11) □□卜行[贞：王]其步……在□[月]。 5
(12) 癸亥卜行贞：王其步自于亡災？在正[月]。 5
(13) 癸亥卜行[贞]：今夕亡囚？在正月。 6
(14) 甲子卜行贞：今夕亡囚？在正月。在卜。 6
(15) 乙丑卜[行]贞：王其步[自]于旃亡災？在正月。 5
(16) 丙寅卜行贞：今夕亡囚？ 6
(17) 丁卯卜行贞：今夕亡囚？在旃。 6
(18) 戊辰卜行贞：今夕亡囚？在旃。 6
(19) 己巳卜行贞：今夕亡囚？在。 6
(20) 己巳卜[行]贞：王宾祼亡[囚]？ 7

（21）贞：亡尤？在正月。在卜。 7
（22）庚午卜行贞：王宾祼亡囚？ 7
（23）贞：亡尤？在卜。 7
（24）庚午卜行贞：王宾夕祼亡囚？在卜。 7
（25）贞：亡尤？在正月。 7

1《合集》24262　2《合集》24366　3《合集》24263　4《合集》24359　5《合集》24411　6《合集》24361　7《合集》24362

由上举卜辞可知商王的行程是：→夹→析→→→旃→。其中距不足一日行程，旃至为一日行程，至夹、夹至析也应在一日行程之内。

时间在正月的还有以下两组。

（1）戊戌卜：王？在一月。在自羑。 1
（2）庚子卜：王？ 2
（3）辛丑卜：王？在正月。在娘。 3
（4）壬寅卜：王？ 4
（5）贞：勿？在娘。 4
（6）贞：其雨？在娘卜。 5
（7）壬寅卜旅贞：王其往雚于囊亡災？ 2
（8）癸卯卜行贞：萑日叀害？在正月。 4
（9）贞：弜萑？ 4
（10）甲辰卜行贞：王宾祼亡囚？在正月。 6
（11）贞：亡尤？在娘。 6
（12）乙巳卜行贞：王宾祼亡囚？ 6
（13）贞：亡尤？在娘。 6
（14）□□卜行[贞]：王宾… 5
（15）丁未卜□贞：[王其往]于田[亡災]？在… 7
（16）己酉卜行贞：王其雚于囊泉亡災？在娘。 7
（17）□□卜行贞：王其往于田亡災…延往。 7
（18）壬子卜行贞：今夕[亡囚]？在一月。在臭。 8

1《合集》24281　2《合集》24425　3《合集》24012　4《合集》24369　5《合集》24368　6《合集》25585　7《合集》24426　8《合补》7257

商王居娘而往雚于囊，可知两地之间的距离在一日之内。

（1）□□[卜]尹[贞：王]其田亡災？在危。 1

(2) 戊辰卜尹贞：王其田亡災？在正月。在危卜。 ❷
(3) □□[卜]尹[贞]：王其步[自危于]嫀亡[災]？ ❷
(4) 戊□[卜]□贞…災？ ❷
(5) 戊寅[卜行]贞：王其[步自]嫀于[杞]亡[災]？ ❸
(6) 己卯卜行贞：王其田亡災？在杞卜。 ❸
(7) 庚辰卜行贞：王其步自杞于[雷]亡災？ ❸
(8) [辛]巳卜行[贞]：今夕亡[囚]？[在]正月。在雷。 ❹
(9) 壬午卜行贞：今夕亡囚？在正[月]。在丘雷卜。 ❺
(10) 癸未卜行贞：今夕亡囚？在正月。在丘雷卜。 ❺
(11) 甲申卜行贞：今夕亡囚？在剢卜。 ❺
(12) 乙酉卜行贞：今夕亡囚？在剢卜。 ❺
(13) 乙酉卜旅贞：王其田于[剢]往来亡災？在一月。之乙酉彡于祖乙。 ❻
(14) 戊子卜旅[贞]：王其田[于]剢[亡]災？ ❼
(15) 壬辰卜出贞：王其田于剢亡災？ ❽
(16) □□卜行[贞]… ❸

❶《合集》24395 ❷《英藏》2042 ❸《合集》24473 ❹《合集》24364 ❺《合集》24367 ❻《英藏》2041 ❼《合集》24461 ❽《合集》24460

可知商王的行程是：危→嫀→杞→雷（丘雷）→剢。除“危”外，各地之间的距离都不出一日行程。以上三组在“正月”之卜辞，干支绝非一月所能容纳，所以至少是两个不同年份的卜问。

二月

(1) 壬寅卜行贞：今夕亡囚？在二月。在自劳卜。 ❶
(2) 癸卯卜行贞：今夕亡囚？在自劳卜。 ❶
(3) 甲辰卜行贞：今夕亡囚？在二月。在自劳卜。 ❶
(4) 乙巳卜行贞：今夕亡囚？在自劳卜。 ❶
(5) 丙午卜行贞：今夕亡囚？在二月。在自寮卜。 ❶
(6) 丙午[卜行]贞：王[宾]…岁二牛…在二月。 ❷
(7) 丙午卜行贞：王宾叙亡尤？在自寮卜。 ❷
(8) 丁未卜行贞：王宾伐十人又三亡尤？在自寮。 ❷
(9) 丁未卜行贞：王宾岁亡尤？在自寮。 ❷
(10) 丁未卜行贞：王宾叙亡尤？在自寮卜。 ❷
(11) …父丁岁亡尤？在□月。在自寮卜。 ❷

❶《合补》8091　❷《合补》7567

由上可知劳距寮不出一日路程。商王在劳地居住较久。下面一组卜辞虽然仍是商王二月在劳，但与本组不合。

（1）壬子卜行贞：王宾叙亡尤？在自劳[卜]。 ❶
（2）贞：亡尤？在自劳卜。 ❷
（3）癸丑卜行贞：王宾夕祼亡𡆥？在二月。 ❷
（4）甲寅卜行贞：王宾岁三牛亡尤？在自劳。兹隹介。 ❶
（5）甲寅卜行[贞]：王宾叙亡尤？在二月。 ❶
（6）甲寅卜旅贞：今夕亡𡆥？在二月。在自劳卜。 ❸
（7）甲寅[卜]□贞… ❹
（8）乙卯卜行贞：王宾岁亡尤？在自劳。 ❹
（9）乙卯卜行贞：王宾叙亡尤？在二月。 ❹
（10）丙辰[卜]旅贞：翌丁巳疑至？在自劳[卜]。 ❺
（11）…来自疑自？ ❺
（12）戊午卜行贞：王宾祼亡𡆥？ ❻
（13）贞：亡尤？在劳。 ❻
（14）戊[午卜行]贞：[今夕]亡𡆥？ ❼
（15）己未卜行贞：今夕亡𡆥？在二月。 ❼
（16）庚申卜行贞：今夕亡𡆥？在自劳卜。 ❼
（17）□□卜行[贞：今]夕[亡]𡆥？在[自]劳[卜]。 ❼
（18）癸亥卜：王？在二月。 ❽
（19）癸亥卜：王？在劳卜。 ❽
（20）甲子卜行贞：王宾祼亡[𡆥]？ ❾
（21）□□[卜]□贞…在[自]劳[卜]。 ❾
（22）丁卯卜行贞：王宾祖丁岁眔父丁岁二宰亡尤？在二月。 ❿
（23）丁卯卜行贞：王宾叙亡尤？在自劳。 ❿
（24）[戊]辰卜行贞：王宾大戊岁二牛亡尤？在二月。 ❿
（25）庚午卜行贞：王宾[夕]祼[亡]𡆥？ ⓫
（26）贞：亡尤？在自劳卜。 ⓫
（27）辛□[卜]□贞… ❸
（28）壬申[卜行]贞：王宾岁五牛亡尤？[在自]劳[卜]。 ⓬
（29）壬申卜行贞：王宾叙…在… ⓬

(30) 壬□卜□贞…三牛…在… **1**

(31) □□[卜]行[贞：王]宾…亡囚？ **6**

1《合补》7243 **2**《合集》24307 **3**《合集》24316 **4**《上博》54798.2 **5**《合集》24317 **6**《合集》24312 **7**《拼二》384 **8**《合集》24299 **9**《合集》24310 **10**《合补》7034 **11**《合集》24318 **12**《合集》24306

以上两组，第一组记商王丙午已去劳至寮，丁未犹在寮；第二组记商王自壬子到壬申一直居劳。当然，如果要说商王自丁未以后又返于劳地也未尝不可，不过我们觉得还是分为两组较妥。

商王在劳居住的时间还有正月和三月：

正月：《合集》24687。

三月：庚午（《合集》24282）；辛卯（《合集》24287）。

除"劳"和"寮"而外，商王在二月外出巡游的卜辞还有以下一组，按其干支顺序排列如下。

(1) 庚寅[卜]□…贞… **1**

(2) 辛卯卜行贞：王宾夕岁一牛亡尤？在二月。在自罘。 **1**

(3) 辛卯卜行贞：王宾岁二牛亡尤？ **1**

(4) 辛卯卜行贞：王宾叙亡尤？在二月。 **1**

(5) …[亡]尤？[在]自[罘]。 **1**

(6) 壬辰卜：[王]？在自罘卜。 **2**

(7) 癸巳卜行贞：王宾叙亡尤？在自罘。 **3**

(8) 甲[午卜]□贞…[亡]災？ **4**

(9) 乙未卜行贞：王其田亡災？在二月。在庆卜。 **4**

(10) 丙申卜行贞：王其田亡災？在庆。 **4**

(11) 丁[酉]卜行贞：今夕亡囚？在二月。在盩卜。 **5**

(12) …二月。在盩卜。 **5**

(13) 己亥卜行贞：王宾父丁岁宰亡尤？在彭卜。 **6**

(14) [己]亥卜行贞：王宾叙亡尤？在二月。 **6**

(15) □□[卜]行[贞：王]宾[叙亡]尤？ **3**

(16) [丁]未卜旅贞：王其田于□[往]来亡災？在二月。 **7**

(17) 庚[戌卜王]曰[贞：翌辛]亥其田…隹乡衣…在二月。 **8**

(18) 辛亥卜行贞：今夕亡囚？ **9**

(19) 壬子卜行贞：王其田亡災？在二月。 **9**

(20) 癸丑卜行贞：王其步自臭于𬎼亡災？ 9
(21) 癸丑卜行贞：今夕亡囚？在自臭。 9
(22) 甲寅卜行贞：王其田亡災？在二月。在自臭。 9
(23) 甲寅卜王曰贞：翌乙卯其田亡災？于谷。 8
(24) 乙卯卜行贞：今夕亡囚？在二月。 9
(25) 乙卯卜行贞：王其田亡災？在… 9

1《合集》24279 2《缀汇》537 3《合集》24252 4《合集》24474 5《合集》24393 6《合集》24343 7《英藏》2041 8《合集》24471 9《合补》7257

以上这组卜辞与上举各组明显不属于同一年，如这里是二月辛卯在罘，上文《合集》24287辛卯在劳属三月，彼此不相合；壬子至甲寅虽干支与前一组相合，但所居地点不同，也必然是不同年的。

四、五月

(1) 己酉卜：王？在自逧卜。 1
(2) 己酉卜：王？ 1
(3) 癸□[卜尹]贞：王… 2
(4) 贞：亡尤？在四月。 2
(5) 甲寅卜尹贞：王宾祼亡囚？ 2
(6) 贞：亡尤？在自丙卜。 2
(7) 甲寅卜王曰贞：王其步自丙，又去自雨？在四月。 3
(8) 贞：不其去？ 3
(9) 甲寅卜尹贞：王宾夕祼亡囚？在四月。 2
(10) 贞：亡尤？在自获卜。 2
(11) 甲寅卜：王？ 4
(12) 乙卯卜尹贞：王宾祼亡囚？ 2
(13) 乙卯卜王曰贞：翌丙辰王其步自获？ 4
(14) 乙卯卜：王？ 4
(15) [乙]卯卜王曰贞：于丁巳步？ 4
(16) 辛酉卜尹贞：王宾岁亡尤？在四月。在自非卜。 5
(17) 辛酉卜尹贞：王宾叙亡尤？ 5
(18) 辛酉卜尹贞：王宾岁亡尤？在自般卜。 5
(19) 辛酉卜：王？在□月。在自般卜。 6

(20) 辛酉卜：王？ ❻
(21) 壬戌卜：王？ ❻
(22) …[在]自毈卜。 ❼
(23) …其雨？[在]四月。 ❼
(24) 贞：其雨？在四月。 ❽
(25) 贞：其雨？在自[毈卜]。 ❽
(26) 戊辰[卜]冎贞：[今]夕[亡]囚？ ❽
(27) 辛未卜冎贞：今夕亡囚？ ❽
(28) 贞：今夕不雨？在五月。 ❽
(29) 甲戌卜：王？在自湆卜。 ❾
(30) 甲戌卜：王？在五月。 ❾
(31) 甲戌卜：王？ ❾
(32) 乙亥卜尹贞：王宾祼亡囚？在五月。 ❿
(33) 乙[亥]卜尹贞：王宾夕祼亡囚？在五月。 ❿
(34) 贞：亡尤？在自湆。 ❿
(35) 丙子卜尹贞：王宾祼亡囚？ ❿
(36) 贞：亡尤？在五月。 ❿
(37) 丁丑卜尹贞：王宾祼亡囚？ ❿
(38) 在自湆卜。五月。 ⓫
(39) 在自滴卜。 ⓫

❶《合集》24267　❷《合集》24345　❸《合集》24398　❹《合集》24346　❺《拼二》379　❻《拼三》759　❼《合集》24779　❽《拼三》713　❾《合补》8384　❿《合集》24341　⓫《合集》24340

❼❽可能为一版之折。本组卜辞书体风格完全一致，应为同一刻手的短期之作。

十二月

(1) 庚午卜：王？在[illegible]卜。 ❶
(2) 庚午卜：王？在十二月。 ❶❷
(3) 己卯卜：王？在丹卜。 ❸
(4) 贞：亡尤？在十二月。在丹卜。 ❹
(5) 辛巳卜[行]贞：王步自丹[亡]災？在[十二月]。 ❺
(6) 乙酉卜行贞：王步自□于[illegible]亡災？在十二月。 ❺

（7）贞：亡尤？在十二月。在亦卜。　❻

（8）庚寅卜行贞：王其步自亦于襄亡災？　❺

（9）［庚］寅卜行贞：今夕亡𡆥？在十二月。在襄。　❼

（10）辛卯卜行贞：今夕亡𡆥？　❼

（11）壬辰卜行贞：今夕亡𡆥？　❼

（12）癸巳卜行贞：今夕亡𡆥？在十二月。在襄卜。　❼

（13）甲午卜：王？在十二月。在襄卜。　❽

（14）贞：亡尤？在十二月。［在］襄。　❾

（15）丁酉卜行贞：王宾祼亡𡆥？　❾

（16）贞：亡尤？在十二月。　❾

（17）戊戌卜行贞：王宾祼亡𡆥？在襄。　❾

（18）戊戌卜：王？在十二月。在襄。　❿

（19）己亥卜行贞：王宾祼亡𡆥？　⓫

（20）贞：亡尤？在襄。　⓫

❶《合集》24352　❷《合集》24355　❸《合集》24386　❹《合集》24385　❺《合集》24238　❻《合集》24246　❼《合补》8136　❽《合集》24237　❾《缀集》244　❿《合集》24235　⓫《京津》3386

由上可知，亦距襄不足一日行程。另外，《合集》24247记载十二月戊午、己未商王在亦，与本组不同年。

以上所举各组记载了商王在正月、二月、四月、五月、十二月外出巡游的情况。此外，还有些比较零散的卜辞也是有关商王外出巡游的，所记月份有：

三月：壬戌，在河。

□□，在雇。

——《合集》24420

丙寅，在雇。　——《合集》24348

八月：辛丑，自丙于雇。

癸卯，自雇于嘉。

己酉，自嘉于麦。

——《合集》24347

十一月：丁未，在敦。　——《合集》24232

癸丑，在自奠。　——《合集》24259

己巳，在自攸。

辛未，在自攸。

——《合集》24260

除记月而外，还有些商王出巡的卜辞是没有月份的，所见地名有：夹（《合集》24239—24245），自糟（《合集》24251、24254），自罘（《合集》24249、24250），自虎（《合集》24256），自露（《合集》24257），自允（《合集》24253），自鬲（《合集》24280），収（《合集》24350），良、柚（《合集》24472），丽（《合集》23802），唐（《合集》24375）等不备举。总之，商王频繁外出巡游，是出组二类的特点之一，推测武丁时期的众多敌国至此时已大部分臣服于商。

第二组

(1) □□[卜]出贞…丁亥…叀王祝？十月。 1
(2) 庚辰卜□贞：父丁[岁叀]王祝？ 2
(3) □亥卜行[贞]：岁叀王[祝]？在十一月。 3
(4) □□卜旅[贞]：岁[叀王]祝？ 4
(5) 贞…祝？ 5
(6) …牛… 2

1《合集》25883 2《合集》23275 3《合集》25175 4《合集》25922 5《合集》25927

本组系联的依据为“王祝”。所见月份为十月、十一月，干支大多残缺，据月份排列如上。

（二）可能有联系的卜辞

第一组

(1) 庚辰卜行贞：王宾叙亡尤？在六月。 1
(2) 庚辰卜[行]贞：王[宾]盘庚勺□卯二宰？ 1
(3) 辛巳卜行贞：王宾小辛勺伐羌二、卯二宰亡尤？ 1
(4) 甲寅卜□[贞：王宾]上甲勺伐羌十五、卯…亡尤？ 2
(5) 乙卯卜行贞：王宾祖乙戠一牛？ 3
(6) 乙卯卜行贞：王宾叙亡尤？ 3

（7）丁巳卜尹贞：王宾父丁勺伐羌三十、卯五窐[亡]尤？ 4
（8）丁卯卜旅贞：王宾小丁岁罘父丁勺伐羌五？ 6
（9）[戊]辰卜[旅]贞：王[宾]父戊[勺伐]羌三…亡尤？ 7
（10）戊辰卜行贞：王宾祖戊勺伐羌三、卯牢亡尤？ 8
（11）□□卜行[贞：王]宾…亡尤？ 8
（12）己巳卜行贞：翌庚午其又勺伐于妣庚[羌]三十，其卯三窐？ 9
（13）贞：毋又？七月。 9
（14）贞：毋？在七月。 9
（15）庚午卜旅贞：王宾妣庚岁罘兄庚亡尤？ 6
（16）□□卜旅[贞]…岁延… 6
（17）辛未卜行贞：王出亡囚？ 9
（18）甲午卜行贞：王宾羸甲勺伐羌三、卯牢亡尤？ 10
（19）丁未卜行贞：王宾叙亡尤？ 5
（20）庚戌卜贞：王宾小乙奭妣庚岁窐叙亡尤？ 5
（21）□□卜尹[贞]：王宾□丁勺伐[羌]十、卯二窐…[亡]尤？在十月。 11
（22）甲寅卜行贞：王宾岁亡尤？在十二月。 5
（23）甲寅卜行贞：王窐亡尤？在十二月。 5
（24）乙卯卜行贞：王宾祖乙勺伐羌十又五、卯窐亡尤？在十二月。 5
（25）□□卜冎贞：王宾…勺伐…三十，卯…窐…亡尤？ 12
（26）乙□[卜]□贞…祖乙…三窐？ 12
（27）丁□[卜]□贞：[王宾]…勺[伐]羌十又五、卯窐[亡尤]？ 13
（28）□[亥]卜行[贞]：王宾父丁[勺]伐羌十又八？ 3
（29）…父丁…勺…羌三十…十窐… 14
（30）□□[卜]即贞：王[宾]…勺伐羌…窐亡[尤]？ 15
（31）…伐羌、卯二窐[亡]尤？ 16
（32）…三窐… 12
（33）戊□[卜]旅[贞：王]宾…亡[尤]？ 7
（34）□午卜行[贞]：王宾…亡尤？ 10
（35）□□卜行[贞：王]宾…亡尤？ 5
（36）己□[卜]□贞… 9
（37）辛□卜[行]贞… 10
（38）…尤？ 9

1《合集》23106　2《合集》22552　3《合集》22550　4《合集》22549　5《缀汇》400　6《合集》22560　7《合集》22570　8《合集》22608+[①]　9《合集》22605　10《合集》22569　11《合集》22607　12《合补》6985　13《合集》22553　14《辑佚》478　15《合集》22582　16《合集》22584

本组系联的依据为“祖先勺伐羌”。所见月份为六月、七月、十月、十二月，据月份及干支顺序可排入数月之内。

第二组

(1) [癸酉]卜旅[贞：翌]甲戌[又]勺岁五□、□羌、五□？ 1
(2) 辛巳卜王贞：其又勺[岁于]祖辛？ 2
(3) 庚子卜行曰贞：翌辛丑其又勺岁于祖辛？ 3
(4) 贞：毋又？在正月。 3
(5) 贞：翌辛丑其又祖辛宰？ 3
(6) 贞：二宰？ 3
(7) 乙未又岁于祖乙牡，三十宰，隹旧岁？ 4
(8) 庚戌王卜曰：其冓…又勺岁？二月。 5
(9) 辛酉卜：王？在四月。 4
(10) 辛酉卜：王？ 4
(11) 癸亥卜旅贞：翌乙丑其又勺岁于祖乙其作丰？ 6
(12) [癸亥卜]旅[贞：翌]甲子□勺岁…牛？ 7
(13) 己巳卜行贞：王宾夙祼亡囚？ 3
(14) 庚午卜行贞：王宾夙祼亡囚？ 3
(15) 癸酉[卜]旅贞…勺岁… 8
(16) 庚□[卜]□贞：又勺岁…鬯… 9
(17) □□[卜]行贞…又勺岁… 10
(18) □□[卜]旅[贞：翌]辛亥勺岁…二宰？ 11
(19) 贞：毋又？在□[月]。 10
(20) 贞：翌辛丑祖辛岁物牛？ 3

① 张宇卫：《甲骨缀合第一百六——百六五则》，先秦史研究室网站，https：//www. xianqin. org/blog/archives/10774. html，2018 年 7 月 5 日。

（21）贞：弜勿？ ❸
（22）□□卜行[贞：王]宾□亡尤？ ❾
（23）贞：亡尤？在十一月。 ❸
（24）□丑卜旅[贞]… ❻
（25）□卯… ❷

❶《合集》22561　❷《合集》22969　❸《合集》23002　❹《合集》22884　❺《合集》25037　❻《拾遗》304　❼《合集》25990　❽《合集》25988　❾《英藏》2152　❿《合集》25068　⓫《合集》25991

本组系联的依据为“又勺岁”。所见月份为正月、二月、四月、十一月，据月份及干支顺序排列如上。

第三组

（1）庚申卜[行]贞：王宾叙亡尤？ ❶
（2）壬戌卜□[贞]：王宾父丁岁五牛[叙]亡尤？ ❷
（3）癸酉卜行贞：王宾叙亡尤？在十一月。 ❸
（4）癸酉卜行贞：王宾父丁岁三牛罘兄己一牛、兄庚…亡尤？ ❸
（5）丙寅卜□贞：翌丁丑…父丁岁叀物牛？ ❹
（6）丁卯[卜]□[贞]：父丁岁物牛？在正月。 ❺
（7）□[酉卜]□[贞]：王[宾]父丁岁二宰亡尤？正[月]。 ❻
（8）[癸酉]卜[旅]贞：翌[戊]戌祭[于]大戊亡[尤]？ ❼
（9）乙亥卜行[贞]：王宾妣庚…二宰叙亡尤？ ❸
（10）丁丑卜旅贞：王宾父丁岁三宰[亡]尤？在□[月]。 ❼
（11）壬午[卜]□贞：[王宾]…奭[妣壬]…[亡尤]？ ❽
（12）癸未卜行贞：王宾夕祼亡囚？ ❽
（13）丙戌卜行贞：翌丁亥父丁岁其物牛？ ❾
（14）丙戌卜[行]贞：翌丁[亥]父丁岁三□？ ❾
（15）癸巳卜□贞：父丁岁其延？ ❿
（16）丙申卜旅贞：父丁岁，□伐？ ⓫
（17）丁酉卜□贞：王宾父丁岁二宰罘报丁岁… ⓬
（18）己亥卜行贞：父丁勺岁宰牡？ ⓭
（19）丙午[卜]旅贞：[翌]丁未父丁岁牛？ ⓮

(20) 丁未卜王曰贞：父丁莫岁其引三宰？兹用。 15
(21) 丁未卜行贞：王宾叡亡尤？在二月。 16
(22) 庚戌卜行贞：王宾父丁岁宰亡尤？ 16
(23) 辛亥卜贞：王宾父丁岁□亡尤？ 17
(24) 癸亥卜□贞：父丁岁… 7
(25) □□[卜行贞：王宾]叡[亡尤]？在□[月]。 16
(26) □□[卜]行[贞]…牛…[在]二月。 16
(27) 丙申卜行贞：父丁岁物牛？在五月。 18
(28) 丁酉卜旅贞：王宾父丁岁十牛亡尤？在□[月]。 19
(29) 己亥[卜行]贞…其… 13
(30) 丁未… 15
(31) 甲申[卜]□贞：[王]宾…岁… 20
(32) 丙戌[卜行]贞：翌丁[亥]父丁岁宰？ 21
(33) 庚寅卜行贞：王其宾… 22
(34) 丙申卜行贞：翌丁酉父[丁]香禾岁宰？ 23
(35) 丁酉卜行贞：王宾父丁岁宰亡尤？ 22
(36) 丁酉卜行贞：王宾叡亡尤？ 22
(37) 戊戌卜行贞：今夕不雨？ 22
(38) 贞：其雨？在六月。 22
(39) …宰？六月。 23
(40) 贞：二宰？在六月。 21
(41) 丁未卜行贞：王宾父丁岁宰[亡]尤？ 24
(42) 丙申卜行贞：父丁岁物牛？ 25
(43) 贞：弜勿？ 9 18 25
(44) 丁酉卜旅贞：王宾父丁岁十牛亡尤？在… 26
(45) □□[卜]□贞：[王宾]父丁[岁]三宰亡尤？在八月。 27
(46) 丙□卜□贞：王宾父丁岁三宰叡亡尤？ 27
(47) 丁未[卜尹]贞：王宾父丁岁三宰眔大丁亡戠？ 28
(48) 丙寅卜即贞：翌丁卯父丁岁物牛？十月。 29
(49) 丁卯卜行贞：王宾父丁岁宰眔祖丁岁宰亡尤？ 1
(50) [戊]辰卜旅[贞]：王宾父丁岁二牛亡尤？[在]十月戊辰。 30
(51) 丙戌卜行贞：王宾父丁夕岁叡亡[尤]？ 31

（52）［丙戌卜］□［贞：翌］丁亥父丁岁宰？ [32]
（53）贞：宰？ [23]
（54）贞：二宰？ [35]
（55）贞：三宰？ [18] [35] [36]
（56）丁亥卜贞：王宾父丁岁五宰叙亡尤？ [8]
（57）□□［卜］尹贞…父丁…罘…五宰？ [20]
（58）□□［卜］□［贞：王宾］父丁岁宰罘大丁岁五宰亡尤？ [33]
（59）□□卜尹贞：王宾父丁岁三牛亡［尤］？ [34]
（60）贞：翌丁亥父丁岁物牛？ [35]
（61）贞：弜物牛？ [31] [35]
（62）贞：［翌］丁亥父丁岁牛？ [36]
（63）□□卜□贞：王［宾］父丁岁…牛？ [37]
（64）□□［卜］行［贞］…亥…宰？ [21]
（65）［贞］…宰？ [13]
（66）□酉卜旅［贞］：妣庚岁叀出敀？ [14]
（67）□□卜行贞：庚勹岁，王其叙？ [18]
（68）□□卜［旅］贞：王宾叙亡尤？ [19] [26]
（69）贞：［王宾］叙亡［尤］？ [8]
（70）…叙… [1] [2]
（71）□□［卜］行［贞：王］宾… [24]
（72）贞：弜宾？ [22]
（73）…王…翌戊…田往…［亡］災？ [15]
（74）甲□卜尹［贞］…大甲祭… [28]
（75）丁□［卜］□贞… [17]
（76）庚□［卜即］贞… [29]
（77）贞：［亡］尤？ [24]
（78）贞…在□［月］。 [3]
（79）贞：毋又？ [13]
（80）贞… [19] [25] [26] [36]

[1]《合集》23030　[2]《合集》23200　[3]《合集》23187　[4]《拾遗》296　[5]《合集》23201　[6]《合集》23199　[7]《拼三》710　[8]《合集》23197　[9]《合集》23215　[10]《合集》23231　[11]《合集》22612　[12]《合集》22701　[13]《合集》

23214 ⑭《合集》23220 ⑮《合补》7035 ⑯《合集》23183 ⑰《合集》23203 ⑱《合集》23217 ⑲《合集》23190 ⑳《合集》23266 ㉑《拾遗》303 ㉒《拼二》395 ㉓《拾遗》302 正 ㉔《合集》23182 ㉕《合集》23216 ㉖《掇三》118 ㉗《合集》23198 ㉘《合补》7038 ㉙《合集》23219 ㉚《拼二》375 ㉛《合集》23189 ㉜《合集》23213 ㉝《合集》22770 ㉞《合集》23196 ㉟《合集》23218 ㊱《合集》40976 ㊲《合集》23222

本组系联的依据为"父丁岁+牺牲"。所见月份为正月、二月、五月、六月、八月、十月、十一月。由于"十一月"之干支与其他各月不能兼容，应为另一年所卜，故而本组排列时将其置于"正月"之前，其他月份从正月至十月均可排入一年之内。

第四组

(1) 丙戌卜□贞：翌丁[亥]父丁莫岁宰? ❶
(2) 辛丑卜尹贞… ❷
(3) 丙午卜行贞：翌丁未父丁莫岁牛? ❸
(4) 贞：三宰? 在正月。 ❸
(5) 丙辰卜尹贞：翌丁巳父丁莫岁宰? ❷
(6) [丙辰]卜□贞：翌[丁]巳父丁莫岁牛? ❹
(7) [丙寅卜]旅贞：[翌丁]卯其…莫岁于父丁…[在]二月。 ❺
(8) [丙]□[卜]旅[贞：翌丁]□父丁莫岁宰? ❻
(9) [丙]□[卜]尹[贞：翌丁]□父丁莫[岁]宰? ❼
(10) 贞…在□月。 ❸

❶《合集》23208 ❷《合集》23206 ❸《合集》23207 ❹《合集》23212 ❺《合集》23209 ❻《合集》23210 ❼《合集》23211

本组系联的依据为"父丁莫岁+牺牲"。所见月份为正月、二月，据月份及干支顺序排列如上。

第五组

(1) 丁酉卜行贞：王宾父丁岁亡尤? 在二月。 ❶
(2) 丁酉卜行贞：王宾叙亡尤? 在二月。 ❶

(3) 丙午卜尹贞：王宾父丁岁…　❷

(4) 丁巳[卜]贞：王[宾]父丁岁□亡尤？二月。　❸

(5) 丁巳卜行[贞]：王宾父丁岁□亡[尤]？在四[月]。　❹

(6) 丁巳[卜即]贞：王[宾]父丁岁…　❺

(7) 丁卯卜尹[贞：王]宾父丁岁…　❻

(8) …父丁岁…[亡]尤？六[月]。　❼

(9) 乙酉卜行贞：王宾岁自祖乙至于父丁亡尤？　❽

(10) 乙酉卜行贞：王宾叙亡尤？在七月。　❽

(11) 丙戌卜行贞：王宾父丁夕岁亡尤？　❽

(12) 乙丑卜贞：王宾父丁岁亡尤？　❾

(13) 乙丑卜尹贞：王宾叙亡尤？　❾

(14) 丁卯卜旅[贞：王]宾父丁岁…　❿

(15) 庚午卜旅贞：王[宾]…叙[亡]□？　❿

(16) 丁丑卜尹贞：王宾父丁岁…　⓫

(17) 庚辰卜行贞：王宾二父丁岁亡尤？在十二月。　⓬

(18) 辛巳卜行贞：王宾…祼亡囚？　⓬

(19) 乙酉卜行贞：父丁夕岁叙…　⓭

(20) 丁亥[卜行]贞：王宾父丁岁…[亡尤]？　⓮

(21) [丁]亥卜□贞：王宾父丁岁…亡[尤]？　⓯

(22) □□卜即贞：父丁岁其先祭？　⓰

(23) □□[卜]□[贞]…父丁岁罘报丁岁亡[尤]？　⓱

(24) □□卜尹贞：[王]宾…[亡]尤？　❾

(25) □[巳]卜即[贞]：王宾…亡尤？　❺

(26) □□卜行[贞]：王宾…亡尤？　❽⓮

(27) □□[卜行]贞：[王宾]叙[亡尤]？　❽

(28) 贞：亡[尤]？　⓬

(29) □□[卜尹]贞…庚午…　❻

(30) □□卜尹贞…　❸

(31) □□[卜]□贞…　⓭

❶《合集》23184　❷《合集》23195　❸《合补》7031　❹《合集》23185　❺《合集》23234　❻《合集》23194　❼《北大》370　❽《合集》22899　❾《拼一》159　❿《合集》23192　⓫《天理》663　⓬《合集》23186　⓭《合集》

23233 14《合集》23235 15《英藏》1951 16《合集》23229 17《合集》22702

本组系联的依据为“父丁岁”。与以上第三、四组不同，本组“岁”后均无牛、羊等牺牲，故而单独列为一组。所见月份为二月、四月、六月、七月、十二月，据月份及干支顺序排列如上。

第六组

(1) 庚辰卜贞：王宾兄庚岁罘妣庚… 1
(2) 戊戌卜旅贞：王宾妣戊岁宰亡尤？ 2
(3) 戊[戌卜涿贞]：王宾妣戊奭岁宰叙亡尤？ 3
(4) 己亥卜涿贞：王宾兄己岁宰叙亡尤？ 3
(5) 庚子卜涿贞：王宾南[庚]岁宰叙亡尤？ 3
(6) 丁未卜□贞：王[宾]叙亡[尤]？ 4
(7) 丁未[卜]□贞：王[宾]岁… 4
(8) 己酉卜行贞：王宾兄己岁宰亡尤？ 4
(9) [庚]戌卜行[贞]：王宾…岁宰[亡]尤？ 4
(10) 戊午卜旅[贞]：王宾大丁[奭妣戊]…[亡尤]？ 5
(11) 癸亥[卜]贞：兄庚岁罘兄己叀… 6
(12) [戊]□卜尹[贞：王]宾大丁奭[妣戊]岁小宰亡尤？三月。 7
(13) 癸□[卜]□贞…岓… 6
(14) 贞：兄庚岁罘庚[兄]己其牛？ 6
(15) □亥[卜]… 6
(16) 贞：于𥜽？ 6
(17) …宾…尤？ 1
(18) 贞… 5

1《瑞典》56 2《合集》23339 3《拼二》374 4《合集》23468 5《合集》23310 6《合集》23477 7《合集》23309

本组系联的依据为“妣戊岁+兄庚/兄己岁”。以上妣戊、兄庚、兄己多见于同一版卜辞，应有紧密联系，故而尽归为一组。所见月份为三月，据月份及干支可排入数月之内。

第七组

(1) 己巳卜行贞：王宾母己岁一牛叙？ 1
(2) 辛巳卜□贞：王宾母辛岁宰？ 2
(3) 辛巳[卜]□贞：王[宾]母[辛]岁[亡尤]？ 3
(4) 己酉卜□贞：告于母辛叀䕬？ 4
(5) □辰卜即[贞]…母己岁…宰？ 5
(6) □酉卜贞：母辛岁牛？ 4
(7) [辛]□[卜]□[贞：王宾]母辛岁三宰… 6
(8) …贞：母乙…岁[宰]… 7
(9) □亥卜…宰… 7
(10) 贞：母岁叀羊？ 8
(11) 贞：叀羌？ 8
(12) 贞… 8
(13) …亡… 6
(14) …今… 4

1《合集》23406　2《合集》23421　3《合集》23423　4《合集》23420　5《合集》23407　6《合集》23425　7《合补》7513　8《合集》23464

本组系联的依据为“母辛岁”。无月份记载，据干支顺序排列如上。

第八组

(1) □巳卜旅贞：盂子岁王其宾？ 1
(2) □巳卜即贞：盂子岁牡？ 2

1《合集》25167　2《合集》25168

本组系联的依据为“盂子岁”。无月份记载，干支亦残缺。暂附于此，以备查阅。

第九组

(1) 戊寅卜即贞：叀父戊岁先酒？ 1

(2) 戊□[卜]□贞…父[戊]… 2
(3) 贞：父戊岁叀宰？ 2
(4) 贞：叀小宰？ 2
(5) 贞：叀大宰？ 2
(6) 贞… 2

1《合集》25204 2《合集》23300

本组系联的依据为“父戊岁”。无月份记载，据干支顺序排列如上。

第十组

(1) 甲子卜：王？ 1
(2) 癸酉卜行贞：翌甲戌外丙母妣甲岁叀牛？ 2
(3) 乙亥卜旅贞：妣□岁牛… 3
(4) [戊]子卜旅贞：王宾大戊[岁]三宰亡尤？ 4
(5) 辛卯卜行贞：王宾母辛岁宰亡尤？ 5
(6) 乙未卜行贞：王宾小乙岁宰亡尤？ 5
(7) 乙未卜行贞：王宾叙亡尤？ 5
(8) 丙申卜□贞：翌丁酉其又于中丁… 6
(9) 丁酉卜行贞：王宾父丁岁一宰、祖丁岁二宰亡尤？ 5
(10) 戊戌卜旅贞：祖戊岁叀羊？ 7
(11) 戊申[卜]□贞：王…叙… 8
(12) 庚戌卜旅贞：西子岁叀…王… 9
(13) 乙巳卜行贞：王宾祖乙岁三宰眔小乙岁二宰亡尤？ 10
(14) 壬子卜尹贞：壬岁羊？ 11
(15) 甲寅卜□贞：王宾大甲岁三[宰]亡尤？ 12
(16) 甲寅卜行贞：王宾… 12
(17) [乙]□卜行[贞：王]宾祖乙□[宰]眔小乙□宰，亡尤？ 12
(18) 己未卜□贞：小王岁宰？ 1
(19) 庚申卜行贞：王宾大庚岁二牛亡尤？在[二月]。 13
(20) □□卜行[贞]：王宾…亡尤？[在]二月。 13
(21) 戊子卜旅贞：王宾岁三宰亡尤？ 14
(22) 庚戌卜行贞：王宾□岁二宰叙亡尤？ 8

(23) 辛□[卜]□贞：[王宾]大甲[奭]妣辛[岁]小宰[亡尤]？ ⓯

(24) □□[卜]□[贞：王宾]大庚…岁…叙[亡]尤？ ⓯

(25) □□卜旅[贞]…岁又…羊？ ⓰

(26) …岁…牢罘… ⓱

(27) …小丁岁宰… ⓲

(28) …丁岁…率…牛？ ⓳

(29) 贞：毓祖乙岁一牛？ ⓴

(30) [贞]：中丁岁一牛？ ❻

(31) 贞：妣己岁牡？ [21]

(32) 贞：牝？ [21]

(33) …庚…岁其牡？ [22]

(34) □□卜行[贞：王]宾□□[岁宰亡]尤？ ❺

(35) 贞：妣甲岁叀豭？ ❷

(36) □巳卜行[贞]：王宾…亡尤？ ❿

(37) 戊□[卜]□贞… ❼

(38) [戊]□[卜]□贞…祖… ❹

(39) 戊□[卜]□贞…祖丁… ⓮

(40) …丁巳…[在]八月。 ❸

(41) 甲□[卜]□贞… ❿

(42) 甲□[卜]□贞…叙… ❿

(43) 贞：𠬝… ❺

(44) 贞：剢？ ❷

(45) …宰… ❷

(46) 贞… ❼

(47) 贞：毋又？ ❻⓱

(48) …兄庚…今… ❸

(49) □□[卜]旅[贞]… ❸

(50) …叙…[亡]尤？ ⓱

(51) 贞… ⓴

(52) …澠… ⓫

❶《合集》23808　❷《合集》22775　❸《合集》23494　❹《合集》22833　❺《缀续》421　❻《合集》22861　❼《合集》22852　❽《合集》41123　❾《合

集》25169 10《合集》40951 11《合集》23630 12《缀汇》580 13《合集》22793 14《合集》40965 15《合集》23311 16《合补》7530 17《合补》7548 18《合集》23056 19《合集》23068 20《合集》23149 21《合集》25185 22《合集》25191

本组系联的依据为“祖先岁+牺牲”。与以上岁祭父丁、兄庚、妣戊等不同，本组各版卜辞中岁祭祖先均仅见一例，难以联系成组群，故而暂尽归于此，以备参考。所见月份为二月、八月，据月份及干支顺序排列如上。

第十一组

(1) 丙申卜即贞：翌丁酉叀中丁岁先？ 1
(2) 乙巳[卜]□贞：王[宾]祖乙岁[亡]尤？ 2
(3) 丙午[卜]□贞：翌[丁未]祖丁岁… 3
(4) [己]酉卜行[贞：王]宾祖丁奭妣己岁叙亡尤？ 4
(5) 己酉卜行贞：王宾叙亡尤？在正月。 5
(6) 己酉[卜行]贞：王[宾]中己岁[亡]尤？ 5
(7) 庚戌卜行贞：王宾岁亡尤？在… 5
(8) 甲寅卜□贞：王宾小甲岁… 6
(9) 己未卜行贞：王宾叙亡尤？ 4
(10) 甲□[卜旅]贞…祖甲…亡尤？ 7
(11) □□[卜]旅[贞：王]宾…岁…九月。 7
(12) 甲子[卜]□贞：王[宾]兄己岁□亡[尤]？ 8
(13) 丙寅[卜]□贞：翌日…于… 9
(14) 己巳卜行贞：王宾雍己岁龠亡尤？ 9
(15) 甲戌卜行贞：岁其延于祖甲？ 10
(16) 辛巳[卜]旅[贞]…示壬…先…岁… 11
(17) 壬午卜旅贞：季岁王其宾？ 12
(18) 甲寅卜贞：毓岁叀… 13
(19) 丁□[卜行]贞…岁…岁… 4
(20) …壬饮人，岁…酸黄父？十一月。 14
(21) …示[壬]岁其競？在十一月。 15
(22) 己酉[卜]□贞：王[宾]中子岁□亡尤？ 16

(23) 甲寅[卜]□贞：王[宾]□岁亡[尤]？ 17
(24) □丑卜□贞：其□于妣…十三月。 17
(25) 辛巳卜行贞：王宾大乙岁亡尤？ 18
(26) 辛巳卜行贞：王宾亡囚？ 18
(27) □□[卜]尹贞…祖乙岁…三… 19
(28) …祖乙岁… 20
(29) …岁…母壬岁亡尤？ 21
(30) …季岁…在… 22
(31) 贞：先唐岁？ 23
(32) …大庚岁亡尤？ 24
(33) …贞…岁… 11
(34) 贞：叀父丁？ 1
(35) □□卜即[贞：王]出亡[囚]？ 1
(36) □□[卜]即[贞：王]宾叙[亡尤]？ 2
(37) …迺于…祖乙… 20
(38) 辛…贞…大乙…亡… 18
(39) □□[卜]冎[贞]…祖辛…亡[尤]？ 8
(40) …弜延？ 10
(41) …叙… 21

1《合集》22860　2《合集》40952　3《合集》23037　4《合集》23329+[①] 5《拼二》351　6《合集》22810　7《合集》23099　8《合集》23010　9《掇三》464　10《合集》23097　11《合补》7488　12《合集》24972　13《辑佚》272　14《合集》23566　15《合集》25194　16《合集》23547　17《合集》41134　18《上博》17647.431　19《拾遗》274　20《合补》6983　21《合集》23455　22《合集》24971　23《合集》22752　24《合集》22799

本组系联的依据为“祖先岁”。与以上第十组不同，本组“岁”后均无牛、羊、宰等牺牲。另外，本组各版卜辞中岁祭之祖先均仅见一例，难以联系成组群，故而暂尽归于此，以备参考。所见月份为正月、九月、十一月、十三月，据月份及干支顺序可排入一年之内。

① 周忠兵：《甲骨新缀三组》，先秦史研究室网站，https：//www.xianqin.org/blog/archives/2229.html，2010年12月26日。

第十二组

(1) 乙卯卜尹贞：王宾祖乙勺岁亡尤？ 1
(2) □□[卜]□[贞：王]宾…亡尤？在正月。 1
(3) 癸酉卜即贞：上甲勺岁其告丁一牛？ 2
(4) □□[卜]□贞：上甲…其告于丁？ 8
(5) 甲戌卜行贞：王宾上甲勺岁亡尤？ 3
(6) 庚寅卜□贞：王宾…勺岁… 4
(7) 戊申卜□贞：翌己[酉]王宾妣己勺岁亡尤？ 5
(8) 辛亥卜[尹]贞：王宾[祖]辛岁[𣪕亡尤]？ 1
(9) …勺岁？在二月。 6
(10) …其延勺岁于祖辛？在四月。 7
(11) [丙寅卜旅贞：翌]丁卯蘉岁？在七月。 9
(12) …勺岁…牛？[在]七月。 9
(13) …母辛勺岁宰亡尤？在□月。 10
(14) □□卜行[贞：王]宾…[亡尤]？ 3
(15) □□卜□[贞]… 5
(16) 贞… 2

1《合集》22903 2《合集》22676 3《合集》22626 4《安明》1281 5《合集》23342 6《合集》25989 7《合集》22995 8《合集》22678 9《英藏》2110 10《合集》23427

本组系联的依据为“祖先勺岁”。所见月份为正月、二月、四月、七月，据月份及干支顺序排列如上。

第十三组

(1) 己巳卜尹贞：翌庚午其又于妣庚宰？ 1
(2) 己亥卜[旅]贞：其又[于]小王，其以？ 2
(3) 庚子卜旅贞：其又于妣庚一牛？在六月。 2
(4) 庚子卜行贞：其又于妣庚牡？ 3
(5) 庚子卜：王？ 3

(6) 己未[卜]□贞：翌[庚申]…妣庚岁… 4
(7) [己]未卜行[贞]：翌庚申[其]又于妣庚？ 4
(8) 庚申卜行贞：其又于妣庚？在十一月。 5
(9) 庚申[卜行]贞：𠬝…𩰫… 5
(10) 贞：于一𩰫酒？ 5
(11) [贞]：毋[又]？在十一月。 5
(12) 贞：牝？ 3 4
(13) …旅… 2

1《合集》23345　2《合补》7019　3《合补》8397　4《合集》23349　5《合集》23348

本组系联的依据为"又于妣庚+牺牲"。所见月份为六月、十一月，据月份及干支顺序可排入数月之内。

第十四组

(1) 己卯卜即贞：妣己岁王其宾？ 1
(2) 庚子卜□贞：妣庚岁王其宾？ 2
(3) [庚]子卜旅贞：妣庚岁王其馭？在□[月]。 3
(4) 庚戌卜旅贞：妣庚岁王其馭？在一月。 4
(5) [庚]申卜行[贞]：妣庚岁王[其宾]？[在]十二月。 5
(6) [贞]：弜宾？ 2
(7) 贞：先妣庚岁？ 6
(8) 𠈉。 6
(9) …贞…王… 1
(10) 贞… 1

1《合补》7011　2《合集》23355　3《合集》23361　4《合集》23357　5《俄罗斯》40　6《合集》23359

本组系联的依据为"妣某岁王其宾"。所见月份为一月、十二月，据月份及干支顺序排列如上。

第十五组

(1) 乙丑卜行贞：王宾小乙岁一牛亡尤？ 1

(2) 丙寅卜行贞：王宾妣庚岁宰亡尤？ 1
(3) 己卯[卜]□贞…兄庚… 2
(4) 贞：王宾祖乙奭妣庚岁人于物罘兄庚岁二宰[亡尤]？ 2
(5) 庚辰卜旅贞：王宾妣庚岁宰？ 3
(6) [庚]寅卜□贞：妣庚岁[其]牡？在三月。 4
(7) 丁酉卜行贞：王宾叙亡尤？ 5
(8) 己亥卜行贞：翌庚子妣庚岁牡？ 6
(9) 戊申[卜]□贞：王[宾]叙亡[尤]？ 7
(10) [庚]戌卜行贞：王宾妣庚岁二宰叙亡尤？ 7
(11) 庚申卜[王]贞：妣庚岁其牡？在七月。 8
(12) 庚申卜：王？ 8
(13) 乙丑卜行贞：王宾叙亡尤？ 1
(14) 丙寅卜行贞：王宾叙亡尤？ 1
(15) 己卯卜旅贞：王宾叙亡尤？ 3
(16) 庚辰卜尹贞：妣庚岁宰？ 9
(17) 贞：牝？在七月。 8
(18) 己亥卜贞：妣庚[岁]其牡？ 10
(19) 壬寅卜即贞：王出亡田？ 11
(20) □寅卜行贞：王宾岁叙亡尤？在十二月。 5
(21) 庚戌卜行贞：王宾大甲奭妣庚岁宰叙亡尤？ 5
(22) 庚申卜旅贞：先妣庚宗岁攺？在十二月。 12
(23) [庚]□卜尹贞：妣庚岁一牛？ 13
(24) 庚□卜□贞：王[宾]妣庚岁…岁…亡[尤]？ 14
(25) □卯卜旅贞：翌庚□妣庚岁其[牛]？ 15
(26) □□[卜]□[贞]…登罘妣庚岁宰亡尤？ 16
(27) 贞：妣庚岁□物牛？ 17
(28) □□卜即[贞]…岁…于妣庚？ 11
(29) □□[卜]行[贞]：王宾…亡尤？ 2
(30) □□[卜]旅[贞：王]宾…[亡]尤？ 14
(31) 贞…夙… 6
(32) …牝？ 6
(33) 贞… 1

1《史购》188　2《合集》23331　3《合集》23370　4《合集》23365　5《北大》374　6《上博》46457　7《合集》23302　8《合集》23364　9《合集》23371　10《英藏》1964　11《合集》23373　12《合集》23372　13《合集》23366　14《合集》23375　15《合集》40987　16《合集》23369　17《合集》23362

本组系联的依据为“妣庚岁+牺牲”。所见月份为三月、七月、十二月，据月份及干支顺序排列如上。

第十六组

(1) 己巳卜行贞：翌庚午岁，其延于羌甲奭妣庚？ 1
(2) [庚]午卜旅[贞：王]宾妣庚日[亡]尤？三月。 2
(3) 庚午卜即贞：王宾妣庚岁罘兄庚亡尤？ 3
(4) 庚午卜即贞：王宾叙亡尤？ 3
(5) 庚午卜即贞：王宾妣岁罘兄庚亡尤？ 4
(6) 庚辰[卜]□贞：王[宾]兄庚岁… 5
(7) 庚寅卜行贞：兄庚岁先日？ 6
(8) 乙巳卜尹贞：王宾妣庚岁叙亡尤？ 7
(9) 贞：亡尤？九月。 7
(10) 庚午卜旅贞：王宾妣庚岁亡尤？在九月。 8
(11) 庚午卜即贞：王宾叙亡尤？ 4
(12) 庚子卜旅贞：王宾□庚岁罘兄庚、妣庚亡[尤]？ 9
(13) …贞：其…于妣庚岁…十月。 10
(14) 庚申卜王贞：妣庚岁[叙]亡尤？ 11
(15) □□卜旅[贞]…妣庚岁…在… 12
(16) …妣庚岁亡尤？ 13
(17) …兄□岁…叙㞢… 14
(18) …兄庚岁罘妣庚… 15
(19) 贞：于毓妣？ 1
(20) 贞：庚岁竝酒？ 1
(21) 贞：弜竝酒？ 1
(22) 贞：妣庚岁叀莫酒先日？ 1

(23) 贞：弜先？ ❻

(24) □□[卜行贞：王]宾…亡□？在□[月]。 ❻

(25) □□卜：宾…祼…[亡]𡆥？在□[月]。 ❼

(26) □[子]卜[王]贞…叙[亡尤]？ ⓫

(27) …叙[亡]尤？ ⓭

(28) 贞… ❶

❶《合集》23326 ❷《合集》23353 ❸《掇三》466 ❹《合集》23488 ❺《安明》1250 ❻《合集》23487 ❼《合集》23350 ❽《合集》23352 ❾《拾遗》338 ❿《合集》23374 ⓫《合集》40991 ⓬《拾遗》306 ⓭《安明》1248 ⓮《安明》1282 ⓯《拾遗》307

本组系联的依据为“妣庚岁”。与前一组不同，本组“岁”后均无牺牲，故而单独列为一组。所见月份为三月、九月、十月，据月份及干支顺序排列如上。

第十七组

(1) 甲午[卜]□贞：王…叙… ❶

(2) 丁酉卜即贞：王宾妣岁亡尤？ ❶

(3) 庚申[卜]□贞：[王]宾妣岁亡尤？ ❷

(4) [庚]申卜□[贞]：王宾…亡尤？ ❷

(5) 癸亥[卜]□贞：妣岁叀今蘉酒？ ❸

(6) 贞：弜又？四月。 ❸

(7) 庚寅卜旅贞：王宾妣岁亡尤？七月。 ❹

(8) 癸巳卜大贞：王宾妣岁亡尤？ ❺

(9) 甲申卜[即]贞：妣岁王其叙？十一月。 ❻

(10) 甲申卜即贞：妣岁其盗？ ❻

(11) [甲]午卜□贞：王宾鲁甲岁亡尤？ ❺

(12) □□卜旅[贞：王宾]妣岁[亡尤]…䶒…一牛？ ❼

(13) □□[卜]旅[贞]… ❹

(14) □□[卜]□贞…亡[尤]？ ❷

❶《合补》7538 ❷《合集》25153 ❸《合集》25157 ❹《合集》25150 ❺《合集》25152 ❻《合集》25162 ❼《合集》41133

本组系联的依据为“妣岁”。所见月份为四月、七月、十一月，据月份及干支顺序排列如上。

第十八组

(1) 甲寅卜旅贞：翌乙卯其又于祖乙宰？ 1
(2) 乙卯卜贞：其又宾宰？ 2
(3) 丁巳卜行贞：其又于小丁一牛？ 3
(4) 丁巳卜行贞：其又于大丁？在一月。在自劳[卜]。 3
(5) …丁岁… 3
(6) 己未卜：王？ 4
(7) [庚]申卜王[贞：其]又[于]□小宰？兹用。 5
(8) 庚申卜王贞：毋又？七月。 5
(9) 庚申卜行贞：其又于□庚升一牛？ 4
(10) [庚]辰卜王[贞]：翌辛巳又戠于祖辛牝一，其延田亡災？ 6
(11) 丁亥卜行贞：其又于母辛、母己牡？ 7
(12) …宰。八月。 4
(13) 甲寅卜[行]贞：其又于羌甲叀羊？ 8
(14) [甲]寅卜行[贞]：羌甲岁…在十一月。 8
(15) 贞：叀牛？在十一月。 8
(16) 贞：勿延？在十一月。 8
(17) 庚申[卜]□贞：翌辛[酉]…妣辛[宰]？ 9
(18) □□[卜]旅[贞]…其又于…一牛？ 10
(19) □□卜旅贞…岁牡… 10
(20) 贞：牢？ 3
(21) 贞：三宰？ 1
(22) 贞：其宰又一牛？ 9
(23) 贞：二宰？ 2
(24) …宰… 2

1《合集》22886　2《合补》7719　3《合补》6965　4《合集》25056　5《合集》25064　6《合集》23006　7《合集》23411　8《拼一》157　9《合集》23400　10《拼三》781

本组系联的依据为“又于祖先+牺牲”。本组所见又祭之对象，绝大多数在两版以下，故而难以联系成群组，故暂归于此，以供查阅。所见月份为一月、七月、八月、十一月，据月份及干支顺序排列如上。

第十九组

(1) 癸酉[卜]☐贞：翌…彡于…其乇[于]父丁… 1
(2) 丙子卜旅贞：翌丁丑父丁乇，其又伐？二月。 2
(3) [丙子]卜行[贞：翌]丁丑父丁[乇]…又伐？ 3
(4) ☐☐[卜]☐[贞]…父丁[乇]…伐… 4
(5) 贞… 3

1《合集》23261　2《合集》22611　3《合集》22613　4《合集》22614

本组系联的依据为“父丁乇…伐”。所见月份为二月，据月份及干支顺序排列如上。

第二十组

(1) 贞：亡尤？[在]二月。 1
(2) 戊子卜冎贞：王宾大戊戠亡☐？在三月。 1
(3) 贞：亡尤？在三月。 1 2
(4) 戊申卜旅贞：王宾大戊[戠]亡囚？ 2
(5) 戊子卜尹贞：王宾大戊戠[亡囚]？ 3
(6) 戊戌卜旅贞：王宾𣪘亡尤？ 4
(7) 戊☐[卜]☐贞：王[宾]大戊戠[亡囚]？ 5
(8) 贞：亡尤？在五月。 5
(9) 戊午卜冎贞：王宾𣪘亡尤？ 6
(10) [戊]☐卜旅[贞：王]宾大戊[戠]亡尤？ 4
(11) 戊寅卜冎贞：王宾大戊戠亡囚？ 6
(12) 戊子卜旅贞：[王]宾大戊戠[亡囚]？ 7
(13) 戊戌[卜]☐贞：王宾… 4
(14) 戊申卜尹贞：[王]宾大戊戠亡[囚]？在七月。 8
(15) 戊午卜冎贞：王宾大戊勺岁三宰亡尤？ 6
(16) 戊午卜冎贞：王宾大戊戠亡囚？在十四月。 6

(17) 戊[辰卜]□贞… 7
(18) 戊寅卜旅贞：王宾大戊戠亡囚？ 9
(19) 戊寅卜旅贞：王出亡囚？ 1
(20) 戊戌卜贞：王宾大戊戠亡囚？ 9
(21) □□卜冎[贞：王]宾…亡囚？ 6
(22) □□卜尹[贞：王]宾…亡囚？ 1
(23) 贞：亡尤？ 1 2 6 8 9

1《合集》22839　2《合集》22845　3《合集》22840　4《合集》22830　5《合集》22842　6《合补》6971　7《合集》22841　8《合集》22844　9《合补》6969

本组系联的依据为“大戊戠”。所见月份为二月、三月、五月、七月、十四月，据月份及干支顺序排列如上。另外，何组二类（《合集》27042反）亦见“大戊戠”之卜问。

第二十一组

(1) 辛巳卜行贞：王宾祖辛岁宰？ 1
(2) 甲申卜行贞：王宾父丁岁、兄庚岁亡尤？ 1
(3) 辛亥卜[行]贞：先…岁攺… 2
(4) 贞：先祖辛岁攺… 2
(5) 辛酉卜□贞：王宾祖[辛]岁三宰？ 3
(6) 辛酉卜[行]贞：王[宾]祖辛岁宰亡尤？ 4
(7) 辛酉卜行贞：王宾叙亡尤？ 4
(8) [辛]□[卜]□贞：王[宾]祖辛岁… 5
(9) 辛酉卜□贞：王宾祖辛岁… 6
(10) □□卜□[贞：王]宾…亡[尤]？ 5
(11) □戌卜贞：[今]夕[亡]囚？ 1
(12) □□[卜]行[贞：王]宾…祼… 2

1《合集》22973+[①]　2《合集》22992　3《合集》22974　4《合集》22975

① 李爱辉：《甲骨拼合第466—475则》，先秦史研究室网站，https：//www.xianqin.org/blog/archives/12091.html，2019年8月5日。

5《合集》22976　6《合集》22901

本组系联的依据为“祖辛岁+牺牲”。无月份记载，据干支顺序可排入数月之内。

第二十二组

(1) 辛未卜□贞：王…祖辛岁… 1
(2) 丁丑卜即贞：王宾叙亡尤？ 2
(3) 辛巳卜即贞：王宾祖辛岁亡尤？ 2
(4) 辛巳卜即贞：王亡尤？ 2
(5) 庚戌卜王曰贞：弜延？ 3
(6) 庚□[卜王曰贞]…岁… 3
(7) [辛]□卜王[曰贞]…祖辛岁亡[囚]？ 3
(8) □□卜贞：[王]宾祖辛□叙亡[尤]？在四[月]。 4
(9) …[贞]：王[宾]祖辛岁亡[尤]？ 5
(10) …即… 2

1《安明》1218　2《缀兴》31　3《合集》22990　4《合集》22977　5《合集》40960

本组系联的依据为“祖辛岁”。与上一组不同，本组“岁”后均无牺牲，故而单独列为一组。所见月份为四月，据月份及干支顺序排列如上。

第二十三组

(1) 丁丑[卜]□贞：王[宾]小丁岁…亡[尤]？ 1
(2) 丁亥[卜]□贞：其…小丁叀羊？ 2
(3) 丙申卜旅贞：翌丁酉小丁岁，王其宾？ 3
(4) 丙申[卜]□[贞]… 3
(5) 丁未卜行贞：小丁岁窐？ 4
(6) 丁巳卜行贞：王宾岁罘小丁岁亡尤？ 5
(7) 丁巳[卜行]贞：[王宾]叙[亡尤]？ 5
(8) 丁巳卜行贞：小丁岁罘矢岁酒？ 6
(9) 贞：小丁岁，其宾？ 7

(10) □酉卜□[贞]：王宾[小]丁岁二宰？ 8
(11) 贞：小丁岁牡？ 4
(12) 贞：弜宾？ 7
(13) 贞：奚酒？ 6

1《合集》25147　2《合集》23058　3《拼五》1164　4《合集》23055　5《合集》23049　6《缀汇》452　7《合集》23050　8《合集》25146

本组系联的依据为“小丁岁”。无月份记载，据干支顺序可排入数月之内。

第二十四组

(1) 乙亥卜行贞：王宾小乙岁宰亡尤？在二月。 1
(2) 乙亥卜行贞：王宾小乙岁宰亡尤？ 2
(3) 乙亥[卜行]贞：王[宾]岁[宰]叙亡[尤]？ 2
(4) 乙亥卜尹贞：王宾小乙岁亡尤？ 3
(5) 丁丑卜□贞…父丁…叙… 1
(6) 乙未卜行贞：王宾小乙岁宰亡尤？ 4
(7) 乙未卜行贞：王宾小乙岁亡尤？ 5
(8) 甲□[卜]□贞：王…叙亡[尤]？ 2
(9) 乙□[卜]□贞…小乙…亡□？ 6 7
(10) □□卜□[贞]…小乙岁一宰[亡]尤？ 8
(11) □□卜尹[贞]…宾…岁…亡… 6 7
(12) □□卜行[贞]：王宾…亡尤？[在]二月。 1
(13) □□卜行贞：王[宾]…亡尤？ 4
(14) □□卜行[贞]：王宾… 4
(15) □□卜行[贞：王]宾…[亡]尤？ 2
(16) □□[卜行]贞：王[宾]妣庚…叙[亡尤]？ 5
(17) □□卜行[贞]：王宾叙亡尤？ 5
(18) 乙□卜□贞… 1
(19) 贞… 4
(20) …[亡]尤？ 8

1《合集》23115　2《拼一》162　3《合补》7006　4《合集》23117　5《合集》23119　6《合集》23136　7《北大》371　8《合集》25198

本组系联的依据为“小乙岁宰”。所见月份为二月，据月份及干支可排入一月之内。

第二十五组

(1) 乙亥卜涿贞：王宾祖乙岁[宰]亡尤？ 1
(2) 甲申卜□贞：翌乙[酉]□祖乙岁其又羌？ 2
(3) 乙酉卜□贞：毓祖乙岁牡？ 3
(4) 辛卯卜行贞：翌日不雨？ 4
(5) 癸巳卜行贞：于翌甲寅酒？兹用。 5
(6) 贞：叀寅物牛？ 5
(7) 戊戌卜涿贞：王宾叙亡尤？ 1
(8) 辛丑卜[旅]贞：王宾…伐… 6
(9) 甲辰卜旅贞：王宾羌甲岁牢亡尤？ 6
(10) 辛亥[卜]□贞：[王宾]叙[亡尤]？ 7
(11) 癸丑卜行贞：翌甲寅毓祖乙岁二宰？ 5
(12) 癸丑卜行贞：翌甲寅毓祖乙岁，叀幽物？兹用。 5
(13) 贞：弜物牛？ 5
(14) 癸丑卜行贞：翌甲寅其乇于毓祖乙，勿兹用于宾三宰？ 5
(15) 贞：三宰？ 4
(16) 贞：[二]宰？ 4
(17) 甲寅[卜]□贞：王[宾]…岁…亡[尤]？ 7
(18) 乙卯卜行贞：王宾毓祖乙岁宰亡尤？在九月。 7
(19) 乙卯卜行贞：王宾叙亡尤？ 7
(20) 甲申卜行贞：翌乙酉毓祖乙岁宰？ 4
(21) 贞：三宰？兹用。 5
(22) 甲申卜行贞：翌乙酉其又[于毓祖乙]？ 4
(23) 贞：弜又？ 4
(24) 甲辰卜[旅]贞：王[宾]鲁甲□宰亡[尤]？ 8
(25) 癸丑卜行贞：翌甲寅毓祖乙岁朝酒？兹用。 5
(26) 贞：于乙卯酒？ 5
(27) □申[卜]旅[贞]：毓祖乙岁[叀]今蓺酒？ 10

(28) 贞：莫酒？ 5
(29) □□卜尹[贞]：王宾祖乙岁二宰… 9
(30) …物[牛]？ 3
(31) □□卜□贞：[王]宾…[亡]尤？ 8
(32) 贞… 6 10
(33) …王…兹用。 5
(34) 其雨？ 4
(35) 辛□[卜]□贞… 1

1《拼二》373　2《合集》22572　3《合集》23151　4《合集》23155　5《缀汇》418　6《合集》23020　7《合集》23144　8《合集》23090　9《合集》22902　10《合集》23150

本组系联的依据为“毓祖乙岁+牺牲/祭品”。所见月份为九月，据月份及干支顺序可排入数月之内。

第二十六组

第一年

(1) 丙辰[卜]□贞…翌于…亡害？ 1
(2) 戊午[卜]□贞：王[出]亡[囚]？ 2
(3) 壬戌卜尹贞：王出亡囚？ 3
(4) 乙丑卜尹贞：王出亡囚？ 4
(5) 戊辰卜尹贞：王出亡囚？ 2 5
(6) 己巳[卜]贞：王[出]亡[囚]？ 6
(7) 辛未卜□贞：王[出]亡[囚]？ 7
(8) 壬申卜行贞：王出亡囚？ 8
(9) 丙子卜行贞：王出亡囚？ 9
(10) 丁丑[卜]□贞：王[出]亡[囚]？ 10
(11) 戊寅卜旅贞：王出亡囚？ 11
(12) 贞：[亡]尤？在十二月。 11
(13) 甲申卜行贞：王出亡囚？ 12
(14) 贞：亡[尤]？在正[月]。 12
(15) 丙戌卜行贞：王出亡[囚]？ 13

(16)［辛］卯卜贞：王出亡囚？ 14
(17) 丙申卜行贞：王出亡囚？ 15
(18) 丁酉［卜即］贞：王［出］亡囚？ 16
(19) 戊戌卜□贞：王出亡［囚］？ 17
(20) 壬寅卜尹贞：王出亡囚？ 18
(21) 乙巳卜尹贞：王出亡［囚］？ 19
(22) 丁未卜行贞：王出亡囚？ 20
(23) 戊申卜尹贞：王出亡囚？ 21
(24) 丙辰卜□贞：王出亡［囚］？ 22
(25) 戊午卜行贞：王出［亡］囚？ 1
(26) 乙丑［卜］□贞：王［出］亡［囚］？ 23
(27) 丁卯［卜］□贞… 23
(28) 辛未［卜］贞：王［出］亡［囚］？ 24
(29) 壬申卜行贞：王出亡囚？ 25
(30) 贞：亡尤？在二月。 25
(31) 庚辰卜尹贞：王出［亡囚］？ 26
(32) 壬午卜□贞：王出［亡囚］？ 27
(33) 甲申卜即贞：王出亡囚？ 28
(34) 戊子卜旅贞：王出亡囚？四月。 29
(35) 戊戌卜尹贞：今夕亡囚？ 21
(36) 戊申卜□贞：王出亡囚？ 30
(37) 辛亥卜行贞：王出亡囚？在六月。 31
(38) 戊辰卜行贞：王出亡囚？ 32
(39) 己巳［卜］行贞：王宾□亡囚？ 32
(40) 贞：亡尤？在七月。 32
(41)［壬］寅卜行［贞］：王出［亡］囚？ 33
(42) 贞：亡尤？在□月。 33
(43) 贞：亡尤？在八月。 33
(44) 辛丑卜□贞：其有囚？ 34
(45) 辛丑卜即贞：兹旬叀雨？十月。 34

第二年

(46) 癸巳卜旅贞：王出亡囚？ 35

(47) 贞：亡尤？二月。 35
(48) 戊戌卜尹贞：王出亡囚？ 36
(49) 戊戌卜[尹]贞：王宾叙亡尤？ 36
(50) 乙丑[卜]□贞：王[出]亡[囚]？ 37
(51) 辛未卜行贞：王出亡囚？ 38
(52) 贞：[亡]尤？[在]六月。 38
(53) 辛□卜行贞：王宾夙祼亡囚？ 38
(54) 戊寅卜尹贞：王出亡囚？ 39
(55) 壬午[卜]贞：王[出]亡[囚]？ 40
(56) 贞：亡尤？在六月。 38 39
(57) 壬寅卜行贞：王宾戠亡囚？ 41
(58) 辛亥卜行贞：王出亡囚？ 41
(59) 贞：亡尤？在七月。 41
(60) 丙辰卜□贞：王出亡囚？ 42
(61) 戊午卜尹[贞]：王出[亡]囚？ 43
(62) 戊寅卜尹贞：王出亡囚？ 44
(63) 贞：亡尤？在十月。 44

第三年

(64) □酉卜即贞：王出亡囚？在二月。 45
(65) 辛酉卜尹贞：王出亡[囚]？ 46
(66) 贞：亡尤？在六月。 38 46
(67) 辛未[卜]□贞：王出亡囚？ 38
(68) 辛未卜行贞：王出亡囚？在六月。 47
(69) 戊寅[卜]贞：王出亡囚？ 48
(70) 戊寅卜冎贞：王… 49
(71) 戊申卜尹贞：王出[亡囚]？ 50
(72) 丙辰卜贞：王出亡囚？ 51
(73) 戊午卜□贞：今夕亡囚？ 5
(74) 戊午[卜]尹贞：王出亡[囚]？ 5
(75) [贞]：亡尤？七月。 5
(76) 戊□… 52
(77) 戊□[卜]□贞… 39

（78）辛□［卜］贞：王［出］亡［囚］？ 53
（79）□子卜行贞：王出［亡］囚？ 54
（80）□寅卜旅贞：王出亡囚？ 55
（81）□卯卜行贞：王出亡囚？ 56
（82）□卯卜旅［贞］：王出亡［囚］？ 57
（83）□辰卜行［贞］：王出［亡］囚？ 32
（84）□辰卜尹贞：王出［亡］囚？ 58
（85）□午［卜］□贞：王出亡囚？ 59
（86）□申卜旅［贞］：王出亡囚？ 52
（87）□酉卜即［贞］：王出亡囚？ 16
（88）□亥卜□［贞］：王出［亡］囚？ 60
（89）□亥卜即贞：王出亡囚？ 61
（90）□□卜行贞：王出亡囚？ 62 63 71
（91）□□卜尹［贞］：王出［亡］囚？ 64 72
（92）□□卜即［贞］：王出［亡］囚？ 34 65
（93）□□卜行［贞］：王出亡囚？ 66 73
（94）□□卜豖［贞：王］出［亡囚］？ 68
（95）□□［卜］旅［贞：王］出［亡］囚？ 67 69
（96）□□［卜］即［贞：王］出［亡］囚？ 70
（97）…［贞：王］出［亡囚］？ 59
（98）贞：亡尤？ 2 3 8 9 12 13 14 15 16 17 20 21 25 28 29 30 31 36 39 41 46 47 52 58 65 70
（99）贞… 15 31 44 47 50 54
（100）□□卜□贞…祭… 3
（101）□□［卜］行贞…羌甲…［亡］囚？ 12
（102）…［贞：今］夕亡［囚］？ 35
（103）…夙亡囚？ 47
（104）□□［卜］尹［贞］…亡囚？ 39
（105）贞…亡囚？ 31
（106）［贞：今］… 35
（107）疾？ 30

1《合集》25832　2《合集》23750　3《合集》23755　4《合集》23756

5《拼一》163　6《合补》7224　7《合补》7227　8《合集》23729　9《合集》23730　10《英藏》2028　11《合集》23741　12《合集》23731　13《合集》23733　14《合集》23775　15《合集》23735　16《合补》7156　17《合集》23769　18《东洋文库》319　19《英藏》2025　20《合集》23736　21《合集》23754　22《辑佚》411　23《合补》7190　24《合补》7191　25《合集》23728　26《合集》23752　27《拾遗》380　28《合集》23760　29《合补》7162　30《合集》23773　31《掇三》476　32《合集》23726　33《合集》23739　34《合集》24872　35《合集》23742　36《合集》23753　37《合补》7187　38《拼二》397　39《合集》23751　40《合补》7192　41《合集》23734　42《合集》23771　43《合集》23758　44《合集》23748　45《合集》23762　46《合集》41034　47《合集》23727　48《合集》23768　49《合补》7189　50《合集》41033　51《合集》41030　52《合集》23743　53《合补》7196　54《合集》23738　55《合集》23746　56《合集》23737　57《合集》23744　58《合集》23759　59《合补》7164　60《合补》7163　61《瑞典》57　62《合集》23649　63《合集》23740　64《合集》23757　65《合集》23761　66《合补》7158　67《合补》7159　68《合补》7160　69《合补》7166　70《合补》7167　71《英藏》2027　72《旅博》1414　73《拾遗》379

本组系联的依据为“王出亡囚”，指商王出行是否会遭遇灾祸。“王出行”卜辞主要见于出组，其他组类十分少见。上揭“王出行”卜辞，由于相同月份及干支不能兼容，故而暂排在三年之内，以供参考。

第二十七组

（1）丁亥卜贞：王其往亡災？ 1
（2）丙申卜□贞：翌丁酉[王]其步于□？ 2
（3）癸亥卜□贞：今日王步？ 3
（4）□子卜□[贞]：王其步自…丽亡災？ 4
（5）□辰卜尹[贞]：王其步…亡災？ 5
（6）□□卜旅[贞]：王其步…析亡災？ 6
（7）□□卜旅[贞：王]其步…盩…之七… 7
（8）□□卜旅[贞]：王其步…亡災？在…月。 8
（9）□□[卜]旅[贞]…申其延…步亡災？ 9
（10）…己…在十二月。 2

(11) □□卜□贞…襄…射? 1

1《合集》23787 2《合集》23799 3《合集》23801 4《合集》23802 5《拾遗》377 6《合集》23794 7《合集》23795 8《合集》23797 9《合集》23798

本组系联的依据为“王步/往”，亦为商王出行之事。与“王出行”卜辞不同，本组多记地名，由此可考见商王之行迹。所见月份为十二月，据月份及干支顺序排列如上。

第二十八组

第一年

(1) …[甲]午彡上甲? 在十二月。 1

(2) □□[卜]旅贞：[王]宾示壬彡[亡尤]? 95

(3) 癸巳卜行贞：王宾示癸彡亡尤? 19

(4) 乙巳卜尹贞：王宾大乙彡亡尤? 在十二月。 5

(5) 丁未卜尹贞：王宾大丁彡亡尤? 5

(6) 癸丑[卜]□贞：翌[甲寅]彡于上甲[至多]毓衣[亡尤]? 26

(7) 甲寅卜尹贞：王宾大甲彡亡尤? 在正月。 5

(8) 甲寅卜□贞：彡[夕]…庚其… 27

(9) 庚申卜尹贞：王宾大[庚彡]亡尤? 5

(10) □□卜行贞…小甲彡… 13

(11) 甲子卜行贞：王宾戋甲彡祼亡囙? 9

(12) 壬申[卜行]贞：今□不雨? 13

(13) 癸酉[卜]□贞：翌…彡于… 14

(14) 乙亥卜尹贞：王宾祖[乙]彡亡□? 16

(15) 辛巳[卜]□贞：王[宾]祖辛…亡[尤]? 4

(16) 丁酉卜尹贞：王宾祖丁彡亡尤? 在二月。 5

(17) 甲寅卜□贞：王[宾]小乙彡[夕]亡尤? 33

(18) 丁巳卜尹贞：王宾父丁彡亡[尤]? 在三月。 5

(19) 庚子[卜]□贞：王[宾]兄庚彡… 22

第二年

(20) 庚戌卜即贞：翌辛亥乞酒彡乇自上甲衣至于多毓亡害? 十月。 54

（21）癸丑卜□贞：翌甲[寅]…上甲彡勺…其告？ 40
（22）乙卯卜即贞：王宾报乙彡亡尤？ 6
（23）乙卯卜即贞：王宾…亡尤？ 6
（24）[丙辰卜]即[贞：翌]丁巳…褹… 40
（25）贞：弜告？十月。 40
（26）癸酉卜尹贞：王宾示癸彡亡尤？在十一月。 41
（27）甲戌卜行贞：王宾大乙彡夕亡[尤]？ 15
（28）甲申卜豖贞：王宾叙亡尤？ 18
（29）乙亥卜□贞：王…大甲彡… 30
（30）己卯卜洋贞：翌庚辰彡于大庚衣亡害？ 11
（31）庚辰卜尹贞：翌辛巳乞酒彡秅自上甲衣至于毓亡害？在□[月]。 32
（32）丁亥卜[行]贞：翌[戊子]彡于[大戊亡]害？ 49
（33）己丑卜豖贞：王宾雍己彡亡尤？ 18
（34）己丑卜□[贞]：王宾…亡尤？ 18
（35）丙申卜行贞：翌丁酉彡于中丁亡害？在十二月。 49
（36）丙申[卜]□贞：翌[丁酉]彡[于]中[丁]亡[尤]？ 21
（37）[甲辰卜]旅[贞：翌乙]巳彡[于]祖乙其□吏人… 2
（38）乙巳卜旅贞：王宾祖乙彡祼亡囚？ 23
（39）丙午卜尹贞：王宾彡亡尤？ 24
（40）戊申[卜]□贞：[王宾]…彡…[亡]囚？ 25
（41）癸丑[卜尹]贞：翌[甲寅]乞酒彡[秅自]上甲[衣至于多毓亡害]？ 3
（42）庚申卜□贞：王宾祖乙奭妣庚彡… 35
（43）[癸]亥卜旅[贞]：翌甲子彡自… 8
（44）乙丑[卜]□贞：王[宾]羌甲彡叙[亡尤]？ 10
（45）丙寅卜旅贞：翌丁卯… 11
（46）□□[卜]尹[贞：王]宾…彡亡[尤]？在十三月。 4
（47）甲戌卜王贞：翌乙亥彡于小乙亡囚？在正月。 50
（48）甲戌卜王贞：其又…在正[月]。 50
（49）丙子[卜]王贞：翌[丁]丑彡于父丁亡囚？在正月。 67
（50）丙子卜王贞：其有囚？在正月。 67
（51）[丙]子卜[王贞]曰：不… 67
（52）己卯卜旅贞：王宾兄己彡亡尤？在正[月]。 66

第三年

(53) 乙酉卜行贞：王宾报乙彡亡尤？在十一月。 55
(54) 乙酉卜行贞：王宾叙[亡]尤？ 55
(55) 丙戌卜行贞：王宾报丙彡亡尤？在十一月。 55
(56) [丙]戌卜行[贞：王]宾…[亡]尤？ 55
(57) 乙未卜□贞：王宾大乙彡亡尤？ 20
(58) 丙午[卜]□贞：王[宾]外丙□亡[尤]？ 70
(59) □□[卜]尹[贞：王]宾□□彡亡尤？[在]十一月。 70
(60) 丁巳卜□贞：王宾大戊彡[亡尤]？ 34
(61) 丁丑卜尹贞：王宾中丁彡亡[尤]？ 5
(62) 甲申卜豖[贞]：王宾□亡尤？ 37
(63) 甲□[卜]□贞…彡… 37
(64) 乙酉卜尹贞：王宾祖乙彡亡[尤]？ 5
(65) [辛]卯卜尹[贞]：王宾祖辛彡亡尤？ 5
(66) [甲]□[卜]旅[贞：王宾]鲁甲彡亡尤？十二月。 71
(67) 乙未…贞…小乙彡…[亡]囚？ 38
(68) 甲辰[卜]□贞…父丁… 42
(69) 丙午卜行贞：翌丁未彡于父丁亡害？在正月。 42
(70) [庚]辰[卜即]贞：王宾兄庚彡亡尤？在二月。 43
(71) 庚辰卜旅贞：王宾兄庚彡亡尤？在二月。 44
(72) [庚辰卜]即[贞：王]宾[叙]亡尤？在二月。 43
(73) 丙辰卜□贞：翌丁[巳]彡于□丁亡尤？ 7
(74) 庚申卜：伊彡矺？ 28

第四年

(75) 丙午[卜行]贞：王[宾]报丙彡亡[尤]？在正月。 57
(76) 丙午卜行贞：王宾叙亡尤？ 57
(77) [乙]□[卜]冎贞：[王宾]大乙彡[亡尤]？ 74
(78) [丁]卯[卜]□贞：王…大丁彡…亡… 12
(79) 戊寅卜行贞：王宾大戊彡酒亡囚？ 17
(80) 癸卯卜王贞：乙巳其酒祖乙彡亡害？在七月。 53
(81) 辛未卜即贞：王宾小辛彡亡尤？在九月。 36
(82) 乙亥卜尹贞：王宾小乙彡裸亡囚？ 31

第五年

(83) 甲戌卜尹贞：王宾大乙彡夕亡囚？ 46
(84) 甲戌卜尹贞：王宾夙祼亡囚？ 46
(85) 乙亥卜尹贞：王宾大乙祼亡囚？ 46
(86) 贞：亡尤？在十月。 46
(87) 庚戌卜王贞：翌辛亥乞酒彡秝自上甲衣至于多毓亡害？在十一月。 47
(88) □□卜[王贞]…其又…[在]十一月。 47
(89) 乙酉卜尹贞：王宾外丙彡夕亡囚？ 60
(90) 贞：[亡]尤？十二月。 60
(91) 丙寅卜贞：王宾中丁彡夕亡囚？ 29
(92) …彡戋甲彡祖乙… 97
(93) 庚辰卜[行]贞：翌辛巳彡于祖辛亡尤？ 48
(94) [丙]戌卜行[贞]：翌丁亥[彡]于祖丁亡[尤]？在十二月。 48
(95) □□卜旅[贞]：王宾□□彡夕亡[尤]？在二月。 51
(96) 乙□[卜]旅[贞：王]宾…叙亡尤？ 44
(97) 丙子卜行贞：翌丁丑彡于父丁亡害？在二月。 45
(98) 癸未[卜]□贞：翌[甲申]乞酒彡自上甲？三[月]。 52
(99) □□[卜]□[贞]…乞酒彡毓祖乙衣… 82
(100) □□卜行[贞]…宾…伐羌…亡尤？在六月。 45

第六年

(101) 乙丑卜旅贞：王宾报乙彡亡尤？在十月。 58
(102) 丁卯卜旅贞：王宾报丁彡亡尤？在十月。 58
(103) 壬子卜行贞：王宾外壬彡[亡]尤？ 59
(104) 贞：亡尤？在十一月。 59
(105) 甲申[卜行]贞：王宾叙[亡尤]？ 61
(106) 己丑卜行贞：王宾雍己彡亡尤？ 61
(107) 己[丑]卜行贞：王宾叙亡尤？ 61
(108) 己□卜尹[贞]…今夕…妣己彡亡尤？在十二月。 56
(109) 甲辰卜行贞：王宾戋甲彡亡尤？ 61
(110) 甲辰卜行贞：王宾叙亡尤？在[十二]月。 61
(111) …弘…彡衣…亡尤…十二月。 72
(112) 贞…彡…祖乙…害…一月。 69

(113) 甲□[卜]□贞：[翌]…彡于祖乙衣亡害？ 73
(114) 甲寅卜行贞：王宾祖辛奭妣甲彡亡[尤]？ 61
(115) 甲寅卜行贞：王宾叙亡尤？在[正月]。 61
(116) □□卜旅[贞：王]宾彡…[亡尤]？ 62
(117) …羌甲彡…亡… 35
(118) 丁巳[卜旅]贞：王[宾]祖丁…亡尤？在正月。 62
(119) 辛未卜即贞：王宾小辛彡亡尤？在正月。 63
(120) 甲戌卜行贞：王[宾]小乙彡夕亡囚？ 64
(121) 甲戌卜即贞：翌乙亥彡于小乙亡害？在一月。 65
(122) □□[卜]即[贞：翌]□丑…亡□？[在正]月。 65
(123) 贞：亡尤？在正月。 64
(124) 乙亥[卜旅]贞：王[宾]毓祖乙彡亡尤？在正月。 66
(125) 丁丑卜即[贞]：王宾父丁彡亡尤？[在]正[月]。 68
(126) 己□[卜王]曰贞…彡… 75
(127) 壬□[卜]□贞：王宾…彡… 76
(128) □寅卜豕[贞]：王宾…彡亡尤？ 77
(129) □未卜行[贞]：王宾□丁彡祼亡囚？ 78
(130) □申卜行[贞]：王宾彡亡尤？ 79
(131) □酉卜旅[贞]：王宾彡夕[亡尤]？ 80
(132) □戌卜…王宾…彡… 81
(133) □□卜行[贞：王]宾妣□彡亡尤？ 83
(134) □□卜尹[贞]：王宾□□彡夕[亡]囚？ 84
(135) □□卜行[贞：王]宾□□彡夕[亡]□？ 85
(136) □□[卜]行贞…乙酉彡… 86
(137) □□卜尹[贞]：王宾…彡…[亡]尤？ 87
(138) …彡…寮… 88
(139) …王宾…彡祼…囚？ 89
(140) □□卜尹[贞]…宾…彡…尤？ 90
(141) □□卜旅[贞：王]宾…彡…[亡]尤？ 91
(142) …贞：王宾…壬彡… 92
(143) □□卜旅[贞：王]宾…彡夕[亡尤]？ 93
(144) □□[卜]旅[贞]…乞酒彡…唐衣… 96

（145）…贞：王…祖辛彡…叙亡… 94
（146）□□[卜]行[贞]：王宾…彡亡尤？ 56
（147）甲□[卜]□贞…彡… 18 37
（148）□□卜尹[贞]：翌□辰[彡]于…[亡]□？ 21
（149）□□卜□贞：翌…彡…亡… 7
（150）甲□[卜]□贞… 64
（151）甲…贞…叙… 55
（152）乙□[卜]□贞：王[宾]叙[亡尤]？ 6
（153）…[贞：王宾]叙亡[尤]？ 10
（154）乙□[卜]□贞… 68
（155）□□[卜]行[贞：王]宾…亡□？ 59
（156）□□[卜]即[贞：王]宾…[亡]尤？ 68
（157）□戌卜行[贞]：今日不雨？ 13
（158）□□卜尹[贞]：今夕…延… 3
（159）□□卜行[贞]…宾…囚？ 19
（160）贞：亡尤？ 9 15 17 29 46 80
（161）…[延]…亡尤？ 64
（162）…龠…亡尤？ 88
（163）□□卜王[贞]：旬[亡囚]？ 97
（164）…王…叀左…祖乙… 75
（165）…祖乙… 23
（166）□□卜尹[贞]… 32
（167）□□[卜]贞：亡□？ 29
（168）己… 24
（169）…丁… 50 79
（170）贞… 59 79
（171）…尤？ 29

1《合集》22633　2《合集》22953　3《合集》22649　4《合集》22983　5《合补》6963　6《俄罗斯》26　7《英藏》2102　8《辑佚》472　9《合集》22883　10《合集》23023　11《合集》22796　12《安明》1186　13《合集》24670　14《辑佚》506　15《合集》22727　16《合集》22895　17《合补》6968　18《合集》22815　19《史购》189　20《合集》22726　21《合集》25086　22《张世放》

219 23《合集》22894 24《合集》25078 25《合补》7722 26《合集》22634 27《安明》1274 28《合集》25091 29《合集》40946 30《合补》6975 31《合集》23111 32《合集》22647 33《合集》25085 34《合集》22832 35《辑佚》530 36《上博》2426.479 37《合集》25840 38《合补》7009 39《合集》22854 40《合集》22636 41《合集》25077 42《合集》23239 43《合集》23483 44《合集》23486 45《拾遗》313正 46《合集》22721 47《合集》22646 48《合集》23016 49《合集》22856 50《合集》23114 51《合集》25081 52《辑佚》433 53《合集》22922 54《合集》22648 55《英藏》1928 56《史购》205 57《合集》25307 58《合集》22688 59《合集》22875 60《合集》22776 61《合集》22816 62《合集》23036 63《合集》40969 64《合集》40971 65《合集》23113 66《合集》23141 67《合集》23240 68《合集》25076 69《安明》1206 70《合集》22777 71《合集》23093 72《合集》24381 73《合集》22914 74《合集》22728 75《合集》22891 76《京人》1303 77《英藏》2100 78《合补》7724 79《合集》25079 80《合集》25080 81《合补》7720 82《合集》23159 83《合集》25082 84《合集》25083 85《合集》25084 86《合集》41121 87《合补》7721 88《合补》7723 89《安明》1275 90《英藏》2101 91《俄罗斯》54 92《旅博》1345 93《旅博》1454 94《拾遗》335 95《合集》22707 96《合集》22754 97《合集》22897

本组系联的依据为“彡”祭。“彡祭”乃周祭之一种，由于本类周祭卜辞不记王年，故而难以排出准确的周祭祀谱。为便于以后研究，我们依照彡、㬎、祭、𧟄、劦的顺序分组排列如次，供学者参考。上揭“彡祭”卜辞，据先王先妣之入祀顺序排列如上。

第二十九组

第一年

(1) [甲]□[卜]尹贞…上甲㬎[①]…在八月。 1

(2) 乙丑卜□贞：王宾报乙㬎[亡尤]？ 2

(3) 丁卯卜□贞：王[宾]…[㬎亡尤]？ 3

① 该条月份为“八月”，可能属上一年“彡”祭之末。其余三、四月则属八月之后的另一年。由于周祭循环往复，故暂将其排入本组。

(4) [癸]酉卜旅[贞]：翌甲戌[乞酒]𬁷自[上甲衣]至于[多毓]亡害？ 4
(5) 甲戌[卜]□贞：翌[乙亥]𬁷于大乙亡囚？ 5
(6) 丙子卜□贞：翌丁丑𬁷于大丁亡害？在三月。 17
(7) [癸]未卜行[贞]：翌甲申𬁷于大甲亡害？在□月。 17
(8) 丁酉卜行贞：翌戊戌𬁷于大戊亡害？在四[月]。 17
(9) 丙午卜行贞：翌丁未日𬁷于中丁亡害？在四月。 17
(10) □□卜行[贞：王]宾…亡害？ 17
(11) 甲申卜旅贞：翌乙酉𬁷于小乙亡害？ 11
(12) 丙戌[卜]□贞：翌…𬁷… 12
(13) 丙午卜行贞：翌丁未𬁷于父丁亡害？ 20
(14) 丁未卜：王？ 11
(15) 庚戌卜尹贞：王宾小乙奭妣庚𬁷亡[尤]？ 13

第二年

(16) [甲]□[卜]旅[贞：王宾]上甲𬁷亡尤？ 42
(17) 乙丑卜尹贞：王宾报乙𬁷亡尤？ 14
(18) [癸]未卜□贞：翌甲[申]𬁷于…亡囚？一月。 10
(19) 癸卯[卜]□贞：王[宾]示癸𬁷[亡尤]？ 19
(20) 癸卯卜行贞：王宾叙亡尤？ 19
(21) 辛亥卜涿贞：王宾𬁷秅自上甲衣至于毓亡尤？ 24
(22) 辛亥卜□贞：王宾…𬁷…亡… 29
(23) 甲寅[卜]□[贞]… 11
(24) 甲寅… 30
(25) 乙卯卜涿贞：王宾叙亡尤？ 26
(26) 丁巳卜尹贞：王宾父丁𬁷亡尤？ 27
(27) 庚申卜即贞：翌辛酉乞酒𬁷乇自上甲衣至于多毓亡害？三月。 32

第三年

(28) 甲子王卜曰：翌乙丑其酒𬁷于唐不雨？ 28
(29) 甲子王卜曰：翌乙丑酒𬁷于唐其[雨]？ 28
(30) 癸酉卜□贞：王… 34
(31) 丁丑[卜]□贞：王[宾]…叙[亡尤]？在□[月]。 38
(32) [甲]申卜即贞：王宾大[甲]𬁷亡尤？在四月。 38
(33) [甲]□卜尹[贞]：王宾□□奭妣甲𬁷亡尤？ 43

(34) 戊申卜尹贞：王宾大戊𣊩亡尤？ 22
(35) 丁巳卜[行]贞：王[宾]父丁𣊩[亡]尤？在… 33
(36) 丁巳卜行贞：王宾㝅亡尤？ 33

第四年

(37) 丙子[卜王]贞：翌丁[丑]…于大丁… 31
(38) 丙子卜王贞：其有𡆥？在二月。 31
(39) 丙子卜王贞曰：雨？ 31
(40) [壬]午卜尹贞：王宾大庚奭妣壬𣊩[亡]尤？ 9
(41) 壬午[卜]□贞：王[宾]大庚奭[妣壬]𣊩[亡尤]？ 18
(42) [戊]□[卜]…大戊𣊩… 45
(43) 壬寅卜□贞：王宾外壬𣊩亡尤？ 21
(44) 甲辰[卜行]贞：[翌乙]巳[𣊩于]毓[祖乙亡]害？ 20
(45) 丁未[卜]□贞：翌…𣊩…亡□？ 36
(46) 丁巳…三月。 36
(47) [庚申卜]旅贞：翌辛酉𣊩于祖辛亡害？在四月。 25
(48) …其至丁亥日？ 25
(49) [乙]□卜旅贞：王宾…小乙𣊩… 44

第五年

(50) 丙子卜行贞：翌丁丑𣊩于大丁不蕫雨？在三月。 39
(51) □□卜行[贞：翌]乙亥…大丁不[蕫雨]？在三月。 39
(52) 贞：其雨？在三月。 39
(53) 己酉[卜行]贞：翌…𣊩日…亡害？ 23
(54) 癸丑卜□贞：乞酒[祏自]大乙衣至[于]多毓亡害？ 32
(55) 丁巳卜行贞：翌戊午𣊩日于大戊亡害？ 23
(56) [壬]□[卜]□[贞：王宾大]□奭妣壬𣊩亡尤？ 48
(57) 甲戌卜尹贞：王宾鲁甲𣊩亡[尤]？ 15
(58) 甲申卜即贞：翌乙酉𣊩于小乙亡害？五月。 41
(59) [丙]戌卜[即]贞：翌[丁]亥𣊩[于]父丁[亡害]？ 41
(60) □□[卜即贞：翌]…𣊩于…亡害？五月。 41

第六年

(61) 壬戌卜行贞：王宾㝅亡[尤]？ 37
(62) 壬戌卜贞：王… 37

(63) 癸酉卜行贞：王宾中丁奭妣癸㞢亡尤？在四月。 37
(64) 癸酉卜行贞：王宾…亡尤？在四月。 37
(65) 癸酉卜尹贞：王宾中丁奭妣癸㞢亡尤？ 13
(66) 乙亥卜行贞：王宾祖乙㞢亡尤？ 6
(67) 乙亥[卜]□贞：王宾… 16
(68) [己]卯卜□贞：王宾祖乙奭妣己㞢亡尤？ 7
(69) 甲申卜□贞：翌[乙酉]㞢… 40
(70) …在四月。 40
(71) [庚]□卜[尹]贞：王宾祖乙奭妣庚㞢亡尤？ 46
(72) 庚辰[卜]□贞：翌辛[巳]㞢于祖辛[亡]害？在四月。 35
(73) [庚]辰卜尹贞：翌辛巳[乞]酒㞢秅[自]上甲[衣至于多毓亡害]？ 8
(74) 己丑[卜]尹贞：王宾祖丁奭妣己㞢亡尤？ 13
(75) 戊申卜尹贞：王宾叙亡尤？ 22
(76) 乙□[卜涿]贞：[王宾]…㞢亡[尤]？ 26
(77) □酉[卜]□贞：王[宾]…㞢亡[尤]？ 49
(78) □□[卜]□[贞：翌]□□[乞]酒㞢[自]上甲衣至于[多毓]亡害？在□[月]。 50
(79) □□[卜]□[贞：翌]□□乞[酒]□[㞢自]上甲[衣至]于[多毓亡]害？ 51
(80) □□[卜]□[贞：王]宾…㞢[亡尤]？ 52
(81) □□[卜]□[贞：王]宾□□㞢[亡]尤？ 2
(82) □□卜□贞：[王]宾…㞢亡尤？ 21
(83) □丑卜□贞：[王]宾…㞢… 47
(84) □□卜旅[贞：王]宾…[㞢]日… 16
(85) …㞢亡尤？ 34
(86) …王宾…㞢…亡…月。 53
(87) 贞：从…㞢日… 54
(88) …乞酒㞢自上甲衣至于毓亡害？ 55
(89) □□卜尹…夕㞢… 30
(90) 癸□卜□贞… 4
(91) 庚□[卜]□贞… 47
(92) □□[卜]□[贞]…雍己… 52
(93) □□[卜行贞：王]宾…奭[妣]□[岁]三宰[亡]尤？ 19

（94）□□卜涿［贞：王］宾祖辛…宰…亡尤？　24

（95）□□卜行［贞：王］宾兄己…亡尤？　33

（96）□□［卜］涿［贞：王］宾…［亡］尤？　26

（97）贞：［王宾］叙［亡尤］？　21

（98）□□［卜］行［贞］…卯…　23

（99）□□卜冎［贞：王］宾…亡尤？　3

（100）…亡尤？　45

（101）…亡□？　35

（102）□□卜尹［贞］…庚…于…　12

（103）旅。　41

（104）贞…　24 39 40

1《合集》22642　2《合集》22689　3《英藏》2153　4《合集》22660　5《合集》22732　6《合集》22898　7《合补》7012　8《合集》22670　9《合集》23312　10《合补》7738　11《合集》23125　12《辑佚》333　13《合集》23330　14《合集》40930　15《辑佚》532　16《合集》25868　17《缀汇》214　18《合集》23315　19《合集》25305　20《合集》23243　21《合集》22876　22《合集》22829＋[①]　23《合集》40944　24《合集》22621　25《合集》22987　26《合集》25325　27《合集》23242　28《缀兴》30　29《合补》7737　30《合补》7100　31《合集》22765　32《合集》40922　33《掇三》324　34《合集》26132　35《合集》22986　36《合补》7735　37《英藏》1937　38《合集》22781　39《英藏》1933　40《合集》24624　41《合集》23126　42《合集》22643　43《合集》23333　44《合集》23124　45《合补》6974　46《合集》23332　47《合补》7799　48《合集》23319　49《合集》25957　50《拼二》469　51《合集》22665　52《合集》22821　53《合补》7736　54《合补》8582　55《合集》22663

本组系联的依据为“㫷”祭，据先王先妣之入祀顺序排列如上。

第三十组

第一年

（1）甲戌［卜］尹贞：王宾上甲亡囚？　15

① 林宏明：《甲骨新缀第586—591例》，先秦史研究室网站，https：//www. xianqin. org/blog/archives/5471. html，2015年8月10日。

(2) 甲戌卜尹贞：王宾夕祼亡囚？在六月。 15
(3) 乙亥卜尹贞：王宾大乙祭亡尤？ 15
(4) 甲申卜□贞：王…小甲祭… 18
(5) □□卜旅[贞]…祭于大庚亡害？在七月。 23
(6) 己丑卜□[贞]：王宾祭[亡]囚？ 19
(7) 丙午卜行贞：翌丁未祭于中丁亡害？ 3
(8) 丙午[卜]□贞：翌[丁未]祭于中丁[亡]害？在七月。 33
(9) [乙]□卜贞…祖乙祭…亡囚？ 35
(10) …祖辛祭戠牛亡尤？ 51
(11) …羌甲祭[亡]尤？ 44
(12) □□[卜]王[贞]…祭于祖丁亡害？在囚。 52
(13) 庚申卜即贞：王宾南庚祭叙[亡尤]？ 11
(14) …兄己祭…囚？ 46

第二年

(15) 甲子卜□贞：王宾…亡尤？ 11
(16) [乙丑卜尹]贞：[王宾]报乙祭亡囚？在… 12
(17) 乙丑[卜尹]贞：王出亡囚？ 12
(18) 丙寅卜尹贞：王宾报丙[祭]亡囚？ 12
(19) 辛未卜□贞：王宾…祭… 14
(20) [壬]□[卜]□[贞：王宾]示壬祭亡尤？ 37
(21) 丙子卜行贞：翌丁丑祭于大丁亡害？ 16
(22) 丁丑卜尹贞：王宾中丁祭亡囚？ 17
(23) 癸未卜行贞… 16
(24) 壬寅[卜]□贞：王…外壬祭… 20
(25) 甲戌卜行贞：翌乙亥祭于祖乙亡害？在八月。 25
(26) 庚辰卜行贞：王宾兄庚祭亡囚？ 31
(27) 贞：亡尤？在十月。 31
(28) □□[卜]行[贞]：王宾祭叙[亡尤]？在十一月。 32

第三年

(29) 癸丑卜尹贞：王宾示癸祭亡囚？ 21
(30) 乙卯[卜]□贞：王宾祖乙祭亡尤？ 22
(31) 癸亥[卜]□贞：翌[甲子]乞酒祭[自]上甲…三[月]。 10

(32) □□[卜]旅[贞：翌]□申… 10
(33) 丁卯卜□贞：王宾祖丁祭亡囚？ 13
(34) 甲辰卜尹贞：王宾鲁甲祭亡尤？ 1
第四年
(35) 乙卯卜即贞：王宾报乙祭亡囚？ 8
(36) 乙丑卜□贞：王宾大乙祭亡囚？ 24
(37) 癸酉卜行贞：翌甲戌祭于大甲亡害？在九月。 29
(38) □□卜旅[贞]：王宾…祭叙[亡]尤？在九月。 30
(39) 甲申[卜]□贞：王宾小甲祭叙亡尤？ 27
(40) 丙戌卜行贞：王宾夕祼亡囚？ 33
(41) 戊申卜尹贞：王宾大戊祭叙亡尤？ 4
(42) 癸丑卜旅贞：翌甲寅乞[酒]祭自…衣至… 6
(43) 甲寅卜□贞：王宾祭亡[囚]？ 7
(44) …祖丁祭…囚？ 49
(45) 庚申卜[即]贞：王宾南庚祭亡囚？ 9
(46) [庚]申卜即[贞]：王宾[南庚]祭叙[亡囚]？ 9
(47) [甲]子卜即[贞]：王宾鲁甲[祭]叙亡尤？ 11
(48) 乙亥卜□贞：王[宾]小乙祭亡[尤]？ 26
第五年
(49) 壬子卜□贞：王宾大庚奭妣壬[祭]亡囚？ 5
(50) [戊]□卜□贞：王宾大戊祭亡尤？ 36
(51) 乙巳[卜]□贞：祭[于]祖乙其…毓祖乙… 2
(52) 丙戌卜行贞：翌丁亥祭于祖丁亡害？在九月。 25
(53) □亥卜[旅]贞：王宾…祭戠[亡]囚？在九月。 34
(54) 甲子卜即贞：王宾鲁[甲祭]亡囚？ 28
(55) 贞：弜宾？九月。 28
(56) 甲□[卜]□[贞]… 16
(57) 丙□[卜]□贞…祭… 29
(58) □□卜尹[贞：王]宾祭叙亡[尤]？ 39
(59) □□[卜]旅[贞：王]宾祭叙… 40
(60) □□[卜]贞：王宾祭叙[亡]尤？ 41
(61) □□卜旅[贞：王]宾祭叙[亡]尤？ 42

（62）□□卜旅贞：王[宾]祭[亡]囚？ 38 43 45
（63）□□卜□[贞]：王宾…祭[亡]囚？ 55
（64）□□卜旅[贞：王]宾祭…亡… 47
（65）□□卜尹[贞]…宾…祭…一牛… 48
（66）□□[卜]冎[贞]…宾…祭…囚？ 50
（67）□辰[卜]□贞：[翌]…祭于…其告… 53
（68）…宾…祭… 54
（69）…祭… 42
（70）癸□[卜]旅[贞：王]宾… 38
（71）□丑卜行[贞]… 16
（72）□□[卜]行[贞：王]宾…亡尤？ 3
（73）贞：亡尤？ 9 11 12 13 15 26 28 33 49
（74）贞：王… 41
（75）…亡… 18
（76）贞… 21
（77）…叙…亡… 54
（78）…贞…在… 31

1《史购》202　2《合集》22932　3《合集》22863　4《合集》22838　5《合集》23313　6《合集》26004　7《合集》41187　8《合集》22692　9《合集》23076　10《合集》22672　11《合补》7001　12《合补》7170　13《拼一》164　14《旅博》1473　15《合集》22630　16《合集》22767　17《合集》22862　18《英藏》1938　19《合集》25655　20《安明》1246　21《辑佚》359　22《合集》22934　23《合集》22800　24《英藏》1932　25《合集》22931　26《合集》23129　27《合集》22811　28《合集》23087　29《合补》6967　30《合集》25645　31《合补》7050　32《合集》25647　33《俄罗斯》30　34《合补》7745　35《合集》22933　36《合补》6973　37《合集》22711　38《合集》25653　39《合集》25644　40《合集》25646　41《合集》25648　42《合集》25651　43《合集》25654　44《合集》40963　45《京人》1302　46《安明》1234　47《北大》352　48《辑佚》311　49《辑佚》403　50《旅博》1459　51《合集》23000　52《合集》23035　53《合集》26005　54《安明》1344　55《卡博》128

本组系联的依据为“祭”祭，据先王先妣之入祀顺序排列如上。

第三十一组

第一年

(1) 甲子卜尹贞：王宾𩰫叙亡尤？ 1

(2) 丙寅[卜]□[贞]：翌[丁卯]…于祖… 2

(3) 丙[寅卜王]贞：[翌丁卯]王[其宾大丁𩰫亡害]？ 4

(4) 癸酉卜王贞：翌甲戌王其宾大甲𩰫亡害？ 4

(5) 丁亥卜王贞：翌戊子王其宾大戊𩰫亡害？ 4

(6) 甲辰卜王贞：翌乙巳王其宾祖乙𩰫亡害？ 4

(7) [庚戌]卜王[贞：翌]辛亥[王]其宾祖辛[𩰫]亡害？ 4

(8) 辛酉卜旅贞：王宾𩰫亡囚？ 7

(9) …[贞]…𩰫…[亡]囚？八月。 8

第二年

(10) 丙申卜旅贞：王宾报丙𩰫亡囚？ 5

(11) 壬寅卜涿贞：王宾外壬其𩰫亡囚？ 6

第三年

(12) 壬申卜□贞：王宾示壬𩰫亡囚？ 3

(13) 壬申[卜]□贞：王宾…𩰫亡[尤]？ 9

(14) 己巳卜行[贞]：王宾雍己□三宰𩰫亡尤？ 2

(15) □□[卜]□贞：叀既…𩰫…酒岁… 10

(16) □丑卜即[贞]：王宾𩰫…叀… 11

(17) 贞… 11

1《合集》25236 2《合集》22814 3《合集》22706 4《合集》22779 5《合集》22698 6《东洋文库》314 7《合集》25237 8《合集》24640 9《旅博》1338 10《合集》25958 11《合集》41160

本组系联的依据为“𩰫”祭。所见月份为八月，据先王先妣之入祀顺序排列如上。

第三十二组

第一年

(1) [甲]申[卜行]贞：王宾上甲劦[亡尤]？在[七月]。 17

(2) 甲申卜行贞：王宾叙亡尤？ 17
(3) □□卜行贞：王宾报乙劦亡尤？ 17
(4) □□[卜]□[贞]：王宾…亡尤？在七月。 17
(5) [庚]□[卜]□[贞]：王宾[妣庚]劦示壬奭亡尤？ 48
(6) [甲]□卜即[贞]：王宾示癸奭妣甲劦亡尤？ 46
(7) 乙[未卜即]贞：[王宾]□[乙]劦[亡尤]？ 21
(8) 乙未卜即贞：王宾叙亡尤？ 21
(9) 庚子[卜]□贞：王[宾]劦亡[尤]？ 22
(10) 丙辰卜□贞：翌丁[巳]劦于大丁亡害？ 9
(11) 戊午卜尹贞：王宾大戊劦亡[尤]？ 11
(12) [癸亥卜]尹贞：[翌]甲子乞酒劦自上甲衣至于毓[亡害]？ 12

第二年

(13) 甲戌[卜]□贞：王[宾]…劦[亡尤]？ 26
(14) 甲戌[卜]□贞：王[宾]…亡尤？ 26
(15) [甲]□[卜]□贞：[王宾]上甲[劦亡尤]？ 47
(16) 乙亥卜涿贞：王宾报乙劦亡尤？ 14
(17) [庚]□[卜]□贞：王[宾]示壬奭[妣庚]劦亡[尤]？[在]六月。 4
(18) …劦于唐，其告于丁一牛？ 57
(19) 乙酉卜王曰[贞]… 18
(20) 丙戌卜□贞：翌□□劦于丁□□羌三□？ 19
(21) 癸巳[卜]王曰贞：[翌]甲午[劦]于大甲亡害？在… 18
(22) 甲午卜王贞：亡囚？在八月。大甲劦。 20
(23) 甲午卜王贞：其有囚？不兹。在八月。 20
(24) [甲]午卜王贞曰：雨？吉。告，允雨。 20
(25) 壬子卜涿贞：王宾大戊奭妣壬劦亡尤？ 8
(26) 丙辰卜□贞：翌丁…劦于…亡[尤]？ 24
(27) [丁]巳卜旅贞：王宾中丁劦不雨？ 10
(28) □□[卜]旅贞：[翌乙]…劦于祖乙亡害？在九月。 43
(29) …九月。 43

第三年

(30) 甲子卜尹贞：王宾叙亡尤？ 13
(31) 丁卯卜尹贞：王宾大丁劦亡尤？在九月。 25

（32）…［在］九月。 25
（33）甲戌卜尹贞：王宾小甲劦亡尤？ 13
（34）戊申卜［旅］贞：王宾劦亡［尤］？ 7
（35）［乙］未［卜］□贞：王宾祖乙劦［亡］尤？ 2
（36）己亥［卜］□贞：翌…劦… 3
（37）庚子［卜行］贞：翌辛［丑］劦于祖辛［亡害］？ 5
（38）甲辰［卜］行贞：王宾戋甲劦亡尤？ 23
（39）［丙］午卜行［贞］：翌丁未… 5
（40）［戊］申卜旅［贞］：王宾□亡［尤］？ 7

第四年

（41）癸巳［卜］□贞：翌甲［午］劦于［大甲］亡害？在… 27
（42）甲辰卜行贞：王宾戋甲劦亡尤？ 28
（43）癸丑卜即贞：翌乙丑劦于祖乙，其冓又勺岁羌十、卯五宰？ 6
（44）贞：羌十又五，卯五宰？ 6
（45）贞：其作丰于伊孚？ 6
（46）贞：勿孚？九月。 6
（47）□□［卜］行贞：王宾叙亡尤？在十月。 28
（48）己巳卜行贞：王宾叙亡尤？ 29
（49）乙亥卜行贞：王宾小乙劦亡尤？在十一月。 29
（50）丁丑卜行贞：王宾父丁劦亡尤？ 29
（51）丁丑卜行贞：王宾叙亡尤？在十一月。 29
（52）己卯卜行贞：王宾兄己劦亡尤？ 29
（53）己卯卜行贞：王宾叙亡尤？ 29
（54）［庚辰］卜行［贞：王］宾兄庚［劦亡］尤？ 29
（55）癸巳卜王曰［贞］：劦…一人亡害？在… 30
（56）庚子卜即贞：王宾兄庚日亡尤？ 21
（57）［癸亥卜］尹［贞：翌甲］子乞酒□自上甲衣至［于多］毓亡害？十二月。 31

第五年

（58）丙申［卜］行贞：王宾大乙奭妣丙劦亡尤？在八月。 33
（59）辛丑卜行贞：王宾大甲奭妣辛劦亡尤？在八月。 33
（60）［辛丑］卜行贞：王宾叙亡尤？ 33
（61）壬寅卜行贞：王宾大庚奭妣壬劦亡尤？ 33

(62) 壬寅卜行贞：王宾叙亡尤？ 33
(63) 壬子卜行贞：王宾大[戊]奭妣壬劦亡尤？ 33
(64) 壬。 33
(65) 己巳卜行贞：王宾祖乙奭妣己劦[亡尤]？ 33
(66) 庚寅卜[行]贞：翌辛[卯]劦于祖辛亡害？在九[月]。 34
(67) 甲[午卜行]贞：[王宾]祖辛[奭妣甲劦亡尤]？ 33
(68) 丙申卜行贞：翌丁酉劦于祖丁亡害？ 34
(69) 甲寅卜行贞：翌乙卯劦于小乙亡害？在十月。 35
(70) 丙辰卜行贞：翌丁巳劦于父丁亡害？在十月。 35
(71) 丁巳卜行贞：王宾夙祼亡囚？ 35
(72) □亥卜□[贞]：王宾劦[亡]尤？在十一月。 36

第六年

(73) 丁酉[卜]□贞：王[宾]叙[亡尤]？ 37
(74) 甲辰卜行贞：王宾大甲劦亡尤？在七月。 37
(75) 甲辰卜行贞：王宾叙亡尤？ 37
(76) 庚戌卜行贞：王宾大庚劦亡尤？在七月。 37
(77) 甲申[卜]□贞：翌[乙]酉劦[于]祖乙[亡害]？在[八月]。 38
(78) [癸丑]卜尹[贞：翌]甲寅…亡害？[在]八月。 38
(79) …亡害？[在]八月。 39
(80) 癸丑卜王曰贞：翌甲寅乞酒劦自上甲衣至于毓，余一人亡囚？兹一品祀在九月，冓示癸䵼豕。 40
(81) 丙子卜尹贞：翌丁丑劦于祖丁亡害？在十月。 41
(82) 丙子卜行贞：翌丁丑劦于祖丁亡害？在[十月]。 44
(83) [己]卯卜尹贞：王宾祖丁奭妣己劦[亡]尤？ 15
(84) 贞…奭妣甲劦…羌甲劦亡尤？ 49
(85) 庚辰卜□贞：王宾羌甲奭妣庚劦亡[尤]？ 42
(86) [甲]午卜行[贞]：翌乙未[劦]于小乙[亡害]？在十月。 44
(87) 甲午卜□贞：翌乙[未]劦于小乙亡[害]？ 1
(88) …贞…劦于小乙亡害？在十月。 45

第七年

(89) 庚辰卜尹贞：王宾大庚劦亡尤？ 25
(90) 庚辰[卜王]贞：翌[辛]巳其…小辛劦亡[害]？ 16

(91) [甲申]卜王[贞：翌]乙酉…小乙…亡害? 16
(92) □□卜冎[贞：王]宾丩□咎[亡]尤? 22
(93) □□卜旅[贞：王]宾…咎[亡尤]? 50
(94) □□卜旅[贞：王]宾□□咎[亡]尤? 47
(95) □□[卜]尹[贞]…咎于…[亡]害? 在… 52
(96) □□卜冎[贞：王]宾…咎[亡]尤? 53
(97) …[王]宾咎… 51
(98) □丑[卜]…王…奭…咎亡□? 54
(99) □□卜…王宾…咎… 55
(100) □戌卜旅[贞]：王宾…咎… 56
(101) …贞…咎…亡… 58
(102) □□卜□贞：王宾…咎[亡尤]? 59
(103) □□卜大[贞]…父丁…咎… 39
(104) □□卜尹贞：[翌]□酉祭… 9
(105) □□卜行贞：王宾馭亡尤? 23 37
(106) □□卜行[贞]：王宾…亡尤? 33
(107) [贞]：亡尤? 35
(108) 庚□[卜]□贞… 15
(109) 辛□[卜]□贞… 23
(110) 贞…癸… 12
(111) …于… 10
(112) …子… 41
(113) …贞… 44

1《合集》23122　2《合集》22935　3《合补》7734　4《合集》23306　5《合集》23001　6《拼五》1109　7《合集》41190　8《合集》23316　9《合集》22766　10《合集》22866　11《合集》22836　12《合集》22652　13《合集》22812　14《合集》22693　15《合集》23328　16《合集》23110　17《合集》22682　18《英藏》1934　19《合集》22568　20《合集》22782　21《拼二》388　22《合集》25656　23《合集》25306　24《安明》1268　25《合集》22763　26《合集》26038　27《英藏》1935　28《合集》25339　29《合集》23120　30《合集》26182　31《合集》22656　32《合集》25940　33《合集》23314　34《合集》23004　35《合补》7007　36《合集》41208　37《合补》7052　38《合集》22937

39《合集》23258　40《英藏》1923　41《合集》23039　42《合集》23325　43《合集》22938　44《辑佚》319　45《合集》23123　46《合集》23308　47《合集》25659　48《合集》23307　49《合集》23025　50《合集》25657　51《合集》41191　52《合补》7729　53《合补》7731　54《合补》7732　55《辑佚》339　56《拾遗》339　57《合集》22755　58《合补》7730　59《东洋文库》321

本组系联的依据为“砳”祭，据先王先妣入祀顺序排列如上。

第三十三组

第一年

（1）甲寅卜行贞：王宾叙亡尤？ 1
（2）乙卯卜[行]贞：王[宾]叙[亡尤]？ 2
（3）丙辰[卜]贞：王宾□亡[尤]？ 3
（4）丁巳[卜]□贞：王…岁…岁… 4
（5）庚申卜尹贞：王宾岁叙亡尤？ 5
（6）辛酉[卜]旅贞：[王]宾岁□亡[尤]？ 6
（7）癸亥卜行贞：王宾□自大乙衣[至]于毓亡尤？ 7
（8）甲子卜行贞：王宾岁亡尤？在正月。 7
（9）甲子卜行贞：王宾叙亡尤？ 7
（10）乙丑卜尹贞：王宾岁叙亡[尤]？ 8
（11）[丁]卯卜行[贞]：王宾□□岁宰叙□亡尤？ 7
（12）戊辰[卜]□贞：王[宾]岁亡[尤]？在□[月]。 9
（13）辛未[卜]□贞：岁…王宾… 10
（14）壬申[卜]旅贞：[王]宾…岁… 11
（15）癸酉[卜]□贞…岁…亡… 12
（16）甲戌[卜]□[贞]：王… 13
（17）乙亥… 12
（18）丙子卜贞：王宾岁亡尤？ 3
（19）丁丑卜□贞：王[宾]岁[亡尤]？ 14
（20）丁丑卜旅贞：王宾自上甲衣至于多毓亡尤？在正月。 15
（21）庚辰[卜]□[贞]：王宾岁… 16
（22）辛巳卜行贞：王宾□岁叙亡尤？ 17

(23) 乙酉[卜]□贞：王…岁… 18
(24) 丁亥卜行贞：王… 19
(25) 庚寅卜贞：王宾叙亡[尤]？ 20
(26) 辛卯卜尹贞：王宾岁亡尤？在二月。 21
(27) 辛卯卜尹贞：王宾叙亡尤？二月。 21
(28) 乙未[卜]□[贞]：王宾…岁… 22
(29) 丙申[卜]旅[贞]：王[宾]叙[亡]尤？ 23
(30) 丁酉[卜]□贞…岁… 24
(31) 戊戌[卜]尹贞：叀岁王其叙？ 25
(32) 庚子[卜]□贞…岁… 26
(33) 辛丑卜□贞：奴…母登… 27
(34) □□[卜]行[贞]…画岁… 28
(35) 贞：叀…在二月。 28
(36) 丙午[卜旅]贞：王[宾]叙[亡]尤？ 29
(37) 丁未…岁… 30
(38) 庚戌卜即贞：夙岁□其宾？ 31
(39) 辛亥[卜]旅贞：[王]宾□□岁… 32
(40) 甲寅卜行贞：王宾…岁… 1
(41) 乙卯卜尹贞：王宾岁亡尤？ 33
(42) 丙辰卜□贞：王[宾]叙亡[尤]？ 34
(43) 丁巳卜行贞：王宾岁[亡]尤？ 2
(44) 庚申卜行贞：王宾岁亡尤？ 27
(45) 丁卯卜□贞：王宾岁亡尤？ 35
(46) 戊辰卜尹贞：岁其宾叙… 36
(47) 壬申卜□[贞]：王宾…岁…亡… 37
(48) 甲戌卜□贞：王[宾]…岁亡[尤]？ 38
(49) 乙亥卜行贞：王宾岁亡尤？ 39
(50) 乙亥[卜]□贞：[王宾]叙[亡尤]？在[三月]。 39
(51) 丁未卜行贞：王宾叙亡尤？在四[月]。 39
(52) 丁巳卜尹贞：王宾叙亡尤？在四月。 40
(53) 丁巳卜尹贞：王宾父丁岁亡尤？在四月。 40
(54) 丁巳卜尹贞：王宾叙… 40

(55) 庚戌卜：王？ 41
(56) 乙卯[卜]贞：王宾岁[亡尤]？ 42
(57) 庚申卜贞：王宾叙亡尤？ 27
(58) □子卜冎[贞]：岁王其叙？在五月。 43
(59) 庚戌[卜]□贞：王…岁… 44
(60) …岁亡尤？在八月。 45
(61) 乙卯卜贞：王宾岁亡尤？ 46
(62) 乙卯卜贞：王宾叙亡尤？ 46
(63) …王乙丑…岁其…九月。 47
(64) 甲午卜行贞：王宾岁亡尤？在十二月。 48
(65) 甲午卜行贞：王宾叙亡尤？在十二月。 48
(66) 乙未卜行贞：王宾桒自上甲衣于毓亡尤？在十二月。 48

第二年

(67) □□[卜]旅[贞]：王宾…岁罘…岁亡尤？在二月。 49
(68) …[亡]尤？[在]□月。 49
(69) 辛酉卜尹贞：王宾叙亡尤？ 50
(70) 癸亥卜尹贞：王宾岁叙亡尤？ 50
(71) 甲子卜尹贞：王宾叙亡尤？ 50
(72) 甲子卜尹贞：王宾岁叙亡尤？ 50
(73) 甲子卜尹贞：王宾岁亡尤？在四月。 50
(74) □□卜即[贞]…于岁？四月。 51
(75) …岁亡[尤]？在四月。 52
(76) 丁丑[卜]贞：王宾岁亡尤？ 53
(77) □□卜[贞]：王宾岁亡尤？十二月。 53
(78) 辛□[卜]□贞：王[宾]叙[亡]尤？ 54
(79) □□卜尹[贞：王]宾…岁亡[尤]？在十二月。 54
(80) 乙□卜尹[贞：王]宾□□岁…亡尤？ 55
(81) 庚□[卜]旅[贞]…岁… 58
(82) 庚□[卜]□贞…岁… 59
(83) 辛□[卜]□贞：[王]…岁… 60
(84) 癸□[卜]□贞：王宾岁… 63
(85) □□卜旅[贞]：王宾岁叙[亡]尤？ 64

(86) □□[卜]行[贞]：王…岁…亡[尤]? 34
(87) □□卜贞：王宾岁亡尤? 20
(88) 贞：王宾□□岁… 65
(89) □□[卜]旅[贞：王]宾□□岁[亡尤]? 在□[月]。 23
(90) □□卜旅贞：翌庚申…岁…宾… 66
(91) □丑卜行贞：岁叙? 57
(92) □□[卜]即[贞]…岁… 56
(93) □□[卜]尹贞：[王]宾[岁]叙[亡]尤? 67
(94) □□卜尹[贞]…岁… 41
(95) …岁…亡尤? 68
(96) □□卜旅[贞]…丁丑…岁… 13
(97) …王宾岁…亡尤? 69
(98) □□卜旅[贞]…岁… 62
(99) □□[卜]旅[贞：王]宾…岁[亡]尤? 29
(100) □□卜旅[贞：王]宾…夕岁…叙… 70
(101) …报乙岁…亡… 61
(102) □□卜旅[贞]…宾…岁… 71
(103) □酉卜大贞：王宾…岁…尤? 72
(104) □□[卜]旅[贞]…宾…岁… 73
(105) …宾…岁… 74 75
(106) …岁… 76
(107) □丑[卜]□贞…岁… 77
(108) …贞：王…岁亡… 78
(109) □戌卜□贞：勿…岁罘… 79
(110) 贞：岁…于…宗? 80
(111) □□[卜]行[贞]…岁… 19
(112) …岁…尤? 81
(113) □申卜□[贞]：王宾…岁… 82
(114) …先岁… 83
(115) □□[卜]尹[贞]：王[宾]… 33
(116) □未卜[贞]：王宾□亡[尤]? 20
(117) □□[卜]尹[贞：王]宾□亡[尤]? 21

(118) □□卜旅[贞：王]宾…亡[尤]？ 32
(119) □□[卜]冎[贞：王]宾…亡尤？ 9
(120) □□卜尹[贞]：王宾大乙… 5
(121) □□卜行[贞：王]宾… 4
(122) □□卜旅[贞：王]宾…[亡]尤？ 12
(123) □□卜行[贞]：王宾…伐…卯… 1
(124) □□卜行[贞]：王宾… 63
(125) □□卜旅[贞：王]宾…亡…在… 73
(126) □□卜尹[贞：王]宾…亡…在… 8
(127) …王宾… 78
(128) □□卜尹贞：王宾…宰…[亡]尤？ 59
(129) 贞：弜牝？ 57
(130) 贞：亡尤？ 16 26 75
(131) 乙□[卜]□贞… 8 56
(132) 戊□[卜]□[贞]：王… 36
(133) 壬□[卜]旅[贞]… 62
(134) …贞…[亡]囚？ 68
(135) …亡囚？ 16
(136) 贞：叀…叙… 10
(137) …叙[亡]尤？ 14
(138) 贞：弜？ 36
(139) 贞：毋？ 56
(140) □□卜… 10
(141) 丁… 57
(142) 辛… 55 61
(143) 贞… 31 67
(144) □丑… 30
(145) …王… 30

1《合补》7574　2《合补》7528　3《合集》25122　4《合补》7489　5《合集》22735　6《合集》25134　7《合集》22722　8《合集》25093　9《合集》25136　10《合补》7230　11《安明》1296　12《合补》7510　13《合补》7516　14《合集》25139　15《合集》22623　16《天理》375　17《合集》

41124 18《合补》7536 19《合集》25234 20《合集》25119 21《缀续》537 22《辑佚》544 23《合集》25131 24《合补》7500 25《合集》25173 26《北大》368 27《合集》22906 28《合集》23530 29《合补》7556 30《辑佚》460 31《合集》25142 32《合集》25133 33《合集》25114 34《合集》25095 35《合集》25121 36《合集》25140 37《俄罗斯》66 38《合集》25137 39《合集》25111 40《合补》7037 41《合补》7495 42《合集》25130 43《合集》25170 44《合补》7533 45《合集》26123 46《合集》25323 47《合补》7518 48《合集》22625 49《合集》25149 50《合补》7554 51《合集》41140 52《合集》25215 53《合集》25120 54《合补》7501 55《合集》25135 56《合集》41143 57《合集》25171 58《怀特》1064 59《旅博》1489 60《合补》7492 61《安明》1176 62《合补》7531 63《合补》7889 64《合集》25094 65《合集》25129 66《合集》25141 67《合集》41148 68《合补》7502 69《合补》7520 70《合补》7565 71《安明》1284 72《安明》1290 73《英藏》2108 74《北大》369 75《北大》421 76《张世放》214 77《拾遗》262 78《拾遗》312 79《合集》25196 80《合集》25217 81《合集》41142 82《合补》7810 83《安明》1283

本组系联的依据为“岁”祭。与其他各组岁祭卜辞不同，既无祖先之名，亦无牢、牛、羊、豕等牺牲，故单独列为一组。由于干支及月份之间不能兼容，因此暂分属两年之内。

第三十四组

第一年

(1) 己酉卜尹贞：王宾岁牛亡尤？ 1
(2) 己酉卜尹贞：王宾叙亡尤？ 1
(3) 庚戌卜尹贞：王宾叙亡尤？ 1
(4) [辛]亥卜尹[贞]：王宾□亡尤？[在]四月。 1
(5) 乙丑[卜]□贞：王[宾]□□岁二宰亡尤？ 2
(6) [丙]寅卜即[贞]：翌丁丑□岁牡？ 3
(7) 戊辰[卜]□贞：王…岁一牛…在… 4
(8) 辛未卜尹贞：岁盗？ 5
(9) 壬申卜行贞：王宾岁二牛叙亡尤？ 6

(10) 乙亥卜[尹]贞：王宾岁宰一牛？ 7
(11) 庚戌[卜]□贞…于…一牛？ 8
(12) 丙寅[卜]□贞：翌丁[卯]…岁二… 9
(13) 乙丑卜□贞：王宾…岁三宰亡尤？ 10
(14) 乙亥卜行贞：王宾岁五牛？在十月。 11
(15) 己卯。 12
(16) 辛巳[卜]□贞：王[宾]叙[亡尤]？ 13
(17) 癸未卜□贞：王宾岁宰… 14
(18) 乙酉卜旅贞：王宾岁二牛亡尤？ 15
(19) 乙酉卜□贞：王宾叙亡尤？在□月。 15
(20) 己丑[卜]□贞：王[宾岁]叙亡尤？ 16
(21) 辛卯卜即贞：今日亡来□？ 17
(22) 甲午[卜]□贞：王宾岁叙亡尤？ 18
(23) 丁酉… 11
(24) 己亥卜行贞：王宾岁宰亡尤？ 19
(25) 己亥卜行贞：王宾叙亡[尤]？ 19
(26) [贞：王宾岁]叙[亡]尤？在十一月。 20
(27) 丙午卜□贞：翌丁未莫… 21
(28) 戊午卜贞：王宾叙… 22
(29) 戊辰卜旅□贞：王宾小乙岁三宰亡尤？在十二月。 22
(30) □辰卜旅[贞]：王宾叙亡尤？ 22

第二年

(31) 丁酉卜行贞：王宾叙亡[尤]？ 23
(32) 甲寅卜尹贞：王宾岁一牛亡尤？在三月。 23
(33) 甲寅卜尹贞：王宾叙亡尤？ 23
(34) 乙卯[卜]□贞：王宾叙亡[尤]？ 23
(35) □□卜旅[贞]：王宾□□岁宰亡尤？ 20
(36) 己□[卜]□贞…一牛？ 24
(37) □□卜行[贞]：王宾…岁三牛？ 26
(38) □□卜冎[贞]：王宾…岁三宰[亡]尤？ 27
(39) □子[卜]旅[贞]：王宾…岁宰[亡]尤？ 18
(40) □□[卜]旅[贞：王]宾…岁宰[亡]尤？ 16

(41) □□[卜]旅[贞]：王宾□□岁三宰亡尤？ 28
(42) □□卜旅[贞]：王宾□□岁二宰[亡]尤？ 29
(43) □□卜尹[贞：王]宾□□岁宰亡尤？ 30
(44) □□卜行[贞]…岁牡？ 24 31
(45) □□卜□贞…岁…牡？ 32
(46) □□卜即[贞]：翌乙酉□岁物□？在□[月]。 17
(47) …岁一宰亡尤？ 33
(48) …岁一宰？ 25
(49) …岁… 33
(50) …岁…亡… 34
(51) □未卜□贞：岁…鬻… 35
(52) □□[卜]□贞…莫岁…其宜… 36
(53) □□卜旅[贞]…岁…于… 8
(54) 贞：王…岁… 12
(55) 贞：王[宾]岁三宰…于宰… 13
(56) …岁宰… 37
(57) 贞…岁… 38
(58) 辛…宰亡[尤]？ 25
(59) …五卯二宰？ 30
(60) 贞…宰… 32
(61) …宰？ 21
(62) □□[卜]尹贞：[王宾]叙亡[尤]？ 7
(63) □□卜行[贞]：王宾叙亡尤？ 19
(64) …叙… 9
(65) □□[卜]旅[贞：王]宾…[亡]尤？ 29
(66) 庚□[卜]□贞… 19
(67) □□卜冎[贞]… 27
(68) □□[卜]行[贞]… 14
(69) 贞… 31
(70) …二… 33
(71) □□卜行… 4
(72) …兄庚…牡？ 38

1《合集》25268　2《合集》25106　3《合集》25183　4《辑佚》365　5《缀汇》923　6《合集》25096　7《合集》25109　8《合集》25227　9《合集》25211　10《契》332　11《合集》25098　12《合集》25229　13《合集》25316　14《合集》25113　15《合集》25100　16《合集》25104　17《合集》25197　18《合集》25102　19《合集》25303　20《合集》25107　21《合集》25226　22《合集》25295 +①　23《合集》25267　24《合集》25186　25《合集》25200　26《合集》25099　27《合集》25101　28《合集》25105　29《合集》25108　30《合集》25110　31《合集》25187　32《合集》25189　33《合集》25199　34《合集》25214　35《合集》25223　36《合集》25225　37《安明》1286　38《上博》43982

本组系联的依据为“岁+牺牲”，不同于一般“岁+祖先名”“岁亡尤/𡆥”者，故而宜单独成组。由于三月与四月干支不兼容，可能为另一年所卜，故而暂排为两年。

第三十五组

（1）丙申卜行贞：王宾伐十人亡尤？在自遀卜。 1
（2）丁酉卜行贞：王宾祼亡𡆥？在自遀［卜］。 1
（3）己酉卜旅贞：伐其延，伐于□己？六月。 2
（4）丙□［卜］□贞…岁… 1
（5）□□［卜］行［贞：王］宾…亡［𡆥］？ 1
（6）□□卜□［贞］：王…延其…人？ 2
（7）□□卜□［贞］：王［宾］…伐… 3
（8）…宾…勿伐…卯宰… 4
（9）□□［卜］旅贞…伐自…亡尤？ 5

1《合集》22606　2《合集》22609　3《张世放》207　4《上博》17645.97　5《辑佚》467

本组系联的依据为“伐”祭。所见月份为六月，据月份及干支顺序排列如上。

① 李爱辉：《甲骨拼合第476—480则》，先秦史研究室网站，https：//www.xianqin.org/blog/archives/12179.html，2019年8月27日。

第三十六组

(1) 戊申[卜]□贞：王宾大戊桒五牛□𥁕亡尤？在十月。 1
(2) 戊申卜旅贞：王宾㕚亡尤？在十月。 1
(3) 癸丑[卜王]曰贞：桒…牛？ 2
(4) 丁巳卜行贞：王宾父丁桒十牛亡尤？ 3
(5) 戊午卜旅贞：王宾大戊𢦏亡尤？ 1
(6) 壬申卜尹贞：王宾兄己桒罘兄庚桒㕚亡尤？ 4
(7) □□[卜]旅贞：𡨦不既𢏚，其亦桒自上甲，其告于丁？十月。 5
(8) [甲]戌卜行贞：王宾上甲桒五牛亡尤？ 6
(9) 甲戌[卜行]贞：王[宾]桒…在□月。 7
(10) 甲戌卜行贞：王宾㕚亡尤？ 7
(11) 庚寅[卜]行[贞：王]宾… 6
(12) □□卜行[贞：今]夕不□？十一月。 8
(13) 癸卯卜旅贞：王宾[桒]… 9
(14) 壬戌卜即贞：大示桒其凡？十二月。 10
(15) 乙□卜旅贞…桒…兄… 11
(16) □□卜尹贞：[王]宾上甲…大乙桒… 4
(17) 贞：父丁桒一牛？ 8
(18) □□卜王曰贞：桒小示□？ 2
(19) □寅卜旅[贞]：王宾…桒…亡尤？ 12
(20) □申卜行贞：其桒叀今日□申… 13
(21) □□[卜]旅[贞]…乙未…奏于…三牛… 14
(22) □□[卜]□曰贞…祖祝…上甲、大乙、祖乙、父丁，之乙酉桒…乙十示又二？ 15
(23) □未卜尹贞…宾…桒… 16
(24) …旅…[宾]…桒… 17
(25) …其桒… 18
(26) □卯卜旅[贞]…桒于父戊… 19
(27) 甲… 7
(28) …𢦏… 4

（29）贞：［王］宾… 3
（30）贞：二牛？ 8
（31）贞：三牛？ 8
（32）贞：毋？ 8
（33）□□卜：王？ 11
（34）□□卜行…丁巳… 18
（35）…引… 10

1《拼二》370　2《合集》25028　3《合集》23180　4《合集》22624　5《合集》22680　6《合集》22631　7《合集》25299　8《合集》23274　9《合集》41117　10《俄罗斯》21　11《合集》25891　12《合集》25640　13《合集》25893　14《合集》26016　15《安明》1170　16《安明》1365　17《安明》1366　18《上博》17646.8　19《合集》23298

本组系联的依据为“𠦪”祭。所见月份为十月、十一月、十二月，据月份及干支顺序可排入数月之内。

第三十七组

第一年

（1）乙酉卜尹贞：王宾𠬝亡尤？ 1
（2）丁亥卜行贞：王宾𠬝亡尤？ 2
（3）庚寅卜冎贞：王宾𠬝亡尤？ 3
（4）壬辰［卜］□贞：［王宾］𠬝［亡］尤？ 4
（5）癸巳卜□贞：王宾𠬝亡尤？［在］十一月。 5
（6）甲午卜大贞：王宾𠬝亡尤？ 6
（7）乙［未］卜□贞：王［宾］𠬝［亡尤］？ 7
（8）丁酉卜冎贞：王宾𠬝亡尤？ 8
（9）己亥［卜］□贞：王［宾］𠬝［亡尤］？ 9
（10）己亥［卜］□贞：王［宾］雍己…［亡］尤？ 9
（11）辛丑卜□贞：王宾𠬝［亡尤］？ 10
（12）壬寅卜行贞：王宾𠬝亡尤？ 11
（13）□□［卜行贞］：王宾□［亡］尤？［在］正月。 11
（14）甲辰卜尹贞：王宾𠬝亡尤？ 12

(15) 乙巳[卜]□贞：王[宾]叙亡[尤]？在□[月]。 13
(16) 丁未卜旅贞：王宾叙亡尤？ 14
(17) 戊申卜□贞：王宾叙亡尤？ 15
(18) 庚戌卜即贞：王宾叙亡尤？ 16
(19) 辛亥卜尹贞：王宾叙亡尤？ 17
(20) 甲寅卜即贞：王宾叙亡尤？ 18
(21) 丁巳卜行贞：王宾叙亡尤？ 19
(22) 丁巳[卜行]贞：于…父丁…[亡]尤？在□[月]。 19
(23) 戊午卜[旅]贞：王宾叙[亡尤]？ 20
(24) 癸亥[卜]□贞：王[宾]叙[亡尤]？在□[月]。 21
(25) 甲子卜尹贞：王宾叙亡尤？ 22
(26) 乙丑卜冎贞：王宾叙亡[尤]？ 23
(27) 丙寅卜□贞：王[宾]叙[亡尤]？ 24
(28) 丁卯卜涿贞：王宾叙亡尤？ 25
(29) 丁卯[卜涿]贞：王宾祖丁… 25
(30) 戊辰[卜]□贞：王[宾]叙[亡尤]？ 26
(31) 己巳卜□贞：王宾叙亡尤？在□月。 27
(32) 庚午卜尹贞：王宾叙亡尤？ 28
(33) 辛未卜尹贞：王宾叙[亡尤]？ 29
(34) 壬申卜尹贞：王宾叙亡尤？ 30
(35) 壬申[卜尹]贞：[王]宾[叙]亡[尤]？ 30
(36) 甲戌卜旅贞：王宾叙亡□？ 31
(37) 乙亥卜旅贞：王宾叙亡□？ 32
(38) 丙子卜[大]贞：王宾叙亡尤？一月。 6
(39) 丁丑卜尹贞：王宾叙亡尤？ 33
(40) □□[卜旅贞：王宾]叙亡尤？在二月。 34
(41) □□[卜]旅[贞]：王宾□亡尤？在二月。 34
(42) 己卯[卜]□贞：[王宾]兄己□叙[亡尤]？ 35
(43) 庚辰卜尹贞：王宾叙亡尤？ 36
(44) 辛巳[卜]□贞：王[宾]叙亡[尤]？ 37
(45) 壬午卜□贞：王[宾]叙亡[尤]？ 38
(46) 乙酉[卜]□贞：王[宾]叙[亡尤]？ 39

(47) 乙酉[卜]□贞：王[宾]报乙…[亡尤]？ 39
(48) 丁亥卜□贞：王宾叙[亡尤]？ 40
(49) 甲午卜尹贞：王宾叙亡尤？ 41
(50) 乙未卜贞：王[宾]叙[亡尤]？ 42
(51) 丁酉卜□贞：王宾叙亡[尤]？ 43
(52) 丁未卜□贞：王[宾]叙[亡尤]？ 44
(53) 戊申[卜]尹贞：[王宾]叙亡[尤]？ 45
(54) 庚戌卜尹贞：王宾叙亡尤？ 46
(55) 辛亥卜旅贞：王宾□秅自…毓… 47
(56) …贞：王宾叙亡[尤]？在三[月]。 48
(57) 甲寅[卜]□贞：王[宾]叙[亡尤]？ 49
(58) 丁巳[卜]□贞：王[宾]叙[亡尤]？ 50
(59) 甲子[卜]□贞：王[宾]叙[亡]尤？ 51
(60) 甲子卜尹贞：王宾□[亡]尤？ 51
(61) 乙丑[卜]冎贞：[王]宾[叙亡尤]？ 52
(62) 乙丑卜冎贞：王[宾]叙[亡尤]？ 52
(63) 丁卯卜尹贞：王宾叙亡尤？ 53
(64) 戊辰卜□贞：王宾叙亡[尤]？ 54
(65) 壬申卜尹贞：王宾叙[亡尤]？ 55
(66) 甲戌卜□贞：王[宾]叙[亡]尤？ 56
(67) 乙亥[卜]□贞…毓…亡[尤]？ 57
(68) 丙子[卜]□贞：王[宾]叙亡尤？ 58
(69) 丁丑卜尹贞：王宾叙亡尤？在四[月]。 59
(70) 庚辰[卜]□贞：王[宾]叙[亡尤]？ 60
(71) 辛巳[卜]□贞：王[宾]叙亡[尤]？ 61
(72) 甲申卜尹贞：王宾叙亡尤？在五[月]。 62
(73) 甲申卜尹[贞]：王宾□[亡]尤？[在]五月。 62
(74) 乙酉卜冎贞：王宾叙亡尤？ 63
(75) 丁亥[卜]□贞：王[宾]叙[亡尤]？ 47
(76) 甲午[卜]□贞：王[宾]叙[亡尤]？ 64
(77) 丁酉卜旅贞：王宾叙亡[尤]？ 65
(78) 庚戌[卜]□贞：[妣庚]…王… 66

（79）丁巳卜□贞：王宾叙[亡尤]？ 67
（80）甲子卜旅贞：王宾叙[亡尤]？ 68
（81）乙丑卜□贞：王宾叙亡尤？ 69
（82）丁卯卜尹[贞]… 17
（83）乙亥卜□贞：王[宾]叙[亡尤]？ 70
（84）乙酉卜□贞：王宾叙亡[尤]？ 71
（85）丁亥卜行贞：王宾叙[亡尤]？ 72
（86）丁酉[卜行]贞：[王宾]…叙[亡尤]？ 73
（87）己亥卜旅贞：王宾叙亡尤？在七月。 74
（88）庚戌卜□贞：王…叙亡尤？ 75
（89）丁巳卜□贞：王[宾]叙[亡尤]？ 76
（90）甲子卜贞：王宾叙亡尤？ 77
（91）丁卯卜行贞：王宾叙亡尤？在八月。 78
（92）乙亥[卜]□贞：王[宾]叙亡[尤]？ 79
（93）乙酉卜冎贞：王宾叙亡尤？ 80
（94）丁亥卜贞… 72
（95）乙巳[卜行]贞… 82
（96）庚戌卜尹贞：王宾叙亡囚？ 81
（97）辛亥卜贞：王宾叙亡尤？在九月。 82
（98）乙卯卜行贞：王宾桒亡尤？在九月。 82
（99）乙卯卜行贞：王宾叙亡尤？在九月。 82
（100）乙卯卜王。 82
（101）丁卯[卜]□贞：王[宾]叙[亡]尤？ 83
（102）甲申[卜]□贞：王宾叙亡尤？在十一月。 84
（103）庚戌卜□贞：[王宾]叙[亡]尤？ 85
（104）庚戌卜□贞…王… 86
（105）丁卯[卜]□贞：王[宾]叙[亡]尤？ 87
（106）辛未卜□贞：王宾叙亡尤？ 88
（107）□□卜尹贞：[王]宾…岁…亡[尤]？在十二月。 88
（108）□□卜尹[贞]：王宾□亡尤？ 48

第二年

（109）辛□[卜]□贞：[王宾]叙[亡尤]？ 89

(110) □□[卜]行[贞：王]宾□亡尤？[在]正月。 89
(111) 庚子卜□贞：王宾叙亡尤？二月。 90
(112) 丁酉卜[旅]贞：王宾叙亡尤？五月。 91
(113) 丁丑卜行贞：王宾叙亡尤？ 92
(114) 丁丑[卜行]贞：王[宾]父丁…[亡尤]？ 92
(115) 戊寅卜行贞：王宾叙亡尤？ 92
(116) □未卜行[贞]：王宾□亡尤？七月。 92
(117) …[贞：王宾]叙亡尤？九月。 93

第三年

(118) 乙丑卜旅贞：王宾[叙]亡[尤]？一月。 94
(119) □□卜贞：王宾叙亡尤？一月。 95
(120) …叙？在七月。 96
(121) 甲□卜贞：王[宾]叙亡尤？ 97
(122) [丙]□卜旅[贞：王]宾报丙叙亡尤？ 100
(123) 丁□[卜]□贞：王[宾]叙[亡尤]？在□[月]。 101
(124) 庚□[卜]□贞…叙[亡尤]？ 99
(125) 辛□[卜]旅[贞：王]宾[祖]□叙[亡尤]？ 103
(126) 辛□[卜]旅[贞：王]宾叙[亡尤]？ 106
(127) 辛□[卜]□贞：[王宾]叙[亡尤]？ 108
(128) 壬□[卜]□贞：[王宾]叙[亡尤]？ 109
(129) 癸□[卜]□贞：王[宾]叙[亡]尤？ 110
(130) □□[卜]□贞：[王宾]叙[亡尤]？ 11
(131) □□[卜]旅[贞]：王宾上甲叙亡尤？[在]□月。 111
(132) □□[卜]□贞：[王]宾叙[亡]尤？ 112
(133) □□卜冎[贞：王]宾父丁夕叙[亡]尤？ 113
(134) □午卜即[贞]：王宾叙亡[尤]？ 114
(135) □卯卜尹[贞]：王宾叙亡[尤]？ 101
(136) □□[卜]冎[贞：王]宾叙亡[尤]？ 115
(137) □□[卜]冎[贞：王]宾[叙]亡[尤]？在□[卜]。在□月。 115
(138) □酉卜旅贞：王宾叙亡尤？ 104
(139) □□卜旅[贞：王]宾□叙[亡尤]？ 116
(140) □□卜旅[贞：王]宾叙亡尤？ 117

(141) □□[卜]□贞：王[宾]叙亡尤？ 117
(142) □□[卜]旅贞：王宾叙亡尤？ 118
(143) □亥卜行[贞]：王宾叙亡尤？ 105 119
(144) □□[卜]□贞：王宾叙亡[尤]？ 120
(145) …[王宾]叙亡尤？ 121
(146) 贞：弜叙？ 66
(147) □子卜大[贞]…其叙…叀羊… 122
(148) □□[卜]冎[贞：王宾]叙[亡尤]？ 67
(149) 贞：[王宾]叙[亡尤]？ 123
(150) □□[卜]旅[贞：王]宾叙[亡]尤？ 124
(151) □□卜[旅]贞：王[宾]叙[亡尤]？ 68
(152) …叙… 125
(153) □□卜尹[贞：王]宾叙[亡尤]？ 126
(154) □□卜旅[贞：王]宾叙[亡]尤？ 127
(155) …贞：王宾叙亡[尤]？ 128
(156) [贞：王]宾叙[亡]尤？ 129
(157) □未卜…王宾叙[亡尤]？ 130
(158) □□[卜]尹[贞：王]宾[叙]亡[尤]？ 83
(159) □未卜冎[贞：王]宾叙[亡]尤？ 131
(160) □未卜行贞：王宾叙亡尤？ 107
(161) □□[卜]行[贞：王]宾…叙亡囚？ 132
(162) □□卜旅[贞：王]宾叙[亡]尤？ 133
(163) □酉卜□贞：王[宾]叙[亡]尤？ 134
(164) □□卜旅贞：王宾叙[亡尤]？ 135
(165) …贞：王宾叙[亡尤]？ 136
(166) □□卜旅[贞]：王宾…叙… 137
(167) □□卜行[贞]…叙… 98
(168) □□卜□[贞]：王宾叙… 138
(169) 贞：弜叙？ 86 145
(170) □□卜…宾叙… 139
(171) …王…叙… 102
(172) □□卜冎贞…宾叙… 140

(173) 贞…叙… 141 148
(174) □□[卜]冎贞…叙… 142
(175) …王[宾]大乙…叙[亡尤]? 57
(176) □□[卜]行[贞：王]宾…夕叙[亡]尤? 143
(177) □申卜□[贞]：王宾叙亡尤? 144
(178) □□卜□贞：王…东子…叙亡尤? 145
(179) 贞…叙…尤? 146
(180) …王…叙…在… 147
(181) 丁□卜□贞…报丁…亡尤? 78
(182) [己]□卜行[贞：王]宾兄己□亡尤? 19
(183) 辛□[卜]□贞：[王宾]…奭[妣辛]□亡[尤]? 105
(184) [壬]□[卜]尹[贞：王宾]外壬…亡尤? 35
(185) □□[卜]□[贞]：王[宾]…暒[亡尤]? 在□月。 78
(186) □□[卜]旅[贞：王宾]中丁…亡尤? 112
(187) □□卜旅[贞：王]宾祖乙… 103 106
(188) □□卜旅[贞：王]宾小乙…亡尤? 20
(189) 辛□[卜]□贞：王[宾]…[亡尤]? 104
(190) □□[卜]即[贞：王宾]□亡尤? 18
(191) □□[卜]旅[贞：王宾…亡尤]? 14
(192) □□卜[贞：王]宾□戠[亡]囚? 15
(193) □□[卜]旅[贞]：王[宾]…[亡尤]? 116
(194) □□卜旅[贞]：王宾□亡尤? 117
(195) □□[卜]旅[贞：王]宾□亡[尤]? 118
(196) □□[卜]□[贞：王]宾…[亡尤]? 45
(197) □□[卜]行[贞：王]宾…亡[尤]? 71 120
(198) □□[卜]行[贞：王]宾□…[亡]尤? 69
(199) □□卜冎[贞：王]宾…亡尤? 123
(200) □□[卜]尹[贞：王]宾…亡尤? 75
(201) □□[卜贞：王]宾…桒…亡尤? 97
(202) □□[卜]行[贞：王]宾…亡尤? 73
(203) □□卜旅[贞：王]宾…亡尤? 109
(204) □□卜尹[贞]…宾…亡… 49

（205）□□［卜］尹［贞：王］宾［叙亡］尤？ 56
（206）□辰卜□［贞］…父丁…三宰…亡尤？ 21
（207）甲□［卜］□贞…岁…在□［月］。 22
（208）甲…王… 98
（209）乙□［卜］□贞… 23 99
（210）乙□［卜］旅［贞］… 14
（211）丁…旅…宾… 65
（212）丁□［卜贞］… 2
（213）己□［卜］□［贞］：王… 28
（214）己…冎… 102
（215）辛…贞…亡… 107
（216）□□［卜旅贞］…登… 91
（217）□□［卜］涿［贞］…夕… 25
（218）…［亡］尤？ 36
（219）…岁…亡［尤］？ 17
（220）□□［卜］冎［贞］… 52
（221）…［今］夕… 3
（222）□□［卜］旅［贞］… 31 32
（223）贞：宾… 121
（224）贞：弜？ 121
（225）…［亡］尤？ 13
（226）…祖乙… 28
（227）…三十卯…鬯…亡… 125
（228）…宾…亡［尤］？ 65
（229）…宾… 10
（230）□□卜冎［贞］…妣庚… 129
（231）…王… 76
（232）□□［卜］行［贞］… 26
（233）…贞… 81
（234）…王宾…岁…母… 72
（235）□□卜□贞：［王］宾…［亡］尤？ 60
（236）…宾…亡尤？ 133 148

（237）…旅… [64]

（238）□戌卜尹… [108]

（239）…贞：王… [42]

（240）…妣庚…宰…亡… [102]

[1]《安明》1342　[2]《合集》25302　[3]《合集》25278　[4]《英藏》2120　[5]《合集》25332　[6]《合集》25246　[7]《京人》1288　[8]《合集》25279　[9]《合集》22818　[10]《合补》7575　[11]《合集》25304　[12]《北大》2825　[13]《合集》25354　[14]《合集》25290　[15]《合集》25291　[16]《合集》25251　[17]《合集》25270　[18]《合集》25252　[19]《合集》23245　[20]《天理》337　[21]《合集》23269　[22]《合集》25259　[23]《合集》25275　[24]《上博》48724.43　[25]《合集》23032　[26]《合补》7593　[27]《合集》25328　[28]《合集》40958　[29]《英藏》2114　[30]《合补》7589　[31]《合集》25284　[32]《合集》25285　[33]《辑佚》352　[34]《合集》25294　[35]《合集》22880　[36]《合集》25263　[37]《辑佚》543　[38]《英藏》2118　[39]《合集》22691　[40]《合集》25331　[41]《合集》25266　[42]《北大》380　[43]《合集》25333　[44]《合补》7583　[45]《合集》25308　[46]《合集》25271　[47]《合集》25816　[48]《合补》7576　[49]《旅博》1434　[50]《合集》25344　[51]《合集》25260　[52]《合集》25276　[53]《合集》25264　[54]《辑佚》423　[55]《旅博》1435　[56]《拾遗》325　[57]《合集》22733　[58]《合补》7577　[59]《合集》25262　[60]《合补》7874　[61]《拾遗》324　[62]《合集》25265　[63]《合集》25277　[64]《怀特》1049　[65]《拼五》1029　[66]《合集》25361　[67]《合集》25812　[68]《拼三》625　[69]《合集》25322　[70]《合集》25329　[71]《合补》7566　[72]《天理》329　[73]《英藏》2117　[74]《旅博》1428　[75]《合补》7568　[76]《合补》7592　[77]《合集》25327　[78]《合集》25298　[79]《合补》7588　[80]《合补》7571　[81]《合补》7818　[82]《合补》7547　[83]《合补》7594　[84]《合集》25330　[85]《安明》1348　[86]《掇三》465　[87]《合补》7579　[88]《掇三》799　[89]《合集》25836　[90]《卡博》221　[91]《合集》25288　[92]《合集》25300　[93]《英藏》2121　[94]《合集》25286　[95]《合补》7587　[96]《合集》25368　[97]《合补》7582　[98]《辑佚》362　[99]《合集》25363　[100]《合集》22697　[101]《合集》25272　[102]《俄罗斯》42　[103]《合集》22905　[104]《合集》25292　[105]《合集》25317　[106]《合集》40953　[107]《合补》7822　[108]《北大》376　[109]《旅博》1433　[110]《俄罗斯》52　[111]《合集》22627　[112]《合集》22873　[113]《合集》23247　[114]《合集》25255　[115]《合集》25280　[116]《合集》25293　[117]《合集》25296　[118]《合集》25297　[119]《合集》25319　[120]《合集》25320　[121]《合集》

25352 122《合集》25372 123《合集》25807 124《合补》7542 125《合补》7552 126《合补》7553 127《合补》7558 128《合补》7578 129《合补》7585 130《合补》7591 131《合补》7595 132《合补》7892 133《京人》1276 134《安明》1347 135《安明》1349 136《北大》383 137《北大》405 138《辑佚》514 139《张世放》209 140《旅博》1436 141《旅博》1439 142《拾遗》259 143《合集》25324 144《合集》25346 145《合集》25362 146《英藏》2123 147《旅博》1437 148《旅博》1438

本组系联的依据为“叙”祭。叙祭主要盛行于出组和黄组，宾组、非王卜辞、何组及无名组较少。由于各相同月份、干支之间不能兼容，故而暂排入三年之中。

第三十八组

(1) 戊辰[卜]王曰贞：酒？ 1
(2) 癸巳卜□贞：羌甲酒□白豕？ 2
(3) 庚子卜[王曰]贞：辛丑酒秅亡害？ 3
(4) 庚子卜王曰贞：有害？ 3
(5) 丁未卜□贞：今日…酒… 4
(6) 贞：酒自上甲？ 1
(7) □□卜旅[贞]…先上甲…酒？ 5
(8) □□[卜]□贞…于…母辛宗…酒？ 6
(9) 贞：于翌辛酉酒？ 7
(10) □□[卜]旅[贞]…鬯五卣？ 8
(11) 贞：三麋… 8
(12) …贞：王[宾]酒… 9
(13) …不…九月。 9
(14) 贞…翌…酒… 10
(15) …申乞酒…至于毓… 11
(16) 贞：勿酒？ 12
(17) □□卜旅贞…乞酒…衣至王…害？在… 13
(18) □□[卜]□贞…辛未…酒…[若]？在十月。 14
(19) □□[卜]旅[贞]…其陟… 14
(20) □□卜旅[贞]…癸…酒… 15

（21）壬□［卜］□贞…往… 15
（22）贞：于乙丑酒？ 16
（23）□□卜邑［贞］…未…酒… 17
（24）…［酒］…毓…衣…亡害？ 18
（25）□卯卜□贞…衣…酒… 19

1《合集》22645　2《合集》39590　3《合集》25961　4《合集》25952　5《合补》6960　6《合集》23448　7《合集》25973　8《合集》25979　9《合补》7727　10《京人》1296　11《英藏》1950　12《英藏》2178　13《旅博》1504　14《合集》25966　15《旅博》1506　16《合集》25962　17《合集》25975　18《合集》26044　19《合集》26053

本组系联的依据为“酒”祭。所见月份为九月、十月，干支大多残缺，从已有干支序数来看，至少应在两月之内。

第三十九组

第一年

（1）癸亥［卜］□贞：旬亡［𡆥］？在三月。乙［丑］劦小乙…父丁。 1
（2）［癸酉卜］□贞：旬亡𡆥？在四月。甲戌工典其酒彡。 1
（3）［癸未卜］□［贞：旬亡］𡆥？［在四月］。甲申［彡］上甲。 1
（4）［癸丑卜］□［贞］：旬亡𡆥？［𦎫］示癸劦，甲寅［祭］小甲𩛥大甲，濩劦。 2

第二年

（5）癸未卜王在丰贞：旬亡𡆥？在六月。甲申工典其酒彡。 3
（6）［癸巳］卜王［在丰贞：旬亡］𡆥？在□［月］。［甲］午酒［彡］上甲。 3
（7）癸未卜王贞：［旬］亡𡆥？在八月。甲申彡戋甲。 4
（8）［癸巳卜王贞：旬亡］𡆥？［在］□［月］。甲［午彡］羌甲。 4
（9）癸亥卜尹贞：旬亡𡆥？在十二月。乙丑曡小乙，丁卯曡父丁。 8
（10）［贞］…［亡］𡆥？［在］十二月。 8

第三年

（11）癸□［卜］□贞…乙… 7
（12）癸巳卜王贞：旬亡𡆥？ 7
（13）癸卯卜王贞：旬亡𡆥？甲辰幼。在四月。 7
（14）癸丑卜王贞：旬亡𡆥？在四月。甲寅酒曡自上甲。 7

(15) 癸亥卜王贞：旬亡𡆥？乙丑𠢊于大乙。在五月。 7

(16) [癸酉卜]王[贞：旬亡𡆥]？[在五月，甲戌𠢊]大甲。 7

第四年

(17) 癸酉卜尹贞：旬亡𡆥？甲戌酒祭于上甲。在□[月]。 5

(18) □□[卜]尹[贞]…在自鬲。 5

(19) 癸酉卜涿贞：旬亡𡆥？[甲戌]彡于□[甲]。 6

(20) 癸[未卜涿贞：旬亡𡆥]？ 6

(21) [癸巳卜]涿[贞：旬]亡𡆥？ 6

(22) 癸卯[卜]□贞：旬[亡𡆥]？在十月[甲辰]彡□[甲]。 9

(23) 癸丑卜[王]贞：旬亡[𡆥]？隹彡小甲。 10

(24) 癸亥卜王贞：旬亡𡆥？在十月。 10

1《合集》22675　2《合集》22717　3《合集》24387　4《合集》22885　5《合集》24280　6《合集》25090　7《缀兴》32　8《合集》23244　9《合集》25087　10《合集》26493

本组系联的依据为“卜旬辞附记周祭”，由于各相同月份及干支之间不能兼容，故而暂且排在四年之内。

第四十组

(1) [戊]戌卜王贞：王其宾中丁彡龠亡害？ 1

(2) 乙巳卜旅贞：王宾戋甲彡龠叙[亡]□？ 2

(3) …尹…甲彡龠…亡尤？在十月。 3

(4) 戊午[卜行]贞：王[宾]…彡祼亡𡆥？ 4

(5) 戊午卜行贞：王宾雍己彡夕亡𡆥？ 4

(6) 己未卜行[贞]：王宾大戊彡龠眔雍己彡祼亡𡆥？在十月。 4

(7) 戊辰卜旅贞：王宾大丁彡龠叙亡尤？在十一月。 5

(8) 贞…亡尤？[在]十一月。 5

(9) …大甲彡龠叙亡尤？在十二月。 6

(10) □□卜旅[贞：王]宾大乙[彡]龠叙… 7

(11) □□卜尹[贞：王]宾南庚[彡]龠叙[亡]尤？ 8

(12) [丙]□[卜]尹[贞：王]宾小乙彡龠叙亡□？ 9

(13) □□卜旅[贞：王]宾…彡龠…亡… 10

(14) …王…[亡]囚？ 5
(15) …大甲…亡□？ 6
(16) 贞：亡尤？ 4
(17) 冎。 1
(18) □□[卜]旅[贞]… 2

1《合集》22855　2《合集》22882　3《安明》1204　4《拼二》369　5《合集》22762　6《合集》22789　7《合集》22730　8《合集》23079　9《合集》23112　10《合补》7754

本组系联的依据为“彡龠”。所见月份为十月、十一月、十二月，据月份及干支顺序亦可排入数月之内。

第四十一组

(1) 乙丑卜贞：王宾龠亡囚？ 1
(2) 丁卯卜贞：王…龠… 2
(3) 戊辰卜旅贞：王宾□□龠[亡]囚？ 3
(4) 己丑卜大贞：王宾龠叙[亡]尤？ 4
(5) 戊□[卜]□贞：[王宾]叙[亡尤]？ 3
(6) 戊戌[卜]□贞：王[宾]龠亡[囚]？ 5
(7) 贞：亡尤？十二月。 5
(8) 庚子卜行贞：王宾兄己龠叙亡尤？ 6
(9) 辛丑卜行贞：王宾兄庚[龠]叙[亡尤]？ 7
(10) 丙辰卜[尹]贞：王宾龠[亡]尤？ 8
(11) □□[卜]旅[贞：王]宾龠亡尤？ 5
(12) □□卜尹[贞：王]宾…龠[亡囚]？ 10
(13) □□[卜]冎[贞：王]宾…龠[亡]囚？ 11
(14) □□[卜]□[贞：王]宾…龠[亡囚]？ 12
(15) □□[卜]尹[贞]…龠[亡]尤？ 8
(16) □卯卜旅[贞]：王宾龠叙… 9
(17) 贞：亡[尤]？在□[月]。 12
(18) 贞：亡尤？ 1
(19) 辛□[卜]□贞… 9

（20）…亡□？ 7

1《合集》25759　2《安明》1185　3《合集》25754　4《合集》25750　5《合集》25756　6《合集》41003　7《合集》41004　8《合集》41207　9《英藏》2113　10《合集》25757　11《合集》25758　12《合集》25761

本组系联的依据为“龠”祭。所见月份仅有十二月，从其他干支序数来看，可以融洽地排入两月之内。

第四十二组

（1）甲辰卜行贞：王宾夙祼亡囚？ 1

（2）乙巳卜行贞：王宾夙祼[亡囚]？ 2

（3）丁未卜□贞：王[宾]夙祼[亡]囚？ 3

（4）庚戌卜旅贞：王宾夙祼亡囚？ 4

（5）辛亥卜行贞：王宾夙祼[亡囚]？ 5

（6）乙卯卜□贞：王宾夙祼[亡囚]？ 6

（7）[丁]巳卜行贞：王宾大丁夙祼亡囚？ 7

（8）戊午卜尹贞：王宾夙祼… 8

（9）辛酉卜行贞：王宾夙祼亡囚？ 9

（10）贞：亡尤？在三月。 10

（11）甲子卜旅贞：王宾夙祼亡囚？ 4

（12）乙丑卜旅贞：王宾夙祼亡囚？ 4

（13）乙丑[卜旅]贞：王宾[夙]祼亡囚？ 4

（14）丁卯卜尹贞：王宾夙祼亡囚？ 11

（15）己巳卜□[贞]：王宾夙[祼]亡[囚]？ 12

（16）甲戌卜行贞：王宾夙祼亡囚？ 13

（17）乙亥卜尹贞：王宾夙[祼]亡[囚]？ 14

（18）丁丑卜涿贞：王宾夙祼亡囚？ 15

（19）辛巳卜尹贞：王宾夙祼亡囚？ 16

（20）甲申卜尹贞：王宾夙祼亡囚？ 17

（21）乙酉卜尹贞：王宾夙祼亡囚？ 18

（22）…[亡]尤？[在]四月。 18

（23）丁亥卜尹贞：王宾夙[祼]… 19

(24) 庚寅卜行贞：王宾夙祼亡囚？ 20
(25) 甲午卜冎贞：王宾[夙]祼[亡囚]？ 21
(26) 戊戌卜尹贞：王宾父丁彡龠亡囚？ 4
(27) 戊戌卜尹贞：王宾兄己彡夕亡囚？ 4
(28) 庚子卜冎[贞：王]宾夙[祼]亡囚？ 22
(29) 乙巳[卜]☐贞：王[宾]夙[祼]亡囚？ 23
(30) 庚戌卜尹贞：王宾夙祼亡囚？ 24
(31) 辛亥[卜]☐贞：王宾夙祼亡[囚]？ 25
(32) 乙卯[卜]☐贞：王宾夙祼亡囚？ 26
(33) 贞：亡尤？在五月。 26
(34) 辛酉[卜]☐贞：王[宾]夙祼亡囚？ 27
(35) 甲子卜行贞：王宾夙祼亡囚？ 28
(36) 丁卯[卜]☐贞：王[宾]夙[祼]亡[囚]？ 29
(37) 辛未卜贞：王宾夙祼亡囚？ 30
(38) 贞：亡尤？在五月。 30
(39) 甲戌卜☐贞：王宾[夙]祼[亡囚]？ 31
(40) 乙亥卜行贞：王宾夙祼亡囚？ 32
(41) 丁丑卜贞：王宾夙祼[亡]囚？ 33
(42) 辛巳卜尹贞：王宾夙祼亡囚？ 34
(43) 甲申卜行贞：王宾夙祼亡囚？ 35
(44) 乙酉卜尹贞：王宾夙祼亡囚？ 36
(45) 庚寅卜☐贞：王[宾]夙[祼]…亡☐？ 37
(46) 庚子卜行贞：[王]宾夙[祼亡囚]？ 38
(47) 乙巳卜☐贞：王[宾]夙[祼亡囚]？ 39
(48) 庚戌卜尹贞：王宾夙祼[亡囚]？ 40
(49) 辛亥卜即贞：王宾夙[祼亡囚]？ 41
(50) 辛酉[卜]☐贞：[王宾]夙[祼]亡[囚]？ 42
(51) 甲子[卜]☐贞：王宾夙祼[亡囚]？ 43
(52) 丁卯卜冎贞：王宾夙祼亡囚？ 44
(53) 辛未[卜]☐贞：王[宾]夙祼[亡囚]？ 45
(54) 丁丑卜☐贞：王宾夙祼[亡囚]？ 46
(55) 辛巳卜行贞：王宾夙祼[亡囚]？ 47

(56) 甲申卜行贞：王宾夙祼亡𡆥？ 48
(57) 乙酉[卜]□贞：王宾夙祼亡𡆥？ 49
(58) 甲辰卜尹贞：王宾夕祼亡𡆥？ 50
(59) 乙巳卜尹贞：王宾夙祼亡𡆥？在九月。 50
(60) 辛巳卜□贞：王宾夙祼亡𡆥？ 51
(61) 甲申卜□贞：[王宾]夙[祼亡𡆥]？ 52
(62) 乙酉卜□贞：王宾夙祼亡𡆥？ 53
(63) 辛□[卜]□贞：[王宾]夙[祼亡]𡆥？ 54
(64) 贞：亡尤？在十月。 54
(65) 辛巳卜行贞：王宾夙祼亡𡆥？ 55
(66) 甲□[卜]□贞：[王宾]夙[祼亡]𡆥？ 56
(67) 丁□卜行贞：王宾夙祼亡𡆥？ 10
(68) 癸□[卜]□贞：王[宾]夕[祼亡𡆥]？ 1
(69) □□[卜]□[贞：王宾夙]祼[亡𡆥]？ 4
(70) 辛□[卜]□贞：[王宾]夙[祼]… 58
(71) 癸□[卜]□贞：[王]宾[夙]祼[亡𡆥]？ 59
(72) 己□[卜]□贞：[王宾]夕[祼亡𡆥]？ 40
(73) □□卜尹[贞]：王宾夙[祼]亡𡆥？ 60
(74) □□[卜]尹[贞：王]宾夙[祼亡]𡆥？ 61
(75) □□[卜]尹[贞：王]宾[夙]祼[亡]𡆥？ 29
(76) □申卜行贞：王宾夙祼亡𡆥？ 62
(77) □□卜行[贞：王]宾夙[祼]亡𡆥？ 63
(78) □丑卜旅[贞：王宾]夙祼[亡]𡆥？ 64
(79) □□[卜]旅[贞]：王宾夙祼亡[𡆥]？ 65
(80) □□[卜]行[贞：王宾]夙[祼亡]𡆥？ 52
(81) □□卜□贞：[王宾]夙[祼亡]𡆥？ 66
(82) □□[卜]□贞：[王宾]夙[祼]亡𡆥？ 67
(83) 贞：王宾夙祼亡𡆥？ 68
(84) □□卜冎贞：[王宾]夙祼[亡𡆥]？ 69
(85) □酉卜□贞：王[宾]夙祼[亡]𡆥？ 70
(86) □戌卜□贞：王宾夙祼[亡]𡆥？ 71
(87) □□卜贞…夙祼亡𡆥？ 72

（88）□□［卜］旅［贞：王］宾夙［祼］亡囚？ 73
（89）□□卜尹［贞］…宾夙祼… 74
（90）□丑卜旅贞：王宾夙［祼］亡囚？ 57 75
（91）□□卜旅［贞］…宾夙［祼］…亡尤？ 76
（92）□□卜冎［贞］…夙祼… 77
（93）□□［卜］□贞：［王］宾夙［祼］亡囚？ 78
（94）□□［卜］旅［贞：王宾］夙祼亡囚？ 79
（95）□辰卜即贞：王宾夙［祼］… 80
（96）□申［卜］□贞：王［宾］夙祼亡囚？ 81
（97）□□卜□贞：王宾夙祼亡囚？ 82
（98）…夙祼［亡］囚？ 83
（99）□□卜行［贞：王］宾…［亡］囚？ 30
（100）□□卜即［贞：王］出［亡］囚？ 26
（101）□□［卜］尹［贞：王］出［亡］囚？ 50
（102）□□卜行［贞：王］出［亡囚］？ 23
（103）□□卜行［贞：王］宾…［亡囚］？ 25 35
（104）贞：亡尤？ 1 3 4 9 10 13 15 18 23 27 28 29 34 35 36 44 45 48 49 50 52 55 56 60 61 62
（105）乙□［卜］□贞：王… 57
（106）庚□［卜］□贞… 30
（107）贞：［亡尤］？在□［月］。 30
（108）贞：牝？ 7
（109）□□［卜］旅贞… 4
（110）［贞］…亡［囚］？ 4
（111）彭。 4
（112）…亡… 17 38
（113）贞… 32
（114）贞…亡□？ 47
（115）贞：永？ 12

1《合集》25399　2《合集》25400　3《合集》25434　4《合集》23241　5《合集》25401　6《合集》25437　7《合集》22761　8《英藏》2093　9《合集》25403　10《合集》25405　11《合集》25379　12《合集》25421　13《拼二》

371 14《合集》25380 15《合集》25418 16《合集》25381 17《合集》25382 18《合集》25383 19《安明》1318 20《俄罗斯》48 21《合补》7630 22《合集》25417 23《合集》25433 24《合集》25386 25《合集》25402 26《合集》25378 27《合集》25426 28《合集》25392 29《合集》25391 30《合集》25393 31《合补》7673 32《合集》25396 33《合集》25423 34《合集》25388 35《合集》25398 36《拼二》394 37《旅博》1442 38《上博》2426.874 39《怀特》1028 40《合集》25387 41《合补》7699 42《旅博》1443 43《合集》25420 44《合集》25416 45《合集》25422 46《合集》25424 47《合集》25397 48《合集》25404 49《合集》25428 50《合集》25385 51《合集》25425 52《合集》25443 53《合集》25429 54《合集》25445 55《北大》386 56《合集》26136 57《英藏》2094 58《安明》1324 59《旅博》1445 60《合集》25389 61《合集》25390 62《合集》25406 63《合集》25407 64《合集》25410 65《合集》25411 66《合集》25446 67《合集》25447 68《合集》41166 69《合集》41167 70《合补》7626 71《合补》7698 72《合补》7700 73《合补》7706 74《安明》1315 75《安明》1316 76《东京大学》1189 77《北大》265 78《上博》2426.1418 79《旅博》1444 80《重博》119正 81《合集》25436 82《合集》25439 83《合集》25451

本组系联的依据为“夙祼”祭。所见月份为三月、四月、五月、九月、十月，据月份及干支顺序可以排入一年之内。由于夙祼之祭往往与夕祼祭同版，故将“夕祼”祭紧附其后。

第四十三组

第一年

(1) 甲寅卜即贞：王宾[夕]祼亡囚? 1

(2) 乙卯卜尹贞：王宾夕祼亡囚? 2

(3) 丙辰卜行贞：王宾夕祼亡囚? 3

(4) 庚申卜即贞：王宾夕祼亡囚? 4

(5) 甲子卜尹贞：王宾夕祼亡囚? 5

(6) 丙寅卜行贞：王宾夕祼亡囚? 6

(7) 己巳卜行贞：王宾夕祼亡囚? 7

(8) 庚午卜行贞：王宾夕祼亡囚? 8

（9）辛未卜行贞：乎永行又蔣？ 9
（10）壬申卜[旅]贞：王[宾]戠[亡]囚？ 10
（11）癸酉卜□贞：王宾夕祼[亡囚]？ 11
（12）甲戌卜即贞：王宾夕[祼]亡囚？一月。 12
（13）丙子卜行贞：王宾夕祼亡囚？ 13
（14）丙[子卜行]贞…亡□？ 13
（15）丁丑[卜]□贞：王[宾]夕祼[亡囚]？ 14
（16）庚辰[卜]□贞：[王宾]夙祼[亡囚]？ 15
（17）庚辰卜行贞：王宾夕祼亡囚？ 15
（18）癸未卜尹贞：王宾夕祼亡囚？ 16
（19）甲申[卜]□贞：王[宾]夕祼[亡囚]？ 17
（20）丙戌卜尹贞：王宾夕祼亡囚？ 18
（21）丁亥卜行贞：今日不雨？ 8
（22）戊子卜尹贞：王宾夕祼亡囚？ 19
（23）己丑卜即贞：王宾夕祼亡囚？ 20
（24）庚寅卜旅贞：王宾夕祼[亡囚]？ 21
（25）癸巳[卜]□贞：王[宾]夕祼[亡囚]？ 22
（26）丙申卜旅贞：王宾夕祼亡囚？ 23
（27）戊戌卜□贞：王宾[夕]祼亡[囚]？ 24
（28）庚子卜行贞：王[宾]夕祼[亡]囚？ 25
（29）[贞：亡]尤？[在]二月。 26
（30）癸卯卜即贞：王宾夕祼亡囚？ 27
（31）甲辰卜即贞：王宾夙祼亡囚？ 27
（32）丙午卜行贞：王宾夕祼亡囚？ 28
（33）丁未卜冎贞：王宾夕[祼]亡[囚]？ 29
（34）戊申卜旅贞：王宾夕祼亡囚？ 9
（35）己酉卜旅贞：王宾[夕]祼[亡]囚？ 30
（36）庚戌卜尹贞：王宾夕祼[亡囚]？ 31
（37）癸丑[卜]□贞：王[宾]夕祼[亡囚]？ 32
（38）甲寅卜即贞：王宾夕祼亡[囚]？ 33
（39）丙辰[卜]□贞：王[宾]夕祼… 34
（40）庚申卜行贞：王宾夙祼亡囚？ 35

(41) 庚申卜行贞：王宾夕祼亡囚？ 35
(42) 己巳卜□贞：王[宾]夕祼亡囚？ 36
(43) 庚午卜旅贞：王宾夕祼亡囚？ 37
(44) 癸酉卜旅贞：王宾夕祼亡囚？ 10
(45) 甲戌[卜]□贞：[王宾]夕[祼]亡[囚]？ 38
(46) 戊寅[卜]□贞：王[宾]戠亡[囚]？ 39
(47) 己卯卜行贞：王宾夕祼亡囚？ 39
(48) 贞：亡尤？在三月。 39
(49) 癸未卜尹贞：王宾夕祼亡囚？ 40
(50) 甲申卜贞：王宾夕祼亡囚？ 41
(51) 甲申[卜]贞：王[宾]夙祼亡囚？ 41
(52) 丙戌卜□贞：王[宾]夕祼[亡囚]？ 42
(53) 丙[申卜]□贞：王[宾]夕祼亡[囚]？ 43
(54) 庚子卜尹贞：王宾夕祼亡囚？ 26
(55) 贞：[亡]尤？四月。 26
(56) 甲辰卜尹贞：王宾夕祼亡[囚]？ 44
(57) 丙午[卜]贞：王[宾]夕[祼亡囚]？ 45
(58) 己酉卜行贞：王宾夕祼亡[囚]？ 46
(59) 庚戌卜行贞：王宾夕祼亡[囚]？ 47
(60) 丙辰卜行贞：王宾夕祼亡囚？ 48
(61) 甲戌卜行贞：王宾夕祼[亡]囚？ 49
(62) □□卜□贞：[王]宾夕祼[亡]囚？ 50
(63) 贞：亡尤？在五月。 50
(64) 癸未[卜]□贞：王[宾]夕祼亡[囚]？ 51
(65) 丙申[卜]□贞：王[宾]夕祼[亡囚]？ 52
(66) 庚子卜行贞：王宾夕祼亡囚？ 53
(67) 贞：亡尤？在六月。 53
(68) 癸卯卜□贞：王[宾]夕祼[亡囚]？ 54
(69) 甲辰卜行贞：王宾夕祼亡囚？ 55
(70) 庚□[卜]□贞… 53
(71) 庚申卜贞：王宾夕祼亡囚？ 56
(72) 贞：亡尤？七月。 56

(73) 甲戌卜旅贞：王宾夕祼[亡]囚？ 57
(74) 癸未[卜]□贞：王[宾]夕祼[亡囚]？ 58
(75) 癸巳卜行贞：王宾夕祼亡囚？ 59
(76) 贞：亡尤？在八月。 59
(77) 甲寅[卜]□贞：王宾夙祼亡囚？在九月。 60
(78) 甲寅卜尹贞：王宾夕祼亡囚？ 60
(79) 癸未卜尹贞：王宾夕祼亡囚？ 61
(80) 癸未卜尹贞：王宾[夙]祼亡囚？ 61
(81) □戌卜行贞：王宾[夕]祼亡囚？ 62
(82) 贞：亡尤？在十月。 62
(83) 癸未[卜]□贞：王宾夕祼亡[囚]？ 63
(84) 贞：亡尤？在十二月。 63
(85) □□卜行[贞：王]宾□祼[亡]囚？ 59
(86) □□卜行[贞]：王宾[夕祼]亡囚？ 63
(87) 庚□[卜]□贞… 62

第二年

(88) 庚午卜□贞：[王宾]夕祼[亡囚]？ 64
(89) 贞：亡尤？在二月。 64
(90) 己亥[卜]□贞：王…夕[祼]… 65
(91) 贞：亡尤？在三月。 65
(92) 癸亥[卜]贞：王[宾]夕祼[亡囚]？ 66
(93) 贞：亡尤？在六月。 66
(94) 丙午卜行贞：王宾夕祼亡囚？ 67
(95) …亡尤？七月。 67
(96) □寅卜即[贞]：王宾[夕]祼亡[囚]？在八月。 68
(97) □午卜即[贞]：王宾[夕]祼亡[囚]？在八月。 69
(98) 丁丑卜行贞：王宾夙祼亡囚？ 13
(99) [贞]：亡尤？在十二月。 13

第三年

(100) 丙戌[卜]行贞：[王宾]夕祼[亡]囚？ 70
(101) 贞：亡尤？在二月。 70
(102) 癸酉卜行贞：王宾夕祼亡囚？ 71

（103）贞：亡尤？在三月。 71
（104）壬寅卜尹贞：王宾戠亡囚？ 72
（105）癸卯卜尹贞：王宾夕祼亡囚？在四月。 72
（106）☐酉卜即［贞］：王宾［夕］祼亡［囚］？ 73
（107）贞：亡尤？在八月。 73
（108）☐☐［卜］☐［贞：王］宾［夕］祼［亡］尤？八月。 74
（109）甲戌卜尹贞：王宾夕祼亡［囚］？ 75
（110）贞：亡尤？在九月。 75
（111）癸丑卜行贞：王宾夕祼亡囚？ 76
（112）☐☐［卜］行［贞：王］宾［夕］祼［亡囚］？在十月。 76
（113）☐亥卜行［贞］：王宾☐祼亡囚？ 70
（114）☐☐［卜］☐［贞：王］宾夕祼亡尤？ 74
（115）☐戌卜行［贞］：王宾［夕］祼亡囚？ 9
（116）☐☐［卜］即［贞：王］宾夕［祼］亡囚？ 77
（117）☐午［卜］即［贞］：王宾［夕］祼亡［囚］？ 78
（118）…［王］宾夙祼［亡］囚？ 19
（119）☐☐［卜］尹［贞：王］宾夕［祼］亡囚？ 79
（120）☐☐卜尹［贞：王］宾［夕］祼［亡］囚？ 80
（121）☐☐卜冎贞：王［宾夕］祼亡囚？ 81
（122）☐寅卜旅贞：［王］宾夕祼亡囚？ 82
（123）☐☐卜旅［贞：王］宾夕［祼］亡［囚］？ 83
（124）☐☐卜旅［贞：王］宾［夕］祼［亡］囚？ 84
（125）☐☐［卜］旅［贞：王］宾［夕］祼［亡囚］？ 85
（126）☐☐卜旅［贞：王］宾［夕］祼［亡］囚？ 38
（127）☐☐［卜］行［贞：王宾］夙［祼亡］囚？ 6
（128）☐☐卜旅［贞：王］宾［夕］祼［亡囚］？ 86
（129）…宾［夕］祼亡囚？ 87
（130）☐☐卜行［贞］：王宾夕祼亡囚？ 88
（131）☐☐卜旅［贞］：王宾夕祼［亡囚］？ 89
（132）☐☐卜行贞：王宾戠［夕］祼亡囚？ 90
（133）…夕祼亡囚？ 91
（134）☐☐［卜］尹贞：［王宾］夕祼［亡］囚？ 92

(135) □申卜□[贞]：王宾夕祼亡国？ 93
(136) …夕祼亡国？ 94
(137) …夕祼[亡]国？ 95
(138) …夕祼亡[国]？ 96
(139) □□[卜]尹贞：王宾夕祼亡国？ 61
(140) □亥卜尹贞：王宾□[祼亡]国？ 61
(141) 贞：亡尤？ 4 6 7 8 9 12 13 15 18 27 28 31 32 33 34 35 39 41 43 46 47 50 53 55 56 59 60 68 69 71 72 76 77 78 85
(142) □□卜即[贞：王]宾… 12
(143) 癸□[卜]□贞…亡[国]？ 18
(144) □□[卜]□[贞：王]宾…[亡]国？ 65
(145) □□卜旅[贞]：王[宾]夕[祼]亡[国]？ 37
(146) □□卜□[贞]：王[宾]夕[祼]亡[国]？ 36
(147) …宾…亡国？ 61
(148) 癸□[卜]□贞…亡… 71
(149) …王宾…亡… 64
(150) …亡… 17 39 40 45
(151) 贞：其… 9
(152) 贞…[戠]… 84
(153) 贞… 3 7 20 21 33 88
(154) □□[卜]行[贞]：翌乙巳…雨？ 55
(155) 贞：其雨？ 8
(156) 贞：亡…在… 2
(157) …宾…祼… 34
(158) □□卜贞… 87
(159) …夕… 61

1《合集》25466　2《合集》41171　3《合集》25515　4《合集》25467　5《合集》25476　6《合集》25503　7《合集》25505　8《合集》41170　9《合集》23671　10《合补》7662　11《合集》25478　12《拾遗》348　13《合集》25394　14《合集》25522　15《合集》25506　16《合集》25479　17《俄罗斯》53　18《合集》25483　19《合集》25482　20《合集》25463　21《合集》25493　22《合补》7647　23《合集》25494　24《合集》25495　25《合补》7661

26《合集》25485 27《合集》25377 28《合集》25512 29《合集》25491 30《合集》25496 31《合集》25487 32《合集》25526 33《合集》25539 34《合集》41174 35《契合》177 36《合集》25455 37《拾遗》349 38《合集》25502 39《拼二》399 40《合集》25480 41《合集》25521 42《卡博》208 43《合集》25534 44《合集》25484 45《合集》25525 46《合集》25513 47《合集》25514 48《英藏》2126 49《合集》41168 50《合补》7657 51《旅博》1451 52《合集》25523 53《合集》25510 54《合集》25524 55《合集》25511 56《合集》25527 57《合补》7609 58《拾遗》350 59《合补》7615 60《合集》25488 61《合集》25481 62《合补》7618 63《合集》25508 64《合集》26107 65《合集》26112 66《合集》25529 67《合补》7876 68《合集》25470 69《合集》25468 70《合集》25509 71《合补》7911 72《合集》25486 73《合集》25540 74《合集》41175 75《英藏》2122 76《英藏》2124 77《合集》25471 78《合集》25472 79《合集》25489 80《合集》25490 81《合集》25492 82《合集》25497 83《合集》25498 84《合集》25499 85《合集》25500 86《合集》41180 87《合补》7612 88《合补》7640 89《合补》7655 90《合补》7902 91《京人》1289 92《安明》1333 93《辑佚》462 94《卡博》133 95《合集》25532 96《京人》1291

本组系联的依据为“夕祼”祭。由于各月份之干支不能兼容，故而暂排列在三年之内。“夙祼”“夕祼”主要见于出组二类，何组、无名组仅偶有所见，其他组类则极少。

第四十四组

第一年

(1) 己未[卜]贞：王祼… 1

(2) 庚申卜行贞：王宾祼亡囚？ 2

(3) 辛酉[卜]贞：王[宾]…亡囚？ 3

(4) 壬戌卜贞：王宾祼亡囚？ 4

(5) 癸亥卜行贞：王宾祼亡囚？ 4

(6) 癸亥[卜]□贞：王其宾祼亡囚？ 5

(7) 甲子卜：亡囚？ 6

(8) 乙丑卜行贞：王宾祼亡囚？ 7

(9) 丙寅[卜]□贞：[翌]…又岁… 8
(10) 庚午卜□贞：王宾□祼亡□？ 9
(11) 辛未[卜]□贞：[王宾]祼[亡]囚？ 10
(12) 乙亥[卜]□贞：王宾祼亡囚？ 11
(13) 丙子卜旅贞：王宾祼亡囚？ 12
(14) 丁丑卜□贞：王宾[祼]亡囚？ 13
(15) 戊寅卜旅贞：王宾祼亡囚？ 14
(16) □□卜行[贞：王]宾□祼[亡囚]？ 15
(17) 贞：亡尤？在三月。 15
(18) 辛巳卜尹贞：王宾祼亡囚？ 16
(19) 庚申卜□贞：王宾祼亡囚？ 17
(20) 丙寅[卜]□贞：王[宾]…□月。 18
(21) 庚辰卜行贞：王[宾]祼亡囚？ 19
(22) 贞：[亡]尤？[在]五月。 19
(23) 辛巳[卜]□贞：王[宾]祼亡[囚]？ 20
(24) 甲申卜即贞：王宾祼亡囚？ 21
(25) 乙酉卜洋贞：王宾祼亡囚？ 22
(26) 丁亥卜□贞… 23
(27) 己丑卜行贞：王宾祼亡[囚]？ 24
(28) 庚寅[卜]□贞：王… 25
(29) 壬辰[卜]□贞：王[宾]□祼[亡]囚？ 26
(30) 甲午[卜]□贞：王宾祼亡[囚]？ 27
(31) 丙申卜行贞：王宾□祼[亡]囚？ 28
(32) 戊戌卜□[贞]：翌… 6
(33) 庚子卜尹贞：王宾…亡□？ 29
(34) 辛丑卜尹贞：王宾[祼]亡囚？ 30
(35) 壬寅[卜]□[贞]：翌…王…祼… 6
(36) 甲辰[卜]旅[贞]：王[宾]□祼亡[囚]？ 31
(37) 庚戌卜旅贞：王宾大庚祼[亡]囚？ 32
(38) 庚戌[卜]行贞：[王]宾[祼]… 19
(39) 癸丑[卜]□贞：王[宾]□祼亡[囚]？ 33
(40) 贞：亡尤？六月。 33

(41) 戊子卜□贞：王宾大戊祼亡囚？在… 34
(42) 贞：亡尤？在八月。 34
(43) 庚寅卜□贞：王…祼亡[囚]？ 35
(44) 庚子卜□贞…夙… 36
(45) 乙酉卜行贞：王宾祼亡囚？在十月。 37
(46) [庚]□卜行[贞]：王宾大庚祼亡囚？ 38
(47) 贞：亡尤？在十月。 38
(48) 甲寅卜行贞：王宾祼亡[囚]？ 39
(49) □□卜行贞：王宾…[在]十一月。 39
(50) 庚申卜… 10
(51) 丙寅卜□贞：王[宾]□祼亡[囚]？ 40
(52) 辛巳[卜]□贞：[王]宾祼[亡]囚？ 41
(53) 庚寅卜行贞：王宾祼亡囚？ 42
(54) [贞：亡]尤？[在]十二月。 42
(55) 庚寅卜行贞：王宾岁亡尤？在十二月。 42
(56) 。 37
(57) 贞… 37

第二年

(58) 丁未[卜]□贞：王[宾]祼亡囚？ 43
(59) [戊]申卜行[贞]：王宾祼亡囚？ 43
(60) 贞：亡尤？在正月。 43
(61) …[贞：王宾]□祼亡[囚]？在五月。 44
(62) 贞：亡尤？在六[月]。 45
(63) □□卜行[贞：王]宾□祼[亡]囚？ 45
(64) …王宾□祼亡尤？[在]八月。 46
(65) 丁未卜行贞：王宾祼亡囚？在十一月。 47
(66) 戊申卜旅贞：王宾祼亡囚？在十二月。 48
(67) 癸丑[卜]□[贞]…戠亡囚？ 47
(68) 戊午卜旅贞：王宾奉亡尤？在十二月。 48
(69) 戊午卜旅贞：王宾祼亡囚？ 48
(70) [戊]午卜[旅]贞：王[宾]叙亡[尤]？ 48
(71) 戊午卜旅贞：王其步自八亡囚？十二月。 48

(72) 贞：亡尤？在十二月。 48
(73) 戊辰卜旅贞：王宾夕祼亡𡆥？ 48
(74) 戊辰卜旅贞：王宾祼亡𡆥？ 48
(75) 甲戌卜：王？在十二月。 49
(76) 壬午卜行贞：王宾祼亡𡆥？ 49

第三年

(77) …祼亡尤？一月。 50
(78) □□卜尹[贞：王]宾□祼[亡𡆥]？ 51
(79) [贞]：亡尤？六月。 51
(80) □□卜尹[贞]：王宾□祼亡𡆥？在十月。 52
(81) 戊戌卜尹贞：王宾𣪊亡尤？ 52
(82) 乙未卜行贞：王宾祼亡𡆥？ 53
(83) 贞：亡尤？在十二月。 53 54
(84) 庚□[卜]□贞：王宾祼亡𡆥？ 56
(85) 癸□[卜]□贞：[王宾]□祼[亡]𡆥？ 58
(86) □□卜即[贞：王]宾□祼亡[𡆥]？ 59
(87) □□卜行[贞]：王宾□祼[亡]𡆥？ 60
(88) □戌卜行[贞]：王宾□祼[亡]𡆥？ 61
(89) □卯卜行贞：王宾□祼[亡]𡆥？ 23
(90) □□卜尹[贞]：王宾□祼[亡]𡆥？ 62
(91) □□[卜]尹[贞：王]宾□祼[亡]𡆥？ 63
(92) □□卜尹[贞]：王宾□祼[亡𡆥]？ 55
(93) □□卜冎[贞：王]宾□祼[亡]𡆥？ 64
(94) □□卜冎[贞：王]宾□祼[亡]𡆥？ 65
(95) □□卜冎[贞]：王宾□祼[亡]𡆥？ 66
(96) □□卜旅[贞]：王宾□祼亡[𡆥]？□月。 67
(97) □□卜旅[贞：王]宾□祼[亡]𡆥？ 68
(98) □□卜旅[贞：王]宾□祼[亡𡆥]？ 69
(99) □□卜即贞：王宾□祼亡[𡆥]？ 70
(100) □午卜行[贞]：王宾[祼]亡𡆥？ 71
(101) □酉卜□贞：王宾祼亡𡆥？ 57
(102) □酉卜[贞：王]宾祼[亡]𡆥？ 3

(103) □□[卜]□贞：王宾…祼亡囚？ 72
(104) □午卜□贞：王宾祼… 8
(105) [贞]…祼[亡]囚？ 73
(106) □申卜□[贞]：王宾…祼亡囚？ 74
(107) □□卜旅[贞：王]宾…祼[亡囚]？ 18
(108) …宾…祼[亡]囚？ 75
(109) □□[卜]行贞：王宾祼亡尤？ 76
(110) □□卜行[贞]：王宾…祼… 77
(111) □□卜旅[贞：王]宾…祼… 78
(112) □□[卜]行[贞]：王宾□祼[亡]囚？ 29
(113) □□卜尹[贞：王]宾□祼… 79
(114) □酉卜旅[贞]：王宾□祼亡囚？ 80
(115) □戌卜行[贞]：王宾□祼[亡]囚？ 81
(116) □亥卜旅[贞]：王[宾]□祼[亡]囚？ 31
(117) □□[卜]旅[贞：王]宾□祼[亡]囚？ 58
(118) □□卜旅[贞：王]宾□祼[亡囚]？ 82
(119) □□卜旅[贞：王]宾□祼[亡囚]？ 83
(120) □□卜旅[贞]：王宾□祼[亡]囚？ 84
(121) □辰卜尹贞：[王]宾□祼[亡]囚？ 85
(122) …王宾□祼[亡]囚？ 25
(123) □□[卜]尹贞…祼亡囚？ 86
(124) □□[卜]冎[贞]：王宾□祼亡囚？ 87
(125) □□卜旅[贞]：王宾□祼[亡]囚？ 88
(126) □□卜冎[贞]：王宾□祼亡[囚]？ 89
(127) □□卜旅[贞]：王宾□祼… 90
(128) □□卜旅[贞]：王宾□祼亡[囚]？ 91
(129) □□卜□[贞]：王宾□祼[亡囚]？ 92
(130) □辰卜尹[贞]：王宾…祼… 93
(131) □□卜旅[贞：王]宾□祼[亡囚]？ 96
(132) □□[卜]尹[贞：王]宾□祼[亡囚]？ 97
(133) □□卜[行贞]：王宾□祼[亡囚]？ 98
(134) □□卜旅[贞：王]宾…祼… 99

(135) □□[卜]旅[贞：王]宾…祼[亡𡆥]？ 100
(136) □□卜旅[贞]：王宾…祼[亡]𡆥？ 101
(137) □子卜□[贞]：王宾□祼[亡]𡆥？ 102
(138) □□卜旅[贞：王]宾夙[祼亡𡆥]？ 103
(139) □□卜行[贞：王]宾□祼[亡]𡆥？ 36
(140) □□卜旅[贞]：王宾…祼… 104
(141) □□卜旅[贞：王]宾…祼[亡]𡆥？ 107
(142) □未卜尹[贞]：王宾□祼[亡]𡆥？ 108
(143) □□卜尹[贞：王]宾□祼[亡𡆥]？ 109
(144) …王宾□祼亡𡆥？ 110
(145) □□卜□[贞]：王[宾]祼[亡]𡆥？ 26
(146) □□[卜]犬[贞：王]宾□祼亡𡆥？ 115
(147) □□卜行[贞]：王宾□祼[亡𡆥]？ 106
(148) 己…大…王…祼… 116
(149) …贞：[王宾]祼亡𡆥？ 111
(150) …王宾祼亡𡆥？ 112
(151) …[贞：王]宾□祼[亡]𡆥？ 113
(152) 贞：叀祼？用。 114
(153) …祼…𡆥？ 95 105
(154) …贞…祼… 54
(155) …祼… 94
(156) □□卜行[贞：王]宾…亡𡆥？ 17
(157) □□卜即[贞：王]宾…亡𡆥？ 33
(158) □□卜行贞：王[宾]…亡尤？ 19
(159) □□[卜]旅[贞：王宾]… 20
(160) 辛□[卜]□贞… 57
(161) 贞：亡尤？ 7 14 16 17 21 27 39 47 48 49 56 59 70 71 73 106
(162) 贞… 2 21 45 77 95 103 104 116
(163) □□[卜]□贞…大甲… 59
(164) □□卜冎[贞]… 69
(165) 贞：亡[尤]？在□月。 30 56
(166) …[亡]𡆥？ 12 13

(167) 贞：王[宾]亡[𡆥]？ 56
(168) 贞：亡尤？在自劳卜。 4
(169) 贞：先岁？ 8
(170) …尤？ 18
(171) □□卜□贞… 28
(172) □□卜…宾…𡆥？ 94
(173) …既…王出，侃？ 114
(174) 贞：入子𡆥？□月。 6
(175) 己… 55

1《合补》7194 2《合集》25580 3《合集》25610 4《合集》25607+[1] 5《合集》25623 6《合集》26204 7《合集》25576 8《合集》25615 9《俄罗斯》45 10《合集》25598 11《合集》41181 12《合集》25573 13《合集》25596 14《合集》25574 15《合集》25546 16《合集》25568 17《合集》25589 18《合补》7599 19《合集》25579+[2] 20《合集》25593 21《合集》25617 22《合集》25601 23《合集》25547 24《合集》25582 25《合补》7652 26《合集》25603 27《合集》25604 28《合补》7660 29《合补》7622 30《合集》25569 31《合补》7632 32《合集》22792 33《合集》25542 34《合集》22834 35《安明》1329 36《上博》17645.910 37《合集》25581 38《合集》22794 39《合集》25587 40《合集》25595 41《合集》25597 42《合集》25583 43《合集》25577 44《合补》7642 45《合集》25548 46《合集》25611 47《合集》25586 48《合补》7636 49《合集》25578 50《合集》25625 51《合集》25551 52《合补》7617 53《合集》25584 54《京人》1573 55《合集》25552 56《合集》25600 57《合集》25609 58《合补》7634 59《合集》25541 60《合集》25544 61《合集》25545 62《合集》25549 63《合集》25550 64《合集》25553 65《合集》25554 66《合集》25555 67《合集》25556 68《合集》25557 69《合集》25558 70《合集》25562 71《合集》25590 72《合集》25614 73《合集》25626 74《合补》7598 75《合补》7607 76《合补》7610 77《合补》7611 78《合补》7616 79《合补》7625 80《合补》7627 81《合

---

① 林宏明：《甲骨新缀第 592—596 例》，先秦史研究室网站，https：//www.xianqin.org/blog/archives/5856.html，2015 年 12 月 6 日。

② 张宇卫：《甲骨缀合第 102—103 则》，先秦史研究室网站，https：//www.xianqin.org/blog/archives/3452.html，2013 年 12 月 11 日。

补》7629　82《合补》7644　83《合补》7646　84《合补》7649　85《合补》7650　86《合补》7656　87《合补》7658　88《合补》7676　89《合补》7669　90《合补》7671　91《合补》7672　92《合补》7678　93《合补》7808　94《安明》1334　95《怀特》1055　96《英藏》2131　97《英藏》2132　98《英藏》2136　99《北大》410　100《北大》423　101《北大》428　102《辑佚》428　103《辑佚》540　104《旅博》1447　105《旅博》1450　106《拾遗》318　107《拾遗》319　108《拾遗》342　109《笏之二》711　110《合集》25559　111《合集》25619　112《合集》25620　113《合集》25621　114《合集》25632　115 合补》7674　116《拾遗》316

本组系联的依据为“祼”祭，除绝大多直接卜问举行祼祭与否外，还有少量可能卜问于“夙”或“夕”举行祼祭者，但由于其中缺失关键信息（夙、夕），故而统一归入祼祭之中。本组干支、月份亦不能兼容，故而暂排列在三年之内。

第四十五组

(1) 甲子卜旅贞：王宾大甲勺岁…　1
(2) 甲子卜□贞：叀庚…勺…　2
(3) 己巳卜：王？　3
(4) 丁丑[卜行]贞：[王宾]叙[亡尤]？　4
(5) 丁丑卜行贞：王宾…勺…宰？　4
(6) 庚辰[卜]□贞：王[宾]妣庚勺…十，卯…[亡]尤？　5
(7) □□[卜]冎[贞]…小乙勺…亾亡尤？在六月。　6
(8) 己丑卜旅贞：翌庚[寅]大庚勺…　7
(9) 庚寅[卜]□贞：王[宾]妣庚勺…羌？　8
(10) 癸巳[卜]□贞…　11
(11) 丁巳卜行贞：[王]宾父丁勺[亡]□？在七[月]。　9
(12) □[午]卜旅[贞]…亦彂…于毓祖乙、父丁…其勺…　3
(13) □□卜□[贞]…其…　7
(14) 贞：[王宾]叙[亡尤]？　9
(15) □□卜□[贞]：王宾…勺于…三十，卯…亡尤？　10
(16) …宾…甲勺岁…尤？　1
(17) 其勺…　11
(18) …贞…父丁…亡囚？　5

1《掇三》571 2《合集》25992 3《合集》23166 4《合集》25643+[①] 5《旅博》1366 6《合集》23127 7《合集》22797 8《合集》23378 9《合集》23249 10《合集》25641 11《上博》54796.22

本组系联的依据为“勺”祭。所见月份为六月、七月，据月份及干支顺序可排入数月之内。

第四十六组

第一年

(1) 己卯[卜]□贞：翌…其又… 1
(2) 甲申[卜]王曰贞：其又□咎[甲]… 2
(3) 丙戌卜行贞：翌丁亥其又？ 3
(4) 丁亥卜即贞：其又于小丁？ 4
(5) 甲午卜即贞：其又于兄庚？一月。 5
(6) 甲辰卜□贞：翌乙[巳]…于祖乙又戠…兹在… 7
(7) 丁未卜行贞：其又[于]父丁… 8
(8) □□[卜]旅[贞]…其又羌？在二月。 9
(9) 辛亥[卜]□贞：于…又… 10
(10) 壬子[卜]旅[贞]…其又…觳壬？ 11
(11) 癸丑[卜]旅贞：[其]又于… 12
(12) 甲寅卜□贞：今…不… 13
(13) 己未卜旅贞：翌庚申其又于妣庚？ 14
(14) 癸亥卜旅贞：其又…父丁… 15
(15) 丁卯卜即贞：其又于母辛？ 16
(16) 辛未卜□贞：其又…父丁… 17
(17) 癸未卜即贞：翌甲申其又于父丁？ 18
(18) …毋…三月。 18
(19) 癸巳卜即贞：翌乙未其又于小祖乙？ 19
(20) …五月。 19

① 莫伯峰：《甲骨拼合第八四、八五则》，先秦史研究室网站，https://www.xianqin.org/blog/archives/2234.html，2010年12月28日。

(21) 丁酉卜旅贞：其叙西子？六月。 6
(22) 庚子卜旅贞：翌辛丑又于祖辛？ 6
(23) 辛亥卜□贞：其又于… 20
(24) …日又于…在六月。 21
(25) 贞：毋又？在七月。 22
(26) 贞…在□[月]。 22
(27) 丁卯卜□贞：其又…其自… 23
(28) …八月。 23
(29) 贞：于祖辛又？八月。 24
(30) 贞：弜延？八月。 24
(31) 贞：自？八月。 24
(32) 丙午卜□贞：翌日丁未其又于… 25
(33) 贞：毋又？十月。 25
(34) 庚申卜王贞：其又于母辛？十月。 26
(35) 庚申卜王贞：其又于祖辛？ 26
(36) 庚申卜王贞：毋又于祖辛于母辛？ 26
(37) 庚申卜王贞：亡囚？在十月。 26
(38) 庚申[卜王]贞：其又…在十月。 26
(39) 辛巳[卜王曰]贞…秅…又于祖辛？在十一月。 27
(40) 辛巳卜王曰贞：毋又？ 27

第二年

(41) 贞：毋又？三月。 28
(42) □□[卜]尹贞…庚…又…升… 29
(43) 贞…三月。 29
(44) 贞：弜又？七月。 30
(45) 贞：毋又？八月。 31 32
(46) 癸□[卜]□贞…叀… 31
(47) 贞：弜又？ 3 8 32
(48) 贞：于父丁又？十月。 33
(49) □□[卜]即[贞]… 33
(50) 贞：[于]□未… 33
(51) 壬戌卜王贞：其又于祖乙？在十一月。 34

（52）庚辰［卜］□贞：其［又］于妣庚？ 35
（53）贞：毋又？在十二月。 35
（54）甲□［卜］□贞…彡… 8
（55）丙□［卜］□贞…父…又…兹不用。 36
（56）丙□［卜］□贞：王…不巳…其又… 37
（57）□□［卜］旅［贞］…其又于父丁… 38
（58）□□卜旅［贞：其］又多…妣？ 39
（59）□□［卜］即［贞］…酉…其又… 40
（60）贞：其又妣… 41
（61）己□卜贞：其又于兄癸？ 42
（62）贞：毋又？ 1 42 45 46
（63）…翌…其又… 43
（64）贞：弜又羌？ 44
（65）癸□［卜］□贞…父丁… 15
（66）□□卜［王曰］贞…酒… 2
（67）□□［卜］行［贞］…岁… 8
（68）贞：其隹祖戊眔父戊攺？ 42
（69）□□［卜］行［贞］…岁… 1
（70）…小丁… 25
（71）贞：毋？ 5 20
（72）…即… 5
（73）□□卜旅［贞］… 6 12
（74）贞… 3 14
（75）贞：唯… 10
（76）戊□［卜］□贞… 42
（77）□子卜… 44

1《合补》7506　2《合集》23086　3《合集》25074　4《合集》23048　5《俄罗斯》37　6《拼二》470　7《合集》22893　8《合集》23264　9《合集》40917　10《合集》26845　11《合集》24976　12《合集》25062　13《合集》26876　14《合补》7015　15《合集》23172　16《合集》23418　17《合集》23175　18《合集》23173　19《合集》23171　20《合集》25053　21《合集》24633　22《合集》25065　23《合集》25051　24《拼四》1004　25《合集》25067

26《拼二》417 27《合集》22964 28《安明》1310 29《安明》1293 30《合集》25075 31《合集》25066 32《合集》25073 33《合集》23279 34《合集》22888 35《合集》25071 36《合集》25018 37《合集》26815 38《天理》339 39《合集》23405 40《合集》25055 41《安明》1304 42《俄罗斯》36 43《拾遗》403 44《合集》22579 45《合集》25069 46《合集》25070

本组系联的依据为“又”祭，由于相同月份、干支之间不能兼容，故而暂且排入两年之内。

第四十七组

(1) 丙寅卜𫳅贞：其又? 1
(2) …来乙未登? 四月。 2
(3) 丁丑[卜即]贞：王[宾]𣪘亡[尤]? 3
(4) 戊寅卜即贞：王宾𣪘亡尤? 3
(5) 己卯卜即贞：王宾𣪘亡尤? 3
(6) 庚辰卜𫳅贞：其登于妣辛? 4
(7) 庚辰卜即贞：王宾兄庚登罘岁亡尤? 3
(8) 壬午卜𫳅贞：□其登于妣癸? 5
(9) 壬辰[卜]□贞：王[宾]登亡[𡆥]? 6
(10) [甲]午卜大贞：翌乙未其登[鬯]，其在祖乙? 7
(11) …登亡尤? 在五月。 8
(12) 丁酉卜：王? 9
(13) 己亥卜行贞：翌庚子其登于兄庚叀羊? 9
(14) 己亥卜旅[贞]：其登… 10
(15) 庚子[卜]□贞：王[宾]登亡[尤]? 11
(16) 丁巳卜贞：王宾父丁登黍? 12
(17) 己未卜尹贞：王宾□己登… 13
(18) 癸亥卜𫳅贞：其登鬯? 1
(19) 贞：其登鬯，其在祖乙? 1
(20) □□卜𫳅贞…祖乙登… 14
(21) □□卜□贞：王[宾]兄己登…雍己…亡尤? 15
(22) 贞：于来乙未登? 16

（23）□□卜旅［贞：王］宾…登…又… 17
（24）…兄庚登… 18
（25）□□［卜］□贞…登罘盘庚勺…［亡］尤？在十月。 18
（26）［贞］…登… 4
（27）□辰卜即［贞］：王宾［叙］亡尤？ 3
（28）□□［卜］尹［贞：王］宾…亡尤？ 13
（29）□□［卜］□贞…叙… 11
（30）贞：其又妣辛宰？ 4
（31）［贞］：叀牛？ 9
（32）［贞］：亡尤？ 6
（33）辛… 8
（34）贞… 1

1《合集》22925　2《合集》25981　3《合集》23485　4《合集》23397　5《合集》23401　6《英藏》2140　7《合集》22926　8《合集》25766　9《合集》23506　10《旅博》1502　11《合集》25767　12《合补》7029　13《合集》23467　14《合集》22929　15《合集》22820　16《合集》25982　17《合补》7753　18《合集》23104

本组系联的依据为"登…"。所记月份有四月、五月、十月，据月份及干支顺序可排入一年之内。

第四十八组

（1）甲申卜□贞：翌乙□其乇于… 1
（2）乙酉［卜］旅贞：祖乙乇叀… 2
（3）丁酉卜即贞：毓祖乙乇牡？四月。 3
（4）□□［卜即］贞：毓祖乙乇物牛？四月。 3
（5）甲辰［卜］□贞：翌［乙巳］…祖乙… 4
（6）癸亥其…上甲？ 5
（7）甲子卜旅贞：翌乙丑乇叀白牡？ 6
（8）乙丑…其乇于… 7
（9）乙丑卜王曰贞：十宰？ 7
（10）乙丑卜王曰贞：五宰？ 7

(11) 乙丑卜[王]曰贞：王[宾]小乙□亡尤？ 7
(12) 乙丑卜王曰贞：翌丁卯不雨？丙戌雨。 7
(13) 贞：毋乇？五月。 8
(14) [己]巳卜□贞：翌…妣庚乇… 9
(15) 甲戌卜行贞：翌乙亥其乇于妣庚…宰… 10
(16) 甲戌卜行贞：妣庚乇其物牛？ 10
(17) 甲戌卜：王？ 10
(18) 己卯卜[即]贞：翌庚[辰]乇于妣庚？ 11
(19) 戊子卜即贞：兄己乇一牛？在六月。 12
(20) 戊子[卜]□贞：翌…其乇于…在六月。 13
(21) 己丑卜即贞：兄庚乇牡？六月。 14
(22) □未卜即[贞]：今夕…六月。 14
(23) □□卜大[贞]…乇于父丁…今昼… 4
(24) □□[卜]旅[贞]…乇…宰？ 15
(25) □未卜疑[贞]…日乇… 16
(26) …乇自… 5
(27) 贞…乇… 16
(28) 贞：乇牡？ 17
(29) 贞：牝？ 14
(30) 贞：二宰？ 14
(31) 贞：其…宰？ 12
(32) 贞：三宰？ 10
(33) 贞：叀白彘？ 15
(34) 贞：弜勿？[在]九月。 11
(35) 贞：弜勿？ 3
(36) 甲□[卜]□贞…于… 10
(37) …又？ 8
(38) 贞：奴… 12
(39) 贞… 3 6 10
(40) …宾… 3
(41) 贞：弜？ 10

1《合集》26031　2《合集》22941　3《合集》23163　4《合集》22942

5《合补》64　6《合集》26027　7《合集》23121　8《合集》26035　9《合集》40988　10《拾遗》301 正　11《合集》23379　12《合集》23473　13《合集》26025　14《合集》23498　15《合集》26030　16《合集》23592　17《合集》24559

本组系联的依据为“乇”祭。所见月份为四月、五月、六月、九月，据月份及干支顺序可排入一年之内。

第四十九组

第一年

(1) 丁巳卜旅贞：王宾戠亡𡆥？ 1
(2) 戊午卜[旅]贞：王宾[戠亡𡆥]？ 2
(3) 己未卜行贞：王宾戠亡𡆥？ 3
(4) 庚申卜□贞：王[宾]戠[亡𡆥]？ 4
(5) 辛酉[卜]□贞：王[宾]祖辛戠亡[𡆥]？ 5
(6) 壬戌卜行贞：王宾戠亡𡆥？ 6
(7) 癸亥卜即贞：王宾戠亡𡆥？ 7
(8) 乙丑卜行贞：王宾戠亡𡆥？ 8
(9) 丙寅卜旅贞：王宾戠亡𡆥？ 9
(10) 丁卯卜尹贞：王宾戠亡𡆥？ 10
(11) 戊辰卜即贞：王宾戠亡𡆥？ 11
(12) 己巳卜冎贞：王宾戠亡𡆥？ 12
(13) 壬申[卜]□贞：王宾外壬戠亡[𡆥]？ 13
(14) 癸酉卜□贞：王宾戠亡𡆥？ 14
(15) [丙]子卜旅贞：王宾戠亡𡆥？ 15
(16) 戊寅卜旅贞：王宾戠亡𡆥？ 15
(17) 戊寅卜旅贞：王宾叙亡尤？ 15
(18) 戊寅卜[旅]贞：王[宾]父丁五皋亡尤？在正[月]。 15
(19) 贞：亡尤？在正月。 15
(20) [戊]寅卜尹[贞]：王宾[戠]亡𡆥？ 16
(21) 己卯卜行贞：王宾戠亡𡆥？ 17
(22) 庚辰[卜]□贞：[王宾叙亡尤]？ 18

(23) 辛巳卜□贞：王宾祖辛戠一牛亡尤？ 19
(24) 癸未卜尹贞：王宾戠亡囚？ 20
(25) 乙酉卜行贞：今夕亡囚？ 21
(26) 丁亥卜□贞：王[宾]戠亡[囚]？ 22
(27) 戊子卜尹贞：王宾戠亡囚？ 23
(28) 壬辰卜即贞：王宾戠[亡]囚？ 24
(29) 丙申[卜]□贞：王[宾]戠[亡囚]？ 25
(30) 丁酉[卜]□贞：[王宾]戠[亡囚]？ 26
(31) 戊戌[卜尹]贞：王宾戠亡囚？ 27
(32) 己亥卜尹贞：王宾戠亡囚？ 27
(33) □丑卜即贞：王宾戠亡囚？ 28
(34) 壬寅卜□贞：王[宾]戠亡[囚]？ 29
(35) 癸卯卜行贞：王宾戠亡囚？ 30
(36) [癸]卯卜行[贞]：王宾□祼亡囚？ 30
(37) 贞：亡尤？二[月]。 28
(38) 丁未卜尹贞：王宾戠亡囚？ 31
(39) 丁未卜尹贞：王宾夙祼[亡]囚？ 31
(40) 丙午卜尹[贞：王]宾[夕]祼亡囚？ 31
(41) 戊申卜大贞：王宾戠亡[囚]？ 32
(42) 庚[戌卜]贞：王…戠亡□？ 33
(43) 辛亥[卜]□贞：王[宾]外壬戠… 34
(44) 辛亥[卜]□贞…夙… 34
(45) 壬子[卜]□贞…亡□？ 35
(46) 癸丑卜尹贞：王宾戠亡囚？ 36
(47) 丁巳卜贞：王[宾]戠[亡尤]？ 37
(48) 戊午卜□贞：王[宾]戠亡[囚]？ 38
(49) 己未[卜]□贞：王[宾]戠亡[囚]？ 39
(50) 庚申卜：王？ 21
(51) [壬]戌卜贞：王宾戠亡囚？ 40
(52) 癸亥[卜]□贞：王宾戠亡囚？ 41
(53) 丁卯卜行贞：王宾戠亡囚？ 42
(54) 戊辰[卜]□贞…戠… 43

（55）己巳卜行贞：王戠亡𡆥？ 21
（56）己巳卜行贞…亡尤？ 21
（57）壬申卜行贞：王宾戠亡𡆥？ 21
（58）癸酉卜行贞：王戠亡𡆥？ 21
（59）癸酉贞：王宾夕祼亡𡆥？ 21
（60）丁丑卜即贞：王宾戠亡𡆥？ 44
（61）［贞：亡］尤？三月。 44
（62）戊寅［卜］贞：王［宾］戠［亡］𡆥？ 45
（63）己卯［卜］□贞：王□戠… 46
（64）癸未［卜］□贞…戠… 47
（65）丁亥［卜］□贞：王［宾］戠［亡］𡆥？ 48
（66）戊子卜尹贞：王宾戠亡𡆥？ 49
（67）壬辰［卜］□贞：王［宾］戠… 50
（68）壬辰卜行贞：王宾［戠］亡𡆥？ 50
（69）丁酉卜□贞：王［宾］戠亡□？ 51
（70）戊戌［卜］□贞…亡［𡆥］？ 52
（71）己亥卜旅贞：王宾戠亡𡆥？ 53
（72）壬寅卜尹贞：王宾戠亡𡆥？ 54
（73）贞：亡尤？在四月。 54
（74）癸卯卜旅贞：王宾戠亡𡆥？ 55
（75）戊申卜尹贞：王宾戠亡𡆥？ 18
（76）辛亥［卜］□贞：王宾戠… 56
（77）壬子卜贞：王宾戠［亡𡆥］？ 57
（78）癸丑卜行贞：王宾戠祼亡𡆥？ 58
（79）丁巳［卜］□贞：王［宾］戠［亡］𡆥？ 59
（80）戊午卜尹贞：王宾戠亡𡆥？在五月。 59
（81）己未卜尹贞：王宾戠亡𡆥？ 59
（82）壬戌卜行贞：王宾戠亡𡆥？ 60
（83）戊辰卜旅贞：王宾戠亡𡆥？ 61
（84）戊辰卜旅贞：今夕亡𡆥？ 61
（85）壬申卜冎贞：王宾戠亡𡆥？ 62
（86）戊子卜尹［贞］：王宾戠亡𡆥？ 63

(87) 壬寅卜□贞：王… 64
(88) 癸卯卜行贞：王宾戠亡囚？在六月。 64
(89) 戊申卜旅贞：王宾戠亡囚？ 52
(90) 辛亥卜即贞：王宾戠亡囚？ 65
(91) 壬子[卜]□贞：王[宾]戠… 66
(92) 癸丑卜行贞：王宾戠亡囚？ 35
(93) 丁巳卜旅贞：王宾戠亡囚？ 67
(94) 己未[卜]□贞：王[宾]戠亡[囚]？ 68
(95) [壬]戌卜□贞：王宾戠亡囚？ 69
(96) 庚午卜尹贞：王宾戠亡囚？在九月。 70
(97) 壬申[卜]□贞：王[宾]戠亡[囚]？ 71

第二年

(98) 戊申[卜]□贞：王宾戠亡[囚]？ 72
(99) 己酉卜[行贞：王]宾戠亡囚？ 73
(100) 贞：亡尤？在正月。 73
(101) 庚戌卜行贞：王宾夙祼亡囚？ 73
(102) 壬子卜行贞：王宾戠亡囚？ 73
(103) 甲寅[卜]行贞：[王]宾[鲁甲]岁[亡囚]？ 73
(104) 丁巳[卜]□贞…戠… 74
(105) 壬申[卜]□贞：王[宾]戠[亡]囚？ 75
(106) 戊寅卜旅贞：王宾戠亡囚？ 76
(107) 贞：亡尤？在二月。 76
(108) 丁亥卜行贞：王宾戠亡囚？ 77
(109) 戊子卜旅贞：王宾戠亡囚？ 76
(110) 戊戌卜旅贞：王宾戠亡囚？ 76
(111) 戊申卜□贞：王[宾]戠[亡]囚？ 78
(112) 贞：亡尤？三月。 78
(113) 辛亥[卜]□贞…出… 79
(114) 贞：亡尤？在三月。 79
(115) 贞：王[宾]戠[亡]囚？在[三]月。 79
(116) 戊午卜尹贞：王宾戠亡囚？ 80
(117) 戊午[卜]□贞：[王宾]…亡囚？ 80

(118) 贞：亡尤？三月。 80
(119) 戊子卜行贞：王[宾]戠[亡]𡆥？ 81
(120) 戊□[卜]□贞…戠… 82
(121) [贞]：亡尤？六月。 82
(122) 己卯卜□贞：王宾戠亡𡆥？在□[月]。 83
(123) 贞：亡尤？[在]八月。 83
(124) [戊]戌卜旅贞：王宾戠亡𡆥？ 84
(125) 壬申卜行贞：王宾戠亡𡆥？ 85
(126) 贞：亡尤？在九月。 85
(127) 壬午卜□贞：王[宾]戠亡[𡆥]？ 86
(128) [贞]：亡尤？十月。 86
(129) 戊子[卜]旅[贞]：王[宾]□亡[𡆥]？ 84
(130) 己酉卜旅贞：王宾戠亡𡆥？ 87
(131) 贞：亡尤？在十一月。 87
(132) □□[卜]行[贞]…[亡]𡆥？ 85
(133) 贞：[亡尤]？ 76

第三年

(134) 辛未[卜]□贞：王[宾]夙… 88
(135) 壬申卜行贞：王宾戠亡𡆥？ 88
(136) 贞：亡尤？在二月。 88
(137) [在]□月。 88
(138) 丙戌卜尹贞：王宾戠亡𡆥？在三月。 89
(139) 戊子卜行贞：王宾戠亡𡆥？ 90 91
(140) □□卜行贞：王宾戠[亡]𡆥？ 92
(141) 贞：亡[尤]？在九月。 92
(142) 丁卯卜[行]贞：王宾戠亡𡆥？十二月。 93
(143) 丙□卜尹贞：王[宾]戠[亡𡆥]？ 94
(144) □□卜即[贞]：王宾戠亡𡆥？ 95
(145) □□[卜即]贞：王宾戠亡𡆥？ 96
(146) □寅卜尹[贞]：王宾戠亡𡆥？ 97
(147) □□卜冎[贞：王]宾戠[亡]𡆥？ 98
(148) □□卜冎[贞：王]宾戠一牛[亡]尤？ 99

(149) □□[卜]旅[贞：王]宾戠[亡]囚？ 100
(150) □□[卜]□[贞：王宾]戠[亡囚]？ 30
(151) □□卜行贞：王宾戠祭亡囚？ 101
(152) □未卜行[贞]：王宾[戠]亡囚？在□[月]。 102
(153) □□[卜]□贞：王宾戠亡囚？ 103
(154) □□[卜]□贞：王宾戠亡囚？ 104
(155) □□卜□贞：王宾戠[亡囚]？ 105
(156) □□卜□贞：王[宾]戠亡[囚]？ 106
(157) □□卜旅[贞：王]宾戠[亡]囚？ 107
(158) □□卜□[贞]：王宾戠[亡]囚？ 108
(159) □□卜旅[贞：王]宾戠[亡]囚？ 109
(160) 贞：王…夕戠…囚？在… 110
(161) □□卜行[贞]：王[宾]夕戠…囚？ 111
(162) □□卜冎贞：王宾戠亡[囚]？ 112
(163) □□卜旅[贞：王]宾戠[亡囚]？ 113
(164) □□卜即贞：王宾戠亡囚？ 114
(165) □□卜冎[贞：王]宾…戠亡囚？ 115
(166) □□卜冎[贞：王]宾…戠[亡]囚？ 116
(167) □□[卜]尹贞：[王宾戠]亡囚？ 117
(168) □子卜□贞：王…戠亡□？ 118
(169) □□卜尹[贞：王]宾戠… 119
(170) □□卜贞：王宾戠亡囚？ 120
(171) □□卜旅[贞]：王[宾]戠[亡]囚？ 121
(172) □□[卜]旅[贞]…戠…上甲… 122
(173) □卯卜旅[贞]：王宾戠[亡]囚？ 123
(174) □□[卜]□贞：王宾戠亡囚？ 124
(175) □□卜□贞：王[宾]戠[亡囚]？ 125
(176) □□卜□[贞]：王[宾]戠[亡]囚？ 126
(177) 丙□[卜]□贞：王其…其戠… 127
(178) …白牛其用于毓祖乙戠？ 128
(179) 戊戠亡囚？ 16
(180) …贞：王…夕戠…[亡]尤？ 129

(181) …贞…戠… 129 130

(182) 戊□[卜]□贞…戠… 131 132

(183) …贞：翌…祼戠… 133

(184) …旅…戠… 134

(185) 贞：亡尤？ 8 10 11 16 17 21 22 23 24 26 27 30 31 32 35 36 39 41 49 50 59 61 67 71 72 73 74 75 81 82 87 89 91 94 95 97 101 114 116 130 131 132

(186) [贞]：亡尤？在□月。 18 79 104

(187) □□[卜]行[贞：王]宾…[亡]囚？ 39

(188) 丁□[卜尹]贞：[王宾]夙[祼]亡[囚]？ 10

(189) 辛□卜尹贞：[王]宾□祼亡囚？ 62

(190) □□[卜]□[贞：王]宾亡囚？ 32

(191) □□[卜]尹[贞：王]…[亡]囚？ 31

(192) □□卜□[贞]…[亡]囚？ 38

(193) □□卜出[贞]…[亡]囚？ 66

(194) □□卜…宾…囚？ 75

(195) …[亡]囚？ 22 87

(196) 丁□[卜]□贞… 98 99

(197) 癸□[卜]□[贞]… 39

(198) 贞… 8 11 21 44 75 76 119

(199) …亡… 5 45 58 63 65

(200) …在□[月]。 3

(201) 贞：二[宰]…在□[月]。 3

(202) …宾…亡□？ 104

(203) …宗…用？ 34

(204) …□尤？ 1

(205) 贞：亡…在… 46

(206) …叙之。 127

(207) □□[卜]即[贞]… 130

(208) …岁？ 122

(209) …旅… 132

(210) …囚？ 81

(211) 贞…在… 73

1《合集》41199　2《合集》25694　3《合集》25710　4《卡博》228　5《英藏》1942　6《合集》25711　7《合集》25668　8《掇三》468　9《合集》25690　10《合集》25672　11《合集》25664　12《合集》25687　13《合集》22878　14《拾遗》333　15《拼二》389　16《合集》25675　17《合集》25703　18《合集》25681　19《合集》22979　20《合集》41201　21《辑佚》318 正　22《合集》25716　23《合集》25676　24《合集》25666　25《英藏》2145　26《合集》25718　27《合集》25677　28《合集》25667　29《合集》25740　30《合集》25707　31《合集》25680　32《合集》25658　33《北大》2833　34《合集》40949　35《合集》25709　36《合集》25683　37《合补》8595　38《合集》25727　39《合集》25728　40《合集》25736　41《合集》25729　42《合集》25700　43《东洋文库》296　44《合集》25665　45《京人》1568　46《合补》7759　47《安明》1335　48《合集》25719　49《合集》25678　50《辑佚》320　51《安明》1336　52《合集》25695　53《合集》25691　54《合集》25679　55《合集》41200　56《合补》7206　57《合集》25723　58《合集》25699　59《合集》25684　60《卡博》229　61《拾遗》308 正　62《合集》26591　63《合集》25682　64《掇三》570　65《合补》7695　66《合补》7760　67《北大》388　68《旅博》1462　69《合集》25732　70《合集》25673　71《拾遗》317　72《合集》25722　73《拾遗》309 正　74《北大》443　75《合集》25731　76《拾遗》315 正　77《拾遗》314 正　78《合集》25721　79《合集》26109　80《合集》25674　81《合集》41205　82《俄罗斯》57　83《合集》25714　84《英藏》2142　85《合集》25704　86《合集》25715　87《合集》25693　88《合集》25702　89《合集》41202　90《合集》25705　91《合集》25708　92《合集》41206　93《合集》25701　94《合集》25686　95《合集》25669　96《合集》25670　97《合集》25685　98《合集》25688　99《合集》25689　100《合集》25698　101《合集》25712　102《合集》25713　103《合集》25735　104《合集》25737　105《合集》25739　106《合集》25742　107《合补》7686　108《合补》7688　109《合补》7697　110《安明》1337　111《安明》1338　112《安明》1340　113《东洋文库》311　114《东洋文库》351　115《怀特》1041　116《英藏》2143　117《英藏》2146　118《辑佚》369　119《辑佚》422　120《上博》17647.430　121《俄罗斯》56　122《旅博》1336　123《拾遗》328　124《合集》25733　125《合集》25741　126《旅博》1461　127《英藏》2147　128《合集》23165　129《合补》7681　130《东京大学》649　131《北大》412　132《笏之二》690　133《合集》25748　134《京人》1330

本组系联的依据为“戠”祭。“戠”祭卜辞主要见于出组二类，另有少量见于何组二类，其他组类十分少见。所见月份为正月、二月、三月、四月、五月、六月、八月、九月、十月、十一月、十二月，由于相同或相近月份、干支不合，故而暂排在三年之内。

第五十组

(1) 戊辰卜王曰贞：其告其陟？在虁阜卜。 ❶
(2) 甲戌卜王曰贞：勿告于帝丁？不𢆶。 ❷
(3) □子卜□贞…[亡]囚？七月。 ❸
(4) 癸巳卜旅贞：告于妣叀今酒？ ❹
(5) 乙未卜□贞：告丰… ❺
(6) 戊戌[卜]□贞：告于… ❻
(7) …其告…于… ❼
(8) 贞：叀告羸令… ❽
(9) [贞]…父丁…告？ ❸
(10) 贞：勿告？十月。 ❾
(11) 甲□[卜王]曰贞…父丁…又… ❷
(12) 庚…祼… ❼
(13) □巳卜：王？ ❷
(14) □午卜旅[贞]…允… ❹
(15) □□卜[王]曰贞… ❶
(16) 贞… ❽
(17) 贞：三牛？ ❻
(18) 贞：其率？ ❺

❶《合集》24356　❷《合集》24982　❸《合集》23276　❹《合集》25884　❺《合集》25885　❻《合集》24513　❼《京人》1359　❽《合集》23693　❾《合集》25886

本组系联的依据为“告”祭。所见月份为七月、十月，据月份及干支顺序可排入数月之内。

第五十一组

(1) 甲子卜行贞：其宜于庚升？ 1
(2) 壬□[卜]□贞…于…其…牡？ 2
(3) …宜…九月。 2
(4) 辛巳卜：王？ 3
(5) 甲申卜旅贞：其宜㚔[方]… 3
(6) 辛亥卜旅贞：其宜羊于兄庚？ 4
(7) □□卜旅贞：岁其盅？在十月。 4
(8) 甲寅卜王曰贞：其宜于兄己？ 5
(9) 甲寅[卜]… 5
(10) [甲]寅卜…每… 5
(11) 丙辰卜冎贞：其宜于妣辛？ 6
(12) 丙辰卜冎贞：其宜于妣辛一牛？ 6
(13) □□[卜冎贞]：其… 6
(14) [贞]…宰？ 6
(15) …宜于中子叀羊？ 7

1《合集》26020　2《合集》26021　3《合集》26019　4《合集》23502　5《合集》23472　6《合集》23399　7《合集》23555

本组系联的依据为“宜”祭。所见月份为九月、十月，据月份及干支顺序可排入数月之内。

第五十二组

(1) 乙未卜[旅]贞：其御于多兄？ 1
(2) 己□[卜]□贞：其御？ 2
(3) □□卜旅[贞]…乇其率…牛？ 1
(4) 贞：于…御？三月。 3
(5) …毋御…月？ 2

1《合集》23527　2《合集》26002　3《合集》25998

本组系联的依据为“御”祭。所见月份为三月，据月份及干支顺序排列如上。

第五十三组

(1) □酉卜尹贞：王其逃[亡]災？在□月。 1
(2) □寅卜即[贞]：王其逃… 2
(3) □□卜即[贞]…其逃…水？ 3

1《合集》24130 2《合集》24131 3《合集》24442

本组系联的依据为“王其逃”。月份及干支均残缺，试排列如上。

第五十四组

(1) 甲戌[卜]□贞：今[日亡来]艰？ 1
(2) 戊寅卜贞：今日亡来艰？ 2
(3) 庚辰卜□贞：今日[亡来]艰？ 3
(4) 辛巳[卜]□贞：今日[亡来]艰？ 4
(5) 癸未[卜]□贞：今[日]亡来[艰]？ 5
(6) 乙未[卜]□[贞]：今[日亡来]艰？ 6
(7) 壬寅卜尹贞：今日亡来艰？ 7
(8) [癸]卯卜冎[贞：今]日[亡]来艰？ 8
(9) 癸卯卜冎贞：今日不雨？ 8
(10) 庚戌卜贞：今日亡来[艰]？ 9
(11) 庚戌卜尹贞：今日亡来[艰]？ 10
(12) 乙卯卜□贞：今[日]亡来[艰]？ 11
(13) □酉[卜]□[贞]：今日亡来艰？ 12
(14) □□卜□贞：今日亡来艰？ 13
(15) □□[卜]□贞：今日亡来艰？ 14
(16) 贞：今日亡来艰？ 15
(17) □□卜即[贞：今]日亡[来]艰？ 16
(18) □卯卜□贞：今日亡来艰？ 17
(19) □□[卜]尹[贞：今]日亡[来]艰？ 18
(20) 贞：其自方有[来]艰？ 19
(21) [贞]：今日启？ 2

(22) [贞]：今日亡[来]艰？ 20
(23) 贞：[今]日[亡]来艰？ 21
(24) □□[卜]□贞：今日亡来艰？ 22
(25) …亡[来]艰？ 23
(26) 贞…亡[来]艰？ 24
(27) □□[卜]旅[贞]：今日亡[来]艰？ 25
(28) □□卜尹[贞：今]日亡[来]艰？ 26
(29) □□卜旅[贞：今]日亡来[艰]？ 27
(30) □□卜即[贞：今日]亡[来]艰？ 28
(31) …旅…亡…艰？ 29
(32) 贞…亡… 8
(33) …辰…王…大… 6
(34) 贞：弜以？ 16

1《合集》24212　2《合集》24165　3《合集》24202　4《合集》24168　5《合集》24169　6《旅博》1524　7《合集》24172　8《合集》24174　9《合集》24178　10《合补》7945　11《合集》24181　12《合集》24184　13《合集》24186　14《合集》24187　15《合集》24188　16《合集》24190　17《掇三》338　18《旅博》1528　19《合集》24152　20《合集》24191　21《合集》24204　22《合集》24211　23《辑佚》464　24《拾遗》248　25《合集》24194　26《合集》24196　27《合集》24205　28《京人》1590　29《安明》1543

本组系联的依据为“今日亡来艰”。无月份记载，据干支顺序排列如上。

第五十五组

(1) 乙丑… 17
(2) 贞：叀吉？正月。 1
(3) …叀… 1 24
(4) 贞：叀吉？在三月。 2
(5) 贞：叀鬼？ 3 4 6 7 8 9 10 11 12 14 16 18 19 21 22 27 28 29 30 31 32 33 34 36 37 38 39 42
(6) [贞：叀]吉？四月。 3
(7) 贞：叀吉？六月。 4

（8）贞：叀吉？在六月。 5
（9）贞：叀吉？ 6 7 8 13 14 15 17 20 26 29 35 40
（10）辛未[卜]贞：今[夕]王[宁]？ 6
（11）贞：今夕王宁？ 7 9 38
（12）…贞…王… 13
（13）…王… 16 22
（14）□□卜旅[贞：今]夕[西]言[王]？ 21
（15）贞：叀□？ 23 25
（16）贞：叀吉？在□月。 41

1《合集》26078 2《合集》26074 3《合集》24990 4《安明》1385 5《合集》41282 6《合集》24986 7《合集》24987 8《合集》24988 9《合集》24991 10《合集》24992 11《合集》25007 12《合集》25009 13《合补》7929 14《合补》8591 15《京人》1497 16《安明》1384 17《安明》1395 18《怀特》1073 19《北大》1095 20《辑佚》227 21《辑佚》380 22《掇三》574 23《历史所》1353 24《旅博》1695 25《旅博》1737 26《重博》122 正 27《合集》24993 28《合集》24994 29《合集》24995 30《合集》25002 31《合集》25003 32《合集》25005 33《合集》25006 34《合集》25011 35《合集》26076 36《合集》41285 37《安明》1388 38《安明》1389 39《安明》1390 40《安明》1399 41《安明》1402 42《旅博》1736

本组系联的依据为“叀鬼/吉”，鬼、吉为一组对贞卜辞。本组及以下两组（王宁、王西言）卜辞有同版，但前两者（叀鬼/吉、王宁）均不记干支，故而无法紧密系联，暂单独列为一组，以供参考。所见月份为正月、三月、四月、六月，据月份顺序排列如上。

第五十六组

（1）贞：今夕王宁？ 1 2 3 4 5 6 7 8 9 10 11 12 13 14 15 16 17 18 19
（2）戊□[卜]□贞：[今夕王]西[言]？ 3
（3）…乞一屯。 4
（4）…王… 9
（5）壬… 16

1《合集》26159 2《合集》26170 3《合集》26171 4《合集》26176

5《安明》1414 6《拾遗》245 7《拾遗》246 8《合集》26161 9《合集》26164 10《合集》26165 11《合集》26167 12《合集》26168 13《合集》26172 14《合集》26173 15《合集》26174 16《合集》26177 17《安明》1420 18《旅博》1661 19《拾遗》247

本组系联的依据为"王宁"。本组与以上第五十五组、以下第五十七组均有紧密联系，三者有同版现象。本组卜辞亦不记干支，无法与其他两组紧密系联，故单独列为一组，以供参考。

第五十七组

(1) 丁卯卜旅贞：今夕西言王？ 1
(2) 癸酉[卜]□贞：[今夕王]西言？ 2
(3) 乙亥卜[旅]贞：今夕王西言？ 3
(4) 己卯[卜]□贞：今[夕]西言[王]？ 4
(5) 辛巳[卜]□贞：今夕[西]言王？ 5
(6) 乙未卜旅[贞]：今夕西言王？ 6
(7) □[未]卜旅[贞]：今夕王[西]言？在八月。 7
(8) …吉？八月。 8
(9) 丙申卜□贞：今夕王西言？ 9
(10) 贞：今夕王宁？ 9
(11) 戊戌[卜]□贞：今[夕]西[言王]？ 10
(12) 壬寅卜贞：今夕[西]言[王]？ 11
(13) 乙巳[卜]贞：今[夕]王西[言]？ 12
(14) 丁未卜□贞：今[夕]西言[王]？ 13
(15) 戊申卜旅贞：今夕王西言？ 14
(16) 癸丑[卜]□贞：今[夕王]西[言]？ 15
(17) 乙卯[卜]□贞：[今夕王]西言？ 16
(18) 丙辰卜旅[贞]：今夕[王]西[言]？ 17
(19) 丁巳卜□贞：[今夕]西[言王]？ 18
(20) 己未[卜]□贞：今[夕]西言[王]？ 19
(21) 丙申[卜]□贞：今[夕]王西[言]？ 20
(22) 壬寅[卜]贞：今[夕]西言[王]？ 21

(23) 戊申卜贞：今夕西言[王]？ 22
(24) 戊申[卜]贞：今[夕]西言[王]？ 23
(25) □□卜旅[贞：今]夕王[西]言？在十月。 24
(26) □□卜即[贞：今]夕西[言]王？[十]月。 25
(27) □□卜旅贞：今夕西言王？ 8 26 27 28 29 33 35 36 37 38 39 42
(28) □□卜冎贞：今夕西言王？ 30 31 32
(29) …叀… 30
(30) 贞：[叀]吉？ 15
(31) □□卜旅[贞：今]夕王西言？ 40 41 43
(32) …贞：今夕王[西言]？ 34 44
(33) □□卜□[贞]：今夕[西]言[王]？ 45
(34) □辰卜旅[贞]：今夕西言[王]？ 46
(35) □午卜□[贞]：今夕西[言王]？ 47
(36) □□卜□[贞]：今[夕西]言王？ 48
(37) 戊□[卜]□贞：[今夕王]西言？ 49
(38) □□卜□[贞：今]夕王[西]言？ 50
(39) □□卜疑[贞：今]夕王西[言]？ 51

1《合集》26725 2《合补》8273 3《合集》26726 4《合补》8282 5《合集》26754 6《合集》26729 7《合集》26732 8《合集》26733 9《合集》26730 10《英藏》2254 11《合集》26756 12《合集》26758 13《合集》26759 14《合集》26728 15《合补》8289 16《合补》8285 17《合补》8277 18《俄罗斯》117 19《合补》8685 20《合补》8284 21《合集》26757 22《合集》26760 23《合集》26761 24《合集》26734 25《掇三》327 26《合集》26736 27《合集》26738 28《合集》26739 29《合集》26741 30《拼四》836 31《合集》26749 32《合补》8276 33《合补》8283 34《合补》8286 35《安明》1425 36《安明》1429 37《安明》1432 38《辑佚》305 39《辑佚》452 40《辑佚》501 41《辑佚》517 42《掇三》328 43《历史所》1407 44《笏之二》575 45《合补》8266 46《合补》8267 47《合补》8269 48《合补》8271 49《合补》8280 50《英藏》2253 51《旅博》1666

本组系联的依据为“西言王/王西言”。本组与以上第五十五、五十六组有紧密联系，但与前两组不同，本组辞例完整，多有月份和干支。所见月份为八月、十月，据月份及干支顺序可排在数月之内。以上三组卜辞（叀鬼/吉、王宁、西言王/

王西言）仅见于出组二类，是属于本类的一种特殊卜问，其他组类未见。

第五十八组

(1) 己亥卜旅贞：王宾[祖]☐奭妣己…[亡]尤？☐月。 1
(2) 庚戌卜[旅]贞：王[宾]示壬奭妣庚…[亡尤]？ 1
(3) [庚]☐[卜]旅[贞：王宾]示壬奭妣庚…[亡]尤？ 2

1《合集》23303　2《合集》23304

本组据“妣庚”系联。

第五十九组

(1) [乙]丑卜行贞：王其寻舟于滴亡灾？在八月。 1
(2) …王其田…亡[灾]？ 1
(3) 乙亥卜行贞：王其寻舟于河亡灾？ 2
(4) …[亡]灾？ 2

1《合集》24608　2《合集》24609

本组据“王其寻舟”系联，所见月份为八月。

四、出组二类附属卜辞的系联

可能有联系的卜辞

第一组

(1) …衣…彡？八月。 1
(2) …亡囚？ 1
(3) ☐☐卜贞…大丁彡… 2
(4) …祼妣庚彡亡☐？ 3
(5) …祭亡囚？ 4
(6) …于…衣…砉… 5

（7）…毓… 5

1《合集》25089 2《合集》40938 3《合补》7018 4《合集》26006 5《安明》1270

本组无统一的系联事类，但“彡”“沓”“祭”等与周祭有关，故暂且归为一组，以备参考。

第二组

（1）□□卜□［贞］：翌…入岁…射？ 1

（2）□□［卜］疑［贞］…壬岁…于示… 2

（3）□卯［卜］…岁… 3

（4）□□卜□［贞］…我岁…箐… 4

（5）□酉［卜］□贞：王宾…岁三宰…牛？ 5

（6）贞… 5

（7）…宾…岁…二… 6

（8）甲寅…岁… 7

1《合集》25208 2《合补》7491 3《合补》7519 4《安明》1273 5《京人》1204 6《瑞典》64 7《北大》367

以上卜辞大多残缺，从辞例来看，或与“岁”祭有关，故依“岁”祭将其暂归为一组。

第三组

（1）…祼… 1 3 8

（2）…贞…衣…祼… 2

（3）…祼橐…亡囚？ 4

（4）□□［卜］旅［贞：王宾夕］祼［亡］囚？ 5

（5）…祼…囚？ 6

（6）丙□［卜］□贞…祼… 7

（7）贞：亡尤？ 7

1《合集》25638 2《合集》26045 3《京人》1294 4《合补》7623 5《怀特》1030 6《北大》266 7《旅博》1448 8《旅博》1449

以上诸辞，辞例大多残缺，从较完整的辞例来看，应与“祼”祭有关，故暂且归为一组。

第四组

(1) …母辛…八月。 1
(2) …寅… 1
(3) □□[卜]□[贞]…母辛…亡□？ 2
(4) …母己…先… 3
(5) …母壬… 4
(6) …其…祖乙… 5
(7) …于…祖乙… 6
(8) …其… 6
(9) …祖…五月。 7
(10) 壬子卜□[贞]…祖… 8
(11) …贞…于妣丙… 9
(12) …四日…祢兄… 10

1《安明》1254　2《怀特》1021　3《辑佚》481　4《旅博》1371　5《安明》1205　6《旅博》1347　7《旅博》1360　8《旅博》1361　9《合补》7010　10《拾遗》269

以上诸辞，辞例大多残缺，无可据以系联的事类，但观其内容，皆为父、母、祖、妣等称谓，故暂归为一类。

第五组

(1) □□卜…今夕… 1
(2) 贞：今夕其雨？ 2 4 5 8
(3) …夕雨？ 3
(4) …从雨？ 6
(5) 癸卯[卜]□[贞]：今日[其]雨？ 7

1《合补》7336　2《合补》7442　3《京人》1385　4《京人》1387　5《京人》1388　6《京人》1397　7《拾遗》264　8《拾遗》266

以上诸辞，皆为卜雨之辞，缺少干支和月份，可能并非是一时之卜，故暂归为一类，以作参考。

第六组

（1）□子卜□[贞]：今日[亡]来[艰]？ 1
（2）[贞：今日亡]来艰？ 2
（3）□申卜□[贞]：今日[亡]来[艰]？ 3
（4）□□卜逐[贞]：今日[亡]来[艰]？ 4
（5）…亡来[艰]？ 5

1《合补》7944　2《安明》1542　3《安明》1552　4《安明》1553　5《历史所》1427

以上诸辞，皆卜问今日是否有来艰，缺少月份及干支，尚难以断定必为一时之事，故暂归为一类，以作参考。

第七组

（1）[贞]：今夕亡𡆥？ 1 3
（2）□丑卜[贞]：今夕[亡]𡆥？ 2
（3）…亡[𡆥]？ 3
（4）癸未卜□贞：今夕亡𡆥？ 4
（5）□□卜□[贞]：今夕[亡]𡆥？ 5

1《安明》1518　2《英藏》2216　3《英藏》2218　4《天理》399　5《旅博》1654

以上诸辞，皆为卜夕之辞，辞例简略，不能肯定是一时所卜，故暂归为一类，以作参考。

殷墟甲骨文分类与系联整理研究

下册

「十四五」国家重点出版物出版规划项目

彭裕商 主编

彭裕商 吴毅强 韩文博 田国励
丁军伟 钟舒婷 王　森 编著

国家出版基金项目
NATIONAL PUBLICATION FOUNDATION

四川出版发展公益基金会
资助项目

四川辞书出版社

第四章 何组卜辞的分类与系联整理研究

第一节　何组卜辞的分类

何组卜辞基本出于殷墟小屯村村北，村南仅有零星发现。建国前，村南 F3 出一片，即《甲编》3638。1973 年，小屯南地发掘出两片：《屯南》4327，出于 T44（3）；《屯南》4447，出于 T53（2B）。

何组卜辞可据字体分为三大类，我们称之为何组一类、何组二类和何组三类，依次讨论如下。

一、何组一类

本类多用龟甲。前辞作“干支卜某贞”。贞人有何、彘、卯、彭、口、專、馭、㕚等，其中以何贞卜辞最多见，其次是彘、卯、彭三人，口及口以下四人少见，仅一二例。另外，專与馭很可能是一人。字体多折笔或圆笔，少数类似于出组一类卜辞，如《合集》31304、31316、31347、31357 等。字形有早期作风，如“王”字多不带上横，作，“有”作，“酉”作、，“叀”作等，接近宾组和出组一类的写法。其特征字择要列入表 4-1，特征片可举《合集》27861—27866 为例，见图 4-1。

表 4-1　何组一类特征字举例

丙	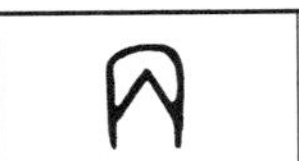	丁		庚		子	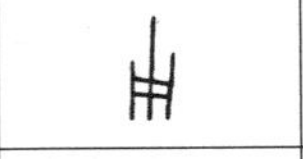	寅	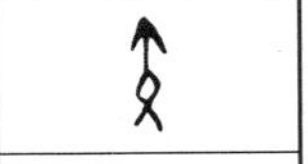
辰		巳		未		酉		戌	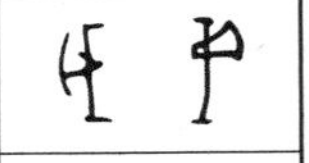
亥	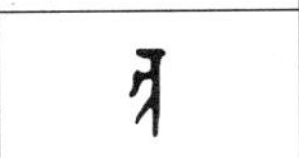	叀		旬	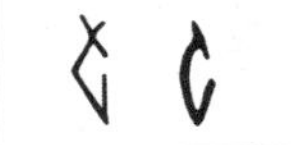	王		冓	
雨	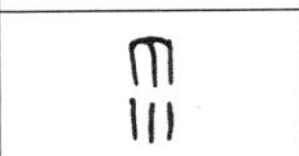	有		岁		災		吉	
上甲		不		贞		卯		卯	
何	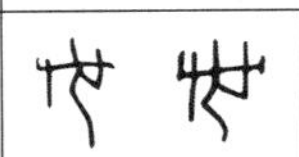	翌		宾					

a)《合集》27861

b)《合集》27862

c)《合集》27863

d)《合集》27864

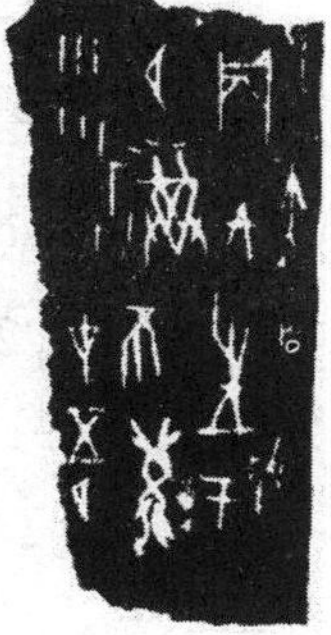

e)《合集》27865

f)《合集》27866

图 4-1　何组一类特征片举例

本类卜辞有占辞“王占曰”，但仅发现一例（《合集》31680）。记月方式作“某月”和“在某月”，而以前者为多，一月不称“正月”。有类同于宾组和出组一类的兆辞“二告”（《合集》31304、31316、31317、31341等）、“三告”（《合集》31350）。未见有时代意义的称谓，但称大乙为唐（《合集》27150、27152、27153等），陈梦家认为“唐”的称谓见于祖甲以前[①]。

占卜内容除卜夕、卜旬而外，主要是祭祀和田猎。由于这个原因，本类卜辞除贞人外，未曾提到任何人物。

祭祀主要有祼、祭、𧟌、岁等祭法，尚未发现有系统的周祭，但有少数例子近似于周祭，如：

（1）乙丑卜何贞：王宾报乙祭，不冓[雨]？ ——《合集》27081

（2）乙亥卜何贞：宾唐𧟌，不冓雨？七月。 ——《合集》27152

但其辞例与祖甲时不同，后者作“王宾某某（先祖）某（祭名）亡尤”，并且周祭卜辞一般称大乙，而不称唐[②]。

田猎卜辞的形式一般作“干支卜某贞：王其田亡災”，如：

（1）丙子卜何贞：王其田亡災？ ——《合集》28434

（2）丁亥卜彭贞：王其田亡災？ ——《合集》28450

提到田猎地名的，为数很少，所见地名仅有桑，如：

辛未卜何贞：王其往田[于]桑[亡]災？ ——《合集》29363

本类卜辞有一类卜问“王燕叀吉”的卜辞，很有特色，宾组贞人吏的卜辞也有相同卜问，我们在后文讨论本类卜辞的事类时将详述其辞。

二、何组二类

本类多用骨。前辞作“干支卜某贞”。贞人主要是何、暊，有少数是贾、口、豖。字体略带长形，较规整，如“庚”作、“酉”作、“贞”作、“牢”作，与出组二类的一些卜辞，如《合集》22598、22779、22855、22858、24062、26622等一脉相承，有很明显的衔接关系。其特征字择要列入表4-2，特征片可举《合集》26975、27221、27321等为例，见图4-2。

① 陈梦家：《殷虚卜辞综述》，中华书局，1988年，第410页。

② 陈梦家：《殷虚卜辞综述》，中华书局，1988年，第410页。

表 4-2　何组二类特征字举例

戌		庚		辛		子		丑	
寅		辰		巳		午		未	
申		酉		戌		亥		王	
贞		有		饗		岁		雨	
叀		卯		宾		翌		用	
災		羌		吉		何		以	
牢		不		上甲		父庚		冓/遘	

a）《合集》27221

b）《合集》27424

c）《合集》27321

d）《合集》26975

图 4-2　何组二类特征片举例

本类卜辞开始出现占卜术语“𢦏𠦪”和占辞“吉”，但不多见。与何组三类及无名组不同的是，“𢦏𠦪”和“吉”均尚未单刻于辞旁，而是在卜辞之中。记月方式作“在某月”（《合集》27213）。提到的人物有亚旁、亚新、自贾、黄、辰、小臣剌等，都仅出现一次，其中自贾见于无名组（《合集》28089）。方国有危方（《合集》28001）。

占卜内容以祭祀为主。值得注意的是，有“周祭”卜辞，一般为贾所卜（《合集》27042 等）。贾卜的还有叙祭，陈梦家指出“叙在祖甲时常与周祭、岁祭并行”①。何、暊的祭祀卜辞则为岁、又、御、蒸、祊等祭名。比较奇怪的是，本类卜辞极少见卜旬辞，卜夕辞也很少（《合集》27042、31614—31616），且为暊或王所卜，何与贾所贞卜辞没有这方面的。除祭祀而外，本类卜辞很少有其他记录，唯一可举的是一组关于“入马”的卜问，为贞人暊所卜，详见何组二类“有联系的卜辞”第一组。从内容来看，这一组卜辞主要是卜问马的某种品质，卜马的人有右史、某子、自贾、黄、辰等，贡献的马匹有驶、赤瑪等品种，“其犁不𠧩”义不甚明②，推测应是有关马品质的词语。

三、何组三类

本类卜辞与上述两类在书体风格上有明显区别，其中一部分字体较大，字迹也较为潦草，上承何组二类又逐渐演变为字体较小、字迹较规整的何组三类，属二、三类之间的中间阶段。这类卜辞数量不多，其字形结构接近小字的何组三类，而与二类差别相对大些，故将其划入何组三类。为了区别，我们将此类称为何组三 A 类，将其他字体较小的三类卜辞称为何组三 B 类，分述如下。

（一）何组三 A 类

本类一般用骨。前辞作“干支卜某贞”“干支卜贞”，但后者数量很少（《合集》26907、31787）。贞人有彭、何、壴、狄、口等数人，而以彭、壴、何所贞卜辞为多。字体较大、字迹潦草，时有文字倒刻的现象。字形结构也颇具特色，如“庚”作、“丑”作、“辰”作、“酉”作、“叀”作、“牢”作、“翌”

① 陈梦家：《殷虚卜辞综述》，中华书局，1988 年，第 193 页。

② 犁，郭沫若释为𥝢，详见郭沫若：《卜辞通纂》，科学出版社，1983 年，第 528 页。

作等。其特征字择要列入表4-3，特征片可举《合集》26899、27147、27382等为例，见图4-3。

表4-3　何组三A类特征字举例

戊		庚		辛	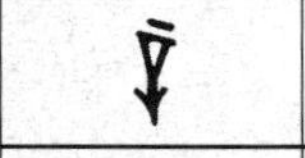	子	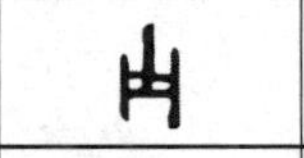	丑	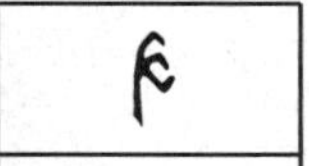
辰	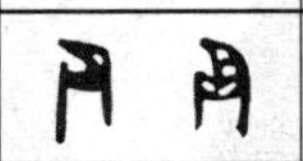	巳		牢		未		申	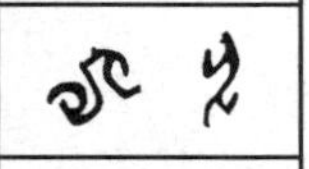
酉		戌		亥	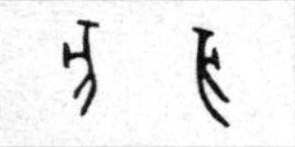	王		狄	
贞	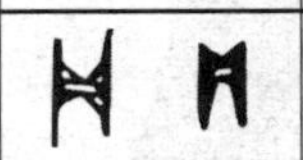	又		饗		岁		旬	
若		雨	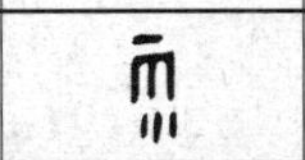	叀		宾	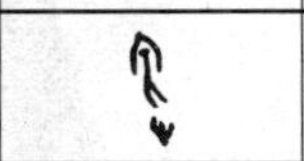	蒉	
吉	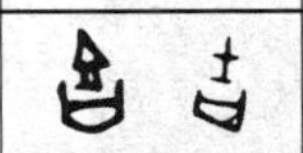	卯	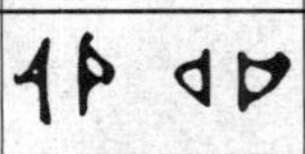	用	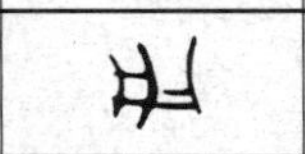	自		翌	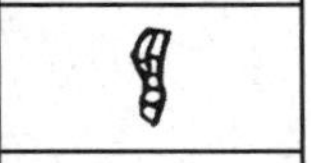
上甲		災		羌					

a)《合集》27147

b)《合集》30596

c）《合集》26899

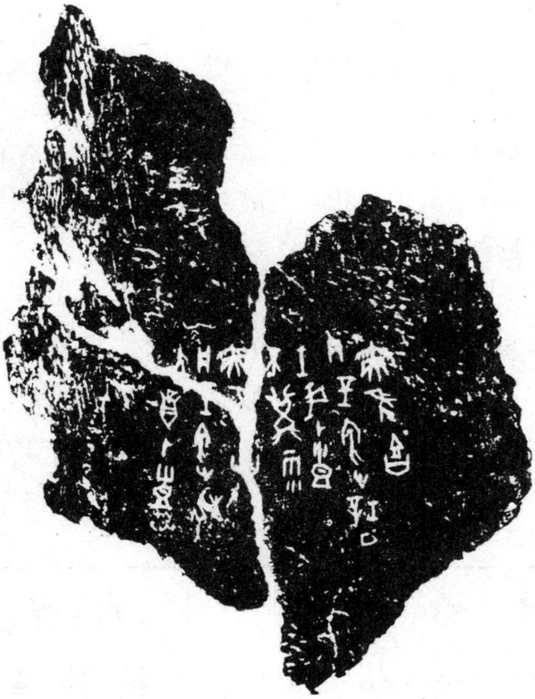

d）《合集》27382

e）《合集》31329

图 4-3　何组三 A 类特征片举例

本类卜辞有兆辞“𠬪𢦔”（《合集》26899、31056 等）和占辞“大吉”（《合集》27269）。记月方式作“在某月”，值得注意的是十二月作“在十月又二”（《合集》26907、27875、32663），这种记月方式往后为黄组卜辞所继承，而此前的何组二类作“在十月二”（《英藏》2367）。提到的人物很少，只有小臣冎、小臣永、㝵、马亚等。

占卜内容除卜夕、卜旬辞而外，以祭祀为主，有少数类似周祭的祭名，如“彡”（《合集》27107）、“㬎”（《合集》30282）等，但未见系统的类似于出组的周祭卜辞。此外，常见的祭名有又、岁、御、祊、蒸、饗等，祭祀对象一般是先王先妣，对河、岳等自然神祇的祭祀为数很少。除祭祀卜辞外，本类还有少量田猎卜辞，没有附记田猎地名的，多是令亚或马亚射鹿、射麋之类，且与其他祭祀卜辞杂处一版。《合集》28446、28447 为狄所卜，专卜田猎，书体风格完全一致，或为一版之折，其形式作“干支卜某贞：王其田亡災”。

（二）何组三B类

本类前辞一般作“干支卜某贞”，偶尔也作“干支卜贞”。贞人较多，有狄、大、口、彭、叩、教、猾、逆、壴、弔等人。其中，狄贞卜辞数量最多；何贞卜辞仅有几片卜旬辞（《合集》31337），字体接近于本类。

本类卜辞的特点是字体较小、形体结构较为规整，笔画稍粗而出锋，偶尔也有文字倒刻的现象（《合集》28880、30439）。字形结构上的特点，如“庚”作、，“辰”作，“酉”作、，“戌”作，“叀”作，“翌”作等，都与A类有所不同。其特征字择要列入表4-4，特征片可举《合集》26881、26882、26954等为例，见图4-4。

表4-4　何组三B类特征字举例

戊	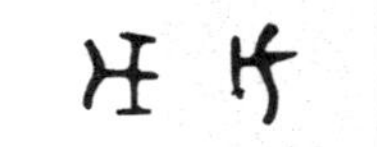	庚		辛		子	
丑	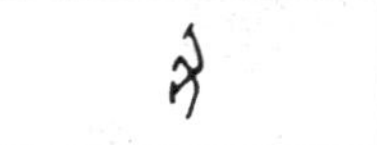	寅		卯		辰	
巳		未		申		酉	
戌	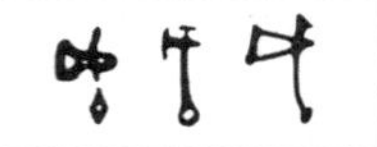	王		狄		贞	
又		岁		旬	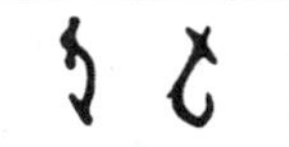	叀	
牢		冓/遘	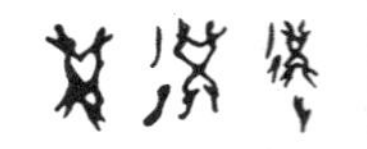	亥		用	
雨		宾		自		翌	
災		羌		受		吉	
以		不		其	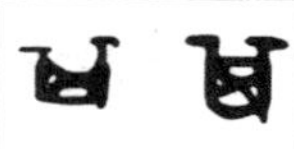	弜	

a）《合集》26881

b）《合集》26882

c）《合集》27149

d）《合集》28275

e）《合集》28491

f)《合集》26954

图 4-4　何组三 B 类特征片举例

本类卜辞有兆辞“㕛𠩺”和占辞“吉”“大吉”等，但尚未出现“引吉”。记月方式作“在某月”（《合集》29728），但极少见。另外，还发现少数右尾甲刻辞，但与自组不同的是，其形式不作“某入”，而仅刻一贞人名，如《合集》27459、28011，均刻贞人狄。提到的人物有戍逐、戍冎、受、犬言、亚旋、侢、小臣□、虤犬冎、马亚等，其中戍逐、戍冎、受、犬言见于无名组，马亚见于何组三 A 类。另外，无名组有戍侢（《合集》26892），可能即本类的侢。所见方国有䖒方、羌方、危方、大方等，《合集》27998 刻辞残缺，似为羞方。

占卜内容以田猎和祭祀为多，此外还有不少卜旬、卜夕之辞。田猎卜辞所卜田猎日期多在乙、戊、辛、壬四日，与无名组相同。[①] 其中有较多记田猎地名的，所见地名大部分又见于无名组。根据相关材料，可推知其中某些地名相互间的距离。

殷墟第九次发掘，侯家庄南地出土了著名的“大龟七版”，这七版大龟字体一致，卜日干支相连，内容也多相关，应为一时之卜，其中记载田猎地名的卜辞如下。

---

① 李学勤：《殷代地理简论》，科学出版社，1959 年，第 2—4 页。

（1）《合集》27459：

戊午卜贞：王其田往来亡災？

庚申卜贞：王叀麦麋逐？

庚申卜贞：王勿利南麋？

庚申卜狄贞：王叀斿麋用？吉。

辛酉卜贞：衣犬亡[災]？

由上可知，麦、利、斿、衣彼此相近。

（2）《合集》30439：

癸酉卜贞：其𠜱于河，王宾？吉。

贞：王其田于襄𠜱于河？吉。

由上可知，襄近于河。

（3）《合集》29084：

丁丑卜贞：王其田于盂，祢南洮立？

丁丑卜狄贞：王其田迅，往？

丁丑卜狄贞：王往球？孚。

（4）《合集》28011：

壬戌卜狄贞：亚旋其陟，迅入？

壬戌卜狄贞：其球入？

由上可知，盂、迅、球相互间的距离在一日之内。

下面这些卜辞，不出侯家庄，都是较小的碎片。

（1）《合集》29324：

贞：翌日戊王其[田]盂，湄日亡災？

丁亥卜狄贞：其田餗叀辛，湄日亡災不雨？

由上可知，盂近于餗。

（2）《合集》29395：

贞：王…自麦…犬亡災？

辛丑卜彭贞：翌日壬王异其田睦，湄日亡災？

由上可知，麦又近于睦。

关于田猎卜辞中的地名，无名组卜辞有更多的记载，我们将在第七章中再做讨论。

本类不记地名的田猎卜辞，其形式一般作“干支卜某贞：王其田亡災”和“干支卜某贞：翌日某（干支）王其田，湄日亡災”，以前者多见。田猎之地还设有主管田猎事务的官吏，叫“犬”，如戱犬𢀛（《合集》28892）、□犬言（《合集》28381）、衣犬（《合集》27459、28877）等。

祭祀卜辞未见周祭祭名，一般是岁、又、乇、祼等，其祭祀对象以先王先妣为主，少数为其他神祇，如河、夒等，对后者的祭祀多是求年、求雨之类。

第二节　何组卜辞的系联

一、何组一类卜辞的系联

（一）有联系的卜辞

第一组

（1）甲子卜何贞：王燕叀吉？燕。 1
（2）乙丑卜何贞：王燕叀吉，不冓雨？ 2
（3）丙寅卜彘贞：王往于夕裸，不冓雨，燕叀吉？ 3
（4）丁卯卜何贞：王往于夕裸，不冓雨？允衣不冓。 3
（5）丁卯卜□贞：王燕叀吉？ 4
（6）丁卯… 5 6
（7）□□卜何[贞]…叀…燕？ 6
（8）戊辰[卜何贞]：王燕[叀吉]？ 7
（9）己巳卜何贞：王往于日，不冓雨，燕叀吉？允雨不冓。四月。 3
（10）庚午卜何贞：王燕[叀]吉？ 8
（11）…燕叀吉…往于夕裸？允不冓雨。四月。 3
（12）…允不冓雨。四月。 3
（13）…[不]冓雨，往于夕裸？允不冓雨。四月。 3
（14）壬申卜□[贞]：王燕[叀吉]，不[冓雨]？ 9
（15）己卯卜何贞：王燕[叀吉]？ 10
（16）乙酉[卜]□贞：王[燕叀]吉？ 11
（17）丁亥卜□贞：王燕[叀]吉？ 12
（18）己丑[卜]□贞…叀燕… 13
（19）壬辰卜何贞：王燕叀吉？ 14
（20）□□卜何贞：[王燕叀]吉，不[冓]雨？四月。 15
（21）己亥[卜何]贞：[王燕]叀[吉]？ 16

（22）己亥卜何贞：燕叀吉，不冓雨？ 16
（23）己酉卜咒贞：王燕雨？［吉］。 17
（24）辛亥卜何贞：叀吉燕？用。 18
（25）壬子卜何贞：王燕，叀雨？ 19
（26）壬戌卜贞：王燕［叀］吉？ 20
（27）丙辰卜□［贞：王］燕叀［吉］，［不］冓［雨］？ 21
（28）癸亥［卜］何［贞：王］燕［叀吉］？ 22
（29）癸亥卜［何］贞：王□田，燕［叀吉］，不冓雨？ 2
（30）乙丑卜何贞：王宾夙，燕叀吉，不冓雨？ 2
（31）乙丑卜何贞：王宾夙，不冓雨，燕叀吉？ 2
（32）丙寅卜何贞：王宾夙，不冓雨，燕叀吉？ 2
（33）丁卯卜何贞：王燕叀吉，不冓雨？ 23
（34）丁卯卜彘贞：王往于勹，不冓雨？ 23
（35）丁卯卜彘［贞］… 23
（36）丁卯卜何贞：岁叀吉？ 24
（37）庚午卜何贞：王往于日，不冓雨，燕叀吉？ 25
（38）甲戌卜何贞：燕叀吉？七月。 24
（39）乙酉卜何贞：王［燕］叀吉？ 26
（40）庚…王［燕］叀吉？ 27
（41）辛□［卜］□贞… 13
（42）□子卜何［贞］：王燕叀［吉］？ 28
（43）□丑卜何［贞］：王宾…不冓［雨］，［燕］叀吉？ 29
（44）□丑卜何［贞］：王燕［叀］吉？ 30
（45）□寅卜何贞：王燕叀吉？ 31 32
（46）□巳卜□［贞］：王燕叀［吉］，不冓［雨］？ 33
（47）□戌卜□贞…燕… 34
（48）贞：王往于夕祼，不冓雨，燕叀吉？ 3
（49）□□［卜］何贞…往于夕…冓雨？ 3
（50）贞：王燕叀吉，不冓雨？ 14
（51）□□卜何［贞］：王叀燕［吉，不冓雨］？ 7
（52）…王… 9
（53）…贞…燕… 9

(54) □□卜□贞…燕[叀]吉? 11
(55) 贞：叀雨? 10 32
(56) 叀燕[吉]? 4
(57) □□卜何[贞：王]燕叀吉? 35 36
(58) □□卜何贞：[王燕]叀吉，冓雨? 37
(59) □□卜何贞…雨? 37
(60) …雨? 37
(61) □□卜何贞：王燕叀吉，不冓雨? 38 47
(62) □□卜何贞：燕…雨? 38
(63) 贞：王…[冓]雨? 38
(64) □□卜何[贞：王]燕叀[吉]? 39
(65) …往于日… 25
(66) □□卜何[贞]…往于日…燕叀[吉]? 40
(67) □□卜何[贞：王]往于…[燕]叀吉，[不冓]雨? 41
(68) …往… 41
(69) □□卜何[贞：王]往于…不冓雨? 42
(70) □□卜専[贞：王]往于…不冓雨? 43
(71) □□卜何[贞]…冓… 2
(72) …不雨? 24
(73) 上甲? 24
(74) □□卜何[贞]…叀燕? 5
(75) 王燕[叀]吉? 44
(76) □□卜壴[贞]…燕… 45
(77) □□卜何贞…宾…雨冓? 29
(78) □□[卜]何[贞]…叀吉? 46
(79) …夙… 46
(80) □□[卜]何贞…燕…雨? 47
(81) 贞：王…冓… 47
(82) □□卜何贞：日燕叀…冓雨? 48
(83) …王燕…冓… 49
(84) □□卜何贞：燕… 50
(85) 贞…叀…燕… 51

（86）不菁… 51

（87）□□卜何［贞］…燕叀…菁雨？ 52

（88）□□卜㱿［贞］…燕叀吉？ 53

（89）…燕… 4

1《合集》27850 2《合集》30528 3《合补》9539 4《合集》27849 5《掇二》72 6《合补》8908 7《合集》27831 8《合集》27845 9《合集》27835 10《合集》27848 11《合集》27836 12《合集》27842 13《安明》1649 14《合集》27830 15《合集》27856 16《合集》27832 17《合集》27841 18《合集》27846 19《合集》27843 20《合集》27837 21《合集》27869 22《合集》27855 23《合集》27866 24《合集》30732 25《合集》27867 26《合集》31221 27《合补》8904 28《合集》27847 29《北大》457 30《北大》2039 31《合集》27833 32《合集》27844 33《合集》27858 34《合补》10181 35《合集》27851 36《合集》27853 37《合集》27854 38《合集》27857 39《合集》27859 40《合集》27868 41《合集》27872 42《合集》27873 43《合集》27874 44《合补》8939 45《合补》8838 46《北大》460 47《北大》1609 48《北大》1618 49《北大》2036 50《辑佚》523 51《安明》1652 52《安明》1653 53《安明》1654

本组系联的主要依据为“王燕叀吉”。所见月份为四月、七月，依干支顺序可排入数月之内。占卜“王燕叀吉”的卜辞还见于《合集》5250—5289，均属宾组二类。

第二组

（1）乙卯卜何贞：王宾勺岁，不菁雨？ 1 2 3

（2）乙卯卜何贞：㞢勺岁于唐王亡害？［十］二月。 3

（3）乙卯卜何贞：㞢勺于唐亡害？十二月。 4

1《合集》30531 2《合集》30532 3《合集》27153 4《合集》27150

本组系联的依据为“王宾勺岁，不菁雨”。所见月份为十二月，依干支顺序可排入同一月，应为同时所卜。

（二）可能有联系的卜辞

第一组

（1）…雨，往…祼…冓雨？四月。 ❶
（2）戊寅卜何贞：王往于夕祼不冓雨？在五月。 ❷
（3）贞：今夕祼？ ❸
（4）王其宾祼亡害？ ❸
（5）□□[卜]何贞：往于夕…冓雨？ ❶
（6）贞… ❶

❶《东京大学》666　❷《合集》27865　❸《合集》22417

本组系联的依据为“夕祼”祭。所见月份为四月、五月。大量“夕祼”祭的卜辞还见于出组二 A 类“可能有联系的卜辞”第二十八组、出组二 B 类“可能有联系的卜辞”第四十四组。

第二组

（1）癸巳卜何贞：王夙祼上甲，冓雨？ ❶
（2）癸巳卜何贞：王宾甲夙祼，不冓雨？ ❷

❶《拼二》486　❷《合集》30529

本组系联的依据为“夙祼”祭。“夙祼”祭还见于出组二 A 类“可能有联系的卜辞”第二十七组、出组二 B 类“可能有联系的卜辞”第四十三组。

第三组

（1）□□[卜]㲋贞…祼不[冓]雨？王往…允不冓雨。三月。 ❶
（2）己未…王祼… ❷
（3）□戌卜□贞…翌祼… ❸
（4）贞…𡆥… ❸

❶《合集》30927　❷《合集》30928　❸《上博》21569. 204

本组卜辞主要依据“祼”祭进行系联。所见月份为三月，由于辞例中缺少“夕”“夙”等关键词，故而单独列为一组，紧附于夕、夙祼祭之后。

第四组

(1) 丙午…屮于… 1
(2) □□[卜]何贞…自日…蒂雨？三月。 2
(3) □□[卜]何贞：蒂雨？ 3
(4) 其蒂[雨]？ 3
(5) …蒂雨？ 4 5 6
(6) 贞…蒂… 5
(7) 贞：其蒂雨？ 1 7
(8) 雨？ 6
(9) 贞：不蒂雨？ 8
(10) □□卜何[贞]：往于…蒂雨？ 9

1《合补》9538　2《合集》29718　3《合集》30087　4《合补》9531　5《合补》9532　6《合补》9544　7《合补》9549　8《北大》1619　9《北大》1620

本组系联的依据是“蒂雨”。所见月份为三月，大多无干支，附于此以供参考。

第五组

(1) 甲子卜何贞：王蒂雨？一月。 1
(2) 己巳卜[何]贞：王[不]蒂雨？ 2
(3) 戊寅卜専贞：王不蒂雨？ 3
(4) 癸未… 4
(5) 乙酉卜何[贞]：王蒂…在… 5
(6) 壬辰卜何贞：王不蒂雨？七月。 6 7
(7) 癸巳卜何贞：王不蒂雨？七月。 8
(8) □丑卜彭[贞：王]不蒂雨？ 4
(9) □午卜何[贞]：王不蒂[雨]？允不蒂雨。 9
(10) 贞：其蒂雨？ 2

(11) □□[卜]何[贞]：王宾…不菁[雨]？ ⑩
(12) □□[卜]何贞：翌…王不菁雨？ ⑪
(13) 贞：王…菁… ⑫
(14) □□卜何[贞]…王…菁… ⑬
(15) …菁… ⑬

❶《合集》30078 ❷《北大》1610 ❸《合集》30106 ❹《合集》30123 ❺《合集》30153 ❻《合集》30107 ❼《合集》30108 ❽《合集》30109 ❾《合集》30110 ❿《合集》30115 ⓫《合集》30117 ⓬《安明》1595 ⓭《历史所》1512

本组系联的依据为“王菁雨”。所见月份为一月、七月，依干支顺序可以排入一年之内。

第六组

(1) 辛巳卜何贞：王往于日…菁… ❶
(2) 壬子[卜何]贞：王…于…亡[災]？ ❷
(3) 辛酉卜何贞：王往…亡災？ ❸
(4) □□卜口[贞]：王其往…叀西… ❹
(5) □□卜何[贞]…步…亡災？ ❷
(6) □□卜専[贞]…往于…其… ❺
(7) □丑卜贞：王往…亡… ❻

❶《合集》27775 ❷《合集》27797 ❸《合集》31916 ❹《合集》27774 ❺《合补》1164 ❻《合补》8902

本组系联的依据是“王往…”，占卜王出行之事。此类卜辞，大多见于出组二A类“可能有联系的卜辞”第二十三组、出组二B类“可能有联系的卜辞”第二十六组。

二、何组二类卜辞的系联

（一）有联系的卜辞

第一组

（1）乙未卜暊贞：旧一匹左驶其犁不卣？ ❶
（2）乙未卜暊贞：右史入驶其犁不卣？ ❶
（3）乙未卜暊贞：□子入驶士一匹犁？ ❶
（4）乙未卜暊贞：自贾入赤瑪其犁不卣？吉。 ❶
（5）乙未卜暊贞：左…其犁不卣？吉。 ❶
（6）乙未卜暊贞：在宁田，黄右赤瑪其犁… ❶
（7）乙未卜暊贞：辰入驶其犁？ ❶
（8）乙未…长…不… ❶
（9）癸卯[卜]暊[贞]：叀… ❷
（10）癸丑卜暊贞：左赤马其犁不卣？ ❸
（11）癸丑[卜]□贞…马… ❸
（12）癸丑[卜]□贞：左…马… ❹
（13）□□卜暊[贞]：赤□其犁[不]卣？ ❺
（14）□□卜暊[贞]：右史其犁[不]卣？ ❻
（15）贞：右□马其犁不卣？ ❼
（16）□□[卜]暊[贞]…赤□其…不… ❷
（17）…卣？ ❻
（18）…暊… ❶❸
（19）…犁□？ ❺

❶《合补》9264 ❷《合集》27722 ❸《合集》29418 ❹《合集》29423 ❺《合集》27720 ❻《合集》27721 ❼《合集》24507

本组系联的依据为马是否“其犁不卣”。从辞例及干支等来看，应为同时所卜。

第二组

(1) 甲子卜何[贞]：其祝？之祝。 1
(2) 癸酉卜何贞：翌甲午登于父甲饗？ 1
(3) 甲戌卜：贾？ 1
(4) 戊寅卜贞：其祝？ 1
(5) 戊寅卜贾贞：王宾？ 1
(6) 戊寅卜王贞：其叀祝？ 1
(7) 庚辰卜何贞：翌辛巳其登于妣辛？ 2
(8) 庚辰卜何贞：其一牛？ 2
(9) 庚辰卜□贞：翌辛[巳]其又？ 2
(10) 癸未[卜]□贞：其…饗？ 3
(11) 癸未卜：甲申其饗？ 4
(12) 甲申卜何贞：翌乙酉其登祖乙饗？ 3
(13) 甲申卜何贞：翌乙酉小乙登其眔？ 3
(14) 乙酉卜贾贞：王其宾祖乙…登眔…登？ 5
(15) 癸巳卜何贞：翌甲午登于父甲饗？ 1
(16) 甲辰卜王贞：翌日其饗？ 1
(17) 丁未卜何贞：莫其牢？ 1
(18) 丁未卜何贞：羌十人，其之…豕？ 1
(19) 丁未卜何贞：御于小乙奭妣庚其宾饗？ 1
(20) 丁未卜何贞：其馭史？ 1
(21) 庚戌卜何贞：翌辛亥其又毓妣辛？ 1
(22) 庚戌卜何贞：翌辛亥其又毓妣辛饗？ 1
(23) 壬子卜何贞：翌癸丑其又妣癸饗？ 1
(24) □戌卜何[贞]…其宰饗？ 1
(25) □□卜何贞：翌…父庚饗？ 6
(26) 贞：王勿饗？ 7
(27) 贞：其即日？ 1
(28) 贞：其示瓒？ 1
(29) 贞：其即日鱼？ 1

(30) …贞：父甲登…[亡]尤？ ❽
(31) 今日𣈆…亡尤？ ❾
(32) □未卜何[贞]…其一牛？ ❹
(33) …饗… ❿
(34) …盧亡尤？ ❿
(35) 贞… ❸❼

❶《拼四》875　❷《合补》8741　❸《合集》27221　❹《合集》31041　❺《合集》27211　❻《合集》27430　❼《合集》31049　❽《合集》27457　❾《合集》30670　❿《合集》31044

本组系联的依据为“登于…饗”，“于”后多为祭祀之对象。观以上诸条，辞例相同，干支相近，故推测应为一时所卜。

（二）可能有联系的卜辞

第一组

(1) 甲寅卜… ❶
(2) □酉卜…又伐… ❶
(3) 贞：翌丁亥其又伐于升？ ❷
(4) 贞：弜牝？ ❷
(5) 弜又？ ❷

❶《合集》27002　❷《合集》27001

本组系联的依据为“又伐”。无月份记载，干支大多亦残缺，暂附于此以供参考。

第二组

(1) [辛]未卜暊[贞：王]其宾戠… ❶
(2) 辛未卜暊贞：今日王永？ ❶
(3) 甲辰卜暊贞：王宾戠亡尤？ ❷
(4) 丁巳卜豕贞：王宾夕戠亡囚？ ❸
(5) …王宾戠亡尤？ ❹

(6) 贞…日… 1
(7) …廪… 4

1《合集》27827　2《合集》30547　3《合集》30546　4《合集》25738

本组系联的依据为“王宾戠”，无月份记载，据干支顺序排列如上。

第三组

(1) 乙亥…大乙？ 1
(2) 癸巳卜暊贞：翌日祖甲岁其牢？ 2
(3) 己酉[卜]□贞：翌…其又…岁… 1
(4) 己酉卜何贞：其宰？ 1
(5) 己酉卜何贞：其宰又一牛響？ 1
(6) 庚戌卜何贞：妣辛岁，其叒𢀛？ 3
(7) 庚戌卜何贞：其于来辛酉？ 3
(8) 庚戌[卜]…辛亥… 3
(9) 庚申卜何贞：翌辛酉虢其隹？ 3
(10) 庚申卜何。 3
(11) 贞…王…于… 1
(12) 贞… 2
(13) 贞：叒…汎岁… 4
(14) …宰？ 4
(15) …宾…岁二牢… 5
(16) 其叀岁… 6
(17) 贞：叀祼用？ 6
(18) □□[卜]暊[贞]…其一牛？ 6
(19) …王宾…父甲…岁牢… 7
(20) □□[卜]暊[贞]…[王]宾…丁岁… 8
(21) □巳卜暊贞：在太室… 8

1《合集》27138　2《合集》27336　3《合集》26975　4《合集》29682
5《合集》30740　6《合集》30931　7《合补》8754　8《英藏》2346

本组系联的依据为“岁”祭。无月份记载，干支相近，可排入两月之内。

第四组

(1) □□卜贞：王…大戊彡亡尤？ ❶
(2) 癸未卜王贞：[旬]亡囚？在八月甲申彡戋甲。 ❷
(3) □□卜贾[贞]…宾…彡…亡尤？ ❸
(4) 贞…彡…酒… ❹
(5) 何？ ❶
(6) 其沓？ ❹
(7) …囚…七…羌甲… ❷

❶《合集》27175　❷《掇三》20　❸《合集》30553　❹《合集》31091

本组系联的依据为“彡”祭。“彡”祭乃周祭之一种。无月份记载，辞例大多残缺，附此以备参考。

第五组

(1) 癸亥[卜]贾贞：王宾示癸翌日亡尤？ ❶
(2) 贞：王宾祖乙翌日亡尤？在十一月。 ❷
(3) 甲□[卜]□贞：王…父甲翌…叀吉？ ❸

❶《合集》27086　❷《合集》27213　❸《合集》27458

本组系联的依据为“翌”祭。

第六组

(1) 丁酉。 ❶
(2) 己亥卜贾贞：王宾戠亡尤？ ❷
(3) 戊申卜贾贞：王宾大戊戠亡尤？ ❷
(4) 辛亥卜贾贞：王宾夙祼亡尤？ ❷
(5) 癸丑卜何贞：其宰又一牛？ ❶
(6) 癸丑卜何贞：叀勿？ ❶
(7) 癸丑卜何贞：弜勿？ ❶
(8) 癸丑卜何[贞]：翌甲寅其又父甲？ ❶

(9) 癸丑卜何贞：其宰？ ❶
(10) 乙卯卜贾贞：王宾报丙劦亢多亡尤？ ❷
(11) 丙辰卜何贞：翌丁巳其又？ ❶
(12) 丙辰卜何贞：其一牛？ ❶
(13) 丙辰卜何贞：其宰？ ❶❷
(14) 丙辰卜贾贞：王宾报丙劦亢多亡尤？ ❷
(15) 丙辰卜贾贞：王宾报丙劦亢多？ ❷
(16) 庚申卜何贞：翌辛酉其又妣辛？ ❶
(17) 庚申卜何贞：其宰？ ❶
(18) 庚申卜何贞：其宰又一牛？ ❶
(19) 庚申卜贾贞：王宾夙祼亡尤？ ❶
(20) 辛酉卜贾贞：王宾夕祼亡尤？ ❶
(21) 壬戌卜王贞：今夕亡尤？ ❶
(22) 甲子卜贾贞：王宾上甲劦亡尤？ ❶❷
(23) 甲子卜贾贞：王宾上甲劦？ ❷
(24) 贞：王宾上甲劦亡尤？ ❷
(25) 庚午卜：贾？ ❶
(26) 庚午。 ❶
(27) [甲]午卜贾[贞]：王宾小甲劦亡尤？在三月。 ❸
(28) □□卜贾[贞]…宾…奭…劦… ❹
(29) …劦…亡… ❺
(30) 丁□[卜]□贞…中丁…亡[尤]？ ❹
(31) 上甲菁？ ❷
(32) 亚鸟？ ❷
(33) 上甲？ ❶❷
(34) 己□[卜]□贞… ❷
(35) 宾… ❷
(36) …祼亡尤？ ❶

❶《合集》27042 正+① ❷《合集》27042 反 ❸《合补》8718 ❹《合集》27177 ❺《安明》1272

① 李霜洁：《何组胛骨缀合一则》，《出土文献》2020 年第 2 期。

本组系联的依据为“酓”祭。所见月份为三月，据干支序数可以排入两月之内。

第七组

(1) 戊辰卜暊贞：其祝…弗… 1
(2) 癸丑卜暊贞：其作告祝于元太室？ 2
(3) □□[卜]口贞：祖祝上甲、大乙、祖乙、丁？之乙酉桒…乙十示又二。 3
(4) 贞：祖乙其罘祖丁？ 1
(5) …庆…其□来？ 2

1《合集》27205　2《上博》46460　3《合集》27080

本组系联的依据为“祝”祭。无月份记载，据干支序数可以排入两月之内。

第八组

(1) 庚子卜何贞：翌辛丑其又妣辛饗？ 1
(2) 庚子卜何贞：其一牛？ 1
(3) 庚子卜何贞：其宰？ 1
(4) 癸卯卜何贞：翌甲辰其又丁于父甲宰饗？ 1
(5) 丙午卜何贞：翌丁未其又勺岁毓祖丁？ 1
(6) 丙午卜何贞：其宰？ 1
(7) 丙午卜何贞：其三宰？ 1
(8) 己酉卜暊贞：其又中己？ 2
(9) 辛亥卜□贞：其又… 3
(10) 辛□[卜]□贞…又… 4
(11) □亥卜何[贞]：丁丑其又祖丁？ 5
(12) □□卜暊贞：又司母？ 6
(13) 贞：先之饗？ 1
(14) 饗？ 1
(15) 贞：叀㚔？ 1
(16) 贞：叀羊？ 1
(17) 贞：叀牛？ 1

(18) 贞：其𠬝𡗜？ 2
(19) 贞…𠬝[𡗜]… 2
(20) 贞：其自帝甲又逆？ 3
(21) 贞：其于来日…𠬝[𡗜]？ 4
(22) …二父… 1
(23) …又… 1

1《合集》27321　2《合集》27385　3《合集》27437　4《合补》9353 正　5《合集》27263　6《合集》27607

本组系联的依据主要是“又”祭。无月份记载，据干支顺序排列如上。

第九组

(1) 庚午卜□[贞]：翌日其…叀小宰？ 1
(2) 甲戌卜暊贞：其一牛？ 2
(3) 庚寅卜何贞：其宰？ 3
(4) 庚寅[卜]□贞：其… 3
(5) 癸卯卜何贞：叀勿？ 4
(6) 癸卯卜何贞：弜勿？ 4
(7) 癸卯卜何贞：其罘祖乙？ 4
(8) 癸卯卜□贞：其宰？ 5
(9) 乙巳卜何贞：亚旁以羌其御用？ 3
(10) 乙巳卜何贞：其奠？ 3
(11) 丙午卜何[贞]：弜勿？ 6
(12) 乙卯卜暊贞：其一牛？ 7
(13) 贞：弜勺妣辛在…罘祖… 7
(14) …牛… 7
(15) …宰？ 2
(16) □酉卜何贞：叀勿？ 8
(17) □酉卜何[贞]：弜勿？ 8
(18) …其…宰？ 1
(19) 贞：叀小宰？吉。 9
(20) 贞：其一牛？ 9

（21）贞：叀小宰？吉。 10
（22）贞：其一牛？ 10
（23）贞：其小宰？ 11
（24）贞：其二宰？ 12
（25）□□卜何[贞]…辛… 5
（26）…暊… 10
（27）…王宾… 11
（28）贞… 12

1《合集》29657　2《合集》27731　3《合补》9681　4《合集》27208　5《北大》455　6《合集》29501　7《合集》27552　8《合集》29499　9《合集》29669　10《卡博》373　11《天理》433　12《怀特》1303

本组系联的依据为“选牲”，其内容大多卜问祭祀某位先祖所用牛、羊等牺牲之数量或毛色。无月份记载，据干支顺序排列如上。

第十组

（1）丁卯[卜贾]贞：王[宾]叙亡尤？ 1
（2）庚寅卜贾贞：王宾叙亡尤？ 2
（3）甲辰[卜]暊[贞]…王… 3
（4）己酉[卜]□贞…馭于…录…途于徉？ 4
（5）庚戌[卜]□贞：王…叙[亡]尤？ 5
（6）乙卯卜贾贞：王宾叙亡[尤]？ 6
（7）乙卯… 7
（8）丁巳卜贾贞：王宾叙亡尤？ 7
（9）癸亥卜贾贞：王宾叙亡尤？ 7
（10）□子卜贾贞：王宾叙亡尤？ 1
（11）□丑卜□贞…在… 5
（12）□□卜贾[贞：王]宾… 2
（13）□□卜贾[贞]：王宾叙亡尤？ 8
（14）□□[卜]贾贞…叙亡尤？ 9
（15）…叙… 3
（16）…叙…亡尤？ 10

❶《合集》30550　❷《合集》30548　❸《合补》8823　❹《合集》27237　❺《合补》9637　❻《合集》30557　❼《合集》30549　❽《合集》30551　❾《合集》30788　❿《上博》54795.22

本组系联的依据为"叙"祭。无月份记载，据干支顺序可以将其排入两月之内。

第十一组

(1) 丁亥[卜]□贞：亚…夒…田…录？　❶
(2) 癸巳卜㫤[贞]：亚往田[往]来亡災？　❷
(3) 癸卯[卜]□贞：亚[往]来亡災？　❸
(4) 庚戌卜㫤贞：亚其往宫，往来亡災？　❹
(5) 癸亥卜㫤贞：翌史亚又…叀用？　❺
(6) 翌日亚…田，其于…　❷
(7) □亥卜㫤[贞]：今日亚其□函？　❹
(8) 贞：其…翌日…　❹
(9) 弜隹？　❺
(10) 贞：不冓雨？　❸
(11) 叀[𦎫]？　❶

❶《合集》27933　❷《合集》27929　❸《合集》27928　❹《合集》27930　❺《合集》27932

本组系联的依据为"亚往来…"。无月份记载，据干支顺序可以排入两月之内。

第十二组

(1) 癸酉[卜]㫤[贞]：帝…　❶
(2) 癸酉[卜㫤]贞：帝…王其…　❷
(3) …帝…　❸
(4) …于…日…　❶

❶《合集》30591　❷《合集》30592　❸《安明》1646

本组系联的依据为"帝"祭，辞例大多较残。无月份记载，❶❷两版干支相同，推测应为同时发生之事。

三、何组三A类卜辞的系联

（一）有联系的卜辞

第一组

（1）辛巳[卜]□贞：王燕[叀]吉？ 1
（2）癸未卜贞：王燕叀吉？ 2
（3）丁未卜𣪘贞：王其宾大戊设，燕叀[吉]？ 3
（4）甲寅[卜]□[贞：王]燕…𩵦…吉？ 4
（5）辛酉卜壴贞：王宾夙，燕叀吉，不冓雨？ 5
（6）壬戌卜壴贞：王宾辛、壬、丁，燕隹吉？ 5
（7）癸亥卜𣪘贞：王燕[叀]吉？ 6
（8）甲□[卜]□[贞]：王其…勹…燕… 7
（9）贞：王燕叀吉，不遘雨？ 8
（10）贞：王燕叀吉？ 9 12 13
（11）贞：王燕隹吉？ 10 11

1《合集》27838 2《合集》27834 3《合补》8864 4《合集》27871 5《合集》27382 6《合补》8905 7《合集》27870 8《合集》27840 9《合集》27839 10《合集》27852 11《合集》39813 12《合补》8906 13《合补》8907

本组系联的依据为“王燕叀吉”。占卜“王燕叀吉”的卜辞还见于宾组二类、何组一类“有联系的卜辞”第一组。无月份记载，据干支顺序排列如上。

第二组

（1）辛亥卜[彭]贞：执兢？ 1 2
（2）…虩自狩… 1
（3）戊辰卜壴贞：其又来虩自狩，今日其延于祖丁？ 3
（4）贞：于来丁？ 3

(5) …于祖丁? 3
(6) …叡之叀莫? 3
(7) 甲□[卜]□贞…虢… 4
(8) 贞：于裸? 4
(9) 丁丑卜彭贞：于文室? 4

1《合集》31787　2《合集》31788　3《合集》27302　4《合集》27695

本组系联的依据为“来虢”。无月份记载，据干支顺序排列如上。

(二) 可能有联系的卜辞

第一组

(1) 甲寅卜彭贞：其饗多子? 1
(2) 癸亥卜彭贞：大乙、祖乙、祖丁眔饗? 2
(3) 癸亥卜贞：隹大乙眔祖乙饗? 2
(4) 贞：大乙、祖丁眔饗? 2
(5) …饗? 2
(6) □亥卜：祖丁其…日饗? 2
(7) 贞：其延御于大戊饗? 3
(8) 贞：其延御于右河饗? 3
(9) 贞：鬯三卣饗? 4
(10) 弜饗? 5
(11) [五]宰饗? 6
(12) 贞：其一宰? 6
(13) 贞：叀勿? 4
(14) 贞：弜勿? 4
(15) 丁□[卜]□贞… 3
(16) 癸… 4
(17) 贞… 3 4

1《合集》27649　2《合集》27147　3《合集》27174　4《合集》30910　5《合集》31048　6《合集》33745

本组系联的依据为“饗”祭。无月份记载，据干支顺序排列如上。

第二组

(1) 癸亥卜彭贞：其酒彡，王上下亡左？ ❶
(2) 甲戌卜彭贞：酒彡大乙王弗宾？ ❶
(3) 甲午卜彭贞：酒巳自二至于毓？ ❷
(4) 贞…大乙弜酒，于之左，正？ ❸
(5) 贞：叀乙未酒有正？ ❹
(6) 不之我巳？ ❷
(7) …其有正？ ❹
(8) 贞：𠬝勿告，延之我巳？ ❷
(9) 贞：于祖… ❷

❶《合集》27107　❷《拼一》193　❸《合集》27108　❹《合集》30814

本组系联的依据为“酒”祭，无月份记载，据干支顺序排列如上。

第三组

(1) 甲子卜彭贞：王夙祼，其于祖？ ❶
(2) 甲子卜：何？ ❷
(3) 丙戌[卜]□贞：其… ❷
(4) 庚寅卜壴贞：其又妣辛七牛？ ❸
(5) 庚寅卜彭贞：其又妣辛一牛？ ❶
(6) 庚寅卜贞：其大宰？ ❶
(7) 庚寅卜彭贞：其小宰？ ❶
(8) 庚寅卜贞：𠬝？ ❶
(9) 癸丑卜何贞：其又于夒？ ❷❹
(10) 癸丑卜何贞：于河？ ❷❹
(11) 癸丑卜何… ❹
(12) 癸丑卜何[贞]：于… ❷
(13) 癸丑卜何贞：于岳？ ❷
(14) 癸丑卜何贞：于寍？ ❷
(15) 癸丑卜何贞：𠬝𢻻？ ❷

(16) 癸丑…其又… ❺
(17) 丙辰卜彭贞：其又祖丁叀翌日？ ❻❼
(18) 戊午卜贞：其又妣己宰？吉。 ❽
(19) 辛酉卜贞：王其又☐辛奭叀岁有正？ ❾
(20) 壬戌卜狄贞：今日不雨？ ❽
(21) 癸亥卜彭贞：其又小乙，畴祭于祖乙？ ❿
(22) 癸亥卜贞：其又祖… ⓫
(23) 癸亥卜彭贞：其又于宎？ ⓬
(24) 贞：王其又于祖乙？ ⓭
(25) ☐☐[卜]彭贞：其又… ⓮
(26) 其又于河？ ⓯
(27) …何…岳？ ❹
(28) 贞：于… ❿
(29) 贞：三宰？ ❿⓫
(30) 贞：五宰？ ❿⓫
(31) 贞：其三宰？ ❽
(32) 贞：其一牛？吉。 ❽
(33) 贞：其小宰？ ❽
(34) 上甲燎六羊？ ❺
(35) 贞：㕚𤎫？ ❿
(36) 贞… ❻⓮
(37) 辛☐[卜]☐贞… ⓬
(38) ☐☐卜…不… ❽
(39) ☐☐卜… ❸
(40) ☐☐卜彭… ❶
(41) 贞：逐叀莫？ ⓫
(42) …宎… ⓫
(43) 贞：于宾？ ⓬
(44) ☐亥卜[贞]…于宾？ ⓬

❶《合集》27543　❷《合补》10356　❸《合集》27542　❹《合集》30401
❺《上博》21569.22　❻《合集》27264　❼《合集》27265　❽《合集》27515
❾《合集》27162　❿《合集》27223　⓫《合集》29673　⓬《合集》30347

⓭《合集》27185　⓮《合集》30502　⓯《北大》2850

本组系联的依据为“又”祭。无月份记载，据干支顺序可排入两月之内。

第四组

（1）辛未［卜］□贞：其… ❶
（2）癸巳卜彭贞：叀今新用？ ❷
（3）癸卯卜壴贞：旬亡𡆥？ ❸
（4）庚申［卜］□贞：翌…其登又？ ❶
（5）癸亥卜何贞：其登鬯于祖乙叀翌乙丑？ ❸
（6）丙…鬯，小臣冎立？ ❹
（7）□□卜彭贞：其延登黍？ ❺
（8）…何…来…亥？ ❸
（9）贞：其令亚夭马□集？ ❶
（10）…饗父庚、父甲家？ ❺
（11）贞：□西璧用…祖□？ ❷

❶《合集》27939　❷《拼二》405　❸《合集》27220　❹《合集》27876　❺《合集》30345

本组系联的依据为“登…”。无月份记载，据干支顺序排列如上。

第五组

（1）乙卯卜贞：其又乇祖丁五宰？大吉。 ❶
（2）…翌日大乙，王其乇祖乙又羌？ ❷
（3）贞… ❷

❶《合集》27269　❷《合集》26935

本组系联的依据为“乇”祭。无月份记载，据干支顺序排列如上。

第六组

（1）癸巳卜：何？ ❶
（2）甲辰卜何贞：岁其于大乙？ ❶

(3) 甲辰卜。 1
(4) 丁未卜：彭？ 1
(5) 癸丑卜彭贞：木𡆥？ 1
(6) 贞：于妣祼？ 2
(7) 贞：其妣甲祼？ 1
(8) 妣甲祼？ 1
(9) 贞：于[高]… 2
(10) 贞：于乙？ 1
(11) 贞：其又小丁？ 1
(12) 宰？ 2
(13) 贞：其又…异？ 1
(14) 其又于室、亚、方？ 1
(15) 贞：㲋每？ 1
(16) 贞：祊于祖丁？ 1
(17) 贞：其衣又？ 1

1《合补》9622　2《合集》27576

本组系联的依据为“祼”祭。无月份记载，据干支顺序排列如上。

第七组

(1) 戊午[卜何]贞：王其田斿往来亡災？在九[月]。 1
(2) 辛酉…田鄦？ 2
(3) 丁卯[卜]□贞：戊…鸡亡… 3
(4) 贞：叀盂□于𠦪擒？ 4
(5) 贞：王其田盂亡災？ 5
(6) 叀盂亡災？ 6
(7) □□卜狄[贞]…田…雨？ 4
(8) 贞：王… 6
(9) …何…田…災？□月。 1

1《合集》27778　2《北大》101　3《合集》28150　4《合集》29276　5《合集》29269　6《合集》28149

本组系联的依据为鸡、斿、鄦、盂等田猎地名，所见月份为九月。通过以上排列，可大致推测各地之间的距离，对考证其地望具有重要参考价值。

第八组

(1) 癸未卜彭贞：告宰? 1
(2) 癸未卜贞：二宰? 1
(3) 癸亥卜贞：叀勿? 2
(4) 癸亥卜贞：弜勿? 2
(5) 癸□[卜]□贞… 2
(6) 牢? 吉。 3
(7) 卯三十宰? 4
(8) 其十宰? 5
(9) 五宰? 6
(10) 贞：三宰? 7
(11) 贞：其又宰? 8
(12) 贞：其二宰? 8 10
(13) 贞：其一牛? 9
(14) 贞：其宰又一牛? 9
(15) …言…比… 10
(16) 贞：一牛? 11
(17) 贞：叀… 11
(18) …于…牛用? 12
(19) 贞… 1 7 12

1《合集》30596 2《合集》29500 3《合集》29638 4《合集》29670 5《合集》29671 6《合集》29672 7《合集》29676 8《合集》29678 9《合集》29681 10《合集》30639 11《合集》31925 12《北大》456

本组系联的依据为“选牲”。以上卜辞均有卜问选择祭祀所用牺牲之数量及毛色者。无月份记载，据干支顺序排列如上。

第九组

(1) 乙亥卜何贞：王不冓雨? 1

（2）庚寅… 2
（3）丁未卜彭… 3
（4）□□卜狄[贞]…遘雨？ 2
（5）□□卜彭贞：其冓雨？ 3
1《史购》224 2《合补》9548 3《合集》30090
本组系联的依据为“冓/遘雨”。无月份记载，据干支顺序排列如上。

四、何组三B类卜辞的系联

（一）有联系的卜辞

第一组

（1）癸丑卜狄贞：戍逐其雉王众？ 1
（2）贞：戍□弗[雉]王[众]？吉。 2
（3）[贞：戍]冎[弗]雉[王]众？ 2
（4）贞：非行用，翦不雉众？ 3
（5）贞：弜用非…叀衪行用，翦羌人于之，不雉人？ 4
1《合集》26881 2《合集》26882 3《合集》26887 4《合集》26896
本组系联的依据为“雉众/人”。本组在横向上与无名组二类相关卜辞所卜为同一事，详见无名组二类“有联系的卜辞”第一组。

第二组

（1）翌日壬王其…以众？ 1
（2）以众？ 2
（3）…擒，以众？ 3
（4）贞：其以？ 4
（5）…弜以？吉。 5
（6）…田省？ 2
（7）贞… 3

❶《合集》26902　❷《合集》26903　❸《合集》26904　❹《合集》31186　❺《合集》31187

本组系联的依据为“以众”。无月份和干支记载，试排列如上。

（二）可能有联系的卜辞

第一组

（1）辛亥卜贞：其祝一羌王受又？ ❶
（2）乙卯卜狄贞：献羌其用妣辛祼？ ❶
（3）丙辰卜狄贞：[illegible]以执先用？ ❷
（4）□亥卜：羌二方伯其用于祖丁、父甲？ ❸
（5）…羌二人？ ❹
（6）…又勺羌…受又又？ ❺
（7）闢羌方，克闢擒？ ❺
（8）□□卜：其又勺… ❻
（9）又羌？ ❻
（10）其又中宗祖乙又羌？ ❼
（11）贞：叀羌？ ❶
（12）贞：其卯羌，伊宾？ ❽
（13）[贞]：王其用羌于大乙，卯叀牛王受又？ ❽
（14）王其酒…羌？吉。 ❾
（15）…羌酒… ❿
（16）贞…萑…羌…大吉。 ⓫
（17）[贞]：弜宾？ ⓫
（18）□□卜狄[贞]…奏…羌… ⓬
（19）弜[又]羌？吉。 ⓭
（20）贞：其…大庚三羌，王…吉。 ⓮
（21）用羌？ ⓯
（22）…羌执其…用？在四月。 ⓰
（23）…又… ⓰
（24）贞：其寻叀翌日丁？吉。 ❷

（25）贞：王既自中宗…王受…大吉。 17
（26）中宗…又勺…有正？ 18
（27）贞：日于父甲…羌王受又又？ 19
（28）…又勺…叀…牢…吉。 20

1《合集》26954　2《合集》26983　3《合集》26925　4《合集》26926　5《合集》26927　6《合集》26928　7《合集》26933　8《合集》26955　9《合集》26957　10《合集》26958　11《合集》26959　12《合集》26966　13《合集》26967　14《合集》26968　15《合集》26969　16《合集》26971　17《合集》27245　18《合集》27247　19《合集》27463　20《合集》30476

本组系联的依据为“用羌”。所见月份为四月，据干支顺序排列如上。

第二组

（1）癸酉卜狄贞：卯三牢王受又又？ 1
（2）丙子［卜］□贞：于…王受［又］？ 2
（3）庚寅卜贞：其大宰？ 3
（4）庚寅［卜］贞…牛… 4
（5）乙卯卜贞：十牢王受又又？ 5
（6）己未卜贞：今日雨？ 6
（7）庚申卜贞：延雨？ 6
（8）贞：其十人又五？ 6
（9）十人王受又？ 7
（10）…王［受］又？ 7
（11）王叀田省？ 7
（12）十人又…王受［又］？ 8
（13）…莫…五人［王］受又又？ 9
（14）贞：三牛王［受又］？ 10
（15）…妣庚［王］受又又？ 10
（16）贞：二牢王受又又？ 11
（17）妣辛？ 11
（18）贞：羁五羁、宰王受又？ 12
（19）三牛？ 13

（20）贞：叀… 13
（21）…二牛…受… 14
（22）…牛王受又？吉。 15
（23）…叀牛？ 16
（24）贞：翌日…王其… 16
（25）…叀牛？ 17
（26）［贞］：叀牛王受又？ 18
（27）叀… 18
（28）…于祖… 4
（29）贞：牝？ 19
（30）贞：叀牡王受又又？ 20
（31）贞：叀物牛… 21
（32）贞：牢王受［又］？吉。 22
（33）…物牛？ 22
（34）贞… 6
（35）□□卜狄［贞］…叀羊？ 2
（36）□丑卜［贞］：叀羊犬［亡］災？ 23
（37）贞：其叀羊？ 24
（38）贞：叀羊有正？ 25
（39）…牛有正？ 25
（40）贞：叀彘王受又？ 26
（41）叀豚［王］受又？ 27
（42）叀黑犬王受又又？ 28
（43）贞：又囮？ 3
（44）…十牢…受又又？ 29
（45）其五牢？ 30
（46）五牢王受又又？吉。 31
（47）叀三小［宰］？大吉。 32
（48）贞：三牢［王］受［又］？ 33
（49）三牢…又… 34
（50）［叙］嫠？ 34
（51）三牢… 35

（52）二牢王受又？ [36][37][38]

（53）贞：牢又一牛？ [39]

（54）弜宾？ [39]

（55）贞：牢又…王受又？大吉。 [40]

（56）…牢王受又又？ [41]

（57）…牢王受又？ [42]

（58）贞：牢[王]受[又]？大吉。 [43]

（59）…牢王受又又？ [44]

（60）三宰王受又？ [45]

（61）宰王受又？ [46]

（62）𠬝[illegible]？ [43][46]

（63）贞：叀牢又一牛用？大吉。吉。 [47]

（64）贞：卯三牢王受[又]？ [48]

（65）…王… [48]

（66）叀牛王受又？ [49]

（67）…牛受又又？ [49]

（68）贞：羊…大吉。 [50]

（69）…宰？大吉。 [51]

（70）牢？吉。 [52]

（71）…宰？吉。 [53]

（72）贞：叀…牢王[受]又又？ [54]

（73）于… [10]

（74）…旦… [32]

（75）贞：五羁伐，卯… [12]

[1]《合集》31108　[2]《合集》29528　[3]《合集》29552　[4]《合集》29473　[5]《合集》29567　[6]《合集》27019　[7]《合集》27026　[8]《合集》27028　[9]《合集》27032　[10]《合集》27538　[11]《合集》27563　[12]《拼一》179　[13]《合集》29439　[14]《合集》29444　[15]《合集》29446　[16]《合集》29456　[17]《合集》29459　[18]《合集》29467　[19]《合集》29475　[20]《合集》29479　[21]《合集》29494　[22]《合集》29496　[23]《合集》29529　[24]《合集》29531　[25]《合集》29534　[26]《合集》29540　[27]《合集》29541　[28]《合集》29544　[29]《合集》29570　[30]《合集》29573　[31]《合集》29574　[32]《合集》29585　[33]《合集》

29589 34《合集》29590 35《合集》29591 36《合集》29602 37《合集》29604 38《合集》29606 39《合集》29615 40《合集》29616 41《合集》29621 42《合集》29625 43《合集》29626 44《合集》29627 45《合集》29677 46《合集》29683 47《合集》30707 48《合集》31110 49《合补》9692 50《合补》9756 51《合补》9758 52《合补》9785 53《合补》9791 54《合补》10182

本组系联的依据为“选牲”。以上均为选择祭祀所用牺牲的卜辞，或卜问其数量，或卜问其毛色，如“黑犬”“物牛”等。另外还有卜问是用一种牺牲还是多种牺牲之组合者，如“羊、犬”“牢又一牛”等。无月份记载，据干支顺序排列如上。

第三组

(1) 乙丑。 1
(2) 庚辰卜狄贞：叀五羁先酒？ 2
(3) 癸卯[卜]贞：王…叙？ 3
(4) 丙午卜贞：三祖丁罘祖丁酒，王受又又？ 4
(5) □□卜狄[贞]：酒上甲又岁，王受又？ 5
(6) 甲□[卜]贞：其餗父甲罘大乙酒，王受又又？ 6
(7) …酒藋… 7
(8) 酒高祖？ 8
(9) 叀癸酒？ 8
(10) 巻其延羌甲王受[又]？ 9
(11) …毓祖乙叀丁酒？ 10
(12) 贞：祖丁、[父甲]巻王[受又]？ 11
(13) …兴酒祖丁…父王受又又？ 12
(14) 其又妣丙罘大乙酒王受又？ 1
(15) □□卜□[贞]：妣丙大乙奭叀今日酒？ 13
(16) 贞…酒王亥，有菁雨？大吉。 14
(17) 叀父先酒？ 15
(18) 贞：叀母先酒？ 3
(19) 贞：叀乙酉酒有正？ 16

(20) 叀乙卯酒有正？ 17
(21) 贞：叀乙酉酒王受又又？ 18
(22) 贞：叀乙卯酒，有大雨？ 19
(23) 贞：叀莫酒？ 20
(24) □□卜贞：王其…翌日酒二…受又？ 21
(25) 贞：其酒… 22
(26) 贞：叀酒？ 23
(27) …罘酒？ 24
(28) …奭罘酒王受又？ 25
(29) …史鬯…[illegible]用[王]受又？ 26
(30) …鬯至…王受又？ 27
(31) 贞：鬯…牛一王受[又]？吉。 28
(32) 贞：叀卣王受又？ 29
(33) …岁…酒… 30
(34) 祼大乙，王悔？ 7
(35) 弜入祼？ 14
(36) 贞：弜又瀧？ 14
(37) 乙未… 14
(38) 贞：其冓雨？ 14
(39) 叔嶅？ 18
(40) …[受]又？ 22
(41) …王受[又又]？ 27
(42) 贞：比罘？ 30
(43) 贞…中子…盄… 30

1《合集》27501　2《合集》28155　3《合集》30642　4《合集》27181　5《合集》27054　6《拼二》401　7《合集》27115　8《合集》27154　9《合集》27259　10《合集》27358　11《合集》27362　12《合集》27365　13《合集》27502　14《合集》30449　15《合集》30641　16《合集》30813　17《合集》30818　18《合集》30822　19《合集》30826　20《合集》30836　21《合集》30850　22《合集》30887　23《合集》30906　24《合集》30907　25《合集》30908　26《合集》30911　27《合集》30912　28《合集》30913　29《合集》30917　30《上博》17647.65

本组系联的依据为“酒”祭。“酒”祭是商代一种十分常见的祭祀，分布于甲骨文各个组类。无月份记载，据干支顺序排列如上。

第四组

(1) 己酉卜贞：乇…妣有正？ ❶
(2) [丙]辰卜狄[贞]：其乇于上甲？ ❷
(3) □□卜狄[贞]：祖乙其乇□毓祖丁王[受又]？ ❸
(4) 祖乙乇[王受]又？ ❹
(5) 贞：乇祖乙五牢？ ❺
(6) 贞：乇祖乙叀䍃至有正？ ❺
(7) 父庚乇…又一牛？吉。 ❻
(8) 妣庚乇王受[又]？ ❼
(9) …日于…乇…王…吉。 ❽
(10) …乇…于[之]若？ ❾
(11) …乇二牢[王]受又？ ❿
(12) □□卜□贞：其乇𩰫王受[又]？ ⓫
(13) 祭父…乇牢王受又？ ⓬
(14) 乇？ ⓭
(15) …中子乇…受又又？ ⓮
(16) 新？ ❹
(17) 今日…其… ❿
(18) …犬… ⓫
(19) □□卜贞：七十其祝？ ❶
(20) …卯…叀三… ⓭
(21) 三牛？ ⓭
(22) …田？ ⓭

❶《合集》31085　❷《合集》27065　❸《合集》27192　❹《合集》27193　❺《合集》27194　❻《合集》27422　❼《合集》27536　❽《合集》31077　❾《合集》31081　❿《合集》31082　⓫《合集》31084　⓬《合集》31090　⓭《合集》31103　⓮《掇三》354

本组系联的依据为“乇”祭。“乇”读“磔”。《说文》：“磔，辜也。”《周礼·春官·大宗伯》:“以罢辜祭四方百物。”注引郑众云:“罢辜,披磔牲以祭,若今时磔狗以止风。”

第五组

(1) 甲子卜口贞:翌日王其又小乙王受又又? ❶
(2) 丁丑卜贞:王又父… ❷
(3) 辛卯[卜]☐贞:其又…母出…受… ❸
(4) 庚子卜大贞:王其又殊祖丁叀今辛酒又? ❹
(5) 癸丑卜:其又亳土叀乇? ❺
(6) …王其又于大乙,叀乙亥酒王受又又? ❻
(7) 王其又于高祖十…叀…栅用? ❽
(8) 弜又? ❾
(9) ☐☐卜狄[贞]…其又中宗祖乙…酒,弗悔? ❿
(10) 贞:叀牢又丁? ⓫
(11) 王其又小乙…王[受]又又? ⓬
(12) 又自豕,辛王受又? ⓭
(13) [又]自豕,辛叀[王]受又又? ⓭
(14) 贞:其又在父庚王受又又? ⓮
(15) 亚其…又… ⓯
(16) 叀羍[王]受又又? ❶
(17) …不其乎…☐又大… ⓰
(18) 王其又大乙、大丁、大甲叀勹岁公? ❼
(19) 王其…三牢? ❼
(20) …己…三祖丁? ❾
(21) 贞:王? ⓮
(22) …史…宾… ❷
(23) 其方…疾正? ❺
(24) 有雨? ⓰

❶《拼四》844 ❷《合集》27490 ❸《合集》30501 ❹《合集》27376 ❺《合集》28106 ❻《合集》27136 ❼《合集》27149 ❽《合集》27155 ❾《合集》27182 ❿《合集》27244 ⓫《合集》27326 ⓬《合集》27344

⑬《合集》27383　⑭《合集》27423　⑮《合补》8968　⑯《历史所》1516

本组系联的依据为“又”祭。无月份记载，据干支顺序排列如上。

第六组

(1) 乙丑卜狄贞：王其田衣，入亡災？ ①
(2) 丙寅卜狄贞：盂田其迅椒朝有雨？ ②
(3) 己巳卜狄贞：王其田亡災？ ①
(4) 己巳卜狄贞：王其田不冓雨？ ①
(5) 己巳卜狄贞：其冓雨？ ①
(6) 己巳卜狄贞：王其田叀辛亡災？吉。 ①
(7) 己巳卜狄贞：王其田叀壬亡災？吉。 ①
(8) 己巳卜狄贞：王其田叀乙亡災？ ①
(9) 庚午卜狄贞。 ①
(10) 庚午卜狄贞：王其田于利亡災？吉。 ①
(11) 庚午卜狄贞：王其田叀乙亡災？吉。 ①
(12) 庚午卜狄贞：叀戊亡災？ ①
(13) 辛未卜狄贞：叀壬田？ ③
(14) 辛未卜狄贞：叀田？ ③
(15) 壬申卜狄贞：王其田衣亡災？吉。 ①
(16) 壬申卜贞：王其田逐麋？ ①
(17) 丁丑卜贞：王其射获孚？ ④
(18) 丁丑卜贞：王其田于盂，袜南洮立？ ④
(19) 丁丑卜狄贞：其遘雨？ ④
(20) 丁丑卜狄贞：王田不遘雨？ ④
(21) 丁丑卜贞：王田叀乙？ ④
(22) 丁丑卜贞：王田叀丙？ ④
(23) 丁丑卜狄贞：王往琢？孚。 ④
(24) 丁丑卜狄贞：王其田迅，往？ ④
(25) 丁丑卜狄贞：王田，擒？ ④
(26) 戊寅卜贞：王其田亡災？ ①
(27) 戊寅卜贞：王其田不雨？吉。 ①

(28) 丁亥卜狄贞：其田餐叀辛，湄日亡災不雨？ 5
(29) 乙未[卜]□贞：王…衣遘… 6
(30) 丁酉卜狄贞：王田于西立，擒？吉。 7
(31) 辛丑卜彭贞：翌日壬王异其田睦，湄日亡災？ 8
(32) 甲辰卜狄贞：叀虤犬冎比亡災？ 9
(33) 戊申[卜]□贞：王…犬… 10
(34) 辛亥卜狄贞：王田盂往来亡災？ 11
(35) 壬子卜狄贞：王其射豕？ 3
(36) 壬子卜贞：王其田？ 3
(37) 戊午卜狄贞：隹兕于大乙，隹示？大吉。 1
(38) 戊午卜狄贞：隹兕大丁，隹示？吉。 1
(39) 戊午卜狄贞：隹兕于大甲，隹示？ 1
(40) 戊午卜：王宾？ 1
(41) 戊午卜狄贞：弜宾？吉。 1
(42) 戊午卜贞：王其田往来亡災？ 3
(43) 戊午卜贞：王其田衣犬亡災？ 12
(44) 庚申卜贞：王叀麦麋逐？ 3
(45) 庚申卜贞：王勿利南麋？ 3
(46) 庚申卜狄贞：王叀斿麋用？吉。 3
(47) 庚申卜贞：叀壬田？ 3
(48) 庚申卜狄贞：叀辛田？ 3
(49) 辛酉卜贞：衣犬亡[災]？ 3
(50) 壬戌卜狄贞：王父甲莫其豊王受又又？大吉。 3
(51) 壬戌卜贞：叀𠂤用？ 3
(52) 壬戌[卜]□贞：王田衣… 13
(53) 癸亥卜狄贞：今日亡大祝风？ 3
(54) 癸亥卜狄贞：有大祝风？ 3
(55) 甲子卜狄贞：王其田亡災？吉。 14
(56) 甲子卜狄贞：王异其田亡災？吉。 14
(57) 甲子卜狄贞：王勿巳田？ 14
(58) 甲子卜狄贞：王其梌舟叀丁？ 14
(59) 乙丑卜贞：王其田往来亡災？ 11

（60）庚午卜[犾]贞：王其田戠… 15
（61）癸卯卜犾贞：其祝？ 14
（62）癸卯卜犾贞：弜巳祝？ 14
（63）癸卯卜贞：叀祼？ 14
（64）癸卯卜贞：叀岁？ 14
（65）癸卯卜犾贞：弜巳，叀又〓洀？ 14
（66）甲辰卜贞：王其田𩫏、盄？ 14
（67）甲辰卜犾贞：叀翌日戊亡灾？ 14
（68）甲辰卜犾贞：叀壬亡灾？ 14
（69）甲辰卜犾贞：王其田叀翌日乙亡灾？ 14
（70）甲辰卜犾贞：习三卜？ 14
（71）辛亥[卜]□贞：王…犬…亡… 16
（72）丙辰卜：犾？ 14
（73）丙辰卜。 14
（74）丙辰卜犾贞。 14
（75）丙辰卜犾贞：勿爰？吉。 14
（76）丙辰卜犾贞：爰出？ 14
（77）戊午[卜]□贞：王[田]盂…亡灾？ 17
（78）壬戌[卜]□贞：王其田[于]犬亡灾？ 18
（79）贞：勿豊？ 3
（80）贞：弜〓？吉。 3
（81）贞：五叀隹？ 3
（82）贞：弜美？ 3
（83）贞：叀庸用？大吉。 3
（84）贞：勿庸？ 3
（85）犾。 3
（86）□□卜犾[贞]：叀沓逐亡灾？ 19
（87）…翌日…丽亡灾？吉。 20
（88）…麦田亡灾，有大豕？吉。 21
（89）王其田斿，夙亡灾？ 22
（90）翌日辛王其射斿？ 22
（91）□□卜犾[贞]…擒？ 7

(92) □□[卜]狄[贞]…田…災？ 13
(93) □□卜狄[贞]…[王其]田衣，入亡災？ 23
(94) 贞…自… 23
(95) 翌日壬王其田戠，擒有大豕？ 24
(96) 翌日壬王其田亡災？ 24
(97) …王其…凡田，夙…雨？ 25
(98) 戊…濼…王… 25
(99) 叀戠田亡災？大吉。 26
(100) 王其田亡災？ 26
(101) …田…災？ 9
(102) 贞：叀向田省亡災？ 27
(103) 王叀丧田省亡災，不雨？ 28
(104) 叀丧[田省]亡災？吉。 29
(105) …雨？吉。 29
(106) 叀丧田… 30
(107) 叀田省亡災？吉。 31
(108) 从丧亡災？ 31 32
(109) 贞：弗擒？ 4
(110) 贞：乎北洮立？ 4
(111) 贞：勿巳？ 4
(112) 今…昏… 2
(113) 贞：王其省盂田，湄日不雨？ 33
(114) 今日辛王其田，湄日亡災不雨？ 33
(115) …田省…災…不[雨]？ 33
(116) □□卜狄[贞]…盂田… 34
(117) 贞：叀盂田省，湄日亡災不雨？ 35
(118) 贞：叀…省…不… 35
(119) 叀宫田省，湄日亡災不雨？ 36
(120) 翌日戊王其[田]，湄日不雨？ 36
(121) 宫田亡災？ 37
(122) …田…犬…王…大吉。 38
(123) …犬… 38

(124) 弜田唬，其悔？ 39
(125) 贞：翌日戊王其[田]盂，湄日亡災？ 5
(126) 叀餐[田]，[湄]日亡災不[雨]？ 40
(127) 贞：弜田𡧊其雨？ 41
(128) 贞：叀𡧊先田亡災？ 41
(129) …日辛王…日亡災[不]雨？吉。 10
(130) □□卜狄[贞：王]其田[于]犬[亡]災？ 42
(131) 贞… 42
(132) 贞：王…自麦…犬亡災？ 8
(133) □□[卜]狄[贞]…亲… 14
(134) …舟，叀乙…吉。 14
(135) 奴揫？ 14
(136) □□卜狄[贞]…犬旃… 43
(137) …田…災？ 16
(138) □□卜狄[贞]…其田衣亡𢦏？ 44
(139) …宫田？大吉。 45
(140) 叀向[田]省亡𢦏？ 46
(141) …盂… 46
(142) 翌…王其…宫亡災？ 47
(143) 王叀丽田亡災？ 48
(144) …王…又… 48

1《合集》27146 2《合集》29092 3《合集》27459 4《合集》29084 5《合集》29324 6《合集》28881 7《合集》28831 8《合集》29395 9《合集》28892 10《合集》29390 11《合集》29088 12《合集》28877 13《合集》28878 14《合集》30757 15《合集》28577 16《合补》9080 17《合集》29089 18《合集》29389 19《合集》27681 20《合集》28141 21《合集》28311 22《合集》28809 23《合集》28880 24《合集》28888 25《合集》28737 26《合集》28889 27《合集》28948 28《合集》28979 29《合集》28989 30《合集》28998 31《合集》29006 32《合集》29007 33《合集》29093 34《合集》29103 35《缀汇》902 36《合集》29172 37《合集》29182 38《合集》29318 39《合集》29323 40《合集》29326 41《合集》29360 42《合集》29391 43《合补》8783 44《合补》9087 45《合补》9202

46《合补》9243　47《合补》9822　48《合补》9827

本组系联的依据为衣、盂、迅、丧、宫、丽等田猎地名。通过以上系联，可以考察各地之间的路程及商王之行止。无月份记载，据干支序数将其排在四月之内。

第七组

（1）…登新…祖乙二…王受…　1
（2）…示…登新…　2
（3）□□卜狄[贞]：王其…不遘…　2

1《合集》27216　2《合集》27684

本组系联的依据为“登新…”。辞例残缺，“新”后之辞，从与无名组二类卜辞（《合集》30962、30973、30975、30976、34594）的对比可知，当为“鬯”或“黍、麦”等物。

第八组

（1）丁卯卜贞：祝叀今日酒？　1
（2）癸巳卜大贞：其至祖丁祝王受又又？　2
（3）癸丑卜狄贞：□至叀祝？　3
（4）贞：祝叀羊示王言王受又？　4
（5）…王…勺…　3

1《合集》30618　2《合集》27283　3《合集》30632　4《合集》30619

本组系联的依据为“祝”祭。无月份记载，据干支顺序排列如上。

第九组

（1）癸未卜贞：弜桒妣辛？　1
（2）丁未卜贞：其桒于妣辛？　2
（3）□□卜狄[贞]：既桒祖丁…桒十牛？　3
（4）贞：桒妣辛其言日酒？　4
（5）…桒一牛[王]受又又？　5
（6）贞：其翦？　5

（7）叀… 4

1《合集》27550　2《合集》27549　3《合集》27299　4《合集》27548　5《合集》30611

本组系联的依据为“𠦪”祭。无月份记载，据干支顺序排列如上。

第十组

（1）庚午卜贞：于母戊岁酒… 1
（2）丁亥卜狄贞：叀岁用，于之若？ 2
（3）癸亥卜狄贞：［岁］小宰王受又又？ 3
（4）贞：王宾父己岁［御］？ 4
（5）其又夕岁牢王受［又］？ 5
（6）□□卜狄［贞］… 5
（7）贞…从… 2
（8）…酉…祝…在…于之若？ 2

1《合集》27585　2《缀汇》187　3《合集》29645　4《合集》27400　5《合集》30491

本组系联的依据为“岁”祭。无月份记载，据干支顺序排列如上。

第十一组

（1）甲戌［卜］贞：叀…饗？吉。 1
（2）贞：叀多子饗于庭？ 2
（3）…宾…正？ 2
（4）大乙史王其饗？ 3
（5）贞：比饗？ 4

1《合集》31040　2《合集》27647　3《合集》27125　4《合集》31046

本组系联的依据为“饗”祭。“饗”祭还见于何组三A类“可能有联系的卜辞”第一组。无月份记载，据干支顺序排列如上。

第十二组

（1）丁卯卜狄贞：王其寻舟若？ 1

(2) 丁卯卜□贞：王…雨？ 2
(3) 辛巳[卜]□贞：王其…叀于… 3
(4) 甲午卜□贞：王…叀… 4
(5) 丁未[卜]□贞：王…遘… 5
(6) 庚申[卜]□贞：王…亡… 6
(7) 戊□[卜]狄[贞]… 7
(8) 夕入不雨？吉。 8
(9) 王其省涉滴亡災，不雨？ 7
(10) 王衣入不冓[雨]？吉。 9
(11) 贞：王其田阬以？ 10
(12) …乙王…不雨？ 10
(13) 贞：翌…不… 10
(14) 贞：翌…王…遘… 11
(15) 贞：王其以城… 12
(16) 贞：王以瀼… 13
(17) □酉卜贞…巳王… 14
(18) …狄…夕…囚？ 2
(19) □酉…王其…不[冓]雨？ 15

1《合集》27816　2《合集》29968　3《合补》8932　4《掇二》379　5《合补》8910　6《掇二》378　7《合集》27783　8《合集》27765　9《合集》28120　10《拼三》717　11《合补》8945　12《合补》8951　13《合补》8953　14《合补》8958　15《合补》9390

本组系联的依据为“王”之行止，多为王出入、到某地省视等活动。无月份记载，据干支顺序排列如上。

第十三组

(1) □申卜贞：戊不遘雨？ 1
(2) 贞：其遘雨？ 2 5
(3) 贞：其雨冓？ 3
(4) 贞：[其]冓[雨]… 3
(5) 其遘雨？ 4 6

（6）贞：王不冓雨？ ❼
（7）贞…冓[雨]？ ❼
（8）贞：不冓雨？ ❽
（9）…不冓[雨]？ ❽
（10）[冓]大雨？ ❾
（11）遘小雨？ ❿
（12）贞：王…弜[illegible]…雨？吉。 ⓫
（13）…遘大[雨]？ ⓫

❶《合集》30129　❷《合集》30086　❸《合集》30089　❹《合集》30100　❺《合集》30101　❻《合集》30102　❼《合集》30116　❽《合集》30121　❾《合集》30140　❿《合集》30151　⓫《合集》31185

本组系联的依据为“冓/遘雨”。辞例大多简略，省略了月份及干支，试排列如上。“冓/遘雨”卜辞还见于何组三A类“可能有联系的卜辞”第九组。

第十四组

（1）贞：宾又？ ❶
（2）王宾又祐？ ❷
（3）…[王]… ❷
（4）□未卜狄[贞]…叀各…眔宾…王受[又]？ ❸
（5）弜宾王受又？ ❹
（6）贞：弜宾？吉。 ❺
（7）…于来日王受[又]？大吉。 ❺
（8）吉。 ❺

❶《合集》30538　❷《合集》30539　❸《合集》30570　❹《合集》30585　❺《合集》30586

本组系联的依据为“宾”祭。未见月份及干支，试排列如上。

第十五组

（1）乙酉卜□贞：王夕祼…叀… ❶
（2）贞：夕祼其遘雨？ ❷

(3) 贞：不雨？ ❷
(4) 贞：于来日… ❷
(5) 丙□[卜]□贞…祼…吉。 ❸
(6) …隹… ❸

❶《合集》30920　❷《合集》30922+[①]　❸《合集》30929

本组系联的依据为“祼”或“夕祼”祭。

第十六组

(1) 癸亥卜狄贞：叀[illegible]至王受又？ ❶
(2) □□卜□[贞]…其至于…母有正？ ❷
(3) □□卜大[贞]…其至…王受又？ ❸
(4) …叀…至… ❹
(5) …至？吉。 ❺
(6) 弜至？吉。 ❻
(7) 贞：叀[illegible]至王受[又]？ ❼
(8) 于…酒？ ❶

❶《合集》30885　❷《合集》31192　❸《合集》31193　❹《合集》31194　❺《合集》31195　❻《合集》31196　❼《合集》31897

本组系联的依据为“某至”。无月份记载，据干支顺序试排列如上。

---

① 蔡哲茂：《〈殷墟文字甲编〉新缀第二则》，先秦史研究室网站，https：//www. xianqin. org/blog/archives/1237. html，2009 年 2 月 20 日。

第五章 黄组卜辞的分类与系联整理研究

第一节　黄组卜辞的分类

黄组卜辞主要出于殷墟小屯村村北，村南极少见。依据字体特征及组合关系，黄组卜辞可分为黄组一类、黄组二类两大类，其中黄组一类可分为 A、B、C、D 四小类，黄组二类可分为 A、B、C 三小类，依次讨论如下。

一、黄组一类

表 5-1　黄组一类特征字表

	黄组一 A 类	黄组一 B 类	黄组一 C 类	黄组一 D 类
丑	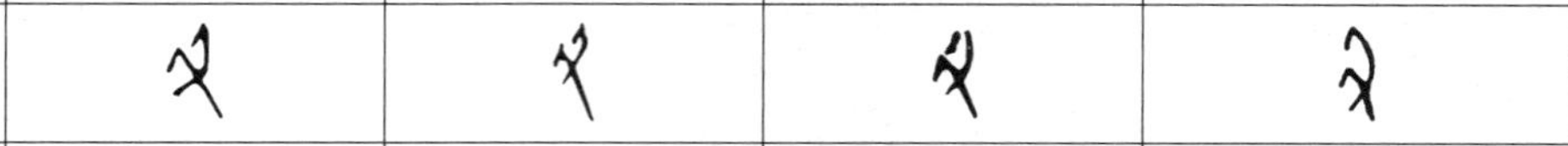			
寅	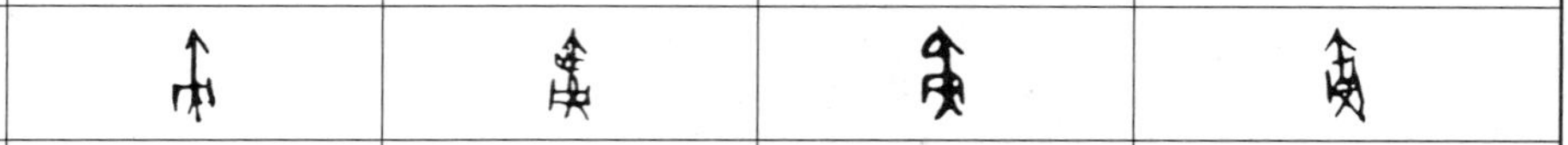			
辰	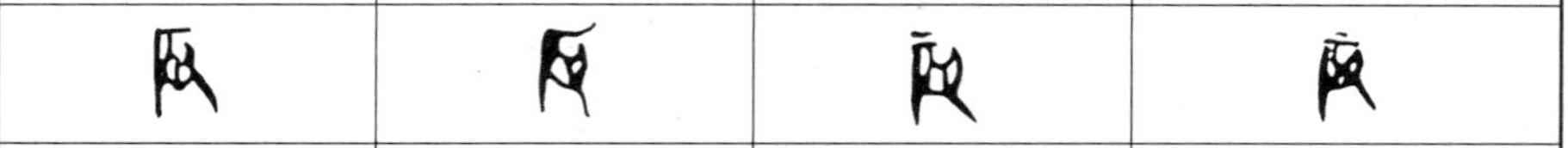			
巳	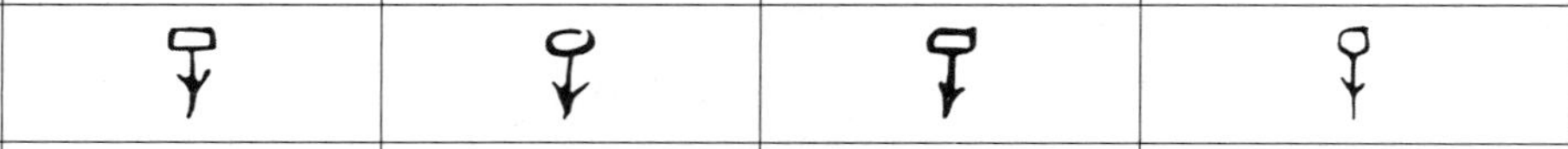			
申	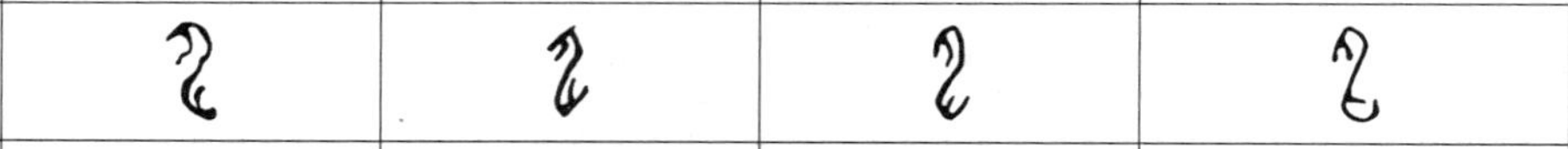			
戌	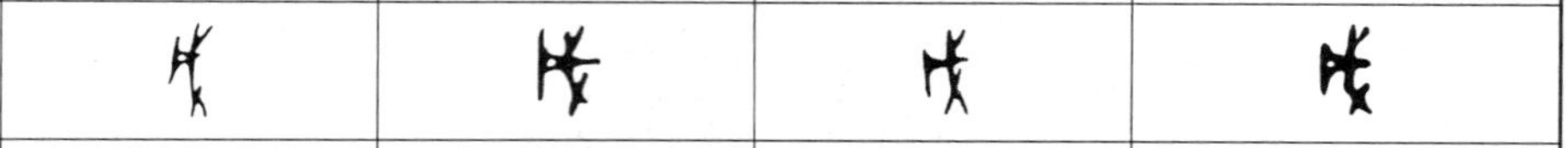			
亥	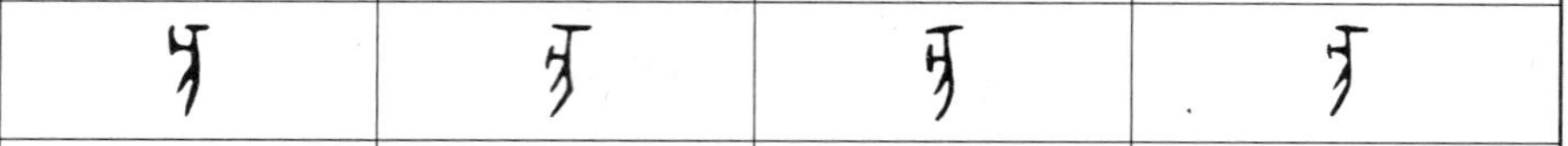			
贞	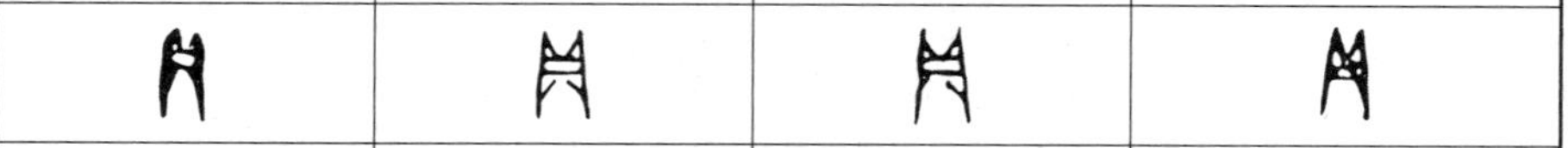			
王	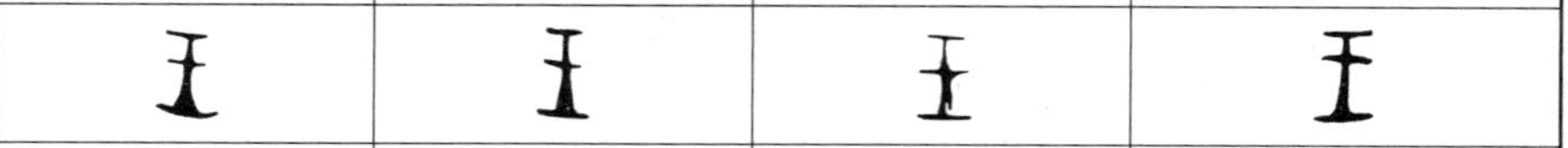			
旬	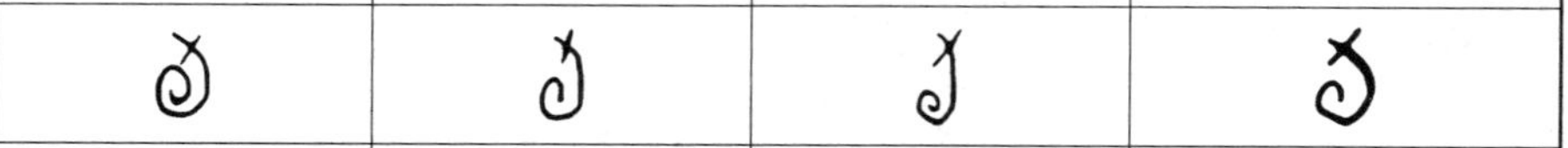			
亡	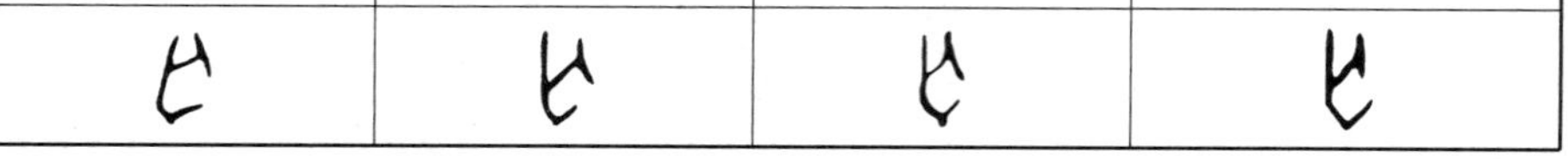			

续表

	黄组一 A 类	黄组一 B 类	黄组一 C 类	黄组一 D 类
瞉			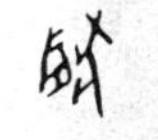	
占				
吉				
翌				
彡				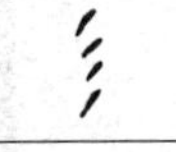
月				
隹				
其				
牢				

黄组一 A 类的整体风格和最大特点，是笔画很粗，带有明显的早期意味，且字体结构饱满扎实，刻写态度认真。其特征字，如“巳”字头部近矩形；“戌”字修长，呈高扬状；“贞”字裆部很高，鼎足显得很长，且粗笔特征明显；“王”字下部粗笔填实，和无名组字形接近；“旬”字卷曲幅度大，整体轮廓比较圆满；“亡”字轮廓也是饱满形，弧笔向左下方延伸；“瞉”字笔画硬朗，“𠙵”字的内部是“卜”字形，“犬”字头部上扬，非常有力道；“占”字、既有上端封口，被黄组一 B 类继承的，也有上端朝上开口，呈两竖笔形，被黄组一 D 类继承的；“吉”字的写法上部呈伞状，这一点被黄组一 C 类继承；“往”字上部为含有空间的止形，下部和“王”字保持一致，为填实处理；“翌”字的轮廓比较舒展，笔画为网格状；“彡”字为三长两短五斜笔，这一点被黄组一 B 类继承；“九”字的写法弯曲有劲；“月”字的写法轮廓饱满，内部有一竖短笔；“隹”字呈挺胸状，显得有气势；“牢”字外面的“宀”形竖笔是自然下垂的，没有曲笔。其特征片可举《合集》35345、36442、36481 正、36482 等为例，见图 5-1。

a）《合集》35345

b）《合集》36481 正

c）《合集》36482

d）《合集》36484

e）《合集》36442

f）《合集》37853

g）《合集》37855

图 5–1　黄组一 A 类特征片举例

黄组一 B 类的整体风格端正大方，笔画扎实圆润，不喜折笔，亦很少省略笔画，整体结构在黄组卜辞中是最美观的，受黄组一 A 类字体的影响也是最大的。其特征字，如“庚”字，中间为“田”字形；“寅”字中间有两横笔贯穿，左右有两竖笔；“申”字曲线优美，上下对称，显得有锐气；“贞”字上下较对称，鼎足与鼎耳基本一样长；“王”字下部由两竖笔写成，有填实的感觉，这一点继承了黄组一 A 类的特点；“旬”字弧度适中，笔画流畅；“亡”字整体轮廓饱满，没有折笔感；“[⿰卜犬]”字结构与黄组一 A 类保持一致，“[卜]”的上部呈封闭状，内部为“卜”字形，但是“犬”字的头部及身躯笔直，尾长适中；“占”字、、的写法与“[⿰卜犬]”字相似，上部为封闭状，中间通常作一斜笔，在一些字体较大的卜辞中，中间写成“卜”形，可见斜笔当是“卜”字的简省写法；“吉”字的特点是上部的“圭”字较为尖锐，下横笔与“口”字相连，与无名组三类卜辞非常接近；“往”字下部为中空，特征比较明显，也有少数下部为一条竖线；“翌”字轮廓饱满，结构与黄组一 A 类一致，但笔画细密；“[⿰壴卂]”字笔画完整，中部写成“白”字形；“[⿱⿰力力⿰力口]”字中的“力”头部均朝向左侧，黄组卜辞各小类的“[⿱⿰力力⿰力口]”字常常通过“力”字的朝向来区分彼此，详见后文分析；“彡”字由三长两短五个笔画构成，与黄组一 A 类完全一致；“宾”字、的“宀”头较为圆润，“万”形上部或多出一笔，作“元”字形；“月”字、整体轮廓非常饱满，有弧线感，中间有一短竖，与黄组一A类一致；“隹”字笔画非常完整，羽翼描绘优美，鸟形呈挺胸状，显得雄壮，比黄组一A类还要美观；“牢”字的“宀”形呈直笔弧状，自然下垂没有折笔，继承了黄组一A类的特点；“榆”字竖笔朝向右下方，比较有特点。其特征片可举《合集》35599、35646正、35757、35803等为例，见图5-2。

a）《合集》35599

b）《合集》35757

c）《合集》35803

d）《合集》36270

e）《合集》35646 正

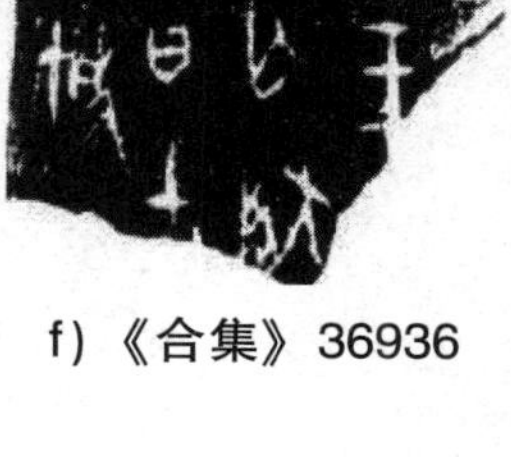

f）《合集》36936

g）《合集》37868

h)《合集》36511

i）《拾遗》459

图 5-2　黄组一 B 类特征片举例

黄组一C类的整体风格相比于黄组一B类稍显纤细，没有那么端正雄健，多有折笔，也没有黄组一B类那种圆润感，继承黄组一A类的特点少一些。其特征字，如“庚”字中间只有一横笔，仿佛倒写的“口”字，与其他小类差异明显；“寅”字中间亦为倒写的“口”字形，与“庚”字相似；“申”字头部低垂，有收颔的感觉，这一点非常有特点；“贞”字、相比黄组一B类显得修长，鼎足明显比鼎耳的笔画要长，有时中部的斜笔会写成交叉形；“王”字笔画显得细长，没有填实感；“旬”字、整体显得挺直，有的尾部弯曲幅度小，不如黄组一B类那样饱满；“亡”字相比黄组一B类有明显的折笔感，有的字形横斜笔朝右上方伸展较远；“𡆥”字的写法也有特点，“𡆥”的上部呈朝右开口状，不似黄组一B类呈封闭状，且“𡆥”的内部为“T”字形；“占”字的写法亦与“𡆥”保持一致，上部呈朝右开口状，中间为“T”字形；“吉”字明显要比黄组一A类宽，且“圭”字的上端不够细长，经常呈伞状，继承了黄组一A类的特点；“往”字中的“止”形一般不留空间，呈直线形，有的如则留有空间，但体态倾斜；“翌”字、、结构多样，大部分写法与黄组一B类明显不同，且有的字形笔画刻写不完全，有省笔现象；“祭”字相比黄组一B类，“肉”字的朝向更偏上方一些；“𩛥”字的整体结构与黄组一B类相似，但是中部为“田”字形，而不是“白”字形；“劦”字中的“力”头部均朝向右侧，和黄组一B类形成鲜明对比，尤其在两类字体同版时，体现得非常明显；“彡”字由四条等长的斜线组成，有时候也作五条，但已经没有了长短交错的样子；“宾”字中的“宀”头折笔较明显，中间的“万”形没有写为“元”形的情况；“月”字轮廓没有黄组一B类那么的饱满，近似标准的等腰三角形；“隹”字描绘羽翼的笔画较短，整体显得僵直，且鸟的嘴部有明显的收颔感觉，与“申”字类似，说明刻手的习惯是保持一致的；“牢”字笔画纤细，外面的“宀”形两侧呈曲线折笔状，不似黄组一B类那样呈直线下垂。其特征片可举《合集》35530、36488、37836等为例，见图5-3。

a）《合集》35530

b）《合集》36488

c）《合集》37836

d）《合集》37844

e）《合集》39348

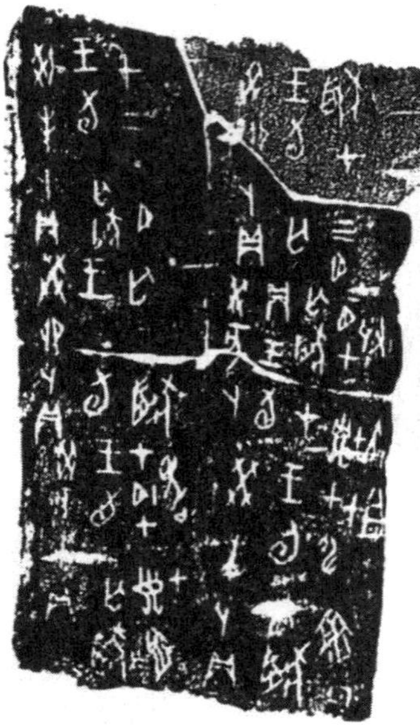

f）《缀汇》722

g）《缀兴》104

图 5-3　黄组一 C 类特征片举例

黄组一 D 类的整体风格在黄组一类中是最豪放的，字形通常也最大，喜欢用折笔，没有拘束感，多有变化。其特征字，如“庚”字中间也是倒写的“口”形，但是上端的“中”形要比黄组一 C 类多一层；“丑”字上端有圆弧感，空间较大；“寅”字中间有两横笔穿过，两侧又有两竖笔，与黄组一 B 类近似，但是横笔偏高一些；“巳”字头部较圆，但是由折笔描绘；“亥”字整体修长，笔画较疏离，有折笔感；“贞”字中间的斜笔常有交叉的感觉，且鼎足较长；“王”字的竖笔写得特别长，整体显得挺拔，第二横和第三横相距较远；“旬”字的尾部圆弧比较饱满，整体有向右下方倾倒的趋势；“亡”字、折笔感明显，横斜笔朝右上方伸展较短，竖短笔也是上下垂直的感觉；“畎”字的写法也十分有特点，“𡆧”的上部为两竖笔，朝向上方开口，内部为“卜”字形，“犬”的特点是头部上扬特甚，继承了黄组一 A 类的特点，通过“畎”字的不同写法，可以很容易区别黄组一类中的不同小类，但是由于这些写法整体框架相同，所以它们都属于黄组一类这个大类，与黄组二类形成鲜明对比；“吉”字常见的写法特点非常明显，“圭”字的下横笔与“口”字的横笔共用笔画，上部为伞状，与黄组一 C 类相似，但填实区域更大；“往”字中的“止”形内部空间描绘得比较大；“翌”字、外形奇特，不够饱满优美；“畓”字、自由奔放，笔画有缺省现象，且上端有作“屮”形的；“劦”字、中的“力”头部既有朝向左侧的，也有朝向右侧的，体现了其自由的风格；“彡”字、、既有作三长两点形的，也有作四笔形的，也有作三笔的，显示出自由不拘束的风格；“宾”字中，“万”形的竖笔和斜笔贴得很近，有的无法分开；“月”字轮廓比较扁长，不够饱满；“隹”字笔画在黄组里是最少的，鸟形的头部较大；“牢”字不仅外面的“宀”形为弯曲折笔，连“牛”角也是弯曲的，非常具有特点；“羊”字中的“牛”角也是弯曲的，与“牢”字保持一致；“亹”字整体写得很长，有歪斜感。其特征片可举《合集》35823、35657、35891、36129 等为例，见图 5-4。

a）《合集》35657

b）《合集》35823

c）《合集》35891

d）《合集》36129

e）《合集》36311

f）《合集》36785

g）《合集》38305

图 5-4　黄组一 D 类特征片举例

二、黄组二类

表 5-2　黄组二类特征字表

	黄组二 A 类	黄组二 B 类	黄组二 C 类
丑			
寅			
辰			
巳			
申			
戌			
亥			

续表

	黄组二 A 类	黄组二 B 类	黄组二 C 类
贞			
王			
旬			
亡			
𡆥			
占			
吉			
翌			
彡			
月			
隹			
其			
牢			

黄组二 A 类的整体风格在黄组卜辞中是最怪异的，稍显夸张，不受拘束，不讲究对称感，字形要比黄组二 B 类、二 C 类大，异体写法较多，在黄组各小类字形中是最不优美的，且卜辞数量也是所有小类中最少的。其特征字，如“庚”字上端笔画较长，且左右不对称；“子”字整体修长，上端三竖笔很长；“寅”字左右两边呈双手掐腰状；“辰”字尾部变为简单的线条形，不似黄组一类那样有空间

感；“巳”字头部空间较大，躯干偏斜；“申”字头尾的笔画都很短促；“亥”字整体狭长，尾部伸展较远；“贞”字、写法不统一，但都有歪斜感和不对称感；“王”字横笔喜欢朝右上方提斜，不讲究左右对称；“旬”字、圆弧程度夸张，头部常有明显的折笔；“亡”字、右上方的笔画常常作折笔形，或者只写出其中上部的一小笔；“畎”字中的“犬”形头部上扬特甚，整体姿态夸张，“田”的结构已经开始交代不清，有随意感，这也是黄组二类的总体特点；“占”字、整体写得很细长，但是笔画没有定形；“吉”字、上面的“圭”字与“口”字相离，但也有相接的，“口”字通常写得很大；“翌”字、写法诡异，没有定形；“𠭰”字通常体态较宽；“劦”字中的“力”头部有的朝向左侧，有的朝向右侧，不固定，这一点与黄组一D类有相似之处；“彡”字由三长两短五个斜笔组成，尚保留黄组一类的某些余味；“宾”字、笔画较为凌乱，“止”字朝向左右的都有；“月”字、写得比较夸张，开口朝向左下方；“隹”字笔画简略，尾部很窄；“牢”字很有特点，中间的“牛”字下面的两笔是朝下的，其他各小类都是朝上的。其特征片可举《合集》35494、35531、35618、35995等为例，见图5-5。

a）《合集》35494　　b）《合集》35531　　c）《合集》35618

d）《合集》35995

e）《合集》36084

f）《合集》37626

g）《英藏》2552

图 5-5　黄组二 A 类特征片举例

黄组二 B 类的字体在黄组中是最小的，因此其笔画常常有局促之感，在拓片中体现出来的就是笔画交代不清，但是字形结构又相对稳重一些。其特征字，如“庚”字中部呈圆形；“子”字头部非常扁，下面两笔分叉较开；“寅”字结构类似于黄组一类，但是显得拘谨；“辰”字的尾部还保留有空间感，与黄组一

类相似；“巳”字头部呈扁圆形，与“子”字一致；“未”字中间的竖笔比较短，上端竖笔没有超过两边的斜笔，是其特点；“申”字头部和尾部卷曲幅度较大，且字形不固定；“亥”字臀部向后靠，不再是流畅地朝向下方；“贞”字上窄下宽，斜笔通常不在中间交叉；“旬”字弯曲幅度小，横笔接近最上端，整体显得无力；“亡”字下部折笔的幅度小，在一些特别小的字形里，是很简单的弧钩笔；“𡆥”字左边“囗”的写法笔画简单，特点是“犬”的尾部很长；“占”字写法与“𡆥”字写法保持一致；“吉”字的特点是“圭”字的横笔与“口”字相接，这一点与黄组二A类、二C类都有别，但在整个黄组二类中，“吉”字的上部都不再有伞状的写法；“尤”字写法很有特点，右下方的笔画比较长，与“犬”字的尾部有相似的感觉；“往”字上部的“止”形中间有空间感；“翌”字写法非常有特点，上半部与下半部有重合的部分，不似黄组二C类那样完全错开；“祭”字中的“又”捺笔写得很长，有拖曳感，风格类似于“𡆥”字中的“犬”的尾部以及“尤”字，且“肉”字的开口偏向右侧，开口幅度也比较大；“劦”字中“力”的头部均朝向左侧，与黄组二C类相反；“彡”字、、写法多样，三、四、五笔的都有，不过以三斜笔为常见；“宾”字的特点是“万”形上部多一横，变作“元”形，且中间有一竖笔贯连上下；“月”字、、写法比较多样，根据刻写空间随时改变；“隹”字笔画无力，线条简单；“其”字常常刻写得瘦小局促；“牢”字外框弯曲幅度大，比较夸张。其特征片可举《合集》36076、36153、36263、36940等为例，见图5-6。

a）《合集》36076

b）《合集》36153

c）《合集》36940

d）《合集》37835

e）《契合》161

f）《英藏》2605

g）《合集》36263

h）《缀汇》755

i）《合集》39145

j）《缀汇》399

图 5–6　黄组二 B 类特征片举例

黄组二C类的整体风格可以用犀利来形容，喜好用折笔，并且棱角较多，字形比黄组二A类小，但比黄组二B类大，看起来有瘦劲之感，与黄组一类的差异之处是最多的。其特征字，如“庚”字上部为圆形，下部分叉较开，呈现明显的上窄下宽状；“丑”字有“垂首”的感觉，中间为折笔，不似其他小类那样挺拔；“寅”字中间作近似长方形的椭圆形封闭，是其比较显著的一个特点；“辰”字尾部也是简略成了线条状，与黄组二A类相似；“巳”字在各小类中，头部最小，躯干相对来说最瘦长；“申”字也有“垂首”的感觉，接近于跪拜状，笔画短小；“酉”字、下部中间只有一横笔，且肩部有明显的上提感，是其比较显著的一种特征字；“戌”字相比其他小类，要显得扁平得多；“亥”字的臀尾部明显向右侧偏离，没有自然下垂；“贞”字、的斜笔在中间处相交，是其显著特征；“亡”字整体瘦长，用折笔构成，仿佛尖钩利齿一般，非常犀利；“猷”字相比黄组二B类来说，其“囚”字的颈部有收窄的感觉，且“犬”字的躯干有弯曲感，不似黄组二B类那样挺直；“占”字的颈部也有收窄的感觉，与“猷”字保持一致，其下部中间有一竖短笔，与黄组二B类相似；“吉”字所从“圭”与“口”相分离，与部分黄组二A类相似，但与黄组二B类明显不同；“往”字两横笔之间距离很长，整体有挺拔感，且上部三笔不写作“止”形，而是近似“中”形；“翌”字、的写法十分独特，上半部和下半部是完全错开的，没有任何重合的部分；“劦”字中“力”的头部皆朝向右侧；“彡”字、、笔画数不固定，三笔、四笔、五笔的都有；“宾”字、有的上下部分相离较远，有的用竖笔相连，整体修长；“月”字、整体扁长，有弧线感，朝左下方开口；“九”字折笔的感觉特别强，与黄组其他小类差异明显；“获”字笔画特别简单，鸟的喙部较长；先王称祖时一般用合文，如、，且“祖”字中间一般只有一横笔，是其显著特征；“其”字下部呈尖底状；“叀”字底部也是尖底状，体现出黄组二C类犀利的风格。其特征片可举《合集》35361、35403、35748、36115等为例，见图5-7。

a）《合集》35361

b）《合集》35403

c）《合集》35748

d）《合集》36115

e）《合集》36234

f）《合集》36251

g）《英藏》2510

h）《缀汇》609

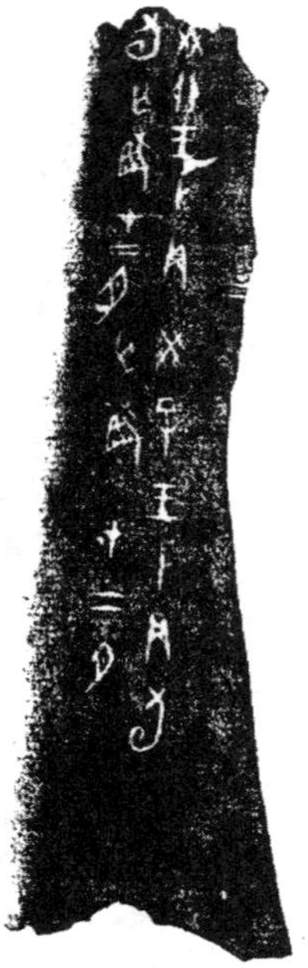

i）《合集》37886

j）《英藏》2504

图 5-7　黄组二 C 类特征片举例

第二节　黄组卜辞的系联

一、黄组一类卜辞的系联

（一）有联系的卜辞

第一组

（1）癸亥王卜，在罰贞：旬亡𡆥？ ❶❷
（2）癸酉王卜，在溍贞：旬亡𡆥？王占曰：［吉］。 ❶
（3）癸酉王卜，在溍贞：旬［亡］𡆥？王占曰：［吉］。 ❸
（4）癸酉卜，在溍贞：王旬亡［𡆥］？ ❹
（5）癸未王卜，在[illegible]餗贞：旬亡𡆥？ ❶
（6）［癸未］王卜，［在[illegible]］餗［贞：旬亡］𡆥？ ❸
（7）癸巳王卜，在麦贞：旬亡𡆥？王占曰：吉。 ❶
（8）癸巳卜，在麦贞：王旬亡𡆥？ ❹
（9）癸卯王卜，在盂贞：［旬］亡𡆥？王占曰：吉。 ❶
（10）癸卯卜，在盂贞：王旬亡𡆥？ ❹
（11）癸卯［卜］，在盂［贞］：王今夕［亡］𡆥？ ❺
（12）癸丑王卜，在[illegible]贞：旬亡𡆥？ ❶
（13）癸丑卜，在[illegible]贞：王旬亡𡆥？ ❹
（14）癸亥王卜，在川餗贞：旬亡𡆥？ ❶
（15）癸巳卜，在叀贞：王旬亡𡆥？ ❹

❶《缀续》538　❷《合集》36807　❸《合集》36789　❹《合集》36612+①
❺《合集》36800

其他可以系联的还有《合集》36799等，因内容重复，不再罗列。根据系联后的卜辞可知，商王癸亥日在罰，癸酉日在溍，癸未日在[illegible]餗，癸巳日在麦，癸卯

---

① 孙亚冰：《甲骨缀合五则》，《南方文物》2015年第3期。

日在盂，癸丑日在㞢，癸亥日在川𠂤，三旬后的癸巳日在叀。根据地名以及“𠂤”字，我们猜测本次事件可能与战争有关。由于各辞均在癸日，因此也无法判断各地之间相距的路程天数。

第二组

(1) 癸巳王卜贞：旬亡畎？在反。 1
(2) 癸巳卜，在反贞：王旬亡畎？在五月。王步于上䲣。 2
(3) 癸巳卜，[在反]贞：王[旬亡畎]？ 3
(4) 癸巳卜，在反贞：王旬亡畎？在五月。 4
(5) 癸卯王卜贞：旬亡畎？在䕭。 1
(6) 癸卯卜，在䕭贞：王旬亡畎？在六月。王步于上䲣。 2
(7) 癸卯卜，在䕭贞：王旬亡畎？ 3
(8) 癸卯[卜]，在䕭[贞：王]旬亡[畎？在]六[月]。 5
(9) 癸丑王卜贞：旬亡畎？ 1
(10) 癸丑卜，在定贞：王旬亡畎？在六月。王步于上䲣。 2
(11) 癸丑卜，在定贞：王旬亡畎？ 6
(12) 癸[丑卜，在]定[贞：王旬亡畎]？ 7
(13) 癸丑卜，在定贞：王旬亡畎？ 4
(14) 癸亥卜，在向贞：王旬亡畎？在六月。王步于上䲣。 2
(15) 癸亥卜，在向贞：王旬亡畎？ 6
(16) 癸亥卜，在向贞：王旬亡畎？ 7
(17) 癸亥[卜，在]向贞：[王]旬亡[畎]？在六[月]。 5
(18) 癸酉卜，在上䲣贞：王旬亡畎？在七月。 2
(19) 癸酉卜，在上䲣贞：王旬亡畎？ 6 7
(20) 癸酉卜，在䲣贞：王旬亡畎？在七月。 4
(21) 癸未卜贞：王旬亡畎？在七月。王征㱿、戈商，在爵。 2
(22) [癸未卜，在]灂[贞：王旬亡]畎？ 6
(23) 癸未卜，在灂贞：王旬亡畎？ 7
(24) 癸巳卜，在上䲣贞：王旬亡畎？在七月。 2
(25) [癸巳]卜，在[上䲣]贞：王[旬亡]畎？[在七]月。 4
(26) [癸]卯卜贞：[王]旬亡畎？[在]八月。 5

(27) [癸]丑卜，在[上𨛭]贞：王[旬亡]𡆥？ 4
(28) 癸未王卜贞：旬亡𡆥？在九月。在上𨛭。王口司。 8
(29) 癸未卜，在上𨛭贞：王旬亡𡆥？在九月。王口司。 9
(30) 癸未卜，在上𨛭贞：王旬亡𡆥？王口司。 10
(31) 癸巳王卜贞：旬亡𡆥？在九月。在上𨛭。 8
(32) 癸巳卜，在上𨛭贞：王旬亡𡆥？在九月。 11
(33) 癸卯卜，在上𨛭贞：王旬亡𡆥？在十月。 8 11
(34) 癸卯卜，在上𨛭贞：王旬亡𡆥？ 10
(35) 癸丑卜，在上𨛭贞：王旬亡𡆥？在十月。 11
(36) 癸丑卜，在上[𨛭贞]：王旬亡𡆥？在十月。 12
(37) 癸亥卜，在上𨛭贞：王旬亡𡆥？在十月。 11
(38) 癸酉卜，在上𨛭贞：王旬亡𡆥？在十月一。 11
(39) 癸未卜，在上𨛭贞：王旬亡𡆥？在十月又一。 11
(40) 癸[未卜]，在上[𨛭]贞：王[旬亡]𡆥？在[十月又一]。 9
(41) 癸巳卜，在上𨛭贞：王旬亡𡆥？在十月又一。 11
(42) 癸卯[卜]，在上𨛭贞：王[旬]亡[𡆥]？在十[月又二]。 9
(43) 癸亥卜，在上𨛭贞：王旬亡𡆥？在十月又二。 9
(44) 癸酉[卜，在]上𨛭[贞]：王旬亡[𡆥]？在正月。 13
(45) 癸未[王卜]贞：旬[亡𡆥]？王[在上𨛭]。 14
(46) 癸未卜，在上𨛭贞：王旬亡𡆥？在正月。 9 13
(47) 癸巳王卜贞：旬亡𡆥？吉。王在𨛭。 14
(48) 癸巳卜，在上𨛭贞：王旬亡𡆥？在正月。 13
(49) 癸卯王卜贞：旬亡𡆥？王占曰：吉。在王𨛭。 14
(50) 癸卯卜，在[上]𨛭，衍贞：王旬亡𡆥？在二月。 9
(51) [癸卯卜]，衍[贞：王]旬[亡𡆥]？ 15
(52) 癸卯卜贞：王旬亡𡆥？在二月。在上𨛭。 13
(53) 癸卯卜，[在]𨛭[贞]：王旬[亡𡆥]？ 16
(54) 癸丑王卜贞：旬亡𡆥？王占曰：吉。在王𨛭。 14
(55) 癸丑卜，在上𨛭贞：王旬亡𡆥？在二月。 13
(56) 癸丑卜，在上𨛭贞：王旬亡𡆥？ 16
(57) 癸亥王卜贞：旬亡𡆥？王占曰：吉。在王𨛭。 14
(58) [癸]亥卜，在[上]𨛭贞：[王旬]亡𡆥？[在二月]。 13

(59) 癸亥卜，在𨛭贞：王旬亡𡆥？ 16
(60) 癸亥[卜，在上]𨛭[贞：王]旬亡[𡆥]？ 15
(61) 癸酉王卜贞：旬亡𡆥？王占曰：吉。在王𨛭。 14
(62) 癸酉卜，在𨛭贞：王旬亡𡆥？ 16
(63) 癸未王卜贞：旬亡𡆥？王占曰：吉。在𣪘。 14
(64) 癸未卜，在𣪘贞：王旬亡𡆥？ 16
(65) 癸未卜，[在]𣪘贞：[王]旬亡𡆥？ 15
(66) [癸巳]王卜贞：[旬]亡𡆥？吉。 14
(67) 癸巳卜，在吉贞：王旬亡𡆥？ 16

1《合集》36819　2《合集》36537　3《合集》36820　4《合集》36850　5《缀汇》756　6《合集》36917　7《合集》36851　8《合集》37863　9《合集》36856+[①]　10《合集》36855　11《合集》36846　12《合集》37956　13《合补》12820　14《合补》11257　15《合集》36875　16《英藏》2532

其他可以系联的卜辞还有《合集》36849、36853、36860、36861、36864、36865、36872、36873、36874、36878、36879、36891、36930，《合补》11256，《缀汇》413、720等，因内容重复，不再罗列。本组卜辞地名、月份、干支联系比较密切，且字体均为黄组一类，并有很多是同版，当是在某个集中的时间内刻写的。我们将其中的重要信息归纳为下表：

月份	干支	地点	贞人	事件
五月	癸巳（30）	反	商王	卜旬、𢓊于上𨛭
六月	癸卯（40）	𢉩	商王	卜旬、𢓊于上𨛭
六月	癸丑（50）	定	商王	卜旬、𢓊于上𨛭
六月	癸亥（60）	向		卜旬、𢓊于上𨛭
七月	癸酉（10）	上𨛭		卜旬
七月	癸未（20）	爵、𤅩		卜旬、征毁
七月	癸巳（30）	上𨛭		卜旬
八月	癸卯（40）	上𨛭		卜旬
八月	癸丑（50）	上𨛭		卜旬
八月	癸亥（60）			

① 殷德昭：《甲骨试缀二则》，先秦史研究室网站，https：//www. xianqin. org/blog/archives/2961. html，2013年5月12日。

续表

月份	干支	地点	贞人	事件
九月	癸酉（10）			
九月	癸未（20）	上醫	商王	卜旬
九月	癸巳（30）	上醫	商王	卜旬
十月	癸卯（40）	上醫		卜旬
十月	癸丑（50）	上醫		卜旬
十月	癸亥（60）	上醫		卜旬
十一月	癸酉（10）	上醫		卜旬
十一月	癸未（20）	上醫		卜旬
十一月	癸巳（30）	上醫		卜旬
十二月	癸卯（40）	上醫		卜旬
十二月	癸丑（50）			
十二月	癸亥（60）	上醫		卜旬
正月	癸酉（10）	上醫		卜旬
正月	癸未（20）	上醫	商王	卜旬
正月	癸巳（30）	上醫	商王	卜旬
二月	癸卯（40）	上醫	商王、衍	卜旬
二月	癸丑（50）	上醫	商王	卜旬
二月	癸亥（60）	上醫	商王	卜旬
三月	癸酉（10）	上醫	商王	卜旬
三月	癸未（20）	猷	商王	卜旬
三月	癸巳（30）	吉	商王	卜旬

另有《缀汇》680：“癸未（20）卜，在上醫，徜贞：王旬亡畎?”由于十一月癸未和正月癸未，商王都在上醫，因此暂不将其安置于系联之中。但《缀汇》680出现的贞人徜的名字，值得注意，这证明徜与贞人衍任职的时间有重合。由上表可以看出，本次系联的中心事件是商王征伐叕，其缘由是叕侵扰商。战争发生的地点在爵，爵与瀫当是同一个地名，甲骨文中地名加不加水旁，常常无别。前往征伐的路线是反→麋→定→向→上醫→爵，由于在反、麋、定、向四地时，都曾迍于上醫，可知这五个地方相距非常近。商王在这些地方来回徘徊，可能是为了整备军队。七月战争结束后，一直到第二年的三月，商王一直都待在上醫，大概是为了提

防敌人的再次攻击。之后，在三月，商王沿着上𩼧→𣪊→吉这一路线返回。

第三组

(1) 癸丑[王卜]，在洛𠂤朿贞：[旬亡]𡆥？王[占曰]：吉。 ❶
(2) 癸丑卜，在洛贞：王旬亡𡆥？ ❷
(3) 癸亥王卜，在𡧊𠂤贞：旬亡𡆥？王占曰：吉。 ❶
(4) 癸亥卜，在𡧊𠂤朿贞：王旬亡𡆥？ ❷
(5) 癸酉王卜，在琮𠂤朿贞：旬亡𡆥？王占曰：吉。 ❶
(6) 癸酉卜，在琮𠂤朿贞：王旬亡𡆥？在十月又□。 ❷
(7) 癸酉[卜，在]琮贞：[王旬]亡[𡆥]？ ❸
(8) [癸]未王卜，[在]琮贞：旬亡𡆥？王占曰：吉。 ❶
(9) 癸未卜，在琮贞：王旬亡𡆥？ ❷
(10) [癸未]卜，在琮[贞：王]旬亡[𡆥？甲]申，在十月[又一]。 ❹
(11) 壬辰卜…美，剽…[弗]悔… ❺
(12) [癸巳]卜，在剽[贞：王]旬亡𡆥？[在]十月二。 ❷
(13) 丁酉[卜，在剽贞]：今夕[自不𠩺]？ ❻
(14) 戊戌卜，在剽贞：今夕自不𠩺？ ❻
(15) 己亥卜，在剽贞：今夕[自]不𠩺？ ❻
(16) 癸卯卜，在河东洮贞：王旬亡𡆥？ ❷
(17) 癸卯卜，在剽贞：王旬亡𡆥？ ❼
(18) 癸丑卜，在剽贞：王旬亡𡆥？ ❸
(19) 甲寅卜，在剽贞：其敦𩰫美…受又又，翦？ ❽
(20) 丙辰卜，在剽贞：叀大又先…𩰫美，剽利，不雉众？ ❾
(21) 甲寅卜，在剽贞：今夕自不𠩺？ ❿
(22) 戊午卜，在剽贞：今夕自不𠩺？ ⓫
(23) 己未卜，在剽贞：今夕自不𠩺？ ⓬
(24) 癸亥卜，在剽贞：王旬亡𡆥？ ⓭
(25) 甲子卜，在剽贞：今夕自不𠩺？ ⓮
(26) 乙丑卜，在剽贞：今夕自不𠩺？ ⓮

❶《契合》318 ❷《缀兴》48 ❸《合集》36810 ❹《合集》36942 ❺《合集》35354 ❻《缀续》534 ❼《合集》36808 ❽《合补》10941 ❾《合

集》35346　⑩《合集》36435　⑪《辑佚》734　⑫《合集》36437　⑬《合集》36951　⑭《合集》36447+[①]

根据该系联可知，这是一场打击盂美的战争。商王癸丑日在洛及洛餗，癸亥日在㝱𠃌及㝱餗，癸酉日、癸未日在琮及琮餗，这是商王行军的路线。商王朝军队与盂美交战的地方在㓝，但具体的有关战争内容的卜辞均残缺。由干支可知，商王朝军队在㓝至少待了三十多天，进行了大量的卜夕活动。

第四组

(1) 癸丑卜，在霍[贞：王]旬亡畎？在五月。甲寅[祭]羌甲𧧻戋[甲]。 ❶

(2) 癸亥卜，[在霍]贞：王旬亡[畎]？在五月。甲[子祭]鲁甲𧧻[羌甲]𠭯戋甲。 ❶

(3) 癸酉卜，在霍贞：王旬亡畎？ ❶

(4) 癸未卜，在霍贞：王旬亡畎？在六月。甲申祭祖甲𠭯鲁甲。 ❶

(5) 癸巳卜，在霍贞：王旬亡畎？在六月。甲午𧧻祖甲。 ❶

(6) [癸卯]卜，在焚[贞：王旬]亡畎？在七月。[甲辰𠭯祖甲]。 ❶

(7) 癸丑卜，在单(?)贞：王旬亡畎？在七月。甲寅工典其酒彡。 ❶

(8) 庚午[卜，在]河贞：今[夕]自不[㞕]？ ❷

(9) 辛未卜，在河贞：今夕自不㞕？吉。兹孚。 ❷

(10) 癸酉卜，在河贞：王旬亡畎？在八月。 ❸

(11) 癸酉卜，在河贞：王旬亡畎？ ❹

(12) 丁丑卜，在[河]贞：今夕自不㞕？兹孚。 ❺

(13) 戊寅卜，在河贞：今夕自不㞕？ ❺

(14) 己卯卜，在河贞：今夕自不㞕？ ❺

(15) 壬午卜，在[河]贞：今夕自[不㞕]？ ❻

(16) 癸未卜，在河贞：今夕自不㞕？兹孚。 ❻

(17) 癸未卜，在河贞：王旬亡畎？在八月。甲申彡日大甲。 ❸

(18) 癸未卜，在河贞：王旬亡畎？ ❹

(19) 癸巳卜，在河贞：王旬亡畎？ ❹❼

① 蒋玉斌：《〈甲骨文合集〉缀合拾遗》(第八十八组)，先秦史研究室网站，https://www.xianqin.org/blog/archives/2186.html，2010年12月10日。

(20) 癸巳卜，在河东洮贞：今夕自不𡆥？ 8
(21) 甲午卜，在河东洮贞：今夕自不𡆥？ 8
(22) 癸卯卜，在河东洮贞：王旬亡𡆥？ 9
(23) 癸卯卜，在河贞：王旬亡𡆥？ 10
(24) 癸卯卜，在溵贞：王旬亡𡆥？ 4
(25) 癸丑卜，在霍贞：王旬亡𡆥？ 4
(26) 癸丑卜，在霍贞：王旬亡𡆥？在九月。甲寅彡日戔甲。 11
(27) 癸丑卜，在霍贞：王旬亡𡆥？ 7
(28) [癸]丑卜，在霍[贞]：王旬亡𡆥？ 12
(29) 癸亥王卜，在霍贞：旬亡𡆥？ 13
(30) 癸亥卜，在霍贞：王旬亡𡆥？ 4
(31) [癸亥卜，在]霍[贞]：王旬[亡𡆥]？[在九月。甲子]彡羌甲。 11
(32) [癸]酉王卜，在[望]贞：旬亡𡆥？[王]占曰：吉。 13
(33) 癸酉[王卜，在]望[贞：旬亡]𡆥？ 14
(34) 癸酉卜，在望贞：王旬亡𡆥？ 4
(35) 癸酉卜，在望贞：王旬亡𡆥？在十月。 11
(36) 癸未王卜，在瀊𠂤贞：旬亡𡆥？王占曰：吉。在十月。隹王𢓊西□。 14
(37) [癸未]卜，在[瀊贞]：王旬[亡𡆥]？ 11
(38) 癸未卜，[在]瀊贞：王[旬]亡𡆥？ 15
(39) 癸未卜，在妭贞：王旬亡𡆥？ 16
(40) 癸巳卜。 11
(41) 癸卯卜贞：王旬亡𡆥？ 11
(42) [癸]亥卜贞：[王]旬亡𡆥？ 16
(43) 癸巳卜，在望贞：王旬亡𡆥？在[十二]月。 11

1《缀汇》23 2《合集》36428 3《契合》305 4《缀兴》92 5《合集》36430+① 6《合集》36431 7《合集》36780 8《合集》36432+② 9《合

① 蒋玉斌：《甲骨新缀第1—12组》，先秦史研究室网站，https://www.xianqin.org/blog/archives/2306.html，2011年3月20日。

② 蔡哲茂：《〈殷墟甲骨辑佚〉新缀三则》，先秦史研究室网站，https://www.xianqin.org/xr_html/articles/jgzhh/1256.html，2008年11月19日。

集》36896　⑩《合集》36897　⑪《合集》35661+[①]　⑫《合集》36781　⑬《合集》36784　⑭《合集》36756　⑮《合集》36757　⑯《合集》36831

根据上述系联卜辞，我们将其中重要的信息归纳为下表：

月份	干支	地点	贞人	事件
五月	癸丑（50）	霍		卜旬
五月	癸亥（60）	霍		卜旬
六月	癸酉（10）	霍		卜旬
六月	癸未（20）	霍		卜旬
六月	癸巳（30）	霍		卜旬
七月	癸卯（40）	焚		卜旬
七月	癸丑（50）	单（?）		卜旬
八月	庚午（7）	河		卜自夕
八月	辛未（8）	河		卜自夕
八月	癸酉（10）	河		卜旬
八月	丁丑（14）	河		卜自夕
八月	戊寅（15）	河		卜自夕
八月	己卯（16）	河		卜自夕
八月	壬午（19）	河		卜自夕
八月	癸未（20）	河		卜旬、卜自夕
八月	癸巳（30）	河、河东洮		卜旬、卜自夕
八月	甲午（31）	河东洮		卜自夕
九月	癸卯（40）	河、河东洮、溭		卜旬
九月	癸丑（50）	霍		卜旬
九月	癸亥（60）	霍	商王	卜旬
十月	癸酉（10）	望	商王	卜旬
十月	癸未（20）	潑、潑⿰、妭	商王	卜旬
十月	癸巳（30）			
十一月	癸卯（40）			卜旬
十一月	癸亥（60）			卜旬
十二月	癸巳（30）	望		卜旬

① 王恩田：《黄组卜甲缀合五组　附：补缺一例》，先秦史研究室网站，https：//www. xianqin. org/blog/archives/3965. html，2014 年 5 月 11 日。

由上表可知，五月癸丑日至六月癸巳日，商王在霍地；七月癸卯日在焚，七月癸丑日在单（?）；从八月庚午日至九月癸卯日，皆在河，其中有时还会去河东洮，河东洮与河有同日之卜的现象，可知相距非常近，在河的时候，有大量的卜自夕辞，可知这期间大概有战争发生，商王在此驻军停留；战争结束后，商王九月癸丑、癸亥日皆在霍地；十月癸酉日在望；十月癸未日在溉、妓，可知加不加水旁均为同一地名，此处附近亦有溉師这一军队驻扎地；十二月癸巳日在望。总体来说，本组系联反映了一场来回大概七个月的战争，但实际在前线的时间只有一个月有余。

第五组

某王九祀二月

（1）［乙］亥王［卜贞］：自今春至…翌，人方不大出？王占曰：吉。在二月。遘祖乙彡。隹九祀。 1

1《合集》37852

本版卜辞贞问的内容是该年春天人方会不会大规模出动侵扰商王朝，占卜的结果是吉，表明此时人方已经有侵扰活动的存在。同时，这一天还对祖乙进行了彡祭。

某王十祀九月

（1）甲午王卜贞：作余酒，朕桒酳，余步比侯喜征人方。上下𤋮示，受余又又，不𢦔𢦏，凸告于大邑商，［亡徝］在畎？王占曰：吉。在九月，遘上甲𧧒，隹十祀。 1

（2）甲午王卜贞：其于西宗美示？王占曰：引吉。 1

（3）辛酉王卜贞：□毓嘉？王占曰：大吉。［在］九月。遘祖辛鬵。 2

（4）癸亥王卜［贞：旬亡］畎？在九月。王征人方，在雇。 3

（5）癸亥卜黄贞：王旬亡畎？在九月。征人方，在雇，彝。 4

1《合集》36482　2《合集》38243　3《合集》36485+[①]　4《合集》36487

某王十祀九月，征人方战争开始。首先是甲午日，商王进行了“告于大邑商”和“西宗美示”祭祀活动，目的是祈求战争胜利，占问的结果均是吉，同时还对上

① 殷德昭：《征人方卜辞新缀四则》，先秦史研究室网站，http：//www. xianqin. org/blog/archives/2888. html，2013年1月16日。

甲进行了翻祭。辞（3）记载了在九月辛酉日发生过的女性生育事件。两天后的癸亥日，商王到达了雇，（4）（5）两条卜辞分别是商王和贞人黄占卜的成套卜辞，黄贞这一条还说明商王在雇地进行了祭祀活动。从甲午日到癸亥日正好三十天，均在九月的时间范围内。

某王十祀十月

（1）庚[午卜，在]嘉[贞：王]今夕[亡畎]？　❶

（2）壬申卜，[在]嘉贞：[王]今夕[亡畎]？　❷

（3）癸酉王卜贞：[旬]亡畎？在十[月。王]征人方，在嘉。　❸

（4）[癸酉卜]黄[贞：王旬亡]畎？[在十月。征]人[方]。　❹

（5）癸未[卜衍]贞：王[旬亡]畎？征[人方]。　❺

（6）乙酉卜，在香贞：王今夕[亡]畎？　❻

（7）丁亥卜，在丧贞：王今夕亡畎？　❻

（8）己丑卜，在乐贞：王今夕亡畎？　❻

（9）辛卯卜，在冒贞：王今夕亡畎？　❻

（10）癸巳[王卜贞]：旬亡[畎]？在十月。王征人方，在冒。　❸

（11）癸巳卜，在冒贞：王今夕亡畎？　❻

（12）甲午卜，在冒贞…从东，叀今日弗悔…在十月。兹孚。王征[人方]，隹十祀。　❼

❶《合集》36841　❷《合集》36840　❸《合集》36485+①　❹《合集》36487　❺《缀汇》686　❻《缀汇》714　❼《合集》37856

由于九月的最后一天为癸亥日，十月的第一天为甲子日，同时辞（12）证明十月有甲午，所以我们暂将十月的时间范围定为甲子日至甲午日这三十一天。

首先，至少在十月庚午日至癸酉日这四天里，商王是在嘉这个地方的，辞（3）（4）分别是商王和贞人黄占卜的成套卜辞。癸未日，由贞人衍进行了卜旬。两天后的乙酉日，商王来到了香；又两天后的丁亥日，商王来到了丧；又两天后的己丑日，商王来到了乐；又两天后的辛卯日，商王来到了冒。这证明香、丧、乐、冒四地相互之间最远不超过两日的路程。实际上，根据后文某王十一祀三月的记载，香、丧、乐三地之间互相只有一日的路程。辞（10）（11）为成套卜辞，一为王卜，一为贞人卜。辞（12）为残辞，故甲午日这天所发生事件的具体情况不得

① 殷德昭：《征人方卜辞新缀四则》，先秦史研究室网站，http：//www. xianqin. org/blog/archives/2888. html，2013 年 1 月 16 日。

而知。

某王十祀十一月

(1) 乙未卜，在冒贞：王今夕亡𡆥？王𢓊…自… 1

(2) 丙申[卜，在]冒贞：[王今]夕亡[𡆥]？ 1

(3) 丁酉卜，在𦘔自贞：王今夕亡𡆥？ 2

(4) 己亥卜，在庆贞：王今夕亡𡆥？ 1

(5) [庚]子卜，[在]𠀠[贞：王今夕]亡𡆥？ 1

(6) 辛丑卜，在商贞：王今夕亡𡆥？ 1

(7) [壬]寅卜，在商[贞]：王今夕亡[𡆥]？ 1

(8) 癸卯王卜贞：旬亡𡆥？在十月又一。王征人方，在商。 3

(9) 癸卯卜，在商贞：王今夕亡𡆥？ 1

(10) 乙巳卜，在商贞：卒，兹□遘[大雨]？ 4

(11) 己酉卜，在吉贞：王今夕亡𡆥？ 1

(12) 辛亥卜贞：王今夕亡𡆥？在吉。 1

(13) [壬子王卜，在]商贞：[今日步]于高，亡災？ 5

(14) 癸丑王卜贞：旬亡𡆥？在十月又一。王征人方，在高。 3

(15) 甲寅王卜，在高贞：今日步[于]𡊄，亡災？ 5

(16) 甲寅卜，在𡊄贞：王今夕亡𡆥？ 6

(17) 乙卯王卜，在𡊄贞：今日步于𩰫，亡災？ 5

(18) 丁巳王卜，在𩰫贞：今日步于𡟰，亡災？ 5

(19) 己[未]王卜，在𡟰贞：其𢓊从高西，往来亡災？ 5

(20) 庚申王卜，在𡟰贞：其敢□[往]来亡災？延𢓊从自东。 5

(21) 辛酉王卜，在𡟰贞：今日步于𪇰，亡災？ 7

(22) 癸亥王卜贞：旬亡𡆥？在十月又一。王征人方，在𪇰。 3

(23) 癸亥卜衍贞：王旬亡𡆥？在𪇰。王征人方。 8

(24) 癸亥王卜，在𪇰贞：步于危，亡災？ 7

(25) 甲子[王卜]，在危[贞]…𨍭…陆…亡災？[在]十月[又一]。 7

1《缀汇》714　2《合补》11245+[①]　3《合集》36485+[②]　4《合集》36552

① 林宏明：《甲骨新缀第 839—841 例》，先秦史研究室网站，https：//www. xianqin. org/blog/archives/11650. html，2019 年 5 月 4 日。

② 殷德昭：《征人方卜辞新缀四则》，先秦史研究室网站，http：//www. xianqin. org/blog/archives/2888. html，2013 年 1 月 16 日。

5《缀汇》268+[①] 6《合集》36565 7《合补》11142 8《缀汇》686

十一月的时间范围，我们定为乙未日至甲子日这三十天，其中甲子日这条卜辞月份残缺，我们补为十一月。

乙未日和丙申日，商王依然待在㝠，也都进行了卜夕。丁酉日，商王来到了𦃃自，说明𦃃自距离㝠不到一天的路程。己亥日，商王来到了庆；一天后的庚子日，来到了𠭯；又一天后的辛丑日，来到了商，并驻跸至乙巳日。己酉日至辛亥日这三天，商王在吉。由于辛亥日在吉进行了卜夕，第二天商王就又回到了商，证明两地之间的路程不到一天。壬子日，商王可能刚刚回到商，便又赶往高，并在癸丑日到达了高，证明商和高之间大概是一天的路程，值得注意的是，也是从这一天开始，卜辞内容开始有了卜王步的内容。甲寅日，商王从高赶往𨾴，当天便到达，证明高与𨾴之间的距离非常近，大概只有半天的路程。乙卯日，商王离开𨾴前往䣞；丁巳日，商王离开䣞前往㜩；己未日，商王在㜩地卜𨒪，证明𨾴、䣞、㜩三地之间最多各有两天的路程。己未、庚申这两日，商王分别从高西和自东进行了𨒪这一行动。辛酉日，商王离开㜩赶往鹰，癸亥日到达鹰，证明两地之间大概有两天的路程。癸亥日，贞人衍参与了占卜活动，同时也是在这天，商王启程前往危，并在甲子日到达危，证明鹰与危之间大概有一天的路程。

某王十祀十二月

(1) 己巳王卜，在危贞：今日步于攸，亡災？在十月又二。 1

(2) 癸酉王卜，在攸贞：旬亡畎？在十月又二。王征人方。 2

(3) 癸[酉卜，在]攸[贞：王]旬[亡畎]？王征[人方]。 3

(4) 丙子[卜，在]攸[贞：王]今[夕亡]畎？ 4

(5) 丁丑[卜，在攸贞]：王[步于汜，亡災]？[在]十[月又二]。 5

(6) 戊寅卜，在汜贞：王步于𨚔，亡災？ 5

(7) 己卯卜，在𨚔贞：王其𦥑，亡災？ 5

(8) 辛巳[卜，在]旧[贞：王今]夕[亡畎]？ 6

(9) 辛巳卜。 5

(10) 壬午卜，旧，立贞：王今夕不𡰪？ 7

(11) 癸未王卜贞：旬亡畎？在十月又二。王征人方，在旧。 8

(12) [癸]未王卜贞：旬亡畎？[隹]征人方。 9

① 孙亚冰：《〈合集〉36567的重新缀合》，先秦史研究室网站，https：//www. xianqin. org/blog/archives/16953. html，2008年2月2日。

(13) 癸[未卜黄贞]：王[旬亡畎？在十月]又[二]。隹[征人方]。 ❿
(14) 癸未[卜，在]旧，衍[贞]：王旬[亡]畎？ ⓫
(15) [癸未卜]，在旧[贞：王今]夕亡[畎]？ ❹
(16) 癸未卜，在旧贞：王步于淢，亡災？ ❺
(17) 甲申[卜，在]淢[贞：王]今[夕亡]畎？ ⓬
(18) 乙酉卜，在淢，立贞：王步于淮，亡災？ ❺
(19) 丙戌卜，在淮贞：王步于□，亡災？ ❺
(20) 庚寅王卜，在灉𠂤朿贞：臽林方，亡災？ ⓭
(21) 庚寅卜，在灉𠂤朿贞：王臽林方，亡災？ ❺
(22) 庚寅卜，在灉𠂤朿贞：王今夕亡畎？ ⓬
(23) 壬辰王卜，在灉贞：其至于黹占藿祖甲𠂤朿，亡災？ ⓭
(24) 壬辰卜，在灉贞：王其至于黹占藿…災？ ❺
(25) 癸巳王卜贞：旬亡畎？在十月又二。隹征人方，在灉。 ❽
(26) 癸巳卜黄贞：王旬亡畎？在十月又二。隹征人方，在灉。 ❿
(27) 癸巳[卜，在]灉𠂤朿[贞]：王旬[亡畎]？ ❸
(28) 甲午王卜，在灉𠂤朿贞：今日步于穈，亡災？[在]十月二。隹十祀彡。 ⓭
(29) 甲午卜，在灉𠂤朿贞：今日王步于穈，亡災？ ❺

❶《合补》11142 甲 ❷《合集》36485+① ❸《缀汇》686 ❹《合集》36606 ❺《合集》36946+② ❻《合集》36607 ❼《合集》36442 ❽《合补》11232 ❾《缀汇》664 ❿《合集》36484 ⓫《珠》466 ⓬《前编》2.16.5 ⓭《英藏》2563

由于十一月的最后一天，我们暂定为甲子，又因为十二月中明确有一个甲午日，那么十二月的时间范围就是乙丑日至甲午日这三十天。

己巳日，商王依然在危，说明商王有可能在危待了六天。己巳日，商王离开危，赶往攸，攸为十祀征人方这一历史事件中最重要的地名。丙子日，商王在攸，可能从癸酉日至丙子日这四天，商王是待在攸的。丁丑日为残辞，无法判断地点，但是戊寅日商王已经在汕，则残辞可补为“丁丑[卜，在攸贞]：王[步于汕，亡災]？[在]十[月又二]”。戊寅日，商王离开汕前往𧍷，并在己卯日到达

① 殷德昭：《征人方卜辞新缀四则》，先秦史研究室网站，http：//www. xianqin. org/blog/archives/2888. html，2013 年 1 月 16 日。

② 殷德昭：《黄组甲骨缀合三则》，先秦史研究室网站，https：//www. xianqin. org/blog/archives/5885. html，2015 年 12 月 13 日。

蝍，并对敌人进行“臽”，即迎击行动，说明氿和蝍之间大概有一天的路程。辛巳日至癸未日这三天，商王均在旧，并进行了旬、夕的占卜，且贞人黄、衍、立均参与进来。癸未日，商王离开旧前往澭，甲申日已在澭，说明两地之间大概有一天的路程。在澭待了一晚后，商王于乙酉日离开澭前往淮，并且贞人立参与了占卜。丙戌日为残辞，这一天商王离开淮，但是目的地缺失未知。庚寅日，商王来到了灉𠂤，灉𠂤当是在灉地附近的军队驻扎地，在这里商王指挥军队与林方发生了战争，可见林方与人方应为盟友关系。壬辰日，商王在灉地，灉当指城邑之内，与灉𠂤有别。这一天，商王又去往黹藿祖甲𠂤。癸巳日，商王先在灉，后在灉𠂤，证明灉𠂤就驻扎在灉这一城邑的附近。甲午日，商王离开灉𠂤，前往糟。由于到了某王十一祀正月的时候，卜辞内容已经变为“王来征人方”，那么征人方过程中，规模最大的一场战斗就发生于壬申日和癸酉日，攸地是战争的最前线。庚寅日与林方的战争，有可能是人方被击败后，林方发动的报复行动。

某王十一祀正月

(1) 丙申卜，在□贞：王今夕亡𡆥？ 1

(2) 丁[酉王卜]，在□𠂤贞：今日…从…往来亡災？在正月。 2

(3) 己亥王卜，在春𠂤贞：今日步于溇，亡災？ 2

(4) 庚子王卜，在溇𠂤贞：今日步于矍，亡災？在正月，获狁十又一。 3

(5) 辛丑王卜，在矍𠂤贞：今日步于炅，亡災？ 3

(6) 壬寅王卜，在炅𠂤贞：今日步于永，亡災？ 3

(7) 癸卯王卜贞：旬亡𡆥？在正月。王来征人方，在攸侯喜𠂤。 4

(8) 癸卯[王卜]贞：旬[亡𡆥]？隹[来征人方]。 5

(9) 癸卯卜黄贞：王旬亡𡆥？在正月。王来征人方，在攸侯喜啚永。 6

(10) [癸卯]卜，在[攸侯喜]啚[永]𠂤，衍[贞]：旬亡[𡆥]？[王]来征[人方]。 7

(11) 癸卯王卜，在永𠂤贞：今日步于[温]，[亡災]？ 3

(12) 癸卯卜，[在]温贞：王[今夕]亡[𡆥]？ 8

(13) 乙巳王卜，在温贞：今日步于攸，亡災？ 3

(14) 丙午卜，在攸贞：王其乎在爿牧延执胄人方虣焚𧆛，弗悔？在正月，隹来征人方。 9

(15) 己酉卜，在攸贞：王今夕亡𡆥？ 8

(16) 辛亥卜，在攸贞：王今[夕亡]𡆥？ 8

(17) 癸丑王卜贞：旬亡𡆥？在正月。王来征人方。 4

(18) 癸丑王卜贞：旬亡𡆥？王来征人方。 5
(19) [癸丑卜黄贞：王旬亡]𡆥？在正月。王来人方，在攸。 6
(20) [癸丑卜，在攸，衍贞]：王旬[亡𡆥]？王来[征]人方。 7
(21) 乙卯卜，在攸贞：王今夕亡𡆥？ 8
(22) 丁巳[卜，在]攸[贞：王]今夕[亡𡆥]？ 8
(23) 己未王卜，在[攸]贞：田元，往来亡災？ 3
(24) 己未卜，在攸贞：王今夕亡𡆥？ 8

1《前编》2.16.5 2《英藏》2563 3《缀汇》266 4《合补》11232 5《缀汇》664 6《合集》36484 7《缀汇》686 8《合补》12424 9《缀汇》893

由于十二月有甲午日，而二月有癸亥日，所以正月当是乙未日至壬戌日这二十八天。

丙申日和丁酉日这两天的地名均不知，丁酉日地点为某𠂤。己亥日，商王从春𠂤前往溇；一天后的庚子日，从溇𠂤前往爨，并在这里进行了田猎活动；又一天后的辛丑日，从爨𠂤前往炅；又一天后的壬寅日，从炅𠂤前往永；癸卯日，位于永𠂤。这说明春、溇、爨、炅、永五地之间各有一天的路程，并且这五个地方都有军队驻扎。根据“攸侯喜啚永𠂤”可知，喜这个人物的身份是攸地之侯，永是攸的边鄙之地，而攸侯喜的军队就驻扎在永。癸卯日这天，首次出现“来征人方”的内容，说明征人方的行动至迟在正月的壬寅日就结束了。癸卯日这天，商王视察完攸侯喜的军队后，便前往湿，并于当日到达，这证明湿距离永只有不到一日的路程。乙巳日，商王离开湿前往攸，并在第二天丙午日“执胄人方虢焚”，这一内容可能指对于人方俘虏和战利品的处置，之前去湿的目的可能就是接收这些俘虏和战利品，并带回攸。丙午、己酉、辛亥、癸丑、乙卯、丁巳、己未以及二月的癸亥、乙丑、癸酉、丁丑这几日，商王均在攸地，说明商王在攸地待了超过三十天，这期间商王可能忙于战后工作，比如军队的休养调整、人方俘获的处置以及庆祝活动等，并且喜作为攸地之侯应该是全程参与。己未日，商王去元地进行田猎活动，证明局势已经彻底稳定。

某王十一祀二月

(1) 癸亥王卜贞：旬亡𡆥？在二月。王来征人方，在攸。 1
(2) 癸亥王卜贞：旬亡𡆥？王来征人[方]。 2
(3) 癸亥卜，在攸，衍贞：王旬亡𡆥？隹来征[人方]。 3
(4) 癸亥卜，在攸贞：王今夕亡𡆥？ 4

（5）乙丑王卜，在攸贞：今日逊从攸东，亡災？ ❺
（6）癸酉王卜贞：旬亡畎？在二月。王来征人方。 ❶
（7）癸酉王卜贞：旬亡畎？王来征人方。 ❷
（8）癸酉卜，在攸，［衎］贞：王旬亡畎？王来征人方。 ❻
（9）丁丑王卜，在攸贞：今日步于䈞，亡災？在［二月］。 ❺
（10）戊寅王卜，在䈞贞：今日步于危，亡災？ ❺
（11）己［卯卜，在］洗贞：［王旬］亡［畎］？ ❼
（12）庚辰王卜，在危贞：今日步于叉，亡災？ ❺
（13）庚辰［卜，在］危贞：［王步］于叉，［亡災］？ ❽
（14）［辛］巳卜，［在叉］贞：王［旬］亡畎？ ❼
（15）辛巳王卜，在叉贞：今日步于洗，亡災？ ❺
（16）辛巳卜，在叉贞：王步于洗，亡災？ ❽
（17）［壬午卜］，在［洗］贞：王步［于］妖，［亡］災？ ❽
（18）癸未王卜贞：旬亡畎？在二月。王来征人方，在妖。 ❶
（19）癸未王［卜］贞：旬亡畎？王来征人方。 ❷
（20）癸未［卜，在］婚贞：［王］旬亡［畎］？ ❾
（21）丙戌卜，在卜亘贞：今［日］王步于□，亡災？ ❿
（22）庚寅卜，在婚贞：王步于杞，亡災？ ❿
（23）壬辰卜，在杞贞：今日王步于瓒，亡災？ ❿
（24）癸巳王卜贞：旬亡畎？在二月。王来征人方，在瓒雷孛商啚。 ❶
（25）癸巳王卜贞：旬亡畎？王来征人方。 ❷
（26）癸巳卜，在瓒雷孛商啚，衎贞：王旬亡畎？隹来征人方。 ❻
（27）癸巳卜，在瓒贞：王逊，往来亡災？于自北。 ❿

❶《合补》11232　❷《缀汇》664　❸《珠》466　❹《前编》2. 16. 5　❺《缀汇》266　❻《缀汇》686　❼《合集》36898　❽《合集》36901　❾《合集》36947　❿《合集》36751

由于二月的第一天为癸亥日，且二月还有癸巳日，所以我们将二月的时间范围定为癸亥日至癸巳日这三十一天。

癸亥日这天，商王在攸地，占卜了旬、夕；两天后的乙丑日，进行了“逊从攸东”的活动；癸酉日，依然在攸，并进行了卜旬。丁丑日，商王离开攸前往䈞；戊寅日，离开䈞前往危；庚辰日，离开危前往叉；辛巳日，离开叉前往洗；壬午日，离开洗前往妖，妖即婚字省写；癸未日，在妖。这说明除了䈞与危之间可能有两日的路程外，其他各地之间互相大概有一日的路程。丙戌日，商王离开卜亘，所去之地残缺。庚寅日，商王离开婚前往杞；壬辰日，离开杞前往瓒；癸巳日，在瓒。这说明婚、杞之间有两天的路程，杞、瓒之间有一天的路程。根据“瓒雷孛商啚”可知，孛商为雷地的长官，瓒为雷的边鄙之地。癸巳日这天，商王还曾迻于[illegible]。

某王十一祀三月

(1) 甲午卜，在瓒贞：王步于剢，亡災？ 1

(2) [癸卯王]卜贞：[旬亡𡆥]？在三[月。王]来征人[方]，在冒。 2

(3) 癸卯王卜贞：旬亡𡆥？王来征人方。 3

(4) 乙巳卜，在□[贞]：王田ǂ亡[災]…兕，亡尤。[王]来征人[方]。 4

(5) 丙午卜，在商贞：今日步于乐，亡災？ 4

(6) 己酉[王卜，在]乐[贞：今日步]于丧，[亡災]？ 5

(7) 己酉卜，在乐贞：今日王步于丧，亡災？ 4

(8) 庚戌王卜，在丧贞：今日步于香，亡災？ 5

(9) 庚戌卜，在丧贞：今日王步于香，亡災？ 4

(10) 辛亥王卜，在香贞：今日步于敢，亡災？ 5

(11) 辛亥卜，在香贞：今日王步于敢，亡災？ 4

(12) 癸丑卜，在敢，衍贞：王旬亡𡆥？ 6

(13) [甲寅]王卜，[在]敢贞：[今日王]步于[奠，亡]災？ 5

(14) 甲寅卜，在敢贞：今日王步于奠，亡災？ 4

(15) [乙卯卜]，在奠[贞]：王田自东，往来亡災？兹孚。获鹿六、犷七。 4

(16) 丙辰卜，在奠贞：今日王步羌，亡災？ 4

(17) 丙辰王卜，在[奠贞]：今日步于[羌，亡災]？ 7

(18) 戊午王卜，在羌贞：田旧，往来亡災？兹孚。获鹿、犷。 7

(19) 己未王卜，在羌贞：今日步于僭，亡災？ 7

(20) 庚申王卜，在僭贞：今日步于嘉，亡災？ 7

1《合集》36751　2《合补》11232　3《缀汇》664　4《缀汇》687　5《英藏》2565　6《缀汇》686　7《合集》37434

由于三月的第一天为甲午日，且根据卜辞的内容，庚申日是所见材料里三月最晚的一天。因此，我们暂拟三月的时间范围为甲午日至癸亥日这三十天。

甲午日，商王离开瓒前往剢，由于后面的卜辞缺失，无法知道何日到达剢地。癸卯日，商王在冒进行了卜旬。乙巳日占卜地点缺失，这一日商王到ǂ地进行田猎，并捕获了兕。丙午日，商王离开商前往乐；己酉日，在乐。这说明商、乐之间最多有三天的路程。己酉日，商王离开乐前往丧；庚戌日，离开丧前往香；辛亥日，在香。这证明乐、丧、香三地之间各有一天的路程。丧为黄组卜辞中重要的田猎地点，因此可知此时商王已经回到离王都较近的地方。辛亥日，商王离开香前往敢；癸丑日，在敢。这说明香、敢之间大约有两日的路程。甲寅日，商王离开敢前往奠；乙卯日，在奠。这说明敢、奠之间有一日的路程。乙卯日，商王还在奠附近的自东进行了田猎活动。丙辰日，商王离开奠前往羌；戊午日，在羌。这说明奠、羌之间最多有两日的路程。羌也是黄组卜辞中的田猎地名。戊午日这天，商王在羌附近的旧地进行田猎。此处的旧与十二月中出现的旧是否是同一个地方，值得思考。己未日，商王离开羌前往僭；庚申日，离开僭前往嘉。这证明羌、僭之间大概有一天的路程。

某王十一祀四月

(1) 癸酉卜，在云奠河邑，衍贞：王旬亡猷？隹来征人方。 1

(2) 癸巳卜衍贞：王旬亡猷？ 1

1《缀汇》686

由于我们将三月的最后一天定为癸亥日，则四月的时间范围大概是甲子日至癸巳日这三十天。只有《缀汇》686涉及这一月的内容。癸酉日，商王来到了云奠河邑，贞人衍进行了卜旬。癸巳日也是一样。值得注意的是，《缀汇》686左上方还有一条残辞，为贞人衍进行的卜旬辞，按照占卜顺序，此处的干支当是五月的某个癸日。

本次征人方中的重要信息可以归纳为下表：

年　祀	月　份	干　支	地　点	贞人及人物	事　件	往/来征人方
某王十祀	九月	甲午（31）	大邑商	商王、侯喜	祭祀	往征人方
某王十祀	九月	辛酉（58）		某妇	生育	
某王十祀	九月	癸亥（60）	雇	商王、黄	卜旬	往征人方
某王十祀	十月	庚午（07）	嘉		卜夕	
某王十祀	十月	壬申（09）	嘉		卜夕	
某王十祀	十月	癸酉（10）	嘉	商王、黄	卜旬	往征人方
某王十祀	十月	癸未（20）		衍	卜旬	往征人方
某王十祀	十月	乙酉（22）	香		卜夕	
某王十祀	十月	丁亥（24）	丧		卜夕	

续表

年　祀	月　份	干　支	地　点	贞人及人物	事　件	往/来征人方
某王十祀	十月	己丑（26）	乐		卜夕	
某王十祀	十月	辛卯（28）	冒		卜夕	
某王十祀	十月	癸巳（30）	冒	商王	卜旬、卜夕	往征人方
某王十祀	十月	甲午（31）	冒		卜夕	往征人方
某王十祀	十一月	乙未（32）	冒		卜夕、戉	
某王十祀	十一月	丙申（33）	冒		卜夕	
某王十祀	十一月	丁酉（34）	𦃃自		卜夕	
某王十祀	十一月	己亥（36）	庆		卜夕	
某王十祀	十一月	庚子（37）	𤰈		卜夕	
某王十祀	十一月	辛丑（38）	商		卜夕	
某王十祀	十一月	壬寅（39）	商		卜夕	
某王十祀	十一月	癸卯（40）	商	商王	卜旬、卜夕	往征人方
某王十祀	十一月	乙巳（42）	商		遘大雨	
某王十祀	十一月	己酉（46）	吉		卜夕	
某王十祀	十一月	辛亥（48）	吉		卜夕	
某王十祀	十一月	壬子（49）	商	商王	步于高	
某王十祀	十一月	癸丑（50）	高	商王	卜旬	往征人方
某王十祀	十一月	甲寅（51）	高	商王	步于㴑	
某王十祀	十一月	甲寅（51）	㴑		卜夕	
某王十祀	十一月	乙卯（52）	㴑	商王	步于鬲	
某王十祀	十一月	丁巳（54）	鬲	商王	步于㜸	
某王十祀	十一月	己未（56）	㜸	商王	戉从高西	
某王十祀	十一月	庚申（57）	㜸	商王	戉从自东	
某王十祀	十一月	辛酉（58）	㜸	商王	步于鷹	
某王十祀	十一月	癸亥（60）	鷹	商王、衍	卜旬、步于危	往征人方
某王十祀	十一月	甲子（01）	危	商王		
某王十祀	十二月	己巳（06）	危	商王	步于攸	
某王十祀	十二月	丙子（13）	攸		卜夕	
某王十祀	十二月	丁丑（14）	攸		步于汜	
某王十祀	十二月	戊寅（15）	汜		步于𧉘	

续表

年　祀	月　份	干　支	地　点	贞人及人物	事　件	往/来征人方
某王十祀	十二月	己卯（16）	螂		䏌	
某王十祀	十二月	辛巳（18）	旧		卜夕	
某王十祀	十二月	壬午（19）	旧	立	卜夕	
某王十祀	十二月	癸未（20）	旧	商王、黄、衍	卜旬、卜夕、步于浅	往征人方
某王十祀	十二月	甲申（21）	浅		卜夕	
某王十祀	十二月	乙酉（22）	浅	立	步于淮	
某王十祀	十二月	丙戌（23）	淮		步于□	
某王十祀	十二月	庚寅（27）	灉餗	商王	䏌林方、卜夕	
某王十祀	十二月	壬辰（29）	灉	商王	至于鼪藿祖甲餗	
某王十祀	十二月	癸巳（30）	灉、灉餗	商王、黄	卜旬	往征人方
某王十祀	十二月	甲午（31）	灉餗	商王	步于糟	
某王十一祀	正月	丙申（33）	□		卜夕	
某王十一祀	正月	丁酉（34）	□餗	商王		
某王十一祀	正月	己亥（36）	春餗	商王	步于滳	
某王十一祀	正月	庚子（37）	滳餗	商王	步于㬎	
某王十一祀	正月	辛丑（38）	㬎餗	商王	步于炅	
某王十一祀	正月	壬寅（39）	炅餗	商王	步于永	
某王十一祀	正月	癸卯（40）	攸侯喜餗、永、永餗	商王、黄、衍	卜旬、步于温	来征人方
某王十一祀	正月	癸卯（40）	温		卜夕	
某王十一祀	正月	乙巳（42）	温	商王	步于攸	
某王十一祀	正月	丙午（43）	攸		执胄人方虢焚蒦	来征人方
某王十一祀	正月	己酉（46）	攸		卜夕	
某王十一祀	正月	辛亥（48）	攸		卜夕	
某王十一祀	正月	癸丑（50）	攸	商王、黄、衍	卜旬	来征人方
某王十一祀	正月	乙卯（52）	攸		卜夕	
某王十一祀	正月	丁巳（54）	攸		卜夕	
某王十一祀	正月	己未（56）	攸	商王	田元、卜夕	
某王十一祀	二月	癸亥（60）	攸	商王、衍	卜旬、卜夕	来征人方

续表

年　祀	月　份	干　支	地　点	贞人及人物	事　件	往/来征人方
某王十一祀	二月	乙丑（02）	攸	商王	迻从攸东	
某王十一祀	二月	癸酉（10）	攸	商王、衍	卜旬	来征人方
某王十一祀	二月	丁丑（14）	攸	商王	步于𢦏	
某王十一祀	二月	戊寅（15）	𢦏	商王	步于危	
某王十一祀	二月	己卯（16）	洗	商王	卜旬	
某王十一祀	二月	庚辰（17）	危	商王	步于叉	
某王十一祀	二月	辛巳（18）	叉	商王	卜旬、步于洗	
某王十一祀	二月	壬午（19）	洗		步于妹	
某王十一祀	二月	癸未（20）	妹（婚）	商王	卜旬	来征人方
某王十一祀	二月	丙戌（23）	卜亘		步于□	
某王十一祀	二月	庚寅（27）	婚		步于杞	
某王十一祀	二月	壬辰（29）	杞		步于瓒	
某王十一祀	二月	癸巳（30）	瓒	商王、衍	卜旬、迻[illegible]	来征人方
某王十一祀	三月	甲午（31）	瓒		步于剢	
某王十一祀	三月	癸卯（40）	冒	商王	卜旬	来征人方
某王十一祀	三月	乙巳（42）	□		田[illegible]	来征人方
某王十一祀	三月	丙午（43）	商		步于乐	
某王十一祀	三月	己酉（46）	乐	商王	步于丧	
某王十一祀	三月	庚戌（47）	丧	商王	步于香	
某王十一祀	三月	辛亥（48）	香	商王	步于敢	
某王十一祀	三月	癸丑（50）	敢	衍	卜旬	
某王十一祀	三月	甲寅（51）	敢	商王	步于奠	
某王十一祀	三月	乙卯（52）	奠		田自东	
某王十一祀	三月	丙辰（53）	奠	商王	步于羌	
某王十一祀	三月	戊午（55）	羌	商王	田旧	
某王十一祀	三月	己未（56）	羌	商王	步于僭	
某王十一祀	三月	庚申（57）	僭	商王	步于嘉	
某王十一祀	四月	癸酉（10）	云奠河邑	衍	卜旬	来征人方
某王十一祀	四月	癸巳（30）		衍	卜旬	

第六组

(1) 癸巳卜贞：王旬亡畎？在二月。在齐餗。隹王来征人方。 ❶

(2) [癸]巳王卜贞：旬亡畎？王占[曰：吉。在二]月。在齐餗，隹王十[四祀]。 ❷

(3) 癸巳[王卜]，在齐[贞：旬]亡畎？ ❸

(4) 癸巳王卜贞：旬亡畎？王在齐餗。隹王来征人方。 ❹

(5) 癸卯王卜贞：旬亡畎？ ❸❹

(6) 癸丑王卜贞：旬亡畎？ ❸❹

(7) 癸亥王卜贞：旬亡畎？ ❹

(8) 癸酉王卜贞：旬亡畎？ ❹

(9) 癸未王卜[贞]：旬亡畎？[王占曰]：吉。 ❹

❶《合集》36493　❷《合集》36805　❸《契合》192　❹《缀汇》662

本组为征人方之归途所卜，商王经齐餗再返回。

第七组

(1) [癸]亥王卜贞：旬亡畎？王[占曰：吉。在三]月。甲子酒妹工典其[苎，在]曹餗。王征人[方]。 ❶

(2) 癸亥卜贞：王旬亡畎？在五月。在曹餗。 ❷

(3) 癸卯卜贞：王旬亡畎？在五月。在曹[餗]。隹王来征人方。 ❷

❶《合集》36489　❷《合集》36495

本组亦为征人方卜辞，然而干支序数与上文不合，应分属两年之战事，故单独系联。

第八组

(1) 丁卯王卜贞：畬巫九畚，余其比多田于多伯，征盂方伯炎。叀卒，翌日步，亡左？自上下于𬀇示，余受又又，不𠭰𦅫，冎告于兹大邑商，亡徝在畎？[王占曰]：引吉。在十月。遘大丁翌。 ❶

(2) 甲戌王卜贞：畬巫九[畚]，屯盂方率伐西或，典西田，㬜盂方，妥余一

人，余其比多田甾征盂方，亡左自上下于𡧊[示]… 2

(3) [甲]戌王卜贞：畣巫九备，[余其]比多田于多伯，征盂方[伯炎…不菅]翦？冎告于兹大[邑商]… 3

(4) …[畣]巫九[备，作余]酒，朕[𠦪，余其]比多田于[多伯，征]盂方伯[炎。自上下于]𡧊示，[受余又又]？ 4

(5) □□□[卜]贞…十月…亡… 4

(6) 辛卯王卜贞：其征盂方，叀今秋，余受又，不菅翦，亡[徒]在畎？王占曰：吉。在十月。王九[祀]。 5

(7) 乙巳王贞：启乎祝曰盂方収[人]，其出伐屯自高，其令东迨[于]高，弗悔，不菅翦？王占曰：吉。 6

(8) 其令东迨方，悔？吉。九月。 6

1《合集》36511　2《合补》11242　3《合集》36513　4《合集》36521　5《缀兴》77　6《合集》36518+①

十月丁卯日商王准备联合多田、多伯征讨盂方，而该版甲戌日是在丁卯日之后的第七天，说明商王刚刚出发不久，盂方又攻伐了商王朝的西国区域，商王命令西田抵御盂方，由此可以看出这次盂方对商王朝的攻击是连续且猛烈的，迫使商王需要联合多田、多伯。6内容为启派遣祝向商王报告盂方正在集中军力攻打自高这个地方，商王命令东前去汇合抵抗，这是唯一一版记录了商王朝与盂方交战过程的卜辞。

第九组

(1) 癸丑王卜，在盂贞：旬亡畎？王占曰：吉。 1

(2) 癸丑[卜，在盂贞]：王旬亡[畎]？ 2

(3) 癸亥王卜，在乐贞：旬亡畎？王占曰：吉。 1

(4) 癸亥卜，在乐贞：王旬亡畎？ 2 3

(5) 癸酉王卜，在寻贞：旬亡畎？王占曰：吉。 1

(6) 癸酉卜，在寻贞：王旬亡畎？ 2 3

(7) 癸未王卜，在逢贞：旬亡畎？ 1

(8) 癸未[卜，在]逢[贞：王旬]亡[畎]？ 4

---

① 林宏明：《甲骨新缀第546—549例》，先秦史研究室网站，https：//www.xianqin.org/blog/archives/4767.html，2014年12月10日。

（9）癸未卜，在逢贞：王旬亡𡆥？ ❷❸

（10）癸巳王卜，在栗贞：旬亡𡆥？ ❶

（11）癸巳卜，在栗贞：王旬亡𡆥？在四月。 ❹

（12）癸巳王[卜，在]栗贞：[旬]亡𡆥？[在四月]。甲午𧻚小甲𠭯[大甲]。 ❺

（13）[癸巳]卜，在[栗贞]：王[旬亡]𡆥？ ❸

（14）癸巳卜，在𣡕贞：王旬亡𡆥？ ❷

（15）癸卯王卜[贞]：旬亡𡆥？ ❶

❶《缀集》308　❷《合补》12686　❸《合集》36904　❹《合集》36738　❺《合集》35584

本组各版由同文卜辞及相同的干支、地名互相联系，大致的路线为盂→乐→寻→逢→栗。经过系联可将辞（12）中的周祭月份补齐，同时也可以证明辞（14）中的𣡕与栗为同一地名。

第十组

（1）[癸未王卜]，在𣴎贞：旬亡𡆥？[王占曰]：引吉。在三月。甲申祭小甲[𧻚大甲]。隹王来征盂方伯炎。 ❶

（2）[癸]未卜，在𣴎[贞：王]旬亡𡆥？在三月。[甲申祭小甲]𧻚大甲。隹[王来正盂方伯炎]。 ❷

（3）癸未卜，在𣴎贞：王旬亡𡆥？ ❸

❶《合集》36509　❷《合集》35532　❸《合集》36785

本组为征盂方返程于𣴎所卜。

第十一组

（1）癸卯[王卜，在]𠂤[𠂤贞：旬]亡𡆥？[在四月]。甲辰[祭戋甲]𠭯[小甲]。 ❶

（2）癸丑王卜，在𠂤𠂤贞：旬亡𡆥？在[四]月。甲寅祭羌甲𧻚[戋甲]。 ❶

（3）[癸丑王卜贞]：旬亡𡆥？[王占曰：引吉。在四月。甲寅]祭羌甲[𧻚戋甲。隹王来征]盂方。 ❷

（4）[癸亥]王卜，[在𠂤]𠂤贞：旬亡𡆥？王占曰：吉。在四月。[甲]子祭鲁甲[𧻚羌甲𠭯戋甲]。 ❶

(5) 癸酉[王卜，在]書㠯，[贞：旬亡]𡆥？王[占曰：吉]。在五[月。甲戌𠷎]魯甲[𦎫羌甲]。 3

(6) 癸未王卜，在書㠯贞：旬亡𡆥？王占曰：吉。在五月。甲申祭祖甲𦎫日魯甲。 3

(7) 癸未王卜贞，旬亡𡆥？王占：吉。 4

(8) 癸巳王卜贞：旬亡𡆥？ 4

(9) [癸卯王]卜贞：旬亡𡆥？王占曰：引吉。[在六月]。甲辰𦎫祖甲。王来征盂方伯炎。 5

(10) 癸卯王卜贞：旬亡𡆥？ 4

(11) 癸丑王卜贞：旬亡𡆥？ 4

(12) 癸亥王卜贞：旬亡𡆥？王占曰：引吉。在䚄㠯。 4

(13) 癸酉王卜贞：旬亡𡆥？王占曰：引吉。在雇㠯。 4

(14) 癸未王卜贞：旬亡𡆥？王占曰：吉。 4

1《合集》35698　2《合集》36520　3《合集》35886　4《英藏》2538　5《合集》36516

本组据地名"書/䚄㠯"可相互系联。

以上第八、九、十、十一组征盂方的重要信息可以归纳为下表：

年　祀	月　份	干　支	地　点	事　件	往/来征盂方
某王九祀	十月	丁卯（04）		告于大邑商	往征盂方
某王九祀	十月	甲戌（11）		盂方伐西或	往征盂方
某王九祀	十月	辛卯（28）		卜受又	往征盂方
某王十祀	二月	乙巳（42）		盂方伐自高	
某王十祀	二月	癸丑（50）	盂	卜旬	
某王十祀	二月	癸亥（60）	乐	卜旬	
某王十祀	三月	癸酉（10）	寻	卜旬	
某王十祀	三月	癸未（20）	逢、湶	卜旬	来征盂方
某王十祀	四月	癸巳（30）	栗（㮚）	卜旬	
某王十祀	四月	癸卯（40）	書㠯	卜旬	
某王十祀	四月	癸丑（50）	書㠯	卜旬	
某王十祀	四月	癸亥（60）	書㠯	卜旬	
某王十祀	五月	癸酉（10）	書㠯	卜旬	

续表

年　祀	月　份	干　支	地　点	事　件	往/来征盂方
某王十祀	五月	癸未（20）	軎師	卜旬	
某王十祀	五月	癸巳（30）		卜旬	
某王十祀	六月	癸卯（40）		卜旬	来征盂方
某王十祀	六月	癸丑（50）		卜旬	
某王十祀	六月	癸亥（60）	亯師	卜旬	
某王十祀	七月	癸酉（10）	雇師	卜旬	
某王十祀	七月	癸未（20）		卜旬	

第十二组

（1）癸丑[卜]贞…妇…嘉？ [1]

（2）不嘉？在正月，遘小甲彡夕。隹九祀。 [1]

（3）[乙]亥王[卜贞]：自今春至…翌，人方不大出？王占曰：吉。在二月。遘祖乙彡。隹九祀。 [2]

（4）丁未卜贞：父丁祊其牢？在十月又一。兹用。隹王九祀。 [3]

（5）甲午王卜贞：作余酒，朕桒酓，余步比侯喜征人方。上下㲋示，受余又又，不曹巚，凡告于大邑商，[亡徻]在畎？王占曰：吉。在九月，遘上甲𠦪，隹十祀。 [4]

（6）…[贞]：畣巫九备，作余酒，朕桒…[甾]戋人方，上下于㲋示，受余又又…[告]于大邑商，亡徻在畎？酒… [5]

（7）辛酉王卜贞：□毓嘉？王占曰：大吉。[在]九月。遘祖辛鬻。 [6]

[1]《合集》37855　[2]《合集》37852　[3]《合集》37853　[4]《合集》36482　[5]《合集》36507　[6]《合集》38243

本组周祭类卜辞均属黄组一A类，据此可以复原某王九祀一月至十祀九月的祀谱如下：

年　祀	月　份	干　支	周祭内容	材料依据
某王[illegible]	一月	癸丑甲寅	彡小甲	《合集》37855
[illegible]祀	二月	癸亥甲子	彡空旬	
某王九祀	二月	癸酉甲戌	彡戋甲	《合集》37852
某王九祀	二月	癸未甲申	彡羌甲	

续表

年　祀	月　份	干　支	周祭内容	材料依据
某王九祀	三月	癸巳甲午	彡阳甲	
某王九祀	三月	癸卯甲辰	彡空旬	
某王九祀	三月	癸丑甲寅	彡祖甲	
某王九祀	四月	癸亥甲子	空旬	
某王九祀	四月	癸酉甲戌	翌工典	
某王九祀	四月	癸未甲申	例外旬	
某王九祀	五月	癸巳甲午	翌上甲	
某王九祀	五月	癸卯甲辰	翌空旬	
某王九祀	五月	癸丑甲寅	翌大甲	
某王九祀	六月	癸亥甲子	翌小甲	
某王九祀	六月	癸酉甲戌	翌空旬	
某王九祀	六月	癸未甲申	翌戋甲	
某王九祀	七月	癸巳甲午	翌羌甲	
某王九祀	七月	癸卯甲辰	翌阳甲	
某王九祀	七月	癸丑甲寅	翌空旬	
某王九祀	八月	癸亥甲子	翌祖甲	
某王九祀	八月	癸酉甲戌	祭工典	
某王九祀	八月	癸未甲申	祭上甲𧟄工典	
某王九祀	九月	癸巳甲午	𧟄上甲𣪘工典	
某王九祀	九月	癸卯甲辰	祭大甲𣪘上甲	
某王九祀	九月	癸丑甲寅	祭小甲𧟄大甲	
某王九祀	十月	癸亥甲子	𧟄小甲𣪘大甲	
某王九祀	十月	癸酉甲戌	祭戋甲𣪘小甲	
某王九祀	十月	癸未甲申	祭羌甲𧟄戋甲	
某王九祀	十一月	癸巳甲午	祭阳甲𧟄羌甲𣪘戋甲	
某王九祀	十一月	癸卯甲辰	𧟄阳甲𣪘羌甲	《合集》37853
某王九祀	十一月	癸丑甲寅	祭祖甲𣪘阳甲	
某王九祀	十二月	癸亥甲子	𧟄祖甲	
某王九祀	十二月	癸酉甲戌	𣪘祖甲	
某王九祀	十二月	癸未甲申	彡工典	

续表

年　祀	月　份	干　支	周祭内容	材料依据
某王十祀	一月	癸巳甲午	彡上甲	
某王十祀	一月	癸卯甲辰	彡空旬	
某王十祀	一月	癸丑甲寅	彡大甲	
某王十祀	二月	癸亥甲子	彡小甲	
某王十祀	二月	癸酉甲戌	彡空旬	
某王十祀	二月	癸未甲申	彡戋甲	
某王十祀	三月	癸巳甲午	彡羌甲	
某王十祀	三月	癸卯甲辰	彡阳甲	
某王十祀	三月	癸丑甲寅	彡空旬	
某王十祀	四月	癸亥甲子	彡祖甲	
某王十祀	四月	癸酉甲戌	空旬	
某王十祀	四月	癸未甲申	翌工典	
某王十祀	五月	癸巳甲午	翌上甲	
某王十祀	五月	癸卯甲辰	翌空旬	
某王十祀	五月	癸丑甲寅	翌大甲	
某王十祀	六月	癸亥甲子	翌小甲	
某王十祀	六月	癸酉甲戌	翌空旬	
某王十祀	六月	癸未甲申	翌戋甲	
某王十祀	七月	癸巳甲午	翌羌甲	
某王十祀	七月	癸卯甲辰	翌阳甲	
某王十祀	七月	癸丑甲寅	翌空旬	
某王十祀	八月	癸亥甲子	翌祖甲	
某王十祀	八月	癸酉甲戌	祭工典	
某王十祀	八月	癸未甲申	祭上甲𧻚工典	
某王十祀	九月	癸巳甲午	𧻚上甲𣎴工典	《合集》36482
某王十祀	九月	癸卯甲辰	祭大甲𣎴上甲	
某王十祀	九月	癸丑甲寅	祭小甲𧻚大甲	《合集》38243

第十三组

(1) 癸酉卜衍贞：王旬亡𡆥？在正月。甲戌𧶜魯甲𠦪羌甲。 1

(2) 癸未卜衍贞：王旬亡𡆥？在正月。甲申祭祖甲𠦪魯甲。 2

(3) [癸卯]王卜贞：[旬亡𡆥？王]占曰：吉。在二月。甲[辰𠦪]日祖甲。隹王口[祀]。 3

(4) 癸卯卜𠈃贞：王旬亡𡆥？在二月。甲辰𠦪日祖甲。 4

(5) 癸丑卜𠈃贞：王旬亡𡆥？在二月。甲寅工典其酒彡。 4

(6) 癸丑[王卜]贞：旬[亡𡆥]？王占曰：[吉]。[在]二月。甲寅工[典]（其酒彡日）。 5

(7) 癸亥王卜贞：酒彡日自上甲至于多毓，卒，亡害自𡆥？王占曰：吉。在三月。隹王口祀。彡。 6

(8) 癸亥王卜贞：旬亡𡆥？在三月。甲子彡日上甲。 5

(9) [癸]酉王卜[贞]：旬亡𡆥？[王占]曰：吉。在[三月]。[甲]戌彡[夕]大乙。 5

(10) 癸[酉卜贞]：王[旬亡𡆥]？甲[戌彡夕]大乙。 7

(11) 癸未卜贞：王旬亡𡆥？在三月，彡日大甲。 7

(12) 癸巳卜贞：王旬亡𡆥？在四月，甲午彡日小甲。 7

(13) 癸[巳卜衍]贞：[王旬]亡[𡆥？在]四月。[甲午]彡[小甲]。 8

(14) 癸丑卜衍贞：王旬亡𡆥？在四月。甲寅彡戋甲。曰：𠛱[祖乙]𣪊。 8

(15) 癸丑卜𠈃贞：王[旬]亡𡆥？在四月。甲寅彡日戋甲。曰：𠛱祖乙𣪊。 9

(16) 癸亥卜𠈃贞：王旬亡𡆥？在五月。甲子彡日羌甲。 9

(17) [癸酉]卜𠈃[贞：王旬]亡𡆥？[在五月。甲]戌[彡日魯]甲。 9

(18) 癸酉卜贞：王旬亡𡆥？在五月。甲戌彡魯甲。 8

(19) 癸巳卜贞：王旬亡𡆥？在六月。甲午彡祖甲。 8

(20) 癸巳卜衍贞：王旬亡𡆥？在六月。甲午工典其幼。 10

(21) 癸卯卜𠈃贞：王旬亡𡆥？在六月。 11

(22) 癸丑卜衍贞：王旬亡𡆥？在六月。甲寅酒翌上甲。王口祀。 10

(23) [癸丑]卜贞：[王旬]亡𡆥？[在六]月。甲寅工典其幼。 8

(24) 癸丑卜𠈃贞：王旬亡𡆥？在六月。甲寅工典其幼。 11

(25) 癸丑卜贞：王旬亡𡆥？在六月。甲寅工典其幼。 12

(26) [癸亥]卜徝贞：王旬亡畎？甲子幼工典其翌日。在七月。 11

(27) 癸酉[卜徝贞]：王旬亡畎？ 11

(28) 癸酉卜衍贞：王旬亡畎？甲戌翌大甲。 10

(29) 癸酉王卜贞：旬亡畎？王占曰：吉。在七月。甲[戌]翌日大[甲]。 13

(30) 癸酉卜贞：王旬亡畎？在七月。甲戌翌日上甲。 8

(31) 癸巳卜贞：王旬亡畎？在八月。甲午翌日大甲。 12

(32) 癸巳卜衍贞：王旬亡畎？在八月。 10

(33) [癸]丑卜，在䴽[贞]：王旬亡畎？[甲]寅翌𣪘甲。[在]八月。 14

(34) 癸丑卜衍贞：王旬亡畎？在八月。甲寅翌日羌甲。 10

(35) 癸酉卜[衍贞]：王旬[亡畎]？在九[月]。 10

(36) 癸亥卜徝贞：王旬亡畎？在十月。甲子工典其妹。 15

1《合集》35751　2《合集》35884　3《合集》37868　4《合集》35891　5《合补》10945　6《缀兴》104　7《拼二》339　8《缀汇》65　9《合集》35657　10《合集》37867　11《合补》12921　12《缀汇》611　13《合集》35524　14《合集》35744　15《合集》38305

本组卜辞主要为黄组一 B 类、一 C 类、一 D 类字体，其时代均早于以下第十四组。

第十四组

某王一祀

(1) 癸未[王卜]贞：旬[亡畎]？王占[曰：吉]。在十二月。[甲申翻]上甲工[典其𠭯]。 1

(2) 癸巳王卜贞：旬亡畎？王占曰：吉。在十月又二。甲午𠭯日上甲祭大甲。 1

(3) 癸卯王卜贞：旬亡畎？王占曰：吉。在十月又二。甲辰翻大甲祭小甲。 1

某王二祀

(4) 癸丑王卜贞：旬亡畎？王占曰：吉。在正月。甲寅𠭯大甲翻小甲。 1

(5) [癸]亥王卜贞：[旬亡]畎？王占[曰：吉]。在正月。甲[子祭]戋甲𠭯[小甲]。 1

(6) 癸未王卜贞：酒彡日自上甲至于多毓，卒，亡害自畎？在四月。隹王二祀。 2

(7) 癸丑卜徝贞：王旬亡畎？在五月。甲寅彡日小甲。 3

(8) [癸亥卜]𠭁[贞：王旬亡]𡆥？[在五月]。 3
(9) 癸酉[卜]贞：王旬亡𡆥？在五月。甲戌彡日戋甲。 4
(10) 癸未[卜𠭁]贞：王[旬亡𡆥]？甲[申彡日]羌[甲]。 3
(11) 癸巳卜𠭁贞：王旬亡𡆥？在六月。甲午彡日鲁甲。 3
(12) 癸卯卜𠭁贞：王旬亡𡆥？在六月。 3
(13) 癸丑卜𠭁贞：王旬[亡𡆥？在]七[月。甲寅彡日祖甲]。 3
(14) 癸未卜[贞]：王旬亡𡆥？在十月。甲申翌日羌甲。 5

某王二祀至三祀

(15) [癸]酉卜贞：王旬[亡]𡆥？在十月又二。甲戌工典其[酒]其𢦔。 6
(16) [癸]巳卜贞：王旬[亡]𡆥？在十月[又二。甲午]酒𢦔祭上甲。 6
(17) [癸丑]卜贞：王旬[亡𡆥]？在正月。[甲寅]祭大甲𠭯上甲。 6

某王三祀

(18) 癸酉卜贞：王旬亡𡆥？在三月。甲戌𠭯日祖甲。 7
(19) 癸[未王卜]贞：[旬亡𡆥]？王[占曰：吉]。在[四月。甲申]工[典其酒彡]。 8
(20) 癸巳王卜贞：旬亡𡆥？王占曰：吉。在四月。甲午彡上甲。 8
(21) 癸卯王卜贞：旬亡𡆥？王占曰：吉。在四月。 8
(22) 癸卯[卜贞]：王旬[亡𡆥]？在四[月]。 9
(23) 癸丑卜贞：王旬亡𡆥？在五月。甲寅彡日大甲。 7
(24) 癸丑王卜贞：旬亡𡆥？王占曰：吉。在五月。甲寅彡大甲。 8
(25) [癸亥]王卜[贞：旬]亡𡆥？[王占]曰：吉。[在五]月。甲子[彡]小甲。 8
(26) 癸亥卜贞：王旬亡𡆥？在五月。甲子彡小甲。 9
(27) 癸酉卜贞：王旬[亡]𡆥？在五[月]。 7
(28) 癸巳王卜贞：旬亡𡆥？王占曰：吉。在六月。甲午彡羌甲。隹王三祀。 10
(29) 癸卯王卜贞：旬亡𡆥？王占曰：吉。在六月。甲辰彡鲁甲。 10
(30) 癸丑王卜贞：旬亡𡆥？王占曰：吉。在七月。 10
(31) [癸]亥王卜贞：旬亡𡆥？王占曰：吉。在七月。甲子彡祖甲。 10
(32) [癸酉王卜]贞：旬亡𡆥？王占曰：吉。在七月。 10
(33) 癸未王卜贞：旬亡𡆥？王占曰：吉。在八月。甲申工典其幼。 10
(34) 癸巳王卜贞：旬亡𡆥？王占曰：吉。在八月。甲午翌上甲。 10
(35) [癸卯]王卜[贞]：旬亡𡆥？王占曰：吉。在八月。 10
(36) 癸丑[王卜]贞：旬[亡𡆥]？在十月。 11

(37) [癸亥]王卜贞：[旬亡]𡆥？在十一月。[甲]子翌日祖甲。 11

某王三祀至四祀

(38) 癸卯卜贞：王旬亡𡆥？在十月。 12

(39) 癸亥卜贞：王旬[亡𡆥]？ 12

(40) 癸酉王卜贞：旬亡𡆥？王占曰：吉。在十月又一。甲戌妹工典其𡳿。隹王三祀。 13

(41) 癸未卜贞：王旬亡𡆥？在十月又二。甲申𡳿酒祭上甲。 12

(42) 癸未王卜贞：旬亡𡆥？王占曰：吉。在[十]月又二。甲申𡳿酒祭上甲。 13

(43) 癸巳王卜贞：旬亡𡆥？王占曰：吉。在十月二。甲午𩱏上甲。 13

(44) 癸卯王卜贞：旬亡𡆥？王占曰：吉。在十月又二。甲辰祭大甲𣌭上甲。 13

(45) 癸丑王卜贞：旬亡𡆥？王占曰：吉。在正月。甲寅祭小甲𩱏大甲。 13

(46) 癸亥卜贞：王王旬亡𡆥？在正月。[甲]子𩱏[小甲𣌭]大甲。 12

(47) [癸亥王]卜[贞：旬亡]𡆥？[王占曰]：吉。在[正月。甲]子[𩱏小甲]𣌭[大甲]。 13

某王四祀

(48) 癸亥卜[𢏚]贞：王旬[亡]𡆥？甲子[𩱏小甲𣌭大甲]。 14

(49) 癸亥卜[贞：王]旬亡[𡆥？在]正月。[甲子]𩱏小甲[𣌭]大甲。 15

(50) 癸酉卜贞：王旬亡𡆥？在正月。甲戌祭戋甲𣌭[小甲]。 14

(51) 癸未卜贞：[王]旬亡𡆥？在[五]月。甲申工典其酒[彡]。 16

(52) 癸未卜贞：王旬亡𡆥？在五月。甲申彡戋甲。 16

(53) [癸]未卜贞：[王]旬亡𡆥？[在]五月。甲申[工]典其[幼]。 16

(54) 癸卯王卜贞：酒日自上甲至于多毓，卒，亡害自[𡆥]？在五月。隹王四祀。 17

(55) [癸丑]王卜贞：旬亡𡆥？[王占]曰：吉。在七月。甲寅[彡]魯甲。隹王四祀。 18

(56) 癸巳王卜贞：[酒祭日自上甲至]于多毓，卒，[亡𢓊自𡆥？在十二]月。隹王四祀。 19

某王四祀至五祀

(57) 癸巳王卜贞：旬亡𡆥？在十二月。甲午𡳿祭上甲。 20

(58) 癸卯王卜贞：旬亡𡆥？在正月。甲辰𩱏上甲工典其𣌭。 20

某王五祀

(59) 癸丑王卜贞：旬亡𡆥？王占曰：吉。在五月。 21

(60) 癸亥王卜贞：旬亡猷？王占曰：吉。在五月。甲子彡大甲。 21
(61) 癸酉王卜贞：旬亡猷？在六月。甲戌彡小甲。王占曰：吉。 21
(62) 癸未王卜贞：旬亡猷？王占曰：吉。在六月。 21
(63) 癸巳王卜贞：旬亡猷？王占曰：吉。在六月。甲午彡戋甲。 21
(64) 癸卯王卜贞：旬亡猷？王占曰：吉。在七月。甲辰彡羌甲。 21
(65) 癸丑[卜贞：王]旬亡[猷？甲寅彡]日鲁甲。 22
(66) 癸亥卜贞：王旬亡猷？在七月。 22
(67) 癸酉卜贞：王旬亡猷？在八月。甲戌彡日祖甲。 22
(68) 癸未卜贞：王旬亡猷？在八月。 22
(69) 癸巳卜贞：王旬亡猷？ 22
(70) 癸卯王卜贞：酒翌日自上甲至多毓，卒，亡徒自猷？在九月。隹王五[祀]。 23
(71) 癸卯卜贞：王旬亡猷？在九月。甲辰翌日[上甲]。 22
(72) 癸丑卜贞：王旬亡猷？在九月。 22
(73) 癸亥[卜贞：王]旬[亡猷]？在九[月。甲子]翌[日大甲]。 24
(74) 癸酉卜贞：[王]旬亡猷？[在]十月。[甲戌]翌日[小甲]。 24
(75) 癸酉卜贞：王旬亡猷？在十月。甲戌翌小甲。 25
(76) 癸未[卜贞]：王旬[亡猷]？在[十月]。 24
(77) [癸未]卜贞：王[旬亡]猷？在十月。 25
(78) 癸巳卜[衡贞]：王旬亡猷？在十月。甲[午]翌日戋[甲]。 26
(79) 癸卯卜[贞]：王旬[亡猷]？在十月。[甲辰]翌日[羌甲]。 24
(80) 癸卯卜衡贞：王旬亡猷？[在]十月。甲辰[翌]日羌甲。 26
(81) 癸亥卜贞：王旬亡猷？在十月又一。 24
(82) 癸未卜[贞]：王旬[亡猷？在十月又二]。 24
(83) 癸卯卜贞：王旬亡猷？在正月。甲辰酒彡尝上甲。 24

某王六祀

(84) [癸卯]卜宁贞：[王旬]亡猷？[在正月]。甲辰祭上甲。 27
(85) 癸丑卜宁贞：王旬亡猷？在正月。甲寅劦上甲。 27
(86) [癸亥]卜贞：[王旬]亡猷？[在]正月。 27
(87) 癸酉卜贞：王旬亡猷？[在]二月。甲戌劦大甲。 27
(88) 癸巳卜[衡]贞：王旬[亡猷]？在[二]月。甲[午祭戋甲]劦小甲。 28
(89) 癸卯卜衡贞：王旬亡猷？在二月。甲[辰祭]羌甲。 28

(90) 癸丑卜𠌶贞：王旬亡𡆥？在三月。甲寅祭𩀯甲𧁾羌甲𠫑戋甲。 28

(91) 癸亥卜贞：王旬亡𡆥？在三月。甲子𧁾𩀯甲。 28

(92) 癸酉卜贞：王旬亡𡆥？在三月。甲戌祭祖甲𠫑𩀯甲。 28

(93) [癸未]卜贞：[王旬]亡𡆥？[在四月。甲]申[𧁾祖甲]。 28

(94) 壬午王田于麦禁，获商戠兕。王易宰丰寝小䶂兄。在五月。隹王六祀彡日。 29

(95) 癸丑卜[𠌶]贞：王旬亡𡆥？在[九]月。甲寅酒翌上甲。 30

(96) 癸亥卜𠌶贞：王旬亡𡆥？在十月。 30

(97) 癸酉卜贞：王旬亡𡆥？在十月。甲戌翌日大甲。 30

(98) 癸未卜贞：王旬亡𡆥？在十月。甲申翌日小甲。 30

(99) 癸未卜亍贞：王旬亡𡆥？在十月。甲申翌日小甲。 31

(100) 癸卯卜贞：王旬亡𡆥？在[十一]月。甲辰翌[戋甲]。 31

(101) 癸丑王[卜]贞：旬亡[𡆥]？王占曰：吉。在十一月。甲寅翌羌甲。 32

(102) 癸亥王卜贞：旬亡𡆥？王占曰：吉。在十月二。甲子翌𩀯甲。 32

(103) 癸亥卜贞：王旬亡𡆥？在十[二]月。甲子翌𩀯甲。 34

(104) [癸酉]王卜[贞：旬]亡𡆥？[王占]曰：吉。[在十]月二。 32

(105) 癸酉王卜贞：旬亡𡆥？王占曰：吉。在十月二。隹王六[祀]。 33

(106) [癸未]王卜[贞：旬]亡𡆥？[王占]曰：吉。[在十]月又二。[甲]申翌祖甲。 33

某王六祀至七祀

(107) 癸未卜贞：王旬亡𡆥？甲申翌日祖甲。 34

(108) 癸卯卜贞：王旬亡𡆥？ 34

(109) 癸亥卜贞：王旬亡𡆥？在二月。甲子祭大甲。 34

(110) 癸未卜贞：王旬亡𡆥？在二月。 34

(111) 癸卯卜贞：王旬亡𡆥？在三月。 34

某王七祀

(112) 癸巳[王卜]贞：旬[亡𡆥]？王占[曰：吉]。在正月。[甲午]酒妹[祭工]典。 35

(113) 癸[酉王卜]贞：旬[亡𡆥]？王[占曰：吉]。在[二月。甲戌祭小甲𧁾大甲]。 36

(114) 癸未王卜贞：旬亡𡆥？王占曰：吉。在二月。甲申𧁾小甲𣻌𠫑大甲。 36

(115) 癸巳王卜贞：旬亡𡆥？王占曰：吉。在三月。甲午祭戋甲𠫑小甲。 36

(116) 癸卯王卜贞：旬亡𡆥？王占曰：吉。在三月。甲辰祭羌甲𠦪戋甲。 36

(117) 癸未王卜贞：[旬亡𡆥]？王占曰：吉。在五[月。甲申]𠦪祖甲。隹王七[祀]。 37

(118) 癸巳王卜贞：旬亡𡆥？王占曰：吉。在五月。甲午濩祖甲。 37

(119) 癸卯王卜贞：旬亡𡆥？王占曰：吉。在五月。甲辰工典其酒[彡]。 37

(120) 癸丑王卜贞：旬亡𡆥？王占曰：吉。在六月。甲寅彡日上甲。 37

(121) 癸亥王卜贞：旬亡𡆥？王占曰：吉。在六月。甲子彡夕大乙。 37

(122) 癸丑卜贞：王旬亡𡆥？在八月。甲寅彡羌甲。 39

(123) 癸亥卜贞：王旬亡𡆥？在八月。甲子彡魯甲。 38

(124) 癸亥卜贞：王旬亡𡆥？在八月。 39

(125) 癸酉卜贞：王旬亡𡆥？在八月。 39

(126) 癸未卜贞：王旬亡𡆥？在九月。 39

(127) 癸巳卜贞：王旬亡𡆥？ 39

(128) 癸巳[王卜贞]：旬亡𡆥？[王占]曰：吉。在九月。 40

(129) 癸卯卜贞：王旬亡𡆥？在九月。 39

(130) 癸卯王卜贞：旬亡𡆥？在九月。甲辰工典其幼其翌。 40

(131) 癸[丑]卜贞：王旬亡𡆥？ 39

(132) 癸丑王卜贞：旬亡𡆥？在九月。甲寅翌上甲。 40

某王八祀

(133) 癸亥王卜[贞]：旬亡𡆥？在二[月]。甲子𢧂祭上甲。 53

(134) 癸酉王卜贞：旬亡𡆥？王占曰：引吉。在二月。甲戌祭小甲𠦪大甲。隹王八祀。 41

(135) 癸未王卜贞：旬亡𡆥？王占曰：吉。在二月。甲申𠦪小甲𧷜大甲。 41

(136) 癸巳王卜贞：旬亡𡆥？王占曰：吉。在三月。甲午祭戋甲𧷜小甲。 41

(137) 癸卯王卜贞：旬亡𡆥？王占曰：吉。在三月。甲辰祭羌甲𠦪戋甲。 41

(138) 癸丑王卜贞：旬亡𡆥？王占曰：吉。在三月。甲寅祭魯甲𠦪羌甲𧷜戋甲。 41

(139) 癸亥王卜贞：旬亡𡆥？王占曰：吉。在四月。甲子𠦪魯甲𧷜羌甲。 41

(140) [癸酉]王卜[贞：旬]亡𡆥？[在四]月。甲戌[祭]祖甲𧷜魯甲。 41

(141) 癸巳王卜贞：旬亡𡆥？王占曰：大吉。在七月。隹王八祀。彡。 42

(142) 癸卯王卜贞：旬亡𡆥？王占曰：吉。甲辰彡戋甲。 42

(143) 癸卯王[卜贞]：旬亡𡆥？王[占]曰：吉。在[九月。甲辰]工典其[幼

其]翌。 43

(144)［癸丑]王卜贞：[旬亡]畎？王占[曰：吉]。在十月。[甲]寅酒幼[翌]上甲。 43

(145) 癸酉[王卜贞：旬亡畎]？王占[曰：吉。在十一月。甲戌]翌日[大甲]。 44

(146) 癸未王卜贞：旬亡畎？王占曰：吉。在十一月。甲申翌日小甲。 44

(147) 癸巳王卜贞：旬亡畎？王占曰：吉。在十月一。 44

(148) 癸卯王卜贞：旬亡畎？王占曰：吉。在十月又二。甲辰翌日戋甲。 44

(149)［癸]丑王卜[贞]：旬亡畎？[王占]曰：吉。[在十月又二]。甲寅[翌日羌]甲。 44

某王九祀

(150) 癸丑王卜贞：酒翌日自上甲至于多毓，卒，亡徒自畎？王占曰：引吉。在十月。隹王九祀。 45

某王十祀

(151) 癸卯[王卜，在]䨴[師贞：旬]亡畎？[在四月]。甲辰[祭戋甲]𠷎[小甲]。 46

(152) 癸丑王卜，在書師贞：旬亡畎？在[四]月。甲寅祭羌甲𦎫[戋甲]。 46

(153)［癸亥]王卜，[在書]師贞：旬亡畎？王占曰：吉。在四月。[甲]子祭鲁甲[𦎫羌甲𠷎戋甲]。 46

(154) 癸酉[王卜，在]書師，[贞：旬亡]畎？王[占曰：吉]。在五[月。甲戌𦎫]鲁甲[𠷎羌甲]。 47

(155) 癸未王卜，在書師贞：旬亡畎？王占曰：吉。在五月。甲申祭祖甲𠷎日鲁甲。 47

(156)［癸]未王卜贞：旬亡畎？王占曰：[吉。在]十月又一。甲申翌日大甲。隹王[十祀]。 48

某王十一祀

(157)［癸亥]卜贞：王旬亡畎？[在]正月。甲子翌日羌甲。 49

(158) 癸巳王卜贞：旬亡畎？在[十月又二]。甲午翌日大甲。 50

(159) 癸卯王卜贞：旬亡畎？在十月又二。甲辰[翌日小甲]。 50

某王十一祀至十二祀

(160) 癸巳王卜贞：旬亡畎？在十月又二。甲[午]翌日[大甲]。 51

(161) 癸卯王卜贞：旬亡畎？在十月又二。甲[辰]翌小甲。 51

(162) 癸丑王卜贞：旬亡畎？在十月又二。 51

（163）癸亥王卜贞：旬亡畎？在正月。甲子翌戋甲。 51

某王十二祀

（164）癸[酉王卜贞：旬亡畎]？王占[曰：吉。在正月。甲戌]翌日[羌甲]。 52

（165）癸未王卜贞：旬亡畎？王占曰：吉。在二月。甲申翌鲁甲。 52

（166）癸巳王卜贞：旬亡畎？王占曰：吉。在二月。 52

（167）癸卯王卜贞：旬亡畎？在二月。甲辰翌祖甲。 52

（168）癸巳王卜贞：旬[亡畎]？王占曰：吉。甲午祭小甲[𧄍大甲]。 54

（169）癸巳王[卜]贞：旬亡[畎]？在四月。甲[午]祭小甲[𧄍大甲]。 55

（170）癸卯王卜贞：旬亡畎？王占曰：吉。在四月。甲辰𧄍小甲𠭯大甲。 54

（171）癸卯王卜贞：旬亡畎？在四月。甲辰𧄍小甲𠭯大甲。 55

（172）癸丑王卜贞：旬亡畎？王占曰：引吉。在[四月]。甲寅祭[戋甲𠭯小甲]。 54

（173）癸丑王卜贞：旬亡畎？王占曰：引吉。甲寅祭戋甲𠭯小甲。 55

（174）癸亥王卜贞：旬亡畎？王占曰：吉。在[五月]。甲子[祭羌甲𧄍戋甲]。 54

（175）癸酉王卜贞：旬亡畎？王占曰：引吉。在五月。甲戌祭鲁甲𧄍[羌甲𠭯戋甲]。 54

1《合集》35530 2《合集》37836 3《合补》10970 4《合集》35659 5《合集》35694 6《合集》35407 7《合补》10962 8《合补》10948 9《合集》35590 10《合补》10963 11《合集》35883 12《合集》35411 13《合补》10943 14《合集》35650 15《合集》35580 16《合集》35660 17《合补》10944 18《合集》37839 19《合集》37841 20《合集》35412+① 21《合集》35589 22《缀汇》696 23《合集》37844 24《合集》35408+② 25《合集》35573 26《合集》35645 27《合补》10949 28《合集》35749 29《合补》11299反 30《合集》35402 31《英藏》2508 32《合集》35695 33《合集》37845 34《缀汇》722 35《合集》38304 36《合集》35581+③ 37《合补》11002 38《合集》35757 39《合集》35706 40《合集》35399 41《合补》10958 42《合补》10976 43《合集》35401 44《合集》35646

① 殷德昭：《黄组甲骨新缀第13则》，先秦史研究室网站，https：//www.xianqin.org/blog/archives/3627.html，2014年1月28日。

② 王恩田：《甲骨缀合一则》，先秦史研究室网站，https：//www.xianqin.org/blog/archives/4046.html，2014年6月4日。

③ 白光琦：《先秦年代探略》，中国社会科学出版社，2008年，第14页。

45《拾遗》459 46《合集》35698 47《合集》35886 48《合集》35525 49《合集》35693 50《合集》35526 51《合集》35574 52《合集》35741 53《合集》35410 54《缀汇》610 55《合集》35576

本组卜辞主要为黄组一 B 类、黄组一 C 类、黄组一 D 类字体，从月份、干支及祭祀情况来看，可能属于同一祀谱。

（二）可能有联系的卜辞

第一组

（1）癸酉卜，在軎贞：王旬亡𡆥？ 1

（2）癸[酉卜]，在軎[贞]：王旬[亡𡆥]？ 2

（3）癸未卜，在軎贞：王旬亡𡆥？ 1

（4）癸未卜，在軎贞：王旬亡𡆥？ 2

1《合集》36610 2《合集》36621

本组据“在軎”系联，为卜旬辞，未见月份。

第二组

（1）…小臣墙比伐，擒危柔…人二十人四，馘千五百七十，㚇百…辆，车二辆，橹百八十三，函五十，矢…用又伯麑于大乙，用𩲃伯印…㚇于祖乙，用柔于祖丁，僼甘京，赐… 1

（2）□□卜狄[贞]：危方柔…䁱于[之]，若？ 2

（3）…叀…尹伐…柔… 3

（4）其执柔… 4

1《合集》36481 正 2《合集》28088 3《合集》27011 4《合集》33008

2 3 属于何组三 B 类，4 属于无名组一 C 类。这四版都记载了与危方柔的战争。由于辞（3）（4）残缺过甚，也有可能是不同王世所占卜之事。此处系联在一起，仅供参考。

二、黄组二类卜辞的系联

（一）有联系的卜辞

第一组

(1) 癸巳[王卜]贞：旬[亡𡆥]？在十月。在[屯𠂤]。 1
(2) 癸巳王[卜]贞：旬亡𡆥？在屯𠂤。 2
(3) 癸卯王卜贞：旬亡𡆥？在𡵜𠂤。 1
(4) 癸卯王卜贞：旬亡𡆥？在𡵜𠂤。 2
(5) 癸丑王卜贞：旬亡𡆥？在十月又一。在齐𠂤。 1
(6) 癸丑王卜贞：旬亡𡆥？在齐𠂤。 2
(7) [癸亥王]卜贞：[旬亡]𡆥？在十月[又一。在]齐𠂤。 1

1《合补》12887　2《合集》36821

在本组卜辞中，辞（1）（3）（5）（7）的类型为A5，辞（2）（4）（6）的类型为A3，也就是说《合补》12887整版均为A5，《合集》36821整版均为A3。从字体上看，两版卜辞明显出于同一刻手，大概因为是同时所刻，所以《合集》36821承前省略了月份。在内容上可知，十月癸巳日在屯𠂤，癸卯日在𡵜𠂤，十一月癸丑日、癸亥日均在齐𠂤，由于三个地名都包含“𠂤”字，所以本组卜辞可能与战争活动有关。

（二）可能有联系的卜辞

第一组

(1) 癸未卜[贞]：王旬亡[𡆥]？在三[月]。 1
(2) 癸巳卜贞：王旬亡𡆥？王占曰：吉。在四月。在䓞𠂤。 1
(3) 癸卯卜贞：王旬亡𡆥？王占曰：吉。在四月。在䓞𠂤。 1
(4) 癸丑卜贞：王旬亡𡆥？王占曰：吉。 1
(5) 癸亥卜贞：王旬亡𡆥？在五月。 1

(6) 癸巳王[卜贞：旬亡𡆥？王占]曰：大[吉]。 2
(7) 癸卯王卜贞：旬亡𡆥？王占曰：大吉。在六月。在䨓𠂤。 2
(8) 癸丑王卜贞：旬亡𡆥？在七月。 2
(9) 癸亥王卜贞：旬亡𡆥？在七月。 2
(10) 癸酉王卜贞：旬亡𡆥？在七月。 2

1《合集》36609+[①] 2《契合》132

本组据“在叀/䨓𠂤”系联，据月份及干支顺序排列如上。

第二组

(1) 癸丑王卜贞：旬亡𡆥？王占[曰]：大吉。在正月。甲寅彡[戋]甲。 1
(2) [癸]亥王卜贞：旬[亡𡆥]？王占曰：大[吉。在正月]。甲子彡羌甲。 1
(3) 癸亥王卜贞：旬亡𡆥？王占曰：大吉。在四月。甲子工典其酒翌日。隹王祀，翌日。 2
(4) 癸酉王卜贞：旬亡𡆥？王占曰：大吉。在四月。甲戌翌上甲。 2
(5) 癸未王卜贞：旬亡𡆥？王占曰：[大]吉。在四月。 2
(6) 癸巳王卜贞：旬亡𡆥？王占曰：[大吉]。在五月。甲午翌大甲。 2
(7) 癸未王卜贞：旬[亡𡆥？王占]曰：大吉。在八月。 3
(8) 癸巳王卜贞：旬亡𡆥？王占曰：大吉。在九月。甲午祭大甲劦上甲。 3
(9) 癸[卯]王卜贞：旬[亡]𡆥？王占曰：大吉。在九月。甲辰祭小甲𩁹大甲。 3
(10) 癸亥王卜贞：旬亡𡆥？王占曰：大吉。在十月。甲子祭戋甲劦小甲。 4
(11) 癸酉王卜贞：旬亡𡆥？王占曰：大吉。在十月。甲戌祭羌甲𩁹戋甲。 4
(12) 癸酉王卜贞：旬亡𡆥？在十月。甲戌彡戋甲。 5
(13) 癸未王卜贞：旬亡𡆥？王占曰：大吉。在十月。甲申祭鲁甲𩁹羌甲劦戋甲。 4
(14) 癸未[王卜]贞：旬亡[𡆥]？在十月。[甲]申彡羌甲。 6
(15) 癸巳王卜贞：旬亡𡆥？在十[月]又一。甲午彡鲁甲。 7
(16) 癸丑王卜贞：旬亡𡆥？王占[曰]：大吉。在十月又二。甲寅祭羌甲𩁹戋甲？ 8

① 小屯村：《黄组甲骨新缀第19则》，先秦史研究室网站，https://www.xianqin.org/blog/archives/3914.html，2014年5月17日。

(17) 癸亥王卜贞：旬亡𡆥？王占曰：大吉。在十月又二。 8

(18) 癸酉王卜贞：旬亡𡆥？王占曰：大吉。在十月又二。甲戌𠦪魯甲𠁻羌甲。 8

(19) 癸未王卜贞：旬亡𡆥？王占曰：大吉。在正月。 8

1《合集》35655+① 2《合补》12927 3《合补》10964 4《缀集》61 5《合集》35662 6《合集》35703 7《合集》35759 8《合补》10987

本组为卜旬辞附记周祭者，据月份及干支顺序排列如上。

第三组

(1) 癸酉王卜贞：旬亡𡆥？在正月。王占曰：大吉。甲戌祭羌甲𠦪戋甲。 1

(2) 癸未王卜贞：旬亡𡆥？在正月。王占曰：大吉。甲申祭魯甲𠦪羌甲𠁻戋甲。 1

(3) 癸未王卜[贞]：旬亡𡆥？王[占]曰：大。在[正]月。甲申祭魯甲𠦪羌[甲]𠁻[戋甲]。 2

(4) 癸巳王卜贞：旬亡𡆥？在正月。王占曰：大吉。甲午𠦪魯甲𠁻羌甲。2 3

(5) 癸卯王卜贞：旬亡𡆥？在二月。王占曰：大吉。甲辰祭祖甲𠁻魯甲。3 4

(6) 癸丑王卜贞：旬亡𡆥？在二月。甲寅𠦪祖甲。 3

(7) 癸丑王卜贞：旬亡𡆥？在二月。王占曰：大吉。甲寅𠦪祖甲。 4

(8) 癸亥王卜贞：旬亡𡆥？在二月。王占曰：大吉。甲子𠁻祖甲。 3

(9) 癸亥王卜贞：旬亡𡆥？在三月。王占曰：大吉。甲子𠁻祖甲。 4

(10) 癸酉王卜贞：旬亡𡆥？在三月。王占曰：大吉。 4

(11) 癸未王卜贞：旬亡𡆥？在三月。王占曰：大吉。甲申彡上甲。 4

(12) 癸未王卜贞：旬亡𡆥？王占曰：大吉。在三月。甲申彡上甲。 5

(13) 癸巳王卜贞：旬亡𡆥？在四月。王占曰：大吉。 5

(14) 癸卯王卜[贞]：旬亡𡆥？在四月。王占曰：大吉。甲辰彡大甲。 5

(15) 癸丑王卜贞：旬亡𡆥？在四月。王占曰：大吉。甲寅彡小甲。 5

(16) [癸]亥王卜贞：旬亡𡆥？在五[月]。王占曰：大吉。 5

(17) 癸卯王卜贞：旬[亡𡆥]？王占曰：大吉。 6

(18) [癸丑王卜]贞：旬亡𡆥？王占曰：大吉。在六月。甲寅彡祖甲。 6

---

① 殷德昭：《甲骨新缀一则》，先秦史研究室网站，https://www.xianqin.org/blog/archives/3617.html，2014年1月18日。

（19）癸亥王卜贞：旬亡畎？王占曰：大吉。在七月。 6

（20）癸酉［王卜贞：旬亡］畎？［王占曰：大］吉。在［七月。甲戌］工典［其幼］。 6

（21）癸未王卜贞：旬亡畎？王占曰：大吉。在七月。甲申翌上甲。 6

（22）癸未［王卜贞］：旬亡［畎？在］九月。王［占曰］：大吉。 7

（23）癸巳王卜贞：旬亡畎？在九月。王占曰：大吉。甲午祭上甲。 7

（24）癸丑王卜贞：旬亡畎？王占曰：［吉］。在十月。甲寅祭大甲劦上甲。 8

（25）癸卯王卜贞：［旬亡畎］？王占曰：大［吉］。 9

（26）癸丑王卜贞：旬亡畎？王占曰：大吉。在十月又二。甲寅𧝎鲁甲劦羌甲。 9

（27）癸亥王卜贞：旬亡畎？王占曰：大吉。在十月又二。甲子祭祖甲劦鲁甲。 9

（28）［癸亥王卜贞］：旬亡畎？王占曰：大吉。［在十月］又二。甲子祭戋甲劦小甲。 10

（29）癸亥王卜贞：旬亡畎？在十月又二。甲子祭戋甲劦小甲。 1

1《英藏》2510　2《合集》35748　3《合集》35885　4《合补》11038　5《合补》10942　6《合补》11032+①　7《英藏》2504　8《合集》35528　9《缀续》389　10《合集》35652+②

本组亦为卜旬辞附记周祭者，据月份及干支顺序排列如上。

第四组

（1）癸［卯王卜贞］：旬［亡畎？在三月。王占］曰：大［吉］。 1

（2）癸丑王卜贞：旬亡畎？在三月。甲寅彡戋甲。王占曰：大吉。 1

（3）癸酉王卜贞：旬亡畎？王占曰：大吉。在四月。甲戌彡祖甲。 2

（4）癸亥王卜贞：旬亡畎？在四月。甲子彡羌甲。王占［曰］：大吉。 1

（5）癸未王卜贞：旬亡畎？王占曰：［大］吉。在五月。 2

（6）癸巳王卜贞：旬亡畎？王占曰：大吉。在五月。甲午工典其酒幼。 2

（7）［癸卯王卜］贞：［旬亡畎］？王占［曰：大吉］。在五月。［甲辰工］典其酒［幼］。 2

---

① 殷德昭：《黄组甲骨新缀第 20 则》，先秦史研究室网站，https：//www. xianqin. org/blog/archives/4063. html，2014 年 6 月 6 日。

② 殷德昭：《甲骨新缀一则》，先秦史研究室网站，https：//www. xianqin. org/blog/archives/3562. html，2014 年 1 月 9 日。

（8）癸丑[王卜贞]：旬亡[畎？王]占曰：大[吉]。在八月。[甲寅翌小甲]。 3
（9）癸丑王[卜贞：旬亡畎]？在八月。王占[曰：大吉。甲寅]劦祖甲。 4
（10）癸亥王卜贞：旬亡畎？王占曰：大吉。在九月。 3
（11）癸亥王[卜贞：旬亡畎]？王占曰：[大吉。在九月]。 5
（12）癸酉王卜贞：旬亡畎？王占曰：大吉。在九月。甲戌翌戋甲。 3 5
（13）癸未王卜贞：旬亡畎？王占曰：大吉。在九月。甲申翌羌甲。 3 5
（14）癸巳王卜贞：旬亡畎？王占曰：大吉。在九月。甲午翌鲁甲。 5
（15）癸卯王卜贞：旬亡畎？在十月。王占曰：大吉。 5
（16）[癸丑王卜贞：旬]亡畎？在十月又一。[甲]寅肜小甲劦[大甲]。 6
（17）癸丑王卜贞：旬亡畎？在十月又一。甲寅彡祖甲。 7
（18）癸亥王卜贞：旬亡畎？王占曰：吉。在十月又一。 7

1《合集》35656　2《缀汇》64　3《合集》35641　4《合集》35893　5《合集》35644　6《合集》35583　7《契合》161

本组亦为卜旬辞附记周祭者，据月份及干支顺序排列如上。

第六章

历组卜辞的分类与系联整理研究

第一节　历组卜辞的分类

历组卜辞主要分为历组一类、历组二类两大类。依据字体特征及组合关系，历组一类与历组二类可分别分为 A、B、C 三小类，其中历组二 B 类又可分为甲、乙、丙三群，历组二 C 类可分为一、二两组，依次讨论如下。

一、历组一类

（一）历组一 A 类

本类字体较小，笔画纤细圆转，整体风格流畅，显得柔和。其特征字择要列入表 6-1，特征片可举《合集》32216、32289、32403、33112，《屯南》751、2351、2601 为例，见图 6-1。

表 6-1　历组一 A 类特征字举例

庚		丑		巳	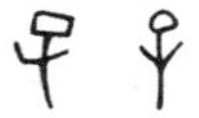	未	
且		亥		自		戌	
步		不		叀		王	
翌		日		西	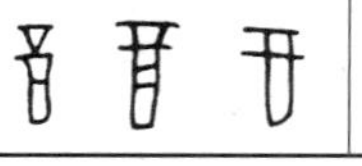		

a）《合集》32216

b）《合集》32289

c）《合集》32403

d）《合集》33112

e)《屯南》751

f)《屯南》2351

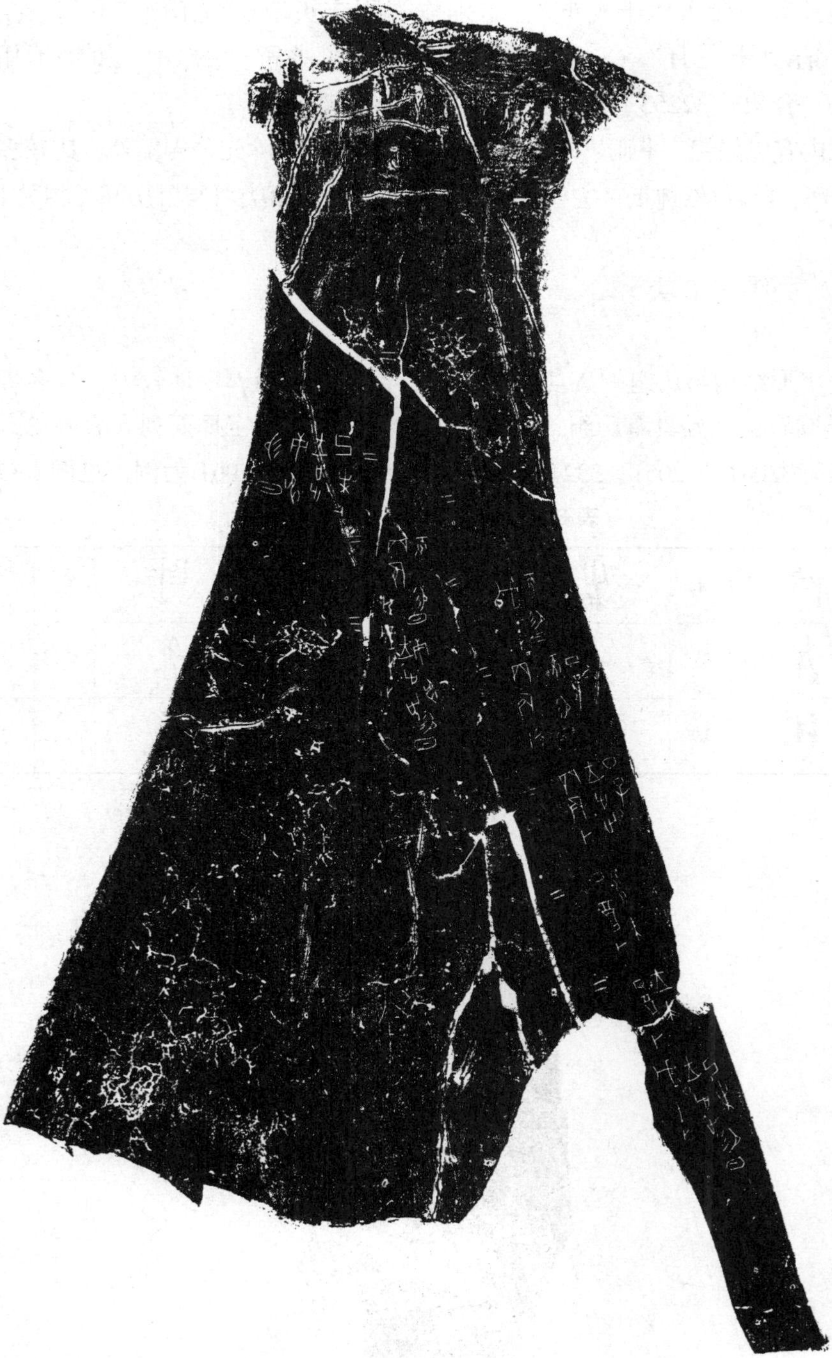

g）《屯南》2601

图 6-1　历组一 A 类特征片举例

本类前辞一般作“干支卜”，个别作“干支贞”（《屯南》739）。记月方式作“某月”，有“十三月”（《合集》33082）。未见兆辞“兹用”和“不用”，有作“幺用”（《合集》32253、33954），应即后来的“兹用”。

占卜内容以祭祀、卜雨、求雨之辞为多。祭祀对象除先公先王外，比较多见的还有岳、土、河、[illegible]等自然神祇。主要敌国有師、亘，征伐事类可与自历间类相关卜辞系联。

（二）历组一 B 类

本类字形结构与历组一 A 类基本一致，但笔画较粗，字体较大，且多带折笔，不如一 A 类圆转，开始具有历组二类刚劲的风格。其特征字择要列入表 6-2，特征片可举《合集》32041、32051、33241、34428，《屯南》580、961 为例，见图 6-2。

表 6-2 历组一 B 类特征字举例

贞		未		以		岁		叀	
囚		受		用		羌		牢	
亡		卣		弜		召	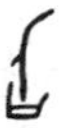		

a）《合集》32051

b）《合集》34428

c）《屯南》961

d）《合集》32041

e）《合集》33241

f）《屯南》580

图 6-2　历组一 B 类特征片举例

本类前辞多作"干支贞"，而"干支卜"较少。记月方式作"某月"（《屯南》81）和"在某月"（《合集》33241），未见"十三月"。有兆辞"兹用""不用"和"兹见"。

占卜内容多为祭祀及卜雨、求雨之辞，大致与一 A 类相同。重要的敌国为召方，对其征伐的卜辞可与历组二类、宾组一类相关卜辞系联。

（三）历组一 C 类

本类字体介于历组一、二两大类之间，连劭名划分为“附属于历组一类的其他卜辞”①，周忠兵命名为“历组二 A2 类”②。本类字体较小，笔画纤细，与历组一 A、一 B 类相比多折笔，整体风格刚劲有力，带有二类特征。其特征字择要列入表 6-3，特征片可举《合集》32934、《合补》10471、《屯南》505、《俄罗斯》174 为例，见图 6-3。

表 6-3　历组一 C 类特征字举例

庚		巳		未		酉		弜	
叀		囚		不		贞		来	

a）《俄罗斯》174

① 连劭名：《历组一类卜辞研究》，《中原文物》2003 年第 4 期。

② 周忠兵：《谈新划分出的历组小类》，载《甲骨文与殷商史》（新二辑），上海古籍出版社，2011 年，第 222 页。

b）《屯南》505

c）《合集》32934

d）《合补》10471

图 6-3　历组一 C 类特征片举例

本类前辞多作“干支贞”，较少“干支卜”。占卜内容主要为祭祀与战争，其中祭祀父乙、兄丁的卜辞较为特殊，征伐召方的卜辞可与历组一 B 类、历组二类相关卜辞系联。

二、历组二类

（一）历组二 A 类

本类字体清秀窄长，一些字体如“贞”“辰”“巳”“自”等在历组二类中颇具特色。其特征字择要列入 6-4，特征片可举《合集》33149、34240，《合补》10519+①、10639，《上博》2426.17，《屯南》994、1062 为例，见图 6-4。

① 周忠兵：《甲骨新缀四例》，先秦史研究室网站，http：//www.xianqin.org/blog/archives/2119.html，2010 年 11 月 7 日。

表 6-4　历组二 A 类特征字举例

贞	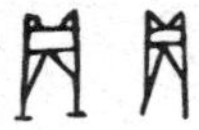	庚		辰		酉		囚		巳	
不		召		自		岁		其			

a）《合集》33149

b）《上博》2426. 17

c）《屯南》994

d）《合集》34240

e）《合补》10519+

f）《合补》10639

g）《屯南》1062

图 6-4　历组二 A 类特征片举例

本类前辞以“干支贞”为主，“干支卜”较为少见（《合集》34230）。占卜内容主要为祭祀与战争，主要敌国为召方，相关事类可与历组一类相关卜辞系联。

（二）历组二 B 类

本类卜辞数量较多，目前所称历组二类主要即本类卜辞，书体风格和字形特征彼此接近，但仍可进一步分为甲、乙、丙三群。

甲群以《合集》32030、32031、32064、32517、32669、34136、34218，《合补》10417 等为例（图 6-5），笔画较细，字体瘦劲，“贞”“翌”“羌”“岁”“用”等字特征鲜明。乙群以《合集》32113、34103，《合补》10421、10422、10516，《屯南》723、1111 等为例（图 6-6），笔画较粗，与甲、丙两群相比，整体风格方正谨饬。丙群以《合集》32028、32329、33293、34165，《合补》10484，《屯南》636、2707 等为例（图 6-7），笔画较粗，书体豪放粗犷，略显散乱，“贞”“羌”“用”“牢”等字特征鲜明。此外，丙群中有一部分以《合集》32053、32485、34214，《屯南》2584、2585 为代表的卜辞（图 6-8），风格接近丙群，但书体散乱，我们将其划分为丙群附属；另有一部分以《合集》32048、32049、33250、34801 为代表（图 6-9）的卜辞，书体散乱，笔画扭曲，字体比较特殊，整体上接近历组二类的风格，且有“父丁”称谓（《合集》33250），我们将其命名为“历组二类习刻”。

表 6-5 历组二 B 类甲群特征字举例

贞	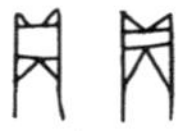	庚		巳		子		辰	
未		酉		自		以		其	
岁		隹		叀		用		羌	
翌		牢		且		毕			

表 6-6 历组二 B 类乙群特征字举例

贞		子		丑		巳		未	

续表

辰		酉		自		叀		羌	
用	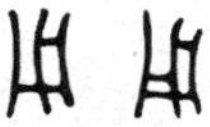	禾		且		牢		[illegible]	

表 6-7　历组二 B 类丙群特征字举例

贞		子		丑	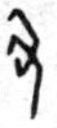	辰		巳	
未		酉	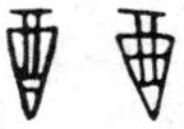	禾		用		牢	
隹		叀		自		羌		臽	
[illegible]									

表 6-8　历组二 B 类丙群附属特征字举例

贞		子		未		酉	
其		叀					

表 6-9　历组二类习刻特征字举例

贞	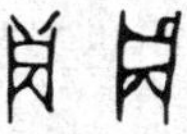	令		辛		巳	
酉		奠		叀			

a）《合集》32030

b）《合集》32031

c）《合集》32517

d）《合集》32064

e）《合集》32669

f）《合集》34218

g）《合集》34136

h)《合补》10417

图 6-5　历组二 B 类甲群特征片举例

a）《合集》32113

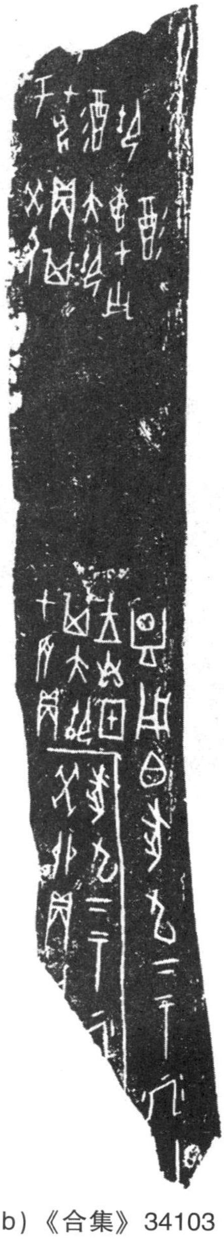

b）《合集》34103

c）《合补》10421

d）《合补》10422

e）《合补》10516

f)《屯南》723

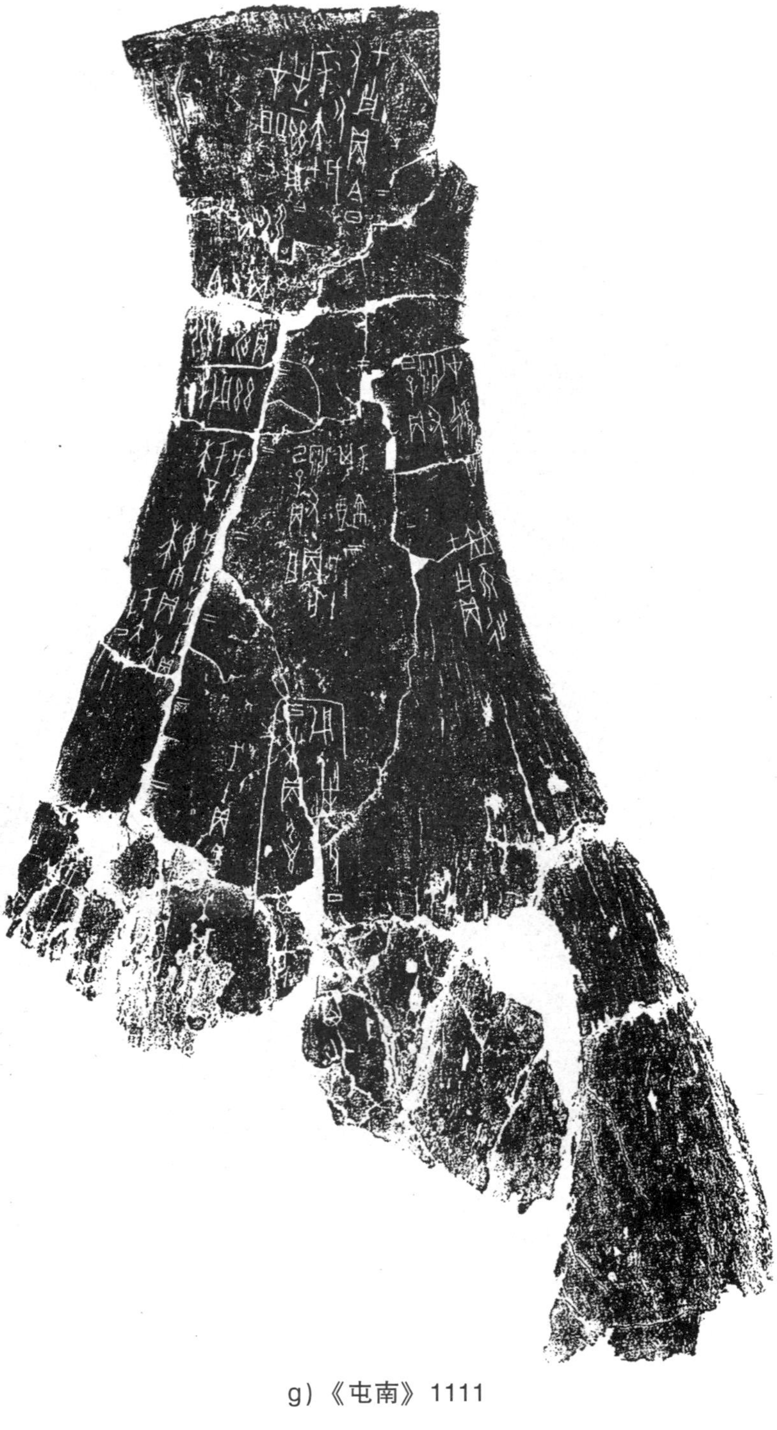

g）《屯南》1111

图 6-6　历组二 B 类乙群特征片举例

a）《合集》32028

b）《合集》32329

c）《合集》34165

d）《合集》33293

e)《合补》10484

f)《屯南》636

g）《屯南》2707

图 6-7　历组二 B 类丙群特征片举例

a）《合集》32053

b）《合集》32485

c）《合集》34214

d)《屯南》2584

e)《屯南》2585

图 6-8　历组二 B 类丙群附属特征片举例

a)《合集》32048

b）《合集》32049　　c）《合集》33250　　d）《合集》34801

图 6-9　历组二类习刻特征片举例

（三）历组二 C 类

本类字体较大，笔画较粗，整体风格显得粗犷，可进一步根据“王”“子”“酉”三者不同的字形组合关系分为两种组合，相应特征字见表 6-10。历组二 C 类一组特征片以《合集》32252、32313 等为例（图 6-10），数量相对较少，字形接近二 B 类丙群。历组二 C 类二组特征片以《合集》32087、32308、32547 等为例（图 6-11），字形变化较大，尤其“王”“酉”“叀”等字接近历无名间类。

表 6-10　历组二 C 类特征字举例

	贞	王	子	酉	叀	用	又	不	囚
历组 二C类 一组	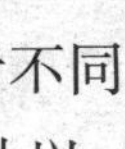	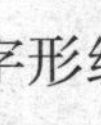	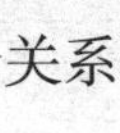	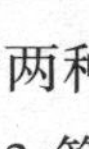	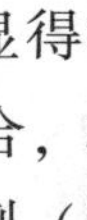	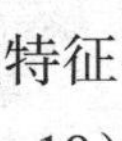		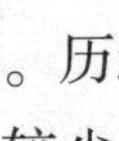	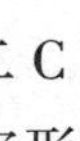

续表

	贞	王	子	酉	叀	用	又	不	囚
历组二C类二组									

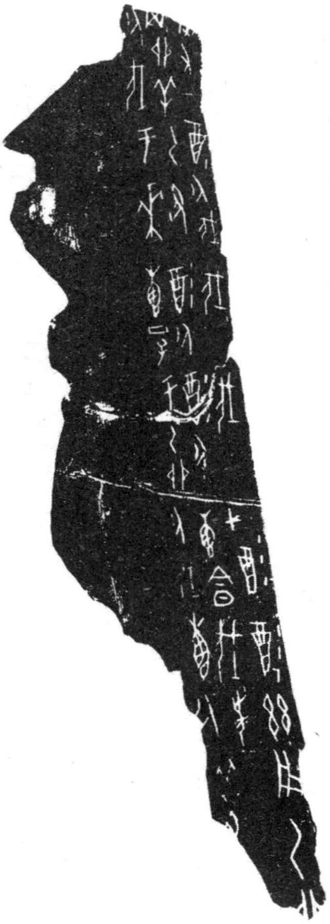

a）《合集》32252

b）《合集》32313

c)《屯南》1131

d）《屯南》2366

e）《合补》10445

图 6-10　历组二 C 类一组特征片举例

a）《合集》32087

b）《合集》32308

c）《合集》32616

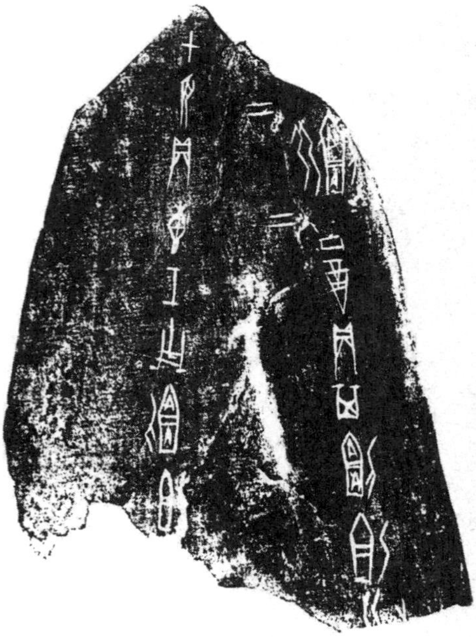

d）《合集》32547

e）《合集》33362

f）《合集》33417

g）《合集》33422

h)《屯南》997

图 6-11　历组二 C 类二组特征片举例

第二节　历组卜辞的系联

一、历组一 A 类卜辞的系联

（一）有联系的卜辞

第一组

（1）辛亥卜：帝小工害我，又三十小牢？ 1
（2）辛亥卜：小帝北巫？ 1
（3）辛亥卜：帝小工害？ 2
（4）于雷焚？ 2
（5）于兆焚？ 2
（6）于兮焚？ 2
（7）［壬］子卜：焚？ 2

1《合集》34157　2《合集》34482

两版均于辛亥日就“帝小工害我”一事进行贞问，应为一时之卜。

第二组

（1）丙申卜：其雨？ 1
（2）丁未卜：亡水？ 1
（3）又水？ 1
（4）…嘉… 1
（5）…不… 1
（6）壬子［卜］：水…至？ 2
（7）壬子卜：亡水？ 2
（8）壬子…乙…雨… 3
（9）壬子卜：其水邑？ 3

（10）壬子卜：又水？ ❸
（11）壬子：其水？ ❸
（12）丁巳卜：屰，夕雨，戍？ ❸

❶《合集》33357　❷《合集》33356　❸《合集》33355+[①]

三版所卜均围绕水灾展开，间有卜雨和“水邑”的贞问，应是久雨成患，或致水灾危害城邑，故而连续卜问。

第三组

（1）丙寅[卜]：至戊[辰]雨？不[雨]，戊辰… ❶
（2）丁卯卜：戊辰雨？不雨。 ❶
（3）丁卯卜：戊辰雨？二日今雨，己巳。戊辰不雨。 ❷
（4）己巳卜：叀雨？ ❶
（5）己巳卜：雨？允雨。 ❷
（6）己巳卜：庚雨？ ❷
（7）己巳卜：辛雨？ ❷
（8）己巳卜：壬雨？ ❷
（9）己巳卜：癸雨？ ❷
（10）己巳卜：辛雨？ ❷
（11）庚不雨？用。 ❷
（12）庚午卜：辛未雨？允雨。 ❶
（13）庚…辛…雨… ❸
（14）庚午卜：壬申雨？允亦雨。 ❶❸
（15）辛未卜：帝风？不用。亦雨。 ❶❸
（16）壬申卜：川（敦邑）？ ❶❸
（17）壬申卜：川弗（敦邑）？ ❶❸
（18）…贞：亡国？ ❶
（19）…允雨。 ❶
（20）丙子卜：丁雨？ ❷

① 周忠兵：《历组卜辞新缀十组》，载《中国文字研究·2009年第一辑》（总第十二辑），大象出版社，2009年，第60—62页。

（21）丙子卜：丁不雨？ 2
（22）丙子卜：戊雨？ 2
（23）丙子卜：燎[illegible]雨？ 2
（24）丙子卜：㚔[illegible]雨？ 2
（25）丙子卜：弜㚔雨？ 2
（26）丙子卜：㚔目雨？ 2
（27）丙子卜：丁雨？ 2
（28）戊寅卜：己雨？允。 2
（29）戊寅：雨？ 2
（30）戊寅卜：雨？ 2 4
（31）…雨？ 4
（32）庚辰卜：雨？ 2
（33）庚辰卜：辛雨？ 2
（34）庚辰卜：壬雨？ 2
（35）甲申卜：㚔[illegible]、目、𦍩羊？ 2
（36）甲申卜：㚔山？ 2
（37）甲申卜：㚔十山？ 2
（38）甲申卜：㚔十山？ 2
（39）甲申卜：丙雨？ 2
（40）甲申卜：丁雨？ 2
（41）乙酉卜：丙戌雨？ 2
（42）丁亥卜：戊雨？允雨。 2
（43）己丑卜：㚔，庚雨？ 2
（44）己丑卜：㚔[illegible]、目、𦍩羊？ 2 4
（45）…[木]… 5
（46）丁酉卜：㚔目，小雨？ 5
（47）丁[酉]□：[燎[illegible]]，小□？ 5
（48）癸亥乇乞冎三。 2
（49）…乞冎三。 4

1《屯南》2161　2《合集》33747　3《合补》10605　4《合集》34272
5《村中南》282

本组卜辞主要围绕卜雨展开，辞例接近，略有出入。主要的祭祀方法为㚔，祭祀对象为[illegible]，祭品用羊，且丙寅至丁酉相距三十日，干支紧密，可能为一段早期内的连续卜问。

第四组

(1) 甲辰卜：叀雀入夕… ❶
(2) □辰卜…囚？ ❶
(3) 辛亥贞：雀执亘，受又？ ❷
(4) 癸丑卜：隹亘受？ ❸
(5) 癸□[卜]：雀…九月。 ❸
(6) 癸…其… ❹
(7) 癸亥卜：亘弗夕雀？ ❹
(8) 癸亥卜：亘弗夕围雀？ ❺
(9) 癸亥卜：亘其夕围雀？ ❺
(10) 乙丑卜。 ❹
(11) 丁卯卜：雀获亘？ ❹
(12) 庚午卜：王步？ ❺
(13) 辛未易日？ ❺
(14) 乙亥卜：亘其围于彭？ ❻
(15) 乙亥卜：亘不围于彭？ ❼

❶《合集》32840　❷《合集》20384　❸《合集》20175　❹《合集》20383　❺《合集》20393　❻《合集》20507　❼《合集》20506

❹❺属自历间类。本组卜辞围绕雀伐亘展开卜问。雀为武丁时期常见将领，亘也是武丁时期常见敌国，或称“亘方”“亘戎”。❶—❺版占卜内容均涉二者攻伐之事，可相互联系。❻❼于乙亥日贞问亘伐彭之事，干支与雀的入侵相近。

第五组

十二月

(1) 壬子卜㱿[贞：我]蓢留？王占曰：吉，蓢。旬㞢三日甲子允蓢，十二月。 ❶
(2) 壬子卜㱿贞：[我]弗其蓢留？ ❶
(3) 癸丑卜[争]贞：自今至于丁巳我蓢留？王占曰：丁巳我毋其蓢，于来甲

子翦。旬㞢一日癸亥车，弗翦。之夕㞢，甲子允翦。 2

（4）癸丑卜：王敦師翦？十二月。 3

（5）…伐…眴… 3

（6）辛酉卜：王翌壬戌翦師？十二月。 4

（7）…步…在尢？ 4

十三月

（8）…在尢？十三月。 4

（9）…[令]廩…先以[侯]步…十三月。 4

一月

（10）戊午卜㱿贞：我其乎敦留翦？ 5

（11）戊午卜㱿[贞]：我敦留翦？ 5

（12）己未卜㱿贞：缶其嗇我旅？ 5

（13）己未卜㱿贞：缶不我嗇旅？一月。 5

（14）己未卜㱿贞：缶其来见王？一月。 5

（15）己未卜㱿贞：缶不其来见王？ 5

（16）己未卜：弗执缶？ 6

（17）己未卜：执缶？二月允执。 6

（18）己未贞：雀亡囚？ 6

（19）辛酉贞：王步于鸣？ 6

（20）辛酉贞：王步于鸣？ 6

（21）在𢀛？ 6

二月

（22）丁卯卜㱿贞：王敦缶于眴？二月。 7

三月

（23）丁酉卜㱿贞：王叀…敦缶？三月。 8

（24）庚申卜王贞：余伐不？三月。 2

（25）庚申卜王贞：雀弗[其]获缶？ 2

（26）雀弗其获缶？ 2

1《合集》6830　2《合集》6834 正　3《合集》33083　4《合集》33082　5《醉古》350　6《合集》32839+①　7《合集》6863　8《京人》364

① 周忠兵：《甲骨新缀十一例》，《殷都学刊》2007 年第 2 期。

❶❷❺❼❽属宾组一A类。本组事类可与宾组系联，历时五月，十二月至十三月主要的征伐对象为師（留），一月开始，征伐的对象转为缶。两场战争共见于❺，可知为相继发生的事件。

第六组

(1) 癸亥卜：翌甲子启？允。 ❶
(2) 癸亥卜：不启？ ❶
(3) 癸亥卜：翌甲子启？ ❶
(4) 癸亥卜：不启？ ❶
(5) 癸亥卜：甲子启？ ❷
(6) 甲子卜：乙丑易日？ ❶❷
(7) 甲子卜：不易日？ ❶
(8) 甲子卜：乙丑不启？ ❷
(9) 甲子卜：乙丑不启？ ❷
(10) 甲子卜：执猷？ ❶
(11) 甲子卜：弗执猷？ ❶
(12) 乙丑卜：王于庚告？ ❸❹
(13) 乙丑卜：王于曼告？ ❹
(14) 丁卯卜：王于庞次？ ❹
(15) 丁卯卜：王于庞… ❸
(16) 丁卯卜：戊辰易日？ ❶
(17) 丁卯卜：不易日？ ❶
(18) 丁卯卜：易日？ ❶
(19) 丁卯卜：不易日？ ❶
(20) 戊辰卜：己巳易日？ ❶
(21) 戊辰卜：不易日？ ❶
(22) 戊辰卜：执猷？ ❶
(23) 戊辰卜：弗执猷？ ❶
(24) □巳卜：乙酉[易]日？ ❹
(25) 己巳卜：乙亥易日？ ❺❻
(26) 不易日？ ❺

(27) …易[日]? 5
(28) 己巳卜:乙亥易日? 5
(29) 不易日? 5
(30) 辛巳卜:乙酉易日? 3
(31) 甲申卜:乙酉易日?允易日。 7
(32) 癸巳卜:易日,乙未? 8
(33) 丁亥卜:易日,乙未? 8
(34) 乙未卜:丙申易日?允易日,允。 9
(35) □[未卜]…日? 10
(36) 乙未卜:王步,丁酉易日? 10
(37) 丙申□:不雨? 10
(38) [甲]辰卜:乙巳易日?不易日,雨。 11
(39) 丙辰卜:王步丁巳? 12
(40) 丙辰卜:不易日,丁巳? 12
(41) 丙辰卜:不易日? 12
(42) 戊午卜:王步易日,己未? 12
(43) 戊午卜:不易日? 12
(44) 戊午卜:王步易日,庚申? 12
(45) 己未卜:王步庚申易日? 12
(46) 庚申卜:不㞋猷? 13
(47) 其㞋猷? 13
(48) …[执]猷? 14
(49) …执猷? 14

1《屯南》2351 2《屯南》2352 3《屯南》486+① 4《合集》33102 5《合集》34016 6《合集》34019 7《屯南》772 8《拼三》688 9《村中南》211 10《村中南》269 11《合集》34015 12《屯南》2601 13《合集》33075 14《合集》33079

13 14 属自历间类。猷是武丁晚期的敌国之一,自历间类中有“蓢猷”相关卜问。本组卜辞的占卜内容主要为未来几日“易日”与否,此卜问可能与王的出巡有

① 林宏明:《小屯南地甲骨研究》,博士学位论文,台湾政治大学中国文学系,2003年,第33页。

关，从⑫来看，单纯卜问“易日”的辞例可能是省略了“王步”的内容。从❶的同版关系来看，“执猷”“艮猷”应该是“王步”连带发生的事件，本类相关卜辞干支相近，可能是相近时间内发生的事件。末尾的⑬⑭虽属自历间类，但考虑到其占卜内容与本组更接近，故附于此。

第七组

(1) 丁巳：王比或？ ❶
(2) 癸亥卜：王叀或比？ ❷❸
(3) □□[卜]：王叀望乘比？ ❸
(4) 癸亥卜：王叀夷征？ ❸
(5) 甲□[卜]：王…比？ ❹
(6) 甲子卜：王叀望乘比？ ❹
(7) 乙丑卜：[王]叀望乘[比]？ ❸
(8) 乙丑卜：王叀或比？ ❸
(9) 丁卯卜：王弜比或？ ❹
(10) 丁卯卜：王弜比望乘？ ❹

❶《合集》33110　❷《合集》33111　❸《合集》33112　❹《合补》10485

本组内容主要为择卜将领与王征伐夷方。

第八组

(1) 甲子卜… ❶
(2) 癸丑[卜]…易日？ ❷
(3) 癸[丑卜]：不[易日]？ ❸
(4) 戊寅：允来崇侯？ ❶
(5) 戊寅卜：崇侯允来？ ❸
(6) 不来？ ❸
(7) 戊寅卜：于木月至？ ❸
(8) 己卯卜：崇侯于木月至？ ❷
(9) 庚辰：不来崇侯？ ❶

❶《合集》32804　❷《合集》32806　❸《俄罗斯》179

❶属自历间类。本组占卜均围绕崇侯是否来至展开，干支相同，应为一事之卜。

第九组

(1) 乙亥又勺岁，在小宗自上甲？一月。 ❶
(2) 丁丑卜：在小宗又勺岁…乙？ ❶
(3) …自大… ❶
(4) …宗…自上甲？ ❷
(5) 庚辰卜：又勺伐于上甲三羌、九小牢？ ❸
(6) 庚辰[卜]：又勺[伐]于上甲五[羌]、十小牢？ ❸
(7) 丁亥卜：在[小]宗又勺岁自[大乙]？ ❷
(8) □亥卜：[在]大宗又勺伐三羌、十小宰自上甲？ ❹
(9) 己丑卜：在小宗又勺岁自大乙？ ❹

❶《合集》34046 ❷《合集》34045 ❸《合集》32097 ❹《合集》34047

本组系联以又勺岁于小宗、又勺伐于大宗的卜问为线索，祭法、地点相同，祭祀的对象为上甲或大乙，祭品数量相近，应为一事之卜。

（二）可能有联系的卜辞

第一组

(1) 辛未卜…于大乙… ❶
(2) □子卜…巳不雨？ ❶
(3) 壬戌□：酒[勺]□，伐十…十牢于… ❷
(4) 丙子卜：酒勺岁，伐十五、十牢勿大丁？ ❷
(5) 丁亥卜：酒勺岁于庚寅？ ❷
(6) 戊子卜：兑辛酒？ ❷
(7) □卯卜…五…十牢… ❷
(8) □辰□…用上甲？ ❷
(9) 癸□贞：酒[翌]日乙亥□勺？ ❷
(10) 丁酉卜：□来乙巳酒勺岁，伐十五、十物牢？ ❶

（11）丁…　❶
（12）壬戌［卜］：甲子酒勺［岁］伐…牢…不。　❸
（13）壬戌卜：甲子不雨？　❸
（14）壬戌卜：甲子其雨？　❸
（15）…勺岁，物牛十五、十牢？　❸

❶《屯南》2308　❷《屯南》4318　❸《合集》33920

本组卜辞主要以酒、勺、岁组合祭法进行祭祀，而且伐牲数量、种类相近，大体为伐十五牛，用十牢。文辞略有小异，可能为相近时间内的祭祀卜问。

第二组

（1）戊辰［卜］：烄于宙雨？　❶
（2）弜烄，雨？　❶
（3）戊辰卜：烄𡚬于[illegible]雨？　❶
（4）戊辰卜：烄曼[illegible]（东）雨？　❶
（5）戊辰卜：□雨，弜烄？　❶
（6）弜烄？　❶
（7）弜烄？　❶
（8）弜烄？　❶
（9）辛未卜：烄矢于凡亯，壬申？　❶
（10）弜烄？　❶
（11）弜烄？　❶
（12）庚…　❶
（13）辛雨？　❶
（14）…雨？　❶
（15）弜烄，雨？　❶
（16）癸酉卜：烄［𡚬］…　❶
（17）庚…烄…　❶
（18）甲戌卜：烄雨？　❷
（19）甲戌卜：今日雨？不雨。　❷
（20）甲戌□：今日［雨］？　❷
（21）辛巳卜：今日雨？　❸

（22）壬午卜：今日雨？允雨。 3
（23）不雨？ 3
（24）癸未卜：今日雨？ 3
（25）不雨？ 3
（26）甲申卜：烄于[illegible]？ 3
（27）于兮烄？ 3
（28）于㕡烄？ 3
（29）于泚烄？ 3
（30）不雨？ 3
（31）丙戌卜：烄㛸？ 4
（32）丙戌卜：烄母？ 4
（33）丙戌[卜]：烄？ 5
（34）丙戌卜：烄？ 5
（35）己丑卜：今日雨？ 4
（36）…己…雨？ 4
（37）庚戌卜：王求直大甲？ 4
（38）庚戌卜：王求直祖乙？ 4
（39）庚[戌卜]：燎一□宜三牢于[岳]？ 4
（40）庚戌卜：燎一牛[宜]一牢？ 4
（41）庚戌卜：叀王自桒于岳？ 4
（42）庚戌卜：王求直大乙？ 4
（43）乙卯卜：王求雨于土？ 5
（44）□□卜…敦…烄？ 5
（45）丙辰卜：于土宁[风]？ 4
（46）…土宁风？ 4
（47）王桒雨于土？ 4
（48）庚戌咬乞冎三。 4

1《合集》32289+[①] 2《屯南》87 3《屯南》100 4《合集》32301+[②]

① 周忠兵：《历组卜辞新缀三十例》，载《古文字研究》（第二十六辑），中华书局，2006年，第125—128页。

② 周忠兵：《历组卜辞新缀续》，载《纪念殷墟YH127甲骨坑南京室内发掘70周年论文集》，文物出版社，2009年，第95—99页。

❺《合集》34493

本组❹❺两版卜辞联系较紧密，辞（33）（34）应为辞（31）（32）的省略，且两版均有王求雨于“土”的卜问。❶❷❸三版卜问求雨皆以“烄”，或卜举行“烄”的地点，或卜所“烄”之牲，虽有不同，但均围绕卜雨、求雨展开，干支联系紧密，可能是一段干旱时间内的卜问。

第三组

(1) □[辰]贞：妇好亡囚？ ❶
(2) …戎…辛… ❶
(3) 戊辰贞：妇好亡囚？ ❷
(4) 壬辰咬乞冎三自亍。 ❷
(5) 丙戌贞：妇好亡囚？ ❸
(6) 甲午卜：妇好𡧊？ ❸
(7) 庚辰卜：庐翌日甲申？ ❸
(8) 不雨？ ❸
(9) 不雨？ ❸
(10) 己亥卜：庚子… ❸
(11) 不雨？ ❸
(12) 不雨？ ❸

❶《合集》32756　❷《醉古》243　❸《拼一》218

❶属历组一B类，❷属历组二A类。本组卜辞卜问妇好是否亡囚。妇好常见于宾组一类，有关于她生育及作为将领的卜问，活跃于武丁中期。而在武丁晚期的宾组二类中，妇好罕见，推测妇好亡于武丁末期。

第四组

(1) 甲午贞：酒勹伐乙未于大乙羌五，岁五牢？ ❶
(2) 丙申贞：酒勹伐大丁羌五，岁五[牢]？ ❶
(3) 其东？ ❶
(4) 丁巳卜：汎又勹自成？ ❷
(5) 丁…自… ❸

(6) 丁巳卜：三羌、三牢于大乙？ ❷❸
(7) 丁巳卜：五羌、五牢于大乙？ ❷
(8) [丁]巳卜：□羌、□牢[于]大乙？ ❸
(9) 丁巳卜：叀乙丑酒勺伐… ❷
(10) 丁巳卜：于来乙亥酒？ ❷
(11) 庚申卜：叀乙丑酒，三羌、三牢？ ❷
(12) 庚申卜：于来乙亥酒，三羌、三牢？ ❷
(13) 庚申卜：五羌、五牢于大乙？ ❹
(14) …我以方矢于宗？ ❷
(15) 弜矢？ ❷
(16) □亥卜：勺… ❷

❶《屯南》739 ❷《屯南》313 ❸《合集》32101 ❹《屯南》3782

甲骨卜辞所反映的商代祭牲数量没有明确的规格或数额，而本组所系联的四版均有以五羌、五牢祭大乙的卜问，祭品相同，数量相同，对象一致，可能是一事之卜。

第五组

(1) 弜又岁？ ❶
(2) 辛亥卜：又燎于？ ❶
(3) 辛亥卜：又燎于岳？ ❶
(4) 辛亥卜：又燎于河？ ❶
(5) 辛亥卜：又于？ ❶
(6) 辛亥其？ ❶
(7) 壬子卜：又于？ ❶
(8) 壬子卜：又于岳？ ❶
(9) …又…岳… ❷
(10) 壬子卜：又于伊尹？ ❶❷
(11) 癸丑卜：又于伊尹？ ❸
(12) …其…[王]家？ ❶
(13) 役其入王家？ ❷
(14) 丁巳卜：役弗入王家？ ❷

(15) 癸亥… ❶
(16) 癸亥卜… ❶
(17) 癸亥卜：不启？ ❶
(18) [癸]亥卜。 ❶
(19) 甲子卜。 ❶
(20) [甲]子卜。 ❶
(21) 丙寅[卜]：丁卯启？ ❶
(22) 甲寅卜：叀翌日礼[illegible]？ ❹
(23) 甲寅… ❹
(24) □巳卜：又[于]十立伊又九？ ❹
(25) 丁巳卜：又于十立伊又九？ ❸
(26) □卯卜…雨？ ❸
(27) 庚申卜：癸雨？ ❹
(28) □申卜：□雨？ ❹
(29) 甲寅卜：弜礼叀御？ ❹
(30) …其雨？ ❹

❶《缀汇》37　❷《屯南》332　❸《合集》32786　❹《合补》10697

本组卜辞据祭祀伊尹等线索系联，可能是相近时段内发生的事情。

第六组

(1) □戌卜：乙丑不雨？ ❶
(2) …甲□雨？ ❶
(3) 辛酉卜：乙不雨？ ❶
(4) 庚申雨？ ❷
(5) 不雨？ ❷
(6) 壬戌卜：癸亥奏舞雨？ ❷
(7) 甲子卜：乙丑雨？ ❷
(8) 甲子卜？ ❶
(9) 乙丑卜：不雨？ ❶
(10) 甲子？ ❶
(11) 乙丑？ ❶

(12) □□卜…延□? 1
(13) 甲子卜：雨? 3
(14) 甲子卜：乙丑杏燎土? 3
(15) 丙寅卜：丁卯其[illegible]雨? 4
(16) 丁卯卜：今日雨? 夕雨。 4
(17) 戊辰卜：己启? 不。 4
(18) 己巳卜：庚启? 不。 4
(19) 不启? 庚。 4
(20) 庚午卜：雨? 4
(21) 辛未卜：乙亥不雨? 5
(22) 壬申卜：癸酉雨? 兹用。 2
(23) 癸酉卜：不雨，乙亥? 6
(24) 癸酉卜：其雨，乙亥? 允雨。 6
(25) 甲戌卜：乙亥雨? 允雨。 7
(26) 甲戌卜：丙子雨? 7
(27) 甲…乙…雨? 8
(28) 甲戌卜：不雨? 8
(29) [甲戌卜]：丙[子]不[雨]? 9
(30) 甲戌卜：丁丑雨? 允雨。 9
(31) 乙亥卜：今日其[illegible]不雨? 4
(32) 其雨乙? 4
(33) 其雨乙? 4
(34) 丁丑卜：今日雨? 允雨。 6
(35) 己卯卜：庚辰雨? 允雨。 9
(36) 庚辰卜：今日雨? 允雨。 9
(37) [庚]辰卜：[辛]巳[雨]? 不[雨]。 9
(38) 庚辰卜：辛巳雨? 不。 6
(39) 庚辰卜：辛巳雨? 不。 6
(40) 庚辰卜：今日雨? 允雨。 10
(41) 庚辰卜：辛巳雨? 10
(42) 丙申卜：退伐? 不用。 10
(43) 辛[巳卜]：今日雨? 11

(44) 辛巳卜：壬雨？ 11
(45) 辛巳卜：癸雨？ 11
(46) 壬午卜：丙雨？丙戌夕雨。 3
(47) 壬午卜：乙雨？ 3
(48) 夕雨？ 3
(49) 癸…夕… 3
(50) 癸未卜：丁亥雨？[兹]不雨。 8
(51) □未卜…[雨]？ 8
(52) 癸未卜：其雨？ 12
(53) 不雨？ 12
(54) □雨？ 12
(55) 癸未卜：今日雨至□？ 2
(56) 甲申卜：不雨？ 13
(57) 甲申卜：不雨？ 13
(58) 甲申卜：今日雨？ 13
(59) 甲申卜：乙雨？ 13
(60) 乙酉卜：今日雨？不雨。 14
(61) 丙戌卜：丁雨？ 2
(62) 丙戌卜：不雨？ 3
(63) 丙戌卜：丁雨？不至丁雨。 3
(64) 舞？ 3
(65) 戊子卜：至壬辰雨？不雨。 15
(66) 戊[子]□：今夕…雨？ 15
(67) 丁亥卜：雨戊？ 11
(68) 乙…不… 16
(69) 己丑卜：其雨？ 16
(70) □午卜… 16
(71) 丙… 17
(72) 癸巳卜：今日雨？允[雨]。 17
(73) 癸巳卜：甲午雨？ 17
(74) 甲午卜：弜舞，雨？ 17
(75) 甲午卜：今日雨？ 18

（76）甲午卜。 18
（77）…雨… 18
（78）…不雨乙巳？ 19
（79）乙巳不雨？ 19
（80）乙未卜：不雨？ 20
（81）丁酉[卜]：乙巳其雨？ 19
（82）丁酉卜：己亥其雨？ 19
（83）丁酉卜：己[亥其雨]？ 19
（84）…[舞]…雨… 21
（85）丁酉卜：戊雨？ 21
（86）己雨？ 21
（87）戊戌卜：不雨？ 21
（88）戊戌卜：今日雨？允。 22
（89）庚子卜：今日雨？ 23
（90）庚子卜：今日雨？ 23
（91）[辛]丑卜：壬雨？允雨。 24
（92）癸卯卜：雨？不雨。 22
（93）癸卯卜：乙雨？ 25
（94）癸卯卜：丙雨？ 25
（95）癸卯卜：丁雨？ 25
（96）甲辰卜：丁雨？ 25
（97）不启？ 25
（98）甲辰卜：今日雨？ 26
（99）□辰卜：乙雨？允雨。 26
（100）丙午卜：又河？ 17
（101）壬子卜：今日雨？不雨。 27
（102）不雨？ 27
（103）其雨？ 27
（104）甲寅[卜]：于丁雨？ 28
（105）乙卯卜：丁不雨？ 29
（106）□卯卜：□雨？ 29
（107）丁巳卜：今日雨至戊不… 30

（108）丁巳卜：不雨？ 30
（109）辛允雨。 31
（110）己未卜：辛酉雨？ 31
（111）己□[卜]：庚□雨？ 31
（112）己未卜：今日雨？己不雨。 32
（113）癸亥卜：今日雨？ 33
（114）癸亥卜：甲雨？ 33
（115）[癸]亥卜：乙雨？ 33
（116）癸亥卜：丁雨？ 33
（117）戊辰卜：庚雨？ 33
（118）戊辰卜：辛雨？ 33

1《合集》33784+① 2《拼一》196 3《屯南》2287 4《合集》33871 5《合集》33786 6《合补》10603 7《合集》33779 8《合集》33785 9《合集》33874 10《合集》32260 11《屯南》2525 12《合集》33751 13《屯南》2399 14《合集》33875 15《村中南》373 16《合集》33749 17《合集》33880 18《合集》33881 19《合集》33835 20《合集》33790 21《屯南》2502 22《屯南》2288 23《合集》33886 24《村中南》399 25《合集》33849 26《辑佚》631 正 27《合集》33889 28《合集》33851 29《合集》33852 30《辑佚》632 正 31《合集》33777 32《合集》33895 33《合集》33896+②

本组卜辞占卜内容简单，辞例较为一致，均为未来几日下雨情况的简单卜问。虽然没有明确线索，但以上各版卜雨辞干支相继，可能是一段时间内的反复卜问，系联于此以备参考。

第七组

（1）甲子卜：巫帝？ 1
（2）甲[子]…巫帝… 2
（3）叀丁卯步？ 1 2

① 蒋玉斌：《甲骨旧缀之新加缀》，先秦史研究室网站，http：//www. xianqin. org/blog/archives/4887. html，2014 年 12 月 25 日。

② 蔡哲茂：《甲骨新缀二十七则》，《中国文化研究所学报》2006 年第 46 期。

(4) 己巳卜：弜步〓官？ 1
(5) …往…迺？ 1
(6) 王往于迺？ 2
(7) …癸酉巫帝？ 3
(8) 庚辰卜：王入，若，亡囚？ 4
(9) 庚辰卜：王弜入？ 4
(10) □□卜：王弜入？ 5
(11) 庚辰卜：帝？ 4
(12) 庚辰卜：弜帝？ 4
(13) □辰卜… 5
(14) □□卜… 5
(15) 乙酉卜：巫帝一犬？ 6
(16) [癸]… 3
(17) 癸巳贞：旬亡囚？ 3
(18) 甲午卜：王入良，翌乙？ 3
(19) 丁酉卜：巫帝？ 7
(20) 丁酉卜：嫔帝南？ 7
(21) 庚子贞。 4 5
(22) 辛丑贞。 4 5
(23) 癸卯卜：其疾？ 7
(24) 癸卯卜：又上甲？ 3
(25) 癸卯卜：又大甲？ 3
(26) 丁未卜：又于岳桒禾？ 8 9
(27) 丁未卜：及夕雨？ 8 9
(28) 庚戌卜：又于岳桒禾？ 8 9
(29) 庚戌[卜]…燎？ 8
(30) 庚戌卜：巫帝… 8
(31) 庚戌卜：巫帝一羊、一犬？ 9
(32) 辛亥卜：壬雨至… 9
(33) 辛亥卜：敦登翦？ 3
(34) 辛屯敦十月又二？ 3
(35) 辛亥卜贞：王翦，在鼉通？辛允在娈。 3

(36) 癸丑口。 3
(37) 癸丑卜：帝南？ 10
(38) 癸丑卜：帝东？ 10
(39) 癸亥卜：帝东？ 5
(40) 癸亥卜：帝西？ 5
(41) 癸亥卜：帝南？ 4 5
(42) 癸亥卜：帝北？ 4 5
(43) 癸亥贞：亡𡆥？ 3
(44) 癸… 3

1《合集》34158　2《合集》33159　3《屯南》4566　4《合集》34153　5《合集》34154　6《合集》34160　7《合集》34074　8《合集》33290　9《村中南》326　10《合集》34145

本组系联的主要线索是“巫帝”，帝可能是一种祭名，巫是主祭者。4 5 10 三版中出现的帝四方可能也是巫所主持。从 7 来看，丁酉日同卜“巫”帝和“媄帝”，由“媄帝南”推测“巫帝”的对象应该也是四方，但作为宾语省略了。此外，4 中“王入”的卜问，与 2 3 两版的“王步”“王入良”等有关王的行动相呼应，可能是一事之卜。

二、历组一 B 类卜辞的系联

（一）有联系的卜辞

第一组

(1) 甲戌贞：酒𠦪禾？ 1
(2) 贞：酒𠦪禾？ 1
(3) [不雨]？ 1
(4) 辛卯贞：妣壬、妣癸？ 2
(5) 辛卯贞：酒勺岁妣壬、癸？ 2
(6) 辛卯贞：酒勺岁妣壬？ 1
(7) 辛卯卜：又妣壬、癸小宰？ 1

❶《缀汇》637　❷《合集》32751

本组两版卜骨均于辛卯日卜问以酒、勺、岁的组合祭法对妣壬、妣癸进行祭祀，干支、对象、辞例均相同，内容略有差异，但应为一事之卜。

第二组

(1) 丁丑贞：来甲申先于大甲勺岁？兹用。 ❶
(2) 丁丑贞：来甲申先酒于大甲勺岁？ ❷
(3) 丁丑卜：大甲岁其九牛？ ❶
(4) 丁丑…又… ❶
(5) 丁丑贞：叀[上甲]…卯三大…三小宰？ ❷
(6) □[寅]卜…甲岁…九牛？ ❷
(7) 甲申咬乞冎三。 ❷

❶《英藏》2401+[①]　❷《合集》32478+[②]

本组（1）（2）辞为同文卜辞，应可相互联系。

第三组

(1) 丙寅… ❶
(2) 己巳卜：告亚㚔往于丁一牛？ ❶
(3) …亚㚔往于…告… ❷
(4) 庚寅卜：其告亚㚔往于丁，今庚？ ❸
(5) 亚㚔延，弗至庚？ ❸
(6) 癸卯贞：王亡𡆥？ ❸

❶《屯南》2378　❷《合集》32989　❸《屯南》580

㚔是历组二类常见人物，丁读为“祊”，为祭祀场所。㚔代王前往丁进行祭祀，各版卜问均围绕此事展开。

---

① 周忠兵：《历组卜辞新缀》，先秦史研究室网站，http：//www. xianqin. org/blog/archives/547. html，2007年3月26日。

② 刘风华：《历组卜辞新缀一则》，先秦史研究室网站，http：//www. xianqin. org/blog/archives/2290. html，2011年2月11日。

第四组

(1) 乙丑卜：王叀祼饗？ ❶
(2) 乙…其… ❷
(3) …王渔，叀祼饗？ ❶
(4) 癸未卜…退… ❶
(5) 其其退彡日丁弗作？ ❷
(6) 弜退，戠？ ❷
(7) 叙中□？ ❷
(8) 甲午贞：王叀祼饗？ ❷
(9) [甲]午卜：王其田？ ❷
(10) 叀祼饗？ ❸

❶《屯南》2541　❷《合集》34445　❸《合集》34447

本组的主要线索是“叀祼饗”。版❶辞（4）残存“退”字，可能即版❷之“退彡日”，可互相联系。

第五组

(1) 甲戌… ❶
(2) 丁丑卜：又于伊[尹]？ ❶
(3) 辛卯卜：又于伊尹，一羌、一牢？ ❶
(4) 壬寅卜：我示延，乙巳？ ❶
(5) 壬寅[卜]：我□延… ❷
(6) 乙卯卜：我以示延，乙丑不雨？ ❷
(7) 乙卯卜：乙丑其雨延？ ❷
(8) 乙卯卜：其雨丁？允雨，丁。 ❷

❶《屯南》3612　❷《合集》33943

从本组辞（5）残存的辞例可以推测其与辞（4）为同文卜辞，两版卜辞时间应相距不远。

第六组

(1) 己亥…兹用。 ❶
(2) 癸卯咬乞眗冎三。 ❷
(3) 甲辰卜：叀戈？兹用。 ❷
(4) 甲辰卜：奭叀戚三牛？兹用。 ❷
(5) [甲]辰卜：奭叀戚？ ❸
(6) 乙巳卜：五小宰奭？ ❸
(7) 于大乙告三牛？不。 ❷
(8) 于大乙告？ ❸
(9) 于示壬告？不。 ❷
(10) 于示壬告？ ❸
(11) 于壬告三牛？不。 ❷
(12) 于祖乙告？ ❸
(13) 乙巳贞：其往于夒亡囚？兹用。 ❶
(14) 丙午卜…勺… ❸
(15) 丙午卜：于[示]壬告？ ❸
(16) 丙午卜：于大☐[告]？ ❸
(17) 丙午卜：告于祖乙三牛，其往夒？不。 ❷
(18) 丙午卜：于大乙告三牛，往夒？ ❷
(19) 丙午贞：往[于夒]亡囚？允。 ❹
(20) 其延雨？ ❹
(21) 不延雨？ ❹

❶《屯南》2123　❷《屯南》783　❸《屯南》2842　❹《屯南》784

❸属历组二B类甲群。本组四版卜辞干支集中在三日之内，且卜问的主要问题是“往夒”与否，应为一事之卜。

第七组

(1) 辛酉贞：酒宜[羌]，乙亥？ ❶
(2) 壬戌贞：亡囚？ ❷

(3) 甲子[卜]：乙丑[用]羌？ 3
(4) 甲子卜：乙丑用羌？ 3
(5) 丙寅贞：王其[称]珏乙亥，燎四宰，卯三大牢？ 4
(6) 丙寅贞：其先酒九牛？ 5
(7) 丙寅贞：勺俎以羌？ 5
(8) 其陟于大乙？ 5 6
(9) 丁卯贞：王其称珏，燎三宰，卯…牢祖乙？ 6
(10) 丁卯贞：王其称珏䋎，燎三小宰，卯三大牢于…兹用。 7
(11) 又父乙？[兹]用。 7
(12) 戊辰贞：酒勺岁，乙亥？ 5 6
(13) □巳卜…妣己…牢？ 5
(14) 庚午贞：王其称[珏]于祖乙，燎三宰…乙亥酒？ 8
(15) …[王]称珏于祖乙，燎三宰，卯三大[牢]？兹用。 8
(16) 辛未卜贞：酒大乙？ 1
(17) 癸酉贞：酒宜羌乙亥？隹羌又卣。 1
(18) 己[卯]… 1
(19) 甲戌贞：酒黍登乙亥？ 2
(20) □□贞：酒伐乙亥？用。 3
(21) 壬午卜：王其正？ 2
(22) □午卜…不…正？ 2
(23) 甲午□：翌乙未酒登黍？ 3
(24) 庚子卜：燎雨？ 2
(25) 庚子卜：雨？ 2

1《合集》32124　2《合集》33836　3《辑佚》653+①　4《合集》34657　5《拼一》209　6《合集》32420　7《合集》32721　8《合集》32535

本组多辞均指向乙亥日的祭祀活动，贞问的祭法有“王其称珏”“酒宜”“酒、勺、岁”等，均可相互关联。干支集中于一旬之内，应为一事之卜。

① 周忠兵：《〈辑佚〉缀合一例》，先秦史研究室网站，http：//www. xianqin. org/blog/archives/579. html，2008 年 12 月 29 日。

第八组

（1）甲子贞：大邑受禾？ 1
（2）不受禾？ 1
（3）甲子卜：不緝雨？ 1
（4）其緝雨？ 1
（5）甲子贞：大邑又入，在娄？ 1
（6）戊辰卜：又𠬝妣己一女、妣庚一女？ 1
（7）庚…翌… 1
（8）癸酉卜贞：大邑受禾？ 2
（9）□申卜[贞]：大邑受禾？ 3
（10）□酉卜[贞：大]邑受禾？ 3
（11）戊寅贞：来岁大邑受禾？在六月卜。 4
（12）不受禾？ 4
（13）庚辰卜：方不出？ 4
（14）方其出？ 4
（15）庚辰卜：又緌人，其东饗？ 4
（16）庚辰卜：又𦣻人，其南？ 4
（17）其又牛？ 4 5
（18）不易日？ 4
（19）庚[辰卜]贞：受禾？ 4
（20）庚辰卜：又𦣻人，南？ 4
（21）庚辰…□又𦣻人，于南？ 5
（22）其北饗？ 4 5
（23）…饗？ 5
（24）其东饗？ 4
（25）壬午卜？ 6
（26）□未贞…大邑受禾？ 6
（27）乙…叀…巫… 7
（28）丁未卜：大邑受禾？ 7
（29）不受禾？ 7

1《合集》32176　2《合集》33243　3《合集》33242　4《合集》33241
5《屯南》2426　6《屯南》3194　7《合集》33240

本组系联主要围绕“大邑受禾”展开，兼卜其他事项。

第九组

(1) 癸□…乙…易[日]？ 1
(2) 不易日？ 1
(3) 癸酉贞：方大出，立史于北土？ 1
(4) 癸酉：其告于父乙一牛？ 1
(5) 癸酉：其告于祖乙二牛？ 1
(6) 丙子卜：其告方来，于丁一牛？ 2
(7) 丙[子]…今日步圅？ 2
(8) 丙子贞：王令圅畣方？ 3
(9) 丙子贞：王令圅畣方�？ 3
(10) 于徝？不。 3
(11) 于徝？ 3
(12) 于翌日丁丑步圅？ 2
(13) 癸未贞：王令子画畣方？ 4 5
(14) 癸未贞…隹射受… 4
(15) 弜畣方？ 5
(16) 癸未卜：方从寻？ 5
(17) 弜从？ 5
(18) 己丑…次[及]方？ 6
(19) 弗及方？ 6
(20) 辛卯：丁未酒勺？ 6
(21) 弗及方？允及。 7
(22) 于己丑又来，亡来？不。 7

1《合集》32724+[①]　2《合集》33055　3《拾遗》448　4《合集》33059

① 周忠兵：《甲骨新缀十一例》，《殷都学刊》2007年第2期。

5《俄罗斯》186+[①] 6《合集》33062 7《合集》33063

本组系联主要涉及对方作战的相关卜问，从辞（3）“方大出”到辞（4）—（14）告庙选将，再到辞（16）—（21）卜问方的行军路线并追击，最后到辞（22）贞问方是否复来，史实相关，干支相连，展现了一次商王朝应对入侵的基本概况。

第十组

（1）庚申卜：又土燎羌，宜小宰？ 1
（2）庚…羌… 2
（3）壬戌贞：叀亚㲋以人狩？ 1
（4）壬戌贞：叀亚[㲋]以人？ 2
（5）癸亥卜：又土燎羌，一小宰宜？ 2
（6）癸亥卜：又□燎羌，宜一小牢？ 1
（7）乙丑贞：叀亚㲋以人狩？ 1
（8）…人狩？ 1
（9）叀竝以人狩… 3
（10）己巳卜：乙亥易日？ 1
（11）不易日？ 1
（12）…大乙… 1

1《屯南》961 2《合补》10643 3《合集》32270

本组卜辞围绕“叀亚㲋以人狩”系联。

第十一组

（1）辛巳贞：王叀癸未步自桒隹？ 1
（2）辛巳贞：王… 1
（3）[辛]巳[贞]：王… 1
（4）甲申贞：今日王步自桒隹？ 2

---

① 宋镇豪、玛丽娅主编：《俄罗斯国立爱米塔什博物馆藏殷墟甲骨》，上海古籍出版社，2013年，第81页。

(5) 甲申贞：乙酉王…获… 2
(6) □□贞：今日…步自余冢…日风？ 2
(7) □申贞：今日□步自桒隹？兹用。 3
(8) …贞… 3
(9) 夕雨？ 3

1《合集》33150　2《合集》33151+[①]　3《合集》33152+[②]

“桒隹”又见于历组二A类，还有“桒三隹”“桒四隹”。

第十二组

(1) 戊寅卜：王陷昜日？允。 1
(2) 己卯卜：王逐兕…弗… 2
(3) 弗擒？ 2
(4) 辛巳卜：在粪，今日王逐兕擒？允擒七兕。 1
(5) …五山？ 1
(6) 辛巳卜：在粪，□又龚害王？ 3
(7) 弗害王？ 3
(8) 辛巳卜：在粪，隹夒害王？ 3
(9) 弗害王？ 3
(10) …允擒二百又六，在粪。 1
(11) □巳卜：刚大甲朿？ 1
(12) 辛巳贞：在粪… 4
(13) 不昜日？ 4
(14) …王… 4
(15) 乙…辛… 1
(16) 辛巳…于大… 2
(17) 壬午□：在粪，癸未王陷，擒？不擒。 5
(18) 弗擒？ 5

---

① 周忠兵：《甲骨新缀三组》，先秦史研究室网站，http：//www. xianqin. org/blog/archives/2229. html，2010年12月26日。

② 周忠兵：《甲骨新缀三组》，先秦史研究室网站，http：//www. xianqin. org/blog/archives/2229. html，2010年12月26日。

（19）不。 5
（20）甲申卜：□□弗正？ 5
（21）甲申卜：在粪，丁亥王陷，擒？弗［擒］。 5
（22）弗擒？ 5
（23）乙酉卜：在粪，今日王［逐］兕，擒？［允］擒。 5
（24）弗擒？ 5
（25）乙酉卜：在粪，丙戌王陷，弗正？ 6
（26）乙酉卜：在粪，丁亥王陷？允擒三百又四十八。 6
（27）丙戌卜：丁亥王陷，擒？允擒三百又四十八。 2
（28）丙戌卜：在粪，丁亥王陷？允擒三百又四十又八。 6
（29）丙戌卜：在粪，丁亥王陷，擒？允三百又… 7
（30）丙戌卜：在粪，今日王令逐兕，擒？允。 5
（31）丙戌？ 5
（32）弗擒？ 2
（33）弗［擒］？ 2
（34）弗□？ 5
（35）丁亥陷，擒？允。 6
（36）□亥王陷，易日？允。 5
（37）不易日？ 5
（38）戊子卜：［翌］日王逐？ 6

1《合集》33374 2《拼二》418 3《屯南》2369 4《屯南》2368 5《屯南》664 6《屯南》663 7《合补》10537

本组系联主要为王在粪地设置陷阱进行捕猎时的相关卜问。各辞干支相近，内容相同，且从验辞记录来看，当为一次捕猎所卜。该组系联可能与宾组二类的《合集》10956有关。

（二）可能有联系的卜辞

第一组

（1）丙辰卜：置壴，莫于丁？ 1
（2）丙辰卜：丁巳置壴？ 1

(3) 丙辰卜：叀丁卯酒勺岁？ ❶
(4) 于八月酒勺岁于丁？ ❶
(5) 于□酒勺岁于丁？ ❷
(6) 叀子尊先？ ❷
(7) 于祖乙勺徉来羌？ ❶
(8) 叀白黍登？ ❶
(9) 丙…置… ❶

❶《合集》32014　❷《合集》32651

辞（5）“酒勺岁于丁”可能与辞（3）的“酒勺岁”相关，该辞的宾语承前“于丁”省略。

第二组

(1) 庚辰贞：酒、翼、乇，翌辛巳… ❶
(2) 戊子卜：浸苟，雨？ ❶
(3) 庚寅贞：酒、翼、乇，辛卯？ ❷
(4) 癸巳贞：酒翌日［甲午］？ ❷
(5) 庚戌贞：酒、乇辛亥？ ❸
(6) …不雨？ ❸
(7) 庚申贞：酒、翼、乇，翌辛酉？ ❹

❶《合集》34283　❷《屯南》2347　❸《合集》34523　❹《屯南》2716

“酒、翼、乇”为组合祭祀，此种组合似仅举行于辛日，比较少见，可能是一段时间内的特殊祭祀。

第三组

(1) 壬辰［卜］：癸…易日…在□。 ❶
(2) 戊戌卜：己亥雨？ ❶
(3) 戊戌卜：今日雨？ ❶
(4) 己［亥卜］：今… ❷
(5) 己亥：庚雨？ ❷
(6) 己亥卜：庚雨？ ❷❸

(7) 己亥卜：辛雨？ ❸❹
(8) 己亥卜：其箁，若？ ❸❹
(9) 不若？ ❸
(10) 丙辰卜：丁雨？ ❺
(11) 丙辰卜：戊雨？ ❺

❶《合集》33883 ❷《合集》33848 ❸《合集》34687+① ❹《合集》34688 ❺《合集》33853

本组❷❸❹有同文卜辞可相互联系，占卜内容均为卜问未来两日是否下雨。❶同样为卜雨辞，干支戊戌与己亥连续。❺干支稍远，但同样是卜问未来两日是否下雨，辞例与❷❸❹一致，应可相互联系。

第四组

(1) 己卯贞：奉禾于示壬三牢？兹用。 ❶
(2) …自甲申…羌九，汎自… ❶
(3) …奉禾… ❷
(4) 辛巳贞：酒奉禾于示壬？ ❷❸
(5) 癸未：在兹酒奉？ ❸
(6) 甲申卜：又伊尹五示？ ❷
(7) …丁勺…[望]…羌？ ❸
(8) 戊子卜：奉禾于示壬？ ❹
(9) 奉禾于示壬？ ❹❺
(10) 壬辰卜：其烄雨？ ❹
(11) 弗执？ ❹
(12) 其三羊？ ❺
(13) 不雨？ ❺

❶《合集》33314 ❷《合集》33318 ❸《合集》33316 ❹《合集》33317 ❺《合集》33315

❹❺属历组二A类。本组卜辞的占卜内容主要为“奉禾于示壬”，❷❸有同文卜辞，均以酒祭祈求丰收，❶❹❺没有使用酒祭，但与❷❸干支相近，内容大体

① 周忠兵：《甲骨新缀十一例》，《殷都学刊》2007年第2期。

相同，可能存在联系。

三、历组一C类卜辞的系联

有联系的卜辞

第一组

(1) 丁巳贞：于来丁丑将兄丁，若？ 1
(2) 丁巳贞：弜羞将兄丁，若？ 2
(3) 丁巳贞：于来丁丑将兄丁？ 3
(4) 丁卯贞：于上？ 1 3
(5) [丁]卯贞：于下？ 2
(6) 癸酉卜：今日启？ 2
(7) 不启？ 2
(8) 癸酉卜：甲启？ 2
(9) 不启？ 2
(10) 丙子贞：不川？ 2
(11) 其川？ 2
(12) 乙□[贞]… 4
(13) 其[水]？ 4
(14) 不水？ 4
(15) 丙子贞：将兄丁于父乙？用。 1
(16) …小宰… 5
(17) [癸]□贞…五牢？ 5
(18) 癸□贞…五… 6
(19) 癸巳…将兄丁，凡父乙？ 5
(20) 癸巳卜：将兄丁，凡父乙？ 6
(21) 癸巳卜：弜将六妣？ 5 6
(22) [甲]午卜：又于子戠十犬，卯牛一？ 5 6
(23) 甲午卜：又勺于子戠十犬，卯牛一？ 7

(24) 十犬又五犬，卯牛一？ ❼
(25) 甲午[卜]…将…丁于… ❼
(26) 甲午卜：又于子… ❼
(27) 癸卯贞：旬亡𡆥？ ❽
(28) 辛酉卜：将兄丁于父宗？ ❽

❶《合补》10471 ❷《醉古》246 ❸《屯南》505 ❹《合集》33354 ❺《合补》10470 ❻《合集》32730 ❼《合集》32775 ❽《合集》32766

❼属历组二A类。辞（22）（23）同卜，可将❼中的相关卜辞系联进来。

第二组

(1) 辛丑贞：王登人三千[尽]伐召，受又？ ❶
(2) 王…曰。 ❶
(3) 辛丑☐：三千☐令… ❷
(4) 辛丑卜：王征刀方？ ❷
(5) ☐☐卜：☐☐令☐召☐，[受]又？ ❷
(6) 贞：王征召方，受又？ ❸
(7) 乙巳贞：令⿰氵𠂤刀方？ ❹
(8) 乙巳卜：及刀方？ ❹
(9) 弗及？ ❹
(10) 丙午贞：叀王征刀[方]？ ❺
(11) 丙午贞：令⿰氵𠂤以萑启？ ❺
(12) 弗以？ ❺
(13) 弜☐？ ❺
(14) 丁未贞：王征召方…在[illegible]卜。九月。 ❼
(15) …[illegible]于… ❼
(16) 癸丑贞：今夕亡𡆥？ ❼
(17) 己未贞：今夕亡𡆥？ ❼
(18) 庚申卜贞：今夕亡𡆥？ ❼
(19) 辛酉贞：今夕亡𡆥？ ❼
(20) 壬戌贞：今夕亡𡆥？ ❼
(21) 己酉卜：刀三千☐？ ❺

（22）庚戌贞：叀王自征刀方？ 6 8
（23）…叀…令… 6
（24）庚戌卜：叀王族令… 8
（25）庚戌卜：叀疾，令畓？ 8
（26）王弜正，令？ 8
（27）辛亥贞：王征刀方？ 8
（28）王弜□？ 8
（29）辛亥贞：王木[月征召]… 9
（30）癸丑贞：王征召方，受又？ 9
（31）乙卯贞：王征召… 9
（32）丙辰贞：王征召方，受又？ 9
（33）丁巳[贞]：王征[召]方？ 9
（34）其征？ 9
（35）王弜召方？ 9
（36）其征？ 9
（37）弜征？ 9
（38）王弜征召方？ 9

1《合集》32276+① 2《村中南》66 3《合集》33022 4《合集》33037 5《合集》33034 6《合集》33036 7《合集》33025 8《合集》14920+② 9《缀汇》340

1 3 9 属历组一 B 类，7 属历组二 A 类。从 2 来看，刀、召同版。本组围绕征伐召（刀）方系联。

① 周忠兵：《历组卜辞新缀》，先秦史研究室网站，http：//www.xianqin.org/blog/archives/547.html，2007 年 3 月 26 日。

② 周忠兵：《历组卜辞新缀》，先秦史研究室网站，http：//www.xianqin.org/blog/archives/547.html，2007 年 3 月 26 日。

四、历组二 A 类卜辞的系联

（一）有联系的卜辞

第一组

（1）辛丑贞：庚… ❶
（2）丁[未]贞：□[方]在柚京？四月。 ❶
（3）丁未□：□方其… ❶
（4）癸丑贞：召[方]立，隹𢦏于西？ ❶
（5）…召方立，隹𢦏… ❶
（6）己未贞：王令踁…于西土，亡𢦏？ ❶
（7）己未贞：王比沚或伐召方？ ❷
（8）…或伐召方，受… ❸
（9）癸亥贞…疫…又？ ❶
（10）…亡囚？ ❶
（11）□□贞… ❶
（12）其狩？ ❶
（13）其彖？ ❶
（14）丁卯贞：王比沚[或]伐召方，受[又]？在祖乙宗卜。五月。兹见。 ❹
（15）辛未贞：王比沚或伐召方… ❹
（16）辛未[贞]：王比[沚]或？ ❺
（17）弜比？ ❺
（18）癸酉贞：王比沚或伐□方？在大乙宗卜。□月。 ❻
（19）丁丑贞：王比沚或伐[召]… ❹
（20）辛巳[贞]：王比[沚]或？ ❺
（21）弜？ ❺
（22）于辛巳王围召方？ ❼❽
（23）甲辰贞：羞酒桒，乙巳易日？ ❺

❶《屯南》1049 ❷《辑佚》639 ❸《缀汇》644 ❹《屯南》81 ❺《屯

南》2605　❻《合集》5418+[①]　❼《合集》33023　❽《合集》33024

❶❷❺❼❽均属历组一B类。本组系联各辞均为征伐召方而择卜将领，主要的选择对象是沚或，且干支连续，应为一事而卜。

第二组

(1) 甲…亡…我…　❶
(2) 又害？　❶
(3) 丙辰贞：王步于[illegible]？　❶
(4) 丁□贞…　❷
(5) 丁巳贞：王步自[illegible]于䜌若？　❷
(6) 壬戌贞：乙丑王步自䜌？　❷
(7) 癸酉贞：旬亡囚？　❸
(8) 癸巳贞：旬亡囚？　❸
(9) 癸卯贞：旬亡囚？在矣旬。　❸
(10) 癸丑贞：旬亡囚？在[illegible]。　❸
(11) 癸亥贞：旬亡囚？在䜌旬。　❸
(12) [癸亥贞]：旬[亡]囚？[在]食旬。　❸
(13) 癸亥…旬亡[囚]？　❸
(14) □□[贞]：王步于䜌？　❶
(15) 乙丑贞：今日王步自䜌于非？　❷
(16) □午贞：王步自非[于]䜌？　❹
(17) …[步]自非于䜌？　❺
(18) 辛巳卜…　❹
(19) 辛巳…　❺

❶《合集》33148　❷《合集》33147　❸《合集》33145+[②]　❹《屯南》82　❺《屯南》2635

❶属历组一B类。本组各辞的主要内容为王出行前往[illegible]、䜌、非三地，版❸为

① 周忠兵：《历组卜辞新缀十组》，载《中国文字研究·2009年第一辑》（总第十二辑），大象出版社，2009年，第60—62页。

② 周忠兵：《历组卜辞新缀》，先秦史研究室网站，http：//www.xianqin.org/blog/archives/547.html，2007年3月26日。

卜旬辞，地名涉及繼，可能是途中所卜。

第三组

(1) 丁亥卜：品其五十羁？ 1
(2) …箙旋又疫王？ 1
(3) 戊子贞：品其九十羁？ 2
(4) 戊子卜：品其九十羁？ 3
(5) 戊子贞：王其水？ 2
(6) □丑卜：[品]其[五十]羁？ 3
(7) 弜水？ 2 3
(8) [品]其百又五十羁？ 2

1《合集》34677 2《合集》34674 3《合集》34675

本组占卜内容相同，有同文卜辞可相互联系，且干支相连，应为一时之卜。

第四组

(1) 丙辰卜：刚于珏，大甲自？ 1
(2) 于翌丁步？ 1
(3) □□卜…牛？ 2
(4) 戊辰贞：刚于大甲師珏三牛？ 2
(5) [刚]于大甲師珏一牛？ 2
(6) □酉贞：王步，□䚄于劳？ 2
(7) 戊辰贞：刚于大甲師珏二牛？ 3
(8) 戊辰贞：刚于[大甲]師珏[一牛]？ 4
(9) 戊辰贞：刚一牛于大甲師珏？ 4
(10) 戊辰贞：自[罘]畲召方？不用。 4
(11) 戊辰贞：自逊…召方？ 4
(12) 戊[辰]贞：又[于]河？ 4
(13) 己巳贞：又于河？ 4
(14) 己巳贞：又于王亥？兹用。辛…燎㞢…卯牛… 4
(15) 庚…刚… 5

（16）庚辰卜：刚大甲師，又羌？ ❺

（17）□□贞：辛未□兹延步，在□？ ❺

❶《合集》32487　❷《合集》32486　❸《屯南》280　❹《缀汇》111　❺《屯南》565

本组系联的主要线索是刚祭于大甲師、珏，大甲師、珏应为祭祀之对象。辞（4）（5）（7）（8）（9）应为一事之卜，辞（1）（16）与之相近。辞（10）据《瑞典》106版同文卜辞“戊辰贞：王自罘眢召…”补“罘”字。

第五组

（1）乙卯贞：先以人[于]北奠次？ ❶

（2）丁丑贞：先令□告方，王令㝵比[illegible]眢方？ ❷

（3）丁丑贞：往亡囚，㝵？ ❷

（4）癸亥：伐即日，于丁卯？ ❸

（5）丙寅□：叀亚㝵以人眢？ ❹

（6）丙寅：其眢以丁？ ❺❻

（7）弜以？ ❺❻

（8）亚㝵以人？ ❺

（9）叀亚㝵以人？ ❻

（10）叀自般以人？ ❹❺

（11）自般以人于北奠次？ ❸

（12）人于泞次？ ❸

（13）于[illegible]次？ ❸

（14）弜示千？ ❸

（15）己巳卜：来己卯酒，王御？ ❸

（16）己巳卜：于大示亚㝵眢告？ ❺

（17）丙子咬乞眗。 ❷

❶《合集》32275　❷《合集》33060+①　❸《合集》32278　❹《屯南》340　❺《合集》32273　❻《合集》32272

① 周忠兵：《历组卜辞新缀三十例》，载《古文字研究》（第二十六辑），中华书局，2006年，第125—128页。

本组系联以征伐“方”为主要线索，涉及的将领有先、亚⿷匚豆、自般，他们各自率领的“人”可能是其部族私属武装。

第六组

(1) 庚寅卜：叀𠂤启我，用若？ ❶❷
(2) 庚寅□：令□戎人北？ ❸
(3) 庚…于… ❹
(4) 辛卯卜：叀𠂤启，用若？ ❸❹
(5) 辛卯□：叀𠂤启，若？ ❺
(6) 叀沚或启我，用若？ ❶❷
(7) 叀沚或启，用若？ ❸❹
(8) 辛卯卜：告于丁方？ ❹
(9) 于大示[告]方？ ❹
(10) 辛卯贞…正？ ❹
(11) 壬辰：于大示告方？ ❶❷
(12) …告方于丁？ ❷
(13) 于大示告方？ ❻
(14) …麣？ ❶
(15) 多尹在麣自？ ❷
(16) 多尹在麣？ ❻
(17) 癸巳卜：裸告自般？ ❻
(18) …叀牛一…告？ ❻
(19) …兆次？ ❷
(20) …辰… ❸

❶《屯南》63　❷《缀续》518　❸《醉古》211　❹《契合》309　❺《合集》33099　❻《合补》10654

❸❺❻属历组一B类。本组系联的主要线索是对𠂤、沚或进行选贞，各版卜辞多为一事而卜，可据之辗转联系。宾组一类卜辞有相近贞问事类。

第七组

(1) 庚午贞：今夕自亡𡆥？ ❶

（2）庚午贞：今夕亡囚？在泌。 ❷
（3）辛未贞：今夕亡囚？在□。 ❷
（4）辛未贞：今夕自亡歷？ ❶
（5）癸酉贞：今夕亡囚？ ❷
（6）甲戌贞：今夕自亡歷？ ❶❸
（7）甲戌贞：今夕亡至歷？ ❷
（8）…今…自…[歷]？ ❶
（9）[乙]亥贞：今夕自亡歷？ ❸
（10）乙亥贞… ❹
（11）…啚…囚？ ❹
（12）[丙]子[贞]：今[夕自亡歷]？ ❸
（13）丁丑卜：又于五山？在枼隹，二月卜。 ❶❺
（14）□寅[贞]：今夕□至歷？ ❷
（15）[戊]寅贞：今夕自[亡]歷？ ❹
（16）[戊]寅贞：今夕自[亡]歷？ ❻
（17）己卯卜：其… ❻
（18）庚辰贞：今夕自亡歷？ ❼
（19）[壬]午贞：[今]夕自[亡]歷？ ❼
（20）丁亥贞：今夕亡歷自？ ❽
（21）□□贞…今…䧹？ ❽
（22）癸巳[贞]：今夕[自亡]歷？ ❾
（23）甲午贞：今夕？ ❾
（24）壬寅贞：[今]夕自亡[歷]？ ❿
（25）癸卯贞：今夕自亡歷？ ❿
（26）甲辰贞：今夕自亡歷？ ❿
（27）乙巳贞：今夕自亡歷？ ❿
（28）丙…今夕…亡□？ ⓫
（29）□巳贞：今夕自亡歷？ ⓫
（30）…自亡歷？ ⓬

1《合集》34167+① 2《屯南》56 3《合集》34717 4《合集》34715 5《缀汇》13 6《合集》34716 7《合集》34720 8《合集》34718 9《合集》34719 10《合集》34721+② 11《合补》10527 12《合补》10528

7 9 属历组一 B 类字体，8 则兼有历组一 B、二 A 两种字体同版。本组有关“自亡歷”的卜问集中于历组一 B、二 A 类，可能是对同一事件的贞问。

第八组

（1）…其…又… 1
（2）□□卜…于…牛… 1
（3）己巳贞：亚㝬其犇戎？ 1
（4）不犇戎？ 1
（5）辛未卜：亚㝬犇戎？ 2
（6）辛未［卜］…方其豢？允豢。 2
（7）不豢？ 2

1《合集》33115 2《合集》33114

本组占卜人物、事类相同。

第九组

（1）癸亥贞：王其伐虘羊告自大乙？甲子自上甲告十示又一牛？兹用。在䇂四隹。 1
（2）癸亥贞：王叀今日伐？ 2
（3）王夕步自䇂三隹？ 2
（4）乙丑：王𢓊眆［䏌］？ 2
（5）…令䏌刍女亡囚？ 2

1《屯南》994 2《合集》33149

辞（1）（2）干支相同，辞（3）“䇂三隹”应距辞（1）“䇂四隹”不远，由此推测辞（2）即辞（1）伐羊祭祀大乙等卜问之省略，应是一时之卜。

---

① 周忠兵：《历组卜辞新缀十一例》，先秦史研究室网站，http：//www. xianqin. org/blog/archives/497. html，2008 年 12 月 26 日。

② 周忠兵：《甲骨新缀十一例》，《殷都学刊》2007 年第 2 期。

（二）可能有联系的卜辞

第一组

(1) 癸巳[卜]：又于伊尹牛[五]？ ❶
(2) 癸巳卜：又于[illegible]？兹用。 ❶
(3) 癸巳卜：又于河？不用。 ❶
(4) 癸巳卜：又于王亥？ ❶
(5) 癸巳卜：又于河？ ❶
(6) 癸□[卜]：又[于]河？ ❷
(7) 癸巳卜：又于王亥？ ❷
(8) 乙未… ❷
(9) 乙未卜：又勺岁于父乙三牛？兹用。 ❶
(10) 己亥贞：王叀疫令？ ❸
(11) □□贞：王令疫… ❹
(12) [王]令𠧢𠂤于… ❹
(13) 辛丑贞：𡧊叀疫以𠂤？ ❶
(14) 𡧊叀朿妣以𠂤？ ❶
(15) [𡧊叀]多[射]以𠂤？ ❶

❶《合集》34240　❷《合补》9577　❸《合集》32875　❹《合集》32873

❷属历组一B类。❶有父乙称谓，该版字体虽属历组二A类，但其时代应在武丁末期。❶骨版兆序是二，❷兆序是三，二者虽字体不同，但可能是成套卜辞，为同时所卜。❸❹涉及对人物“疫”的命令，干支介于乙未、辛丑之间，可能与❶“𡧊叀疫以𠂤”之卜有关，故系于此。

第二组

(1) [丙]子卜：丁丑□又岁[报]□六牢，易[日]？ ❶
(2) 丁酉卜：戊[戌]又岁大戊二十牢，易日…易日。兹用。 ❷
(3) …易[日]… ❸
(4) …又岁大甲三十牢，易日？兹用。不易日，祐雨。不易日。 ❸

(5) 庚戌：辛亥又岁祖辛二十牢又五，易日？兹用。允易日。 ❸
(6) 癸丑：甲寅又岁戋甲三牢，羌甲二十牢又七，易日？兹用。 ❸
(7) [甲寅]：乙卯[又岁]祖乙□[牢，易]日？兹用。不易日。 ❸
(8) 丙辰卜：丁巳又岁中丁二十牢又五，易日？兹用。允易日。不易日。 ❸
(9) □□卜：□□[又岁]□□二十牢，易日？兹用。不易日。 ❸
(10) 己未卜：庚申又岁南庚十牢又三，易日？兹。 ❸
(11) 丁未咬乞冎。 ❸

❶《合集》34317 ❷《合补》10627 ❸《醉古》247

本组各辞占卜内容及辞例大体一致，均卜问次日岁祭先王的天气情况，值得注意的是预备举行祭祀之日的天干与所祭先王严格对应，这与出组二类的情况是一致的。李学勤先生曾指出这些材料反映当时曾逐日举行先王岁祭，但并不拘泥世系先后。①

五、历组二 B 类甲群卜辞的系联

（一）有联系的卜辞

第一组

(1) 癸卯卜：叀翌甲辰叡俘羊，自大乙？ ❶
(2) 甲辰卜：叡俘马自大乙？ ❷❸
(3) 叀乙巳叡？ ❷❸
(4) 乙巳叡俘羊自大乙？ ❹
(5) 于亳宜？ ❷
(6) 宜、卯三牢又度？ ❷❹
(7) 癸卯卜：宜即宗？ ❷
(8) …宜即宗？ ❹
(9) 其五牢，又[度]？ ❷❹
(10) …卯其五牢？ ❹

① 李学勤：《论清华所藏的一版历组岁祭卜辞》，载《出土文献研究》（第七辑），上海古籍出版社，2005 年，第 4 页。

(11) 辛…三百… ❹

❶《醉古》191　❷《合集》32435+[①]　❸《屯南》1078　❹《屯南》4178

本组各辞占卜的主要内容均为以俘获马、羊对大乙等先王进行𩰫祭。占卜历癸卯至乙巳，连续三天，❶❷之间卜问相继，❷与❸❹均有同文卜辞可联系，各版应为一事之卜。

第二组

(1) 癸卯贞：王又勹岁于父丁三牢？ ❶
(2) 癸卯贞：王又勹岁三牢，羌十又五？ ❷
(3) 癸卯贞：其三十羌？ ❷
(4) 其五牢？ ❶
(5) 其十牢？ ❷
(6) 甲辰贞：择以㠯用于父丁，卯牛？ ❷
(7) 乙巳贞：王又勹岁[于]父丁三牢，[羌]十又五，若？兹卜雨。 ❷
(8) 癸丑贞：王令利出田，告于父丁牛？兹用。 ❷

❶《合集》32669　❷《拼一》195

本组系联的主要线索是"王又勹岁于父丁"，所用祭品主要为牢、羌，干支连续，应是一事之卜。

第三组

(1) 甲寅贞：来丁巳尊鬳于父丁宜三十牛？ ❶❷
(2) 弜羌，叀牛？ ❷
(3) 乙卯贞：其尊鬳又羌？ ❷
(4) 癸亥贞：翌甲子其… ❸
(5) 甲子卜：叀新栅用？ ❸
(6) 甲子卜：叀旧栅用？ ❸
(7) 甲… ❹

① 周忠兵：《历组卜辞新缀十一例》，先秦史研究室网站，http：//www. xianqin. org/blog/archives/497. html，2008 年 12 月 26 日。

（8）甲…叀…用？ 4
（9）叀新栅用？ 3 4
（10）叀祐至用？ 4
（11）兹用。不雨。 4
（12）弜酒？ 4
（13）丙寅贞：丁卯酒，㞢尊觫羌十，卯三牢于父丁？ 3 4
（14）…取… 3
（15）丁卯［贞］：于来辛巳酒，乇？ 4
（16）癸酉卜：𠨘戠至于父丁，尊其甗？ 3
（17）射？ 3
（18）甲申… 5
（19）乙未贞：隹宗又求？ 5
（20）丙申贞… 5
（21）…尊甗来丁巳其十牛于父丁？ 5
（22）其… 5

1《合集》32694　2《合集》32125　3《屯南》1090　4《合补》10655　5《醉古》182

本组1 2与3 4各有同文卜辞可相互联系，各版祭祀的对象均为父丁，祭法略有差异。

第四组

（1）壬…非翦？ 1
（2）其翦非？ 1
（3）令多射㞢？ 1
（4）癸巳卜：乇于父丁犬百、羊百、卯十牛？ 1
（5）甲午卜：乇于父丁犬百、羊百、卯［十牛］？ 1 2
（6）叀犬百、卯十牛？ 1
（7）叀犬百、卯七牢？ 2
（8）于乙酒？ 2

1《屯南》503　2《合集》32698

本组贞问以犬、羊、牛对父丁进行祭祀，有同文卜辞可以系联。

第五组

(1) 己巳贞：王又勺伐于祖乙，其十羌又[五]？ ❶
(2) 己巳贞：王来乙亥又勺伐于祖乙，其十羌又五？ ❷
(3) 其三十羌？ ❷
(4) 弜又羌，隹岁于祖乙？ ❷
(5) 乙丑贞：又岁于祖乙？ ❸
(6) 己巳贞：王又勺伐于祖乙，其十羌又五？ ❷
(7) 庚午贞：王又勺伐于祖乙，其五羌？ ❹
(8) 庚午贞：叀岁于祖乙？ ❶
(9) 庚[午]…叀… ❺
(10) 其又羌，十又五？ ❶❺
(11) 又羌？ ❺
(12) 其五羌？ ❻
(13) 癸酉贞：乙亥王又勺伐于祖乙十[羌]，卯三牛？ ❻
(14) □□贞…王又…伐于…十羌？ ❻
(15) 隹河害？ ❶
(16) 隹王亥害雨？ ❶
(17) 弜…隹… ❶

❶《合集》32064　❷《屯南》611　❸《合集》32519　❹《合集》32089　❺《合集》32065　❻《屯南》343

本组卜辞的主要内容是王对祖乙的祭祀，祭祀方式为“又、勺、伐”和“岁”两种。各版卜辞之“又、勺、伐”组合祭祀所用祭品为羌，❶❷❺所用羌数皆为十五，❹❻两版数目略有小异，整体相近，可能为相近时段内的卜问。

第六组

(1) 辛未卜：桒于大示？ ❶❷❸
(2) 于父丁桒？ ❶❷❸
(3) 弜桒，其告于十示又四？ ❷❸
(4) 壬申卜：桒于大示？ ❶❷❸

(5) 壬申卜：今日步？ ❹
(6) …刚于衣一牛？兹用。 ❹
(7) 癸酉卜：𡆥于大示？ ❶❷
(8) 癸酉：𡆥于大[示]？ ❸❺
(9) 弜𡆥？ ❺
(10) …甲戌…步？ ❹
(11) 辛[未]… ❸
(12) 辛亥卜：生月𡆥… ❺
(13) 辛亥贞：生月令毕步？ ❺
(14) 令小尹步？ ❸
(15) 壬子卜：朿尹㿝，受□？ ❺
(16) 壬子卜：刚㿝，受又？ ❺
(17) □[𡆥令比]㿝？ ❸
(18) [弜]𡆥令比㿝？ ❸
(19) 众又工？兹用。 ❺
(20) 辛亥咬乞昫。 ❺

❶《合集》34090[①] ❷《合补》10651 ❸《屯南》601 ❹《合集》34683 ❺《缀汇》375

本组系联的主要线索是“𡆥于大示”，❶❷❸三版有同文卜辞可互相联系。

第七组

(1) 庚申卜：王令毕田？ ❶
(2) 叀[贾]、壴[令]田？ ❶
(3) 叀雟令田？ ❶
(4) 叀毕令田？ ❶
(5) 叀毕令？ ❷❸
(6) 叀𪉷令？ ❷❸
(7) 叀春令毕田？ ❹❺

① 刘风华：《历组卜辞遥缀二则》，先秦史研究室网站，http：//www. xianqin. org/blog/archives/1545. html，2009 年 7 月 14 日。

(8) 叀秋令毕田? 45

1《醉古》289　2《合集》32861　3《合集》32862　4《屯南》1087　5《合集》32863

本组系联都涉及“毕田”。

第八组

(1) 丁卯卜：今日乎□以羌父丁? 1
(2) 己丑卜：令尣省廩? 2
(3) 叀犬百，卯牢? 2
(4) 于乙酒，乇? 2
(5) 叀丁酒，乇? 2
(6) …令□省廩? 1
(7) 叀校令□? 1
(8) 癸巳：又羌一牛? 兹用。 1
(9) 癸巳卜：令毕省廩? 3
(10) 庚子卜：令尣省廩? 4
(11) 叀毕令省廩? 45
(12) 叀竝令省廩? 45
(13) [叀]壴令[省]廩? 4
(14) 叀贾、壴令省廩? 5
(15) 叀马令省廩? 5
(16) …众以省[廩] 67
(17) 比…多… 7
(18) 庚子…尣… 8
(19) □□[贞]…[令]…廩? 8
(20) □子卜：令□省廩? 9
(21) 癸卯卜：其燎… 7
(22) 甲辰又祖乙一牛? 5
(23) 其又祖乙大牢? 5
(24) 癸…酒翌… 10
(25) 庚戌卜：作啚庚衎? 10

（26）弜作⿰礻井？ ❿

（27）辛亥卜：北方其出？ ❿

（28）弜称众，不出？ ❿

（29）辛亥卜：犬延以羌一用于大甲？ ❿

（30）□□卜…［延］… ❿

（31）辛酉卜：犬延以羌用自上甲？ ❺

❶《屯南》188 ❷《缀汇》356 ❸《合集》33236 ❹《合集》33237 ❺《屯南》539 ❻《合集》31985 ❼《屯南》180 ❽《合集》33238 ❾《合集》33239 ❿《合集》32030

本组系联的主要线索是“省廪”。❺涉及“犬延以羌用自上甲”，这与版❿辞（29）内容相近，可能存在关联，故将版❿附系于此。

第九组

（1）甲辰贞：□正□又□？ ❶

（2）丙午卜：隹岳害雨？ ❶❷

（3）隹河害雨？ ❶

（4）隹夒害雨？ ❶

（5）丁未卜：令贾壴箘沚或？ ❶

（6）令黨箘？ ❶

（7）…令…沚或？ ❶

（8）隹河害？ ❷

（9）隹夒害？ ❷

（10）…壴箘沚或？ ❷

（11）令黨箘沚或？ ❷

（12）丁未卜：隹伊害雨？ ❷

（13）隹伊祖庚？ ❷

❶《屯南》2438 ❷《缀集》68

本组卜辞的主要内容为“箘沚或”及祈雨事。

第十组

（1）乙亥贞：焚[illegible]于[illegible]雨？ ❶

(2) 弜焚[illegible]? ❷❸
(3) …其…[illegible]? ❸
(4) …上甲至于父丁十… ❹
(5) …焚凡于兕雨? ❹
(6) 于甲焚凡? ❺❻
(7) 于癸[焚凡]? ❺
(8) 弜焚凡? ❺
(9) 不雨? ❺
(10) 甲申贞：焚嬉，雨? ❻
(11) 在[illegible]，焚嬉? ❻

❶《合集》32291　❷《合集》32292　❸《合集》32293　❹《合集》32295　❺《合集》32296　❻《合集》32299

❶❷❸为“焚[illegible]”求雨，❹❺❻为“焚凡、嬉”，均为焚祭求雨，故并列于此。

第十一组

(1) 乙酉卜：叀三[百射]令? ❶
(2) 乙酉卜：王桒令? ❶
(3) 弜桒令? ❶
(4) 叀三族马令? ❶
(5) 眔令三族? ❶❷
(6) 叀一族令? ❶
(7) 乙酉卜：于丁令马? ❶
(8) 叀兂令? ❸
(9) 叀三族令? ❸
(10) □卯卜…自…乙…父丁? ❸

❶《合集》34136　❷《合集》34135　❸《合集》34134

本组卜辞的主要内容为王择卜军事单位，涉及三百射、三族、一族、马，尤以三族为重点。

第十二组

第一阶段

(1) …隹…亚于…[先]… 1
(2) 戊午卜：罙至御翌己未？ 1
(3) 庚申卜：于丁卯敦召方，受又？ 1
(4) 庚申贞：于丙寅敦召方，受又？在卜。 2
(5) 贞…丁卯敦召方，受又？ 2
(6) 翌…[步]？ 2
(7) 于癸亥[步]？ 2
(8) 壬…夕□至𡆥？ 2
(9) 壬戌贞：毕以众畄伐召方，受又？ 2
(10) 丙寅贞：丁卯酒燎于父丁四宰，卯… 3
(11) 其五宰？ 3
(12) 叀今日令或？ 3
(13) 于庚令或？ 3
(14) 兹□。 3
(15) 戊辰贞：其延壴，又若？ 4
(16) 弜延壴？ 4 5
(17) 戊辰贞：亡𡆥？ 4 5
(18) 庚午卜：令或归若？ 4
(19) 弜令？ 4
(20) 庚午贞：王□令[沚]或归？ 3
(21) 庚午卜：今日令沚或？兹用。 3
(22) 庚午贞：辛…敦召方，受…兹弗及召。 6
(23) 庚午贞：辛未敦召方，易日？允易日，弗及召方。 7

第二阶段

(24) [辛]未卜：□龟二大示？ 3
(25) 辛未卜：㝱以众畄？ 3
(26) 不受又？ 3
(27) □未卜：[毕]以[众]畄□召[方，受]□？ 8

（28）壬申卜：御召于繼？ 9
（29）癸酉卜：比不擒召方？ 10
（30）乙亥贞：隹大庚作害？ 11
（31）大庚不作害？ 11
（32）乎多尹往𠂤？ 11
（33）乙亥贞：𡆥令郭以众𠂤执，受又？ 11
（34）丙子卜：今日其求召方，执？ 12
（35）丙子贞：令众御召方，执？ 13 14
（36）丙子卜：今日求召方，执？ 15
（37）戊寅卜：今夕亡至囚？ 2
（38）己卯贞：庚辰桒于父丁三牛？兹用。 2
（39）□□贞：毕以众… 2
（40）…弜…归？ 2
（41）其雨？ 15
（42）庚辰卜：不雨？ 15
（43）庚辰卜：令王族比𠂤？ 15
（44）弜追召方？ 15
（45）弗受又？ 15
（46）丁亥贞：王令毕以众𠂤… 16
（47）丁亥贞：王令毕众𠂤伐召方，受又？ 17
（48）𠂤，受又？ 17
（49）己丑贞：王令毕以众𠂤伐召，受又？ 18
（50）庚寅贞：王令□以[众]…[受又]？ 19
（51）庚寅贞：王令𡆥以众𠂤，受又？ 20
（52）…戠…于…步？ 20
（53）辛卯贞：毕以众𠂤伐召，受又？ 21
（54）叀王族即？ 21
（55）射即疾？ 21
（56）丁酉卜：亚毕以众涉于西，若？ 22
（57）己亥历贞：三族王其令追召方及于[illegible]？ 23
（58）己亥贞：令王族追召方及于□？ 23
（59）己亥卜：告于父丁三牛？ 23

（60）五牛？ 23

第三阶段

（61）癸卯卜：召方［其出］？ 24

（62）癸卯卜：刀方其出？ 25

（63）不出？ 25

（64）甲辰卜：召方来隹其溘？ 23

（65）甲辰贞：［毕］以众𠂤伐召方，受又？ 26

（66）于乙燎？ 23

（67）丙午卜：百燎卒告于父丁三牛？ 25

（68）其五牛？ 25

（69）戊申卜：告方于河？ 27

（70）己酉卜：召方来告于父丁？ 28 29

（71）…于木月告？ 28

（72）□木［月］于… 28

（73）庚戌：犬延允伐方？ 25

（74）…贞：犬延亡囚？ 30

（75）庚戌卜贞：叀王自征刀方？ 30

（76）叀王族令𠂤？ 30

（77）叀王族令？ 30

（78）…疫令？ 30

1《合集》33029　2《屯南》1099　3《屯南》935　4《合补》10717　5《合集》34477　6《合集》33027　7《合集》33028　8《屯南》570　9《合集》33030　10《柏俗》275　11《合集》31981　12《合集》33026　13《屯南》38　14《合集》31978　15《屯南》190　16《合集》31975　17《合集》4199+[1]　18《合集》31973　19《合集》31980　20《合集》31979　21《合集》31977+[2]　22《合集》31983　23《合补》10519+[3]　24《合集》33032　25《合集》33033　26《合

① 林宏明：《甲骨新缀第582—584例》，先秦史研究室网站，http：//www. xianqin. org/blog/archives/5347. html，2015年7月6日。

② 周忠兵：《历组卜辞新缀十组》，载《中国文字研究·2009年第一辑》（总第十二辑），大象出版社，2009年，第60—62页。

③ 周忠兵：《甲骨新缀四例》，先秦史研究室网站，http：//www. xianqin. org/blog/archives/2119. html，2010年11月7日。

集》31976　㉗《屯南》2678　㉘《合集》33015　㉙《合集》33016　㉚《合集》34131+[①]

❸属历组二B类乙群，❹❺属历组一C类，⑪⑰⑲⑳㉓㉘㉙属历组二A类。本组系联的主要线索是“毕以众𠂤伐召方”（部分历组二A类作“𠧴”，为异体字），可能是商王朝对召方发动的一次大规模征伐。由于没有月份记载，只能按照卜辞相近辗转联系，依干支先后排列顺序。

第十三组

（1）乙丑贞：王狩祖乙？　❶❷❸
（2）弜狩？　❷❸
（3）弜比…　❸
（4）己巳贞：叀王狩？兹[用]。　❹
（5）己巳卜：王今□狩？　❹
（6）叀…舟…学…　❶
（7）弜从桉舟？　❶
（8）…桉舟？　❷
（9）辛巳贞：王[令]毕比？　❺
（10）辛巳贞：毕以[画]于𦥑乃奠？　❺❼
（11）[辛]…比…　❼
（12）庚寅卜：令犬延田京？　❽
（13）弜犬延坚田？　❽❾
（14）癸巳贞：王令画，生月[步]？　❺❻
（15）癸巳卜：退桉舟？　❽❾
（16）叀桉舟商？　❽
（17）叀桉舟…　❿
（18）癸巳卜：又羌一牛？兹用。　❿
（19）甲午贞：告画其步祖乙？　❺
（20）甲午贞：告画其步于（祖乙）？　❻

① 周忠兵：《历组卜辞新缀》，先秦史研究室网站，http：//www. xianqin. org/blog/archives/547. html，2007年3月26日。

(21) 甲午贞：于小乙告画其步？ 5 6
(22) 甲午贞：于父丁告画其步？ 5 6
(23) 弜告画其步？ 5 6
(24) 丁酉贞：王令毕比□舟，塱乃奠？ 5 6
(25) 弜往，毕其令？ 6
(26) 甲辰？ 5
(27) 乙巳贞… 5
(28) □□贞：王令毕今秋…舟塱乃奠？ 11 12

1《合集》32555　2《醉古》175　3《合集》33393　4《合集》33387　5《屯南》866　6《合集》32856　7《英藏》2413　8《合补》10486+①　9《合集》33215　10《缀汇》626　11《合集》32854　12《合集》32855

2 属历组二 B 类乙群。本组事类多样，主要有“王狩祖乙”“梌舟”“告画步”“令毕奠”等。各事类可依据同版关系及同文卜辞联系起来，卜问时间应相距不远。

第十四组

(1) 伐其…七十羌… 1
(2) 己亥贞：卯于大其十牢、下示五牢、小示三牢？ 1
(3) 己[亥]… 1
(4) □□贞… 1
(5) 庚子贞：伐卯于大示五牢、下示三牢？ 1
(6) 庚子贞：王令毕途子画？ 1
(7) 庚□贞：□子… 1
(8) 庚子贞：王令自般途子[画]？ 2
(9) 令途子画？ 2
(10) 叀毕令？ 2
(11) 叀骨刚，令途子画？ 2
(12) 庚子贞：王毕途子画？ 2

---

① 蒋玉斌：《〈甲骨文合集〉缀合拾遗》（第五十八组），先秦史研究室网站，https：//www.xianqin.org/blog/archives/2013.html，2010 年 8 月 7 日。

（13）弜［往毕］…　❷
（14）癸卯贞：叀餗先于大甲父丁？　❶❸
（15）癸卯贞：丁未延㠯示其夙？　❶❸
（16）己巳贞：丁未又伐于父丁羌三十，卯三□，又三牛？兹用。　❹
（17）丙午卜：㠯叀餗□子酒莫？　❸
（18）丙午卜：叀甲子酒于餗？　❹
（19）…莫…　❹

❶《屯南》1115　❷《醉古》187　❸《合集》32485　❹《合集》32053

❶属历组二 B 类乙群，❸属历二 B 丙群附属。本组系联的主要线索是“途子画”。

第十五组

（1）辛…妇沚［戈］…　❶
（2）辛酉咬乞凡三。　❷
（3）辛［酉］叀甫令？　❶
（4）叀…令？　❸
（5）辛酉于癸令？　❸
（6）于癸令？　❶
（7）癸亥卜：令先丆比沚弋，囚土石，奠名任？　❶
（8）…比沚或…奠名任？　❷
（9）丙寅：又伐？　❸
（10）丙寅卜：又伐于司絅三十羌、卯三十豖？　❹
（11）丁卯卜：今日令先？　❹
（12）于司絅三十羌、卯三十豖？　❸
（13）…又伐□司絅三十羌、卯三十豖？　❶

❶《合集》32048　❷《缀集》315　❸《合集》32049　❹《合集》32050

❶❷❸属历组二类习刻，根据辞（7）（8）与辞（10）（12）（13）所卜内容可将各版联系起来。

（二）可能有联系的卜辞

第一组

(1) 丁未卜：燎于擾□牛？ ❶
(2) 戊申卜：先酒岳燎雨？兹用。 ❶
(3) 叀河先酒？ ❶
(4) 叀岳先酒雨？ ❷
(5) 酒□燎雨？ ❸
(6) 叀岳先酒？ ❸
(7) 叀先夒酒？ ❸

❶《合集》34221　❷《合集》34222　❸《合集》34223

本组系联的主要内容是择卜先进行酒祭的自然神，三版都涉及“岳先酒”，可能为一事之卜。

第二组

(1) 壬□贞… ❶
(2) 癸亥贞：甲亡𡆥？ ❶
(3) 甲子贞：乙亡𡆥？ ❶
(4) 乙丑贞：丙亡𡆥？ ❶
(5) 戊子贞：己亡𡆥？ ❷
(6) 己[丑]贞：[庚亡𡆥]？ ❷
(7) 庚寅贞：辛亡𡆥？ ❷
(8) 辛卯贞：壬亡𡆥？ ❷
(9) 壬辰贞：癸亡𡆥？ ❷
(10) 癸巳贞：甲亡𡆥？ ❷
(11) □□贞：□亡[𡆥]？ ❸
(12) 庚子贞：辛亡𡆥？ ❸
(13) 辛丑贞：壬亡𡆥？ ❸

❶《合集》34727　❷《屯南》2186　❸《屯南》3007

本组逐日的凶吉卜问比较特殊，同样见于历组一 B 类，系联成一组附于此。

六、历组二 B 类乙群卜辞的系联

（一）有联系的卜辞

第一组

(1) 癸卯贞：先以二青于父宗⿺𠃊卩？ ❶
(2) 二青于出⿺𠃊卩？ ❶❷
(3) 乙巳贞：先以青于父丁？ ❷
(4) 丁未[贞]：先[以]□青[于]父□？ ❸
(5) 辛亥贞：先以二青于父丁宗⿺𠃊卩？ ❷
(6) 弜又，其令田？ ❷
(7) □□贞：先以二青于父…大乙？ ❹
(8) …先以二青…[大乙]？ ❹
(9) 庚申[贞]…又…庚…辛… ❺
(10) 辛酉贞：癸亥又父丁，岁五牢？不用。 ❸❺❻

❶《辑佚》623　❷《合集》32700　❸《合集》32666　❹《合集》32430　❺《合集》32667　❻《合集》32665

❷属历组二 B 类丙群。本组系联的主要线索是先以青进行献祭。❶❷两版有同文卜辞（2）可相互系联，且干支接近，事类相同，仅用青数目略有差异。❸❹两版均为残辞，但人物先、祭品青与❶❷两版是相同的，可能为一事之卜。由版❸辞（10）可以将❺❻两版系联进来。

第二组

(1) 癸亥贞：王其奠〓… ❶
(2) 乙丑…侯商… ❷
(3) 乙丑贞：王其奠〓侯商于父丁告… ❷

(4) 乙丑贞：王令… ❷

(5) 丙寅贞：王其奠〓侯告祖乙？ ❸

(6) 丙寅贞：王其奠〓侯告祖乙？ ❸

(7) [丙寅]贞：王[其]奠〓侯告祖乙？ ❸

(8) 己巳贞：商于〓奠？ ❷❹

(9) 己巳贞：商于小母奠？ ❷❹

(10) 辛未贞：其告商于祖乙夙？ ❹

(11) 辛未贞：夕告商于祖乙？ ❹

(12) 乙亥贞：王其夕令〓侯商于祖乙门？ ❷

(13) 于父丁门令〓侯商？ ❷

(14) □丑[贞]：令…侯… ❹

(15) 丁亥贞：王其汰方艮乎御史？ ❷

(16) 丁亥贞：今日王其夕令毕，以方十示又… ❷

(17) 己丑[贞]：其宁于四[方]？ ❺

(18) 己[丑]… ❺

(19) 辛卯贞：众… ❺

(20) 壬辰卜：其宁疾于四方[毕]三羌，又九犬？ ❷

(21) □□贞：今日其[宁疾]…三羌，九犬？ ❻

(22) 丁未贞：告其[出]于河五牢？ ❼

(23) 庚戌卜：宁于四方，其五犬？ ❼

(24) [癸]丑卜：□乙卯…示？ ❼

❶《屯南》862 ❷《屯南》1059 ❸《合集》32811 ❹《屯南》4049 ❺《合集》32006 ❻《屯南》1310 ❼《合集》34144

❶属历组二A类。❶❷❸❹主要围绕商王奠〓侯商祭而告祭于祖乙、父丁一事展开卜问，干支连续，事类相关，应是一事之卜。❷同版的辞（20）“宁疾于四方”，应与辞（21）为同文卜辞，辞（17）（23）“宁于四方”可能与之所卜为同一事，故系联入此。

第三组

(1) 丁卯贞：桒禾… ❶

(2) 酉。 ❶

(3) 乙亥贞：又勺伐自上甲汎至父丁，于乙酉？ 1 2
(4) 乙亥贞：来甲申酒禾奉，于㝵燎？ 1
(5) [乙]亥[贞]：来□申酒禾…㝵？ 2
(6) □□贞…[令]𡆥…取壴㕣伯执？三月。 3
(7) 丙子：又𡆥丁人于河，其用？ 1
(8) 丙□贞：又𡆥丁人于河，其用？ 4
(9) …父丁于乙… 4
(10) …酒[奉]禾于㝵？ 4
(11) 不雨？ 4
(12) 戊寅贞：叀王黍？ 2
(13) 戊寅贞：王弜令黍？ 1
(14) 戊寅贞：[王]弜□，令□黍？ 2
(15) 戊□贞… 2
(16) 戊… 2
(17) 庚辰[贞]：㝵燎？ 5
(18) 庚辰贞：其奉生于妣庚、妣丙？在祖乙宗卜。 6
(19) 庚□贞…[生]…[庚]…在… 7
(20) 辛巳贞：其奉生于妣庚、妣丙牡、羖、白豭？ 6 7
(21) 辛巳贞：其奉生于妣庚、妣丙牝、靯、豕？ 6 7
(22) 弜又岁？ 6
(23) 甲申贞：又勺伐自上甲？ 5
(24) 辛卯贞：其奉生于妣庚、妣丙一牢？ 5
(25) 辛卯… 8
(26) 癸巳贞：其又勺自上甲、汎至于父丁？甲午用。 8
(27) 甲午贞：今岁受禾？ 5 8
(28) 丙申…于岳… 8
(29) 丙申贞：其奉禾[于]岳，燎□小宰，卯五牛？ 8
(30) 丁酉贞：奉禾于岳，燎五牢，卯五牛？ 5

❶《合集》32212+[①] ❷《合集》32211+[②] ❸《合集》33091 ❹《英藏》2428 ❺《屯南》750 ❻《合补》10446 ❼《合集》34081 ❽《屯南》2124

❷❸❹❽属历组二B类丙群。本组系联主要有三条线索："又勺伐自上甲汎至父丁"，可系联❶❷❺❽各版；"桒生于妣庚妣丙"，可明确❺❻❼各版之联系；"又㞢丁人于河"，可将❸❹两版内容与❶联系起来。此外，根据"桒于䨻"或"燎于䨻"的卜问可明确❶❹❺各版的联系。

第四组

(1) 乙卯[卜]：来乙□酒[品]？ ❶
(2) 乙卯卜：弜登，丁卯酒品？ ❶
(3) 叀生王🍀王？ ❶
(4) 乙卯叀亇…王？ ❶
(5) 壬戌[卜]：来丁卯酒品？ ❷
(6) 癸亥卜：又于伊尹丁，叀今日又？ ❷

❶《合集》34525 ❷《屯南》3033

两版卜辞均卜问下一旬丁卯日酒祭与否，应是一事之卜。

第五组

(1) 戊午贞…羌… ❶
(2) 戊午贞：桒于大甲父丁？ ❶
(3) 戊午卜：叀庚桒？ ❶
(4) 戊午卜：于辛桒？ ❶
(5) 兹用。于大甲。 ❶
(6) 戊午贞：其… ❶
(7) 戊午贞：郭来，其… ❶
(8) 戊午贞：亡𡆥？ ❶

① 周忠兵：《历组卜辞新缀三十例》，载《古文字研究》（第二十六辑），中华书局，2006年，第125—128页。

② 林宏明：《甲骨新缀第122—123例》，先秦史研究室网站，http：//www.xianqin.org/blog/archives/2078.html，2010年9月23日。

（9）己未贞：叀其御…用牡一、父丁羌百又… ❶
（10）甲子贞：其涉自于西兆？ ❶
（11）弜涉自？ ❶
（12）甲子贞：今日又勺岁于大甲牛一？兹用。在叩。 ❶
（13）甲子贞：竝不延？ ❶
（14）甲子贞：其延？ ❷
（15）乙丑贞：勅… ❸
（16）不□？ ❸
（17）己巳贞：勅刍，在𦃟奠？ ❶
（18）己巳贞：勅刍，其奠于京？ ❶
（19）勅刍，其奠于京？ ❷
（20）□□［贞］…刍在𦃟奠？ ❷

❶《屯南》1111　❷《缀续》447　❸《醉古》190

本组系联以❶事类为主，辞（13）（14）应为一事之卜。❷❸两版主要贞问“勅刍”一事，可与版❶辞（17）（18）相联系。

第六组

（1）丁酉［贞］…王…于伊… ❶
（2）其一羌、一牛？ ❶
（3）其三羌、三牛？ ❶
（4）辛丑贞：王令先以子方奠于并？ ❶
（5）癸丑卜：于丁巳延多贾，易日？ ❶
（6）乙卯… ❷
（7）辛□贞：［王］令□坚田于□侯？ ❷
（8）辛酉贞：王令先以子方奠于并？ ❷
（9）庚午贞：于… ❸
（10）庚午贞：𠦪禾于父丁？ ❸❹
（11）庚午［贞］：岳［燎］三宰，□三牛？ ❹
（12）庚午贞：于大示𠦪禾，雨？ ❹
（13）壬［申］贞：𠦪禾于河燎三牛，沉三牛？ ❷
（14）壬申贞：𠦪禾于擾，燎三牛，卯三牛？ ❷

（15）□申贞…于[illegible]桒禾？ 2
（16）癸…燎… 2
（17）辛未卜：于岳桒雨？ 5
（18）癸酉贞：甲戌又伐于祖乙羌？ 3 4
（19）[己]卯卜：[于]岳桒雨？ 4
（20）己卯卜：取岳雨？ 3
（21）己卯卜：桒雨于上甲？ 6
（22）己卯卜：于南单立岳，雨？ 6
（23）岳于南单？ 7
（24）壬午卜：岳来于雩？叙。 3
（25）岳于三户？ 3
（26）取岳于三门？叙。 3
（27）岳于三门？ 7
（28）岳于楚？ 7
（29）癸未：甲申□又燎于土，牢？兹用。 3
（30）□亥贞：王令𠂤以子方乃奠于并？ 3
（31）辛亥贞：王令𠂤以子方奠并？在父丁宗[彝]。 8
（32）…其奠以并？ 9
（33）[辛]亥贞：王[令𠂤]以子方奠于并？在父丁宗彝。 10
（34）…贞：多…又…父丁…牛？ 8
（35）…卯延多贾□登𠳋…[在]父丁宗启？允启。 8
（36）□[丑]贞… 7
（37）癸丑贞：多贾其延又勺岁于父丁，牢又一牛？ 10
（38）其三牛？ 10
（39）癸丑贞：王又岁于祖乙？ 10 11
（40）于父丁又岁？ 10 11
（41）甲寅贞：自祖乙至毓？ 10 11 12
（42）丁巳：小雨，不延？ 10 11
（43）戊午贞：祐多贾以𠳋自上甲？ 10 11 12
（44）甲子贞：又伐于上甲羌一，大乙羌一，大甲羌，自？ 10
（45）甲子贞：又伐于上甲羌一，大乙羌一，大甲羌？兹用。 11
（46）甲子贞：又伐于上甲羌□，大乙羌□，大□羌？ 12

（47）丙寅贞：王又勺岁于祖乙，牢牛？ ⑫
（48）［丙］寅贞：王又勺岁于祖乙，牢□一牛？ ⑩
（49）丙寅贞：王又勺岁于父丁，牢？ ⑪
（50）□□贞：□又［勺］□于父□，牢？ ⑫⑬
（51）壬申［贞］：登多贾以鬯于大乙？ ⑬
（52）壬申贞：多贾以鬯登于丁卯叀□□？ ⑬
（53）…卯… ⑬
（54）癸酉贞：乙［亥］酒多贾以［鬯］□于大乙［鬯］五，卯…五，卯牛一，小乙鬯［三］，卯牛□？ ⑬
（55）丁丑贞：多贾以鬯又伊？ ⑬
（56）丁亥贞：多贾以鬯又伊尹𪓑示？兹用。 ⑬
（57）…方…又？ ⑬
（58）壬申咬乞冎三。 ⑬

❶《合集》32107　❷《合集》33278　❸《醉古》296　❹《合集》33320　❺《合集》34196　❻《屯南》4362　❼《合集》34220　❽《屯南》4366　❾《屯南》1247　❿《拼四》887　⓫《合集》32113　⓬《合集》32115＋[①]　⓭《屯南》2567

❽❾属历组二C类一组。本组事类较为复杂，同版之间各条线索辗转相联，主要有以下三条线索："王令先以子方乃奠于并"，见于❶❷❸❽❿各版；"𠦪雨于岳"，❸❹之间有同文卜，可进而联系❺❻两版相关卜辞，而❻"于南单立岳雨"和❸"取岳于三门"又与版❼相联系；"多贾以鬯"，❽❿两版都有相关卜问，⓭主要择卜多贾以鬯祭祀的对象，可能是同系列卜问。

第七组

（1）丙子贞：王叀先令葬我？ ❶
（2）丙子贞：先王叀令葬… ❷
（3）丙子…孽我？ ❸
（4）弜孽？ ❸

---

① 林宏明：《甲骨新缀第324例》，先秦史研究室网站，https：//www. xianqin. org/blog/archives/2589. html，2012年3月7日。

（5）丙子贞：王☐并☐葬？ 3
（6）丙子贞：王叀令⿷匚豆葬我？ 3
（7）☐[子]贞：王叀先葬我？ 3
（8）丁丑贞：王令盖归侯以田？ 3
（9）丁丑贞：王…先葬我？ 3
（10）己卯贞：今日王令先葬我[illegible]？ 3
（11）癸未贞… 3

1《合集》32829　2《合集》32830　3《合集》32831+[①]

三版卜辞为相近几天内择卜葬“我”之人，应是一事之卜。

第八组

（1）乙酉贞：王其令彗以…比[illegible]伯夨鹰由王事？ 1
（2）乙酉贞：其令彗告于… 1
（3）弜以辛？ 1
（4）癸卯贞：弜以高祖王亥勺叀… 2
（5）甲辰贞：来甲寅又伐上甲羌五，卯牛一？ 2
（6）甲辰贞：又伐于上甲九羌，卯牛？ 2
（7）…[贞]：大御其陟于高祖[王]亥以辛？ 1
（8）乙巳贞：大御其陟于高祖[王亥]？ 1
（9）六牛？ 1
（10）九牛？ 1
（11）十牛又五？ 1
（12）乙卯贞：酒彡于父丁叀鹿？ 2
（13）叀祖乙熹用？ 2

1《合补》10516　2《合集》32083

2辞（4）与1辞（7）（8）可能相关，且癸卯、甲辰、乙巳干支连续，可能是相邻几天内的卜问。

---

① 蔡哲茂：《〈甲骨文合集〉新缀第十五则》，先秦史研究室网站，http：//www.xianqin.org/blog/archives/1805.html，2009年11月23日。

第九组

(1) 癸卯…㞢以… ❶
(2) 乙卯贞：丁巳其叀？ ❶❷❸
(3) □卯贞…于…[叀]？ ❶
(4) 乙卯贞：于丁叀？ ❷
(5) 戊戌[贞]：王[令]坚[田]… ❸
(6) 戊戌贞：辛亥令㠱… ❸

❶《合集》32884　❷《合集》34581　❸《屯南》65

本组三版均于乙卯日卜问丁巳叀祭祀，应是一事之卜。

第十组

(1) 乙巳贞：勺岁叀劦蒿？ ❶
(2) 丁未贞：又勺岁自上甲大示三牢，小示二牢又… ❷
(3) 其五牢？ ❷
(4) 丁未贞：勺岁于祭蒿？ ❷
(5) □□[贞：勺]岁[于]祭[蒿]？ ❶
(6) □□贞：[勺]岁于□蒿？ ❶
(7) 丁未贞：勺岁于祭蒿？ ❶
(8) 丁未贞：勺岁叀祭蒿？ ❸
(9) 丁未贞：勺岁于劦蒿？ ❷
(10) 勺岁于劦蒿？ ❸
(11) …方帝？ ❷

❶《合集》34614　❷《醉古》242　❸《合集》34616

本组三版皆于丁未日贞卜勺岁于祭蒿、劦蒿，为同时之卜。

第十一组

(1) 乙未贞：其御雍于…小宰，丙申酒五十小[宰]…五牛？ ❶
(2) 乙未贞：大御其蒿翌日？ ❶

(3) 乙未贞：大御其萬翌日酒？ 2
(4) 乙未贞：大御弜萬翌日，其兴？ 1
(5) [乙]未贞…御弜…翌日？ 2
(6) …父… 2
(7) 丙申贞：又匚于父丁叀咬祝？ 2
(8) 叀咬祝？ 3
(9) 叀王祝？ 2
(10) □辰贞：□其桒生□于祖丁母妣己？ 1

1《合集》32923+[①] 2《合集》32671 3《屯南》1154

本组1 2两版辞（2）—（5）为同日之卜，卜问相同，略有小异。版3辞（8）“叀咬祝”可能即辞（7）之省略。

第十二组

(1) 癸酉：出入日岁其燎？ 1
(2) 弜燎？ 1
(3) 乙亥[卜]贞：今日[其雨]？ 1
(4) 不雨？ 1
(5) □申贞：又伐于土羌… 2
(6) …乙亥又岁于大乙牛…兹用。 2
(7) …出入日岁三牛？ 2
(8) 辛巳卜贞：来辛卯酒河十牛，卯十牢？王夒燎十牛，卯十牢，上甲燎十牛，卯十牢？ 3
(9) 辛巳卜贞：王夒上甲即宗于河？ 3 4
(10) 辛巳卜贞：王宾河燎？ 3
(11) 弜宾？ 3
(12) [辛]巳卜[贞]：王[宾]河？ 4
(13) …酒[出]…岁三[牛]？兹用。 5
(14) 癸…其卯入日岁□上甲二牛？ 5

---

① 周忠兵：《历组甲骨新缀两组》，先秦史研究室网站，http：//www. xianqin. org/blog/archives/1645. html，2009年9月17日。

(15) 出入日岁卯四牛？不用。 5
(16) 出入日岁卯…不用。 6
(17) 桒禾于河燎三□，沉三牛，宜… 6
(18) 癸未贞：甲申酒出入日岁三牛？兹用。 6
(19) 癸未贞：其卯出入日岁三牛？兹用。 6
(20) 甲申贞：其… 6
(21) 丁亥贞：桒[禾]…兹用，叀羊。 6
(22) 庚寅卜贞：辛卯又岁自大乙十示又□牛，小示汎羊？ 3
(23) 癸巳卜贞：又上甲岁？ 3
(24) 弜又岁？ 3
(25) 甲午卜贞：其汎又岁自上甲？ 3
(26) 弜巳又？ 3
(27) 甲午卜贞：又出入日？ 3
(28) 弜又出入日？ 3
(29) 乙未卜贞：召来，于大乙延？ 3
(30) 乙未卜贞：召方来，于父丁延？ 3
(31) 己亥贞：竹来以召方，于大乙束？ 3

1《拼二》335　2《合集》32119　3《屯南》1116　4《合集》34294　5《屯南》2615　6《屯南》890

1 2 5 属历组二 B 类丙群。本组主要依据“出入日”将各版系联起来。

第十三组

(1) 乙酉卜贞：[王]又𣪘于小祖乙，其往，兹[见]？ 1
(2) 乙酉卜贞：王又𣪘于小祖乙？ 1
(3) [辛卯]贞：今月令伐商？ 1
(4) 辛卯[卜]贞：于[生]月令伐商？ 1
(5) 癸巳贞：甲午酒上甲，岁三牛？兹用。 2
(6) 丁酉贞：□秋𩁹，燎五小宰，□牛？ 2
(7) …秋𩁹燎… 2
(8) □酉贞：其秋[𩁹]□河，燎五宰，沉五牛？ 3
(9) 丁酉贞：秋不𩁹？ 1

（10）其隻秋？ ❶
（11）丁酉[贞]：其[立]旄？ ❸
（12）弜立旄？ ❸
（13）□酉卜：于…告秋隻？ ❹
（14）甲辰卜：于岳桒禾？ ❶
（15）甲辰卜：其桒禾于河？ ❶
（16）壬戌…于… ❺
（17）壬戌贞：其告秋隻于高？ ❺
（18）□戌贞：其告秋[隻]于高祖夒？ ❻

❶《合集》33281+[①] ❷《合集》32363+[②] ❸《屯南》1035 ❹《合集》33232 ❺《合补》10704乙 ❻《合集》33227

本组系联的主要线索是“秋隻”的相关卜问，干支相近，应为一时之卜。“秋隻”之卜版少见，❹❺❻的“告秋隻”可能与前者有关，附系于此。

第十四组

（1）己巳贞：王米囧，其登于祖乙？ ❶❷
（2）己巳贞：王其登南囧米，叀乙亥？ ❷❸
（3）丁丑贞：其又勺岁于大戊三牢？兹用。 ❷
（4）丁丑… ❹
（5）丁丑卜：登黍至于… ❺
（6）丁丑贞：以伐… ❻
（7）弜叭？ ❺
（8）弜至？ ❺
（9）弜黍？ ❹
（10）己卯贞：在囧，咼来告芀，王黍？ ❹
（11）王弜黍？ ❹
（12）庚辰贞：在囧，咼来告芀，王其黍？ ❹

---

① 周忠兵：《历组卜辞新缀三十例》，载《古文字研究》（第二十六辑），中华书局，2006年，第125—128页。

② 周忠兵：《历组卜辞新缀三十例》，载《古文字研究》（第二十六辑），中华书局，2006年，第125—128页。

（13）王弗黍？ 4
（14）在囧，鬲芀王米？ 7
（15）弜用？ 8
（16）甲申贞：王米于以祖乙？ 8
（17）其氿以小示？ 8
（18）庚寅贞：王米于囧以祖乙？ 8
（19）甲申贞：芀？ 9
（20）弜米？ 9
（21）…㠯…弜…于… 6
（22）王弜米？ 6
（23）米？ 6
（24）弜米？ 6
（25）米？ 6
（26）甲申贞：王其米以祖乙眔父丁？ 9
（27）甲申贞：氿以… 9
（28）丙戌贞：父丁其岁？ 6
（29）商。 6
（30）东方。 6
（31）北方。 6
（32）西方。 6
（33）南方。 6
（34）戊子贞：其燎于洹泉大三牢，宜牢？ 2
（35）戊子贞：其燎于洹泉大三牢，宜宰？ 2
（36）庚寅贞：王米于囧以祖乙？ 9
（37）其氿以小示以… 9
（38）庚寅贞：王其米叀… 9
（39）癸巳贞：王其登米… 10
（40）…岁…大戊… 3
（41）弜…日，历…酒… 11
（42）辛亥贞：其登米于祖乙？ 11
（43）□□贞：燎于高…辛巳？ 11

1《合补》10449　2《合集》34165　3《合集》32024下[①]　4《合集》33225　5《合集》34585　6《屯南》1126　7《合集》32963　8《合集》32543　9《屯南》936　10《合集》34591　11《屯南》189

2 6 9 10 属历组二B类丙群。本组系联的主要线索是贞问王登米于囧地并祭祖乙、父丁。“米”作动词用可理解为耕种，即王在囧地举行亲耕礼并祭祀先祖。

第十五组

(1) 乙巳：王…刚坚[田]于… 1
(2) 癸丑卜：王令𠆢田于京？ 2
(3) 癸亥贞：于罘坚… 3
(4) 癸亥贞：王令多尹坚田于西，受禾？ 3
(5) 癸亥贞：多尹弜坚□，受禾？ 3
(6) 癸亥贞：其桒禾自上甲？ 3
(7) 戊辰贞：桒禾自上甲，其燎？ 3
(8) 乙丑贞：王令坚田于京？ 3
(9) 壬申贞：辛卯…于… 1
(10) 于亷坚田？ 3
(11) …王令…坚田[于]亷？ 4
(12) 甲戌贞：王令刚坚田于亷？ 5 6
(13) 甲戌贞：其告于父丁？ 5 6
(14) 叀祖乙彡狩？ 7 8
(15) 丁丑贞：儿比？ 7
(16) 叀雟令？ 7
(17) 叀令？ 7
(18) 叀𦬸令？ 7
(19) 丁丑…狩… 7

1《合集》33210　2《屯南》232　3《合集》33209　4《合集》33212　5《屯南》499　6《俄罗斯》189　7《合集》32922　8《合集》32529

---

① 蔡哲茂指出原《合集》32024（《后上》27.5+《后下》23.5）折痕不能密合，误为缀，说见蔡哲茂：《甲骨缀合续集》，文津出版社，2004年，第134页。

❷属历组二 B 类丙群。本组系联的主要线索是贞问“王令坚田”一事。根据诸辞的坚田地点京、亷可将❷❸❹❺❻各版相关卜辞联系起来。

第十六组

(1) …三羌…燎三…三牛，宜牢？ ❶
(2) 壬午贞：癸未王令木宾？ ❶
(3) 王令木其祼告？ ❶
(4) 癸未贞：甲申酒… ❶
(5) 癸未贞：甲申酒，危方以牛自上甲？ ❶
(6) 庚寅贞：王令… ❶
(7) 乙未卜：其宁方羌一，牛一？ ❷
(8) 乙未贞：王米，叀父丁以于囧米？ ❸
(9) 丙申贞：于父丁…射𠂤…羌？ ❸
(10) 丙申贞：射𠂤以羌汎用自上甲？ ❸
(11) 辛丑贞：□羌其勺□用羌十，犬… ❹
(12) …癸卯… ❶
(13) 王弜田？ ❶
(14) 癸卯贞：射𠂤以羌其用□父丁？ ❶
(15) 癸卯贞…汎至于… ❺
(16) 癸卯贞：射𠂤以羌其用叀乙？ ❺
(17) 癸卯贞：射𠂤以羌上甲？用。 ❻
(18) 甲辰贞：射𠂤以羌？ ❼
(19) 甲辰贞：射𠂤…于父丁？ ❼
(20) □□[贞]：射𠂤以羌其用自上甲汎至于父丁，叀甲辰用？ ❽
(21) …𠂤…其… ❽
(22) 甲辰贞：射𠂤以羌其用自上甲汎至于父丁，叀乙巳用，伐四十？ ❽
(23) □□贞：㠯以牛，[其]用自上甲五牢，[汎]大示五牢？ ❽
(24) 甲辰贞：射𠂤以羌其用自上甲汎至于父□，叀乙巳用伐？ ❺
(25) 丁未贞：㠯以牛，其用自上甲汎大示？ ❺
(26) 丁未贞：王其令望乘归，其告于祖乙一牛，父丁一□？ ❾
(27) □□贞：王其令望乘归，其告于祖乙一牛？ ❾

(28) 丁未贞：王其令望乘归，其告于祖乙？ 10
(29) 丁未贞：王令卯途危方？ 10
(30) 丁[卯]…又勹…于伊…卯一牛？ 10
(31) 己酉贞：亩以牛，其用自上甲三牢汎？ 5
(32) 己酉贞：亩以牛，其用自上甲五牢，汎大示五牢？ 5
(33) 己酉贞：亩以牛，其用自上甲汎大示叀牛？ 5
(34) 庚戌贞：亩以牛，其勹自上甲汎大示，其… 11
(35) 庚戌[贞]：亩[以]牛…叀□？ 5
(36) □□贞：亩以牛，其勹自上甲汎大[示]… 12
(37) 辛亥贞：壬子又多公岁？ 2 4
(38) 弜又于大岁卒？ 2 4
(39) 乙卯贞：又勹伐于伊？ 9
(40) 乙卯贞：卯？ 9
(41) 己未贞：叀甲子酒伐自上甲？ 2 4
(42) 己未贞：于乙丑酒伐？ 2 4
(43) 辛酉贞：甲子酒劦？ 2 4
(44) 弜酒劦？ 4
(45) 辛酉贞：方以牛，其登自上甲？ 9
(46) 辛酉贞：方以牛，其登于来甲申？ 9
(47) 癸亥贞：危方以牛，其登于来甲申？ 9 13
(48) □卯…又…伐… 13
(49) 庚午贞：射𦥑以羌用自上甲，叀甲戌？ 4
(50) 癸酉贞：射𦥑以羌用自上甲？ 2
(51) 癸酉贞：射𦥑以羌自上甲，乙亥？ 4
(52) 癸酉贞：射𦥑以羌用自上甲，于甲申？ 2 4
(53) 于乙亥用射𦥑以羌？ 4
(54) 己卯卜宾贞：翌甲申用射𦥑以羌用自上甲？八月。 14

1《醉古》214+① 2《合补》10429 3《合集》32024上 4《缀集》9 5《缀集》24 6《合集》32027 7《合集》32025 8《屯南》636 9《合补》

① 林宏明：《林宏明先生甲骨缀合表》，先秦史研究室网站，http：//www.xianqin.org/blog/archives/1769.html，2006年12月23日。

10484　⑩《合集》32897　⑪《醉古》201　⑫《拼一》1　⑬《合集》33191　⑭《合集》277

①⑤⑥⑧⑨⑪⑫⑬属历组二B类丙群，⑭属宾组二类。本组系联主要围绕祭祀上甲至父丁的先公先王展开，有“射皛以羌”“㞢以牛”“危方以牛”三种形式，且有同版并存的情况，如①有“射皛以羌”“危方”，⑤有“射皛以羌”“㞢以牛”，根据类似线索可将以上各版卜辞辗转系联为一段时间内的相关卜问。

第十七组

(1) 壬午卜：其祼秋于上甲卯牛？ ①②
(2) 乙酉卜：其艺，宁秋？ ①
(3) 其告秋于上甲一牛？ ②
(4) □□贞：其告秋于上甲？ ③
(5) 弜告秋于上甲？ ④⑤
(6) 癸卯贞：叀□令□王受[又]？兹用。 ③
(7) …[又]… ③
(8) …彡令…于…不用。 ③
(9) □戌贞… ③
(10) 壬子贞：屰米帝秋？ ④⑤
(11) 弜屰米帝秋？ ④⑤
(12) 弜屰米帝秋泚？ ⑥
(13) 壬□[贞]：其寻告秋？ ④
(14) 丙辰卜：王其令[㬪]叏□东泚？ ⑤
(15) 丙辰卜：王其令㬪叏于远东？ ⑥
(16) 在狱东洮奠叏？ ⑥
(17) 在…东…奠…叏？ ⑤
(18) …其…于…乎雨？ ⑥

①《村中南》259　②《屯南》867　③《屯南》1095　④《合集》33230　⑤《缀汇》645　⑥《合集》33231+[①]

① 周忠兵：《历组卜辞新缀十一例》，先秦史研究室网站，http://www.xianqin.org/blog/archives/497.html，2008年12月26日。

本组涉及“裸秋”“告秋”“帝秋”，前两者的对象都是上甲，后者对象不明。

辞（3）—（5）可显示❷❸❹版间的关系。据辞（10）—（12）、（14）—（17），又可将❺❻两版系联进来。

第十八组

（1）乙丑卜：方出其桒？ ❶
（2）［丙］寅卜：桒…即宗三牛，丁卯… ❶
（3）癸酉贞：乙亥酒伐自… ❷
（4）戊寅卜：启？己卯允启。 ❸
（5）不启？ ❸
（6）于岳雨？ ❹
（7）庚辰贞：方来即史于犬延？ ❸❹
（8）…贞：犬延亡囚？ ❹
（9）…贞…㞢…戎，饗… ❹
（10）庚辰贞：至河㞢其戎饗方？ ❸
（11）癸未贞：叀乙酉延方？ ❷❺
（12）癸未贞：于木月延方？ ❷❺
（13）癸未贞：王令㞢䧹方？ ❻
（14）癸未贞：王令子画䧹？兹用。 ❻
（15）弜䧹方？ ❻
（16）癸未贞：王令… ❻
（17）甲申卜：于大示告方来？ ❻
（18）甲申：于河告方来？ ❼
（19）…大甲告方？ ❽
（20）辛卯贞：从斳涉？ ❸❹
（21）辛卯贞：从狩卢涉？ ❸❹
（22）壬辰令马。 ❻❼
（23）弜令。 ❻

❶《醉古》233　❷《合集》32243　❸《屯南》1009　❹《缀集》317　❺《屯南》171　❻《屯南》243　❼《合集》33052　❽《辑佚》671

本组系联的主要线索是方来伐及商王朝的应对举措。辞（13）（14）选将讨方，辞（17）—（19）则告祭于先祖、神祇，事类之间存在一定联系，且干支相连，或为一事之系列卜问。

第十九组

(1) 辛酉其若亦汎伐？ ❶
(2) 辛酉贞：王寻圉以羌南门？ ❷
(3) 辛[酉]贞：王其逆[以羌]？ ❶
(4) 壬戌贞：王逆圉以羌？ ❶
(5) 于滴，王逆以羌？ ❶
(6) 王于宗门逆羌？ ❶
(7) 王于南门逆羌？ ❸
(8) 癸亥卜：弜逆羌？ ❶
(9) □亥：弜逆羌？ ❹
(10) 癸亥：示先羌入？ ❸
(11) 示其先羌入？ ❶❺
(12) 示其[illegible]羌？ ❶
(13) …其[illegible]羌？ ❺
(14) …入…羌？ ❸

❶《合补》10421　❷《合补》10646　❸《合集》32036　❹《合集》32038　❺《合集》32040

❶❹❺三版可互相联系。版❸辞（7）的“南门”可能即辞（6）的“宗门”，且辞（10）“示先羌入”的卜问可与辞（11）联系。版❷字形较为奇特，有明显的历组一B类特征，事类与本组各辞相关，故系联于此。另外，《合集》261“辛丑卜贞：毕以羌，王于门寻”的字体属于宾组二类，时代下限可下延至祖庚时期，与该组事类接近。

第二十组

(1) 庚申贞：王令圉中？ ❶
(2) 甲子贞：丁卯告自上甲？ ❶
(3) 丙寅贞：丁卯告？ ❶

(4) 丁卯贞：王令㐭奠玟舟？ 1 2 3

(5) 丁卯贞：王令㐭… 4

(6) 其夕岁羊？ 1

(7) □□贞…告？ 3

(8) 于来乙亥告？ 1 3

(9) 甲戌贞：乙亥告其奠玟舟自上甲…大乙牛一，大丁牛一，大甲牛[一]，祖乙牛一，父丁牛… 5

(10) 丁丑贞：桒其即丁？ 5 6

(11) 于十示又二桒？ 5 6

(12) □□贞：[于]十[示]又二桒？ 7

(13) 己卯贞：桒自上甲六示？ 7 8

(14) 桒即宗？ 6

(15) 桒… 5

(16) 庚辰… 5

(17) 庚辰贞：㐭以大示？ 5 6

(18) 叀父丁示以？ 6

(19) 辛巳贞：以伊示？ 5 6

(20) 弜以伊示？ 5 6

(21) 庚辰贞：王于丁亥令㐭？ 6 9

(22) 庚辰贞：辛巳王令㐭？ 9

(23) 弜立二史，[叀]㐭？ 9

(24) 贞…称…示？ 9

(25) 弜称大示？ 9

(26) …㐭…大… 9

(27) 又…岁… 10

(28) 甲申卜贞… 11

(29) 甲申卜贞：酒桒自上甲十示又二牛，小示氿羊？兹用。 10 11

(30) 甲申[卜]贞：□酒[河]燎… 10 11

(31) 弜酒河，燎，其退？ 10 11

(32) 乙酉卜贞：桒于丁？ 10 11

(33) …贞：王[令]□□玟舟由？ 12

❶《合集》32846+[①]　❷《合集》32852　❸《合集》32851　❹《合集》32853　❺《缀汇》607+[②]　❻《合集》32848+[③]　❼《合集》34111　❽《屯南》2129　❾《合集》32849　❿《合集》34115　⓫《合集》34116+[④]　⓬《屯南》4052

本组事类较为丰富，“王令㚔奠玟舟”可系联❶❷❸❹各版，“于来乙亥告”及“乙亥告其奠玟舟”可说明❺之“奠玟舟”与前诸版所卜为一事。❻❼❽❾各版存在可联系的同文卜辞。版❿⓫辞（29）“𠦪自上甲十示又二”可能与辞（11）（12）“十示又二𠦪”为一事，辞（32）“𠦪于丁”可能与辞（10）“𠦪其即丁”相关，故将❿⓫系入本组。此外，“奠玟舟”一事亦见于宾组二类，见《合集》24“辛亥卜争贞：収众人，立大史于西奠，玟[舟]？□月”。

第二十一组

（1）甲寅[贞]：乙卯又祖乙岁大牢不□？　❶
（2）弜又岁？　❶
（3）己未贞：其□祭自祖乙[岁]至父丁？　❶
（4）己未贞：又勹伐自上甲？　❶
（5）乙亥。　❶
（6）丁丑贞：今日又岁□父丁？　❶
（7）弜又岁？　❶
（8）…𠦪…妣丙…宗卜。　❶
（9）己卯卜：其将玉壴于…　❶
（10）弜[将]玉壴…　❶
（11）己卯…[壴]告于祖乙？　❶
（12）己卯卜：叀…玉壴？　❶
（13）又祖乙岁宰？　❶
（14）辛巳贞：其令[卯]曰㚔来？　❶

---

① 周忠兵：《甲骨新缀三组》，先秦史研究室网站，http：//www.xianqin.org/blog/archives/2532.html，2011年12与18日。

② 刘源：《历组卜辞新缀两组》，《故宫博物院院刊》2008年第4期。

③ 刘源：《历组卜辞新缀两组》，《故宫博物院院刊》2008年第4期。

④ 周忠兵：《历组卜辞新缀》，先秦史研究室网站，http：//www.xianqin.org/blog/archives/461.html，2006年10月9日。

(15) 乙…兹用。 2
(16) 辛巳贞：弜令卯曰㞢来？ 1 2
(17) 叀牛？ 2
(18) …其令卯曰㞢来？ 3
(19) □卯卜：其将□… 4
(20) …其令卯曰[㞢]… 4

1《屯南》441 2《醉古》220 3《醉古》221 4《合集》32870

辞（14）（16）（18）（20）所卜事项相同，可将各版联系起来。

（二）可能有联系的卜辞

第一组

(1) 甲子：奉于河，受禾？ 1
(2) □卯贞：奉于夒，受禾？ 1
(3) 辛未贞：奉禾于高罘河？ 2
(4) 乙亥咬乞冎三。 3
(5) 丁丑卜：叀咬往奉禾于河，受禾？ 3
(6) 贞…祖…牛… 4
(7) 己亥贞：奉禾于河，受禾？ 4 5 6
(8) [乙]□[贞]：□[禾]… 6
(9) 乙… 7
(10) 乙巳贞：叀秋先伐？ 7
(11) 庚戌贞：奉禾于示壬？ 7
(12) 癸丑贞：寻奉禾于河？ 7 8
(13) 庚申贞：[其]奉禾于河？ 9
(14) [庚]申[贞]：其寻[奉]禾于高祖？ 9
(15) □[丑贞]：寻[奉]禾[于]高祖？ 7

1《合集》33270 2《屯南》916 3《合集》32001 正 4《合集》33271 5《屯南》3041 6《村中南》456 7《合集》33286 8《村中南》58 9《合

集》33279+[1]

❼属历组二B类丙群。本组系联的主要线索是“𠦪禾于河”，各条卜辞可能相互关联。

第二组

（1）甲[戌]…[乙]… ❶
（2）不启？ ❶
（3）甲戌卜：乙亥又伐，启？ ❷
（4）不启？ ❷
（5）己亥卜：庚启？ ❸
（6）甲辰…乙…启？ ❹
（7）于乙巳伐？ ❸
（8）甲寅卜：乙卯启？ ❺
（9）不启？ ❺
（10）丙辰卜：丁启？允。 ❻
（11）丁不启？ ❻
（12）又𡆥？ ❼
（13）不启？ ❼

❶《合集》34005　❷《合集》32236　❸《合集》32237　❹《屯南》424　❺《屯南》974　❻《合集》33968　❼《合集》34008

本组辞例相同，皆卜问明日天气晴否，系联于此以备参考。

第三组

（1）癸亥贞：丁卯又帚辛，岁十[宰]？ ❶
（2）伊岁一牛？ ❶
（3）其三牛？ ❶
（4）戊戌贞：又救于廾，攸侯由啚？ ❶

---

① 周忠兵：《历组卜辞新缀》，先秦史研究室网站，http：//www.xianqin.org/blog/archives/461.html，2006年10月9日。

（5）…中敹于义，攸侯由畐？ ❶
（6）□卯贞：又敹…由畐… ❷
❶《合集》32982　❷《屯南》242
辞（6）残存部分与辞（5）接近，所卜可能为一事。

第四组

（1）庚… ❶❷
（2）庚寅卜：多子族于乇？ ❶❷
（3）丁酉卜：王族爰多子族立于乇？ ❸
❶《合补》6567　❷《屯南》4026　❸《合集》34133
辞（2）（3）内容相近，所卜可能为一事。

第五组

（1）乙巳贞：桒禾于高祖？ ❶
（2）乙巳贞：桒禾于岳？ ❶
（3）丁未贞：桒禾于岳，燎三小宰，卯三牛？ ❷
（4）丁未贞：桒禾自上甲六示牛，小示汎羊？ ❷
（5）□酉卜…其岁？ ❷
（6）□酉贞：□[令]木… ❶
（7）乙卯卜贞：桒禾自上甲六示牛，小示汎羊？ ❸
（8）乙卯卜贞：桒禾于高，燎九牛？ ❸
❶《合集》33298　❷《合集》33296　❸《醉古》329
辞（2）（3）“桒禾于岳”，辞（4）（7）“桒禾自上甲”，可能存在联系。

第六组

（1）丙子贞：丁丑又父丁伐三十羌，岁三牢？兹用。 ❶
（2）贞…今日[令]束尹？ ❶
（3）庚寅卜：辛卯又伐于父丁羌三十，卯五牢？兹用。 ❷
（4）丙[戌]…丁亥…雨？ ❷

（5）其雨？ 2
（6）庚子：又伐于父丁其十羌？ 3
（7）甲辰卜贞：乙巳王步？ 4
（8）于丁未步？ 4
（9）丙午卜贞：王叀步？ 4
（10）丙午卜贞：丁未又父丁伐？ 4
（11）叀丙又父丁伐？ 4
（12）丁未卜贞：戊申王其陷，擒？ 4
（13）弗擒？ 4

1《合集》32054　2《合集》32055　3《合集》32071　4《屯南》923

辞（1）（3）（10）皆卜问次日又祭伐牲祭祀父丁，可能存在关联。

第七组

（1）己丑…众… 1
（2）己丑卜：其雟众告[于]父丁一牛？ 1 2
（3）弜雟？ 1 2
（4）于癸步？ 2
（5）其三牛？ 2

1《合集》31994　2《合集》31995

由辞（2）（3）同文系联。

七、历组二B类丙群卜辞的系联

（一）有联系的卜辞

第一组

（1）［丁］卯贞：王大御□大示卌三十牛？叀兹𢀛用。 1
（2）丁卯贞…王在… 1
（3）庚午［贞］：大御…六大…其燎… 2

(4) 庚午贞：大御自上甲，弜叀父丁⧗七十用？ 2
(5) 庚午贞：大御于上甲？ 2
(6) 庚午贞：今…御自上甲至于大示，叀父丁⧗用？ 3
(7) 癸酉贞：甲戌其又伐自上甲汎？兹… 3
(8) 癸酉贞：其又伐自上甲汎，叀辛巳伐？ 3
(9) 癸酉贞：甲申其酒大御自上甲？ 3
(10) 乙亥贞：其酒大御于父丁告？ 3
(11) 乙…王御[于]大乙告？ 3
(12) 丁丑贞：其…自…毓… 3
(13) 辛…五十人又二？ 3
(14) 甲午贞：大御自上甲六大示，燎六十小宰，卯九牛？ 4
(15) 癸卯贞：其…豭九，下示汎… 5
(16) 癸卯贞… 6
(17) 甲辰贞：其大御王自…盄用白豭九… 6
(18) 甲辰贞：其大御王自上甲盄用白豭九，下示汎[牛]… 5
(19) 丁未贞：其大御王自上甲盄用白豭九，下示汎牛，在父丁宗卜？ 6
(20) 丁未贞：叀今夕酒御，在父丁宗卜？ 6
(21) 癸丑贞：其大御叀甲子酒？ 5 6
(22) 于甲申酒御？ 5
(23) □□申酒御？ 6
(24) 癸丑贞：甲寅酒大御自上甲，燎六十小宰，卯九牛…兹用。上甲不冓雨，大乙不冓雨，大丁冓雨。兹用。 7
(25) 甲寅贞：其酒大御自上甲，不冓雨？ 8
(26) 乙卯贞：其大御王于多妣眔祖酒？在大宗卜。 8
(27) 乙卯，其冓雨？ 8
(28) 丙辰贞：其酒大御自上甲，其告于父丁？ 9
(29) …自上甲盄用白豭九…在大甲宗卜。 9
(30) □卯贞：其大御王自上甲盄用白豭九，下示汎牛？在祖乙宗卜。 9
(31) □□贞…其大御王自上甲盄用白豭九，下示汎牛？在大乙宗卜。 9
(32) …[酒]大御自上甲其告于祖乙？在父丁宗卜。 9
(33) …[酒]大御自上甲其告于大乙？在父丁宗卜。 9
(34) 庚申贞：今来甲子酒，王…不冓雨？ 10

(35) 庚申贞：酒大御燎，其蕭？ ⑩
(36) 庚申贞：今来甲子酒王大御于大甲，燎六十小宰，卯九牛，不蕭雨？ ⑦
(37) 庚申贞：酒□御… ⑦
(38) □□[贞]：甲子酒王大御于大甲，燎六十小宰，卯九牛？ ⑦
(39) …大御于祖乙，其… ⑪
(40) …贞：上甲岁… ⑫
(41) …大御其… ⑫

①《合集》34100　②《合集》32331　③《屯南》1104　④《屯南》1138　⑤《合集》34103　⑥《合集》32330　⑦《合集》32329 正　⑧《辑佚》650+[①]　⑨《屯南》2707　⑩《合集》34533　⑪《合集》32523　⑫《缀汇》894

⑤属历组二 B 类乙群。本组以牺牲或"酒大御自上甲"以降先公先王为主要线索进行系联。其余虽有残缺，但亦涉及大御先公先王之事，且干支相近，故系联入此。

第二组

(1) 丙寅贞：𢦏[来]…告以[羌]一用于[父丁]… ①
(2) 丙寅贞：叀丂以羌罙它于䵼示用？ ①
(3) □□贞…来告秋，其用自上甲？ ①
(4) 乙亥贞：𢦏来乎告其令入羌？ ②
(5) 乙卯贞：勺伐䵼示五羌三牢？ ③
(6) 于䵼示又？ ④

①《合集》32033　②《屯南》2585　③《合集》32086　④《合集》34127

②属历组二 B 类丙群附属。以上卜辞都与用𢦏所来羌祭祀于"䵼示"有关，故而系联。

第三组

(1) 庚午贞：秋大集于帝五丯臣宁？在祖乙宗卜。兹用。 ①
(2) □酉…其…宰？ ①

① 陈年福：《殷墟甲骨文摹释全编》，线装书局，2010 年，第 5877 页。

（3）癸酉贞：帝五丯其三牢？ ❷

（4）癸酉贞：其三小宰？ ❷

（5）癸□贞…三小… ❸

（6）癸酉贞：日月又食，隹若？ ❷❸

（7）癸酉贞：日月又食，非若？ ❷❸

（8）癸酉贞：日月[又]食，其…上甲？ ❹

（9）□酉□：日月[又]食…上甲… ❺

（10）弜告？ ❹

（11）癸酉贞：于上甲？ ❷❸

（12）于南兮？ ❷❸

（13）于正京北？ ❷❸

（14）乙亥贞：又伊尹？ ❷❸

（15）乙亥贞：其又伊尹，二牛？ ❷❸

（16）庚辰贞：王其出？ ❸

（17）庚辰贞：王弜出？ ❸

（18）贞：其宁秋于帝五丯臣于上甲告？ ❻

（19）宁于滴？ ❻

（20）…入商左卜占曰：弜入商。甲申秋夕至宁用三大牢？ ❻

（21）乙酉贞：又…匚… ❸

（22）乙酉贞：秋… ❹

（23）乙酉贞：辛亡□？ ❸

（24）乙酉贞… ❹

（25）乙酉[贞]… ❹

（26）不。 ❹

（27）不。 ❹

（28）兹用。 ❹

❶《合集》34148　❷《缀汇》587　❸《契合》362　❹《合集》33695 +[①]
❺《屯南》379　❻《屯南》930

❹❺属历组二 B 类乙群。该组以对“帝五丯臣”的祭祀为主线进行系联，辞

① 周忠兵：《甲骨新缀四例》，先秦史研究室网站，http：//www.xianqin.org/blog/archives/2119.html，2010 年 11 月 7 日。

（1）（18）皆与“秋”有关，可能是发生蝗灾而向“帝五丯臣”告祭。辞（4）卜问具体用牲数，与辞（2）残存部分相同，可能与❶为一事之卜。由❷❸同文辞（6）（7），可将❹❺有关“日月又食”的卜问联系进来。

第四组

（1）弜允戠？ ❶
（2）□巳［贞］：日戠□在西，𡆥？ ❶
（3）乙巳贞：酒彡其乇小乙？兹用。日又戠，夕告于上甲九牛。 ❷
（4）…兹用。 ❷
（5）乙…酒…小乙…日又戠，夕告于上甲九牛。 ❸
（6）［壬］子卜贞：日戠，于甲寅… ❹
（7）甲子贞：我乇又左？ ❺
（8）乙丑贞：日又戠？允隹戠。 ❺
（9）…［日］又戠，其告于祖… ❻
（10）…贞：日又戠其告于… ❻
（11）戊寅贞：日又戠告于河？ ❼
（12）庚辰贞：日又戠非𡆥，隹若？ ❽
（13）庚辰贞：日戠其告于河？ ❽
（14）庚辰贞：日又戠，其告于父丁用牛九？在槸。 ❽
（15）辛巳贞：日又戠，其告于父丁？ ❾
（16）辛巳… ❾
（17）牛… ❾
（18）庚□贞…狩… ❽

❶《合集》33704　❷《合集》33696　❸《缀集》105　❹《合集》33703　❺《合集》33700　❻《屯南》3120　❼《合集》33699　❽《合集》33698　❾《合集》33710

❷❸❼❽属历组二B类乙群。本组系联主要围绕就“日戠”所举行的祭祀展开。其余卜辞或告于河、或告于先祖，干支彼此接近，可能都是针对日食的禳祭、祈告之事。

第五组

(1) 桒禾？ 1
(2) 桒禾于兮？ 1
(3) 癸卯贞：于生月桒禾于[兮]… 1
(4) □□贞：不降永？ 1
(5) □未贞：今来翌受… 1
(6) 癸丑贞：今秋其降永？ 2
(7) 丁□贞…角□… 2
(8) 𠥓叀延？允，乙卯。 2
(9) 降永？ 2
(10) □[辰]贞… 3
(11) 丙辰贞：其商永… 3
(12) 丁巳贞：其宁永于四方，其三犬？ 4
(13) 其宁永，其五十犬？ 4
(14) …牛… 5
(15) □申贞：于…又羌燎牢…羌燎牢一？ 5
(16) 己未[贞]：不[降]永？ 5
(17) 其降永？ 5
(18) 庚申贞：又壬自上甲汎六示□，小示羊？ 5
(19) 辛酉贞：癸亥又父□岁五牢？不用。 6
(20) 辛酉贞：于来丁卯又父丁岁？ 6
(21) 甲子贞：王令先帰父舶工？ 4
(22) …王其又小尹之？ 6
(23) …帝不降永？ 6
(24) …来戊帝其降永？在祖乙宗。十月卜。 6
(25) …在庭？ 6
(26) 庚午… 7
(27) 辛未贞：不降永？ 7
(28) 王[其]…舟？ 7
(29) 不受禾？ 7

❶《上博》54807.3　❷《合集》34712　❸《合集》32925　❹《村中南》363
❺《屯南》3594　❻《屯南》723　❼《合集》33263

❻属历组二 B 类乙群。本组据“降永”系联。

第六组

(1) 乙巳贞：其桒禾于伊宜？ ❶
(2) 乙巳贞：其桒禾于伊？ ❷
(3) 丙□贞：旬亡囚？ ❷
(4) 壬子贞：其桒禾于河，燎三小宰，沉三，宜？ ❶
(5) □子贞：[其桒]禾[于河]燎…[宰]…宜…牢？ ❶
(6) 壬子贞：其桒禾于河，燎三宰，沉三，宜牢？ ❷
(7) 壬子贞：其桒禾于河，燎三宰，沉五□？ ❷
(8) 壬子贞：其桒禾[于]岳？ ❷
(9) 丁卯贞：𠭰以羌其用自上甲，汎至于父丁？ ❸
(10) 丁卯贞：𠭰以羌于父丁？ ❸
(11) 辛未贞：于河桒禾？ ❸
(12) 辛未贞：桒禾高祖、河，于辛巳酒燎？ ❸
(13) 辛未贞：桒禾于河，燎三牢，沉三牛，宜牢？ ❸
(14) 辛未贞：桒禾于岳？ ❸
(15) 辛未贞：桒禾于高祖，燎五十牛？ ❸
(16) 辛未贞：其桒禾于高祖？ ❸
(17) 乙亥卜：其宁秋于𡆥？ ❸

❶《屯南》93　❷《合集》33282　❸《合集》32028

本组系联的主要线索是“桒禾于河”，辞（4）（5）（6）（13）均以燎三、沉三、宜牢的规格对河进行祈告，可能为一事之卜。辞（9）（10）卜问“𠭰以羌其用自上甲汎至于父丁”或与历组二 B 类乙群“有联系的卜辞”第十六组有关联。

第七组

(1) 丙寅贞：其桒禾于岳桒，燎三宰，卯三□？ ❶
(2) 丁卯贞：叀咬于河，燎，雨？ ❶

(3) 弜桒，雨？ 1
(4) 丁卯贞：桒禾[于]岳，燎三[牢]，卯三牛？ 2
(5) 辛未贞：今翼御王？ 2
(6) …王？ 2
(7) 壬申贞：其…汎叀乙亥… 3
(8) 壬申贞：其又勺伐自上甲，于甲… 3
(9) 即于上甲？ 3
(10) 夒？ 3
(11) 岳？ 3
(12) 壬申贞：叀[自]…羌用？ 3
(13) 癸酉贞：其桒禾于岳，得？ 3
(14) 癸酉贞：弜得，岳其取，即于上甲？ 3
(15) 癸酉贞：其桒禾于夒，燎十小宰，卯十牛？ 3
(16) 乙亥贞：[桒]禾于岳…卯三牛？ 4
(17) 弗害雨？ 4
(18) 己卯贞：又艮自妣庚？ 5
(19) 庚辰贞：又勺伐自上甲汎，叀劦萅？ 5
(20) 庚辰贞：又勺伐自上甲汎，叀彡？ 5
(21) 庚辰贞：又勺伐自上甲汎？ 5
(22) 辛巳贞…自上甲汎，叀… 6
(23) □□贞…伐自…叀彡？ 6
(24) …[伐]自上甲汎？ 7
(25) 辛卯… 8
(26) 戊戌贞：其桒禾于示壬？ 9
(27) …[桒]禾于示壬？ 9
(28) 贞：其桒禾于𡐦？ 9
(29) 壬寅贞：其桒禾于岳，燎… 9
(30) 壬寅贞：其桒禾于岳，燎三小[宰]，卯… 9
(31) …其桒禾于夒，燎小宰，卯牛？ 9
(32) …[于]岳雨？ 9
(33) 癸卯贞：于生月酒… 10
(34) 癸卯贞：叀今夕酒桒禾于兮？ 10

（35）癸丑贞：其桒禾于岳？ 10

（36）甲寅贞：其又勺伐自上甲汎… 11

（37）[甲]寅贞：[其]又勺[伐]自上甲？ 11

（38）甲寅贞：又勺伐自上甲汎… 12

1《屯南》3567　2《合集》33299　3《缀汇》339　4《合集》33294　5《拾遗》450+①　6《合集》32368　7《合集》32371　8《合集》33293　9《拼五》1181　10《合集》32210　11《合集》32213

本组系联主要围绕“桒禾”与“又勺伐自上甲”两条线索展开。“桒禾”的对象主要有岳、河、□、示壬等，均以燎宰、卯牛方式进行祭祀祈祷，可能是一段时间内的同类祭祀。

第八组

（1）己巳贞：执井方？ 1

（2）弗执？ 1

（3）其大出？ 1

（4）辛未贞：今令即竝？ 1 2

（5）弜令即竝？ 1 2

（6）其大出？ 2

（7）弜…亚… 2

（8）辛未贞：其令射甾即竝？ 3

（9）辛未贞：叀气令即竝？ 3

（10）癸酉贞：其令射甾即竝？ 3

（11）癸酉贞：叀气令即竝？ 3

（12）即竝？ 4

1《拼一》222　2《合集》32888　3《合集》32886　4《合集》32887

本组系联围绕“井方大出”展开，择卜就竝处共同御敌者。辞（4）（8）干支、事类皆相同，应为一时之卜。

① 宋镇豪、焦智勤、孙亚冰：《殷墟甲骨拾遗》，中国社会科学出版社，2015年，第297页。

第九组

(1) 庚寅贞：王令竝伐商？ 1
(2) 庚寅贞：叀[illegible]令伐商？ 1
(3) 庚寅贞：叀[illegible]令[伐]□？ 1
(4) 辛卯卜贞：今夕令[伐]商？ 2
(5) [癸]卯贞：画在□，羌方弗翦？ 1
(6) □□贞：利在井，羌方弗翦？ 1
(7) …上甲…十人又雨？ 1
(8) 丁巳卜贞：王令竝甲商伐？ 3
(9) 丁巳卜贞：王叀丁巳令[illegible]、竝伐？ 3
(10) □□卜…申…竝… 3
(11) 丁巳卜贞：王令[illegible]伐于东封… 4
(12) 丁[巳卜]贞：□叀□[令[illegible]]□□？ 5
(13) 庚申卜贞：其告祖乙牛，于父丁牛？ 5
(14) 庚申卜贞：王叀乙令[illegible]眔竝？ 5
(15) 庚申卜贞：王叀丁令[illegible]眔竝？ 5
(16) 戊寅卜贞：王亡𡆥？ 5
(17) 祼？ 5
(18) 其疾？ 5

1《屯南》2907 2《合集》33067 3《屯南》4054 4《合集》33068 5《屯南》4048

本组系联主要围绕卜问伐商之事展开，将领人选有竝、[illegible]、[illegible]、[illegible]。征伐敌国“商”之事非常少见，以上应是一事之卜。

第十组

(1) 乙卯贞：其卯于大乙，其征？ 1
(2) 己巳贞：竝𠂤伐蝉方，受又？ 1 2
(3) 竝弗受又？ 1 2
(4) 四牛？ 1 2

(5) 其夕告上甲？ ❶❷
(6) …酒匚于上甲？ ❶❷
(7) 己亥…𠂤… ❸
(8) 己［亥］…𠂤蝉于羃，冓？ ❸
(9) 弗冓？ ❸

❶《合集》33043+① ❷《合集》33042 ❸《合集》33041

本组系联的主要线索为竝征伐蝉方。

第十一组

(1) □□贞：方出从北土，弗翦北土… ❶
(2) □□贞：又来告…从北土，其燎告［于祖］乙，父丁…羊？ ❶
(3) ［叀］新伐［令］… ❷
(4) …邦于北土归？ ❷
(5) □□贞：𡆥以［伐］…于北土？ ❸❹
(6) 癸酉贞：𡆥以伐…北土？ ❹
(7) …以伐… ❹
(8) □［寅］贞：王…北方，叀□伐，令途北方…以伐…北□？ ❹
(9) 丁亥贞：□令冓［取］□□方？ ❹
(10) …令冓取□… ❺
(11) 丁亥贞：王令保瞽盄侯商？ ❹
(12) …令保瞽盄… ❺
(13) 丁亥贞：王令陕彭盄侯商？ ❹
(14) …令陕彭盄… ❺
(15) …方叀… ❺
(16) 庚寅贞：王其征［北］方？ ❹

❶《合集》33050 ❷《合集》33205 ❸《村中南》263 ❹《屯南》1066 ❺《屯南》1082

❹属历组二C类一组。本组卜辞虽有残缺，但均围绕征伐北土来犯之方展开。

---

① 孙亚冰：《历组卜辞遥缀一例》，先秦史研究室网站，https：//www.xianqin.org/blog/archives/46.html，2008年12月15日。

第十二组

（1）丁巳贞：其告自上甲？ ❶
（2）丁巳贞：令𢦔？ ❶
（3）［庚］□贞…以… ❷
（4）庚午贞：壴以沚？ ❸
（5）辛未贞：壴以沚？ ❷❸
（6）辛未贞：王令竝以𢦔于𪓬？ ❷❸
（7）辛未贞：菁以新射于斲？ ❷❸
（8）…彗令以𢦔于高… ❹
（9）癸［酉］贞…求…亡□？ ❺
（10）乙亥贞：令𢦔于𪓬？ ❺
（11）乙亥贞：令辰以新射于斲？ ❺
（12）癸未贞：王令𢦔？ ❺
（13）己酉贞：令辰以多射… ❻
（14）己酉贞：令［𢦔］卫比… ❻
（15）…射于斲？ ❼
（16）…以新射于… ❼

❶《合集》32336　❷《合集》32997　❸《屯南》1047　❹《合集》32920　❺《合集》32996　❻《合集》32999　❼《合集》32998

本组❷❸有同文卜辞可相互系联。❺❻人物、地名相同，事类相近，❼两条残辞也与辞（7）（11）接近，由此可将各版系联起来。宾组二类有残辞“贞…以…射…斲…方”（《合集》30），可能与此有关联。

（二）可能有联系的卜辞

第一组

（1）己卯贞：又…大甲、祖乙、父丁… ❶
（2）□□贞：□酒勺□□汎？ ❶
（3）癸巳贞：其又勺…［大］丁、大甲、祖乙、父丁… ❷

(4) 又勺岁…上甲彡？ 2

1《村中南》202　2《合集》32326+①

以上两版卜辞虽残缺，具体祀序不可知，但祭祀对象均有大甲、祖乙、父丁，可能为同类祭祀。

第二组

(1) 癸卯卜贞：其又匚于[上甲]？ 1
(2) 癸丑贞：其又匚于上甲，卯于大… 2
(3) …上甲，其卯于大乙六牛？ 2
(4) …六羊，燎六豕，[卯八]羌… 1
(5) …贞：其又匚于上甲…壬燎[豕]… 1
(6) …贞：其又匚于上甲… 1
(7) □□[贞]：其又匚于上甲，燎六…四，卯六… 3

1《拼一》213+②　2《合集》32328　3《合集》34326+③

本组各辞虽有残缺，但所卜事类皆为"又匚于上甲"，可能存在关联。

八、历组二C类一组卜辞的系联

(一) 有联系的卜辞

第一组

(1) 壬子贞：其置壴于大乙彡… 1
(2) …置壴于大乙彡日… 2
(3) …其置壴于大乙彡日告？ 3

---

① 林宏明：《甲骨新缀第426例》，先秦史研究室网站，http：//www.xianqin.org/blog/archives/3045.html，2013年7月5日。

② 蔡哲茂：《〈英国所藏甲骨集〉新缀一则》，先秦史研究室网站，http：//www.xianqin.org/blog/archives/2065.html，2010年9月14日。

③ 周忠兵：《历组卜辞新缀》，先秦史研究室网站，http：//www.xianqin.org/blog/archives/547.html，2007年3月26日。

❶《合集》34478　❷《合集》32419　❸《合补》10437

三版残辞同文，可相互联系。

第二组

(1) 甲午贞：其乇小乙… ❶
(2) 弜乇？ ❶
(3) □午贞：其[乇]小乙… ❷
(4) 一牢？ ❸
(5) 二牢？ ❸
(6) …小乙…牢？ ❸
(7) 弜又岁？ ❹
(8) 乇于小乙？ ❹
(9) 一牢？ ❹
(10) 二牢？ ❹
(11) 十羌？ ❹

❶《拾遗》452 正　❷《屯南》2704　❸《上博》34502.2　❹《屯南》874

本组以乇祭小乙为主线进行系联，卜辞简略，祭品牺牲类似，可能为一事之卜。

第三组

(1) 又不既[㲋]？ ❶
(2) 又[不]既[㲋]弜… ❷
(3) 習大示桒㲋？ ❶❷
(4) 率小示桒㲋？ ❶❷
(5) 叀辛酉酒桒？ ❶❷❸
(6) 叀乙丑酒桒？ ❶❷❸
(7) 叀丁卯酒桒？ ❶❸
(8) …桒？ ❷
(9) □卯贞：其告㲋于… ❹

❶《屯南》2414　❷《屯南》4233　❸《合补》10658　❹《屯南》4545

❶❷为同文卜辞，❸与二者有同文卜辞可系联。❹辞（9）“告肩”可能与辞（1）—（4）“既肩”“桒肩”有关。

第四组

（1）□[未]贞：乙酉又勺岁于祖乙十牢？　❶❷
（2）…又岁于伊，王叀羊？　❶❷
（3）…祝用？　❷
❶《合补》10445　❷《拼一》90
两版卜辞同文。

第五组

（1）癸[巳]…　❶
（2）癸…　❷❸
（3）延雚岁？　❶❷
（4）…延雚[岁]？　❸
（5）三牢？　❶❷
（6）五牢？　❶❷
（7）又羌？　❶❷
❶《合集》32138　❷《合集》32137　❸《合集》34441
❶❷兆序分别是二、三，应为成套卜辞。❸残辞与❶❷同文。

第六组

（1）丙子…勺于[父]…　❶❷
（2）□□[贞]：逆来羌，其用于父丁？　❶
（3）己卯贞：逆来羌，其用于父…　❷
（4）…己未今日雨？　❷
（5）不雨？　❷
（6）不冓雨？　❶
（7）不冓雨？　❶

（8）不冓雨？ 1

1《屯南》725　2《英藏》2411

两版卜辞均贞问以逩进贡的羌为祭品对父丁祭祀，应该是一事同卜。

（二）可能有联系的卜辞

第一组

（1）甲辰贞：又… 1

（2）弜又？ 1

（3）又羌？ 1 2

（4）弜又？ 1 2

（5）□戌贞：又岁于祖辛？ 1

（6）祖辛媛非？ 2

1《醉古》188　2《合集》32126

两版卜辞均涉及对祖辛的祭祀，辞（3）（4）虽然同文，但辞例过于简单，仅存在可能的联系。

第二组

（1）辛卯贞：其桒禾[于]河，来… 1

（2）辛卯贞：其桒禾于[河]，□牢… 1

（3）辛卯贞：其桒禾于河，燎二宰，沉牛二？ 1

（4）…河，燎三宰，沉牛三？ 1

（5）辛卯贞：桒禾于河弜夒，叀丙？ 1

（6）辛□贞：桒[禾]于河弜夒，叀丙？ 2

（7）叀□？ 2

（8）癸巳贞：桒禾于河，燎三宰，沉三？ 2

（9）…河，燎□牢，□五？ 2

1《醉古》295　2《合集》33284

本组两版卜辞均围绕“桒禾于河”展开卜问，辞（3）（4）与辞（8）皆卜以燎、沉牺牲的方法祈祷于河，且辛卯、癸巳干支相隔一日，可能为相近的祭祀。

九、历组二 C 类二组的系联

（一）有联系的卜辞

第一组

（1）辛未贞：在丂，牧来告，辰卫其比[史]，受又？ 1
（2）辛… 2
（3）弜比？ 1 2
（4）…贞：甲子桒其上？ 3
（5）桒其上？ 1 2
（6）桒其下？ 1 2
（7）桒其下自小乙？ 1 2
（8）桒叀甲酒？ 1 2
（9）桒叀乙酒？ 1 2
（10）桒叀丁酒？ 1
（11）桒叀丁酒？丁亥。兹用。 2
（12）桒其上自祖乙？ 1
（13）桒其即宗于上甲？ 1
（14）…其即宗于… 2
（15）桒… 2
（16）弜即宗？ 1
（17）弜… 2

1《合集》32616　2《合补》10463　3《合集》19697+①

1 2 为成套卜辞，3 残辞可与之系联。

① 蔡哲茂：《〈甲骨续存〉新缀一则》，先秦史研究室网站，http：//www. xianqin. org/blog/archives/802. html，2006 年 3 月 4 日。

第二组

(1) 壬寅卜：其燎于土？ 1 2
(2) 土燎三牢？ 2
(3) 土燎五牢？ 2
(4) 土燎十牢？ 2
(5) 土燎十牢？ 2
(6) □□卜：土燎，莫酒？兹用。 2
(7) 甲辰：燎十牢？ 2

1《掇三》131　2《辑佚》619+[①]

由辞（1）同文可系联两版。

第三组

(1) 丁亥贞：䕶不冓雨？ 1
(2) 弜刿？ 1
(3) 甲申贞：其刿？ 1 2
(4) 徝？ 1 2
(5) 智大示？ 1 2
(6) 叀丁亥酒？ 1
(7) 叀乙酉酒？ 1
(8) 弜勺？ 1
(9) 辛未… 1
(10) …酒… 2

1《缀汇》16　2《合补》10650

由辞（3）（4）（5）同文卜辞可系联二者。

① 孙亚冰：《〈殷墟甲骨辑佚〉缀合第一则》，先秦史研究室网站，http：//www. xianqin. org/blog/archives/16954. html，2008 年 10 月 30 日。

第四组

(1) 己巳贞：其𣪘祖乙眔父丁？ 1
(2) 弜眔父丁𠟭？ 1
(3) 壬午卜：其𠟭毓父丁𣪘？ 2
(4) □子卜：步牢？ 2
(5) 庚寅卜：其区𣪘？ 2
(6) 弜区𣪘？ 2
(7) …王往田，从南，擒？ 2
(8) …𣪘于祖乙？ 3
(9) 丁酉贞：其𠟭祖乙[𣪘]？ 4
(10) 弜𠟭？ 4
(11) 辛丑贞：王其狩，亡𢦏？ 1
(12) 擒兕？ 1
(13) 不雨？ 1
(14) 其雨？ 1
(15) 甲辰贞：叀壬子𠟭祖乙□？ 4
(16) 辛酉贞：其𣪘于祖乙叀癸？ 5
(17) 于甲𣪘？ 5
(18) 弜至？ 5
(19) 癸？ 5
(20) 辛酉卜：叀乙丑𣪘…父丁？ 6
(21) [于]来[甲]戌𣪘？ 6
(22) 辛酉卜：其用自以羌于父丁？ 6
(23) 辛酉卜：自以羌其陟用？ 6
(24) □□卜：其区𣪘？ 6

1《屯南》1128 2《缀汇》466 3《合集》32546 4《合集》32547 5《屯南》593 6《合集》32020+①

本组主要以占问𠟭祭、𣪘祭祖乙、父丁的卜辞为线索进行系联。另外还有“其

① 刘风华：《小屯村南系列甲骨缀二》，《郑州大学学报》2006年第1期。

区勬”的同文卜辞（5）（24）可供参考。

第五组

（1）丁丑贞：叀辛巳酒河？ ❶
（2）于辛卯酒？ ❶
（3）□子贞：岳燎眔河… ❶
（4）河［燎］五？ ❶
（5）河燎十？ ❶
（6）河燎十又五？ ❶
（7）岳燎夒酒？ ❶
（8）河燎沉二牛？ ❷
（9）河燎卯二牛？ ❷
（10）河燎二牛？ ❸
（11）河燎卯三牛？ ❷
（12）河燎三牛？ ❸
（13）河燎叀羊二？ ❸
（14）河燎叀羊三？ ❸
（15）河燎五牛？ ❸
（16）岳燎卯二牛？ ❷
（17）岳燎［卯］□牛？ ❷
（18）□申卜…往…亡𢦏？ ❸
（19）河燎牢，沉？ ❹
（20）岳燎小宰，卯牛一？ ❹
（21）…酒河燎… ❺

❶《屯南》4397　❷《合集》34207　❸《合集》34246　❹《屯南》914　❺《合集》34252

本组系联的主要线索是燎祭河，各版卜辞辞例相近。

第六组

（1）癸酉贞：其又匚于高祖… ❶

(2) 丁丑贞：又匚于高祖亥？ ❷
(3) …高祖亥，卯于上甲羌…牛，祖乙羌五…牛，亡害？ ❶
(4) □卯贞：高祖…卯于上甲又[羌]？ ❸
(5) 牛… ❸
(6) 二牢？ ❷
(7) 三牢？ ❷
(8) 五□？ ❷
(9) 叀辛巳酒？ ❶
(10) 于辛卯酒？ ❶
(11) 辛巳贞：雨不既，其燎于[illegible]？ ❶
(12) 弜燎，启？ ❶
(13) 辛巳贞：雨不既，其燎于亳土？ ❶
(14) 弜燎，启？ ❶
(15) 其雨？ ❶
(16) 丁未贞：酒高祖匚其牛高妣？ ❷
(17) …酒高祖亥匚… ❹

❶《屯南》665　❷《屯南》608　❸《合集》32312　❹《合集》34288

本组系联主要围绕“又匚于高祖亥”一事展开。

第七组

(1) 丙寅卜：其燎于岳雨？ ❶
(2) 不雨？ ❶
(3) …山，雨？ ❶
(4) 岳宜三牛？ ❷
(5) 岳燎三牢 ❸
(6) 岳燎，不冓雨？ ❷❸
(7) 其雨？ ❷
(8) 其雨？ ❷
(9) 戊… ❸
(10) 弜燎？ ❸
(11) 岳宜四牛？ ❸

❶《合集》34199　❷《合集》34213　❸《合集》34208

❷❸同文卜辞（6）卜问燎祭岳时是否会下雨，辞（1）卜“其燎于岳雨”可能与之存在关联。

第八组

(1) 乙丑卜：王往田，亡𢦏？ ❶
(2) □丑卜：犬来告又麋？ ❶
(3) …[王]其比，从澳？ ❶
(4) 丙寅卜… ❷
(5) 其雨？ ❷
(6) 丙寅卜：犬告王其田… ❷
(7) 丁卯卜：王往田，亡𢦏？ ❷
(8) …比… ❷
(9) 丁[卯]卜：□日不雨？ ❷
(10) 其雨？ ❷
(11) 辛未卜：[王]往田，亡𢦏？ ❷
(12) 乙酉卜：王往… ❸
(13) 乙酉卜：犬来告又麋，王往逐？ ❸
(14) 弗擒？ ❸
(15) 辛卯卜：[王]往田，亡𢦏？ ❸
(16) 壬辰卜：王往田，亡𢦏？ ❸
(17) 戊戌卜：王往田，亡𢦏？ ❸
(18) □□[卜]：王往田，亡𢦏？ ❸

❶《合集》33361　❷《屯南》941　❸《屯南》997

本组卜辞以辞（2）（6）（13）“犬来告”为线索进行系联，应该是在一次王与犬的田猎中进行的占问。

第九组

(1) 丙戌卜：延岁于… ❶
(2) 不延？ ❶

（3）丙戌卜：其延岁于中丁？兹用。 1
（4）戊子卜：王往田于东，擒？ 1
（5）辛卯卜：王往田于东，［擒］？ 1
（6）…南，擒？ 1
（7）…北，擒？ 1
（8）乙未卜：今…雨？ 2
（9）不雨？ 2
（10）亡𢦔？ 2
（11）…王田于东？ 2
（12）辛亥卜：今日辛雨？ 2
（13）不雨？ 2
（14）…亡𢦔？ 2
（15）壬午卜：王往田，亡𢦔？ 3
（16）□□卜：王往田，从来求豖，擒？ 3
（17）…往田于来求… 3

1《合集》33422　2《屯南》1125　3《拼一》178　4《合集》33362

本组是王田猎时占问何处能多有擒获的相关卜辞。3 同版有“于东擒”“于南擒”，可将相关占问田猎方位的卜辞系联起来。

（二）可能有联系的卜辞

第一组

（1）癸未：羌… 1
（2）甲申卜：又岁于毓祖乙？ 1
（3）□午卜：又岁于毓祖乙… 2
（4）□午卜：羌甲岁叀…兹用。 2
（5）一牢？ 1
（6）一牢？ 1

1《合集》32627　2《醉古》236

由辞（2）（3）“又岁于毓祖乙”系联，可能是一事之卜。

第二组

（1）…辛未酒燎？ 1
（2）…酒燎？ 1
（3）叀辛未酒燎？ 2 3
（4）叀辛巳酒燎？ 2 3 4
（5）于辛巳酒燎？ 4
（6）［辛］卯酒燎？ 5
（7）癸丑… 2
（8）…酒不… 2
（9）…翌日甲酒燎？ 6

1《屯南》314　2《合集》34510　3《醉古》222　4《合集》34511　5《合集》34514　6《合集》34512

本组皆贞卜酒燎之日。辞（1）—（5）卜问的辛未、辛巳干支相同，故可将1至4版系联起来。5 6事类近前各版，可能存在关联。

第三组

（1）□亥贞：翌乙丑其又勺岁于大乙至于大甲？ 1
（2）…兹用。甲子。 1
（3）甲子贞：勺岁一牢？兹用。又勺［大乙］一牢，大丁一牢，大甲一牢，大□一牢。 1
（4）兹用。 1
（5）辛［亥］… 2
（6）乙卯贞：酒大乙… 2
（7）其又于大乙至于大甲？ 2
（8）弜又？ 2
（9）…牢？ 2

1《屯南》2420　2《合集》32437

辞（1）（3）（7）皆卜问祭大乙至大甲诸先王，可能为一事之卜。

第七章

无名组卜辞的分类与系联整理研究

第一节　无名组卜辞的分类

无名组卜辞主要出于殷墟小屯村的村中、村南，村北仅有零星发现。在建国前的殷墟发掘中，村北纵六乙坑出一片：《甲编》941，横十三・二五乙坑出一片：《甲编》2489，大连坑东段出两片：《甲编》2589、2608，B4 坑出一片：《甲编》3300。本组卜辞专用骨，前辞作“干支卜”，少数田猎辞作“干支卜贞”。未见贞人，故称“无名组”。根据字体特征，可分为三大类，每类中尚可做更进一步的划分。另外，村南还出有一些与本组关系非常密切的卜辞，即字体介于本组与历组之间的“历无名间类”和介于本组与黄组之间的“无名黄间类”卜辞。依次讨论如下。

一、历无名间类

本类字体介于历组与无名组之间，由林沄先生划分并命名①，字体略带狭长，字形组合有其特殊之处，如“庚”“戌”“罘”“弜”“叀”“用”等都颇具特色。其特征字择要列入表 7-1，特征片可举《合集》27615、27617，《屯南》1011 等为例，见图 7-1。

表 7-1　历无名间类特征字举例

王		牛		牢		宰	
岁		冓		又		丑	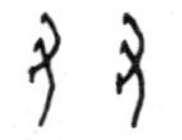
受		用		罘		羌	
叀		其		䢅		翌	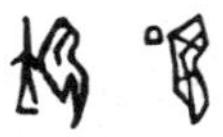
年		弜		戊		戌	

① 林沄：《无名组卜辞中父丁称谓研究》，载《古文字研究》（第十三辑），中华书局，1986 年，第 25 页。

续表

庚		辛		子		巳	
辰		午		未		申	
酉		亥	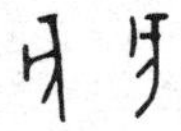				

a）《合集》27615

b）《合集》27617

c）《合集》27619

d）《合集》27620

e）《屯南》1011

图 7-1　历无名间类特征片举例

本类卜辞未见“二告”“吉”“大吉”等占卜用语和记月卜辞。提到的人物有龙（《合集》33189）和多贾（《合集》27349），其中多贾又见于历组二类和出组一类。占卜内容以祭祀为主，多为先王先妣之祭，也有祭自然神祇的，但很少见，如《合集》30434卜燎祭河、《合集》32117卜求禾于夒而用燎祭等。

二、历无名间类晚期

《合集》27616与《合集》27617为成套卜骨，字体属本类，但字形较小，特征略有差异，且使用无名组常见的占卜用语“馭嫠”，属本类中时代偏晚的。类似的字体又见《合集》27417、27440等，可系联出一群字体较小，且更为窄长的卜辞。本类卜辞字形结构虽然与历无名间类接近，但占卜用语“馭嫠”已较多见。这里要特别指出的是，本类“馭嫠”二字写作，与一般的无名组卜辞作或迥然不同，很明显这是一群介于典型历无名间类与无名组之间的，具有过渡性质的卜辞。

本类字体小而瘦长，笔画也较细，字形结构与历无名间类相似，有明显的承继关系。其特征字择要列入表7-2，特征片可举《合集》27164、27412、27415等为例，见图7-2。

表7-2　历无名间类晚期特征字举例

王		牛		牢		宰	
岁		又		丑	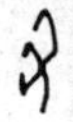	受	
用	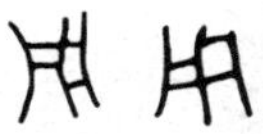	馭		嫠		叀	
年		弜	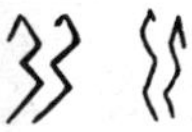	戊	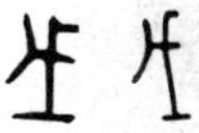	戌	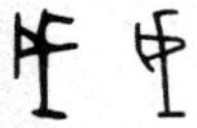
庚		子		巳		未	
申		酉		亥			

a)《合集》27164

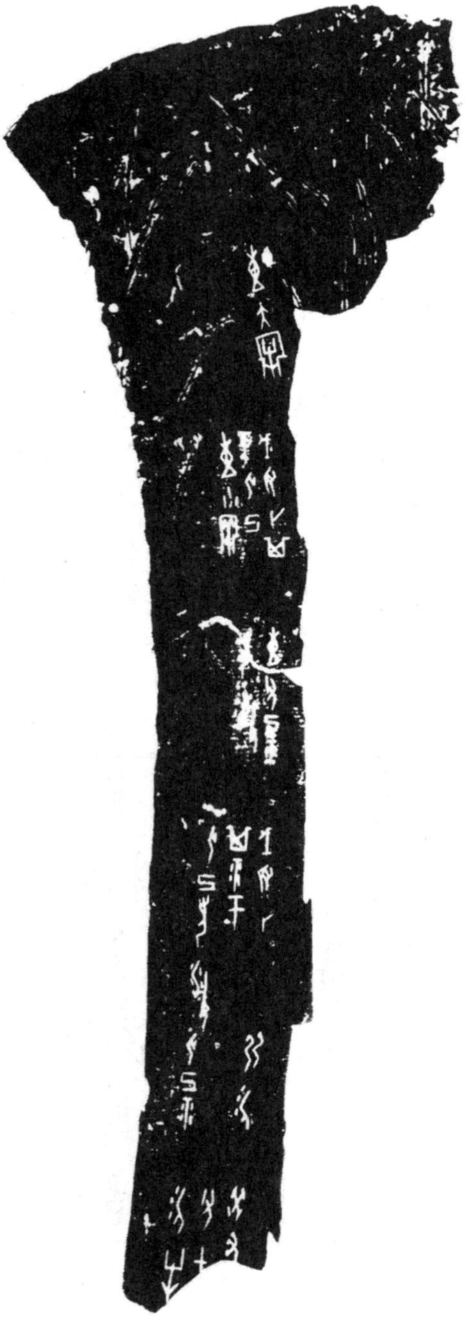

b)《合集》27412

c）《合集》27415

d）《合集》27417

图 7-2　历无名间类晚期特征片举例

本类卜辞父祖、先妣之名号上下分书。占卜用语有“叡嫠”，但尚未出现“吉”“大吉”等。占卜内容与历无名间类相似，仍以祭祀为主，有较多“示祭”，是其特色，如《合集》27412、27518，《英藏》2260等。此外，涉及危方的卜辞可与无名组一A类相系联。

三、无名组一类

本类卜辞数量较多，字形也较复杂，依据书体风格和字体组合关系，可进一步分为A、B、C三小类，概述如下。

（一）无名组一A类

本类字体窄长，多数显得较散乱，字形结构有其特点，如“吉”字一般作尖底，“叀”字作瘦长平底形，其余“其”“弜”“羊”“不”“藉”等特征字见表7-3。特征片可举《合集》27579、29463，《屯南》606等为例，见图7-3。

表7-3　无名组一A类特征字举例

王		牛		牢		羊	
吉		岁		藉		又	
丑		受		用	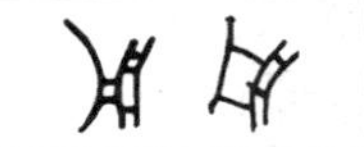	罘	
叀		其		辔		翌	
弋		不		弜		戊	
庚		辛		子		辰	
未		申		酉		亥	

a）《合集》27579

b）《合集》29463

c）《屯南》606

d）《屯南》1055

图 7-3 无名组一 A 类特征片举例

本类卜辞中，“卜”字左右出支尚未固定，其右出支者有《合集》30105，《屯南》2341、2618，《英藏》2303 等。有占辞“吉”“大吉”，但未见“引吉”。

（二）无名组一 B 类

本类字体比一 A 类规整，大多偏小，笔画较细。字形特征略有差异，可根据“吉”“受”“叀”等字的不同写法及其组合关系进一步分为甲、乙、丙三小群。其特征字择要列入表 7－4，特征片可举《合集》30213（甲群），《合集》28274、28564（乙群），《合集》29504（丙群）为例，见图 7－4。

表 7－4　无名组一 B 类特征字举例

	甲群		乙群		丙群
王		牛		羊	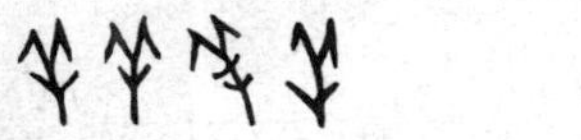
吉		岁	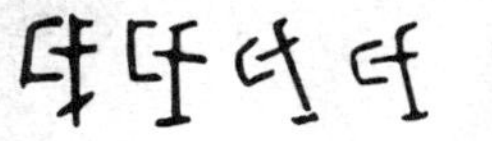	蒋	
又	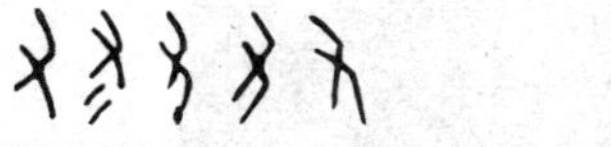	丑	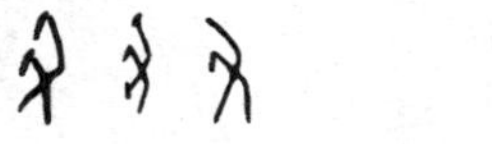	受	
用		叀	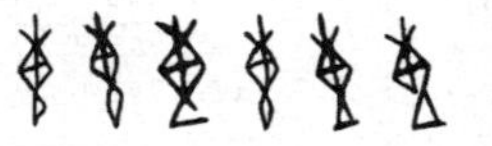	其	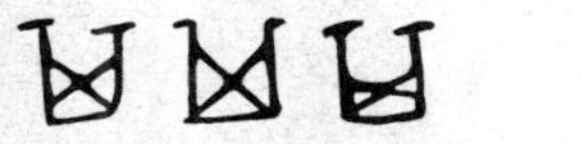
翌		弋		雨	
不		亡	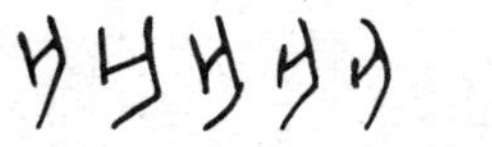	弜	
戊	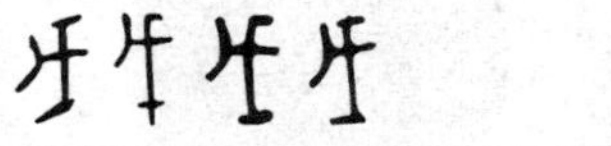	庚		子	
巳		叔	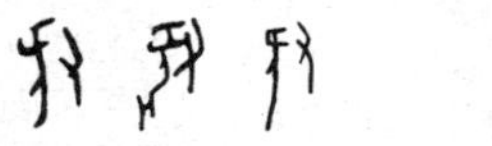	嫠	

a)《合集》29504

b)《合集》28274

c）《合集》28564

d）《合集》30213

图 7-4　无名组一 B 类特征片举例

本类卜辞中，占辞除常见的“吉”“大吉”而外，已经开始出现“引吉”（《屯南》2701，丙群），但尚不多见。习惯用语“王受又”已有一小部分作“王受又又”，如《合集》26991（乙群）、《屯南》841（甲群）。

本类战争卜辞数量很少，对羌方的作战相对多一些，可与何组三类相联系。有关田猎的卜辞较多，可见当时政局稳定，商王可较多地从事田猎活动。

（三）无名组一 C 类

本类字体笔画相对较粗，多折笔，显得硬劲，其中“吉”“受”“叀”“遣”“用”等字形写法独特，是本类特有的字形组合，见表 7-5。其特征片可举《合集》28188、28206，《屯南》678 等为例，见图 7-5。

表 7-5　无名组一 C 类特征字举例

王		牛		牢		吉		岁	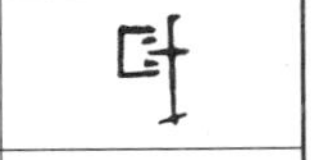
遣	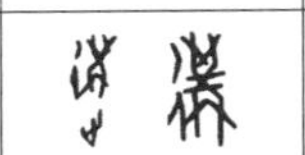	又		丑		受		贞	

续表

用		叀		其		[illegible]		翌	
年		弋		不		雨		启	
亡		弜		戊		戌		庚	
辛		子		巳		辰		未	
酉		亥		叙		嫠			

a）《屯南》678

b）《合集》28188

c）《合集》28206

d）《合集》28759

图 7-5 无名组一 C 类特征片举例

本类卜辞中，占辞“引吉”已比较多见，而“叀嫠”则相对少见（《合集》28218），“兹用”也演变为只作“用”（《合集》31753、《屯南》678）。

四、无名组二类

本类字体的主要特征是“吉”字作，“庚”“叀”中间一横均作斜画，“受”“用”等其他字形均有其特色。其特征字择要列入表 7-6，特征片可举《合集》28628、29239、30032 等为例，见图 7-6。

表 7-6　无名组二类特征字举例

王		牛		牢		宰	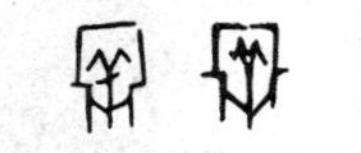
吉		岁	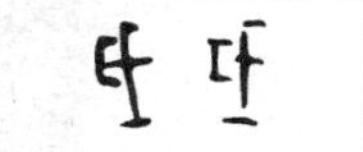	茾/遘		又	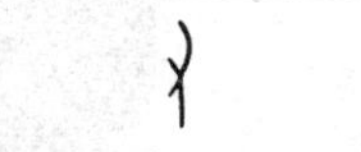
丑	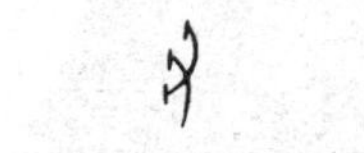	受		贞		用	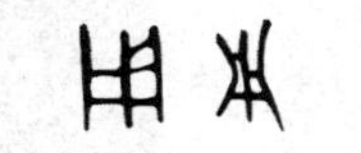
羌		叀		其	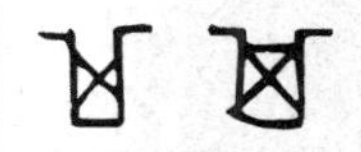	翌	
年		戋		不	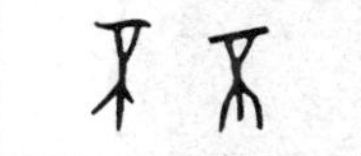	亡	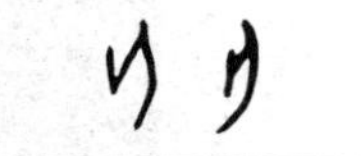
弜		戊		戌		庚	
辛		癸		子	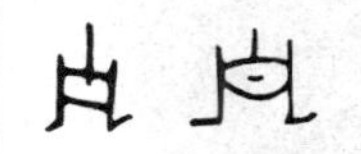	辰	
午		未		申		酉	
亥	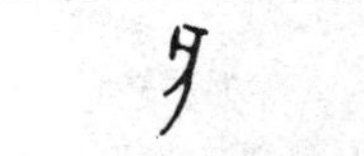	叀		嫠		启	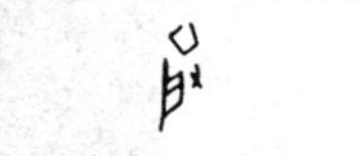

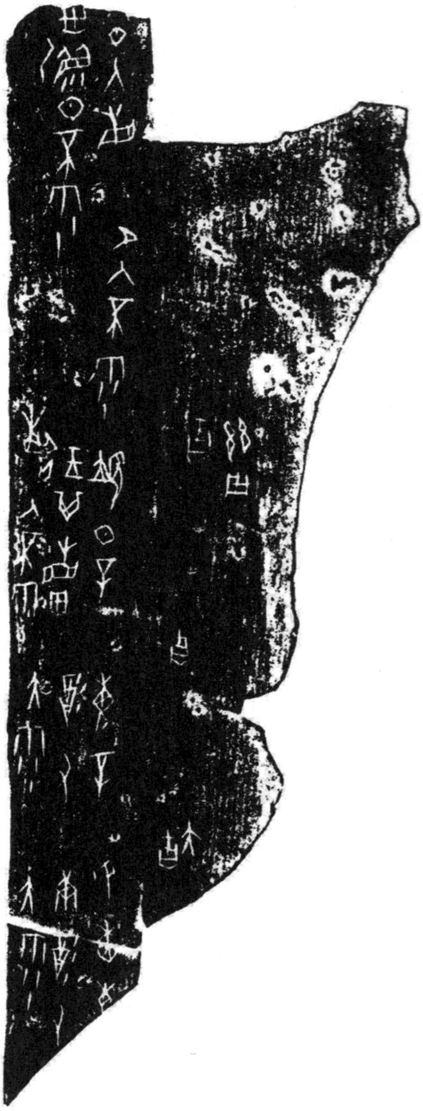

a）《合集》28628

b）《合集》30032

c）《合集》29239 甲

d）《合集》29239 乙　　　　e）《合集》30958

图 7-6　无名组二类特征片举例

本类卜辞有占辞“吉”“大吉”以及“叀𡚤”等，也有“引吉”，但不多见。仍有兆辞“兹用”，但尚未发现“御”“兹御”“不御”等兆辞。“王受又”也有少数作“王受又又”。记月方式作“在某月”（《合补》9627“在九月”）。

从占卜内容看，祭祀卜辞仍占很大比重，祭祀对象及所见祭名均与无名组一类大致相同。战争卜辞较无名组一类为多，涉及的方国有羌方、絴方、𠭰方、𢇍方等，执行者主要是戍。

五、无名组三类

本类字体较小，字形结构接近无名黄间类，如“戊”“戌”“庚”“辛”“子”“辰”“午”“雨”等字的字形都带有较多的晚期特征。其特征字择要列入表 7-7，特征片可举《合集》28957、28958、29146，《屯南》2168 等为例，见图 7-7。

表 7-7　无名组三类特征字举例

王	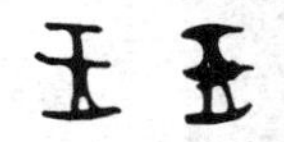	牛		牢		宰		吉	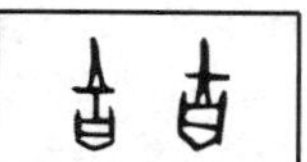
冓		又		受	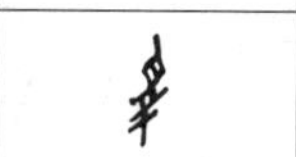	贞		用	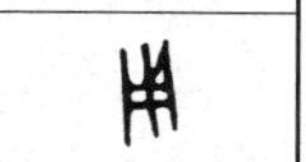
羌		叀		其		于	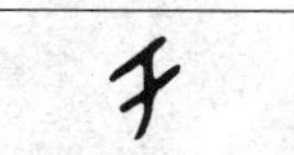	翌	
年		災	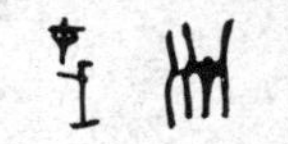	雨		不		亡	
弜		戊		戌		庚		辛	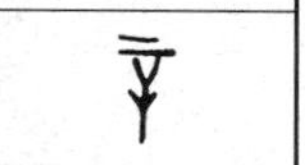
癸		子	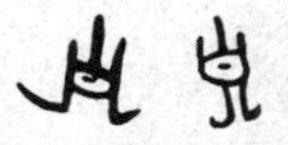	丑		辰		午	
申		酉		亥		馭		嫠	

a）《合集》29146

b）《合集》28957

c）《合集》28958

d）《屯南》2219

e)《屯南》2168

图 7-7　无名组三类特征片举例

本类卜辞中，占卜用语有“叀𤔲”“兹用”；占辞有“吉”和“引吉”；“大吉”已很少见，只发现《屯南》2219、2301 两例。值得注意的是，本类已开始出现占卜用语“弜巳”和“兹御”，后者在黄组卜辞中甚为常见。另外，无名组中常见的“受又”在本类中已全作“受又又”。

从占卜内容看，本类以田猎卜辞为主，其中又以“王迖于某地”的卜辞较为多见，所涉及的地名亦多见于无名黄间类卜辞。

六、无名黄间类

本类卜辞在书体风格上介于无名组与黄组之间，依据字体特征可进一步分为两小类。

一类以《屯南》2136、2172，《合集》33482为代表（图7–8），字体较接近无名组三类。二类以《合集》33520—33523为代表（图7–9），字体带有更多的晚期特征，与黄组卜辞甚为接近。两类特征字对比，见表7–8。

表7–8　无名黄间类特征字举例

	王	受	贞	其	災	戊	戌	庚	癸
一类									
二类									
	子	丑	寅	辰	午	申	酉	亥	
一类				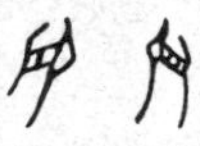		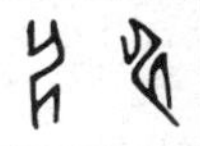			
二类								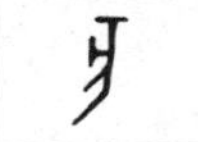	

a)《合集》33482

b)《屯南》2136

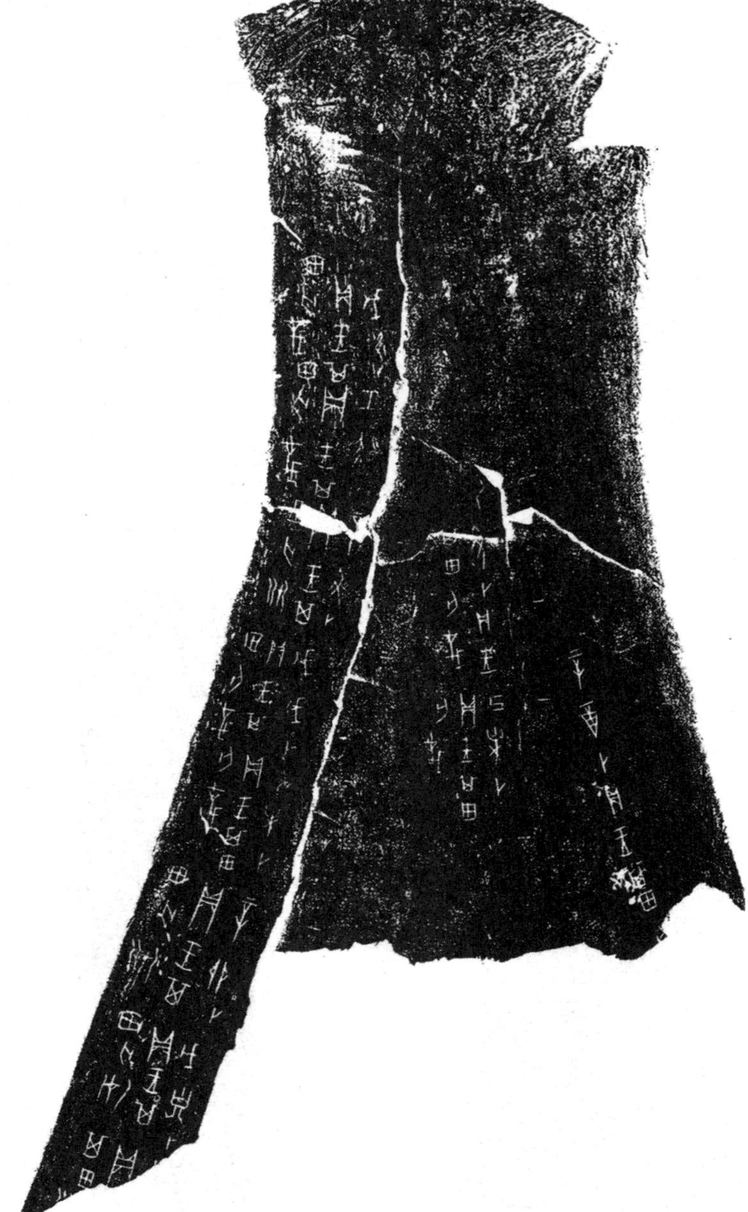

c）《屯南》2172

图 7-8　无名黄间一类特征片举例

a）《合集》33520

b）《合集》33521

c）《合集》33522

d）《合集》33523

图 7-9　无名黄间二类特征片举例

本类卜辞数量不多，占卜内容基本为田猎，形式有两种：一种记田猎地名，形式为“干支卜贞：王其田某（地名）亡災”；另一种不记地名，形式为“干支卜贞：王其田亡災”。一类兼具两种形式，二类则均不记地名。

第二节　无名组卜辞的系联

一、历无名间类卜辞的系联

（一）有联系的卜辞

第一组

（1）癸卯卜：其延登黍于羌甲？ 1

（2）弜延登？ 1

（3）癸卯卜：羌甲岁一牛？ 1

（4）牢？ 1

（5）甲辰卜：其又勺岁于毓祖乙？ 1

（6）于高祖乙又勺岁？ 1

（7）甲[辰]卜：又岁于高祖[乙]… 2

（8）甲辰卜：毓祖乙岁牢？ 2

（9）二牢？ 2 3

（10）甲辰卜：毓祖乙[岁]，叀物牛？ 2

（11）丁巳卜：其又岁至于大戊？兹用。岁… 5

（12）弜至？ 5

（13）□□卜：其又岁于大戊二牢？兹用。 1

（14）己未卜：其又岁于雍己？兹用。十牢。 1 5

（15）[己]未卜：雍己□，叀牡？兹用。 5

（16）弜又？ 1 3 5

（17）甲戌卜：其又岁毓祖乙？ 4

（18）二牢？兹用。 4

（19）甲戌卜：其乇于毓祖乙三… 3

（20）五牢？兹用。 3

（21）丙子卜：裸木丁一牢？ 3

（22）丁亥卜：祼木丁引？兹用。三牢。 4
（23）弜引？ 4

1《缀汇》425　2《屯南》1014　3《屯南》1123　4《合集》27360　5《屯南》3794

本组系联的主要线索是对毓祖乙的祭祀。1 2 两版中对祭祀高祖乙或毓祖乙进行卜问，辞（5）与（7）（8）（10）干支相同，卜问的祭祀对象相同，祭法相近，可能是一时之卜。3 4 两版皆涉及祭祀毓祖乙之事，见辞（17）（19）。1 与 5 由同文卜辞（14）可互相系联。

第二组

（1）丙子…祼…一牢？ 1
（2）二牢？ 1
（3）三牢？兹用。 1 3
（4）己卯卜：兄庚祼岁叀羊？ 1
（5）…[王]田，擒？ 1
（6）己丑卜：兄庚祼夕岁一牢？ 2
（7）己丑卜：兄庚岁二牢？ 3
（8）己丑卜：妣庚岁二牢？ 4
（9）二牢？兹用。 2 3
（10）己丑卜：兄庚祼岁牢？ 4
（11）三牢？ 4
（12）三牢？兹用。 3
（13）五牢？兹用。 2
（14）壬辰卜：母壬岁叀小宰？ 4

1《合集》27620　2《合集》27618　3《合集》27621　4《屯南》1011

本组系联主要围绕祼岁兄庚展开，由辞（6）（7）（8）可将2 3 4 版相关卜问系联起来。1 辞（4）卜问祼岁兄庚以羊，辞（1）残存部分可能与辞（6）（7）（8）相同。

第三组

（1）丁巳卜：王乎执羌其[登]… 1

(2) 乙亥卜：执其用…大吉。 2
(3) 自毓祖丁，王受又又？ 1
(4) 自中宗祖乙，王受又又？ 1
(5) 执其用自中宗祖乙，王受又又？ 2
(6) 自大乙用，王受又又？ 1 2
(7) 高用，王受又又？ 2

1《拼二》361 2《合集》26991

2 属无名组一 B 类乙群。本组主要卜问执羌祭祀的对象先王。辞（4）（5）卜问相同，辞（6）同文，两版所卜应为一事。

（二）可能有联系的卜辞

第一组

(1) 甲寅卜：祖乙乇秦宗？ 1
(2) 弜秦于小乙？ 1
(3) 甲寅卜：其乇… 2
(4) 三牢？兹用。 2
(5) 弜秦宗，于妣庚乇？ 2

1《合集》30340 2《合集》30339

1 2 两版卜辞均有残缺，但都涉及“乇”祭和“秦宗”，且干支相同，可能为一事之卜。

第二组

(1) 甲寅卜：鲁甲岁叀牡？ 1
(2) 叀牝？兹用。 1
(3) 辛… 2
(4) 弜延，于来日？ 2
(5) 弜… 1
(6) 弜又？ 2
(7) 癸酉卜：鲁甲岁叀牝？ 2

(8) 牡？ 2
(9) 叀牝。 3
(10) …岁…鲁甲，又伐… 3
(11) 甲戌卜：其又岁于鲁甲？ 4
(12) 甲戌卜…鲁甲？ 5
(13) 弜以？ 5
(14) …小宰？ 5
(15) 兹… 5

1《缀汇》366　2《屯南》2091　3《合集》29476　4《屯南》3776　5《合集》29668

1 2 版中，辞（1）（7）卜问相同。3 残辞（9）"叀牝"及（10）"岁鲁甲"的卜问与 1 2 版内容相近。辞（11）（12）可能是同文卜辞，卜问岁祭鲁甲，也可与前诸版相系联。

第三组

(1) 癸亥卜：其延… 1
(2) 弜延？ 1
(3) 癸亥卜：其延羌甲，戠？ 1
(4) 弜延？ 1
(5) 甲子卜：其又勺岁于毓祖乙，叀牡？ 1
(6) 叀牝？兹用。 1
(7) 乙丑卜：王往田，从东，擒？ 1
(8) 辛巳卜：王往田，从白东… 2
(9) 于白东，擒？ 3
(10) 从白东，擒？ 4
(11) 于白西，擒？ 3 4
(12) 乙酉卜：王往田从东，擒？ 5
(13) 乙未卜：王往求犷，从…菁？ 4
(14) 牢…兹用。 4
(15) 从南，擒？ 5
(16) 辛亥卜：王往田于南，擒？ 6

(17) 于东，擒? 6
(18) …王往田… 6
(19) …擒? 6
(20) □□卜：王往… 6

1《屯南》1094 2《合集》28596 3《合集》28843 4《拼一》178 5《屯南》1124 6《合集》28595

1234中关于“田于白东”的卜问可能是一事之卜，56的“田于东”亦可能与之有关。

二、历无名间类晚期卜辞的系联

有联系的卜辞

第一组

(1) 戊子卜：父戊岁叀牛? 1
(2) [戊]子卜：父戊岁叀羊? 2
(3) 弜又? 1
(4) 庚寅卜：其… 3
(5) 弜兢桒? 3
(6) 丁酉卜：其又岁于父戊? 34
(7) 弜又? 34
(8) □[辰]卜：其又岁于父戊? 5
(9) 戊辰卜：其又岁于父戊叀小宰? 5
(10) 叀牛? 5
(11) 戊辰卜：其延兄己，兄庚岁? 5
(12) □卯卜：其又岁于父戊? 6

1《合集》27485 2《合集》27487 3《屯南》1048 4《合集》27486 5《拼一》166 6《合集》27488

本组卜辞主要围绕“又岁于父戊”展开。

第二组

(1) 戊辰卜：其示于妣己，先畋妣己示？ 1
(2) 叀父己示先畋？ 1
(3) 戊辰卜：其示于妣己叀小宰？ 1
(4) 叀大牢？ 1
(5) 弜勿？ 1
(6) 癸丑[卜]…父甲…物牛？ 1
(7) 戊戌卜：其延示于妣己？ 2 3
(8) 弜延？ 2
(9) 戊戌卜：其示于妣己，王宾？ 2
(10) 弜宾？ 2
(11) …王宾妣己示？ 3

1《合集》27412　2《合集》27518　3《合集》27520

辞（1）（3）与辞（9）皆贞问“示于妣己”相关之事，戊辰、戊戌干支相距较远，但辞（7）“其延示于妣己”说明此祭祀活动或因故延后，可能是一事之卜。

第三组

(1) 丙子卜：其登黍于宗… 1 2
(2) 于宗登黍？兹… 3
(3) □□卜：先…父□祼木丁？ 3
(4) …于祼？ 1
(5) 丁丑卜：父甲燎… 2
(6) 丁丑卜：其又木丁于父甲？ 4
(7) 丁丑卜：父甲木丁牢？ 4
(8) 牢一牛？ 4
(9) 弜勿？ 4
(10) 己卯卜：父甲木丁物牛？ 5
(11) 己卯卜：父甲木丁一牢？ 6
(12) 己丑卜：翌日庚隻，其又木丁于父甲… 2

(13) …翌日售其畀? 7
(14) 己丑卜:父甲木丁牢? 2
(15) …父甲牢? 8
(16) 二牢? 8
(17) 三牢? 兹用。 8
(18) …木丁…[牛]? 8
(19) 己丑卜:叀戍… 2
(20) 己丑卜:叀… 2
(21) 癸巳卜:父甲木丁牢? 2
(22) 癸巳卜:父甲木丁物牛? 9 10
(23) 弜勿? 9
(24) 弜勿? 兹用。 9
(25) 甲午卜:父甲登黍,其作毁? 2
(26) 弜毁? 2
(27) 己亥卜:父甲木丁物□? 11
(28) 弜勿? 11
(29) 己亥卜:父甲木丁二牢? 11
(30) …牢…用。 11
(31) 庚子卜:其又岁于妣辛? 2
(32) 庚子卜… 2
(33) 庚子卜:妣辛岁叀牡? 2
(34) 叀牝? 2

1《合集》30306 2《屯南》2682、2683 侧、2684 反 3《合集》30304 4《合集》27444 5《合集》27466 6《合补》8753 7《屯南》2505 8《合集》27483 9《合集》27470 10《合集》27467 11《屯南》3778

本组卜辞主要围绕对父甲进行“木丁”祭祀展开,干支相续,可能为一段时间内的集中卜问。

第四组

(1) 戊辰卜:其[又]岁于中己,王宾? 1 2
(2) 戊辰卜:中己岁…[兹]用。 2

(3) 戊辰卜：中己岁叀羊？兹用。 ❶
(4) 弜宾？兹用。 ❶
(5) 叀小宰？ ❶
(6) 辛未卜：中己岁，其戠日？ ❸
(7) 弜戠日其又岁于中己？兹用。 ❸
(8) 癸未卜：父甲木丁物牛？兹用。 ❸
(9) 戊子卜：其又岁于中己，王宾？ ❹
(10) [弜]宾，[兹]用。 ❹
(11) 戊子卜：其岁于中己叀羊？ ❹
(12) 弜射？兹用。 ❹

❶《屯南》2354　❷《合集》27386　❸《合集》27388　❹《缀汇》63

本组系联的主要线索是岁祭中己。辞（1）（9）、辞（3）（11）卜问相同，可互相系联。❸辞（8）“父甲木丁物牛”或与前一组有关。

三、无名组一 A 类卜辞的系联

可能有联系的卜辞

第一组

(1) 戊午卜：其餗妣辛牢？吉。 ❶
(2) 二牢？ ❶❷
(3) 三牢？ ❶❷
(4) 弜异酒，叀餗隹乇？ ❶
(5) 于父己祝至… ❶
(6) 己未卜：父己岁牢？ ❷
(7) 父己… ❷
(8) 父庚乇牢？ ❶
(9) [庚]申卜：妣辛[乇]岁牢？ ❷
(10) 妣辛乇？ ❷
(11) 牢又一牛？ ❶❷

（12）二牢？兹用。 ❷
（13）弜勿？兹用。 ❷
（14）弜？ ❷
❶《屯南》610　❷《屯南》2315

❶❷两版卜辞干支相继，祭祀对象均为“妣辛”和“父己”。辞（1）餗祭妣辛，辞（9）乇祭。由辞（4）“叀餗隹乇”所择卜的两种祭祀方式来看，辞（1）（9）可能是一事之卜。

第二组

（1）己卯… ❶
（2）叀辛逐，亡𢦏？ ❶
（3）叀壬逐，亡𢦏？ ❶
（4）叀… ❷
（5）…田[求]牢虎，亡𢦏？ ❷
（6）辛，王其求牢虎，亡𢦏？[辰鹿]。 ❶
（7）于来自牢迺逐，亡𢦏？ ❶
（8）…般。 ❶
❶《醉古》183　❷《屯南》4140

辞（5）（6）部分同文，可能为一事之卜。

第三组

（1）庚申卜：翌日辛王其田，湄日亡𢦏？ ❶
（2）庚…翌日辛王其田，湄日[亡𢦏]？ ❷
（3）☐叀壬田，湄日亡𢦏？ ❷
（4）王…田…[亡]𢦏？ ❷
（5）叀☐田，亡𢦏？ ❷
（6）辛酉卜：翌日壬王其田虢，湄日亡𢦏，擒？ ❷
（7）叀[麦]田，亡𢦏，擒？ ❷
（8）叀又雉，擒？吉。 ❷
（9）吉。 ❷

（10）辛□□：翌日… 3

（11）壬，王其田麦，擒，亡𢦏，永王？ 3

（12）癸酉卜：王其田牧雉，叀乙［雨］？吉。 4

（13）叀戈田牧雉，弗悔，亡𢦏，永王？吉。 4

（14）叀［麦］田，擒，亡𢦏？吉。 4

1《合集》28508　2《屯南》1103　3《村中南》83　4《屯南》4033

1 2 属无名组一 B 类乙群。辞（7）（11）（14）皆卜于麦地田猎是否会有擒获，可能存在联系。

四、无名组一 B 类甲群卜辞的系联

（一）有联系的卜辞

第一组

（1）…其乇𣂔小乙，王受［又又］？ 1

（2）其乇小乙𣂔宗？ 2

（3）…王受又又？ 1

（4）叀妣庚乇？ 2

（5）其乇妣庚？ 3

（6）弜乇？ 2

（7）叀鬻？ 3

（8）弜？ 2 3

1《合集》27345　2《屯南》287　3《合集》27523

辞（1）（2）皆卜问以“乇”“𣂔”两种方式对小乙进行祭祀，辞（2）“𣂔宗”当读为𣂔于宗。辞（4）（5）均卜问乇妣庚之祭。由此，三版之间可辗转系联。

第二组

（1）丁酉卜：翌日… 1

(2) 戊王弜田，其悔？ 1
(3) 王其狩，湄日亡𢦏？ 1
(4) 王弜斿其雨？ 1
(5) 王叀牢田，不冓雨？吉。 1
(6) 王叀牢田，亡𢦏，不冓[雨]？ 2
(7) 弜田牢，其雨？ 2
(8) 叀牢田，亡𢦏？ 3 4
(9) …亡𢦏？ 4
(10) 弜… 4
(11) 王叀田省，亡𢦏？ 4
(12) 其狩，亡𢦏？ 4
(13) 狩，亡𢦏？ 5
(14) 王叀斿田，亡𢦏？ 5
(15) 弜田，其悔？ 5 6
(16) 叀斿田，亡𢦏，擒？ 6
(17) 王田？ 6
(18) 叀又西焚，亡𢦏，擒？ 6

1《拼一》168　2《合集》29253　3《合集》29260　4《拼一》239　5《拼一》169　6《合集》29242

辞（5）—（8）卜问的狩猎地点均为牢，且辞（5）与辞（6）（7）卜问的重点都是是否“冓雨”。辞（12）（13）卜问狩猎是否无灾，辞（14）卜问狩猎于斿，可与1辞（3）（4）相呼应。以上各辞相互关联，可能为一时之卜。

第三组

(1) 丁巳卜… 1
(2) 弜巳众戍受人，亡翦？ 1 2
(3) 王其众戍受人，叀𡑞土人，有翦？ 1 2
(4) 叀秖人，有翦？ 1
(5) 王其乎众戍受人，叀𡑞土人眔秖人，有翦？大吉。 1 2
(6) 乙亥卜：王其众戍受人，亡翦？吉。 2
(7) 叀戍…吉。 2

❶《合集》26898　❷《屯南》880+①
由同文卜辞（2）（3）（5）可将两版内容系联起来。

（二）可能有联系的卜辞

第一组

（1）…戍叀齸行…吉。 ❶
（2）叀廩行用，翦羌□？大吉。 ❶
（3）…用，翦方？吉。 ❶
（4）弜令…王其悔？ ❷
（5）…戍□令…翦羌方？ ❷
❶《合集》27978　❷《合集》27981
“翦羌方”可能为一事之卜。

第二组

（1）甲… ❶
（2）弜丁卯？ ❶
（3）寻其悔？ ❶
（4）丁卯王其寻牢僼，其宿，亡𢦏？ ❶
（5）…其寻牢僼？ ❷
（6）弜宿，其悔？吉。大吉。 ❶
（7）弜戍归，其悔？吉。 ❶
❶《拼一》174　❷《合集》30275
辞（4）（5）“寻牢僼”可能为同文卜辞。

第三组

（1）翌日壬王其田，雨？ ❶

① 刘风华、王蕴智：《甲骨新缀四组》，《华夏考古》2011 年第 2 期。

（2）于壬王迺田，不雨？ 2
（3）壬弜田，其雨？吉。 2
（4）不启？ 2
（5）壬不雨？ 2
（6）大食不[雨]？ 2
（7）不雨？ 1
（8）食日不雨？ 3
（9）□至食日不雨？ 4
（10）食[日]其雨？ 5
（11）中日不雨？ 5
（12）中日□雨？ 5
（13）中日雨？ 1
（14）中日至…大吉。 6
（15）大吉。 7
（16）中日至郭兮不雨？大吉。 7
（17）其雨？ 8
（18）叀日中又大雨？ 8
（19）中… 9
（20）中[日至]昃其雨？ 10
（21）昃至郭不雨？ 10
（22）…郭…雨？ 10
（23）昃至[郭]兮其雨？ 11
（24）郭兮至昏不雨？吉。 9 11 12
（25）郭兮至昏其雨？ 11
（26）郭兮雨？ 1
（27）[郭]兮[至]昏其雨？ 9
（28）…至郭启？吉。用。 13
（29）郭兮不雨？ 14
（30）郭兮…雨？ 15

1《合补》9553　2《合集》28618　3《合集》29785　4《合集》29784　5《契合》166　6《合集》29791　7《屯南》2729　8《合集》29789　9《合集》29795　10《合集》29793　11《合集》29801　12《合集》29794　13《合集》

29800 ⑭《合集》29796 ⑮《合集》29797

⑨⑩⑪⑫⑭⑮属无名组一B类丙群。本组可能是对第二天壬日王田猎的天气情况的卜问。从上午的"食日"到正午的"中日"，再到下午的"昃""郭兮"，最后至昏时，对一日之中各时段是否下雨都进行了详尽的卜问。各版均为残辞，无完整干支，可能此类卜辞都是临时的集中卜问。

第四组

(1) 王叀盂田省，亡𢦏？ ①②
(2) 弜省盂田？ ③
(3) 弜… ③
(4) …省盂田？ ④
(5) 叀盂田省，亡𢦏？ ⑤⑥⑦⑧⑨⑩⑪
(6) 今日王叀宮田省，亡𢦏？ ⑫
(7) [王]叀宮[田]，亡𢦏？ ②
(8) 叀宮田省，亡𢦏？ ⑤⑥⑪⑬⑭
(9) 弜田，其悔？ ⑥⑪
(10) 弜田，其悔？大吉。用。 ⑨
(11) 弜…其… ⑩
(12) 叀… ⑬
(13) 其蒋大雨？ ⑭
(14) 其蒋小雨？ ⑭
(15) 不蒋小雨？ ⑭
(16) 叀丧田省，亡𢦏？大吉。用。 ⑫
(17) 叀丧田，亡𢦏？ ⑨
(18) 叀盂…吉。 ⑫
(19) 弜壬田，其悔？ ⑫
(20) 戊辰…风？ ⑨

①《合集》29095 ②《合补》9201 ③《合集》29111 ④《合集》29094 ⑤《合集》29166 ⑥《合集》29100 ⑦《合补》9191 ⑧《合补》9188 ⑨《合集》28997 ⑩《合补》9196 ⑪《拼四》895 ⑫《缀续》405 ⑬《合集》29168 ⑭《拼四》893

本组以田猎地为线索进行系联。盂、宫、丧三地同版出现的频率很高，尤其是盂、宫，这或许反映出三地可能集中在某一小区域内，彼此相近，故多为王田猎时一并择卜。

第五组

（1）今日乙王…弜省… ❶
（2）弜省丧田，其雨？ ❶
（3）王其省田夙入，不雨？ ❶
（4）辛酉… ❷
（5）叀盂田省，亡戋？ ❷
（6）弜至虢，其悔？ ❷
（7）王其田，湄日不雨？ ❷
（8）其雨？ ❷
（9）王其□入，不雨？ ❷
（10）夙入，不雨？ ❷❸
（11）…其省田夙… ❹
（12）□夙往，不雨？ ❺
（13）莫□…不雨？ ❺
（14）辛… ❻
（15）莫往，不冓雨？ ❻
（16）王其夙入，不冓雨？ ❻
（17）王夕入于之，不雨？ ❻

❶《合集》29003　❷《拼三》634　❸《合集》27773　❹《合集》28629　❺《合集》27780　❻《合补》9535

本组系联的主要线索是“夙入不雨”。对应“夙入”，❻同版有“莫往”之卜，❺所见辞（12）“夙往”可能也与此类出入之卜相关。

第六组

（1）叀戍□襄□，亡戋？ ❶
（2）叀戍射[illegible]兕，亡戋？ ❶

(3) 王叀辛射𫞚兕，[亡𢦏]？ 2

(4) …亡𢦏？ 2

1《合集》28403　2《合集》28404

“射𫞚兕”可能是一事之卜。

第七组

(1) 丁酉卜：翌日王叀犬自比，弗悔，亡𢦏，不冓雨？大吉。 1

(2) …以…[自]比…[不]冓雨？吉。 1

(3) 癸卯卜：戊王其比犬𠂤… 2

(4) 庚戌卜：王其比犬自，叀辛，亡𢦏？ 3

(5) 叀壬，亡𢦏？ 3

(6) 王其比犬自，叀辛？ 3

(7) 王其田，叀犬自比，擒，亡𢦏？ 4

(8) 王其田，叀成犬比，擒，亡𢦏？ 4

(9) 王其比犬敢不雨？兹用。 4

(10) 于戊…兹用。 4

(11) 叀成犬敢比，湄日亡𢦏，永王？ 5

(12) 叀…犬…湄…永… 5

(13) 王其田夙，亡𢦏？ 5

(14) 弜比，冓雨？ 4

(15) 弜夙？ 4

1《屯南》2618　2《合集》27909　3《英藏》2326　4《合补》9048　5《合集》27914

1属无名组一A类，5属无名组一B类乙群。本组系联的主要线索是王比“犬自”进行田猎。4同版有“犬自”“成犬”“犬敢”，犬自当为犬族的私属武装。

第八组

(1) 丁丑卜：翌日戊[王]异其田，弗悔，亡𢦏，不雨？ 1

(2) 弜… 1

(3) 王其涉滴，射虢鹿，亡□？ 1
(4) 田□，亡戋？ 2
(5) 弜涉？ 2
(6) 王涉滴，射又鹿，擒？ 2
(7) [弗]擒？ 2
(8) 甲申卜：翌日乙王其省盂田，湄…大吉。 3
(9) …射又鹿，弗悔？ 3
(10) 其射又鹿？ 4
(11) 弗擒？ 4

1《屯南》256 2《合集》28339 3《屯南》495 4《合集》28327

本组各辞主要卜问射猎得鹿的情况。1 2 两版所卜皆为涉过滴水而狩鹿，应为一事之卜，3 4 两版的辞（9）（10）可能也与之有关。

五、无名组一 B 类乙群卜辞的系联

（一）有联系的卜辞

第一组

(1) 丙子卜：今不雨？兹用。 1
(2) 其雨？ 1
(3) 至于二羁于之若？ 1
(4) 至于二羁于之若，王受又？ 2
(5) 二羁眔王，受又？ 3
(6) 至二羁？ 4
(7) 弜至二羁？ 4
(8) 弜眔？ 3
(9) 至[于三]羁[于之若，王受又]？ 2
(10) 弜至三羁？ 2
(11) 弜至三羁？吉。 2

1《拼四》897 2《合集》28157 3《合集》28159 4《合集》28160

❷属无名组二类，❸属无名组一 B 类甲群，❹属无名组一 B 类丙群。有学者认为“羁”是商王设置的一种交通机构，供中途休息及倒换车马，二、三则为序数词而非数量词。[①] 本组主要卜问王出行至于二羁、三羁是否顺利，辞例相近。

第二组

(1) 丙寅卜：五羁卯叀羊，王受又？吉。 ❶
(2) 五羁卯叀牛，王受又？ ❷
(3) 叀羊，王受又？ ❷
(4) 在五羁？ ❸

❶《屯南》2499　❷《合集》28154　❸《合集》28153

本组卜辞围绕“五羁”系联。

（二）可能有联系的卜辞

第一组

(1) 翌日戊王其田，叀襄田，弗[悔]？ ❶
(2) 王弜往于田，其悔？ ❶
(3) 癸巳… ❷
(4) 戊弜田襄，其悔？吉。 ❷
(5) 弜襄田，其悔？ ❸
(6) 其冓雨？ ❸
(7) 叀盚田，弗悔，亡𢦏，永王，擒？ ❶
(8) 叀襄田，亡𢦏，永王，擒？ ❶
(9) 叀盚田，亡𢦏，永，擒？ ❶
(10) …田，亡𢦏？ ❸

❶《合集》29273　❷《合集》29353　❸《合集》28902

❷属无名组一 B 类丙群。辞（1）（4）（5）皆卜田猎于襄地时的天气是否晦暗，可能存在联系。

---

① 齐文心：《释羁——对商朝驿站的探讨》，《中原文物》1990 年第 3 期。

第二组

(1) 王…田… 1

(2) 叀亚翦田省? 1

(3) …田省? 1

(4) 叀亚翦□田省延[往]于向，亡𢦏，永[王]，不冓雨? 2

(5) …其先…雨? 2

1《合集》29374　2《合集》30122

1属无名组一B类甲群。本组两版卜辞皆卜问由亚翦巡视田猎之处，可能为一事之卜。

第三组

(1) 丁卯… 1

(2) 其遘大雨? 1

(3) 庚午卜：王田䖒，其… 2

(4) 翌日戊王其田䖒… 3

(5) 戊，王其田䖒，不遘小雨? 1

(6) 戊，王其田䖒，夙亡𢦏? 1

(7) 于旦亡𢦏? 1

(8) 壬午卜：王其田䖒，湄… 4

(9) 不擒? 4

(10) 于壬辰王迺田䖒，亡𢦏，擒? 4

(11) …湄日亡𢦏，擒? 4

(12) …擒? 4

(13) 弜… 5

(14) 王叀田省，[亡]𢦏，不雨? 5

(15) 王狩，亡𢦏，不雨? 5

(16) 叀寒田，亡𢦏，不雨? 5

(17) 叀䖒田，亡𢦏，不雨? 5

(18) …叀䖒，湄… 6

❶《契合》112　❷《合集》29304　❸《合集》29299　❹《拼一》311
❺《合集》29300　❻《合集》29306

❸属无名组一B类甲群，❹❻属无名组一B类丙群。各版可由贞问狩猎于虘地的相关卜辞系联起来，可能是一时狩猎所卜。

六、无名组一B类丙群卜辞的系联

可能有联系的卜辞

第一组

(1) 辛巳卜：在寻卫…吉。 ❶
(2) 弗及… ❶
(3) 叀往边… ❷
(4) 戍徝往于来取迺边㑩卫，有𢦏？ ❷
(5) 戍卫不雉众？ ❶
(6) 戍，亡𢦏？ ❶
(7) 叀永，有𢦏？ ❶
(8) [叀]隻，有𢦏？ ❶

❶《醉古》269　❷《合集》28058

❷属无名组一B类甲群。两版卜辞均提到卫、边两地，且卜问由戍前往巡视、驻防，可能是一事之卜。

第二组

(1) 其作雩于丧… ❶
(2) 弜作雩？ ❷
(3) 于丧，王弗悔？ ❷
(4) 于丧作雩，王弗悔？ ❸
(5) 于毙作雩，王弗悔？ ❸
(6) 于㽙凡，王弗悔？ ❸

(7) 于幺凡，王弗悔？ ❸

❶《合集》30073　❷《合集》30074　❸《合补》10385+[1]

辞（1）（4）均卜问“作雩于丧”，版❷两辞也是就此事的卜问，可能为一事之卜。

第三组

(1) □□卜：翌日戊王其省丧… ❶
(2) 弜省丧田，其雨？吉。 ❷
(3) □菁雨？ ❶
(4) 戊午卜：今日戊，王叀丧田… ❸
(5) 王叀丧… ❹
(6) …省丧田？ ❺
(7) 叀丧田省，亡𢦏？ ❻❼❽
(8) 叀盂田省，亡𢦏？ ❻❾❿
(9) 弜田，其悔？ ❻
(10) 王夙入，亡𢦏？ ❻
(11) 其菁雨？ ❾
(12) 叀盂田省，湄日亡𢦏？ ⓫
(13) 弜…菁… ⓫
(14) 叀盂…大吉。 ❹
(15) …盂田先省，迺从宫入，湄日亡𢦏？ ❸
(16) 叀宫省，不… ❷
(17) 叀宫田省，亡𢦏？吉。 ❹⓬
(18) 弜省宫，其雨？吉。 ❷

❶《合集》27782　❷《合集》29002　❸《合集》28975　❹《合集》29167　❺《合集》29001　❻《合集》28984　❼《合集》28999　❽《合集》29000　❾《合集》29105　❿《合集》29109　⓫《合集》29106　⓬《合集》29170

在本组田猎卜辞中，多版同见丧、盂、宫三地，由辞（15）“盂田先省，迺从

---

① 蒋玉斌：《甲骨新缀35组》（更新第30组），先秦史研究室网站，http://www.xianqin.org/blog/archives/2576.html，2012年2月22日。

宫入”推测三地距离相近。

第四组

（1）王…濇… ❶
（2）叀濇田，亡𢦏？ ❷
（3）叀𢓊田，亡𢦏，擒？ ❶
（4）叀𢓊田，亡𢦏？ ❸
（5）王其田斿，至于目北，亡𢦏？ ❸
（6）弜至，其悔？ ❸
（7）叀… ❹
（8）弜田斿？ ❹
（9）叀… ❺
（10）叀目田，亡𢦏？ ❺
（11）…亡𢦏？ ❺

❶《合集》29287　❷《合集》29291　❸《合集》29285　❹《合集》29294　❺《合集》29286

❶❺属无名组一 B 类甲群，❹属无名组一 B 类乙群。濇、𢓊、斿、目四地可由同版辗转系联，可能相距不远。

第五组

（1）甲申卜：翌日乙王其迍，亡𢦏？ ❶
（2）于宫，亡𢦏？ ❶❷❸
（3）不雨？ ❶❸
（4）其雨？ ❶❷
（5）翌日壬王其迍…引吉。 ❹
（6）于宫… ❹
（7）不雨？吉。 ❷❹
（8）其雨？吉。 ❹
（9）其… ❹

❶《合集》28757　❷《合集》29205　❸《合集》29209　❹《屯南》2743

本组各版可能均为“王𨑩于宫”而卜，兼卜天气雨否。

七、无名组一 C 类卜辞的系联

（一）有联系的卜辞

第一组

（1）庚子卜：其用，受[年]？ ❶
（2）弜用，受年？ ❶
（3）其用旧䅣，二十牛，受禾？ ❶❷
（4）三十牛，受年？ ❶❷
（5）…年？ ❶
（6）弜…受… ❷
（7）其𠦪年于河，叀今辛亥酒，受年？ ❷
（8）其𠦪年于河，叀今辛巳酒，受年？ ❸
（9）…辛…受年？ ❷
（10）其𠦪年于河，叀今来辛未酒？大吉。 ❹
（11）于来辛卯酒小宰？ ❸
（12）其𠦪年于河，叀旧䅣用？ ❸
（13）…雨？ ❸
（14）叔嫠。 ❶❷

❶《拼一》233　❷《合集》30688　❸《拼一》229　❹《合集》28263

❷属无名组二类，❸属无名组三类。“䅣”从册可能与“旧栅”为同类祭品。辞（3）（12）皆用旧䅣祈年于河，可能为一事之卜。❹辞（10）与辞（7）（8）辞例相近，故系联入此。

第二组

（1）祖丁乇在弜，王受又？ ❶❷
（2）□□卜：祖丁乇新宗，王[受又]？ ❸

（3）𡩜宗，王受又？ ❶❷
（4）弜去乇，于之若？ ❶❷
（5）弜𡩜宗？ ❹
（6）于祖丁乇？ ❹
（7）…乇？ ❹
（8）弜。 ❶
（9）甲… ❷

❶《缀汇》634　❷《合集》30325　❸《合集》30323　❹《合补》9645

❹属无名组一B类丙群。“乇”“𡩜”两种祭祀常同时举行，类似情况还见无名组一B类甲群“有联系的卜辞”第一组，以“乇”“𡩜”祭小乙。

第三组

（1）丁巳… ❶
（2）弜于母？ ❶❷
（3）于多兄乇？ ❶❷
（4）弜于兄？ ❶❷
（5）于多妣乇？ ❶❷
（6）弜于妣？ ❶
（7）弜于妣乇？ ❷

❶《屯南》2412　❷《合补》13334

❶❷两版据同文卜辞系联。

第四组

（1）其又父己叀莫酒，王受又？ ❶
（2）其又父己叀莫酒，王受[又又]？ ❷
（3）叀入自父庚夕酒，王受又又？ ❷
（4）于来日酒？ ❷
（5）[叀入自]父己[夕酒]，王受又又？ ❷
（6）…王在裸…受[又]？ ❶
（7）…彡日父己遘又，王受又？ ❶

(8) …自日酒…又? 1

(9) 叔嫠? 1 2

1《拼一》248 2《合集》27396

1 属无名组一 B 类甲群。辞(1)(2)为同文卜辞,事类相近,可能为一事之卜。

(二) 可能有联系的卜辞

第一组

(1) 丁卯卜:翌[日]…吉。 1

(2) 引吉。用。 1

(3) …王[其]于向,亡𢦏?吉。 1

(4) 庚午卜:翌日辛,王其…吉。 2

(5) 辛未卜:翌日壬,王其逊于向,亡𢦏? 2

(6) 甲戌卜:翌日乙,王其逊… 3

(7) 丁丑卜:翌日戊,王其逊于向,亡𢦏? 4

(8) 壬午卜:王其逊于向,亡𢦏?吉。 5

(9) 辛卯… 6

(10) 甲午卜:翌日乙,王其逊于向,亡𢦏? 6

(11) 丁酉卜:[翌日]戊,王其逊… 7

(12) 庚子卜:翌日辛,王其逊于向,亡𢦏?引吉。用。 8

(13) 辛丑卜:翌日壬,王其逊… 9

(14) 甲辰卜:翌日乙巳,王其逊…吉。 10

(15) 庚[戌]… 11

(16) 于向,亡𢦏? 5 10

(17) 于丧,亡𢦏? 2 3 4 5 6 8 11 12 13 14

(18) 于盂,亡𢦏? 2 3 4 5 6 7 9 12 13 14 15 16

(19) 于宫,亡𢦏? 2 3 4 5 6 7 8 9 11 12 15 16

(20) 不雨?吉。 3 5

(21) 其雨? 3 5 9

(22) 于□,亡𢦏? 13

（23）…又雨？大吉。用。 ❿

❶《合集》28966　❷《合集》28961　❸《缀汇》652　❹《缀续》452　❺《合集》28965　❻《合补》9194　❼《合补》8993　❽《醉古》78　❾《醉古》279　❿《合集》28967　⓫《合集》29054　⓬《合集》29056　⓭《合集》29051　⓮《合集》29068　⓯《合集》29138　⓰《合集》29195

本组卜辞的主要内容是卜问王逊之地，多见同版卜向、丧、盂、宫四地，四地距离应该相近，依干支系联如上。

八、无名组二类卜辞的系联

（一）有联系的卜辞

第一组

（1）癸巳卜：王其令五族戍啟伐，翦？ ❶

（2）王叀次令五族戍羌？ ❷

（3）王弜令次，其悔？ ❷

（4）□丑卜：五族戍弗雉王[众]？大吉。 ❸

（5）五族其雉王众？ ❸

（6）戍屰弗雉王众？ ❸

（7）戍带弗雉王众？ ❸

（8）戍肩弗雉王众？ ❸

（9）戍逐弗雉王众？ ❸

（10）戍何弗雉王众？ ❸

（11）戍屰其雉王众？ ❸

（12）戍带其雉王众？ ❸

❶《合集》28054　❷《合集》28053　❸《合补》8982

本组卜辞围绕五族——屰、带、肩、逐、何征伐羌方展开。

第二组

（1）自贾其乎取美御[史]？吉。 ❶

(2) 丁[巳]… ❶

(3) 王于迟史人于美，于之及伐望，王受又又？ ❶

(4) 迟取美御史，于之及伐望，王受又又？获。用。大吉。 ❶

(5) …取美御史，于之及伐望，王受又？获。用。吉。 ❷

(6) 王其比，望称册，光及伐望，王弗悔，又翦？大吉。 ❶

(7) …危伯美于之及[伐]望… ❸

(8) …夕勺[岁]妣庚，中… ❶

❶《合集》28089　❷《合集》28090　❸《合集》28091

辞（4）（5）为同文卜辞，两版内容可相互系联。

第三组

(1) 丙戌卜：其祝父甲祼勺叀旧[栅]…吉。 ❶

(2) 弹，王受又？吉。 ❶❷❸

(3) 大吉。 ❶

(4) 叀旧栅二牢？ ❹

(5) 岳燎□，叀旧栅用三牢，王受又？ ❸

(6) 叀旧栅三牢用，王受又？ ❺

(7) 叀□栅…用？大吉。 ❻

(8) 叀三牢用，王受又？ ❻

(9) 叀旧栅五牢用，王受又？ ❻

(10) …庚…牛…受… ❺

(11) 羌十人又五，王受又？ ❷

(12) …又？ ❷

(13) 叀[戍]隻，又𢦏？吉。 ❻

(14) …隻，又𢦏？吉。 ❻

(15) 弜又夕？ ❼

(16) 其又夕岁，叀旧栅牢用，王受又？ ❼

(17) 弜弹，王受又？ ❼

(18) …岁于…王受又？ ❼

(19) 弜又羌…于之□？ ❽

(20) 叀牛罘犬，王受又？ ❽

（21）叀旧栅用，王受又？ ❽

（22）…羌？ ❽

❶《合集》30358　❷《合集》26917　❸《合集》30414　❹《英藏》2358　❺《合集》30683　❻《屯南》2185　❼《合集》30684　❽《合集》30678

❶属无名组一B类丙群。在本组中，辞（1）卜问以旧栅之法祝祷于父甲，辞（2）为❶❷❸同文卜辞，辞（4）（5）（6）（9）等卜问旧栅所用牢数，与辞（1）事类相关，可能是一事之卜。

第四组

（1）癸丑卜… ❶

（2）弜？ ❶

（3）乇其𡩜祖乙？ ❶

（4）辛酉卜：其乇𡩜祖乙，王受又？ ❷

（5）弜𡩜，王受又？大吉。 ❷

❶《合补》8724　❷《合集》27217

辞（3）（4）“𡩜祖乙”可能是一事之卜。

第五组

（1）庚午… ❶

（2）𡩜大乙又勺，王受又？ ❶

（3）其𡩜大乙又？ ❷

（4）[illegible]…吉。 ❷

（5）弜？ ❷

（6）𡩜… ❸

（7）𡩜大乙乇？ ❸❹

（8）若酉，祖乙乇，王受又？ ❸❹

（9）其若酉，乇祖乙，又正？ ❺

（10）其乇祖乙二牢，王受又？ ❻

（11）三牢，王受又？ ❻

（12）五牢，王受又？大吉。 ❻

（13）祖乙乇三牢，王受又？ ❼❽

（14）□牢，王[受]又？ ❼

（15）…又？ ❽

❶《合集》27099　❷《屯南》4285　❸《合集》27110　❹《合集》27111　❺《合集》27200　❻《合集》27195　❼《合集》27190　❽《合集》27191

❸属无名组一B类丙群。本组主要卜问“𥎦大乙”及“乇祖乙”，由辞（7）（8）可将相关卜辞系联起来。

第六组

（1）己未卜：祖丁大勺，王其延大甲？ ❶

（2）…祖丁大勺，王其延父甲？大吉。 ❷

（3）弜延？叙娄。 ❶

（4）王其饗于庭□？ ❶

（5）弜饗庭，鬻障裸？ ❷

（6）弜饗于庭， 障裸，有正？ ❶

（7）其作丰，有正，王受又？ ❷

（8）其作丰，有正？ ❶

（9）弜作丰？ ❶❷

（10）…其作丰，叀祖丁劦日遷，王受[又]？ ❸

❶《屯南》2276　❷《合补》8749　❸《屯南》348

❶❷皆就祖丁大勺之祭展开卜问，事类相同。❸涉及“作丰”及祖丁之祭，可与辞（7）—（9）相系联。

第七组

（1）戊辰… ❶

（2）叙娄。 ❶

（3）父己岁叀莫酒？ ❶

（4）父己岁叀莫酒，王受又？ ❷

（5）于夕酒，王受又？ ❷

（6）叀夕酒？ ❶

(7) 父己岁叀羊，王受又？ 1

1《合集》27401　2《屯南》1443

1 2 两版可由同文卜辞（3）（4）及内容相同的（5）（6）系联起来。

第八组

(1) 丁未卜：翌日戊王其田□，叀犬言比，亡𢦏？擒。吉。 1

(2) …丧…𢦏？吉。 1

(3) 叀成犬匽比，亡𢦏？擒。引吉。 1

(4) [庚戌]卜：翌日辛王其田于向，亡𢦏？吉。 1

(5) 辛亥卜：翌日壬，王其比在成犬匽，弗悔，亡𢦏？引吉。在盂。 2

(6) 不擒？吉。 2

(7) 其雨？ 2

1《屯南》2329　2《合集》27925

本组（3）（5）两辞卜问王比成犬匽进行田猎，且两版卜辞干支相近，应为一时之卜。

第九组

(1) 丙寅卜：叀马小臣… 1

(2) 叀成马冒乎颈，王受又又？ 1

(3) 王其乎颈，受又又？ 1

(4) 丁卯卜：戍颈，岂御史来… 2

(5) [丁]卯卜：戍颈，岂御…大吉。 3

(6) …方出弗伐岂？ 2

1《合集》27881　2《合补》8972　3《屯南》463

辞（1）—（3）卜问呼颈来之事，辞（4）（5）则于次日卜问戍颈来否，三版卜辞可能是时间相继的卜问。

第十组

(1) 庚… 1

(2) …桒年于…五臣叀豚…又大雨? ❶
(3) 辛亥卜…五臣□… ❷
(4) 王又岁于帝五臣，正，隹亡雨? ❷
(5) □□卜：□又于帝五臣，又大雨? ❷
❶《屯南》2828 ❷《合集》30391
本组卜辞的主要内容是祭于“帝五臣”时是否下雨，两版可能是一事之卜。

第十一组

(1) 癸丑卜：彡上甲，王其[遘]… ❶
(2) …人，[王受]又? ❶
(3) …彡上甲，王其菁又勺上甲，王受[又]? ❷
(4) …上甲，王其遘[又]勺，王受又? ❸
❶《合集》27045 ❷《合集》27046 ❸《合集》27047
本组三版残存部分“彡上甲，王其菁又勺”同文，可能是一事之卜。

(二) 可能有联系的卜辞

第一组

(1) 丙申卜：其叡戫… ❶
(2) 其即于又宗，又大雨? ❶
(3) …于…□雨? ❶
(4) 于岳桒年，又[雨]? 大吉。 ❷
(5) 其桒年河罖岳，酒，又大雨? ❷
(6) 弜罖，酒? ❷
(7) 其叡岳，又大雨? ❷
(8) 弜叡，即又宗，又大雨? ❷
❶《醉古》282 ❷《合集》30415
辞(2)与辞(8)皆以即宗求雨，❶同版也有涉及“叡”祭的残辞，二者可能存在联系。

第二组

(1) 辛亥卜：翌日壬，旦至食日不[雨]？大吉。 ❶
(2) 壬旦至食日其雨？吉。 ❶
(3) 自旦至食日不雨？ ❷
(4) 食日至中日不雨？吉。 ❶
(5) 食日至中日不雨？ ❷
(6) 食日至中日其雨？ ❶❸
(7) 中日其雨？ ❹
(8) 中日至昃不雨？ ❷
(9) 弜田，其冓大雨？ ❷
(10) 王其省田，昃不雨？ ❹
(11) 昃其雨？吉。 ❹
(12) 擒？ ❹
(13) 不擒？兹用。 ❹
(14) 中日至郭兮不雨？吉。 ❶❸
(15) 中日至[郭]兮[其雨]？ ❶
(16) 中日至郭兮启？吉。兹用。 ❺
(17) 不启？ ❺

❶《屯南》624　❷《屯南》42　❸《掇三》124　❹《合集》29910　❺《合集》30198

本组从辛亥开始，可能是对次日壬子降雨情况的详细卜问。从旦至食日至中日至昃至郭兮，卜问涵盖了整个白昼的各个时段。

第三组

(1) 乙丑卜… ❶
(2) 弜又羌？ ❶❷❸❹
(3) …羌… ❺
(4) 五人，王受又？ ❸
(5) 其又羌五人？ ❹

(6) …十人，[王]受[又]？ 1

(7) 其又羌十人，王受又？ 2 5

(8) 十人，王受又？ 3

(9) 羌其十人？吉。 6

(10) 其十人又五？大吉。 6

(11) 十人又五，王受又？ 2

(12) 二十人，王受又？ 5

(13) 其二十人？ 6

(14) 三十人，王受又？ 5

1《合集》26946 2《合集》26916 3《合集》26920 4《合集》26921 5《合集》26910 6《合集》26911

本组卜祭祀所用羌人数目，从五始，卜至十、十五、二十、三十，辞例虽残缺，但可能是关于某一祭祀之系列卜问。

第四组

(1) 戊… 1

(2) 叀羊，[王受又]？ 1

(3) 庚[子]… 2

(4) 其延岁叀小宰，王受又？ 2

(5) 叀牛，王受又？ 1 2 3

(6) 叀小宰，王受又？ 1

(7) 叀小宰，用？ 2

(8) 其又叀小宰，王受又？ 3

(9) 叀小宰？ 4

(10) 叀牛？ 4

(11) 叙嫠。 2 3

1《合集》29649 2《合补》9708 3《合集》30505 4《合集》29651

本组各版卜问“叀小宰，王受又”，可能存在联系。

第五组

(1) 叀□[酒]，又[大]雨？ 1

(2) 叀□[酒]，又大雨？ ❶
(3) 叀甲酒，又[大]雨？ ❶
(4) 叀甲夕酒，又雨至乙？ ❷
(5) 叀甲酒，又雨？吉。 ❸
(6) 甲弜酒，亡雨？ ❹
(7) 于乙酒，又雨？ ❹
(8) 乙弜酒，亡雨？ ❹
(9) …至丁？ ❷
(10) 叀辛酒，又雨？吉。 ❸
(11) 癸弜酒，亡雨？ ❺
(12) □甲酒，又雨？ ❺

❶《屯南》3137　❷《合集》29723　❸《合补》9524　❹《屯南》2261　❺《合补》9528

本组各版辞例相近，内容相同，均卜问某日酒祭是否有雨，可能存在联系。

第六组

(1) 甲寅… ❶
(2) 牢又一牛，王受又？ ❶❷
(3) 夕岁…王受[又]？吉。 ❷
(4) 二牢，王受又？ ❶
(5) 叀羊，王受又？ ❶❷❸
(6) 叀物牛，王受又？ ❶❷❸

❶《合集》29487　❷《合集》29614　❸《屯南》2304

本组辞(2)(5)(6)同文，可能为一事所卜。

第七组

(1) 丁卯卜：王其又父己… ❶
(2) 王其又父己，叀□各日酒，王受又？ ❷
(3) 于入自日酒，王受又？ ❷
(4) 叀入[自]日酒，王受又？吉。 ❸

(5) 于入自夕祼酒，王受又？ 2
(6) 王其又□父己牢，王受又？ 2
(7) 牢又一牛，王受又？大吉。 2
(8) 乙亥卜：王其又大子，王受又？吉。 3
(9) 叀牛，王受又？ 1
(10) 叀羊？吉。 3
(11) 叙嫠。 1 3

1《合集》27398 2《屯南》2483 3《英藏》2350

在本组中，辞（1）虽残，但与辞（2）同卜“王其又父己”，且辞（3）（4）为同文卜辞，由此可将1 2 3版联系起来。

第八组

(1) 甲午翌… 1
(2) 弜射𣪊鹿，弗擒？ 1
(3) 王涉滴，射𣪊鹿？ 2
(4) 弗擒？ 2
(5) 王其涉滴，射鹿，亡𢦏？ 3
(6) 弜涉，□悔？ 3
(7) …[省]凡田从宫从…至盂，湄日不□？ 2
(8) …王其田，涉滴至于𣪊，亡𢦏？ 4
(9) 其雨？ 5
(10) 王其延至于𣪊，亡𢦏？ 5
(11) 弜至𣪊，其悔？ 5
(12) 弜田，其悔？吉。 6
(13) 叀丧田省，亡𢦏？ 6
(14) 叀盂田省，亡𢦏？ 6 7
(15) …田盂…至𣪊，[亡]𢦏？ 7
(16) □□田省，亡𢦏？ 6
(17) □□田省，亡𢦏？ 6
(18) 其狩，亡𢦏？ 6
(19) 王其射𣪊鹿，亡𢦏？ 6

（20）…射…鹿…擒？ 6
（21）其冒虤鹿，擒？ 5
（22）其…虤…擒？ 8
（23）弗擒？ 8
（24）弜冒虤鹿，弗擒？ 9
（25）[大]吉。兹用。 9
（26）叙嫠。 5

1《合集》28343　2《合集》28340　3《合集》28338　4《合集》28883　5《合集》28342　6《拼三》675　7《英藏》2318　8《合集》28850　9《合集》28344

1属无名组一B类丙群。本组系联的主线是“王涉滴，射虤鹿”。辞（2）（3）（5）（8）事类相关，应为一事之卜。5辞（21）、6辞（19）、8、9均涉及“猎鹿于虤”之事。在7两条卜辞中，辞（14）与6同文，辞（15）卜及虤地。以上各版卜辞可能与主线存在联系。

第九组

（1）丁卯… 1
（2）于丧，亡戋？ 123
（3）于盂，亡戋？ 123
（4）翌[日]□，王其[迖]于向… 3
（5）翌日戊，王其迖于丧？大吉。兹用。 4
（6）于向，亡戋？吉。 4
（7）于宫，亡戋？吉。 4
（8）于盂，亡戋？吉。 4
（9）于向？吉。 4
（10）于盂，亡戋？吉。 4
（11）庚辰卜：翌… 5
（12）[于]丧，[亡]戋？ 5
（13）翌日辛，王其迖于向？ 36
（14）辛，王其迖于向？ 7
（15）于丧？ 67

（16）其… 7
（17）从宫？ 8
（18）从榆？ 8
（19）从丧？ 8
（20）从盂？大吉。兹用。 8
（21）从盂？ 9
（22）辛巳卜：王其狲于丧，亡𢦏？ 9
（23）今日辛，王其狲于丧？ 10
（24）于宫？ 10
（25）于盂，亡𢦏？ 9
（26）于丧，亡𢦏？ 11
（27）于盂，亡𢦏？ 11
（28）于向，亡𢦏？ 11
（29）翌日壬，王其狲于盂，亡𢦏？ 11
（30）于宫，亡𢦏？ 11
（31）王狲于榆至于向，亡𢦏？ 11

1《合集》29049　2《合集》29060　3《拼三》737　4《屯南》2163　5《合集》29080　6《合集》28959　7《合集》28960　8《合集》28946　9《合补》9003　10《合补》9008　11《合集》28947

本组各辞卜问次日田猎之地，主要围绕向、丧、宫、盂四地展开。辞（5）之“翌日戊”可能即辞（1）丁卯之次日戊辰。辞（13）之“翌日辛”可能即辞（11）庚辰之次日辛巳，亦即辞（22）之辛巳。辞（29）之“翌日壬”可能即辛巳之次日壬午。各版择卜的田猎地点相同，干支上也存在联系，可能是一段时间内狩猎于四地而展开的系列卜问。

第十组

（1）庚… 1
（2）辛，王叀田省，亡𢦏？ 1
（3）其狩，亡𢦏？ 1
（4）辛丑卜：翌日壬，王其田狩…大吉。 2
（5）于壬王迺田，亡𢦏？ 1 3

(6) 王其田狩，亡𢦏？ 3
(7) 从丧，亡𢦏？ 1
(8) 从盂，亡𢦏？大吉。 1
(9) 从宫？吉。 1
(10) 丁巳卜：翌日… 4
(11) 王其田狩，亡𢦏？ 4
(12) 戊不雨？ 4
(13) 其雨？ 4
(14) 戊，王其田狩，亡𢦏？ 5
(15) 叀田省，亡𢦏？ 3 6
(16) …𢦏？ 3 6
(17) 其狩，亡𢦏？ 6
(18) 王其田狩，湄日亡𢦏？ 7
(19) 甲子卜：翌日… 8
(20) 弜田，其悔？ 8
(21) 王其田狩，亡𢦏？ 8
(22) 叀田省，亡𢦏？ 8
(23) 丁卯卜：翌日戊，王其田，亡𢦏？ 9
(24) 弜田，其悔？ 9
(25) 王叀田省，亡𢦏？ 9
(26) 狩，亡𢦏？ 9
(27) 王叀田省，亡𢦏？ 10
(28) 其狩，亡𢦏？吉。 10
(29) 不风？ 9
(30) 其风？ 9
(31) 大吉。 10
(32) 弜田𩰫？吉。 10
(33) 王叀… 10
(34) 叞嫠。 4

1《屯南》271　2《合集》28775　3《合集》28772　4《屯南》226　5《屯南》2114　6《合集》28649　7《合集》28774　8《合集》28771　9《拼一》246　10《屯南》2269

本组田猎卜辞辞例为“王其田狩，亡𢦏”，或田、狩分开卜问，可能是同一次田猎活动的卜问。

第十一组

(1) 今日□[王]其省丧田？ ❶
(2) 叀丧田省，亡𢦏？ ❷❸
(3) 翌日壬，王其逊于丧，亡𢦏？ ❹
(4) 于盂，亡𢦏？ ❹
(5) 叀盂田省？ ❶
(6) 叀盂田省，亡𢦏？ ❺
(7) 王叀盂田省，亡𢦏？ ❷
(8) 于宫，亡𢦏？ ❹
(9) 王[其省]田，不[冓]大风？ ❻
(10) [叀]宫[田]省，[亡]𢦏？ ❻
(11) 其遘大风？ ❶❷❸❹
(12) 不遘大风？大吉。兹用。 ❷
(13) 不遘大风？ ❸❹❺
(14) 其遘小风？ ❷
(15) 不遘小风？ ❶❷
(16) …小风？ ❶
(17) …遘…风？ ❺

❶《合集》28972 ❷《屯南》619 ❸《屯南》2257 ❹《屯南》258 ❺《合集》29108 ❻《合集》29174

本组各辞均卜田猎时是否会遭遇大风，且丧、盂、宫是常见于同版的田猎择卜之地。

第十二组

(1) 丙申卜：翌日丁雨？兹用。不雨。 ❶
(2) 戊雨？兹用。不雨。 ❶
(3) 丙午卜：戊，王其田，湄日亡𢦏，永王？ ❶

(4) 弜往于[田]，其悔？ ❶
(5) 丁巳卜：翌日戊，王叀田省？ ❷
(6) 其狩？吉。 ❷
(7) 叀㚔田，弗悔，永王？ ❶
(8) 王叀斿麋射，其悔，永王？ ❶
(9) 叀㚔田，亡𢦏？大吉。 ❷
(10) 叀斿[田]，亡𢦏？ ❷
(11) …㚔麋？ ❸
(12) 弜… ❸
(13) 叀又[麋]先逐，亡𢦏？ ❹
(14) 王其逐斿麋，湄日亡𢦏？ ❹
(15) 弜逐斿麋，其悔？ ❹

❶《屯南》2542　❷《屯南》2531　❸《合集》28378　❹《合集》28370

本组系联的主要线索是逐射麋鹿于㚔、斿两地。辞（7）（8）与（9）（10）皆同版见㚔、斿两地，可能为一事之卜。

第十三组

(1) 丁亥… ❶
(2) 叀牢田，亡𢦏？ ❶
(3) 叀㣛田，亡𢦏？ ❶
(4) □其逐沓麋自西东北，亡𢦏？ ❶
(5) 自东西北逐沓麋，亡𢦏？ ❶
(6) 弜逐㣛麋，其悔？ ❷
(7) 王其东逐㣛麋，擒？ ❷
(8) 其北逐，擒？ ❷

❶《合集》28789　❷《合集》28790

㣛、沓应为一地。两版卜辞内容相近，可由“逐㣛/沓麋”之卜联系起来。

第十四组

(1) 叀𢿢用涾沙于止蓢叡方，不雉众？ ❶

（2）戍比䏌叡方戍？ 1
（3）弗…蕢叡？ 1
（4）…戍…蕢？ 1
（5）弗… 2
（6）…叡方…蕢围？ 2
（7）…庸蕢叡，不雉众？吉。 3
（8）叀又□庸蕢叡方…戍？ 4

1《合集》27996　2《合集》27992　3《屯南》3655　4《屯南》3637

本组以“蕢叡方”之卜为线索进行系联。

第十五组

（1）庚午卜：翌日辛，万其作，不遘大雨？吉。 1
（2）万其奏，不遘大雨？ 2
（3）王□…饗… 2
（4）其遘大雨？ 1 2
（5）翌日壬，王其迍于臺，亡𢦏？ 1
（6）翌日戊，王其迍于□，亡𢦏？ 3
（7）于榆，亡𢦏？ 1
（8）于榆？ 3 4
（9）于丧，亡𢦏？ 1
（10）于丧？吉。 3 4
（11）于盂，亡𢦏？ 1
（12）于盂？ 3 4
（13）于宫，亡𢦏？ 1
（14）于宫？ 3 4
（15）引吉。 1
（16）不雨？引吉。 1
（17）其雨？吉。 1

1《拼三》690　2《合集》30131　3《合集》28914　4《拼一》225

辞（1）（2）可能是一事之卜，辞（6）可能与辞（5）有关，故系联于此。

第十六组

(1) 辛丑卜：王其又勺伐大乙，叀旧𦎫用十人五？吉。 ❶
(2) 叀旧𦎫二牢用，王受又？大吉。 ❷
(3) 弜以万？吉。 ❷
(4) 以万？大吉。兹用。 ❷
(5) 于远僼？ ❷
(6) 在𤊾僼？ ❷
(7) 辛丑卜：万其作于盂僼？大吉。 ❸
(8) 叀田省，亡𢦏？吉。兹用。 ❸
(9) …万其作…吉。 ❹
(10) …其作僼于… ❺
(11) 于盂僼，不雨？ ❻
(12) 乙不雨？兹不雨。 ❻
(13) …于盂僼，不冓大风？ ❽
(14) 王其寻各僼以□？ ❼
(15) 弜以万？兹用。雨。 ❼
(16) …至…弗悔？不雨。 ❼
(17) 叀父庚庸奏，王永？ ❼
(18) 叀祖丁庸奏？ ❼
(19) 于翌日壬，迺作庸，不冓大风？ ❽
(20) 弜翌日壬，其风？ ❽

❶《合集》26994　❷《合补》10395　❸《缀续》400　❹《合集》29690　❺《合集》30281　❻《合集》30271　❼《合集》27310　❽《合集》30270

本组系联主要围绕“万作僼”展开，“僼”可能是类似于后世行宫的建筑[①]。纵观来看，辞（1）（2）应为祭祀大乙一事之卜，辞（3）—（6）卜负责大臣“万”及筑僼之地（可能是为祭大乙而筑），辞（7）—（13）则就“万作盂僼”的天气等情况展开卜问，辞（14）及以下则以万佐王行礼于僼展开卜问。各辞虽简

① 裘锡圭：《释殷墟甲骨文里的“远”“𤊾”（迩）及有关诸字》，载《裘锡圭学术文集·甲骨文卷》，复旦大学出版社，2015年，第167—168页。

略甚至残缺，但主线脉络清晰，应是一完整事件的系列卜问。

第十七组

（1）甲子卜：翌日乙，王其迻于… ❶
（2）于丧，亡𢦏？ ❶
（3）于盂，亡𢦏？ ❶
（4）于宫，亡𢦏？ ❶
（5）…牢犬□告王其比，亡𢦏，擒？ ❶
（6）叀在牢犬去比，亡𢦏，擒？ ❷
（7）戊辰卜：在澅犬中告麋，王其射，亡𢦏，擒？ ❸
（8）丁丑卜：翌日戊，王叀在牢犬…大吉。兹用。 ❹
（9）叀在[illegible]犬壬比，亡𢦏，擒？吉。 ❹
（10）叀在澅犬中比，亡𢦏，擒？吉。 ❹
（11）…在澅犬告犷，王…引吉。 ❺
（12）其比犬口擒，又犷？兹用。允擒。 ❻
（13）弗擒？ ❻
（14）…迻□丧？ ❹
（15）于向？ ❹
（16）弜比？ ❻
（17）不雨？ ❻

❶《合补》10393　❷《合集》27910　❸《合集》27902　❹《屯南》625　❺《合集》27901　❻《合集》28316

❶❷属无名组三类。从辞（5）—（10）来看，王狩猎所行之地都有特定的随行人选，在澅地为犬中，牢地为犬去，[illegible]地为犬壬，三位犬族人物可能即此三地的驺虞官。根据相近的干支及卜辞所涉及的相同地点、随行人物，我们认为各辞可能是同一次田猎中所卜。

第十八组

（1）甲辰卜… ❶
（2）至祖丁祼，王受又？ ❶

(3) 于…登… 2
(4) 祖丁祼𠫑，卯叀牛，王受又？ 2
(5) …[王]受又？ 2
(6) 𠫑，卯叀牛，王受又？ 3
(7) 牢，王受又？ 3
(8) 翌日乙，不雨？ 3

1《合集》30349　2《合集》30348　3《合补》9723

本组三版可能存在联系，辞（2）“祖丁祼”与辞（4）“祖丁祼𠫑”可能为一事，辞（6）则可能是辞（4）的省略。

九、无名组三类卜辞的系联

（一）有联系的卜辞

第一组[①]

(1) 甲辰卜：在爿牧延启，右…犬邑…在潧。引吉。 1
(2) 弜悔？吉。 1
(3) 丙午卜，在攸贞：王其乎在爿牧延执胄夷方虢，焚白麃，弗悔？在正月。隹来征夷方？ 2
(4) 弜执？ 2
(5) 辛亥卜，在攸贞：大左族有擒？ 2
(6) 不擒？ 2
(7) 亡餔… 3
(8) 壬□卜：王其弗戈…戍叀今日壬？ 3
(9) 叀癸延？ 3
(10) 翌日王其令右旅眔左旅𠂤，视方，翦，不雉众？ 3
(11) 其雉？ 3
(12) …王其以众合右旅…旅𠂤于旧，翦？吉。在旧。 4

① 本组系联见李学勤：《商代夷方的名号和地望》，《中国史研究》2006 年第 4 期；李学勤：《帝辛征夷方卜辞的扩大》，《中国史研究》2008 年第 1 期。

(13) 王族其敦人方邑旧，右左其[illegible]？ 5
(14) …迟[illegible]… 5
(15) 弜[illegible]其[illegible]旧，于之若？ 5
(16) …右旅…雉…众？ 5
(17) 甲子卜：叱以王族守方，在辛山，亡災？ 6
(18) 又□？吉。 6
(19) □擒？吉。 6
(20) 方来降？吉。 6
(21) 不降？吉。 6
(22) 方不往自辛山？大吉。 6
(23) 其往？ 6
(24) 壬申卜，在攸贞：右牧㚔告启，王其乎戍比，寽伐，弗悔，利？ 7
(25) 癸酉卜：戍伐，右牧㚔启夷方戍，又翦？引吉。 1
(26) …利？ 7
(27) 其雉众？吉。 7
(28) 不雉众？王占曰：引吉。 7
(29) 弗翦？吉。 7
(30) …翦？引吉。 1
(31) 中戍又翦？ 1
(32) 左戍又翦？吉。 1
(33) 亡翦？ 1
(34) 右戍不雉众？吉。 1
(35) 中戍不雉众？吉。 1
(36) 左戍不雉众？吉。 1

1《屯南》2320　2《缀汇》893　3《屯南》2328　4《屯南》2350　5《屯南》2064+①　6《屯南》2301　7《合集》35345

2 5 属黄组一类。本组系联在李学勤先生《商代夷方的名号和地望》《帝辛征夷方卜辞的扩大》两文排谱的基础上略加调整，如辞（8）干支“壬□”，李学勤先生补为“壬午”，但从内容关联上来看，可能是辛亥之后“壬子”日所卜。

① 常利辉：《小屯南地甲骨新缀两例兼论一组误缀的甲骨》，《华夏考古》2012年第1期。

第二组

(1) 壬午卜贞：王其田𩫖，亡𢦏？ 1
(2) 乙酉卜贞：王其田⿰軎㝵，亡𢦏？ 1
(3) 辛卯卜贞：王其田□，亡𢦏？ 1
(4) 辛卯卜贞：王其田⿰軎㝵，亡災？ 2
(5) 乙未卜贞：王其田，亡災？ 2
(6) 辛丑卜：翌日壬，王其⿺辶必于𩫖，亡𢦏？引吉。 3
(7) 翌日壬，王其⿺辶必于𩫖，亡𢦏？ 4
(8) 于榆，亡𢦏？ 4
(9) 于榆，亡𢦏？吉。 3
(10) 于⿰軎㝵，亡𢦏？引吉。 3
(11) 于宫，亡𢦏？ 4
(12) 于宫，亡𢦏？吉。 3
(13) 启？吉。 3
(14) 不启？ 3
(15) 于丧，亡𢦏？ 4
(16) 于盂，亡𢦏？ 4
(17) 甲辰卜：翌日乙，王其⿺辶必于𩫖，亡𢦏？吉。 5
(18) 于榆，亡𢦏？引吉。 5
(19) 于⿰軎㝵，亡𢦏？吉。 5
(20) 不雨？吉。 5
(21) 其雨？吉。 5

1《屯南》2136　2《辑佚》556 正　3《屯南》2711　4《村中南》121　5《缀汇》624

本组各版所卜田猎之地相近，同版多见𩫖、⿰軎㝵，另有榆地出现次数较多，且干支相近，可能是商王在此区域田猎时的相关卜问。

（二）可能有联系的卜辞

第一组

(1) 于… 1
(2) 于向，亡𢦏？ 1
(3) 于盄，亡𢦏？ 1
(4) 于榆，亡𢦏？ 1
(5) 于丧，亡𢦏？ 1
(6) 于盂，亡𢦏？ 1
(7) [于]盄，亡𢦏？ 1
(8) 乙…犬…引吉。 2
(9) 于壬，亡𢦏？吉。 2
(10) 丁丑卜：翌日戊，王其⿺辶必于盄，亡𢦏？ 3
(11) 于榆，亡𢦏？ 3
(12) 于丧，亡𢦏？ 3
(13) 于盂，亡𢦏？引吉。 3
(14) 于宫，亡𢦏？吉。 3
(15) 戊不雨？引吉。 2
(16) 其雨？ 2
(17) 不[雨]？ 4
(18) 其雨？ 4
(19) 翌日辛，王其⿺辶必于盄，亡𢦏？ 2 3 4
(20) 翌日壬，王其田⿰开兄，亡𢦏，擒？ 3
(21) 于榆，亡𢦏？ 3
(22) 翌日壬，王其⿺辶必于盄，亡𢦏？ 5
(23) 丁酉… 6
(24) 于榆，亡𢦏？ 2 5 6 7 8
(25) 于丧，亡𢦏？ 2 4 6 7 8
(26) 于盂，亡𢦏？ 2 6 7 8

❶《合集》28913　❷《缀汇》656　❸《醉古》193　❹《合集》28907　❺《合集》28909　❻《合集》28927　❼《合集》28932　❽《合集》28931

本组各版盥、榆、丧、盂等地多次同版出现，可能为商王田游于此区域时所卜。

第二组

(1) 辛丑卜：翌日壬，王其逊于向，亡𢦏？引吉。 ❶❷
(2) 于丧，亡𢦏？吉。 ❶❷
(3) 于盂，亡𢦏？引吉。 ❶❷
(4) 于宫，亡𢦏？吉。 ❷❸
(5) …[亡]𢦏？吉。 ❷❸
(6) 于[盂]，亡𢦏？ ❸
(7) 翌日戊，王其逊于向，亡𢦏？ ❸
(8) [庚]戌卜：翌日辛，王其逊于向，亡𢦏？ ❹
(9) 翌日辛，王其逊于向，亡𢦏？引吉。 ❺❻❼
(10) 于丧，亡𢦏？ ❻
(11) [于]盂，[亡]𢦏？ ❻
(12) 于盂，亡𢦏？ ❻
(13) 于向，亡𢦏？ ❻
(14) 不雨？ ❻
(15) 其雨？ ❻
(16) 于丧，亡𢦏？ ❸❺
(17) 于盂，亡𢦏？ ❸❺
(18) 于宫，亡𢦏？ ❸❺
(19) …亡𢦏？ ❼
(20) 于宫，亡災？ ❼
(21) 于…吉。 ❼
(22) 王… ❼
(23) 于宫，亡𢦏？ ❺
(24) [翌]日壬，[王]其逊[于]向，亡𢦏？ ❺
(25) …其…向？ ❽

（26）于丧，亡𢦏？ 8
（27）于盂，亡𢦏？引吉。 8
（28）于宫，亡𢦏？吉。 8
（29）甲寅卜：翌日乙，王其迩于向，亡𢦏？吉。 9
（30）翌日乙，王其迩于向，亡𢦏？吉。 10
（31）于丧，亡𢦏？吉。 10
（32）于丧，亡𢦏？引吉。 9
（33）于盂，亡𢦏？吉。 10
（34）于宫，亡𢦏？引吉。 10
（35）于宫，亡𢦏？吉。 10
（36）于宫，亡𢦏？ 11
（37）戊午卜：不雨？ 12
（38）其雨？ 12
（39）不雨？ 13
（40）其雨？ 13
（41）翌日辛，王其迩于向，亡𢦏？ 11 12 13
（42）于丧，亡𢦏？ 11
（43）于丧，亡𢦏？吉。 12 14
（44）于盂，亡𢦏？引吉。 12 14
（45）于宫，亡𢦏？ 12 14
（46）…王…于… 14
（47）于丧，亡𢦏？引吉。 15
（48）于盂，亡𢦏？引吉。 15
（49）庚午［卜：王］其迩□□？ 15
（50）于丧，亡𢦏？ 15

1《合补》9846　2《醉古》180　3《英藏》2312　4《合集》28954　5《合集》28955　6《屯南》4452　7《拼一》226　8《合集》29058　9《合集》28951　10《合集》28952　11《拼一》251　12《合集》28957　13《合集》28958　14《合集》29023　15《合补》8984

本组各版卜问形式非常相近，卜问所游之地均以向始，继以丧、盂、宫三地，可能是某一时期内商王的一条固定田游线路。

第三组

(1) 于□，亡𢦏？ 1
(2) 庚辰卜：翌日辛，王其迖于敦，亡𢦏？ 2
(3) 翌日辛，王其迖于亯，亡𢦏？ 1 3
(4) 于榆，亡𢦏？ 1 3 4
(5) 于丧，亡𢦏？ 1 4
(6) 甲申卜：翌日[乙]，王其迖于亯，[亡𢦏]？ 5
(7) [翌]日乙，[王]其[迖于]亯，[亡𢦏]？ 6
(8) 辛卯卜：翌日壬，王其迖于敦，亡𢦏？ 4
(9) □□卜：翌日壬，王其[迖]于敦，亡𢦏？ 7
(10) 今日丁市日王其迖，亡𢦏？ 8
(11) 辛丑卜：翌[日壬，王其]迖于亯，亡𢦏？ 8
(12) 于榆，亡𢦏？ 8
(13) 于糬，亡𢦏？ 8 9

1《合集》28923　2《合集》28916　3《合集》28928　4《合集》28915　5《合集》28921　6《合集》28920　7《合集》28918　8《合集》28754+①　9《合集》28942

本组见于同版的是亯、敦、榆，另有丧、糬，可能是里程相近的田游区。

十、无名黄间一类卜辞的系联

可能有联系的卜辞

第一组

(1) 辛亥卜贞：王其田糬，亡𢦏？ 1
(2) 壬子卜贞：王其田，亡災？ 1

① 刘风华：《无三类卜辞试缀一则》，先秦史研究室网站，http：//www.xianqin.org/blog/archives/2405.html，2011年7月2日。

(3) □酉卜[贞]：王其田亶，亡𢦏？ ❶
(4) 辛酉卜贞：王其田𩡧，亡災？ ❷
(5) 辛□[卜贞：王]其田𩡧，亡災？ ❸
(6) 壬戌卜贞：王其田亶？ ❸
(7) 壬□□贞：王其田𩡧，亡𢦏？ ❶
(8) 壬戌卜贞：王其田亶，亡[災]？ ❷
(9) 乙丑卜贞：王其田，亡𢦏？ ❶
(10) 戊辰卜贞：王其田，亡𢦏？ ❶
(11) 戊辰卜贞：王其田𩡧，亡災？ ❷❸
(12) 戊辰卜贞：王田𩡧？ ❸
(13) 辛未卜贞：王其田𩡧，亡災？ ❷❸
(14) 壬申卜贞：王其田𩡧，亡災？ ❷❸
(15) 戊寅卜贞：王其田亶，亡𢦏？ ❶
(16) 壬午卜贞：王其田亶，亡𢦏？ ❶
(17) 戊子卜贞：王其田，亡𢦏？ ❶
(18) 乙未卜贞：王其田，亡𢦏？ ❶

❶《屯南》2323 ❷《屯南》2306 ❸《屯南》2640

以亶、𩡧为核心的田游区亦见于无名组三类“有联系的卜辞”第二组，是商王出游常择卜之地。

第八章

非王卜辞的分类与系联整理研究

第一节　非王卜辞的分类

殷墟卜辞大多数是王室卜辞，这些卜辞以商王为占卜中心。此外也存在少数非王室的卜辞，这些卜辞的占卜中心不是商王，在称谓系统和家庭成员方面也均与王室卜辞不同，故称非王卜辞。

非王卜辞大致可分为午组、子组、非王无名组、子组附属、刀卜辞、亚卜辞、花东子卜辞，依次讨论如下。

一、午组卜辞

本组卜辞约 200 片，殷墟小屯村的村北、村南均有出土，而以村北所出为多，花园庄南地亦有出土。龟骨并用，但以龟腹甲为主。未见可确定的贞人，前辞作“干支卜”“干支卜贞”，以前者多见。有验辞，未见占辞、用辞等。

本组字体大小不一，多折笔，行款以由内而外为主，卜辞多下行而外行。其特征字择要列入表 8-1，特征片可举《合集》22047、22065、22067 等为例，见图 8-1。

表 8-1　午组卜辞特征字举例

贞		量	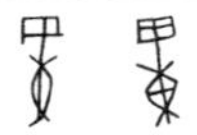	庚		丑	
午		于		其		东	
牛		翌		御		叀	
用	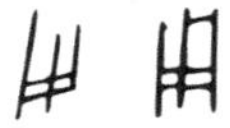	牢					

a）《合集》22047

b）《合集》22065

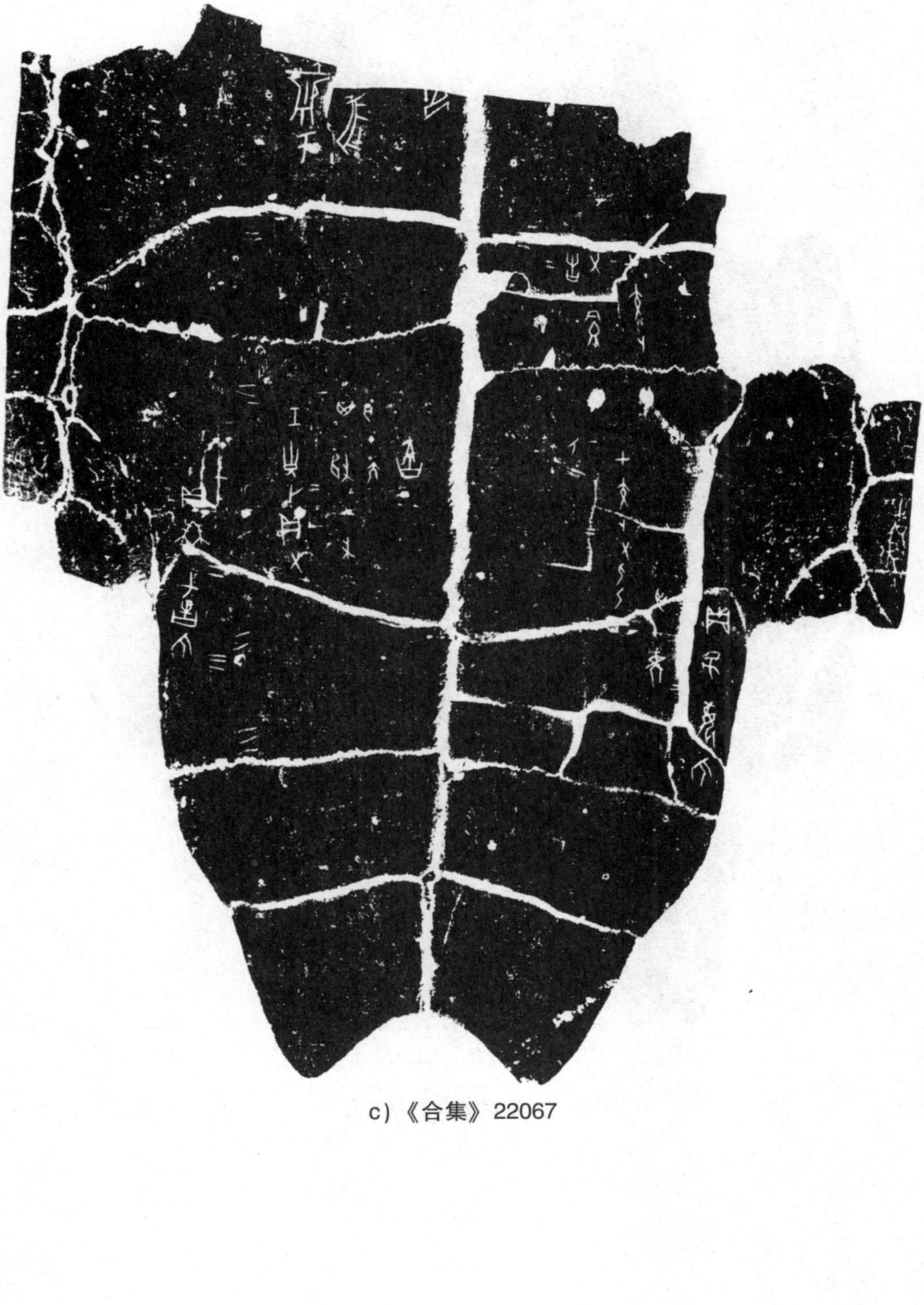

c）《合集》22067

d）《合集》22073

图 8-1　午组卜辞特征片举例

二、子组卜辞

本组卜辞约400片，均出于殷墟小屯村村北。龟骨并用，以龟甲为主。前辞形式较多，作“干支卜”“干支卜贞”“干支卜某”“干支卜某贞”“干支卜某”“干支某贞”等。贞人有子、余、我、彴、𠦪五人。称谓主要有父甲、父乙、父庚、父戊、妣己、妣庚、兄丁、小王等。

根据字体特征、书写风格及用字习惯，本组卜辞可进一步分为A、B两小类。

A类字体圆润，多曲笔，书写较工整。行款均下行而左，贞人主要有子、余、彴、𠦪四人。其特征字择要列入表8-2，特征片可举《合集》21555、21623、21635等为例，见图8-2。

表8-2　子组A类卜辞特征字举例

自		寅		牢		不		贞	
亡		囚	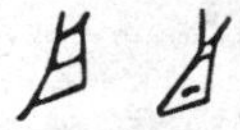	未		子		丁	
庚		辰	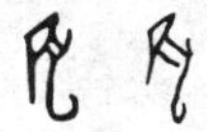						

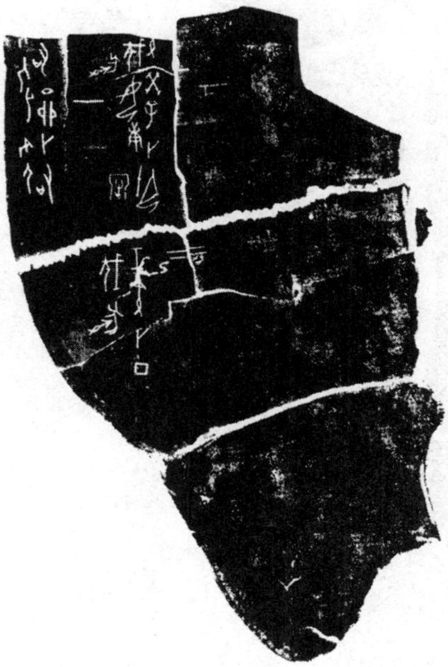

a）《合集》21555

b）《合集》21623

c)《合集》21635

d）《合集》21708

图 8-2　子组 A 类卜辞特征片举例

B 类多折笔，刻辞显得有些潦草，行款较凌乱。贞人主要为“我”，亦有少量“子”占卜的。其特征字择要列入表 8-3，特征片可举《合集》21723、21725、21731 等为例，见图 8-3。

表 8-3　子组 B 类卜辞特征字举例

自		寅		子	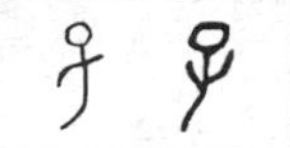	隹		不	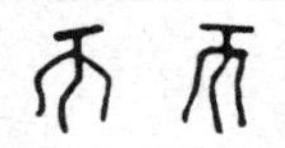
贞		若		亡		囚		未	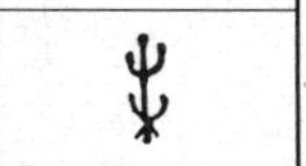
丁		庚		辰					

a）《合集》21731

b）《合集》21744

c）《合集》21723

d）《合集》21725

图 8-3　子组 B 类卜辞特征片举例

三、非王无名组卜辞

本组卜辞约 360 片，集中出于殷墟小屯村村北 YH251 坑和 YH330 坑。未见贞人。前辞作“干支卜”“干支贞”“干支卜贞”，有验辞（《合集》22258）、用辞（《合集》22238）。

本组卜辞字形写法不统一，异体多见。其特征字择要列入表 8-4，特征片可举《合集》22137、22138、22211 等为例，见图 8-4。

表 8-4　非王无名组卜辞特征字举例

旬		臣		用	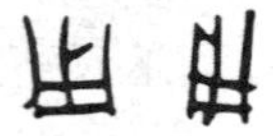	往	
囚	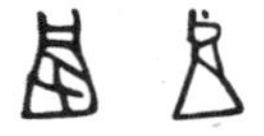	庚		未	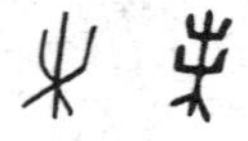	子（子某）	
子（干支）		贞		牢		羊	
擒		辰		束		不	
戌		妇		周		害	

a）《合集》22137

b)《合集》22138

c）《合集》22211

d）《合集》22215

图 8-4　非王无名组卜辞特征片举例

四、子组附属卜辞

本类卜辞约110片，主要出于殷墟小屯村YH127坑。甲骨并用。未见贞人。前辞主要作“干支”“干支贞”“干支卜”“干支卜贞”等。兆序均刻在卜兆兆干的正上方，行款杂乱无章。习惯将亲属称谓置于干支日名之后，常见称谓有妣乙、妣丁、妣己、妣庚、子丁等。

本类字体大小不一，多圆笔或曲线，看上去比较圆转。其特征字择要列入表8-5，特征片可举《合集》21885、21878、21879等为例，见图8-5。

表8-5　子组附属卜辞特征字举例

辰	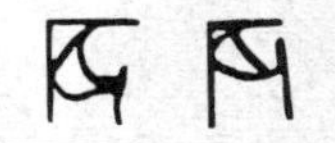	御		其		于	
若		庚		贞		卯	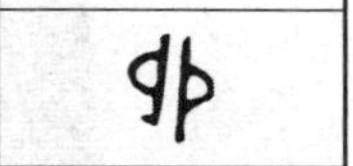
丁		子（干支）	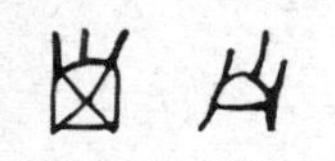	寅		亥	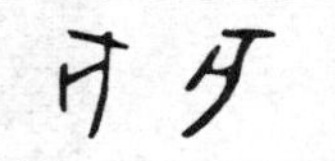
臣		牢		不			

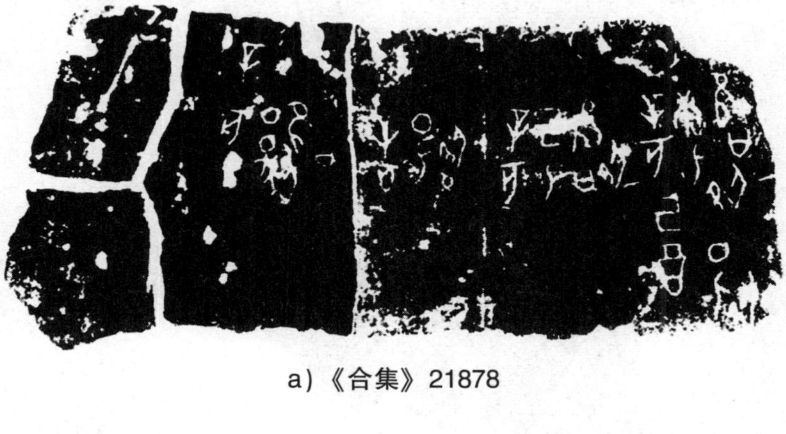

a）《合集》21878

b）《合集》21885

c）《合集》21879

d)《乙编》4810

图 8-5　子组附属卜辞特征片举例

五、刀卜辞

本类卜辞约 20 片，主要出于殷墟小屯村村北 E16 坑，书体风格接近自组。用甲未见用骨，且多为腹甲，少为背甲。前辞作“刀卜”或“刀”，多卜问是否某月“有事”。其特征字择要列入表 8-6，特征片可举《合集》20347、20349、20350 等为例，见图 8-6。

表 8-6　刀卜辞特征字举例

亚		刀		庚		今	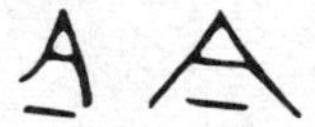
又		来		丁			

a）《合集》20347

b）《合集》20349

c）《合集》20350

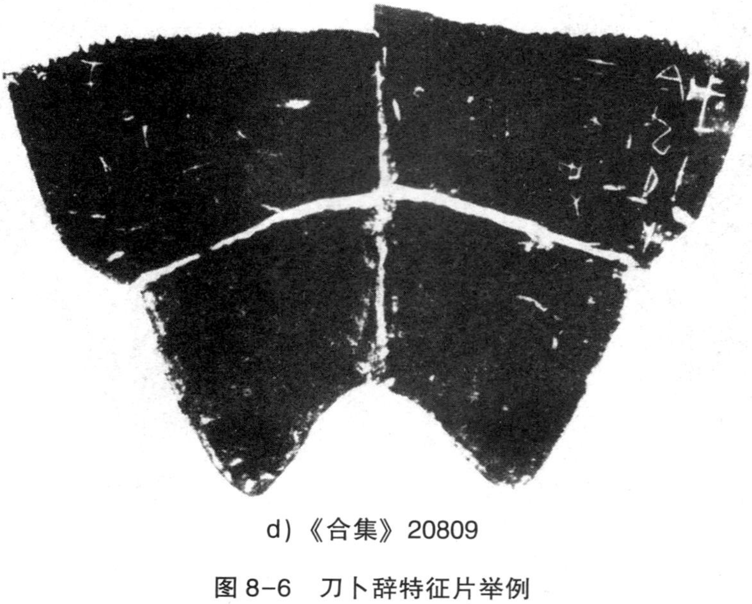

d）《合集》20809

图 8–6　刀卜辞特征片举例

六、亚卜辞

本类卜辞约 10 片，出于殷墟小屯村村北 YH127、YH006 和 E16 等坑。贞人只有亚。前辞作“干支卜亚”和“干支卜亚贞”。其特征字择要列入表 8-7，特征片可举《合集》22302、22306、22308 等为例，见图 8-7。

表 8-7　亚卜辞特征字举例

亚	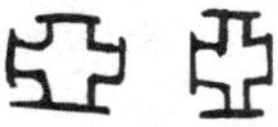	贞		子 （干支）		不	
自		用					

a）《合集》22302

b）《合集》22306

c）《合集》22308

d）《合集》22311

e)《合集》22312

图 8-7 亚卜辞特征片举例

七、花东子卜辞

本类卜辞集中出于花园庄东地 H3 灰坑，著录于《花东》的共 561 片，实际共 559 片（561 = 397A，553 = 397B），亦有少部分散见于其他著录书籍①。龟骨并用，龟腹甲占绝大多数。前辞形式复杂且颇为独特，常见省略地支，或加时间词夕、昃，如“干”“干卜”“干卜贞”“干支夕卜”“干支夕”“干夕卜”“干支昃”等，这在其他甲骨卜辞中是比较罕见的，而常见的“干支卜某贞”“干支某卜”等形式在本类卜辞中极为少见。

本类卜辞整体风格秀丽，字体较小，笔画纤细、圆润，行款复杂，不甚规范。其特征字择要列入表 8-8，特征片可举《花东》3、50、53 等为例，见图 8-8。

表 8-8 花东子卜辞特征字举例

戊	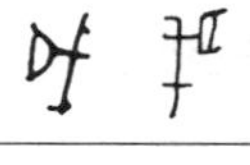	庚	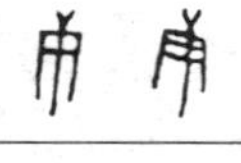	癸	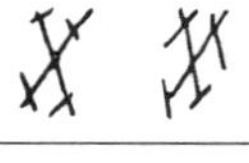	子		寅	
辰		酉		戌		其		令	

① 蒋玉斌：《殷墟子卜辞的整理与研究》，博士学位论文，吉林大学古籍研究所，2006 年，第 220—221 页。

续表

叀		囚		贞	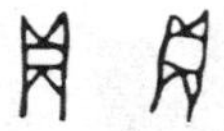	吉		弜	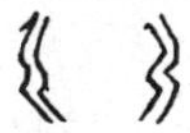
获		不		翌		未		占	

a)《花东》3

b）《花东》50

c）《花东》53

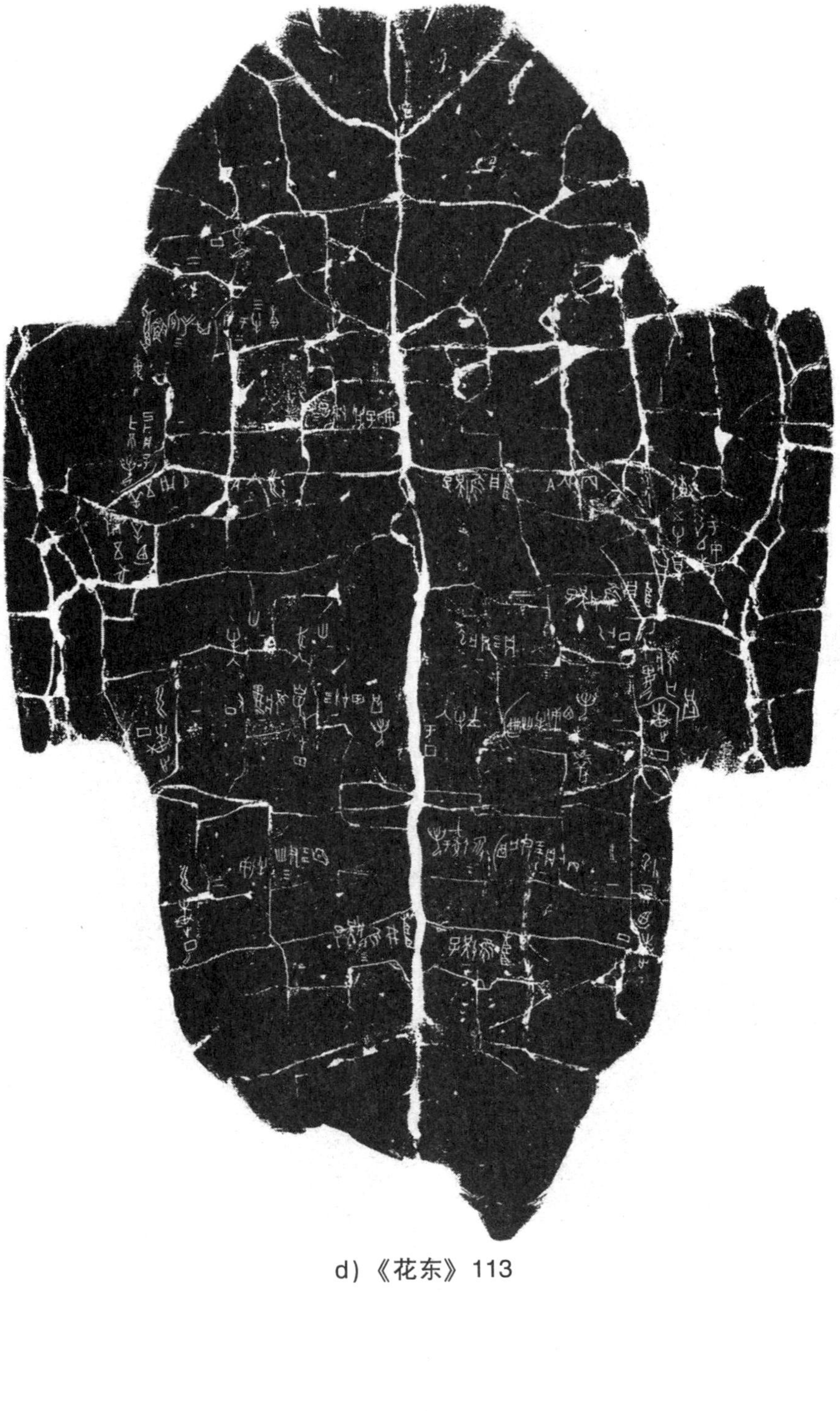

d）《花东》113

e）《花东》409

图 8-8　花东子卜辞特征片举例

第二节　非王卜辞的系联

一、午组卜辞的系联

（一）有联系的卜辞

第一组

（1）己亥卜：来戊申燎石御爵？ 1
（2）辛丑卜：岁臣来曹？ 1
（3）辛丑：其函？ 1
（4）壬寅卜：御于石戊？ 1
（5）壬寅卜：量亡囚？ 1
（6）壬寅卜：御量于入乙？ 1
（7）壬寅卜：御量于父戊？ 1
（8）壬…御… 1
（9）乙巳于天？ 1
（10）叀豭，御量于天庚？允用。 2
（11）御石于安豕屮㲃？ 1
（12）隹祖御？ 1
（13）乙巳：于天癸？ 1
（14）乙巳卜贞：石疾首，不延？ 3
（15）其延？ 3
（16）乙巳卜：夕告齐于亚雀？ 3
（17）乙巳卜贞：于翌丙告齐于亚雀？ 3
（18）癸卯卜：量？ 4
（19）丙午㚤卜：屮岁于父丁羊一？ 4
（20）丙午卜：叀告于丁？ 3
（21）丙午：叀犬？ 3

（22）丁未卜：降㐭…叀豭？ 3
（23）丁未卜… 3
（24）丁未卜：又岁于⿱屮土㐭牛？ 3
（25）丁未卜：于兄己御石，力？ 5
（26）丁未卜贞：御石于祖乙，力？十月。 5
（27）戊申卜贞：量延于⿱冖吴？ 3
（28）允于入乙？ 3
（29）戊申卜：于祖庚御石，力？ 5
（30）戊申卜：弜御，亡囚？ 5
（31）戊申卜：尹其田，亡囚？ 5
（32）戊申卜：御量妣己？ 3
（33）戊申卜：御量于父戊？ 3
（34）庚戌。 1
（35）庚戌卜：朕耳鸣，㞢御于祖庚羊百，㞢用五十八，㞢女三十，訇？今日。 6
（36）庚戌卜：㞢鸣，御于妣辛罘父丁，隹之㞢㞋鬻？ 6
（37）庚戌卜：叀旧御，往？ 6
（38）庚戌卜：余自御？ 6
（39）丁巳卜：至今… 6
（40）丁巳卜：若？翌丁巳告。 6
（41）丁… 6
（42）戊午卜：妇石，力？ 6
（43）戊午卜贞：妇石，力？十月。 6
（44）戊午卜：妥力？ 6
（45）戊午卜：姜力？ 6
（46）戊午卜：嫁力？ 6
（47）戊午卜：御石？ 6
（48）戊午卜：石阹疾斉，不訇？ 6
（49）辛酉卜：御于㞢亘娈？ 6
（50）辛酉卜：其御娈？ 6
（51）辛…于…御… 6
（52）乙卯卜：㞢岁于入乙少宰？用。 3
（53）入乙？用。 3

(54) 隹敺? 1

(55) 夅。 1

(56) 天御量? 十一月。 4

(57) 石? 4

(58) 甲子卜：御量豭于父戊? 7

1《合集》22094+[①] 2《合集》22097 3《合集》22092 4《合集》22093+[②] 5《村中南》457 6《合集》22099 7《村中南》496

本组围绕“御石”“御量”两条主线进行系联。同版卜辞干支相近，事类亦有一定相关性，可能是一时之卜。

第二组

(1) 丙辰□：御…于… 1

(2) 丙申卜：御倅于母戊? 2

(3) 丙申卜：[御]倅于… 2

(4) 丙申卜：御倅于妣辛? 2

(5) …卢豕? 2

(6) □申卜…倅于□叀… 1

1《屯南》2248 2《村中南》357

本组据“御倅”系联，诸辞之间应有一定联系，或为一事之卜。

第三组

(1) 甲子卜：㞢岁于下乙牛? 1

(2) 余㞢岁于祖戊三牛? 1

(3) 辛未卜：四牢? 1

(4) 辛未卜：叀庚辰用牛于子庚，于合用? 1

(5) 壬申卜：斫于[𠦪]? 允。 2

(6) 壬申卜：酒步入乙? 2

---

① 蒋玉斌：《乙种子卜辞（午组卜辞）新缀十四例》，《古籍整理研究学刊》2006年第2期。

② 蒋玉斌：《乙种子卜辞（午组卜辞）新缀十四例》，《古籍整理研究学刊》2006年第2期。

(7) 癸酉卜：御入乙牢？ 2
(8) …弗[亣]以？ 2
(9) …屮聿，御…入乙… 2
(10) 癸酉卜：允步？ 2
(11) 甲戌…步… 2
(12) 丙子卜：桒牛于祖庚？ 2
(13) 丁丑卜：步黄㡯？ 2
(14) 癸未卜：屮岁牛于下乙？ 2
(15) 癸未卜：帝下乙？ 2
(16) 癸未卜：叀羊于下乙？ 2
(17) 癸未卜：叀羊于子庚？ 2
(18) 乙酉卜：屮岁于下乙？ 2
(19) 乙酉卜：屮岁于入乙？ 2
(20) 乙酉卜贞：睘今夕入𢀛于亚？ 3
(21) 乙酉卜：睘[狩]女… 3
(22) 乙酉卜：御家于堇，父乙五牢，鼎用？ 3
(23) 乙酉卜贞：夫亡囚？ 3
(24) □□卜贞…亚… 3
(25) □□卜：亚…牢？ 3
(26) [乙]酉卜贞：奀不囚？ 3
(27) □酉卜：御于天□？ 3
(28) □酉卜：御…妣己八… 3
(29) 丙戌卜贞：睘至自，亡若？ 2
(30) 丙戌：启？九月。 2
(31) □□卜…琮于… 2
(32) 己丑卜：启，丁今？ 2
(33) 庚寅卜贞。 2
(34) 辛卯卜：翌步，亡囚？ 2
(35) 丙午… 2
(36) 丙□卜…隹… 2
(37) 庚戌卜：御…于… 3
(38) 庚戌卜：丙于妣于余□孽？ 3

(39) 辛亥卜：叀允艰？ 3
(40) 不允？ 3
(41) 辛用。 3
(42) 丙辰卜：凡有正？ 3
(43) 叀新示凡？ 3

1《合集》22078+① 2《合集》22063+② 3《合集》22091+③

1 2 两版祭祀均围绕“下乙”“子庚”展开，2 3 均有涉及“罠”活动的贞问，诸版干支相近，可能存在一定关联。

第四组

(1) 乙亥卜：燎于土，雨？ 1
(2) □辰：御于庚？ 1
(3) 壬辰卜：雨？ 1
(4) 壬寅：余斫石御于妣癸卢豕？ 1
(5) 来癸用㞋，于妣癸石㞋？ 1
(6) 壬寅卜：余今丁卢豕直小乇，于父辛、丁㞋，以戈？ 1
(7) 壬寅卜：㞢于妣岁卢豕？用。 1
(8) 于妣癸岁，卢豕？ 1
(9) 壬寅卜：岁𣪊于妣癸？用。 2
(10) 十㞋？ 2
(11) 壬寅卜贞：[illegible]禾？ 2
(12) [illegible]㞢禾？ 2
(13) 壬寅卜：令雍复占？ 1
(14) 癸丑卜：于妣癸？ 3
(15) 壬戌卜：癸亥牛二，于父戊？ 1
(16) 丁卯卜：叀… 3

① 蒋玉斌：《〈甲骨文合集〉缀合拾遗》（第九十一—九十三组），先秦史研究室网站，https：//www. xianqin. org/blog/archives/2217. html，2010 年 12 月 22 日。

② 蒋玉斌：《子卜辞缀合 11 组》，先秦史研究室网站，https：//www. xianqin. org/blog/archives/4961. html，2015 年 1 月 26 日。

③ 蒋玉斌：《乙种子卜辞（午组卜辞）新缀十四例》，《古籍整理研究学刊》2006 年第 2 期。

(17) 甲戌卜：至于丁？用。 3

1《合集》22048　2《拼三》599　3《村中南》338

1以“卢豕”岁祭妣癸或与2之以“龹”同类，辞（6）（7）（9）干支相同，或为一事之卜。

（二）可能有联系的卜辞

第一组

(1) 癸未卜：午余于祖庚羊、豕、艮？ 1
(2) 于祖戊御余羊、豕、艮？ 1
(3) 于子庚御余女、宰又艮？ 1
(4) 叀宰又艮？ 1
(5) 乙酉卜：御新于父戊白豭？ 2
(6) 乙酉卜：[御]新于[父]戊？ 2
(7) 乙酉卜：御新于妣辛白卢豕？ 2
(8) 丙戌卜：祖戊？十月。 2
(9) 戊子卜：至巳御子庚羌、牢？ 3
(10) 戊子卜：至巳御子庚羌、牢？ 3
(11) 戊子卜：至□御子庚？ 3
(12) 戊子卜：至巳御父丁白豕？ 3
(13) 至□御父丁？ 3
(14) 戊子卜：㞢勺岁于父戊艮，用今戊？ 3
(15) 戊子卜：叀今戊用？ 3
(16) 戊子卜：至来戊迺用？ 3
(17) 戊子卜：用六卜？ 3
(18) 用。 3
(19) 己丑卜：岁父丁、戊兆？ 2
(20) 己丑卜：御于帝二十少宰？己丑，余至豼、羊。 2
(21) 叀小宰于父戊？ 2
(22) 壬辰卜：弜至日？ 3
(23) 壬辰[卜：至日]？ 3

(24) 庚子卜：戈子不叀父丁、父戊？ ❶
(25) 羊不戈？ ❶
(26) 弜㞢岁？ ❶
(27) 㞢岁？ ❶
(28) 丙申卜：𤘘于父丁？ ❹
(29) 丁酉卜：河御于祖戊牛，祼□于天？ ❹
(30) 辛丑卜：御守告直于父戊羊？ ❹
(31) 辛丑卜：[illegible]守直[illegible]尹？ ❹
(32) 不㓹？ ❹
(33) 于攻羊？ ❹

❶《合集》22047 ❷《合集》22073 ❸《合集》22046 ❹《村中南》453

各版均见“父丁”“父戊”的祭祀组合，兼有“祖戊”“子庚”，且干支相近，可能存在联系。

第二组

(1) 癸[巳卜]：㞢岁[于]祖[戊]…牛一？ ❶
(2) 癸[巳卜]：来□岁□祖[戊]…[牛]… ❶
(3) 癸巳卜：㞢岁于祖戊牢三？ ❶
(4) 癸巳卜：牢五不用？ ❶
(5) 癸巳卜：御妣辛豖五？ ❶
(6) 癸巳卜：燎于朿延？ ❶
(7) 甲午卜：御父己？ ❶
(8) 甲午卜：御于入乙？ ❶
(9) 甲午卜：凡御于妣至妣辛？ ❶
(10) 甲午卜：凡御于入乙至父戊牛一？ ❶
(11) 乙未卜：御于妣乙？ ❶
(12) 叀𤘘？ ❶
(13) 乙未卜：御于妣辛妣癸？ ❶
(14) 叀羊？ ❶
(15) 乙未卜：叀刹？ ❶
(16) 乙未卜：弜？ ❶

(17) 乙未卜：用彘于妣乙？ 2
(18) 弜用？二月。 2
(19) 叀彘于妣乙？ 2
(20) 叀豕于妣[乙]？ 2
(21) 叀豕于妣乙？ 2
(22) 乙未卜：叀彘于妣乙？ 2
(23) 乙未卜：御于妣乙羊？ 2
(24) 㞢豕？ 2
(25) 叀羊？ 2
(26) …用…于妣乙？ 2
(27) 乙未卜：御外丙牛一？ 2
(28) 丙申卜：岁㞢于父丁？ 2
(29) 丁酉卜：㞢岁□父丁？ 3
(30) …豕于父丁？合。 2
(31) 叀至用□于妣乙？ 2
(32) 己亥卜：庚子枬燎羊一、豕，咸在木，卯于[獢]？ 4
(33) 叀甲辰岁豕于石□？ 4
(34) 彘于妣乙？ 4
(35) 戊午卜：御虎于妣乙叀卢豕？ 5
(36) 戊午卜：叀彘妣乙？ 5
(37) 壬戌卜：垂侯[illegible]余[illegible]丂见聿□，垂侯印？ 5
(38) 壬戌卜：子梦，见邑奉父戊？ 5
(39) 甲子卜：二牝入乙？ 5
(40) 甲子卜：三牝入乙？ 5
(41) 甲子卜：翌㞢勹入乙二牢？ 5
(42) 甲子卜：三牢于入乙？ 5
(43) 甲子卜：用翌入乙？允。 5
(44) 用入乙？ 5
(45) 甲子卜：夕叀㞢岁父戊？ 5
(46) 甲子卜：㞢岁[妣]乙牛？ 5
(47) 叀豕妣乙？ 5
(48) 叀豕妣乙？ 5

❶《合集》22074　❷《合集》22066+①　❸《合集》22199　❹《村中南》366　❺《合集》22065

❶❺均见对于“入乙”“父戊”“妣乙”组合的祭祀，❷❹❺“㲋/豖于妣乙”的占问显示各版之间可能存在联系。

第三组

(1) 辛亥卜：㞢岁于帝牢？ ❶
(2) 㞢于受工牢？ ❶
(3) 乙卯卜：㞢岁父己？ ❶
(4) 㞢岁于兄己？ ❶
(5) 囚？ ❶
(6) 㞢岁于武？ ❶
(7) 壬戌卜贞：亡区子亳？ ❷
(8) 壬戌卜：在㞷：卯于妣乙牢不？用。 ❸
(9) 癸亥卜：于祖乙㞢岁牛？ ❸
(10) 癸亥卜：于祖庚㞢岁牛？ ❸
(11) 癸亥卜：在子：御㞷于母乙，臣于祖庚，卯羊二、豜二？ ❸
(12) 癸亥卜：于兄己㞢岁[牛]？ ❸
(13) 癸亥卜：于司己㞢岁牛？ ❸
(14) 甲子卜：攺二豭、二㲋于入乙？ ❷
(15) [甲子]卜：亡区攺二豭、二豜？ ❷
(16) 叀今癸用？ ❷
(17) 于兄己攺犬？ ❷
(18) 乙丑卜：桒妊生于龙？ ❸
(19) 丁卯卜：用㞷今丁于兄己？ ❹
(20) □豭羊？ ❹
(21) 丁卯卜：用今[丁]㞷于兄己？ ❺
(22) 甲戌卜：余？ ❶
(23) 乙亥卜：我乞玉瓒在入马二十于羸？ ❶

---

① 蒋玉斌：《乙种子卜辞（午组卜辞）新缀十四例》，《古籍整理研究学刊》2006年第2期。

（24）于册？ ❶
（25）…梦，御亳于妣乙艮，鼎… ❻
（26）□戌卜…亳… ❻
（27）□子卜…受…以？ ❻

❶《合集》22075 ❷《合集》22276 ❸《村中南》478 ❹《合集》19775 ❺《合集》19776 ❻《合集》22145

祭祀“兄己”是本组系联的主线。❻所御之“亳”可能就是❷之“子亳”，各版或存在一定联系。

第四组

（1）戊子卜：于来戊用羌？ ❶
（2）叀今戊用？ ❶
（3）庚寅卜：于妣乙用？ ❶
（4）妣乙？ ❶
（5）庚寅卜：弜祭剢祖庚？ ❶
（6）丁酉卜：叀⿰豸土羊？ ❷
（7）戊戌卜：㞢岁父戊牛一，于宫用？不。 ❶
（8）弜用牛、⿰豸土父戊？ ❶
（9）叀牛、⿰豸土父戊？ ❶
（10）牢父戊？ ❶
（11）牢父戊？ ❶
（12）子竹犬？ ❶
（13）戊戌卜：庶至今辛？ ❶
（14）不至庶今辛？ ❶
（15）己亥卜：至雍㠯母？ ❶
（16）己亥卜：不至雍？ ❶
（17）□□卜：至雍今己？ ❶
（18）庚子卜：㞢岁于庚祖？ ❷
（19）□戌卜：㞢□于父戊？ ❸
（20）壬子卜：余御于祖十… ❸
（21）乙卯［卜］：至御于父戊？ ❹

（22）庚申卜：帝御子自祖庚凡至于父戊印？ 2

1《合集》15108+[①] 2《缀汇》380 3《村中南》414 4《英藏》1917

本组各版均围绕祭祀“祖庚”“父戊”展开，可能存在联系。

第五组

（1）丁巳…叀…往… 1
（2）□□卜：御…于子庚豕？ 1
（3）戊午卜贞：不死？ 2
（4）戊午卜：至妻御朿父戊，良又𠩺？ 2
（5）戊午卜贞：妻又罻，今夕？ 2
（6）戊午卜：御卜戊艮？ 2
（7）［戊］午卜：御□朿戊艮羊？ 2
（8）戊［午］卜：御于… 2
（9）叀卢豕？ 2
（10）至罻羊？ 2
（11）叀… 2
（12）于子庚御艮？ 2
（13）［辛］酉卜：卯犬子庚？ 3

1《合集》22080 2《醉古》110 3《合集》22295

诸条御于子庚的卜问或存在联系。

第六组

（1）辛卯卜：尹亡囚？ 1
（2）癸巳卜：桒直于祖戊？ 1
（3）于妣己？ 1
（4）于妣癸？ 1
（5）于妣亥？ 1
（6）于妣壬桒生□？ 1

① 蒋玉斌：《乙种子卜辞（午组卜辞）新缀十四例》，《古籍整理研究学刊》2006年第2期。

(7) 午我母，石亡囚？ 1
(8) 癸巳余卜：于祖壬？ 1
(9) 甲午卜…豰囚？ 1
(10) 甲午卜：燎于𡆥，允若？ 1
(11) 乙未卜：于妣壬桒生？ 1
(12) 乙…余…𠂤…朕…于…八月。 1
(13) 戊戌卜：匽𢦏，隹启千，不爪？ 1
(14) 于入戊？ 1
(15) 丁未卜：自祖乙于祖壬宰、犁？ 2
(16) 己酉卜：㞢岁于祖□六… 2
(17) 己酉卜：叀牛于石甲？ 2
(18) 己酉卜。 2
(19) 庚戌卜：㞢岁下乙？ 2
(20) 庚戌卜贞：多羌自川？ 2
(21) 庚戌卜贞：羌于美？ 2
(22) 辛□卜：兴司戊？ 2
(23) 辛□卜：兴祖庚？ 2
(24) 辛亥卜：兴祖庚？ 2
(25) 辛亥卜：兴司戊？ 2
(26) 辛亥卜：兴□？ 2
(27) 辛亥卜：兴子庚？ 2
(28) 辛亥卜：帝往一羊？ 2
(29) 辛亥卜：翌用于下乙？ 2
(30) 丙辰卜贞。 2
(31) 丙辰卜：疾？ 2

1《合集》22050　2《合集》22044

1辞（8）（7）之祭祀“祖壬”“石”与2辞（15）（17）之祭祀“祖壬”“石甲”可能存在联系。

二、子组 A 类卜辞的系联

（一）有联系的卜辞

第一组

（1）辛巳卜贞：梦亚雀启余刀，若？ ❶
（2）丁未卜：［今］[illegible]月［又］史？ ❶
（3）丁未卜：［今］[illegible]又史？ ❷
（4）庚申［卜］：今[illegible]月［又］史？ ❸
（5）庚申子卜贞：今[illegible]月亡裘又史？ ❹
（6）□午子［卜］：我今[illegible]月［又］史？ ❺
（7）□□卜徂［贞］…[illegible]月我［又］史？ ❻

❶《合集》21623　❷《合集》21672　❸《合集》21674　❹《合集》21676　❺《合集》21675　❻《合集》21684

本组乃占卜今[illegible]月“又史”“亡史”，诸辞当为一事之卜。

第二组

（1）庚寅余卜贞：人归？ ❶
（2）不归？ ❶
（3）壬辰余卜：㲋至今？ ❶
（4）壬辰余卜：印执㲋？ ❷
（5）癸巳余卜：弗执㲋？ ❶
（6）印弗执？ ❶
（7）癸巳余卜：印执㲋？ ❶
（8）弗获？ ❶
（9）癸［巳］…徂［执㲋］？ ❸
（10）［乙］未…［执㲋］？ ❸
（11）乙未余卜：执㲋？ ❶

(12) 丙申余卜：徇执𣪠？ 3
(13) 丙申余卜：印执𣪠？ 1
(14) 丁酉余卜：执𣪠？ 1
(15) 丁酉余卜：亘执𣪠？ 1
(16) 丁酉余卜：执𣪠？ 3
(17) 辛丑余卜：印执𣪠？ 1
(18) □丑余[卜]：□执[𣪠]？ 1
(19) □未□卜…执𣪠？ 2

1《合集》21708+① 2《合集》21710 3《合集》21709

本组贞人基本为“余”，占卜是否“执𣪠”，且前后干支相续，应为一事之卜。

第三组

(1) 壬寅卜徇贞：叀丁[令]毇？ 1
(2) 壬寅卜贞：小，五月我又史？ 2
(3) 弗小？ 2
(4) 甲辰卜䎽贞：叀令毇？ 3
(5) 甲辰卜□贞：令毇，隹若？ 2
(6) 乙巳卜徇：有咎？ 4
(7) 亡之？ 4
(8) 乙巳卜徇贞：今五月我又史？ 4
(9) 乙巳卜徇贞：六月我又史？ 4
(10) 乙巳卜徇贞：[庚我]又史？ 4
(11) 乙巳卜徇贞：辛我又史？ 4
(12) 丁未卜徇贞：令[毇]？ 4
(13) 叀己令毇？ 4
(14) 丁未卜[䎽]贞：叀今日令毇？ 5
(15) 叀丙[令]毇？ 5
(16) 叀□□毇？ 5
(17) 丁未卜[䎽]贞：令今日？ 5

① 常耀华：《子组卜辞缀合两例》，《殷都学刊》1995年第2期。

（18）弜令？ 5
（19）叀甲令龛？ 5
（20）戊申卜贞：叀庚令龛？ 4
（21）叀辛令龛？ 4
（22）戊申卜彶贞… 4
（23）庚戌卜：叀癸令龛？ 5
（24）甲寅[卜]□贞：屎妇印… 3
（25）乙卯卜贞：乎逐龛，获？ 3
（26）□亥[卜]：于…又史？ 6
（27）宋□。 6
（28）庚令龛？ 6
（29）…龛？ 6

1《合集》21633 2《合集》21637 3《合集》21628 4《合集》21635 5《合集》21629+① 6《合集》21630

诸版卜辞均围绕“又史”“令龛”展开，干支相续，应为一时之卜。

第四组

（1）壬辰卜鼎贞：我入卯？ 1
（2）弗入？ 1
（3）壬辰卜鼎贞：史卢东？ 1
（4）癸巳卜彶贞：今六月我又史？ 1 2
（5）于七月又史？ 1
（6）癸巳卜鼎贞：令卢[东]？ 1
（7）癸巳卜鼎贞：至旬亡[𡆥]？ 1
（8）我𡆥？ 1
（9）甲午卜鼎贞：今六月我又史？ 3

1《合集》21728+② 2《拼四》942 3《合集》21668

---

① 蒋玉斌：《子卜辞缀合11组》，先秦史研究室网站，https：//www.xianqin.org/blog/archives/4961.html，2015年1月26日。

② 蒋玉斌：《子卜辞新缀三十二例》，载《古文字研究》（第二十六辑），中华书局，2006年，第129页。

辞（4）同文，❸辞（9）干支“甲午”接续于癸巳次日，卜辞同文，或为一时之卜。

（二）可能有联系的卜辞

第一组

(1) 甲子卜我贞：又史？ ❶
(2) 甲子卜我贞：御彡我又史？ ❶
(3) 甲子卜我贞：乎敢获印？ ❶
(4) 敢获印？ ❶
(5) 不获？ ❶
(6) 乙丑子卜贞：今日又来？ ❷
(7) 乙丑子卜贞：翌日又来？ ❷
(8) 乙丑子卜贞：自今四日又来？ ❷
(9) 乙丑子卜贞：自今四日又来？ ❷
(10) 乙丑子卜贞：庚又来？ ❷
(11) 丙寅卜我贞：乎印取射子？ ❶
(12) 丙寅子卜贞：庚又史？ ❷
(13) 己巳卜我贞：史彘贾？ ❶
(14) 贾□？ ❶
(15) 己巳卜我贞：今夕亡囚？ ❶
(16) 己巳卜我贞：射取子？ ❶
(17) 射？ ❶
(18) 庚午卜我贞：乎敢获？ ❶
(19) 不获？ ❶
(20) 庚午卜我贞：乎敢获？ ❶
(21) 庚午卜我贞：敢获？ ❶
(22) 癸酉卜徂贞：至旬亡囚？ ❷
(23) 旬？ ❷
(24) 癸酉卜徂贞：至旬亡囚？ ❷
(25) 丙戌子卜贞：我亡作口？ ❷

（26）又？ 2
（27）丙戌子卜贞：丁不刍我？ 2
（28）口刍？ 2
（29）壬辰子卜贞：妇卹子曰戠？ 2
（30）妇妥子曰啚？ 2
（31）乙未余卜：受今秋归？ 1
（32）乙未余卜贞：今秋我入商？ 1
（33）乙未子卜贞：史人隹[若]？ 1
（34）乙未子卜贞：叀日史戠？ 1
（35）乙未余卜贞：今秋龎归？ 1
（36）不？ 1
（37）今[秋龎]归？ 1
（38）乙[未余]卜贞：[今秋]龎[归]？ 1
（39）乙未余卜：于九月又史？ 1
（40）于九月又史？ 1
（41）母？ 1
（42）乙未子卜贞：史人隹若？ 1
（43）不？ 1
（44）乙未余卜：今八月又史？ 1
（45）母？ 1
（46）丙申余卜：又召？ 1
（47）又召？ 1
（48）丙申[卜]：亡[害]？ 1
（49）□□徝[卜]：亡[害]？ 1
（50）丁酉余卜：今八月又史？ 1
（51）隹今八月又史？ 1
（52）丁酉：今八月[又史]？ 1
（53）八月？ 1
（54）丁酉余卜：隹庚召？ 1
（55）隹辛又召？ 1
（56）…于… 1
（57）乙巳。 1

（58）丁酉余卜：壬又史？ 1
（59）于癸又史？ 1
（60）乙亡囚，豭？ 1
（61）乙母？ 1
（62）丁酉卜徇：御兄丁？ 1
（63）兄？ 1
（64）丁酉余卜：㱿我召？ 1
（65）[丁酉]余卜：□子□既丁巳？ 1
（66）母？ 1
（67）叀大宰丁巳？ 1
（68）戊戌卜徇贞：来隹若以？ 1
（69）若？ 1
（70）己亥卜䍙贞：□来史以，隹比我又史？ 4
（71）己亥卜徇贞：来隹史以？ 1
（72）己亥卜徇：来若以？ 1
（73）己亥卜徇：来隹若以？ 1
（74）□…隹以？ 1
（75）不若以？ 1
（76）己亥卜徇贞：来隹若？ 1
（77）己亥卜徇：御小己若？ 1
（78）小？ 1
（79）己亥卜徇：御妣己？ 1
（80）妣？ 1
（81）庚子卜徇贞：□来隹以？ 1
（82）？ 1
（83）不□？ 1
（84）乙卯余…人[㱿]又史？ 3
（85）庚申子卜贞：隹以㲋若直？ 2
（86）弗以？ 2

❶《合集》21586+① ❷《合集》21727 ❸《合集》21692 ❹《合集》21696

❹辞（70）与❶辞（71）—（76）所卜内容相近，❸辞（84）与❶辞（64）内容可能相同。❷“又来”卜问可能与❶诸田猎卜辞有关，辞（10）（12）“庚又来”“庚又史”可能与辞（18）—（21）庚午日卜问所获存在关系。

第二组

（1）丙申卜𠂤贞：今夕亡𡆥？ ❶
（2）癸卯卜𠂤贞：乎㲋屰又商？ ❶
（3）癸卯卜𠂤贞：今夕… ❶
（4）癸卯卜…翌…亡来自？ ❶
（5）癸卯卜𠂤贞：乎□奠又商？ ❶
（6）乎…屰… ❶
（7）乎择屰又商？ ❶
（8）癸卯卜：亡㲋丁？七月。 ❷
（9）癸卯卜：又兄丁？ ❷
（10）癸卯卜贞：丁出狩今… ❷
（11）癸卯卜贞：至晦亡𡆥？ ❷
（12）甲辰卜𠂤贞：丁又𦅫，今生月？ ❷
（13）甲辰卜：七月丁𦅫？ ❷
（14）甲辰卜：亡㲋丁？ ❷
（15）甲辰卜𠂤贞：今夕亡来自？ ❶
（16）□□卜𠂤贞：[我]屰[以]，若？ ❶
（17）甲辰卜𠂤贞：我屰以，若？ ❶
（18）不以？ ❶
（19）□□卜𠂤贞：[今]夕亡[𡆥]？ ❶
（20）甲辰卜𠂤贞：今夕亡𡆥？ ❶
（21）乙巳…子萑… ❶
（22）丙又来？ ❶

---

① 蔡哲茂：《甲骨研究二题》，载《中国文字研究·2008年第一辑》（总第十辑），大象出版社，2008年，第38页。

（23）丁又来？ ❶
（24）□□卜𠭰[贞]…今夕… ❶
（25）□□[卜]□贞… ❶
（26）首。 ❶
（27）乙巳卜贞：多亚屰以，若？ ❶
（28）壬子卜贞：今夕[亡]𡆥？ ❸
（29）𦅫丁…夕… ❸
（30）壬子卜贞：丁今七月？ ❸
（31）壬子卜：今来乙丁又𡆵？ ❸
（32）于来亥？ ❸
（33）壬子卜：来乙[丑]又𡆵？ ❸

❶《合集》21572+[①]　❷《合集》21729　❸《合集》21818

❶“乎𡆵屰”、❷“亡𡆵丁”、❸“丁又𡆵”的具体意思不太明确，似为“𡆵”与“丁”之互动，或存在一定联系。

第三组

（1）辛卯卜贞：今四月我又史？ ❶
（2）亡史？ ❶
（3）辛卯卜𠭰贞：□肩刍… ❶
（4）癸巳贞：作…多亚不咎？ ❶
（5）癸巳卜𠭰贞：今四月… ❶
（6）癸巳卜𠭰贞：五月我又史？ ❶
（7）癸巳卜… ❶
（8）乙未卜：梦，妣丁咎？ ❶
（9）…雨？ ❶
（10）己亥卜𠭰：[我]亡史？今来乙。四月卜。 ❷
（11）庚…贞…在… ❷
（12）…四月。 ❷

① 蒋玉斌：《子卜辞新缀三十二例》，载《古文字研究》（第二十六辑），中华书局，2006年，第129页。

❶《缀汇》810　❷《合集》21701
辞（1）四月“又史”与辞（10）四月“亡史”之卜可能存在联系。

第四组

（1）□子卜贞：耳人归？ ❶
（2）丁亥子卜贞：人归？ ❶❷
（3）□亥子卜贞：[在]川，人归？ ❷
（4）戌子卜□贞：余获？ ❷
❶《合集》21648　❷《合集》21657
两版卜辞事类接近，可能存在联系。

第五组

（1）乙酉卜𠂤贞：自今丁丑来自[征]？ ❶
（2）…弜史？ ❶
（3）乙巳㣈卜：丁来自征，㣈子？ ❷
（4）[乙]巳㣈卜：[丁来]自征，㣈子？ ❷
（5）己酉…获… ❸
（6）己酉子卜：自征□我？ ❸
❶《合集》21737　❷《缀汇》180　❸《合集》21736
诸版卜问“来自征”，可能是一事之卜。

三、子组B类卜辞的系联

（一）有联系的卜辞

第一组

（1）乙巳卜我贞：敢获？ ❶
（2）戊申卜[我]贞：敢[获]？ ❷

(3) 辛酉子卜贞：敢获今丁？ 3
(4) [印敢]获？ 1
(5) 甲子卜我贞：敢获？ 4
1《合集》21762　2《合集》21763　3《合集》21679　4《合集》21761
本组占卜"敢获"，相互之间当有一定联系，应为一事之卜。

(二) 可能有联系的卜辞

第一组

(1) 乙卯贞：在自，人归？ 1
(2) 癸酉我卜贞：人归？ 2
(3) 癸酉我卜贞：人归？ 2
1《合集》21741　2《合集》21596
本组据"人归"系联，无月份记载，据干支顺序排列如上。

第二组

(1) 壬戌卜：我弗入商，我又史？ 1
(2) 壬戌…弗入□我又□？ 1
(3) …于… 2
(4) 辛未余卜贞：我㞢史，入商？ 2
(5) …我… 2
(6) 辛未余卜：乎㲋比射□，若？ 2
(7) 丁丑卜我贞：伐役，耤于水？ 2
(8) 叀辛勿…豕隹… 2
(9) 辛□子卜贞：受归？ 2
1《缀汇》182　2《合集》21595
辞（1）（4）占卜内容相近，两版卜问可能存在关联。

四、非王无名组卜辞的系联

（一）有联系的卜辞

第一组

（1）辛未卜：作宀？ 1 2
（2）乇丁？ 1 2
（3）正受禾？ 1 2
（4）㞷受禾？ 1 2
（5）辛丑卜：乎爰㛸乳？ 1 2
（6）弜爰？ 1 2
（7）夕劀御史受？ 1 2
（8）妇㛸子疾不延？ 1 2
（9）帝乇燎门？ 1 2
（10）己丑卜：又妣庚牝？ 1 2
（11）癸亥卜：匄逆女？ 1 2
（12）屰以子，夕往？ 1 2
（13）屰以子，往？ 1
（14）史人？ 1 2
（15）匄屰娀？ 1 2
（16）匄何㛃？ 1 2
（17）用母妣辛𧰼？ 2
（18）癸丑卜贞：子亡害？ 1 2
（19）庚戌卜贞：亡害？ 1 2
（20）有害？ 1 2
（21）癸丑卜：妇㛸在老？ 2
（22）癸亥卜：妇㛸亡囚？ 1 2
（23）贞：妇多嘉？ 1 2
（24）叀午三宰？ 1 2

(25) 妣庚周？ ❶❷
(26) [匃]马不步？ ❶
(27) …步？ ❶
(28) 莫… ❶
(29) …娥？ ❶
(30) 六宰妣庚？ ❶
(31) 告亚？ ❷
(32) 弜告亚？ ❷
(33) 乎陕延？ ❷
(34) 乎陕⿰𠂤目延？ ❷
(35) 先曰屰？ ❷
(36) 先曰何？ ❷
(37) 匃屰嬂？ ❷
(38) 匃屰⿰女皿？ ❷

❶《合集》22245+①　❷《合集》22246

此两版乃成套卜辞，据此可补足相关残缺之辞。

第二组

(1) 丁丑卜：子启陷，亡囚？ ❶❷❸
(2) 贞：妇⿰女卒？ ❶❹
(3) 壬寅卜贞：四子𠬝页？ ❶❷❹
(4) 于妣己祐…酉… ❶
(5) 于妣己祐？ ❹
(6) …妣… ❶
(7) 妣丁□？ ❷
(8) 妣丁豖？ ❸❹
(9) 妣己豖？ ❹
(10) 用今日？ ❷❸❹

① 蒋玉斌：《子卜辞缀合 11 组》，先秦史研究室网站，https：//www. xianqin. org/blog/archives/4961. html，2015 年 1 月 26 日。

（11）乙巳卜：中母嫛五子叺页？ ❹

（12）于子丁嫛五子？ ❹

（13）癸丑卜：往启孽，束小宰，妣己豕？ ❹

❶《合集》22216 +① ❷《合集》22217 +② ❸《合集》22234 +③ ❹《合集》22215

本组亦为成套卜辞，❹卜辞比较完整，其余诸辞则残缺较甚。

第三组

（1）己巳贞：妇嫜允亡囚？ ❶❷

（2）贞：嫁亡囚？ ❶❷

（3）礻卜又母豕？ ❶

（4）己［亥］卜：肩入？ ❶

（5）不肩入？· ❶

（6）癸酉卜：[illegible]合… ❶

（7）癸酉［卜］：[illegible]合… ❶

（8）午中母？ ❶

（9）中母求？ ❶

（10）…亦求？ ❶❷

（11）亡求？ ❶

（12）中母于生月取？ ❶

（13）□辰卜…妇…口中母… ❶

（14）嫁裸至中母，力？ ❶

（15）妇嫜… ❷

（16）不… ❷

（17）□辰卜…妇…御豼…母… ❸

① 蒋玉斌：《蒋玉斌甲骨缀合总表》（300组），先秦史研究室网站，https：//www.xianqin.org/blog/archives/2305.html，2011年3月20日。

② 蒋玉斌：《蒋玉斌甲骨缀合总表》（300组），先秦史研究室网站，https：//www.xianqin.org/blog/archives/2305.html，2011年3月20日。

③ 蒋玉斌：《蒋玉斌甲骨缀合总表》（300组），先秦史研究室网站，https：//www.xianqin.org/blog/archives/2305.html，2011年3月20日。

(18) 裸至妇力…母豼？ ❸

❶《缀汇》228　❷《合集》22256+①　❸《合集》22268

本组为成套卜辞，其中❷❸两版残缺较甚。

第四组

(1) 丁酉卜：来庚用御㞢宰？ ❶❷
(2) 癸卯贞：用㞢宰妣庚？ ❸
(3) 乙巳贞：酒㞢妣庚？ ❸❹
(4) 丁巳卜：㞢宰妣庚？ ❸
(5) 己巳卜：㞢？ ❸❹
(6) 。 ❺
(7) 甲戌卜：又妣庚乙？ ❸
(8) 妣庚？ ❸❹
(9) 戊午卜：用御祝亚束豕？ ❸
(10) 用御…中母… ❸
(11) 用中母？ ❹
(12) 于来己？ ❸❹
(13) 甲子卜：乙豭？ ❸❹
(14) 妣庚用焱羌？ ❸
(15) 妣庚叀焱羌用？ ❹❺❻
(16) …羌[用]妣庚？ ❹
(17) …妣庚…羊土？ ❺
(18) …妣庚宰？ ❸
(19) 祝亚束彘？ ❶❷❸❼
(20) 祝亚束… ❶
(21) 先亚束豭？ ❶
(22) 贞：畬？ ❶❷
(23) 羊祝？ ❼

① 林宏明：《甲骨新缀第 453—470 例》，先秦史研究室网站，https：//www.xianqin.org/blog/archives/3717.html，2014 年 2 月 25 日。

（24）亚束？ ❸❹

（25）…燕？ ❸

（26）戊子卜贞：子… ❹

（27）…宰… ❹

❶《合集》22137　❷《合集》22139　❸《合补》6916+① ❹《缀汇》232　❺《合集》21456+② ❻《合集》22131　❼《合集》22138

本组据祭祀妣庚以及“祝亚束”系联。❸❹两版卜辞比较完整，其余诸辞残缺较甚。

第五组

（1）癸巳卜贞：妇[illegible]亡至口？ ❶❷❸

（2）癸巳卜贞：妇[illegible]亡疾？ ❸❹

（3）癸巳卜贞：子壴亡囚？ ❸

（4）癸未贞：妇多？ ❶❷❸

（5）辛巳卜：启又勺妣庚彘？ ❶❷❸

（6）启又勺妣[庚]小宰？ ❶❷

（7）启又勺妣庚羖？ ❷❸

（8）于子丁？ ❶❷❸

（9）中母？ ❶❷❸

（10）启又勺… ❸

（11）[illegible]于… ❸

（12）贞：妇… ❸

（13）贞… ❸

❶《缀汇》433　❷《缀汇》149　❸《合集》22249　❹《合集》22250

本组为成套卜辞，❹残缺较甚。

---

① 林宏明：《甲骨新缀第452例》，先秦史研究室网站，https：//www. xianqin. org/blog/archives/3650. html，2014年2月17日。

② 蔡哲茂：《殷墟甲骨新缀七则》，载《古文字研究》（第二十七辑），中华书局，2008年，153页。

第六组

（1）贞：妇周？ ❶❷
（2）妣丁咎？ ❶❷
（3）甲申卜：乙又妣庚牝？ ❶❷
（4）甲申卜：乎陕延此？ ❶❷
（5）甲申卜：既涉此？ ❶❷
（6）毋涉延？ ❷

❶《合补》4431+[①]　❷《合集》22223+[②]

本组为成套卜辞，诸辞相对完整。

第七组

（1）丁亥贞：丰？ ❶❷❸
（2）贞：水？ ❶❸
（3）乙卯卜贞：子[illegible]？ ❶❷
（4）贞：子[illegible]？ ❸
（5）丁巳：敀兄豕？ ❶
（6）奚束求？ ❶
（7）丁巳：兄咎？ ❷❸
（8）示丁咎，不？ ❷
（9）丁示咎，不？ ❸

❶《合集》22288　❷《合集》22289　❸《合集》22290

本组为成套卜辞。其中，❷辞（8）作“示丁咎，不”，❸辞（9）则作“丁示咎，不”。卜辞中，“丁示”常见，“示丁”则在宾组中出现一次，据本组成套卜辞，我们推测“示丁”或为“丁示”倒称。

---

① 蒋玉斌：《子卜辞缀合11组》，先秦史研究室网站，https：//www.xianqin.org/blog/archives/4961.html，2015年1月26日。

② 蒋玉斌：《蒋玉斌甲骨缀合总表》（300组），先秦史研究室网站，https：//www.xianqin.org/blog/archives/2305.html，2011年3月20日。

第八组

(1) 辛酉卜：姼肩出？ ❶❷❸
(2) 乙丑卜：妇亡爰？ ❶❷❸❹
(3) 乙丑卜：又毳丁妣？ ❶❷❸
(4) 乙丑卜贞：妇爵子亡疾？ ❷❸❹
(5) 戊寅卜：又妣庚牝？ ❶❸
(6) 甲申卜：令豚宅正？ ❶❷❸
(7) 叀延宅正？ ❶❷
(8) 又罘豚亡口？ ❶
(9) 癸巳卜：姼肩出？ ❶❸❹
(10) 姼力？ ❶❷❸
(11) 癸巳卜：姼乇？ ❶❸
(12) 不乇？ ❶❸
(13) 姼自毓？ ❶❷❸
(14) 吾自毓？ ❷
(15) 归老？ ❶❷
(16) 又毘？ ❶❷❸

❶《合集》22322+①　❷《合集》22323　❸《合集》22324　❹《合补》6714

本组为成套卜辞，其中❹残缺较甚，其余诸版则比较完整。

第九组

(1) 癸巳卜：用庚申御牢？ ❶❷❸
(2) 癸巳卜：获妥？ ❶❷
(3) 壬寅卜贞：妇婞？ ❶
(4) 壬寅贞：启？ ❶
(5) 贞：启弟？ ❶
(6) 甲辰贞：羌嗀不步？ ❶❹

---

① 蒋玉斌：《甲种子卜辞新缀十六组》，《考古与文物》2005年增刊。

（7）其步？ [1][4]
（8）午束？ [1]
（9）亡午？ [1]
（10）束豕？ [4]
（11）用庚子… [2]
（12）用庚… [2]
（13）癸巳贞… [3]
（14）羽… [3]

[1]《合集》22135+[①]　[2]《合集》22147+[②]　[3]《合集》22426　[4]《醉古》164

本组为成套卜辞，除[1]卜辞完整外，其余诸辞残缺较甚。

第十组

（1）乙亥卜：[illegible]卬伯，参？十一月。 [1][2]
（2）乙亥卜：[illegible]息伯，引？十一月。 [1][2]
（3）癸酉贞。 [1][2]

[1]《合集》20086　[2]《合补》6922

本组为成套卜辞。

第十一组

（1）毛龜小母？用。 [1][2]
（2）束豕？用。 [1]
（3）[illegible]？ [1]
（4）爿母庚？ [1][2]
（5）毛龜小母？ [2]
（6）毛小母… [2]
（7）贞：毛羊？ [2]

---

① 蒋玉斌：《殷墟子卜辞的整理与研究》，博士学位论文，吉林大学古籍研究所，2006 年，第 169 页。

② 蒋玉斌：《子卜辞缀合 11 组》，先秦史研究室网站，https://www.xianqin.org/blog/archives/4961.html，2015 年 1 月 26 日。

（8）乇门？ ❷

❶《合集》22238　❷《缀汇》436

本组为成套卜辞。

第十二组

（1）至卢豕妣戊？ ❶❷

（2）卢豕妣戊？ ❶❷

（3）妣戊？ ❶❷

（4）妣丙… ❶

（5）御史受？ ❶❷

（6）乎巫？ ❶❷

（7）弗灰执？ ❶

（8）吕又人？ ❷

❶《合集》20366+[①]　❷《合集》20352+[②]

本组为成套卜辞。

（二）可能有联系的卜辞

第一组

（1）丁亥卜：酒御妣庚，矢宰？ ❶

（2）丁亥卜：酒御妣庚，矢宰？ ❶

（3）辛卯卜：今日又姍？ ❶

（4）辛卯卜：又小母彘？ ❶

（5）己亥。 ❶

（6）己亥卜：汏由，今日午卩？ ❶

（7）其亡汏？ ❶

---

① 蒋玉斌：《甲种子卜辞新缀十六组》，《考古与文物》2005 年增刊。

② 蒋玉斌：《子卜辞缀合 11 组》，先秦史研究室网站，https：//www. xianqin. org/blog/archives/4961. html，2015 年 1 月 26 日。

(8) 辛丑卜贞：疾花，亡亦疾？ 1
(9) 延勺丁彘？ 1
(10) 辛丑卜：亡口？ 1
(11) 辛丑卜：亡疾？ 1
(12) 辛丑卜：中母御小宰？ 1
(13) 丙午贞：启弟？ 1
(14) 丙午贞：启？ 1
(15) 丙午贞：妇婞？ 1
(16) 丙午贞：多臣亡疾？ 1
(17) 丙午贞：多妇亡疾？ 1
(18) 丙午贞：□？ 1
(19) 丁未卜：□比田亡囚？ 2
(20) 癸丑卜：裸鬯中母，羌㞢友？ 1
(21) 甲寅卜：臣子来晌？ 2
(22) 乙卯卜贞：子启亡疾？ 3 4 5
(23) 乙卯贞：娉？ 3 5
(24) 乙卯卜贞：娉？ 4
(25) 乙卯卜贞：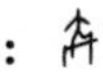？ 3 4
(26) 乙卯卜贞：子？ 4
(27) 祐中母豕？ 3
(28) 祐中母彘？ 5
(29) 祐妣庚豕？ 3 5
(30) 先妣牛？ 4 5
(31) 母… 4
(32) 妇… 4
(33) 丁示？ 4 5
(34) …束…求？ 5
(35) 祐三妣？ 6
(36) 豕三妣？ 6
(37) 丁示咎？ 6
(38) 先夋束？ 3
(39) 庚申卜：又叕今月？ 7

（40）庚申卜：今月亡夽之？ ❼
（41）庚申卜：又夽今春？ ❼
（42）庚申卜：今春亡夽？七月。 ❼
（43）庚申卜：今秋亡夽之？七月。 ❼
（44）庚申卜贞：又夽之？七月。 ❼
（45）辛酉卜：㞢妣庚？ ❷
（46）䏶陷？ ❷
（47）延？ ❷
（48）不勹，妣庚又人？ ❷
（49）弜又人妣庚？用。 ❷
（50）辛酉卜贞：媷亡疾？ ❷
（51）…亡疾？ ❷
（52）…启亡疾，隹咎？ ❷
（53）…有疾？ ❽
（54）□辰卜贞：启亡疾？ ❽
（55）［辛］酉卜…中母…豕…翌… ❷
（56）□□卜：…爿… ❷
（57）贞：乞爿妣庚亡［立］？ ❷
（58）又子□？ ❷
（59）贞：臣子…若？ ❷
（60）甲子卜：先㚇束？ ❹❺❻
（61）甲子卜：先妣［牛］？ ❸❹❺
（62）己巳卜贞：启不延？ ❾
（63）己巳卜贞：不延启？ ❿
（64）辛巳贞：启弟？ ❼
（65）毳又羊又㽙妣庚？ ❼

❶《合集》22258　❷《合补》6915　❸《合集》22282＋①　❹《缀汇》939　❺《缀汇》932　❻《合集》22285　❼《合补》6829　❽《缀汇》929　❾《合集》

---

① 蒋玉斌：《甲种子卜辞新缀十六组》，《考古与文物》2005年增刊。

22280+[1]　10《合集》22492+[2]

本组据“子启疾”“中母”等系联。

五、子组附属卜辞的系联

（一）有联系的卜辞

第一组

（1）丙午…弜以…　1
（2）戊申：又咎？　2
（3）戊申贞：亡咎？　2
（4）戊申：又咎？　1
（5）戊申贞：亡咎？　1
（6）戊申贞：贾？　3
（7）戊申…　3
（8）己酉…　3
（9）[己]酉：戊妣咎？　3
（10）己酉：己妣咎？　3
（11）己酉：子丁咎？　1
（12）己酉：丁妣咎？　2
（13）辛亥：丁子隹咎？　2
（14）辛亥：丁妣隹咎？　2
（15）辛亥：己妣隹咎？　2
（16）辛亥：庚妣隹咎？　2
（17）辛亥：子咎？　3
（18）辛亥：又咎？　3
（19）辛亥：亡咎？　3

---

① 蒋玉斌：《子卜辞缀合 11 组》，先秦史研究室网站，https：//www. xianqin. org/blog/archives/4961. html，2015 年 1 月 26 日。

② 蒋玉斌：《甲骨缀合拾遗》（十一组），《华夏考古》2008 年第 3 期。

❶《缀汇》1031　❷《合集》21839左+①　❸《合集》21979+②

本组干支相连，占卜内容相同，或为一事之卜。

（二）可能有联系的卜辞

第一组

（1）甲寅卜贞：三卜用，盂三羊，尸伐二十，鬯三十，牢三十，艮三多于妣庚？ ❶

（2）乙丑卜：酒御于妣庚，伐二十，鬯三十… ❷

（3）丁卯：妣丁咎？ ❸

（4）丁卯：中母己咎？ ❸

（5）丁卯贞：八卢豕于妣己，迺尸？ ❶

（6）戊寅卜贞… ❷

（7）戊寅卜：今庚辰酒盂三羊于妣[庚]？ ❸

（8）戊寅卜：于来庚寅，酒盂三羊于妣庚，尸伐二十，鬯三十，牢三十，艮三多？ ❸

（9）…[艮]三多于妣庚？ ❹

❶《合集》22231　❷《合集》22227　❸《合集》21879+③　❹《合集》22232

辞（1）（2）（8）皆以"伐二十""鬯三十"祭祀妣庚，（9）之"艮三多"亦合于辞（1）（8），诸版或为一时之卜。

第二组

（1）癸卯：洋皿，雨？ ❶

（2）癸卯：皿用[豕]？ ❶

（3）癸卯：㮚迺燎□？ ❶

---

① 宋雅萍：《背甲新缀十二例》，《台大中文学报》2012年第三十六期。

② 宋雅萍：《背甲新缀十二例》，《台大中文学报》2012年第三十六期。

③ 蒋玉斌：《子卜辞新缀三十二例》，载《古文字研究》（第二十六辑），中华书局，2006年，第129页。

（4）丁未：其又子丁牛？ 1
（5）戊申：隹妣庚㫃土？ 1
（6）戊申：隹土？ 1
（7）戊申：其三周御？ 1
（8）戊申：其石甲？ 1
（9）□寅生其用豕？ 1
（10）癸丑子卜：豕归？ 2
（11）丙子卜：[illegible]御于二妣己，于妣丁、子丁？ 2
（12）戊寅卜：盄三羊？ 2
（13）戊寅卜：盄牛于妣庚？ 2
（14）戊寅卜：燎白豕卯牛于妣庚？ 2
（15）丙戌卜贞：丁亥酒盄豕，毌小宰子丁？ 3
（16）丙戌卜贞：丁亥酒盄豕，毌小宰子丁？ 3
（17）丁亥贞：饮犬户？ 3
（18）丁亥：饮犬户？ 3
（19）丁亥：令邑，生月？ 3
（20）戊子：今庚又伐？ 3
（21）戊子：又伐祖乙？ 3
（22）戊子：又伐妣庚？ 3
（23）己丑：又妣庚？ 3
（24）己丑：来庚又伐？ 3
（25）丁戌贞：刁？ 3
（26）庚寅贞：御刁？ 3
（27）庚寅：寻御？ 3
（28）辛卯：㫃犬母？ 3
（29）辛卯：酒今甲三豕？ 3
（30）壬辰：刁？ 3
（31）癸巳贞：告？ 3
（32）癸巳。 3
（33）癸。 3
（34）乙未。 3
（35）丁酉。 3

(36) 丁酉。 3
(37) 丁酉。 3
(38) 戊戌。 3
(39) 戊戌。 3
(40) 戊戌卜：王取弟，若？ 3
(41) 戊戌卜贞：习卜丁酉？ 3

1《合集》21885　2《英藏》1891　3《缀汇》394

三版卜辞皆有围绕“子丁”“妣庚”祭祀的占问，可能存在联系。

六、花东子卜辞的系联

(一) 有联系的卜辞

第一组

(1) 壬申卜：在𢓊，其御于妣庚，晋十宰，□十𠬝？用。在麗。 1
(2) 癸酉卜：叀犂牡岁甲祖？用。 2
(3) 癸酉卜：叀犂牡岁甲祖？用。 2
(4) 乙亥：岁祖乙小𬐘，子祝？在麗。 3
(5) 丁丑卜：子御于妣甲，晋牛一，又𠬝一，□災，入商酒？在麗。 4
(6) 丁丑卜：子御妣甲，晋牛一，𠬝一？用。 4
(7) 己卯卜：子见暄以玉丁？用。 2
(8) 以一𠬝见丁？用。 2
(9) 己卯：子见暄以璧、玉于丁？用。 5
(10) 己卯：子见暄以圭罘冐、璧丁？用。 5
(11) 己卯：子见暄以圭于丁？用。 5
(12) 己卯：子见暄以玉丁，永？用。 5
(13) 己卯卜：丁永，子孚？ 5
(14) 庚辰：岁妣庚小宰，子祝？在麗。 6
(15) 庚辰：子裸妣庚，又言妣庚，若？ 5
(16) 庚辰：岁妣庚牢，乇彡牝，𡚬攺。 5

(17) 庚辰卜：于[既]…宰，饮牝一，㞢妣庚？用。彡乇。 7
(18) 甲申：又㞢？用。 3
(19) 甲申：岁祖[甲]小宰，祐㞢一，子祝？在麤。 3
(20) 甲申：岁祖甲小宰，祐㞢一，子祝？在麤。 6
(21) 乙酉：岁祖乙小宰、豼，祐㞢一？ 6
(22) 乙酉：岁祖乙小宰、豼，祐㞢一，[illegible]祝？在麤。 6
(23) 乙酉：岁… 4
(24) [毚]？在麤。 8
(25) 乙酉卜：入肉？ 5
(26) 乙酉卜：入肉？子曰：侗卜。 5
(27) 丙戌：岁祖甲羊一，岁祖乙羖一，在甘，子祝？ 7
(28) 马？用。 7
(29) 丙戌：岁祖甲羖一，岁祖乙羊一，在甘，子祝？ 7
(30) 戊子卜：在麤，子其射，若？ 9
(31) 戊子卜：在麤，子弜射于之，若？ 9
(32) 友贞：子炅？ 9
(33) 癸巳卜：子餗，叀白璧启丁？用。 2
(34) 甲午卜：在麤，子其射，若？ 2
(35) 甲午：弜射于之，若？ 2
(36) 丁酉：岁祖甲犯一，祐㞢一？在麤。 2
(37) 丁酉：岁祖甲犯一，祐㞢一？在麤。 2
(38) 丁酉：岁祖甲犯一、㞢一？在麤，子祝。 10
(39) 叀一羊于二祖用，入自麤？ 10
(40) 子肩未其瘉？ 11
(41) 戊戌卜：在泞，子射，若？不用。 11
(42) 戊戌卜：在泞，子弜射于之，若？ 11
(43) 己亥卜：在吕，子其射，若？不用。 2 11
(44) 弜射于之，若？ 11
(45) 己亥卜：在吕，子… 10
(46) 弜射于之，若？ 10
(47) 庚子卜：在我，[祖]… 10
(48) 庚子卜：在[我]，祖□其罘䏌廌？ 11

（49）隹𩁹麤子？不用。 11
（50）癸卯：岁祖乙犯一，祐鬯一？在麤，子祝。 12
（51）甲辰：岁妣庚犯一，祐鬯一？在麤。 12
（52）甲辰：岁祖甲牡一，羖一？在麤。 12
（53）子令？ 12
（54）甲辰：岁祖甲牡一，羖一？在麤。 2 12
（55）叀牝，又鬯祖甲？ 2
（56）甲辰：岁妣庚犯一，祐鬯？在麤。 2
（57）乙巳：岁祖乙三豼？在麤。 12
（58）乙巳卜：在麤，子其射，若？不用。 2
（59）乙巳卜：在麤，子弜迟彝弓，出日？ 2
（60）叀丙弓用射？ 2
（61）叀丙弓用？不用。 2
（62）丙午卜：子其射疾弓于之，若？ 2
（63）丙午卜：在麤，子其乎多尹入璧丁，永？ 13
（64）丁未卜：新马其于贾见，右？用。 10
（65）丁未卜：新马于贾见，右？不用。 10
（66）牝？ 10
（67）其又贾马［于］新？ 14
（68）其又䮾于贾见？ 14
（69）戊卜：叀邵乎匄？不用。 11
（70）戊申卜：叀虤乎匄［马］？用。在麤。 11
（71）叀敦乎匄？不用。 11
（72）叀敦乎匄？不用。 11
（73）戊申卜：叀疾弓用射萑？用。 2
（74）戊申卜：日用马，于之力？ 13
（75）戊申卜：弜日用马，于之力？ 13
（76）戊申卜：其将妣庚于□东官？用。 15
（77）己酉：岁祖甲犯一，岁［祖乙］犯一，入自麤？ 13
（78）弜又鬯？用。 13
（79）庚戌：岁妣庚犯一，入自麤？ 13
（80）［庚］戌：岁妣庚犯一，子祝？在龐。 16

(81) 庚戌：岁妣庚羌一，入自廘？ 5 7
(82) 自贾三。 17
(83) 辛亥卜：子其以妇好入于妣，子乎多御正，见于妇好，启紤十，往鑋？ 17
(84) 辛亥卜：弹启妇好紤三，崖启妇好紤二？用，往鑋。 17
(85) 辛亥卜：叀弹见于妇好？不用。 17
(86) 辛亥卜：子启妇好玟，往鑋，在妣？ 18
(87) 辛亥卜：乎崖、消见于妇好，在妣？用。 18
(88) 辛亥卜：子以妇好入于妣？用。 18
(89) 辛亥卜：叀入人？用。 18
(90) 辛亥老卜：家其匄又妾又畀一？ 5
(91) 壬子卜：子以妇好入于妣，启玟三，往鑋？ 2
(92) 壬子卜：子以妇好入于妣，子乎多贾见于妇好，启紤八？ 2
(93) 壬子卜：子以妇好入于妣，子乎多御正，见于妇好，启紤十，往鑋？ 2
(94) 壬子卜：其将妣庚示宫，于东官？用。 5
(95) 壬子卜：其将[妣庚]示宫，于东官？用。 19
(96) 癸丑：将妣庚□岁妣庚牢？在妣。 15
(97) 癸丑卜：子祼新鬯于祖甲？用。 15
(98) 癸丑卜：子祼？ 15
(99) 癸丑卜：岁食牝于祖甲？用。 2 17
(100) 癸丑卜：其将妣庚[示]于妣东官？用。 18
(101) 甲寅：岁祖甲白豭一，祐鬯一，皀自西祭？ 20
(102) 甲寅：岁祖甲白豼一？ 20
(103) [甲]寅卜：弜速丁？用。 15
(104) 乙卯卜：叀白豕祖甲？不用。 17
(105) 乙卯：岁祖乙豭一，祐鬯一？ 17
(106) 乙卯：岁祖乙白豭一，皀自西祭，祖甲延？ 20
(107) 乙卯：岁祖乙白豭一，皀自西祭，祖甲延？ 20
(108) 乙卯：岁豭，祐鬯祖乙？用。 18
(109) 乙卯卜：叀白豕祖乙？不用。 2
(110) 乙卯：岁祖乙豭，祐鬯一？ 2
(111) 叀三人？ 2
(112) 乙卯夕卜：子弜往田？用。 10

(113) 乙卯夕卜：子弜畬？用。 10
(114) 庚申卜：弜…鹿…用。 7
(115) 壬戌卜：在㹞，葬韦？用。 18
(116) 于襄，葬韦？不用。 18
(117) 丁卯：右马有[刿]？ 19
(118) 壬申：岁妣庚豼一，在㹞？ 19
(119) 癸酉：其右麵于贾见？ 19
(120) 丙子卜：或豼于贾见？ 19
(121) 羊。 19

1《花东》95 2《花东》37 3《花东》354 4《花东》176 5《花东》490 6《花东》291 7《花东》428+① 8《花东》515 9《花东》2 10《花东》7 11《花东》467 12《花东》463 13《花东》196 14《花东》168 15《花东》248 16《花东》452 17《花东》63 18《花东》195 19《花东》81 20《花东》4

以上诸辞，贞卜事类主要围绕岁/御祭妣庚、妣甲、祖甲、祖乙、丁展开，地点为𢓊、麗、甘、泞、吕、麠、㹞，故依此将其系联为一组。

第二组

(1) 自贾□。 1
(2) 子其出宜？不用。 1
(3) [戠弜]… 1
(4) 甲戌卜：子其出宜？不用。 1
(5) 戠弜出宜？用。 1
(6) 乙亥：岁祖乙□，祐鬯一？ 2
(7) 甲申卜：子其见妇好… 1
(8) 甲申卜：子叀豖殁罘鱼见丁？用。 1
(9) 丙：岁妣庚羊，祐鬯，告梦？ 1
(10) 丙：岁妣庚羊，祐鬯，[告]梦？ 1
(11) 戊子卜：子隮宜一于之，若？ 1

① 蒋玉斌：《甲骨缀合拾遗》（十一组），《华夏考古》2008年第3期。

（12）戊子卜：子障宜二于之，若？ 1
（13）辛卯卜：子障宜，至二日？用。 2
（14）辛卯卜：子障宜，至三日？不用。 2
（15）辛卯卜：叀口宜□配，牝，亦叀牡用？ 2
（16）辛卯卜：子障宜，叀幽廌用？ 2 4
（17）辛卯卜：子障宜，叀絜□？不用。 4
（18）壬辰卜：子障宜，右、左叀鼾[用]，中叀鼾用？ 2
（19）壬辰卜：子亦障宜，叀鼾，于左、右用？ 2
（20）壬辰卜：子障宜，叀隹□用？ 2
（21）癸巳卜：叀璧启丁？ 2
（22）子启丁璧？用。 2
（23）癸巳：叀玟启丁？不用。 2
（24）丁酉卜：今夕[丁]往[illegible]？ 3
（25）[甲]辰：宜[丁]牝一，[丁]各，夨于我，翌日于大甲？ 3 6
（26）甲辰：岁祖甲牢，祐一鬯？ 4
（27）甲辰：宜丁牝一，丁各，夨于我，翌[日]于大甲？用。 4
（28）甲辰卜：于来乙，又于祖乙宰？用。 4
（29）甲辰卜：丁各，夨于我，翌日于大甲？ 5
（30）甲辰卜：岁祖乙牢，叀牡？ 5
（31）甲辰卜：丁各，夨于我？用。 6
（32）甲辰卜：于祖乙岁牢又一牛，叀□？ 6
（33）乙巳卜：岁祖乙牢，祐鬯一，祖甲…丁各？ 4
（34）乙巳卜：子大称？不用。 4
（35）乙巳卜：丁各，子称小？用。 4
（36）乙巳卜：丁各，子称？用。 4
（37）乙巳卜：丁[各]，子弜巳，称？不用。 4
（38）乙巳卜：丁各，子[于庭]称？用。 4
（39）乙巳卜：子于[寝]称？不用。 4
（40）戊申卜：岁祖甲豕一，豼一？ 4
（41）己酉卜：翌日庚，子乎多臣燕见丁？用。不率。 4
（42）卯。 7
（43）己酉卜：今夕丁往[illegible]？ 7

(44) 今夕丁不往〓? ❼
(45) 庚戌卜：其匄禾马，贾? ❼
(46) 庚戌卜：弜匄禾马? ❼
(47) 庚戌卜：其匄禾马，贾? ❼
(48) 庚戌卜：子乎多臣燕，见? 用。不率。 ❽
(49) 庚戌卜：弜乎多臣燕? ❽
(50) 庚戌卜：隹命余乎燕若? ❻
(51) 壬子卜：子丙速，用，□各乎[畣]? ❻
(52) 乙卯卜：子其自畣，弜速? 用。 ❽
(53) 乙卯卜：子其畣，弜速? 用。 ❽

❶《花东》26　❷《花东》198　❸《花东》335　❹《花东》34　❺《花东》169　❻《花东》420　❼《花东》146　❽《花东》454

以上诸辞，贞卜事类主要围绕祭祀丁、大甲、妣庚，丁往〓，以及见于妇好展开，为第十一天至第五十二天之事。

第三组

(1) 甲子：岁祖甲𩱦，子祝? 在〓。 ❶
(2) 庚午卜，在〓：御子齿于妣庚，[酉]牢、犁牝、白豕? 用。 ❷
(3) …又齿于妣庚，酉牢、犁牝、白豕至豕一? 用。 ❷
(4) 庚午卜，在〓：子… ❸
(5) 戊子卜，在〓贞：不子𦓐有疾，亡延，不死? ❹
(6) 戊子卜，在〓贞：其死? ❹
(7) 戊子卜，在〓：失言曰，翌日其于萑[官]宜又? 其用。 ❹
(8) □□卜：子乎又□先于〓? 用。 ❺

❶《花东》330　❷《花东》163　❸《花东》506　❹《花东》351　❺《花东》109

以上诸辞，贞卜事类主要围绕在〓地岁祖甲、御妣庚等展开，为第一天至第二十五天之事。

第四组

(1) 己巳卜：翌庚岁妣庚黑牛又羊，莫攺? 用。 ❶

（2）庚午：岁妣庚黑牡又羊，子祝？ ❶
（3）戊寅卜：自[illegible]苒其见于妇好？用。 ❶
（4）庚辰：岁妣庚豼一？ ❶
（5）壬午夕：岁犬一妣庚？ ❶
（6）壬午夕：岁犬一妣庚？ ❶
（7）丙戌卜：子其往于[illegible]，若？用。子不宿，雨。 ❶
（8）朕。 ❷
（9）丙申卜：丁…翌？子占曰：其宾，孚。 ❷
（10）丙申卜，子占曰：亦叀兹孚，亡宾。 ❷
（11）丙申卜：子其往[illegible]，𢦏妣庚用羊？ ❷
（12）丙申卜：子往[illegible]，岁妣庚羊一？在[illegible]。 ❷
（13）丙申卜：子其往于[illegible]，永？用。 ❷
（14）庚子：岁妣庚豕？ ❸
（15）辛丑：宜兆在[illegible]。 ❸
（16）癸…十羊？ ❸
（17）乙巳：岁祖乙兆一，子祝？在□。 ❹
（18）□巳：乇祖乙□牝一？在[illegible]，由… ❺
（19）乙巳：岁祖乙三[豕]，子祝，皀糅？在□。 ❺
（20）己未卜贞：贾壴有疾，亡[延]？ ❹
（21）己未卜，在[illegible]：其延，有疾？ ❹
（22）己未卜，在[illegible]：子其乎射告眔我南征，隹矢若？ ❹
（23）弜乎眔南于若？ ❹
（24）己未卜：子其寻宜叀往于日？用。往[illegible]。 ❻

❶《花东》451　❷《花东》173　❸《花东》282　❹《花东》264　❺《花东》171　❻《花东》297

以上诸辞，贞卜事类主要围绕往[illegible]，在[illegible]地岁妣庚、祖乙展开。

第五组

（1）甲午：岁祖甲豼一，子祝？在[illegible]。 ❶
（2）乙未：岁祖乙豼，子祝？在[illegible]。 ❶
（3）弜祀祝，叀之用于祖乙？用。 ❶

(4) 叀子祝，岁祖乙豕？用。 ❶
(5) 丁酉：岁妣丁豕一？在〓。 ❶
(6) 甲辰：岁祖甲一牢，子祝？ ❷
(7) 乙巳：岁祖乙一牢，〓祝？ ❷
(8) 乙巳：岁祖乙羌，子祝？在〓。 ❶
(9) 乙巳：岁祖乙羌一，子祝？在〓。 ❶
(10) …岁… ❶
(11) 丁未：岁妣丁彘一？在〓。 ❸
(12) 丁未：岁妣丁彘一？在〓。 ❸
(13) 己卜：其… ❸
(14) 乙丑：岁祖乙黑牡一，子祝，肩御嵔？在〓。 ❹
(15) 乙丑：岁祖乙黑牡一，子祝，肩御嵔？在〓。 ❹
(16) [妣]己豕一？在〓。 ❺

❶《花东》13　❷《花东》17　❸《花东》217　❹《花东》319　❺《花东》30

以上诸辞，贞卜事类主要围绕在〓地岁祭祖甲、祖乙、妣丁及妣己等展开。

第六组

(1) □卜：在柚京，氤我狩… ❶
(2) 我狩鸟？ ❶
(3) 戊午卜：我人擒？子占曰：其擒。用。在斝。 ❷
(4) 戊午卜：〓擒？ ❷
(5) 戊午卜，在斝：子立于录中〓？子占曰：企椙。 ❷
(6) [辛卜]：岁祖□羌，豋自…在斝，祖甲[延]。 ❶
(7) 丙寅卜：丁卯子〓丁，称黹圭一、绢九？在〓。来狩自斝。 ❸
(8) 丁卯卜：子〓丁，称黹圭一、绢九？在〓，狩，□斝。 ❶
(9) 丁卯卜：称于丁，卲，在庭，迺称若？用。在〓。 ❶
(10) 癸酉卜，在〓：丁弗宾祖乙彡？子占曰：弗其宾。用。 ❸
(11) 癸酉，子炅在〓：子乎大子御丁宜，丁丑王入？用。来狩自斝。 ❸
(12) 甲戌卜，在〓：子有令[觳]，子弜丁告于〓？用。 ❸
(13) 甲戌卜，子乎剢，嘉妇好？用。在〓。 ❸

（14）丙子：岁祖甲一牢，岁祖乙一牢，岁妣庚一牢？在剢，来自斝。　❸

❶《花东》363　❷《花东》312　❸《花东》480

以上诸辞，贞卜事类主要围绕岁祖甲、祖乙、妣庚，御丁展开，地点依次为柚京、斝、、剢，时间紧密相连。

第七组

（1）叀［㞷］□又䵼若？　❶
（2）癸亥：岁癸子？　❶
（3）癸亥：岁癸子𠨘一？　❶
（4）癸亥：岁子癸𠨘一，𡧊，自丁糅？　❷
（5）丙卜：子其往于田，弜由酉，若？用。　❶
（6）丙寅卜：贾马［异］弗马？　❶
（7）丙寅：其御，［隹］贾见马于癸子，叀一伐、一牛、一鬯，𣍘梦？用。　❶❸
（8）丁卯卜：子其往田，从阤西𡚸𦿆狩？子占曰：不三［其］一。孚。　❶
（9）戊辰卜：子其以磬妾于妇好，若？　❹
（10）㦰用。　❹
（11）庚午卜：子其以磬妾于妇好，若？　❹
（12）㦰用。　❹
（13）辛未：岁妣庚宰又𡧊？用。　❹
（14）辛未：岁妣庚小宰，告又启鬯，子祝，𡧊祭？　❹
（15）辛未：岁妣庚先莫牛𢼸，迺𢼸小宰？用。　❹
（16）辛未：宜𠨘一，在入卯，又启鬯？　❹
（17）辛未：岁妣庚小宰…用。　❹
（18）辛未：岁妣庚小宰，告又启鬯，子祝，𡧊祭？　❹
（19）辛未卜：□𡠧…　❺
（20）辛未卜：子弜祝？用。　❻
（21）辛未卜：子弜祝？用。　❻
（22）癸酉：岁癸子𠨘，㞷目御？　❻
（23）其㞷御往？　❻
（24）乙亥卜贞：子雍友教又复，弗死？　❼
（25）丁丑卜：其御，子往田，于小示？用。　❼

（26）戊寅卜：岁祖甲小宰，祖乙小宰，叀自西祭，子祝？ ❻
（27）庚寅：岁祖□牝一，[illegible]祝？ ❸
（28）庚寅卜：叀子祝？不用。 ❸
（29）癸巳：岁癸子羊一？ ❺
（30）癸巳：岁癸子羊一？ ❺
（31）戊戌卜：[駝]□于[马]？ ❽
（32）己亥卜：于庭称玉[illegible]？用。 ❸
（33）庚子：岁妣庚豼？ ❽
（34）癸卯卜：其入瑦，永？用。 ❽
（35）癸卯卜：子弜告妇好，若？用。 ❽
（36）癸卯卜：弜告妇好？用。 ❽
（37）甲辰：岁祖甲[羊]一？ ❽
（38）甲辰：岁癸子牡一？ ❾
（39）甲辰：岁癸子牡一？ ❾
（40）乙巳：岁祖乙白彘一，又皀，祖乙永？ ❸
（41）乙巳：岁祖乙白[豕]，又皀？ ❼
（42）乙巳：岁祖乙白彘，又皀？ ❽
（43）丁未：岁妣庚豼一，皀？ ❽
（44）癸卜：□令…见□□子… ❿
（45）…妣己… ❿
（46）…[岁]祖乙小宰、豼，又皀？ ❿
（47）丙辰卜：妫又取，弗死？ ❾
（48）庚申：岁妣庚小牢，祐鬯一，祖乙延，子饗？ ❾
（49）甲子卜贞：妃中周妾不死？ ❾
（50）甲子卜：妃其死？ ❾

❶《花东》289 ❷《花东》48 ❸《花东》29 ❹《花东》265 ❺《花东》253 ❻《花东》214 ❼《花东》21 ❽《花东》296 ❾《花东》321 ❿《花东》25

以上诸辞，贞卜事类主要围绕在入、阸等地岁祭子癸、祖甲、祖乙、妣庚、妣己等，以及田猎等事展开。

第八组

(1) 乙丑卜：由又其延，[又]其□？ ❶
(2) 何于丁屰？ ❷
(3) 于母妇？ ❷
(4) 其艰？ ❷
(5) 其[执]何？ ❷
(6) 丁卜：弗其匕何，其艰？ ❷
(7) 戊卜：在麓，秘马又[舌]？[子]曰。 ❶
(8) 戊卜：在麓，其告妣亡由于丁，若？ ❸
(9) 戊卜：在麓，于商告妣亡由于丁，若？ ❸
(10) 己卜：在麓，其告妣亡由于丁，若？ ❸
(11) 己卜：在麓，于商告妣亡由于丁，若？ ❸
(12) 庚卜：在麓，岁妣庚三羊，又鬯二，至御，曹百牛又五？ ❷❹❺
(13) 庚寅：子[入]四𠙵于丁？在麓。 ❷
(14) 庚卜：在麓，叀五羊，又鬯二用，至御妣庚？ ❹
(15) 庚卜：在麓，叀七羊[用，至御]妣庚？ ❹
(16) 庚卜：在麓，叀五羊用，至御妣庚？ ❹
(17) 壬卜：在麓，丁畀子圂臣？ ❻
(18) 壬卜：在麓，丁曰余其启子臣？允。 ❻

❶《花东》375　❷《花东》320　❸《花东》494　❹《花东》32　❺《花东》
27　❻《花东》410

以上诸辞，贞卜事类主要围绕在麓地祭祀妣庚、告于丁等展开。

第九组

(1) 丙卜：子其往吕？曰：又求。曰：往吕。 ❶
(2) 丙卜：子其往吕，攺乃畣，于作宫迺来？ ❷
(3) 丙卜：子往吕？曰：又求。曰：往吕。 ❷
(4) 丁卜：子耳鸣，亡害？ ❸
(5) 丁卜：今庚其作丰，速丁畣，若？ ❸

（6）丁卜：今庚其作丰，速丁夤，若？ ❸
（7）戊卜：哲妣庚、湏于权？ ❶
（8）戊卜：哲妣庚、湏于权？ ❶
（9）戊卜：哲妣庚，在引自权？ ❶
（10）戊卜：哲妣庚，在引自权？ ❶
（11）戊卜：子其洫[illegible][舞]，哲… ❶
（12）戊卜：子其洫[illegible]舞，哲二牛妣庚？ ❶
（13）戊卜：于翌日己[延]休丁？ ❶
（14）戊卜：以酒櫾柛？ ❶
（15）戊卜：其櫾柛？ ❶
（16）戊卜：哲妣庚，在竝？ ❶
（17）己卜：叀豕于妣庚？ ❶
（18）己卜：叀豼妣庚？ ❶
（19）己卜：叀牝于妣庚？ ❶
（20）己卜：叀牝于妣庚？ ❶
（21）己卜：叀宰于妣庚？ ❶
（22）己卜：其酒御妣庚？ ❶
（23）己卜：叀丁[作]子兴，寻丁？ ❶
（24）己卜：叀子兴往妣庚？ ❶
（25）己卜：于官故？ ❶
（26）己卜：叀多臣御往妣庚？ ❶
（27）己卜：吉，又妣庚？ ❶
（28）岁妣庚白豼？ ❶
（29）癸□：子梦，子于吉[爰]？ ❶
（30）癸卜贞：子耳鸣，亡害？ ❶
（31）癸卜贞：子耳鸣，亡害？ ❶

❶《花东》53　❷《花东》16　❸《花东》501

以上诸辞，贞卜事类主要围绕子往吕、子耳鸣以及如何祭祀妣庚等展开。

第十组

（1）乙未卜：子宿在[illegible]，终夕□□自□？子占曰：不[擒]。 ❶

（2）乙未卜，在[illegible]：丙[不雨]？子占曰：不其雨，孚。 1
（3）其雨？不用。 1
（4）戊申卜：子□？ 2
（5）己酉卜：御□，在[illegible]又伐，若，永？ 2
（6）癸丑卜：大叀弜御子口疾于妣庚？ 2
（7）甲寅卜：子炅？ 2
（8）甲寅卜：弜宜丁？ 3
（9）甲寅卜：弜音来自西，祖乙口又伐？ 3
（10）丁巳卜：子皿嘉，若，永？用。 4
（11）庚申卜：子皿商，日不雨？孚。 4
（12）庚申卜：叀今庚皿商，若，永？亡用。 4
（13）其雨？不孚。 4
（14）庚申卜：子皿商，永？ 2
（15）癸亥卜：弜御子口疾，告妣庚？曰：𢦏告。 2
（16）乙丑卜：叀弔，子弗臣？ 2
（17）乙丑卜：乎弔邵，若？ 2
（18）乙丑卜：乎弔邵，若？ 2
（19）乙丑卜：乎画告子，弗堇？ 2
（20）乙丑卜：子… 2
（21）弗堇？ 2
（22）弜乎弹燕？ 3
（23）乎𡵂燕？不用。 3
（24）乙亥卜：弜乎弹燕贾？ 3
（25）乙亥卜：弜乎多贾见？用。 3
（26）丁丑卜：子其往田，亡害？ 2
（27）丁亥卜：子炅其往，亡災？ 2
（28）丁亥卜：子炅？ 5
（29）丁亥卜：子炅？ 5
（30）戊寅卜：舟哤告晌，弗棭，永？ 3
（31）己丑：岁妣庚牝一，子往澫御？ 2
（32）子贞。 2
（33）庚寅：岁妣庚豭一？ 2

（34）…往㵄御？ ❺

（35）己丑：岁妣庚牝一，子往㵄御？ ❺

（36）己丑：岁妣庚一牝，子往㵄御［兴］？ ❸

（37）己丑：岁妣庚牝一，子往于㵄御？ ❻

（38）壬辰：子夕乎多尹□䧿南，豖弗蕅？子占曰：弗其蕅。用。 ❻

（39）于贾见？ ❻

（40）于贾见？ ❻

（41）于𦥑黑左□？ ❻

（42）丙申夕卜：子又鬼梦，祼告于妣庚？用。 ❻

❶《花东》10　❷《花东》247　❸《花东》255　❹《花东》87　❺《花东》55　❻《花东》352

以上诸辞，贞卜事类主要围绕在[illegible]，子往㵄，祭祀妣庚、祖乙，以及田猎等展开。

第十一组

（1）辛未：岁祖乙黑牡一，祐鬯一，子祝？曰：毓祖非。曰：云兕正祖隹。曰：录哭不乇[illegible]。 ❶

（2）辛未：岁祖乙黑牡，祐鬯一，子祝？ ❷

（3）乙亥夕：岁祖乙黑牝一，子祝？ ❶❸

（4）丁［丑］：岁妣庚䝯一，卯䏁？ ❹

（5）丁丑：岁妣庚䝯一，卯䏁？ ❹

（6）丁丑：岁祖乙黑牝一，卯䏁？ ❹

（7）丁丑：岁祖乙黑牝一，卯䏁二于祖丁？ ❹

（8）丁丑：岁祖乙黑牝一，卯䏁？子占曰：未，其又至堇。其戊。用。 ❺

（9）戊寅卜：子御［又口］疾于妣庚，𠭰牝？ ❺

（10）甲申：岁祖甲豭一，叀[illegible]祝？用。 ❺

（11）甲申：岁祖甲豭一？ ❺

（12）弜又鬯？用。 ❺

（13）甲申卜：叀配乎曰妇好，告白屯？用。 ❺

（14）□□卜：子其入白屯，若？ ❺

（15）乙酉卜：乎𡶜𪓚，若？用。 ❺

（16）乙酉卜：乎岦鷹，若？用。　5

（17）己丑：岁妣己彘一？　3

1《花东》161　2《花东》392　3《花东》67　4《花东》49　5《花东》220

以上诸辞，贞卜事类主要围绕祭祀妣庚、祖乙、祖甲、妣己、妇好等展开。

第十二组

（1）甲辰夕：岁祖乙黑牡一，子祝，翌日乇？　1

（2）甲辰夕：岁祖乙黑牡一，叀子祝，若，祖乙永？用。翌日乇。　2

（3）乙丑卜：又吉辛，子具㞢，其以入，若，永，又[illegible]徝？用。　2 3 5

（4）乙丑卜…　2

（5）乙丑卜：用？　2

（6）子炅贞。　2

（7）乙丑［卜］：又吉辛，子具…　4

（8）乙亥：岁祖乙黑牡一，又羌一，叀子祝？用。又皀。　5

（9）乙亥：岁祖乙黑牡一，又羌一…子祝？　6

（10）乙亥：岁祖乙黑牝一，又羌，皀，子祝？　6

（11）丁丑卜：其弹于[illegible]，叀入人，若？用。子占曰：毋有孚，雨。　6

（12）叀剢人乎先奏，入人乃往？用。　6

（13）叀剢人乎先奏，入人乃往？用。　6

（14）叀入人乎？用。　6

（15）戊寅夕：宜羌一，在入。　6

（16）戊寅夕：宜羌一，在［入］。　6

1《花东》350　2《花东》6+[①]　3《花东》333　4《花东》342　5《花东》481　6《花东》252

以上诸辞，贞卜事类主要围绕在入地如何岁祭祖乙展开。

---

① 蒋玉斌：《甲骨新缀35组》（更新第30组），先秦史研究室网站，https：//www.xianqin.org/blog/archives/2576.html，2012年2月22日。

第十三组

（1）甲辰夕：岁［子］… ❶
（2）己酉夕：翌日乇妣庚黑牡一？ ❶
（3）己酉夕：翌日乇岁妣庚黑牡一？庚戌酒牝一。 ❷
（4）庚戌卜：子于辛亥妖？子占曰：侗卜。子尻。用。 ❸
（5）甲寅卜：乙卯子其学商，丁永？用。子尻。 ❶
（6）甲寅卜：丁永于子学商？用。 ❶
（7）甲寅卜：乙卯子其学商，丁永？用。 ❹
（8）甲寅卜：乙卯子其学商，丁永？子占曰：又希。用。子尻。 ❹
（9）甲寅卜：乙卯子其学商，丁永？子占曰：其又畴艰。用。子尻。 ❺
（10）丙辰：岁妣己豼一，告尻？ ❺
（11）丙辰卜：于妣己御子尻？用。 ❺
（12）丙辰：岁妣己豼一，告子尻？ ❺
（13）丙辰卜：延奏商？用。 ❶
（14）丙辰卜：延奏商，若？用。 ❻
（15）丙辰卜：延奏商，若？用。 ❼
（16）庚申卜：岁妣庚牝一，子尻御往？ ❽
（17）己巳卜：其宜[illegible]…用。 ❼
（18）甲戌：酒上甲，旬岁祖甲[illegible]一，岁祖乙[illegible]一，岁妣庚[illegible]一？ ❹

❶《花东》150　❷《花东》457　❸《花东》380　❹《花东》487　❺《花东》336　❻《花东》382　❼《花东》86　❽《花东》209

以上诸辞，贞卜事类主要围绕祭祀妣庚、妣己、祖甲、祖乙，子其学商等展开。

第十四组

（1）庚申卜：弜取在𢦔，斩延成？ ❶
（2）庚申卜：取在𢦔，斩弜延？ ❶
（3）庚申夕卜：子其乎刨劓于[illegible]，若？用。 ❶
（4）庚申卜曰：□其至堇？ ❷

（5）贞：其允？ ❷

（6）不允至。 ❷

（7）辛酉㫚：岁妣庚黑牝一，子祝？ ❶❷❸

（8）辛酉卜：子其敀黑牝，隹徝往，不雨，用，妣庚… ❷

（9）辛酉㫚：岁妣庚… ❹

（10）辛酉[㫚]：岁… ❺

❶《花东》437　❷《拼一》194　❸《花东》175　❹《拼一》78　❺《花东》521+[①]

以上诸辞，贞卜事类主要围绕在𫝀、乎刚剢以及岁妣庚展开。

第十五组

（1）甲戌：其…叀豕？用。 ❶

（2）祝，于白一牛用，勺岁祖乙用，子祝？ ❶

（3）祝，于二牢用，勺岁祖乙用，子祝？ ❶

（4）乙亥：勺岁祖乙二牢、𤘘牛、白彘，祐𠳿一，子祝？ ❶

（5）戊子：岁妣庚一犬？ ❶

（6）辛卯：宜豕一？在入。 ❶

（7）…丁，壬午丁各？用。 ❶

（8）…[子]祝？ ❶

（9）癸巳：宜牝一？在入。 ❷

（10）甲午：宜一牢，伐一人？在[入]… ❷

（11）莫酒，宜一牢，伐一人？用。 ❷

（12）庚子卜：子餗，叀𦫳罘良启？用。 ❸

（13）庚子卜：子餗，叀𦫳罘良启？用。 ❸

（14）庚子卜：子餗，叀𦫳罘良启？用。 ❸

（15）癸卯夕：岁妣庚黑牝一，在入，陟盄？ ❸

（16）陟盄？用。 ❸

（17）乙巳卜。 ❸

① 蒋玉斌：《殷墟子卜辞的整理与研究》，博士学位论文，吉林大学古籍研究所，2006年，第229页。

(18) 乙巳卜。 ❸
(19) 戊申卜：子[祼]于妣丁？用。 ❹
(20) 子□？ ❹
(21) 己酉夕：伐羌一？在入。庚戌宜一牢。弹。 ❸❹
(22) 己酉夕：伐羌一？在入。 ❸
(23) 庚戌：岁妣庚⿰羊土一？ ❸
(24) 庚戌：宜一牢？在入。弹。 ❸
(25) 庚戌：宜一牢？在入。弹。 ❸
(26) 庚戌卜：其畀⿰羊匕尹子酉若？ ❸
(27) 癸丑：宜鹿？在入。 ❺
(28) 甲寅，在入：皀？用。 ❺
(29) 甲寅：岁祖甲白豭一，祐鬯一，皀自西祭？ ❺
(30) 甲寅：岁祖甲白⿰豕匕一？ ❺
(31) 子贞。 ❺
(32) 乙卯夕：宜⿰羊匕一？在入。 ❻
(33) 癸亥：宜牝？在入。 ❼
(34) 癸亥：宜牝一？在入。 ❼
(35) 戊辰：岁妣庚⿰羊匕一？ ❼
(36) 戊辰：岁妣庚⿰羊匕一？ ❼
(37) 戊辰：宜□□臭？用。在入。 ❼
(38) 于妣庚宜⿰羊匕？不用。 ❼
(39) 子腹疾，弜御… ❼
(40) 己巳：利，亡堇？ ❼
(41) 庚午：岁妣庚豭一，祐鬯一？ ❼
(42) 庚午：岁妣庚豭一，祐鬯一？ ❼

❶《花东》142 ❷《花东》340 ❸《花东》178 ❹《花东》376 ❺《花东》170 ❻《花东》97 ❼《花东》240

以上诸辞，贞卜事类主要围绕在入地祭祀祖乙、祖甲、妣庚、妣丁等展开。

第十六组

(1) 癸丑卜：叀二牢于祖甲？不用。 ❶

(2) 癸丑卜：叀一牢又牝于祖甲？不用。 1
(3) 癸丑卜：子裸新鬯于祖甲？用。 1
(4) 甲寅：叀牝一祖乙？不用。 1
(5) 甲寅：岁祖甲… 2
(6) 乙卯：岁祖乙豭一，祐鬯一？ 1
(7) 乙卯卜：叀…豕？不用。 2
(8) 丁巳：岁祖乙羒一，乇祖丁彡？ 2
(9) 壬戌卜：在□利，子耳鸣，隹又絧，亡至艰？ 3
(10) 壬戌卜：子弜卫？用。 3
(11) 癸亥：子往于[illegible]，启子丹一、盗龟二？ 3
(12) 甲子：岁祖甲白豭一，祐鬯一？ 1 2
(13) 叀黑豕祖甲？不用。 1
(14) 叀白豭□祖甲？ 2
(15) 丁卯卜：子其入学，若，永？用。 3
(16) 丁卯卜：子其入学，若，永？用。 3
(17) 己巳卜贞：子利[女]不死？ 4
(18) 其死？ 4
(19) 辛未卜：丁隹好令比[伯]或伐邵？ 2
(20) 辛未卜：丁[隹]子[令]比伯或伐邵？ 4
(21) 辛未卜：丁隹多…比伯或伐邵？ 4
(22) 辛未卜：伯或称册，隹丁自征邵？ 5
(23) 辛未卜：丁弗其比伯或伐邵？ 5
(24) 贞：子画爵祖乙，庚亡堇？ 5
(25) 癸酉卜贞：子利爵祖乙，辛亡堇？ 5
(26) 癸酉卜：祖甲永子？ 5
(27) 癸酉卜：子耳鸣，隹癸子害？ 4
(28) 岁妣庚二豼？ 4
(29) 癸酉卜：岁子癸豕？用。 1
(30) 甲戌：岁祖甲羌，祐鬯？ 5
(31) 甲戌：岁祖甲牢、幽廌、白豭，祐一鬯？ 2
(32) 甲戌：岁祖甲牢、幽廌、白豭，祐二鬯？ 2
(33) 乙亥：岁祖乙牢、幽廌、白豭，祐二鬯？ 2

（34）乙亥：岁祖乙牢、幽廌、白豭，祐鬯二？ ❷
（35）乙：岁延祖乙？用。 ❷
（36）乙亥：弜祀叡盗龟于室？用。 ❺
（37）乙亥：岁祖乙，[雨]御，乇彡牢牝一？ ❺
（38）乙亥卜：乇祖乙三宰、一牝，子亡启丁？ ❹
（39）乙亥卜：乇祖乙三牢、一牝，子亡启丁？ ❹
（40）乙亥卜：其乎多贾见丁，永？ ❹
（41）乙亥… ❹
（42）王臣令… ❹
（43）乎多贾罘辟丁，永？ ❹
（44）丙子卜：丁不各？ ❹
（45）戊寅卜：子祼祐，⿱酉口豭，御往上甲？ ❶
（46）己卯：岁妣己彘一？ ❶
（47）己卯：岁妣己彘一？ ❶
（48）庚寅：岁祖甲牝一，子雍见？ ❷
（49）庚寅：岁祖甲牝一，子雍见？ ❷
（50）弜告丁，肉弜入[丁]？用。 ❷
（51）入肉丁？用。不率。 ❷

❶《花东》459　❷《花东》237　❸《花东》450　❹《花东》275+[①]　❺《花东》449

以上诸辞，贞卜事类主要围绕祭祀祖甲、祖乙、子癸、妣庚、妣己，以及子比伯或伐邵、子往于〓、子其入学等展开。

第十七组

（1）乙巳卜：子其□[多]尹令畲，若？用。 ❶
（2）乙巳卜：于□畲，若？用。 ❶
（3）乙巳卜：于入畲？用。 ❶
（4）丙午卜：其入自西祭，若，于妣己酉？用。 ❶

① 蒋玉斌：《花东甲骨新缀一则》，先秦史研究室网站，http：//www. xianqin. org/blog/archives/398. html，2005 年 12 月 5 日。

(5) 戊申：岁祖戊犬一？ ❶❷
(6) 壬子卜：其攺，翦友，若？用。 ❷
(7) 癸丑卜：翌甲寅往田？子占曰：其往。用。从西。 ❷
(8) 癸丑[卜]… ❷

❶《花东》355 ❷《花东》316

以上诸辞，贞卜事类主要围绕祭祀妣己、祖戊以及田猎等展开，可通过同日岁祖戊将两版卜辞系联。

第十八组

(1) 甲寅卜… ❶
(2) 乙卜：子入…丁在… ❶
(3) 乙卜… ❶
(4) 丙卜… ❶
(5) 丙卜：其… ❶
(6) 丙卜：[叀]三牛攺妣庚？ ❶
(7) 丙卜…丁其…庚？ ❶
(8) 丁卜：□日攺…牛… ❶
(9) 己卜：叀…妣庚？ ❶
(10) 甲子卜：岁妣甲羏一，翻三小宰又置一？在柚京。 ❷
(11) 甲子：岁妣甲羏一，翻三小宰又置一？ ❶
(12) 甲卜：叀监御…甲… ❶
(13) 甲卜…旨…御… ❶
(14) 甲卜… ❶
(15) 延又凡，由友其艰？ ❷
(16) 乙丑卜：我人由友于炅？ ❷
(17) 子炅南。 ❷
(18) 乙丑卜，在柚京：□又鬼心，其方遇戌？ ❶
(19) 丙寅卜，在柚京：由友又凡，隹其又吉？ ❸
(20) 隹梫？ ❸
(21) 戊卜：弜[攺]羊一… ❶
(22) …丁…妣丁… ❶

(23) □卜…丁？用。 ❶
(24) 丙卜：子其敫于岁御事？ ❹
(25) 丙卜：子弜敫于岁御事？ ❹
(26) 丁丑卜，在柚京：子其叀舞戉，若？不用。 ❺
(27) 子弜叀舞戉于之，若？用。多万又災，引祇。 ❺
(28) 己卯卜，在柚京：子其入眴，若？ ❹

❶《花东》88 ❷《花东》455 ❸《花东》300 ❹《花东》114 ❺《花东》206

以上诸辞，贞卜事类主要围绕在柚京祭祀妣庚、妣甲、妣丁等展开。

第十九组

(1) 甲戌卜：其夕[又]伐祖乙，卯[鹰]？ ❶
(2) 甲戌卜：其夕□伐祖乙？不用。 ❶
(3) 甲戌夕：岁牝一祖乙，乇彡… ❷
(4) 甲戌夕：酒伐一祖乙，卯… ❷
(5) 乙亥：岁祖乙牢，祐鬯一，□狩御往？ ❸
(6) 乙亥夕：酒伐一[人]祖乙，卯羊五、羖五，祐一鬯，子肩御往？ ❹

❶《花东》343 ❷《花东》310 ❸《醉古》312 ❹《花东》243

以上诸辞，贞卜事类主要围绕在连续两天内如何祭祀祖乙展开。

第二十组

(1) 丙辰卜：子炅，叀今日昫糅于妇，若？用。 ❶
(2) 丙辰卜：子炅，其昫糅于妇，若，永？用。 ❶
(3) 丙辰卜：子其昫糅于妇，叀配乎？用。 ❷
(4) 丙辰卜：子炅，丁往于黍？ ❷
(5) 不其往？ ❷

❶《花东》218 ❷《花东》379

以上诸辞，贞卜事类主要围绕同日“昫糅于妇”展开。

第二十一组

（1）乙酉卜：子又之𨸏南小丘，其罿，获？ ❶
（2）乙酉卜：弗其获？ ❶
（3）乙酉卜：子于翌日丙求𨸏南丘豕，冓？ ❶
（4）以人冓豕？ ❶
（5）乙酉卜：既䨘，往敝，冓豕？ ❶
（6）弜敝？ ❶
（7）冓𨸏鹿？子占曰：其冓。 ❶
（8）癸子羊一，癸子㸬一？ ❷
（9）乙酉卜：嘉，妇好六人若，永？用。 ❷
（10）乙酉卜…［嘉］，妇好… ❷
（11）［戊］子卜：迺…罘嵒？ ❷
（12）戊子卜：其乎子画匄［马］，不死？用。 ❷
（13）戊子卜：其匄马又力［引］？ ❷
（14）戊子卜：叀子画乎匄马？用。 ❸
（15）戊子：宜㸬一妣庚？在入。 ❸
（16）庚寅：岁妣庚𦍋一？ ❸
（17）庚寅：岁妣庚牝一？在𤞤。 ❸
（18）庚寅：岁妣庚𦍋一？ ❸
（19）壬辰卜：𡆥癸巳梦丁瓒，子用瓒，亡至艰？ ❸
（20）甲午：岁祖甲豭一，隹叡？ ❸
（21）甲午：岁祖甲豭一，隹叡？ ❸
（22）甲午卜：子速不其各？子占曰：不其各，乎饗，用。乇祖甲彡。 ❷
（23）甲午卜：丁其各，子叀𢓊玉启丁？不用。乇祖甲彡。 ❷
（24）乙未卜：子其往于𨸏，获？不鼄。获三鹿。 ❷
（25）乙未卜：子其往于𨸏，获？子占曰：其获，用。获三鹿。 ❷
（26）乙未卜：子其入三弓若，永？用。 ❷
（27）己亥卜：毋往于田，其又事？子占曰：其又事。用。又宜。 ❷

❶《花东》14　❷《花东》288　❸《花东》493

以上诸辞，贞卜事类主要围绕在𤞤、入两地祭祀妣庚、祖甲、子癸、妇好等，以及往𨸏田猎、匄马等展开，可通过同日匄马将诸辞系联。

第二十二组

（1）己亥卜：其又至堇？ ❶
（2）甲辰卜：岁莧，友祖甲彘，叀子祝？用。 ❶
（3）丙午卜：其敕火匄贾[illegible]？用。 ❶
（4）弜匄？ ❶
（5）丁未卜：叀邵乎匄贾[illegible]？ ❶
（6）叀虩乎匄贾[illegible]？ ❶
（7）弜匄黑马？用。 ❶
（8）匄黑马？ ❷
（9）百？ ❷
（10）宰？ ❷
（11）于小[illegible]？ ❷
（12）□左刹？ ❷
（13）匄黑二… ❷

❶《花东》179　❷《花东》358+①

以上诸辞，贞卜事类主要围绕祭祀祖甲、匄黑马展开，可通过“匄黑马”将诸辞系联。

第二十三组

（1）己巳卜：子𩰫燕？用庚。 ❶
（2）弜祀𩰫燕？ ❶
（3）辛未卜：𩰫燕？不用。 ❶
（4）弜祀𩰫燕？用。 ❶
（5）甲戌卜：莫攸祖乙岁？用。 ❷
（6）乙亥卜：叀贾见眔妣？用。 ❷

---

① 蒋玉斌：《甲骨新缀35组》（更新第30组），先秦史研究室网站，https：//www.xianqin.org/blog/archives/2576.html，2012年2月22日。

(7) 贾炅? 2
(8) 丙子：岁妣庚豼，告梦? 2
(9) 丙子卜：子梦裸告妣庚? 用。 2
(10) 子从敀豼，又嵒妣庚梦? 用。 2
(11) 丁丑卜：叀子舞? 不用。 1
(12) 弜子舞? 用。 1
(13) 己卯：岁妣己豼一? 2
(14) 己卯：岁妣己豼一? 2
(15) 庚辰卜：叀贾见罘妣? 用。 1
(16) 庚辰卜：叀乃马? 不用。 1
(17) 叀乃马罘贾见? 用。 1
(18) 甲午卜：子作玉分卯，其告丁，若? 1
(19) 甲午卜：子作玉分卯，子弜告丁用，若? 1

1《花东》391 2《花东》314

以上诸辞，贞卜事类主要围绕祭祀祖乙、妣庚、妣己，以及贾见罘妣等展开，可通过“贾见罘妣”将两版卜辞系联。

第二十四组

(1) 陞贞。 1
(2) 配贞。 1
(3) 贞：[肉]? 1
(4) 贞：陞? 1
(5) 贞：通? 1
(6) 贞：商? 1
(7) 贞：又𠬝司庚? 1
(8) 贞：爵凡? 1
(9) …弜[卯]于… 2
(10) 子亡□? 2
(11) □于□弜…于□，乙□其丁又疾? 2
(12) …丁… 2
(13) …亚… 2

（14）…子… ❷
（15）陰贞。 ❷
（16）爵凡贞。 ❷
（17）子贞。 ❷
（18）犂马。 ❷
（19）犂马。 ❷
（20）子亡囚？ ❷
（21）子贞。 ❷
（22）母贞。 ❷
（23）陰贞。 ❷
（24）子梦丁，亡囚？ ❷
（25）子又鬼梦，亡囚？ ❷
（26）爵凡。 ❸
（27）陰贞。 ❸
（28）贞：女？ ❸
（29）贞：延？ ❸
（30）三小子贞。 ❸
（31）用。 ❹
（32）癸巳：爵？ ❹

❶《花东》441　❷《花东》349　❸《花东》205　❹《花东》93

以上诸辞，贞卜事类主要围绕祭祀、王事、疾病、梦幻、囚福等展开，可通过“陰贞”“爵凡”等将诸辞系联。

第二十五组

（1）戌卜：于己入黄[illegible]于丁？ ❶
（2）戌卜：子弜入黄[illegible]？ ❶
（3）戌卜：子其入黄[illegible]？ ❶
（4）戌卜：子其入黄[illegible]于丁，永？ ❶
（5）戌卜：子弜入黄□于丁，永？ ❶
（6）□卜：其㱿卯…五牛… ❶
（7）戌卜：其宜卯牛？ ❶

（8）戊卜：[岁]牡？用。 ❶
（9）己卜：岁牛妣己？用。 ❶
（10）己卜：岁牡妣己？用。 ❶
（11）己卜：岁牡妣己？用。 ❶
（12）己卜：叀牝𢼄妣己？ ❶
（13）[叀]牡于妣己？ ❶
（14）叀牝于妣己？ ❶
（15）□卜：弜御…于妣己？ ❶
（16）庚卜：于翌日夙𢼄伐？ ❶
（17）庚卜… ❶
（18）壬卜… ❷
（19）壬卜：子其入[黄吕]，丁永？ ❷
（20）甲卜… ❷
（21）□卜：于… ❷
（22）…至壬… ❷
（23）…牛…其… ❷

❶《花东》223　❷《花东》229

以上诸辞，贞卜事类主要围绕如何祭祀妣己、子入黄吕于丁展开，可通过“子入黄吕于丁”将两版系联。

第二十六组

（1）乙卜：季母亡不若？ ❶
（2）乙夕卜：丙不雨？ ❶
（3）丁卜：日雨？ ❶
（4）丁卜：不雨？ ❶
（5）己卜：叀二牡… ❶
（6）己卜：叀䳄、牛妣庚？ ❶
（7）庚卜：在𦎫，叀牛妣庚？ ❶
（8）辛卜：其宜，叀豕？ ❶
（9）辛：其宜，叀大入豕？ ❶
（10）辛：宜𤘦妣庚？ ❶

(11) 岁妣庚豕? 1
(12) 岁妣庚豕? 1
(13) 在敦卜：乎…归，戌束? 2
(14) [在]敦[卜]：乎人归? 2
(15) 在敦卜：乎皿归，戌束? 2
(16) 在敦卜：弜乎人归? 2
(17) [在]敦卜：弜乎人归，□丁，若? 2
(18) 己卜：弜告季于今日? 2
(19) 己卜：弜告季今日[归]? 2
(20) 叀牛岁妣庚? 2
(21) 妣庚宰? 在敦。 2
(22) 岁妣庚宰? 在[敦]。 2
(23) …于丁，妣庚? 2
(24) 在敦卜：叀[牝]岁妣庚? 2
(25) 己卜：其告季于丁，永? 2
(26) 己卜：其[告]季[于]丁，永? 2
(27) 甲卜，在敦：[皆]见咼于丁? 2
(28) □卜…咼? 2
(29) …见丁，妣庚□? 2
(30) 在敦卜：燎… 2
(31) 甲卜，在敦：贾[并]□子…于丁? 2
(32) 甲卜，在敦：咼见于丁? 2
(33) 乙卜…咼妣庚? 2
(34) 乙卜：叀牝岁[妣庚]? 2
(35) 戊卜：子其往曼? 曰：有求，非榩。 2
(36) 贞。 2
(37) 戊卜：丙又二羊? 3
(38) 丙又? 3
(39) 叀小豭一? 3
(40) 戊卜：弜… 3
(41) 弜又? 3
(42) 戊卜：□多母兴其… 3

(43) 戊卜：子入二弓？ ❸
(44) 戊卜：二弓以子田，若？ ❸
(45) 戊卜：子梦[illegible]，亡艰？ ❸
(46) 子梦[illegible]… ❸
(47) 子梦[illegible]，用牡告、又鬯妣庚？ ❸
(48) 妣庚求？ ❸
(49) 辛卜：其速丁？ ❸
(50) 弜速丁？ ❸
(51) 甲卜：翌日乙，其□，丁永？ ❸

❶《花东》139　❷《花东》249　❸《花东》124

以上诸辞，贞卜事类主要围绕在敦如何祭祀妣庚、丁展开。

第二十七组

(1) 甲卜：叀监具丁？用。 ❶
(2) 甲卜：乎多臣见翌丁？用。 ❶
(3) …妣庚… ❶
(4) 甲卜：在□□其… ❶
(5) …甲…羊一…羊二…一余… ❷
(6) 甲卜：乎多臣见翌于丁？用。 ❷
(7) 乙卜：子炅？ ❷
(8) …羊… ❷
(9) 戊卜…其…一□豣… ❷
(10) …用。 ❷
(11) …甲…丁…于… ❷
(12) 己…其…余…宰… ❷
(13) 壬卜：其乎… ❶
(14) 壬卜… ❶
(15) 壬… ❷
(16) □子… ❷

❶《花东》92　❷《花东》453

以上诸辞，贞卜事类主要围绕祭祀妣庚、多臣见丁等展开，可通过“多臣见丁”将两版系联。

第二十八组

(1) 丙寅夕：宜在新，束牝一? ❶
(2) 丙寅夕：宜在新，束牝一? ❶
(3) 丙寅夕卜：[由]椶于子? ❶
(4) 丙寅夕卜：永不椶于子? ❶
(5) 辛未卜：从圣往田? 用。 ❶
(6) 辛未卜：从圣往田? 用。 ❶
(7) 辛未卜：擒? 用。 ❶
(8) 辛未卜：擒… ❶
(9) 辛未卜：圣往… ❶
(10) 丁亥卜：子立于右? ❷
(11) 丁亥卜：子立于左? ❷
(12) 乙未卜：子其田，从圣，求豕，冓? 用。不豕。 ❷
(13) 乙未卜：子其[往]田，叀豕求，冓? 子占曰：其冓。不用。 ❷
(14) 乙未卜：子其往田，若? 用。 ❷
(15) 乙未卜：子其往田，叀鹿求，冓? 用。 ❷
(16) 戊戌夕卜：翌[己]，子□豕冓，擒? 子占曰：不三其一。用。 ❸
(17) 弗其擒? ❸
(18) 擒豕? 子占曰：其擒。用。 ❸
(19) 戊戌夕卜：翌己，子其□从圣□饗敝，冓? 子占曰：不三其一，其二，其又逊马。用。 ❹
(20) 于既乎用。 ❹

❶《花东》9 ❷《花东》50 ❸《花东》378 ❹《花东》381

以上诸辞，贞卜事类主要围绕田猎展开，可通过“从圣往田”将诸辞系联。

第二十九组

(1) 戊午卜：子又乎逐鹿，不逊马? 用。 ❶
(2) 庚申卜：于既乎…用。 ❶

（3）辛酉卜：从曰，昔斮擒？子占曰：其擒。用。三鹿。 1
（4）壬戌奠卜：擒？子占曰：其[擒]，用。 1
（5）丙寅夕卜：子又言在宗，隹永？ 2
（6）丙寅夕卜：非永？ 2
（7）丁卯卜：既雨，子其往于田，若？孚。 3
（8）辛未卜：其延叡麑？ 4
（9）辛未卜：翌获入？用。 4
（10）辛未卜：子其往于田，弜戠酉？用。 4
（11）辛未卜：弜入麑，其叡？用。 4
（12）辛未卜：擒？子占曰：其擒。用。三麑。 2
（13）壬申卜：子往于田，从昔斮？用。擒四鹿。 5
（14）壬申卜：既乎食，子其往田？用。 5
（15）壬申卜：子其往于田，从昔斮？用。 4
（16）壬申卜：母戊裞？ 4
（17）壬申卜：祼于母戊，告子齿[疾]？[用]。 4
（18）癸酉卜：子其往于田，从剢，擒？用。 4
（19）癸酉卜：子其擒？子占曰：其擒。用。四麑，六龟。 4
（20）癸酉卜：既乎，子其往于田，西亡史？用。 4

1《花东》295　2《花东》234　3《花东》244　4《拼一》77　5《花东》35

以上诸辞，贞卜事类主要围绕田猎、祭祀展开，可通过“从昔斮”将诸辞系联。

第三十组

（1）贞：右马其死？ 1
（2）子贞。 1
（3）贞：右马不死？ 2
（4）其死？ 2

1《花东》126　2《花东》431

以上两版卜辞皆贞问右马疾病情况，可系联。

第三十一组

(1) 其采五旬□? ❶
(2) 三旬? ❶
(3) 弗采五旬? ❶
(4) 丁。 ❷
(5) 一旬? ❷
(6) …二旬? ❷
(7) 其采五旬? ❷
(8) 弗采五旬? ❷

❶《花东》266　❷《花东》277

以上两版卜辞皆贞问气象情况，可通过贞问何时“采”将两版系联。

第三十二组

(1) 癸亥夕卜：日延雨？子占曰：其延雨。用。 ❶
(2) 丁卯卜：雨不至于夕？ ❷
(3) 丁卯卜：雨其至于夕？子占曰：其至，亡翌日戊。用。 ❷
(4) 己巳卜：雨不延？ ❷
(5) 己巳卜：雨其延？子（衍文）子占曰：其延终日。用。 ❷
(6) 己巳卜，在𪚴：庚不雨？子占曰：其雨亡司。夕雨。用。 ❷
(7) 己巳卜，在𪚴：其雨？子占曰：今夕其雨，若。己雨，其于翌日庚亡司。用。 ❷
(8) 乙亥夕卜：丁不雨？ ❸
(9) 乙亥夕卜：其雨？子占曰、占曰：今夕雪，其于丙雨，其多日。用。 ❸
(10) 丁卜：雨不延于庚？ ❸
(11) 丁卜：[雨]其[延]于庚？子占曰…用。 ❸

❶《花东》227　❷《花东》103　❸《花东》400

以上三版卜辞，主要贞问一旬内下雨情况，可系联。

第三十三组

（1）乙卯：岁祖乙豛，叀子祝？用。 ❶
（2）乙卯卜：其御大于癸子，曹豭一，又鬯？用。有疾。 ❶
（3）乙卯卜：其御大于癸子，曹豭一，又鬯？用。有疾，子炅。 ❷

❶《花东》76　❷《花东》478

以上两版卜辞为同日占卜，“御大于癸子”两辞同文，可系联。

（二）可能有联系的卜辞

第一组

（1）壬子卜：子其告㹜，既睪丁？子曾告曰：丁族盗孰宅，子其作丁雍于㹜。 ❶
（2）壬子卜：子戠弜告㹜，既睪于□，若？ ❶
（3）壬子卜：子寝于㹜，弜告于丁？ ❶
（4）壬子卜：子丙其作丁雍于㹜？ ❶
（5）甲寅卜，子屰卜：毋[孟]于妇好，若？ ❶
（6）乙卯卜：子丙速？不用。 ❶
（7）乙卯卜：岁祖乙牢，子其自弜速？用。 ❶
（8）丁巳卜：子弜往㹜？用。 ❷
（9）丁巳卜：子弜往㹜？用。 ❷
（10）庚申卜贞：执死？ ❶
（11）庚午：岁妣庚牢、牝，祖乙延𢼄？在[㹜]。 ❸
（12）庚午：酒革妣庚二小宰，祐鬯一？[在]㹜，来自狩。 ❹
（13）癸酉卜：弜刎新黑马，又刹？ ❷
（14）癸酉卜：弜刎新黑… ❷
（15）癸酉卜：叀召□刎马？ ❷
（16）壬辰夕卜：其宜兆一于㹜，若？用。 ❺
（17）壬辰夕卜：其宜兆一于㹜，若？用。 ❺
（18）己亥卜：子于㹜宿，夙𢼄牢妣庚？用。 ❻
（19）庚子：岁妣庚，在㹜，牢？子卜曰：未子𡵂。 ❻

(20) 甲辰卜：叉祭祖甲，叀子祝？ 6
(21) 甲辰：叉祭祖甲，友羌一？ 6
(22) 甲辰：叉祭祖甲，友羌一？ 6
(23) 乙巳：叉祭祖乙，友羌一？ 6
(24) 乙巳卜：出，子亡启？用。 6
(25) 戊申卜：叀子祝？用。 6
(26) 戊申卜：叀子祝？用。 6
(27) 庚戌：叉祭妣庚，友白刹一？ 6
(28) □子□□妣庚小宰，𡆥祝？在㲋。 7

1《花东》294 2《花东》239 3《花东》311 4《花东》491 5《花东》421 6《花东》267 7《花东》323

以上诸辞，贞卜事类主要围绕子往㲋、在㲋，以及岁妣庚、祖甲、祖乙等展开，可能有联系。

第二组

(1) 丁丑卜：在兹往𡶜御癸子，弜于㲋？用。 1
(2) 戊寅卜：翌己子其见玉于丁，永？用。 1
(3) 己卯卜：庚辰乇彡妣庚，𢼄牢，叀𢼄牝一？用。 1
(4) 己卯卜：庚辰乇彡妣庚，[𢼄]牢，叀𢼄牝一？用。 1
(5) 庚辰：岁妣庚[牢]牝彡乇？ 1
(6) 丁亥：岁妣丁豭一？ 1
(7) 己丑：岁妣己豭一？ 1
(8) 万家见一？ 2
(9) 丁酉：岁妣丁羌一？ 2
(10) 丁酉：岁妣丁羌一？ 2
(11) 丁酉：岁妣丁羌一？ 2
(12) 丁未：岁妣丁豭一？ 3
(13) 丁未：岁妣丁彘一？ 4
(14) …立若… 4
(15) 丁巳：岁祖乙羊一，乇祖丁彡？ 2
(16) [戊]：往祼酒伐祖乙，卯牡一，祐鬯一，口又伐？ 2

（17）庚申：岁妣庚牡一？子占曰：洎□，自来多臣殿？ ❷
（18）庚申：御嵒眔癸子，曹伐一人，卯宰？ ❷
（19）辛酉：宜劀牝眔嵒豭，昃饮？ ❷
（20）辛酉：宜劀牝眔嵒豭？ ❷
（21）庚辰卜：乇彡妣庚，用牢又牝，妣庚永？用。 ❷

❶《花东》427　❷《花东》226　❸《花东》167　❹《花东》136

以上诸辞，贞卜事类主要围绕祭祀子癸、妣庚、妣丁、妣己、祖乙等，以及见玉于丁展开，可能有联系。

第三组

（1）辛未卜：子往劀，子利［作］子□叀糧？ ❶
（2）丁丑卜：其□合弹眔劀？ ❶
（3）丁丑卜：弜合［弹］眔［劀］？ ❶
（4）丁丑卜：弜合… ❶
（5）丁亥卜：□出入薛…用。 ❶
（6）己丑卜：髗画友邵□□画□子弜示，若？ ❷
（7）己丑卜：子画示？ ❷
（8）庚寅卜：子往于舞，永，若？用。 ❷
（9）庚寅：岁妣庚小宰，登自丁粸？ ❷
（10）庚寅：岁妣庚小宰，登自丁粸？ ❷
（11）庚寅卜：子弜［往］裸，叀子画？用。 ❷
（12）壬辰卜：子心不吉，永？ ❷
（13）壬辰卜：子乎从射弹旋，若？ ❷
（14）弜从旋？不用。 ❷
（15）壬辰卜：子乎射、弹、琮取右车，若？ ❷
（16）癸巳卜：子叀大命乎从弹取右车，若？ ❷
（17）甲午：延[illegible]妖官？用。 ❷
（18）庚子卜：子炅？ ❷
（19）庚子卜：子□其［又］至堇？ ❷
（20）癸卯卜：翌瓒于昃？用。 ❸
（21）乙巳卜：叀璧？用。 ❸

（22）乙巳卜：叀良？ 3
（23）乙巳卜：又圭，叀之畀丁緷五？用。 3
（24）庚戌卜：子叀弹乎见丁眔大，亦燕戾？用。 3
（25）庚戌卜：丁各，用夕？ 3
（26）庚戌卜：丁各，用夕？ 3
（27）辛亥卜，丁曰：余不其往，毋速？ 3
（28）辛亥卜，子曰：余丙速？丁命子曰：往，眔妇好于曼麦，子速。 3
（29）壬子卜：子弜速乎畣？用。 3

1《花东》370　2《花东》416　3《花东》475

以上诸辞，贞卜事类主要围绕祭祀妣庚、子往剢、入薛等展开，可能有联系。

第四组

（1）辛卯卜贞：妇母有言，子从𡵂，不从子臣？ 1
（2）壬辰卜：乎[𡵂]御于右示？ 1
（3）壬辰卜：子瓒啇？ 1
（4）癸巳卜：自今三旬又至南？弗[illegible]三旬，二旬又三日至。 1
（5）亡其至南？ 1
（6）出，自三旬迺至。 1
（7）甲午卜：其御宜矢，乙未矢，翌酒大乙？用。 1
（8）乙未卜：乎多贾㞢西饗，用矢？ 1
（9）乙未卜：乎多贾㞢西饗，用矢？ 1
（10）乙未卜：乎𡵂燕，见？用。 1
（11）乙未卜：乎𡵂燕，见？用。 1
（12）乙未卜：子其史𡵂往西罘子媚，若？ 1
（13）戊戌卜：又至堇？ 1
（14）己卜：子又梦，㝱瓒，亡至堇？ 2
（15）己卜：又至堇？ 2
（16）庚咸卲。 2
（17）[[illegible]]。 3
（18）□未，南三日又至？ 3
（19）三伐？ 3

（20）五伐？ 3
（21）西。 3
（22）西。 3
1《花东》290　2《花东》403　3《花东》144
以上诸辞，贞卜事类主要围绕气象、王事、祭祀等展开，可通过贞问“南至”将诸辞系联，可能有联系。

第五组

（1）丁卜，在柚：其东狩？ 1
（2）丁卜：其上？ 1
（3）不其狩，入商？在柚。 1
（4）丁卜：其涉河，狩？ 1
（5）丁卜：不狩？ 1
（6）其涿河狩，至于粪？ 1
（7）不其狩？ 1
（8）毋其步？ 2
（9）癸卜：丁步，[今]戌邵月？在柚。 2
（10）癸卜：子弜执，燕受丁裸？ 2
1《花东》36　2《花东》262
以上两版卜辞，贞卜事类主要围绕在柚地田猎、祭祀展开，可能有联系。

第六组

（1）甲子卜：子其舞，永？不用。 1
（2）甲子卜：子戠弜舞？用。 1
（3）叀[娄]舞？ 2
（4）庚午卜：叀衩先舞？用。 2
（5）辛未卜：子其告舞？用。 2
（6）辛未卜：子弜告奏？不用。 2
（7）己卯卜：子用我瑟，若，弜[屯]𣪘用，永舞商？ 3
（8）屯𣪘瑟？不用。 3

❶《花东》305 ❷《花东》293 ❸《花东》130

以上三版卜辞，贞卜事类主要围绕“舞”展开，可能有联系。

第七组

(1) 朕。 ❶
(2) 癸亥卜：新马于贾见？ ❶
(3) 于贾见？ ❶
(4) 新马子用右？ ❶
(5) 新马子用左？ ❶
(6) 贾见子用右？ ❶
(7) 贾见子用右？ ❶
(8) 卯。 ❷
(9) 甲子：丁各宿？ ❷
(10) 乙丑：自贾马又刹？ ❷
(11) 亡其刹贾马？ ❷
(12) 隹左马其又刹？ ❷
(13) 右马其又刹？ ❷
(14) 自贾马其又死？子曰：其又死。 ❷
(15) 丁卯卜：自贾？ ❸
(16) 马… ❹
(17) 丁卯[自]… ❹
(18) 贾马其柬？ ❺
(19) 柬…自贾马？ ❻

❶《花东》367 ❷《花东》60 ❸《花东》516 ❹《花东》524 ❺《花东》522 ❻《花东》525

以上诸辞，贞卜事类主要围绕“新马”“贾马”等展开，可能有联系。

第八组

(1) 甲申：子其学羌，若，永？用。 ❶
(2) 疾乃弜往又砒，若？用。 ❶

(3)［孖］乃弜往… 2
(4)[illegible]椿壴彭? 2
(5)狩，叀新止?用。 2
(6)丙往㞃，[illegible]? 3
(7)弜往㞃? 3
(8)叀[illegible]口用[illegible]? 3
(9)羌入，孖乃叀入炋?用。 3
(10)孖[乃]伐㚔妍，迺入炋?用。 4
(11)羌入叀，妍[㚔]用，若，永?用。 5
(12)[illegible]? 5
(13)孖弜𢦏? 6
(14)乃孖? 7
(15)乃? 7
(16)新𥁕? 7
(17)[illegible]企? 7

1《花东》473　2《花东》11　3《花东》137　4《花东》458　5《花东》84　6《花东》116　7《花东》377

以上诸辞，主要围绕“孖”展开，可能有联系。

第九组

(1)甲夕卜：日雨?子曰：其雨小。用。 1
(2)甲夕卜：日不雨? 1
(3)丁…日雨? 2
(4)…丌? 2

1《花东》271　2《花东》263

以上两版卜辞，皆为贞问天气情况，可能有联系。

第九章 殷墟甲骨文断代分组概述

殷墟王卜辞依据字体可分为：自组、宾组、出组、何组、黄组、历组、无名组；非王卜辞可分为：午组、子组、非王无名组，其下又可细分为若干小类。各组类年代判定主要依据以下三个标准。

一、称谓系统。包括父、兄辈等可以指示一类卜辞所属时王在商王世系中位置的重要称谓，由此可以比照古代典籍以确定其时代。

二、考古学依据。包括甲骨出土情况、伴出器物等一切与甲骨时代有关的考古材料。殷墟文化分为四期，其对应王世及典型坑层单位如表 9-1。

表 9-1　殷墟文化分期及典型坑层单位

殷墟文化分期		典型坑层单位	时代范围
一期	第一组	YM333、YM232	武丁以前——武丁早期（或中期偏早）
	第二组	YM388、YM331、YM188，80M3、80M4	
二期	第三组	YH127、YH006，59M1，73H13，73T53（4A）	武丁中期（或武丁早期偏晚——武丁晚期）
	第四组	YM238、YM18.4，76M17，77M18，妇好墓	祖庚、祖甲（可能上及武丁晚期）
三期		四盘磨墓 SPM6，大司空村墓 53M54、58M51、SM101、62M30，后冈墓 72M6，小屯东南灰坑 55H1，小屯南地灰坑 73H50，小屯西北地 76H18，殷墟西区 M355、M907	廪辛——文丁
四期		大司空村墓 62M21、M53，殷墟西区 M269、M793、M1015，后冈祭祀坑	文丁晚期、帝乙、帝辛

三、卜辞间的相互联系。该联系包括卜辞记载的事类、人物、国族以及一切形式上的演变，如辞例、钻凿形态、发展演变脉络清楚的字体等，可作为断代辅助参考。

殷墟王卜辞及非王卜辞时代汇总如表 9-2、9-3，现围绕上述标准，对殷墟甲骨文各组各类的时代范围及其判定依据进行简要概述。

表 9-2　殷墟王卜辞各组类时代汇总

<table>
<tr><th colspan="2">村北</th><th>时代</th><th colspan="2">村中、村南</th></tr>
<tr><td colspan="2" rowspan="2">自组大字类
自组小字类</td><td>武丁早期</td><td colspan="2" rowspan="2">自组大字类
自组小字类</td></tr>
<tr><td rowspan="3">武丁中期</td></tr>
<tr><td colspan="2">自宾间类</td><td colspan="2">自历间类</td></tr>
<tr><td colspan="2" rowspan="2">宾组一类</td><td colspan="2" rowspan="3">历组一类</td></tr>
<tr><td rowspan="2">武丁晚期</td></tr>
<tr><td colspan="2">宾组二类</td></tr>
<tr><td rowspan="2">何组一类</td><td>出组一类</td><td>祖庚</td><td colspan="2">历组二类</td></tr>
<tr><td>出组二类</td><td>祖甲</td><td colspan="2" rowspan="3">历无名间类</td></tr>
<tr><td rowspan="2">何组二类</td><td></td><td rowspan="2">廪辛</td></tr>
<tr><td rowspan="4">何组三类</td></tr>
<tr><td rowspan="3"></td><td>康丁</td><td rowspan="2">无名组一类</td><td rowspan="3">无名组二类</td></tr>
<tr><td rowspan="4">武乙</td></tr>
<tr><td></td></tr>
<tr><td colspan="2" rowspan="2"></td><td rowspan="2">无名组三类</td><td></td></tr>
<tr><td rowspan="2">无名黄间类</td></tr>
<tr><td colspan="2" rowspan="3">黄组</td><td>文丁</td><td></td></tr>
<tr><td>帝乙</td><td colspan="2" rowspan="2"></td></tr>
<tr><td>帝辛</td></tr>
</table>

表 9-3　殷墟非王卜辞各组类时代汇总

组类	子组	午组	非王无名组	子组附属、刀卜辞、亚卜辞	花东子卜辞
时代	武丁中期	武丁中期偏晚	武丁中期	武丁中期	武丁中期——武丁晚期

第一节　自组卜辞

自组卜辞依据字体可分为自组大字类、自组小字类、自历间类三大类，时代范围大致为武丁早期至武丁中期。其断代依据概述如下。

一、自组大字类

本类卜辞的时代上限在武丁之初，大致是武丁早期之物，下限不晚于武丁中期偏早阶段。

（一）称谓系统

自组大字类卜辞与时代有关的重要称谓有：

父乙（《合集》19760）　　阳甲（《合集》19908）

盘庚（《合集》19798）　　母庚（《合集》19907）

兄丁（《合集》19907）　　兄戊（《合集》19761）

自组大字类附属卜辞与时代有关的重要称谓有：

祖丁（《合集》32385）　　父甲（《合集》22193）

父乙（《合集》22193）　　父戊（《合集》19946）

父庚（《合集》22193）　　父辛（《合集》22913）

母甲（《合集》19957 反）　　母乙（《合集》19957）

母丙（《合集》19952）　　母戊（《合集》19955）

母己（《合集》19958）　　母庚（《合集》20576 正）

母壬（《合集》19970）　　母癸（《合集》19957）

上述称谓，祖丁即小乙之父，父乙即小乙，父甲即阳甲，父庚即盘庚，父辛即小辛，母庚即小乙配偶妣庚。

（二）考古学依据

自组大字类卜辞集中出于 YM331（《乙编》9099）、YM362（《乙编》9100、

9023、9024）两坑，属殷墟文化一期第二组单位，时代范围大致为武丁以前至武丁早期（或中期偏早）。此外，时代相近的 YM388 坑所出随葬石戈上的朱书“子”字也同于大字类风格特征。

（三）卜辞联系

1. 人物

自组大字类卜辞提到的人物有伯絣（或单称絣）、庚、甫、𠬝、𠬛、犽、羖白蔎、虎、𥝌、子弜、子权，其中庚、𥝌、子弜、子权是仅见于本类的。絣虽见于自组小字类和宾组，但在这两类卜辞中并非常见之人，其地位远不如在本类卜辞中重要，且宾组一般称“多絣”，也与本类不同。

自组大字类附属卜辞提到的人物除见于大字类的𥝌、犽外，另有、雀、多冒、疋、疋等。其中、雀是自组小字类和早期宾组卜辞中常见的重要人物，故本类卜辞的时代应与二者相衔接，时代略晚于大字类。

从贞人来看，在自组三个主要贞人扶、自、勺之中，大字类只有扶，其他两人除有一例“勺曰”（《合集》19858）外，均不在前辞中出现，很可能是当时尚未任职或资历尚浅，不能独立主持卜事的缘故。

2. 辞例与字体

自组大字类卜辞没有“王占曰”，推测当时商王武丁尚年少。字体近手写体，应为从书写到刻写的初期，某些象形字比较原始，如“雨”作，“止”作，“王”作等，都透露出早期特征。

自组大字类与自组大字类附属存在同版关系，如《合集》19946 除正面“甲戌卜[扶]：于来丁酉父乙搢”属自组大字类外，其余均属自组大字类附属；《合集》20576 正面卜辞均属自组大字类附属，反面两辞则为自组大字类风格。由此可知自组大字类与自组大字类附属的密切关系，二者在时代上应有一段重合。

3. 事类

在占卜内容上，自组大字类附属与自宾间类有相近之处，如《合集》20576、19957 分别贞问与、失之间的战事，此事亦见于自宾间类，详见第二章自宾间类“有联系的卜辞”第一组。这说明自组大字类附属中有一部分卜辞已接近自宾间类，时代下限不晚于武丁中期偏早阶段。

二、自组小字类

本类卜辞依据字体可分为三小类，小字一类上承自组大字类，小字二类与自宾间类相衔接，小字三类则直接与自历间类相联系，时代上限溯及武丁早期后段，下限不晚于武丁中期。

（一）称谓系统

本类卜辞与时代有关的重要称谓有：

父甲（《合集》19914）　　父乙（《合集》19772）

父庚（《合集》21377）　　父辛（《合集》19926）

母庚（《合集》14120）　　兄丁（《合集》20055）

主要称谓仍以父乙、母庚为主，为武丁时称谓。

（二）考古学依据

本类卜辞集中出于YH006坑与小屯南地T53（4A）地层（《屯南》4512—4518），二者均属殷墟文化二期第三组单位，时代大致为武丁中期。此外，自组小字三类主要出于村中、村南区域，与仅出于村北的一、二类有所区别。

（三）卜辞联系

1. 人物

本类卜辞特有的人物有⿷匚丕、⿷匚奮、员、子辟等，同见于自宾间类或宾组的有妇鼠、妇娘、[illegible]、白更、鼓、陕等，其中有少数延续到宾组二类，如妇鼠、妇娘、陕。总的来说，本类人物同于自宾间类者为多，同于宾组二类者少，但这些同于宾组二类的人物也同时见于自宾间类或宾组一类，故只能将这种现象解释为生存时间的延续，不能视为本类卜辞时代下限到武丁晚期的证据。另外，宾组一、二类中最常见的人物，如望乘、沚戠、毕、先、戉、射臽、竝、子邑、犬延等却不见于本类，这说明本类卜辞的时代下限绝非能晚至武丁晚期。

2. 辞例

2.1 记事刻辞

本类卜辞盛行甲尾刻辞，形式作“某入”“某来”，如《合集》20024、20036、20053、21221。甲桥刻辞仅发现一例，即《屯南》4515，但其形式作“乙未来”，不记贡纳者及数目，与一般的典型宾组卜辞的甲桥刻辞不同，而接近于甲尾刻辞的“某入”“某来”，应是甲桥刻辞的早期形式。除本类卜辞外，甲尾刻辞仅见于自宾间类和自历间类，后二者的时代为武丁中期偏早。到了典型宾组卜辞，甲尾刻辞已被甲桥刻辞所替代，并出现了骨臼刻辞。典型宾组卜辞的时代大致为武丁中期。在时代范围大致为武丁晚期至祖庚时期的宾组二类及出组一类卜辞中，甲桥刻辞又趋于消亡，这时虽仍有骨臼刻辞，但以骨面刻辞较为多见。至于骨臼和骨面刻辞，则绝不见于本类，这说明本类卜辞的时代下限不能晚至武丁晚期。

2.2 占辞

本类卜辞已有占辞，占者有由和扶，如：

(1) 戊子卜由：妇白亦有声？由占曰：亡声。 ——《合补》6808

(2) 丙寅卜由：王告取儿？由占曰：若，往。 ——《合集》20534

(3) 癸卯卜由：其有取？由占曰：其… ——《合集》20535

(4) □亥卜自贞：王曰有孕，嘉？扶曰：嘉。 ——《合集》21071

与自组大字类一样，本类卜辞没有“王占曰”。而典型宾组卜辞中，“王占曰”是很常见的，且没有“宾占曰”“争占曰”等以贞人作为占者的情况。这种情况可能是时间上的早晚所造成的，大概因为占卜以据兆推断吉凶为难，这不仅需要系统的专业知识，还要有丰富的阅历。这也暗示当时商王武丁尚年少，还没有据兆以推断吉凶的能力。而典型宾组卜辞中只有“王占曰”，没有其他贞人的“某占曰”，表明商王已经成年，阅历丰富，独揽了解释卜兆以定吉凶的大权。

2.3 疑问助词

本类卜辞常在句末加疑问助词“执”“印”“乎”等。这种句式很特别，为本类一大特色。YH127 坑所出宾组卜甲《乙编》4030（《合集》800）上就有这种句式：“壬午[卜]争贞：□其来印？不其来执？四月。”这片卜甲的字体接近自宾间类，是宾组卜辞中时代偏早的，但仅此一例。至于宾组二类和出组一类，则绝不见这种句式，可知这种句式流行于本类卜辞，在较早的宾组卜辞中还有其孑遗，但往后就完全消失了。

3. 字体

自组小字一类与自组大字类的联系相对较多；自组小字二类与自组大字类暂未

发现同版情况，而直接与𠂤宾间类相联系；𠂤组小字三类则与𠂤历间类联系密切。

3. 1　𠂤组小字一类与𠂤组大字类

例 1. 《合集》20938 属𠂤组小字一类，但“酉”字作，是𠂤组大字类附属的特殊写法，可参考《合集》20576 正“辛酉”一辞。

例 2. 《合集》21132 属𠂤组小字一类，但“㞢”字作，是𠂤组大字类的特殊写法。

例 3. 《乙编》8499 右侧属𠂤组小字一类，左侧近𠂤组大字类。

例 4. 《合集》20505 属𠂤组小字一类，但“庚”字近𠂤组大字类。

例 5. 《合集》21297 属𠂤组小字一类，但“隹”“𡆥”字体近𠂤组大字类，可参考《合集》21119“隹”字、《合集》21305“𡆥”字。

两类字体同版例还有《合集》19871、19921、19965、20046、20088、20233、20345。目前尚未发现𠂤组大字类卜辞逐步过渡为𠂤组小字类卜辞的大量例子，可能缺少某些中间环节，但以上各例也在一定程度上说明了本类卜辞应该是上承𠂤组大字类卜辞的。

3. 2　𠂤组小字一类与𠂤组小字二类

例 1. 《合集》20966 属𠂤组小字一类，但左侧两辞前辞均作“干支卜王贞”，且“贞”字两耳已渐由尖形向方形变化，接近𠂤组小字二类。

例 2. 《合集》19816“翌”字作，为𠂤组小字一类字体，但“用”字作，为𠂤组小字二类字体，书体风格介于二者之间。

例 3. 《合集》19992 属𠂤组小字一类，但“用”字作，为𠂤组小字二类字体。

例 4. 《合集》20007 上方的“用”字作，左下方的“㞢”字作、“兄”字作，都是𠂤组小字二类字体，但右下方一辞则为𠂤组小字一类字体。

例 5. 《乙编》135（《合集》20411）字体多折笔，“贞”字两耳近方，书体风格近𠂤组小字二类，但该辞后一“其”字作，为𠂤组小字一类的典型字体。

此外，《合集》19920、20951、20968、21290、20196 等都是介于𠂤组小字一、二类之间的卜辞。二者在一些常用字，如“牛”“冎”等字上有相似之处，这充分显示了二者的紧密联系。

3. 3　𠂤组小字二类与𠂤宾间类

例 1. 《合集》9816 正面属𠂤组小字二类，反面“己亥卜：示受年”则属𠂤宾间类。

例 2. 《合集》20546 右边属𠂤组小字二类，左边属𠂤宾间类。

例 3. 《合集》20451 前辞为“丁巳卜王贞”，且“贞”字作方耳，字体较大，具有自组小字二类的特点。但整版的书体风格近于自宾间类，特别是“巳”“卯”“乎”“获”等字的写法。

3.4　自组小字三类与自历间类

例1.《屯南》3568属自组小字三类，《佚存》884属自历间类，二者都有较为罕见的“生月”合文。

例2.《合集》21221属自组小字三类，《库方》995、《合集》34515属自历间类，三片所卜事类相同，干支相近，似为数日内所卜。三片卜辞中的“肇”字均作，是卜辞中仅见的特殊字形。

4. 事类

4.1　妇鼠、妇娘生育

妇女的生育有时间限制，都是在较年轻的时候。妇鼠是自组小字类的常见人物，又见于自宾间类、宾组一类、宾组二类以及历组一类。但有关生育的卜问仅见于自组小字类和自宾间类，例举如下。

自组小字类：

(1) 乙酉卜王：妇鼠娩，其隹…　——《合集》13960

(2) 戊辰卜王贞：妇鼠娩，余子？　——《合集》14115

(3) 己巳卜王：妇鼠，子，[余]子？　——《合集》14117

(4) 贞：妇鼠娩，余弗其子？四月。　——《合集》14116

自宾间类：

(1) □□卜[贞：妇]鼠…[辛]巳…夕…嘉？　——《合集》4726

(2) …辰妇鼠娩，嘉？五月　——《合集》14020

此现象亦见于妇娘，例举如下。

自组小字类：

(1) 丁卯卜王[贞：妇]娘娩…　——《合集》13954

(2) □□卜：[妇]娘娩，不其嘉？　——《合集》14016

自宾间类：

妇娘娩，不其嘉？　——《合集》6905

通过以上关于生育的占问，可以推测自组小字类、自宾间类的年代相对来说是较早的。

4.2　卜“围戎”

自宾间类：

(1) 壬寅卜：视弗获围戎？不许。　——《合集》6905

（2）乙巳卜：丁未𠂤不其入？不。 ——《合集》6905

自组小字类：

庚戌卜王贞：𠂤其获围戎在东？一月。 ——《合集》6906

两版均卜“围戎”，干支相接，应为同一件事在数日内的占卜。

4.3 相似占卜内容

第一组

自组小字二类：

甲戌卜扶贞：方其[illegible]于东？九月。 ——《合集》20619

自宾间类：

（1）□申卜：方其[illegible]于东？ ——《合集》11468

（2）辛酉卜：方其[illegible]东？ ——《合集》11467

（3）…[illegible]于东？ ——《合集》11466

（4）…[illegible]于东？ ——《合集》11469

诸版均卜“[illegible]于东”，可能为一事之卜。

第二组

自组小字二类：

（1）壬戌卜王贞：𠂤亡其刹？ ——《合集》20180

（2）壬戌卜王贞：𠂤有刹？ ——《合集》20181

自宾间类：

□酉卜□贞：𠂤有刹，获围方？ ——《合集》6749

诸版所卜，可能为一事。

第三组

自组小字二类：

乙巳卜王：出子宋？ ——《合集》20034

自宾间类：

□□卜：又子宋…豕？ ——《合集》9368

两版均卜“子宋”，可能为一事之卜。

据以上事类系联可知自组小字类、自宾间类在时代上是相近甚至是重合的。但自宾间类与自组小字一类并不衔接，且自组小字二类与其他宾组卜辞也无联系。因此，自组小字类的时代大体上应早于自宾间类。

三、𠂤历间类

本类卜辞的时代大致为武丁中期，上限可到武丁中期偏早。

（一）称谓系统

本类卜辞与时代有关的重要称谓有：
父乙（《合集》32226）
父乙应为武丁之父小乙。

（二）考古学依据

本类卜辞基本出于村中、村南区域，在村中F36坑中与𠂤组小字三类集中共存，见于《甲编》187+[①]、188、191、252、253、265、446。二者在时代上可能接近。

（三）卜辞联系

1. 人物

本类卜辞提到的人物有雀、般、侯告、沚或、亯、子妥等。其中，雀见于𠂤组大字类附属、𠂤宾间类、宾组一类、子组、子组附属、历组一类；子妥见于宾组和子组附属；侯告、般、亯、沚或见于宾组一类（沚或，宾组作沚戠）、历组一类。宾组二类有𠂤般（可能与“般”为一人）、亯、沚戠，历组二类有𠂤般、沚或。本类没有宾组二类、历组二类中比较重要的人物犬延、屰、咬、望乘、毕，这些人物在宾组一B类中已全部出现，但在宾组一A类中尚未发现，可见本类卜辞与宾组一A类较为接近。

2. 辞例

2.1　记事刻辞

甲尾刻辞只见于𠂤组小字类、𠂤宾间类，宾组卜辞中甲尾刻辞被甲桥刻辞所替

---

① 屈万里：《小屯第二本·殷虚文字甲编考释》，台湾“中央研究院”历史语言研究所，1992年，第29页。

代。本类卜辞仅见一例甲尾刻辞，即《合集》9374“臣入”，推测其时代应处在甲尾刻辞即将消亡之际。

2. 2　特殊辞例

本类卜辞对先人的称呼往往有日名在前的情况，如“甲大”（《合集》33180）、“乙大”（《合集》32559）、“丁祖”（《合集》34010）、“庚妣”（《合集》22136）等。同样的情况也见于自组小字类卜辞，如“丁中”（《屯南》4516）。

3. 事类

“敦通”“伐归”事类相同，大多能互相系联，排在相近的月份内，详见第一章自组小字三类“有联系的卜辞”第一组。在该组系联中，自历间类、自组小字三类卜辞并存，二者在时代上相衔接且可能有一定重合。

商王朝与㹫、翟、亘的战争卜辞，见于宾组一A类（详见第二章宾组一A类“有联系的卜辞”第十七组）、自历间类（详见第一章自历间类“有联系的卜辞”第四组）、历组一A类（详见第六章历组一A类“有联系的卜辞”第五组）。这些卜辞事类、人物相同，干支接近，应是在一个相对集中的时期内进行的。商王朝与㹫、翟、亘等方国的战争既不见于武丁早期的自组大、小字类卜辞，也不见于武丁晚期的宾组二类卜辞，可见卜问相关事件的自历间类卜辞应大致属武丁中期。

祭祀妣庚相关事类的卜辞见于自历间类（《合集》22136），与子组附属卜辞（详见子组附属“可能有联系的卜辞”第一组）对象一致，祭法一致，祭品数目非常接近甚至相同，应为一时之卜。子组附属卜辞在YH127坑中有较多出土，与子组有联系，大致为武丁中期之物。

4. 钻凿形态

卜骨上的小圆钻起源甚早，在二里冈卜骨上时常见到，一直延续到殷墟早期。这种钻型见于自组大字类、自组小字类、自宾间类、历组一类，而在宾组二类和出组一类卜辞中还未曾发现，推测其主要流行于武丁中期以前，自历间类卜骨上也有小圆钻（《屯南》940、2686），时代应属此流行时段。

第二节 宾组卜辞

宾组卜辞依据字体可分为自宾间类、宾组一类、宾组二类三大类，时代大致为武丁中晚期。其中，自宾间类时代最早，上限可溯及武丁中期偏早；宾组二类时代最晚，下限可能延至祖庚时期。其断代依据概述如下。

一、自宾间类

本类卜辞的时代上限可能在武丁中期偏早，下限不晚于武丁中期。

（一）称谓系统

本类卜辞与时代有关的重要称谓有：

父甲（《合集》4324）　　父乙（《合集》4115）

兄丁（《合集》4116）

父甲为阳甲，父乙为小乙，均为武丁时称谓。

（二）考古学依据

本类卜辞大多出于1928年科学发掘殷墟以前，因而没有多少地层方面的资料，只有第四次殷墟发掘的E16坑出有这种卜辞，如《甲编》2971、2980、2996、2999等，共二十多片。最上层有两片可以缀合的宾组二类卜辞《甲编》2942、2943（《合集》11994），其堆积下限约在武丁晚期。坑中出有陶器浅腹盆4D，器盖927K、948J、948K、948M和銎式铜戈、铜矛等[①]，邹衡先生将其排在殷墟文化二期第二组最后[②]，肖楠先生也认为“从坑中出土的陶器和铜兵器等形制看，是属殷

① 李济：《殷墟器物甲编：陶器》（上辑），载《李济文集》（卷三），上海人民出版社，2006年，第134、148、149页；李济：《记小屯出土之青铜器》（中篇），载《李济文集》（卷三），上海人民出版社，2006年，第549页。

② 邹衡：《试论殷墟文化分期》，载《夏商周考古学论文集》，文物出版社，2001年，第57页。

墟早期，即武丁时代”[①]。本类卜辞出在该坑下层一段（6.5—9.4m 深），其时代不会晚到武丁晚期。

（三）卜辞联系

1. 人物

本类卜辞提到的人物中，出现频率最高的[illegible]、雀都见于自组大字类附属。其中[illegible]也是自组小字二类中常见的；雀在宾组一 A 类中仍很常见，宾组一 B 类以后始不多见，此外又见于自历间类和历组一类。其他人物，如白更和妇鼠常见于自组小字二类，其中妇鼠又见于宾组一类、宾组二类和历组一类，但后二者只卜问“有祸”而非生育；子商、鼓、妇娘也都见于自组小字类和宾组，子商又见于历组一类（《合集》20027）。另外，宾组二类乃至宾组一 B 类卜辞中常提到的重要人物如望乘、沚戠、毕、先、戊、射䧹、竝、子邑、犬延等均不见于本类。由此可见，本类卜辞的时代下限不会晚于武丁中期。

2. 辞例

本类卜辞常见甲尾刻辞，形式作“某入”“某来”，如《合集》117“弜入”、《合集》6852“臣入”、《合集》7063“来[illegible]入”、《合集》9339“罝入”、《合集》9368“勺入”、《合集》9369“甫入”、《合集》10514“启入”等。其中，[illegible]和勺又见于自组小字类的甲尾刻辞，并且勺还是自组小字类的贞人。另外，也发现个别甲桥刻辞，形式仍作“某入”，如《合集》585“雀入”。有兆侧刻辞，作“不许”（《合集》6905、9758），与宾组一类作“不许黾”稍有不同。这说明自宾间类正处于甲尾刻辞向甲桥刻辞的过渡阶段。

3. 事类

本类卜辞与自组小字二类在占卜事类上联系紧密，时代上相互衔接，其时代上限可能在武丁中期偏早。

二、宾组一类

本类卜辞的时代大致为武丁中期，下限可延及武丁晚期。

---

① 肖楠：《安阳小屯南地发现的“自组卜甲”——兼论“自组卜辞”的时代及其相关问题》，《考古》1976 年 4 期。

（一）称谓系统

本类卜辞与时代有关的重要称谓有：

父乙（《合集》903 正） 母庚（《合集》10130 正）

兄丁（《合集》3186）

（二）考古学依据

本类卜辞主要出于以下五个坑层单位：

1. YH127 坑

YH127 坑出宾组卜辞最多，可见该坑堆积时正值宾组卜辞盛行。YH127 所处地域的灰坑多早于属殷墟文化二期的水沟，在有关的叠压打破关系中居于最下层，而上层的 YM164 坑属殷墟文化二期第四组，该坑本身又出第三组典型器物残片。据此，YH127 坑的时代应属殷墟文化二期第三组，绝对年代大致为武丁中期。

2. YH76 坑

YH76 坑压在早期的乙五基址之下①，同一层位的 YH66 坑出有陶罐一件（135B）②，形近小屯南地 73H13：13 陶罐③，后者属殷墟文化二期第三组，推测 YH76 坑、YH66 坑与之相同。该坑出宾组卜辞一片（《乙编》483），属宾组一类。

3. 横十三・五庚坑

该坑所出陶豆 205C，形制不晚于殷墟文化二期第三组。同出宾组卜辞两片（《甲编》1043、2891），均属宾组一类。

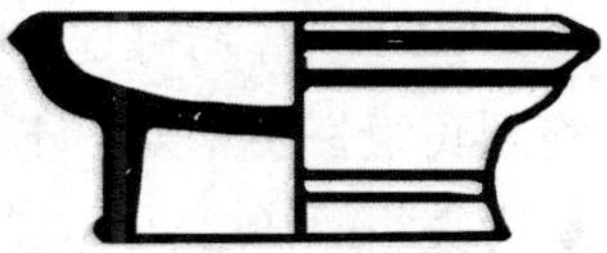

图 9-1 205C 型陶豆

4. YH006 坑

YH006 坑所出器物有陶缸 107B、陶盘 215F 等。以器物形制而论，其时代属殷墟文化二期第三组。④ 该坑出自组小字类卜辞较多，同出

① 石璋如：《小屯第一本・遗址的发现与发掘乙编：殷虚建筑遗存》，台湾“中央研究院”历史语言研究所，1959 年，第 73—74 页。

② 李济：《殷墟器物甲编：陶器》（上辑），载《李济文集》（卷三），上海人民出版社，2006 年，第 138 页。

③ 中国科学院考古研究所安阳工作队：《1973 年安阳小屯南地发掘简报》，《考古》1975 年第 1 期。

④ 邹衡：《试论殷墟文化分期》，载《夏商周考古学论文集》，文物出版社，1980 年，第 60—61 页。

宾组卜辞三片（《乙编》460、461、465），均属宾组一类。

5. YH126坑

YH126坑与YH127坑底层相同，同在YH117坑和YH121坑之下，且西南隅和西北隅又分别被YM164坑（殷墟文化二期第四组）上部的黄土和YH120坑（坑形为殷墟早期常见的上圆下长方形）打破，推测YH126坑也属殷墟文化二期第三组。该坑出宾组卜辞一片（《乙编》486），只有“二告”两字，属宾组一类。

根据以上坑层时代及所出卜辞，推测宾组一类的时代也属殷墟文化二期第三组，绝对年代为武丁中期。

（三）卜辞联系

1. 人物

本类卜辞基本包含所有宾组贞人，其中贞人㚔的卜辞与自宾间类非常接近（如《合集》16847、16870等），甚至有一例是自组小字二类字体（《合集》16670）。该贞人又与本类中的其他四位贞人同辞占卜：

（1）□未卜内、㚔贞… ——《合集》909

（2）癸巳卜㱿、㚔贞：旬亡𡆥？ ——《合集》3610

（3）癸亥卜宾、㚔贞：旬亡𡆥？ ——《合集》3700

（4）癸未卜争、㚔贞：旬亡𡆥？ ——《合集》3755

这些卜辞均可划入宾组一类。由此推测，㚔的活动时间大致为自组小字二类偏晚到宾组一类早期。本类贞人也由较早的宾组一A类中的㱿、宾、争、内四位，发展为宾组一B类所包含的宾组全部贞人，后一时期是宾组贞人集团最为昌盛的阶段。

宾组一A类最常见的人物是雀和子商，𠂤已很少见到（《合集》6834）。此外还有妇好、侯告、昜伯㚸、我、疋、戠等人。到宾组一B类时，常见的人物有子商、妇好、妇井、子渔、望乘、沚戠、毕、𢦏、戉、自般等，此外还有雀，但已不如一A类常见，𠂤则未曾见到。

总体来看，宾组一A类的人物多同于自宾间类，其中有些还见于自组小字二类，如雀、子商、𠂤等人；宾组一B类的人物主要与宾组二类相同。所以本类卜辞的时代相对较早。

2. 辞例

2.1　记事刻辞

本类卜辞未见甲尾刻辞。宾组一A类主要为甲桥刻辞，形式也发生了变化，在入、来的后面加上了数目，作“某入若干”“某来若干”，如《合集》190反“雀入二十”，《合集》1027反“我来十”等。宾组一B类常见甲桥刻辞和骨臼刻辞。甲桥刻辞的形式略有变化，右甲桥一般作“某来若干”“某入若干”或“某以若干”，少数附记地名或干支，如《合集》4464、5439、9671；左甲桥一般记示者及署名者，如《合集》838、1248、9671。此外新出现了骨臼刻辞的形式，一般作“干支某示若干屯。某”，有少数省去干支，也有部分附记骨版来源，如《合集》3286、9408。

2.2　兆侧刻辞

宾组一A类兆侧刻辞作“不许”，与自宾间类相同。宾组一B类兆侧刻辞作“不许黾”，此外还有一种较为特殊的刻辞，刻在甲尾反面靠中线处，作“不可”，如《甲编》3324（《合集》18890）。

三、宾组二类

本类卜辞的时代大致为武丁晚期，下限可延及祖庚之世。

（一）称谓系统

本类卜辞与时代有关的重要称谓有：

父乙（《合集》1487）　　　　母庚（《合集》2543）

父乙、母庚均为武丁时称谓，尚未发现父丁称谓。

（二）考古学依据

本类卜辞出于以下三个坑层单位：

1. E16坑

E16坑所出器物属武丁时期，其堆积下限可到武丁晚期。坑内出两片可缀合的宾组二类卜辞《甲编》2942、2943（《合集》11994），位于坑内堆积的最上层。

2. YH265坑

YH265坑出有陶罐141R和陶器盖927M，后者形近E16坑出土的927K。推测该坑的时代接近E16坑，其堆积下限约在武丁晚期。坑内出卜辞两片：《乙编》8935、8936（《合集》13515、22195），前者属宾组二类，后者属非王无名组。

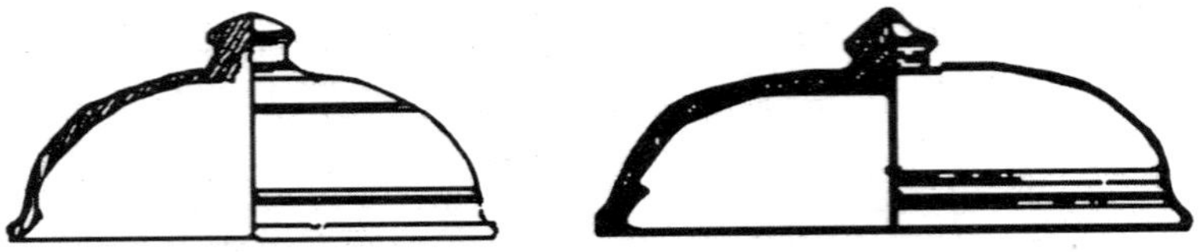

a）927K　　b）927M

图9-2　927K、927M型陶器盖

3. YH38坑

YH38坑压在属殷墟文化二期的乙五基址下，其时代不会晚于殷墟文化二期。坑内出有卜辞两片：《乙编》475、476，后者属宾组二类，前者近出组一类。

（三）卜辞联系

1. 人物

本类卜辞所见贞人减至宾、争、充、吏、古等数人。结合宾组一类贞人来看，宾、争两人供职时间最长，贯通整个宾组；㱿、内两人供职时间偏早，在本类中不再出现；充、吏、古三人供职时间偏晚。

本类卜辞提到的人物有毕、先、子吕、郭、咬、戋、冒侯、望乘、沚戜、邑竝、射臽、犬延、自般、廪晌等，其中以毕、先最多见。自组小字二类、自宾间类乃至宾组一类提到的人物少见或不见于本类及出组，而后者的许多人物，如咬、戋、冒侯等也未见于前者。

2. 辞例

本类卜辞未见甲尾和甲桥刻辞，有较多骨面刻辞，其内容和形式近于宾组一B类的骨臼刻辞，只是人物不同，如《合集》15515。骨臼刻辞的形式和相关人物同宾组一类相比略有变化，如《合集》14832骨臼仅有一“中”字，《合集》6768作“甲寅犬见毕示七屯。充”。具体情况见表9-4。

表9-4　自宾间类、宾组、出组一类记事刻辞比较

自宾间类	宾组一A类	宾组一B类	宾组二类	出组一类
甲尾、甲桥	甲桥	甲桥、骨臼	骨臼、骨面	骨面

由上表可以简明地了解宾组一、二类上与自宾间类，下与出组相联系的情况。宾组二类的骨面刻辞在形式乃至涉及人物上都与出组一类相同，如《合集》24432属出组一类，骨面刻辞作“己酉史焸…”，焸也是宾组二类骨面刻辞中的示者（如《合集》15515、17599、17600等）。出组还有在骨面只刻一人名的，如《合集》22855反面刻一“冎”字，《合集》24063反面刻一“口”字等，可能是继承了宾组二类某些骨臼刻辞的形式，如《合集》14832。此外，宾组一B类的兆辞“不许黾”和占辞“王占曰”在本类中都未曾发现。

3. 事类

宾组二类与出组卜辞相衔接，并有同卜一事的例子，例举如下。

第一组

宾组二类：

□□[卜]宾贞：令戢奠子贾？八月。　——《合集》6049

出组一类：

□□[卜]大贞：令戢奠子[贾]？　——《合集》23534

两版均卜“令戢奠子贾”，应为一事之卜。

第二组

宾组二类：

癸亥卜吏贞：旬亡囚？一日象，甲子夕燮大称，至于…　——《合集》18793

出组一类：

癸亥卜兄贞：旬亡…夕燮大称…　——《合集》26631

两版均卜“燮大称”，可能为一事之卜。

据以上两组事类系联可知宾组二类与出组一类有一段时间的重合，其时代下限可能延及祖庚时期。

第三节　出组卜辞

出组卜辞依据字体可分为出组一类、出组二类两大类。其中，出组一类的时代大致为祖庚时期，出组二类的时代大致为祖甲时期。其断代依据概述如下。

一、出组一类

本类卜辞与宾组二类有一部分重合，但大体上晚于后者，其时代主要为祖庚时期，上限可溯及武丁之末。

（一）称谓系统

本类卜辞与时代有关的重要称谓有：

父丁（《合集》40937）　　　母辛（《合集》23430）

本类卜辞无父乙称谓，大体上晚于有父乙、母庚称谓的宾组二类，且无兄庚，所以其时代大致为祖庚时期。

（二）卜辞联系

1. 人物

本类卜辞所见贞人有兄、出、大、逐四位。提到的人物有子邑、咬、犬延、旡、毕、竝、小刳等，除小刳外，都见于宾组二类。但宾组二类中许多重要人物如沚戠、望乘、郭、戉、冒侯、廪眴、射畓、自般等都不见于本类。

2. 辞例

本类卜辞未见甲桥和骨臼刻辞，只有骨面刻辞（《合集》24432、41066等），宾组常见的骨臼刻辞已完全消失。有兆辞“二告”。记月方式作“某月”。

二、出组二类

本类卜辞属祖甲时期，依据字体可进一步分为A、B两小类。出组二A类较早，属祖甲前期；出组二B类较晚，属祖甲后期。

（一）称谓系统

出组二A类卜辞与时代有关的重要称谓有：

毓祖乙（《合集》22583）　父丁（《合集》22583）

兄庚（《合集》23490）

出组二B类卜辞与时代有关的重要称谓有：

毓祖乙（《合集》23148）　父丁（《合集》23188）

兄庚（《合集》23502）　兄己（《合集》23478）

兄庚为祖甲对祖庚的称谓，兄己可能为祖甲对其兄孝己的称谓。

（二）考古学依据

《合集》26137为喜所卜，属本类卜辞。该版卜辞出于乙五基址夯层。该基址学界认为属殷墟文化二期[①]。

（三）卜辞联系

1. 人物

出组二A类贞人：中、疑、出、大、逐、即、喜、旅、洋。

出组二B类贞人：旅、即、尹、行、冎、涿、猳、先、陟。

两类贞人略有交叉，如洋贞卜辞一般是A类字体，但也有个别属B类，如《合集》22796，该片同版还有贞人旅。

本类卜辞提到的人物很少，出组二A类只有上丝、zh侯、鸟、吃等，其中上丝又见于宾组二类（《合集》3336）；出组二B类只有卢（《合集》22539）。这可能是由于这一时期战争很少，商王主要从事祭祀及出巡的缘故。

2. 辞例

出组二A类仍有骨面刻辞，如《合集》23680正面为疑所卜，反面有刻辞“戊子，羽示…”，但仅发现此一例。有占辞“王占曰”（《合集》24117反、24118）

---

① 邹衡：《试论殷墟文化分期》，载《夏商周考古学论文集》，文物出版社，2001年，第74页。

和“王曰”(《合集》23805、41249)。记月方式仍作“某月”。

出组二B类未见记事刻辞及王占占辞。记月方式作“在某月”，并普遍出现了“正月”（前此称“一月”）。

3. 事类

本类卜辞的占卜内容以祭祀为主，但出组二B类出现了系统的周祭，且字体与出组一类显然不同。其中有一部分，如《合集》22598、22779、22855、22858、24062、26622等，与何组卜辞，如《合集》26953、27042、27138、27221、27236等字体基本一致，表现出明显的衔接关系，具有较多偏晚期的特征，其时代大致为祖甲后期。

第四节　何组卜辞

何组卜辞依据字体可分为何组一类、何组二类、何组三类三大类，时代大致历祖庚、祖甲、廪辛、康丁四个王世。其中，何组一类与宾组二类相衔接，时代上限可溯及武丁晚期；何组三类与无名组卜辞同时，时代下限可延及武乙之世。其断代依据概述如下。

一、何组一类

本类卜辞的时代上限为武丁晚期，下限为祖甲时期，大致是祖庚、祖甲时代的遗物。

（一）称谓系统

本类卜辞未见有时代意义的重要称谓，但称大乙为唐，如《合集》27153“乙卯卜何贞：㞢勹岁于唐，王亡害？[十]二月”，《合集》27150与此同卜，字体一致，可能为一版之折。陈梦家先生认为“唐为祖甲以前之称”①。

（二）卜辞联系

1. 人物

本类贞人有何、㝬、㓫、彭、口、專、𡚸、𦣞等，其中以何最多见，其次是㝬、㓫、彭三人，口及口以下四人少见，仅一二例。

何贞卜辞见于本组各类，并与宾组贞人吏同版（《怀特》389）卜“王燕叀吉”，且《合集》27861—27866、31304、31316、31330、31341、31350等何贞卜辞字体近出组一类，其供职时间应始于武丁晚期。

㝬贞卜辞只见于本类，卜问“王燕叀吉”，并与贞人何同版（《合集》27866），字体近出组一类，其供职时间应在祖庚之世。

---

① 陈梦家：《殷虚卜辞综述》，中华书局，1988年，第410页。

專贞卜辞有属宾组二类的字体，如《龟》1.28.9，《前编》5.12.2、5.12.4等，其供职应始于武丁晚期。

贞人奴的字形与專很接近，卜辞字体、内容一致，且有同版情况①，但没有宾组二类字体，故其供职时间应略晚，大致为祖庚时期。

口贞卜辞见于本组各类，供职时间也比较长，在本类卜辞中应是偏晚的。首先，该贞人没有“王燕叀吉”的相关卜问，且记月方式以“在某月”为主（《合集》28589、29728、31443）。其次，在《合集》28589上，贞人口与出组二类卜王辞同版，且该版与出组二类贞人行所在的《合集》24492为一时之卜。此外，出组二类卜骨《合集》24063背面有口的署名。由此可见，口实际上也是出组二类的贞人，其供职时间应始于祖甲。

卯、彭、吕在本类中偏晚。贞人卯的署名见于出组二类卜辞《合集》23359、23977背面；另有《合集》31590是卯的卜夕辞，字体属出组二类，但“夕”字略有小异。贞人彭的署名见于出组二类卜辞《合集》23241（尹、旅所卜）的背面。贞人吕与何有同版之例（见《合集》31547、31548），但字体在本类中偏晚。

根据以上贞人之间的联系，可知本类卜辞的时代上限可溯及武丁之末，主要为祖庚、祖甲时期。

2. 辞例

本类卜辞有兆辞“二告”（《合集》31304、31316、31317、31341等）和“三告”（《合集》31350），同样的兆辞也见于宾组和出组（《合集》16818、24664）。记月方式多数作“某月”，少数作“在某月”，但尚未称一月为正月。

3. 字体

本类卜辞“有”字作㞢；“王”字作太、去，太的写法同宾组和出组一类，去的写法近于出组二类，只是出组二类作王，上竖画不出头。此外，如“叀”“雨”“酉”“十二月”等都近于宾组和出组一类。本类卜辞书体风格近于出组一类的有《合集》27861—27866、31304、31316、31330、31341、31350、31352、31356、31590等，这些卜辞多为何所卜。

4. 事类

本类有不少卜问“王燕叀吉”的卜辞，宾组贞人史也有相同的卜问，如下。

---

① 王宇信：《甲骨文贞人“專”时代的审定》，载《甲骨探史录》，三联书店，1982年，第79—80页。

何组一类：

（1）丙寅卜彘贞：王往于夕裸，不冓雨，燕叀吉？

（2）…燕叀吉…往于夕裸？允不冓雨。四月。

（3）丁卯卜何贞：王往于夕裸，不冓雨？允衣不冓。

（4）贞：王往于夕裸，不冓雨，燕叀吉？

（5）己巳卜何贞：王往于日，不冓雨，燕叀吉？允雨不冓。四月。

（6）…[不]冓雨？往于夕裸，允不冓雨。四月。

——《合补》9539

（7）壬辰卜何贞：王燕叀吉？

（8）贞：王燕叀吉，不冓雨？

——《合集》27830

宾组贞人吏：

（1）戊寅卜吏贞：王燕叀吉？　——《合集》5251

（2）乙酉卜吏贞：王燕叀吉？　——《合集》5255

（3）丙戌卜吏贞：王燕[叀]吉？　——《合集》5256

（4）壬子卜吏贞：王燕叀吉？　——《合集》5280

（5）甲寅卜吏贞：王燕叀吉？　——《合集》5254

不仅如此，二者字体也有相似之处，如吏所卜的《合集》5263、5280、5281等，字体均近何组一类。这说明本类卜辞的时代上限应早到武丁晚期。

二、何组二类

本类卜辞大致是廪辛时代的遗物，时代上限或可溯及祖甲晚末。

（一）称谓系统

本类卜辞与时代有关的重要称谓有：

祖丁（《合集》27263）　　父甲（《合集》27456 正）

父庚（《合集》27424）　　帝甲（《合集》27439）

《合集》27439 帝甲与祖丁同版，故帝甲应即商王祖甲，也即本类其他卜辞所称的“父甲”。祖丁即武丁，父庚为商王祖庚，尚未发现兄辛。由称谓来看，本类卜辞的时代大致为廪辛之世。

（二）卜辞联系

1. 人物

始见于本类的贞人有晛、贾、豖等。晛见于本类与何组三类，在本类中字体接近何组三类，时代偏晚。晛贞卜辞的字体也有近于出组二类的，如《合集》31614、31617等。其供职时间大致在廪辛、康丁之世，时代上限可能溯及祖甲晚末。贾、豖仅见于何组二类，占卜内容以周祭为主，其供职时间约在廪辛之世。

本类卜辞提到的人物有亚旁、亚新、自贾、黄、辰、小臣剌等，都仅出现一次，其中自贾还见于无名组卜辞（《合集》28089）。

2. 辞例

本类卜辞开始出现占卜术语“叔𢆶”和占辞“吉”，但不多见。与何组三类及无名组不同的是，“叔𢆶”和“吉”均尚未单刻于辞旁，而是在卜辞之中。记月方式作“在某月”（《合集》27213）。

3. 字体

本类卜辞字体略带长形，较规整，与出组二类的一些卜辞，如《合集》22598、22779、22855、22858、24062、26622等一脉相承，有很明显的衔接关系。

4. 事类

本类卜辞占卜内容以祭祀为主。值得注意的是，有周祭卜辞，一般为贾所卜（《合集》27042等）。贾卜还有𣪘祭，𣪘祭在祖甲时常与周祭、岁祭并行。①

本类卜辞与无名组关系较远，尚未发现占卜内容上的联系，加之数量不多，所历经的年代不会很长，故推测本类卜辞大致是廪辛时代的遗物。

三、何组三类

本类卜辞依据字体可分为A、B两小类，时代大致为廪辛、康丁之世，下限可延及武乙中期。

① 陈梦家：《殷虚卜辞综述》，中华书局，1988年，第193页。

（一）称谓系统

何组三 A 类卜辞与时代有关的重要称谓有：

祖丁（《合集》27302）　父甲（《合集》30345）

父己（《合集》26899）　父庚（《合集》30345）

祖己（《合集》32656）　父辛（《合集》32663）

何组三 B 类卜辞与时代有关的重要称谓有：

祖丁（《合集》30353）　父甲（《合集》27468）

父己（《合集》27400）　父庚（《合集》27423）

母戊（《合集》27585）

以上称谓基本与何组二类相同，母戊为商王祖甲之配，这些都是廪辛、康丁时的称谓。

（二）考古学依据

1949 年以前，殷墟侯家庄所出何组三类“大龟七版”的地层大致相当于小屯南地中期二组。据小屯南地发掘者所言，小屯南地中期相当于殷墟文化三期，中期二组是三期中偏晚阶段的地层①，这也印证本类卜辞的时代下限可延及武乙。

（三）卜辞联系

1. 人物

本类卜辞所见贞人主要有何、口、彭、壴、陟、暊、狄、大、教、猾、逆、弔。其中，何组三 A 类贞人有彭、壴、何、狄、口等，以彭、壴、何为多；何组三 B 类贞人有狄、大、口、彭、陟、教、猾、逆、暊、壴、弔。

彭所卜何组三 A 类卜辞《合集》27647、27649 卜问“饗多子”，可与无名组卜辞《合集》27644、27648、27650 相联系，故其供职时间的下限应延及武乙之世。

狄贞卜辞在何组三 B 类中有较多偏晚字形，如《合集》28146、28879、29276。

① 中国社会科学院考古研究所：《小屯南地甲骨》，中华书局，1980 年，第 21 页。

横向上，该类卜辞与无名组二类多有联系，故其供职时间应从廪辛、康丁而延及武乙之世。

大、教、冎、逆、弔诸位贞人均属何组三B类，字体多有晚期风格，供职时间是何组中比较晚的，可能在武乙前期，时代上限可溯及康丁晚年。

本类卜辞提到的人物有：

何组三A类：小臣冎、小臣永、兮、马亚。

何组三B类：戍逐、戍冎、受、犬言、亚旌、侢、小臣、虤犬冎、马亚。

何组三B类中的马亚见于何组三A类，戍逐、戍冎、受、犬言见于无名组。另外无名组有戍侢（《合集》26892），可能即何组三B类的侢。

2. 辞例

何组三A类有兆辞“叔嫠”（《合集》26889、31056等）和占辞“大吉”（《合集》27269）。记月方式作“在某月”，值得注意的是，十二月作“在十月又二”（《合集》26907、27875、32663），这种记月方式后为黄组卜辞所继承，而此前的何组二类则作“在十月二”（《英藏》2367）。

何组三B类有兆辞“叔嫠”和占辞“吉”“大吉”等，但尚未出现无名组三类常见的“引吉”。记月方式作“在某月”，但极少见“在十月”（《合集》29728）。另外，还发现少数甲尾刻辞，但与自组不同的是，其形式不作“某入”，而仅刻一贞人名，如《合集》27459、28011均仅刻贞人狄。

根据辞例来看，本类兆辞、占辞形式与无名组接近，故推测其时代下限未晚到武乙晚期，当在武乙中期以前。

3. 字体

3.1 何组三A类与何组二类

何组二类中有很多暊贞卜辞的字体都接近何组三A类，如《合集》27205、27336、27446、27552、27932、28001、28002、29966等。贾贞卜辞也有这样的例子，如《合集》27042、27535等。这些卜辞往后即发展为本类。二者还有较多的同版现象，如《合集》27088、27148、27694，《合补》9014+①等。在这些同版现象中，何组二类多为何所卜；何组三A类则多为彭、壴所卜；《合集》27088各辞均为何所卜，但字体分属两类。

① 李爱辉：《甲骨拼合第429—433则》，先秦史研究室网站，http://www.xianqin.org/blog/archives/10825.html，2018年7月29日。

3.2　何组三A类与何组三B类

何组三A类的“牢”字作，很有特色。何组三B类中也有这种写法，如《合集》27515、30639等。其他字体，如“庚”“辰”“酉”“亥”“叀”“旬”等，二者的写法也多有相同或相近之处。

《合集》30347与《合集》30502同卜，前者为何组三B类字体，后者为何组三A类字体。本类卜辞中还有些字体介于二者之间的，如侯家庄出土的大龟《合集》27146、27459、28011，以及《合集》27162、28831等。

以上现象说明何组三A类在发展序列上介于何组二类与何组三B类之间，即上承何组二类，往后与何组三B类衔接。

3.3　何组三B类与黄组、无名组

何组三B类字体有较晚的特征，如“戊”作、“庚”作、“子”作、“戌”作、“岁”作、“灾”作等，其写法都为黄组所承袭。并且这些偏晚的字形多数都出现在田猎卜辞中，尤其是“灾”字的写法，全部出现在田猎卜辞中，如《合集》28360、28459、28475、28481、28487、28879、29290等。而时代偏晚的无名组三类卜辞的占卜内容也以田猎为主，且上举的那些在本类中并不是很常见的偏晚字形，在无名组三类中已成为比较固定的写法。这说明本类中那些有偏晚字形的田猎卜辞在时代上已与无名组三类接近。

4. 事类

本类卜辞的占卜事类与无名组有密切联系，例举如下。

第一组

何组三A类：

(1) 翌日…小臣，四…

(2) 叀小臣杏克又翦，杏王？

——《合集》27879

无名组：

乙巳卜：叀小臣杏克又翦，杏[王]？　——《合集》27878

两版辞例相似，所卜或为一事。

第二组

何组三A类：

(1) 贞：叀多子饗于庭？　——《合集》27647

(2) 甲寅卜彭贞：其饗多子？　——《合集》27649

无名组：

(1) 叀王饗，受又？

(2) □多子饗？

——《合集》27644

(3) 叀多子饗？

(4) 叀多生？

——《合集》27648

(5) 叀多生饗？

(6) 叀多子？

——《合集》27650

《合集》27647、27649 占卜“饗多子”，与无名组卜辞《合集》27644、27648、27650 所卜相似。

第三组

何组三 A 类：

其于榆俾？ ——《合集》30269

无名组：

□□卜：王其作俾榆于寓… ——《合集》30266

两版辞例相似，占卜内容可能相关。

第四组

何组三 B 类：

(1) 贞：王其酒嫑于右宗，有大雨？

(2) 其桒山门，有大雨？

——《合集》30319

(3) 贞：即于右宗，有雨？ ——《合集》28252

无名组二类：

(1) 其求年嫑叀□酒，有大雨？ ——《合集》28252

(2) 其即于右宗，有大雨？

(3) 丙申卜：其馭戠…

——《合集》30320

《合集》28252 属何组三 B 类与无名组二类同版，所卜事类可与《合集》

30319、30320 相联系。

第五组

何组三 B 类：

（1）癸丑卜狄贞：戍逐其雉王众？——《合集》26881

（2）贞：戍□弗[雉]王[众]？吉。

（3）[贞：戍]冎[弗]雉[王]众？

——《合集》26882

无名组二类：

（1）□丑卜：五族戍弗雉王[众]？大吉。

（2）五族其雉王众？

（3）戍屰弗雉王众？

（4）戍带弗雉王众？

（5）戍冎弗雉王众？

（6）戍逐弗雉王众？

（7）戍何弗雉王众？

（8）戍屰其雉王众？

（9）戍带其雉王众？

——《合补》8982

（10）戍逐其雉王众？——《屯南》4200

《合补》8982、《屯南》4200 属无名组二类，卜问五族戍是否“雉众”，与何组三 B 类卜辞《合集》26881、26882 同卜。

第六组

何组三 B 类：

（1）癸酉卜贞：其𫚈于河，王宾？吉。

（2）贞：弜宾？

（3）贞：王其田于襄𫚈于河？吉。

——《合集》30439

无名组一 B 类：

（1）□申卜：河𫚈，王宾，王受又？吉。——《屯南》4065

（2）王其田襄𫚈于河？——《合集》30431

《合集》30439是侯家庄出土的大龟之一，属何组三B类，与无名组一B类的《合集》30431、《屯南》4065在内容上有联系。

第七组

何组三B类：

(1) 贞：非行用翦，不雉众？ ——《合集》26887

(2) 贞：弜用非…叀祕行用，翦羌人于之，不雉众？ ——《合集》26896

无名组一B类：

(1) …戍叀𧇛行…吉。

(2) 叀廩行用翦羌□？大吉。

(3) …用翦方？吉。

——《合集》27978

(4) 戍叀义行用，遘羌方，又翦？

(5) 弜用义行，弗遘方？ ——《合集》27979

(6) …义行…羌…又翦？ ——《合集》27980

《合集》26887占卜内容近无名组一B类卜辞《合集》27978、27979、27980。以上诸版均卜与羌方的作战，措词相似，年代应相近。

第八组

何组三B类：

(1) 庚辰卜狄贞：叀五羁先酒？ 1

(2) 贞：羁…五羁牢…王受又？ 2

(3) 贞：三羁又… 3

(4) 贞：至…羁…吉。 4

(5) 贞：至三羁？ 5

1《合集》28155　2《合集》28156　3《合集》28158　4《合集》28161　5《合集》28163

无名组：

(1) □□卜：在五羁？ 1

(2) 在五羁？ 2

(3) 五羁卯叀牛，王受又？ 3

(4) 至[于三]羁[于之若，王受又]？ 4

(5) 弜至三羁？ ❹
(6) 弜至三羁？吉。 ❹
(7) 至于二羁于之若，王受又又？ ❹
(8) 二羁罘王，受又？ ❺
(9) 弜罘？ ❺
(10) 至二羁？ ❻
(11) 弜至二羁？ ❻

❶《合集》28152　❷《合集》28153　❸《合集》28154　❹《合集》28157　❺《合集》28159　❻《合集》28160

卜问羁数的卜辞内容比较特殊，仅见于何组三B类与无名组。

第九组

何组三B类：

(1) 癸丑卜狄贞：[illegible]至叀祝？ ❶
(2) 癸亥卜狄贞：叀[illegible]至，王受又？ ❷
(3) 贞：毛祖乙五牢？ ❸
(4) 贞：毛祖乙叀[illegible]至有正？ ❸
(5) 贞：叀[illegible]至，王受[又]？ ❹

❶《合集》30632　❷《合集》30885　❸《合集》27194　❹《合集》31897

无名组：

(1) □巳卜：其□妣庚叀[illegible]至？ ❶
(2) 其又长子叀[illegible]至，王受又？ ❷
(3) 叀[illegible]至有大雨？ ❸
(4) 登新鬯若舀[illegible]至，王受又？ ❹
(5) 弜[illegible]至？ ❹
(6) 叀[illegible]至？ ❺
(7) □[illegible]至？ ❻
(8) 弜[illegible]至？ ❼

❶《合集》27528　❷《合集》27641　❸《合集》30025　❹《屯南》766　❺《屯南》3124　❻《屯南》4421　❼《屯南》2363

“[illegible]至”卜辞，仅见于何组三B类与无名组。

第十组

何组三B类：

(1) 庚午卜贞：翌日辛王其田，马其先，擒，不雨？ 1

(2) 贞：马…先… 2

(3) 贞：马弜[先]，其悔？ 3

1《合集》27948 2《合集》27952 3《合集》27956

无名组：

(1) 丁酉卜：马其先，弗悔？ 1

(2) 马□先，王□悔，雨？ 2

(3) 马叀翌日丁先，戊王兑比，不雨？ 2

(4) 马弜先，王其悔，雨？ 2

(5) □未卜：今夕马其先，戊…其雨？ 3

(6) 戊申卜：马其先，王兑比？大吉。 4

(7) 马其先，王兑比，不冓大雨？ 5

(8) 今日辛亥马其先，不遘大[雨]？ 6

(9) 庚午卜：马… 7

(10) 弜先马，其雨？ 7

(11) 弜先马，其悔？ 8

(12) □先马，其悔，雨？ 9

1《合集》27946 2《屯南》8 3《合集》27947 4《合集》27945 5《屯南》1127 6《合集》27949 7《合集》27955 8《合集》27957 9《合集》27951

以上诸辞皆为关于马先与否的田猎卜辞。“马其先”指田猎中的前驱，古时战争、田猎、出巡等均有前驱，如《诗·伯兮》：“伯也执殳，为王前驱。”《诗·六月》：“元戎十乘，以先启行。”《虢季子白盘》：“折首五百，执讯五十，是以先行。”

以上与何组三类相联系的无名组卜辞以无名组二类为多，其次是无名组一B类，二者的时代下限都已到了武乙，因此本类卜辞的时代下限也理应延及武乙之世。结合以上辞例、字体情况来看，何组三类的时代下限应不晚于武乙中期。

第五节　黄组卜辞

黄组卜辞依据字体可分为二大类、七小类，时代历经文丁、帝乙、帝辛三个王世。虽类别多样，但各类之间联系紧密，无明显的时代先后，故仅就黄组卜辞整体的时代进行讨论。

一、称谓系统

黄组卜辞与时代有关的重要称谓有：

武乙（《合集》35436）　　武祖乙（《合集》36060）

父丁（《合集》36129）　　文武丁（《合集》36127）

文武帝（《合集》36168）　　母癸（《合集》36318）

关于黄组卜辞的时代，传统认为属帝乙、帝辛之世。从其相关的重要称谓来看，黄组卜辞中已有武祖乙、文武丁称谓，那么其中有帝乙卜辞是没有问题的。此外，黄组卜辞也有只祭所谓"直系先王"的卜辞，如：

甲辰卜贞：王宾桒祖乙、祖丁、祖甲、康祖丁、武乙，卒，亡尤？

——《合集》35803

这是由小乙到武乙由远而近的五示"直系先王"。其中值得注意的是，武乙前四世均称祖，独武乙不称祖。郭沫若先生由此认为该片应为文丁时所卜①，常玉芝先生也有类似的看法②。参照同为选祭五示"直系先王"的出组卜辞《合集》22911，该片中的"丁"显然是时王祖庚之父武丁。两相对照，可知二者所祭都是与时王关系最近的五示"直系先王"，所不同的只是一个是由近而远，一个是由远而近。因此，本片中的武乙确应为文丁称其父。

另外，黄组包含三套周祭祀谱（详见本节"事类"），其中一套包含着𠨘其三卣。此三卣为同时期之器，其中四祀𠨘其卣铭文中有"文武帝乙"的称呼，可确定为帝辛时遗物。那么，与之联系的那一套黄组周祭祀谱相关卜辞就应属帝辛之世。

① 郭沫若：《卜辞通纂》，科学出版社，1983 年，第 255 页。

② 常玉芝：《商代周祭制度》（增订本），线装书局，2009 年，第 202—203 页。

二、考古学依据

在殷墟考古发掘中，黄组卜辞均出于殷墟文化四期单位：

殷墟第七次发掘，E181 方坑出本组卜辞三片：《甲编》3687、3688、3690，同出有红陶罐 155G，为殷墟文化四期典型器物。

殷墟第七次发掘，C64 坑出本组卜辞一片：《甲编》3689，同出有陶缸 16G。另外，C64 丙出陶盆 116C，C64 戊出陶罐 190P，均为殷墟文化四期器物。

殷墟第十三次发掘，YH006 坑南井出牛距骨刻辞一片：《乙编》8688，字体属黄组，同出有器盖 943C，为殷墟文化四期器物。

殷墟第十三次发掘，YH17 坑出黄组卜辞数片：《乙编》468—473。该坑打破三期偏晚的乙七基址，同时打破该基址的还有 YH51、YH73、YH84 等，均为殷墟文化四期灰坑，以地层而论，YH17 坑也应为四期灰坑。

以上单位均属殷墟文化四期，而在殷墟文化三期的单位中却从未发现本组卜辞。就以 1973 年小屯南地的发掘而论，接近本组的无名组晚期二类卜辞也只出于殷墟文化四期偏早的地层。这种情况说明，本组的时代上限至多只能到文丁时期。

三、卜辞联系

（一）人物

黄组卜辞所见人物有右牧㽙、小臣墙、䏌、小臣[illegible]、小臣临、小臣[illegible]、宰丰、攸侯喜、麓侯弹、爿侯、㠱侯、叹伯、叡、启、囚犬雍、牢犬辟、弜等。其中，右牧㽙、小臣墙、䏌均见于无名组，叡和弜也可能是无名组的小臣叡和㐰，小臣[illegible]与商周金文中的亚[illegible]应有直接关系。相关人物、方国卜辞例举如下。

1. 危方美

对危方美（或称危美、美）的征伐同见于黄组、何组三类、无名组二类，相关卜辞如下。

黄组：

…小臣墙比伐，擒危美…人二十人四，馘千五百七十，㜎百…辆，车二辆，橹百八十三，函五十，矢…用又伯麐于大乙，用𩲃伯印…㜎于祖乙，用美于祖丁，僼甘京，赐…

——《合集》36481

何组三类：

(1) □□卜狄[贞]…危方…曹于[之]若？ ——《合集》28088

(2) 叀…尹伐…奚… ——《合集》27011

无名组二类：

(1) 己□卜：其执奚… ——《合集》33008

(2) …用危方囟于妣庚，王宾？ ——《合集》28092

(3) …奚典曹羌方，王… ——《合集》27985

(4) 自贾其乎取奚御[史]？吉。

(5) 王于迟史人于奚于之及伐望，王受又又？

(6) 迟取奚御史，于之及伐望，王受又又？获用。大吉。

——《合集》28089

(7) …取奚御史，于之及伐望，王受又？获用。吉。 ——《合集》28090

(8) …危伯奚于之及[伐]望… ——《合集》28091

2. 小臣墙

黄组：

…小臣墙比伐，擒危奚…人二十人四，馘千五百七十，㚔百…辆，车二辆，橹百八十三，函五十，矢…用又伯麇于大乙，用魋伯印…㚔于祖乙，用奚于祖丁，僼甘京，赐… ——《合集》36481

无名组一B类：

叀小臣墙又来告？ ——《合集》27886

无名组二类：

(1) 叀小臣墙令乎比，王受又？

(2) 弜令？

(3) 叀紟令？

(4) 弜令？

——《合集》27888

3. 右牧𡿧

黄组：

壬申卜，在攸贞：右牧𡿧告启，王其乎戍比寽伐，弗悔，利？弗翦，吉，不雉众？王占曰：引吉。其雉众？吉。 ——《合集》35345

无名组三类：

癸酉卜：戍伐，右牧𡿧启人方，戍又翦？引吉。 ——《屯南》2320

4. 䍃

黄组：

丁卯卜，在去贞：䍃告曰兕来羞，王叀今日𡉚，亡災，擒？ ——《合集》37392

无名组一 B 类：

癸卯卜：戊王其比犬䍃… ——《合集》27909

无名组二类：

叀䍃比，湄日亡[災]？ ——《合集》29297

上举“右牧㽙”卜辞在黄组和无名组中的占卜事类相同，都有关征伐，故应为同一人。䍃，无名组称犬䍃，可知其为犬官。黄组虽不言犬䍃，但从卜辞内容来看仍为犬官，故也应为同一人。

另外，黄组中虽有见于何组、无名组的人物，但为数不多，只有小臣墙、右牧㽙、䍃三人，算上㪤和弜也不过五人，其余大多数人物均不见于无名组或何组。无名组与何组三类所见人物多数也不见于黄组。这说明黄组与无名组、何组三类相互之间时代相近的只有较少一部分卜辞，其余大多数卜辞彼此间在时代上尚有一定距离。何组三类时代下限已到武乙，无名组时代下限比何组更晚，可能延及文丁之世。那么，相对更晚的黄组卜辞所包含的三个王世应为文丁、帝乙、帝辛。若黄组时代上及武乙，则其所见人物当与无名组、何组三类有更多的重合。

（二）辞例

黄组卜辞有占辞，但其形式与无名组不同，后者是将“吉”“大吉”“引吉”等单刻于卜辞旁，黄组则一般将其刻在整条卜辞之中，列于命辞之后，并冠以“王占曰”，如：

(1) 乙巳王卜贞：田榆，往来亡災？王占曰：吉。 ——《合集》37430

(2) 乙巳卜贞：王田榆，往来亡災？王占曰：引吉。在三月。

——《合集》37494

也有少数省略“王占曰”的，如：

戊申卜贞：王田𤲞，往来亡災？引吉。 ——《合集》37753

此外，黄组中有个别卜辞也将“吉”“大吉”等占辞单刻于卜辞旁，如《合集》36790、37139，乃是继承了无名组的作法。黄组的占辞，“引吉”较多见。

兆辞有“兹御”“兹用”。其中，“兹用”主要用于祭祀卜辞，“兹御”主要用于田猎、天象、征伐等卜辞，二者的使用范围有所不同。

记月方式承何组三类，作“在某月”，十月以后作“在十月又某”，有“正月”，并有记年祀之例。

（三）事类

甲骨文中有一种很重要的祭祀，即“周祭”。其主要内容是商王用彡、翌、祭、𪔂、劦五种祭典周而复始地轮流对上甲以来的先王先妣进行祭祀。先王先妣的祭序是依其世次的先后决定的。在殷墟各种卜辞中，只有出组卜辞和黄组卜辞有较多周祭的记录，其相关卜辞可据以复原出周密而有系统的周祭祀谱。黄组卜辞周祭祀谱很难容纳在两个王世的祀谱里，其中六祀祀谱上表现得最为清楚，材料可分为以下三组。

第一组

六祀十二月甲申翌祖甲。——《甲零》41（《合集》37845）

第二组

（1）六祀某月乙酉武乙彡日。——《薛氏》2.38 乙酉父丁

（2）六祀四月癸巳彡日。——《三代》13.53 小臣邑斝

（3）六祀六月乙亥翌日。[①]——《集成》5414 六祀𠨍其卣

第三组

六祀五月壬午彡日。——《佚存》426、518 宰丰雕骨

按照目前复原的周祭祀谱[②]，第一组“十二月甲申翌祖甲”，六月虽有乙亥日，但不为翌祭而应为彡祭，四月也不为彡祭而应为祭祭之终，故第一、二两组明显不能容纳在同一年中，应为两个王世的六祀。而第三组又与第一、二两组均不合，第三组五月壬午为彡祭，第一组按周祭规律五月虽为彡祭，却并无壬午日。第一组同版的另一辞又记十二月有甲戌旬，即有壬午日，故第三组的五月壬午不能与之相合。根据第二组的相关材料并结合甲骨卜辞复原的另一套祀谱，五月应为翌祭，而不为彡祭[③]，故第三组与第二组也不相合。此外，常玉芝先生还发现在二十祀的相关材料中也反映出黄组中可能有三套周祭系统[④]。这些情况说明，传统认为属帝乙、帝辛时代的黄组卜辞，实际上应包含三个王世，其中应有文丁时遗物。

---

① 与二其卣、四其卣联系。

② 常玉芝：《商代周祭制度》，中国社会科学出版社，1987 年，第 256 页。

③ 常玉芝：《商代周祭制度》，中国社会科学出版社，1987 年，第 284—289 页。

④ 常玉芝：《商代周祭制度》，中国社会科学出版社，1987 年，第 292—299 页。

常玉芝先生曾指出，在黄组祊祭卜辞中应有文丁时期的遗物，她根据称谓的同版关系把祊祭卜辞分成了两组。①

第一组

(1) 丙戌卜贞：武丁祊其牢？

甲申卜贞：武乙宗其牢？兹用。 ——《合集》36082

(2) 癸巳[卜贞]：祖甲[祊其]牢？

甲午卜贞：武乙宗祊其牢？ ——《合集》36085

(3) 癸亥卜贞：祖甲祊其牢？

甲子卜贞：武乙祊其牢？兹用。

丙寅卜贞：武丁祊其牢？ ——《合集》35818

(4) 甲辰卜贞：武乙祊其牢？兹用。

癸丑卜贞：祖甲祊其牢？兹用。

丙午卜贞：武丁祊其牢？兹用。

丙午卜贞：康祖丁祊其牢？兹用。 ——《缀集》360

(5) 甲寅卜贞：武乙祊其牢？兹用。

丙辰卜贞：康祖丁祊其牢？兹用。

甲子卜贞：武乙祊其牢？兹用。 ——《合集》36013

(6) 乙丑[卜贞]：武乙[祊其]牢？

壬申[卜贞]：母癸[祊叀]羊？

甲戌卜贞：武乙祊其牢？兹用。

丁丑卜贞：祖丁祊其牢？兹用。

癸未卜贞：祖甲祊其牢？兹用。

甲申卜贞：武乙祊其牢？ ——《合集》35858

由本组的称谓来看，与武乙同版的有武丁、祖丁（应为武丁）、祖甲、康祖丁、母癸等。其主要特点有二：其一，康丁以上称祖，而武乙均不称祖，与《合集》35803 情况类同；其二，没有出现文丁称谓。

第二组

(1) 甲申[卜贞]：武[祖乙祊]，其牢？兹用。

丙戌卜[贞]：武丁[祊其]牢？

① 常玉芝：《祊祭卜辞时代的再辨析》，载《甲骨文与殷商史》（第二辑），上海古籍出版社，1986 年，第 160 页。

癸巳卜贞：祖甲祊其牢？兹用。

甲□卜贞：[武]祖乙宗祊[其]牢？ ——《合集》35930

(2) 丙子卜贞：康祖丁祊其牢？羊？兹用。叀羊。

甲戌卜贞：武祖乙宗祊其牢？兹用。 ——《合集》36080

(3) 丙申卜贞：文武升祊其[牢]？

甲辰卜贞：武祖乙升其牢？

丙午卜贞：文武丁升其牢？

甲寅卜贞：武祖乙升其牢？ ——《合集》36115

这一组与上一组相比，有很大的不同：其一，武乙称祖；其二，已出现文丁称谓，但不称祖。据此，常玉芝先生认为第一组应为文丁时所卜，第二组为帝乙时所卜。从称谓的同版关系来看，这样的推论是有道理的。另外，常文又对上举两组的字体作了考察，并据此推论出其他一些可能属于文丁的卜辞。以上各种情况说明，黄组的时代上限应在文丁之世。

在有关战争的卜辞中，何组三类与无名组虽有一些方国见于黄组，如虘方、羌方、危方、䜌方等，但黄组卜辞记载的主要敌国是人方和盂方，有大量卜辞记载与这两个方国之间的战事，而无名组与何组三类中却并无类似记载。此外，黄组中盛行的周祭和大量的祊祭卜辞也是在无名组与何组中找不到的，这与人物联系所反映的情况相吻合，说明黄组与无名组、何组是不同时代的遗物。

第六节　历组卜辞

历组卜辞依据字体可分为一、二两类。其中，历组一类的年代大致为武丁晚期，历组二类的年代大致为祖庚时期。其断代依据概述如下。

一、历组一类

历组一类依据字体可分为 A、B、C 三小类。历组一 A 类与自历间类、宾组二类衔接，时代上限可溯及武丁中期偏晚。历组一 B、一 C 类时代下限延及祖庚时期。

（一）称谓系统

历组一类的称谓主要为父乙，较晚的历组一 B（《合集》32680）、一 C（《京人》2289）类中出现父丁，其时代下限当已延及祖庚。

（二）考古学依据

根据《小屯南地甲骨·前言》，本类卜辞多出于中期二组坑层，主要有：H39、H47、H85、H23、H24、H30、H38、H46、H50、H75、H103 十一个单位。其中出早期卜辞的有五个单位，共十四片：H47 两片（《屯南》2113、2118）、H50 七片（《屯南》2238、2240—2242、2244、2245、2248）、H75 一片（《屯南》2537）、H85 三片（《屯南》2622、2631、2638）、H103 一片（《屯南》2747）。因此，出于中期二组坑层的本类卜辞不一定就晚于出于中期一组的历组二类和无名组卜辞。

殷墟第五次发掘 F1 出历组一类卜辞一片，该坑的堆积情况如表 9-5。

表 9-5　殷墟 F1 内甲骨堆积情况

深　度	编　号	组　类
0.3m │ 1.2m	《甲编》3577、3581、3582、3584、3586、3587、3588、3592、3593、3595、3652	无名组

续表

深　度	编　号	组　类
1.2m—1.4m	《甲编》3583、3589	历组二类
1.7m	《甲编》3363	自组小字类
2.2m	《甲编》3590	历组一类
2.3m	《甲编》3364、3591	自组小字类、自历间类

在该坑中，历组一类与自组小字类、自历间类等早期卜辞共存，且被叠压在1.7m深度以下，其所属地层时代应是较早的。

此外，关于历组卜辞的地层问题详见本节“历组二类”。

（三）卜辞联系

1. 人物

历组一A类卜辞提到的人物有：雀、沚或、子商、妇好、冼、曼、咬。

历组一B类卜辞提到的人物有：沚或、望乘、自般、㝠（亚㝠）、咬、郭、先、戉、妇好、妇鼠、子商、子渔等，均见于宾组卜辞。

历组一C类卜辞较少，提到的人物有䏌，亦见于宾组卜辞。

2. 辞例

历组一A类前辞一般作“干支卜”，个别有“干支贞”（《屯南》739）。记月方式作“某月”，有“十三月”（《合集》33082）。值得注意的是，未见兆辞“兹用”和“不用”，有两例作“幺用”（《合集》32253、33954），应即历组常见的“兹用”。

历组一B类前辞多作“干支贞”，而“干支卜”较少。记月方式作“某月”（《屯南》81）和“在某月”（《合集》33241），没有见到“十三月”。有兆辞“兹用”“不用”和“兹见”。

历组一C类前辞也多作“干支贞”，而“干支卜”较少。有兆辞“用”。

自历间类有一种特殊的卜问句式作“干支卜：王步，干支，易日”。这种卜问句式也见于历组一类，如《屯南》2601，《合集》32943、43944、34012等；亦见于《屯南》2765，属自组小字类，出于早期灰坑H104。除以上三类外，该句式不见于其他各类卜辞。

3. 字体

历组一类与自历间类有诸多相似之处，同版之例如下。

a）《合集》20383

b）《合集》34011

图 9-3 历组一类与自历间类字体同版举例

《合集》20383 下部“癸亥”两辞属自历间类，上部“乙丑”“丁卯”两辞属历组一类。《合集》34011 左边“癸巳”一辞属历组一类，右边“丙申”一辞属自历间类。

历组一 B、一 C 类与历组二 A 类同版之例如下。

a）《合集》34868

b）《合集》33304

图 9-4 历组一 B、一 C 类与历组二 A 类字体同版举例

《合集》34868 顶部“癸卯”“癸巳”两辞属历组二 A 类，底部“癸未”“丁亥”两辞属历组一 C 类。《合集》33304 底部“己巳”一辞属历组一 B 类，中间“癸酉”两辞属历组一 C 类，顶部残辞从“酉”字及残泐的“贞”字可以看出历组二 A 类特征。

历组一类与宾组二类也有同版现象，如下。

a）《合集》16801+①

① 周忠兵：《历组卜辞新缀十一例》，先秦史研究室网站，http：//www. xianqin. org/blog/archives/497. html，2008 年 12 月 26 日。

b）《合集》28099+①正

① 周忠兵：《历组卜辞新缀》，先秦史研究室网站，http：//www. xianqin. org/blog/archives/547. html，2007年3月26日。

c）《合集》28099+反

图 9-5　历组一类与宾组二类字体同版举例

《合集》16801+“癸巳”“癸卯”“癸丑”“癸亥”四辞属历组一类，方耳“贞”为历组一 B 类特征，尖耳“贞”为历组一 C 类特征；底部“癸未”“癸酉”

两辞属宾组二类。《合集》28099+反面“戊辰”两辞属宾组二类，其余属历组一C类。

4. 事类

本类卜辞与自历间类卜辞事类衔接，除商王朝与猼、翟、亘的战争卜辞外，其他事类还有：“酒餗祖辛”（详见第一章自历间类“有联系的卜辞”第一组）、“用屯”“用侯屯”（详见第一章自历间类“有联系的卜辞”第二组）。

本类卜辞与宾组卜辞的事类联系，我们节选以下几组作为示例。

第一组

历组一类：

(1) 丁巳：王比或？ 1

(2) 癸亥卜：王叀或比？ 2 3

(3) □□[卜]：王叀望乘比？ 3

(4) 癸亥卜：王叀夷征？ 3

(5) 甲□[卜]：王…比？ 4

(6) 甲子卜：王叀望乘比？ 4

(7) 乙丑卜：[王]叀望乘[比]？ 3

(8) 乙丑卜：王叀或比？ 3

(9) 丁卯卜：王弜比或？ 4

(10) 丁卯卜：王弜比望乘？ 4

1《合集》33110 2《合集》33111 3《合集》33112 4《合补》10485

宾组一类：

(1) 乙卯卜𣪊贞：王比望乘伐下危，受㞢又？ 1

(2) 乙卯卜𣪊贞：王勿比望乘伐下危，弗其受㞢又？ 1

(3) 贞：王比望乘？ 1

(4) 贞：王勿比望乘？ 1

(5) 贞：王叀沚戠比伐[巴方]？ 1

(6) 贞：王勿比沚戠比伐巴[方]？ 1

(7) 庚申卜争/宾贞：今者王比望乘伐下危，受㞢又？ 2 3 4 5 6

(8) [辛]酉卜争[贞]：王比望乘伐下危？ 7

(9) [辛]酉卜争[贞]：王勿隹望乘比？ 7

(10) 贞：王比望乘伐？ 8

(11) 王勿比望乘伐？ 8

(12) 王叀望乘比？ 7
(13) 王勿隹望乘比？ 7
(14) 贞：王叀沚戠比伐巴方？ 7
(15) 贞：王勿隹沚戠比[伐巴方]？ 7
(16) 贞：王叀沚戠比？ 7
(17) 王勿隹沚戠比？ 7
(18) 王叀沚戠？ 8
(19) 勿隹沚戠？ 8
(20) 贞：王叀夷吖征？ 7
(21) 贞：王[勿隹]夷[吖]征？ 7
(22) 王叀夷征？ 8
(23) 王勿隹夷征？ 8
(24) 贞：王叀龙方伐？ 7 8
(25) 王勿隹龙方伐？ 7 8
(26) 辛酉卜𡧊贞：今者王比望乘伐下危，受㞢又？ 9 10 11 12 13
(27) 辛酉卜𡧊贞：今者王勿比望乘伐下危，弗其受㞢又？ 9 10 11 12 13
(28) 辛酉卜𡧊贞：王叀沚戠比？ 9 10 11 12 13
(29) 辛酉卜𡧊贞：王勿隹沚戠比？ 9 10 11 12 13

1《醉古》33　2《合集》6489　3《合集》6490　4《合集》6491　5《合集》6492　6《合集》6493　7《合集》6476　8《合集》6583　9《合集》6482　10《合集》6483 正　11《合集》6484　12《合集》6485　13《合集》6486

第二组

历组一类：

(1) 乙丑卜：王于庚告？ 1
(2) 乙丑卜：王于曼告？ 1
(3) 丁卯卜：王于庞次？ 1
(4) 丁卯卜：王于庞[次]？ 2
(5) 辛巳卜：乙酉易日？ 2
(6) [辛]巳卜：乙酉易日？ 1

1《合集》33102　2《屯南》2782

宾组一类：

贞：余于庞次？八月。 ——《合集》7358

第三组

历组：

(1) 庚寅卜：叀𦎫启我，用若？ ❶❷

(2) 庚寅□：令□戎人北？ ❸

(3) 庚…于… ❹

(4) 辛卯卜：叀𦎫启，用若？ ❸❹

(5) 辛卯叀𦎫启，用若？ ❹

(6) 叀沚或启我，用若？ ❶❷

(7) 叀沚或启，用若？ ❸❹

(8) 辛卯叀𦎫启，若？ ❺

(9) 壬辰，于大示告方？ ❶❷

(10) …告方于丁？ ❷

(11) 于大示告方？ ❻

(12) [多]尹[在]麤？ ❶

(13) 多尹在麤？ ❷

(14) 多尹在麤？ ❻

(15) 癸巳卜：祼告自般？ ❻

(16) …叀牛一…告？ ❻

(17) …兆次？ ❷

❶《屯南》63　❷《缀续》518　❸《醉古》211　❹《契合》309　❺《合集》33099　❻《合补》10654

❸❺❻属历组一B类，其余属历组二A类。

宾组一类：

(1) 贞：𦎫启，由？

(2) 𦎫启，不其由？

(3) 贞：[戠]启，[由]？

(4) 戠启，不其由？

——《合集》18

根据以上事类联系，可知本类卜辞的时代大致为武丁晚期，与宾组卜辞并行，又与自历间类衔接，上限可溯及武丁中期偏晚。

5. 钻凿形态

5.1　凿

本类凿形以Ⅵ型为主，且底部多呈弧形。历组一B类出现了少数Ⅳ$_3$式凿，如《屯南》340是Ⅵ$_1$、Ⅳ$_3$的混合，《屯南》82、1051、2605是Ⅳ$_3$式凿，而Ⅳ$_3$式是历组二类的主要凿形。

相关凿型划分据《小屯南地甲骨》下册第三分册《钻凿》（以下简称《屯南·钻凿》），共分为六型十四式。简介如下。

Ⅰ型：分三式。

Ⅰ$_1$式，头尾有针尖状突出，腹部呈弧线形，纵剖面一般为弧底。

Ⅰ$_2$式，头尾尖圆，无针尖状突出，腹同上，纵剖面为弧底或袋形底。

Ⅰ$_3$式，头尾钝圆，腹同上，纵剖面为弧底。

Ⅱ型：头尾呈三角形，腹近直线，纵剖面一般为弧平底。

Ⅲ型：大圆钻包摄长凿。

Ⅳ型：头尾平圆，腹近直或略带弧度。有少数呈规则的长方形，作▯。纵剖面近倒梯形，平底。据长度不同，分四式。

Ⅳ$_1$式，凿长在2.6厘米以上。

Ⅳ$_2$式，凿长2.2—2.5厘米。

Ⅳ$_3$式，凿长1.8—2.1厘米。

Ⅳ$_4$式，凿长在1.7厘米以下。

Ⅴ型：头尾尖圆或平圆，腹部弧线形外鼓，多数有用刀挖宽腹部时形成的内外二圈，纵剖面近倒梯形。据长度不同，分三式。

Ⅴ$_1$式，长2.3厘米以上。

Ⅴ$_2$式，长1.8—2.2厘米。

Ⅴ$_3$式，长1.7厘米以下。

Ⅵ型：分二式。

Ⅵ$_1$式，头、尾尖或尖圆，腹部呈不规则弧形，纵剖面为弧底或平底。

Ⅵ$_2$式，头尖，尾平圆，呈水滴状。纵剖面为弧底或平底。

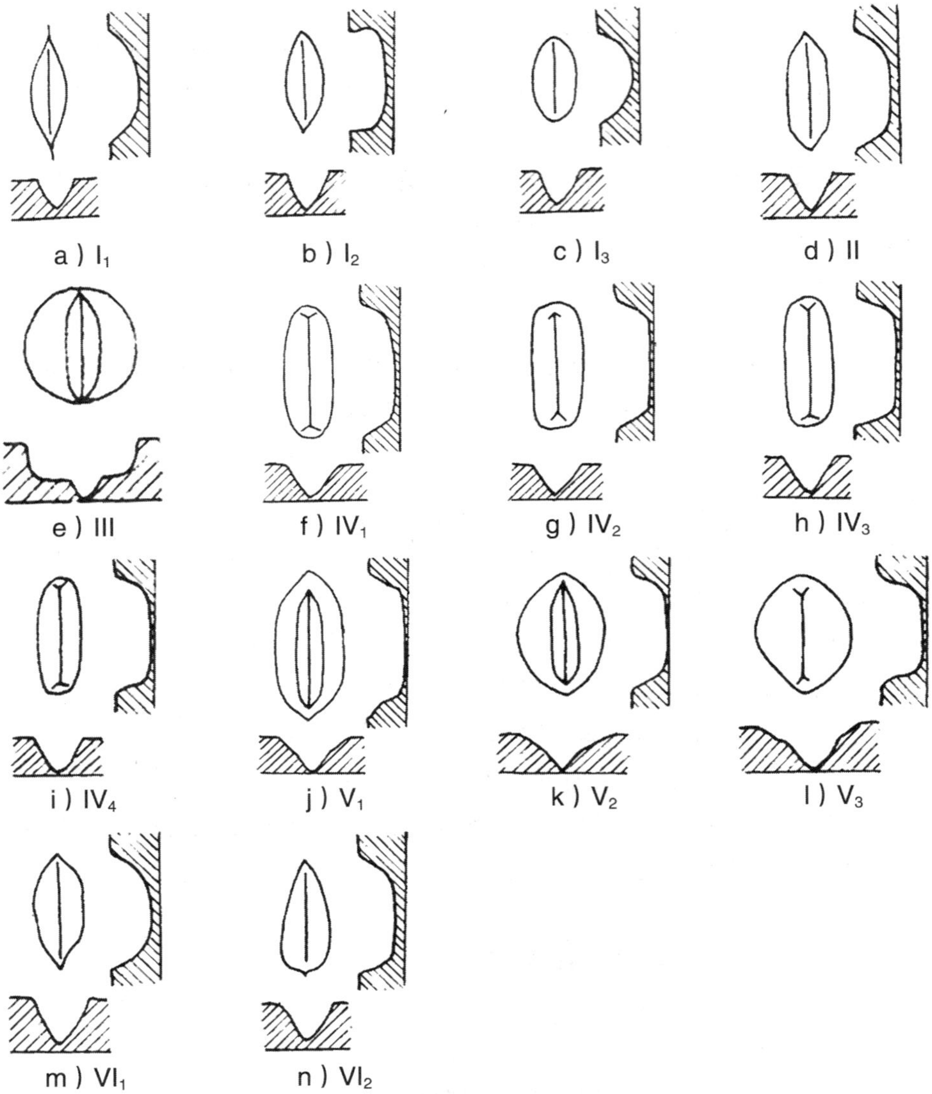

图 9-6　小屯南地甲骨凿之型式

（资料来源：《屯南・钻凿》，第 1407 页图六）

小屯南地各期甲骨凿之型式统计表亦转引如下：

表 9-6 小屯南地各期甲骨凿之型式统计

时期		片数及百分比	型式													各期片数
			Ⅰ型			Ⅱ型	Ⅳ型				Ⅴ型			Ⅵ型		
			Ⅰ$_1$	Ⅰ$_2$	Ⅰ$_3$		Ⅳ$_1$	Ⅳ$_2$	Ⅳ$_3$	Ⅳ$_4$	Ⅴ$_1$	Ⅴ$_2$	Ⅴ$_3$	Ⅵ$_1$	Ⅵ$_2$	
武丁	自组	片数及百分比	1	9	1	1										12
			8.3	75	8.3	8.3										
	午组		5	5	1	2										13
			38	38	8	16										
	其他		1	9		3										13
			8	69		23										
康丁		片数及百分比					48	118	111	3	6	10	1			297
							16.2	39.7	37.4	1	2	3.4	0.3			
康丁至武乙							6	10	17	3	1	4				41
							14.6	24.4	41.5	7.3	2.4	9.8				
武乙							2	18	108	63				8	1	200
							1	9	54	31.5				4	0.5	
武乙至文丁									4	3				9	1	17
									23.5	17.6				52.9	6	
文丁									4	1				51	2	
									6.9	1.7				87.9	3.5	
帝乙帝辛												1	5			6
												16.7	83.3			
共计			7	23	2	6	56	146	244	73	7	15	6	68	4	655

资料来源：《屯南·钻凿》，第 1502 页表一。

首先，从凿的型式来看，历组一类主流的Ⅵ型与早期武丁卜辞的Ⅰ型是相近的，二者的弧底是“轮开槽”制作留下的痕迹，袋状底和弧平底是在轮开槽后用刀加工的结果。这两类凿形及其制作方法明显区别于用刀挖制的Ⅳ、Ⅴ型凿。

其次，从上表来看，晚期帝乙、帝辛流行的Ⅴ型凿不见于所谓的武乙、文丁卜辞，反而越级与康丁卜辞Ⅴ型凿衔接，且康丁卜辞流行的Ⅳ型凿与早期的Ⅰ型、Ⅱ

型从凿形到制作方法均不相同。考古器物的形制演变都是渐进的，时代相近的两种型式之间必然存在一定联系，其发展变化应是一脉相承的。就上述分期来看，各期凿型之间刀切斧断的突变和越级衔接的现象是不符合类型学规律的。

最后，所谓的“文丁卜辞”中包含自历间类卜辞。该类卜辞中 I_1 式凿一例：《屯南》2250；VI_1 式凿两例：《屯南》940、2173。两类凿共存于自历间类，进一步说明了二者在时代上是相近的。

综上，以Ⅵ型凿为主的历组一类与兼具Ⅰ、Ⅵ型的自历间类在时代上是衔接的。

5.2 钻

卜骨上的钻有两种，一是凿旁钻，二是单独的小圆钻，分论如下。

各期卜辞凿旁钻占比情况，转引如下：

表 9-7 凿旁有钻之甲骨统计

时期		钻		
		可以统计钻凿之片数	凿旁有钻之片数	有钻甲骨所占百分比
武丁	自组	12	12	100
	午组	14	14	100
	其他	14	14	100
康丁		296	66	22.3
康丁—武乙		40	7	17.5
武乙		201	56	27.7
武乙—文丁		17	7	41.2
文丁		58	28	48.3
帝乙、帝辛		6	0	0

资料来源：《屯南·钻凿》，第 1513 页表六。

首先，从表 9-7 中反映的情况来看，凿旁钻在武丁时占 100%，康丁时减至 22.3%，文丁时回升至 48.3%，但紧接着的帝乙、帝辛时代却杳无踪迹，这种突变也不符合一般事物的发展规律。

其次，本类卜辞普遍有凿旁钻。在小屯南地卜骨中，比较典型的历组一 A 类卜骨共24片，除去3片无凿（《屯南》2782、3174、4318），其余21片中有16片有凿旁钻；历组一B类卜骨共20片，7片有凿旁钻；字体不清或介于历组一A、一B类之间的其他历组一类卜骨共18片，除2片无凿（《屯南》54、325）外，其余16片中有6片有凿旁钻，详情如表9-8。

表9-8　历组一类凿旁钻统计

凿旁钻	类别		
	历组一A类	历组一B类	其他历组一类
有凿旁钻	《屯南》87、339、740、751、2288、2305、2352、2400、2525、2534、2601、2604、2998、3580、3724、4027	《屯南》148、340、582、784、2605、3565、4524	《屯南》10、976、2222、2283、2953、4566
无凿旁钻	《屯南》197、2126、2161、4350、4399	《屯南》82、580、616、681、772、961、1051、2439、2502、2541、2783、3006、3194	《屯南》630、664、739、2022、2104、2272、2482、2561、4053、4541
占比	76.2%	35%	37.5%

历组一A类凿旁钻占比多于一B类，与自历间类情况接近。《屯南·钻凿》所录五例自历间类卜辞中，《屯南》2173、2250、4573三片均有凿旁钻，其余两片（《屯南》940、2628）均是小碎片，钻凿形态不完整。此外，许进雄先生在《甲骨上凿钻形态的研究》中所举的库方卜骨中的自历间类卜辞，如附图59、61、65、106、111、113等几乎均有凿旁钻。

由此可见，盛行于早期的凿旁钻在附属于自组的自历间类卜辞中尚普遍存在，历组一A类凿旁钻占比在历组卜辞中最多，接近自历间类情况，二者时代应是相互衔接的。凿旁钻在历组二类（武乙卜辞）、无名组（康丁卜辞）中逐步减少，如此，凿旁钻比例由高到低，由早到晚的渐变趋势比较符合事物发展的一般规律。

关于小圆钻，前文已经阐述其起源甚早，在自组与自历间类卜辞中均普遍存在。此类小圆钻在小屯南地卜骨中以历组一类为最多，统计如表9-9。

表 9-9　小屯南地卜骨小圆钻统计

同版凿	类　别				
	自组	自历间类	历组一 A 类	历组一类	习刻
Ⅱ	4314				
Ⅵ_1		940	87△、339△、751△、2126、2288△、2400△、2534△、2601△、2998△、4350	2222△、4566△	
$\text{Ⅵ}_1\text{Ⅵ}_2$			197		
Ⅵ				2783	
无		2628	2782、3174、4318	54、325	572、2109

注：1. “历组一类”指历组一 A 类以外的其他一类卜辞，如历组一 B 类或字迹不清、介于历组一 A、一 B 之间的历组一类卜辞。历组一 C 类样本很少，不列入统计。

2.《屯南》4314“隹”“戊”两字的写法属自组小字类。

3. 编号右上△者，表示同有凿旁钻。

在许氏《甲骨上钻凿形态的研究》一书所引材料中，宾组卜辞附图 31、32、33、46，历组二类附图 40 也有这种小圆钻。但在小屯南地卜骨中，历组二类未见，可见小圆钻在历组二类中已经很少见了。

综上，与长凿共存的小圆钻常见于自组、自历间类、宾组等早期卜辞。历组一类较多见，历组二类就很少了，至无名组绝迹。其演变轨迹也是由多到少直至消亡。历组一类接近早期卜辞小圆钻情况，其时代当与之接近。若认为其是文丁卜辞，那么就会出现相隔的武丁及文丁时有较多小圆钻，而康丁、帝乙、帝辛之世突然绝迹的现象。

二、历组二类

本类卜辞依据字体可分为 A、B、C 三小类。其中，历组二 A 类与历组一 B 类衔接，时代上限可溯及武丁末期；历组二 C 类的时代下限可延及祖甲时期。

（一）称谓系统

本类卜辞与时代有关的重要称谓为父丁，应是祖庚之称武丁。历组二 A 类兼有父乙（《合集》34240）和父丁（《合集》33017），但二者不同版。历组二 B 类，父乙仅一见（《合集》32723）。故本类卜辞的时代上限可溯及武丁之末。

（二）考古学依据

本类卜辞主要出于小屯南地中期一组，地层上早于出历组一类的小屯南地中期二组地层。总体来说，小屯南地中期地层属于殷墟晚期。但小屯南地的地层情况，及其作为历组卜辞时代判定的依据，尚有以下几个方面值得商榷。

根据《小屯南地甲骨·前言》，小屯南地早期相当于大司空村一期（殷墟文化一期），中期相当于大司空村三期，缺大司空村二期地层，这似乎说明小屯南地出土的大量历组卜辞都不会是殷墟文化二期遗物，但此问题尚值得商榷。

第一，中晚期地层对于甲骨分期只能作为次要的辅助条件，历组卜辞出于晚期地层并不能决定历组卜辞的时代。

第二，小屯南地可能存在殷墟文化二期堆积，如《1973 年安阳小屯南地发掘简报》中定为中期单位的 H68[①]。从出土器物来看，该坑出陶罍和陶盆各一，陶罍在形制上很接近属殷墟文化二期的武官村 76M12 所出的罍[②]，陶盆也是殷墟早期常见的形制，故 H68 应是殷墟文化二期单位。此外，殷墟第二次发掘的村中斜二北支北段出有陶盆 113R、114A，陶罐 159F，邹衡先生认为属殷墟文化二期[③]。

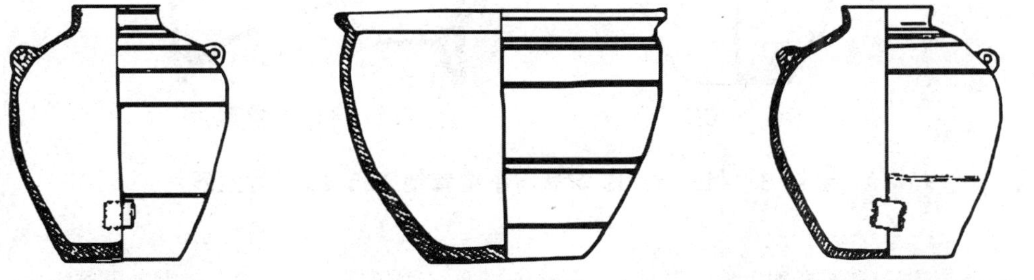

a）小屯南地 H68：2　　b）小屯南地 H68：1　　c）武官村 76M12：7

图 9-7　小屯南地与武官村所出殷墟文化二期陶器

第三，本类卜辞也有出在殷墟文化二期地层的情况。如殷墟第二次发掘场南横

① 中国科学院考古研究所安阳工作队：《1973 年安阳小屯南地发掘简报》，《考古》1975 年第 1 期。

② 安阳亦工亦农文物考古短训班、中国科学院考古研究所安阳工作队：《安阳殷墟奴隶祭祀坑的发掘》，《考古》1977 年第 1 期。

③ 邹衡：《试论殷墟文化分期》，载《夏商周考古学论文集》，文物出版社，1980 年，第 62 页。

坑（场南横二）出有陶罐 133D、134G[①]，陶瓿 274D[②] 和一件圆底陶罐[③]，邹衡先生认为其时代属殷墟早期[④]。该坑中出有本类卜辞三片：《甲编》877、878、880（《合集》27425、32043、33772）；何组卜甲一片：《甲编》477（《合集》30475，暊卜）；历无名间类一片：《甲编》879（《合集》34602）。其中历组卜辞在最下[⑤]，时代应相对较早。

第四，小屯南地缺少殷墟文化二期堆积，相应时代的出组卜辞集中出于小屯村北，如果按照殷墟甲骨为一系的观点，集中出于村南的历组卜辞属于晚期，那么村北地层应该也缺少对应小屯南地中期地层的殷墟文化三期堆积。但通过对陶器器型的分析可以发现，村北存在对应小屯南地中期地层的殷墟文化三期单位，并无缺环。

小屯村北相当于小屯南地中期的单位有：YH39、YH18、YH52、YH352、IX4、小屯西北地 76H18 等。

属于中期一组的小屯南地 T55（4）所出陶盆残片[⑥]形近村北 YH39 所出陶盆 116D。YH39 在 C98 探方中，打破殷墟文化二期的水沟 K14，本身又被三期墓 YM55 打破。[⑦]

a）116D　　b）T55（4）陶盆残片

图 9-8　村北 YH39 陶盆与小屯南地 T55（4）陶盆残片

---

① 李济：《殷墟器物甲编：陶器》（上辑），载《李济文集》（卷三），上海人民出版社，2006 年，第 138 页。

② 李济：《殷墟器物甲编：陶器》（上辑），载《李济文集》（卷三），上海人民出版社，2006 年，第 144 页。

③ 李济：《殷商陶器初论》，载《李济文集》（卷三），上海人民出版社，2006 年，第 8 页。

④ 邹衡：《试论殷墟文化分期》，载《夏商周考古学论文集》，文物出版社，1980 年，第 62 页。

⑤ 石璋如：《殷虚文字甲编的五种分析》，载《历史语言研究所集刊》（第五十三本第三分），1982 年，第 412—413 页。

⑥ 中国社会科学院考古研究所：《小屯南地甲骨》，中华书局，1980 年，第 16 页。

⑦ 石璋如：《小屯第一本・殷墟建筑遗存》，台湾“中央研究院”历史语言研究所，1959 年，第 240 页；邹衡：《试论殷墟文化分期》，载《夏商周考古学论文集》，文物出版社，1980 年，第 75 页。

属于小屯南地中期二组的 H46、H50 所出陶鬲 H46：3、H50：248 形近村北 YH18、YH59、YH352 所出陶鬲 362E、362K，H50：252 形近小屯西北地 76H18 所出陶簋。

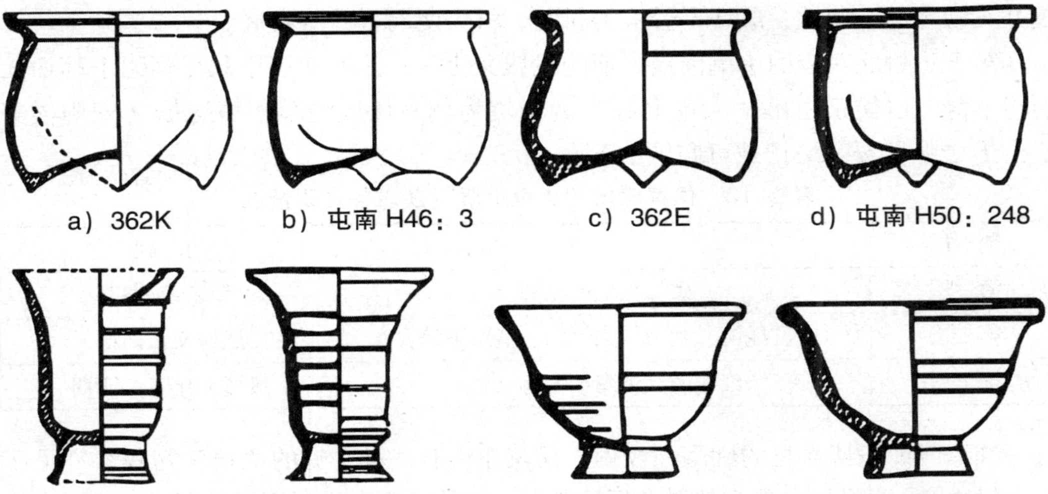

a）362K　b）屯南 H46：3　c）362E　d）屯南 H50：248

e）244K　f）西北地 H18：5　g）屯南 H50：252　h）西北地 H18：3

图 9-9　小屯南地、西北地与小屯村北诸坑层所出形近陶器

小屯村北三组单位情况如下：

YH18 位于 C76 探方，打破乙十基址和 YH36[①]，属于殷墟文化三期。

YH59 位于 C79 探方，压在三期的乙七基址下，出有陶鬲 362K[②]，属于殷墟文化三期。

YH352 位于 C333 探方，压在丙十基址下，出有陶鬲 362E[③]，属于殷墟文化三期。

小屯西北地 76H18 在妇好墓西，探方 T20 东部[④]，出有陶尊两件，类似于村中

---

① 石璋如：《小屯第一本 · 殷墟建筑遗存》，台湾“中央研究院”历史语言研究所，1959 年，第 104 页；邹衡：《试论殷墟文化分期》，载《夏商周考古学论文集》，文物出版社，1980 年，第 60—61 页。

② 石璋如：《小屯第一本 · 殷墟建筑遗存》，台湾“中央研究院”历史语言研究所，1959 年，第 82 页；邹衡：《试论殷墟文化分期》，载《夏商周考古学论文集》，文物出版社，1980 年，第 60—61 页。

③ 石璋如：《小屯第一本 · 殷墟建筑遗存》，台湾“中央研究院”历史语言研究所，1959 年，第 187 页。

④ 中国社会科学院考古研究所安阳工作队：《1976 年安阳小屯西北地发掘简报》，《考古》1987 年第 4 期。

连二坑出土的陶尊244K。连二坑又出无名组卜辞四片：《甲编》729、730、757、907，属于殷墟文化三期。

由此可见，小屯南地中期地层对应村北殷墟文化三期地层，村北地层是连续发展并无缺环的，因此，殷墟甲骨应为村北、村中南两系并行发展。

第五，村北对应的小屯南地中期的殷墟文化三、四期地层中只出何组卜辞而无历组卜辞。以侯家庄出"大龟七版"的灰坑为例，该坑的堆积情况据《安阳侯家庄出土之甲骨文字》记载可归纳如下：

表9-10 侯家庄出"大龟七版"灰坑的堆积情况

地　层	堆　积	时　代
第一层	破坏该坑的墓葬	商末或周初
第二层	红绳陶、釉陶、刻纹陶、黄组卜辞	殷墟文化四期
第三层	红绳陶、釉陶、大龟七版	殷墟文化三、四期

红绳陶即殷墟常见的红陶绳纹罐。侯家庄还有一种常见的"兽头陶彝"亦见于小屯村中①，即附加小兽头的三角绳纹簋②。根据《小屯南地甲骨·前言》，红陶绳纹罐和附加小兽头的三角绳纹簋都流行于中期二组，中期一组不见或罕见③，可见侯家庄出何组卜辞的第三层仅相当于小屯南地的中期二组。若按照殷墟卜辞一系发展、历组属于晚期卜辞的观点，那么侯家庄地层中应有历组卜辞出土，而该灰坑中仅出有何组卜辞及少量黄组卜辞。

综上，小屯南地可能存在殷墟文化二期地层，且在新中国成立前的殷墟发掘中，有出于殷墟文化二期地层的历组卜辞。另外，小屯和侯家庄的地层情况与历组晚期说相矛盾。因此，1973年小屯南地发掘的历组卜辞仅出于中晚期地层的情况，既不能作为历组卜辞地层的最后结论，更不足以据此否定卜辞字体、内容所反映的时代特征。

（三）卜辞联系

1. 人物

历组二A类提到的人物有妇好、沚或、㞢、疛、箙旋等，大都见于宾组，其中

---

① 董作宾：《安阳侯家庄出土之甲骨文字》，载《田野考古报告》（第一册），1936年，第101页。

② 中国社会科学院考古研究所：《殷墟妇好墓》，文物出版社，1980年，第223页。

③ 中国社会科学院考古研究所：《小屯南地甲骨》，中华书局，1980年，第20页。

㝵又见于出组一类，无妇好生育卜问的情况与历组一 B 类相似。历组二 B 类提到的人物有沚或、望乘、㝵、先、自般、射㓨、咬、郭、竝、犬延、子画等，都见于宾组一、二类，其中㝵、先、咬、竝、犬延等也见于出组一类。历组二 C 类提到的人物有㝵、竝、咬、犬侯、望乘、疛、羽、自、冓、侯商等，犬侯可能即犬延，除侯商外，这些人物基本上都见于宾组二类及出组一类。

2. 字体

本类卜辞与出组卜辞有同版占卜的现象，如下。

图 9-10　《屯南》2384

该版底部为历组卜辞，属历组二C类第二种字形组合，上部九条“卜王”辞属出组二B类，时代为祖甲时期。由此，历组二类的时代下限可延及祖甲之世。

3. 事类

本类与宾组二类、出组一类有同时所卜或相近的事类，例举如下（宾组二类、出组一类卜辞相关事类仅节选与历组二类相关部分）。

第一组

历组二A类：

(1) 贞…王其[步]自稣于擒，多若？

(2) …王狩罙擒？

(3) …㞢…洮…擒？

——《合集》33162

宾组二类：

(1) 戊子卜争贞：勿涉狩？九月。在稣。 1

(2) …勿步？□月。在[稣]。 2

(3) 贞：弗其擒？九月。在稣。 3

(4) 贞：勿酒戠？九月。在稣。 4

(5) 贞：勿令？九月。在稣。 5

1《合集》10993 2《合集》8107 3《合集》10994 4《合集》8105正 5《合集》8108

历组二A类还与历组一类、宾组一类衔接，见前文历组一类“事类”。

第二组

历组二B类：

(1) 丁酉[贞]…王…于伊… 1

(2) 其一羌、一牛？ 1

(3) 其三羌、三牛？ 1

(4) 辛丑贞：王令尢以子方奠于并？ 1

(5) 癸丑卜：于丁巳延多贯，易日？ 1

(6) 乙卯… 2

(7) 辛□贞：[王]令□坚田于□侯？ 2

(8) 辛酉贞：王令尢以子方奠于并？ 2

(9) 庚午贞：于… 3

(10) 庚午贞：桒禾于父丁？ 3 4
(11) 庚午[贞]：岳[燎]三宰□三牛？ 4
(12) 庚午贞：于大示桒禾，雨？ 4
(13) 壬[申]贞：桒禾于河，燎三牛，沉三牛？ 2
(14) 壬申贞：桒禾于夒，燎三牛，卯三牛？ 2
(15) □申贞…于[illegible]桒禾？ 2
(16) 癸…燎… 2
(17) 辛未卜：于岳桒雨？ 5
(18) 癸酉贞：[甲戌]又伐于祖乙羌？ 3 4
(19) [己]卯卜：[于]岳桒雨？ 4
(20) 己卯卜：取岳雨？ 3
(21) 己卯卜：桒雨于上甲？ 6
(22) 己卯卜：于南单立岳，雨？ 6
(23) 岳于南单？ 7
(24) 壬午卜：岳来于㝵？叔。 3
(25) 岳于三户？ 3
(26) 取岳于三门？叔。 3
(27) 岳于三门？ 7
(28) 岳于楚？ 7
(29) 癸未：甲申□又燎于土，牢？兹用。 3
(30) □亥贞：王令先以子方乃奠于并？ 3
(31) 辛亥贞：王令先以子方奠并在父丁宗[彝]？ 8
(32) □□贞：多…又…父丁…牛？ 8
(33) …卯延多贾□登鬯…[在]父丁宗启？允启。 8
(34) …其奠以并？ 9
(35) 癸丑贞：多贾其延又勺岁于父丁，牢又一牛？ 10
(36) 其三牛？ 10
(37) 癸丑贞：王又岁于祖乙？ 10 11
(38) 于父丁又岁？ 10 11
(39) 甲寅贞：自祖乙至毓？ 10 11 12
(40) 丁巳：小雨，不延？ 10 11
(41) 戊午贞：祐多贾以鬯自上甲？ 10 11 12

(42) 甲子贞：又伐于上甲羌一，大乙羌一，大甲羌，自？ 10
(43) 甲子贞：又伐于上甲羌一，大乙羌一，大甲羌？兹用。 11
(44) 甲子贞：又伐于上甲羌□，大乙羌□，大□羌？ 12
(45) [丙]寅贞：王又勺岁于祖乙牢[一]牛？ 7
(46) 丙寅贞：王又勺岁于父丁牢？ 11
(47) □□贞：□又[勺]□于父□牢？ 13
(48) 壬申[贞]：登多贯以鬯于大乙？ 13
(49) 壬申贞：多贯以鬯登于丁卯叀□□？ 13
(50) …卯… 13
(51) 癸酉贞：乙[亥]酒多贯以[鬯]□于大乙[鬯]五，卯…五，卯牛一，小乙鬯[三]卯牛□？ 13
(52) 丁丑贞：多贯以鬯又伊？ 13
(53) 丁亥贞：多贯以鬯又伊尹鼉示？兹用。 13
(54) …方…又？ 13
(55) 壬申咬乞冎三。 13

1《合集》32107 2《合集》33278 3《醉古》296 4《合集》33320 5《合集》34196 6《屯南》4362 7《合补》10422 8《屯南》4366 9《屯南》1247 10《拼四》887 11《合集》32113 12《合集》32115+[①] 13《屯南》2567

宾组：

□□[卜]□贞：翌□□令先[以]子方[奠于]并，由王事？——《合集》5622

出组：

(1) 癸丑卜贞：翌乙卯多贯其延陟鬯自… 1 2
(2) 癸丑卜贞：翌丁巳多贯其延出… 1 3
(3) 甲寅卜贞：叀咬又多贯？二月。 3

1《合集》19220 2《合集》19222 3《合集》19221

---

① 林宏明：《甲骨新缀第324例》，先秦史研究室网站，https：//www.xianqin.org/blog/archives/2589.html，2012年3月7日。

第三组

历组二 B 类：

(1) 丁卯卜：今日乎□以羌父丁？ 1

(2) 己丑卜：令先省廪？ 2

(3) 叀犬百，卯牢？ 2

(4) 于乙酒，乇？ 2

(5) 叀丁酒，乇？ 2

(6) …令□省廪？ 1

(7) 叀杸令□？ 1

(8) 癸巳：又羌一牛？兹用。 1

(9) 癸巳卜：令毕省廪？ 3

(10) 庚子卜：令先省廪？ 4

(11) 叀毕令省廪？ 4 5

(12) 叀竝令省廪？ 4 5

(13) [叀]壴令[省]廪？ 4

(14) 叀贯、壴令省廪？ 5

(15) 叀马令省廪？ 5

(16) …众以省[廪] 6 7

(17) 庚子…先… 8

(18) □□[贞]…[令]…廪？ 8

(19) □子卜：令□省廪？ 9

(20) 癸卯卜：其燎… 7

(21) 甲辰又祖乙一牛？ 5

(22) 其又祖乙大牢？ 5

(23) 癸…酒翌… 10

(24) 庚戌卜：作嫚庚祼？ 10

(25) 弜作祼？ 10

(26) 辛亥卜：北方其出？ 10

(27) 弜称众，不出？ 10

(28) 辛亥卜：犬延以羌一用于大甲？ 10

(29) □□卜…[延]… 10

(30) 辛酉卜：犬延以羌用自上甲？ 5

❶《屯南》188　❷《缀汇》356　❸《合集》33236　❹《合集》33237　❺《屯南》539　❻《合集》31985　❼《屯南》180　❽《合集》33238　❾《合集》33239　❿《合集》32030

宾组二类：

(1) 己巳卜贞：令先省在南廩？十月。 ❶

(2) 己亥卜贞：叀竝令省在南廩？ ❷

❶《合集》9638　❷《合集》9639

第四组

历组二B类：

(1) 乙丑贞：王狩祖乙？ ❶❷❸

(2) 弜狩？ ❷❸

(3) 弜比？ ❸

(4) 己巳贞：叀王狩？兹[用]。 ❹

(5) 己巳卜：王令□狩？ ❹

(6) 叀…舟…学… ❶

(7) 弜从杸舟？ ❶

(8) …杸舟？ ❷

(9) 辛巳贞：王[令]毕比？ ❺

(10) 辛巳贞：毕以[画]于响乃奠？ ❺❼

(11) 庚寅卜：令犬延田京？ ❽

(12) 弜犬延坚田？ ❽❾

(13) 癸巳贞：王令画，生月[步]？ ❺❻

(14) 癸巳卜：退杸舟？ ❽❾

(15) 叀杸舟商？ ❽

(16) 叀杸舟… ❿

(17) 癸巳卜：又羌一牛？兹用。 ❿

(18) 甲午贞：告画其步祖乙？ ❺

(19) 甲午贞：告画其步于祖乙？ ❻

(20) 甲午贞：于小乙告画其步？ ❺❻

(21) 甲午贞：于父丁告画其步？ ❺❻

(22) 弜告画其步？ ❺❻

(23) 丁酉贞：王令毕比□舟，塱□蓂？ ❺❻

(24) 弜往，毕其令？ ❻

(25) 甲辰。 ❺

(26) 乙巳贞… ❺

(27) □□贞：王令毕今秋…舟塱乃蓂？ ⓫⓬

❶《合集》32555　❷《醉古》175　❸《合集》33393　❹《合集》33387　❺《屯南》866　❻《合集》32856　❼《英藏》2413　❽《合补》10486+[1]　❾《合集》33215　❿《缀汇》626　⓫《合集》32854　⓬《合集》32855

宾组二类：

(1) 丙戌卜贞：令犬延田于京？ ❶

(2) 贞：勿令犬延田于京？ ❷

(3) 丙戌卜贞：勿令犬延？ ❷

(4) 贞：于生十一月令毕？ ❷

❶《合集》4630　❷《合集》40075

第五组

历组二B类：

(1) 庚寅贞：其壴彡？ ❶

(2) 弜壴彡？ ❶

(3) 戊戌贞：告其壴彡于[大乙]，六[牛]？ ❷

(4) 其九牛？ ❷

(5) 庚子贞：其告壴于大乙六牛，叀[illegible]祝？ ❷

❶《合集》34475　❷《合集》32418

宾组二类：

癸丑卜吏贞：其障壴告于唐，□牛？ ——《合集》1291

出组：

(1) 丁酉卜大贞：乞告其壴于唐衣亡[𡆥]？九月。 ❶

(2) 辛亥卜出贞：其鼓彡告于唐九牛？一月。 ❷

❶《合集》22746　❷《合集》22749

---

① 蒋玉斌：《〈甲骨文合集〉缀合拾遗》（第五十八组），先秦史研究室网站，https://www.xianqin.org/blog/archives/2013.html，2010年8月7日。

第六组

历组二 B 类：

(1) …三羌…燎三…三牛宜牢？ 1

(2) 壬午贞：癸未王令木宾？ 1

(3) 王令木其祼告？ 1

(4) 癸未贞：甲申酒… 1

(5) 癸未贞：甲申酒危方以牛自上甲？ 1

(6) 庚寅贞：王令… 1

(7) 乙未卜：其宁方羌一、牛一？ 2

(8) 乙未贞：王米叀父丁以于囧米？ 3

(9) 丙申贞：于父丁…射䍊…羌？ 3

(10) 丙申贞：射䍊以羌汎用自上甲？ 3

(11) 辛丑贞：□羌其勺□用羌十，犬… 4

(12) …癸卯… 1

(13) 王弜田？ 1

(14) 癸卯贞：射䍊以羌其用□父丁？ 1

(15) 癸卯贞…汎至于… 5

(16) 癸卯贞：射䍊以羌其用叀乙？ 5

(17) 癸卯贞：射䍊以羌上甲？用。 6

(18) 甲辰贞：射䍊以羌？ 7

(19) 甲辰贞：射䍊…于父丁？ 7

(20) □□[贞]：射䍊以羌其用自上甲汎至于父丁，叀甲辰用？ 8

(21) …䍊…其… 8

(22) 甲辰贞：射䍊以羌其用自上甲汎至于父丁，叀乙巳用，伐四十？ 8

(23) □□贞：㞢以牛[其]用自上甲五牢，[汎]大示五牢？ 8

(24) 甲辰贞：射䍊以羌其用自上甲汎至于父□，叀乙巳用伐？ 5

(25) 丁未贞：㞢以牛其用自上甲汎大示？ 5

(26) 丁未贞：王其令望乘归，其告于祖乙一牛，父丁一□？ 9

(27) □□贞：王其令望乘归，其告于祖乙一牛？ 9

(28) 丁未贞：王其令望乘归，其告于祖乙？ 10

(29) 丁未贞：王令卯途危方？ 10

(30) 丁[卯]…又勺…于伊…卯一牛？ 10

(31) 己酉贞：𠥓以牛其用自上甲三牢汎？ ❺
(32) 己酉贞：𠥓以牛其用自上甲，汎大示五牢？ ❺
(33) 己酉贞：𠥓以牛其用自上甲汎大示叀牛？ ❺
(34) 庚戌贞：𠥓以牛，其勺自上甲汎大示，其… ⓫
(35) 庚戌[贞]：𠥓[以]牛…叀□？ ❺
(36) □□贞：𠥓以牛，其勺自上甲汎大[示]… ⓬
(37) 辛亥贞：壬子又多公岁？ ❷❹
(38) 弜又于大[岁]卒？ ❷❹
(39) 乙卯贞：又勺伐于伊？ ❾
(40) 乙卯贞：卯？ ❾
(41) 己未贞：叀甲子酒伐自上甲？ ❷❹
(42) 己未贞：于乙丑酒伐？ ❷❹
(43) 辛酉贞：甲子酒劦？ ❷❹
(44) 弜酒劦？ ❹
(45) 辛酉贞：方以牛其自上甲？ ❾
(46) 辛酉贞：方以牛其登于来甲申？ ❾
(47) 癸亥贞：危方以牛其登于来甲申？ ❾⓭
(48) □卯…又…伐… ⓭
(49) 庚午贞：射𠣞以羌用自上甲，叀甲戌？ ❷❹
(50) 癸酉贞：射𠣞以羌自上甲，乙亥？ ❷❹
(51) 癸酉贞：射𠣞以羌用自上甲，于甲申？ ❷❹
(52) 于乙亥用射𠣞以羌？ ❹
(53) 己卯卜宾贞：翌甲申用射𠣞以羌用自上甲？八月。 ⓮

❶《醉古》214+[①]　❷《合补》10429　❸《合集》32024上　❹《缀集》9　❺《缀集》24　❻《合集》32027　❼《合集》32025　❽《屯南》636　❾《合补》10484　❿《合集》32897　⓫《醉古》201　⓬《拼一》1　⓭《合集》33191　⓮《合集》277

宾组二类：

乙亥卜争贞：酒危方以牛自上甲？一月。 ——《合集》10084

---

① 林宏明：《林宏明先生甲骨缀合表》，先秦史研究室网站，http：//www.xianqin.org/blog/archives/1769.html，2006年12月23日。

第七组

历组二B类：

(1) 丙子贞：王叀先令葬我？ ❶

(2) 丙子贞：先王叀令葬… ❷

(3) 丙子…孽我？ ❸

(4) 弜孽？ ❸

(5) 丙子贞：王□并□葬？ ❸

(6) 丙子贞：王叀令啚葬我？ ❸

(7) □[子]贞：王叀先葬我？ ❸

(8) 丁丑贞：王令盖归侯以田？ ❸

(9) 丁丑贞：王…先葬我？ ❸

(10) 己卯贞：今日王令先葬我[illegible]？ ❸

(11) 癸未贞… ❸

❶《合集》32829 ❷《合集》32830 ❸《合集》32831+[1]

宾组二类：

(1) 乙亥卜争贞：叀邑竝令葬我于㞢自？[十]一月。 ❶

(2) 贞：先不其冎告其殟？十一月。 ❶❷

(3) 丙子卜宾贞：令先葬我于㞢自，冎告不殟？十二月。 ❶❷

(4) 己卯卜宾贞：今日斫先令葬我于㞢自，乃収㞢… ❸

❶《合集》17168+[2] ❷《拼二》561 ❸《合集》10048

以上七组历组二类与宾组、出组卜辞虽不敢说一定就是同时所卜，但它们占卜内容相似，其时代应是彼此接近的，大致为武丁末期至祖庚时期。

4. 钻凿形态

本类卜辞以Ⅳ型凿为主，与Ⅴ型凿形态比较接近，二者的倒梯形平底均是用刀挖成的。Ⅳ型凿既与历组一类的Ⅵ型凿共存，又与无名组、黄组主流的Ⅴ型凿共存，而Ⅴ、Ⅵ二型却绝不共存，可见Ⅳ型是其中间型式。小屯南地三种凿型同版现象共76例，如表9-11所示。

---

① 蔡哲茂：《〈甲骨文合集〉新缀第十五则》，先秦史研究室网站，http：//www. xianqin. org/blog/archives/1805. html，2009年11月23日。

② 黄天树、李延彦：《龟腹甲新缀一则》，先秦史研究室网站，http：//www. xianqin. org/blog/archives/2336. html，2011年4月25日。

表 9-11　小屯南地甲骨各式凿同版片数统计

同版型式	组类						
	历组一类	历组二类	无名组	无名黄间一类	无名黄间二类	其他	各类片数
$\mathrm{VI}_1\mathrm{VI}_2$	3						3
$\mathrm{IV}_3\mathrm{VI}_1$	1	12					13
$\mathrm{IV}_4\mathrm{VI}_1$	2	12				1	15
$\mathrm{IV}\,\mathrm{VI}_1$						1	1
$\mathrm{IV}_1\mathrm{IV}_2$		2	10				12
$\mathrm{IV}_1\mathrm{IV}_3$		1					1
$\mathrm{IV}_2\mathrm{IV}_3$		3	7				10
$\mathrm{IV}_3\mathrm{IV}_4$		2					2
$\mathrm{IV}_2\mathrm{V}_2$			1				1
$\mathrm{IV}_3\mathrm{V}_1$			1				1
$\mathrm{IV}_3\mathrm{V}_2$		1	4	2			7
$\mathrm{IV}_3\mathrm{V}_3$			1				1
$\mathrm{IV}_4\mathrm{V}_2$			2				2
$\mathrm{IV}_3\mathrm{IV}_4\mathrm{V}_2$				1			1
$\mathrm{V}_1\mathrm{V}_2$			1	1			2
$\mathrm{V}_2\mathrm{V}_3$			2		2		4
共计	6	33	29	4	2	2	76

76 例中，除去同型不同式的而外，Ⅳ型与Ⅵ型同版共 29 例，以历组二类为主，少数见于历组一类。Ⅳ型与Ⅴ型同版共 13 例，主要见于无名组。由Ⅵ型到Ⅳ型的过渡是在历组二类中进行的，由Ⅳ型到Ⅴ型的过渡是在无名组中进行的。但小屯南地卜骨中从未见Ⅴ型与Ⅵ型同版，说明二者时代绝非相近。而Ⅳ型却既与Ⅵ型同版，又与Ⅴ型同版，因此Ⅳ型为中间型是绝无问题的。综之，历组一类的Ⅵ型凿应与早期的Ⅰ型凿衔接，往后发展为Ⅳ型凿，再发展为Ⅴ型凿，其演变情况如表 9-12 所示。

表 9-12　小屯南地各类甲骨凿之型式统计

组类	型式												各类片数
	Ⅰ型			Ⅵ型		Ⅳ型				Ⅴ型			
	I_1	I_2	I_3	VI_1	VI_2	IV_3	IV_4	IV_1	IV_2	V_1	V_2	V_3	
自组	1	9	1										11
午组	5	5	1										11
其他早期卜辞	1	9											10
自历间类	1				2			1?					4
历组一类				49	2	4	1						56
历组一类—历组二类				9	1	4	3						17
历组二类				8	1	108	63	2	18				200
历组二类—无名组						17	3	6	10	1	4		41
无名组						111	3	48	118	6	10	1	297
无名黄间一类						3					2		5
无名黄间二类							2				1	5	8

注：1. 本表数据主要依据《屯南·钻凿》表一。早期的Ⅱ、Ⅲ型凿无助于说明问题，从略。

2. 本表增加了无名黄间类Ⅳ型 5 例，Ⅴ型 2 例。为便于查对，于此注明出处。无名黄间一类IV_3式 3 例：《屯南》607、2178、2231，V_2式 2 例：《屯南》660、2182；无名黄间二类IV_4式 2 例：《屯南》2617、4343。

3. Ⅳ型凿中，IV_1、IV_2式流行于历组二类至无名组，以后者多见；IV_3、IV_4式在历组一类到无名黄间二类均有，以历组二类和无名组多见。可见这两式产生较早，流行时间也较长，故放在IV_1、IV_2之前。

从表中可以看到各型式凿的演变情况。最早的VI_1式凿产生于自历间类，此时的凿以《屯南》2173 为代表，轮开槽，形状规整，边缘未用刀加工，最近于Ⅰ型凿。其与Ⅰ型凿共存于自历间类的例子，更说明了二者是有衔接关系的。在历组一类中，VI_1式凿盛行，但已有了一些小的变化并产生了VI_2式凿。历组二类以后，Ⅵ型凿就绝迹了，代之而起的是Ⅳ型凿。这种凿流行的时间比较长，其中$Ⅳ_3$、$Ⅳ_4$式起源于历组一类，盛行于历组二类和无名组，往后即迅速减少，最后被Ⅴ型凿代替。$Ⅳ_1$、$Ⅳ_2$式凿流行的时间相对短些，最早出现于历组二类，盛行于无名组，后逐渐消失。Ⅴ型凿是最晚的凿型，最早出现于历组二类以后，延续至无名黄间二类，其演变情况是：$Ⅴ_1Ⅴ_2$→$Ⅴ_1Ⅴ_2Ⅴ_3$→$Ⅴ_2Ⅴ_3$，很明显，具有Ⅴ型1—3式的无名组是这里的中间阶段。小屯南地没有出典型的黄组卜辞，参考许进雄先生《甲骨上凿钻形态的研究》中的有关材料，其所举“五期卜辞”的凿照片34为$Ⅴ_2$式,图126的凿近于$Ⅴ_1$式。由此推测，黄组卜辞也应以$Ⅴ_2$、$Ⅴ_3$式凿为主，与无名黄间二类一脉相承。

综上，从小屯南地凿型的演变情况来看，本类的主流型式介于历组一类与无名组之间。而历组一类的主流凿型与自历间类的早期型式衔接，无名组与晚期黄组凿型一脉相承，其演变顺序应为自历间类→历组一类→历组二类→无名组。自历间类的绝对年代在武丁中期，历组一类的年代大致在武丁晚期，无名组卜辞的年代上限在祖甲时期，因此本类卜辞的绝对年代大致为祖庚时期。

第七节 无名组卜辞

无名组卜辞依据字体可分为历无名间类、无名组一类、无名组二类、无名组三类、无名黄间类五大类。历无名间类大致为祖甲、廪辛时期卜辞；无名组一、二类为康丁卜辞，时代下限可延及武乙之世；无名组三类为武乙时期卜辞；无名黄间类的时代大致历武乙、文丁之世。其断代依据概述如下。

一、历无名间类

历无名间类卜辞大致属祖甲时期。附属于历无名间类、接近于无名组风格的历无名间类晚期卜辞大致属廪辛时期，其时代上限可溯及祖甲之末，下限延及康丁之初。

（一）称谓系统

历无名间类卜辞与时代有关的重要称谓有：

毓祖乙（《合集》32454） 高祖乙（《合集》32454）
父丁（《合集》32448） 父戊（《合集》27485）
兄己（《合集》27615） 兄庚（《合集》27615）
母己（《合集》27340） 母壬（《屯南》1011）
小丁（《合集》32645） 子豪（《合集》32776）

本类卜辞的称谓系统与出组二类、历组二类接近，其中兄己、兄庚较为常见，是祖甲时期的称谓系统。三类卜辞称谓同见情况如表 9-13 所示。

表 9-13 历无名间类、出组二类、历组二类称谓同见统计

组类	称谓										
	高祖乙	后祖乙	祖丁	妣庚	父丁	父戊	母己	母壬	兄己	兄庚	小丁
历无名间类	△	△	△	△	△	△	△	△	△	△	△
出组二类		△	△	△	△	△	△	△	△	△	△
历组二类	△	△			△	△					△

注：△表示有此称谓。

历无名间类晚期卜辞与时代有关的重要称谓有：

祖丁（《合集》27364）　　父甲（《合集》27412）

父己（《合集》27415）　　父庚（《合集》27415）

妣己（《合集》27412）　　妣辛（《合集》27455）

妣壬（《合集》27164）　　兄辛（《合集》27364）

除妣壬外，上述称谓均同于典型的无名组卜辞。出现频率以父甲为最，其时代属廪辛时代；父己、父庚次之，上限或可溯及祖甲之末。兄辛称谓仅《合集》27364一见，同版有父甲、祖丁，下限延及康丁之初。廪辛的在位年数应该不是很长，康丁享祚可能较长一些，据文献记载，有以下诸说：

廪辛：四年（《今本竹书纪年》）、六年（《通鉴外纪》、《太平御览》卷八十三引《史记》）。

康丁：六年（《通鉴外纪》）、八年（《今本竹书纪年》）、二十三年（《帝王本纪》）、三十一年（《太平御览》卷八十四引《史记》）。

由以上诸说推测，廪辛在位时间不长，大概不会超过十年，康丁在位时间长一些，可能在十至三十年之间。以理推之，廪辛、康丁为兄弟辈，康丁在位时间若在二十年左右，则廪辛在位年数不长就是很有可能的。再以卜辞而论，村北所出的大致属廪辛时代的何组二类卜辞数量也不多，而何组三类已延及武乙；村南所出的本类卜辞数量也不多，远不及有兄辛称谓的无名组卜辞。这种现象说明廪辛在位年数不会很长，所以本类卜辞虽数量不多，但其时代下限也可能延及康丁之初。

（二）考古学依据

历无名间类卜辞在考古发掘中见于第二次殷墟发掘场南横二（南横沟）。该坑出刻辞甲骨5片：《甲编》477为何组卜甲（䀎卜），《甲编》877、878、880均属历组二C类，《甲编》879为本类。同出器物有平底罐133D、134G[①]，圈足罐（罍）274D，另外还有一件圆底罐，形近YM164坑所出的陶罐。YM164坑应为殷墟文化第二期，邹衡先生认为属殷墟文化早期[②]，从所出甲骨来看，其时代下限应可由何组卜甲《甲编》477推至廪康。但据石璋如先生所言，何组卜甲《甲编》477出土层位不明[③]，其与同坑其他卜辞的关系也无法考察。所以总的来看，该坑的堆积情

① 李济：《殷墟器物甲编·陶器》，载《李济文集》（卷三），上海人民出版社，2006年，第138页。

② 邹衡：《试论殷墟文化分期》，载《夏商周考古学论文集》，文物出版社，1980年，第62页。

③ 石璋如：《殷虚文字甲编的五种分析》，《历史语言研究所集刊》（第五十三本第三分），1982年，第412页。

况只反映了本类与历组二C类的接近，其堆积年代主要应在祖甲之时。

（三）卜辞联系

1. 人物

历无名间类提到的人物有龙（《合集》33189）和多贾（《合集》27349），其中多贾又见于历组二类和出组一类。

2. 辞例与字体

本组卜辞未见“二告”“吉”“大吉”等占卜用语和记月卜辞。附属的历无名间类晚期卜辞中开始出现类同于无名组和何组的占卜用语“叔犛”（《合集》27616）。但是，“叔犛”二字的字形作，与一般无名组的迥然不同，这说明历无名间类晚期是介于典型历无名间类与无名组之间，具有过渡性质的卜辞。

二、无名组一类

本类卜辞大致属康丁时期，时代下限可延及武乙之世。依据字体，本类卜辞可进一步分为A、B、C三小类。其中，无名组一A类时代最早，大致属康丁前半期；无名组一B、一C两类的时代下限可延及武乙时期。

（一）称谓系统

本类卜辞与时代有关的重要称谓有：

祖丁（《屯南》1055）　父甲（《屯南》1055）
父己（《屯南》610）　父庚（《屯南》610）
兄辛（《屯南》657）　妣辛（《屯南》610）
妣癸（《合集》27573）　母戊（《屯南》2710）
祖甲（《合集》27335）　父丁（《合集》32223）

其中，无名组一B类有少数卜辞出现父丁称谓，见于《合集》32223、32715、32717、32720等，无名组一C类出现祖甲称谓（《合集》27335），二者应为武乙称康丁及祖甲。

（二）考古学依据

1955年，安阳小屯殷墟发掘的55H1中出无名组一C类卜辞一片（《合集》

27767），伴出陶器属殷墟文化三期[①]。1973 年小屯南地发掘中，中期地层仅 H103 出无名组一 C 类卜辞一片（《屯南》2713），该坑地层上属中期二组，堆积年代为武乙、文丁时期。

（三）卜辞联系

1. 人物

本类卜辞提到的人物有卢伯、小臣墙、小臣妥、黔、戍隻、戍佣、戍卫、戍永、戍执、戍光、成犬敢、宕犬岜、旃犬自、牢犬言、兇犬陕、梦犬凵、犬笛等。其中小臣墙见《合集》27888，属无名组一 C 类，又见于黄组卜辞（《合集》36481），时代可能较晚。

2. 字体

无名组一 A 类字体散乱，刀法显得笨拙，林沄先生认为是无名组一类卜辞刻手的初期作品[②]。

无名组一 B 类中可以划出一小群较晚的卜辞。该群卜辞字体细小，笔画较为纤细，有较多偏晚期的特征，如“辛”“雨”等字顶部已加短横作、，占辞“大吉”“引吉”均合书。一 B 类晚期中又见称谓“父丁”，且田猎地名已开始出现无名组三类、无名黄间类和黄组等晚期卜辞中常见的“𩫖”，时代偏晚。

无名组一 C 类字体带有较多的晚期作风，“辛”“雨”顶部有短横，“戊”作（《合集》28759），“辰”作（《合集》28967），“遘”作，“吉”作，接近无名黄间类。无名组一 C 类与较晚的无名组三类有字体同版现象，可举《合集》28926、28957，《屯南》2713 为例，见图 9-12。

a）《合集》28926

① 刘笑春：《一九五五年秋安阳小屯殷墟的发掘》，《考古学报》1958 年第 3 期。

② 林沄：《无名组卜辞中父丁称谓的研究》，载《古文字研究》（第十三辑），中华书局，1986 年，第 28—29 页。

b）《合集》28957

c）《屯南》2713

图 9-11　无名组一 C 类与无名组三类字体同版举例

3. 辞例

无名组一 A 类有占辞“吉”“大吉”，占卜用语“𠬝𡬶”。无名组一 B 类开始出现“引吉”（《屯南》2701），习惯用语“王受又”已有一小部分作“王受又又”，如《合集》26991、《屯南》841 等。无名组一 C 类，占辞“引吉”已比较多见，而“𠬝𡬶”则相对少见（《合集》28218），“兹用”也演变为只作“用”（《合集》31753、《屯南》678）。无名组一 C 类已开始出现类同于黄组的兆辞“御”“不御”（《合集》31757、31758）。从卜辞辞例发展来看，占辞“引吉”出现在“吉”“大吉”之后，约在武乙中期，“御”“不御”这样的兆辞出现得更晚，无名组一 C 类中还较为少见，黄组开始较为普遍。

4. 事类

《屯南》中有三片关于危方的卜辞属无名组一 A 类，同出小屯南地 M13，内容相近，例举如下。

无名组一A类：

(1) 其奠危方其祝…至于大乙，于之若？ 1

(2) …危方其祝…上甲？ 2

(3) …自中宗… 2

(4) …奠危方… 3

1《屯南》3001　2《屯南》2962　3《屯南》3289

历无名间晚期：

(1) 危方奠于公廪，其祝于…兹用。

(2) 弜祝？

——《合集》27999

历无名间类晚期卜辞的时代下限为康丁时期，无名组一A类与之衔接，时代大致属康丁前期。

综上所述，在本类A、B、C三小类中，A类时代最早，大致属康丁前半期；B类中绝大部分应为康丁遗物，有一小部分已延及武乙；C类中大部分也应为康丁遗物，一部分延及武乙。B、C两类虽均延及武乙，但B类有父丁称谓的那一群卜辞只与C类同版，尚未发现其与无名组三类同版的现象，故推测B类的时代下限应早于C类的时代下限，即C类延及武乙之世的卜辞比B类多。

三、无名组二类

本类卜辞多数属康丁时期，有一小部分延及武乙，时代下限不晚于武乙中期。

（一）称谓系统

本类卜辞与时代有关的重要称谓有：

祖丁（《合集》27363）　父甲（《合集》27363）

父己（《合集》27419）　父庚（《合集》27419）

兄辛（《合集》27633）　母戊（《合集》27589）

祖甲（《合集》32654）　父丁（《合集》32390）

本类卜辞中字体特征较早的如《合集》27622、《屯南》2996，均已有兄辛称谓，推测本类卜辞的时代上限未及廪辛。

本类卜辞中有父丁称谓，还见于《合集》32603、32654、32655、32714、32716、32718、31719。其中，《合集》32603同版有祖丁，《合集》32654、32655同版有祖甲。这几版的字体，与本类其他有父甲、父己等称谓的卜辞基本一致，比较明显的变化是“弜”已作[illegible]，如《合集》32390、32654。“弜”字的这种写法同于无名组三类以及时代更晚的黄组卜辞，而在本类其他卜辞中则一般作[illegible]。以该字形为线索可联系出以下卜辞：《合集》26936、27260、27454、28316、29711、30688、30693、31017、31672，《屯南》84、3060。其中《合集》29711“蕢”字加辵作[illegible]，《合集》30688“辛”字上加横作[illegible]，都是较晚的写法。这批字形偏晚的卜辞应该是无名组二类中偏晚的，其中祖甲称谓只与父丁同版同辞，而未曾出现在康丁世称谓的卜辞中。可见祖甲应为武丁之子商王祖甲；父丁为康丁，属武乙时称谓。故无名组二类的时代下限应延及武乙之世。考虑到这批有父丁称谓的卜辞数量并不多，且整体属于无名组二类风格，其时代下限应为武乙早期。

（二）考古学依据

在1973年小屯南地的发掘中，出本类卜辞的中期单位有：H23、H24、H31、H39、H47、H50、H59、H72、H103等。除H31、H59、H72三个单位为中期一组外，其余均属中期二组，属殷墟文化三期晚段。

（三）卜辞联系

1. 人物

本类卜辞所见人物有：可伯助、卢方伯瀷、小臣沓、小臣口、小臣𫹉、自贾、迟、次、蠱、受、戍逐、戍冎、戍逆、戍何、戍㡀、戍雋、戍永、戍中、戍[illegible]、𦥑、成犬𡆥、滬犬中、犬言、犬山等。这些人物多数见于无名组一类，其中犬言、犬山可能就是无名组一类的牢犬言、梦犬山。

2. 辞例

本类卜辞有占辞“吉”“大吉”以及“㕚𡚭”等，也有“引吉”，但不多见；仍有兆辞“兹用”，但尚未发现“御”“兹御”“不御”等兆辞。“王受又”也有少数作“王受又又”。

“引吉”是无名组三类、无名黄间类、黄组等时代较晚卜辞的常见占辞。本类中已有“引吉”出现，如《合集》27901、27925、28314、30247，《屯南》698，内容以田猎为主。这些有“引吉”的无名组二类卜辞也有一些较晚的特征，如《合集》30247“雨”字已加短横作[illegible]，《合集》27925“在盂”二字不在卜辞中，而刻于占辞“引吉”之下，类似的行款见无名组三类（《屯南》2279）及无名黄间类（《屯南》2182、2230，《合集》29376）中。前文提到的本类中的父丁称谓的卜辞，其所用占辞仍为“吉”“大吉”，那么使用“引吉”的这批无名组二类田猎卜辞的时代序列应紧接其后，是本类中最晚的，时代大致属武乙中期。

四、无名组三类

本类卜辞基本属武乙遗物，时代大致为武乙中晚期。

（一）称谓系统

本类卜辞的内容以田猎为主，祭祀卜辞数量不多，并且所祭先王都是关系较远的，如高祖（《合补》10286）、大乙、祖乙（《屯南》2179）、祖丁（《屯南》2219）、王亥（《合集》30447）等，没有可供断代的重要称谓。

（二）考古学依据

小屯南地中期坑层出本类的只有H50，属中期二组。

（三）卜辞联系

1. 人物

本类所见人物很少，且职位也不太高，有伯和右牧㚖。其中，右牧㚖见于黄组卜辞。黄组卜辞《合集》35673有[illegible]，可能即本类的伯。所见方国有人方、丰方和方，也都见于黄组卜辞，其中人方还是黄组卜辞中的重要敌国。

2. 字体

本类卜辞的主要特点是字体较小，字形结构接近无名黄间类，带有较多的晚期特征，如表9-14。

表 9-14　无名组晚期字体对比

特征字	组　类		
	无名组二类	无名组三类	无名黄间一类
戊			
庚			
辛			
子	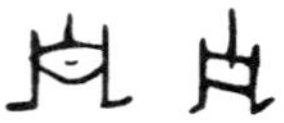		
辰			
午			
戌			
雨	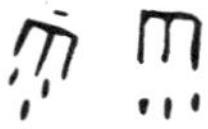		
災		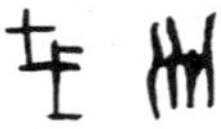	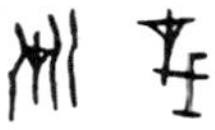
弜			

3. 辞例

占辞“吉”“大吉”“引吉”在各种卜辞中出现的情况，如表 9-15。

表 9-15　何组、无名组占辞形式的演变情况

占　辞	组　类			
	何组	无名组一、二类	无名组三类	无名黄间类
吉	▲	▲	▲	▲
大吉	▲	▲	△	
引吉		△	▲	▲

注：△代表少数；▲代表多数。

何组卜辞只有“吉”和“大吉”，没有“引吉”。无名组一、二类以“吉”“大吉”为主，少数有“引吉”。无名组三类以“吉”和“引吉”为主，“大吉”仅一例（《屯南》2219），是无名组三类中偏早的。无名黄间类承无名组三类，只有“吉”和“引吉”，未见“大吉”。在无名组卜辞中，占辞“大吉”和“引吉”一般不同版，同版的只有两例（《合集》28188、《屯南》2701），可见“引吉”是较晚出现的占辞，并逐步取代“大吉”。此外，本类卜辞已开始出现兆辞“弜巳”和“兹御”，后者在黄组卜辞中甚为常见。综合来看，无名组三类的占辞、兆辞形式趋向接近于无名黄间类和黄组卜辞。

4. 事类

本类卜辞的内容以田猎为主，祭祀和战争卜辞很少，类似于无名黄间卜辞。田猎涉及的地名也多同后者，如敦、𩡧等地。

5. 钻凿形态

在此对无名组各类钻凿形态的演变情况做一个总的说明。无名组一类的长凿以IV_1、IV_2式为主，少数为IV_3式，有一例V_1式（《屯南》2315）。无名组二类的长凿以IV_2、IV_3式为主，另有少数IV_1、V_4、IV_1等式。无名组三类的长凿以IV_3、V_2、V_3为主，另有少量IV_2、IV_4式。整体上看，无名组凿式由Ⅳ型向晚期的Ⅴ型发展，如表9-16。

表9-16 无名组卜辞长凿型式的演变情况

组类	型式						
	Ⅳ型			Ⅴ型			
	IV_1	IV_2	IV_3	IV_4	V_1	V_2	V_3
无名组一类	▲	▲	△		△		
无名组二类	△	▲	▲	△	△		
无名组三类		△	▲	△		▲	▲

注：▲表示主要凿式；△表示次要凿式。

综上，本类是由无名组一、二类发展而来的，与时代偏晚的无名组一C类也有同版关系。既然无名组一、二类的时代下限已延及武乙，则本类的时代上限当不会早于武乙。至于下限，由于本类卜辞数量并不太多，其延续时间不会很长，且据《古本竹书纪年》，武乙在位时间至少有三十五年，故推测其下限一般不应超过武乙，大致处于武乙中晚期。

五、无名黄间类

本类卜辞是介于无名组与黄组卜辞的中间环节，依据字体可以分为一、二两小类，其时代大致历武乙、文丁两世。

（一）称谓系统

无名黄间二类有“武乙”（《屯南》3564），此称谓只能出现于文丁以后。结合黄组称谓系统来看，武乙应是文丁称其父，武祖乙才是帝乙、帝辛时的称谓。

（二）考古学依据

本类卜辞出于小屯南地晚期坑层 H17、H57、H48、H58 等，《小屯南地甲骨·前言》举《屯南》648、2157、2405、2263、2489 等为例，认为它们是属于帝乙或接近帝乙时代的卜辞。林沄先生在《小屯南地发掘与殷墟甲骨断代》一文中对本类介于黄组和无名组之间的卜辞做了讨论，并举《屯南》660 为代表，认为本类是典型无名组与黄组的中间环节。

（三）卜辞联系

无名黄间一类以《屯南》607、660、2136、2172，《合集》29087、33373、33482 等为代表，字体较接近无名组三类。无名黄间二类以《屯南》648、2157、2489、2617、3564，《合集》33518—33524 为代表，字体带有更多的晚期特征，与黄组卜辞接近。

表 9-17　无名组、黄组字体对比

特征字	组类			
	无名组三类	无名黄间一类	无名黄间二类	黄组
庚				
子				

续表

特征字	组 类			
	无名组三类	无名黄间一类	无名黄间二类	黄组
辰				
午				
贞				
灾		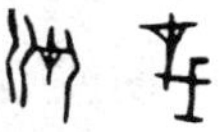		
其				

本类字体明显要早于黄组，在卜辞发展序列上居于黄组之前，承接无名组三类，时代大致为武乙晚期至文丁之世。

第八节　非王卜辞

非王卜辞包括：午组、子组、非王无名组、子组附属、刀卜辞、亚卜辞、花东子卜辞。其断代依据依次概述如下。

一、午组卜辞

午组卜辞的时代大致相当于武丁中期或略偏晚。

（一）称谓系统

午组卜辞与时代有关的称谓大多是特有的，少数同于王室卜辞，如下：

祖乙（《合集》22044）	祖戊（《合集》22051）
祖己（《合集》22055）	祖庚（《合集》22044）
祖辛（《合集》27281）	祖壬（《合集》22044）
祖癸（《屯南》2771）	妣乙（《合集》22045）
妣丁（《合集》22070）	妣戊（《合集》22098）
妣己（《合集》22050）	妣辛（《合集》22048）
妣壬（《合集》21050）	妣癸（《合集》22048）
父乙（《合集》22083）	父丙（《合集》22098）
父丁（《合集》22046）	父戊（《合集》22045）
父己（《合集》22074）	母戊（《合集》22076）
母庚（《屯南》2673）	兄乙（《合集》22075）
子庚（《合集》22046）	南庚（《屯南》2118）
下乙（《合集》22044）	外丙（《合集》22066）
石甲（《合集》22044）	入乙（《合集》22060）
内乙（《合集》22091）	丙乙（《屯南》2698）
入戊（《合集》22050）	外戊（《合集》22049）
天戊（《合集》22054）	司戊（《合集》22044）
内己（《合集》22055）	天庚（《合集》22094）

南庚（《屯南》2118）

上举称谓中，南庚、下乙、外丙见于王卜辞，妣丁、妣己、妣壬、父乙、父戊见于子组卜辞。南庚传位于阳甲，本组祭祀南庚，其首领当与商王有亲属血缘关系，即南庚的子辈或孙辈。但非王卜辞的称谓与王室并非一个系统，故对其时代的分析主要依靠考古学依据和卜辞联系。

（二）考古学依据

午组卜辞出于YH127坑和YH448坑，前者同出有大量的宾组卜辞，属殷墟文化二期第三组，时代在武丁中期。YH448坑，邹衡先生定为殷墟文化二期单位[①]，出有陶簋228G，深腹矮圈足，形制不晚于二期第三组。肖楠先生也认为该坑“时代大约相当于大司空村一期”。[②]

在1973年小屯南地发掘中，殷墟文化一期灰坑H102和H107均出有本组卜辞，其中H102坑打破自组小字类所在地层T53（4A）。

从以上考古发掘材料来看，本组卜辞的时代大致为殷墟文化二期第三组，绝对年代相当于武丁中期。

（三）卜辞联系

午组卜辞与宾组一类有联系，二者同出YH127坑，并且有类似的卜问。

宾组一B类：

甲辰卜亘贞：今三月光乎来？王占曰：其乎来，乞至隹乙。旬㞢二日乙卯，允㞢来自光，以羌刍五十。——《合集》94正

午组：

丁未卜贞：令戉、光有获羌刍五十？——《乙编》4692

甲辰、丁未中间只隔二日，上两辞可能是一时之卜。

此外，本组提到的人物同样多见于宾组一B类，如戉、光、陕、斫等，二者时代应相近。

---

① 邹衡：《试论殷墟文化分期》，载《夏商周考古学论文集》，文物出版社，1980年，第62页。

② 肖楠：《略论“午组卜辞”》，《考古》1979年第6期。

二、子组卜辞

子组卜辞的时代大致为武丁中期，可能略早于午组。

（一）称谓系统

子组卜辞的称谓多为特有，少数同于王卜辞，如下：

祖乙（《合集》21542）　妣丁（《库方》1988）
妣己（《合集》21547）　妣庚（《合集》21551）
妣壬（《合集》21725）　后妣甲（《合集》40886）
父甲（《合集》21543）　父乙（《合集》21539）
父戊（《合集》21544）　父庚（《合集》21538 乙）
父辛（《合集》21542）　母戊（《乙编》1479）
母庚（《合集》21554）　中母己（《合集》21805）
兄丁（《合集》21586）　子丁（《库方》1988）
盘庚（《合集》21538 甲）　小辛（《合集》21538 乙）
小王（《合集》21546）　龙甲（《合集》21805）
小己（《合集》21586）

以上称谓同于王卜辞的有盘庚、小辛、兄丁、小王、龙甲。并且在《合集》21538 与《合集》21539 中，父甲、父乙、父庚与盘庚、小辛所用祀典完全相同，且四者同版（见图 9-12），故父甲、父庚、父辛、父乙应即阳甲、盘庚、小辛、小乙。类似的情况亦见于宾组卜辞，如《乙编》2113 父乙、阳甲同版，《乙编》7767 父庚、父辛同辞。既然本组称阳甲、盘庚、小辛、小乙为父，可见其中心人物虽非商王，但却与商王有很密切的亲属关系，推测其有可能是商王的亲兄弟，至少也应该是从父兄弟。

a)《合集》21538 甲　　b)《合集》21538 乙　　c)《合集》21539

图 9-12　《合集》21538、21359

（二）考古学依据

子组卜辞出于以下单位：

1. YH127 坑，出子组卜辞较多。

2. YH371 坑，共出卜甲七片：《乙编》9026—9032，其中《乙编》9032 为子组卜辞，其他为非王无名组。同出有陶盆 105A（图 9-13），属殷墟早期形制。

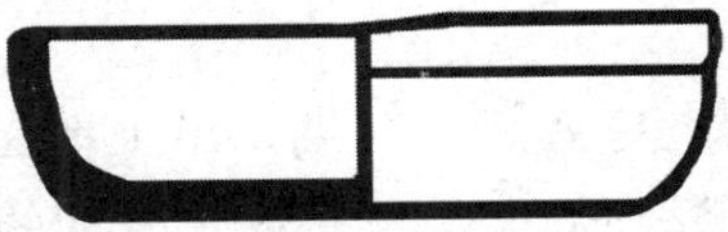

图 9-13　105A 陶盆

3. YH90 坑，出本组卜辞一片：《乙编》484。据石璋如先生描述，YH90 坑实际上是“填平 H138 的夯土之一部，这片夯土被水沟 K15 打破”①，可见该坑是早于水沟的。

① 石璋如：《小屯第一本・遗址的发现与发掘丙编・殷虚墓葬一：北组墓葬》（上），台湾“中央研究院”历史语言研究所，1959 年，第 320 页。

（三）卜辞联系

子组卜辞与宾组有同版的横向联系。《合集》21784（图 9-14）下部是子组字体的干支表，上部有关于宾组贞人争的卜辞，字体近宾组一 A 类。

图 9-14 《合集》21784

子组提到的人物小王、子商、雀都分别见于武丁时期的自组小字二类、宾组一类以及午组等卜辞。

综上所述，本组在称谓上应属武丁时期，出土地层为殷墟早期，其中 YH127 坑属殷墟文化二期第三组，提到的人物也是武丁时期的，与宾组一 A 类有同版关系，推测二者时代应彼此接近，大致为武丁中期，略早于午组。

三、非王无名组卜辞

非王无名组卜辞的时代与子组卜辞接近，也应为武丁中期。

（一）称谓系统

非王无名组卜辞的称谓很特殊，以妣为重要对象，如下：

妣丁（《合集》22264）　妣戊（《合集》22209）
妣己（《合集》22211）　妣庚（《合集》22248）
父丁（《合集》22197）　父辛（《合集》22195）
母庚（《合集》22240）　中母（《合集》22248）
小母（《合集》22238）　子丁（《合集》22197）

本组卜辞对妣庚的祭祀最为频繁，其次是妣己和妣丁。称谓中没有明显与王卜辞同指一人的。

（二）考古学依据

非王无名组卜辞出于以下单位：

1. YH251 坑，出本组卜辞最多。同出器物陶盖 923G，盖下沿有凹槽一周，形近 59M1 的盂盖①，应属殷墟文化二期第三组器物。

2. C170 坑，出卜辞二片，其中《乙编》9039 属本组，另一片《乙编》9038（《合集》22467）可与 YH448 坑所出的两片午组卜辞《乙编》9036、9037 相缀合。

3. YH371 坑，出卜辞七片，除一片属子组外，其余均属本组。

4. YH265 坑，时代大致为武丁晚期，出卜辞两片，其中《乙编》8936 属本组，另一片《乙编》8935 属宾组二类。

以上单位伴出器物形制较早，同出卜辞也均是武丁时期的。

（三）卜辞联系

非王无名组卜辞与子组卜辞联系密切，除同坑出土外，《乙编》8818 为二者同版之例，见图 9-15。

---

① 中国社会科学院考古研究所安阳工作队：《安阳武官村北的一座殷墓》，《考古》1979 年第 3 期。

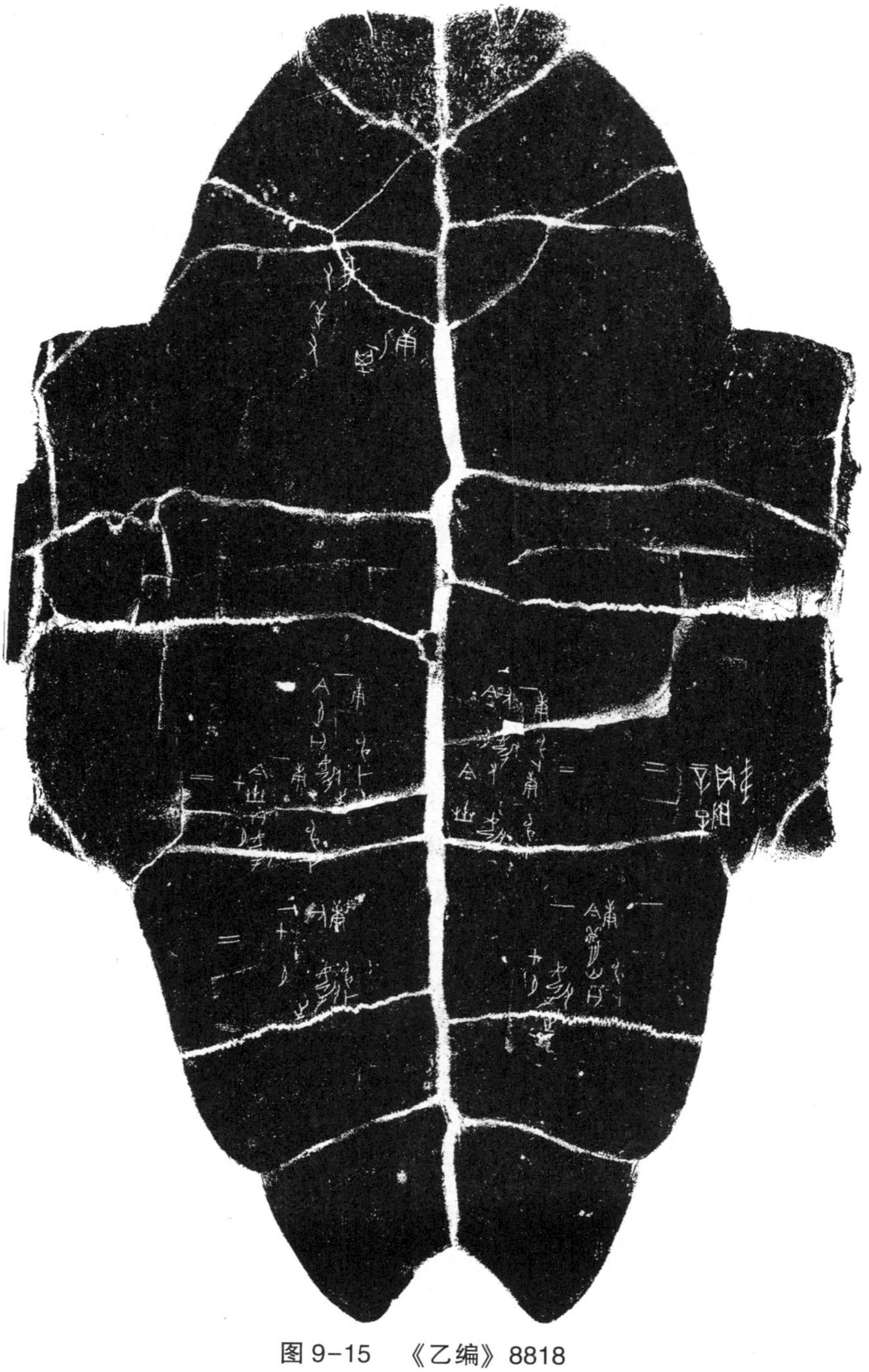

图 9-15 《乙编》8818

四、子组附属卜辞、刀卜辞、亚卜辞

此三类非王卜辞，数量较少，时代均为武丁中期。

（一）称谓系统

子组附属卜辞与时代有关的重要称谓有：

祖乙（《乙编》4810）　　祖己（《乙编》787）
妣丁（《合集》21876）　　妣己（《合集》21876）
妣庚（《合集》21878）　　妣戊（《乙编》1788）
妣癸（《合集》21877）　　母庚（《合集》21882）
母己（《合集》21883）　　中母己（《合集》21879）
子丁（《合集》21885）

子组附属卜辞在称谓上的特殊之处是往往干支日名在前，如妣丁或作丁妣，妣己作己妣等，类似情况也见于自组小字类和自历间类。本组与非王无名组的称谓中均无明显的王室祖妣，但也不能由此断言其中绝对没有同于王室的。比如本组与非王无名组中地位显赫的妣庚，应该就是王室先妣，主要人物与王室有一定的亲属关系。子组附属与子组联系紧密，都有子丁、妣丁称谓，“丁”字都写作圆圈状。

（二）考古学依据

子组附属与子组同出 YH127 坑，时代当与之相近。

刀卜辞前辞作“刀卜”或“刀”，故名，出村北 E16 坑。该坑所出卜辞多属武丁中期，推测其时代也大致在武丁中期。

亚卜辞只有贞人“亚”，出村北 YH127、YH006 和 E16 等坑，大致是武丁中期的遗物。

综上所述，各非王卜辞的时代都大致在武丁中期。

五、花东子卜辞

花东子卜辞的时代应在武丁中期，下限可延及武丁晚期。

一、

二、

三、

（一）称谓系统

据《殷墟花园庄东地甲骨·前言》统计，花东子卜辞与时代有关的重要称谓有：

上甲（《花东》487）	大乙（《花东》290）
大甲（《花东》34）	小甲（《花东》85）
祖乙（《花东》13）	祖辛（《花东》56）
祖甲（《花东》13）	祖丙（《花东》268）
祖丁（《花东》226）	祖庚（《花东》56）
祖戊（《花东》355）	父丙（《花东》286）
兄丁（《花东》236）	妣丙（《花东》401）
妣癸（《花东》280）	妣己（《花东》67）
妣庚（《花东》32）	三妣庚（《花东》226）
妣甲（《花东》176）	妣丁（《花东》13）
母丙（《花东》401）	母戊（《花东》395）

以上称谓中，“祖丙”“母丙”“父丙”“三妣庚”四者有待商榷。

《花东》268“祖丙”一称字迹模糊漫漶，且“癸□丙祖…步于子…”为残辞，前后均缺。

《花东》401一版上有“母妣丙”“母祖丙”“母二妣丙”三种称谓。《花东》解释三者均为“母”与“妣丙”“祖丙”共一“丙”字的合书形式，分别为：母丙、妣丙，母丙、祖丙，母丙、二妣丙。[①] 此处的“母”或为所祭祀母辈人物的泛称，与“丙”无涉，“母妣丙”“母祖丙”即“母、妣丙”和“母、祖丙”。另有学者认为“母二妣丙”疑是“二母与妣丙”，为避免混淆，故将量词“二”置于“母”后。[②]

《花东》286的“父丙”是花东子卜辞中仅见的父辈称谓，但该辞中“父”字正处于骨缝交界处，字形特征并不明显，整理者也尚存疑虑[③]。

---

① 中国社会科学院考古研究所：《殷墟花园庄东地甲骨》（第六分册），云南人民出版社，2003年，第1717页。

② 魏慈德：《殷墟花园庄东地甲骨卜辞研究》，台湾古籍出版社，2006年，第40页。

③ 中国社会科学院考古研究所：《殷墟花园庄东地甲骨》（第六分册），云南人民出版社，2003年，第1679页。

《花东》226、427 的“三妣庚”，已有学者指出“三”当为“彡”之误释[①]。

花东子卜辞诸祭祀称谓所指及该类卜辞主人“子”之身份，主要有以下几种观点。

1. “子”为沃甲之后

祖甲应是沃甲（羌甲），祖庚应是南庚，祖丁应是小乙之父祖丁。妣丙应为大乙之配，妣癸为中丁之配，妣已可能是祖乙之配，妣甲应为祖辛之配，妣庚可能分别代表祖乙、祖甲（沃甲）之配。从祭祀频率看，花东子卜辞所祭先祖多为南庚以前的先王，以祖乙、祖甲（沃甲）为主，祭祀先妣最多的是妣庚。由此可推断，花东子卜辞的主人可能是沃甲之后。[②]

2. “子”为王室分支，行辈高于武丁

祭祀祖甲的时间一般要比祭祀祖乙早一天，因此二者不可能是祖乙、羌甲。“子”可能是商王室分衍出来的重要一族。[③]

3. “子”为武丁子辈

有学者认为祭祀频率最高的祖甲、祖乙、妣庚分别是阳甲、小乙及其配偶妣庚，并结合“子”在卜辞中所反映出来的势力、地位推测其应为武丁太子孝己[④]，可能即见于王卜辞中的“子䣐”[⑤]。

从称谓系统看，上甲、大乙、大甲、小甲等远祖反映出花东子卜辞的主人“子”应是商王室支裔。但该类卜辞缺乏父辈称谓，仅见于《花东》286 的“父丙”也尚有争议，其余祖、妣称谓也很难明确具体所指。若以“子”为武丁之子，似可妥善安置各称谓所属，但难免龃龉。有学者指出若以祖甲为阳甲，则无法解释对其祭祀的次数远多于盘庚、小辛的现象[⑥]，且作为武丁之子，祭祀先祖而未

① 姚萱：《殷墟花园庄东地甲骨卜辞的初步研究》，线装书局，2006 年，第 16 页。

② 中国社会科学院考古研究所：《殷墟花园庄东地甲骨》（第一分册），云南人民出版社，2003 年，第 26—30 页。

③ 刘源：《花园庄卜辞中有关祭祀的两个问题》，载《揖芬集——张政烺先生九十华诞纪念文集》，社会科学文献出版社，2002 年，第 176—179 页。

④ 杨升南：《殷墟花东 H3 卜辞“子”的主人是武丁太子孝己》，载《2004 年安阳殷商文明国际学术研讨会论文集》，社会科学文献出版社，2004 年，第 204—210 页；韩江苏：《殷墟花东 H3 卜辞主人“子”研究》，线装书局，2007 年，第 493—499 页。

⑤ 姚萱：《殷墟花园庄东地甲骨卜辞的初步研究》，线装书局，2006 年，第 40—55 页。

⑥ 魏慈德：《殷墟花园庄东地甲骨卜辞研究》，台湾古籍出版社，2006 年，第 67—68 页。

及小乙也于理难通①。因此，花东子卜辞有限的称谓还不足以明确其与商王世系的关系，也无法借此明确其世代。

（二）考古学依据

花东子卜辞集中出于殷墟花园庄东地 H3 灰坑，甲骨之间叠压紧密，灰坑上部填土经过夯打，是有意埋藏的甲骨。② 根据地层叠压、灰坑打破关系及出土陶器的特征，H3 灰坑属花园庄东地早期遗迹，相当于大司空村一期，即殷墟文化一期晚段，时代范围在武丁早、中期。

花东子卜辞不仅出土于 H3 灰坑③，《花东》123 与《辑佚》561 之缀合或反映出该类卜辞在埋藏前即已失散④。1959 年苗圃北地出土有字卜骨一片，收入《合集》20040，有学者指出为花东类子卜辞⑤。该片卜骨出于 PNT17 第四层⑥，属苗圃北地Ⅱ期，上限可早到武丁，下限可能到祖甲⑦。

（三）卜辞联系

1. 人物与事类

花东子卜辞记录的人物材料丰富，其中不少见于宾组、𠂤组、子组、非王无名

---

① 姚萱以《花东》161 片毓祖与同辞祖乙相对，并以祖庚、祖甲王卜辞中的毓祖为小乙之称为例，认为毓祖是小乙。王卜辞中，毓祖身份的推定是建立在明确的商王世系和卜辞断代基础之上的。而花东子卜辞为非王卜辞，其世系不明，时代亦有争议，且毓祖仅此一见，是否为小乙还有待商榷。详见姚萱：《殷墟花园庄东地甲骨卜辞的初步研究》，线装书局，2006 年，第 45—47 页。

② 中国社会科学院考古研究所：《殷墟花园庄东地甲骨》（第一分册），云南人民出版社，2003 年，第 12—14 页。

③ 黄天树：《花园庄东地甲骨中所见的若干新资料》，载《黄天树古文字论集》，学苑出版社，2006 年，第 448 页。

④ 莫伯峰：《〈辑佚〉中的一版花东子卜辞及其缀合》，先秦史研究室网站，http://www.xianqin.org/blog/archives/1439.html，2009 年 4 月 3 日；黄天树：《甲骨拼合集》，学苑出版社，2010 年，第 217、449—451 页。

⑤ 蒋玉斌：《殷墟子卜辞的整理与研究》，博士学位论文，吉林大学古籍研究所，2006 年，第 221 页。

⑥ 中国社会科学院考古研究所：《殷墟发掘报告 1958—1961》，文物出版社，1987 年，第 200--201 页。

⑦ 中国社会科学院考古研究所：《殷墟发掘报告 1958—1961》，文物出版社，1987 年，第 10 页。

组等武丁时代卜辞。现取其人物生死行迹可供断代者分类论述如下。

1.1　丁与妇好

花东子卜辞中，主人“子”与丁、妇好互动频繁，丁或读为“辟”[①]，或读为“帝”[②]，其身份可能为武丁[③]。

花东子卜辞中有关伐“卲方”的卜辞涉及子、丁及妇好，列举如下。

(1) 辛未卜：丁隹好令比[伯]或伐卲？ ——《花东》237

(2) 辛未卜：丁[隹]子[令]比伯或伐卲？ ——《花东》275+[④]

(3) 辛未卜：丁隹多丰臣令比伯或伐卲？ ——《花东》275+

(4) 辛未卜：伯或称册，隹丁自征卲？ ——《花东》449

(5) 辛未卜：丁弗其比伯或伐卲？ ——《花东》449

“卲”即历组卜辞所见“召方”，或称“刀方”，“伯或”即历组卜辞常见的“沚或”，宾组卜辞作“沚戠”。以上卜问同样见于历组卜辞，干支相连，事类相近，应为一事之卜[⑤]。历组卜辞中有关伐召方的卜辞集中在一B类及二A类，时代为武丁晚期，下限可延及祖庚时期，若历组伐召方卜辞与花东为一时之卜，那么伐召方的时间应为武丁晚期，但此推论尚有以下两个问题。

首先，花东子卜辞主要贞问的是将领选择问题，但在历组卜辞中人选已经确定，贞问侧重于王与沚或二者伐召方是否受到保佑。有学者指出这是占卜主体的差异造成的[⑥]，但择卜将领是王朝的军政大事，其他王卜辞中将领选择往往都是经过反复占问的，且下臣尚如此关心，王卜辞中不应该没有任何反映。

其次，妇好是花东子卜辞所贞问的伐召方的将领之一，且是当时一位非常活跃的人物。从王卜辞看，妇好作为将领征战的卜问主要集中于宾组一类，时代为武丁中期，下限可延及晚期。但在武丁晚期的宾组二类卜辞中，绝不见妇好领兵的卜

---

① 李学勤：《关于花园庄东地卜辞所谓“丁”的一点看法》，《故宫博物院院刊》2004年第5期。

② 裘锡圭：《“花东子卜辞”和“子组卜辞”中指称武丁的“丁”可能应该读为“帝”》，载《黄盛璋先生八秩华诞纪念文集》，中国教育文化出版社，2005年，第6页。

③ 陈剑：《说花园庄东地甲骨卜辞的“丁”——附：释“速”》，《故宫博物院院刊》2004年第4期。

④ 蒋玉斌：《花东甲骨新缀一则》，先秦史研究室网站，http://www.xianqin.org/blog/archives/398.html，2005年12月5日。

⑤ 陈剑：《说花园庄东地甲骨卜辞的“丁”——附：释“速”》，《故宫博物院院刊》2004年第4期。

⑥ 陈剑：《说花园庄东地甲骨卜辞的“丁”——附：释“速”》，《故宫博物院院刊》2004年第4期。

问，妇好出现的频次也大大减少。武丁晚期的历组一类卜辞情况相同，妇好不见于伐召方等重大事件中，仅见于《合集》32756“□[辰]贞：妇好亡𡆥”。这可能与她的身体状况有关。因此，妇好主要活跃于武丁中期，武丁晚期可能出于年龄或身体原因不再涉足重要事务。妇好作为花东子卜辞中伐召方的将领人选之一，应为武丁中期之事，历组卜辞所记录的很可能是武丁晚期的行动。

1.2 诸子

花东子卜辞中出现的诸子有：子癸、子兴、子炅、子馘、子雍、子毁、子尻、子利、子画、子媚、子丹等。除子癸为已故的祭祀对象外，其余均为当时人物，其中子利、子尻、子画亦见于自组或宾组卜辞。《花东》指出“子戠”是花东子卜辞中一位活着的人物，但在宾组及自组小字类卜辞中则是一位已故的祭祀对象，因此可以推定花东子卜辞的时代早于宾组及自组小字类，属武丁前期①，或以为“戠”当读为“侍”，非“子”之名②。

1.3 方国

同见于花东子卜辞和王卜辞记事刻辞中贡献龟版的族、人物名称列举如下：

屰：

(1) 屰入六。 ——《花东》20

(2) 屰入六。 ——《花东》83

(3) 屰入十。 ——《合集》270 反（宾组一类）

大：

(1) 大示五。 ——《花东》184

(2) 臣大入一。 ——《合集》914 反（宾组一类）

我：

(1) 我五。 ——《花东》470

(2) 我来十。 ——《合集》1027 反（宾组一类）

𡯁：

(1) 𡯁入十。 ——《花东》91

(2) 𡯁入十。 ——《花东》399

(3) 𡯁入十。 ——《花东》436

① 中国社会科学院考古研究所：《殷墟花园庄东地甲骨》（第一分册），云南人民出版社，2003年，第32—35页。

② 陈剑：《说花园庄东地甲骨卜辞的“丁”——附：释“速”》，《故宫博物院院刊》2004年第4期。

(4) 𠂇入二，在庐。——《合集》14129反（宾组一类）

壴：

(1) 壴。——《花东》201

(2) 庚□壴入五十。——《合集》419反（宾组一类）

由此可知，花东子卜辞与宾组一类在时代上应有相当的重合。

1.4　其他人物

花东子卜辞中还有一些人物，如㞢（《花东》290）亦见于宾组一类和非王无名组，宁壴（《花东》102、264）亦见于宾组一类，弜（《花东》247）亦见于宾组一类和子组卜辞，弹（《花东》475、498）亦见于自组大字类和宾组一类，主要集中在武丁中期。

2. 字体与辞例

首先，花东子卜辞刻辞字体笔画纤细，字体较小，风格秀丽，字形特征与自组、宾组、子组、午组等均有广泛的相似性，且与无名组、历组也有相同之处。花东子卜辞的字形比较复杂，既表现出早期象形的原始性，又有一些晚期黄组卜辞才能见到的特殊写法，没有明显的时代特征。

其次，花东子卜辞的前辞形式复杂，《花东》总结有16种之多，主要有三种特殊的前辞形式，如下：

第一，只记天干，省略地支。“干卜”的形式在花东子卜辞中常见，是一种惯用形式。虽然王卜辞中偶有此类形式的前辞，但应是刻手的一时漏刻，非常罕见。

第二，在天干或干支后记时间辞夕。“干支夕卜”的前辞亦见于午组、历组一类（《合集》32171）、宾组一类（《合集》12506），也非常少见。

第三，在“干支卜”或“干卜”后记地点。正如《花东》所指，在前辞中记录地点是武丁时期卜辞非常少见的，多流行于出组、黄组卜辞。但花东子卜辞记录地点的形式还是与出组、黄组略有不同。花东子卜辞中此类形式作“干支卜，在某”或“干卜，在某”，地点是附在前辞后的，而出组、黄组地点前多记卜者，于地点之后有“贞”字，地点是附在前辞中的。

最后，花东子卜辞的记事刻辞卜甲上兼有甲桥、甲尾刻辞两种，其中甲桥刻辞占绝对多数，有47例，甲尾刻辞仅4例①。甲尾刻辞形式简单，作“某入”“某

---

① 甲桥刻辞：《花东》20、23、26、38、60、62、63、79、83、94、119、133、156、158、172、184、190、192、201、225、226、231、242、250、263、272、327、341、348、357、360、362、389、399、407、424、425、436、438、440、444、447、446、477、483、497、502；甲尾刻辞：《花东》40、107、329、462。

示”，或只记族名或人物名称及进献数目。甲桥刻辞一般作“某入若干”“某示若干”，也有只记族名或人物名称及进献数目的省略形式。甲尾刻辞见于自组小字类、自宾间类和自历间类，甲桥刻辞出现于自宾间类，流行于宾组一类，到了典型的宾组卜辞，甲尾刻辞已被甲桥刻辞所替代，并又出现了骨臼刻辞。花东子卜辞甲桥、甲尾刻辞并存的情况与自宾间类相同，处于甲尾刻辞向甲桥刻辞的过渡阶段，且甲尾刻辞数量较少行将消失，时代应相对偏晚一些。

3. 钻凿形态

根据《殷墟花园庄东地甲骨钻凿形态研究》（以下简称《花东·钻凿》），花东子卜辞卜甲卜骨钻凿的主要情况如下。

第一，卜甲钻、凿制作均为轮开槽，凿底呈弧形状，部分钻有用刀再加工的痕迹。卜骨只有五片，有凿无钻。

第二，卜甲凿形主要分为四型：Ⅰ尖头弧形凿，Ⅱ尖头长形凿，Ⅲ圆头弧形凿，Ⅳ圆头长形凿，卜骨凿形为尖头弧形凿。

首先，从制作方式来看，花东主流的$Ⅰ_A$、$Ⅰ_B$型均为轮开槽长凿，常见于自组、子组、午组、自宾间类、自历间类、宾组一类、历组一类等武丁时期卜辞，在早期甲骨上占多数，但到祖庚时代出组以下罕见。[①] 另一方面，直接挖制的长凿在武丁中期开始出现，宾组一A类中尚少，而宾组一B类中已很常见，在武丁以后更成为甲骨钻凿的主流。[②] 花东长凿均为轮开槽长凿，未出现挖制的情况，较接近宾组一A类的情况，在武丁时代中应该不会太晚。

其次，与《屯南》比较，《花东·钻凿》认为：“由于花东H3卜甲之钻凿形态在总体上与1973年小屯南地‘自组’卜甲钻凿形态、解放前第十三次发掘之YH127坑卜甲之钻凿形态基本相近，故它们所处的历史时代应大致相近。但由于它们之间仍存在某些细微的区别，这些细微的区别可能反映出，H3卜甲之时代，应比1973年小屯南地‘自组’卜甲的时代略早一些。”[③]

从《花东·钻凿》的分型分式来看，花东子卜辞卜甲凿形以Ⅰ型为主，该类型

---

① 周忠兵：《甲骨钻凿形态研究》，《考古学报》2013年第2期。

② 周忠兵：《甲骨钻凿形态研究》，《考古学报》2013年第2期。

③ 中国社会科学院考古研究所：《殷墟花园庄东地甲骨》（第六分册），云南人民出版社，2003年，第1776页。

又按凿头尾尖状特征分为A、B、C三个亚型，其中以$Ⅰ_B$型为主①。花东$Ⅰ_A$、$Ⅰ_B$型②大致对应《屯南》$Ⅰ_1$、$Ⅰ_2$、$Ⅰ_3$型，根据《屯南·钻凿》的统计，《屯南》Ⅰ型主要集中于自组、午组等武丁卜辞，又以$Ⅰ_2$型为主流。综合来看，花东子卜辞与自组、午组接近。

总之，花东子卜辞卜甲钻凿形态及制作方式接近自组、午组、宾组一A类，未出现武丁中期始见而晚期常见的挖制长凿。

综上，花东子卜辞字体带有较多早期特征，记事刻辞与自宾间类相似，兼有甲尾、甲桥两种，钻凿为武丁早、中期型式，结合地层年代来看，本类卜辞应为武丁中期遗物。卜辞内容所呈现的择卜妇好为将领征伐邵方之事，反映出本类卜辞的时代下限或可延及武丁晚期。

① 中国社会科学院考古研究所：《殷墟花园庄东地甲骨》（第六分册），云南人民出版社，2003年，第1762—1764、1775页。

② 花东$Ⅰ_C$型凿主体凿形与$Ⅰ_B$型一致，其特征是凿旁钻也是一个完整的小凿，从外观上看，就是一个小弧形凿紧靠着一个大弧形凿，两个弧形凿并连在一起。周忠兵认为这种小长凿与大长凿之间未能形成稳定的组合关系，是一种特殊的烧灼攻治方式。详见中国社会科学院考古研究所：《殷墟花园庄东地甲骨》（第六分册），云南人民出版社，2003年，第1763页；周忠兵：《甲骨钻凿形态研究》，《考古学报》2013年第2期。